中国社会科学院创新工程学术出版资助项目

制度与人口

——以中国历史和现实为基础的分析

上卷

INSTITUTION AND POPULATION:
Based on Chinese History and Reality

王跃生 著

中国社会科学出版社

图书在版编目（CIP）数据

制度与人口：以中国历史和现实为基础的分析：全2册/王跃生著．—北京：中国社会科学出版社，2015.9

ISBN 978 - 7 - 5161 - 6744 - 1

Ⅰ．①制⋯　Ⅱ．①王⋯　Ⅲ．①人口—制度建设—研究—中国　Ⅳ．①C924.24

中国版本图书馆CIP数据核字（2015）第182418号

出 版 人	赵剑英
责任编辑	李庆红　周亚权
责任校对	任　纳　周晓东
责任印制	王　超
出　　版	中国社会科学出版社
社　　址	北京鼓楼西大街甲158号
邮　　编	100720
网　　址	http://www.csspw.cn
发 行 部	010 - 84083685
门 市 部	010 - 84029450
经　　销	新华书店及其他书店
印刷装订	三河市君旺印务有限公司
版　　次	2015年9月第1版
印　　次	2015年9月第1次印刷
开　　本	710×1000　1/16
印　　张	78
插　　页	4
字　　数	1238千字
定　　价	258.00元（上、下卷）

凡购买中国社会科学出版社图书，如有质量问题请与本社营销中心联系调换
电话：010 - 84083683
版权所有　侵权必究

总 目 录

上 卷

第一章　绪论 ·· 1

第二章　婚姻制度与人口发展 ··· 63

第三章　人口繁衍的鼓励和抑制——生育制度的演变 ···················· 211

第四章　性别制度、表现和影响 ··· 274

第五章　家庭代际传承制度 ·· 406

第六章　大家庭抑或小家庭为主导
　　　　——以分财别居、分爨、分产制度为中心 ························· 513

下 卷

第七章　人口的空间分布——迁移流动制度 ································· 579

第八章　户籍制度的演变 ··· 674

第九章　人口统计制度的变迁 …………………………………… 826

第十章　老年人口的优待、照料和保障制度 …………………… 893

第十一章　人口压力应对制度 …………………………………… 1003

第十二章　进一步讨论和总结语 ………………………………… 1150

征引文献 …………………………………………………………… 1200

后　记 ……………………………………………………………… 1230

Contents

Volume 1

Chapter 1 Introduction ·· 1

Chapter 2 Marriage institution and population development ············ 63

Chapter 3 Changes of Fertility institution ···························· 211

Chapter 4 Gender institution and its influence ······················· 274

Chapter 5 Institution of Intergenerational inheritance ················ 406

Chapter 6 Institution of dividing of household , property and life unit ······ 513

Volume 2

Chapter 7 Institution of population migration and flowing ············ 579

Chapter 8 Household registration system and its change ·············· 674

Chapter 9 Population statistics system ································ 826

Chapter 10　Institution on elderly population ··· 893

Chapter 11　Population pressure and institution responding
　　　　　　on the pressures ·· 1003

Chapter12　General conclusion and further discussion ························ 1150

Reference ·· 1200

Postscript ··· 1230

目　录

上　卷

第一章　绪论 1
　一　制度、制度形式与制度人口学研究 1
　二　制度对人口的作用机理、落实方式及特征 10
　三　社会发展、制度变迁下人口所受影响 28
　四　本书的分析视角选择及研究方法 36
　五　制度与人口关系研究综述 38
　六　本书的研究思路和主要内容 58

第二章　婚姻制度与人口发展 63
　一　从同姓不婚、同宗不婚到近亲不婚——制度对优生的作用 63
　二　初婚年龄类型及其变动 90
　三　从一夫一妻制为主导到完全一夫一妻制 146
　四　主婚制度、婚事操办惯习变化及影响 153
　五　聘财妆奁规则、违规矫正与婚姻援助 172
　六　招赘婚、坐家招夫与童养婚制度 187
　七　结语和讨论 204

第三章　人口繁衍的鼓励和抑制——生育制度的演变 211
　一　理论框架 211
　二　鼓励生育、保护婴幼儿制度及其形式 215

三　限制和控制生育制度的形成和落实 ············ 234
　　四　间接制度对生育行为的影响 ················ 248
　　五　生育制度的"家"、"国"一致和背离 ········· 257
　　六　非婚生育制度 ························· 264
　　七　结语和讨论 ··························· 269

第四章　性别制度、表现和影响 ··················· 274
　　一　性别差异制度的形成及演变 ················ 274
　　二　性别差异制度的社会表现 ················· 293
　　三　性别差异制度的家庭表现 ················· 303
　　四　婚姻制度中的性别差异 ··················· 326
　　五　生育制度的性别差异 ···················· 381
　　六　无子妇女及其家庭面临的压力和困境 ········· 393
　　七　结语和讨论 ··························· 401

第五章　家庭代际传承制度 ······················ 406
　　一　男系传承制度及其变化 ··················· 406
　　二　立嗣过继形式的多样性 ··················· 426
　　三　异姓承继的排斥和认可 ··················· 452
　　四　丧祭中的代际传承 ····················· 478
　　五　男系传承的矫正和民间实践 ················ 490
　　六　结语和讨论 ··························· 510

第六章　大家庭抑或小家庭为主导
　　　　——以分财别居、分爨、分产制度为中心 ········ 513
　　一　限制分财别居与表彰多代同居 ·············· 514
　　二　分家与小家庭的成长 ···················· 526
　　三　分家中的财产分割方式及其实施 ············· 534
　　四　当代制度变革与家庭的核心化 ·············· 553
　　五　结语和讨论 ··························· 574

Contents

Volume 1

Chapter 1 Introduction ·· 1

  1. Institution, institutional forms and institutional population ············· 1
  2. Mechanism and features of institution on population ················ 10
  3. Population under the social development and institutional changes ··· 28
  4. Researching methods ·· 36
  5. A literature review ·· 38
  6. Researching ideas and main contents ································ 58

Chapter 2 Marriage institution and population development ··············· 63

  1. From not marrying persons with the same surname, same clan to close relatives ·· 63
  2. Changes of age at first marriage ································ 90
  3. Monogamy from occupying dominant position to full implementation ··· 146
  4. Parents arranging marriage and marrying person based on free choice ·· 153
  5. Rule and change of bride price and dowry ················ 172
  6. Uxorilocal marriage and child bride ································ 187
  7. Conclusion and discussion ································ 204

Chapter 3 Changes of Fertility institution ································ 211

  1. A theoretical framework ································ 211

2. Encouraging fertility and protecting infants ········· 215
3. Institution for the limitation and control of reproduction ········· 234
4. Institution's indirect effect on reproductive behavior ········· 248
5. Consistency and deviation of family and state interest on fertility ··· 257
6. Out of wedlock birth institution ········· 264
7. Conclusion and discussion ········· 269

Chapter 4 Gender institution and its influence ········· 274

1. Formation and evolution of gender difference ········· 274
2. Institution of social gender difference ········· 293
3. Institution of family gender difference ········· 303
4. Gender difference in marriage institution ········· 326
5. Gender difference in fertility institution ········· 381
6. Social pressure and difficulties of the families without sons ········· 393
7. Conclusion and discussion ········· 401

Chapter 5 Institution of Intergenerational inheritance ········· 406

1. Institution of male line inheritance and its changes ········· 406
2. Forms of traditional adoption within the same clan and its change ········· 426
3. Rejection and acceptance of inheritance to the members outside same clan ········· 452
4. Intergenerational inheritance of funeral and sacrifice ········· 478
5. Correction and practice of male line inheritance ········· 490
6. Conclusion and discussion ········· 510

Chapter 6 Institution of dividing of household, property and life unit ······ 513

1. Restricting household division and encouraging big family ········· 514
2. Household dividing and growth of small family ········· 526

3. The ways of property dividing and implementation in separation process ·· 534
4. Institutional change and nuclearlization of families in the contemporary China ··· 553
5. Conclusion and discussion ··· 574

第一章 绪论

人类发展至今，特别是进入文明社会以来，其行为受到不同形式制度的约束和引导。而人口的出生和死亡、迁移流动和区域分布也在很大程度上受制度的影响。那么，与人口发展有关的制度怎样形成、演变？其对人口行为的实际作用如何？这是值得探讨的。本章将概括地分析人口制度的形式、作用表现，认识人口制度的变迁方式，在此基础上，明确本项研究的主旨。

一 制度、制度形式与制度人口学研究

（一）何谓制度

制度是一种约束和引导人的行为的规则。这已成为许多学者的共识。

经济学家舒尔茨指出：我将制度定义为一种行为规则，这些规则涉及社会、政治及经济行为。例如，它们包括管束结婚与离婚的规则，支配政治权力的配置与使用的宪法中所内含的规则，以及政府来分配资源与收入的规则[1]。另一位经济学家平乔维奇认为：制度可以定义为对人类重复交往所做的法律的、行政的和习惯性的安排[2]。

社会学家马奇等认为：在相当程度上，大多数人类行动基于规则。规

---

[1] T. W. 舒尔茨：《制度与人的经济价值的不断提高》，见 R. 科斯等《财产权利与制度变迁——产权学派与新制度学派译文集》，刘守英等译，上海三联书店1994年版，第253页。

[2] ［南］斯韦托扎尔·平乔维奇：《产权经济学——一种关于比较体制的理论》，蒋琳琦译，经济科学出版社2000年版，第3页。

则为适当性行为施加了认知和规范限制①。马林诺夫斯基指出：为了达成任何目的，获取任何成果，人类都必须组织。我们将阐明，组织意味着很确定的配置或结构，其主要元素普遍地存在，适用于所有组织化群体，而组织化群体的典型形式又是普遍地存在于整个人类。我提议将这样的人类组织单位称为制度（Institution）②。

中国传统时代，学者对规则的存在有这样的认识：人道经纬万端，规矩无所不贯③，规矩即是制度。制度被视为稳定社会秩序的重要工具。"不立制度，则未之前闻"，"未闻有不立制度，而可止乱息奸也"④。不过，此处所称"制度"更多的是指法律制度，属规则的一种。

在笔者看来，只有对人及其所组成的不同层级、不同类型的群体具有约束力的规则才能称为制度，在一定程度上可以说，制度是对人及其群体行为进行限制、规范和引导的规则。本质上讲，制度是应群体交往的需要而产生，处于封闭状态的单个人是不需要制度的。

（二）与人口有关制度的形式和类型

与人口有关的制度有狭义和广义之分，狭义制度为直接作用于出生、死亡、婚姻、家庭、迁移流动等人口行为的制度，这些制度与人口的生育水平、数量变动、空间分布有直接关系。此外，对人口行为进行管理的制度也属狭义制度。广义制度则扩大范围，将间接制度也纳入视野。如近代之前的赋役制度并非要调节人口的数量变动，但赋役水平轻重对家庭的经济负担和养育子女的能力产生影响，从而一定程度上制约夫妇的生育数量选择。1949年以来农村的土地改革制度，特别是集体经济制度，改变了土地等基本生产资料的所有制形式、生产组织方式等，其本意并非影响人口行为，但它通过分配方式和福利享有的变革对个体家庭的养育能力等产生作用，进而促使人口数量增长。我们可将制度的狭义内容视为人口制度，

---

① ［美］詹姆斯·马奇等：《规则的动态演变——成文组织规则的变化》，童根兴译，上海人民出版社2005年版，第5页。

② ［美］B. 马林诺夫斯基：《科学的文化理论》，黄建波等译，中央民族大学出版社1999年版，第55页。

③ 《史记》卷23，礼书。

④ 《唐律疏议》卷1，名例。

而将广义内容看作与人口行为有关的制度。总之，制度与人口研究将人口制度和与人口行为有关制度均纳入考察视野，并且它既研究制度本身，又分析制度环境。

我们认为，要对制度（指与人口有关的制度，以下同此，不再注明）的类型有所把握和认识，最重要的是弄清制度的产生方式和制度的确立和实施主体。亦即只有从制度的形成途径和制定、落实主体角度着眼，才能对制度类型的认识更为明确。

一般来说，与人口有关的制度的产生方式和制定、落实主体与其他制度有基本相同的路径。尽管多数与人口相关的制度有制定、落实主体，但并非都如此。

（1）法律制度。它是适用范围最广、约束力最强的制度，可谓制度的基本类型。法律的制定和落实主体是国家和政府。不同时代与人口行为有关的法律条文很多。当代不仅有《婚姻法》、《继承法》、《人口与计划生育法》，还有《老年人权益保障法》等。它们对人口行为具有引导、矫正作用，对合乎法律要求的行为加以保护，对与法律精神背离的做法予以抑制，乃至惩戒。

（2）政府政策。不同级别的政府是法律制度的执行者，更担负着将法律的原则性条文细化为具体规则的职责。不仅如此，最高决策者及其执行机构还通过指示（帝制时代为上谕）、命令（帝制时代为诏令）、文件、条例等敦促地方政府因地制宜，落实政策，管理辖区民众，使其迁移流动、婚姻生育、家庭合分等的行为方式符合政府意志和要求。当代计划生育制度有许多是以政府政策的形式出台的。当然，在行政系统下，政府有层级之分，政策则有"宏观"（以整个国家或大的区域为对象）和"微观"（以县乡为目标）之别，由上到下逐渐具体化，以提高其针对性。

（3）政府不同部门和单位的规章。这是近代以来帝制废除后比较突出的制度现象。政府各个职能部门被赋予制定行业规章、规范之责，其针对和约束的对象是所管辖行业的从业者及相关民众。这些规章是政府政策的延伸和具体化。它的制定主体是政府部门或准政府组织。比如，当代民政部门的婚姻登记制度、卫生和计划生育部门对性别选择性流产的限制等。

（4）宗规族训。它由非政府组织所制定。在传统民间社会，宗规族训对本族成员的生育、迁移、婚姻、财产继承、穷困族人救济、养老等有详细规定。其基本原则与法律和同时代的政府政策多保持一致。

(5) 乡规民约。传统时期乡规民约的制定主体并非政府,但它多在政府指导下所形成,并且有相当部分出自乡绅之手,也有的为官员直接出面所订。如王阳明于明朝正德年间所制定的《南赣乡约》等。乡规民约中人口管理、婚丧嫁娶操办方式等内容占较大比例。

(6) 宗教规条。宗教组织是其制定主体。不同宗教教会对信徒的初婚年龄、婚姻方式(一夫一妻或一夫多妻)、再婚、生育和堕胎等多有规定。国外最早从制度角度研究人口的学者就是以不同宗教文化圈为切入点考察生育率的差异。

(7) 礼仪。礼仪贯穿于人们的日常和婚丧嫁娶等活动之中,传统时期它多由政府所制定;或者起初它由学者所订立,后得到政府的认可,形成具有约束力的规范。礼仪的作用一向为人们所重视。《礼记·曲礼上》指出:"夫礼者所以定亲疏、决嫌疑、别同异、明是非也。"又言:"道德仁义,非礼不成;教训正俗,非礼不备;分争辨讼,非礼不决;君臣上下父子兄弟,非礼不定;宦学事师,非礼不亲;班朝治军,莅官行法,非礼威严不行;祷祠祭祀,供给鬼神,非礼不诚不庄。"可见,礼仪是有约束力的,而非仅具形式。司马光认为:礼之为物大矣!用之于身,则动静有法而百行备焉;用之于家,则内外有别而九族睦焉;用之于乡,则长幼有伦而俗化美焉;用之于国,则君臣有叙而政治成焉;用之于天下,则诸侯顺服而纪纲正焉;岂直几席之上、户庭之间得之而不乱哉。[①] 可见,礼仪并非徒有其名,而有具体的约束范围和广泛的适用性。更重要的是,在传统时期,法律原则、量刑程度都显示了"礼"的影响。瞿同祖认为,法律极端重视礼,礼成为法律的重要组成部分[②]。

(8) 习俗和社会惯行。它涉及人口行为的各个方面,是民众在生活实践中形成的,并没有明确的制定主体。经常重复的行为类型可以通过强化、巩固而形成习惯[③]。其对民众生育、性别偏好、婚姻缔结、财产继承等影响

---

① 司马光:《资治通鉴》卷11,汉纪。
② 《瞿同祖法学论著集》,中国政法大学出版社1998年版,第401页。
③ [荷] A. F. G. 汉肯:《控制论与社会》,黎鸣译,商务印书馆1984年版,第68页。

深远。张五常指出："习俗"可定义为一组隐含的社会规则。社会所以形成，是由于它们有助于降低界定和转移产权的成本①。习俗本身既是一种制度，同时它也是制度环境的营造者。行为的禁忌也是一种制度约束。费孝通在《生育制度》一书中所论述的制度多是习俗②。

（9）道德伦理。道德多有具体的规范，其内容广泛。与人口行为有关或对人口行为具有作用的道德规范体现在不同家庭成员的地位、家庭内抚幼养老义务履行、扶贫助弱倡导等方面。需要指出，道德对代际关系的作用往往要借助政府力量，甚至靠法律来推动和维护。它通过特定规则引导民众遵守道德伦理，宣扬和表彰符合道德要求的范式和仪型等。

以上诸种制度形式是对人口行为具有规范、调节和引导功能的重要指导原则。其中，除惯习之外，多数制度是有制定主体的。有制定主体的制度，则意味着有一定的组织去落实它；没有制定主体的制度则靠社会舆论、自律等方式形成约束环境。对在特定区域和群体中所流行的习惯，越轨者通常要受到排斥或惩罚以使他或她回到规范的界限内来。由群体给予有背离行为的成员的惩罚往往要比按官方途径所采取的纠正措施更加严厉③。

有学者将上述我们所论及的制度类型分为内在制度和外在制度两种：内在制度为群体内随经验而演化的规则。它体现着过去曾有益于人类的各种解决办法，如习惯、伦理规范等。内在制度是在社会中通过一系列渐进式反馈和调整的演化过程发展起来的④。外在制度由国家、政府等公共组织所制定，前者表现为法律，后者则是政策、条例等，它们被自上而下地强制执行。内在制度和外在制度的差异表现在两个方面：一是两者的形成方式，二是约束方式。前者主要依靠民间力量来约束，或依赖民众自律，不服从者将会处于孤立状态；后者则有具体的法律和行政手段，依靠政府的力量去推行和贯彻。两者也有相互弥补的功效：外在制度的有效性在很大

---

① 张五常：《经济解释》，商务印书馆2000年版，第123—124页。
② 费孝通：《乡土中国　生育制度》，北京大学出版社1998年版。
③ ［荷］A. F. G. 汉肯：《控制论与社会》，黎鸣译，商务印书馆1984年版，第68页。
④ ［德］柯武刚、史漫飞：《制度经济学：社会秩序与公共政策》，韩朝华译，商务印书馆2002年版，第36页。

程度上取决于它们是否与内在演变出来的制度互补①。笔者认为，内在制度与外在制度还有互斥之处②。这一点特别表现在新旧社会变革之际。新法律在实施过程中遇到仍在民间社会发挥作用的旧礼俗的制约，其作用效力会被打折扣，至少在新社会形成初期会有此表现。

（三）制度是如何形成的

这里，我们虽主要考察与人口有关制度的形成方式，但应该承认，与其他制度相比，作用于人口行为的制度及其形成并无特殊途径。总的来说，制度是基于家庭、宗族、社会和国家对其成员的不同要求所产生的。不同类型的社会组织需要对其成员的地位、权利、义务、关系等作出规定，引导或限制其行为方式。制度的类型不同，其形成途径和机制也不同。下面，我们列述几种主要制度的产生和形成方式。

1. *政策性人口制度的形成方式*

政策性人口制度的形成比较容易理解。中央政府根据所面临的人口形势，特别是人口问题，制定应对之策、解决之道，颁布地方实行，作用于民众。在传统专制王权时代，帝王对地方人口形势的了解主要依赖具有奏事权力官员所上奏的不同形式的报告（如奏章、奏折等），官员为此提出处置问题的建议，帝王若采纳，则会形成政策；或者皇帝将奏章交由丞相府、三省六部、内阁（不同时期最高行政机构名称不一）等拟订意见，再呈上裁，御批之后即可作为政策推行。当然，也有中央机构直接受理地方事务报告。若某项问题突出，这些部门则拟订处理对策，由帝王裁决；若获通过，则作为诏书发布。这只是传统政策形成的主要途径。

中国当代针对全局的政策性人口制度主要由中央政府制定，以文件等形式向地方发布；各级地方政府之责主要是落实中央文件要求和精神，同时制定具有地方特色的政策。

2. *法律性人口制度的形成方式*

中国的成文法律形成很早，而有关人口的法律主要集中在"户婚"律

---

① ［德］柯武刚、史漫飞：《制度经济学：社会秩序与公共政策》，韩朝华译，商务印书馆2002年版，第36页。

② 王跃生：《中国当代家庭结构变动分析——立足于社会变革时代的农村》，中国社会科学出版社2009年版，第17页。

中，它涉及户籍登记、婚姻缔结条文、立嗣过继规则、家庭成员居住方式、家庭财产分割等内容。由于中国近代之前各个王朝的政治体制、经济体制基本相同，法律原则也较少更动，因而法律制度也体现出继承和稳定为主、变革为辅的特征。如《唐律》是对汉魏以来法律的重要总结，其基本精神和规则被宋以后王朝所继承，各朝只是在处罚方式上稍有变动。

民国时期有关人口的法律主要是当时立法机构所制定的"民律"和"民法"，在各界代表组成的全国代表大会获得通过后即作为正式法律实施。如1930年的《民法》亲属编、继承编对婚姻、家庭关系、抚育赡养、财产继承等都有规定。

中国当代法律性人口制度由中央行政、事业单位及群众团体负责制定，经全国人民代表大会通过后即成为法律。在相当长的时期内，与人口有关的法律主要为《婚姻法》。20世纪90年代之后，逐渐形成了《人口与计划生育法》、《老年人权益保障法》等。

3. 宗规性人口制度的形成方式

宗规族训是家族性人口制度，它适用的范围比较具体。一般来说，宗规族训最初往往并非宗族成员民主协商后所形成，而多由某个有名望的先人所制定，作为家法流传下来，对族人的行为具有引导和约束作用。此外，家谱中的"凡例"也具有家规作用，并且属更有针对性的家法。因为它规定了婚配形式、立嗣过继程序，对违规者实施包括体罚、限制上谱、禁止死后牌位入祠等在内的惩处方式。

宗规性人口制度的落实往往需要借助宗族组织倡导和监督。1949年以后，以村落或乡土社会为存在载体的宗族组织受到跨血缘力量——党的基层组织和集体经济组织的削弱，其规范也不再为同宗族成员所遵守。

4. 惯习性人口制度的形成方式

惯习是区域民众所形成的行为规范，在婚姻年龄、婚娶方式、财礼嫁妆、分家继产上，其对民众的引导或指导作用很大。传统时代一些惯习的效力甚至超过法律。一地最早的惯习应该是基于土著居民的生活方式，形成一些具有共识的规则，大家都加以遵守。随着时间的推移，由此地迁移出去、开辟新的生活领域者，仍保持着原有惯习；迁入者若是"小众"，则会"入境随俗"。惯习的自然改变途径是，少部分人迁入多数人群体中，为尽快融入当地社会，不得不向土著习俗靠拢。惯习的变更往往需要外部的力量。北宋太宗雍熙二年下诏：岭南诸州民嫁娶、丧葬、衣服制度，委所在长吏渐加诫厉，俾遵条例；其杀人祭鬼、病不求医、僧置妻孥等事，深宜化导，使之悛革。无或峻法，以致烦扰①。这是中央政府变革少数民族惯习的措施。明太祖朱元璋洪武五年试图革新旧有民俗，他下诏："天下大定，礼仪风俗不可不正。诸遭乱为人奴隶者复为民，冻馁者里中富室假贷之，孤寡残疾者官养之，毋失所。乡党论齿，相见揖拜，毋违礼。婚姻毋论财。丧事称家有无，毋惑阴阳拘忌，停柩暴露。流民复业者各就丁力耕种，毋以旧田为限。僧道斋醮杂男女，恣饮食，有司严治之。闽、粤豪家毋阉人子为火者，犯者抵罪。"②

当代城市人口多为不同地区迁入者所汇聚，土著者反而成为少数，很难维系对民众行为具有主导作用的惯习。但在广大农村，惯习的力量仍很强大。

5. 道德性人口制度的形成方式

在我们看来，道德是人类社会最早产生的制度。与人口有关的道德渗透于亲子关系、夫妇关系、兄弟关系及由此衍生出的代际关系、血亲关系、姻亲关系、宗亲关系之中。传统时代，道德规定了不同家庭成员的地位，责任和义务。道德渗透于法律、政策、宗规族训等制度形式中，具有一定的稳定性。但当社会发生政治体制变革之后，法律对民众的家庭和社会地位实行新的规定，道德也会做出适当变动或调整。如传统时代，孝道是维系亲子关系的一个基本原则，其与现代社会所倡导的亲子平等原则有距离；还有，维系男系传承不断是子代的重要责任，否则便是"孝"的缺失，这与人口控制政策，特别是不同性别子女平等政策发生冲突。

(四) 本书对制度人口学研究对象与特征的认识

尽管制度与人口的关系早已为人们所认识，但制度人口学却是一个新兴学科，20世纪80年代才为研究者所关注。可以这样说，制度人口学尚非一个理论成熟、体系完备的学科，能够遵循的范式、借鉴的概念比较少。正因为如此，研究者根据自己的理解去做探究的空间比较大。

---

① 李焘：《续资治通鉴长编》卷26，太宗。
② 《明史》卷2，太祖纪。

笔者认为，制度人口学的研究对象应该是：分析社会规则与人口状态、人口变动和人口行为的关系，进而通过有意识地制定和改进规则，引导和促使人口向着理想的方向发展。可以说，制度人口学既有基础学科的特征，又是应用性很强的学科。

本项研究将探讨制度与人口行为关系的历史和现实表现，试图将理论研究和经验分析结合起来，将不同时期的制度梳理与其对民众行为的作用考察结合起来。作为一项比较初步的探讨，它并非要构建在制度与人口关系基础上所形成的制度人口学这一学科体系。但应该有这样的意识：努力将制度人口学的研究方法运用到本书具体问题的考察之中。

制度人口学主要分析这样一些问题：

与人口有关制度的产生方式、落实机制和效果评估；制度对人口行为的约束、引导和影响方式；制度对人口作用的一致性和差异性问题；人口形势变动与旧有制度的调整。

制度人口学的研究方法可以概括为：

1. 对以往或已经施行的制度与人口变动、人口行为关系进行研究。它着眼于两个方面：一是分析直接性制度对生育、人口结构、人口素质、人口分布以及生育的实现方式——婚姻和家庭等的作用、影响程度和效果；二是考察间接性制度的影响，间接性制度分析将制度作为一种背景，观察特定时期人口行为特征和变化。

2. 对已经形成的人口环境进行深入观察，将不利于现代人口发展的方面揭示出来，找出替代或改进的方式。制度中的习俗、社会惯行相对于法律、政策有更持久的影响力。它没有制定主体，故此不会随着政权的更迭而消失。如农村男孩偏好的文化根深蒂固，它与男系传承、妇从夫居、儿子养老等惯习联系在一起。

3. 探讨制度之间的协调性问题。由于制度的形式和类型有多种，不同制度的制定主体不一样。制定主体不同，利益关切也不一样。因而，在特定时期其对人口作用的效果互有差异。制度人口学要研究不同制度形式的协调机制。

4. 从社会发展的整体角度寻求改进和完善有利于人口全面发展的制度性措施。制度人口学旨在分析制度与人口的关系，研究以往制度对人口影响的积极因素和消极表现，探寻人口可持续发展的路径。

制度人口学具有很强的交叉学科特征，它与经济学、社会学、人类学、法学、政治学、历史学等学科关系密切。这为从多个视角开展相关研究提出了要求。

二　制度对人口的作用机理、落实方式及特征

前面已对制度形式及其制定主体的差异作了探讨。制度的存在价值是其对人及其群体行为具有约束力。那么这些制度对人口行为的作用机理是什么？我们已经知道，与人口有关的制度形式多样，不同形式的制度对人口的作用方式有什么特色？在此对这些问题加以探讨。

（一）制度的作用机理

制度的作用机理是指制度产生或形成之后对人口行为的作用方式、方向和功能，以及不同制度之间的关系。本书虽立足于考察与人口有关系制度的作用机理，但实际上，它也适用于对其他制度的认识。

1. 制度的产生和运作过程

一般而论，一个制度从产生到被其他制度取代或废除，要经历这样的阶段（图1-1）。

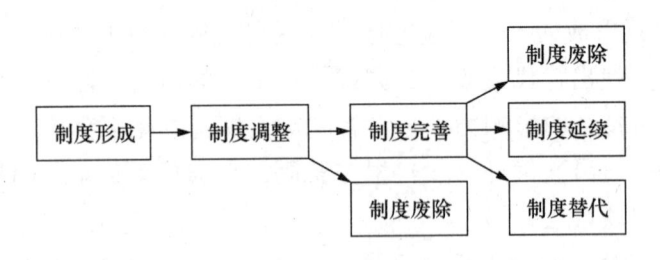

制度形成 → 制度调整 → 制度完善 → 制度废除 / 制度延续 / 制度替代
制度调整 → 制度废除

图1-1　制度变迁过程

制度调整是已初步形成的制度在实施过程中因不符合实际而引发问题，制度制定主体不得不加以改进，以减少与作用对象的矛盾冲突，降低制度落实成本；经过一定时期的不断改进，制度趋于完善，民众形成遵循意识。完善后的制度最终结局有三个：一是延续下去；二是随着社会和环境变化，

它将难以维系下去,最终被废除或自然失去作用;三是被其他制度形式所替代。实际上,第二个和第三个结局有相通之处,当已有制度被废除时,将可能出现替代性制度形式。

制度的形成有的是对已不适用制度的替代或改进,表现出制度的内生性特征;有的则具有外生性,是在"无"制度的环境中生成,外来制度被引入就具有这种表现。

东汉建武初年,任延出任位于南部边陲的九真太守。史载,九真"俗以射猎为业,不知牛耕,民常告籴交址,每致困乏"。任延令其人"铸作田器,教之垦辟。田畴岁岁开广,百姓充给"。当地"骆越之民无嫁娶礼法,各因淫好,无适对匹,不识父子之性,夫妇之道。延乃移书属县,各使男年二十至五十,女年十五至四十,皆以年齿相配。其贫无礼娉,令长吏以下各省奉禄以赈助之。同时相娶者二千余人"。由此,民众"产子者,始知种姓。咸曰:'使我有是子者,任君也。'多名子为'任'"①。这是将中原文明引入边鄙原始部落之中的结果,具有制度创立的意义。

而下面一例则属于制度替代。东汉和帝时,许荆任桂阳太守。该郡"滨南州,风俗脆薄,不识学义"。许荆"为设丧纪婚姻制度,使知礼禁"②。可见,桂阳郡原来尽管风俗脆薄,但也是有制度的,只是与内地风尚相异。许荆以符合礼仪的新制度取而代之。

当然,不能否认,有些制度形成时间很短,未经过调整和完善阶段即被废除。这是就一种成熟和稳定制度的变迁过程而言。或者可以这样表达,任何一种制度形式不可能持续发挥作用,其变动有三种途径:制度改进、制度变迁与制度革命。制度改进即是调整,变迁是原有基本制度仍得到维系的变动过程,制度革命则是用新的、与原有制度根本不同的新制度取代旧的制度。

2. 制度的作用形式:单一制度、制度组合和制度环境

制度对人口行为的作用方式既有单独表现,更有以多种制度所形成的结构形态来发挥作用,还有制度系统和制度环境。其关系如图1-2所示:

---

① 《后汉书》卷76,循吏列传。
② 《后汉书》卷76,循吏列传。

```
1 制度 → 2 制度结构 → 3 制度系统 → 4 制度环境
```

图 1-2 制度作用类型

图 1-2 显示的为四种制度作用方式。第一种制度为单一制度作用形式；第二种为制度结构，它实际是多项制度的组合及其作用形式，单一的制度不能称为制度结构；第三种为制度系统，指较为完善、配套且形成有机整体的制度体系；第四种为制度环境，是多项制度经过一定时间的实施过程后所形成的影响人口行为的社会氛围，其所约束的对象养成自觉按制度行事的习惯。可见，以上四种类型表现出"单"制度与"众"制度之别。"众"制度形成制度网络、结构、环境和系统。

从对人口行为的作用程度来看，"众"制度要大于"单一"制度，制度系统大于制度结构，制度环境大于制度系统。不过也会有例外，如制度环境的影响具有潜在和相对平静的特征，而制度系统则多为显性和现时的制度。在特定阶段，后者较前者的影响力更大。

制度结构、制度系统和制度环境往往表现出制度影响的多元特征。如同一时空范围内，既有行政约束制度，也有民间约束制度。

3. 制度的作用方式

无论是单一制度，还是制度结构、制度系统和制度环境，其对人口的具体作用方式有以下几种。

(1) 以制约人口行为为主的制度

这实际是制度的主要作用形式。它又可分为以下几种：

A. 制度控制。它重在将人口行为限定于制度允许的范围内。这种制度直接作用于人口个体，具有高度强制性。法律和政府制定的政策多属此类。如户籍制度、当代人口生育数量控制政策等。

B. 制度矫正。它旨在改变已有人口行为中不适应现时要求的内容。社会变革时代或新的政权建立后常有这样的举措。

C. 制度约束。相对于制度控制、制度矫正，制度约束的力度要弱一些，或者说它不是刚性限制，而是弹性限制。民间惯习常有这种表现。

D. 制度贬抑。有些制度对人口行为并不设定禁止措施，但却有贬低、歧视之意，由此收到抑制效果。如传统时代丧偶妇女再婚，法律并无禁阻之令。除个别时期政府对贵族丧偶妇女有再婚限制外，对一般平民妇女并无再婚禁律，只是表彰守节之人。不过，民间形成浓厚的歧视妇女再婚惯习，从而影响妇女的再婚行为。在熟人社会中，民意或舆论对人的行为制约很大。如一些地方有这样的婚俗："礼仪丰俭，各称其家，有争财者，共耻之。"①

（2）以引导民众人口行为为表现方式的制度

A. 制度激励。通过物质和名誉性奖励措施，引导民众形成与政府目标一致的行为方式。

B. 制度倡导。通过对模范仪型予以表彰来引导民众行为。传统时代政府表彰孝子和节妇对亲子代际关系和婚姻行为就具有这种作用。

（3）以维系某种人口行为为目标的制度

制度维系重在对已经形成的制度予以继承并保持下去。如近代之前法律中的许多条文从唐代至明清时期变动很小，制度延续和维系成为主流。需要注意，制度维系具有从制度自身角度来衡量的特征，而从制度与民众关系角度看，它又体现为制度控制。

本质上，无论哪一种制度作用方式，都具有导向作用，希望民众按照既定规则行事，减少与制度要求不符的越轨行为。

4. 多项制度的作用方向

在同一时期，往往有多种不同类型的制度存在。在对人口及其行为施加影响时，不同制度形式的作用方向形成多重一致，将增强制度效果；有的制度会相互抵消；还有的制度彼此制约或掣肘。这表明同一时期的多项制度既有同向合力，也有逆向抵消或掣肘之力。不同制度之间存在互维、互斥的关系。

（1）互维和互补的制度。两种及以上制度对人口的作用方向具有一致性，形成合力（见图1-3）。这种互维和互补可以在同一层级，也可在不同层级（如不同级别行政管理机构对同一问题所制定的规则）。中国历史上，不同类型制度的一致性特征比较突出。所谓"仁恩以为情性，礼义以为纲纪，养化以为本，明刑以为助"②。礼仪、教化和刑法制度各有其作用，但

---

① 乾隆《屏山县志》卷1，风俗。
② 《隋书》卷25，刑法。

目标是一致的。李银河认为：一个社会所拥有的法律通常是与这个社会的传统行为规范及道德观念紧密联系的①。对同一人口行为不同制度作用的一致性，我们试举两例。A. 近代以前，全社会形成重视人口数量，特别是人丁数量增长的氛围，而这种氛围是靠政策、宗规族训和习俗等共同营造的；B. 重男轻女现象在法律制度、宗族规条和社会惯行上都有表现。我们看到，有些宗族为使所订规则具有约束力，呈请地方官审阅、批示。湖南湘阴县咸丰九年（1859年）制定《家规》，呈报湘阴县令，请求批准，以增强其权威性。该县令批复为：阅呈《家规》十六则，均极周备，准悬示众人，共知观法。俾阖族子弟，咸兴礼让而远嚚陵，本县有厚望焉②。它也表现出家法与官府规定的一致性。一般情况下，两种及以上制度形式不大可能有同样的作用力度，或者说应有主次之分。

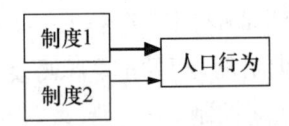

图 1-3 互维互补制度作用形式

(2) 互斥的制度。两种及以上制度互相排斥，作用方向不一致，一种制度对另一种制度的作用形成干扰（见图 1-4）。如当代男女在家庭财产继承上享有平等权利并被载入法律之中，但在农村，仍以男系继承为主。这是由现代法律制度与传统习俗的差异所造成，或者说传统习俗滞后于现代法律。互斥制度下，民众行为与官方要求会发生碰撞和冲突。清代汪辉祖指出：各处风俗往往不同，必须虚心体问，就其俗尚所直，随时调剂。然后传以律令，则上下相协，官声得著，幕望自隆。若一味我行我法，或且怨集谤生③。这实际是因地制宜，注意减少官方制度与民间习俗不一致时所引发的矛盾。

---

① 李银河：《生育与中国村落文化》，牛津大学出版社 1993 年版，第 97 页。
② 民国《湘阴狄氏家规》卷 5，家规。
③ 汪辉祖：《佐治药言》，须体俗情。

```
制度1 → 人口行为 ← 制度2
```

图 1-4　互斥制度作用形式

（3）制度矫正和抑制。

上面曾提及制度对婚姻、生育等人口行为方式具有矫正和抑制作用。我们认为，这在很大程度上是以一种制度矫正、抑制另一种制度的反映（见图 1-5）。这种制度关系形式主要表现在政策、法律等国家制度对民间制度如民俗方面。若一种制度通过矫正和抑制另一种制度之后才能对人口行为产生影响，其作用力度将会降低，亦即中间力量的阻碍耗费了直接性制度的效力。下面分粗细箭头表示。

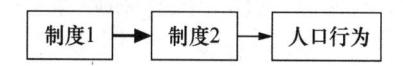

```
制度1 ⟹ 制度2 → 人口行为
```

图 1-5　制度矫正和抑制下的作用形式

制度矫正和抑制可能会形成三种结局：一是新制度替代旧制度；二是新旧制度各自让步，然后并存；三是新制度贯彻失败，中止使用，旧的制度继续发挥效力。

（4）制度抵消。一种制度在贯彻中受到另一种制度的抵制。它多表现为已经存在的旧制度和新实施制度作用方向不一样，旧制度试图继续维持原有利益格局，新制度难以被落实，或者以让步的方式被落实（见图 1-6）。如中国 1949 年后在家庭财产继承上，实行男女平等、子女平等原则。但在民间社会，特别是广大农村，子娶女嫁为主要婚姻形式，嫁出之女对娘家财产并不具有继承权。尽管不少女性知道新法律所赋予的权利，不过她们基本上认可民间惯习，不参与继承。与此相适应，她们原则上也不承担（娘家）老年父母的赡养义务。

```
制度1 ⇌ 制度2 → 人口行为
```

图 1-6　制度抵消后的作用形式

从以上制度机理分析中可见，制度对人口行为的作用和功能具有多样性，制度之间也存在较复杂的关系。认识到这一点将有助于增强制度制定主体对制度调整、完善和替代的主动性，以适应人口发展的新要求。

（二）制度的落实

从本质上讲，制度一旦形成，就会发生作用。但在实际社会中，制度的作用并非自发的产生。多数制度需要有落实和贯彻的外力，需要具体的组织加以推动。这些组织既有官方的，也有民间的。不过存在例外情形，如惯习中的一些做法则靠无形的舆论力量。

1. 制度落实的主体

（1）官方机构。我们知道，制度的主要部分是法律和政策，因而不同级别官方机构成为制度的落实主体。法律和政策多依赖政府相应机构来实施。

（2）民间机构。传统时代有两个系列：一是由官方推动所形成但未纳入正规官僚体系的乡里组织，它由乡绅或由相对富裕家庭户主轮流担任管理之责，协助官方治理所辖民众；以宗族为代表的同姓血缘亲属家庭组织，对宗族成员的婚丧嫁娶、困难救助、子女教育、家庭纠纷等事务参与管理、调解或干预不当行为。明代万历年间浙江诸暨知县刘光复针对当地民间所存在的溺女、锢婢、买同姓女子为奴等"宿弊"，制定禁令：各乡图、坊、里长、乡约、正副保，互相晓譬、觉察，毋玩毋隐①。清代地方官在发布针对民众不良行为时，也要求民间宗族、房亲、乡约、里社自相钳制②。可见，乡里组织是其所依赖的协助力量。对县级官府来说，其政令落实的主体就是民间组织，当然这些组织除宗族外，多是在官府督导下所建立的。

（3）其他。一些制度无落实主体但对民众有制约作用。习俗惯行无明显的落实主体，它主要靠群体内部对违规者的排斥来显示作用。

有学者指出：社会规范和法律的不同地方，主要体现在执行机制上。法律是由作为第三方的政府、法院或者专门的执行机构来执行的。社会规范是社会中普遍认可和遵守的行为准则，它的执行机制是多元化的，我们

---

① 乾隆《诸暨县志》卷9，风俗。
② 安颐纂：《晋政辑要》卷20，礼制。

称为多方执行①。这一论述表达了制度落实的多元性。

2. 制度落实的方式

（1）制度落实有范围差异。它可分为全国范围、地方范围、乡里村社范围、宗族范围等层级。法律和中央政策在国家范围内实行，除此之外的制度则在地方、局部和特定群体中发挥作用。

（2）新产生制度的落实有直接推行与试验后推行两种。当代制度在普遍推行之前，往往在小范围内进行试验，取得经验并修正规则后再予推行开来。

（3）官民监督性制度与群体自我监督性制度。前者指落实主体为官方的制度，它多由官方人员负责实施，并对违规者实施处罚。后者主要指惯习性制度，没有组织性的监督主体，而由民众自我监督约束，违规者在乡里村社这一熟人环境中有被歧视或受排斥的担忧。

（4）制度落实往往需要人力物力投入。制度落实需要一定成本，政策性制度主要靠已有官方机构落实，需专门人员负责。此外，有些制度的落实需更多人员参与，像人口普查等，政府要投入大量人力、物力，成本较高。

3. 制度落实中的问题

（1）制度目标难以兑现。制度制定和落实主体会向民众宣扬和保证制度实施后所能带来的利益或好处，以赢得民心。但在贯彻时，因制度脱离实际，民众难以从中受益，且对已有生活形成干扰，制度的作用因此会大打折扣。

（2）制度承诺与资源的有限性。官方为减少推行制度中的阻力，或新政权为稳定统治基础。如传统时代新建王朝承诺免除税赋②、奖励垦荒、扶持弱势者等措施，但由于百废待兴，官方所掌握的资源有限，无力落实优惠百姓的措施，失却民心。

（3）制度制定与落实缺乏衔接。制度需要有人或机构去落实，但在历史上，重制度形式而轻制度落实或落实者不作为的现象比较普遍，制度形

---

① 张维迎：《信息、信任与法律》，生活·读书·新知三联书店2003年版，第23页。
② 税赋，传统时代的定义为：输土物曰税，取田租曰赋。税以足食，赋以足兵。徐元瑞：《吏学指南》，钱粮造作。

同虚设。

（4）制度落实中出现扭曲或者折扣。制度实施过程中因遇到阻力，难以达到制定者的预期目标，不得不进行更正，或者降低原定标准。

（5）制度半途而废。新制度实施时因遭遇激烈抵制，为缓解矛盾而放弃执行。

（三）制度实施中的受益受损者

制度的最主要表现是约束民众行为，引导民众按照规则行事。那么谁是制度的受益者？谁又是受损者？

1. 公共利益和个体利益的一致性

制度由政府或国家组织制定出来，其主要目标是使国家和民众均受益。如当代的人口控制政策，通过减少人口，国家人口压力降低，家庭的生存压力也会降低。

2. 公共利益和个体利益的背离

国家利益并非与个体利益的所有方面都保持一致，也有相互背离之处。如人口控制制度中的独生子女政策，对家庭养老传统和功能有很大的削弱，它必须有完善的社会养老保障制度作为后盾和基础；在社会保障制度尚未建立起来的农村则难以推行下去，政府不得不做出让步性调整。

3. 制度对民众利益影响的多向性

（1）索取性制度。制度规定民众应履行的义务，如传统社会政府以人口、人丁为基础征派赋役。站在民众立场上则表现为其既有利益受损，隐匿家庭人口成为民众减少损失的手段。

（2）给予性制度。在特定制度之下，政府和其他社会组织给予民众一定利益，如设立社会保障制度。而从民众角度看则是一种利益获得。

可见，这两种制度可带来四种影响：索取与受损，给予与获得。制度贯彻中的获益与受损往往是制度制定主体与落实对象之间的重要博弈。它关系到制度能否成功，成功之后能否长久维系。

（四）制度的效力

制度的效力指制度起到了约束、矫正、引导人口行为的作用。

传统时代，特定阶段的政府鉴于现行婚俗易产生纠纷，对此进行改造，收到预期效果。

清代，川中"婚礼最为苟简。两姓缔好，无婚书，亦无名帖，只凭媒人持年庚一纸而已。于是男家不肖，遂以庚帖可执而骗婚，往往构讼公堂。婚媾等于寇仇"。乾隆八年"奉各上宪示禁后，乡民亦皆恪遵宪令，于问名、纳采之时，必具婚书，必通名帖，于是悔婚、骗婚之风稍熄"[①]。将空口无凭或随意性婚姻缔结用规范性契约加以约束，有助于减少纠纷。这是制度改进所产生的效力。

制度效力有长期或短暂之别。一般来说，法律制度、宗规族训、惯习多为具有相对长时期效力的制度，政策性制度常因时而变，不时更动。

但制度并非都能得到落实。制度落实中被打折扣、制度无效和失效的现象也并不少见。

1. 无效制度和形式制度

制度既然存在，就应有其效能，但实际上存在无效制度和形式制度。如同姓不婚在近代之前的法律中多被保存下来，却很少被贯彻，即使有违规者，也未得到处置。从不被落实的角度看，它属于无效制度。这些"无效制度"能保留或延续下来，没有被废除，在于政府试图让其发挥引导作用，而非惩戒作用。

传统时期，各地多有早婚习惯，一些地方官试图矫正，并发布禁令，但没有产生实质效果。四川巴州流行童养媳，往往女大于男，官屡禁之不能止。此风自明季已然，路旁按院禁碑尚存。川北多有之，不独巴州[②]。

制度无效或形式化的原因在于，制度的精神或原则脱离实际，缺少实行的基础。无效制度、形式制度所以被保留下来，一是制度变迁滞后，一是支撑这些无效制度的意识形态未被改变。

2. 制度约束对象的违规行为受到庇护，制度效力打了折扣

亲缘关系占主导的社会中，公共制度（针对所有个人和群体的制度）的实行效果较低。如村庄是一个血缘关系成员为主体的居住地，彼此关系密切，互相趋利避害是这一群体组织成员的处事特征。政策性制度在这一

---

① 同治《郫县志》卷18，风俗。
② 道光《巴州志》卷1，风俗。

层级最容易被打折扣。

3. 制度落实者不作为，导致制度效力下降

地方官员是法律、政策等公共制度的主要落实者，但违规者通过贿赂执行者得以免予处罚；官员懈怠职责，刚性制度因此而被软化。这种表现在传统时期和当代都存在，其结果是制度效力因此下降。民国期间，内政部规定婚礼仪节十二项，丧礼仪节十八项，世俗不尽行之[①]。

4. 制度载体变更导致制度失效

制度载体有多种，但主要是制定和维护制度的政治机构或政权组织。当旧政权被新政权取代，依附于旧政权的制度也会失去效力。不过在近代之前，政权更迭时，政策性制度会有改变，而法律性制度则变动很小，民间惯习也较少受到触动。

（五）被约束者对待制度的态度

1. 脱离和逃避制度

多数制度是以限制人口行为为表现形式的，而被限制者设法摆脱限制、规避约束是比较多的做法。在传统时代，由于户籍是征派徭役[②]的依据，百姓通过脱籍、隐瞒丁口来减少家庭及其人丁承担税赋和徭役的做法具有一定普遍性。

2. 跻身制度之内

有些制度，在对约束对象进行管理和限制的同时，还赋予体系内民众享有某种利益之权。因而那些在制度或体系之外者设法进入制度、体系之内。如当代，户籍，特别是城市户籍成为居民享受福利待遇的凭证，只有拥有户籍者才能获得某项利益，不少户籍体系外的流动人口设法进入，甚至不惜花费钱财打通进入的关节来得到某地的入籍机会。体系内外民众上学、就业机会、社会福利水平的差异是产生这种行为的主要原因。

[①] 民国二十三年《华阳县志》卷5，礼俗。为对民国时期风俗变化的阶段有所认识，本书将所引用民国时期方志的完成年份标出。

[②] 关于徭役的传统定义：科调曰徭，工作征戍曰役。又一身应当曰徭，全户应当曰役也。徐元瑞：《吏学指南》，征敛差发。

（六）制度的作用特征

上面对制度作用机理的多个方面进行了分析，从中可以概括出与人口有关制度的作用特征。

1. 既有传承又有变异

在特定地方区域或国家辖区内，一种主导性制度不大可能凭空产生或变更，与已有制度环境没有任何关联。中国传统时代，制度在传承中有所变异的情形较多。这是从纵向视角着眼。风俗和惯习类制度的这一特征最为明显，像男娶女嫁这种习俗，尽管当代法律已将随夫居和随妻居均作为合法的婚居形式，但在农村，主流的婚居形式仍是随夫居；而在城市，"结婚"的意识逐渐增强，嫁娶的观念则淡薄了。此外，传统社会不同阶段，有关人口行为的法律条文在新旧朝代之间也表现出传承为主、变异为辅的特征。

2. 影响范围有大小之别，分层和重叠互有表现

相对来说，法律制度在全国范围内发挥效力，而政策的行政层级特色比较突出。风俗惯习有些方面与法律精神相一致，有的则有差异，甚至相互抵牾。习俗自身表现出强烈的地区特色，百里不同风、千里不同俗就是写照。宗规、族训则只在特定宗族中发挥效力。

3. 约束程度有刚性和弹性之不同

制度约束人口行为的方式有两种：一是刚性约束，一是弹性约束。刚性约束具有强制色彩，有惩戒措施；弹性约束重在引导，没有惩戒手段相伴随。从表面看，有制定主体的制度刚性约束特征比较显著，实际上其中也有刚性与弹性之分，如政策性制度贯彻过程中往往表现为贯彻过程中前紧后松、前严后宽，或虎头蛇尾。

刚性制度需要有相对健全的组织去落实，成本较高。我国在城市推行的独生子女政策就具有很强的刚性特征。此外，20世纪70年代在城乡实行的晚婚政策也有很强的刚性。当时城市的单位制度（政府通过工作单位对职工实施全面管理和约束）和农村集体经济制度（生产队和生产大队对社员及其家属进行全面管理）为这些政策落实创造了条件，否则将比较困难。弹性制度在传统时代比较突出。传统社会有法定婚龄，但民众并不遵守它，因为当时官方没有建立婚姻登记制度，低于法定婚龄者也不会受到处罚。

4. 影响方式有直接和间接之分

制度对人口的影响方式有二，一是直接影响，一是间接影响。直接影响是指该制度针对人口本身的数量变动和空间分布形势而制定，表现出显著的影响效果，如不同时期实行的鼓励或控制生育、迁移政策等。间接影响为，制度的主要目标并非针对人口，但对人口发展产生影响，如传统时代的赋役制度，1949年以后的土地改革、集体经济制度等。

5. 制度的约束力来源既有他律，也有自律

人口行为所受制度影响主要是他律形式的制度。他律制度比较容易理解。制度制定者以组织的名义对所属民众发布具有约束力的制度措施。有些制度没有明确的制定主体，像风俗、惯习，是约定俗成的，大多数情况下要靠生活在特定环境中的民众有意识地按照惯习行事，以获得认可，这是一种自律效果。

6. 制度有主观目标与客观目标的差异

有些制度主观上并非为了对人口的某种行为产生影响，但其在客观上却具有这种效果。如同姓不得结婚是传统伦理和法律中的一项基本规定，它原本并非为了"优生"，而在于避免血缘伦理秩序紊乱。

7. 从制度的功能来看，既有维持秩序的制度，又有应对问题的制度

像法律制度、宗规族训和惯习多具有维持人口秩序的功能，而现实人口问题的解决则主要靠政策。

8. 就制度的价值而言，有先进与落后之别

先进制度指适应时代发展要求的制度，在当代则指具有平等和公平追求的制度；而落后制度则与其相反。更进一步，先进制度对人口发展的作用具有积极效果，落后制度则起消极作用。如中国传统社会长期的制度实践是男女不平等，在婚姻生育诸方面均有表现；男女平等是近代以来产生的新观念，进而体现在政策和法律制度上，其对生育中的男孩偏好有所抑制。在现实社会中，男女不平等及其对人口的影响仍有表现。

9. 制度的表现形式有显性与隐性之不同

显性制度为条文、措施明确的制度，法律、政策和宗规族训属于这类制度；隐性制度则指习惯性做法，流行于特定地区。

对制度作用特征的认识有助于适时调整制度，同时对新制度贯彻过程

中可能出现的问题有所把握。

制度的作用特征体现在作用方式上，而这又与制度的形式有关，由此表现出刚性和弹性、直接和间接、他律和自律、显性和隐性等诸多差异。

（七）制度如何为官民所知

制度的作用在于约束、引导民众行为。制度只有为官民所知，才能发挥这种作用。制度中有些是潜移默化的，或者由上一代向下一代灌输，民间惯习多通过这种方式；而更多的制度需要靠外部组织贯彻。

1. 政策、法律传达给民众的方式

在现代社会中，制度传播方式多样，有印刷成册的各种制度汇编，有报纸将新制定的法令、政策刊登出来，还有广播和电视等宣传途径。总之，民众获得制度的内容相对比较容易，途径比较多，故大体知道"不可为"和"可为"的界限。

而在传统时代，特别是以农业为主导的社会阶段，制度传播手段则没有这么便捷。但官方和民间也有一些措施向民众灌输制度。需要指出的是，传统时代的制度传播方式在当代仍然得到延续。

（1）促使民众知悉法律和政策

其做法是组织民众读法。《周礼·地官》中即有这样的表达：州长各掌其州之教治政令之法。正月之吉，各属其州之民而读法，以考其德行、道艺而劝之，以纠其过恶而戒之。若以岁时祭祀州社，则属其民而读法，亦如之。可见，地方长官既掌握一地"教治政令之法"，还负有让民知法之责。乡官有同样的职责和使命。"党正各掌其党之政令教治。及四时之孟月吉日，则属民而读邦法，以纠戒之。……正岁，属民读法而书其德行道艺"。再往下，"族师各掌其族之戒令政事。月吉，则属民而读邦法，书其孝弟睦姻有学者"。"闾胥各掌其闾之征令，……凡春秋之祭祀、役政、丧纪之数，聚众庶。既比，则读法，书其敬敏任恤者。"[1] 这种读法制度是否真正得到贯彻尚难说，但其思路是对的。通过组织读法，民众知道了什么能做，什么不可为，自我约束意识形成，越轨现象将会减少。

---

[1] 《周礼·地官》。

(2) 张贴告示

告示一般由地方官府将新的政策书写于纸张等之上，在所管辖地区通衢要道或人烟稠密之处张贴，供人观读，相互传知。其功能很多，但不外乎传达朝廷旨意、地方政府督促和限制百姓所为之事等。唐代，太宗对让民众知悉朝廷政令颇为关注。开元十六年（728年）玄宗发布"令州县以制敕告示百姓敕"：凡制令宣布，皆所以为人。如闻州县承敕，多不告示百姓，咸使闾巷间不知旨意，是何道理？宜令所繇捉搦，应有制敕处分等，令始终勾当，使百姓咸知。如施行有违，委御史访察奏闻[1]。该敕令强调，国家"制令"完全是为民众所订立。民众要获知帝王旨意，或帝王诏令达于民间，需经过地方政府系统这一中间环节向下传达，在当时主要是由最基层的政权机构——州县来完成。若这一级机构的官员怠忽，便会造成上下梗阻现象。而中央则通过派出御史来监督官员、强化地方机构的职能。从这一敕令中可以看出当时政令的传达方式。

实际上，直至近代，甚至1949年以后很长一段时间，在乡村、厂矿及其宿舍区等人口聚集之地张贴告示或布告仍是法令等制度传播的重要方式之一。

(3) 集中宣讲

传统时代，里甲、村镇等民众的居住地管理单位，由乡绅及里甲长、村镇长等按照官方要求，召集民众，宣讲朝廷政策、法律等制度形式，以使有所依归，这一方式是百姓了解制度要求、明了规则内容的途径。如明代，政府要求地方在举办乡饮酒礼活动中进行制度解说和教化活动。明洪武二十五年（1392年）太祖下诏：各处官民之家传诵大诰三编，凡遇乡饮酒礼，一人讲说，众人尽听，使人皆知趋吉避凶，不犯刑宪。洪武二十六年进一步细化规定：凡民间须要讲读大诰律令，敕谕老人手榜，及见丁著业牌面，沿门轮递，务要通晓法意。仍仰有司，时加提督。嘉靖八年（1529年）题准：每州县村落为会，每月朔日，社首社正率一会之人，捧读圣祖教民榜文，申致警戒。有抗拒者重则告官，轻则罚米，入义仓以备赈济[2]。这是官方的要求，其落实情况如何？根据明代福建《惠安政书》记

---

[1] 宋敏求：《唐大诏令集》卷110，政事，诫谕。
[2] 《大明会典》卷20，户口。

载：月吉，乃属民而读法，书其善者、恶者，老人以木铎徇于路；望亦如之①。清朝则有"圣谕广训"宣讲。这表明，当时民众有正规的渠道了解本朝法律和政策，它在很大程度上成为政府教化、约束民众的方式。

新中国成立以后，这种传播形式依然存在。通过召开群众大会来传播、宣讲新的政策可谓集体经济时期的农村和计划经济时代的厂矿最为普遍的形式。

（4）将律令纳入官学教育和科举考试之中

中国的教育体系在汉以后即比较健全。隋唐科举制度建立后，各地方设有府州县学，还有不同类型的书院。这些学校不仅是传播文化知识的场所和培养官员后备力量的基地，而且负有向学生灌输历朝和本朝制度的使命。我们从明朝的规则中可对此有所认识。明洪武二十一年（1388 年），太祖赐天下武臣大诰，令其子弟诵习。二十四年，太祖下令天下生员兼读诰律。成化四年（1468 年）宪宗准奏："各处有司，每遇朔望诣学行香之时，令师生讲说大明律及御制书籍，俾官吏及合属人等通晓法律伦理，违者治罪。"② 可见，这一做法既有要求，又有检查落实措施。

（5）设立张挂禁令场所

传统时代，政府将朝廷重要制度和规则制成牌匾张挂于民众聚集和经常出入之地，供人观瞻、温习，并对照日常所为，获得某种警示。明朝永乐十七年（1419 年）明政府要求：各处军卫有司，凡洪武年间一应榜文，俱各张挂遵守。如有藏匿弃毁不张挂者凌迟处死③。成化元年（1465 年）规定：各处修盖榜房，将洪武永乐正统年间节次颁降榜文誊写张挂，谕众通知④。可见，此类榜文与告示有形似之处，但其做法更为规范，且具长久保留的条件，张挂于专门建立的榜房之中。

这种形式在现代社会依然发挥着作用。农村村委会办公室和社区等城镇公共机构多张挂有计划生育法令等。

（6）官员前往地方敦促制度落实

它有两种形式：一是中央派出官员，通过巡阅地方，了解民情，革除

---

① 叶春及：《惠安政书》卷9，乡约篇。
② 《大明会典》卷20，户口。
③ 《大明会典》卷20，户口。
④ 《大明会典》卷20，户口。

旧俗，倡导新风，推动与帝王要求一致的社会习尚形成。晋泰始二年（266年），武帝遣侍中侯史光等持节四方，循省风俗，除禳祝之不在祀典者①。

一是地方官员定期到所属地域视察，并直接接触民众，促进具体制度落实。

晋泰始四年（268年）六月，武帝下诏："郡国守相，三载一巡行属县，必以春，此古者所以述职宣风展义也。见长吏，观风俗，协礼律，考度量，存问耆老，亲见百年。录囚徒，理冤枉，详察政刑得失，知百姓所患苦。无有远近，便若朕亲临之。敦喻五教，劝务农功，勉励学者，思勤正典，无为百家庸末，致远必泥。士庶有好学笃道，孝弟忠信，清白异行者，举而进之；有不孝敬于父母，不长悌于族党，悖礼弃常，不率法令者，纠而罪之。田畴辟，生业修，礼教设，禁令行，则长吏之能也。人穷匮，农事荒；奸盗起，刑狱烦；下陵上替，礼义不兴，斯长吏之否也。若长吏在官公廉，虑不及私，正色直节，不饰名誉者；及身行贪秽，诌黩求容，公节不立，而私门日富者，并谨察之。扬清激浊，举善弹违，此朕所以垂拱总纲，责成于良二千石也。"② 它意味着，地方主官除了值守衙门、处理政务外，还要亲历乡里，扬善惩恶。这可谓制度落实的具体途径。

以上主要是与人口有关政令性制度的传播方式。实际上，传统时代不少制度形式，如法律条文中的关键原则较少变化，如择偶范围、立嗣过继规则、分家析产等，已形成制度环境，为成年人所熟悉，并在落实过程中为下一代所掌握。

2. 宗规族训的灌输方式

宗族规训这些制度形式主要由宗族组织通过宗族公共活动如祭祖等形式向族众灌输。有些宗族还有阅谱之举，以便族人明了族人行为规则。

明代，浙江余姚徐氏要求按古人立谱之法行事："四时孟月，会族以读谱；十二月之吉，会族以书其行以为劝戒，非止于饮酒叙情而已。……族长于每季孟月之旦，督率各家长率子侄谒祖，令年壮子弟宣《谕族文》一遍，并《宗范》各条。如有犯教令者，备书其过于副谱之上，然后量其犯之大小，而示罚焉。"③

---

① 《晋书》卷3，武帝纪。
② 《晋书》卷3，武帝纪。
③ 《余姚江南徐氏宗谱》（1916年）卷8，族谱宗范。

对新娶入之媳要给其一个熟悉家规的过程。明代浦江郑氏规定：诸妇初来……限半年，皆要通晓家规大意。或有不教者，罚其夫①。

宗族成员的婚丧嫁娶等活动为宗族成员的重要集会，是实践宗族对族人要求不可缺少的方式。

3. 惯习如何为民所知

在笔者看来，惯习虽没有明确的制定主体，却最为人们所熟知。它不仅靠一代一代人口传心授，而且贯穿于民间婚姻缔结、丧事料理、年节备办、祭祀举行等活动之中，生活在乡土社会中的幼辈耳濡目染，自然也会成为惯习的承载体和传续者。此外，惯习还在养老、财产分割等活动中表现出来，它们甚至形成文书等文字性材料，引导人们遵循规则，否则会产生争议。

4. 道德性制度的认知

道德性制度的主体是伦理规范。

从认知角度看，传统时代乡里社会不仅有乡绅和士等文化群体以不同方式布道，而且官方也赋予乡社里长化导民众之责，其所使用的教化工具就是经书及其具体化的内容（如树立榜样、旌表楷模供百姓观瞻、效法）。而隋唐之后科举考试制度造就出规模庞大的专业读经、习礼群体，由此形成的教育制度成为官方普及传统道德规范的重要途径。此外，在类似于乡饮酒礼等官绅、官民互动的礼仪活动上，尊老和秩序教育贯穿其中。

5. 官员如何掌握制度

无论哪个时代，官员都是政策的主要制定和落实者。不仅如此，在传统时代，官员机构人员有限，各级地方之长又是地方刑事案件、民众诉讼的主要审判者。因而，熟悉政策和法律是官员行政的前提。所谓"凡国家礼文制度法律条例之类，皆能熟观而深考之，则有以酬应世务而不戾乎事宜"②。

明朝规定：凡国家律令，参酌事情轻重，定立罪名，颁行天下，永为遵守。百司官吏务要熟读，讲明律意，剖决事务。每遇年终，在内从察院，在外从分巡御史、提刑按察司官，按治去处考校。若有不能讲解、不晓律意者，初犯罚俸钱一月，再犯笞四十附过，三犯于本衙门递降叙用。其百

---

① 宣统（浦江郑氏）《义门规范》。
② 薛瑄：《从政录》不分卷。

工技艺诸色人等有能熟读讲解通晓律意者，若犯过失及因人连累致罪，不问轻重，并免一次①。

这一规则为清朝所继承，只是在处罚方式上有所变通：每遇年终，在内在外，各从上司官考校。若有不能讲解，不晓律意者，官，罚俸一月；吏，笞四十②。可见，通晓法律规则是对官吏的一项基本要求，并有考核措施。而对一般民众，若懂法律，则给予适当奖励：过失罪和因人连累罪重涉案时，给予一次免于处分的优待。

相对于传统时代，当代社会人们对不同类型制度的获得和认识方式更为多样。但从居住和谋生空间上看，传统社会民众一生多居于一乡一地，更多地感知或约束于习俗、惯行等所营造的制度环境，可谓获得制度的方式比较直接，且成本较低。现代社会中在乡村生活的人口比例减少，而由迁移、流动人口集聚所形成的城镇人口大幅提高，熟人社会为主导变为陌生人社会为主导；民间约束或自我约束为主的制度更多地被公共机构约束制度所取代。如不到法定结婚年龄不得登记，婚后生育指标需申请等。从传播方式上看，与传统时代不同之处在于，当代靠灌输和说教获得对制度的认识这种形式大大减少，更多地为条文性制度，依赖查阅和咨询来了解。

三 社会发展、制度变迁下人口所受影响

制度并非一旦形成就永远保持下去，它将随着社会、经济发展而发生改变。在旧有制度环境中的人口行为，随着新制度的产生，规则改变，也会受到影响。

社会发展与制度变迁是相辅相成的。社会发展包括生产方式的变革、民众生存方式的变化和社会形态的转型。制度变迁是指旧制度被新制度替代、已有制度为适应社会要求发生转换的过程。一般来说，内在制度的变迁相对缓慢，外在制度往往随着制定主体的改变而改变③。谈及社会制度及

---

① 《大明律》卷3，吏律。
② 《大清律例》卷7，吏律。
③ 王跃生：《中国当代家庭结构变动分析——立足于社会变革时代的农村》，中国社会科学出版社2009年版，第17页。

其变迁时，英国人类学家雷蒙德·弗思认为，社会制度永远是在变迁之中，不论它变得快慢，慢到在普通的观察中不易看出来，或是变得极快，快到我们很难说有一种固定的制度①。这实际是对不同形式的制度所言。

（一）制度变迁的原因

1. 制度制定和落实主体更迭

正如前面所言，多数制度都有制定和维护主体。这个主体具有制定、修订和落实、维护政策、法律的权力。在历史上，改朝换代和其他形式的政权更迭常常意味着制度维护主体的变更。新政权因时制宜，发布新的法令，制度变动因此而发生。但值得注意的是，在近代之前，政权更迭对法律形式的制度冲击较小，新王朝或者照搬前朝制度，或者稍作修改。这主要是因为政权更迭没有引起生产方式的变革，生产关系、财产关系原则没有改变；意识形态仍遵循着传统，婚姻方式、家庭关系、生育观念没有被触动。

但近代以来，特别是1949年以来，政权变更对旧有制度的冲击很大。基本生产资料所有制由私有变为公有，直接影响到民众的生存方式。更重要的是，基层政权组织形式被改变。近代之前，官方机构的设置层级一般仅下至州县，而民国时期开始初步达到乡镇或区一级，1949年后的集体经济时代更形成政治、经济、社会为一体的人民公社（实际的乡级政权）。1949年之后城市的国有和集体经济企业逐渐占据主导地位，加上行政和公共事业单位，城市居民的"私人领域"大大缩小。这一体制与传统体制的重要差异是，政府所制定出的制度能更顺畅地贯彻，民众行为和生活受制度的影响更直接。原因在于，不同职业者均被纳入严格的管理体系和组织之中，在体系和组织之外已基本上没有生存空间。

2. 社会发展与转型推动制度变迁

传统社会的朝代更替，或同一王朝内部的帝位更迭并不能称为社会发展。在笔者看来，社会发展指生产和生存方式的进步，特别表现为生产力水平增长，生产效率提高，民众生存方式改善。社会发展积累到一定程度就会发生社会转型。社会转型是指以农业为主、相对封闭的农耕社会向以

---

① ［英］雷蒙德·弗思：《人文类型》，费孝通译，华夏出版社2002年版，第149—150页。

工商业为主的社会转变，农村人口为主向城市工商业人口为主转变。中国社会转型的量变在近代以后开始出现，其过程却比较曲折。民国时期工商业城市，在沿海、沿江地区得到较迅速的发展，但后来由于战乱（主要是日本侵华）使这一发展进程受到阻滞。1949年以后，特别是20世纪50年代，在农业生产水平和劳动生产率没有明显提高时，城市人口的过快增加引起粮食供应紧张，加之城市所能提供的就业岗位有限，因而政府在60年代和70年代采取了严格的限制城市人口增加的策略。与此同时，政府加大对农业的物力投入和技术改造。其中包括兴修农田水利工程，以改变农业靠天吃饭局面；增加化肥生产和对农业的供应；改良粮食品种，采取现代科学手段育种。这些措施从外部改善了农业的生产条件，使得粮食产量稳步提高。但在集体经济制度下，具有平均主义色彩的分配制度难以调动农民的生产积极性，劳动生产率未能获得实质提高，甚至出现有增长无发展的局面。只有到了80年代初期，农村集体经济组织解体，家庭联产承包责任制实行，农民的生产积极性才被调动起来，劳动生产率有了实质性提升。农民的劳动时间"剩余"增多，他们向非农领域转移的愿望增强。城市发展速度加快（基础设施兴建、住房建造等），第三产业随着计划经济制度逐渐被打破（国有和集体企业垄断商业的一统经营格局让步，允许个体商户进入）而日趋兴旺，这为农村劳动力的转移开启了大门。至80年代中期以后，沿海三资企业的发展，吸引大批农村中青年劳动力前往。20世纪末和21世纪初，房地产市场形成，商品房大量建造。城市福利分房制度退居次要地位，住房产权个人所有获得承认。农民也可以进城买房。可以说，这一系列制度变革推动了中国社会转型加速。

社会转型之下，农业社会为基础的习俗将难以继续发挥作用，制度变迁不可避免。但在社会转型的初期阶段，旧的以农业和以农村为基础的制度并不会彻底消散。

3. 制度载体变动与制度变迁

一般来说，制度载体就是制度发挥作用的社会。具体言之，制度载体是制度适用的范围和人群。从本质上讲，制度就是靠特定人群来支撑的。来自不同地区的人口通过迁移流动在迁入地形成新的聚落，五方杂处民众的原有惯习将会因此交融，其形式和内容都将发生变化。而在近代以来，特别是现代社会中则表现为，迁入城镇者很难将迁出地的惯习复制过来，为了融入新的社会不得不做出折中或某种让步。

制度载体的变动还有一种形式是，尽管人口及其群体没有发生改变，制度的承载组织解体，那么制度也会发生改变。如宗族是宗规族训的落实和维护者，但宗族组织在1949年后土地改革和集体经济组织时代，其存在的物质基础（祠堂、祠产等）受到削弱，政府及其基层组织也限制其发展，约束其活动方式，宗族下的家庭对其事务有更多决定权（不必通过宗族组织）。这使宗规族训的作用空间受到挤压。

（二）制度变迁的形式

1. 制度替代

制度替代是新制度对旧制度的替代。它是一种大的制度变迁。对于有制定主体的制度，当旧政权被新政权取代后，依赖其维护的旧制度失去支撑；新政权将制定新的制度替代之。

在中国，与人口有关的制度替代最为显著的是人口控制政策的出现。中国近代之前的数千年间，基本的人口制度是鼓励人口增长，无论从政策角度看还是从习尚、惯习角度着眼均如此。但从20世纪70年代开始，控制人口增长和生育数量成为人口政策的主基调，并且它逐渐成为一种刚性特色突出的制度（在城市尤其如此）。

需要指出，在中国，人口政策由鼓励生育向控制生育的方向转化，与经济制度和社会制度的巨大变革密不可分。或者说，政治和社会制度改变成为新人口政策出台并能够落实的基础。从20世纪50年代中期开始，城市的国营和集体企业开始占据主导地位。劳动年龄人口多工作在政府机构和事业单位、国营和集体企业等政府能够直接控制的公共性部门之中。可以说，组织和单位决定着民众的就业和基本生存条件。这一机制便于对民众实施监督和制约，奖励和惩罚措施能够较有效地实施。农村20世纪中期完成土地改革之后，生产组织开始由家庭向集体转化，从互助组到以具有入股形式的初级生产合作社，再到取消财产分红、完全按劳取酬的高级社（1956年），最终于1958年发展成人民公社下的三级所有（公社、大队和生产队）、队为基础的组织结构。土地和大型农机具归集体所有。此项制度一直延续到 1982 年农村家庭联产承包责任制实行——家庭重新成为生产单位，土地仍归集体所有。在中国开始实行人口控制的 20 世纪 70 年代，这一体制成为抑制农民多生行为、改变多育观念政策落实的重要基础。

我们认为，与人口有关制度的替代往往建立在体制转化基础上，而体制转化又与政权更迭和生产组织方式改变有关。

2. 承继关系

新建政权沿袭、照搬前朝政权所采用的人口制度。在一个政权建立初期，这种做法比较普遍。近代之前，政权更迭并非政治革命，是一个家族王朝对另一个家族王朝的取代，新贵族对旧贵族所掌握的政治和经济资源予以剥夺。社会基本生产关系没有变化，权力运行机制也未改变。因而社会基本制度也不可能或没有必要发生改变。与人口有关的家庭财产分配、继承制度，婚姻制度，户籍管理制度，迁移流动制度，均显示出对前朝的继承。当然，新王朝也会对制度的个别方面加以调整，如当大量荒芜土地需开垦时，改限制人口迁移为鼓励移民垦荒等。

3. 制度改进

制度改进主要指将旧有制度不适应的内容进行调整。它是以继承为主、更动为辅的形式。

在中国不同历史时期，王朝更替过程中，后一朝代政府只是对前朝政府的制度做小的改动，特别是法律制度，很少发生前后迥异的变化。

制度改进也包括制度在推行过程中出现与实际脱离的问题，为减少阻力和降低副作用而加以调整。

4. 制度转化

与人口有关的制度是特定时代和社会发展阶段的产物。特别是法律条文和政策都有制定主体，是政府针对具体和特定的人口形势而制定的。当人口形势发生变化，调整和改变政策是必不可少的。

不能否认，任何时代、任何国家，政府人口政策多服务于具体目标，是有一定偏向的。政策"偏向"是针对特定时期凸显的人口问题所采取的措施，是解决问题的"药方"。当问题获得解决或缓解之后，调整或改变该政策就是应有之义了。只有这样，才能避免使之脱离实际。

5. 具体制度的终结

具体制度的终结包括两个方面：一是依赖某个政权维系的制度因该政

权垮台而失去维系力量,因此终止;二是制度制定者鉴于某项制度的使命已经完成,没有必要继续贯彻,主动采取措施,将其废止。

(三) 制度与社会发展阶段的对应问题

不同社会发展阶段有不同的制度形式,当然制度形式并非与一个社会阶段相伴随,而会存在于不同社会发展阶段。可以这样说,在制度之中,既有适用特定社会发展阶段的制度形式,也有跨社会阶段的制度形式。一般来说,在同一社会发展阶段,往往有多种制度形式存在。在此,我们分四个时期加以考察。

表1-1　　　　　　　不同社会阶段的制度形式及其强弱之别

制度影响的强弱分类	近代之前	民国时期	1949年后至20世纪90年代	当代
强制度及其排序	法律、政策、乡规民约、宗规族训、民俗、礼教、道德	法律、政策、乡规民约、宗规族训、民俗	政策、法律	法律、政策
弱制度		道德、礼教	道德、民俗	道德、民俗

从表1-1可见,传统时期和当代的最大区别是:传统时期制度类型多,且都表现为强制度;而1949年以后,社会变革之下,制度形式减少。

1949年后和当代社会制度类型减少和变弱的原因在于:

(1) 制度载体失去或变得松散导致制度本身没有依附之物,无法继续发挥作用。宗规族训不再具有制度效力与宗族组织被削弱有直接关系。1949年后伴随着土地改革,宗族组织掌控的土地被分给民众;中国共产党加强乡村政权建设,禁止宗族组织干预基层社会事务;划分阶级成分的制度使宗族成员分化,富裕者(曾雇佣他人耕作或租佃自有土地予人)被定为地主和富农成分,属于新政权的专政对象;自耕农、佃耕者、雇佣者或兼而有之者被定为中农、下中农和贫农,其中的下中农和贫农被作为依靠对象,中农被作为团结对象。这样,宗族不再作为一个整体存在,宗族成员丧失了共同利益,宗规族训也无组织去落实。

(2) 政权更迭后由于政治体制出现差异,对民众约束的倾向性做法发生改变。传统和现代社会都重视政策和法律的作用，但传统社会对道德高度重视，比如对节、孝行为的表彰就是一种体现，当然其所提倡的道德多渗透于政策之中。家庭更是传统道德的重要作用空间。然而，1949 年之后，前一时期（20 世纪 80 年代之前），政府对政策的作用更为重视，如在婚姻年龄上，曾用政策性晚婚年龄替代法定婚龄。可以说，道德力量在 1949 年后被弱化，新政权强烈批判旧道德，尽管它提倡新道德，却比较空洞，多停留在宣传层次。

（3）1949 年后，法律在处理民众纠纷中的作用增大，其他与法律不相符合的制度形式尽管仍然存在，但作用力下降。习俗是被削弱的主要制度形式。在当代社会，人口流动增大，城市社会逐渐形成，五方杂处的城市人口难以认同各个个体来源地的习俗，以法律来自我约束、寻求法律保护和解决争端被民众认可。

当然，不同的制度形式对不同的人口行为也有不同的影响。

从表 1-2 可见，有些人口行为，像迁移流动主要受政策、法律制约，传统时代民众也受安土重迁习俗影响。至于与人口管理有关的户籍和统计，因属于政府职责，更在政策和法律制约之下。政府在生育上的立场，传统时代以鼓励为主，但对民众生育的直接帮助有限，不过间接性制度如赋税轻重则对民众养育能力具有影响；民俗通过性别偏好对生育、特别是子女养育过程产生作用。1949 年之后，特别是 20 世纪 50 年代后期开始，节制生育的政策形成，进而演变成全面推行的计划生育和以鼓励一对夫妇只生育一个孩子为中心的人口控制政策。家庭所受制度约束在传统时代较多；当代社会，家庭所受外部束缚主要是出现财产等纠纷且无法以民间方式解决时法律才会介入，其他家庭事务制度对其约束较少，以避干预个人私生活之嫌。传统时代，婚姻所受制度约束与家庭相类似；在当代，政策和法律仍保持着强势影响状态，民俗和道德则降为次要影响因素。政策和法律主要表现为对婚姻形式、婚姻年龄进行刚性控制，民俗则影响着财礼嫁妆安排、娶嫁方式（男娶女嫁为主导、男随妻居仍被称为招赘婚等）。老年人口作为一个群体在传统时代获得较多制度性关注和优待。1949 年后在家庭成员平等原则下，老年等长辈成员所具有的特殊地位在法律中被消除，新的制度重在强调和维护老年人享有来自子代的赡养和照料权利；20 世纪 90 年

表 1-2　　　　　　　　　　　制度类型及其作用的阶段性差异

人口行为类型	近代之前 强制度	近代之前 弱制度	民国时期 强制度	民国时期 弱制度	1949年后至20世纪90年代 强制度	1949年后至20世纪90年代 弱制度	当代 强制度	当代 弱制度
生育	民俗、政策		民俗		政策	民俗	政策	民俗
性别	礼制、法律、宗规族训		礼制、法律、宗规族训		政策、法律		政策	
迁移	政策、法律	民俗	政策		政策		政策	
家庭	礼制、法律、民俗、宗规族训、道德		礼制、法律、民俗、宗规族训、道德		政策、法律	民俗	法律	民俗
婚姻	礼制、法律、民俗、宗规族训		法律、民俗、宗规族训	礼制	政策、法律	民俗、道德	法律、政策	民俗、道德
老年人口	礼制、法律、政策、宗规族训、民俗、道德		宗规族训、道德		政策	道德	政策、法律	道德
人口救济	政府、宗族、民间		政府、宗族		政府		政府	民间组织
户籍	政策、法律		政策、法律		政策		政策	
人口统计	政策、法律		政策、法律		政策		政策、法律	

代之后，专门针对老年人权益保护的法律被制定出来。人口救济在传统时代主要来自政府，其次是宗族，再次为民间组织和个人的慈善之举；1949年后至80年代前，由于社会资源均在政府掌控之下，政府所提供的救济占主导地位；90年代以后，民间慈善组织力量增大。户籍和人口统计主要是政府行为，因而无论传统时期还是当代，政策是主要约束制度，其次是法律。

社会发展和转型过程中，在人口行为和管理方面，制度仍在发挥作用，但制度的形式和内容发生了变化。旧的制度有的已经失效，有的影响式微，有的还在发挥作用，形成与新制度的冲突或碰撞。认识和弄清这一点，才能有的放矢，制定因应措施。

四 本书的分析视角选择及研究方法

（一）以历史与现实相结合为分析视角

本书将从中国历史与现实相结合的角度研究与人口有关制度的形成、调整和演变，分析制度与人口行为的关系，判断制度对人口发展的作用和影响程度。这一选择表明，我们打算从动态而非静态角度去考察与人口有关制度的作用和特征，探讨制度建立和制度替代的途径。采用该方法的原因是：

（1）制度是历史的产物，从制度与人口的关系角度看更是如此。制度作为能够影响人口行为的规则，其主体是人们理性认识的产物。而这种理性认识表现为具体制度由决策者权衡、比较之后所形成，要经历一个过程。从历史过程研究制度将有助于提升制度与人口关系的理论认识。与人口有关的制度尽管有的具有替代表现和"突变"特征，但多数都是"渐进"变化的产物。有些当代制度形式有"突变"和"替代"特征，在实际贯彻过程中却有很大障碍。这些阻力有很大一部分是传统和历史惯性的产物。只有具有历史视野，才能对现实人口制度制定和落实的可行性及其效果有更明确的了解。

（2）认识制度的历史表现和效果将为当代人口政策的制定、完善和改进提供重要借鉴。中国历史上有丰富的制度人口资源。它们不仅保存于大量的典章制度和政策文献之中，而且在民俗、方志和家谱之中均能看到制度对人口行为所起影响作用。对此进行梳理，可从中总结出有价值的东西作为借鉴，减少当代与人口及其相关制度制定和改进的盲目性。

（3）中国社会从近代以来发生了重要的政治变革，20世纪80年代中期以后又开始进入社会转型阶段。它成为当代与人口有关制度演变的重要推动力量和环境因素。政治变革和社会转型本质上讲是一种渐变过程，并非一蹴而就。只有着眼于历史视角，我们才能对制度产生的背景、贯彻方式和最终效果有更加清楚的了解。

（4）对制度与人口关系的认识，特别是对制度效果进行评估的需要。

只有将其放置于一个较长的历史过程中进行分析，才能把握其整体面貌和作用效果。

(5) 若从制度变迁的角度去认识，更离不开历史性考察。制度变迁是制度的纵向发展过程，只有从历史视野去认识，才能认清制度的演进脉络。

(二) 本项研究的方法

(1) 对以往或已经施行的制度与人口变动、人口行为关系进行研究。一般来说，研究者可从两方面着手：一是分析直接性制度对生育、人口结构、人口素质、人口分布以及生育的实现方式——婚姻和家庭等的作用、影响程度和效果；二是考察间接性制度的影响。间接性制度对人口行为的影响有时候要超过直接性制度。在当代社会中，农村集体经济时期以家庭人口数量为主、劳动力工值为辅的分配方式对家庭养育人口能力的提升作用很显著。但它并非直接针对人口本身而制定。间接性制度分析将制度作为一种背景，观察人口行为的变化。这两个视角无论哪一种，都带有总结和评估性质。它将为新的人口制度的订立提供借鉴。中国在这方面的历史遗产很多，值得花力气进行分析。

(2) 对已经形成的人口环境进行制度性考察，将不利于现代人口发展的方面揭示出来，找出替代或改进的方式。制度中的习俗、社会惯行相对于法律、政策有更持久的影响力。它没有制定主体，故不会随着政权的更迭而消失。农村男孩偏好的文化根深蒂固，它与男系传承、妇从夫居、儿子养老等联系在一起。尽管招赘婚的提倡对男孩偏好有所矫正，但在多数农村并未使这种婚姻形式大幅增加。因为被招赘者多来自外地贫困家庭；对招赘女性来说，婚姻被包办的色彩增加了，婚姻质量降低了。而在城市，男孩偏好的降低则与男系传承基本改变（现在唯一被保留下来的符号是子女随父姓尚占多数）、婚居形式既非从夫也非从妻、社会保障的建立使儿子养老作用降低有关。可见，城市化对改变传统的婚姻方式和男孩偏好的作用最明显。当然，我们现阶段不可能提出不切实际的城市化目标，农村若普遍推行社会养老保障制度，降低儿子的养老功能，也会收到抑制重男轻女行为之效。

(3) 探讨制度之间的协调性问题。由于制度的制定主体不一样，不同的制定主体有不同的利益考虑，因而，在一定时期其对人口作用的效果是不一样的。如在当代，从对鼓励人们减少生育子女数量角度看，政府相关部门奖励和扶助少生家庭的父母；但贫困家庭最低生活保障政策也在许多地区出台。中西部不少农村贫困家庭夫妇存有超生问题。在国家实行计划生育政策之后，超生者的行为逻辑是通过多生子女使家庭获得利益或减少利益损失，政府对其中的贫困者实施救助一定程度上使生育控制政策难以落实。可见，若没有综合性、兼顾性制度，连带性问题将被引发。

（4）从社会发展的整体角度寻求改进和完善有利于人口全面发展的制度性措施。制度人口学旨在分析制度与人口的关系，研究以往制度对人口影响的积极因素和消极表现，探寻人口可持续发展的路径。这都表明，制度人口学有很强的"致用"功能。我国当前正处于社会转型阶段，我们正在进入与过去完全不同的城市化和工业化社会。在这一过程中，人口问题显得更加复杂。农业社会形成的制度性做法在当代正在受到挑战。这就需要我们不断探寻制度性的做法，从整体角度制定方案，而不是零敲碎打。

五 制度与人口关系研究综述

从制度角度研究人口问题是一个古老的题目。在西方，古希腊哲学家和思想家柏拉图和亚里士多德等人都有通过制度来保持城邦国家人口数量和不同阶层人口结构合理的论述。近代以来，主张通过建立新的制度或改变现有制度设置、解决人口问题的学者更多。英国学者马尔萨斯建议政府取消济贫法，减少对贫困人口群体的资助，以此抑止其生育，缓解人口压力。马克思则认为，资本主义制度本身难以解决其过剩人口问题，只有改变所有制的私人性质，这一问题才能得到最终解决。另外，19世纪以来，在人类学家中，探讨生育、婚姻、家庭、迁移等制度及其与人口变动的关系成为了解人类社会演进的重要方式。不过这种研究多是对个案的分析，或某个部落的考察。

（一）学科研究管窥

制度人口学从制度变迁和制度设置的角度探讨人口行为方式，考察制度对人口行为的制约、调整和引导作用。制度与人口行为的关系非常密切。法律制度、政府政策、社会惯行、宗规家训等制度形式成为对人口行为具有规范、调节功能的重要指导原则。

1. 国外学者的研究

应该看到，制度人口学是一个年轻的学科。在人口学者中间，从制度角度研究人口行为最近二十多年才逐渐开始受到重视。20世纪80—90年代，人口学家 Geoffrey McNicoll 等一批学者在对生育变动研究中主张关注制度因素所起作用。McNicoll 1980 年指出：在以往的生育研究中，两个重要的方面被忽略了：将制度因素考虑在内的个人决策模式以及对制度变化本身的认识[1]。中国20世纪80年代以来人口政策和人口实践引起国外制度人口研究者的广泛兴趣。Susan Greenhalgh 1988 年采用制度分析方法阐述中国生育的经验特征，以此解释近来生育率的迅速下降。她将社会制度分成两类：保障系统和制度环境。前者是指阶级结构、社会经济行为单位（通常是指家庭或户）和这种单位的保障目标及策略。制度环境包括调节原则和构成人们生活世界的正式与非正式组织。这两个制度领域从多种方面影响着生育。[2] 另一批制度人口研究者为具有经济学背景的学者。道格拉斯·诺斯另辟蹊径，从制度角度而非技术角度分析西方经济的发展及其相关的人口变动，使人们充分认识到制度的解释力。中国20世纪中期以来所发生的一系列重大社会变革为人们提供了认识人口行为变动的鲜活素材。不少国外学者开始了富有开创性的研究。

20世纪90年代以来，从纵向角度考察制度变迁对人口行为的影响是一个热点。历史人口学者李中清和人口学者王丰合作，试图从一个更大视野考察制度性因素在中国近代以来人口发展中的作用，并进而与同时期的欧洲加以比较[3]。

由上可见，制度人口学是具有跨学科特征的学科，因而具有经济学、

---

[1] McNicoll Geoffrey, "Institutional Determinants of Fertility Change", *Population and Development Review*, 1980, 6 (3): 441–462.

[2] Susan Greenhalgh, "Fertility as Mobility: Sinic Transitions", *Population and Development Review*, 1988, 14 (4): 629–674.

[3] 李中清、王丰：《人类的四分之一：马尔萨斯的神话与中国的现实（1700—2000）》，生活·读书·新知三联书店2000年版。

社会学、人口学、历史学、人类学背景的学者各以自己的专业优势，逐渐介入对与制度人口学有关题目的研究之中。

值得一提的是，1987年联合国粮农组织通过与人口理事会合作，召开了一次从制度角度分析人口转变与农村发展的多学科专家会议。G. McNicoll、Susan Greenhalgh 和后来的诺贝尔经济学奖获得者阿马蒂亚·森等学者撰文，多视角地探讨如何通过政策和制度解决农村人口问题。国际著名的人口学期刊 Population and Development Review 1989年专门为本次会议论文出一期增刊，题目为"Rural Development and Population, Institutions and Policy"，被收入的论文题目有："制度对农村经济和人口变动的影响"，"人口、妇女地位和农村人口"，"合作、不平等和家庭"，"东亚的土地改革和家庭经营"，"人口压力下的社会组织和生态稳定"，"人口对食物短缺的反应"，"对集约农业的制度和环境抑制"，"农业变动和阶级冲突"等。在笔者看来，制度人口学具有很强的实证研究性质，它分析具体社会的规则、习俗、法律等对人口行为的影响以及改变规则、法律等对人口行为所产生的后果，因而它不仅是一种历史的分析，更是对现状和未来趋向的研究，其应用价值得以体现出来，故此才会受到国际组织的关注。

国外一些学者将从制度角度探讨人口问题分成"标准"（Standard）性制度和"扩展"（Expanded）性制度两种。而标准性制度分析有三种来源：第一种源于马克思的财产关系分析。马克思的阶级利益和其制度表现的分析对制度变动的解释可能贡献更多。第二种源于在许多经济交换中重要的交易成本的认同。这一制度的理论基础是新制度经济学。第三种源于信息不对称和不完全市场的分析。扩展性制度分析包括家庭和性别制度，村庄和社区结构，政府管理安排，法律制度等。在制度人口学的研究中，扩展性制度分析更为突出一些。

2. 国内研究状况

我们从中国人口的发展历程可以看出，无论古代、近代还是当代，人口行为受到一系列社会规则的约束。不同层次和形式的政治和社会组织试图通过法律制度、政策、社会惯行、宗规家训等方式来制约、调整和引导人口行为朝其希冀的方向发展。

从制度人口学角度看，尽管制度与人口发展的关系早就为人们所认识，并且也有不少研究涉及制度与人口关系问题。然而，真正借鉴制度理论比较系统地阐述制度人口问题最近十年才逐步开展起来。不过，总体上看，这些研究的重点是制度变迁与经济发展的关系，对制度与人口行为关系的分析还是比较初步的。

值得注意的是，中国生育控制政策的特殊环境促使人们从制度角度思考人口问题。如人口政策的制定和调整，传统生育制度和婚姻家庭制度对人口行为的影响等，但全面、系统地分析制度环境下的人口行为、弄清不同制度与人口行为的关系程度方面的研究相对不足。它是亟待加强的研究领域。

这里需要说明，制度人口学在英语中可用 Institutional demography 和 Institutional population 来表述。但在具体的研究上，Institution 和 System 经常混合使用①。因而，在此有必要对其含义有所了解。就文献而言，有这样一个特点，谈及一般性的制度时，多使用 Institution；论述具体的制度时，则使用 System，如家庭制度（Family system）、婚姻制度（Marriage system）、法律制度（Legal system）和土地制度（Land tenure system）。

我们说，从人口角度看，制度最明显的特征是，通过特定的规则来约束、改变和引导人口行为。就目前来看，借助实证分析提升制度对人口影响方式、作用的认识是比较多的研究视角。只有在微观层次上增强对具体制度对人口行为的影响考察，才有可能认识宏观人口所受制度的作用。

从上面分析可见，不仅国内，即使国外，制度人口学都是一个新兴学科，20 世纪 80 年代以后它才逐渐受到重视。这对我国制度人口学的建设和发展是一个重要契机。从历史和现状看，中国人口的发展受制度影响最明显，制度对人口的作用更大。因而，在中国，制度人口学有更有利的成长条件。我国悠久、复杂的人口发展历程为制度人口学建设积累了丰富、完整的素材，当前和今后中国所面临的多重人口问题，更为制度人口学提供

---

① 英文辞典中对两者解释能显示出两者的联系和区别：Institution 是指一个社会和文化中的重要习俗（Practice）、关系（Relationship）和组织（Organization）。它的含义相对比较明确和集中。System 含义比较多，其中主要有三种：一是指一个经常性地相互作用或相互依赖并构成一个统一整体的群组（Group of item）。二是一套有组织的学说、思想或原则，他们被用来解释一个系统整体的安排或工作。三是一个被组织和建立起来的程序（Procedure）。可见，二者有共同之处，也有一些区别。参见 *Webster's New Collegiate Dictionary*。

了广阔的发展天地。

(二) 中国历史上制度与人口关系的探讨

对中国历史上制度与人口的关系问题，不少中外学者都有关注。

1. 关于制度与人口统计的关系问题

中国历史上政府所主导的人口统计很早就展开了，他们都是在特定制度之下进行的。秦汉以后各朝的人口数字资料比较丰富，不过其准确性受到人们的质疑。如何透过数字的迷雾认识和使用它们？何炳棣指出：我一直认为，估计任何一个朝代的人口数字的先决条件就是设法尽可能充分地了解与这些人口数字有关的制度和行政的来龙去脉①。从制度角度认识人口统计的实施方式、步骤和原则，有助于判断其所产生的数字准确性高低。

葛剑雄的《中国人口发展史》一书有较大篇幅分析不同朝代的人口调查制度，其中第一章"人口调查制度的起源"和第二章"人口调查制度的演变和发展"，对人口调查制度在不同历史时期的表现、特征和前后承继关系进行了简洁和系统的说明，并对一些制度作了考辨②。

姜涛所著《中国近代人口史》对清前期人丁编审制度、清中期民数统计制度、清后期户部清册制度的内容、实施方法和问题做了细致探讨，在此基础上对清代的人口数据质量做出自己的判断。在该书中他还对民国时期的人口统计制度进行了梳理③。

可以说，人口史的研究离不开对不同朝代人口制度（包括户籍、统计、迁移等制度）的考察。最近几年出版和发表的人口史论著，多具有这样的意识和视角。王育民的《中国人口史》，对每朝的户籍、统计制度均有探讨④。王育民在一篇文章中曾指出历史上"丁"、"口"含义不清的问题。这个问题一直是历史人口研究中最令人困扰的问题。他指出：我国封建社

---

① 何炳棣：《明初以降人口及其相关问题：1368—1953》，葛剑雄译，生活·读书·新知三联书店2000年版，第356页。
② 葛剑雄：《中国人口发展史》，福建人民出版社1991年版。
③ 姜涛：《中国近代人口史》，浙江人民出版社1993年版。
④ 王育民：《中国人口史》，江苏人民出版社1995年版。

会前期，国家征收赋税以"人丁为本"，政府版籍所记载的是包括男女老幼在内的全部人口。中唐以后，随着均田制的破坏及租庸调法的瓦解，适应于土地私有制的"两税法"应运而生，从此，赋税改为"以资产为准"。但自隋炀帝"免妇人之课"后，妇女虽仍在"丁额"之内，不过仅存空名而已。宋沿唐制，"以两税输谷帛，以丁口供力役"，并承袭五代弊法，征丁赋（身丁钱）于江南诸路。宋代女性不再登记入籍，从此妇女列入丁籍上的形式也被取消，"丁"的性别含义已为男性所独占。元及明代前期，政府版籍又恢复了"生齿毕登"的制度，其所记"丁口"，均包括男女老幼全部人口在内。明中期至清初"编审止就户核丁"的实行，产生两种后果：其一，"丁额"已不能反映"丁口"的实际。因而政府版籍所记载的"丁额"，只是丁口中的一部分官丁而已。其二，"丁"已不是指具体的人，而成为赋税的"计量单位"[①]。可见，要认识文献记载中的中国人口数量变动轨迹，弄清"丁"、"口"在不同时期的含义是必要前提，制度研究的价值可见一斑。

2. 对户籍制度的研究

中国历史上的赋役征派建立在户口基础上，因而户籍管理一向为各个王朝所重视。但各个时期户籍管理的具体方式、演变，人们并不是十分清楚，或者存在认识上的偏误。

栾成显积多年之功，以第一手的文书资料为基础撰写出《明代黄册研究》一书（中国社会科学出版社 2000 年版）。黄册是明朝赋役制度实行的基础，家庭成员的年龄、性别等人口信息是其主要内容，通过它可以认识当时的户籍管理制度。该书对黄册的建立、黄册的种类、黄册的演变和衰亡等作了细致、深入探讨。

还有学者利用秦汉竹简帛书、敦煌文书等研究秦汉、魏晋南北朝、隋唐时期的户籍制度，成绩斐然。这些研究的贡献在于，大大丰富了人们对历史时期户籍管理方式、户籍内容、人口统计对象的具体认识。

3. 对婚姻家庭制度的研究

婚姻家庭制度是广义人口制度的重要组成部分，它一直是社会史、人

[①] 王育民：《关于中国历史上的人口统计》，《上海师范大学学报》1993 年第 3 期。

口史、法律史等学科研究者关注的对象。

陶希圣20世纪30年代所写《婚姻与家族》一书专门论述宗法制度下的婚姻与家族。我们知道，婚姻和家族本身是制度的产物，它们同时受到其他制度的制约，包括宗法制度。陶希圣指出：在宗法制度下，婚姻有三个目的，第一个目的是在收夺女子的劳动力。贵族之妻虽不必提供劳动力，但家事是妻的职责。第二个目的在生子。由婚礼结合的妻所生子才是嫡子。第三是防止男女的交接。有了婚姻制度以后，才把婚外性交认为不法。他还从丧服角度论述为人之女、为人之妻的地位和角色变化，嫡庶之子的母子和父子关系及其差异[①]。

英国人类学家莫里斯·弗里德曼在《中国东南的宗族组织》一书中指出：绅士维持大的家户，是因为他们试图表现其作为该社会阶层成员的行为。贫穷的农民可以不必仿效绅士理想行为，而遵从人们认为适合于贫穷家庭的生活方式。但为什么两种不同的行为模式在汉人的风俗实践中出现了两极化？在中国，有许多社会理想仅仅被绅士严格地遵守。我们能在汉人社会的理想模式中看到的丧俗、祖先崇拜、婚姻礼俗和寡妇的操守，仅仅反映在更高阶层的实践上[②]。他的论述表明，婚姻家庭制度对民众的约束程度有社会层级之分。穷人为了生存，对正统制度的要求会有所忽视。

值得一提的是，社会学家费孝通在1947年写成的《生育制度》一书。该书具有随笔形式，非实证研究。但他分专题进行论述，表现出较浓厚的理论色彩和较强的概括性，并具有中外比较视野，眼界开阔。他将生育行为与婚姻和家庭制度结合起来，从双系抚育、婚嫁确立、内婚和外婚、夫妇关系、代际关系、亲属关系、家系传承角度进行论述[③]。费孝通所分析的制度多是与生育、婚姻和家庭行为有关的民间习惯。

瞿同祖完成于20世纪40年代的《中国法律和中国社会》对传统法律在家庭、家族和婚姻以及亲属关系、代际关系中的表现等做了细致、深入

[①] 陶希圣：《宗法制度下的婚姻与家族》，见《中国社会学文选》（上），中国人民大学出版社2011年版，第25页。
[②] ［英］莫里斯·弗里德曼：《中国东南的宗族组织》，上海人民出版社2000年版，第30页。
[③] 费孝通：《乡土中国 生育制度》，北京大学出版社1998年版。

的考察，对法律与家庭、家族关系的时期变动和特征所做的总结颇有见地[①]。

张晋藩的《中国古代法律制度》[②] 对不同时期婚姻、家庭和财产继承方面的法律多有叙述和分析。

关于家庭成员居住方式所受传统制度规则的影响，笔者以清代乾隆朝刑科题本个案为基础所作汇总发现：在社会中下层民众中，复合家庭所占比例并不高，为6.52%；直系家庭占29.04%，核心家庭占57.04%，单人户占5.46%，残缺家庭占1.44%[③]。笔者还依据档案资料对冀南农村5个村庄20世纪三四十年代的家庭结构做过整体分析。其复合家庭在12%—20%之间，以15%左右为主；直系家庭以30%左右为主；核心家庭在45%左右；单人户占8%左右[④]。费孝通1936年对江南江村的调查结果是，联合家庭为10.3%（其中并非均是有两个及以上已婚儿子或已婚兄弟的家庭），直系家庭占38.4%，不完整核心家庭占27.6%，核心家庭占23.7%[⑤]。这些调查虽然难以反映当时全国和区域家庭结构的整体面貌，但至少显示，已婚儿子或兄弟不分家的复合型大家庭并非主导类型。具有养老功能的直系家庭、中青年夫妇及子女共同生活的核心家庭是主要的家庭形式。黄宗智指出：传统的由多个已婚儿子同居而组成的复合家庭理念，其实是个不符合实际的设想，因为，正如受访农民所说的那样，已婚兄弟家庭之间很难避免矛盾和冲突[⑥]。它提醒我们，分析制度与人口行为关系时，应注意考察民众实际生活状态，只有这样才能对制度的效果有相对客观的认识，减少偏颇或将特定制度的作用程度拔高。

4. 关于人口迁移制度的研究

在人口史著作中，对人口迁移、人口流向和人口分布多有涉及，但专门从制度角度论述人口迁移行为则比较少。值得一提的是，葛剑雄、曹树基、吴松弟所著《简明中国移民史》一书对各个历史时期政府在推动移民

[①] 《瞿同祖法学论著集》，中国政法大学出版社1998年版，第389页。
[②] 张晋藩：《中国古代法律制度》，中国广播电视出版社1992年版。
[③] 王跃生：《十八世纪中后期的中国家庭结构》，《中国社会科学》2000年第2期。
[④] 王跃生：《华北农村家庭结构变动研究》，《中国社会科学》2003年第4期。
[⑤] 费孝通：《论中国家庭结构的变动》，见《费孝通社会学文集》，天津人民出版社1985年版。
[⑥] 黄宗智：《中国的现代家庭：来自经济史和法律史的视角》，《开放时代》2011年第5期。

所起作用予以较多关注①。

5. 人口制度的综合性研究

拙著《中国人口的盛衰与对策——中国封建社会人口政策研究》② 着重对春秋战国至明清时期的人口政策进行了概括性梳理，力求对传统时期人口政策及其变动有整体把握。书中涉及的人口政策包括户口管理、婚姻、生育、家庭及宗族、迁移、职业、流民、老年人口、救济、民族人口等。该项研究将法律也纳入政策范畴，借此可对传统社会政策、法律这些由政府制定的制度及其形式的演变有比较全面的把握。

总体来看，学界对近代之前人口统计制度、户籍制度、婚姻家庭及宗族制度的研究相对较多，其他方面的制度考察则比较薄弱。

（三）当代与人口有关制度的研究

1. 制度与人口行为关系研究

（1）制度变迁与人口变动考察

中国近代以来社会变动剧烈，特别是从 20 世纪 40 年代后期以来，农村以土地制度（land tenure）为核心，改变土地所有权和使用权的措施不断进行。从 40 年代末 50 年代初期的土地改革到 50 年代中期入股分红形式的初级社，再到实行土地集体所有制、按劳分配的高级社，进而至人民公社。80 年代初期，家庭联产承包责任制的实行成为中国当代经济改革的主要标志。这一系列社会变革当然涉及中国民生的各个方面，其对人口行为所产生的影响受到不少研究者的关注。

李中清和王丰将中国近代以来历史人口变动（包括婚育和家庭行为变动）同制度变迁结合起来所作分析值得关注。他们合作撰写的《人类的四分之一：马尔萨斯的神话与中国的现实（1700—2000）》一书就体现出这一思路。他们认为：中国人口在 20 世纪 60 年代的增长，主要是由持续的农村高生育率造成的。在他们看来，与城市和周边地区人口增加不同，农村人口的大规模增加似乎并非完全是经济机会的反映，而更多的是人民公社时

---

① 葛剑雄、曹树基、吴松弟：《简明中国移民史》，福建人民出版社 1993 年版。
② 王跃生：《中国人口的盛衰与对策——中国封建社会人口政策研究》（以下简称《中国人口的盛衰与对策》），社会科学文献出版社 1995 年版。

期，农村集体化导致的家庭集体和家庭控制弱化的结果。20世纪40年代末50年代初实施的土地改革，使大批农民摆脱了传统中国家庭的集体束缚，形成了结婚和分家的高潮。不仅如此，新婚姻法明确反对包办婚姻，主张婚姻自主；参与集体生产的报酬都与个人相连或直接发给个人，不再归其家庭。紧随土地改革而来的是建立农村集体经济体制，1958年成立的人民公社是其高潮。集体经济时代，中国农民家庭不必像以前那样计划其人口行为。集体化和公有化意味着食物、住所和工作从根本上不再是家庭的责任。人口控制的传统集体单位——家庭的瓦解和传统生育抑制行为的崩溃，导致了中国有史以来最快的人口增长[1]。可见，他们对制度及其变迁在婚育和家庭行为变化中所起作用予以充分肯定。其核心是强调传统时代家庭集体对家庭人口行为的限制，社会变革则冲破了这种限制，为小家庭和个人的发展创造了条件。本项研究旨在通过家庭这一微观人口环境及其制度所作考察，提升对一个时代宏观人口行为变动的认识。但其所使用的数据资料可能有局限性，若能更广泛地占有资料，其立论基础将会更加扎实，概括才更具普遍意义。

拙著《社会变革与婚姻家庭变动——20世纪30—90年代的冀南农村》以冀南农村5个村庄为基础，考察私有土地制、土地改革、集体经济制度和家庭联产承包责任制等不同经济制度对农民生育的影响。该项研究指出：土地改革使贫穷农民获得了达到本地平均水平的田亩，由此多数家庭具有了养活土改前农民理想数量子女的能力（2男2女或3男2女）[2]。那么，土改后中国农民理想生育子女数量同土改前的传统时代有无区别？笔者认为，从土改到人民公社初期，或者说1946—1964年，农民的理想生育子女数量与三四十年代相比并无很大变化。区别在于，土改前农民家庭为了实现这一目标而不断生育，但多数家庭难以达到这一理想水平。土改后，特别是50年代以后，多数农民能够并不费力地实现此目标。问题是，过去多育却不一定能保证理想子女数量的子女存活下来；现在正常条件下，子女数量

---

[1] 李中清、王丰：《人类的四分之一：马尔萨斯的神话与中国的现实（1700—2000）》，生活·读书·新知三联书店2000年版，第165—174页。

[2] 王跃生：《社会变革与婚姻家庭变动——20世纪30—90年代的冀南农村》（以下简称《社会变革与婚姻家庭变动》），生活·读书·新知三联书店2006年版，第181页。

则往往超过以往的理想子女数量。它意味着农民实际拥有的子女数量要高于土改以前,从而推动中国人口增长速度加快。关于集体经济初期缺乏人口控制意识的原因。笔者认为,第一,集体经济条件下农业劳动生产率的低下使人们忽视了人口过快增长的隐忧,以为人口增加,将解决劳动力不足问题。集体经济条件下,成员缺乏劳动激励,降低了生产效率,提高了对劳动力的需求。这是从集体组织的角度看。第二,集体经济条件下,保证成员人人有饭吃的政策成为一种重要的生存保障,直接减轻了家庭养育超过理想数量孩子的压力,因此农民缺少主动采取避孕等措施减少家庭人口数量的意识①。

美国学者郝瑞(Stevan Harrell)等依据在河北、浙江和广东三省农村所做调查,撰文对20世纪60年代以来中国生育率下降原因进行探讨,可谓是有特色的制度人口研究。作者认为,现代化、制度性结构和政策实施因素都对解释三地生育率下降的起始时间差异具有作用。显然,生育率下降的差异并不是简单的城乡两分化的问题。核心—边缘的体系也许是一个更佳的解释角度。生育率下降起始点早于磁县(河北南部)约10年的萧山县(浙江北部)恰是位于长江下游这一宏观区域的核心内,磁县和英德(广东北部)则都位于更偏向于边缘的区域。然而,英德在岭南区域并不比磁县在华北区的地位更偏远。可是磁县无论妇女受教育水平还是计生政策的实施都比英德开展得更早。这也许是因为广东省北部山区,即使面临着革命性的变革,宗族文化仍有着强大的力量使政策的影响大打折扣②。

当然也有学者对集体经济时代制度的外部性对生育的刺激作用有不同看法。美国学者 D. 盖尔·约翰逊认为:虽然一些生产队基于人口数分配收入,但有证据表明,大部分收入是根据劳动力的数量分配的。因而,生育孩子并没有使短期的收入增加,直到孩子长到十几岁,并被允许挣工分时,收入的显著增加才出现③。不能否认,尽管孩子在能够挣工分之前没有给家

---

① 王跃生:《社会变革与婚姻家庭变动》,生活·读书·新知三联书店2006年版,第182—183页。

② Stevan Harrell, Wang Yuesheng, Han Hua, Goncalo D. Santos, Zhou Yingying, "Fertility Decline in Rural China: A Comparative Analysis", *Journal of family history*, 2011, 36 (1): 15–36.

③ [美] D. 盖尔·约翰逊:《中国现行制度和政策对农村人口增长的影响》,《中国人口科学》1994年第3期。

庭带来收入的增加，但在集体分配制度和福利制度下，家长养育孩子的成本也不高。

（2）计划生育政策研究

从对人口数量控制所起作用看，计划生育政策是最为直接的制度形式。

翟振武曾对20世纪50年代、60年代计划生育政策的出台过程加以勾勒，指出1949—1953年上半年，中国没有制定明确的人口政策。从1953年下半年至1958年，中国的人口政策中提倡节育的倾向是明确的。1959—1961年，对马寅初的批判和自然灾害的冲击，暂时中止了节育活动的宣传和推广，但1962年很快又在一个更为广泛的范围恢复提倡节育和计划生育政策。1966年再度因政治斗争而中断政策的执行。1970年政治形势好转后，又迅速恢复并逐渐强化了计划生育工作。他认为，中国在五六十年代（1953年以后）并不是没有人口政策，更不是执行了鼓励人口增长的政策，恰恰相反，提倡节育和计划生育，始终成为五六十年代人口政策（不是人口理论）的主调。他进一步指出：用"错批1人，误增3亿"概括五六十年代的中国人口政策及中国人口增长的原因，是不符合逻辑，也不符合历史事实的。如果对五六十年代中国人口政策做一总结的话，我们可以说，除了1949—1953年、1959—1961年外，中国人口政策的主调始终是提倡节育，抑制人口过快增长。虽然建立在自愿基础上的节育运动未能在农民占绝大多数的国家里得到明显的抑制效果，但为后来国家指令性的大规模计划生育工作奠定了基础[1]。

田雪原撰写的专著《中国人口政策60年》[2]对中国人口控制政策的产生背景、初步酝酿，到曲折推进，再到独生子女政策的形成，进行了全面阐述。作者参与了中央有关独生子女政策文件的起草和讨论工作，因而，熟悉该政策出台的前因后果。该书对我们认识中国人口控制政策的形成、改进、完善和调整思路有很大帮助。

马瀛通对计划生育政策的评价是比较有特色的。他指出：中国实行计划生育30多年来，既有执行从群众中来又回到群众中去的生育政策，创造世界生育水平下降奇迹的时期；也有执行未考虑以人为本、脱离群众的紧

---

[1] 翟振武：《20世纪50年代中国人口政策的回顾与再评价》，《中国人口科学》2000年第1期。
[2] 田雪原：《中国人口政策60年》，社会科学文献出版社2009年版。

缩生育政策，迫使计划生育工作及生育水平都陷入"怪圈"历经曲折的时期。20世纪70年代实施"晚、稀、少"生育政策成效显著，不仅对当时及后来的经济社会发展起到了不可低估的促进作用，而且对80年代后期以来的劳动就业、环境保护和可持续发展问题，都起了持续减缓压力等积极作用。他对1979年生育政策中将"提倡一对夫妇只生育一个孩子"变为实际只能生育一个孩子的转向持有不同看法，认为其结果不仅没能将生育水平紧缩下来，反而引发了生育水平和人口出生率的报复性反弹，也使计划生育工作遇到了空前未有的阻力。1991年5月，在多数农村地区生育政策偏紧、人口计划又难以完成的双重矛盾中，中共中央、国务院从实际人口控制能力出发，以远宽松于现行生育政策限定的出生人口量，求实地调整了20世纪末人口控制计划目标，并强调指出，这是一个必须尽最大努力才能完成的计划。作者最后指出：中国人口控制所突出显现出来的问题，暴露出人口科学研究工作的滞后，暴露出决策不仅科学论证不足，而且缺乏群众的民主参与及听证[①]。

  关于独生子女政策在城市被接受的过程，Robert J. Wyman 和 Yilin Nie 2003年根据对上海城市居民所作个案访谈，得出这样的研究结论：1979年一孩政策所以能被贯彻，一是人们除了接受政府的政策外没有别的选择，而与此相配套的经济激励和抑制措施也使政策易于成功；二是对人口问题的国家责任感影响民众的态度，出于国家稳定的考虑，许多人愿意只要一个孩子；三是毛泽东时代实现了性别地位平等，许多妇女在家庭之外参加工作，她们没有多少时间承担传统妇女养育孩子的角色。在这种环境下，除了别的方面的担心和抱怨外，一孩政策在上海没有引起什么争议。1979年以来，上海发生了许多社会、经济和文化变化。关于一孩政策的最重要变化是在新的一代中，这一政策已经内在化了，多数年轻的受访者认为一孩政策是好政策。作者最后认为，代之以对一孩表达不同意见，上海的年轻一代已将该政策内在为他们的文化[②]。应该说：作者的结论在我国大城市

---

  ① 马瀛通：《出生人口性别比失调与从严控制人口中的误导与失误》，《中国人口科学》2005年第2期。

  ② Yilin Nie, Robert J. Wyman: "The One-Child Policy in Shanghai: Acceptance and Internalization", *Population and Development Review*, 2005, 31, 3, pp. 313–336.

民众中是有代表性的。这些地方中老年人从被动接受独生子女政策到年轻一代开始将其作为一种新的生育文化来接受，显示出政策在引导新的民俗形成中所起作用。

在看到人口控制政策促使人口数量降低的同时，一些学者也注意到，出生人口性别比在人口控制过程中所表现的升高趋向。

李树茁指出：经验数据表明，高出生性别比和计划生育政策在时间、地域、人群等既有一致性，表现在出生性别比上升和现行计划生育政策推行同步，出生性别比在1.5孩政策地区更高，二孩出生性别比更高；也有非一致性，表现在政策宽松的农村出生性别比高于政策严格的城镇。这些使得现行计划生育政策和女孩生存问题的关系显得更为复杂[①]。陈友华认为，两者（出生性别比失调与现行生育控制政策）有关并非指出生性别比的失调是由于生育政策本身直接造成的，而是生育政策压缩了人们的生育空间，在此过程中人们的生育行为选择发生了很大的变化，从而间接地影响到出生性别比。如果不实行计划生育，中国也会出现出生性别比失调，只是生育政策导致了出生性别比进一步升高。现行生育政策对中国出生性别比失调只是做出了"部分贡献"，绝对不能将中国出生性别比失调全都归结为是生育政策造成的[②]。原新认为，中国出生性别比偏高和推行计划生育政策直接相关，但二者不是必然的因果关系。出生性别比偏高是多因素综合作用的结果：男孩偏好是传统生育文化的传承；社会经济水平总体欠发达，男孩功能依然强势；胎儿性别鉴定和性别选择技术易得、安全、廉价；少生孩子是计划生育政策和社会经济进步的共同结果，符合政府的目标。计划生育政策是限制夫妇生育数量的重要手段，但不是唯一途径，计划生育政策促成了中国低生育水平的早日到来，加速人口转变的实现，间接地影响了出生性别比偏高。单纯指望调整生育政策（绝对不是放弃生育政策）使出生性别比回复正常的观点是不现实的[③]。

计划生育政策对人口性别比的影响在很大程度上是两种制度目标背离的结果。政府着眼于国家和社会的整体发展要求，要求民众减少生育，民

---

① 李树茁：《男孩偏好与女孩生存：公共政策的取向与选择》，《人口与发展》2008年第2期。
② 陈友华：《仅仅性别偏好不足以导致出生人口性别比偏高》，《人口与发展》2008年第2期。
③ 原新：《中国出生性别比偏高是多因素综合之结果》，《人口与发展》2008年第2期。

众的男系传承、家庭养老习惯并未改变。城市由于社会保障制度基本建立、乡土惯习作用力降低，在政策约束和惩罚机制威慑之下，育龄夫妇尚能做出个人利益的某种牺牲，接受独生子女政策。农村政策和习俗对民众形成双重刚性影响，民众可以做出一定让步——少育（至少应有一个儿子），而不愿接受无子的结局。为了在少育之下实现有子目标，故此一些地区出现妇女妊娠期间性别选择性流产的做法。这种状况的根本改变还在于，真正形成和落实男女双系传承制度，建立和完善社会养老保障制度，父母养老儿女均有责任。

(3) 调整计划生育政策的分歧

鉴于计划生育政策对人口结构和人口性别比所产生的影响，一些学者提出调整现行计划生育政策的建议，有的则主张在中国城乡普遍放开二胎生育。

但也有学者不赞成对现行独生子女进行任何改变。其出发点是，目前中国的人口压力问题并没有减轻，中国的人口总量还将继续上升。针对老龄化问题，他们认为，多生子女与解决家庭养老问题没有必然联系。另外，放开二胎与解决高出生性别比的问题也没有得到证明。

一些学者认为，中国生育率的下降是以人口老龄化、出生性别比失调等为代价的。如果这种代价过于沉重，超过了未来社会经济发展和人们的心理承受力，那么，政策的调整就是必需的。从中国目前情况看，与严格控制人口增长所带来的一些负效应相比，其正效应还是主要的。

从理论上讲，放开二胎对中国人口结构的调整会有作用，但是否能解决人口性别比高的问题的确是有疑问的。正如上面所述，在没有性别偏好的大城市，独生子女政策与正常性别比并行不悖。而在高性别比地区，二胎生育是普遍现象。调整后的二胎生育政策对他们来说仍然有很强的约束力。在第二胎孕育中进行性别选择将很难避免。

我们认为，这些讨论表明，通过政策引导人口行为已经形成共识，但政策改变对人口行为的具体影响和结果尚有待进一步研究。

2. 婚姻家庭变动所受制度影响

(1) 制度变迁下的婚姻

1949 年以后的婚姻制度主要表现为，20 世纪 50 年代重在抑制早婚行为，引导男女在法定年龄结婚（男 20 岁，女 18 岁）；60 年代中期倡导晚婚；70 年代初开始，为配合人口控制政策，实行严格的晚婚政策；80 年代初期实行新的法定婚龄（男 22 岁，女 20 岁），同时提倡晚婚。

笔者借助第五次全国人口普查长表资料所提供的大量不同时期人口婚姻信息考察法定婚龄和政策婚龄对民众初婚行为的影响。根据该研究：从 20 世纪 30 年代以来，中国的法定婚龄经历了从没有约束力到具有约束力的变化。法定婚龄的实施有赖于健全的婚姻登记制度。70 年代，晚婚政策下的政策婚龄逐渐取代法定婚龄。80 年代之前，尽管各个时期都有一定比例低于法定婚龄结婚者，多数民众却遵循了这一原则。晚婚年龄虽未成为多数民众的实践，但该政策却将低于法定婚龄结婚的比重降到最低水平。在民众中还有相对强烈的早婚追求之时，具有高度约束力的集体经济制度对违例行为起到重要抑制作用。80 年代低于法定婚龄比重上升与集体组织约束力降低有直接关系。而 90 年代农村晚婚比重上升则是农村青年谋生方式改变、经济独立性提高的结果[①]。

（2）制度变迁中的家庭

郭于华从制度变迁和社会变革角度分析农村代际关系，特别是老年赡养中所表现出的重要变化。家庭中的权力关系在代际和性别两个层面都已发生了转变，作为长辈的老人因这一转变随着自然生理的衰败日益退到家庭生活的边缘甚至外面。非正式的亲缘群体和宗族组织已不复存在，相应的道德约束和社会评价力量趋于消解，对于失范者的约束和处罚力量业已丧失。而属于国家政权系统的正式机构和正式规则对这一领域的介入较少，调解系统的干预仍使用传统代际交换的公正原则进行说合，法庭依条文做出的判决常常无法对农民实在的生活世界产生影响。这些都说明传统代际交换关系的维系力量和存在基础已经完全改变，这是致使传统交换逻辑发生变异的重要原因[②]。它意味着，家庭养老功能要靠多种制度规则加以维系。在变革的社会环境中，这些维系手段或者削弱了，或者不存在了。老

---

① 王跃生：《法定婚龄、政策婚龄下的民众初婚行为——立足于"五普"长表数据的分析》，《中国人口科学》2005 年第 6 期。

② 郭于华：《代际关系中的公平逻辑及其变迁——对河北农村养老事件的分析》，《中国学术》2001 年第 4 期。

年亲代难以获得应有的物质和精神生活。

关于制度及其变迁对家庭的影响，笔者认为：对家庭有影响的制度有两种，一是家庭自身的制度，一是与家庭有关的制度。家庭自身的制度既有家庭内在制度，也有家庭外在制度。与家庭有关的制度是指家庭所存在时空范围内的政治、经济和社会制度，它并非专门针对家庭而制定，但对家庭起到间接影响，有时这种影响作用也会表现得很强烈。家庭自身的制度涉及家庭世系和财产的传承方式，不同代际家庭成员的地位，家庭成员之间的关系。我们认为，在一个相对稳定的社会中，对家庭的"分"、"合"影响最大的是制度因素。随着经济的发展，生产方式的改变，家庭人口生存空间的扩展，旧有的制度约束将不再起作用，因而也须做出调整[①]。

阎云翔以东北一个农村为基础，考察1949年以来国家力量对家庭变革的推动作用。首先，国家剥夺了家庭的许多社会功能，主要表现为土地改革和集体化对家庭组织的削弱。其次，新婚姻法和其他家庭改造政策是导致私人生活转型的另一重要因素。最后，国家采取两个步骤推动了家庭的私人化：一是将家庭从亲属关系的结构中分离，之后再将家庭直接带入现代社会体制。这导致了两个方面的后果，一方面，家庭及个人过去从来没有直接受制于国家权力，也没有如此近距离地感受过行政系统的威力；另一方面，在很大程度上农民个人也从家庭、亲缘、社区的权利下被解放了出来[②]。此论述有符合实际之处，但也有所下结论过于绝对之不足。如在传统时代，国家对大家庭的表彰，对孝子、节妇的宣扬，都是对家庭和个人行为的干预，以此来引导民众行为趋向。

3. 迁移制度研究

中国当代改革政策的直接作用是提高了劳动生产率。以往被禁锢在土地上的剩余劳动力得以释放出来，需要向非农领域转移。但中国20世纪50年代中期建立的严格户籍制度将城乡居民以"农业"和"非农业"两种类型分隔于"二元"世界之中，身份被固化，职业难以改变，迁移流动被严

[①] 王跃生：《家庭结构转化和变动的理论分析——以中国农村的历史和现实经验为基础》，《社会科学》2008年第7期。

[②] 阎云翔：《私人生活的变革：一个中国村庄里的爱情、家庭与亲密关系（1949—1999）》，上海书店出版社2006年版，第254—256页。

格限制。这一时期,制度人口学研究者对此进行了多视角的探讨。

尽管改革开放以后户籍对人口的流动限制降低,农村剩余劳动力向城镇地区的转移与这种限制放松有直接关系,但户籍制度对农村人口的非农迁移并融入城市社会的制约仍然保持着。

从中国社会经济的发展趋势看,农业从业人口将会不可逆转地缩减,他们中的大部分将转移到非农产业,农村的萎缩也将与之相伴随。对不少青壮年农民来说,城镇是他们的就业之地,村庄则是其居住之所,甚至只是他们节假日省亲场所。他们所以不能放弃农村,定居于所就业的城镇,现行户籍制度是重要的限制因素之一。对农民来说,农村现行土地承包制度具有一定福利意义,它又与迁移联系在一起。真正的迁移则要求农民放弃现有承包土地,但进城农民若未获得稳定的收入,又不敢放弃土地承包之权。

应该看到,现在户籍制度对农村人口迁移约束的刚性成分已经减少,目前主要表现在以户籍人口为基础的社会福利制度和中小学义务教育制度。不过,更重要的是,农村劳动力虽在城镇就业,他们中的多数并未获得稳定的就业岗位和收入,难以承受个人及其家属在城镇居住和生活的成本。国外如拉美地区,人口迁移、人口城市化过程中,农村失地农民涌入城市,城市周边有大量生活成本较低的贫民区,由此降低了其进入城市的门槛。但它不是中国所应选择的路径。这是值得深入研究的问题。

白南生、李靖(2008)认为,使农村劳动力有稳定的制度预期最重要。它体现在三个方面:农村劳动力在城市找到相对稳定的职业;这种职业带来的经济收入及社会地位能够形成一种与当地人接近的生活方式,从而使其具备与当地人发生社会交往,并参与当地社会交流;由于这种生活方式的影响和与当地社会的接触,使他可能接受并形成新的、与当地人相同的价值观。要做到这一切,最关键的是给农民工制度化的稳定预期。否则,中国城市化之路要付出更高的成本[①]。

4. 户籍制度研究

户籍制度不仅与人口管理有关,而且涉及人口迁移流动。它一直是制

---

① 白南生、李靖:《城市化与中国农村劳动力流动问题研究》,《中国人口科学》2008年第4期。

度人口研究者关注的问题,并且共识逐渐达成:还原户籍制度本来面目,弱化户籍制度背后的各项社会福利。改革户籍制度为农村劳动力打开迁移之门。

王美艳、蔡昉(2008)对这一问题进行了比较系统的探讨。他们认为:户籍制度应该配套改革。首先,通过配套改革剥离户口的福利含义,消除迁移过程中的"寻租"动机,将其还原于资源的重新配置过程。其次,通过配套改革,创造均衡迁移的条件,即降低既得利益集团的抵制动机,从而减轻改革的震荡。最后,保持制度之间的相互适应性和兼容性[1]。陆益龙(2008)认为,要从根本上消除户籍制度与社会差别的联系,必须从制度变迁本身着手,不能回避制度本身的变革。既然户籍制度具有较强的黏附性,且为社会差别的生成机制,那么改革就要去消除其黏附性。而黏附性的根源在于制度安排所设置的城乡户口的难转换性和户口的难迁移性。因此,户籍制度改革的中心任务是取消城乡户口身份划分和户口迁移的行政限制,实行一元化的公民身份制,以及公民自由迁徙和选择居住地的法律制度[2]。陈成文、孙中民对此持相同看法,指出:从公民权益、经济发展和社会稳定等维度来看,一元户籍制度优于目前的二元制度,它应是户籍制度改革的最终选择。但由于政策制定的路径依赖性,其变革应该是一个渐进的过程。所谓一元制模式是指取消农业户口、非农业户口两种户口类型,实行全国统一居民户口制,切断社会待遇与户籍之间的联系。一元制改革模式主要做法是:首先要逐步淡化城市偏向,逐步取消城乡之间利益分配的差距,先改内容后改形式,促进城乡一体化的发展。在此基础上,实行居住地登记户口的原则,建立以常住户口、暂住户口、寄居户口为基础的户口登记制度。建立户口簿、身份证、出生证为主要证件的户口管理办法。户口簿具有证明家庭成员之间关系的法律效力。身份证是16周岁以上公民的身份证明,出生证是16周岁以下公民的身份证明。把以户管理为重点,转向以人管理为重点,最终实现开放、动态的户籍制度[3]。

---

[1] 王美艳、蔡昉:《户籍制度改革的历程与展望》,《广东社会科学》2008年第6期。
[2] 陆益龙:《户口还起作用吗——户籍制度与社会分层和流动》,《中国社会科学》2008年第1期。
[3] 陈成文、孙中民:《二元还是一元:中国户籍制度改革的模式选择》,《人口与计划生育》2005年第5期。

就当代户籍制度改革,王太元认为应弄清与户籍制度有关的三个问题:最狭义最具有本质意义的应当叫户籍制度,依法收集、确认和提供个人的身份、住址和亲属关系等人口基本信息,它有优劣差异却没有对错区别。目前行政体系中的户籍制度可以叫"户政制度"。它包括最狭义的户籍制度,还包含由相关部门以行政方式决定公民是否有迁往某地合法生活的"户口迁移审批制度"。它形成于国家集权的计划经济状态,有负面作用越来越大因而亟待改革的问题,但却不能以简单方式加以取消。目前被人诟病最多的户籍制度应该叫"户口制度",是包括一切运用狭义户籍制度来管控社会的制度的总称。在他看来,户籍改革的对象是,滥用户籍制度造成社会不公的各种陈旧的社会管控制度,不一定是户籍制度本身。如单方、单向、单一手段审批人们迁移资格的户口迁移制度,而非不需要对人口迁移流动依法管理本身;还有户籍登记中不利于人口迁移流动的那些规定,而非不进行户籍登记[①]。

综上所述,可以看出,无论是传统时期,还是当代,有关人口行为的制度研究已有一定基础。这是进一步推动和提升研究水准所不可缺少的。

在笔者看来,就制度与人口的关系而言,也有一些方面需要改进和加强。

一是以政策、法律和习俗等专门制度形式对人口行为影响的研究较多,综合性考察较少。在同一时空范围内,人口行为和状态并非只受单一制度的作用,而受多种制度的影响。只有立足于对多元制度进行考察,才能更深刻地认识单一制度之间的合力状态和抵消作用。

二是重视对不同制度形式的考察,而对制度的作用效果分析不够。我们看到,不同历史时期有多种制度存在,既有政府政策和法律这些制定和落实主体明确的制度存在,也有民俗这类无制定和落实主体的制度形式。它们对民众人口行为的实际作用究竟如何?这是认识制度功能的重要视角,就目前来看,这方面的研究尚待加强。

三是将不同人口行为所受制度影响进行系统分析的研究比较少,即或有,线条较粗,仅罗列制度形式,对制度变迁中人口所发生的变动和两者

---

① 王太元:《从迁徙自由到自由迁徙》,《人口研究》2008 年第 1 期。

之间的逻辑关系考察不够。

六　本书的研究思路和主要内容

（一）研究思路

本项研究从历史和现实相结合的角度考察制度与人口发展的关系，认识制度对人口行为和人口数量、分布、结构变动所产生的影响。

1. 研究特色

（1）宏观视野与微观素材相结合

一定程度上讲，本项研究强调宏观视野。它试图突破学界"规范"研究中对古代、近代和现代人口问题分别考察的模式，力求将每种人口制度形式所处环境贯通起来，以便对其形成、调整、演变轨迹有较清楚的认识。

宏观分析具有对研究对象整体把握之长，而其最大弱点是"空疏"，重视考察对象的"形态"，对"脉络"和"血肉"关照和认识不足。为弥补这一不足，本项研究将力求抓住制度的特征和演变环节，通过使用个案、惯习资料，揭示制度对人口行为影响的细部特征，使宏观认识具有微观素材支撑。

（2）将人口制度研究同制度与人口关系考察结合起来

一般来说，人口制度主要指直接作用于人口行为的制度，或者是指针对人口生育、死亡、迁移流动等行为所形成的制度。而制度与人口关系则在人口制度基础上加以扩展，凡是对人口行为有影响的制度（直接制度和间接制度、制度本身和制度环境等）均纳入考察范围。这样，便于认识人口发展和变动的复杂性，透过表象揭示人口问题的实质。

2. 历史和现实的含义

本书中的"历史"和"现实"如何界定？尽管研究者对此有基本相近的认识，但对具体的研究题目来说，又很难将其说得非常清楚。一般来说，"历史"实际指已经发生的事件，即今天之前的事件都已经变成历史，不过这不是学术界所认可的"历史"。同时，若以此来界定"历史"，那么，

"现实"的范围将很窄小。

从学科上看，历史研究者将中国史分为古代史（目前多指鸦片战争之前的历史，有的将其进一步区分为先秦之前的上古史、秦汉至隋唐的中古史与宋元以来的近古史）、近代史（鸦片战争以来至五四运动爆发）和现代史（五四运动以来至中华人民共和国建立）。新中国成立以来则被定名为当代史。实际上，多数历史学者关注的是新中国成立之前的中国历史。至于新中国成立之后的历史，是研究现实问题学者分析的对象。

本书将采取这一学术界惯常的做法，将"历史"限定为新中国成立之前，"现实"则指"新中国成立"以后。不过，在我看来，就制度而言，清末之前传统色彩较浓厚；清末，特别是民国以来则出现新的气象。所以，在一些章节的分析中，我将采用近代之前传统时期（指清末之前）、民国（1911—1949年新中国成立前）和现代（1949年新中国成立后）三个时期的划分方法。

（二）本书内容

本书内容的设定将立足于人口学的学术范畴和体系。一般来说，人口的发展演变主要体现在人口数量、人口分布和人口结构变动方面。人口数量与婚姻、生育和家庭等人口行为有关，人口的分布则是迁移流动的结果，而人口结构有多种体现，其中人口年龄和性别结构最为显著。

本书将分章探讨与人口演变和人口行为有关的基本制度，包括以下方面：

婚姻制度、生育制度、性别制度、家系传承制度、家庭形态制度、迁移制度、户籍制度、人口统计制度、老年人口制度、人口压力应对制度。

正如上言，本书对制度与人口关系的研究，既探讨直接性制度对人口的影响，也考察间接性制度对人口行为的约束和引导作用。

（三）研究方法

从本书分析对象的时间范围看，它既是历史的，又是现实的。对历史上制度与人口关系的认识是本项研究的基础。对特定制度形式的源流、演变的考察，离不开历史的方法。历史方法的最重要要求是弄清研究对象的变动过程，把握事件的前后承继关系。

从本书的内容设置和对象上看，社会学和人口学特征比较突出。就历史学、社会学和人口学三个学科的概念体系而言，在交叉性研究中，社会学和人口学的表达更为准确，对现实问题的概括更贴近实际。在笔者看来，将历史学的文献研究之长与社会学和人口学的分析方法之长结合起来，有助于把相关问题考察得更为透彻。

关于制度的研究，制度经济学已经相对比较成熟，其概念、方法很值得本项研究借鉴。

概而言之，本书将主要使用或借鉴历史学、社会学、人口学和制度经济学的方法，对制度与人口的关系进行多角度分析。

（四）本项研究所使用的资料

1. 正史和官书资料

正史和官书资料是本研究的基本材料。作为一项以宏观探求为主、微观分析为辅的研究，应注意使用简明扼要叙述不同时期典章制度的文献。

（1）二十五史。二十五史的各种志书中包含了中国主要王朝的典章制度，其中不少与人口行为管理有关。

（2）十通。通典、通志和文献通考对历朝典章制度有比较系统的梳理，弥补了断代史书相对零散的不足。它对认识制度变动的脉络、特征有极重要的价值。

（3）实录。中国帝制时代记载皇帝在位期间重要史实的资料性编年体史册名称。一般以所记皇帝的谥号或庙号为书名。这种官方文献虽然在南北朝时期即出现，但被系统保存下来的主要为《明实录》和《清实录》，其中有不少特定时期制度订立和实施的记载。要对明清朝一些专门制度进行系统考察，离不开实录。

（4）文件汇编。1949年以来的制度资料多在各种文件汇编之中，它是我们认识"现实"制度的重要途径。

（5）地方志。地方志中包含最为丰富的府州县制度文献。其风俗篇中对婚嫁、丧葬等礼仪记述颇详。只是有些方面所述套话较多，有时又过于简略。而近代以来的地方志增加了新的内容，像职业、迁移、生活方式等，是认识制度与人口关系的很好素材。

2. 档案资料

档案资料不仅有助于认识制度的形式，而且多能体现制度的落实效果。

（1）中国第一历史档案馆所藏档案。其中的户科题本和刑科题本档案多涉及人口制度，而刑科题本婚姻家庭类档案和土地债务类档案对认识当时婚姻家庭制度的民间表现有直接作用。此外，赋役黄册、户部清册等档案有助于认识不同阶段户籍管理和人口统计制度。

（2）地方档案。历史时期一些地方有关人口行为的官方资料被保留下来。如婚姻、家庭纠纷案件的审判记录等，是研究相关制度对民众约束力度和官方在具体的司法实践中如何落实法律原则的重要素材。当代不同时期村庄和街道户口统计、结婚离婚登记、生育统计、人口迁移、生活资料分配和供给等在地方档案馆中有大量收藏。本研究主要使用了河北省档案馆和一些市县所收藏的有关档案资料。

（3）文书档案。民间文书中的契约可以揭示诸多家庭相关问题，包括分家方式及时间选择、财产继承原则、无子过继程序、养老安排等。

3. 家谱资料

家谱是家族人口制度的重要汇总，其中的凡例、规训是家族人口制度和家族管理的基本原则，体现了传统道德的要求和精神，同时也是对法律原则性规定和要求的细化。

4. 文集资料

文集实际是不同形式的诗文汇编，多属个人之作。在传统时期，文人和官员有将自己所撰写不同题材作品汇编成集的做法。其中有不少与人口有关，如官员将自己任职地方所写奏章、告示等收入集中，成为我们认识地方人口行为及其制度的一个途径。

5. 笔记资料

笔记记录文人、官员所经历的人和事。不少笔记涉及婚育、家庭方面的民俗，还有官方有关人口方面的政令在民间的落实效果等内容。

6. 数据资料

本研究在一些专题中使用了第三次（1982年）、第四次（1990年）和第五次（2000年）全国人口普查抽样数据库资料和作者所主持的小型调查数据。其中的人口普查数据可以从整体上揭示或印证当代生育政策对人口变动的影响。

  本项研究是一个富有挑战性的课题。一是论述的内容较多，涉及面较广，与此有关的资料浩繁，无法全面掌握，已经获得的资料也有如何取舍问题。二是时间跨度大，难以在每个专章将所涉制度从古迄今的演变梳理得很清楚。本项研究不当之处一定不少，还望识者指正。

第二章　婚姻制度与人口发展

婚姻是一种制度。中国近代之前，婚内生育是主流，或者说绝大多数生育行为发生在婚内。尽管当代婚外生育有所增加，但婚内生育的主导地位没有动摇。可以说，婚姻的缔结、维系制度与人口发展之间存在密切关系。这一点传统时代即有认识，"设嫁娶之礼者，重人伦、广继嗣也"①。在婚姻制度中，择偶范围、初婚年龄、再婚的权利等被加以规定，这些与人口的素质、生育发生的早晚、生育过程的中断和延续有关。婚姻不仅受到法律、政策的制约，而且习俗、伦理、家规等制度形式也对婚姻行为有广泛影响。对婚姻制度的探讨有多种视角，本章将着重对婚姻制度与人口有关的方面进行探讨，认识其对人口发展的作用表现。

一　从同姓不婚、同宗不婚到近亲不婚
——制度对优生的作用

在中国社会的大部分阶段，婚姻并非男女两情相悦的产物，而是家庭，特别是父母安排的结果。婚姻的功能是"合两姓之好，上以事宗庙，下以继后世"②。其主导方式为男娶女嫁。为人之妻者，具有"传家事，承祭祀"③的使命，依照"六礼"程序被娶入。

无论哪个历史时期，都有对男女婚姻范围的规定。当然，限制的侧重点有所不同。

整体看，婚姻建立在与血缘亲属之外成员结合的基础上。而从历史阶

---

① 班固：《白虎通》卷10，嫁娶。
② 《礼记·昏义》。
③ 《唐律疏议》卷13，户婚。

段着眼，血缘亲属又分为同姓、同宗和近亲。同姓、同宗关系成员以男系血亲为基础划分亲等；近亲则是一个双系概念，既包括父系亲属，也包括母系亲属。男女在缔结婚姻时，对同姓、同宗和近亲成员的排斥，客观上具有提高人口身体素质的作用。但近代之前对同姓、同宗成员的排斥更多的是从伦理角度考虑的。只有到了近亲结婚被排斥之时，才算进入现代意义上的"优生"阶段。

（一）同姓不婚及其实践

1. 同姓不婚制度的形成

同姓为婚之禁在中国可谓源远流长。在其发展过程中，它逐渐由观念认识变成法律条文。

对同姓结婚的危害，先秦时期有两条重要的观念性记载：男女同姓，其生不蕃[1]；同姓不婚，惧不殖也[2]。第一条似乎是对一个事实的陈述，第二条则是对一种行为的原因进行解释。由此可见，先秦时期，一定范围内存在同姓不婚现象。而这两条记载，均说明同一个问题，同姓结婚者的后代不兴旺，原因是死亡率高。这或许是一种经验性感觉，当时人难以做出合理的解释。不过，更多的文献显示，同姓不婚的主要着眼点还在伦理上。

先秦，特别是春秋战国时期的婚姻实践体现出这一观念的约束力量。《国语》卷16中《郑语》记载：史伯曰：先王聘后于异姓，求财于有方[3]。《国语》卷10的《晋语》引司空季子之言：娶妻避其同姓，畏乱灾也。《左传》中也多条涉及同姓婚的观念性资料。昭公九年：内官（嫔御）不及同姓，其生不殖，美先尽矣，则相生疾，君子是以恶之。僖公二十三年：男女同姓，其生不蕃。异姓则异德，异德则异类。异类虽近，男女相及，以生民也。同姓则同德，同德则同心，同心则同志。同志虽远，男女不相及，畏黩敬也。黩则生怨，怨乱毓灾，灾毓灭姓。是故娶妻避其同姓，畏乱灾也[4]。可见，这些记述多将同姓结婚视为会带来灾祸、疾病、厄运等不幸恐

---

[1] 《左传》僖公二十三年。
[2] 《国语·晋语》。
[3] 《唐律疏议》卷14，户婚。
[4] 《国语·晋语四》。

怖事件的肇端，故不应造次为之，避害趋利是正道。

还有的从社会关系建立、家族伦理角度解释同姓不婚的原因。《礼记·郊特牲》：夫昏者，万世之始也。取于异姓，所以附远厚别也。《孔子家语·曲礼子贡问》：同姓为宗，有合族之义，故系之以姓而弗别，缀之以食而弗殊。虽百世婚姻不得通。"同姓不得相娶，皆为重人伦也。"①

班固在《白虎通》中言：不娶同姓何法？法五行异类乃相生也②。这有提高生育水平之意，但与"优生"的含义并不相同。

同姓为婚之防如此重要，所以择偶时要处处小心。《礼记·曲礼》提出特殊情形的处理办法，"娶妻不娶同姓，故买妾不知其姓则卜之"。娶妻为有主婚和媒妁的规范行为，包括姓氏在内的双方家庭信息比较熟悉，易以避同姓；妾有的来自落难女子（灾荒、战乱逃亡而与家人失散者，被拐卖者等），特别是年龄较小者对家庭姓氏等信息有可能不清楚。

我们认为，同姓不婚本质上是先秦时代族外婚制度的产物。抑制同姓为婚、鼓励异姓结姻不仅使通婚范围扩大，而且可以起到增加与其他族群交往的机会，具有睦邻的作用。

后世人对先秦时期同姓不婚予以充分关注。杜佑在其所撰《通典》称：殷以上而婚不隔同姓，周制则不娶宗族③。"隔"原意为隔离，这里应为回避。它意味着同姓不婚制的推行起始于周。前述言论也多集中于周之后的春秋战国时期。

秦汉时人们又把这一认识上升到更高的程度。《白虎通·姓名篇》指出："人所以有姓者何，所以崇恩爱，厚亲亲，远禽兽，别婚姻也。故礼别异类，使生相爱，死相哀，同姓不得相娶，皆为重人伦也。不娶同姓者何？重人伦，防淫佚，耻与禽兽同也。"将同姓为婚视为禽兽之行，可见重视程度之高。

既然同姓为婚有如许之多的危害，与异姓为婚又有无限好处，那么它应该成为当时贵族和民众的基本准则。从春秋以来至秦汉时期的婚姻实践看，同姓不婚尚处于伦理认识层次，而非硬性约束。因为春秋战国诸侯中，

---

① 《白虎通》卷9，姓名。
② 《白虎通》卷4，五行。
③ 杜佑：《通典》卷60，礼。

娶同姓女者并非个别。

清朝人赵翼指出：同姓为婚，莫如春秋时最多。其论据是《论语》、《国语》、《左传》等文献所载史实。《论语》中有：鲁昭公娶于吴同姓，谓之吴孟子，两者均为姬姓。《国语》：富辰谏襄王，有曰："聃由郑姬"（注：聃，文王之子，姬姓也，娶郑女为夫人）。《左传》：晋献公娶二女于戎，大戎狐姬生重耳，小戎子生夷吾（注：唐叔子孙别在戎狄者）。又献公伐骊戎，骊戎女以骊姬，亦姬也。郑叔詹曰："男女同姓，其生不蕃。重耳，姬出也，而至于今。"齐崔杼见棠姜美，谓姜之弟东郭偃，欲娶之。偃曰："君出自丁，臣出自桓，不可"（注：谓同姜姓也）。子产谓叔向曰："内官不及同姓，其生不殖，故买妾不知其姓则卜之。今晋君内有四姬，其病无乃是乎？"庆舍以女妻卢蒲癸，或曰："男女辨姓，子不避宗，何也？"癸曰："宗不余避，余独焉避之？"庆氏、卢蒲氏皆姜姓也。赵翼认为，这些同姓相婚之行属"春秋时乱俗也"。"汉以后此事渐少"①。"渐少"表明仍然存在。

赵翼还说，《汉书》：王莽以姚、妫、陈、田、王氏皆黄、虞后，与己同姓，令元城王氏勿得与四姓相嫁娶。然《王诉传》：诉孙咸有女为王莽妻，号宜春氏（注：张晏曰：莽讳娶同姓，故以侯邑为氏；师古曰：莽以己与咸得姓不同，祖宗各别，故娶之。然虽不同宗，终属同姓也）②。不过，彭卫所收集的344个汉代婚姻个案显示，异姓结婚者有338例，占97%；同姓结婚者有6例，占3%③。这表明尽管当时有违禁行为，但回避者却是多数，表明同姓相婚禁忌已在发挥作用。

晋朝刘颂为汉广陵后代，临淮陈矫本为刘氏子孙，与刘荣为近亲，只是"出养始改姓陈"。因而，"颂（刘颂）女适陈氏（陈矫子），时人讥之。"当事双方也为自己开脱说："若同姓得婚，论如虞陈之类，礼所不禁，同姓不殖，非此类也，难者不能屈。"④ 即对这种婚姻他人无可奈何。显然当时没有明确的处罚法令。

---

① 赵翼：《陔余丛考》卷31，同姓为婚。
② 赵翼：《陔余丛考》卷31，同姓为婚。
③ 彭卫：《汉代婚姻形态》，三秦出版社1988年版，第118页。
④ 杜佑：《通典》卷60，礼。

从律令上看，北魏以后的王朝对同姓结婚的限制和处罚开始明确或严格起来。北魏孝文帝是较早把同姓为婚之禁载入律令中的皇帝。太和七年（483年）文帝下诏："夏殷不嫌一族之婚，周世始绝同姓之娶，斯皆教随时设，治因事改者也。皇运初基，日不暇给，古风遗朴，未遑厘改。自今悉禁绝之，有犯者以不道论"①。北周武帝于建德六年（577年）所下诏令更严格："同姓百世，婚姻不通，盖惟重别，周道然也。而娶妻买妾，有纳母氏之族，虽曰异宗，犹为混杂。自今以后，悉不得娶母同姓，以为妻妾。其已定未成者，即令改聘。"② 这显然扩大了同姓婚姻之禁的范围，由父族延至母族。

唐代以后各朝政府将同姓为婚之禁载入典章。唐朝规定："诸同姓为婚者，各徒二年。"③

但《唐律疏议》中对特殊情形也有从宽规定：至如鲁、卫，文王之昭；凡、蒋，周公之胤，初虽同族，后各分封，并传国姓，以为宗本，若与姬姓为婚者，不在禁例。其有声同字别，音响不殊，男女辩姓，岂宜仇匹？若阳与杨之类。又如近代以来，特蒙赐姓，谱牒仍在，昭穆可知，今姓之与本枝，并不合共为婚媾。其有复姓之类，一字或同，受氏既殊，元非禁限④。这里的第二种情形（声同字别的姓之间）和第三种情形（某姓与赐某姓之间）中的男女实际并无同姓血缘关系，故不应套用同姓不婚之律处置。宋朝继承了唐律规定⑤。

元朝，至元八年（1271年，即元统一政权建立的第一年）所作规定为：同姓不得为婚，截自至元八年正月二十五日为始，已前者准已婚为定，已后者依法断罪，听离之⑥。这种弹性政策表明民众中有同姓相婚的行为，且非个别现象，故政府重在处置新令颁布之后的违规者。

明清时期，从法令上看，同姓通婚的禁令继续形诸法律。明朝规定：

---

① 《北史》卷3，魏本纪。
② 《周书》卷6，武帝纪下。
③ 《唐律疏议》卷14，户婚。
④ 《唐律疏议》卷14，户婚。
⑤ 《宋刑统》卷14，户婚。
⑥ 《元典章》户部卷4，典章18。

"凡同姓为婚者各杖六十,离异。"① 清朝承袭了明朝的做法,不过更具体了:"凡同姓为婚者(主婚与男女)各杖六十,离异。妇女归宗,财礼入官。"② 主婚者被包括在处罚范围内,实际是针对男女双方家长采取的措施。值得注意的是,清朝在十恶之十"内乱"中加入同姓为婚条③。

清朝末年所定《大清民律草案》取消了同姓不婚律条。可以说清朝是最后一个保留这一规则的政权。

我们承认,上述王朝所制定的禁止同姓为婚法令,具有抑制近亲结婚的客观效果,而其主要目的却是为了维持伦理关系。不过,其对近亲结婚限制的重点是同宗之人相婚,或者说只在父系方面作了限制,而对母系方面的约束很小。

2. 宗族和惯习对同姓婚姻的态度

作为同姓血缘关系成员共同体,宗族应是同姓为婚的最大反对势力。但我们看到,明清以后的宗族文献并非都有同姓为婚禁条。

(1)宗族规定

宗族限制同姓为婚主要体现在宗规族训中。

既有限制又有对违规者实施处罚的宗族。

陕西秦州张氏清光绪八年(1872年)《族中平时条规》:族中男不许娶同姓之女,女不许嫁同姓之男。违者,由族长会众禀官离婚④。它强调以公法处置违规者。安徽池州杜氏:误娶本姓之女为妇者,责令离异。故犯者逐出境外,永不许归宗⑤。违者按照公法律条离异,不遵故犯者以私法惩处。山西洪洞刘氏将同姓不婚法律载入家训,要求族人遵守勿违。"其有反是者,治以法,斥不与祭。"⑥ 江苏常州蒋湾桥《周氏宗谱》家规:"娶妻不娶同姓,以厚别也,以敬祖也。倘有不肖子孙同姓为婚,讬名异姓,出帖察之,确凿可据者,公议逐出。"⑦ 违规成婚者按私法处置。浙江山阴钱

---

① 《大明会典》卷14。
② 光绪《大清会典事例》卷756,刑部,户律婚姻。
③ 《大清律例》卷10。
④ 光绪《续秦州张氏族谱》,族中平时条规。
⑤ 光绪池州《仙源杜氏宗谱》卷1,家法。
⑥ 康熙《洪洞刘氏宗谱》卷首,家训。
⑦ 民国丁亥重修《蒋湾桥周氏宗谱》卷1,家规。

氏族规：婚则禁同姓，禁服妇改嫁，恐犯离异之律①。湖南湘潭张氏"家训"中有"禁同姓以联婚姻"之规：同姓不昏，所以厚别；买妾疑姓，尚须卜诀；岂有娶妻，同姓可结；法律森严，笞杖断绝；人生受辱，终身不雪；训我族人，毋蹈前辙；娶妻辨姓，古今礼节②。这些宗规告知族人同姓不婚是国家法律的要求，违反者将受法律制裁，乃至用家法作为约束手段。

以上宗族对违规者以令其离异为基本要求，若知错不改，则予以出族、剥夺祭祀权等不同形式的处罚。也有一些宗族只是限制，但无具体处置措施。如沧州盐山郑氏：同姓不结婚，以至同宗者亦不宜犯，当从礼例周公所制同姓不婚教规也③。湖南汉寿《盛氏族谱》卷首，《家规十六条》：同姓苟合为婚，是不比于人数也。这些宗族或许重在引导、倡导，但只要将规则登载于家谱之中，它就可能产生约束族人的作用。

有的宗族要求本族出继异姓的子弟应注于其父名下，族人不得与之结姻，以示避同姓为婚。

绍兴江左邵氏，"族内有出继外姓者，当于行下注明出继某姓为子，以望异日归宗地也。即五世以后亲尽不归，亦当预防同姓为婚之渐"④。

安徽黟县西递胡氏旧谱凡例规定：本族出继异姓者，注其名于父下，别为图于后曰"明经胡氏谱附编"，庶有识者得所据以复氏，未能复者亦知举李氏、唐氏，并不得再为婚也⑤。

个别宗族则对同姓不宗婚姻有所通融。山西平定州刘氏于乾隆三十九年（1774）制定的《敦睦五禁》，有禁同姓为婚条，不许同姓论婚，但确系同姓不宗，则可接纳⑥。

民国之后，特别是20世纪20年代以后所修家谱对族人同姓为婚的严厉程度大大降低。

1943年湘潭张氏宗谱体例：娶同姓者，须标明某某张族，女归同姓者

---

① 光绪《项里钱氏宗谱》卷首，宗规。
② 民国三十二年《湘潭张氏家谱》卷28，家训。
③ 宣统沧州《郑氏族谱》，谱例。
④ 民国十七年《绍兴江左邵氏家谱》卷首，凡例。
⑤ 道光黟县《西递明经胡氏壬派宗谱》卷1，凡例。
⑥ 嘉庆平定《刘氏族谱》，敦睦五禁。

亦同①。

(2) 惯习

在地方志文献中，撰写者往往将本地同姓不婚现象作为良风美俗加以记载。这应该是民众的自律行为，当然这种自律离不开宗族组织所营造的限制氛围。

山东莱阳县："至内表联姻，偶或有之。同姓结婚则绝无也"②。这属于刚性约束。

清同治年间河南陕州："男家定婚必避同姓，避中表"③。至民国二十五年（1936年）的《陕县志》仍载："初议婚，延亲友二人作伐，必避同姓，避中表。"④ 这表明当地民众对同姓不婚有较强的自律意识。

陕西洛川县："同姓不婚姻。"⑤

广西贵县："婚姻门户欲称，同姓不婚。"⑥

四川合江县：民国初年，结婚"犹避同姓"⑦。

贵州平坝县直到清末民初："各民族间，无论宗派远近亲疏，大半'同姓不婚'。违此例者，则遭非笑，最近法律准许同姓而宗派已远者可结婚，然社会尚鲜适用者。"⑧ 这显示出惯习约束力具有长久性，消退得也较缓慢。

有些地方同姓相婚虽难免，但属于个别情况。

天津宁河县：至乡村陋习相沿，间有同姓联姻者，实非礼也⑨。

上述地区民众主流为排斥同姓相婚，有的具有全面禁止的表现。但一些地区同姓结婚的非主流行为也是存在的。

值得一提的是，我们在清道光五年（1825年）江苏巡抚所题奏的200

---

① 民国三十二年《湘潭张氏家谱》卷首，体例。
② 民国二十四年《莱阳县志》卷3，风俗。
③ 同治《重修直隶陕州志》，见丁世良、赵放主编《中国地方志民俗资料汇编》（中南卷）上册（下引该书简称《民俗资料汇编》某卷），北京图书馆出版社1997年版，第299页。
④ 民国二十五年《陕县志》卷5，风俗。
⑤ 民国三十三年《洛川县志》卷23，风俗。
⑥ 民国二十四年《贵县志》卷2，风尚。
⑦ 民国十八年《合江县志》卷8，礼俗。
⑧ 民国二十一年《平坝县志》第二册，民生。
⑨ 乾隆《宁河县志》卷15，风俗。

个节妇名单中（夫妇姓氏齐全），没有发现夫妇同姓者①。它表明，同姓为婚在这些地区伦理观念和法律意识比较强的群体中受到抑制。当然，也有可能同姓者失去了申报资格。如果存在后一种情形，则表明抑制同姓为婚的制度还在起作用。

3. 民间社会的另一面——同姓相婚

我们认为，在中国传统社会中，真正的同姓为婚是难以彻底禁止的，并且它也是一种脱离实际的要求。这是因为，以姓氏为标志的人口群体在数量上的构成相差悬殊。中国姓氏中，大小姓人口之间的数量差异非常大。隋唐以后，张王李赵等始终是民间大姓。第二是姓氏分布不一。同一地区中，有的姓氏常常聚连一村、数村乃至一乡，人口成千上万；有的姓氏则只有几户、几十户。如果硬性地按照同姓不婚的原则去要求，那么就会出现男女匹配对象的失调，完婚受到制约。因而，这一原则在一些地区失去了推行的适婚资源条件。为了子女或男女婚配的实现，民众不得不冲破制度的约束。

（1）民俗中的表现

明代，中原一带"同姓为婚，多不避忌"②。

此风清代直隶各地多有表现。新安县：乾隆时，近有一二两姓不论朱陈，缔婚不由阀阅；甚至婚姻论财，同姓为婚者③。安州亦如此④。至光、宣年间，"直隶各县，向有同姓结婚之事……此种习惯行之既久，已为社会上普通之惯例，然皆以不同宗为制限条件"⑤。

河南上蔡县：同姓不一族即为婚娅⑥。

它表明，至少明代以来，河南、河北地区同姓禁婚的约束力大大降低。

西北地区也多有表现。

---

① 《陶澍全集》（5），岳麓书社2010年版，第143—154页。
② 王士性：《广志绎》卷2，两都。
③ 乾隆《新安县志》卷6，风土。
④ 道光《安州志》，见《民俗资料汇编》（华北卷），第318页。
⑤ 前南京国民政府司法行政部编：《民事习惯调查报告录》（下册），中国政法大学出版社2000年版，第759页。
⑥ 康熙《上蔡县志》卷1，风俗。

陕西咸阳县：清道光年间，"有同姓不捡结为婚姻者"①。葭县：婚礼，避同宗不避同姓②。周至县：更有同姓不捡结为婚姻者，蔑礼渎伦，莫此为甚。官司、士者宜为禁止焉③。

方志编者多以贬斥口吻叙述当地同姓相婚现象，显得愤懑而无奈。它说明正统观念持有者并不接受该类婚姻。这些地区会形成同姓"不婚"和"相婚"并存局面，而主导者为同姓不婚。

甘肃：人民婚姻多不避同姓，势难依律禁止。因甘省回民最多，而回民中姓马者又十居八九。回汉之间，以汉女嫁回男者偶或有之，若回女则绝对不嫁汉男。回民如避同姓为婚，势必至女无从嫁、男无从娶④。可见，同一地区姓氏人口构成多寡不均，将使同姓不婚制度缺少落实的条件。

安徽来安县：民众有卫户、非卫户之别。卫民与其他人民虽多同姓，但不同宗，向有相为婚姻之例。天长县：同姓不同宗者，亦往往结为婚姻。怀宁县、五河县也如此⑤。

广西宜北县：同姓多有不避之者⑥。

清代官僚学者张伯行指出："古人娶同姓，犹讳言之，而人仍指摘之；今则公然结婚矣，亦无人告之以不当然者。"并说他的家乡，"张姓为多，又均系大族，结婚者，往往而有"⑦。

甚至有为误娶同姓为妻行为加以开脱。《巢林笔谈》载：清代朱韫斯误娶同姓，欲去其妇，名流多劝止之；欲取证于古之娶同姓而无伤者，一时莫之应。吴志伊独曰："王沈与王基联姻，刘畴与刘暇为婚，缘非同原也。"龚炜感慨：前辈博洽如此⑧。

清末民初时期的调查发现，同姓为婚习惯"不仅直隶一省为然，即长江以北省份，亦多如是也"⑨。

---

① 道光《咸阳县志》卷1，风俗。
② 民国二十二年《葭县志》卷2，风俗。
③ 民国十四年《周至县志》卷4，风俗。
④ 《民事习惯调查报告录》（下册），第1035—1036页。
⑤ 《民事习惯调查报告录》（下册），第864、871页。
⑥ 民国二十六年《宜北县志》第二编，风俗。
⑦ 张伯行：《正谊堂文集》卷9。
⑧ 龚炜：《巢林笔谈》卷2，同姓嫁娶。
⑨ 《民事习惯调查报告录》（下册），第759页。

从以上同姓相婚的地方表现看，正统观念者对此持反对和蔑视态度，但至少北方一些民众择妇嫁女婚姻实践中对此已不刻意回避。当然，同一区域，也许会出现同姓不婚与同姓相婚并存的局面，或者它在县乡层级内表现出差异，否则区域内地方志中不会有两种习俗记载。

（2）官方对违禁者的态度

在宋代的诉讼案件中，涉案者婚娶对象为同姓者即有表现。在一案件中，涉案人员为戴赠，其妻弟叫戴六七。官府对此并不追究①。

就明清时期而言，官方对民间同姓结婚行为的态度有两种。一是默认，这是占多数的做法。更有甚者，我们在清代命案档案中看到不少夫妻为同姓的个案，地方官员发现后也像宋朝一样并不依律处置，仅对所涉命案本身进行判责。它表明，官府在司法和行政活动中，同姓结婚之禁常被忽视。

二是禁止。明代有地方官针对管辖之地的同姓结婚行为发布告示加以禁止：近访得本县人民遵守理法者固有，欺公妄为者亦多。中间有同姓而为婚者，有匹配而不改正者，邻里串通不举，地方容忍不呈，非惟坏俗伤风，抑且违条犯法。若不禁约，深为未便。为此合出告示，发去人烟辏集之处，张挂晓谕。前项之徒各要遵守法律改正。敢有故犯，事发拿问。臣罪离异，追悔莫及；里邻不举连坐，以罪不恕②。清康熙时河南上蔡县：同姓不一族即为婚娅。康熙二十五年（1686年），地方官刊示永禁：至若同姓为婚，事关人伦大变，律例森严，又非仅以告诫已也③。渑池县：嘉庆时有同姓为婚者，知县"出示禁止"④。光绪年间陕西《永寿县志》载：同姓为婚，大干例禁，业经出示晓谕在案⑤。这也是县府采取的干预措施。对具体案件中的同姓结婚行为，官府又视而不见。它表现出"宏观"禁止与"微观"宽松的特征。

值得注意的是，在清代个案中也有个别认真对待同姓为婚行为的官员。《刑案汇览》收入一同姓结婚案件（乾隆五十四年，1789年）。案中，丈夫

---

① 《名公书判清明集》卷7，户婚门，中华书局2002年版，第212—213页。
② 杨一凡等：《古代榜文告示汇存》第二册，社会科学文献出版社2006年版，第135—136页。
③ 康熙《上蔡县志》卷1，风俗。
④ 嘉庆《渑池县志》卷7，礼俗。
⑤ 光绪《永寿县志》，见《民俗资料汇编》（西北卷），北京图书馆出版社1997年版，第42页。

伤妻，不治而死，地方官按同姓不婚律，将该夫妇以凡人冲突定罪，后被中央刑部纠正：此案唐化经娶同姓不宗之唐氏为妻，业经生有子女，夫妻名分已定。今因口角争殴，致死唐氏，按例应仍服殴妻至死本律科断。乃该抚因其同姓为婚，律应离异，即略其夫妻名分，以凡人斗杀问拟。应将唐化经改依夫殴妻至死律拟绞监候，并请通行各省一体遵照①。可见，在地方官员的观念中，同姓禁婚仍是有效的法律。但中央政府强调同姓之人一旦成婚并生有子女，其夫妇名分即应得到承认。

前述民国初年的法律并无同姓禁婚的规定。但在民间，它还有影响，甚至有人以此兴讼。

民国九年（1920年）江西进贤县即有这样一个案件：某甲以女乙许配于同姓之某丙，已经成婚数月。突有甲之族人丁戊等来案具诉，经县驳斥。去后，丁戊等又联同丙之族人己庚等合词以续。经查明，乙丙均系唐祖李渊之子李恪之后裔，一脉相传，有谱可证。似此同宗为婚，大干风化，恳请予以撤销前来。按大理院七年度上字第1527号判例载，婚姻事件有撤销原因者，除当事人及其直系尊属与同居最近亲属暨代表公益之检察官得诉请撤销外，其余族人不得妄行干涉等语。此案丁戊己庚对于乙丙两方均系普通族人，并非直系尊属，亦非同居最近亲属，按照上开判例，实无干涉之权。然查知事兼检查官职权，有代表公益之责。对于此种案件依法本可主张撤销，惟乙丙成婚日久，夫妇关系业已成立，若以官力强迫解除，毋论违反人情达于极点，且恐判决后执行为难……查同宗为婚撤销权之所属，本院已有判例，所询情形既系无撤销权之族人妄行告争，审判衙门自可谨以法驳斥其请求可也②。这一案件始以同姓相婚起诉，后以同宗相婚告争。官衙和大理院的意见表明，民国初年同姓、同宗禁婚的法律依然有效。对违规者，只有直系尊属和同居最近亲属上告才会作为撤销依据；否则，不予受理。它有"亲不告"、官不纠的含义。

可见，在民间实践中，一直存在遵循和违反同姓不婚制度两种行为。至少从宋元以后文献看，同姓违律相婚者并非个别现象。而官方的态度则

---

① 祝庆祺等编：《刑案汇览》（三）第二册，北京古籍出版社2004年版，第1459页。
② 大理院复江西高等审判厅函（统字第1420号），民国九年九月二十八日。中国国家数字图书馆，民国法律。

有在一般意义上重视并不断重申同姓不婚规条（以此表明其重视法律原则）与具体实践中宽松对待之别。由于原则与民间社会现实脱离，遵守规则会使民众婚配和官方施政陷入两难境地。在以传统意识形态为统治思想的时代，它又是不能废止的律令。由此造成该律令停留于形式倡导层次，无法或难以具体落实。

（二）同宗不婚

1. 同宗不婚的内涵和规则

相对于同姓不婚，同宗不婚实际是缩小了禁婚范围，但加重了处罚力度。那么，何谓同宗？顾名思义就是来自同一宗族的成员，或共祖成员。不过，在传统时代，对其范围的认定有一定伸缩性。有的同宗指来自同一先祖的一群人。如住在同一个村庄的同族之人即为同宗，在北方比较普遍。而在南方由于居住较分散，同宗可能包含的范围更大。相对于同姓不婚，同宗不婚是比较容易做到的。

具体而言，同宗之中，又有同宗有服之人（未出五服）与同宗无服（已出五服）之分。我们认为，传统时代的同宗不婚，主要是针对同宗无服之人，同宗有服则属于近亲范畴。这一点将在下一节论述。

通过梳理近代之前各个时期的法律文献，我们发现，同姓不婚和有服属关系成员不婚被严格规定，而同宗不婚则未作单独强调。它或许出于这种考虑，同姓不婚是一个大的限定，它已包括了同宗不婚这一次级限定，亦即禁止同姓相婚肯定包括对同宗相婚的限制，若再对同宗不婚作出规定则显得多余。

《唐律》中虽没有"同宗不婚"条文，不过在"疏议"中有这样的话：同宗共姓，皆不得为婚，违者，各徒二年[①]。应该说，这是反对同宗相婚的明确表达。

明朝法律所作规定值得注意：凡娶同宗无服之亲，各杖一百[②]。清朝予以继承，只是更为明确一些：凡娶同宗无服［姑侄姊妹］之亲，［男女］各

---

① 《唐律疏议》卷14，户婚。
② 《大明律》卷6，户律。

杖一百①。它应该是对禁止同宗为婚最为直接的法律条文。

清末《大清民律草案》第1333条规定：同宗者不得成婚②；1925年完成的《民国民律草案》照搬了清末律条（见第1100条与第1101条）。可以说1925年所订《民国民律草案》是我国历史上最后包含同宗禁婚文字的法律。这两部法律中的"不得"字眼表明，它具有刚性约束。

1930年颁布的《民法》亲属编第983条对禁婚范围有新的规定：(1) 直系血亲及直系姻亲；(2) 旁系血亲及旁系姻亲之辈分不相同者，但旁系血亲在八亲等之外、旁系姻亲在五亲等之外者，不在此限③；(3) 旁系血亲之辈分相同而在八亲等以内者，但表兄弟姊妹不在此限。这项规定将传统的界限模糊的"同宗"范围具体化"亲等"，分出"直系血亲"和"旁系血亲"，这实际较"同宗"范围缩小了。该规定中又包含了对直系姻亲和部分旁系姻亲成员相婚的限制，所以它不仅仅是"同宗"范围的缩小。

需要指出，同宗不婚限制还见于家谱规则。

清光绪七年（1881年），浙江东阳上璜王氏修谱条例（《东阳上璜王氏宗谱》）规定：娶同宗不族为婚者，宗谱削除。

一些家族为避免同宗结婚，制定有更进一步的规定。如安徽黟县西递明经胡氏：本族出继异姓者，注其名于父下，庶有识者得所据以复氏。未能复者亦知举李氏、唐氏，并不得再为婚也④。

同样，相比同姓不婚，写明同宗不婚的宗规不多。其原因也在于，与"同姓"这一禁婚的大范围相比，"同宗"这一小范围成员之间的婚配自然应在限制之列。

2. 同宗不婚的扩展形态

在同宗禁婚扩展方面，法律的重点转向禁止族人娶同宗无服成员之妻。

明朝法律规定为，"凡娶同宗无服亲之妻者，各杖一百"⑤，惩罚力度与娶同宗无服之女相同。我们认为，此处的"同宗无服亲之妻"应该主要指

---

① 《大清律例》卷10，户律。
② 《大清民律草案》（杨立新点校），吉林人民出版社2002年版，第171页。
③ 中国法规刊行社编审委员会编：《六法全书》，上海书店1947年版，第88页。
④ 道光黟县《西递明经胡氏壬派宗谱》卷1，宗谱凡例。
⑤ 《大明律》卷6，户律。

丧偶女性。该法规出台的逻辑在于，已婚女性已融入丈夫宗族，或者说依附于丈夫之宗，若从夫妇一体角度看，嫁入本族之妇具有与血缘宗人相同的地位。即使丈夫故逝，这一关系形式仍然保持着；与其相婚，就触犯了同宗不婚的禁条，对宗族内部关系秩序形成干扰。在中国的村落环境中，特别是单姓为主的村庄中，绝大多数人为同宗之人。此项律条的作用是，一定程度上降低了丧偶女性改嫁的机会。她们若有再婚的愿望，只能嫁与丈夫同宗之外的男性。不过，法律并不仅仅限制族人娶同宗无服丧偶之妻，族人若将"曾被出及已改嫁而娶为妻妾"，也要"各杖八十"[1]，较娶与宗人有婚姻名分者减杖二十。从一般意义上讲，同宗男性与其妻中止婚姻关系，已离异女性就不能再享受宗人地位。然而，按照此规定，该女的结姻范围受到制约，即前夫族人不得与其婚配。在笔者看来，此律实际强调女性在同一宗族中只能建立一次婚姻关系。或许从宗族角度看，女性若在同宗内与两个男人先后相婚，则有重婚之嫌。清朝继承此法。不过，清末《大清民律草案》已没有这项规定。

我们认为，禁娶同宗人妻妾，重在维持宗族内部的伦常关系，宗族内部成员关系不同于非族人关系，它建立在辈分这一伦理基础上，即使无服成员，辈分都能梳理清楚；同辈人之间也有"兄弟"之别。伦理可谓无处不在。若族人在族内娶人妻妾，很容易对伦常关系造成冲击。这项律法和族规客观上有助于维持宗族婚姻秩序，降低族中男性对他人守节妻妾的觊觎之心。

3. 同宗不婚的民间实践

（1）同宗不婚的限制

相对于同姓不婚，同宗不婚的内在约束要强。它成为禁婚的底线，民间为此特意制定规则者反而较少。

从风俗惯习方面看，清末民初，直隶各县，虽向有同姓结婚者，但却不敢突破同宗限制[2]。这种约束在各地具有普遍性。

山西大同县、清源县：同姓亦得结婚，但以不同宗者为限[3]。

---

[1] 《大明律》卷6，户律。
[2] 《民事习惯调查报告录》（下册），第759页。
[3] 《民事习惯调查报告录》（下册），第836、847页。

陕西长安县属：同姓而非同宗仍有相为婚姻之习惯①。

前述安徽来安县卫户婚姻虽多同姓，但不同宗。天长县、怀宁县、五河县也如此②。

湖北汉阳、竹溪、麻城、郧县、五峰均系以同姓不宗为限，其同宗中之支属疏远者，仍不得结婚。兴山县从前亦有同宗疏房结婚之事，但现在业已禁革。至同姓不宗之结婚行为，则仍为该县习惯之所许③。谷城、竹山、通山、潜江、巴东、广济六县习惯，均以同姓不宗为限，其同宗中之支属疏远者仍不婚④。

以上文献表明，同宗不婚在民间习惯中多有存在，这显示出国家法律与民间惯习的一致性。

但个别地区也有违例行为。清代甘肃一些地方，"同姓惟同祖以下不婚，过此则不论也"⑤。其限定范围较小，至少从亲等上看，曾祖以上有服男女也可结婚。广西武鸣县：粤西虽间有娶同姓，然服外之亲及不同宗祠祭祀者始行婚配，其服内与共祠之亲犹未有为夫妇者也⑥。同宗无服者之间婚配并不在限制之列。

（2）娶宗人或族人妻妾的制度和习惯

甲、家规对娶同宗人妻妾的限定

清朝一些家族也将娶族人之妻列入禁条：清同治年间，广东南海潘氏家规：娶同族妻妾为妇者，重责，出族⑦。光绪安徽池州杜氏：误娶本族再醮之妇为妇者，责令离异。故犯者照暂逐例，俟离异后三年无过准亲房具保归宗⑧。这些宗族不能容忍族人与同宗成员妻妾相婚，表现出族规与国法的一致性。

乙、无限制娶族人丧偶妻子的习俗

---

① 《民事习惯调查报告录》（下册），第1019页。
② 《民事习惯调查报告录》（下册），第864页。
③ 《民事习惯调查报告录》（下册），第948页。
④ 《民事习惯调查报告录》（下册），第960页。
⑤ 赵翼：《檐曝杂记》卷4。
⑥ 民国四年《武鸣县志》卷3，风俗。
⑦ 同治《潘氏典堂族谱》卷1，家规。
⑧ 光绪池州《仙源杜氏宗谱》卷首，家法。

民国年间，河北涿县：孀妇再醮者亦多，但不能出村，即同族人亦不论①。

笔者认为，由于有伦理之嫌和宗族组织加以限制，同宗不婚在多数地区民间社会得到贯彻。它客观上使民众择偶建立在族（本宗族）外婚基础上，抑制了血缘较近成员结姻，对人口素质提高具有积极作用。但由排斥同宗结婚扩大至禁止与同宗成员寡妻妾或离婚之妻为婚，在女性社会交往范围较小的时代，这一制度进一步降低了丧偶女性再婚的机会。

总之，我们认为，同宗不婚是有实行的客观基础的。它不仅对保持家庭伦理秩序有积极作用，而且使多数人的婚配建立在与父系族外之人结姻基础上。从地缘上讲，这种婚姻多超出村落范围，通婚圈因此扩大，对人口素质的提高有积极作用。但对族人娶同宗人妻妾的限制则是伦理关系维持的扩大化，使女性守节的环境免受或少受冲击，她们再婚的机会降低了。

（三）近亲不婚

近亲是血缘关系最为紧密的成员，而近亲的范围传统时代与近现代又有区别。

近代之前的近亲是指有服属关系的宗亲、外姻成员。

汉代近亲之间的婚姻行为并非很严格。至少从皇帝婚姻中可以显示这一点。婚娶不论行辈。汉惠帝后张氏为帝姊鲁元公主之女，属惠帝外甥女。"吕后欲为重亲，以公主女配帝，为皇后"②，"是以甥为妻也"③。哀帝后傅氏乃帝祖母傅太后从弟之女，太后初为元帝昭仪，生定陶共王，王生哀帝，（入继成帝，故为帝），是哀帝乃傅太后之孙。而傅太后欲重亲，以侄女妻之，则以外家诸姑为妻也。汉时法制疏阔如此④。

1. 近亲结婚的法律限制和民间表现

（1）近亲禁婚范围的法律演变

东汉班固在《白虎通》中言："外属小功已上""不得娶也"，"以《春

---

① 民国二十五年《涿县志》卷2，礼俗。
② 《汉书》卷97上，外戚。
③ 赵翼：《廿二史札记》卷3，婚娶不论行辈。
④ 赵翼：《廿二史札记》卷3，婚娶不论行辈。

秋传》曰：'讥娶母党也。'"①

有服属关系成员之间的婚姻限制在唐代已达到很完善的程度，或者说唐律在这方面集前代之大成。

按照唐律，"缌麻以上"为婚者，"以奸论"。此外，"若外姻，有服属，而尊卑共为婚姻，及娶同母异父姊妹，若妻前夫之女者，谓妻所生者。余条称前夫之女者，准此。亦各以奸论"②。处罚方式是："若妻前夫之女及同母异父姊妹者，徒三年；强者，流三千里；折伤者，绞。"③ 再向外扩大一层：其父母之姑、舅、两姨姊妹及姨、若堂姨，母之姑、堂姑，己之堂姨及再从姨、堂外甥女，女婿姊妹，并不得为婚姻，违者各杖一百。并离之④。唐永徽二年（651年）九月，纪王慎等议堂姨母之姑姨及堂姑姨父母之姑姨，父母之姑舅姊妹婿，姊妹堂外甥，虽并外姻无服，请不为婚。高宗下诏允准。这一动议提出的缘由是，御史大夫李干佑上奏，言郑州人郑宣道先聘少府监李元义妹为妻，元义妹即宣道堂姨。元义情不合请罢婚。宣道经省陈诉，省以法无禁判，许成亲。于是纪王慎等因此有此议⑤。这说明唐时近亲结婚范围尚处于完善之中。总的来看，唐代不得为婚的近亲范围包括有服属关系的宗亲成员之间和外姻成员之间，既针对同辈之人，也包括尊卑辈之间。

宋朝继承了唐律规定，但在《名公书判清明集》中有一案例中涉及与姨姊妹为婚，审案官员并未追究。案中叶氏将自己的女儿归娘许嫁与姐姐的儿子郑庆一⑥。宋人袁采所撰《袁氏世范》中指出：人之议亲，多要因亲及亲，以示不相忘，此最风俗好处⑦。其所列举类型包括侄女嫁于姑家，甥女嫁于舅家，姨女嫁于姨家。它表明，宋代民间社会这种近亲结婚类型并非稀见行为，亦即法律并没有对此形成有效约束。

唐宋以后各朝，多承继近亲范围规则。虽有变动，但很小。

---

① 《白虎通》卷10，嫁娶。
② 《唐律疏议》卷14，户婚。
③ 《唐律疏议》卷26，杂律。
④ 《唐律疏议》卷14，户婚。
⑤ 《唐会要》卷83，婚嫁。
⑥ 《名公书判清明集》卷5，户婚门，第141页。
⑦ 袁采：《袁氏世范》卷上，因亲结亲尤当尽礼。

明朝规定：凡外姻、有服、尊属、卑幼共为婚姻，及娶同母异父姊妹，若妻前夫之女者，各以亲属相奸论；其父母之姑、舅，两姨姊妹及姨，若堂姨、母之姑、堂姑、己之堂姨及再从姨、堂外甥女若女及子孙，妇之姊妹，并不得为婚姻，违者各杖一百；若娶己之姑舅两姨姊妹者，杖八十，并离异①。清朝予以继承。

不过，就实际情况而言，娶同母异父姊妹这类现象容易禁止，娶前夫之女则在民间有一定普遍性。明正统时（1436—1449年），福建闽县知县上奏指出："近见世俗之人，有以后妻所携前夫之女为子妇者，有以后妻所携前夫之男为女婿者，不惟兄妹男女之别不明，亦且父母舅姑之名不正。"因此该知县建议："今后若此，依娶同母异父姊妹律减等科断。"此奏被英宗皇帝批准②。这类婚姻本是明朝法律所禁止的，知县似乎有所不知或鉴于约束力不够，上奏制止。可见该法令在民间社会未被认真遵守。政府对与同母异父姊妹婚姻行为的禁止，虽然目的是为了防止人伦关系的紊乱，然而今天看来，它也有可肯定的积极意义。那就是它在客观上抑制了这种近亲结婚现象。对娶后妻所带前夫之女为儿媳或以其前夫之子为女婿婚姻行为的禁止，则完全是为了维护家庭伦理和名分关系。从后世看，这类婚姻在民间社会多有表现。清代，宁夏海城县：以前夫子女与后夫子女成婚者，比比皆然③。或许因为将继父母与继子女关系转化为公婆与媳婿关系比较容易，婚姻成本也较低，因而这种做法在民间难以禁止。

另外，近亲禁婚在有服宗亲之间比较容易落实，与外姻姑、舅、两姨姊妹之间的婚姻则难以有效禁止。或者说，近亲结婚之禁对父系近亲的婚配有一定抑制作用，但与姑、舅表亲之间的婚配在一定范围内存在着。正因为如此，宋以后王朝专门发布针对中表婚的禁令。明初规定："若娶己之姑舅两姨姊妹者，杖八十，并离异"④。《明史·刑法志》也载："姨之子、舅之子、姑之子，是皆缌麻，是曰表兄弟，不得相为婚姻。"⑤

---

① 《大清律例》卷10，户律。
② 余继登：《典故纪闻》卷11。
③ 光绪《海城县志》卷7，风俗。
④ 《大明律》卷4，户律。
⑤ 《明史》卷93，刑法。

然而，也应看到，该律令的贯彻在明代受到动摇。一些人主张放松限制。理由是"民间姑舅及两姨子女法不得为婚。仇家诋讼，或已聘见绝，或既婚复离，甚至儿女成行，有司逼离"。官员朱善认为两姨子女，并无尊卑之嫌。他建议朝廷解禁，被采纳①。从中我们可以看出，弛禁之前，民众也未严格按律行事。只是民间有人为泄私愤，向地方官告发、检举，为婚者才会受到惩处。但它也反映出，该禁令发挥着一定的约束或监督作用，而非虚设条文。

至清代，初期仍沿用明朝禁令；中期以后政府废除了这一禁令：其姑舅两姨姊妹为婚者，听从民便②。它可谓金元以来婚姻范围规则的重要调整。郭松义认为这是法律原则对民间习惯的屈从，反映了清朝政府在制定法律时摒弃虚文、适应社会实际的一面③。

清末《大清民律草案》第1334条规定：以下亲属范围内，不得结婚：四亲等内之宗亲；三亲等内之外亲；二亲等内之妻亲。父族为宗亲，母族及姑与女之夫族为外亲，妻族为妻亲。在本律规定之亲属范围内，不得结婚。但外亲或妻亲中之旁系者，其辈分同者，不在此限④。这一法律的限制重点仍在父系之内。对外亲如辈分相同的舅之子女、姨之子女、姑之子女之间的婚配，并不在限列。这应该是中国历史上第一次用亲等来定义亲属关系亲疏程度，并以此确定近亲禁婚的范围。1925年完成的《民国民律草案》照搬了清末律条（见第1100条与第1101条）。

1930年颁布的《民法》亲属编第983条对禁婚的近亲范围有新的规定，它较《大清民律草案》的相关律条显得简洁，包括：直系血亲及直系姻亲；旁系血亲及旁系姻亲之辈分不相同者，但旁系血亲在八亲等之外、旁系姻亲在五亲等之外者，不在此限；旁系血亲之辈分相同而在八亲等以内者，但表兄弟姊妹不在此限。

1950年制定的《中华人民共和国婚姻法》第二章第5条所规定的不得结婚近亲范围为：直系血亲，或为同胞的兄弟姊妹和同父异母或同母异父

---

① 《明史》卷137，朱善传。
② 《大清律例》卷10，户律。
③ 郭松义：《伦理与生活——清代的婚姻关系》，商务印书馆2000年版，第85页。
④ 《大清民律草案》，第169—171页。

的兄弟姊妹者；其他五代内的旁系血亲间禁止结婚的问题，从习惯。从限制范围上看，这一法律的禁婚范围实际较1929年《民法》有所缩小，特别是五代内的旁系血亲由刚性限制变为弹性，亦即有服属关系的血亲也有可能成为婚配对象。显然，它也不是对近亲结婚的排斥。

1980年修改后的《中华人民共和国婚姻法》第二章第6条规定禁止结婚的近亲范围为：直系血亲和三代以内的旁系血亲。该法律的修改草案解释说明中对直系血亲的定义为：既包括父系，也包括母系，即包括同一祖父母或外祖父母的"姑表"、"姨表"兄弟姐妹之间都禁止结婚①。它禁止双系三代以内关系者结婚。并且其草案说明指出了近亲结婚的危害：许多地方、部门都提出，旁系血亲间结婚生的孩子，常有某些天性缺陷，现在推行计划生育，孩子少了，更应讲究人口质量，要求在婚姻法中明确规定禁止近亲通婚。……但由于传统习惯的原因，特别在某些偏远山区，实行这一规定需要有一个过程，不宜简单从事，采取"一刀切"的办法②。

从以上梳理中可以看出，严格意义上（或者从优生角度着眼）禁止近亲结婚法律体现在1980年新婚姻法之中。但它对同宗结婚的限制大大放宽了，同曾祖父的旁系成员之间即可以结婚。在一些农村，1949年以后，特别是20世纪80年代以后，单姓村或以几个大姓为主的村庄同村男女结婚比例升高，婚姻圈整体上缩小，它对优生是否有副作用，尚待考察。

可见，中国历史上的近亲禁婚范围以父族和母族有服亲属为核心的直系和旁系亲属（近代之前）或以父母为基点的直系亲属和亲等较近的旁系亲属之间（近代以来）。总的趋势是，法律上的近亲禁婚范围在缩小。

（2）民间实践

正如上言，在民间实践中，有服属关系宗亲成员之间的婚姻比较少见，在宗族社会和父母包办婚为主导的环境中这一点易于做到。而中表婚在民间则有两种表现。

一是抑制。

---

① 武新宇：《关于〈中华人民共和国婚姻法（修改草案）〉的说明》，见《中国人口年鉴》（1985年），中国社会科学出版社1986年版，第77页。

② 武新宇：《关于〈中华人民共和国婚姻法（修改草案）〉的说明》，见《中国人口年鉴》（1985年），中国社会科学出版社1986年版，第77页。

清同治年间河南陕州：男家定婚必避同姓，避中表①。至民国二十五年（1936年），《陕县志》仍言：初议婚，延亲友二人作伐，必避同姓，避中表②。

陕西洛川县：订婚禁忌中包含"姑女不嫁母舅之子"③。这是对部分血缘近亲婚的排斥，至于两姨等关系类型的子女则未明言。

江西南昌县：女子不字外家，虽不同族亦忌之，云血脉归宗，其生不蕃④。该俗与陕西洛川的做法相似。

宗族有的也明确反对这种婚姻。山西平定刘氏的《敦睦五禁》就有禁止姑表婚的内容，谓族女出嫁姑子，虽是他姓，"寔一本之骨肉"⑤，属不应缔结之婚。山西洪洞刘氏禁止"婚外姻之行辈不当与外姻之礼涉疑似者"；对违规者的处罚方式与同姓相婚一样⑥。亦即该族要求族人遵守法律对外姻婚的限制规定。总的来说，将外姻婚限制纳入家规的宗族不太普遍。

一是允许。

从南宋《袁氏世范》中可见，当时侄女嫁于姑家、甥女嫁于舅家、姨女嫁于姨家这类婚姻已不少见，所谓"人之议亲，多要因亲及亲，以示不相忘，此最风俗好处"⑦。它表明，中表婚姻受到推崇，显然非个别现象。

清代，一些地区的习俗也认可中表婚，以南方为多。

浙江台州路桥：同姓结婚，例禁綦严。惟中表相婚尚无所避忌⑧。

湖北麻城、兴由、汉阳、五峰四县：舅之子女、姑之子女及两姨之子女均得互为婚姻。竹溪、郧县两县习惯，除两姨之子女均得互为婚姻外，惟舅之女得与姑之子结婚，俗谓之"侄女随姑"。若系姑之女，即不得与舅之子结婚，俗谓之"骨肉还乡"⑨。

---

① 同治《重修直隶陕州志》，见《民俗资料汇编》（中南卷）上册，北京图书馆出版社1997年版，第299页。
② 民国二十五年《陕县志》卷5，风俗。
③ 民国三十三年《洛川县志》卷23，风俗。
④ 民国二十四年《南昌县志》卷56，风俗。
⑤ 嘉庆平定《刘氏族谱》，敦睦五禁。
⑥ 康熙《洪洞刘氏宗谱》卷首，家训。
⑦ 袁采：《袁氏世范》卷上，因亲结亲尤当尽礼。
⑧ 民国二十五年《路桥志略》卷5，风俗。
⑨ 《民事习惯调查报告录》（下册），第950—951页。

广西柳州三江县："姑之女必嫁舅之子"，此习惯"不论贫富，历来不易"①。对中表婚已不是一般性认可了，而有"追求"表现。

四川潼川府："甥舅之亲，婚姻之家虽由人合，实系天伦"②。它将此视为最佳婚配组合。

贵州永定州：婚姻多系旧亲③。平坝县各民族间，"恒于戚属辈行相等中互相联姻，虽中表不嫌"④。

北方相对较少，但也有存在，如陕西横山"县境间有同姓结婚者，与姊妹之男女及姨兄弟之男女为婚者，与姑表姊妹兄弟为婚者"。"间有"表明是个别现象。民国时方志作者已认识到这种婚姻"究于优生理欠洽"⑤。

有些地区则有避内亲不避外亲习惯。

竹山、京山、通山、潜江、巴东五县习惯：舅之子女、两姨之子女均得为婚姻。惟巴东县间有避内亲之嫌者。谷城县习惯：两姨之子女得为婚姻。至舅姑之子女，只舅之女得与姑之子结婚。若姑之女与舅之子结婚，率以为不利，俗谓之"骨肉还乡，家败人亡⑥"。

费孝通将中表婚姻视为变相的内婚制。表亲们的父母中必有一人出于同一抚育团体的。……他们在生活习惯上是相近的，但在社会结构上却处于外围。姻亲关系再加上婚姻关系并不冲突。这就是所谓"亲上加亲"。费孝通进一步认为，这种婚姻形式给内婚和外婚间矛盾的一个调和办法，我们可以称它作隔代内婚⑦。

从传统社会政府对中表婚不作限制，到予以禁止，再至解禁这一过程，我们不难得出这样的认识，那就是，近代之前，无论政治家还是思想家并没有完全认识到近亲结婚的危害。尽管先秦时已有人提出"同姓为婚、其生不繁"的观点，但只是一种直观的感受。或者说，在他们看来，这种

---

① 民国三十五年《三江县志》卷2，风俗。
② 光绪《新修潼川府志》卷10，风俗。
③ 道光《永定州志》，见《民俗资料汇编》（西南卷）下册，北京图书馆出版社1997年版，第589页。
④ 民国二十一年《平坝县志》第二册，民生志。
⑤ 民国十八年《横山县志》卷3，风俗。
⑥ 《民事习惯调查报告录》（下册），第967页。
⑦ 费孝通：《乡土中国　生育制度》，北京大学出版社1998年版，第152页。

"其生不繁"并非由"近亲"所引致,而或许是种种蕴含其中的精神因素、道德因素以及某种难以解释的神秘力量所造成。正因为这样,所以在先秦时期,政府不会对中表此类近亲婚姻行为加以限制。相反,达官贵人往往成为中表婚姻的实践者,以为如此可以亲上加亲,保持特权阶层的稳定,进而形成皇亲国戚互相交织的亲缘网络。平民也以中表婚作为互相依托、扶持和增进关系的手段。后来一些王朝所下禁令也并非从近亲关系,而是服属角度来认识这一问题。即从两者为"缌麻"等次亲缘这种伦理上去看待。由于缺乏对中表婚可能对后代身体素质影响的真切了解,所以即使有禁令也难以成为民众的自觉约束,最终又被废止。该法令的真正维系时间可谓短暂。

2. 与近亲配偶的结婚限制

从法律上看,同宗无服者之妻在禁娶之列,娶近亲之妻更应在禁止范围内。

唐律规定:诸尝为祖免亲之妻,而嫁娶者,各杖一百;缌麻及舅甥妻,徒一年;小功以上,以奸论。妾,各减二等。并离之①。这一规定将近亲按服属分为三个层次。

一是边缘服属关系者——祖免亲之妻。关于"祖免亲"的范围,《唐律疏议》如此解释:高祖亲兄弟,曾祖堂兄弟,祖再从兄弟,父三从兄弟,身四从兄弟、三从侄、再从侄孙,并缌麻绝服之外,即是"祖免"。既同五代之祖,服制尚异他人,故尝为祖免亲之妻,不合复相嫁娶。辄嫁娶者,男女各杖一百。这可谓服属关系处于"已尽未绝"状态,或者说似断且连。二是"缌麻及舅甥"之妻,"谓同姓缌麻之妻及为舅妻若外甥妻,而更相嫁娶者,其夫尊卑有服嫁娶,各徒一年"。三是"小功以上,以奸论"。小功之亲,多是本族;其外姻小功者,唯有外祖父母。若有嫁娶,一同奸法。另外,"若经作祖免亲妾者,各杖八十;缌麻亲及舅、甥妾,各杖九十;小功以上,各减奸罪二等;故云'妾各减二等',并离之"②。宋朝继承了唐朝这一法律条文。

明朝在继承唐律的基础上有所变化,惩处力度加大:若娶缌麻亲之妻及舅甥妻,各杖六十,徒一年(较唐代处罚加重——笔者注);小功以上各以奸论。同样,"其曾被出及已改嫁而娶为妻妾者,各杖八十",它对无服

---

① 《唐律疏议》卷14,户婚。
② 《唐律疏议》卷14,户婚。

宗人和有服亲属均适用。此外，"若收父祖妾及伯叔母者，各斩。若兄亡收嫂、弟亡收弟妇者，各绞。妾各减二等。若娶同宗缌麻以上姑侄姊妹者亦各以奸论①。清朝继承此法。

与唐律相比，明律最大变动是，取消了"袒免亲"，但增加了"同宗无服亲"。它在一定程度上是用"同宗无服亲"替代"袒免亲"。不过，"同宗无服亲"的范围要大于"袒免亲"。

与同宗有服近亲之妻结婚的案件清代多有发生。个案中官方对娶近亲之妻者，多不予宽容。

嘉庆年间，四川有一例案件，其判词为：潘怀年娶大功兄潘怀全之妻磨氏为妻，应依奸论。将潘怀年以奸大功之亲律杖一百，徒三年②。同时期陕西一案件的判词：杨锦椿主婚，将孀媳母氏改嫁与缌麻服侄杨宗德为妾，在母氏听从翁命，律得不坐。在杨锦椿系杨宗德服叔，即属余亲，按律应分别首从，于娶缌麻亲之妻徒罪上减等问拟。杨宗德依娶同宗缌麻亲之妻杖六十，徒一年律，系余亲主婚，该犯为从，应减一等，杖一百③。

3. 收继婚

收继婚为兄与丧偶弟妻或弟与丧偶兄嫂之间的婚姻，即嫂和弟媳改嫁与丈夫的兄或弟。从传统法律上讲，这是与同辈近亲服属关系最近成员之妻的婚配，在法律严格禁止之列。但民间视此为解决家内多种问题（如亡故之兄有若干未成年子女，一旦寡嫂嫁出，他们将有生存之虞；因穷，兄之弟无力完婚，与寡嫂结婚则可免去财礼等花费，并且可利用现有居住条件）的婚姻形式，在一定范围内存在着。

（1）官方政策

收继婚在唐宋法律中都属于违律行为，但元代蒙古族有此习俗。而元政府对汉人、南人"父没子收其庶母、兄没弟收其嫂者，禁止"④。明清时期，"若兄亡收嫂弟亡收弟妇者，各绞"⑤。这可谓同辈分近亲违例婚姻中处

---

① 《大清律例》卷10，户律。
② 《刑案汇览》（三）第一册，第254页。
③ 《刑案汇览》（三）第一册，第253—254页。
④ 《元史》卷103，刑法。
⑤ 《大清律例》卷10，户律。

罚最重者。

清代康熙时河南上蔡县：乡愚无知者，兄收弟妇，弟妻兄嫂，蔑礼极矣。康熙二十五年（1686年），刊示永禁①。

湖北，清代安陆及其邻近县有收继婚，"守令每岁出示劝化乡愚，使不入禽兽之路"②。

收继婚是对传统道德礼制的极大冲击，故此官方采取严厉措施。从地方官府的禁令中可见，收继婚并没有被消除。

（2）宗族规定

在宗规中，对族人婚姻最明显的限制是收继婚。不少宗族族规列有禁条：

清代光绪七年（1881年），浙江东阳上璜王氏修谱条例中有：若兄殁将嫂改配夫弟，弟亡将娣改配夫兄者，夫妇并删③。该族只是取消违规族人的上谱资格，措施比较温和。

常州蒋湾桥周氏族规：兄亡收嫂、弟亡收弟妇，例犯绞罪。族中倘有不肖子孙犯此罪者，通族禀官，照例究办。邻佑亲分不举发，则禀官治以包庇之罪④。该族强调以官律惩处违规者，并要求知悉此事的族人举报，可谓不能容忍。

（3）民间表现

清代，收继婚在不少地区存在着。

山西陵川县：婚之弊俗最坏者，为山村中间有弟收嫂、兄收弟妇者，此亟宜严禁者也⑤。当地收继婚主要存在于贫穷孤陋的山区。新绛县：有其兄死后，弟又娶兄妇者，谓之"接交"。此种陋俗皆宜厉禁，以端风俗⑥。

上海宝山县：有为婚费艰难，男子死而以其妇配弟若兄，谓之"叔接嫂"者，此特乡间有之⑦。它也主要限于相对贫穷的农村地区。

---

① 康熙《上蔡县志》卷1，风俗。
② 同治《安陆县志补》卷下，风俗。
③ 光绪《东阳上璜王氏宗谱》卷1，修谱条例。
④ 民国丁亥重修《蒋湾桥周氏宗谱》卷1，家规。
⑤ 民国二十二年《陵川县志》卷3，民俗。
⑥ 民国十八年《新绛县志》卷3，礼俗。
⑦ 民国二十年《宝山县再续志》卷5，礼俗。

安徽贵池县、和县：若弟故，兄无妻子者，即以弟妇转配其兄为妻；兄故，弟无妻子者，亦如之，亲族多赞成无异①。它成为被认可的婚姻形式。

湖北安陆县：田野细民有弟娶兄嫂，兄娶弟妻者，谓之"就婚"，遗俗相沿日久，有干例禁。并且安陆"近郡县有此者多矣"②。竹山县：有兄死，弟娶嫂为妻；弟死，兄纳弟妇为妻之习惯，名为"转房"。潜江县亦间有之③。

四川长寿县有小叔承嫂之婚。一家之中，兄娶而弟未娶，兄死，弟就兄妻作室。小户所为，宗族、乡党皆得干涉之，然已成事实，难以强离，往往纳贿以免。狡黠者本无正伦之心，而借此索财，伦之所以益不正也④。南川县也有此俗⑤。合江县旧时婚俗：若兄死而偶其嫂者，则谓之"叔就嫂"，人所鄙矣⑥。它表明当地存在这种婚姻现象。

贵州黄平县：其甚者，兄死以弟赘之，弟死以兄赘之，谓之"填房"。"更有无知造作，谓弟填兄房为常礼，兄填弟房为灭伦，不知以弟烝嫂，以姊干伯，均禽兽行为"⑦。

可以说，收继婚是一种存在于民间社会"夹缝"中的婚姻行为，深受正统观念的鄙视。在笔者看来，收继婚应该主要是经济条件相对贫苦人家或宗族势力较薄弱地区的民众行为。我们认为，若脱离传统家庭伦理，可知收继婚并不违反血缘近亲结婚之禁。故此，一些地方存有此种婚俗。若收继婚建立在双方自愿基础上，它确实有降低婚配成本的效果。家庭内婚姻资源得以有效配置，原有家庭的功能因此可延续下去。

以上分三个层次即同姓、同宗和近亲考察中国婚姻缔结制度。根据这一分析可以得出的认识是：中国历史上的同姓不婚制度建立在维持男系血统传承秩序不紊乱基础之上。同时，通过外婚这种婚姻安排，各个宗族之间建立起联系，在区域内形成和谐共处的环境。其本意并非出于优生考虑，而在于它有助于避免灾祸、疾病、厄运等不幸事件。不过，同姓不婚在客

---

① 《民事习惯调查报告录》（下册），第864页。
② 同治《安陆县志补》卷下，风俗。
③ 《民事习惯调查报告录》（下册），第968页。
④ 民国三十三年《长寿县志》卷33，风土。
⑤ 民国二十年《南川县志》卷5，礼仪。
⑥ 民国十八年《合江县志》卷8，礼俗。
⑦ 民国十年《黄平县志》卷3，风俗。

观上降低了来自同一祖先者通婚的概率，对优生具有积极作用。同宗不婚完全是出于伦理考虑做出的安排，近亲不婚则在此基础上更进一步。从民间实践来看，这三个层级中，同宗不婚的落实效果最好。这是宗族内部有效的自律和约束使然。同姓不婚在大姓集中的地区缺少贯彻的男女人口资源匹配基础，即不同姓氏之间人口数量并不均衡，小姓在大姓中择偶比较容易，大姓在小姓中选夫聘妻则比较困难。因而，民众中形成变通做法。近亲不婚制度在有服宗亲中便于落实。一些地区姑、舅和两姨姐妹子女在父母的安排下形成与法律要求不一致的结婚偏好。正是基于这一点，我们认为，近代之前中国民众对近亲结婚危害的认识是有限的。就总体来看，中国历史上，对人口素质提高作用最大的婚姻制度是同宗不婚。当然，同宗不婚若有严格的中表近亲不婚作为支撑，其效力将更为显著。

二 初婚年龄类型及其变动

婚姻制度中，初婚年龄类型及其变动对民众的生育行为和人口发展有直接影响。

在笔者看来，婚姻缔结是一项功能性事件，那就是它具有结两人（当事男女）之好的功能，在传统时代还有结两家（双方父母）和两族（男女所属宗族）之好的功能；更进一步，它与繁衍后代这一家庭核心功能相关。由此可以说，婚姻本质上是成年男女的行为，而且在族外婚为主导的中国，婚姻的社会意义突出。那么，多大年龄的男女属于成人？能够婚配的年龄是多大？社会和政府是否应制定一个婚龄标准？从历史上的婚姻实践看，的确有这样的婚龄标准，或者说当时人们已意识到订立或遵守标准婚龄的重要性。具体来看，它不是一个或一种标准，而是多种。当然，不同形式的婚龄标准约束方式、力度有所不同。

纵观中国历史上的初婚年龄，我们将其分为四类：一是礼仪性初婚年龄（简称礼仪婚龄），二是政策性初婚年龄（简称政策婚龄），三是法律性初婚年龄（简称法定婚龄），四是习俗性初婚年龄（简称习俗婚龄）。它是针对所有人的婚龄标准。这四种初婚年龄对民众婚姻的影响有别，其发挥作用的时期也有不同。还有一种为宗族性婚龄，是针对特定血缘群体的。

下面我们对这些婚龄标准的产生、演变、约束力和特征做一分析。

（一）礼仪婚龄

中国近代之前存在一个礼仪性初婚年龄。所谓礼仪性初婚年龄是当时社会有一个符合礼制要求的男娶女嫁年龄。不同时期礼仪性文献中对此多有记载，甚至为尊崇礼仪的人士所津津乐道。我们认为，礼仪婚龄产生于先秦时期，并成为后世礼仪行为之一种，但它未被载入后世律令中。在我们看来，礼仪婚龄主要有两种。

1. 男三十而娶，女二十而嫁

这一礼仪婚龄首先见诸《周礼·地官》："媒氏掌万民之判。凡男女自成名以上，皆书年月日名焉。令男三十而娶，女二十而嫁。"从形式上看，它似乎在讲一国的婚姻管理制度。同时，它不仅确立了男女可婚配的年龄标准，而且对违规者还要惩罚："若无故而不用令者，罚之。"然而，《周礼》并非周朝所订立，或者不是当时治国理政实际做法的汇编，而是由儒家学者编撰的政府管理架构设想，约成书于战国至秦汉之间。当然，我们不否认其中某些方面具有经验和实际基础。考虑到这些因素，我们将"男三十而娶，女二十而嫁"视为一种礼仪性初婚年龄。后人常将这一婚龄视为"古礼"，因而也可称之为古礼婚龄。

该礼仪婚龄还出现在成书于战国时期的《礼记》中。《礼记·曲礼上》有男子"三十曰壮，有室"之语。关于女子，《礼记·内则》：十有五年而笄，二十而嫁。

后世不少学者在谈论婚姻问题，特别是婚龄时往往对其进行阐述和发挥，可见它受到人们的重视，至少将其视为一种理想婚龄。

东汉班固在《白虎通》中对"男三十而娶，女二十而嫁"的合理性作了解释：男三十而娶，女二十而嫁，阳数奇，阴数偶。男长女幼者，阳舒，阴促。男三十，筋骨坚强，任为人父；女二十，肌肤充盛，任为人母。合为五十，应大衍之数，生万物也[①]。这里回答了为什么初婚年龄应男长女幼，且男长于女10岁等核心问题。班固主要从男女阴阳关系、预期寿命、

---

① 《白虎通》卷10，嫁娶。

最佳生育年龄等方面着眼。

　　清代一些方志作者对本地早婚现象不满时，往往搬出这一古礼婚龄。如湖南善化县：（嘉庆时）婚嫁多在十六七岁时，殊失古人三十而娶、二十而嫁，所以坚其血气之意①。山西宁乡县：女子二十而嫁，古之常也，今则十五、六岁②。这可谓对古礼婚龄的盲目崇信。

　　2. 男二十而冠、女十五而笄——冠、笄年龄转化冠笄婚龄

　　男冠女笄是古代成人的标志，严格讲，它并非正式的礼仪婚龄。但根据《仪礼·士昏礼》："女子许嫁，笄而礼之称字"。这意味着，女子行"笄"礼后即可谈婚论嫁。

　　"男二十而冠"来自《礼记·曲礼上》："二十曰弱，冠"；"男子二十，冠而字"。女十五而笄来自《礼记·内则》：十有五年而笄，二十而嫁。至少从对女子的礼仪要求看，"笄"年龄与"嫁"年龄有5年之隔。但对男子"冠"和"婚"的年龄之差没有说明。

　　我们所以将"男二十而冠"、"女十五而笄"视为礼仪性初婚年龄标准之一，在于先秦诸子文献中有实施这一婚龄的记载。比较著名的有《墨子·圣王篇》所载"圣王之法"："丈夫年二十，毋敢不处家；女子年十五，毋敢不事人"。《韩非子·外储》中有齐桓公令："男二十而室，女子十五而嫁"。当然，我们很难说男女"冠""笄"礼仪和圣王之法、诸侯国令谁影响了谁。三种文献（《礼记》《墨子》和《韩非子》）虽均大体产生于春秋战国时代，但就具体的成书年代看，《墨子》在前（春秋末期、战国初期），《韩非子》居次（战国末期），《礼记》最晚（战国末至秦）。书中所记载的婚龄实行时期，也是这样的顺序。《墨子》所言圣王时期的具体年代并不明确，很有可能是西周初期（至少在春秋之前），也可能是一个虚托的时期；齐桓公则是春秋时的齐国国君（前685—前643年在位）。《礼记》中并未言明冠、笄礼仪的形成或产生时间。作为晚于前两者所编之书，其所订立的"冠""笄"年龄或许受到当时比较普遍的民间婚姻习惯或官方婚姻律令的影响，否则它将失去引导民众以"礼"行事的基础。若民众多已在它所订"冠""笄"之前婚配，其标准将失去指导意义。有学者认为，

---

① 嘉庆《善化县志》卷22，风俗。
② 民国三十年《宁乡县志》第四，风俗。

周人二十而冠、十五而笄，冠婚礼是一致的①。周代冠礼和婚礼是否合为一体？有待进一步研究。春秋之后则有可能合为一体。

冠、笄年龄被作为礼仪婚龄的另一理由是，在后来的民间社会，特别是诵读诗书之家，往往将子弟达到冠、笄年龄视为可婚配的年龄，简称"加冠而婚"、"及笄始嫁"。它表明礼仪婚龄并不完全是一种形式，而具有一定引导作用。

为了区别两种礼仪婚龄，我们可将前者视为古礼婚龄，后者为冠笄婚龄。

需要指出的是，秦汉以后，一些地方惯习或宗族也出现冠笄年龄的变通做法：

唐代江州义门家法中有：凡男女冠笄之事，男则年十五裹头，各给头巾带一副；女则年十四合头髻，各给银钗一只②。明代浦江郑氏义门规范：子弟年十六以上，许行冠礼③。

值得注意的是，宋代冠龄由特定年龄变为区间年龄。根据朱熹所订《朱子家礼》：男子年十五至二十皆可冠④。这被明清地方惯习所袭。清代直隶、河南不少县份冠龄为：男子十五至二十皆冠期⑤，男子十五至二十皆可冠⑥。但也有保留传统者。清代湖北黄安等地：童子必二十而后始命以字，列于成人⑦。

在民间，一些地方冠礼不举，以完婚为男性成人的标志；女性则以待嫁之日始笄，谓之"上头"（华北、中原、湖广、两广和江浙地区均有此俗），西南地区结婚前一日则有簪花之礼。这可谓另一种形式的冠笄年龄和

---

① 祝瑞开主编：《中国婚姻家庭史》，学林出版社1999年版，第356页。
② 《江州义门陈氏宗谱》，见费成康主编《中国的家法家规》，上海社会科学出版社1999年版，第226页。
③ 浦江郑氏《义门规范》，见费成康主编《中国的家法家规》，上海社会科学出版社1999年版，第268页。
④ 《朱子家礼》卷2，冠礼。
⑤ 嘉庆《束鹿县志》卷9，风土。
⑥ 乾隆《荥阳县志》卷2，风俗；康熙《开封府志》，风俗，见《民俗资料汇编》（中南卷）上册，北京图书馆出版社1997年版，第13页。
⑦ 道光《黄安县志》，见《民俗资料汇编》（中南卷）上册，北京图书馆出版社1997年版，第354页。

婚龄一体，只不过两者的有顺序颠倒之嫌。传统的冠笄年龄失去约束。而下面这种习俗，更说明笄与婚姻的联系：清代广东西宁县：女之嫁也，先一日加笄，所笄之物取给于婿家①。

就清代而言，民众未遵守古礼婚龄，一些文献作者有遗憾之感，但人们又认可冠笄年龄对其替代的做法。这从方志中可以看出：直隶行唐县：男子三十而娶，女子二十而嫁，世虽不能尽遵古礼，然嫁娶大都在冠、笄之年②。广东西宁县：男子三十而娶，乃古制也。近世虽不能复古，然或年当弱冠，为赋好逑，差亦无过③。四川巴县：古者二十而冠，今人往往二十而娶，故同时行之，曰"簪花之礼"，其遗意也④。对女性来说，"及笄而嫁"成为不少地区的规则。

3. 古礼婚龄为何未被遵守

与男二十而冠、女十五而笄相比，男三十而娶、女二十而嫁是比较明确的初婚年龄标准，前者毕竟不能与初婚年龄等同。

我们认为，男三十而娶、女二十而嫁被秦汉之前主要文献作为礼仪婚龄，可以说在近代之前的中国社会具有主导地位。但它未被信奉礼仪的民众普遍遵守，即使在产生这一礼仪年龄的时代，百姓也多未予循此"礼"而婚配，原因何在？

该礼仪年龄实际是一个理想性年龄。或许对女性来说，从当代生理知识角度观之，20岁是一个发育相对成熟的年龄，男性在23岁左右为发育成熟年龄。可以说，男性三十而娶明显超过了其精力最旺盛的生理年龄。

礼仪年龄是否具有落实的基础，应结合当时人的预期寿命和代际关系。如果秦汉之前人口的平均预期寿命达到现代的水平，即70岁左右，那么它有落实的基础。而实际上，现代医学产生之前，人口的发展模式是以高出生、高死亡和低增长为特征的。人口平均预期寿命在30岁左右。就中国而言，直到民国时期，人口的平均预期寿命仍不超过35岁。当然低预期寿命

---

① 道光《西宁县志》，见《民俗资料汇编》（中南卷）下册，北京图书馆出版社1997年版，第877页。
② 乾隆《行唐县新志》卷13，风俗。
③ 康熙《西宁县志》卷3，风土。
④ 民国二十八年《巴县志》卷5，风俗。

很大程度上是婴幼儿高死亡率所带动。20岁人口的平均期望寿命则有可能达到40岁以上，甚至50岁以上。即使考虑到这一点，当时人活至70岁及以上者比例也不高，70岁者被视为"古稀"之人就是最好的说明。

若将男30岁作为理想结婚年龄，意味着在高死亡率所造成的家庭和社会人口相对短缺的时代，男女个体的生育期被人为地缩减了。一般来讲，男女16岁左右就具有了生育能力。

从代际关系角度看，传统时代，子女婚姻不仅由父母做主安排，而且婚嫁费用和婚姻过程也由父母提供或操办。如果每一代男性都在30岁及以上年龄结婚，那么父亲到60岁及以上才能完成子女的婚事，若有多个儿子，至70岁时很有可能所有儿子的婚配尚未完成。年老之人是难有能力操办的。更重要的是，在平均预期寿命较低的时期，有不少父亲活不到60岁。根据王丰、李中清对18世纪清代皇族人口的研究，当时有一半父亲活不到45岁[①]。所以，从代际关系和婚姻操持的方式看，男性30岁婚娶也不是一个合适的年龄。

近代之前，一些学者即有此认识。

成书于汉或其后的《孔子家语》编撰者借孔子之口提出对古礼婚龄和冠笄婚龄的看法：鲁哀公对孔子讲：男子十六而精通，女子十四而化，是则可以生民矣。而礼，男子三十而有室，女子二十而有夫，岂不晚哉？孔子答曰："夫礼言其极，不是过也。男子二十而冠，有为人父之端；女子十五许嫁，有适人之道"[②]。其意为古礼婚龄为上限婚龄，而非初婚门槛。它也表明，将冠笄年龄作为婚龄得到认可。《朱子家礼》实际上采用了这一说法，议婚年龄为：男子年十六至三十，女子年十四至二十。在此朱熹引用了司马光的解释：古者，男三十而娶，女二十而嫁。今令文，男年十五，女年十三以上，并听婚嫁。今为此说，所以参古今之道，酌礼令之中，顺天地之理，合人情之宜也[③]。即该议婚年龄是对古礼婚龄和当今（宋代）官方婚龄折中的结果。

明代官员、学者吕坤指出：二十而嫁，三十而娶，古人之迂也。过时

[①] 李中清、郭松义主编：《清代皇族人口行为和社会环境》，北京大学出版社1994年版，第25页。

[②] 《孔子家语》本命解第二十六。

[③] 《朱子家礼》卷3，婚礼。

则情郁，夭折则无后。如曰待壮而后为夫妇，所损不益多乎？昏嫁过二十，非父母之道也①。

清代学者俞樾认同《孔子家语》之说，并有发挥："古礼男子三十而娶，女子二十而嫁，此示人以极至之时，明逾三十无不娶之男，逾二十无不嫁之女，非以此为定期也。"② 不过，这种解释带有为人们难以恪守该礼辩解的味道。我们可以说古礼婚龄脱离实际，但将其说成是婚姻的上限年龄则脱离了该礼之原意。

那么，是否可以说古礼婚龄没有任何社会基础呢？我们认为并不尽然。对男性来说，30岁应该是在家庭和社会充当主要角色的年龄。他具有了较强的劳动能力或从事其他有收入劳动的能力，可以独立承担养家糊口的责任。若婚姻是建立在"代际独立"基础上，即男性完婚便意味着独立生活的开始，那么30岁男性的经济基础达到了比较充实的程度，不至于担当不起养活妻子儿女的责任。从这一点看，男三十而娶有其道理。或许《礼记·曲礼上》所言"三十曰壮，有室"中的"壮"不仅指身体壮健，还包括能力强壮；"有室"不仅指有妻子，而且包括有经济和生活独立的家庭。若如此理解，那么可知，三十而娶并非过分要求。

但实际上，在中国传统农业社会中，对男性来说，结婚并非独立生活的起点。婚后不少人仍与父母维系着同居共爨形式，代际互助关系密切。在这样的居制中，亲代仍是家庭经济和日常生活的主导力量，它直接减轻了初婚子代的生存压力，即他们不必等到独立养家糊口能力完全具备时才结婚。

（二）政策婚龄和法定婚龄的演变及特征

政策性初婚年龄是政府为应对临时性婚姻和人口形势所制定的婚龄标准。法定婚龄顾名思义是被载入国家法律、相对稳定的结婚年龄。在法定婚姻之下，遵循且在这一年龄之上结婚者属合法婚龄，低于法定婚龄结婚则属违法婚龄。

在现代社会，政策性初婚年龄和法定初婚年龄比较容易区分。一般来说，由政府以文件或条例形式发布的初婚年龄为政策性年龄，而由全国人民代表

---

① 《吕坤全集》（下），中华书局2010年版，第1305页。
② 俞樾：《宾萌集》卷6，嫁娶说。

大会审议通过的《婚姻法》所规定的初婚年龄为法定年龄。但中国历史上的政治体制为皇帝专制，皇帝诏令既是政策，也会沉淀为法律，或者官员依据诏令原则制定法律。可以说，一些时期的政策性初婚年龄与法定初婚年龄之间的界限不很清晰。若硬性将其区分，那就是前者的时效为"短期"，后者为"长期"。鉴于两者之间的这种关系，在此将其合在一起分析。

1. 主要历史时期的政策婚龄和法定婚龄

表2-1主要从初婚年龄的发布方式和载体上进行分类。就近代之前，以诏令形式发布的为政策性婚龄，而载入法律之中的为法定婚龄。需要指出，先秦时期记载两种婚姻年龄的成文令典和史籍较少，有限的信息来自诸子所述。

根据表2-1，我们大体可作这样的区分，隋唐之前的婚龄以"政策"性为主导，具有因时而变的特征。南北朝和隋唐时更为突出，帝王通过诏令调整民众初婚年龄，促使人口增长。宋元以后直至民国，政府较少因时干预民众结婚行为，特别是明清时期法定婚龄稳定地沉淀于官方典章之中。1949年之后则有三个时期，即20世纪50年代和60年代以法定婚龄为主；70年代尽管法定婚龄仍然存在，但政府以政策性晚婚年龄作为婚姻登记的依据，取代了法定婚龄的主导地位；80年代初新的法定婚龄被确立，并逐渐落实，然而政策晚婚年龄仍具有影响力（城镇单位职工晚婚者在婚假上享受优待等）。

2. 近代之前政策性婚龄和法定婚龄的特征

正如前述，近代之前两类婚龄的形成方式并没有本质区别，可概括称之为官方婚龄。下面我们结合其实施的背景，揭示其特征。

（1）政策婚龄和法定婚龄门槛较低，以满足民众及时婚配要求

作为一项制度，近代之前官方婚龄一直比较低。对婚龄高低的判断有两个着眼点，一是身体发育是否成熟，一是男女自我谋生能力是否具备。

中国古代关于男女发育的认识是：男子年十六而精通，女子年十四而化，是则可以生民矣[①]。亦即这是男女发育成熟、具有生育能力的起始年龄。它是就一般情况而论。男女结合的直接目的是繁育后代，婚龄规定不能

---

① 《孔子家语·本命解》。

表 2-1　　　　　　　政策婚龄和法定婚龄的变化

朝代	形成时间	政策婚龄（岁） 男	政策婚龄（岁） 女	法定婚龄（岁） 男	法定婚龄（岁） 女	资料出处
约西周时				20	15	《墨子·圣王篇》
春秋时齐国		20	15			《韩非子·外储》
春秋时越国		20	17			《国语·越国》
汉朝	惠帝时		15			《汉书》卷2，惠帝纪
西晋	武帝时		17			《晋书》卷3，武帝纪
南朝宋			15			《宋书》卷82，周朗传
北齐		20	14			《北史》卷8，齐本纪下
北周	北周建德三年（574年）	15	13			《周书》卷5，武帝纪
唐朝	贞观元年（627年）	20	15			《新唐书》卷2，太宗纪
唐朝	开元二十二年（734年）	15	13			《唐会要》卷83，婚嫁
宋朝				15	13	《朱子家礼》卷3，议婚；《名公书判清明集》卷7，户婚门
元朝					14	《通制条格》卷4，户令，嫁娶
明朝				16	14	万历《大明会典》卷69，庶人纳妇
清朝	近代之前			16	14	《钦定大清通礼》
清朝	清末			18	16	《大清民律草案》，吉林人民出版社2002年版，第171页。
中华民国	1929年			18	16	中国法规刊行社编审委员会编：《六法全书》，上海书店1948年版，第88页
中华人民共和国	1950年			20	18	《中华人民共和国婚姻法》（1950年）
中华人民共和国	晚婚政策实行于1973年	25	23	20	18	国家人口和计划生育委员会编：《中国人口和计划生育史》（下册），中国人口出版社2007年版，第365页
中华人民共和国	1980年			22	20	《中华人民共和国婚姻法》（1980年）

忽视男女发育时间。在我们看来，早于此或刚刚及此就结婚则是早婚，晚于此是否属于晚婚则不能一概而论，它是一个很有弹性的问题，有很强的时代差异，至少应结合男女自我谋生能力来判断。在公共教育尚未兴起之时，男女七八岁就开始协助父母劳动（或在田野，或于家中学习女红），但若要具备独当一面的谋生能力则需至十六岁之后。

先秦时代，前述《韩非子·外储》中载：齐桓公令"男二十而室，女子十五而嫁"。这个规定与越王勾践的男20、女17的婚配政策比较接近。如果再结合墨子所言圣王之法，则可以断定：男20岁、女15岁或17岁是先秦时期被官方认可的初婚年龄。按照上述标准，这一男女婚龄并非早婚。对女性来说，可谓有助于将其所具有的生育能力及时发挥出来。

具有早婚特征的年龄标准在秦汉以后的北周为突出。建德三年（574年）武帝下诏："自今以后男年十五、女十三以上，爰及鳏寡，所在军民须以时嫁娶，务从节俭。"① 它是目前所见到传统社会年龄标准最低的起始婚令规定。诏书中的"须以时嫁娶"包含某种强制性色彩，但无惩处手段。

唐代贞观元年（627年）规定："男年二十、女年十五以上，并须申以婚媾。"对此太宗指出："其庶人之男女无室家者，并仰州县官人，以礼聘娶，皆任其同类相求，不得抑取。"② 可见，唐代这一规定中强制性色彩较淡，即官方只介入无依无靠适龄男女的婚配过程，但同时强调婚配对象合适。开元二十二年（734年），政府又将婚嫁年龄向下作了调整："男年十五、女年十三以上，听婚嫁"③，恢复到了北周时的初婚年龄水平。不过，它与北周也有不同。唐代为"听婚嫁"，即到了此年龄婚配是官方法律所认可的。该法令的制定既是对早婚的鼓励，又为民间一些希望更早结婚的家庭开了绿灯。就在这项政策实行的同年，唐政府规定："州县岁上户口登耗，采访使覆实之，刺史、县令以为课最。"④ 我们认为，将初婚年龄降低这一法令的实施与鼓励人口增长的目标有关。

宋朝在很大程度上继承了唐代做法。嘉祐三年（1058年）六月，仁宗

---

① 《周书》卷5，武帝纪。
② 宋敏求：《唐大诏令集》卷110，政事，诫谕。
③ 王溥：《唐会要》卷83，婚嫁。
④ 《新唐书》卷51，食货。

下诏：皇亲自今并年十三以上宣系，年十五以上听成婚①。根据南宋《名公书判清明集》的判词所引述："在法，男年十五、女年十三以上，并听婚嫁。"②

元朝没有明确的官方初婚年龄标准，但《通制条格》上有这样一条规定：为婚已定，若女年十五以上，无故五年不成，及夫逃亡五年不还，并听离，不还聘财③。由此可以推断，元朝很大可能执行的是女十四岁为法定初婚年龄的标准。此外，元统一王朝建立之前即有将未婚但已年至15岁及以上视为与已婚之人有相同权益者。中统五年（1264年）八月规定："随处若有身丧户绝别无应继之人，其田宅、浮财、人口、头匹尽数拘收入官，召人立租承佃，所获子粒等物，通行明置业文簿，报本管上司转申中书省。若抛下男女十岁以下者，付亲属可托者抚养，度其所须季给……如已娶或年十五年以上，尽数给还。"④

明朝将法定婚龄载入会典之中：凡男年十六、女年十四以上，并听婚娶⑤。由此，法定婚龄的特征更为显著。明代官员、学者也以此作为民众的婚龄依据来倡导。吕坤在所著《四礼疑》中指出：男子年十六、女子年十四，皆可昏⑥。需指出，《大明律》并无婚龄律条。我们认为，这可能是为了降低法定婚龄的刚性，以免在民间引发纠告之风。至清朝，会典中并没有将其载入，《钦定大清通礼》有此条文：男年十六以上、女年十四以上，身及主昏者，无期以上服，皆可行。同样，清律中也无婚龄之规。就载体形式而言，清朝对法定婚龄的重视程度不及明朝。总体而言，明清两朝法定婚龄特征最为明确，且比较稳定，较少更动。

在我们看来，宋元以来政府将男性法定婚龄确定为16岁表现出与当时成丁年龄规定趋同的特征，在达到为国家承担赋役的年龄时即具有了结婚的资格。不过，应注意，西晋和东晋也曾有男十六岁为丁的制度，唐代十六岁为中丁。为什么当时没有与此相一致的法定婚龄？我们由前已知，唐

---

① 《续资治通鉴长编》卷187，仁宗。
② 《名公书判清明集》卷7，户婚门，第217页。
③ 《通制条格》卷4，户令。
④ 《通制条格》卷3，户令。
⑤ 《大明会典》卷69，庶人纳妇。
⑥ 《吕坤全集》（下），第1305页。

代之前多强调政策婚龄，而且这一政策婚龄只是最高限制，即民众某年龄之前须结婚。它意味着，低龄和早婚结婚者不受任何约束。至于明清时期女性法定婚龄定格在 14 岁，除了从女性已发育成熟角度解释外，尚找不到有说服力的依据。

（2）强制婚配政策

强制婚配政策的含义是，政府设定一个高限年龄标准，要求男女在此标准之前结婚，否则将采取相应处罚措施。这一政策具有推动早婚的作用。在中国历史上，有多个政权采取过此种做法。为了增殖人口，不仅鼓励，而且强制民众早婚。

甲、以强制手段推动早婚，违者惩处

中国历史上强制性早婚政策可追溯到先秦时代。前述墨子言"昔者圣王为法曰：'丈夫年二十，毋敢不处家；女子年十五，毋敢不事人'"①。这意味着"圣王之法"对男女结婚的最大年龄限制是男 20 岁，女 15 岁。既然有"毋敢"的字眼，显然带有强制性。同时，它还有促使男子在 20 岁之前、女性在 15 岁之前结婚之意，即男 20 岁和女 15 岁是应婚配的年龄上限，不是初入门槛。

从文献上看，作为政权或国家行为，记载明确的强制早婚和结婚做法为春秋时期的越国的实施。越王勾践在其"十年生聚"期间，为增殖人口，获得更多的劳动力和兵力，规定："女子十七不嫁，其父母有罪；丈夫二十不娶，其父母有罪。"子女逾限未婚将父母作为惩处对象的逻辑是，当时社会的婚姻建立在"媒妁之言、父母之命"的基础之上，即父母是子女婚姻缔结的决定者。勾践的政策还特别强调，男女婚配年龄要相当，即"令壮者无娶老妇，令老者无娶壮妻"②。它实际是强调生育旺盛期男女相互婚配，从而提高生育水平。在以后的历史时期，南朝宋也有类似规定，"女子十五不嫁，家人坐之"③。

乙、通过税赋引导早婚

汉朝则从税法上对婚姻年龄加以调节，而重点针对女性。西汉惠帝时

---

① 《墨子·圣王篇》。
② 《国语·越语》。
③ 《宋书》卷 82，周朗传。

（前194—前188年）规定：女子年十五以上至三十不嫁，五算①。"算"是当时的一种人头税，一般每人一算，折合120钱。而对违反规定者课以正常标准4倍的罚金，可谓重矣。不过，这一惩罚中把结婚的法定范围确定在15—30岁之间，给民众较大的选择余地，并非苛刻之政。因为即使政府没有这种法令，民间习俗也会促使人们早婚，至30岁不婚者为数想必已很少。从早婚角度看，该法令应该没有多大实际意义。或言这个规定是针对当时社会所存在的女方家庭向男方索要财礼过重，甚至待价而沽，以至于女子婚配失时的现状而订立。虽然这种现象并不一定很多，但该规定对女性婚姻逾期行为会产生一定框正作用。

丙、以官配促使早婚

中国传统社会个别王朝采取过对逾龄未婚女子实行强制性婚配的法令。晋泰始九年（273年）规定："女年十七，父母不嫁者，使长吏配之"②。官方强嫁，意味着女子个人的婚配愿望不被考虑，它较父母包办更为严酷。而这种政策实施的背景也与政府试图加快人口的增殖繁衍有直接关系。当然，此项政策推行的前提是，女子在规定年龄之前未婚。实际上，受此政策的威慑，绝大多数人不敢冒险逾期不婚。因而，该项法令实行的最终结果是普遍的早婚得以推行。

我们看到，政府靠法律、税收等强制手段促使民众在相对低的年龄完成婚配，主要发生在隋唐之前。它与当时战乱较多、人口短缺的形势有直接关系。而隋唐之后，这种政策已较少推行。

可见，强制性早婚律令的基本特征是：国家制定一个较低的初婚年龄标准，以此促使男女及时完成婚配；对逾龄未婚者及负有主婚责任的父母，政府则要实施处罚。一般来讲，强制性早婚规定多实行于王朝（或一个政权）内外战乱频仍阶段，或者在王朝初创、经济处于恢复时期，以此来促使人口的增长。它显示出国家对百姓婚姻行为有较强的干预意识。

中国近代之前，长期处于农业社会阶段，少年和青年接受公私立教育的比例很小，多数家庭没有能力或没有必要为子弟走科举之路进行投资；与此同时，人口死亡率高，尤其是婴幼儿死亡率高，人口预期寿命较短，

---

① 《汉书》卷2，惠帝纪。
② 《晋书》卷3，武帝纪。

因而让初步成人者及时婚配，使其尽快走上繁育后代之路是当时人的共识。婚姻包办，父母负责操持子女婚配所需物质条件，成为早婚的重要推动力量。在近代之前的大部分阶段，适时结婚、甚至早婚，加快人口增殖，与国家利益是一致的。所以，传统社会早婚政策和制度是家、国利益一致的产物。

我们从上可知，历史上的政策婚龄实际分为两种：一种是低限婚龄，一种是高限婚龄。低限婚龄可称为门槛婚龄，即设定许可婚配的最低年龄标准，可谓准入门槛；高限年龄也可谓顶限婚龄，它没有准入门槛，由民众自己掌握，官方则规定一个高限年龄。后者包含敦促男女及时婚配之意。实际上，宋元以来的法定婚龄也是一种门槛婚龄，要求和引导民众达到这一婚龄标准再结婚。

政府作为政策婚龄的制定者，加之各级官僚机构成为这一婚龄的推行者，因而它对民众婚姻行为将有直接影响，尤以顶限婚龄为突出。法定婚龄则要温和得多，近代之前由于官方没有建立婚姻登记制度，低于法定婚龄结婚不属于"违法"行为。从清代社会看，特别是南方民众的婚配多在法定婚龄之上，男性低于法定婚龄结婚者多为相对富裕家庭的子弟。

（三）宗族婚龄

隋唐以后，宗族组织在民间得到发展，其所订宗规族训等家法条文对族人行为多有制约。其中有的涉及初婚年龄。多数宗族认可国家的婚龄标准，做出特殊规定者不多。下面列出一些，以便认识宗族的婚龄规定特征（见表2-2）。

宋代《司马氏书仪》的婚龄标准与当时官方规定是一致的。而清代宗族婚龄标准多高于法定婚龄，其中男20岁为主，高于政府标准4岁；女为16岁，高于政府标准2岁。这些宗族以居于南方者为多。

它意味着不少宗族是限制产族人早婚的，其原因是什么？

按照光绪年间安徽三田李氏《家法》规定：子弟年二十以至三十，为家长者方可与毕婚，早则非特教之以偷，且或伤生，甚非细故[①]。早婚弊端

---

① 光绪《三田李氏宗谱》卷末，家法。

表 2-2　　　　　　　　　　宗族婚龄标准举例

时期	宗族名称	男女（岁）	男（岁）	女（岁）	资料出处
唐代（大顺元年,890年）	江州陈氏		18岁议婚,20岁以上成纳		《江州陈氏义门家法》,见《江州义门陈氏宗谱》
北宋	司马家族		15	13	司马光:《司马氏书仪》卷3
南宋			15—30	14—20	《朱子家礼》卷3
清代	于成龙家族	早则18岁,迟则20岁			余治辑:《得一录》卷9,治家规范
清代	安徽三田李氏		20—30		光绪《三田李氏宗谱》卷末,家法
清代	安徽皖江孔氏		20	16	《皖江增修孔子世家谱》,家训
清代	浙江归安稽氏		20	16	归安《稽氏宗谱》,条规
清代	浙江山阴钱氏			未及笄无过门（15岁为及笄年龄）	光绪《项里钱氏宗谱》卷首,宗规条

是难以形成厚重家风,且因发育未成熟而损伤身体。于成龙治家规范谓:子弟居室,早则十八岁,迟则二十岁,切不可再早,恐元气未壮,致成虚怯[①]。反对早婚主要从人体发育角度着眼。

在官府相对较低的法定婚龄之下,一些宗族没有进一步迎合族众早婚愿望,相反提高适用于宗族成员的婚龄标准,表明早婚的危害为人们所知晓。传统时代,男女过早结婚、纵欲对身体的副作用民间社会多有认识,只是在实践中难以兼顾。

(四) 习俗婚龄

古礼婚龄、冠笄婚龄、政策婚龄和法定婚龄在一定情况下影响了民众的婚姻行为,特别是隋唐之前的一些政策婚龄具有强制性,肯定会促使百姓按令行事。但宋元之后,政策性婚龄较少发布,法定婚龄已相对固化。

---

① 余治辑:《得一录》卷9,治家规范。

那么，这种环境下，民众完婚究竟是"依法办事"，还是有其"偏好"？若有偏好，这些偏好有什么特征？

我们将不同地区民众初婚年龄的"偏好"视为习俗婚龄。习俗婚龄可谓民众具体而真实的婚姻行为。由于宋元之前习俗婚龄资料比较少，这里以清朝及民国志书资料为基础展开分析。

表 2-3　　　　　　　　　　部分地区习俗婚龄

时期	地区	男女（岁）	男（岁）	女（岁）	资料出处
清代	直隶蔚县		16	14	乾隆《蔚县志》，风俗，见《民俗资料汇编》（华北卷），第 143 页
清代	直隶深州	15—20			光绪《深州风土记》记 21，旧志四礼
民国	河北万全县		13	15—16	民国二十三年《万全县志》卷 9，礼俗
民国	河北清河县	20 岁以下			民国二十三年《清河县志》卷 9，风土
民国	河北雄县	16—20			民国十八年《雄县新志》故实略 4，礼俗
民国	河北盐山县	20 岁以内			民国五年《盐山新志》卷 25，礼俗
民国	河北武安县	16—17			民国二十九年《武安县志》卷 9，社会志
清代	山西永宁州	14、15 岁—20 余岁			康熙《永宁州志》，风俗，见《民俗资料汇编》（华北卷），第 594 页
清末民初	山东寿光、宁阳、青城、巨野、濮县等县		14、15	20 岁上下	前南京国民政府司法行政部编：《民事习惯调查报告录》（下册），中国政法大学出版社 2000 年版，第 815 页
民国	山东长清县		16—17	18—19	民国二十四年《长清县志》卷 2，风俗

续表

时期	地区	男女（岁）	男（岁）	女（岁）	资料出处
民国	山东陵县		13—14岁为多，16—17岁少见	女大于男为主	民国二十五年《陵县续志》卷3，风俗
民国	山东济阳县		15—16	18—19	民国二十三年《济阳县志》卷1，风俗
民国	山东临朐县		18	20	民国二十三《临朐续志》卷15，礼俗
民国	山东济宁县	20岁以下			民国十六《济宁县志》卷4，风俗
民国	山东清平县		15岁以上	18岁以上	民国二十五年《清平县志》（不分卷），风俗
民国	河南安阳县		14—18	16—22	民国二十二年《续安阳县志》卷10，礼俗
民国	河南林县	15—20			民国二十一年《林县志》卷10，风土
民国	河南获嘉县	20岁以下			民国二十三年《获嘉县志》卷9，风俗
民国	河南淮阳县	16—22			民国二十三年《淮阳县志》卷2，风土
民国	河南阌乡县		16—30	14—20	民国二十一年《阌乡县志》，见《民俗资料汇编》（中南卷）上册，第375页
民国	河南范县		17—18	21—22	民国二十四年《续修范县志》卷7，礼俗
民国	山西乡宁县			15—16	民国六年《乡宁县志》卷7，风土
清代	陕西府谷县	16岁始命名议婚			乾隆四十八年《府谷县志》卷4，风俗
民国	陕西同官县	17岁左右			民国三十三年《同官县志》卷26，风俗
民国	陕西葭县	13—19			民国二十二年《葭县志》卷2，风俗

第二章 婚姻制度与人口发展　107

续表

时期	地区	男女（岁）	男（岁）	女（岁）	资料出处
民国	陕西横山县	13—19			民国十八年《横山县志》卷3，风俗
民国	宁夏	16岁左右			民国三十六年《宁夏纪要》，见《民俗资料汇编》（西北卷），第239页
民国	东三省		14—15		民国三年《吉林汇征》第六章，风俗
民国	吉林		16—20	17—25	《吉林新志》（1934年），下编，第三章，礼俗
民国	辽宁沈阳	年及冠笄乃通媒妁			民国《沈阳县志》，见《民俗资料汇编》（东北卷），第46页
民国	辽宁海城县		15—20	17—21	《海城县志》（1937年），见《民俗资料汇编》（东北卷），第66页
民国	辽宁桓仁县	20岁上下			《桓仁县志》（1937年），见《民俗资料汇编》（东北卷），第92页
清末	辽宁昌图府		14、15岁	19及19岁以上	宣统《昌图府志》，第五章，风俗
民国	吉林西安县		21	17	宣统《西安县志略》，第十篇，礼俗
民国	吉林通化县	20岁左右			民国十六年《通化县志》卷2，风俗
民国	福建平潭县		富家16岁以上，贫家20岁以上	16岁以上	前南京国民政府司法行政部编：《民事习惯调查报告录》（下册），中国政法大学出版社2000年版，第936页
清代	湖南永定县	20岁内外			同治《续修永定县志》卷6，风俗

续表

时期	地区	男女（岁）	男（岁）	女（岁）	资料出处
清代	湖南善化县	16、17岁			嘉庆《善化县志》卷22，风俗
清代	广东新宁县	20岁前后			道光《新宁县志》卷4，风俗
清代	广东开平县	20岁左右			道光《开平县志》卷3，风俗
清代	广东阳春县	20岁内外			道光《阳春县志》卷1，风俗
清代	广东茂名县	20岁前后			光绪《茂名县志》卷1，风俗
清代	广东顺德县	20岁前后			咸丰《顺德县志》卷3，风俗
民国	广东花县	20岁前后			民国十三年《花县志》卷2，风俗
清代	广西	18—20			道光《乡约条规》①
清代	广西钦州	20岁前后			道光《钦州志》卷1，风俗
清代	广西廉州	20岁前后			道光《廉州府志》卷4，风俗
清代	四川大竹县		16—30	14—20	道光《大竹县志》卷19，风俗
民国	四川绵竹县		18	16	民国九年《绵竹县志》，见《民俗资料汇编》（西南卷）上册，第123页
民国	四川名山县	16—20			民国十九年《名山县新志》卷10，风俗
民国	贵州绥阳县	20岁上下			民国十七年《绥阳县志》地理志下，风俗
民国	贵州平坝县	20岁内外			民国二十一年《平坝县志》第二册，风俗

表2-3所载民俗婚龄以民国时居多。不过作为一种习俗，多具有传承性，即它在一定程度上是对清朝婚姻习惯的承继。还有一点需要说明，方志对各地婚龄的记述并非建立在统计基础上，而是一种概数，是对多数人婚姻行为的说明。其中有的对男女婚龄分别说明，有的则不分男女。

---

① 《太平天国革命时期广西农民起义资料》（上册），中华书局1978年版，第20页。

就整体来看，无论清代还是民国时期，北方地区男女习俗婚龄均较南方省份为低。北方省份中，山东、东北、陕西和河北男性最低初婚年龄较清代和民国法定婚龄低；南方的广东和湖南不少县份清代习俗婚龄明显高于法定婚龄。

下面我们依据文献资料和档案资料对习俗性初婚年龄特征作进一步分析。

1. 习俗婚龄的区域与阶层差异表现

（1）南北方差异

此处的南北方可以长江为界。

甲、南方

广东开平县：清代道光年间，"男女婚嫁，以齿之二十前后为率"[1]。新宁县也如此[2]。

贵州绥阳县：民国时期，"少聘固多，早婚盖寡，嫁娶年龄均在二十岁上下"[3]。

那么，"二十前后"和"二十岁上下"如何理解？在我们看来，它应该指18—22岁之间。根据我们对清代中期档案中的个案所作汇总统计，广东、福建等沿海地区男性18—22岁结婚者占66.67%，女性18—22岁之间结婚者占60%[4]。

清代中期个案汇总数据显示，江苏男女初婚年龄分别为22岁和18.15岁[5]。道光四年江苏巡抚题奏的本省节妇名单中，有196个有初婚年龄信息，其平均初婚年龄为20.31岁，18—22岁之间者占63.50%[6]。

这表明，即使在早婚行为具有较强表现的时代，广东、江苏等南方省份则流行着"晚婚"习俗（相对于男16、女14的法定婚龄）。清代广东西

---

[1] 道光《开平县志》卷3，风俗。
[2] 道光《新宁县志》卷4，风俗。
[3] 民国十七年《绥阳县志》卷1下，风俗。
[4] 王跃生：《十八世纪中国婚姻家庭研究》，法律出版社2000年版，第31—38页。
[5] 王跃生：《十八世纪中国婚姻家庭研究》，法律出版社2000年版，第31—38页。
[6] 《陶澍全集》（5），岳麓书社2010年版，第143—154页。

宁县志载：当地"童婚之事，惟贫贱之家有之"①。

乙、北方

根据18世纪中期个案汇总数据，直隶女性平均初婚年龄为16.98岁，河南为16.90岁。其中14岁以下者分别为6.12%和7.69%。可见，虽然这些北方省份女性初婚年龄较广东和江苏等南方省份为低，但低于当时法定婚龄的比例并不高②。

然而民国时期北方方志对早婚特别是男性早婚现象多有记述。

河北万全县：全境中资以上者皆早婚，普通男子十三岁而娶，女子十五六岁而嫁③。

山东德平县：男子崇为早婚，不第有害于体育，而且有关于风化④。

东北：婚嫁无定制，早婚以东北三省为最恶习。三省男女，每在十四五岁即已成婚，有害于身体与智识、学术、生计，莫此为甚⑤。

陕西葭县：大率男女结婚，早在十三四岁，晚在十八九岁时⑥。

以上方志多修于1930年《民法》亲属编颁布之后。虽然我们很难由此断定当时北方民众婚龄多低于法定婚龄，但可知这不是个别现象。

（2）阶层差异

婚姻作为父母操办的"大事"之一，需要有一定的物质条件作为支撑。对男性来说，家庭有经济实力往往能及时甚至及早婚配。在父母全面包办之下，子代不需奋斗即可"坐享其成"。

而来自贫穷家庭者亲代财富积累有限，子代成年后与父辈一起劳作积攒婚姻费用，不得不推迟婚配。由此习俗婚龄表现出阶层差异。

山东寿光、宁阳、青城、巨野、濮县：男子"若逾十五、六岁尚未成婚，其父母即引以为耻。殷实之家，此风尤甚"⑦。

---

① 道光《西宁县志》，见《民俗资料汇编》（中南卷）下册，北京图书馆出版社1997年版，第877页。
② 王跃生：《十八世纪中国婚姻家庭研究》，法律出版社2000年版，第26页。
③ 民国二十三年《万全县志》卷9，礼俗。
④ 民国二十五年《德平县续志》卷11，风俗。
⑤ 民国三年《吉林汇征》，第六章，风俗。
⑥ 民国二十二年《葭县志》卷2，风俗。
⑦ 《民事习惯调查报告录》（下册），第815页。

河南获嘉县："贫困之家，育女既属艰难，得妇又须聘礼。故婚嫁之期，男子多在晚年，女子多在童龄，往往有三四十岁男子娶十余岁幼女者。若夫富厚之家，欲早日抱孙繁殖人口，又往往以十三四岁童稚娶二十岁上下女郎。新郎年幼无知，服食起居多赖其妻扶持。"当然，"此皆例外之婚嫁，非普通习惯也"①。

陕西同官县：结婚年龄，普通均在十七八岁左右，贫家男子有在二十以上至三十者，女子则从未有过二十岁者②。华阴县：早婚之风最盛，凡有力为子弟娶妇之家，多于其子弟十二三岁时，即为之完婚③。

我们认为，传统农业社会和父母包办婚为主导的时代，公共教育制度尚未建立，就业竞争较少（以家庭就业为主），青少年子代不必在一段时间内专注学习和事业而推迟婚姻。若没有经济条件制约，各个家庭都希望子女早婚。但在讲究婚娶物质条件的环境中，最终结局是，只有中等及以上经济条件的家庭能够如愿。

2. 早婚与早育

（1）早婚并未早育

过度早婚，指男女尚未发育成熟下的早婚不会带来早育，如男十六岁、女十四岁以下婚配，早育并不一定实现。

清末民初，甘肃男女有不及十三岁而成夫妇者，比比而是，故族姓多不繁衍④。"不繁衍"意味着早婚并未使家族人丁兴旺，也即早育者不多。

（2）早婚使早育发生

而适度早婚则可能增加早育的概率。

清代，山西赵城县：早婚配，少怨旷，十四五岁男女生子者，往往而有⑤。它表明，早育虽有，但并不普遍。湖南桂阳县：嫁娶最早，有十五六岁生子者⑥。吉林梨树县：凡婚娶之年，男二十一二岁，女年十七八岁。然

---

① 民国二十三年《获嘉县志》卷9，风俗。
② 民国三十三年《同官县志》卷26，风俗。
③ 《民事习惯调查报告录》（下册），第1027页。
④ 《民事习惯调查报告录》（下册），第1037页。
⑤ 道光《直隶霍州志》卷15，风俗。
⑥ 嘉庆《桂阳县志》卷3，风土。

亦有女早嫁，而十三四岁能诞子，说者归功于火炕，能使身体早发达矣①。

民国年间，陕西米脂县：俗重早婚，未至冠年而先有室家，岁臻二十，子女竟有成行者②。横山县：民国十八年（1929年），边俗早婚，由来已久。男子垂髫，未达成年，尊长切望子孙者，居然授室成礼，襁褓繁育③。

这些习俗叙述表明，早婚虽带来早育，但并不普遍。

总的来说，早婚对早育的提升作用是有限的。根据笔者对18世纪清代婚育个案汇总研究，结婚三年之内有活产子女者不到30%④。我们以冀南农村调查为基础对民国时期当地妇女的婚育间隔研究显示，平均婚育间隔为5.5年。其中婚后三年以内生育的比例为32%，而20世纪80年代和90年代结婚者婚后两年以内生育的比例为85%⑤。当然，这是以活产或存活子女为基础进行的分析，若将死产或早夭子女考虑在内，或许传统时代早育比例会有所增加。

3. 早婚习俗的弊端及其矫正

（1）早婚弊端的认识

对早婚习俗及其不良后果的批评以西汉王吉为最早：世俗嫁娶太早，未知为人父母之道而有子，是以教化不明而民多夭⑥。我们认为，此项判断的基础应该是，早婚可能导致早育，未成年男女或刚及成年即背上养育子女的负担，这是一方面；另一方面则是未发育成熟的男女未能节制性生活，身体受损。可见，"民多夭"应该是两方面因素所促就。

到了清代，地方志作者仍借用王吉之言斥责早婚。乾隆三十五年（1770年）河南《光州志》言：世俗嫁娶太早，未知为人父母之道而有子，是以教化不明而民多夭。郡之婚娶多有不及冠笄之年，是其敝也⑦。乾隆直隶《行唐县新志》：世俗嫁娶太早，未知为人父母之道而有子，是以教化不

---

① 宣统《西安县志略》第十篇，礼俗。
② 民国三十三年《米脂县志》卷28，风俗。
③ 民国十八年《横山县志》卷3，风俗。
④ 王跃生：《十八世纪中国婚姻家庭研究》，法律出版社2000年版，第213页。
⑤ 王跃生：《社会变革与婚姻家庭变动》，生活·读书·新知三联书店2006年版，第87、93页。
⑥ 《汉书》卷72，王吉传。
⑦ 乾隆《光州志》卷30，风俗。

明而民多夭。此尤恶习,当官者所宜申禁①。

至民国时这方面的言论更多,且有发挥。

河北武安县:有因其他关系,十二三岁即为完婚者,夫男女早婚,为害最大,父母少有知识即当特别注意。若谬于陋习,竟使未成年之子女夭殇一旦,为父母者当不知作何感想也,恶习亟宜禁革②。盐山县:男婚无过二十,过则以为骇怪,男女岁均,甚有女长至十岁以下者。夭病时见,家室勃溪,其弊不可胜穷③。

河南通许县:男女未达成年即行结婚,不惟有碍身体之发育,恐因之生病夭折者数见不鲜。若不设法矫正,对于国家种族为害颇巨④。

甘肃镇原县:男女十四五岁多行结婚,其害非浅⑤。

民国四川《荥经县志》则有早婚、多育使生存资源短缺而败家的认识:邑中富室无继续三代者,缘丁多则产析,累析则式微。而早婚之弊尤足乘之,年未弱冠,学不修,行不立,遽重以家室之累,毕生不能自拔,欲不即于贫难矣⑥。

可见,对早婚的指责主要集中于它使男女过早背负起养家糊口之责;且夫妇性生活不知节制,毁伤身体,从而导致早夭。这应该是当时人基于经验所获得的认识。

(2)早婚的矫正

对早婚之俗,我们并未见到全国性政策予以矫正,但也有一些地方官因辖区民众婚龄过早(低于法定婚龄),而倡导适时婚配。

明朝嘉靖时官员黄佐在所撰《泰泉乡礼》中指出:男子未及十六、女子未及十四成婚者,谓之先时;男子二十五以上、女子二十以上未成婚者,谓之过时。先时者夭,过时者病,皆不能顺阴阳交际以保合太和。乡约正

---

① 乾隆《行唐县新志》卷13,风俗。
② 民国二十九年《武安县志》卷9,社会。
③ 民国五年《盐山新志》卷25,礼俗。
④ 民国二十三年《通许县新志》,见《民俗资料汇编》(中南卷)上册,北京图书馆出版社1997年版,第34页。
⑤ 民国二十四年《重修镇原县志》卷4,风俗。
⑥ 民国二十六年《荥经县志》卷12,风俗。

及乡校师宜时加省谕①。我们认为，其要求"省谕"的重点应该是"先时"之婚。即早于法定婚龄者视为"先时"，是应矫正的对象。值得注意的是，明代隆庆和万历年间曾任福建惠安知县的叶春及也提出这一倡议：凡男女婚嫁以时，男子未及十六、女子未及十四成婚者，谓之先时；男子二十五以上、女子二十以上未成婚者，谓之过时。先时者夭，过时者病，皆不能顺阴阳以保太和，宜时谕之②。其表述词语与黄佐基本一致，可以说初婚年龄上"先时"和"过时"的标准在明朝官员、士大夫中已有共识，进而通过乡约等方式向民众灌输。

清朝道光年间，山东博兴县知县发布告示劝谕民众：有子者无为早婚，有女者无嫁幼婿，为姑者无视媳为仇。庶几家庭和顺，永绝勃溪③。

但劝谕效果在有些地方则不明显。清代山西虞乡县：今俗迫不及待，尽有十三四岁即行嫁娶，于卫生、强种大有妨碍。虽经官绅禁止、开导，此风尚未革除④。

早婚在民国以后所受抑制力度增大。

民国初年，当新的结婚年龄法规尚未出台之际，唐绍仪、宋教仁、蔡元培等26个政治和思想界先锋人物发布"社会改良会宣言"，其中有"提倡废止早婚（男子19岁以上、女子17岁以上，始得嫁娶）及病时结婚之习"⑤。

河北怀安县：在清时，"男女婚嫁多不及时，有发覆额而即适人者，有未成年而即授室者，地方官虽严切禁谕，莫之能易。近年以来（指民国二十年前后），国民教育较前普及，虽在童龄亦知早婚之害。完婚时，男女俱十七岁以上。甚有因自由择婚，考虑过当，年将三旬犹未订有相当配偶者"⑥。可见，新式教育和婚姻自主风尚对早婚的矫正作用最为明显。清河县，"至于结婚太早，生子痿弱，未知为人父母之道而生子，是以教化不

---

① 黄佐：《泰泉乡礼》卷1。
② 叶春及：《惠安政书》卷9，乡约。
③ 道光《博兴县志》卷5，风俗。
④ 民国九年《虞乡县新志》卷3，礼俗。
⑤ 《社会改良会宣言》（民国元年二月二十三日），见《革命文献》第41辑，《民国初年之国民党史料》。
⑥ 民国二十三年《怀安县志》卷2，风俗。

行，而民多夭。此说已深入人心，故近年早婚之俗一变①。

一些地方制定有惩罚措施。民国二十二年（1933年）广西改良风俗规则：第28条：男子未婚十七岁、女子未满十五岁，父母不得为之订婚；违者处10元以上、50元以下罚金。第29条：凡男子未满十八岁，女子未满十六岁不得结婚，违者处其家长或出事人10元以上、100元以下之罚金②。

浙江杭县：早婚恶俗，市镇革除颇久，迩来订婚多在成年。父母主婚者，先征得子女同意，娶亲时财礼门包亦少斤斤较量者，皆婚礼改良之征③。

当然，民国时期有些地方矫正早婚的效果不明显。福建上杭县，近世学说力戒早婚，痛诋童养媳之害，然婚姻制度不改良，嫁娶两难，而欲禁止此俗，势有所不能也④。

3. 夫妇婚配年龄习惯

在中国社会中，夫妇结姻的年龄匹配方式是习俗婚龄关注的重要内容。它有两种类型，一是夫长妻小类型，一是夫幼妻长类型，并具有一定地区差异，形成习俗。

（1）夫长妻小类型

丈夫大于妻子若干岁是中国传统时期婚姻的主流。实际上礼仪婚龄、政策婚龄和法定婚龄标准都具有这种特征，并会对民众行为起到一定引导作用。

这一类型在西北、西南地区比较突出。

陕西同官县："宁教男大十，莫叫女大一。"⑤ 洛川县：男子年龄例大于女，俗语云："宁教男大十，不教女大一。""其差龄有至一二十岁者，则其原因多属穷汉年长始娶，贫女幼年即被定聘。至门户相对者，年龄大约尚相当。"⑥

---

① 民国二十三年《清河县志》卷9，风土。
② 民国二十九年《平乐县志》卷2，风俗。
③ 民国三十五年《杭县志稿》，见《民俗资料汇编》（华东卷）上册，北京图书馆出版社1997年版，第597页。
④ 民国二十八年《上杭县志》卷20，风俗。
⑤ 民国三十三年《同官县志》卷26，风俗。
⑥ 民国三十三年《洛川县志》卷23，风俗。

山西乡宁县：女子出嫁在十五六岁，竟有十三龄即已及笄者，而男子之婚动二十、三十①。

这实际是男长于女岁数过大的地区类型。我们认为，它主要限于贫困地区和贫穷家庭，很难成为一个区域的普遍现象。

（2）妻大于夫类型

夫幼妻长类型可谓反礼仪婚龄、政策婚龄和法定婚龄而行之，是一种习俗婚龄。

这种婚姻匹配习俗流行于北方多数地区和西南部分地区。

民国时的方志资料显示，山东这一习俗最盛。夏津县：早婚敝害，相沿已久，女长于男，事极普通，往往差七八岁，甚有差十余岁者。以父母之善意，种子女之恶因，流弊所极，不堪设想，维持风教者不无责焉②。昌乐县：结婚"通常年龄，女长于男，而男方十岁即娶二十余岁之妇者，富家尤多，极所当禁"③。冠县：早婚为唯一陋俗，上中家之男子，其结婚年龄多在十五岁之前……少男长女，齐大非偶，年龄相差七八岁或十余岁不等。妻者不齐，弊窦滋多④。寿光、宁阳、青城、巨野、濮县：本地习惯以女子年龄比男子较大为合宜，竟有大至八、九岁者⑤。长清县："妻年恒长，有至八九岁者，其原因，父母为子娶妻后，凡其子衣被皆令妇纺织备置，习俗然也"⑥。当然，对这些地区女比男年龄过长的畸形婚姻（如相差七八岁以上）也不宜过分夸大。清平县："两姓年岁间有悬殊者，亦属寥寥"⑦。临清县志："婚姻之年，平均在二十岁左右，间有早婚及年龄悬殊者，究属少数，且为世俗所讳道矣。"⑧

清代直隶鸡泽县：凡饶裕之家婚娶，必女长于男三四岁至七八岁不一；若男长于女，必贫而无力者⑨。高邑县："邑民结婚，率妇长于婿，甚有相

---

① 民国六年《乡宁县志》卷7，风土。
② 民国二十三年《夏津县志续编》卷5，礼俗。
③ 民国二十三年《昌乐县志》卷9，风俗。
④ 民国二十三年《冠县志》卷1，风俗。
⑤ 《民事习惯调查报告录》（下册），第815页。
⑥ 民国二十四年《长清县志》卷2，风俗。
⑦ 民国二十五年《清平县志》（不分卷），风俗。
⑧ 民国二十三年《临清县志》卷3，风俗。
⑨ 乾隆《鸡泽县志》卷8，风俗。

差十余岁者"①。清河县："结婚，普通在男女二十岁以下。大抵富家结婚，男早于女；贫家结婚，女早于男"②。

河南鹿邑县：农家有子喜早纳妇，以助力作，少男长女相匹耦，其齿相殊有至七、八岁者③。

关于西南四川地区夫幼妻长类型婚姻，明中叶王士性在《广志绎》中即有记载："蜀中俗尚缔幼婚，娶长妇，男子十二三即娶。"他还说，徽州也有此俗，"徽人事商贾，毕娶则可有事于四方"④。这些地方性习惯在清朝继续流行。

民国时期贵州开阳县：至早婚，或妻长于夫六、八岁，尤乡间常有之现象，在过去或为厉禁，现在或为恶俗⑤。

从上述习俗资料中我们得出的认识是，夫幼妻长婚配方式，特别是年龄相差比较大者以相对富裕家庭为主，即它有阶层之分。对男方家长来说，这种做法主要是想让长媳帮助料理家务、照顾其年幼儿子，并非追求早婚早育。

（3）男长、女长婚配类型兼而有之

实际上，即使在推崇女大于男的北方地区（如山东、河北），女大于男类型的婚配主要是相对富裕家庭为子娶妻时的选择，它成为一种"时尚"。对多数贫穷家庭来说，没有经济条件为儿子娶长媳。因而可以说，这些地区实际上两类婚配兼而有之。其他有娶长妻习俗的地区也是如此。

宁夏："俗尚早婚，结婚年龄多在十五六岁左右，且女大于男数岁之婚姻，亦为习见之事"⑥。

贵州平坝县："定婚率多在男女数岁时，率多取男之年龄长于女子一二岁（谚有'宁可男大十，不许女长一'之说）。惟在业农之家，往往急于得

---

① 民国三十年《高邑县志》卷5，风俗。
② 民国二十三年《清河县志》卷9，风土。
③ 光绪《鹿邑县志》卷9，风俗。
④ 王士性：《广志绎》卷5，西南诸省。
⑤ 民国二十八年《开阳县志稿》第九章，社会，风俗。
⑥ 民国三十六年《宁夏纪要》，见《民俗资料汇编》（西北卷），北京图书馆出版社1997年版，第239页。

健妇为助，辄向年龄较长之女子定婚"①。民众职业差异导致婚配类型有别。

广西凤山县："本地男子年龄常长于女子数岁，客人（指客家人，著者注）则女子长过男子数岁，盖欲使其助耕作。"② 差异表现在土著居民与移民之间。这或许因为移民家庭劳动力资源相对不足，通过婚娶作为补充手段。

（4）夫幼妻长婚姻的抑制

政府对夫幼妻长类型婚姻多不认同。这也是可以理解的，因为它不合于礼仪婚龄、政策婚龄和法定婚龄。更重要的是，妻长于夫过大将对家庭关系、夫妇关系带来负面影响。鉴于其"弊害多端"，故"亟应矫正"③。

宋代地方官采取劝谕之策：妇人年高，男子年小，有乱婚姻之理，但得夫妇年齿相当，不必论缘房之多少也④。它没有强制约束之意。

明清一些地方政府则试图加以禁止。明代万历年间，蜀中知府张士佩采取抑制措施：每五里立一穹碑严禁之。每朔望阖邑报院，邑中婚娶若干家，其家男女若干岁，犯禁者重罪之。然俗染渍已久，不能遽变也⑤。而清朝道光《巴州志》载：乡间多畜童媳，利其操作，往往女大于男，官屡禁之不能止。此风自明季已然，路旁按院禁碑尚存，川北多有之，不独巴州也⑥。足见习俗难移。

清道光二十年（1840年），山东博兴县知县用壬福为抑制这一婚配方式所发布的告示很具典型性：尔民每以十一二岁之幼童娶十八九岁长成之女，虽诗礼之家不免焉。是爱子而适以贻害其子，爱女而直以陷溺其女矣。本县到任数月，为爱女嫌夫具控者已三十余案。推其故，皆因婚娶时男未及岁而女已长成所致。本县有父母斯民之责，此婚嫁大事，所谓生民之始，万化之原者，不敢不严切训诫也。为此，示谕阖邑绅士军民知悉。

---

① 民国二十一年《平坝县志》第二册，民生。
② 民国三十五年《凤山县志》，见《民俗资料汇编》（中南卷）下册，北京图书馆出版社1997年版，第939页。
③ 《民事习惯调查报告录》（下册），第815—816页。
④ 李元弼：《作邑自箴》卷6，劝谕民庶榜。
⑤ 王士性：《广志绎》卷5，西南诸省。
⑥ 道光《巴州志》卷1，风俗。

嗣后两家结婚，男长于女则可，女之长于男者不得过两岁。男子必十六岁以上方准迎亲，有女者不得贪图财礼以长成之女而配幼婿。我们认为，县令专门发布告示，禁止民众以长女配幼婿，表明这种婚姻在当地具有一定普遍性，从"尔民每以十一二岁幼童娶十八九长成之女，虽诗礼之家不免"的表述中可以得出该认识。而县令禁止此类婚姻的原因是，夫妇关系质量不高，以致频出讼案。从中还可看出，清朝男十六岁的法定婚龄虽不具有刚性约束，但它却是官方引导、矫正民众婚姻行为的一个标准，并非可有可无。该告示中对民众具有威胁性的用语是：自示之后，如有仍染旧习者，必将两家主婚之人照例示罚，以期永免颓风，勿谓言之不预也[1]。照何"例"议罚？这里并没讲明。而他更多的是劝谕民众，甚至写出歌谣三则，俾易传说：有子者无为早婚，有女者无嫁幼婿，为姑者无视媳为仇，庶几家庭和顺，永绝勃溪。数年之后，必以本县此言为足感矣。尔爱尔子，勿为早婚，早婚乃是祸殃根，壮年而有室古所训，长女少男不可论。尔嫁尔女，勿配幼婿，嫁女原为好合计，童稚何知夫妇情，年岁相当免乖戾。尔训尔妻，勿得虐媳，她为媳时当记忆，己所不欲勿施人，姑爱媳兮媳亲密[2]。

光绪年间，直隶曲阳之俗："男子十一二即娶，女子每长于男五六岁至七八岁，或十岁不等。门庭之多故，讼狱之繁兴，半由于此。前臬宪庞公通饬禁止，贤士大夫宜秉礼论婚，以为四民倡。"[3] 可见，当地官府也采取过矫正措施。方志撰写者寄希望于士绅引导陋俗改变。

民国时个别宗族也有限制。湖南宁乡县资兴石鼓程氏规定：女子不得长男子十岁以上[4]。不过，它显然只禁止畸形的妻长婚姻，而非泛泛限制。

一些地方民间人士呼吁改变这种婚俗。

山西大同道光年间，"婚期过早，甚有十二三岁授室者。故夫妇年岁往往不伦。近年颇改此俗。有学识者，恐夫纲易授妇执也；多阅历者，恐求

---

[1] 道光《博兴县志》卷5，风俗。
[2] 道光《博兴县志》卷5，风俗。
[3] 光绪《重修曲阳县志》卷9，风俗。
[4] 民国二十五年《资兴石鼓程氏三修族谱》第五节，族中婚姻。

孙已先弃子也"①。

以上政府、宗族和民间的抑制措施，多针对过于悬殊的妻长夫幼婚配类型，特别是夫尚年幼、妻已成年的婚配，而非一概反对妻长于夫。年幼之夫与成年之妻的结合是家长包办婚姻的极端表现。

总之，清代和民国的习俗婚龄表现出部分民众有早婚行为，但各地平均婚龄多在法定婚龄之上。我们很难因此断言当时民众对法定婚龄具有遵循意识，或许由于法定婚龄门槛较低，并未对多数男女的婚配构成限制。当然，在地区和阶层之间习俗婚龄有一定差异。

综合上述，我们对历史上，特别是近代之前不同形式的初婚年龄制度已有认识。可以说，当时社会存在多种形式的婚龄制度，它们是：礼仪婚龄（包括冠笄婚龄）、政策婚龄、法定婚龄、宗族婚龄和惯习婚龄。这些婚龄制度在一定程度、一定范围对民众婚姻起着约束和引导作用。整体看，礼仪婚龄，特别是男三十而娶、女二十而嫁这一古礼婚龄因与社会实际和民众期望有较大差距，并没有产生应有的引导和约束效果；男二十而冠、女十五而笄的成人礼年龄标准演变为冠笄婚龄，并在后世发挥了导向作用。春秋以来至隋唐时期，因时而变且较古礼婚龄、冠笄婚龄为低的政策婚龄对民众婚姻缔结有较大影响，促使民众早婚，进而推动人口数量增长。宋元之后，特别是明清时期，法定婚龄成为主导，客观上讲它与民众的适时婚配的愿望是比较接近的，但其对民众婚姻实际约束力不大，政府并不处置违规低龄（低于法定婚龄）结婚者。在民间社会中，各地百姓遵循着具有较强地方特色的惯习婚龄。由于婚姻在父母包办之下，家庭经济状况成为男女婚姻缔结的重要促进和约束条件。故此，不少地方男女实际婚龄出现这样的分化表现：富裕家庭父母成为子女，特别是儿子早婚的推动者；贫困家庭则因备办婚姻所需物质条件的能力较差，子弟不得不推迟婚配。宗族婚龄作用范围最小，它有可能抑制族人的极端早婚行为。总起来看，近代之前法定婚龄对民众婚姻行为有一定引导作用，它并非一种刚性限制。不过低于法定婚龄结婚者不是普遍现象。我们认为，它与当时法定婚龄与民间惯习婚龄具有一致性相关。

---

① 道光《大同县志》卷8，风土。

从制定主体和落实主体看，古礼婚龄和冠笄婚龄只有虚拟的制定主体（如某个礼仪的倡导者，它可以是某一经书的作者和作者群体），而无真实的制定主体，其落实主体基本上也不存在。当然，儒家学者会通过不同方式（官学和私塾等）向人们灌输，并有可能对一部分人的行为产生影响。政策婚龄和法定婚龄有制定主体——政府和具有立法权的机构（传统时代为帝王及其官僚机构），各级政府为其落实者。习俗婚龄也没有制定和落实主体，是各地民众行为偏好的反映。宗族婚龄为宗族某个先人所制定，有的载入家法之中，由宗族组织引导和落实。

关于近代之前几种婚龄的约束力，从外部干预强度看，政策性婚龄对民众的约束力最大，但它只限于个别时期和相对短的时间内。除古礼婚龄外，冠笄婚龄、法定婚龄都表现出对民众适时结婚愿望迎合的一面。

（五）法定婚龄约束性的增强

从前述可知，近代之前，特别是宋元至明清时期，法定婚龄被载入成文令典，但其对民众的约束力很弱，或者说没有约束力，民众更多地依据家庭条件和地方习俗操办子女的婚事。我们认为，法定婚龄制约力的提高，须具备一些必要的外部条件，如官方为结婚男女颁布证明文件（结婚证明），只有达到法定婚龄者才有资格获得；或者男女当事者须到指定官方机构登记备案，获得有效证件。值得注意的是，近代以来，这一程序逐渐受到重视。

1. 清末和民国时期法定婚龄的制定

应该说，从清末开始，从法律文件上看，法定婚龄的形式较以前完备了，并且从条款上规定了制约方式。

（1）法律规定

清末完成的《大清民律草案》明确规定最低结婚年龄，第1332条：男未满十八岁、女未满十六岁者，不得成婚[1]。1925年完成的《民国民律草案》[2]和1930年颁布的《民法》亲属编[3]照搬了清末条文（分别见第1099

---

[1] 《大清民律草案》，第171页。
[2] 《民国民律草案》，杨立新点校，吉林人民出版社2002年版，第350页。
[3] 中国法规刊行社编审委员会编：《六法全书》，上海书店1947年版，第88页。

条和第980条）。三部法规中的"不得"字眼表明它具有刚性约束。那么，"不得"如何体现呢？

根据当时法律，结婚实行呈报制度。《大清民律草案》第1339条：婚姻从呈报于户籍吏，而生效力。第1340条：违反1332条（法定婚龄）之规定而结婚者，户籍吏不得受理其呈报①。第1343条：婚姻违反第1332条（法定婚龄）所规定者，"得由当事人及其亲属或检察官撤销之"②。从1339和1340条看，它具有一定约束力；违反规定者"不得受理其呈报"，意味着该婚姻不具合法性。

宣统三年（1911年）《户籍法》第57条：男女成婚之日须呈报于户籍吏。第58条：成婚之呈报书于开具下列诸件外，并须男女亲自署名或画押。其内容有：（1）男女姓名、职业、年岁及本籍地；（2）父母姓名、职业及本籍地；（3）户主姓名、职业及本籍地③。不过这一户籍法中有关婚姻呈报的内容在广大农村地区并未落实。

《民国民律草案》与此规定基本相同。

1930年《民法》亲属编第980条规定：男未满十八岁、女未满十六岁者，不得结婚④。但第881条规定：未成年人结婚应得法定代理人之同意⑤。按照《民法》第12条，满二十岁为成年⑥。这为低于法定婚龄结婚网开一面。

清末以来三个法律中的法定婚姻均为男18岁、女16岁。它较明代和清代大部分时期所定男16岁、女14岁提高2岁。这应该是从男女实际成熟和独立生活能力角度考虑的。

不到法定年龄"不得"结婚，那么由谁来制止违规行为呢？没有规定。《民法》第982条：结婚应有公开之仪式及二人以上之证人，否则为无效婚姻（第988条）。在年龄约束上，第989条规定：结婚违反第980条（年龄标准）之规定者，当事人或其法定代理人得向法院请求撤销之。但当事人

---

① 《大清民律草案》，第171页。
② 《大清民律草案》，第172页。
③ 张庆五辑：《旧中国户籍法规资料》（内部资料），中国人民公安大学、包头市公安局编印，1986年，第8页。
④ 《六法全书》，第88页。
⑤ 《六法全书》，第88页。
⑥ 《六法全书》，第13页。

已达该条所定年龄或已怀胎者，不得请求撤销[①]。

需要指出的是，从法律条文看，当时并没有规定由官方机构颁布结婚证书。而就清末法律看，结婚者在当地户籍登记部门备案也是有约束力的。1930年虽有不到法定年龄不得结婚的规定，但未成年人在法定代理人同意后也可以结婚。另外，对未到法定婚龄结婚者，当事人或其法定代理人可到法院请求撤销。这一规定的意义在于，那些由父母包办强行早婚者若不满意婚事，则有获得法律保护的机会；或者未成年女性被拐卖、欺骗等形式而结婚者，其父母等代理人也可提出撤婚要求。实际上，大量由父母包办的早婚也为当事男女所认可，因而难以被纠正。

（2）民国时期民众婚姻实践

民国时期的法定婚龄从形式上看更为完善。那么其在民间社会的落实情况如何？

甲、婚姻年龄

民国法律中的婚姻年龄是否对大众婚姻行为形成约束？我们根据第五次全国人口普查长表1%抽样数据对民国不同时期结婚所作统计表明，1930—1934年男性结婚年龄在17周岁及以下者占30.2%，1935—1939年为19.6%；若按虚岁计算，分别为14.1%和6.7%。可见，即使按周岁标准衡量，低于法定婚龄结婚的比例并不很高，虚岁标准更是如此。女性两个时期15周岁以下结婚者分别为11.8%和8.2%；15虚岁结婚者占2.9%和1.3%。女性则基本上在法定婚龄以上年龄婚配。我们认为，在法定婚龄只具弹性约束的时期，这并非法律限制的成效，而是法定婚龄与民俗婚龄比较一致的结果[②]。但这一数据毕竟是对20世纪30年代结婚、2000年仍健在的高龄老年人婚龄的反映，有一定局限性。那么基于当时调查的结果如何呢？李景汉1929年定县调查数据显示：男性在10—14岁结婚者占40%，15—19岁结婚者占35.6%，20—24岁结婚者占11.5%；女性在10—14岁结婚者占7.7%，15—19岁结婚者占68.9%，20—24岁结婚者占21.8%[③]。

---

① 《六法全书》，第88页。

② 王跃生：《民国时期婚姻行为研究——以"五普"长表数据库为基础的分析》，《近代史研究》2006年第6期。

③ 李景汉：《定县社会概况调查》，上海世纪出版集团2005年版，第156—157页。

该调查没有说明所采用的为周岁还是虚岁年龄,另外从其婚龄结构中难以统计出男性17岁以下和女性15岁以下结婚比例。但从男性14岁以下结婚比例较高不难推断,当地17岁以下结婚者不会低于50%。我们2000年在河北南部地区所作调查显示:17岁以下结婚者50.6%;女性17.25岁,15岁以下结婚者占18.8%[①]。我们认为,这是地区差异的反映。"五普"长表数据中也有这种特征(见表2-4)。

表2-4　　　20世纪30年代部分省份男性17周岁以下结婚比例　　　单位:%

地区	1930—1934年	1935—1939年
河北	40.00	25.24
山西	46.67	26.32
辽宁	21.43	24.32
江苏	7.69	6.12
浙江	35.29	13.04
山东	16.67	24.16
河南	10.81	7.10
湖北	40.91	16.67
湖南	25.93	16.13
广东	6.67	11.49
广西	16.67	8.33
重庆	36.84	14.55
四川	37.84	14.91
贵州	12.50	6.82
云南	44.44	26.00

资料来源:笔者根据第五次全国人口普查长表1%抽样数据库计算得到。
说明:上表仅将样本较多省份列出。

根据表2-4,1930—1934年,北方的河北和山西,东南地区的浙江,中部的湖北,西南的重庆、四川和云南,17岁以下结婚者超过30%,江苏和广东则比较低。1935—1939年,上述省份早婚比例整体下降,低于17岁

---

① 王跃生:《社会变革与婚姻家庭变动》,生活·读书·新知三联书店2006年版,第56页。

比例超过20%的省份为河北、山西、辽宁、山东和云南,多为北方省份。

而女性早婚比例均比较低。两个时期15岁以下结婚比例超过10%的省份为山西、湖南和云南。多数省份早于法定婚龄结婚者属个别现象（见表2-5）。这表明,民众中女性的婚姻习惯与当时所确立的法定婚龄比较一致。

乙、夫妇婚龄差

民国时期不少地区的方志,特别华北、东北方志中民俗部分有长妻幼夫缔结婚姻普遍的记载。那么实际情形如何？

根据李景汉1929年对定县的调查,在766例夫妻中,533例为夫低于妻,占69.6%；189例为夫长于妻,占24.7%；44例为年龄相同,占5.7%。

表2-5　20世纪30年代部分省份女性15周岁以下结婚比例　　　单位:%

地区	1930—1934年	1935—1939年
河北	7.84	7.54
山西	10.81	19.78
辽宁	4.26	4.10
上海	1.92	1.37
江苏	7.09	1.43
浙江	5.56	4.17
安徽	1.52	0.96
福建	3.45	8.85
江西	16.67	5.00
山东	2.07	4.22
河南	3.39	2.21
湖北	11.54	2.26
湖南	15.00	13.86
广东	5.43	2.16
广西	9.64	5.48
重庆	11.48	7.08
四川	11.45	5.68
贵州	7.50	3.66
云南	12.20	12.50
陕西	14.29	9.68

资料来源：笔者根据第五次全国人口普查长表1%抽样数据库计算得到。

在夫低于妻样本中，50.28%为小于妻3岁以内，小于妻5岁以上者占32.08%，在总样本（766例）中占22.32%[①]。应该说，这既体现出当地婚俗中具有推崇女长男幼的特征，同时表明妻长于夫过大的婚姻也非普遍现象。当然它属于局部地区的调查结果。

根据第五次人口普查长表数据，1935—1939年和1940—1944年妻大于夫样本分别占26.4%和27.3%。地区之间有差异。1940—1944年结婚样本中，河北、辽宁、吉林、山东、河南、重庆和四川等省份超过30%，河北和山东最高，达到和接近40%。进一步看，在这些地区，妻子大于丈夫3岁以上比例并不高，只有河北和山东超过15%[②]。因而，就全国整体看，民国时期夫长于妻婚姻习俗居于主导地位（见表2-6）。

表2-6　　　　　1940—1944年不同地区夫妇婚龄差异比较　　　　单位:%

地区	-5岁以上	-4	-3	-2——1	0	1—2	3	4	5岁以上	样本量
河北	2.4	5.6	8.1	25.0	9.7	21.8	7.3	4.8	15.3	124
山西	3.0	0.0	0.0	15.2	9.1	30.3	6.1	6.1	30.3	33
辽宁	3.7	4.9	4.9	20.7	15.9	18.3	8.5	6.1	17.1	82
吉林	3.2	0.0	6.5	22.6	9.7	25.8	6.5	6.5	19.4	31
江苏	0.8	2.3	1.5	20.8	18.5	23.1	10.8	6.2	16.2	130
浙江	2.0	2.0	3.0	11.1	10.1	20.2	14.1	13.1	24.2	99
安徽	0.0	1.0	4.1	14.3	24.5	31.6	6.1	7.1	11.2	98
江西	0.0	0.0	3.4	11.9	11.9	23.7	18.6	11.9	18.6	59
山东	7.6	6.1	5.1	21.2	11.6	19.7	4.0	5.6	19.2	198
河南	3.8	4.6	3.8	20.6	20.6	20.6	2.3	7.6	16.0	131
湖北	4.8	3.2	8.1	12.9	21.0	27.4	8.1	6.5	8.1	62
湖南	0.0	1.1	2.2	17.4	9.8	30.4	7.6	9.8	21.7	92
广东	1.4	1.4	0.0	6.9	15.3	26.4	13.9	13.9	20.8	72

[①] 李景汉：《定县社会概况调查》，上海世纪出版集团2005年版，第156—157页。
[②] 笔者根据第五次全国人口普查长表1%抽样数据库计算得到。

续表

地区	-5岁以上	-4	-3	-2—-1	0	1—2	3	4	5岁以上	样本量
广西	2.2	0.0	0.0	4.3	15.2	41.3	15.2	6.5	15.2	46
重庆	9.4	3.1	6.3	15.6	15.6	21.9	6.3	6.3	15.6	32
四川	5.4	6.5	3.2	20.4	18.3	23.7	4.3	0.0	18.3	93
云南	0.0	2.6	10.3	12.8	7.7	30.8	10.3	2.6	23.1	39
陕西	2.7	0.0	0.0	5.4	8.1	43.2	16.2	2.7	21.6	37

资料来源：笔者根据第五次全国人口普查长表1%抽样数据库计算得到。

2. 法定婚龄刚性限制的产生

政府直接介入民众婚姻登记，对不到法定婚龄结婚者形成直接限制。中国共产党在其建立的根据地和解放区即开始实行这一做法。

20世纪20年代末以来的根据地、边区和1945年以后的解放区建设过程中，共产党将废除旧的婚姻规则和习俗作为新政权的一项工作。1943年晋冀鲁豫边区政府制定的"婚姻条例"第五章第四条为：男不及20岁、女不及18岁，不得结婚[1]。其所做出的婚姻年龄限定是与否定父母的主婚权相一致的，因而它具有相对硬性的约束效力。重要的是，各根据地、边区和解放区政府的婚姻条例并不局限于文字表达，它指定具体的机构负责落实。晋冀鲁豫边区政府的"婚姻条例"第五章第5条为：结婚应有公开之仪式及二人以上之证人，向结婚所在地之村公所或县市政府登记，领取结婚证书[2]。有的地方文献更为明确：凡订婚男女双方必须亲到区公所登记，经区公所审查批准，发给证书者，方为有效，否则无效[3]。这一规则对"媒妁之言、父母之命"的传统婚姻决定方式产生了根本冲击，表明政府直接介入以往完全以民俗方式进行的婚姻缔结过程。

1950年4月出台的《中华人民共和国婚姻法》延续了该传统。第4条

---

[1] 韩延龙、常兆儒编：《中国新民主主义革命时期根据地法制文献选编》第四卷，中国社会科学出版社1984年版，第826页。

[2] 韩延龙、常兆儒编：《中国新民主主义革命时期根据地法制文献选编》第四卷，中国社会科学出版社1984年版，第826页。

[3] 《邯郸市政府公告》（1948年10月），邯郸市档案馆藏，"革命历史档案"，全宗6号。

为：男20岁、女18岁，始得结婚；第6条：结婚应男女双方亲到所在地（区、乡）人民政府登记。凡合于本法规定的结婚，所在地人民政府应即发给结婚证；凡不合于本法规定的结婚，不予登记[①]。可见，到政府机构登记并由其发证是基本要求。在农村集体经济时代和城镇单位制下，婚姻登记建立在双方持有有效证明的基础上，这些证明由农村大队和城市机关企事业单位出具，证明其身份和年龄。在身份证尚未出现时，它有效地降低了当事人提供虚假年龄信息的可能性。这对不达年龄标准欲结婚者是最直接的限制。登记的目的不限于此，还有，政府要具体查明：结婚是否出于男女双方志愿，是否买卖婚姻，是否合乎一夫一妻制，有无违背亲属间禁止结婚规定等[②]。当然，在一些地区，有不到法定婚龄者以民间方式举行婚姻仪式、而不去政府机构登记的现象。不过在集体经济时代，其比例是比较低的；城市未领证而结婚者则比较少见。

解放区和1949年后第一部婚姻法在结婚年龄规定上也有承袭之处，即男女婚龄均较1930年《民法》亲属编提高2岁。在我们看来，法定婚龄增加是与时俱进的表现，是对公共教育普及且年限延长、年轻人社会就业普遍的适应。不过，政府对此所作解释为：早婚对男女双方、子女和整个民族的健康都有害处[③]。

我们说1950年《婚姻法》实行后，婚姻年龄的刚性增强，这主要是从程序上讲。当然，新法实行初期，民众中还有不适应者。政府规定：不得强迫早婚者分居[④]。

1980年，在严格的晚婚政策实施近10年后，第二部《婚姻法》颁布，第6条为：结婚年龄，男不得早于二十二周岁，女不得早于二十周岁。晚婚晚育应予鼓励。第8条：要求结婚的男女双方必须亲自到婚姻登记机关

[①] 《中华人民共和国婚姻法》（1950年4月13日中央人民政府委员会第七次会议通过），见《中国人口年鉴》（1985年），第65页。

[②] 《中央人民政府法制委员会有关婚姻问题的若干解答》（1953年），见《中国人口年鉴》（1985年），第68页。

[③] 《中央人民政府法制委员会有关婚姻问题的若干解答》（1953年），见《中国人口年鉴》（1985年），第68页。

[④] 《中央人民政府法制委员会有关婚姻问题的若干解答》（1953年），见《中国人口年鉴》（1985年），第68页。

进行结婚登记。符合本法规定的，予以登记，发给结婚证。取得结婚证，即确立夫妻关系。未办理结婚登记的，应当补办登记。第 15 条：未到法定婚龄结婚，婚姻无效。这较 1950 年《婚姻法》显得严厉。按照 1980 年《婚姻登记办法》：申请结婚的男女双方，须持本人户口证明和所在生产队或工作单位出具的关于本人出生年月、民族和婚姻状况的证明，共同到一方户口所在地的婚姻登记机关申请结婚登记[①]。可见，除了男女结婚年龄提高 2 岁外，婚姻登记管理包括证明提供、领证等延续自 1950 年的做法，并强调对早婚行为严格禁止，未登记结婚者属非法婚姻。

（六）晚婚政策的形成、实行及其效果

应该说，晚婚是相对于早婚而言的，二者并非绝对概念，亦即没有一成不变的早婚和晚婚标准。一般来说，低于法定年龄结婚者即为早婚，高于法定年龄结婚者则属晚婚。但中国当代的政策性晚婚年龄并非完全以此为标准，而有特殊的内涵。

1. 政策性晚婚年龄的提出

中国当代政策性晚婚标准产生是与计划生育政策紧密相连的。

我们说，1950 年男 20 岁、女 18 岁的法定婚龄提出后，早于这个标准的行为仍不可避免，但其对早婚的抑制作用是不可忽视的。

需要指出，20 世纪 50 年代中后期节制生育的政策已经形成，不过晚婚政策尚未出现。值得注意，1957 年 3 月 5 日《人民日报》发表社论"应该适当地节制生育"。谈及怎样节制生育，社论提出两点："第一，应该改变早婚的习惯，结婚愈早，生育愈多，而且对年轻的夫妇所造成的困难愈大。为了节制生育，提倡晚婚是必要的。""婚姻法规定了结婚的最低限度的年龄。但是，这种规定并不是说到了最低限度的年龄就必须结婚。事实上，过了 25 岁结婚是有益无害的。""目前很多青年不但不到 25 岁，而且不到 20 岁就结婚，结果是造成了生活上的许多困难。在许多农村中，甚至还有低于婚姻法规定的年龄而结婚的现象。因此，必须努力在群众中进行宣传教育，打破早婚的恶习，提倡晚一点结婚。"第二为推广避孕方法[②]。

---

① 《中国人口年鉴》（1985 年），第 78 页。
② 《中国人口年鉴》（1985 年），第 11 页。

在当时的中国,《人民日报》社论是对中央方针政策的重要阐释,具有权威性。但在此之前,中央政策规定中并没有具体的晚婚要求。因而该社论将晚婚作为实现节制生育目的的方式之一,只能视为一种提倡,是思想上的灌输。

不过,该社论模糊地提出了晚婚的标准:25岁结婚①。由此我们不难推断,在人们的观念中,至少在正统意识中,早婚已不仅是指法定婚龄之前的结婚行为,刚达到法定婚龄就结婚也往往被列入早婚范畴。

20世纪60年代前期,节制生育工作从技术手段上看(避孕药具推广等)得到加强,但晚婚仍处于提倡时期。1962年12月18日中共中央和国务院联合发出《关于认真提倡计划生育的指示》。其中第二点指出:做好计划生育的宣传和技术指导。目前应着重在城镇厂矿和人口密度大的农村进行宣传。宣传对象主要是已婚的青壮年男女职工、公社社员、城市居民等。对未婚的青年男女职工、艺徒、高等院校学生和公社社员,也应当进行关于严禁早婚、提倡适当推迟结婚年龄的宣传。在高等学校中要加强学生的思想政治教育,提倡集中精力学本领,为祖国社会主义建设服务,不要过早恋爱和结婚,以致妨碍学习,加重自己的负担②。这一"指示"对早婚有"严禁"的字眼,但对晚婚没有硬性要求,只是"提倡适当推迟结婚年龄"。因而,我们可以这样说,直到60年代初,晚婚仍处于倡导阶段。当然这种提倡会在城镇地区厂矿职工和干部中产生一定响应效果。

2. 晚婚年龄形成并逐渐具有约束力时期

1971年后,计划生育重新受到政府重视。当时逐渐明确的"晚稀少"政策中的"晚"即指晚婚。那么当时的政策晚婚年龄是多少?1973年12月国务院计划生育领导小组在第一次全国计划生育工作汇报会强调执行"晚稀少"的政策③,即男25周岁、女23周岁始得结婚。从中央1957年倡导25岁结婚,到1973年明确规定男25岁、女23岁结婚,其间经历了16年,

---

① 马寅初先生1957年在《新人口论》(吉林人民出版社1997年版,第21页)中建议实行晚婚,指出:大概男子25岁、女子23岁结婚是比较适当的。
② 《中国人口年鉴》(1985年),第14页。
③ 国家人口和计划生育委员会编:《中国人口和计划生育史》(下册),中国人口出版社2007年版,第365页。

反映出中国人口政策渐进发展的特征。

这一政策性晚婚年龄在当时取代法定婚龄，成为政府婚姻登记部门的工作依据。亦即不到晚婚年龄，婚姻登记部分将不予登记和发证。

3. 政策性晚婚年龄的软化

1980年，新婚姻法颁布。它意味着法定婚龄再次受到重视。而当时正值政府鼓励一对夫妇生育一个孩子政策出台之年。两者如何兼顾？

政府的态度是，既遵守法律，满足民众达到法定年龄结婚的要求，同时又鼓励晚婚。针对一些地方仍有按晚婚年龄登记结婚的做法，国务院要求：必须依法办事，婚姻法一经生效，各地在处理有关婚姻家庭问题时，就要严格按照有关规定办事，做到有法必依，执法必严，不能随意变动。前一段时期，有些地方在婚龄、婚姻登记办法等方面各自做过一些暂行规定，自新婚姻法实施之日起，凡与该法不一致的有关规定，一律无效[①]。

民众中则出现两种趋向，多数人更倾向于达到新的法定婚龄时结婚，并非响应晚婚号召，至少80年代初期是如此；而受过高等教育者中晚婚比例则比较高。

4. 晚婚政策的效果

我们可从初婚年龄变动看政策晚婚年龄的落实状况（见表2-7）。

表2-7　　　　　　　　　全国初婚年龄变动　　　　　　　　单位：岁

时间	男性			女性		
	总体	城市	农村	总体	城市	农村
20世纪50年代						19
20世纪60年代						19.8
20世纪70年代						21.6
1971年	23.2	24.3	22.9	20.4	21.7	20.2
1972年	23.4	24.5	23.1	20.7	21.9	20.4
1973年	23.7	24.9	23.5	21.1	22.3	20.8
1974年	24.0	25.2	23.7	21.5	22.7	21.2
1975年	24.4	25.4	24.1	22.0	23.1	21.7

---

① 《国家计划生育委员会关于协助民政部门做好婚姻登记工作的通知》，见《中国计划生育年鉴》（1986年），人民卫生出版社1987年版，第45页。

续表

时间	男性 总体	男性 城市	男性 农村	女性 总体	女性 城市	女性 农村
1976年	24.6	25.6	24.3	22.3	23.6	22.0
1977年	24.8	25.8	24.5	22.7	23.8	22.3
1978年	24.9	25.9	24.6	22.8	24.0	22.5
1979年	25.1	26.2	24.8	23.0	24.4	22.6
1980年	25.0	26.0	24.7	22.9	24.2	22.5
1981年	24.8	25.6	24.5	22.7	23.9	22.2
1982年	24.5	25.6	24.1	22.1	23.6	21.7
1983年	24.2	25.5	23.0	21.9	23.5	21.4
1984年	23.9	25.2	23.5	21.7	23.2	21.3
1985年	23.6	25.0	23.3	21.8	23.0	21.4
1986年	23.6	24.7	23.3	21.8	22.9	21.5
1987年	23.6	24.8	23.3	21.9	23.1	21.6
1995年				22.9		
1996年				23.2		
1997年				23.4		
1998年				23.6		
1999年				23.6		

资料来源：梁济民、陈胜利主编：《全国生育节育抽样调查分析数据》（婚姻卷），中国人口出版社1993年版，第26页。1995—1999年为国家计划生育委员会报表数据。

依照表2-7，20世纪50—70年代初期计划生育政策实行之前，农村女性平均初婚年龄比法定婚龄高1—2岁。它基本是在无政策约束情况下的选择（除法定婚龄标准之外）。70年代初农村女性平均初婚年龄进一步上升至21岁。这与晚婚政策的倡导有很大关系。其中女性平均初婚年龄1976—1981年超过22岁。可见，晚婚政策的实施推动平均初婚年龄上升并维持在一个比较高的状态。1980年新婚姻法颁布，弱化了晚婚政策的执行力度；1982年以后，农村女性基本上达到法定婚龄即开始结婚，平均初婚年龄仅比法定婚龄高1岁多。

农村男性初婚年龄从70年代初即上升到23岁，1978—1980年最高，达到24岁。1981年新婚姻法的颁布使初婚年龄下降，达到法定婚龄结婚成为普遍现象。

城市男女初婚年龄只有 70 年代以来的数据。晚婚倡导时期，城市男女的晚婚特征更突出。从女性看，在同一时期，城市较农村结婚晚 1.5—2 岁。其高峰年龄在 1979 年，为 24.4 岁。新婚姻法颁布后，城市女性的平均初婚年龄以 23 岁以上为主。城市男性初婚年龄 70 年代初开始基本上处于高位状态，1974 年开始达到 25 岁，1979 年最高，为 26.2 岁。新婚姻法颁布后有回落，但未低于 24 岁。

（七）1949 年后法定婚龄和晚婚政策的实行效果——以农村为例

1. 50 年代以后 60 年代之前法定婚龄下的婚姻行为

需要指出，1950 年《婚姻法》既没有写明男满 20 岁、女满 18 岁，也未强调男 20 周岁、女 18 周岁。根据 1950 年 4 月《关于婚姻法起草经过和起草理由的报告》：为使婚姻法在初期即能在全国各地普遍有效地施行，为照顾到中国一般人计算年龄的办法，大都不是以"满岁"计算，而是以"年头"计算，所以婚姻法未硬性规定婚龄男须满 20 岁和女须满 18 岁。照此规定，男满 20 岁、女满 18 岁，或男 20 个年头、女 18 个年头，可结婚[①]。这实际上使

表 2-8　全国农村不同时期低于法定婚龄和政策性晚婚年龄以上结婚比例　单位:%

年龄		周虚岁	1950—1954 年	1955—1959 年	1960—1964 年	1965—1969 年	1970—1974 年	1975—1979 年	1980—1984 年	1985—1989 年	1990—1994 年	1995—2000 年
男性	17 岁以下	周岁	9.72	4.62	3.36	2.52	2.09	0.85	1.6	1.55	1.13	0.54
		虚岁	3.11	1.19	0.82	0.49	0.47	0.27	0.4	0.29	0.26	0.08
	19 岁以下	周岁	29.49	22.87	17.47	14.69	12.85	5.17				
		虚岁	14.86	8.32	6.16	4.71	3.85	1.50				
	21 岁以下	周岁					38.81	21.88	28.19	36.5	29.53	16.48
		虚岁					21.07	9.37	14.20	17.16	12.33	5.82
	25 岁以上	周岁				25.34	25.35	34.90	33.54	19.11	23.21	33.73
		虚岁				37.71	39.14	55.17	51.00	33.32	39.30	53.18
	样本量		8443	9505	13383	15532	17960	21934	28187	34212	29616	27703

---

① 《人民日报》1950 年 6 月 28 日。

续表

年龄		周虚岁	1950—1954年	1955—1959年	1960—1964年	1965—1969年	1970—1974年	1975—1979年	1980—1984年	1985—1989年	1990—1994年	1995—2000年
女性	15岁以下	周岁	4.84	3.55	3.16	1.79	1.24	0.72	0.95	0.63	0.42	0.20
		虚岁	0.74	0.42	0.34	0.15	0.15	0.08	0.08	0.04	0.03	0.01
	17岁以下	周岁	24.88	21.77	19.97	15.58	10.59	4.25				
		虚岁	9.49	6.82	6.3	3.84	2.44	1.36				
	19岁以下	周岁				47.49	38.51	18.06	26.03	24.82	19.48	11.7
		虚岁				24.64	17.60	7.02	10.84	9.27	6.91	3.75
	23岁以上	周岁			14.88	14.60	18.27	37.56	30.54	22.91	29.25	41.40
		虚岁			25.79	26.75	34.56	59.8	48.72	45.48	52.42	64.22
样本量			10502	10915	14259	16404	18650	22263	28563	34709	29788	28366

资料来源：本表数据由笔者根据第五次人口普查长表1%抽样数据库计算得到。

法定婚龄的刚性成分降低了。不过该规定强调《婚姻法》颁布初期放宽标准的限制。这意味着初期过后，则以"满岁"为标准。所以在考察20世纪50年代初期民众婚姻行为时，这一点应充分注意到。当然各地在执行中对周岁或虚岁的强调将会有所不同。

据表2-8，从周岁角度看，1950—1954年组，低于法定婚龄结婚男性比例约占30%，女性约占25%。若是在健全的地方政权和婚姻登记制度约束之下，这种违规现象是很高的。当然，若从虚岁角度看，男性则为14.86%，女性为9.49%。考虑到《婚姻法》颁布之初的实际情形，虚岁标准的违规者并不高。当然，它肯定有地区之别。

通过实地调查和检索文献，我们发现，50年代初期，婚姻登记制度尚未普遍建立，各地对婚姻法的落实力度有差异。我们在冀南农村调查时获悉，该地解放战争初期即成为解放区，区（或乡级）级婚姻登记机构随即建立起来，并且对民众的婚姻行为有了约束。然而南方则不同。1951年10月，浙江全省83个市县中只有27个市县普遍建立婚姻登记机构，民众缺乏婚姻登记意识。据当年18个县统计，结婚登记只有1807对。直到1952年婚姻登记机构才普遍设立，多数民众被纳入登记之列。根据当年对51个县统计，结婚登记上升到52 308对[1]。广东也有这种情形，据中山县统计，1950—1953年，全县登记率只有20%—30%[2]。制度不健全，其对民众违规婚姻的约束力大大降低。当然，没有登记而结婚者并非都低于法定婚龄。但必须承认，低于法定婚龄结婚者主要来自其中。

需要肯定的是，婚姻登记制度的建立直接抑制了不到法定婚龄的婚姻行为。1953年至1961年，江苏申请登记结婚90万对，未批准登记近5万对，其中不到法定婚龄者占56%；1962—1963年，未获登记者中不符婚龄者占70%[3]。四川50年代不符合规定未予登记者占10%左右[4]，也以低于法定婚龄居多。1953年，陕西准予结婚登记28.89万对，因年龄不符合未予登记9025对[5]，占3.12%。

但也要看到，即使有了婚姻登记机构，并不等于民众都会前往登记。各地农村均存在仍按民间方式举办婚礼、不履行登记的现象。1953年前尤其如此。1953年全国普遍开展《婚姻法》宣传和贯彻活动，对旧的婚姻习惯有一定冲击，婚姻登记率由此上升。其后却有两次反复，一是50年代末、60年代初经济困难时期，一是"文化大革命"时期。据调查。1962年甘肃庆阳、平凉、定西、武威、张掖、酒泉等地结婚不登记一般占10%—20%，其中临夏、庆阳、宁县、会宁等地则占30%—70%[6]。陕西君宜县1959—1962年办理结婚登记470对，而未登记者有310对[7]，在所有结婚者中占39.74%。辽宁1958—1963年"大跃进"和经济困难时期，全省未履行婚姻登记一般占30%，而且农村多于城市。"文化大革命"期间更是如此。据海城县4个公社统计，1967—1970年3月间，共结婚1800对，其中650对未登记，占36%[8]。

那么，按照规定参加结婚登记并通过审查的申请者是否都符合法定婚

---

[1] 浙江省地方志编委会：《浙江省志》（民政志），中国社会出版社1994年版，第252页。
[2] 中山县地方志编委会：《中山县志》，广东人民出版社1997年版，第231—232页。
[3] 江苏省地方志编委会：《江苏省志》（民政志），方志出版社2002年版，第733页。
[4] 四川省地方志编委会：《四川省志》（民政志），四川人民出版社1996年版，第376页。
[5] 陕西省地方志编委会：《陕西省志》（民政志），陕西人民出版社2003年版，第584页。
[6] 甘肃省地方志编委会：《甘肃省志》（民政志），甘肃人民出版社1994年版，第823页。
[7] 陕西省地方志编委会：《陕西省志》（民政志），陕西人民出版社2003年版，第584页。
[8] 辽宁省地方志编委会：《辽宁省志》（民政志），辽宁人民出版社1996年版，第614页。

龄？从程序上讲，应该如此。但不能排除未到法定婚龄者通过虚报年龄或更改出生时间而结婚的现象。50年代初期，山西长治民众对《婚姻法》所定婚龄不理解，觉得偏高，与习惯婚龄有一定差距，故登记时绝大多数瞒报年龄①。我们认为，50年代中期至70年代初期以前，在农村集体经济时代，虚报年龄而结婚的情形将不会很多。

50年代，各地婚姻登记部门究竟以周岁还是虚岁作为达到法定婚龄的标准，我们难以系统掌握。由前述可知，《婚姻法》颁布之初，以虚岁代替周岁是允许的。既然中央在法定婚龄解释上有弹性，那么为降低工作难度，地方相关部门肯定会参照执行。如50年代初期，江苏婚姻登记部门明确规定：在审查婚姻当事人按《婚姻法》所确定的结婚年龄时，应按照习惯以年头计算，不必扣足②。

值得注意的是，1958年公安部和内务部联合下发通知，纠正婚姻登记未达婚龄私自同居等问题，指出"目前有些地方，结婚不登记和未达婚龄私自同居等现象还相当严重"，要求婚姻登记机关在进行结婚登记工作时，应当认真审查结婚当事人的条件是否合乎婚姻法的规定。对于年龄问题，必要时，可直接向户口登记机关进行核对。如果当事人未达婚龄或有虚报年龄的行为，应给予批评教育，交代政策，说明早婚的害处，不予登记。对于未达婚龄私自同居的，除向当事人进行批评教育外，并可责成他们的家长劝告双方分居③。可以看出，对低于法定婚龄申请结婚者有抑制措施——不予登记；而未达婚龄私自同居者，则难有硬性措施予以阻止。

从表2-8可以看出，在农村尚未推行晚婚政策之前的1955—1970年初期，尽管各时期不到周岁法定婚龄结婚均有一定比例，但男性虚岁19岁以下、女性虚岁17岁以下结婚的比例并不高。从这一点看，即使当时尚有低于法定婚龄结婚行为，其中多数在接近法定婚龄的年龄结婚。整体而言，极端早婚现象已比较少见。这应该是《婚姻法》及其相关措施在矫正民众

---

① 陈雪田等编：《长治市民政志》，中国社会出版社1995年版，第184页。
② 江苏省地方志编委会：《江苏省志》（民政志），方志出版社2002年版，第737页。
③ 公安部、内务部：《为纠正婚姻登记未达婚龄私自同居等问题的联合通知》（1958年3月1日），《山西政报》1958年第12期。

旧的婚姻习惯、引导民众婚姻行为方面所起作用的结果。

2. 晚婚政策下的婚姻行为

中国晚婚政策的提倡在20世纪50年代后期即已开始。1964年前后出现一个小的高潮。其重点针对城市居民,特别是机关、企事业单位职工、大中专学生,但农民也被列入鼓励晚婚行列。这期间各地相继制定了男女晚婚标准[①]。

总体而言,60年代中期以提倡为主的晚婚政策对农村青年的影响很有限。但值得注意,当时各地所定晚婚规定中几乎都有这样的要求:高等院校、中专、技工学校学生和企事业单位的学徒工,在学和培训期间,均不得结婚。此外,上述大中专院校,不招收已婚学生。这些规定对想求学的农民子弟来说,必然会产生影响。根据第五次人口普查长表数据,1965—1967年,农村女性受过高中教育程度者中,23岁以上结婚所占比重均在30%以上,同期初中受教育程度者不足20%,小学在15%左右。不过,受过高中教育程度女性在结婚者中所占比重只有0.5%左右,所以它对农村晚婚率的提升是有限的。同期男性上过高中者的晚婚比重在20%以上,1967年曾达到32.91%;而初中受教育程度者晚婚比重为15%左右。同期,男性高中教育程度者在结婚者中所占比重较女性高,为3%左右。即使如此,它显然不足以带动农村男性整体晚婚水平明显增长。

根据表2-8,1960—1964年和1965—1969年两个时期农村25岁以上结婚男性占25%左右,女性则在14%的水平。我们认为,当时环境下,农村男性主动晚婚者不会达到这个水平,其中多数还是经济条件等外部非政策因素制约的结果。依据第五次人口普查长表数据,1965—1967年,结婚男性中有10%—15%的不识字和初识字者,其晚婚比重达到45%以上,1965年更高达53%。

[①] 湖南1963年制定的"晚婚条例"提倡农村男25岁、女23岁结婚,见湖南省地方志编委会:《湖南省志》(人口志),湖南人民出版社1999年版,第344—345页。1964年山东省提出:农村青年男女结婚以23岁以后为宜(较城市的25岁小两岁),见山东省地方志编委会:《山东省志》(人口志),齐鲁书社1994年版,第337—338页。1966年河南规定:农村青年的晚婚年龄可以略低于城市(城市为25岁以后为宜),见河南省地方志编委会:《河南省志》(人口志),河南人民出版社1994年版,第167—168页。青海省1966年规定:农村男23岁以上、女21岁以上结婚较为适宜,见青海省地方志编委会:《青海省志》(人口志),西安出版社2000年版,第172页。

70年代初，随着计划生育政策全面提出，晚婚由倡导演变成具有高度外在控制的政策。尽管各地文件的表述还是提倡晚婚，但当时的环境已不同于1964年前后。它是针对全民的提倡，而且有相应的限制措施①。

应该说，1975—1979年是晚婚政策实行力度最强的时期。根据表2-8，当时全国农村男性晚婚比率（25岁以上）为34.90%。这比1965—1969年的25.34%提高37.73%。或者说，根据"五普"长表数据，当时结婚男性只有三分之一强达到晚婚年龄；女性（23岁以上）为37.56%，比1965—1969年的14.60%提高157.26%，提高幅度明显高于男性。我们认为，在一个以强力推行晚婚的时期，晚婚率只有三分之一，显然不是很成功的政策。

然而，政府部门的统计数据显示的都是高比例的晚婚率。1979年全国农村男女晚婚率分别为83.5%和82.7%。多数省份农村男女晚婚率在80%以上②。许多地方婚姻登记档案显示：登记晚婚比例与计划生育部门的统计是基本一致的③。我们在河北唐山丰润县和石家庄赵县对晚婚政策推行时期结婚者的座谈中了解到，当地70年代中期晚婚规定很严格，不到晚婚年龄从村里开不出证明信。这意味着官方统计是有一定依据的。

但是，依据"五普"长表数据，全国晚婚比例却未能显示出政策应有的功效。这种状况如何解释？可能的原因有以下几点：（1）各地晚婚政策的执行力度有差别，或者说有相对严格与宽松之别。（2）像70年代之前一

---

① 1973年，山东省出台《计划生育条例》，其中有这样的规定："提倡农村男25周岁、女23周岁结婚，……特殊情况下，经群众讨论，本单位领导批准，可以适当放宽。"婚姻登记机关"应严格掌握结婚登记手续。对不到晚婚年龄登记结婚者，应进行晚婚意义的宣传教育，予以劝阻"，见山东省地方志编委会：《山东省志》（人口志），齐鲁书社1994年版，第341页。1973年，黑龙江所订农村晚婚年龄也是男25周岁、女23周岁。1979年该省计划生育暂行规定强调：（农村）男女青年申请结婚，必须到所在公社计划生育部门接受晚婚晚育教育，并开具证明，方可办理结婚手续，见黑龙江省地方志编委会：《黑龙江省志》（人口志），黑龙江人民出版社1996年版，第609页。

② 《中国计划生育年鉴》（1986年），人民卫生出版社1987年版，第377页。

③ 1974年河北省赵县大石桥公社登记结婚有55对。男性最低结婚年龄为22岁，占1.44%。此外，23岁占1.41%，24岁占15.49%，25岁占46.48%，26岁以上占35.21%。24岁以下结婚者占18.31%，25岁以上结婚者占81.69%。女性22岁为最低结婚年龄，占4.23%。这意味着晚婚年龄以下结婚者不到5%。其他均在晚婚年龄之上，其中23岁占33.80%，24岁占35.21%，25岁以上占26.76%。根据婚姻登记册，该地男性80%以上达到晚婚年龄，女性则高达95%。这一档案现藏于赵县档案馆。

样，一些地区即使晚婚政策推行时期也有一定比例未登记而结婚的现象。若某一地区有此现象，其中不到晚婚年龄者将占多数。据辽宁统计，直到1978年，全省结婚登记率才上升到70%，1982年达到85%①。(3)存在虚报年龄现象。一些"民政志"作者对晚婚政策抱怨时即透露出这样的信息。如辽宁70年代初实行计划生育时，有的市县死卡晚婚年龄，不到晚婚年龄不给开结婚介绍信。这种做法带来不良后果，曾出现突击登记、非法同居、弄虚作假、涂改户口本上的年龄等问题②。山西长治民众中则有涂改行政介绍信上年龄、跨区跨县登记等手法；登记部门把关不严，没有介绍信即予登记。这几类做法在所登记结婚者中占15%以上③。

我们应该注意到这一点，政策性晚婚率尽管未达到所期望的高比例，但它却取得降低法定婚龄以下结婚比例的效果。1975—1979年，男性低于法定婚龄结婚比例只有5.17%，这是1950—2000年各个时期的最低水平，它比前5年减少59.77%；女性为4.25%，同样是各个时期低于法定婚龄结婚的最低比例。

3. 1981年后法定婚龄下的婚姻行为

根据前面表2-8，1980年至1994年所包含的三个年龄组男性21周岁以下结婚比例均明显高于1975年组。其中1980年组高28.84%，1985年组高66.82%，1990年组高34.96%。尤其突出的是，1985年组超过三分之一者不到法定婚龄，这是1949年后各个时期男性低于法定婚龄结婚比例最大的时期。

女性同期三个年组19周岁以下结婚比例同样比1975年组上升，分别为44.03%、37.43%和7.86%。1980年组是1949年后低于法定婚龄结婚比例最高的时期，比男性提前一个年组。

我们知道，1980年《婚姻法》对法定婚龄的规定非常明确，强调周岁年龄，因而它是没有弹性的婚龄门槛。

这一时期法定婚龄以下的结婚行为应如何解释？

较之五六十年代，1980年后婚姻登记率提高，但以民间婚礼代替婚姻

---

① 辽宁省地方志编委会：《辽宁省志》（民政志），辽宁人民出版社1996年版，第614页。
② 辽宁省地方志编委会：《辽宁省志》（民政志），辽宁人民出版社1996年版，第604—606页。
③ 陈雪田等编：《长治市民政志》，中国社会出版社1995年版，第188页。

登记的行为仍然存在。它是一些地区低于法定婚龄结婚现象存在的重要原因。其次是民众认可结婚登记制度，却采用更改户口手法，将出生年月提前，以便早结婚。实际上，这种做法是80年代低于法定婚龄结婚比重上升的突出原因，北方地区尤其如此。

1984年7月，民政部、国家计划生育委员会等部门在其所发严禁早婚的文件中即指出这种现象的严重性：不到新《婚姻法》规定的法定婚龄而早婚的现象，在一些农村和山区还很严重；还出现为未到法定婚龄的青年男女颁发结婚证现象[1]。该文件要求各地进行清理检查。另一种现象是不登记结婚者增多。根据1987年中央多个部门联合通知所言：有些地方，不登记就以夫妻关系同居者在同年结婚人数中占50%，不到法定婚龄的早婚比例一般达到15%—20%，有的地方高达30%。1986年年末，全国累计有610万人早婚。绝大部分早婚者混杂在不登记就以夫妻关系同居者之中，也有少数是婚姻登记人员把关不严所致[2]。

从"五普"长表数据看，这一政策对违例婚姻的抑制作用并不明显。从1983—1994年，男性低于法定婚龄结婚比重都在35%以上。最高值在1984年，为40.59%；次高值在1989年，为38.24%。1995年后才降至20%以下，1999年为14.32%。女性的最高值在1982年，为30.46%，1983年后开始下降，但直到1989年一直维持在24%的水平。1990年下降明显，1999年降至11.19%（见图2-1）。

80年代后期以来早婚现象趋于减少之时，男女晚婚比重逐渐上升。图2-2表现出1980年以后晚婚率的变动。1981年，男女晚婚率都从高峰值下降，男性至1987年降至最低，为16.78%。女性在1984年即降到最低点，为19.03%；1985年开始小幅上升，1991年上升明显，达到27.43%；1998

---

[1] 民政部、司法部、国家计划生育委员会、全国妇联、共青团中央：《关于认真贯彻中共中央(1984)七号文件、严禁早婚的通知》，见《中国计划生育年鉴》(1986)，人民卫生出版社1987年版，第42页。

[2] 国家计划生育委员会、民政部、司法部、全国妇联：《关于认真贯彻执行〈婚姻法〉严禁违法婚姻的通知》(1987年12月28日)，见国家计划生育委员会《计划生育规章汇编》(1981.3—1990.9)，中国人口出版社1990年版，第20页。

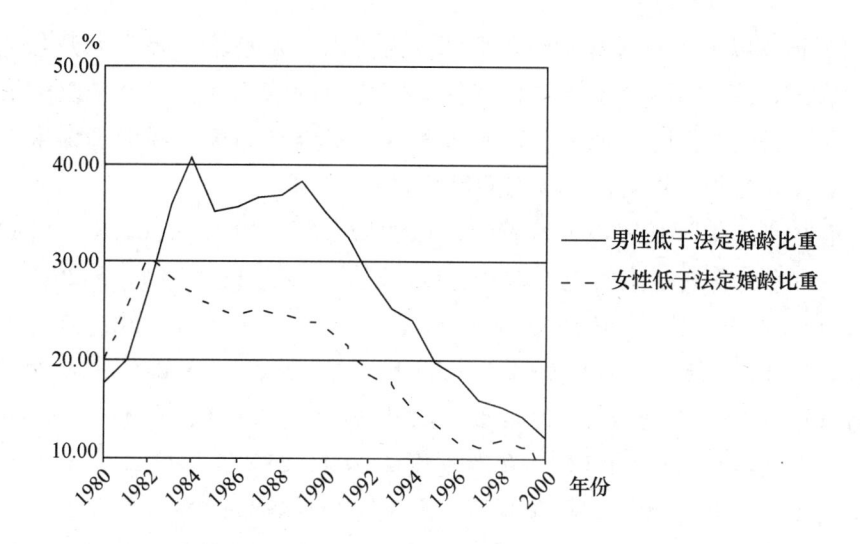

图 2-1　1980 年后男女低于法定婚龄结婚比重变动

资料来源：第五次人口普查长表 1% 抽样数据。

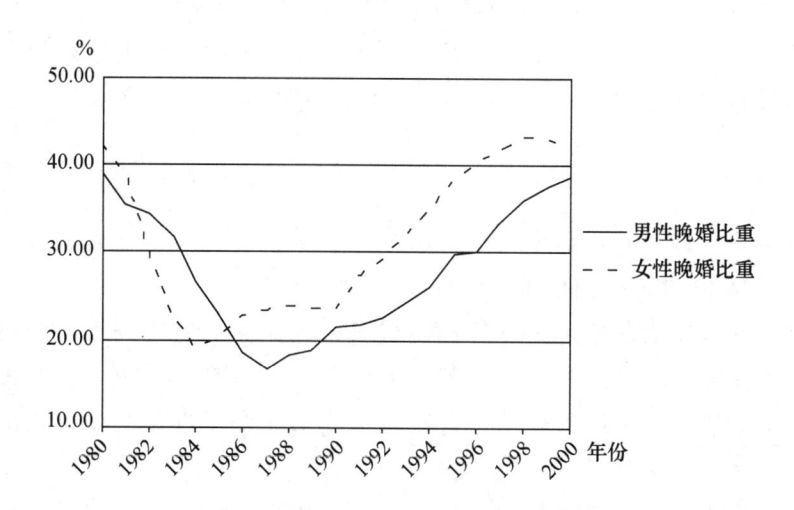

图 2-2　1980 年后男女晚婚比重变动

资料来源：同图 2-1。

年即超过 1980 年的水平，达到 43.29%（1980 年为 42.31%）。男性则从 1989 年开始增长，2000 年基本恢复到 1980 年的水平，达到 38.69%（1980 年为 39.93%）。

90年代以来，农村青年男女婚姻行为中出现晚婚率大幅度上升与低于法定婚龄结婚比例明显下降但仍保持一定比重的状态并存。这是以前没有过的婚姻现象。我们认为，它是农村青年所受外部约束力降低、谋生方式发生从农业向非农领域转变状态的反映。

根据"五普"长表数据，若分户口性质考察，1995—2000年结婚的农业户籍者中，普查时出生地为本县、市、区者，男性晚婚率为33.26%，早婚率为16.43%；女性晚婚率为41.89%，早婚率为11.40%。出生地为本省其他县、市、区者，男性晚婚率为42.94%，早婚率为13.01%；女性晚婚率为46.39%，早婚率为9.45%。出生地为省外者，男性晚婚率为38.36%，早婚率为15.73%；女性晚婚率为41.25%，早婚率为11.67%。在我们看来，出生地为本省其他县、市、区和外省者，都与不同形式的迁移、流动有关。而户口性质为农业户口的这批人离开家乡，主要是择业流动所促使。有流动行为的男性晚婚率均高于普查时没有流动行为者，女性短途流动高于没有流动者，但省外流动者与本地居民没有差异。

值得注意的是，不同出生地男性之间与女性之间的早婚率差异并不明显。如果男女在婚后出外谋生，择业性流动对婚姻行为的影响尚体现不出来。

4. 讨论

依据"五普"长表数据对法定婚龄和政策婚龄之下农村民众初婚年龄的观察涉及20世纪中国最重要的社会变革时期。

我们的基本认识是：1949年前尽管有法定婚龄，但它并不对民众婚姻行为构成约束。何时结婚？人们基本上依照民俗行事。不过，当时民俗婚龄与法定婚龄是比较接近的，或者说法定婚龄迎合了农业社会民众的基本要求。

新中国成立后，1950年《婚姻法》所定男女法定婚龄较民国时期提高2岁。对多数地区的百姓来说，这个标准与期望婚龄有一定差距。加之新政权建立时间不长的省区尚未普遍设立婚姻登记机构，而且不少地区民众更习惯以传统方式完成婚姻缔结过程，尚未形成到政府机构登记结婚的做法。因此法定婚龄的落实遇到一些困难。有鉴于此，政府允许民众在《婚姻法》实施初期以虚岁年龄代替周岁（或满岁）年龄。按照这一原则，若以

1955—1959年组为代表，男性在虚岁19岁以下结婚者有8.32%，女性在17岁以下结婚者占6.82%。可见，违规比例并不高。

1955—1958年中国农村完成了从初级社、高级社直到人民公社的转变，集体经济制度初步建立起来。在这一制度下，个体农民成为公社之下大队和生产队的社员，自由流动空间大为缩小，日常行为所受约束程度大大增强。同时婚姻登记机构普遍设立。这种环境有可能促使民众接受和遵循法定婚龄和政策婚龄。2000年通过对河北省南部农村的调查，我们曾得出这样的认识：政府对民众初婚年龄的控制除了婚姻登记外，还依赖两项重要的制度：一是户籍登记制度，一是集体经济制度。通过户籍登记，每个村民的出生年月日均在村（大队或生产队）的掌握之中，并在当地公安派出所备案。只有符合条件者，大队才能出具证明（这是婚姻登记部门必须要的凭证）。集体经济组织是婚姻管理实施的基础。集体经济制度下，每个成员，特别是同龄成员的年龄信息大家彼此熟悉。如果不符合婚龄规定结婚被视为当事者获取的额外利益的话，那么在同一环境下没有享受这种利益的同龄人也会有效仿之心。基层组织若不制止，法律和政策将流于形式。集体经济形成一种成员之间相互制约的环境。更重要的是，集体经济组织具有对违规者处罚的权力。在职业和谋生行为受到严格限制、甚至被禁锢的条件下，成员的越轨行为大大降低[①]。可见，婚姻管理制度和制约民众遵守制度的机制必须兼备，否则，约束效果就将降低。

然而，根据"五普"数据和前面各地的背景材料，即使在集体经济时代，民众中的违例情况，特别是20世纪60年代不到法定婚龄结婚的情况仍占一定比例。70年代晚婚政策推行时期农村社员则有通过更改户口等方式来避免婚龄过分拖延。

不同时期各地都有一定比例低于法定年龄结婚者，表明即使在集体经济时代，农村基层组织在地区之间也有强弱之别。当一个大队和生产队能满足或基本满足社员的生存需求，农民对这个组织有高度的依赖，那么他们的违例成本较高。在这种环境下，不仅违反法定婚龄者少，而且政策婚龄也能对其中绝大多数人构成制约。当然各地的集体经济组织自身也有先

---

① 王跃生：《社会变革与婚姻家庭变动》，生活·读书·新知三联书店2006年版，第77页。

进与落后之分，对违例现象的处罚也有严格与宽松的差异。我们相信，那些未登记结婚比重高的地区则属于基层组织对政策掌握比较宽松之地。

需要强调，50年代中期以来，70年末期之前，若从虚岁角度看，全国农村低于法定婚龄结婚者比重并不高。它说明法定婚龄在校正民众低龄结婚行为方面起到重要作用。

值得肯定的是，尽管全国整体水平上大多数农民未接受政府的晚婚年龄标准，但却使当时低于法定婚龄结婚比例降到最低。1975—1979年，全国农村低于周岁婚龄比例为5.17%。这是任何时期都难以比拟的。它表明，借助于相对健全的婚姻管理机构和集体经济组织，晚婚政策取得了将低于法定婚龄结婚比例降到最小这样一个重要的副产品。同时若从虚岁角度看，当时全国农村的晚婚水平超过50%，这也是难能可贵的。

1980年后，法定婚龄虽然提高2岁，但晚婚政策的执行力度降低了。然而，农民并不以接受较晚婚年龄为低的法定婚龄为满足，而是以突破新的法定婚龄为目标。1985年前后低于法定婚龄结婚者比重是各个时期最高的。这种现象的出现从另一方面证明了六七十年代农村大队、生产队级集体经济组织在约束民众遵循法定婚龄、政策婚龄中起到重要作用。80年代中期，农村的这两级组织基本上处于解体和已经解体状态。家庭联产承包责任制下村民的经济活动有了更大的自主性，生产队不存在了，松散的村民小组很难行使惩戒权力。或者说集体经济组织时期的约束功能逐渐丧失。违例结婚（不到法定婚龄）比例的上升就是约束降低的证明。当然，对多数人来讲，政府的婚姻登记制度和计划生育组织的存在仍对早婚行为具有一定制约作用。

还要指出，农村各个时期所以有一部分人不去官方登记结婚，除了客观原因之外，其中多数与年龄条件不符合有关。另一方面，从法律角度看，违例结婚者并不承担法律责任。各地的做法是，若检查出未登记而结婚者，对其中达到结婚年龄者让其补办结婚手续；不到年龄者则让其暂时分居，待达到婚龄时再行登记。五六十年代尤其如此。这表现出政府在贯彻《婚姻法》时有较强的人性化考虑，但法律的严肃性却因此降低了。

20世纪90年代以来，在缺少集体经济时代外部约束的情况下，农村男女晚婚比重经历了80年代中期的下降之后重新上升。特别是1995年以后，全国农村的晚婚比重达到 70 年代中期全面实行晚婚政策时的水平，多数省份女性晚婚水平高于 70 年代中期。这是一个值得关注的现象。

我们认为，其主要原因是农村青年的生存环境和就业方式发生改变，父母对子女婚姻过程的控制能力降低。当然，父母在子女婚配问题上的传统观念因时而变也起到作用。在农村，以往父母对子女婚姻的决定权包括两项内容：一是婚配对象的选择，二是婚姻费用的投入和结婚时间的安排。从婚配对象的选择上看，20 世纪 30 年代以来农村经历了这样一个过程：从 1949 年前的父母完全包办到解放初期父母包办为主，但同时征求子女的意见；再到六七十年代父母与子女协商确定；至 80 年代，子女的意见逐渐占据主导地位、父母意见的分量降低；90 年代中期以后多数子女则对自己的婚配对象有了最终决定权。当然这是就一般情况而论。婚姻费用和时间安排上，90 年代之前，父母的意见最重要。以农业为主业的村庄环境中，子女婚前没有独立的收入，对父母有很大的经济依赖。父母仍把尽早完成子女的婚事作为自己的义务。因而，早婚仍有很大的存在空间。由此我们感到，不仅在父母包办子女婚姻环境中，且在父母包办为主、与子女商量为辅助或父母与子女共同协商的环境中，父母对子女婚姻时间的安排都有向"早"的方向推动的愿望。在这种环境下，法定婚龄、婚姻登记制度和集体经济组织的约束作用就会显示出来。尽管有相当比例的违例者，但它却将极端早婚现象抑制住了。

90 年代后，农民的谋生方式开始发生改变。经济发达地区农村青年非农活动领域扩大，相对落后地区则有一部分青年走出村庄、乡土到附近城镇或沿海地区从事非农活动。相对于过去，他们对父母的生存依赖降低了，经济自立能力提高了。因而他们不仅在对象选择上，而且对自己婚事安排的决定能力也增强了。虽然从形式上看，多数农民子弟的婚事仍主要由父母操办，但婚姻费用中子女贡献的份额增大。这将提高其在婚姻问题上的自主能力。在我们看来，90 年代以来晚婚水平的提高是青年男女就业空间扩大，经济能力增强的表现。这一过程中，现代婚育观念和行为也会对其产生影响。由此我们感到，农村青年只有走出乡土，自己把握婚姻的节奏，低于法定婚龄结婚现象才能真正减少，晚婚行为才会增大。可以说，当代农村青年婚姻行为的变动，是社会转型所促使。不过，它尚处于变动的初期阶段。

　　当然，在当代社会，我们并不认为青年男女结婚年龄在法定婚龄之上越晚越好，而应更多地鼓励和强调他们在遵守法定婚龄的前提下，根据个人条件确定婚姻时间和年龄。

　　综合以上，可以看出，20世纪30年代以来，中国的法定婚龄经历了从没有约束力到具有约束力的变化。法定婚龄的实施有赖于健全的婚姻登记制度和基层社会的制约机制。70年代之前，在农村法定婚龄虽具有一定的刚性，但也有相当大的弹性特征。70年代，晚婚政策下的政策婚龄逐渐取代法定婚龄。80年代之前，尽管各个时期都有一定比例低于法定婚龄的结婚者，不过多数民众遵循了达到法定婚龄结婚的原则。晚婚年龄虽然未成为多数民众的实践，但这一政策却将低于法定婚龄结婚比重降到各个时期的最低水平。在民众还有相对强烈的早婚追求之时，婚姻登记制度和具有高度约束力的集体经济组织对违例行为起到重要抑制作用。80年代低于法定婚龄比重上升与集体约束降低有直接关系。90年代农村晚婚比重上升则是农村青年谋生方式改变、经济独立性提高的结果，是社会转型的重要产物。

三　从一夫一妻制为主导到完全一夫一妻制

　　一夫一妻制是中国传统时代的主导婚姻形式和制度，当然近代之前还允许纳妾。对普通民众来说，纳妾年龄和纳妾数量受到官方规定的一定限制。需要指出，按照传统婚姻制度，即使一夫一妻有妾或一夫一妻多妾行为存在，也并未改变一夫一妻制的性质。我们或者可将一夫一妻无妾视为严格的一夫一妻类型，而一夫一妻有妾为变通的一夫一妻类型。

　　在允许纳妾的时代，社会上多数中下层民众为一夫一妻。有学者曾统计过明清时期浙江海宁陈、查两族男性的纳妾比例。妾数在婚入女子总数中分别占14.28%和4.28%[①]。若依据已婚男子数和纳妾数计算，可能更符合实际。因为有些男性可能娶妻不止一个（包括续娶），纳妾也不止一人。

[①] 赖惠敏：《明清海宁查、陈两家族人口的研究》，《大陆杂志》第78卷，第3、4期。

不过，它从一个侧面告诉我们，就总体而言，男性通过纳妾多占可婚女性资源的做法是有限的。这使获得婚配机会的人口群体增大，进而为家庭人口的繁衍创造了条件。本节对中国一夫一妻制度及其变通和补充形式加以分析。

（一）维护一夫一妻制

可以说，从古至今，中国各种制度形式都是维护一夫一妻制的，当然是对变通的一夫一妻制的维护。这里主要从传统法律角度加以认识。

1. 禁止有妻更娶

政府通过法律来维护一夫一妻制，主要律令是不允许有妻者再娶。

纳妾符合"礼"的要求，但"妾"非聘所得。所以娶妻后再纳妾不属于"更娶"。

唐朝规定：诸有妻更娶妻者，徒一年；女家，减一等。若欺妄而娶者，徒一年半；女家不坐，各离之①。唐律更将"一夫一妇"视为"不刊之制"②。可见，这是一项不能变更的原则。宋朝法规承袭唐律。

值得注意的是，宋太宗淳化二年（991年）有这样一条诏令：江南、两浙诸州，民先娶旁妻在太平兴国元年（976年）以前者，为人所讼，不得受③。旁妻之名，汉代就有。《汉书》载：有名王禁者，"好酒色，多取傍妻"④。傍妻与旁妻之意相同，一般指妾⑤。民众纳妾是法律允许的。若将旁妻视为"妾"，那么娶旁妻者不应有遭受他人告发之虑，他人也不应为此兴讼。可能的解释是，此处的旁妻要较一般的妾地位为高，或许被视为第二个妻子。《宋史》卷267载，刘昌言得受太宗骤用，"不为时望所伏，或短其闽语难晓"，太宗说："惟朕能晓之"；又短其"委母妻乡里，十余年不迎侍，别娶旁妻"。太宗既宠之，"诏令迎归京师，本州给钱办装，县次续食"。照理，纳妾并不违法。而《宋史》此处用"别娶旁妻"，似在指出刘有不当多娶行为。

---

① 《唐律疏议》卷13，户婚。
② 《唐律疏议》卷13，户婚。
③ 徐松辑：《宋会要辑稿》刑法二之四。
④ 《汉书》卷98，元后传。
⑤ 清人俞正燮在《癸巳类稿·释小补楚语笄内则总角义》中指出："小妻曰妾，曰旁妻，曰庶妻。"

元朝法律是：有妻更娶妻者，虽会赦，犹离之①。表明"一妻"原则不能突破。不过，实际执行中其刚性有所降低或采取折中性做法。至元十年（1273年）正月规定："州县人民有年及四十无子，欲图继嗣，再娶妻室，虽合听离，或已有所生，自愿者，合无断罪，听改为妾。"② 言外之意，再娶者若没有降后娶之妻为妾这一意愿或坚持其为妻，则只能判离异。相对于唐宋，元朝法律对有妻更娶之人未判徒刑，只是离异，处罚程度降低。

明朝制度为：若有妻更娶妻者，杖九十，离异③。清朝予以继承。明清该项规定继承了唐宋法律精神。

2. 禁止更动妻妾之序

禁止更动妻妾之序是对妻妾均有的男性所作出的限制。降妻为妾，或升妾为妻是不允许的。

唐代规定：诸以妻为妾，以婢为妻者，徒二年；以妾及客女为妻，以婢为妾者，徒一年半，各还正之④。婢女是家中使唤的女婢，其法律身份为贱民。她不但不能为妻，而且不许为妾。

明朝法律为：凡以妻为妾者，杖一百；妻在，以妾为妻者，杖九十，并改正⑤。清朝予以继承。

但妻死将妾扶正为妻则不禁止。这一点后面再分析。

（二）变相一夫多妻制对一妻一夫制的冲击

在一些地方惯习中有多妻形式。

1. 兼祧之下的多妻惯习

"兼祧"通俗地讲是指，一个男子成为两家香火传人（多为本家和无子的叔伯之家），即他承担着两家的祭祀使命。家庭经济条件较好者，除本家为其娶妻外，所兼祧叔伯之家也为其娶一妻，该妻所生子即为兼祧之家后嗣。这种情况下，兼祧不仅具有承担祭祀之责，而且负有生育后代、传递

---

① 《通制条格》卷4，户令。
② 《通制条格》卷4，户令。
③ 《大明律》卷6，户律。
④ 《唐律疏议》卷13，户婚。
⑤ 《大明律》卷6，户律。

血胤的使命。为什么兼祧之支为其所娶妻子不以妾称之？其意在于两房地位是平等的，没有高下贵贱之别。兼祧再娶或并娶对法律的冲击在于，该男实际上有两房正妻，只不过她们没有生活在同一门户中或屋檐下。清末民初文献对此多有记载。

山西虞乡县：一人承祧两房宗祀者，得娶两妻，两妻以齿为序，不问孰先孰后，不分阶级①。

陕西略阳、襃城、蓝田县：兼祧子得娶二妻。同父兄弟间，仅有一子，以其子兼祧两房时，彼此皆为娶妻，并无大小之分。所生之子，各承宗祧，各继财产。华县也如此②。

河南鄢陵县也有为兼祧子多娶的习惯。民国初年当地有这样一个案例，一男兼祧三房，已娶两妻；又聘一女，出聘礼钱大钱一百六十串文，两家各换婚帖，未及迎娶③。它反映出该地民间有兼祧实践。

甘肃泾原道属：独子兼祧，有两房中各为娶一妻者④。

安徽英山县：兼祧子得娶二妻。同父兄弟间仅有一子，以其子兼祧两房时，彼为之娶妻，此亦为之娶妻，并无大小之分。所生之子各承宗祧，各继各产……虽一人而娶二妻，不无重婚之嫌，而积习相沿，仍不改移⑤。广德县、南陵县均有此俗⑥。

湖北五峰县：兼祧后之妻室，除已有之本房妻室外，并须由其兼祧房内之所后父母，再娶一房妻室⑦。黄安县，兼祧并娶之风较他县为尤甚，凡宗支零落，以一子兼祧数房，往往每房各娶一妇，冀续宗支⑧。

湖南汉寿县：有一门两继之俗，两家各娶一妻，一般亲等内无昭穆相当之人。承继人于两家轮流居住⑨。

---

① 《民事习惯调查报告录》（下册），第840页。
② 《民事习惯调查报告录》（下册），第999、1025页。
③ 大理院复河南高等审判厅函（统字第1188号），民国九年一月六日。中国国家数字图书馆，民国法律。
④ 《民事习惯调查报告录》（下册），第1039页。
⑤ 《民事习惯调查报告录》（下册），第866页。
⑥ 《民事习惯调查报告录》（下册），第872—873页。
⑦ 《民事习惯调查报告录》（下册），第956页。
⑧ 《民事习惯调查报告录》（下册），第973页。
⑨ 《民事习惯调查报告录》（下册），第987页。

可见，兼祧惯习流行范围很广。

由于中国婚姻法律秉承一夫一妻原则，官方并不认同一门两继中的"二妻"做法。但对民间社会的这种行为政府又难抑制于事前。一旦兼祧并娶家庭出现诉讼案件，官府无法以有妻更娶处断，表现出法律与民间惯习的两难处境。

清嘉庆十九年（1814年），河南学政咨宝丰县附生余万全之父余笃生承祧两门，各为娶妻。长门为其初娶张氏，继娶王氏，生子万全；二门为其初娶雷氏无出，纳妾杜氏生子万德，各承其嗣。因雷氏病故，万德以嫡母丁艰，万全应如何称名，如何服制等因咨请部示。经礼部以余笃生在长门已娶嫡室张氏，继娶王氏，只当为其纳妾，不当为其娶妻。雷氏之生称名已混于嫡庶之间。雷氏已死，丧服何得滥斩齐之列？万德为次门，承祀既已呈报丁忧，尚可比照慈母之例斩衰三年，万全毋庸持服。至余笃生二妻并娶，嫡庶混淆，事属错误，业经身故，应毋庸议等因咨复在案。查有妻更娶，与其夫及夫之亲属有犯，仍按服制定拟之例，系指其夫并未承祧两房，后娶之妻律应离异者而言。若承祧两房，各为娶妻，冀图生孙续嗣，是愚民罔知嫡庶之礼，与有妻更娶不同。止宜别先后而正名分，未便律以离异之条。以后娶之妻作妾处置①。它成为清朝以后该类案件审判的参考案例。

在一些宗族中，也不承认两祧中的第二娶之妇为妻。湖南湘潭张氏家谱体例规定：现有配偶而又配偶者书妾，一子两祧之二室书妾。庶氏之母，孔门不讳②。

当然，"兼祧"本身并不与多妻画等号。有的"兼祧"之家允许其继承财产，但并不为其娶妻。

2. 两头大

一些地方有人在非兼祧情况下娶两妻。

民国二十六年（1937年）《川沙县志》载：有妻者又娶处女成婚，礼节与娶妻无轩轾，非若置妾之简略，美其名曰"两头大"，是为重婚，既背人道，又干法纪③。

---

① 《刑案汇览》（三）第二册，第1459页。
② 民国三十二年《湘潭张氏家谱》卷首，体例。
③ 民国二十六年《川沙县志》卷14，方俗。

从文献上看,这种行为很难视为惯习,应该属于个别现象,并且有特殊的居住方式,而非生活于一处。

(三) 完整的一夫一妻制度逐步建立

完整的一夫一妻制度不仅排斥兼祧并娶等重婚行为,而且否定纳妾之制。它是近代以后才逐渐在制度上确立的。

1. 近代法律中的一夫一妻制

清末《大清民律草案》第四编亲属、第三章婚姻第 1335 条规定:有配偶者不得重婚[1]。但它同时在第三章第二节和第三节对嫡子和庶子权益分别进行规定。嫡子"为妻所生之子";庶子为"非妻所生之子"[2]。第五节对私生子作出规定:由苟合或无效之婚姻所生之子,为私生子[3]。这实际表明,该法律承认纳妾行为合乎法律。

1925 年《民国民律草案》第 1100 条:有配偶者,不得重婚[4]。同样,该法中有嫡子、庶子和私生子名目,定义与清末法律相同。

1930 年《民法》亲属编第 976 条:婚约订定后,婚约当事人之一方再与他人订定婚约或结婚者,他方得解除婚约[5]。第 985 条:有配偶者,不得重婚。第 992 条:结婚违反第 985 条之规定者,利害关系人得向法院请求撤销之[6]。第 1052 条:夫妇之一方以他方有重婚者,得向法院请求离婚[7]。

对于妾,民国时期国民党中央政治会议的立法原则是:"妾之问题,毋庸规定。"其基本方针是:"妾之制度,亟应废止,虽事实上尚有存在者,而法律上不容其承认,其地位毋庸以法典及单行特别法规定"。对当时民间社会存在的纳妾行为及其诉讼案件,以"判例""解释例"的形式来处理,从而,纳妾又具有了合法性质[8]。即将妾视为家属,其享有法律规定的"家

---

[1] 《大清民律草案》,第 171 页。
[2] 《大清民律草案》,第 176—177 页。
[3] 《大清民律草案》,第 179 页。
[4] 《民国民律草案》,第 350 页。
[5] 《六法全书》,第 87 页。
[6] 《六法全书》,第 88 页。
[7] 《六法全书》,第 92 页。
[8] 张希坡:《中国婚姻立法史》,人民出版社 2004 年版,第 94 页。

属"应有的义务和权利。此外,"二十二年（1933年）上字636号判例"认为：民法亲属编无妾之规定。至民法亲属编施行后……如有类似行为,即属与人通奸,其妻自得请求离婚……得妻之明认或默认而为纳妾之行为,其妻即不得据为离婚之请求"①。这实际使一夫一妻多妾制度得以延续。

2. 共产党所建立的根据地、边区和解放区一夫一妻制严格推行

中国共产党在根据地建设时期的立法中对纳妾持否定态度。1930年闽西第一次工农兵代表大会所通过的《婚姻法》规定：如有妻妾者,无论妻或妾要求离婚者,准予离婚②。1931年10月湘赣省第一次工农兵代表大会通过的《婚姻条例》规定：禁止纳婢蓄妾③。1942年《晋冀鲁豫边区婚姻暂行条例》第二条：禁止重婚、早婚、纳妾、蓄婢、童养媳、买卖婚姻、租妻及伙同娶妻。④《晋冀鲁豫边区婚姻暂行条例施行细则》第二条：在边区婚姻暂行条例施行前所纳之妾,可随时向对方要求离去,并得要求生活费用。其数量之多寡,发生争执时,由司法机关酌定之。第五条：兼祧以重婚论。在边区婚姻暂行条例施行前兼祧之妻,得随时要求离去,并得要求相应之赡养费⑤。在婚姻制度上,解放区政府强调严格的一夫一妻制；结婚须男女双方自愿,任何人不得强迫。各个解放区的婚姻条例都体现了这一精神。可以说,这是近代中国最为彻底的一夫一妻制度。不仅如此,解放区实行结婚男女亲自到政府机构进行婚姻登记的规定,有效地抑制了各种畸形婚姻,维护了一夫一妻制度⑥。

3. 1949年以来一夫一妻制全面实施

1949年后,视兼祧、并娶为重婚,违反婚姻法,明确禁止。根据中央法制委员会对1950年《婚姻法》所作解释,婚姻法施行后,一子顶两门娶二妻,或为传后代再娶一妻,都是重婚,违反婚姻法,不能允许⑦。

---

① 张希坡：《中国婚姻立法史》,人民出版社2004年版,第95页。
② 张希坡：《中国婚姻立法史》,人民出版社2004年版,第129页。
③ 张希坡：《中国婚姻立法史》,人民出版社2004年版,第132页。
④ 笔者2004年抄自哈佛大学哈佛—燕京图书馆。
⑤ 中华全国妇女联合会妇女运动历史研究室编：《中国妇女运动历史资料（1937—1945）》,中国妇女出版社1991年版,第615页。
⑥ 王跃生：《社会变革与婚姻家庭变动》,生活·读书·新知三联书店2006年版,第66—68页。
⑦ 《中央人民政府法制委员会有关婚姻问题的若干解答》,见国家计划生育委员会《计划生育文件汇编》（1950—1981.3）,内部印刷,1987年,第150页。

1950年《婚姻法》第1条：废除包办强迫、男尊女卑、漠视子女利益的封建主义婚姻制度。实行男女婚姻自主、一夫一妻、男女权利平等、保护妇女和子女合法利益的新民主主义婚姻制度。第2条中明确"禁止重婚、纳妾"。

1980年《婚姻法》第2条：实行婚姻自由、一夫一妻、男女平等的婚姻制度。第3条：禁止重婚。

可以这样说，1949年前，严格讲，1930年《民法》亲属编颁布之前，中国整体上实行的是一夫一妻为主导、以妾为补充的婚姻制度。这与当时广大地区男系为主导的家庭传承制度相适应。若妻子没有生出子嗣，丈夫则通过纳妾增加生育机会。当然，它在一定程度上也满足了男权社会中具有较强财产支配能力和维系较多家庭成员生存能力男性对多个异性追求和占有的愿望，表现出婚配权与财产权的统一。在我们看来，中国近代以来，特别是1949年以来，严格的一夫一妻制度的实行并非经济变革、妇女支配财富能力提高所导致，而是维系男权的帝制被推翻、男女平等意识增强的结果，进而在婚配规则上体现出来。

四　主婚制度、婚事操办惯习变化及影响

男女婚姻缔结在"父母之命、媒妁之言"下完成，可谓中国自先秦时即已形成的制度，直至20世纪20年代末形成的《民法》才做出初步变更，逐渐向男女婚姻自主转变。而婚事由父母操办（由父母承担子女婚姻主要花费）这一惯习至今仍在延续着，当然已经出现一些变化。传统的父母主婚制度对婚姻行为甚至早婚现象影响很大。在此对主婚和婚事操办制度的演变做一分析。

（一）主婚制度

主婚包括主婚人和主婚权人两个概念。主婚人是当代社会出现的主持婚娶仪式之人。而主婚权人是指法律赋予特定家庭成员（多为父母等尊亲）决定婚姻当事者婚姻成立、存续及其解除的权利。主婚人和主婚权之人间既有联系又有区别。主婚人是单个的自然人，责任比较单纯；主婚权人则

是责任和权利的结合。需要指出，在近代之前，主婚人即是主婚权人；在当代，婚姻当事人自主婚姻，传统的主婚权人已不存在，主婚人变为婚姻仪式主持之人。我们在谈及实行主婚权制度的传统时代时，主婚人与主婚权人是一体的。

1. 主婚权制度的礼仪体现

传统婚姻中的礼仪一定程度上具有很强的刚性约束，且具有持久性。

班固在《白虎通》中将"父母之命、媒妁之言"的规则叙述为："男不自专娶，女不自专嫁，必由父母，须媒妁何？远耻防淫佚也。《诗》云：'娶妻如之何？必告父母'。又曰：'娶妻如之何？匪媒不得'"[1]。由父母安排男娶女嫁成为一条基本原则，并且当事男女不得自己相识，必须通过媒人，以此防止发生苟且之事，使双方家庭蒙羞。《白虎通》对诗经的引用表明，至迟在西周时期，父母主婚这一礼俗就已形成。

对特殊人物和特殊情况下的婚姻缔结，主婚制度也有变通之处。《白虎通》指出："人君及宗子父母，自定娶者，卑不主尊，贱不主贵，故自定之也。《昏礼经》曰：'亲皆没，己聘命之'"[2]。它有两层意思：贵为国君和一族之宗子，按照"卑不主尊"原则，可以自定个人婚姻和婚娶对象；普通百姓，尊亲都已过世，无人主婚，可以自主，以免因无亲而不得婚。这些变通性做法的适用范围很窄，多数人的婚姻行为受到主婚制度的约束。

2. 主婚权由礼入法及其演变

秦汉之前，父母主婚权在礼仪中有明确规定，但它尚未载入法律。正如前言，即使是在礼仪层次，其约束力是不能被忽视的。应该看到，在一个人口规模较小、流动较少的社会中，礼仪规范为人们所遵守，不同血缘宗族群体界限清楚，不同身份者层级分明，婚姻缔结和维系过程中的问题和纠纷较少，或者说当时社会是"熟人"社会。而秦汉之后，贵族世卿世禄的社会格局逐渐被打破，阶层变动频度增大；同时，随着人口规模扩大，流迁者增多。"陌生人社会"特征显现，人与人交往中的欺骗行为和陷阱难以避免，婚姻缔结过程也难逃其窠臼。因而，仅靠礼仪进行婚姻规范是不

---

[1] 《白虎通》卷10，嫁娶。
[2] 《白虎通》卷10，嫁娶。

够的。

(1) 主婚权法律的形成和演变

尽管唐代之前主婚制度已经形成,但法律中没有这样的条文。至唐代,《唐律疏议》在"嫁娶违律"条中,如此规定:

诸嫁娶违律,祖父母、父母主婚者,独坐主婚。若期亲尊长主婚者,主婚为首,男女为从。余亲主婚者,事由主婚,主婚为首,男女为从;事由男女,男女为首,主婚为从。其男女被逼,若男年十八以下及在室之女,亦主婚独坐①。这项规定的基本原则被后世所继承。

有学者认为,唐律虽然没有从正面明确规定婚姻的成立必须要有一个主婚人来主持,但从法律对嫁娶违律行为的处罚中,是可以看到这一点的②。在我们看来,断定唐律尊长主婚制已经明确的认识,实际是一种反向思维。即对违律婚姻处罚中,都涉及主婚者所应承担的责任,表明这些婚姻的缔结都有主婚之人参与。即使嫁娶违律婚姻由男女确定(事由男女),主婚者也要负"为从"之责。由此可以断言,当时男女完婚时主婚人是不可缺少的,否则这一律条便不能成立。它表明,男女婚姻中的"父母之命"在民间社会得到了贯彻。不过,这里的父母之命包括父母在内的尊长,如祖父母、期亲尊长(谓祖父母、父母之外的伯叔父母、姑、兄姊等),甚至还有余亲(指"期亲卑幼及大功以下"亲)。我们认为,祖父母、父亲都属于关系最近之"亲"的范围,具有优先主婚权,无"亲"则由有血缘关系的"尊长",尊长无者则由"余亲"。这一亲等划分,意在维系主婚秩序,防止越权主婚现象发生。同时它也为男女完婚提供了方便,不因"亲"丧而无人主婚,婚姻缔结受阻。

总的来说,至少在唐代,父母等尊亲主婚权入法得以完成。当然也必须承认,唐代法律并没有从正面对父母、期亲尊长的主婚权做出严格说明,对其主婚权的确认和规范是通过追究主婚人的法律责任来表现的③。

元朝规定:议婚,身及主婚者无期以上丧乃可成婚,必先使媒氏往来

---

① 《唐律疏议》卷14,户婚。
② 刘玉堂:《唐代主婚人制度和媒妁制度的法律观察》,《武汉大学学报》2005年第6期。
③ 刘玉堂:《唐代主婚人制度和媒妁制度的法律观察》,《武汉大学学报》2005年第6期。

通言，俟女氏许之，然后纳采①。男女当事人及主婚之人尚处于服丧期内，不得谈婚论嫁。但此处对主婚之人的身份并未指明。而另一项元代制度则显得明确一些：嫁女皆由祖父母、父母，父亡随母婚嫁。又嫁女、弃妻皆由所由；若不由所由，皆不成婚，亦不成弃②。可以说，对嫁女主婚权的表达第一次如此明确。这里未将儿子娶妻包括进来，却强调已婚儿子休妻时须父母等尊亲同意。我们认为，相对于嫁女、儿子休妻，儿子娶妻更为重要，既然次重要的婚姻行为须经过父母等尊亲同意，那么对后者肯定也不会降低要求。

明朝洪武二年（1369年）下令：凡嫁娶皆由祖父母父母主婚，祖父母父母俱无者从余亲主婚。若夫亡携女适人者，其女从母主婚③。应该说，这是历朝法律中最为明确的主婚权规定。它不仅指明主婚人及其范围，而且有顺序之别。清朝对此予以继承。

至清末，法律又有所变化。被称为中国历史上第一部民法典草案的《大清民律草案》第1338条规定：结婚须由父母允许。继母或嫡母故意不允许者，子得经亲属会之同意而结婚④。第1344条：婚姻违反1338条所规定者，惟有允许权者得撤销⑤。这里，父母成为最为主要的决策之人，祖父母及余亲没有提及。需要指出，此处将主婚改为"允许"，并且它成为专项权力——允许权。我们认为，允许权与主婚权有同等意义。不过，二者也有差异，前者对男女自我相识、爱慕行为具有包容性，当进入谈婚论嫁阶段时须告知父母，以获得认可和支持，父母包办色彩降低；后者为父母对子女从提亲到迎娶各个阶段的事项具有主导权，可谓高度包办。

宣统三年《户籍法》第59条：成婚如须经父母之同意者，于呈报书中须附属添其同意证书或附记同意之旨于呈报书⑥。这里的表达似乎对父母主婚权有软化之意。

（2）民国时期主婚权法律的变动

---

① 《通制条格》卷4，户令。
② 《通制条格》卷3，户令。
③ 《大明会典》卷20，户口。
④ 《大清民律草案》，杨立新点校，吉林人民出版社2002年版，第171页。
⑤ 《大清民律草案》，杨立新点校，吉林人民出版社2002年版，第172页。
⑥ 《旧中国户籍法规资料》，第9页。

民国时期有两项法律涉及父母主婚权，一是有现代法律形式但在观念上遵循传统的《民国民律草案》，二是具有现代法律形式和较强现代观念的《民法》。

1925 年《民国民律草案》第 1105 条规定：结婚并须经父母允许。父母双方亡故或在事实上不能表示意思时，须经祖父母允许。但年龄满三十岁者，不在此限①。第 1112 条：婚姻违反第 1105 条所规定者，惟有允许者得撤销之②。结婚允许人的顺位在父母和祖父母之间作了区分，父母处于第一顺位。"允许者"具有撤销子女婚姻之权，这是最重要的主婚权利。其变通在于，大龄结婚者具有自主权。

1930 年《民法》亲属编第 981 条规定：未成年人结婚，应得法定代理人之同意。而当时的成年标准为 20 岁。第 990 条：结婚违反第 981 条之规定者，法定代理人得向法院请求撤销之③。这意味着成年人结婚，则不必经法定代理人同意。成年人主婚权制度第一次在法律上被废除，当然，它还留有尾巴，未成年人不能自主婚姻。达到法定结婚年龄者（如男 18—19 岁、女 16—19 岁）仍不享有婚姻自主权利。

就民间实践看，民国时期，甚至在《民法》亲属编颁布之后，父母主婚习惯仍然保持着。在广大农村尤其如此。1937 年所修《桓仁县志》载：婚礼皆以父母主婚，无父母则以尊长主之。其无亲族不得不自为主者，亦有之④。这里的"婚礼"实际是指婚姻成立的诸项活动，父母主持之权未受根本触动。当然也有发生松动地区。四川新繁县：民国以来，婚姻虽属自主，然必得父母之同意而后行⑤。在此，父母同意是指子女确立婚配对象后，征求父母意见，以便将婚事最终确立下来。父母的决定权由"全程"变为"后半程"。

（3）1949 年后父母主婚权的完全废除

我们说，民国《民法》对男女婚姻自主权利的赋予尚不是完全的，

---

① 《民国民律草案》，杨立新点校，吉林人民出版社 2002 年版，第 350 页。
② 《民国民律草案》，杨立新点校，吉林人民出版社 2002 年版，第 352 页。
③ 《六法全书》，第 88 页。
④ 民国二十六年《桓仁县志》，见《民俗资料汇编》（东北卷），北京图书馆出版社 1997 年版，第 91 页。
⑤ 民国三十五年《新繁县志》卷 4，礼俗。

1950年颁布的《婚姻法》将其完成。

1950年《婚姻法》第3条规定：结婚须男女双方本人完全自愿，不许任何一方对他方加以强迫或任何第三者加以干涉。按照该《婚姻法》，男女达到法定婚龄才符合结婚条件，它是成年人的行为。因而婚姻缔结完全由当事男女自主。我们认为，这一法律是对父母等近亲主婚权的完全废除。当然，在民间社会，20世纪五六十年代，由父母帮子女选择和确立婚配对象这种变相主婚行为一定程度上仍在延续，只不过违拗子女意愿的高度包办婚减少了。

1980年《婚姻法》第3条：禁止包办、买卖婚姻和其他干涉婚姻自由的行为。禁止借婚姻索取财物。第4条：结婚必须男女双方完全自愿，不许任何一方对他方加以强迫或任何第三者加以干涉。该《婚姻法》中将"禁止包办"写入，显然主要针对父母对子女婚姻的过度代理和干预行为。在我看来，城镇居民和受教育程度较高的群体中，20世纪80年代以来婚姻自主基本上得到了落实，农村和低受教育者中，包办婚姻仍非个案。

3. 主婚制度的宗族表现

民国之前，宗族组织通过规训对族人婚姻行为加以约束。

(1) 维护父母的主婚权

在聚族而居的环境中，宗族组织是父母主婚制度的主要落实者。

宋代袁采《袁氏世范》（卷上）有"嫁娶当父母择配偶"之条。它要求父母量子女相貌等条件择配，"凡嫁娶因非偶而不和者，父母不审之罪也"。

宗规维护婚姻中应有媒妁这一原则，不认可无媒之婚。

清同治七年（1868年），广东顺德《文海林氏家谱》家规：聘妻须凭媒妁，而纳妾须凭中人。无媒无中，私奔苟合，皆伤风化，所娶妻妾不得入谱①。排斥男女自相授受。

20世纪30年代初《民法》颁布之后，成年子女已可自主婚姻。但一些宗族鉴于由此缔结的婚姻不稳定，继续维护父母主婚权。

1931年浙江慈溪方氏所订"族约"规定：婚姻自由，律所不禁。但自由婚姻结固速，而离亦多。本族偏处慈镇边隅，风俗尚从古朴。对于婚姻

---

① 《文海林氏家谱》家规，见李文治、江太新《中国宗法宗族制和族田义庄》，社会科学文献出版社2000年版，第309页。

一节，仍以明媒正娶，遵父母之命、媒妁之言为是①。

湖南宁乡县资兴石鼓程氏直到民国二十五年（1936年）所修家谱仍有对族中婚姻加以审订的条目：我族以前婚姻往往过于迁就，以致有碍生育，而伤体面。嗣后我族无论何种婚姻，须经族长、家长之审订方能举行。今规定审定法如下：①对家是否施有教育者，②对家是否有丑家声，③五官是否完全者，④体质是否合乎生育者，⑤女子不得长男子十岁以上者②。按照这一族约，家长审定子女婚姻虽较父母主婚的管束程度较低（仅限于部分条件），但子女婚姻自主能力因此却被打了折扣。

（2）对父母主婚权的制约

传统社会男女婚姻被强调为"结两家之好"，这里的"家"实际是家族，并非两个小家庭。因而，当族人娶入新妇或嫁出女儿时，宗族组织希望了解对方家庭的状况，即婚嫁家庭的父母告知族人或宗族组织；否则，便有私婚之嫌，轻者予以冷遇，重者则会受到相应责罚。

南宋钱塘邹氏家乘凡例规定："凡子孙有女者，必择名阀相当以归。毋得贪图浊富豪贵，不咨禀于宗长，径自嫁与。擅自为者，通族人等不与会亲称呼。"对娶妇者，规则要宽一些"凡子孙娶妇者，亦须择其相称，方许娶之"③。

明代浦江郑氏：女子议亲，须谋于众，其或父母于幼年妄自许人者，公堂不与妆奁④。这是有公产宗族所能采取的抑制措施。

清光绪时浙江山阴县钱氏族规要求族人："受聘择门第，辨良贱。无贪下户货财，将女许配，作践骨肉，玷辱宗枋。"⑤

在同宗家庭聚集的环境下，这些聘嫁原则会深入族人之心，随意为子女择配的现象则会减少。

4. 父母主婚制度的内容

父母为子女主婚，实际上并不仅仅限于同意子女婚事与否，而且包括

---

① 《慈东方家堰方氏宗谱》（1931年）卷首，家规，族约。
② 民国二十五年（1936年）《资兴石鼓程氏三修族谱》，第五节，族中婚姻之审订。
③ 光绪《锡山邹氏家乘》卷首，旧谱凡例。
④ 宣统（浦江郑氏）《义门规范》。
⑤ 光绪山阴县《项里钱氏宗谱》卷首，宗规。

多项责任和义务。在近代之前,男女缔结婚姻是一个过程,并非一个简单的仪式。

(1) 主婚中父母的权利

甲、提亲和接受提亲

对父母来说,儿女长大,即须为其张罗婚事,选择婚配对象,称为议婚。一般民俗是,男方家请媒人寻找合适人家提亲,女方父母则根据媒人所介绍情况或允诺或拒绝。

《朱子家礼》对此所作表达为:必先使媒氏往来通信,俟女氏许之,然后纳采①。

地方习俗也体现出这一点。四川名山县:婚姻缔结,率定于童年,媒妁通之,两造父母主之②。

乙、订亲

订亲为男女双方父母对当事男女个人和家境满意,将婚事确定下来。纳采(纳其采择之礼,即今世俗所谓言定也)③。同时,男方主婚者要"具书",并差人送予女方主婚人。

丙、确定迎娶时间

古称"亲迎",这也是由父母决定之事。

(2) 主婚中父母的责任

甲、备办财礼和妆奁

男方父母根据家境和当地习俗准备财礼,称为"纳币",派人送予女方家;女方父母则要筹措陪嫁之物。

乙、准备结婚用房

这是娶媳之家父母的责任,女方父母则省去这一义务。

丙、准备结婚宴席

在中国多数地区,这由男方父母承办。

5. 父母主婚制度的影响

(1) 推动早订婚早结婚

---

① 《朱子家礼》卷3,议婚。
② 民国十九年《名山县新志》卷10,风俗。
③ 《朱子家礼》卷3,议婚。

父母主婚制度下，父母将为子女完婚视为自己的责任和义务。近代之前，多数父母不必为子女接受公共教育而投资（少数有子弟应科举的家庭除外）。子女成年后的婚配问题最为父母操心，让其早日婚娶即了却了自己的心头大事。从亲子关系上看，义务—压力—早婚形成了一种逻辑关系。或者说形成传统社会民众在婚姻问题上的思维模式。

　　中国近代不少地区，男女订婚多在10岁左右，不少地区幼订婚具有普遍性。早订婚往往引发早结婚。

　　民国初年，直隶雄县，结婚约在16—20岁，而订婚多在10岁左右[①]。

　　清代河南温县：男女从幼婚定，择门第，不论贫富[②]。宜阳县，光绪年间"俗有数岁议婚者，更有富足人家男女数月竟亦议婚定亲，而致悔于后者甚多[③]。封丘县：男女数岁，父母即托嘱媒妁为之择婚[④]。淮阳县：为儿女订婚，向例在儿女三四岁时行之，……大概以门当户对、属相适合及年岁相当三者为准[⑤]。光山县：相契者自幼结亲[⑥]。灵宝县：男子十岁内外，其父母为之采访婚姻[⑦]。宜阳县：今俗有数岁议婚者，更有富足人家男女数月竟亦议婚定亲[⑧]。

　　陕西洛川县：民国年间，订婚"普通以七八岁至十一二岁为多，其六七岁以下或十四五岁以上则订婚者少"[⑨]。

　　清代湖北石首县：凡男子十岁以上、女子十岁而下，门第、年齿相匹，即为定盟[⑩]。

---

① 民国十八年《雄县新志》故实略4，礼俗。
② 乾隆《温县志》卷6，风俗。
③ 光绪《宜阳县志》卷6，风俗。
④ 民国二十六年《封丘县续志》卷2，风俗。
⑤ 民国二十三年《淮阳乡村风土记》，见《民俗资料汇编》（中南卷）上册，北京图书馆出版社1997年版，第147页。
⑥ 光绪《光山县志》，见《民俗资料汇编》（中南卷）上册，北京图书馆出版社1997年版，第246页。
⑦ 民国二十四年《灵宝县志》卷2，风俗。
⑧ 光绪《宜阳县志》卷6，风俗。
⑨ 民国三十三年《洛川县志》卷23，风俗。
⑩ 同治《石首县志》卷3，风俗。

清末四川秀山县："罕十岁未聘之男。"① 民国初绵竹县：订婚多在童稚时②。

早订婚习俗之下，双方父母悔婚受到很大制约，低质量婚姻得以维系。

清末广东潮阳县：最重结褵，有订盟后而男家零落至不能自存者，女家仍如前约。其悔婚，则共斥之，或告于官，必判归原聘者③。当时法律并不重视婚姻质量，而注意保护婚约本身。

可以这样说，传统的婚姻缔结重在结两家之好，而非两人之好。

当然也有悔婚现象。河南上蔡县：清康熙年间，婚姻"于酒肆换盅为定，每多事后悔盟"④。宜阳县：早订婚者中，"悔婚于后者甚多"⑤。

不少宗族多要求族人遵循订婚所约，不得悔婚。湖南辰州孙氏规定：男聘女字，缘由素定。男自幼聘，不准嫌退；女自幼字，不准败盟⑥。

男女早订婚对实质性早婚的推动有多方面表现。其中之一是，订婚后男女家庭发生变故，特别是女性父母亡故，家庭经济困难，便会提前成婚。另外，订婚之后，双方父母会将其视为一件时刻挂念的"大事"，早日完婚则可解脱，从而推动早婚。

（2）婚姻的包办色彩增强

父母主婚权下，父母负有子女婚姻缔结过程的所有事务。特别是对象选择、婚娶时间确定，子女只能接受父母的安排，形成高度包办，婚姻质量往往不高。

（3）导致畸形婚俗发生

父母主婚制度下，应该说对子女婚配大事持负责态度者占主导。但一些父母滥用主婚权，导致畸形婚姻现象出现。

甲、指腹为婚。两个家庭的丈夫在妻子怀孕阶段即相互承诺：生下子女若是异性，长大即为夫妇。这可谓包办婚姻的极端形式。清代，山西平

---

① 光绪《秀山县志》卷7，礼志。
② 民国八年《绵竹县志》卷13，风俗。
③ 光绪《潮阳县志》卷11，风俗。
④ 康熙《上蔡县志》卷1，风俗。
⑤ 光绪《宜阳县志》卷6，风俗。
⑥ 光绪《映雪堂孙氏续修族谱》卷首下，家法补略。

阳：市井细民，（议婚）甚有指腹割襟者①。临汾、曲沃亦如此。它虽然并不普遍，也非个别。

当然这种婚姻形式为法律所禁止。元朝规定："诸男女议婚，有以指腹割衿为定婚者，禁之。"②明朝：凡男女婚姻，各有其时，或有指腹割衫襟为亲者，并行禁止③。清朝予以继承。由于官私努力，有的地方指腹婚得到抑制：康熙山西曲沃地方志尚指出当地"指腹割襟"做法，"律有明禁，宜谕止之"④。而乾隆时的方志云："指腹割襟"，"今已渐革"⑤。山西太平县道光所修县志也载：至指腹割襟之风已除⑥。这说明风俗是可以扭转的。

乙、襁褓订婚。或称之为娃娃亲。父母为刚出生婴儿订立婚事，它流行于部分地区。

湖北公安县：民国时"邑男女在襁褓中即有戚友为之议婚，从不索聘"⑦。

（4）推动结婚率上升

父母主婚制下，子女的婚姻非其个人私事，而是家庭甚至家族集体之事。父母不仅为其择妻选婿，还要承担聘礼和嫁妆费用。男方父母得负担新房准备和婚礼费用。遇到困难的婚姻形势时，父母采取迂回或弹性措施应对，如女孩被血抱、童养，贫穷家庭儿子被招赘等。由此大大推动结婚率上升。

河南渑池县：清代，"无力不能完娶，或女家贫不能妆女出阁者，预送女于夫家，曰'童养'"⑧。

陕西同官县：贫家不能成礼，幼即童养过门，男子无力早娶者，更多利此，往往以弱女字壮夫，失婚姻之正矣⑨。

广东大埔县：贫家子女结婚多在童年，在男家可省聘金，在女家可省

---

① 乾隆《平阳府志》卷29，风俗。
② 《元史》卷102，刑法。
③ 《大明律》，附：吏令。
④ 康熙《沃史》，见《民俗资料汇编》（华北卷），北京图书馆出版社1997年版，第660页。
⑤ 乾隆《新修曲沃县志》卷23，风俗。
⑥ 道光《太平县志》卷3，风俗。
⑦ 民国二十六年《公安县志》卷3，风俗。
⑧ 嘉庆《渑池县志》卷7，礼俗。
⑨ 民国二十一年《同官县志》卷4，风土。

妆奁，且娶亲之后亦可略为助理家务。及成年，于腊月装女以首饰，除夕之夜夫妇始同寝①。

而各地存在的贫家子弟被招赘，也是一种婚姻实现方式。

父母主婚制下，父母要想尽一切办法完成子女的婚事。

另外，父母主婚具有形式复杂、实质简单且灵活的特征，亦即务实性婚姻为主导，由此促使结婚率上升。

主婚父母对子女的婚姻比较理性，多以履行义务、及时完婚为追求。故此会适时调整婚姻策略。

清雍正年间，陕西乾县："近俗人多告窘，不行诸礼，或男家备妆奁，亦觉简便，不至失时"②。四川筠连县：同治年间，"其有女家贫不收彩礼奁具，悉听夫家自制，谓之'倒办'者"③。合川县：婿或家远，婚于女家，谓之"入赘"；或因女氏家贫，或不及时嫁者，送女往婿家养，谓之"小抱媳"④。

当然，这种做法多出现于社会中下层民众中。

(5) 祖父母与父母并列第一主婚亲等的原因及变化

纵观传统社会实行主婚制阶段，父母自始至终处于第一级主婚者之列。而隋唐至明清法律中，祖父母也被纳入第一级主婚者之列。那么，这只是一种形式呢？还是有其意义？

父母之命、媒妁之言是先秦时代所形成的婚姻缔结原则。后世将祖父母作为与父母并立的主婚人，是对直系尊亲家庭事务决策权力的认可。实际生活中，婚姻缔结过程都有一定的钱财付出。而直系家庭中，最高辈分的祖父母更有可能成为家长，只有得到其认可或由其参与相关过程，婚姻所花费的钱物及其水平才能得到落实。

不过清末民初的法律强调父母具有主婚权，而未提及祖父母。但在诉讼实践中，既有认可清之前法律的做法，也有以新法为依据，实际审判则具有一定的灵活性。

民国九年（1920年）河南鄢陵县一个案件中，一女于父亲在世时，由

---

① 民国三十二年《新修大埔县志》卷13，风俗。
② 雍正《乾州新志》，见《民俗资料汇编》（西北卷），北京图书馆出版社1997年版，第40页。
③ 同治《筠连县志》，见《民俗资料汇编》（西南卷），北京图书馆出版社1997年版，第168页。
④ 民国十年《新修合川县志》卷35，风俗。

祖父主持婚配事宜：某甲生子庚，庚生女乙。甲凭丙等五人媒说将乙许给丁为妻，得聘礼钱大钱一百六十串文，两家各换婚帖，未及迎娶；又凭戊等二人媒说，许给己为妻，又使聘礼钱大洋六十九元。戊等与己均不知甲已将乙许给丁为妻情事，亦未及迎娶。闻知消息，因之兴讼，讯明情由，媒人等均无使钱情事。甲造有假字，谓同丙等早与丁退婚，是以另为乙择主。丙等到堂证明并无其事。甲之子庚并谓此事均甲主张，伊不为主[①]。本案中法官并不质疑祖父当子（女之父亲）在世时为孙女主婚的权利，亦即其有主婚权。这表明，祖父母、父母在世时，谁主持家庭事务谁即有主婚权，没有先后之分。

民国九年（1920年）浙江新登县的主婚纠纷案件则提供了另一种信息。有甲之同居孀妇乙将女丙许字于丁，甲不知情又将女许字于戊，亦不与乙较商。其后乙知戊与丙定婚，即将其事告知于丁，令其择日娶丙。惟丙年已十九，誓愿嫁戊，不愿嫁丁，因向其祖甲表示意思，请代作主。甲即促戊娶丙过门，并已成婚。乙固不服，涉讼到县。嗣经传讯，乙以主婚权自居，而否认戊之婚姻。甲则谓丁之婚姻既未得伊同意，即难认为有效。丁与戊又相互告争，而丙之主张与前无异，仍愿从一而终，不愿失节再嫁。遵照民国八年八月十一日大理院函复江苏高审厅第1051号内开，查祖父母父母俱在而又同居，其主婚权在父母，惟须得祖父母之同意中略。至祖父母并无正当理由不予同意，本得请由审判衙门斟酌情形裁判代之等因解释。在乙虽有主婚权，然既未得同居之甲同意，则丁之婚姻要件似属欠缺，甲不认为有效似非无理。至戊之婚姻系由甲主婚，遵照前项解释甲似无主婚权。今既代丙主婚，将丙许字于戊，则戊之婚姻要件欠缺，似亦与丁相同。丁与戊虽相互告争，然既同一欠缺婚姻要件，斯其婚姻似皆在无效之列。惟丙与戊成婚已久，且愿从戊不愿嫁丁，能否仍照前项类推解释，由审判衙门认定丙戊业已许婚之事实，予以断合，以符从一主义……查父母之主婚权非可滥用。如父母对于成年子女之婚嫁并无正当理由不为主婚。审判衙门得审核事实以审判，代之本院早有前例（统字第371号），甲之为丙主婚，姑无论是否合法，但丙既愿嫁戊，乙若无正当理由，更不能事后主张

[①] 大理院复河南高等审判厅函（统字第1188号），民国九年一月六日，中国国家数字图书馆，民国法律。

撤销①。本案中祖母虽不具有主婚权，但其所选对象合乎孙女意愿；母亲虽有主婚权，其议婚对象为女儿所不喜。大理院的此项回复强调审判应考虑已成年当事男女的婚配意愿，而非主婚形式是否合法。

从这些个案及司法部门断案和解释中我们也可看到，民国初年民间主婚权有一定的多元表现特征。

（6）父母之间主婚权的差异

从法律上看，父母主婚权被视为一体，很少将其拆分开来衡量两者主婚权之高低。从一般意义上讲，父亲或丈夫为一家之主，在子女婚事上更具定夺之权。民国初期官方对一个婚姻案件的处理方式加深了我们对这一问题的认识。

民国八年（1919年）十一月二十五日，大理院复山东高等审判厅函述及一案。山东莱阳县知事报告称：有甲夫乙妇生女丙，年已及笄。甲外出谋生，时通信息。乙在家与夫侄丁商妥，擅主将丙许戊为妻，立有柬据，成亲两月之久，终未向甲通知。现在甲由外回归，询悉前情，坚不承认此项亲事，诉请法办。乙丁二人到县传讯。乙供仍执前言。丙戊夫妇和睦，究竟此项婚姻能否成立，乙丁有无罪名可科？事关法律解释，知事未敢擅断，合亟电陈请示……本院查依家政统于一尊之义，甲妻乙为丙主婚未经通知取甲同意，诚属不合。惟丙既已情愿与戊成婚。为维持社会公益计，自可准照现行律男女婚姻门所载卑幼出外其父后为定婚，卑幼不知自娶之妻仍旧为婚之法意，类推解释，认该件婚姻仍为有效②。大理院的回复表明：丈夫作为一家之尊，较妻子更具有为子女主婚资格。本案中女儿并非被母强嫁，且对婚后夫妇关系满意，故大理院依照子弟在外不知父为其定婚自娶妻仍可为婚的法律，予以让步性处理。

（二）男女婚姻自主及其实现过程

婚姻自主为男女自己选择、确定婚配对象。近代之前，法律和惯习对

---

① 大理院复浙江高等审判厅函（统字第1207号），民国九年一月二十一日，中国国家数字图书馆，民国法律。
② 大理院复山东高等审判厅函（统字第1140号），民国八年十一月二十五日，中国国家数字图书馆，民国法律。

此予以排斥。但变通性做法，或者说特殊情形下的婚姻自主官方又予以认可。当然，全面的婚姻自主是民国之后才逐渐为法律所承认。

1. 近代之前婚姻自主的表现

从制度上讲，近代之前，在祖父母、父母主婚这一基本制度下，法律对男女离家在外、无主婚人而自定婚姻又予以认可，这可谓有限的婚姻自主。

根据《唐律疏议》：诸卑幼在外，尊长后为定婚，而卑幼自娶妻，已成者，婚如法；未成者，从尊长。违者，杖一百①。"在外"谓"公私行诣"之处。因尊长不在身边，无人主婚，男性自娶之妻得到法律认可。

清朝继承了唐律精神，不过更为明确：若卑幼或仕宦或买卖在外，其祖父母、父母及伯叔父母姑兄姊（自卑幼出外之）后为定婚而卑幼（不知）自娶妻已成婚者，仍旧为婚（尊长所定之女听其别嫁）；未成婚者从尊长所定（自定者从其别嫁），违者杖八十（仍改正）②。

这表明，长期离家在外子孙自主娶妻已成事实，法律予以一定谅解。若不予承认，硬性拆散，已娶女性则会成为"失身"之妇，以致产生婚姻悲剧。可见，传统法律刚性和刻板之中具有"柔性"成分。而独身在外男性自主结姻所以能实现，说明女方家长并不坚持由其父母等尊亲主婚的原则，民间存有"从权"结婚的环境。当然，那些身在异乡能"自主"娶亲的男性，也一定有自己操办婚事的经济实力（备办得起聘礼、有住房等），这是实现"自主"的前提。

2. 民国期间婚姻自主及其民间实践

（1）法律规定

正如前述，1930 年颁布的《民法》亲属编是成年男女婚姻自主实现的法律标志。这一法律仍规定未成年人（不到 20 岁）的婚姻应得法定代理人之同意，即父母等尊亲对其婚姻仍有决定权。这可谓男女婚姻自主权的初步或部分实现。

（2）民间实践

民国时期，就整体而言，中国是一个多元特色显著的社会，工商业相对发达的沿海与农耕仍占主导地位的内陆之间、城乡之间、不同习惯区域

---

① 《唐律疏议》卷 14，户婚。
② 沈之奇：《大清律辑注》卷 6，户律，婚姻。

之间差异很大。这使男女婚姻自主程度表现出差异。

辽宁桓仁县:"县民婚嫁之礼多守古制,遵父母之命,凭媒妁之言。近以民气开化,亦有自由结婚及举行文明婚礼者,惟不多见耳。"① 黑山县:"近自欧风东渐,各大都市人之结婚也固有改用西式者,然在本邑则不数数觏也。"②

吉林东丰县:"县民男女婚嫁,仍恪遵父母之命、媒妁之言,自由恋爱而结婚者尚不数数觏也"③。

山东临朐县:若在新式女子,则间有不遵父母之命,不用媒妁之言,而自由结婚者矣④。可见自主婚姻已经出现,但属个别现象。牟平县:"现代婚姻,在乡村仍用旧礼,邑人间有自由结婚,采用文明新式者,类皆于外埠行之,地方上尚不多见也。"⑤ 夏津县:"近数年来,结婚、离婚颇尚自由,通都大邑时有所闻。夏之风气未开,犹拘于旧礼教,此等事尚属罕见。至文明结婚,城市偶有行者,事属创举,无不争先快睹。"⑥

陕西中部县:自由结婚者甚少,仍重媒妁之言,父母之命⑦。

河南封丘县:民国二十六年(1937年)方志记载:若新式之自由,尚属寥寥无几⑧。

湖北汉口:民国初期,"结婚时,必待父母之命,媒妁之言,自由结婚者甚少。近世文明发达,间亦有之"⑨。

江西吉安县:"文明结婚,今尚未见于吉安各乡,而城市则已数数觏"⑩。城乡虽有别,但当时乡村为多数民众生存之地。

---

① 民国二十六年《桓仁县志》,见《民俗资料汇编》(东北卷),北京图书馆出版社1997年版,第91页。
② 民国三十年《黑山县志》卷11,礼俗。
③ 民国二十年《东丰县志》卷3,风俗。
④ 民国二十四年《临朐县志》卷15,礼俗。
⑤ 民国二十五年《牟平县志》卷10,杂志。
⑥ 民国二十三年《夏津县志续编》卷5,礼俗。
⑦ 民国三十三年《中部县志》,见《民俗资料汇编》(西北卷),北京图书馆出版社1997年版,第137页。
⑧ 民国二十六《封丘县续志》卷2,风俗。
⑨ 民国四年《汉口小志》,见《民俗资料汇编》(中南卷)上册,北京图书馆出版社1997年版,第319页。
⑩ 民国三十年《吉安县志》卷30,风俗。

四川新繁县："婚姻虽属自主，然必得父母之同意而后行"①。长寿县："由父母主婚，无恋爱自由之余地，稍通情愫，人或以非礼讥之。故虽贫贱之家，成人子女（女子）绝不敢抛头露面与不道德之少年男子相接"②。长寿县："新式婚礼传自西人，称为'文明结婚'。本地亦间有仿行者，不过于成婚日略采仪式"③。南川县："新式婚礼，传自西人，称为'文明结婚'，惟学生喜行之。惟学生旅外自娶，始能完全行之。至在本地间有仿者，不过于成婚日略采仪式，未经习惯。老辈旧俗多不悦之，乡间间则概未之见"④。

广西宜北县：男女结婚素来概由父母主张，不由男女自择……迄今社会进化，民智开通，盲婚制度逐渐减少，是由男女双方自主，惟须父母同意⑤。这里的盲婚应指当事男女婚前没有任何接触、拜堂成亲后才见第一面的婚姻制度，双方没有基本的了解。此种情形至30年代中期已有改变。不过，当时该地的乡村是否也普遍达到"男女双方自主"的基础上再征得父母同意的阶段？这是令人怀疑的。

贵州开阳县：入民国后，"间有采行文明结婚仪式者。民国十六、七年以来，风气日开，自由恋爱日盛一日。而乡间守旧者，多依然如故"⑥。

可见，按照20世纪30和40年代前期方志所载，各地社会中，新的婚姻形式开始出现，但整体看它们尚处于初现状态，且多限于县城以上工商业人口相对集中、外来者汇聚之地，而广大乡村则仍以遵循传统方式为主，婚姻自主实施的空间很小，父母包办婚姻的基础尚未动摇。其中有的虽在婚姻程序上采用新法，内容仍是传统的。

主婚制度的城乡和职业分流现象开始初步显现。

河南阳武县：近有慕欧化、尚简易，名为文明结婚者，不由父母、媒妁，男女自以爱情相结，然后订婚。"此在学界或各机关人员间有行者，而

---

① 民国三十六年《新繁县志》卷4，礼俗。
② 民国十七年《长寿县志》卷4，礼俗。
③ 民国三十三年《长寿县志》卷33，风土。
④ 民国二十年《南川县志》卷5，礼仪。
⑤ 民国二十六年《宜北县志》第二编，风俗。
⑥ 民国二十八年《开阳县志稿》第九章，社会，风俗。

居民则皆由旧。"①

沿海、沿江一些地区，自主婚姻之风更盛一些。浙江杭县属沿海地区，20世纪三四十年代，"欧化风行，男女成年婚姻往往自主，征得父母同意，先订婚，后结婚，变媒妁之称曰介绍，并有证婚、主婚等，换戒指、盖印章诸仪节。斯礼也，始以游学欧美归国者行之，近则渐染于俗，取其简便，谓之文明结婚"②。这表明，沿海地区在受过新式教育的群体中，传统婚姻方式已经被触动，现代婚姻观念的影响呈逐渐扩大之势。

3. 1949年后男女婚姻自主逐渐得到落实

1950年《婚姻法》全面维护男女婚姻自主的权利。对男女来说，这是婚姻自主权的完全实现，具有划时代的意义。虽然我们不能因此认为包办婚姻已经消失，但至少可以说它的存在范围大大缩小了。

1949年以后，特别是50年代中期以来，家长包办婚姻受到根本冲击。它得益于以下几个因素：一是农村集体经济制度下家长权威被削弱，父母控制、约束子女行为的能力下降；二是城镇就业社会化，子女得以一定程度上摆脱对家长的生存依赖；三是中小学教育普及，子女文化素质提高，实现自我价值的愿望增强。这些都成为男女婚姻自主实践的重要推动力量。

就今天而言，城镇和多数农村地区的婚姻自主已成为婚龄男女的普遍行为。当然，在相对封闭的农村，子女缔结婚姻时征得父母的同意仍是一个不可逾越的环节。不过，就多数情形来看，这已经不是传统意义的包办婚姻，而是两代人之间协商的结果，是子女对父母尊重的表现。

（三）婚姻自主与婚事父母操办

男女婚姻缔结由双方父母定夺是包办婚姻时代的基本规则。正如前述，父母主婚并非一个简单的名义问题，而包含着一系列程序和内容。父母的权利又以责任为表现形式，以一定的财力投入为基础，或许这是父母主婚的本质所在。父母主婚且婚姻花费由父母操持，子女得以及时婚配，进入

---

① 民国二十五年《阳武县志》，见《民俗资料汇编》（中南卷）上册，北京图书馆出版社1997年版，第83页。

② 民国三十五年《杭县志稿》，见《民俗资料汇编》（华东卷）上册，北京图书馆出版社1997年版，第597页。

生儿育女过程。这一制度下，婚姻早晚与男女，特别是与男性是否具有独立谋生能力以及个人素质高低较少直接关系，更多地取决于家庭的经济实力和父母的操办能力。但它也有负面影响：互不相识、没有感情基础的男女被父辈撮合在一起，婚姻质量不高，至少在婚姻初期是如此。

在中国，婚姻自主的实现是政治制度变革的产物。可以说，男女自主择偶在20世纪20年代末被新的法律所赋予，而全面实现是在1949年以后。

不过，若将婚姻自主与婚事操办结合起来考察，就当代实际情形而论，有三种表现：一是婚姻自主与婚事自我操办一体，二是婚姻自主但婚事由父母操办，三是婚姻由父母包办和婚事由父母操办。第一种类型主要存在于城市社会，特别是那些离开父母就业在外地，且有较高的收入（相对于父母）。他们择偶完全靠自己，办婚事（准备新房和其他结婚费用）不必依赖父母的经济支持（或者父母的支持不起主要作用）。第二种类型城乡社会都存在，可以说这是目前城乡男女婚姻的主要形式，对男性来说尤其如此。他们的婚姻实现了自主，较少有父母干预其所选择对象，但其普遍缺少操办婚事的经济能力。第三种类型在比较落后的农村地区尚有存在，不过并非传统意义上的那种父母高度包办，表现为父母请人为子女张罗对象，当事男女接受父母的安排相亲订亲，婚姻费用主要由男方父母承担。

中国当代社会男女婚姻自主和婚事由父母操办这种形式体现了法律和惯习两种制度的结合。法律所赋予的婚姻自主权利得到父母的尊重，但多数父母却仍将为子女提供结婚的物质条件视为自己应尽的义务（秉承传统习惯），甚至倾其所有为子女购置新房（在城市）；或承担高额财礼，并为儿子建婚房（在农村）。这种制度形式产生两种效果：一是子女结婚的经济压力降低，并可适时婚配，亲子代际关系不至于因子女婚姻自主而疏远；一是父母所积累的部分或主要部分财富提前转移给子女，对普通工薪家庭来说，父母可支配的养老资源将因此萎缩。

我们认为，这种婚姻制度形式在多数人中还将持续下去。父母在有经济能力时适度资助和为子女办婚事，是家庭行为。但社会应引导这种观念的转变，推动婚姻自主和婚姻费用自我积累风尚的形成。

五 聘财妆奁规则、违规矫正与婚姻援助

男女缔结婚姻、建立家庭需要有一定的财力支持。中国男女结婚，特别是初婚绝大多数依托父母之力来完成。这使成年男女多能适时结婚，民国之前更促使未成年男女早婚。父母对子女的婚姻花费有量力操办的一面，也有过度铺张的另一面，后一种做法给家庭带来压力。因而官方或其他社会组织往往对此进行干预，以保证婚姻这一与家庭、生育、伦理等有关的行为不至于被过度扭曲，避免男女婚配困难或被迫延迟结婚。

（一）聘财嫁奁制度——官私所作限制

聘礼、妆奁为婚姻所必需，其数量多少往往因家而异。这又会形成攀比行为，影响婚姻缔结。不同时期的政府和民间组织往往设定标准，引导婚俗。

1. 官方法律和政策

（1）聘财制度

甲、认可聘财作为婚姻成立的主要依据这一原则

传统时代，男方给予女方聘财是法律或婚姻缔结礼仪所要求的。它是订婚或婚姻成立的标志。

《周礼·地官》媒氏负责男女婚姻缔结之事，"凡嫁子娶妻，入币纯帛无过五两"。

北齐："娉礼，皆用羔羊一口，雁一双，酒黍稷稻米面各一斛。自皇子王已下至于九品皆同，流外及庶人则减其半。"[①] 其重"礼"薄"财"的特征比较突出。

按照《唐律疏议》：男女订婚"虽无许婚之书，但受娉财亦是。娉财无多少之限，酒食非。以财物为酒食者，亦同娉财。议曰：婚礼先以娉财为信……即受一尺以上，并不得悔。酒食非者，为供设亲宾，便是众人同费，所送虽多，不同娉财之限。若以财物为酒食者，谓送钱财以当酒食，不限

[①] 《隋书》卷9，礼仪。

多少，亦同娉财。"① 我们认为，聘礼无多少之限具有倡导各个家庭量力行之的意味。但一般情况下，不同阶层或地区的民众有可能形成向"多"靠拢的风尚。

直到民国时期，1925年《民国民律草案》第1092条仍规定：定婚，因交换婚书或已纳聘财而生效力。但1930年新的《民法》亲属编已无对聘财的要求。1949年后的《婚姻法》也不涉及这一规定，婚姻合法性取决于是否到政府机构登记并领取结婚证书。不过，聘财仍存在于民间婚姻缔结过程中。

乙、限制聘财数额

同一时期，聘财数额究竟为多少？它基本上由各个家庭根据自身条件来确定。由于家庭经济状况差异较大，因而其数额有悬殊之别，进而造成攀比之风，给男方家庭带来压力。故此，有些朝代制定有限制措施。

唐朝显庆四年（659年）高宗下诏："天下嫁女受财，三品已上之家不得过绢三百匹，四品五品不得过二百匹，六品七品不得过一百匹，八品以下不得过五十匹。皆充所嫁女赀妆等用。其夫家不得受陪门之财。"② 该诏虽主要针对官宦家庭，而其规则具有普遍指导意义。女方家所得聘财，主要用于嫁女赀妆等，言外之意是父母不得将所得聘金和物品沉淀为个人财产，同时不允许男方借娶妇收受女方陪送之财。

元朝时因财礼过重，使男娶的难度增大，政府为此采取限制措施。至元十九年（1282年）规定：今后各处官司，斟酌居民多寡，询问社长人等，推举年高信实妇人为媒，须要钦依圣旨，定到聘财求娶。不得中间多余索要财礼钱物，亦不得拾分中取要壹分媒钱③。大德八年（1304年）正月，为抑制聘礼过度，元成宗下诏："其民间聘财，命中书省从宜定立等第，以男家为主，愿减者听。亲礼筵会，务从省约。"其所定标准如下：

上户：金一两、银五两、彩段六表里、杂用绢四十匹；

中户：金五钱、银四两、彩段四表里、杂用绢三十匹；

---

① 《唐律疏议》卷13，户婚。
② 《唐会要》卷83，婚嫁。
③ 《通制条格》卷4，户令。

下户：银三两、彩段二表里、杂用绢十五匹①。

另外元政府规定：招召养老女婿，照依已定嫁娶聘财等第减半，须要明立媒妁婚书成亲。招召出舍年限女婿，各从所议明立媒妁婚书，或男或女，出备财钱，约量年限，照依已定嫁娶聘财等第，三分中不过二分②。

明朝嘉靖时官员黄佐在《泰泉乡礼》中提出缔结婚姻不同阶段的花费标准：凡纳采，用酒牲、槟榔、果品，随俗。上户通计所费银不过三两，中户所费不过二两，下户所费不过一两。凡纳征，用钗币、酒牲、槟榔，随俗。上户通计所费银不过十五两，中户所费不过十两，下户所费不过五两。近日纳采、纳征者，止用细茶一盒，纳钗物其中，尤为简便，可以通行。其送礼之人，非隔水路者，毋得多与铜钱，下程惟待以酒饭。凡请期，不分上中下户，惟遣使通书而已，礼物不用。凡亲迎，不许用鼓吹杂剧，送迎交馈。其有隔水路而用装彩大船、铜鼓仪仗，陆路用蒲灯、花筒、爆仗等项者，罪之③。规则可谓细致。万历时吕坤所订"禁约风俗"中规定：聘妇之费总计富者不过五十两，贫者不下五两；嫁女之费总计富者不过百两。如有爱女者，分与私财，过后供给；贫者荆钗布裙，各从其便……一切夸眼虚文过饰僭分者，尽行裁革。违者，许乡约举出，升上户，坐重差④。王阳明在"南赣乡约"规定：男女长成，各宜及时嫁娶；往往女家责聘礼不充，男家责嫁妆不丰，遂致愆期；约长等其各省谕诸人，自今其称家之有无，随时婚嫁⑤。可见，明代地方官员对民间婚姻缔结过程中破费现象颇为关注，以乡约等形式加以扭转。无疑，这对民众是有益的。

清朝乾隆二十四年（1759年），江苏巡抚陈宏谋针对当地婚嫁中奢侈和争胜行为提出限制：富者聘币不得过八端，奁箱不得过六支，有余之家欲厚赠婿女，奁田妆资更有实济，一切摆设繁文，概从节省。以免"至戚反成仇雠，过门立见贫窭"⑥。陕西府谷县地方官乾隆年间因当地"婚配最

---

① 《通制条格》卷3，户令。
② 《通制条格》卷4，户令。
③ 黄佐：《泰泉乡礼》卷1。
④ 吕坤：《实政录》卷4，禁约风俗。
⑤ 《王守仁全集》卷2，公移。
⑥ 陈宏谋：《培远堂偶存稿》卷45，文檄。

重妆奁，至有贫士不得良配"，发布告示"严晓之"，"其风稍朴"①。清末陕西泾阳县地方官对高聘金提出矫正措施：定约聘金十二两、色布四端、首饰四事，过则有罚②。

进入民国，一些地方官员仍在实施聘金限额政策。福建古田县令黄澄渊推行节约运动，规定娶妇聘金不得过百金，提倡集团结婚，娶妇预报社会服务处，纳用费国币十元，候集数耦，定期举行③。甘肃华亭县：迄至民国，户丁日繁，聘金改用银元，较前之市钱渐昂，妆奁亦渐奢。……民国十七年（1928年）民法规定：童婚聘礼至多不得过百圆，寡妇至多不得过五十圆④。民国二十二年（1933年）广西制订改良风俗规则：第6条：订婚礼物最多不得过二十元，结婚礼物（聘金在内）最多不得过银一百六十元。但男女之一方均不得向他方强求。礼物、妆奁应用国货。第7条：凡遇婚嫁，来宾致送礼物至多不得过二元，主人不得回答礼物。第9条：凡违反本章各条之规定者，如属公务人员，并由本管长官加以记过或免职处分⑤。

但历史上也有帝王反对干预民众婚姻中的论财行为。清朝雍正三年（1725年），西安右翼副都统伊礼布上奏，请定嫁女之例以敦风俗："窃照男女婚嫁，各有其时，盖必内无怨女而后夫妇之道正，斯夫子之伦生，是嫁女一节实系风化所关。乃臣闻生女之家竟有专讲门楣，图取势利。或养至二十七八以至三十岁以外始行出嫁者。夫富贵贫贱，各有其命，何至养女报亲视同奇货？虽女子在家从文，情难声说，然此而可忍孰不可忍。更闻南方大户人家使女便其出入房帏，年长不与配合，并有终身禁锢、头白无归者。伏求皇上严旨禁饬，著为令典，或敕部臣定议通行。庶有女之家不敢任意淹留矣。为此具折奏闻，伏乞睿鉴实行。"朱批：此等人之家事，强谕不得。⑥ 实际上，雍正皇帝是相对比较重视风俗教化的。他所以拒绝该建议，或许是反对将此"著为令典"，以免留下过度干预之嫌。由地方官通过发布告示等形式加以矫正倒是完全可以的。

---

① 乾隆《府谷县志》卷4，风俗。
② 宣统《泾阳县志》卷2，风俗。
③ 民国三十一年《古田县志》卷21，礼俗。
④ 民国二十二年《华亭县志》卷2，文化。
⑤ 民国二十九年《平乐县志》卷2，风俗。
⑥ 《雍正朝汉文朱批奏折汇编》第五册，第369页。

(2) 妆奁制度

妆奁为女方娘家陪送。历朝政府对此也有两种态度。

甲、认可

近代之前，官方制度总体上认可妆奁。直到民国时期，法律仍承认妆奁这一习俗。1925年《民国民律草案》第1188条：父于女成婚时，有准其资力给与嫁资之责。父无资力或亡故者，母任其责①。

乙、限制

厚妆奁所带来的弊端对民生产生了负面影响，特别是一些地区民众因此而溺女婴。这促使官方实施一些限制。明清时期地方官出台了相应干预措施。

明朝万历年间浙江知县刘光复为抑制当地百姓与厚妆奁有关的溺女婴行为，制定"禁条"：今后嫁女者虽极富贵不得过50两，违者许人告发究治②，以此降低中下层家庭嫁女的压力。

清朝道光五年（1825年），浙江巡抚程含章针对当地妆奁过重引起民众溺女，发布"严禁溺女并酌定嫁资示"：嗣后民间嫁女，不许用金珠、玉翠、绣被、绣衣，总以银器数事、布帛数件为度。即富家不得过银百两，中户不得过四五十两，下户不得过二三十两，最下之户即三两五两亦可嫁女。其男家财礼多寡，听其自便，彼此不得争竞。嫁女以后，止许以一二样食物偶尔探望，一切三朝、七日，至为外甥洗浴、做周岁等事，概行禁止。民间嫁女不难，庶养女者多不致溺毙③。这些标准应该参考了当地不同阶层的收入水平和承受能力，既照顾了地方习惯，也避免使家长有过大的嫁女压力。

一般来讲，为出嫁女儿适度办妆奁是父母"心意"的表达，具有密切嫁女与娘家关系的作用，在有产家庭也是对不具有财产继承权女儿的一种"补偿"。然而，它一旦与女性在婆家的地位高低联系起来，将会变味，成为女家的负担，导致溺婴悲剧发生。从上面可见，无论基层县官和封疆大吏，都试图从降低女性婚姻成本方面来保护婴儿。浙江在明清两代都有官

---

① 《民国民律草案》，第362页。
② 乾隆《诸暨县志》卷9，风俗。
③ 余治辑：《得一录》卷2，保婴会规条。

员采取措施，表明抑制厚妆奁政策可能具有作用，但却难以从根本上禁止。

2. 宗规族训

宗族组织多强调族人婚配为结两族之好，重视对方家声，反对慕财嫁娶。此外，宗规要求族人以时嫁娶，不得需索聘金而延搁婚期。

明代海盐朱氏家规：婚娶本非论财，必须择礼义之家，及察婿、妇之性行纯良。其强暴、乱逆、恶疾者，不可与议①。这一原则实际为不少家族所恪守。民国湘阴狄氏家规：夫妇为人伦之首，婚嫁尤必以时。如有嫌贫爱富，勒女旷夫；借故生端，逼子退媳，虽村妇之无知，为人伦之大变。犯此者，用家法惩其夫主家不正②。

而清代浙江永嘉《项瓯东乔项氏家训》则对族人许嫁聘金和妆奁标准做出限定：男女许聘赀不过二十两以上，凡嫁女尽归其聘赀外，其首饰衣服等类毋得过百两③。它意味着族人不得将所得聘金沉淀下来，以免留下嫁女敛财之名。

综合以上，聘金和嫁妆数量本应是民众依照自身财力状态可高可低的自主行为。它所以受到官方和民间组织的约束，在于中上层家庭高聘、厚嫁行为会在社会上产生示范效应，致使不具有能力者非理性追逐。我们相信，高额限制措施若有民间组织的配合会起到约束作用。可以说中国社会总体婚嫁行为具有理性表现。但在一些地区则不然，高聘金使男家无力备办而推迟婚姻，厚妆奁使女家以溺女婴作为摆脱手段，恶化了婚姻氛围和环境。因而，官方和民间组织制定限制性措施就有必要了。外部性制度尽管难以持续发挥作用，却会将其约束在一定范围内，或在一定时期消除极端现象，由此多数人的婚姻得以实现。

（二）民间惯习——遵礼与侈俗、陋俗并存

1. 遵礼表现

中国民众婚姻缔结讲究门当户对，以此结两姓之好。多数家庭不看重财礼和妆奁，甚至视索财礼为耻。这种风尚为男女及时完婚创造了条件。

---

① 光绪《白苎朱氏宗谱》卷2。
② 《湘阴狄氏家规》卷首，家规，1938年。
③ 光绪《永嘉县志》卷6，风土。

我们这里列举清代和民国时期一些有代表性的地方惯习。

河北完县：婚姻之礼，只论门第，而不议财。男女两家虽有纳征、妆奁等费，综计为数，逾五百元者极少，大多数二百元内足以毕事，亦足见风俗俭朴之一斑矣①。它是20世纪30年代的情形。

天津蓟县：昔以财产相若、门户相当为男女两姓必要之条件。男家聘礼，女家妆奁，在稍有资产人家决无计及多寡，而以责之对方者。惟贫困者嫁女无资，少索财礼以为嫁女时之衣饰②。当地主流婚姻为门当户对，不重财礼。

山西临晋县：以两家门第相当为重，间亦论财，达者弗为也③。浮山县：两姓议婚，所最重者门第，门第不合，不轻许婚④。

山东平原县：乾隆年间，"惟嫁女适他邑乃论聘财"⑤。这意味着双方为本地人的婚配不论聘财高低。清末民初，平原县："订婚只用衣饰，不用钱财，虽在贫寒，亦以许婚受财为辱"⑥。济阳县：非至贫者不受财礼⑦。济宁县：婚姻不论聘财，犹有古意⑧。

陕西中部县：门户求相等，故不讲财礼⑨。

河南确山县：自幼结亲，不论门第；及笄而嫁，不竞妆奁⑩。信阳县：丰俭合度，一秉于礼。女家妆奁，称家有无……间或论财，众共诽笑⑪。陕县：中人之产，均以论财为丑，惟贫家时有之⑫。

---

① 民国二十三年《完县新志》卷6，风土。
② 民国三十三年《蓟县志》卷3，风俗。
③ 康熙《临晋县志》，见《民俗资料汇编》（华北卷），北京图书馆出版社1997年版，第714页。
④ 民国二十四年《浮山县志》卷32，风俗。
⑤ 乾隆《平原县志》卷1，风俗。
⑥ 《民事习惯调查报告录》（下册），第818页。
⑦ 民国二十三年《济阳县志》，见《民俗资料汇编》（华东卷）上册，北京图书馆出版社1997年版，第121页。
⑧ 民国十六年《济宁县志》卷4，风俗。
⑨ 民国三十三年《中部县志》，见《民俗资料汇编》（西北卷），北京图书馆出版社1997年版，第137页。
⑩ 民国二十年《确山县志》，见《民俗资料汇编》（中南卷）上册，北京图书馆出版社1997年版，第206页。
⑪ 民国二十五年《重修信阳县志》卷17，礼俗。
⑫ 民国二十五年《陕县志》卷5，风俗。

浙江新登县：民国初年，"名家巨族只择门户相当，论财则共鄙之"①。

安徽铜陵县：婚礼不尚浮华，视门第相当者与缔姻好②。

福建沙县：男女匹配多重门第，其有少年颖异善读书者，家虽贫窭，富贵之人也乐择为婿。若贫寒之家育有子女，称家匹配，亦不勒索财礼，犹有古遗风焉③。

湖北枣阳县：清代同治年间：婚礼不论财，以名柬为定④。

湖南兴宁县：婚嫁，论财者不齿，议婚惟以门户相当⑤。

四川什邡县：清嘉庆年间，婚嫁多于秋冬。不言财礼，止以首饰、衣装行聘⑥。南溪县：本地民众不重财礼。"异省客户间或有之，莫不嗤其无耻；邑民虽贫，不乐效也"⑦。

由上可见，门当户对是与"不论财"联系在一起的。不论财含有双方不以财礼、妆奁相尚，但主要是女方不向男方索重聘。上述方志所述还包含有这样的信息，门当户对多为中等及以上家庭的婚姻方式。这些家庭有相对体面的生活条件，不必通过索聘来改善境遇。在我们看来，传统时代，门当户对多为近距离的婚姻，两个家庭或两个家族之间相互了解，通过子女婚姻结两家之好的愿望比较强烈。论财则会损害自家名声，使嫁出之女处于不利地位。而索要财礼或买卖婚姻多为远距离婚姻，女方娘家对此顾及较少。

2. 侈俗

侈俗的表现一是厚妆奁，一是高聘金。各个历史时期一定范围内存在着此现象。关于这一点，本书将在性别制度一章述及。

3. 社会变革促使财礼、妆奁习俗改变

中国近代以来的社会变革分两个大的时期，一是民国，一是1949年之后。1949年后可再分为改革开放前后两个时期。社会变革往往对财产所有

---

① 民国十一年《新登县志》卷10，风俗。
② 民国十九年《铜陵县志》卷6，风俗。
③ 民国十七年《沙县志》卷8，礼俗。
④ 同治《枣阳县志》卷11，风俗。
⑤ 光绪《兴宁县志》卷5，风俗。
⑥ 嘉庆《什邡县志》卷18，风俗。
⑦ 嘉庆《南溪县志》卷3，风俗。

制形式、婚姻制度和不同代际成员地位带来变动，从而影响男女婚姻的物质安排。

在民国时期，财礼并没有实质性变化，一些地方妆奁有所改变。

湖南醴陵县：自政治革新，人皆知女子非有知识技能无以自立，在未嫁以前，即以其赔奁之资移作求学之用；结褵之日，崇朴黜华，富者亦力避铺张，或径割田宅为赠，一扫从前奢靡之习①。

1949年之后，农村经过土地改革，特别是建立集体经济制度之后，民众中已无富裕之家，绝大多数家庭在温饱水平及以下，可支配的财产数额有限（主要是住房），货币财产寥寥。它在财礼嫁妆上体现出来。财礼仅具有订婚的象征意义，数额有限；嫁妆更是如此。对男方家庭来说，主要的压力不是提供财礼，而是准备住房。城市男女同样以节俭为表现形式，住房以福利房为主，面积有限。自主择偶之下，财礼基本上不存在或只有象征性的物品；嫁妆多为女方父母提供的简单日用品。

20世纪80年代初期改革开放之后，随着家庭经济水平提高，财礼嫁妆的水平和含义开始发生变化。就农村来说，一些学者的研究发现，当代农村的财礼不再是两个家庭之间礼节性的礼物交换或者支付手段，而是财富从上一代往下一代转移的新途径②。我们对冀南农村的研究显示：从20世纪60年代以来，财礼也由婚姻缔结的象征性做法变为男性家庭代际财富转移的一种途径。新婚夫妇通过这种习俗获得相对时尚物品的占有权，增强了独立生活的能力，减轻了未来生活的压力。但它却加大了亲代的经济负担③。女方父母所得财礼主要用于购买家电等物品作为陪嫁之物。家境好一些的女方父母再适当贴补一些钱，提高陪嫁水平。城市则与农村有所不同，财礼数额较少，住房仍主要由男方准备，成为一项重负。女方父母视家境而陪嫁数额不等的妆奁。

---

① 民国三十七年《醴陵县志》卷6，礼俗。
② 阎云翔：《私人生活的变革：一个中国村庄里的爱情、家庭与亲密关系（1949—1999）》，上海书店出版社2006年版，第175页。
③ 王跃生：《婚事操办中的代际关系——家庭财产积累与转移》，《中国农村观察》2000年第3期；王跃生：《社会变革与婚姻家庭变动》，生活·读书·新知三联书店2006年版，第352—353页。

（三）婚姻援助

这里的婚姻援助指政府和社会组织给予经济条件所限未能适时完婚者以帮助，当然也有社会组织采取公共福利措施资助结婚男女。

1. 官方和社会组织的援助措施

（1）赐婚和配婚政策

这一政策隋唐之前见诸实行。其做法是皇帝将宫女赐予贫穷者或有功将士。

北魏太宗永兴年间：频有水旱，诏简宫人非所当御及非执作伎巧，自余出赐鳏民[1]。将宫中缩减下来的宫女赐予鳏夫可谓一项善政。这应该是年龄比较大的宫女，否则不会把年龄大的鳏夫作为赐予对象。北魏太和三年（479年）二月，孝文帝与皇太后巡幸代郡温泉，问民疾苦，鳏贫者以宫女妻之[2]。文帝可能将随身所带宫女赐予鳏贫者，数目不会很大，借此显示其对贫民生存状况的关心。

北周武帝建德五年（576年），因灭北齐，"出齐宫中金银宝器珠翠丽服及宫女二千人，班赐将士"[3]。

唐高祖武德三年（620年）曾"出宫女五百人，赐东征将士有功者"[4]。

以上做法中除北魏外，均为将宫女赐予将士，我们认为，其政治、军事意义较大。

应该说，赐婚予贫穷者为实实在在的婚姻援助，而赐宫女与有功将士则带有奖赏性质。无论哪种形式，赐婚均为典型的官配婚姻。它解决了男性的婚姻困难。但对女性来说，其作用是双重的：摆脱了深宫的禁锢，得以为民妇、为兵将之妻，过上正常的家庭生活；与父母主婚相比，官配则较少考虑男女是否匹配等与情感有关的问题，婚姻质量尚难说。应该肯定的是，这一做法满足了人的基本需求，减少了旷男和怨女，也会对人口增长起到推动作用。

---

[1]《魏书》卷110，食货。
[2]《魏书》卷7上，孝文帝纪。
[3]《周书》卷6，武帝纪下。
[4]《新唐书》卷1，高祖纪。

值得一提的是，先秦时代管仲在齐国实行"合独"之政。"所谓合独者，凡国、都皆有掌媒。丈夫无妻曰鳏，妇人无夫曰寡，取鳏寡而合和之，予田宅而家室之，三年然后事之。此之谓合独。"① 政府出面撮合鳏寡男女成婚，并予以田宅，培植其生存能力，三年之后再征派赋役。这项制度既改善了无家室男女的生存条件（予以田宅、组建新的家庭，男得有妻操持家务，女得有夫耕垦田亩），又为国家增加潜在赋役之源，可谓一举两得。

（2）敦促民间帮助婚姻困难者

唐朝贞观元年（627年），太宗下诏：民男二十、女十五以上无夫家者，州县以礼聘娶；贫不能自行者，乡里富人及亲戚资送之；鳏夫六十、寡妇五十、妇人有子若守节者勿强②。这一诏令提到政府对三类困难群体的婚姻安排方式。第一类"民男二十、女十五以上无夫家者"中的关键词是"无夫家"者，他们应该是无家可归又到婚配年龄的孤儿、孤女，没有人为其张罗婚配事宜，地方州县要出面帮助，政府实际上充当了他们的"娘家人"。第二类为"贫不能自行者"，这或许是指备办不起车辆的家庭，由此推断应为针对出嫁女儿之家。政府要求当地富人、嫁女者亲戚为其提供交通工具。第三类为中青年丧偶、无子男女，政府也在政府和乡里协助婚配之列，包括"以礼聘娶"和"资送"。我们认为，这一婚姻援助政策包含着借以推动人口增长的目的。

为保证男女即时完婚，明朝政府建议乡村百姓互相协助，建立一种周济制度。洪武年间朱元璋指出：本里人户要"互相周给"，"且如某家子弟婚姻，某家贫窘，一时难办，一里人户每户或出钞一贯，人户一百便是百贯；每户五百，便是五十贯，如此资助，岂不成就。日后某家婚姻，亦依此法，轮流周给"③。朱元璋主张民众建立一个婚姻性质的互助组织，贫穷者的婚姻不至于为缺钱所困。在宗族人口聚集的地区，家族内部互相周给婚嫁费用也是惯常做法。

（3）倡导理性婚嫁

明朝王阳明《南赣乡约》有一条为：男女长成，各宜及时嫁娶；往往

---

① 《管子》入国54。
② 《新唐书》卷2，太宗纪。
③ 《明太祖实录》卷255。

女家责聘礼不充，男家责嫁妆不丰，遂致愆期；约长等其各省谕诸人，自今其称家之有无，随时婚嫁①。不少乡约都倡导这种做法。

2. 宗族对族人婚姻的援助

一些宗族，也适当资助族人婚姻费用。

江南范氏义庄在北宋皇祐二年（1050年）即制定资助制度：嫁女支钱三十贯；再嫁二十贯。娶妇支钱二十贯，再娶不支。至清代：嫁女者钱五十千，娶妇者三十千，再嫁者三十千，再娶者十五千②。按照常熟丁氏义庄规条：族中娶妇，给钱十千。无子续娶，给钱五千。嫁女给钱五千③。光绪年间创设的吴县陈氏义庄"族中婚嫁丧葬皆有助"④。这是所有族人均可享有的"婚姻福利"。

有的宗族主要针对族内无力婚嫁者予以资助。明代浦江郑氏规定：族人"不能婚嫁者，助之"⑤。

苏州济阳丁氏义庄清道光二十一年（1841年）制定义庄规条：族中无力婚嫁者，由本房长报庄娶妻日期，贴钱七千。妻故无子，续娶再给，有子不给，娶妾不给，嫁女贴钱六千。再醮不给。如领银不婚嫁者，责成该房长将所领钱文追缴；如已销用，在应给赡米内倍数扣除⑥。民国八年（1919年），吴县鲍氏传德义庄规定：近支族人如有婚嫁丧葬等事，确系无力举办者，得由庄正副查明实在情形，酌给费用。婚娶每人至多不得逾30元，嫁女者20元⑦。

3. 民间其他助婚策略

在婚姻论财地区，贫家子弟因家庭经济困窘而难以适时完婚。民间出现助婚组织。

---

① 《王阳明全集》卷1，知行录5。
② 余治辑：《得一录》卷1，范氏义庄规条。
③ 光绪《常熟丁氏家谱》，义田规条。
④ 《吴县陈氏义庄记》，见王国平、唐力行主编《明清以来苏州社会史碑刻集》，苏州大学出版社1998年版，第265页。
⑤ 宣统浦江《郑氏义门规范》。
⑥ 王国平、唐力行主编：《明清以来苏州社会史碑刻集》，苏州大学出版社1998年版，第258—263页。
⑦ 《传德义庄规条》，见王国平、唐力行主编《明清以来苏州社会史碑刻集》，苏州大学出版社1998年版，第269—270页。

清嘉庆年间，河南河内县：乡居农民遇有婚丧等事则鸠集钱会，动辄数十人及百余人不等，赖其集腋以济燃眉①。民国时期，河南武陟县：贫家议婚多索聘金，数十百千不等，以故穷檐婺子往往婚姻失时。近有立小儿会以济其穷者，会员子年当议婚而力不能举者，同会醵金以助其成也②。

山东东阿也有此俗：贫寒之家，每因经济困难不能为子婚娶，故于其子幼稚时，即约集同志数十家，结成一社。嗣后无论谁家之子结婚，众社友咸为蒌钱若干，以济其婚娶之费用③。

这种做法与明初朱元璋所倡导的婚姻互助做法有相似之处。在安土重迁的环境中，乡民之间具有信任基础，它或许能组织起来，并能在同一代中维系下去。但要长期保持则比较困难。还有，若接续不上，后办事者不能从中受益，则会引起纠纷，甚至诉讼。嘉庆年间河南河内县即有这种表现④。

4. 对弱势者婚姻的"人道"做法

近代之前，奴婢是社会中的卑贱阶层，他们委身于主人之家，往往被终身役使。但值得注意的是，无论官方和民间组织，都有禁止主人锢婢、羁仆的规定，使其能够适时完婚。

（1）官方规定

就现有文献看，明清有锢婢行为的地区主要在南方，以江南为突出。这些地区的官府多出台过相关禁令。

明代，浙江诸暨县习俗，"一为使女，终身禁锢，不复见天日，有自幼鬟而老妪未识夫家者"。万历年间知县刘光复发布禁令：今限十二月内凡使女十八岁以上者悉行婚配。里保于朔望日各具某某已配若干。敢有诡言无偶，捏称年幼仍前不悛者，无问巨室深闺，定行严究，罪坐夫男。邻里举首，得实者官给赏银二两⑤。可见，这项禁令的措施比较完备，并非应付了事。

---

① 王凤生：《河北采风录》卷3，河内县水道图说。
② 民国二十年《续武陟县志》卷5，风俗。
③ 《民事习惯调查报告录》（下册），第816页。
④ 王凤生：《河北采风录》卷3，河内县水道图说。
⑤ 乾隆《诸暨县志》卷9，风俗。

清朝将禁止锢婢载入律典之中：凡绅衿庶民之家如有将婢女不行婚配，致令孤寡者，照不应重律，杖八十，系民的决，绅衿依律纳赎，令其择配①。这里并没有明确婢女应婚配的年龄。针对江西大庾县的锢婢之俗，乾隆年间，地方官"再行出示训饬，绅士相约勿犯，风俗始渐转移"②。但当地存在对待婢女婚姻的另一种做法：畜婢之家必赘入一仆，同供使令，间不相容则逼逐离异，另再择配③。它实际是变相锢婢行为，以为婢女招夫之名行世代奴役之实。不过，第二种形式不在法律禁止之列。浙江金、衢、严、温、处、台六郡为锢婢严重地区。乾隆二十一年（1756年），地方官"再行通饬严切谕禁，如有仍前锢婢至二十五岁以上者，即行照例治罪，并许其父母亲属领回，不准索还身价"④。从中我们获得的重要信息是，25岁是地方政府所定婢女应婚嫁的上限年龄，亦即25岁及以下尚不构成锢婢罪；虽有法律，民俗却难以扭转，故地方官一再发布禁令。值得注意的是，乾隆末年，江西按察使针对饶州、赣州蓄有婢女之家，使其多至老不得配偶的现象，上奏提出请以二十五岁为限，不许逾期，被批准⑤。

（2）宗族规则

宗族组织及其所形成的族范和宗规，多受儒家文化影响，从善是其基本追求。故对锢婢羁仆做法亦持否定态度。

宋代，《居家杂仪》：凡女仆年满不愿留者，纵之。勤旧少过者，资而嫁之⑥。这里的"年满"应是有契约年限者。南宋袁采《袁氏世范》也主张族人应为婢仆择配，认为"婢使之嫁，仆使之娶，皆可绝他日意外之患也"⑦。

清代光绪时安徽三田李氏家法中有：义男女年及二十以上者务令配合。若无所偶，必取赘以完之，毋得羁留年大⑧。义男女应该是收养子女，一些

---

① 《大清律例·户律》。
② 同治《大庾县志》卷2，土俗。
③ 同治《大庾县志》卷2，土俗。
④ 佚名辑：《治浙成规》卷5。
⑤ 中国人民大学清史研究所编：《康雍乾时期城乡人民反抗斗争资料》，中华书局1979年版，第395页。
⑥ 《朱子家礼》卷1，居家杂仪。
⑦ 袁采：《袁氏世范》卷下，婢仆得土人最善。
⑧ 光绪《三田李氏宗谱》卷末，家法。

地方的养父母待其长大后往往作为料理家务和耕作的劳动力使用，而忽视其婚配。该族视二十以上为应婚配者，可谓有仁义之心。

（3）民俗表现

清代湖南岳州：契买婢女，长成皆以礼嫁。近嫁之期，辄令与诸女为伍，婢夫终身执婿礼往来焉①。巴陵县：婢女长成，多以礼嫁。近嫁之期，辄令与诸女为伍，称曰"义女"。婢夫执婿往来焉②。它应该是民风淳厚的表现。

笔者通过 2000 年在河北南部进行民俗调查时获悉，当地清末民国时期，亦有与湖南类似将长大的婢女作为"义女"嫁人的做法。

我们认为，这种民俗可谓对"人欲"之从，值得肯定；否则，若硬性抑制，将难免有苟且之事。它在客观上具有降低中国传统社会人口中不婚或晚婚率的效果。

5. 未婚男性的家族地位

在传统社会，男性终身未娶是人生之大不幸。他们本应被人们怜悯，年老后能获得亲邻的照顾。而一些宗族则有歧视性家规。如规定六十岁以上未婚男性要取消领胙的资格。广东南海潘氏：年登六十有未完娶者，显系故绝宗祀，凡遇拜祭，不得报领优胙③。

从上可见，传统时期聘礼是婚姻成立的重要信物之一，也是婚姻确立中男方父母对女方家庭的一种诚意体现。但在社会具有等级的时代，特别是封建社会中，聘礼标准又有等级差异，违反者则有僭越之嫌。在民间社会，男娶女嫁并非物品的交易，而是以结两姓之好为目标，因而其主导表现是比较节制的，门当户对的婚姻尤其如此。在同一时期，还有另外的表现，即高聘厚嫁习俗。

就传统时代而言，婚姻援助中赐婚行为具有双重性，一方面，赐贫穷者宫女使旷男怨女得以组成家庭，增加人口繁育机会。另一方面，这也是包办婚姻的极端表现。宗族和社会组织对因贫不能完婚者给予一定经济支持，助其取得婚配机会，则是一种善举。至于禁止终身役使奴婢，适时释

---

① 乾隆《岳州府志》，见《民俗资料汇编》（中南卷）上册，北京图书馆出版社 1997 年版，第 480 页。
② 同治《巴陵县志》卷 11，风俗。
③ 同治《潘氏典堂族谱》卷 1，家规。

放有婚配愿望者，则是具有"人道"意识的制度或规则。

六 招赘婚、坐家招夫与童养婚制度

中国社会中，除了男娶女嫁明媒正娶这一形式外，还有其他类型的婚姻方式。对其加以考察，有助于认识中国社会婚姻制度的多样性。

（一）招赘婚

招赘婚是男系传承下或男娶女嫁模式下所特有的婚姻形式，其具体做法为男到女家做上门女婿，夫从妻居，为女方父母养老。女方父母操持和准备婚姻所需住房等事务。

1. 招赘婚的官方政策

（1）对赘婿的歧视做法

从秦至唐，赘婿的社会地位很低，乃至与罪吏、逃人和受抑制的商贾并列，成为被发配和充军戍边对象。秦始皇三十三年（前214年）"发诸尝逋亡人、赘婿、贾人略取陆梁地"[1]。西汉沿袭秦制：文帝时，"贵廉洁，贱贪污，贾人、赘婿及吏坐赃者，皆禁锢不得为吏"[2]。赘婿的政治地位因此丧失。他们受歧视在于其中相当部分是被买入的，所谓"岁比不登，民待卖爵赘子，以接衣食"[3]。灾荒年景，政府允许贫苦百姓将子赘人以得到报酬。

（2）认可和保护招赘婚

赘婿被歧视一是因为他来自贫穷家庭，没有经济地位；二是他进入一个女方亲属为主导的家族环境中，名分不正。但对一些有女无子家庭的父母来说，只有留女招婿才能解决养老问题。我们认为，正是基于这一点，招婿婚又得到政府的承认和一定程度的保护。

元朝至元十年（1273年）规定：今后若有军民招召女婿，须管令同户

---

[1] 《史记》卷6，秦始皇本纪。
[2] 《汉书》卷72，贡禹传。
[3] 《汉书》卷64，严助传。

主婚亲人写立婚书，于上该写养老出舍年限语句，主婚媒证人等书画押字①。这是对赘婿养老功能的承认。但为避免发生责任、年限上的纠纷，故应有完备的手续，从而对双方构成约束。

明朝法律条文为：凡逐婿嫁女或再招婿者，杖一百，其女不坐；男家知而娶者同罪，不知者亦不坐。其女断付前夫，出居完聚②。

清朝继承明朝律条，只是稍加完善：凡逐［已入赘之］婿嫁女或再招婿者，杖一百，其女不坐［如招赘之女通同父母逐婿改嫁者，亦坐杖一百，后婚］男家知而娶［或后赘］者同罪，［未成婚各减五等财礼入官］不知者亦不坐。其女断付前夫出居完聚③。

1949年以后，法律上已无招赘婚这一婚姻形式。男女结婚之后既可随夫居住，也可随妇居住。这有助于促使男女婚姻权益平等。实际上，当男女结婚后脱离双方父母家庭，建立独立的生活单位时，招赘婚的形式便不存在了。可以说，在城市，这种婚姻实践和称谓已经很少。但在农村，男到女家落户时人们仍视为招赘婚，并且有制度性规则加以体现。如生育子女随女方姓氏（或第一孩随女方，第二孩随男方），赘婿以赡养岳父母为主，而非自己的父母。并且，选择这种婚姻形式者多为家境较差的男性，即难以"娶"的方式解决婚姻问题，故只好被"招"出去完婚。值得注意的是，地方政府为矫正农村重男轻女的习惯，规定招婿家庭在宅基地获得的权益上与娶妻家庭一样。

2. 宗族对招赘婚的态度

宗族是男系传承制度的重要维护者，招赘婚破坏了这一原则，故一些宗族明确禁止有女无男族人招婿养老。

清末浙江东阳上璜王氏立有禁例：人有女无儿，虽年老力衰，不准赘婿入室，以免乱俗。违者，罪坐经手之人④。

另外，许多宗族禁止立异姓为嗣，实际主要针对无子有女者招婿上门。

3. 招赘婚的习俗

从民间惯习上看，对待招赘婚有两种做法。

---

① 《通制条格》卷4，户令。
② 《大明律》卷6，逐婿嫁女。
③ 沈之奇：《大清律辑注》卷6，户律，婚姻。
④ 光绪《东阳上璜王氏宗谱》卷1，修谱条例，涧溪小宗祠添载禁例四条。

（1）不接受招赘婚

民国年间，河北清河县：赘夫者，每女家无兄弟，故招赘婿为子。为赘婿者，必赘于女家，事外舅姑如父母。此俗盖闻之清咸、同以前，近已殊不多觏①。随着社会发展，招赘婚反而出现"逆向"变化，即趋于不接受的"保守"行为。

河南获嘉县：赘婿于家以待养老，则绝无仅有也②。这表明当地民众对招赘婚持反对态度。

山东潍县：赘夫习惯"无之"③。

山西永和县：查永和招赘情事，昔年多有，近年以来，因严禁之，概不多见④。这是民国时期的做法。招赘婚在宋元时期即被官方所认可，而至民国时的当地官府"严禁"这种婚姻形式，令人不解。或许由于这种婚姻方式带来的家庭或家族矛盾较多，成为地方的社会问题，故有是禁令。

陕西同官县：民国三十三年（1943年）间，招赘者无有。如年老无子嗣，即过近房侄辈承祧。若为女招赘，户族反对，谓之异姓乱宗⑤。但一些县份对待招赘婚有阶层之别，洛川县：大家、巨族则禁招赘、要子（即收养他人之子——笔者注）；有之，亦不得顶门立户⑥。

湖北松滋县：县北宗族势力深固，认为"招赘乱宗"，有女无子的人家，宁让侄儿入祧，也要女儿出嫁⑦。这也是不少地区排斥招赘婚的基本做法。

四川江津县：邑无入赘之事⑧。

湖南永兴县：光绪年间"男以招赘为辱"⑨。

从上可见，南北省份都有歧视招赘婚的地方之俗。

（2）接受招赘婚

---

① 民国二十三年《清河县志》卷9，风土。
② 民国二十三年《获嘉县志》卷9，风俗。
③ 民国三十年《潍县志稿》卷14，风俗。
④ 民国二十年《永和县志》卷5，礼俗。
⑤ 民国三十三年《同官县志》卷26，风俗。
⑥ 民国三十三年《洛川县志》卷23，风俗。
⑦ 松滋县志编委会：《松滋县志》，1986年，第700页。
⑧ 民国十三年《江津县志》卷11，风俗。
⑨ 光绪《永兴县志》卷18，风俗。

西汉贾谊贬斥秦国陋俗："秦人家富子壮则出分，家贫子壮则出赘。"①家贫者通过作赘婿来获得婚姻机会。这表明战国时秦国民俗中能够接受招赘婚。

《汉书·地理志》也记载淮南一带流行"赘子"习俗。

宋代，"湖湘之民生男往往多作赘，生女反招婿舍居。然男子为其妇家承门户，不惮劳苦，无复怨悔，俗之移人有如此者"②。淳化元年（990年）九月二十一日，崇仪副使郭载言："臣前任使剑南，见川、峡富人多召赘婿，与所生子齿，死则分其财。故贫人多出赘，甚伤风化而益争讼，望禁之。"皇帝下诏从其请③。家有男儿仍招赘婿上门之俗多流行于南方，或许是少数民族的习惯。我们相信，即使在宋代，北方汉族聚集地区此种做法应比较少见。

元代至元年间，"作赘召婿之家往往甚多，盖是贫穷不能娶妇，故使作赘。虽非古礼，亦难革拨"④。娶不起媳妇的穷家之子以作赘婿来解决婚配困难，表明当时社会存在这样的"供求"市场。

清代和民国年间，文献中对招赘婚的记载增多。

河北固安县：贫家年老无子，间有招赘上门，以图得养老者，然每结果不圆，且为乡人所轻视，稍能自立者不为也⑤。当地虽能接受招赘婚，但其中的问题较多，与招婿家庭预期有差距，故赘婿难以摆脱受歧视状态。

河南渑池县：女家无子，赘婿以为子者，曰"养老女婿"⑥。开封：年老无子者，留女赘婿以养老。其赘婿对于岳父母有终身扶养之义务。嵩县、禹县、汜水县：同宗无子应继者，招婿为子，其财产即归所招之婿承受⑦。

陕西洛南、保安、华阴、宁陕、镇巴等县：乡民无子（或子尚幼冲）而仅有女者，既不愿爱女适人，又有需人奉养之必要，往往赘婿于家。养

---

① 《汉书》卷48，贾谊传。
② 范致明：《岳阳风土记》不分卷。
③ 《续资治通鉴》卷15。
④ 《通制条格》卷3，户令。
⑤ 民国三十二年《固安县志》卷2，礼俗。
⑥ 嘉庆《渑池县志》卷7，礼俗。
⑦ 《民事习惯调查报告录》（下册），第805、810页。

生送死由婿负责，生子承继岳父母宗祧，完全承受财产者①。商南县：无子有女者，有招婿上门之习惯，俗谓之"上门婿"。为婿者必与岳父母写立招书，并出财礼钱二十四串，或银二十四两，进门与岳父母同居共爨，言明生养死葬。日后生子，长子为岳父母后，次子归宗，各得各门业产。如生一子，兼诸两家宗祀，则两家产业均归所有②。横山县：仅有女无子者，其父母以宗祧承继，有延外姓入门为赘婿。但以血统所关，立宗族近支同辈者为嗣③。这表现出对法律的遵守。

甘肃：以婿为子，已视为寻常，亦有于初赘时，凭媒证立契约者。如甲以乙为婿，又以为子，则约内书明。乙对于甲须养老送终，所有甲之产业概归乙承受。甲若反悔，来是一个，去是一双，言之携甲之女而去也；乙若反悔，则应补交财礼若干，始可携妇以去④。

上海嘉定县：至于贫家子壮，往往为赘婿⑤。

江苏句容县：无子者类多招婿为子，其婿即于入赘时更易姓名，写立赘书为据，名为赘书，实与继书无异。被继承人如有子侄，则分以财产若干，俾免争执，否则，但须纳资于祠，其婿即可登谱顶门，享有被继承人一切权利。此种习惯，一因兵燹后人丁稀少，土客杂处而生；一因父母爱怜其女以及其婿，本为常情所致。相沿既久，民间视为固然。在无甚财产之家，尚不致因此涉讼。若财产稍多，或其婿平日有不满人意之处，则狱讼兴矣。近来争继子案类此者十居八九，欲维持则于例不合，欲矫正则牵制颇多⑥。

浙江会稽县：俗多赘婿，礼如娶妇，惟不用花轿⑦。定海县：赘婿，乡村多有之。大抵父母无子，故招婿以为之子，俗谓之"进舍夫"⑧。

安徽芜湖县：招赘习惯，男女两家于结婚之初，须先议定入赘年限，

---

① 《民事习惯调查报告录》（下册），第1003—1004页。
② 《民事习惯调查报告录》（下册），第1023页。
③ 民国十八年《横山县志》卷3，风俗。
④ 《民事习惯调查报告录》（下册），第1036—1037页。
⑤ 乾隆《嘉定县志》卷12，风俗。
⑥ 《民事习惯调查报告录》（下册），第857页。
⑦ 民国二十五年《会稽县志》，见《民俗资料汇编》（华东卷）中册，北京图书馆出版社1997年版，第823页。
⑧ 民国十三年《定海县志》卷16，风俗。

或十年，或七八年，或一二年不等，限满领妻归家。此种习惯大抵因女家缺乏男丁支持家务，亦有爱女情切，不欲远离①。安徽全椒县：女家父母老而无子，为女子赘婿馆其家，奉以终身，谓之"养老婿"②。南陵县：凡年老无子者，辄欲为女招赘，以其婿所生之子一人为嗣孙③。

湖北各地多有招赘婚之俗。光绪年间，荆州有家贫而出赘者④。竹山县对此则表现出更大的宽容，当地招婿为子分为有产无子、有产有子、无产无子三种。其有产有子者，不改从女姓；有产无子者，系以赘婿为子，须改从女姓；无产无子者，以赘婿为终身之靠，俗谓之"上门"，亦须改从女姓，即在女家成婚，不另立门户。京山县：招婿入赘须改从女姓者多系无子，待女家父母去世，归宗者亦多。其入赘时之礼式与通常结婚相同。潜江县：招赘为子应否改姓，视凭媒所立之合同是否酌定改从女姓为准。大约改姓以有产无子者为多，有产有子者为少；若无产无子，须由赘婿先纳钱若干以为女家妆奁之费，有改姓者亦有不改姓者。谷城县：招赘为子不尽改从女姓，须履行拜花烛及合卺之礼式。通山县：招赘为子无论有产有子，或有产无子，或无产无子，均不改从女姓。但赘婿生子得从女性以承禋祀，入赘时应请凭媒妁族邻立字纳币，并履行庙见礼式。巴东县：赘婿亦不须改从女姓，惟招婿接嗣者，或改姓或以所生之长子从女姓、次子从男姓，其礼式与普通完娶大略相同⑤。竹山、京山、通山、潜江四县：招赘养老习惯均于合同内载明出舍年限，或十年，或八年，或抚女家幼子成人，或俟女家父母丧葬，谓之"半子半婚"。竹山县：约定年限届满时，如不愿同居，须将原订财礼钱若干缴纳女家，亦有意见不合不依限期出舍者。钟祥县：招婿或改名换姓，或相为依倚养老送终，以凭媒所立之合同为准。谷城县：招婿养老合同并不载明出舍年限。巴东县：招婿养老习惯不书立合同⑥。可见湖北各地对招赘婚多持接受态度，且其中形式多样。招婿养老是主要目的。

---

① 《民事习惯调查报告录》（下册），第867页。
② 民国九年《全椒县志》卷4，风俗。
③ 民国十三年《南陵县志》卷4，风俗。
④ 光绪《荆州府志》卷5，风俗。
⑤ 《民事习惯调查报告录》（下册），第963页。
⑥ 《民事习惯调查报告录》（下册），第963—964页。

广西宜北县：凡年老无子、仅生女者，则招人入赘。所有产业开亲族会议立契，交由赘婿承管，族人不得干涉①。罗城县：人民或因年老无子，仅有亲生女，多以女招夫入赘；或因子死，以媳招赘，皆谓之"赘子"。至入赘财礼，视招赘者产业多少为定。若入赘之家产业众多，须送财礼数十元，否则二十余元或数元不等②。荔浦县：乡俗，无子惯以女招赘，甚至有两子一女亦赘婿于家以助耕作者。或非笑之，则曰胜于雇丁③。可以说，该地流行的是完全接受招赘婚的习惯。

由以上可见，接受招赘婚的地区较排斥的地区为多，特别是南方省份宽容度要高于北方。同时也应看到，即使接受招赘婚的地区，其受歧视的境况仍是显而易见的。被招赘者更多地被作为劳动力来看待。对为女招赘的父母还是赘婿来说，这种婚姻形式均为不得已的选择。传统时代的招赘婚较正常婚娶的包办程度更高，由于家境和自身条件好的男性不会采取这种方式婚配，故被招赘者多是贫穷子弟或其他婚姻失败或可能失败者；对招赘婿的女性来说，其婚姻质量较其他女性可能进一步降低。但为了父母的养老安排，个人不得不做出一定的牺牲。

在当代，主要是农村，招赘婚仍是一种受歧视的婚姻形式。由于一些贫穷地区（如山区）女性纷纷外嫁，当地可婚资源减少，贫困家庭大龄未婚男性增多，其解决婚配的方式往往只有被招赘出去，并且这也是他们所祈望的。而对女性（多生活于条件相对较好的平原地区）来说，接受父母安排的招赘婚意味着失去自主选择婚配对象的权利，一般来说她们是不情愿的。正因为如此，一些农村比较开明的无儿有女父母，开始放弃这种婚姻形式，允许女儿外嫁。女儿则选择嫁在本村或附近村庄，以便父母年老时给予照料。必须承认，当代招赘婚是女性婚姻尚未完全自主的表现，当然它也是社会养老保障等制度不健全、老年父母对子女养老依赖仍具刚性环境中的产物。

---

① 民国二十六年《宜北县志》第二编，风俗。
② 民国二十四年《罗城县志》民族卷，风俗。
③ 民国三年《荔浦县志》，见《民俗资料汇编》（中南卷）下册，北京图书馆出版社1997年版，第1020页。

(二) 坐家招夫

坐家招夫是招赘婚的变异形式。从父母角度看，正规的招赘婚是由女招婿，而坐家招夫从公婆角度看则是由媳招婿。当然，也有一定数量的丧偶妇女因公婆等长辈去世，直接自主招夫。

1. 政策性规定

坐家招夫这种婚姻形式宋代即有，当时称为"接脚夫"，官方法律是允许的："在法有接脚夫，盖为夫亡子幼，无人主家设也"[1]。一个案件中王氏原为张显之之妻，有一子。显之死，王氏以夫亡子幼，始招许文进为接脚夫[2]。南宋《袁氏世范》中也提及对接脚夫所带前妻之子的处置方式，无禁止和排斥接脚夫的族规。这些事实和规则表明，即使在重视守节的理学兴起时代，丧偶妇女坐家招夫这种婚姻形式仍然存在。

根据《元史》所载：诸父亡，母复纳他人为夫，即为义父[3]。它实际上也是对这种婚姻形式的认可。中统五年（1264年）八月忽必烈在统一王朝建立之前即做出这样的规定："随处若有身丧户绝别无应继之人，其田宅……召人立租承佃，所获子粒等物，通行明置文簿……若抛下男女十岁以下者，付亲属可托者抚养，度其所须季给。虽有母招后夫或携而适人者，其财产亦官知数。"[4] 此令为忽必烈政府对丧偶妇女子女幼小招后夫的情形所作专门规定。

清朝政府对招夫婚并不禁阻。乾隆十一年（1746年）规定：坐产招夫，听从民便。若私昵图谋，有伤风化者，应申禁邻族禀逐[5]。丧偶妇女正常的招夫婚姻，法律并不反对。

从现代婚姻视角看，坐家招夫本质上是丧偶妇女的再婚行为，这是其应享有的合法权利。不过法律并不对男女婚后的居住方式作出规定，因而同招赘婚一样，坐家招夫这种特殊婚姻形式法律上并不做具体规定。当代

---

[1] 《名公书判清明集》卷8，户婚门，第296—297页。
[2] 《名公书判清明集》卷8，户婚门，第294页。
[3] 《元史》卷105，刑法。
[4] 《通制条格》卷3，户令。
[5] 《大清律例汇辑便览》卷10，户律，婚姻。

农村丧偶妇女招夫婚仍在一定范围内存在着。其原因是，她们因有子女需要抚养，不愿改嫁至外村外地，但因缺少劳动力或稳定的收入来源难以独立支撑一个家庭。若以已故丈夫所创造的家业为基础，招一未婚男性上门为夫，则可解决自己无劳动力的现实困难。被招之夫多为家境相对较差的失婚男性，或者说相对初婚女性所招之婿，这些男性的条件要更差一些。同时，相对初婚之女，被丧偶女性招为夫且生活在其已故前夫家中的外来男性，所面临的各种压力也更大一些。

2. 宗族规定

一些宗族明令禁止。

清末浙江东阳上璜王氏规定：妇人夫亡，虽家贫子幼，不准招夫来家，以防私婚。违者，罪坐左右邻居[1]。

光绪三十二年（1906年）浙江山阴县《项里钱氏宗谱》族规：夫亡无招赘，无招夫养夫[2]。

作为男系血缘团体，宗族禁止本族丧偶妇女招夫应该说是很正常的态度和举动。

3. 民间习惯

民间社会，相对于无子留女招赘，寡妇或寡媳招夫上门更难被接受，重要的是它受到宗族社会较强烈的排斥。但失去男性主要劳动力后，在"妻离"（离开夫家再嫁）则"子散"（生活困难而送人，或被再嫁母亲带入继父之家等）这些现实威胁下，一些地方的民众并没有严厉排斥这种婚姻形式。

河北涿县：孀妇再醮者亦多，但不能出村，即同族人亦不论。如遇男子先死，遗有财产、子女，而女子不愿改嫁，亦可另招一夫，谓之"招拐"。与招赘不同，男子须随故夫之姓，其名亦以字排，若与故夫为兄弟然。其子女对被招者依然父事之，不敢歧视[3]。认可坐家招夫在于他为寡妇家庭生产、生活维系所不可缺少，可谓摆脱"礼"束缚下的现实选择。这些地方的宗族势力应该比较薄弱。

---

[1] 光绪《东阳上璜王氏宗谱》卷1，修谱条例。
[2] 光绪三十二年浙江山阴县《项里钱氏宗谱》卷首，宗规。
[3] 民国二十五年《涿县志》卷2，礼俗。

山西长子县：子若病故，寡媳得招外姓一男入赘，名曰儿媳两当。生子，先给其已死之子立嗣，次及招婿为后①。规则如此明确，意味着它并非个别现象。新绛县：其子死后，父母以继承无人，又令其媳招夫者，谓之"坐堂招夫"。它被志书撰写者视为应禁止的陋俗②。

河南阌乡县：至少寡再醮，则索价三数百元。并有坐产以招夫者，殊有伤于风化，不可不严行禁革③。这种记述表明当地该现象虽有，但很少。

湖北巴东县：老年丧子，有遗媳招他姓入赘，谓之"陪儿"。此"虽出于万不得已，究为风之最陋者也"④。同情实行此类婚的家庭，但站在正统立场上难以接受它。

浙江定海县：孀妇除再醮外，亦有不出醮，惟在夫家别招一婿以养舅姑儿女，或服外务者，谓之"坐门招夫"⑤。该方志未把坐家招夫列入"乡僻陋俗"之中，说明它不认同此种婚姻形式，但当地丧偶女性以这种方式来维系家庭完整者不是个别现象。

四川长寿县：招夫称为上门。小户妇人，夫死薄有资产，有子女，不愿再适依人，则招鳏夫入门，行夫妇礼，借以治外。以后生育子女，乃为后夫之嗣。然上门之夫，多游荡无业，徒耗妇家资财，或为所弃，或为前夫族属所驱，易合易离，不敢争较⑥。南川县也有相似的婚俗⑦。名山县：寡妇坐堂招夫最为败俗，非第乱宗，亦构讼焉。此则执政者所宜严禁，亦序人类、理人伦之一端也⑧。该地招夫的婚姻质量不高，故而被诟病。

广西宜北县：中年妇女其丈夫死亡，已生子女不愿出嫁，经夫直系尊亲属同意，亦招人入赘。借助看护其孤儿幼女，只赘夫无处理财产权。但入赘之事以为羞耻之行，顺境之人多不屑为，其家境困难无力娶婚者乃迫而为之耳⑨。荔浦县：乡俗，寡妇招夫养子，居其室家，占其产业，族人不

---

① 《民事习惯调查报告录》（下册），第850页。
② 民国十八年《新绛县志》卷3，礼俗。
③ 民国二十一年《阌乡县志》卷7，风俗。
④ 光绪《巴东县志》卷10，风土。
⑤ 民国十三年《定海县志》卷16，风俗。
⑥ 民国三十三年《长寿县志》卷33，礼俗。
⑦ 民国二十年《南川县志》卷5，礼仪。
⑧ 民国十九年《名山县新志》卷10，风俗。
⑨ 民国二十六年《宜北县志》第二编，风俗。

以为异姓乱宗，往往赞成之①。当地民众，甚至宗族对此持接受态度。

贵州黄平县：上门之说，妇人夫故，家有业产，不肯舍弃，因于外姓或相识中招人入赘。被招者或改从妇姓，或不用改。已属非礼②。

在我们看来，不接受留女儿招赘婚的地区，同样不会接受坐家招夫婚。

有些方志对排斥招夫婚有专门说明。山东潍县：穷家丧偶妇女有改嫁者，但"赘夫习惯则无之"③。

传统时期，相对于女儿招婿，儿媳招夫或丧偶妇女直接招夫上门受到的社会排斥更大。其原因在于，站在正统观念立场上，它实际是与前夫家均无血缘关系的两个男女之间的婚配，而且要占有前夫家的资源。对宗族观念较强者来说，这种婚姻形式导致本族名誉和物质双重损失，故此难以接受。不过，丧偶妇女及其子女生存具有现实困难，若族人不愿意或没能力承担赡养之责，它在一定程度和范围上又是可以接受的婚姻方式。

（三）童养婚

1. 童养婚的存在形式

童养婚是民国之前重要的婚姻形式。所以这样讲，因为它是在一定的规则之下运作的。但必须承认，童养婚是男女家庭贫困的产物。在我们看来，童养婚实际包括两个阶段："童养"时期和"圆房"（或称"团房"）之后。童养是一个阶段或过程，被养女孩是一个候补媳妇。只有到了一定年龄，经过"圆房"这一程序或仪式，候补媳妇才能被"转正"。可见，童养婚与童婚有不同，后者为年幼之女按照正式程序被迎娶进门，进门之后便具有"媳妇"的身份和义务。不过，在传统法律上，童养媳与未"圆房"之夫具有夫妻名分④，只是在民间习俗中二者有所区别。

山东临朐县：苦寒之家，或因特殊情形而有童养者，为两家便利计，不必将女送回母家再往迎娶，即在男家择吉期草草成礼（俗名"窠落上

---

① 民国三年《荔浦县志》，见《民俗资料汇编》（中南卷）下册，北京图书馆出版社1997年版，第1020页。
② 民国十年《黄平县志》卷3，风俗。
③ 民国三十年《潍县志稿》卷14，风俗。
④ 王跃生：《十八世纪中国婚姻家庭研究》，法律出版社2000年版，第145页。

头")①。冠县：男女家各贫寒，男女订婚，女未及笄，女家无力赡养，乃寄生于夫家，迨女成年始正式结婚。然是俗多男大于女②。童养为贫家所为，多种婚姻花费得以省减下来。但对男家来说，则要付出抚育之劳。

康熙时山西临晋县："贫家之女，发未养，齿未龀，将女送入男家，名曰豚养，俟及笄而上头成婚"③。

河南更为普遍。获嘉县：贫家育女不易，订婚后往往将女送归夫家代为抚养，名曰"童养媳妇"。夫家又以非女非妇同居不便，多早日成婚以正名义而免滞碍。此亦贫困之家不可避免之事实也④。淮阳县：童养媳，每至歉岁，贫户率多有之⑤。禹县：贫家女幼送之夫家，谓之"童养"⑥。渑池县：女家贫不能妆女出阁者，预送女子夫家，曰"童养"⑦。宜阳县：有家无养赡，预送女于夫家者，谓之"豚养"⑧。这含有贬低之意。

浙江金华、衢州、严州三府中下家庭习惯：重生男不重生女。凡生有一二女子者，或无力抚养，或厌弃，其多愿将女抱给于人，仅得数元而已。彼方有子者，即抱领抚养以为童养媳。名则曰领，实与买卖无异⑨。东阳上璜王氏"修谱条例"规定：娶养媳，既载宗谱，嫂娣名分已定⑩。宗族组织认可童养媳在夫家的名分。

福建古田县：中户以下多童养媳，及笄为择吉合卺，贫者每于岁除行之⑪。同安县：自幼抱养苗媳，及长始行合卺者。贫家大半如此，乡村尤甚⑫。古田县：民国三十一年（1942年）志载：中户以下多童养媳⑬。可

---

① 民国二十四年《临朐续志》卷15，礼俗。
② 民国二十三年《冠县志》卷1，风俗。
③ 康熙《临晋县志》，见《民俗资料汇编》（华北卷），北京图书馆出版社1997年版，第714页。
④ 民国二十三年《获嘉县志》卷9，风俗。
⑤ 民国二十三年《淮阳县志》卷2，风土。
⑥ 民国二十八年《禹县志》，见《民俗资料汇编》（中南卷）上册，北京图书馆出版社1997年版，第200页。
⑦ 嘉庆《渑池县志》卷7，礼俗。
⑧ 光绪《宜阳县志》卷6，风俗。
⑨ 《民事习惯调查报告录》（下册），第892页。
⑩ 光绪《东阳上璜王氏宗谱》卷1，修谱条例。
⑪ 民国三十一年《古田县志》卷21，礼俗。
⑫ 民国十八年《同安县志》卷22，风俗。
⑬ 民国三十一年《古田县志》卷21，礼俗。

见，该地童养婚有一定普遍性。

江西安远县：婚事沿习，间有童配之俗，虽非古礼，然揆厥由来，亦贫啬者变通法耳。使皆长而行六礼，力有不能兼之。俗尚摆牲桌，迎嫁奁，即非厚饰，物力亦非易办。贫者多，富者少，有两省，无两难。故迩来贫少溺女，未必非因童配而开一救生之门也①。南昌县：贫家恒抱人女乳养，小时可令操作，既长可省婚财；生女者恐妨作业，亦愿抱与人。故童养媳最多，俗呼为"囤娘子"，言如货之囤于家也②。乐平县：惟贫者抱女于襁褓中，俟其长而配之，曰"童养媳"③。赣南贫家生女，以抚养维艰，常有用竹篮悬挂人所视见之处，书生庚于内，以待取养。其已养成而售卖典押者亦以此间为最多④。贫家生女，每不愿尽教养成人之义务，乳哺数日或数月，即择有乳之妇而与之为花不女，先由女家开一庚帖，曰"八字"，倩媒传之抱养者之家。而抱养者送女家蛋、酒少许，其事遂谐⑤。

湖北长乐县：邑无论贫富，多童养媳以供服役⑥。童养媳不仅贫家所有，更为富家所尚。男家将其作为操持家务且不必付费的劳动人手。

湖南永州：至穷檐小户，襁褓时抱养童媳，姑媳相依，无殊毛里。迨男女长成，竹筒布被，即可完婚⑦。安仁县：同治年间，向来奁物、酒席尚质朴，近趋奢华。贫家艰于措办，多有抱怀养媳者，亦损费从俭之道⑧。

广东花县：男婚女嫁，多在二十岁前后，然近有男女皆数龄，男父母取为童养媳者。因女父母无力抚养，托媒说明，送归男家抱养，其幼女亦时归宁父母。迨女笄男冠之年，始行合卺之礼。此虽与婚礼未尽合，而事为节俭起见，在娶者不致有愆期之虑，嫁者不患办嫁奁之难，且服习水土，而安其教训，亦礼缘义起也⑨。广东清远县：贫家幼接童养媳，俟其及年为

---

① 同治《安远县志》卷1，风俗。
② 民国二十四年《南昌县志》卷56，风俗。
③ 同治《乐平县志》卷1，风俗。
④ 《民事习惯调查报告录》（下册），第878页。
⑤ 《民事习惯调查报告录》（下册），第879—880页。
⑥ 同治《长乐县志》卷12，风俗。
⑦ 道光《永州府志》，见《民俗资料汇编》（中南卷）上册，北京图书馆出版社1997年版，第560页。
⑧ 同治《安仁县志》卷8，风俗。
⑨ 民国十三年《花县志》卷2，风俗。

之加笄，亦曰上头①。大埔县：邑俗多娶幼媳，至成年后为之合卺，名曰"上头"②。从表述上看，有的地方虽有童养现象，但不多。阳春县："细民或有童养者"③。茂名县：细民下户间有童婚幼嫁者④。有些地方则显得普遍。赤溪县：有生仅匝月即抱养过门者，故童养媳为多⑤。

四川崇庆县：童养惟山野小民为多，或艰生计，或资井臼⑥。华阳县，贫者童养女于家，曰"小接媳妇"⑦。合江县：旧时婚俗，乡僻间，贫不能养女而先送之夫家者，谓之"童养媳"⑧。长寿县则有另一种原因形成童养婚：女子家贫，定婚太早，亲属家亡，舅姑不得已迎至家养之，谓之"闲坐"（俗称"寒房"），俟成年乃延宾与子成婚⑨。南川县也有相似的婚俗⑩。

贵州贵阳府：幼归夫家者，曰"童养媳"，女必长于男子四五岁，取其能操作、任井臼也⑪。这与江西、湖南的幼抱有所不同。因多数童养媳是贫家生子之后才实施的抱养，若女幼抱且长于夫四五岁，便会出现"养媳"等夫的现象。

民间也存有歧视童养媳现象。河北新河县：赘婿及童养媳之制，俗亦有之，或不齿于族人⑫。

由上所见，中国南北方清代和民国时期均有童养婚之俗。相对来说，南方地区童养婚惯习较北方地区浓厚和广泛，甚至在中下层民众中成为具有一定普遍性的做法；北方则仅限于贫穷之家。

童养婚的积极作用是减少了溺婴现象。

江西瑞金县：盖瑞俗每娶一妇，动需钱三四十千，贫民艰于聘妻，故

---

① 民国二十六年《清远县志》卷4，风俗。
② 民国三十二年《新修大埔县志》卷13，风俗。
③ 道光《阳春县志》卷1，风俗。
④ 光绪《茂名县志》卷1，风俗。
⑤ 民国十五年《赤溪县志》卷1，风俗。
⑥ 民国十五年《崇庆县志》，礼俗第五。
⑦ 民国二十三年《华阳县志》卷5，礼俗。
⑧ 民国十八年《合江县志》卷8，礼俗。
⑨ 民国三十三年《长寿县志》卷33，礼俗。
⑩ 民国二十年《南川县志》卷5，礼仪。
⑪ 民国三十七年《贵州通志》，见《民俗资料汇编》（西南卷）下册，北京图书馆出版社1997年版，第421页。
⑫ 民国十八年《新河县志》卷2，风土。

子方孩幼，视村邻生女满月七期，即抚抱童养。长为子媳，所费不过香蜡鸡酒及钱数千而已。贫家利于得资，故溺女为少[1]。道光时德兴县：贫无力者，每多抱养。勿计厚奁，薄而可以嫁之，则溺女之风不戢而自止矣[2]。同治时赣州：赣多童养媳，每在髫龀或乳哺时入门，略具花烛仪。及长，择吉祀祖而配合之，谓之合帐。虽不备礼而贫家可免溺女之患，亦变礼之得者[3]。南康县：俗多童养媳。每在龆龄或乳哺时入门，略具花烛仪，谓之"接乳"。及长，择吉祀祖而配合之，谓之"成合"。虽不备礼，而贫家可免溺女旷男之患，亦变礼之得者[4]。安远县：同治年间，迩来贫少溺女，未必非因稚配而开一救生之门也[5]。

湖南，嘉庆时桂阳县：近来无力婚嫁者，或血盆抱养，或数岁过门，礼物颇为简易，溺女之风渐息[6]。

广东花县：溺女之风，前数十年颇有所闻（清末）。近因女子身贵，贫人生女于周岁可免乳哺，后则托媒嫁人为童养媳。在婴儿可保全其性命，父母亦可得聘金二三十元，而溺女罕有所闻矣[7]。

女孩从小被人收养成为童养媳，相对于溺婴，无疑是一项"人道"做法。所以，溺女婴严重的地区，地方官对童养媳持赞成态度。清道光五年（1825 年），浙江巡抚程含章在"严禁溺女并酌定嫁资示"中指出，如贫家不能乳女者，即送入育婴堂。或与人作童养儿媳[8]。

更多的女婴因这种扭曲的婚姻形式存留下来，性别比失衡状况将会有所缓解，进而减少男性失婚现象。

2. 童养婚进一步推动早婚

童养婚与正式婚娶的早婚不同，但它却会推动早婚的发生。一定程度上童养婚使由男女双方父母所决定的婚娶变为由男方父母一方所决定，同

---

[1] 凌燽：《西江视臬纪事》卷 4，条款。
[2] 道光《德兴县志》，见《民俗资料汇编》（华东卷）中册，北京图书馆出版社 1997 年版，第 1097 页。
[3] 同治《赣州府志》卷 20，风俗。
[4] 同治《南康县志》卷 1，风俗。
[5] 同治《安远县志》卷 1，风俗。
[6] 嘉庆《桂阳县志》卷 3，风土。
[7] 民国十三年《花县志》卷 2，风俗。
[8] 余治辑：《得一录》卷 2，保婴会规条。

时省却了"五礼"等过程。只要达到当地男女完婚的最低年龄,男方父母即会安排二人"圆房"(成为正式夫妇)。文献记载也反映了这一点。河南获嘉县:贫家有女不易,订婚后往往将女送归夫家代为抚养。夫家又以非女非妇不便,多早日成婚以正名义而免滞碍①。

3. 官方对童养婚的态度

近代之前政府有禁令,但收效不明显。童养婚对政府法定婚龄形成直接冲击,并且它已经不是隐晦的婚姻行为。然而多数情况下,政府并不干预。不过也有地方官发布过禁令。

四川巴州:清朝道光年间,乡间多畜童媳,利其操作,往往女大于男。官屡禁之不能止②。明季至清道光年间已有二百余年,官府虽屡发禁令,但童养之风并没有得到扭转。

乾隆初年,湖南茶陵州官员建议严禁童养媳妇:湖南风俗,非系血抱,即属童养,其翁与姑既不若父母之痛恤己女,以致教养多疏,防维不密,幼而失训,长而邪淫……寡恩鲜耻,此猜彼嫌,情不联属,必致离异而后快……嗣后,如有幼小女子实系父母俱故,家计贫难,不能存活,方许其与人抚养为媳。倘或稍可支持糊口,概不许将女出为养媳。有男之家亦毋得擅行抱养。如有故违仍蹈旧习者,许族邻耆保据实禀报,将男女之父母照不应重律治罪,幼女断还母家,财礼追取入官。如此则及时成婚,恩爱寓于礼法,而休卖颓风因是或可止息矣。布政使和按察使批复,将该州所请禁止养媳许族邻、耆保禀报,治罪之处毋庸议③。这是一项严而有度的政策。

清末和民国时期的两项与婚姻有关的具有近代意义的法律都没有明确禁止童养婚。

但一些地方官发布有禁令。福建古田县:民国二十八年(1939年),县令黄澄渊奉禁童养④。

一些地方民国二十年(1931年)之后童养婚呈现减少之势。广西罗城

---

① 民国二十三年《获嘉县志》卷9,风俗。
② 道光《巴州志》卷1,风俗。
③ 《湖南省例成案》卷9,户律婚姻。
④ 民国三十一年《古田县志》卷21,风俗。

县：早岁有童养媳，现时此等事已渐少①。而另一些地方则不减反增。广东平远县：近则女孩始生即有抱养为媳者，始犹贫俭之家偶行之，今则士大夫家亦以为便②。此处的"近"和"今"应该是民国二十四年修志时期的状态。

中国共产党在根据地时期所制定条例中将其列入禁止范围。1930年3月，闽西《保护青年妇女条例》规定：禁止虐待童养媳，并废除媵妾童养婚制度③。1931年10月《湘赣省婚姻条例》：禁止童养媳④。1931年12月《中华苏维埃共和国婚姻条例》第一章中有"禁止童养媳"的内容⑤。1941年11月陕甘宁边区第二届参议会第一次大会对婚姻问题的提案中有"严禁童养媳"⑥。新中国成立后1950年《婚姻法》第3条中将"禁止童养媳"写入。它显示了与根据地时期婚姻观念和制度的一致性。

以上实际是主流婚姻制度下的非主流婚俗。在我们看来，招赘婚是家庭养老为主时代，无儿有女家庭父母解决劳动力不足、养老功能乏人承担的一个比较现实的选择。小家庭为主导和家庭内就业为主的社会中，它是不可避免的婚姻形式。但它无论在男系为主导的先秦及秦汉宗法社会中，还是在男系血缘宗族社会比较发达的宋元明清社会中，均受到贬斥，秦汉时期更受到官方制度化的歧视。宋元以后则在政策、法律上予以正视，肯定其在无儿家庭所发挥的养老功能。当代社会中，法律上的男娶女嫁差别已经消失。在农村，男娶女嫁（正娶）和男到女家做上门女婿（招赘婚）之间的差异仍很显著。

女性丧偶后"坐家招夫"是一种再婚形式。从法律上看，它得到了承认。妇女丧偶且有子女、公婆需要抚育或赡养，在家内招一男子上门为夫，是维护原有家庭存在的必要条件。从这一角度看，它有存在价值，因而官方为其开了绿灯。但在宗族势力较重的地区，这种做法是对男系家庭关系的极大冲击。若赘夫未与妻子生有子女则比较简单，他只是一个劳动力；

---

① 民国二十四年《罗城县志》民族卷，风俗。
② 民国二十四年《平远县志》卷2，风俗。
③ 张西坡：《中国婚姻立法史》，人民出版社2004年版，第128页。
④ 张西坡：《中国婚姻立法史》，人民出版社2004年版，第132页。
⑤ 张西坡：《中国婚姻立法史》，人民出版社2004年版，第135页。
⑥ 张西坡：《中国婚姻立法史》，人民出版社2004年版，第162页。

而一旦有生育行为，其所生者与前夫没有任何血缘关系，对前夫宗族来说，将会带来血缘关系的紊乱。

童养婚是贫穷家庭解决儿子婚配问题的做法。通过抱养他人婴幼之女，与自己儿子形成预期而非即期婚姻关系；通过付出抚育辛劳，减少正规嫁娶时的财礼等项付出。童养婚是包办婚的极端表现。其唯一的积极因素是在溺女严重地区，穷家将新生之女送人童养，省却了抚育之劳，又可免除溺婴所承受的心理压力，因而这种扭曲的婚姻形式起到了抑制溺婴的作用。其后续作用是对区域性别比失衡有所匡正，有利于婚配和人口发展。

七 结语和讨论

（一）关于同姓、同宗和近亲不婚的认识

中国古代同姓不婚建立在伦理基础上，并非人们认识到同姓结婚会使所生育子女素质下降。班固在《白虎通》中对此表达得最为明确："同姓不得相娶，皆为重人伦也。"[1] 不娶同姓者，重人伦，防淫佚，耻与禽兽同也[2]。同姓者，来自同一祖先，相婚有乱伦之嫌。同样，若重视人伦，必然强调族外婚，只有这样，才能防止从小生活在一起的男女生情而有不轨行为发生，进而引导男女对身边有血缘关系同龄异性者不存非分之念，期盼与外姓之人结合。可见，早期同姓不婚客观上起到扩大通婚圈的作用，还有助于与其他宗族建立和改善关系，这就是"取于异姓，所以附远厚别也"[3]。

若说同姓不婚没有任何生育质量的考虑，也不符合实际。同样是班固，在《白虎通》中有言：不娶同姓何法？法五行异类乃相生也[4]。"异类相生"可以有多种理解，我们认为，生育子女死亡率下降、存活率上升也是一种表现，因而这一观念和规则具有提高人口素质的朴素认识。但对此也

---

[1] 《白虎通》卷9，姓名。
[2] 《白虎通》卷10，嫁娶。
[3] 《礼记·郊特牲》。
[4] 《白虎通》卷4，五行。

不能估计过高。

在后世传统社会中，父母为女儿择偶时，为了方便出嫁女性与娘家来往，并使其在与夫家成员发生纠纷中获得娘家支持，近距离结婚是人们的首选，由此不同代际者的关系资源不断累积，形成地域亲缘圈。因各个姓氏家族在同一小区域内并非均衡分布，故而严格的同姓不婚给择偶和婚配带来困难，所以该制度并没有被彻底贯彻，先秦时代即如此。明清以来，同姓相婚增多。这种违制行为并没有或很少被依法追究。

同宗不婚原则在中国古代、近代社会中具有一定刚性。其对近亲结婚的抑制、人口素质的提高具有积极作用。但在禁止同宗近亲结婚的同时，一些地区则认可中表婚姻，从血缘亲等角度看，同辈内亲与外亲之间是相同的。这种婚姻的存在表明，近代之前人们并没有从根本上认识到近亲结婚之害。

（二）婚姻年龄约束的弹性与刚性

中国历史上的制度性婚龄有多个标准：古礼婚龄、冠笄婚龄、法定婚龄、政策婚龄和习俗婚龄等。古礼婚龄是秦汉之前经典礼仪文献上所形成的婚龄，推崇男30岁而娶、女20岁而嫁。对男性来说，这一标准缺少施行的生物性基础（当时平均预期寿命较低），也没有被落实的社会基础（人口高出生、高死亡和低增长时代，追求富国强兵的政治家期盼人口增长、劳动力增加）。男二十而冠、女十五而笄成为具有实施基础的冠笄婚龄。而近代之前，多数王朝有自己的法定婚龄，它大大低于礼仪婚龄，以男16岁、女14岁为主。尽管当时政府并没有倾力推动将法定婚龄作为刚性标准来实施，应该说，它与民众的期望结婚年龄是比较一致的。近代之前政策婚龄指政府设定一个年龄范围，要求民众在年龄高限之前结婚，它有鼓励结婚、推动人口增长的目的。但其只在少数朝代实行过。习俗婚龄是各地民众形成的具有地方特征的男女婚龄标准。就清代而言，其中有的较法定婚龄低，有的比法定婚龄高；甚至有男小女大这种婚配模式。我们认为，传统社会是以农业为主要谋生方式的社会。虽然民众的基本职业被分成士、农、工、商四大类，但农业人口在多数时期、多数地方超过85％，甚至90％以上的人口为农业人口。农家子弟很少受到系统的教育或如汲汲于科考，绝大多数人尚未成年即躬耕田亩。因为没有求学、科考这些目标压身，及时婚配成为民众中的种趋向。更重要的是，父母主婚制度下，子女婚配是父母的责任和义务，完成一桩子女的婚事是父母一项责任的解脱。所以，当时社会所营造的是崇尚早婚的氛围，及早完婚是家庭富足的象征。相反，子弟晚婚则是家庭平穷、无人提亲的结果。总的来说，传统婚姻年龄基本上由父母根据习俗来确定，较少受到法定婚龄的直接约束。

中国婚姻年龄制度的最重要转变是在1950年《婚姻法》颁布之后，特别是1953年《婚姻法》被全面落实之后。新的法定婚龄为男20岁、女18岁。这一法定婚龄得到较好贯彻，其原因有两个方面：一是婚姻登记制度逐渐建立起来。男女何时婚配不是由父母来决定，而是须达到法定结婚年龄才允许登记结婚。不仅如此，当事男女要持户籍地基层单位或工作单位开具的证明年龄、身份的信件前往登记，这有效地降低了弄虚作假现象。可见，它实际形成两道控制程序。另一个因素是公共教育和就业制度建立所起作用。不少城镇地区20世纪50、60年代即普及了初中教育，农村则普及了小学教育。这有助于改变人们的婚姻观念。更重要的是，社会就业（农村为集体经济制度下生产队就业，城市劳动年龄人口则多在国营、集体所有制企业或机关、事业单位就业）和单位制度之下，个体年龄信息也是组织和单位内群体所关注的内容。在同一制度下，某一个体因造假获取特殊利益则会引起群体效应，成为惹眼的事件，因而组织或管理者会加以抑制。当然不能排除造假行为存在。另外，即使在集体经济时代，也有一些地方民众仍按民间习俗结婚，不到婚姻登记部门领取证件。在我们看来，法定婚龄及婚姻登记制度的效力是，大多数人的早婚行为被转变过来。1949年以来，中国婚姻年龄的第二个转变是晚婚这一政策性婚姻年龄的推行。它主要实行于20世纪70年代，男25周岁、女23周岁方许可登记结婚。此政策实施期间，法定婚龄被替代。就农村整体来看（以1974—1975年为例），周岁达到晚婚年龄结婚所占比例超过三分之一，不足40%。它表明，该制度与民众的婚龄愿望有较大差距。各个地方对晚婚的执行标准宽严不同，同时虚报年龄现象增多。甚至存在不登记而结婚者。可见，制度一旦脱离民众的愿望，落实的阻力将增大，以作弊和迂回方式结婚者将增多。当1980年新《婚姻法》将法定婚龄调整至男22岁、女20岁时，民众多能接受这一较晚婚年龄为低的标准。但若以1980—1984年为例，男女结婚者中超过四分之一低于法定婚龄结婚，更改出生年龄是主要原因。不过至 1995—2000 年男女低于法定婚龄结婚比例降至 16.48% 和 11.7%，我们认为，它是男女受教育年限提高、非农就业增多和婚姻观念变动后主动选择的结果。

中国历史上较低的习俗性婚姻年龄很大程度上是对高死亡率之下、家庭人口不兴旺的应对，而由父母操办子女婚事的制度为早婚创造了条件。1949 年以后，法定婚姻年龄的刚性特征凸显。政府为控制人口，减少育龄夫妇生育频度，通过实施晚婚年龄替代法定婚龄。虽然整体而言农村晚婚率并不高，但它却促使多数人在法定婚龄以上年龄结婚，对晚育所起作用不容低估。

（三）从一夫一妻、妾为补充到全面实行一夫一妻制

中国在民国之前长期的历史阶段实行的是一夫一妻、妾为补充的婚姻制度。在男系为主导的中国传统社会，何以一夫一妻制得以实行？

在我们看来，有以下几个原因：一是传统时代强调婚姻为"合二姓之好"，并且夫妇承担着上事宗庙、下继后世的神圣义务。从缔结形式上看，它是在当事男女父母或其他长辈主婚下完成，非男女自由择配。亦即双方家庭、家族对男性多妻构成制约。二是夫妇一体观念的影响。如《白虎通》所言：妻者，何谓？妻者，齐也，与夫齐体，自天子下至庶人其义一也[1]。夫妇齐体与夫妇一体有相同之意。《白虎通》的另一处表达说明了这一点：妇人学事舅姑，不学事父母者，示妇与夫一体也[2]。夫妇一体建立在夫妇并立基础上，男子多妻与此原则不相符合。三是婚姻为秩序的产物，更进一步，一夫一妻有助于维持社会秩序。《礼记·郊特牲》言："夫昏礼，万世之始也。"在这些原则下，男性在与妻子维持婚姻关系时不可再娶。

但一夫一妻制下，允许纳妾。按照制度本意，纳妾是在无子情况下通过增加合法性伴侣数量来弥补妻子未能生育子嗣的缺憾，并非单纯为了性的满足。因而，不少时期无论官方还是宗族，对男子纳妾有年龄限制，一般是当妻子过了生育高峰或生子的可能性降低之后。不过，它在实际生活

---

[1] 《白虎通》卷10，嫁娶。
[2] 《白虎通》卷10，嫁娶。

中往往有很大弹性。

中国完全一夫一妻法律制度（不允许于妻子之外纳妾）在1930年《民法》亲属编中即得到体现，然在社会实践中它尚处于过渡时期。新中国成立初期《婚姻法》和新的城乡管理制度为严格的一夫一妻制度的推行奠定了基础。

我们认为，近代之前，一夫一妻、允许纳妾的制度，在一定范围内形成了事实上的"多妻"制，但在多数地区，纳妾或女为人妾受到宗规的限制和民俗的歧视，近距离的纳妾现象被抑制，它使多数男性的婚配得以实现。这是有利于中下层民众的生育和家庭人口繁衍的。

（四）主婚制度和婚事操办方式对婚姻的影响

父母主婚制度对婚姻的缔结有双重性：一方面，当事男女被剥夺了自由择配之权，与不相识、尚无感情基础的异性结合，婚姻质量不高，至少在结婚初期如此；另一方面，男女不必为婚礼费用、住房等条件备办操心劳神，可以及时完婚。

父母主婚的本质在于，婚姻的形式虽是男女结为夫妇，实际是双方家庭或父母的择媳和选婿行为。对男方家庭来说，将媳妇娶进门既要使其传嗣，更要使其与儿子一起承担赡养老人之责，不仅仅是为儿子找一配偶。因而父母要把好这一关，由此形成高度包办形式。

在传统时代，对男方父母来说，父母主婚是与父母承担操办儿子结婚花费联系在一起的。男女婚配中起主导作用的男方父母往往根据家庭经济条件决定儿子的结婚时间和年龄。其最大弊端是，极易形成早婚现象，进而在区域范围内酿成早婚之俗。

1949年以后，男女婚姻自主获得法律支持和保护，由合"两姓之好"逐渐变为结"两人之好"，婚姻质量有所提升。但在中国多数地区，特别是农村，父母仍承担着为子女提供结婚所需费用之责。男方父母由此背负的压力更大。这完全是惯习约束下的行为。它也成为中国家庭代际关系维系的重要形式——亲代为子代完婚是其义务。

在我们看来，男女婚姻自主应该是以婚事操办自主，至少是以当事男女自我积累为主具有一致性。只有这样才会实现婚姻中的理性消费。

（五）特殊婚姻制度的存在和所受抑制

在男系传承模式下，招赘婚这种婚姻形式尽管受到歧视，但因其具有养老功能，法律和官方政策对此并不阻止。总体来看，除秦汉时期实行征召赘婿从军或戍边等贬斥特征比较突出的政策外，其他时期并无明显歧视之规。不过在民间，宋元之后，它有两种表现：一是宗族或宗族势力较强的地区排斥招赘婚，有女无子者可过继近亲之子为嗣，并由其承担养老送终之责；二是小户人家有女无子时则往往招婿上门。总体看，招赘婚一直在夹缝中生存。1949年后，从法律上讲，女随夫居、夫随妻居均可，招赘这种歧视性用语已消失。但在民间，特别是农村，仍保持着男娶女嫁习惯，男到女家落户被视为招赘婚，不得已而为之。实际上，城市化是消除招赘婚遗习、实现男女婚姻形式平等的主要途径。从本质上讲，男女婚配只有在脱离双方父母家庭、在第三地组成自己的家庭才是具有独立意义的婚姻形式。这一点，城市社会已经基本形成。

坐家招夫本质上讲也属招赘婚，只不过它是由媳妇所招，非女儿所招。当然，还有丧偶女性自招这种形式。在对男系传承形式冲击方面，它较女儿招赘婚力度更大，因而更难被正统婚俗所接受。这种婚姻方式所以会存在，是家庭功能维系所需：中青年女性丧偶，家庭失去主要劳动力，子女、老人生存资料来源出现困难；若丧偶者改嫁，家庭成员的生存危机将加重。招一男子上门，弥补劳动人手短缺状况，家庭的功能得以维系，这是一种比较现实的做法。在一定程度上可以讲，招夫较招婿更具有刚性。客观上讲，有女无子之家尚有两种选择：一是将女嫁出，过继同宗近亲之子承继；一是招婿。而丧夫家庭的寡妇，多上有公婆，下有子女，已无实施过继的可能。正因为有这种现实需求，一些地方，特别是南方，在此问题上具有务实观念，认可招夫婚。排斥习俗在北方比较强烈。1949年以后，由于宗族组织解体，族人婚姻行为的自主性增强，丧偶招夫情形增多。从现代视角看，招夫本是丧偶妇女的再婚行为，而所招之夫可能为初婚，可能为再婚。招夫婚有强烈的夫随妻居表现，一般是大龄未婚男性的选择，其所处不利地位比较明显。当然从法律上讲两者没有差别。我们认为，这种婚姻与社会保障制度缺失有关。女性丧夫之后，本可以正常再婚，只是因为有未成年子女需要抚养，难以离家再嫁入另一村，只好招夫。条件好的男性往往不会走上这种婚姻之路，对女性来说，婚姻质量受到影响。同样，招夫婚也只有在城市化社会中才可能消除。

童养婚是男家父母通过付出对别家幼女的抚养投入，解决儿子成人后的婚姻问题。另外，童养媳成婚时，男方家庭不必再支付昂贵财礼费用。男家的收益表现在，在女性资源相对短缺的区域婚姻市场上，竞争力差者通过这种预支方式使儿子的婚配有了保障，并节省了婚姻缔结中的花费。童养婚是包办婚姻的极端表现。近代之前，作为"六礼"不备的婚姻形式，它是受人歧视的。政府则理解和承认它存在的合理性。因它与男女自主婚姻制度相违背，1949年后的法律不承认童养婚。

由此可见，中国社会中，特别是传统社会，既有男系传承约束下以男娶女嫁为主导、礼仪齐备的婚姻形式，也有招婿、招夫和童养等非主流的婚姻形式存在。一种主导制度不能统领所有婚姻行为，表明其功能有不足之处，需要有补充其功能的婚姻形式加入。本质上讲，它们也多是父母包办婚姻的产物。农业社会的村外婚惯习和社会保障制度的缺乏成为招婿、招夫婚维系的土壤。童养婚则只有在男女婚姻自主之后才会从根本上消除。

第三章 人口繁衍的鼓励和抑制
——生育制度的演变

一般而言，人口繁衍依赖两性结合下的生育。人类的生育是自然行为的结果（具有生育能力两性相结合的产物）；同时又受社会环境和经济条件的制约（男女婚配时间、生育数量、养育能力等），表现出社会的作用。从社会角度看，生育行为处于三种力量影响之下，一种是激励力量，即生育受到家庭以外制度性措施的鼓励；一种是抑制力量，即家庭、社会组织和政府限制生育，特别是政府为控制人口增长，对民众生育行为予以约束。在这两种力量之外，另外一种则是顺其自然的做法，既没有激励措施，也无抑制手段，制度的作用没有表现出来。实际上，在大部分社会阶段，作为制度，基本上以前两种力量为主。所以，本章将对此进行探讨。

一 理论框架

（一）"制度与生育"还是"生育制度"

这里有必要辨识两个问题之间的区别。

"制度与生育"探讨制度与生育行为之间的关系。这里的制度既有直接影响生育的制度，也包含间接对生育有影响的制度；"生育制度"是生育本身及其过程中所形成的制度，直接影响生育行为。本章分析将兼顾这两个视角。"制度与生育"研究制度对生育的数量、性别有哪些影响，具有方向性；"生育制度"更多地从生育的环境方面去考察。而除了这两种情形之外，还有第三种，外在制度试图通过内在制度对生育产生影响。

1. 制度与生育的关系

图 3-1 将制度和生育视为两种并立的行为，实际是两种主体（制度制定、落实主体和生育主体）之间的行为。比如国家制定法律和政策等制度形式，通过采取鼓励和限制等措施来影响民众的生育行为。传统社会由帝王发布、各级官府实施，当代由民众代表形成的国家组织（人民代表大会）等是制度（法律）的制定主体，各级政府是落实制度的主体；作为生育主体的民众则是制度的落实对象，进而影响其生育行为。

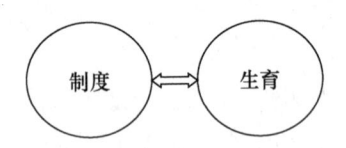

图 3-1　制度与生育关系形式

2. 生育制度

从图 3-2 可见，就生育制度而言，它是生育的环境，或者说承载生育行为的制度环境。这种环境制度多没有制定主体。可以说，生育制度主要是内在制度。内在制度为原生制度，是被广泛接受、积累时久的制度。如惯习中的男孩偏好、民间节育措施等。

图 3-2　生育制度表现

3. 外在制度干预内在制度对生育行为产生影响

在这种关系中，生育受到至少两种制度形式的作用：原有制度环境和另一种有制定主体的制度。如在当代社会，政府通过制定有利于女孩教育、就业和婚姻方式（鼓励男到女家落户）的政策，弱化民俗中的男孩偏好，从而减少民众妊娠期间选择性流产等做法（见图 3-3）。

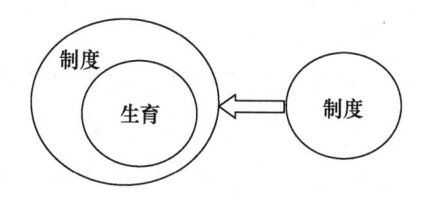

图 3-3 外在制度干预内在制度下的生育行为

我们认为，既然这三种制度最终都表现在民众的生育行为上，故为简化起见，可将它们泛称为生育制度。

(二) 构成生育制度的三个层面

1. 从家庭层面看生育制度

人类的生育是在制度环境中进行的。其基本表现是，绝大多数生育是男女按照特定制度缔结婚姻、组成家庭之后所发生，至少是结婚后的产物。而婚姻和家庭就是一种制度。从这一角度看，生育是在制度环境中发生的。

生育发生之后，就有生育多少的问题和生育性别偏好的问题。从形式上看，生育、生育多少和生育性别偏好是夫妇在家庭内的选择，不受制度的约束，但实际上制度影响依然存在。如家系传承的性别差异、婚姻方式"从夫"还是"从妇"等，养老是依赖家庭成员为主还是靠社会提供养老保障。这对子女数量和性别选择具有影响。

2. 从乡土社会层面看生育制度

地方惯习、宗规族训是乡土社会的重要制度形式，其对生育行为具有一定影响。

地方惯习对生育行为的影响不仅表现在传统社会中，当代依然存在。如有女无儿家庭通过招婿来解决家庭养老问题，但这种婚姻形式在不少地方为惯习所歧视，迄今乡土社会仍无根本改变；它反过来强化了人们追求男嗣的生育行为。宗族本身是父系同姓血亲共同体，它通过宗规族训来维持男娶女嫁、同姓传承模式，排斥异姓进入；同时它允许甚至鼓励婚后无男嗣族人纳妾（当然有的宗族有年龄限制，如 40 岁时原配尚未生出儿子等；有的则没有这一限制）；最终无男嗣者则须从同宗近支过继他人之子为后嗣，家产归其继承。这些制度环境强化了族人的男孩生育偏好。

3. 从国家层面看生育制度

一般来说，生育是家庭行为，但个体家庭人口数量多少又与国家存在基础、国力有关。因而，无论历史时期还是当代，国家统治者或管理者表现出对生育的兴趣，乃至制定法律、政策进行干预。所以从国家视角考察生育制度是不可缺少的，在中国尤其如此。

（三）生育制度层级和类型的时期差异

从古迄今，国家视角的生育制度基本上有两种：一是鼓励，一是限制。而实际上，大部分时期，政府对生育持不干预态度。不干预便没有政策等制度性规则表现出来。

我们在此从时期变化的角度认识生育制度的层级和类型。

生育制度的层级，正如上面所言，它包括家庭、乡土社会和国家三个层级。从外部干预和影响上看，生育行为主要受到乡土社会的惯习、宗规族训和国家层级的法律和政策的影响。近代之前，乡土社会这一层级的制度对个体生育的影响比较大，而国家层级的制度在多数时期则比较间接。因政府力量有限，其对民众家庭的生育所能采取的鼓励和制约措施作用有限。在当代，政府机构比较完善，政策对民众生育的作用力凸显，宗族的经济基础在土地改革和集体经济制度建立过程中受到根本削弱，其组织形态在政府的压制下也瓦解了；传统惯习在乡土社会虽难消除，不过在迁移人口汇集的城镇其作用也在式微。这种形势有利于国家生育政策的贯彻。尽管传统惯习中和宗族中的男系传承对独生子女政策贯彻具有阻碍作用，但多子女生育习惯则被扭转了。它与国家层级制度的强势地位有直接关系。当然社会经济发展之后，子女的教育投入增大，婚配花费提高，养育成本上升也会间接抑制生育。

生育制度类型的时期差异表现为，近代之前，不同形式制度的作用方向是鼓励和推崇生育行为，并表现出较强的男孩偏好。不过，多数情况下，民众生育是一种自发行为。近代之后，特别是20世纪60年代后，国家层级的制度以抑制生育数量为基本指向，民众自发生育行为的存在空间被大大压缩，甚至说基本丧失。

我们认为，抓住这些制度特征，对认识不同时期民众生育行为所受影响是必不可少的。

二 鼓励生育、保护婴幼儿制度及其形式

生育本质上是家庭行为，为家庭养老、代际传承等功能所需。但人口又是国家存在的基础，人口数量多少在很大程度上影响着社会经济发展水平。由此，国家和政府将这一个人行为、家庭行为纳入关注视野，乃至采取干预措施。

（一）政府鼓励生育、保护婴幼儿的措施

近代之前，多数王朝对生育行为持鼓励态度，有的还有一定的扶持政策。

1. 鼓励生育

我们所说的鼓励生育主要是政府对生育夫妇有具体奖励、资助措施，而非泛泛提倡多育。

（1）传统时代的生育鼓励制度

从观念上看，近代之前历朝政府可谓都推崇生育行为，具有鼓励生育的倾向，但有具体奖扶措施者又并非很普遍。只有当国家面临人力资源短缺形势时，政府才会采取这一措施。

就现有文献记载看，中国历史上，最早实行针对所有民众生育鼓励措施的政权为春秋时期的越国。为增加人口、壮大国力，越王勾践采取了促使民众早婚、多育的政策。其中，生育鼓励方式为：妇女"将免者以告，公（官方）令医守之。生丈夫（男孩），二壶酒，一犬；生女子，二壶酒，一豚"。"犬"和"豚"的区别在于前者属阳，后者属阴。可见该奖励标准没有实质上的高下之别。政府借此显示对"填丁进口"家庭的重视，因他们为国家的人口增长目标做出了贡献。另外一胎生二子者官府为其雇乳母，一胎生二女者给予食物补助①。我们认为，这种奖励措施更像一份对生育者的贺礼，以此表现官方的重视与感激之意。该政策的象征意义更大一些。

---

① 《国语·越语》。

虽然，一胎生二男、二女者获得较多支持，但一般情况下双胞胎生育的概率不会很高，因而获益面是很有限的。

从秦汉至隋唐之前，民众及其家庭户是国家租、庸、调的直接承担者，特别是建立在丁口基础上的"赋"和针对成年男性的徭役征派成为民众的负担。因此，减轻生育家庭的赋税和徭役成为主要做法。

甲、以减免赋役为重点的优待政策

它最早实行于西汉时期。西汉初年，承秦末大乱，众多民众死亡。史载当时全国"户口减半"。因而繁衍人口、增殖劳动人手成为恢复国力不可缺少的一环。刘邦于七年（前200年）下令，"民产子，复勿事二岁"①。即免除生育家庭原本应服役者两年的徭役。以后，这一政策多有效仿者。

东汉章帝于元和二年（90年）下诏："《令》云人有产子者复'勿算三岁'。今诸怀妊者，赐胎养谷人三斛②；复其夫，勿算一岁，著以为令。"③这里的《令》显然并非章帝时所制订，"人有产子者，勿算三岁"，很可能是东汉初年以来一项重要惠民政策。而《晋书·食货志》对西汉、东汉之交社会变革的追述可视为一个佐证：光武宽仁，龚行天讨。王莽之后，赤眉新败，虽复三晖乃眷，而九服萧条。及得陇望蜀，黎民安堵。自此始行五铢之钱，田租三十税一，民有产子者复以三年之算④。章帝在此基础上扩大优待范围，增加"胎养"项目，成为一项有特色的政策。所以《后汉书》作者称章帝"深元元之爱，著胎养之令"⑤。

所谓"勿事二岁""勿事三岁"或"复其夫"，主要是免除生孩子家庭父亲或孕妇丈夫所应承担的徭役。而勿算三岁或一岁，则是免除产妇三年或一年的算赋（汉代有人口税，即算赋，15—56岁，人出120钱）。这些措施直接减轻了生育家庭的生存压力。

南朝齐武帝永明七年（489年）的政策继承了汉朝的做法："若产子

---

① 《汉书》卷1，高帝纪。
② 按照汉代量制，1斛为10斗，1斗为10升。斛与石相通。汉代1石=2市斗，1市斗=13.5斤，1石=27市斤粟，三斛为81市斤粟。见林甘泉主编《中国经济通史·秦汉经济卷》（上），经济日报出版社1999年版，第175页。
③ 《后汉书》卷3，章帝纪。
④ 《晋书》卷26，食货。
⑤ 《后汉书》卷3，章帝纪。

者，复其父"①。但所免徭役的年限未予说明，至少应为一年。建武四年（497年）明帝又下诏："民产子者，蠲其父母调役一年。"② 这一规定的免役期限明确，而且"调"（实际是赋）也在优免范围。南朝梁天监十六年（517年），武帝下诏："若民产子，即依格优蠲"③。"依格"表明当时有条文规定的照顾规则，非临时动议。这些政策的核心目的是促使人口增长。南朝齐明帝的做法中，除了蠲免产子家庭父母调役、赐米之外，还有一条为"新婚者，蠲夫役一年"④。可见，该项政策显然是为新婚夫妇的生育创造条件。

乙、以赐赏粮食等生活资料为资助形式

家庭食物短缺在近代之前的农业社会具有一定普遍性，以食物赐赏为鼓励手段被一些王朝所采用。

前述东汉章帝所定"胎养令"即为食物帮助之举。

南朝一些政权对生育家庭有固定的赐赏。齐建武四年（497年）明帝下诏："民产子者赐米十斛"⑤。这个标准在当时社会条件下已不算低。另外，对灾民中生子家庭还有特别优待。南朝宋文帝（424—453年）让官僚在赈济时注意对生子家庭救济："民有生子者，口赐米一斗"⑥。该政策可谓只具有象征意义，因为所赐之米实在有限。北朝这方面的政策不太明确。不过从一些散见的记载中也可看出，当时北朝也有对生男家庭的赏赐。《北史·邢邵传》载："旧格（应指北魏时——笔者注）生两男者赏羊五口，不然则绢十匹。"其获益范围较小，且有性别歧视。

唐朝只是偶然实行此项政策。贞观二年（628年）六月，太宗以儿子李治出生，赐是日生子者粟。贞观三年（629年）四月，因太上皇徙居于大安宫，太宗赐妇人正月以来产子者粟一斛⑦。政府只对此前四个月内生子之家予以奖励，并且它仅是为营造祥和气氛所采取的措施之一，其着眼点

---

① 《南史》卷4，齐本纪。
② 《南史》卷6，梁本纪。
③ 朱铭盘：《南朝齐会要》，民政。
④ 《南齐书》卷6，明帝纪。
⑤ 朱铭盘：《南朝齐会要》，民政。
⑥ 《宋书》卷63，沈演之传。
⑦ 《新唐书》卷2，太宗纪。

并不在生育鼓励上。

南宋时政府也制定有胎养令,即从官仓中支出粮食发予孕妇家庭。孝宗乾道五年(1169年)下诏:"诸路提举司置广惠仓,修胎养令。"① 光宗时,福州知州赵汝愚将无主、绝户之田收益资助有生育家庭。其方法是:召佃输租,仍拨籴本建仓,收储租米。遇受孕五月以上者,则书于籍。逮免乳日,人给米一石三斗②。

丙、救助有生育行为的贫穷民众

官方通过资助,避免和减少百姓家庭因养育困难而出现溺婴行为。

东汉政府通过对婴儿家庭的救助来达到鼓励生育的目的。东汉元和三年(86年)章帝下诏:"其婴儿无父母亲属及有子不能养食者,禀给如律。"③

南宋时对贫穷百姓中的生子家庭予以适当照顾。绍兴八年(1138年)规定:州县乡村五等、坊郭七等以下户及无等第贫乏之家,生男女而不能养赡者,于常平钱内人支四贯文省。仍委守令劝谕父老,晓譬祸福。若奉行如法,所活数多,监司保明推赏④。绍兴十五年(1145年),高宗命贫民产子赐义仓米一斛⑤,以此作为其鼓励人口增长政策的重要组成部分。所以南宋政府同时要求"守令满日以生齿增减为殿最"⑥。

南宋时,当时福建一带民众"生子多不举"。宋孝宗于乾道五年(1169年)为此下诏:"福建路贫民生子,官给钱米。"⑦

上述政策,特别是免除生育家庭父母的赋役举措多实行于汉至南北朝之间。这与当时的赋役征派方式以成年人口为基础(非后世以土地为基础或人财并重、最终在清朝中期实行摊丁入亩之制)有关。因而,国家通过减免生育家庭夫妇的赋税,使其获得生育的益处,进而起到鼓励生育的作用。从政策的颁布方式上看,该时期不少政权在优待生育家庭父母方面有

---

① 《续文献通考》卷31,国用。
② 《续文献通考》卷31,国用。
③ 《后汉书》卷3,章帝纪。
④ 《文献通考》卷11,户口。
⑤ 《宋史》卷30,高宗纪。
⑥ 《文献通考》卷11,户口。
⑦ 嵇璜等:《续文献通考》卷32,国用。

相对固定的条文，不是偶然行之。这些政策中，一年及以上的赋役免除对生育者家庭生存压力的减轻有实质性帮助。"胎养"谷赐赏也有助于提高孕妇的营养水平。但有些赐赏仅是象征性的，不过其鼓励生育的导向意义由此体现出来。

（2）1949年后至20世纪50年代初期短暂的生育鼓励政策

1949年后至1953年，长期的战乱刚刚停息，抗美援朝战事又起并持续三年（1950—1953）。整体看，这一时期国家百废待兴，对劳动人手需求比较旺盛。不过，在国家层级，并没有实行过具有奖励措施的生育政策，只是个别地方模仿苏联表彰多育妇女（时称"英雄母亲"）。因而可以说，政府在全国范围内实行鼓励生育的政策并无显著表现。但需要指出的是，该时期，政府采取了禁止节育、流产和避孕的措施，这种做法客观上具有鼓励人口增长的意义。后面对此将专门论述。

2. 禁止溺婴及其对婴儿的保护政策

（1）溺婴、弃子禁令

溺婴现象，特别是溺女婴行为，在中国源远流长。战国时韩非子指出：父母之于子也，产男则相贺，产女则杀之[①]。韩非子的这一表述显得有些极端，父母即使有溺杀女婴行为也应在至少拥有一个女儿之后，而不大可能见生女就弃养。韩非子或许借此表达当时父母对子女有性别偏好，并且形成习俗。由于文献所限，我们没有见到先秦之前政府为此所发布的禁令，救助措施也较少见。汉朝以后官方制止溺婴的措施逐渐增多。

政府以行政手段来制止溺弃婴儿是保护婴幼儿政策的重要组成部分。不过，隋唐之前，由中央政府发布命令对这种行为予以制止尚不多，更多的是地方官对辖区百姓采取限制措施。这可谓是地方性制度。东汉时新息一带百姓"困食"，即缺乏食物资料，所以"多不举子"。贾彪担任该地地方官期间"严为其制"，公开宣布"杀子与杀人同罪"。他曾同时遇到两个案件："城南有盗贼人者，北有妇人杀子者"。对此贾彪认为：母杀子较之盗贼更为恶劣，应该优先加以处理。史载自此以后新息地方数年间，"人养子者以千数"。当地民众对贾彪感恩戴德，生男名为"贾子"，生女名为

---

① 《韩非子·六反》。

"贾女"①。东汉地方官还对民间一些杀子恶习加以引导。在河西一带，"俗多妖忌，凡二月、五月产子及与父母同月生者，悉杀之"。张奂任该地太守时，"示以义方，严加赏罚，风俗遂改，百姓生为立祠"②。王吉为沛相时，以严厉措施抑制弃婴现象：若有生子不养，即斩其父母，合土棘埋之③。

三国时，天下不定，"民众生子无以相活，率皆不举"④。这似乎不是局部地区的现象。郑浑在任下蔡、邵陵地方官期间，"重去子之法，民初畏罪，后稍丰给，无不举赡。所育男女，多以郑为字"⑤。生存资料欠缺是民众不举子的主要原因。政府若能将禁弃子政策与提高民众生存能力结合起来，才能收到效果。

东晋殷仲堪任晋陵太守时，禁产子不举⑥。南朝梁义兴太守任昉针对当地产子不举行为，"严其制，罪同杀人"⑦。

上述抑制溺婴、杀子措施基本上出自地方官员之手，没有全国性制度。它或许说明，这只是个别地方官员所实施的"惠政"。其他地方此种现象或许不严重，或许不被地方官所重视。进一步看，地方官所为可谓一种土政策，而且措施严厉，如杀子与杀人同罪。我们认为，这很大程度上是一种威慑，但的确收到了效果。它也说明，当时地方行政并不规范，官员不经请示就可出台"偿命"之类的政策。

宋代以来，中央政府开始制定全国性的政策抑制溺婴行为。宋朝有"故杀子孙徒二年"的律条⑧。同时辅之以地方官的得力贯彻。福建建州，"其俗生子多不举"，王鼎任知州时，"条教禁止"⑨。闽俗，"老而生子辄不举"。杜杞任建阳县时，"使五保相察，犯者得重罪"⑩。这一点很重要。若单纯依靠法律作为威慑力量，没有民间组织加以配合，其抑制力是有限的。

---

① 《后汉书》卷67，贾彪传。
② 《后汉书》卷65，张奂传。
③ 《后汉书》卷77，酷吏传。
④ 《三国志》卷16，郑浑传。
⑤ 《三国志》卷16，郑浑传。
⑥ 《晋书》卷84，殷仲堪传。
⑦ 《南史》卷59，任昉传。
⑧ 《苏东坡全集》前集卷30，与朱鄂州书一首。
⑨ 《宋史》卷300，列传。
⑩ 《宋史》卷300，列传。

苏轼也主张抑制溺女行为，建议诸邑令佐依靠保正协助，劝导百姓纠正溺婴之行，其做法是："告以法律，谕以祸福，约以必行，使归转以相语，仍录条粉壁晓示。且立赏召人告官，赏钱以犯人及邻保家财充，若客户则及其地主。妇人怀孕，经涉岁月，邻保地主，无不知者。若后杀之，其势足相举觉，容而不告，使出赏固宜。若依律行遣数人，此风便革"。同时"使令佐各以至意诱谕地主豪户，若实贫甚不能举子者，薄有以周之。人非木石，亦必乐从。但得初生数日不杀，后虽劝之使杀，亦不肯矣"①。这可谓将律令约束与感化相结合的治理设想。南宋高宗下诏重申荆湖、福建士民不举子之禁，"令保伍更相觉察"②。对杀子之家，"父母、邻保与收生之人，皆徒刑编置"③。开禧元年（1205年），政府再立"严民间生子弃杀之禁"④。宗室子昼发现衢、严、信、饶之民生子多不举，上书"请禁绝之"⑤。

就已有官方文献所见，这些溺婴行为多是民众生存困难、不具有养育能力所致，或者说是现实养育条件限制下的举动，并非对未来养育、婚嫁的担心所促使。因而，性别选择性溺婴现象似乎并不严重，至少没有将女婴作为主要溺弃对象。需要说明的是，先秦和秦汉及以后的一些时期，"子"并非仅指儿子，而是子女。故前面提到的"杀子""不举子"中的"子"应指子女。元代之后，生育政策中的子女之别才较为明确。

元朝规定："今已后女孩儿根底水里撒的人每，一半家财没官与军每者。"⑥对此，《元史·刑法志》的记载更明确："诸生女溺死者，没其家财之半以劳军；首者（举报者）为奴，即以为良；有司失举者罪之。"⑦既然政策只将禁止溺女婴作为政策目标，那么表明元代民众性别选择性溺婴开始突出。在本法之中，政府把对溺婴家长的惩罚、告发者的奖励、失职官员的治罪等方面结合起来，甚至将有奴婢身份的举报人免为良民。这可谓

---

① 《苏轼集》卷74，书九首。
② 李心传：《建炎以来系年要录》卷163。
③ 《历代名臣奏议》卷108，论举子钱米疏。
④ 嵇璜等：《续文献通考》卷12，户口。
⑤ 《宋史》卷247，宗室传。
⑥ 《通制条格》卷4，户令。
⑦ 《元史》卷103，刑法。

一种重赏。因而此种纠告系统对欲溺婴者会起到一定震慑作用。值得指出的是，元朝甚至有禁止娼妓堕胎的规定："诸娼妓之家所生男女，每季不过次月十日，会其数以上于中书省；有未生堕其胎、已生辄残其命者，禁止。"① 从政策上看，元代政府对溺婴行为的态度是严厉的。

明永乐八年（1410年），朱棣对皇太子监国、南京礼部尚书吕震说："人情相爱则祝以多男，而民庶者国家之祥。近闻京师愚民有厌子息，多生辄弃之不育者，伤天地之仁，失父母之道，宜严禁之。再有犯者，两邻加罪。"② 以株连方式来加重处罚力度，扩大处罚范围，以求收到惩戒效果。浙江温、台、处三府百姓"所产女子虑日后婚嫁之费，往往溺死"。而且此风遍及福建、江西、江苏等地。明宪宗下令：今后"所产女子如仍溺死者，许邻里举首，发戍远方"③。明代万历时浙江诸暨知县刘光复发布禁令：里保于朔望各具某某举女若干，故犯者（指溺婴）犯夫坐故杀律究罪，犯妇俟弥月另提，并提收生婆及两邻，不举首者，一并责治④。福建贵溪县令钱邦伟为制止溺婴之习制定"保甲、乡约兼禁溺女法"。违反者，"五家连坐"。因此，"所活无算"。后人评论该法较官法为好。原因是："以官法相治，恐有多事小人从此藉端诬陷，转滋扰累"；"惟有地方绅士力行于乡，必有实效。预先请官出示，集诸父老公议酌定，同姓者出族，异姓者出约。"溺女不纠举者，左右邻连坐同罚，则保甲不行于上犹行于下，斯真能翊赞王化者矣"⑤。我们认为，对溺婴行为采取百姓互相纠监的方式比较容易收到效果。因为一个妇女的怀孕、生育状况，其乡邻最清楚。由此互相劝导于前，则可减少此类现象的发生，进而逐渐扭转这种不良社会风气。不过，也有可能产生这种情形，在官方监督有限时，邻里等知情人为自保和匿报。

清朝康熙十二年（1673年）政府规定：凡旗民有贫穷不能抚养其子者，许送育养婴儿之处，听其抚养；如有轻弃道途，致伤生命，及家主逼

---

① 《元史》卷105，刑法。
② 吕本等辑：《皇明宝训》仁宗卷，卷2，正风化。
③ 吕本等辑：《皇明宝训》宪宗卷，卷2，正风化。
④ 乾隆《诸暨县志》卷9，风俗。
⑤ 余治辑：《得一录》卷2，保甲乡兼禁溺女法。

勒奴仆抛弃者，令五城司坊官严行禁止。康熙三十六年（1697年）因溺女"相习成风"，所以清政府再次下令："五城司坊官严行禁止，违者照律治罪。"①不过这主要是针对京城一带而言。在全国，清政府于乾隆年间也采取过制止性措施，史载当时将溺婴者以"故杀子孙治罪"，"例禁綦严"②。溺婴现象比较突出的地方也颁布了禁止措施。咸丰五年（1855年），浙江慈溪县"乡约示谕"指出：严禁溺女，律载溺杀子女者，照故杀子孙例，杖六十，徒二年；稳婆下手溺死者，绞罪……本县久已严行示谕，此番并谕乡约正实力劝导，俾男妇老幼人人知显有王法，幽有惨报，庶愚民知所戒惧，于以全生命而召天和，实为地方之福。如有冥顽无知，仍蹈故习者，许乡正邻右地保禀控，定当照例治罪，决不姑宽。这可谓刚性规则。它同时有"柔性措施"：有实系贫苦力不能养者，地方绅士宜首为倡导，设法集捐，仿照无锡保婴会章程办理。许临产报明局中准给米一斗钱二百文，按月给付，以五月为止。五月之后如实不能养，即为代送育婴堂。该董如能实力遵办，挽回恶俗见有成效者，定当给匾优奖③。这些做法若能落实，虽然难以禁绝溺婴现象，但却可使之降低或减少，进而改变这种习俗。

民国时期，一些地方政府的政令中也包含溺婴内容。民国二十二年（1933年）广西省改良风俗规则第32条：堕胎、溺女者依法惩处④。

1949年以后，法律中仍有禁止溺婴、弃婴的规定。1950年《婚姻法》第四章第13条规定：溺婴或其他类似的犯罪行为，严加禁止。1980年《婚姻法》第15条，禁止溺婴和其他残害婴儿的行为。2001年《人口与计划生育法》第三章第22条：禁止歧视、虐待、遗弃女婴。2006年《未成年人保护法》第二章第10条：禁止溺婴和其他残害婴儿的行为。可见溺婴现象贯穿古今，但有程度不同之别和形式之不同。

虽然民国之前各个时期政府多有禁溺婴的政策，一定程度上抑制了这种风气，却不可能将其彻底消除。当时溺婴的原因很多，其中最重要的无非是贫困。特别是人们溺女婴的行为，主要是由于一些家庭认为女儿长大

---

① 光绪《大清会典事例》卷1036，都察院，禁止遗弃婴孩。
② 王先谦：《东华续录》卷33。
③ 余治辑：《得一录》卷14，附慈溪县乡约示谕。
④ 民国二十九年《平乐县志》卷2，风俗。

成人后不但不能给家庭带来财富收益，而且出嫁时还需要家长花费财力为其置办嫁妆，以致成为一种负担。百姓试图通过溺女婴来减少后顾之忧。有的则通过溺女婴减少抚育投入，加速下一个生育过程的到来，达到生育男婴的目的。

溺婴现象的根本性减少是在1949年以后。生存条件的改善提高了家庭养育子女的能力。而在20世纪60年代之后，避孕措施和药物、手术流产技术的普及，使育龄妇女或其家庭得以有效减少超出抚养能力的子女出生，非计划内子女生育大大降低。还有一个原因不可忽视，即1949年后农村集体经济制度和城市单位制度逐渐建立，妇女多在集体组织和企事业单位中就业，其孕育行为处于组织或众人的监督之下，"私生"或生下来私自处置的空间被挤压。当代城乡绝大多数孕妇由医院接生，由此溺婴发生的可能性被降至最低。

(2) 婴幼儿救助措施

传统社会对遗弃婴儿的收养分为两类：一是政府直接参与收养，设置收养机构；二是对各种民间收养行为予以支持和协助。当代，则主要由政府所办福利机构收养，同时也允许符合条件的民众从福利机构领养弃婴。

甲、官府建收养婴儿机构

政府组织对遗弃婴儿的收养是社会救济政策的重要组成部分。它完全由政府出资建立，主要做法是雇乳妇哺育所收养的婴儿，稍微长大时则由该机构雇人抚育。

五代时吴越王钱镠要求后人在辖境内"添设育婴堂，稽察乳媪，勿致阳奉阴违，凌虐幼孩"[1]。

宋朝于常平仓下附设慈幼局。此局专为"贫而弃子者设"。不过时间一长，它便"名存实亡"[2]。宋徽宗崇宁元年（1102年）九月下诏：遗弃小儿仍雇人乳养[3]。至南宋淳祐九年（1249年），理宗下令给官田500亩，由临安府负责创立慈幼局，"收养道路遗弃初生婴儿"[4]。宋末元初人周密在其所

---

[1] 《武肃王钱镠遗训》，见《吴越钱氏宗谱》（1921年）卷首，武肃王遗训。
[2] 《宋史》卷433，儒林传。
[3] 《宋会要辑稿》食货六八之一二九。
[4] 《宋史》卷43，理宗纪。

写《武林旧事》中忆及临安民众的生活时提及"童幼不能自育者则有慈幼局"①。它表明慈幼局这一救助儿童机构的确被设立并发挥了作用。

元朝至元年间乌古孙泽任职兴化路时,救济流亡民众,"有弃子于道者,置慈幼曹籍而抚育之"②。

明清时政府所建育婴堂成为收养遗弃婴儿的主要场所。

明朝前期救济政策规定:建官舍以处流民,给粮以收弃婴③。

对育婴堂建设的重视以清朝为突出。育婴堂在救助弃婴中起到不小的作用。清朝最早于康熙元年(1682年)在京师广渠门内建育婴堂,"遇有遗弃病废之婴儿,收养于堂;有姓名年月日时可稽者,一一详注于册,雇觅乳妇,善为乳哺抚养。有愿收为子孙者,问明居址姓名,方与之,仍补注于册籍。至本家有访求到堂认识者,亦必详细问明,与原注册籍无讹,方许归宗"④。至雍正二年(1724年),广渠门育婴堂"数十年来成立者颇众"。到乾隆时,育婴堂在全国有普及之势。所谓"由京师达郡县,育婴堂乃遍天下"⑤。所以乾隆六年(1741年)为加强管理,清政府提出:"申严育婴之令,各省所设育婴堂饬有司择乡之富厚诚谨者董其事,官为钩稽,岁终具收养及支存各数册,申上司官察核。"⑥江西省城所设育婴堂至光绪年间,每年收养女婴"多则千余口,少则数百口"⑦。足见其成效显著。清代官僚阮元在任浙江巡抚时为防止民间溺女婴行为,采取未雨绸缪之策。他自捐廉俸,"贫户生女者许携报郡学,学官注册给银一两为乳哺之资,仍令一月后按籍稽查,违者惩治"。为什么限一月核查呢?他认为,"盖婴儿匝月,顾养情深,不忍溺矣"⑧。这倒是一种心理上感化百姓的策略。清人陈康祺指出:元明之世,育婴堂尚未通行……世祖皇帝讲筵触发,特严溺女之禁,海内始知育婴为善举,然在官尚无常饩也。仰维孝庄皇后首颁禄

---

① 周密:《武林旧事》卷6,骄民。
② 《元史》卷163,乌古孙泽传。
③ 《明史》卷78,食货。
④ 光绪《大清会典事例》卷406,礼部,风教。
⑤ 光绪《大清会典事例》卷406,礼部,风教。
⑥ 《清朝文献通考》卷46,国用。
⑦ 刘锦藻:《清朝续文献通考》卷83,国用。
⑧ 刘锦藻:《清朝续文献通考》卷83,国用。

米，满汉诸臣，以次输助，不数年，由京师以达郡县，育婴之堂，遍天下矣①。清末，湖北江夏县县东都邑，敝俗溺女，当为厉禁。今送育婴堂，溺女之风渐息矣②。溺女之风，西江尤甚。天津沈世华，官是省巡检，所至有惠政，尤禁溺女，剀切申谕，浇风为之一变③。安徽广德州因奁产过重，"民间生女多不举"，后"屡经前守严禁，且设育婴堂以收弃孩，溺女之风亦已衰息"④。

当然，近代之前所建育婴堂也有缺陷。主要是它们均设于通都大邑，至少在县城。这种过分集中的设置状态并不能使僻乡偏隅遗弃婴幼儿获得救助，并且此类机构的收养能力仍然显得有限。道光二十七年（1847年）江苏绅士赵钺等呈文江苏巡抚指出：民间溺女，最为惨毒。顺治、嘉庆年间钦奉上谕，严行禁革……无如习俗相沿，遂成风气。各州县育婴堂多建设城内，乡村广远，抱送为难；贫乏之家，生育稍多，力难抚养，初生即行淹毙。浙东西各处皆然⑤。江西也有育婴堂"距城较远村庄，初生之婴不能抱赴省局"，堂内"亦不能收养如许之多"⑥的问题。这从一个方面反映了当地弃婴行为非个别现象。

此外，官办育婴堂也有管理不当者。没有专官负责此项事务是其一。乾隆末年浙江官员秦瀛指出："浙中育婴之法行之有未能尽善者"，原因是"以其事责诸郡丞，而丞倅之设率供大吏差遣之役，任其事者多非本任。而权摄之员又每岁数易，宜无暇悉心讲求，而无以称朝廷之德意也"⑦。当然，设置专责人员又会增加官吏职数，政府开支提高。其二为经办过程中管理不善。清道咸间湖南人欧阳兆熊曾言："吾邑育婴堂，向雇乳媪百余人，经费既已不赀，而乳媪皆有子女，仍乳其所生者，而私以饭汁饲所养婴儿。予见其面黄肌瘦，声嘶啼哭不止，不久即当就毙。"后其法变更："凡送婴女来堂者，给予腰牌，按月领钱六百文，并给以衣裙绵絮，仍交本妇自乳。

---

① 陈康祺：《郎潜纪闻初笔》卷4，育婴堂。
② 同治《江夏县志》卷5，风俗。
③ 陈康祺：《郎潜纪闻初笔》卷10，禁溺女之报。
④ 光绪《广德州志》卷24，风俗。
⑤ 余治辑：《得一录》卷2，保婴会规条。
⑥ 光绪《大清会典事例》卷269，户部，蠲恤。
⑦ 秦瀛：《小岘山人文集》卷4，杭州育婴堂记。

抚养既久，母子之情益笃，断无有忍弃之水滨者。若一二年后，即将腰牌掣回。以是增额数百名，费省而事更无弊。"欧阳兆熊认为"各处育婴堂皆不甚得法"①。这种新方法将育婴堂出资与家养结合起来。多数送婴之家只是因家境困难无力自养，不得不送堂。育婴堂通过予以定向资助，并将获资助家庭置于监督之下，会受到比在堂内雇乳媪更好的效果。当然，它只适用于有联系对象的"送婴"者，而对那些不知来自何家的"弃婴"，则只能采用堂养方法。作为公共事业的育婴堂，传统时代缺少规范的管理之道，有的官员只是应付，有的则设法改进管理方法，其最终效果大不一样。

民国年间官方将对婴幼儿的保护纳入救济范围。民国三十二年（1943年）九月所颁布的《社会救济法》规定：对贫穷婴幼儿（未满十二岁）和孕妇予以救济。为此设立的救济设施包括：育婴所、育幼所、助产所等。具体规定为，凡未满二岁之男女婴孩，应受救济者，得于育婴所内留养之；凡满二岁以上未满十二岁之幼年男女，应受救济者，得于育幼所留养之；生育子女逾五人者，如因生活困难无力养育，得请求主管官署给予补助费，或将该子女送育婴所或育幼所留养之。上述机构及其费用由政府建立和负担。救济事业经费应列入中央及地方预算。对于收养的婴幼儿，除生活外，予以教育和技能训练，以便成人后能自食其力②。

当代（2006年）所实施的《未成年人保护法》第四章第43条规定：对孤儿、无法查明其父母或者其他监护人的以及其他生活无着的未成年人，由民政部门设立的儿童福利机构收留抚养。

乙、直接参与救助

宋代苏轼在密州任职期间，发现当地"遇饥年，民多弃子"，"因盘量劝诱米，得出剩数百石别储之，专以收养弃儿，月给六斗。比期年，养者与儿，皆有父母之爱，遂不失所，所活亦数十人"③。

明代浙江"永（永康县——笔者注）人贫，生女多不举"。隆庆年间

---

① 欧阳兆熊、金安清：《水窗春呓》卷上，育婴变通善法。
② 《社会救济法》（民国三十二年九月），《国民政府公报》第182册，台北成文出版社影印1972年版。
③ 《苏轼集》卷74，书九首。

知县张淳劝诫备至,"贫无力者捐俸量给,全活无数"①。

清朝一些地方官中也有捐资倡行之人。光绪时湖北大冶署知县易振元捐廉 500 缗为倡,"谕城内及四乡分作权兴,聚资设育婴堂"②。江西省因省城原设育婴堂"岁支公费数百金,限于经费不能广为收育"。历任抚臣刊刻章程,通饬各属并行,并率同官绅倡捐,"晓谕殷富,共成善举。先后集款发商生息,借以济用"③。

丙、鼓励民间收养遗弃婴儿

其做法之一是对三岁以下小儿加以收养。在特殊情况下,如灾荒、战乱年份,适当放宽限制,使弃儿获得生存机会。

根据唐宋法律,民众只能收养三岁以下小儿。这使三岁以上未成年儿童收养受到限制,不利于其生存条件改善。南宋绍兴元年(1131 年)规定:应遇兵道弃小儿十五岁以下者,听诸色人收养,即从其姓④。乾道元年(1165 年),尚书司官员上书指出:"民间颇有遗弃小儿,足食之家愿得收养,正缘于法遗弃小儿止许收养三岁以下。缘此,三岁以上者人皆不敢,乞朝廷指挥,权于今年许令自十岁以下听人家收养,将来不许识认。"这一建议得到批准⑤。嘉定二年(1209 年),宋宁宗下诏:荒歉州县七岁以下男女听异姓收养⑥。允许民间收养三岁以下小儿的法律在民国时期仍在延续。1925 年《民国民律草案》第 1217 条:三岁以下遗弃小儿,被人收养,或以义男名义入异姓人家为人子者,为养子⑦。

第二种为资助收养者。

南宋曾实行过官助民养的办法。淳熙二年(1175 年)闰九月,孝宗下诏:"遗弃小儿未有人识认,日给钱米。若有亲属,责归存养,毋令失所。"⑧庆元元年(1195 年)正月,宁宗下诏:两浙、两淮、江东路提举司

---

① 《明史》卷 281,循吏列传。
② 光绪《大冶县志》续编,卷 7。
③ 刘锦藻:《清朝续文献通考》卷 3,国用。
④ 《建炎以来系年要录》卷 47。
⑤ 《宋会要辑稿》食货五九之四二。
⑥ 《续通志》卷 37,宋纪。
⑦ 《民国民律草案》,第 364 页。
⑧ 《宋会要辑稿》食货五九之四二。

行下所部荒歉去处，逐州逐县各选委清强官一员，遇有遗弃小儿，支给常平钱米，措置存养。内有未能食者，雇人乳哺，其乳母每月量给钱米养赡。如愿许收养为子者，并许为亲子条法施行，务要实惠，毋致灭裂。如有违戾，仰监司觉察，按劾以闻①。另外，开禧元年（1205年），南宋政府令"有司月给钱米收养弃婴"②。一些地方官也积极倡导。刘彝任处州知州时，江西荒歉，民众"多弃子于道上"，刘彝"揭榜通衢，召人收养，日给广惠仓米二升"。同时，为防止虐待收养婴儿行为，他规定：收养家庭，"每月二次抱至管官中看视"。刘彝还将此法推行于所辖之县，"细民利二升之给，皆为字养，故一境生子无夭阙也"③。可见收养成效之大。一些居乡士绅也积极参与其中，福建建州"俗生子多不举"，理学人士魏掞之"为文以戒，全活者甚众"④。好的"教化"措施也具有救人之力。

金朝章宗时礼部郎中张行简建议，调整收养政策，消除民众对饥民所弃子收养的顾虑：往年饥民弃子，或丐以与人，其后诏书官为收赎，或其父母衣食稍充，即识认，官亦断与之。自此以后，饥岁流离道路，人不肯收养，肆为捐瘠，饿死沟中。伏见近代御灾诏书，皆曰"以后不得复取"，今乞依此施行。章帝予以接受⑤。收养养子要付出养育成本。养子被其生父母认回，养父母得不到"回报"，收养意愿便会降低。生父母"不得复取"其子的政策显得对亲情顾及不够，但却有助于降低其"弃子"的死亡率。

元朝泰定帝也曾敕令山东州县收养流民遗弃子女⑥。

明朝有这样的政策：鬻子女者，官为收赎⑦。

清朝政府则组织、倡导收养弃婴。当时社会部分地区弃婴现象比较突出，仅靠官方力量，不仅财力困难，而且所收养的范围也有限。所以清中期以来，清政府及其地方官注意动员社会力量参与这一活动。清道光五年（1825年），浙江巡抚程含章针对当地妆奁过重引起民众溺女，发布"严禁

---

① 《宋会要辑稿》食货五九之四二。
② 《宋史》卷38，宁宗纪。
③ 董煟：《救荒活民录》卷3。
④ 《宋史》卷459，隐逸传。
⑤ 《金史》卷106，张暐传附子行简传。
⑥ 《元史》卷29，泰定帝纪。
⑦ 《明史》卷78，食货。

溺女并酌定嫁资示"："如贫家不能乳女者，即送入育婴堂……通行各府州县劝谕绅士商民，各于本乡本俗，捐资积谷，育婴养老。该绅耆务须共相化导，毋再溺女。倘再有犯，一经察出，定行照例治罪。"① 湖北学政王霞九，"闻其地溺女恶俗最盛，出示劝化"；刊刻有关劝俗之文6000本，"发各学给各绅士转相劝化"。他规定："有能倡举育婴会及救溺女实事者，准令学官保举优行，例加奖赏。"② 光绪时江西鼓励乡村社区设置育婴堂，巡抚两次派专人赴各乡，劝谕上中下各户分都分图，"各立六文会，举绅耆为首，给钱自养，各有条规"③。陈康祺认为，官倡民办育婴堂这种做法，弥补官方直接举办的不足：后世疆域日广，生齿日繁，饥馑流离，委弃载道。朝廷发帑活人，势难遍给。盍若我圣朝诚求保赤。大德曰生，创自宫闱，传诸陬澨，及人之幼，因民所利，休养生息，尤为可大可久之规模也④。这些措施确实收到成效。如兰溪县，自设育婴堂以来，"贫乏者或因有堂可抛，或因贴钱可领，亦知改行"。咸丰年间，该县婴堂每年收养至"四五百口"。但遗憾的是"仍十中不能救一"⑤。说明一方面育婴措施具有实效，另一方面又难以从根本上扭转民间溺婴局面。也有宁溺而不送育婴堂者。上海嘉定县：贫民多子女者，生则溺毙之，城镇虽有育婴堂收养，然溺毙者仍不免焉⑥。

政府对生育的鼓励在隋唐之前以人口为赋役征派对象的时期比较突出。特别是战乱频仍的阶段，人口数量众寡直接关系到政权统治维系和国力盛衰，鼓励人口增长成为基本国策。隋唐之后，特别是宋元以后，从总体看，国家所辖人口规模增大，除了王朝更替时期外，人口短缺现象大大缓解，因而直接鼓励生育的政策较少采用。而人口增长环境中，以农耕为主、土地私有制下，农民家庭的分化不可避免。多育造成家庭养育压力增大。在没有有效避孕措施的时代，溺婴成为缓解家庭生存压力的主要手段。官方对其加以抑制并非在于维护人口增长的局面，而是它与当时的意识形态（特别是儒家伦理、仁政观念）相违背；当然，对女婴的溺弃也会使性别比

---

① 余治辑：《得一录》卷2，严禁溺女并酌定嫁资示。
② 光绪《大冶县志》续编，卷7。
③ 刘锦藻：《清朝续文献通考》卷3，国用。
④ 陈康祺：《郎潜纪闻初笔》卷4，育婴堂。
⑤ 光绪《兰溪县志》卷1，风俗。
⑥ 民国十九年《嘉定县续志》卷5，风俗。

升高，恶化婚姻市场，这一点当时官方已有认识。政府的救助措施在一定程度上起到了保护婴幼儿作用，同时也会感化一部分民众，减少溺婴现象。但若民众生存困难且无有效避孕方式，溺婴行为则难以从根本上消除。

（二）民间生育鼓励和限制溺婴、救助弃婴的规则

1. 宗族组织的作用

（1）宗族鼓励生育的措施

清代道光二十一年（1841 年），苏州济阳丁氏义庄制定义庄规条：族中生育，极贫之家，俟生育后，凭该房长报庄正查明后，给产母钱一千四百文[1]。这种做法与其说是鼓励，不如说是为贫困族人养育子女提供资助。

清道光时山西平定蔡氏规定：族中有得子者，上分喜钱一千，中分五百，下分一百，永远为率[2]。这里的"得子"，应该主要指儿子，具有重视男嗣之意。

（2）宗族组织保护婴儿措施

宗族在宗规族训中限制族人的溺婴行为。相对集中于溺婴流行的南方地区，北方宗族中较少这种规定。

湖南是明清时期溺婴现象相对突出地区。湖南桂阳邓氏家族就此制订家诫：同为我所生，或男或女均属一体。今世俗人生男则喜，生女不乐，产育时一见是女，辄举而溺之于水，昧理绝伦，莫此为甚。即家贫难于抚长，则半岁周月出抱他人为媳，俾得保全其生，切不可作忍心丧良溺女之事[3]。光绪年间，湖南映雪堂孙氏家法："近见族中多溺女者，或因家给艰难，或因生育繁累，以父母而忍杀其所生……凡我族中，宜切禁之。倘故犯不遵，重责重罚。其房长知而不报，一经查觉，斥革外另议罚处。"[4] 在溺女问题上形成"家"长—"房"长连坐之制。

浙江慈溪方氏家规：溺女最为残忍。族内如有溺女者，从重议罚[5]。

---

[1] 王国平、唐力行主编：《明清以来苏州社会史碑刻集》，苏州大学出版社 1998 年版，第 258—263 页。
[2] 道光山西平定《蔡氏族谱》，津贴十二款。
[3] 光绪桂阳《邓氏族谱》卷首。
[4] 光绪《映雪堂孙氏续修族谱》卷首下，家法补略。
[5] 《慈东方家堰方氏宗谱》（1931 年）卷首，家规。

嘉庆时广东乳源余氏族家规：私溺子女，皆为家之索，罪坐其夫①。

与政府和社会组织相比，作为较小的血缘群体，族人或宗族组织一般知悉本族妇女的孕、育状况，宗规的约束作用相对易于体现。

(3) 慈善组织所建育婴堂

民间慈善组织在弃婴保护中的作用也以南方地区为突出，并且多出现于近代以后。

苏州在太平天国之后设有保婴会，由乡绅筹集民间所捐资而建。其章程曰：

……惟乡愚之无识，几溺女以成风，遂教甫育之遗呱，竟叹我辰之安在？加以兵燹之余，饔飧不给，萧条四壁……境之所迫，情实堪怜。爰集同志之人，用举保婴之会，赒恤先于孕妇，事贵豫时。稽查首及赤贫，义从周急。未产而尺衣寸布，聊资褓褓之需。既生而日赠月资，薄备汤浆之费。

一、凡城厢内外，无力孕妇将产，先由亲族或邻里地保报局。查实先给执照，临产持照赴局领去毛衫一件，抱裙一条，棉袄一件，大小尿布各一块。五月初一起，七月底止，改给夹裙夹袄，不准本夫自报。

一、产后三朝，司事查看。不论男女，每月帮给抚养钱六百文。一年为满。

一、按月额贴钱文，定于报产之日给发一月。以后每月由司事送往，验明孩照相符，照数给发。不必准定是日，或先或后，至迟以三天为率。假如正月初一报局，给过第一月，极迟二月初三须给第二月。

一、凡遇遗腹，每月加给钱六百文，以两年为满。

一、褓褓之儿，难于辨认，凡在局中领钱之儿，即由司事查看左右十指箕斗，即与照票。逐一验明填写以便每月查核。

……

一、此会定额五十名。倘多募一名，加增一名。总期广为劝募，多多益善。

一、凡额数无多，定以离城五里为则。再远不查。

---

① 嘉庆广东《乳源余氏族谱》卷1，家规。

一、月终给过某某处某某姓氏。并幼孩箕斗顶发记认。抄写三纸,分送各董。随时酌派亲友抽查,以补司事耳目所不及。

该章程最后指出:保婴会"系奉上宪饬办者",即它也是官督民办的产物。设置缘由为:兵燹之后,烟户散亡,丁口耗折,亟宜休养生息以延人种。而同志不过数人,捐数未充,祇能以五十名为限。原期各处善士,仿此章程,各就近地善堂附入试办。庶几愈推愈广,多援婴命。省垣为首善之区,以此举为之先导,必有闻风兴起者①。

该慈善组织的做法超出道德说教和单纯斥责溺婴层次,直接资助难以抚育所生子女的贫困之家。它制定有相对严格、规范的管理制度,将保婴作为事业来经营。其困难在于,用于资助的钱物是否能源源不断?

湖北咸宁县:穷民不能举,间或溺之。近各上宪暨县宪好生为心,屡次出示严禁,各都绅耆多有起育婴社者②。这些育婴社如何运作不得而知,但少不了收留、雇人照料等方式。

2. 推崇生育的习俗

中国民间社会整体上所酝酿和维系的是推崇生育,特别是生子的习俗。

清代四川丹棱县:女子于遣嫁前,婿家具衣饰送至母家,倩亲族中娴妇道、多子孙者为加笄③。广西全县:婚礼中新妇到家门时,择一多子妇人接引新妇入家祠中,举行拜天地、祖宗仪式④。直隶束鹿县:新妇至,使抱而进,义取发夫、早立子,且多男也⑤。

至于民间具有求子、送子功能的庙宇在各地更是星罗棋布,成为传统社会民众宗教生活的重要组成部分。

3. 士绅在生育救助中的作用

我们上面看到的保婴会、育婴社等,多由士绅参与组织。他们在地方威望较高,具有号召力。也有士绅通过个人力量参与。

宋代苏轼友人王天麟曾任殿直寄居武昌,对当地溺女婴风俗颇为关注。

---

① 余治辑:《得一录》卷2,苏城遵办得婴会启。
② 光绪《咸宁县志》卷1,风俗。
③ 光绪《丹棱县志》卷4,风俗。
④ 民国三十一年《全县志》,见《民俗资料汇编》(中南卷)下册,北京图书出版社1997年版,第997页。
⑤ 嘉庆《束鹿县志》卷9,风土。

"每闻其侧近有此,辄驰救之,量与衣服饮食,全活者非一。"①

宗族,特别是明清以来宗族组织对生育的鼓励作用是有限的。在生育率较高的传统社会,生育是宗族内各个家庭频繁发生之事。对多数没有和缺少公共积累的宗族,只能给少数困难的生育家庭提供资助,无力建立规范的生育奖励规则。而相对于政府,宗族在抑制溺婴方面应该更具力量,亦即它最有能力监督和约束族人的这一不当行为。可宗族势力雄厚的江浙地区,却是溺婴行为频发甚至普遍之区。它说明宗族或者其组织对此并未认真对待,或者睁一眼闭一眼。也许在生存约束环境下,溺婴是被人理解的做法。近代新发展起来的慈善组织在救助婴幼儿方面开始承担起应有角色,而这也仅限于相对富庶之地。

三 限制和控制生育制度的形成和落实

从国家角度看,政府限制和控制生育的制度是在20世纪50年代即1949年后逐步形成的。1949年前不同历史时期,特别是明清以来,从徐光启到洪亮吉,再到近代的诸多思想家,对人口增长过快、土地等生存资料不足有忧虑之思,并提出限制生育的主张。但这多为个人观点,不仅未形成官方政策,甚至在宗族等层级也未显示出作用。可以说,中国的生育控制政策是1949年后的产物。

(一) 20世纪50—60年代控制生育政策的探索

1. 妇女避孕和堕胎选择权利的演变

我们必须承认,中国妇女真正获得堕胎的选择权利是在节制生育政策(计划生育政策提出之前)实行之后。与此同时,相应的生殖保健、避孕服务也开始被政府及相关机构提供。它为相对文明生育方式的建立提供了可能。

在传统中国,生育完全是一种自然行为。即使一些夫妇有少生子女、减轻生存压力的愿望,但民间并没有有效的避孕措施提供。一些地方有人用中草药或偏方堕胎,因副作用大,使用范围很有限。除了非婚怀孕者为

---

① 《苏轼集》卷74,书九首。

遮丑而尝试[①]外，已婚妇女即使怀上了不想再要的孩子，也较少采用药物方法流产。

值得注意，在1949年以后的一个时期内，一方面，随着婴幼儿死亡率降低，家庭实际拥有的子女数增多；另一方面，不少妇女走出家庭，参与社会就业，尤其是城镇妇女，当生育了理想数目的子女后，避孕的愿望逐渐迫切，但政府并没有对此予以应有的重视。

（1）堕胎和人工流产限制

新中国成立初期，政府对节育、人工流产做法采取的是严格限制的方针。其理由并非为了鼓励生育，而是保护母婴。这从当时的一系列文件可以反映出来。1950年4月20日卫生部和军委卫生部发布的关于《机关部队妇女干部打胎限制的办法》规定："一、为保证母体安全和下一代之生命，禁止非法打胎。"当然，若患有危害孕妇生命的疾病，经过烦琐的申请并获批准后可以打胎。凡未经批准实行打胎者，对本人及其执行者，应分别予以处分[②]。1952年12月31日中央人民政府卫生部又公布《限制节育及人工流产暂行办法》，其中规定，除有若干种疾病或特殊情况下不宜生育和怀孕外，一概不准施行绝育手术和人工流产手术。"凡违反本办法，私自实施绝育手术和人工流产手术者，以非法堕胎论罪；被手术者及实行手术者均由人民法院依法处理。"不过也有让步之处："已婚妇女年逾35岁，有亲生子女六人以上，其中至少有一人年逾十岁，如再生育将严重影响其健康以至危害其生命者"，得施行绝育手术；"妇女患严重慢性疾病应节制生育者，经妇产科医师之指示及证明，为维持其健康，得使用节育用具"[③]。这只是作为特殊情况处理，主流政策则是禁止相关手术。可见，当时除个别特殊情况外，施行绝育手术和人工流产手术是犯法之举，要交由法院论处。

（2）避孕限制

如果说禁止施行节育手术、打胎是出于对母体的保护的话，避孕则基本上不存在对女性身体伤害问题。但1953年之前，中国国内不生产避孕药具。国家卫生部1953年1月甚至以"避孕药和用具与国家政策不符"为

---

① 王跃生：《清代中期婚姻冲突透析》，社会科学文献出版社2003年版，第126—146页。
② 翟振武：《20世纪50年代中国人口政策的回顾与再评价》，《中国人口科学》2000年第1期。
③ 国家计划生育委员会：《计划生育文件汇编》（1950—1981.3），第104—105页。

由，通知海关"禁止进口"①。那么，避孕究竟与国家什么政策不符？只能说当时政府是鼓励人口增长的。结合以上对妇女绝育、流产的限制，可以看出，新中国成立初期政府鼓励生育的思路是比较清晰的。但其基本做法又非奖励生育，而是制止民众采取避孕、堕胎等减少生育的做法，并有强有力的制度性限制措施。

（3）向提供避孕、节育服务转变

1953年8月，限制采取避孕方法的政策发生松动。1953年8月卫生部发布了修订的《避孕及人工流产办法》，放宽了避孕和节育的条件②。不过这一政策真正的转变是在1954年。1954年全国妇联领导邓颖超给时任中共中央秘书长兼国务院副总理邓小平写信，提及铁道部职工来信反映已婚女同志生孩子太多的困难以及避孕问题，指出"这个问题有许多机关妇女干部也曾反映过，确是带有普遍性的。据我所知，有不少已婚男女干部为了避孕，由于得不到指导及适宜的药物工具等而被迫自行盲目解决，采取了一些有损身心健康的办法或引起疾病，以致造成不良后果"。因此"我们认为有必要提请主管机关，及有关方面予以考虑，采取措施才好。按照目前我国人口出生数相当高，首先在机关中的多子女母亲或已婚干部自愿节制生育者中推行有指导的避孕是可行而又必需的，不致有何不良影响"③。邓小平为此批示：我认为避孕是完全必要的和有益的，并指示卫生部"采取一些有效的措施"④。卫生部1954年11月10日发出《关于改进避孕及流产问题》的通报。改进办法如下："一、避孕节育一律不加限制，但亦不公开宣传。凡请求避孕者，医疗卫生机关应予以正确的节育指导。二、……一切避孕用具和药品均可以在市场销售，不加限制。三、关于人工流产问题，凡医学上认为不宜妊娠或子女稠密，在哺乳期四个月以内又继续怀孕而哺育有困难者，经夫妇双方签名申请，医师证明，所在机关负责人批准，可以进行手术。如因特殊工作关系或学习任务繁重，要求施行手术，必须经

---

① 国家计划生育委员会：《计划生育文件汇编》（1950—1981.3），第4页。
② 国家计划生育委员会：《计划生育文件汇编》（1950—1981.3），第4页。
③ 《中国人口年鉴（1986年）》，社会科学文献出版社1987年版，第1页。
④ 《中国人口年鉴（1986年）》，社会科学文献出版社1987年版，第2页。

主管机关负责人证明同意，并经医疗机关批准。"[1] 这意味着政府对民众的避孕行为不再限制，并给予适度协助；而对流产行为放松了限制，然未放弃控制。

应该说，这些做法旨在满足民众个人减少生育的愿望，它还不是政府主动采取的生育控制政策。

2. 政府节制生育政策的提出

节育政策的提出始于1954年刘少奇主持的节制生育问题座谈会。卫生部于1955年2月向中央提出关于节制生育的报告。报告认为，中国现在已有六亿以上的人口，而且每年要增加人口1200万—1500万。在目前情况下，人口增加过快，会使国家和家庭暂时均感困难。我们适当地提倡节育，是为了减少目前的困难。节育应该一律不加限制，并应适当地加以提倡，给予指导。报告提出了节育用具和药品的生产供应方法。以大、中城市及工矿企业的干部、职工和市民为主要供应对象，并照顾到部分农村的需要。中共中央的批示为：为了国家、家庭和新生一代的利益，我们党是赞成适当地节制生育的[2]。由限制节育到提倡和赞成节育，这是一个重要转变。当然，它尚停留在号召而非推行阶段。

1956年9月周恩来所作《关于发展国民经济的第二个五年计划的建议的报告》指出：在第二个五年计划期间，适当地节制生育。"为了保护妇女和儿童，很好地教育后代，以利民族的健康和繁荣，我们赞成在生育方面加以适当的节制，卫生部门应该协同有关方面对于节育问题进行适当的宣传，并且采取有效的措施。"[3]

1957年开始草拟的《1956年到1967年全国农业发展纲要》提出：除了少数民族的地区以外，在一切人口稠密的地方，宣传和推广节制生育，提倡有计划地生育子女，使家庭避免过重的生活负担，使子女受到较好的教育，并且得到充分就业的机会[4]。

不过当时相关部门对节育的贯彻并非很有力。所以1957年3月5日

---

[1] 国家计划生育委员会：《计划生育文件汇编》（1950—1981.3），第108—109页。
[2] 国家计划生育委员会：《计划生育文件汇编》（1950—1981.3），第3—6页。
[3] 《中国人口年鉴（1985年）》，中国社会科学出版社1986年版，第9页。
[4] 《中华人民共和国国务院公报》1960年第13期。

《人民日报》发表"应该适当地节制生育"的社论。社论指出：各级卫生行政机关根据党和政府的指示，虽然已经采取了若干节育的措施，但是仍然束手束脚，因而还不能满足人民群众的这个迫切的合理的要求。

可见，这一时期，对节制生育的提法是比较谨慎的。"适当地"节制生育是共识。或许这也是为了迎合多数民众的生育愿望。

3. 提出计划生育，控制人口数量意识增强

1962年12月18日中共中央和国务院联合发出《关于认真提倡计划生育的指示》。中央文件中首次以此为题，可谓计划生育政策明确的开端。该指示提出：在城市和人口稠密的农村提倡节制生育，适当地控制人口自然增长率，使生育问题由毫无计划的状态逐渐走向有计划的状态，这是我国社会主义建设中既定的政策。它要求做好计划生育的宣传与技术指导。但"目前应着重在城镇厂矿和人口密度大的农村进行宣传。宣传对象主要是已婚的青壮年男女职工、公社社员、城市居民等"。"各级医疗保健机构应该恢复和建立避孕指导门诊。基层的医疗、妇幼保健组织、助产员等，应开展避孕知识的宣传与技术传授。还要做好避孕药品、用具的生产供应工作。化工部门要不断提高产品质量，增加品种、规格；商业部门改进供应办法，扩大供应网点。"[①] 这一指示具有重要意义，可视为当时计划生育工作的指导性文件。之后直到"文化大革命"开始前，计划生育的提倡和落实力度增大，城市尤其如此。

1963年全国第二次城市工作会议纪要提出"积极开始计划生育"，认为，城市人口出生率过高，对国家、集体和个人都是不利的。积极开展计划生育，降低人口的出生率，是一项极其重要的任务。纪要提出了工作目标：所有城市都应当努力降低人口出生率，争取在三年调整时期，把城市人口的自然增长率，降到千分之二十以下，在第三个五年计划期间，降到千分之十五以下，在第四个五年计划期间，降到千分之十以下[②]。将计划生育与降低人口出生率、自然增长率结合起来，就得有具体的落实措施。上海市1964年人口自然增长率已经降到14.5‰。其成功经验是生育观念转变

---

① 《中国人口年鉴（1985年）》，中国社会科学出版社1986年版，第14页。
② 国家计划生育委员会：《计划生育文件汇编》（1950—1981.3），第21—22页。

和节育、避孕服务提供并举①。当育龄夫妇生育观念由多育向少育转变之时，必然有节育和避孕的要求。政府这方面的服务跟上，计划生育的效果就能体现出来。

1964年国务院发布文件要求对城乡居民施行男女绝育手术、放取节育环或人工流产的全部手术费实行减免②。

1966年《中共中央关于计划生育问题的批示》指出：实行计划生育，是一件极为重要的大事。当时计划生育的工作的重点放在城市。根据钱信忠的一份报告，1964年"农村只有五分之一的县不同程度地开展了计划生育，还有五分之四的县没有动"。其积极方面表现为：节育手术技术、男女结扎手术、放置节育环技术提高，国内已能生产口服和注射避孕药③。

可见，中国妇女避孕和堕胎的选择能力是随着生育控制政策的提出和强化而逐步增强的。它的意义在于，妇女的生殖健康水平因此提高，妇女减少生育的愿望得以实现，从被动生育的"必然王国"进入选择生育的"自由王国"。从政策的作用方向上看，对避孕节育经历了限制、允许、提倡和鼓励四个阶段。由民众从自身和家庭角度考虑要求节育，转变为国家初步感受到人口压力而提倡和鼓励民众节育。不过，整体看，当时的计划生育政策的具体落实范围仅限于城镇地区。

（二）20世纪70—80年代全面的人口控制政策出台和落实

20世纪60年代中期之前，政府提倡的避孕节育和实行计划生育政策，尚难称之为全面的人口控制政策，它主要实行于城镇地区和相对发达的东部农村地区。并且，在落实方式上，当时政策重在转变观念、为育龄夫妇提供所需避孕节育服务，强制色彩并不浓厚。而全面的人口控制政策实行于70年代初期。

1. 晚、稀、少政策

1971年，以派别斗争、思想批判为主要形式的"文化大革命"乱局基

---

① 国家计划生育委员会：《计划生育文件汇编》（1950—1981.3），第38—43页。
② 王维志：《计划生育和人口政策》，见杨子慧主编《中国历代人口统计资料研究》，改革出版社1996年版，第17—28页。
③ 国家计划生育委员会：《计划生育文件汇编》（1950—1981.3），第44—49页。

本结束，处于停滞状态的计划生育工作重新引起政府关注。当年，国务院转发卫生部等三部《关于做好计划生育工作的报告》，即（71）国发51号文件，提出"宣传晚婚、计划生育的重要意义，做到家喻户晓……使之成为群众的自觉行动"[①]。1972年1月和9月卫生部相继在河北乐亭和山东昌潍地区召开计划生育会议，推广各地经验。会议提倡"结婚晚一点，生的稀一点，生的少一点，培养好一点"。这是"晚、稀、少"政策的由来。从会议主题上看，推广各地"晚婚和计划生育"的经验，就意味着当全国尚没有形成有约束力的晚婚年龄规定时，一些地区已率先实行了。它为全国性政策的制定奠定了基础。1973年12月全国计划生育工作汇报会强调推行"晚、稀、少"的做法，即男25周岁、女23周岁始得结婚，两胎间隔四年左右，每对夫妇最多生两个孩子。可见，晚婚由提倡变为要求，约束力增强。而晚婚主要服务于晚育、少育这一目标。

"晚、稀、少"政策的出台和强化与当时政府提出的人口发展目标有关。1973年6月《国家计委关于国民经济计划问题的报告》要求：大力开展计划生育，降低人口出生率。争取到1975年，把城市人口净增率降到10‰左右，农村人口净增率降到15‰以下。各省、市、区主要的负责同志，认真抓好这项工作[②]。人口控制成为既有数量目标又有落实措施的制度，技术服务工作因此得到加强。1974年1月国家计委和卫生部做出决定：对避孕药具要实行免费供应，送货上门[③]。它表明国家加大了对计划生育事业的直接投入。

"晚、稀、少"政策的目标是一对夫妇间隔四年生育两个孩子。这是对自然状态下多育行为的否定，可谓一项重要的制度转变，甚至可称之为革命性转变。

2. 独生子女政策

从"晚、稀、少"政策允许一对夫妇最多生育两个孩子，到实行独生子女政策，这可谓中国生育制度的又一项深刻变革。

（1）独生子女政策的酝酿。1978年10月，中共中央转发《关于国务

[①] 国家计划生育委员会：《计划生育文件汇编》（1950—1981.3），第55页。
[②] 国家计划生育委员会：《计划生育文件汇编》（1950—1981.3），第58页。
[③] 《中国人口年鉴（1985）》，中国社会科学出版社1986年版，第16页。

院计划生育领导小组第一次会议的报告》，指出，为完成党中央提出的计划生育工作任务，必须解决好有关计划生育的各项政策。晚婚年龄农村提倡女23周岁、男25周岁结婚，城市略高于农村。提倡一对夫妇生育子女数量最好一个，最多两个，生育间隔三年以上①。可见，这是有弹性的独生子女政策，使用"最好"的字眼，而且城乡区别对待。实际上，在当时城市单位制下（城镇就业职工绝大多数隶属于机关企事业单位之中，个人行为受到"组织"高度约束），"最好"这一提倡性用语是具有约束力的。在此种环境中，生育二胎者肯定与先进职工无缘，以致失去一些与个人利益有关的待遇，因而它会引导多数人按照"提倡"的规则行事。当然，此时超生者还不属于严重"违规"行为，个人的工作和子女的户口登记尚不会受到影响。

（2）独生子女政策的形成。1980年9月7日国务院向第五届全国人民代表大会第三次会议提交的政府工作报告明确提出："在今后二三十年内，必须在人口问题上采取一个坚决的措施，就是除了在人口稀少的少数民族地区以外，要普遍提倡一对夫妇只生育一个孩子，以便把人口增长尽快控制住，争取全国总人口在本世纪末不超过12亿。"②可见，独生子女政策的出台是要服务一个在具体时间内（20世纪末）一个具体的人口目标——12亿以内。从1980年到20世纪末，尚有二十年。或许对这一人口控制目标实现的难度有所预料，该报告给出的实行独生子女政策的时间具有弹性，即在"二三十年内"。从报告的语言中看，它是具有刚性要求的，即不是提倡，而是采取"坚决的措施"加以落实，并且不分城乡。作为一项空前的、对民众观念和行为具有重要矫正作用的生育控制举措，落实起来将相当困难。当然对城镇居民来说，已有1978年"提倡一对夫妇生育子女数量最好一个"的政策作为铺垫，有了思想准备，阻力不是很大。即使如此，由提倡转为"坚决"落实，民众的感觉是不一样的，而且是不分城乡推行。或许意识到这一工作的难度，故9月25日中共中央发出"关于控制我国人口增长问题致全体共产党员、共青团员的公开信"③，号召党团员带头响应国

---

① 国家计划生育委员会编：《中国计划生育史》，中国人口出版社2007年版，第336页。
② 《中国人口年鉴（1985）》，中国社会科学出版社1986年版，第26页。
③ 《中国人口年鉴（1985）》，中国社会科学出版社1986年版，第27页。

务院号召，只要一个孩子。它意味着政府将独生子女政策落实视为政治任务，一项需要做出牺牲和带来个人眼前利益损失的事业。这实际也是中国共产党执政以来落实带有全局性重大任务的一贯思路。这有助于将工作阻力降到最低。

也可能考虑到群众接受独生子女政策是对个人利益的某种牺牲，因而政府工作报告未在此基础上进一步强调晚婚。相反，在同一次全国人代会上，新《婚姻法》获得通过。在结婚年龄上规定：男不得早于22周岁，女不得早于20周岁。晚婚晚育应予鼓励。尽管它比1950年的法定婚龄提高了，但却比此前被硬性推行的晚婚年龄降低了3岁。这可谓是一种妥协的表现。

不过"公开信"也对党、团员提出了晚婚的忠告：在提倡一对夫妇只生育一个孩子的同时，还要适当强调晚婚晚育。婚姻法规定的结婚年龄并不晚，但是为了学习和工作，适当的晚婚还是要提倡[①]。正如前一章所述，至少在20世纪80年代初期，一般民众更倾向于达到新的法定婚龄时结婚，而不是响应晚婚号召。

为了有效贯彻计划生育政策，1981年国务院将1973年成立的临时性机构——计划生育领导小组升格为国家计划生育委员会。在省（市、区）地县不同级政府机构中，计划生育委员会成为独立的机构。这大大增强了计划生育政策的落实力量。

需要指出，在独生子女政策刚性原则下政府也做出了一些弹性规定：具有以下三种情况之一者可以生育二胎：（1）第一个孩子有非遗传性疾病，不能成为正常劳动力的；（2）重新组合的家庭，一方原只有一个孩子，另一方系初婚的；（3）婚后多年不育，抱养一个孩子后又怀孕的。根据国家计划生育委员会组织的调查，这三种情况只占已有一个孩子夫妇的3.5%[②]。

为了使这些政策能够落实下去，政府制定了奖惩措施。奖励和照顾措施有：发给独生子女保健费；国家机关和企事业单位职工中的独生子女母亲延长产假，期间工资照发。农村独生子女家庭包产低一些，或多承包责任田。此外，在入托、入学、就医、招工、招生、城市住房和农村宅基地

[①] 《中国人口年鉴（1985）》，中国社会科学出版社1986年版，第28页。
[②] 国家计划生育委员会编：《中国计划生育史》，中国人口出版社2007年版，第368页。

分配等方面予以照顾①。对不按计划生育者,要给予适当的经济处罚。国家干部和职工、城镇居民,计划外生第二胎者,要取消其按合理生育所应享受的医药、福利待遇,还可视情况扣发一定比例的工资,或不得享受困难补助、托幼补助。农村社员的超生子女不得划给责任田、自留地②。实际上,在机关和企事业单位公职人员中,处罚的力度更大,最常见的是开除公职。这是对违规者的最大威慑。而20世纪80年代初之后政府逐渐放开个体经济经营限制,无公职者生存空间扩大,生育控制政策的刚性约束群体缩小。当然多数公职人员不敢冒违规超生、丢掉工作的风险。

(三) 独生子女政策的调整

独生子女政策贯彻落实中最大的阻力在农村,因而政府做出一定的调整。1982年中共中央、国务院关于进一步做好计划生育工作的指示中要求:国家干部和职工、城镇居民,除特殊情况经过批准者外,一对夫妇只生育一个孩子;农村普遍提倡一对夫妇只生育一个孩子,某些群众确有实际困难要求生二胎的,经过审批可以有计划地安排。不论哪一种情况都不能生三胎③。1982年10月,能生育二胎者除1980年"公开信"规定的三种类型外,针对农村增加照顾面:(1)两代或三代单传者;(2)几兄弟只有一个有生育能力的;(3)男到独女家结婚落户的;(4)独子独女结婚的;(5)残疾军人;(6)夫妇均系归国华侨的;(7)边远山区和沿海渔区的特殊困难户④。1986年12月,全国计划生育工作会议上规定:农村某些群众确有实际困难,包括独女户要求生二胎的,经过批准可以间隔几年以后生第二胎⑤。这一规定在执行中有很大弹性,实际变为独女户间隔4年均可生育二胎。

客观上,独生子女政策在绝大多数城市得到了落实,特别是在有正规就业单位的群体中违规超生者很少;东部地区如江苏、浙江等农村也基本

---

① 《中国人口年鉴(1985年)》,中国社会科学出版社1986年版,第47页。
② 《中国人口年鉴(1985年)》,中国社会科学出版社1986年版,第47页。
③ 《中国人口年鉴(1985年)》,中国社会科学出版社1986年版,第46页。
④ 国家计划生育委员会编:《中国计划生育史》,中国人口出版社2007年版,第368页。
⑤ 国家计划生育委员会编:《中国计划生育史》,中国人口出版社2007年版,第368页。

上得到落实。中西部农村则以二胎为主，部分地区三胎也占一定比例（当然超生者须交罚款）。总体而言之，全国形成四种政策类型区：第一种为，除经批准外，一对夫妇只生育一个孩子（北京、天津、上海、江苏、重庆和四川6个省、市）；第二种为，除经批准外，国家干部和职工、城镇居民一对夫妇生育一个孩子，只生育一个女儿的农民夫妇可以生育第二个子女（河北、山西、辽宁、吉林、黑龙江、浙江、安徽、福建、江西、山东、河南、湖北、湖南、广东、广西、贵州、陕西、甘肃18个省区）；第三种为，除经批准外，一对夫妇生育一个孩子；农民夫妇可以生育第二个子女（海南、宁夏全省区和新疆大部分地区）；第四种为，除经批准外，一对夫妇生育一个孩子，少数民族夫妇可以生育2—4个孩子（内蒙古、青海、宁夏、新疆4个省区），西藏对少数民族的生育数量没有规定[①]。可见，除特殊情况外，各地城镇地区只允许生育一个孩子，农村则有一个、一个半（头胎为女儿的夫妇可生育第二个孩子）和两个（不分男女）三种不同的政策。实际上，实行一个半政策的省份，农村居民也多有两个孩子，个别农民为生男孩而生育三胎甚至更多。违规超生夫妇则要交纳罚款（社会抚养费）。

（四）计划生育专项法律产生

从20世纪50年代中期开始，尽管中国的生育控制规定逐渐明晰，从弹性约束向刚性约束转化，但它是在政策推动之下实行的。1982年的《中华人民共和国宪法》第25条规定：国家推行计划生育，使人口的增长同经济和社会发展计划相适应。这使实行计划生育政策有了宪法依据。不过，当时专门的法律尚未制定出来。2001年12月中国首部《人口与计划生育法》公布，这一状况得以改变。其价值在于，将以往靠政策、条例等规定的内容变为法律条文。该法的核心条文为，第17条：公民有生育的权利，也有依法实行计划生育的义务，夫妻双方在实行计划生育中负有共同的责任。第18条：国家稳定现行生育政策，鼓励公民晚婚晚育，提倡一对夫妻生育一个子女；符合法律、法规规定条件的，可以要求安排生育第二个子女。

---

① 路遇主编：《新中国人口五十年》（下），中国人口出版社2004年版，第1040页。

第 41 条：不符合本法第 18 条规定生育子女的公民，应当依法缴纳社会抚养费。第 25 条：公民晚婚晚育，可以获得延长婚假、生育假的奖励或者其他福利待遇。第 26 条：妇女怀孕、生育和哺乳期间，按照国家有关规定享受特殊劳动保护并可以获得帮助和补偿。第 27 条：自愿终身只生育一个子女的夫妻，国家发给《独生子女父母光荣证》。获得《独生子女父母光荣证》的夫妻，按照国家和省、自治区、直辖市有关规定享受独生子女父母奖励。独生子女发生意外伤残、死亡，其父母不再生育和收养子女的，地方人民政府应当给予必要的帮助。第 35 条：严禁利用超声技术和其他技术手段进行非医学需要的胎儿性别鉴定；严禁非医学需要的选择性别的人工终止妊娠。

应该说，此项法律是对 20 世纪 80 年代初以来中国人口控制政策及其实践的总结，中国人口政策特别是独生子女政策经历了酝酿、形成、改进、调整这样一个过程。它由政策转变为法律，是中国人口控制制度规范和完善的标志。

（五）生育控制政策的执行和效果

作为有制定主体的制度，需要有相应的落实组织。中国的计划生育政策不仅依赖中央政府加以制定，更要靠健全的中央机构和地方分层行政系统予以推行，将民众特别是育龄夫妇纳入管理体系之中。

1. 机构设置

（1）管理机构设置

机构既是制度的产物，其本身又是一种制度。一定程度上讲，机构是政策制度实施的平台和向下推动的主导力量。

生育控制政策作为政府行为，要想取得政策效果，则应有推动政策落实的机构。中国专门的计划生育机构成立于 1964 年，名为国务院计划生育委员会。各省级单位也相继成立计划生育领导机构（至 1964 年年底，全国共有 25 个省市区设立），当然名称不一。一些省下地县也成立了计划生育委员会或计划生育办公室。其工作重点是节育宣传、技术指导，进行相关调研和督促检查①。可见，它重在为育龄夫妇提供节育服务，这与当时计划生育尚处于提倡阶段有关。1966 年，因"文化大革命"开始，这些机构基本瘫痪。

20 世纪 70 年代初，计划生育工作重新启动。1973 年国务院成立计划生育领导小组，之后，其组长多由副总理兼任。各地方从省（市、区）至县均建立领导小组。1981 年 3 月，国家计划生育委员会成立。从中央到地方县乡形成了专门计划生育工作机构。生育控制成为其核心工作。乡镇计生机构的工作人员各有分管的村庄，村庄则有计划生育专干（一般由妇女主任兼任）。乡镇和村计生干部掌握育龄妇女的婚育、流动状况。由此，计划生育管理机构网络形成。

(2) 计生技术服务机构建立

从世界范围看，社会性且具现代意义的计划生育方法被推广是工业革命后期的事，它与医疗卫生技术的进步密不可分。中国近代社会是一个经济相对落后的农业国。1949 年后，在这样一个国度内推行现代避孕、节育技术，光靠宣传教育是不够的，需要建立相应的技术服务和推广机构。这一工作受到政府重视，它成为计划生育管理机构的重要组成部分。20 世纪 70 年代中期县级单位普遍建立计生技术服务机构。20 世纪 80 年代之后，在乡镇一级设有计划生育技术服务站，为育龄妇女提供孕检、环检等服务，发放避孕药具。

中国当代的计划生育工作有强大的组织管理系统和技术服务作为支撑。当然，政府也为此投入了巨大的人力、物力和财力。

2. 计划生育政策的效果

生育政策的落实效果主要体现在生育水平上。从上面的政策调整规则中可以看出，城乡之间政策标准有差异。我们下面对 2000 年第五次人口普查中 40—44 岁、45—49 岁和 50 岁组妇女活产子女数作一考察（50 岁组只有一个年龄）。这些年龄组妇女生育期正值独生子女政策实行阶段，其中绝大多数已经结束生育，政策对其生育子女数量的影响具有说明意义（见表 3-1）。

---

① 路遇主编：《新中国人口五十年》（下），中国人口出版社 2004 年版，第 996—997 页。

表 3-1　　　　　　　　2000 年全国城乡妇女平均活产子女数　　　　　　单位：个

年龄组（岁）	户口登记地城乡别			户口性质	
	市	镇	县	农业人口	非农业人口
40—44	1.38	1.92	2.41	2.38	1.31
45—49	1.64	2.22	2.69	2.64	1.58
50	1.83	2.41	2.94	2.89	1.80

资料来源：笔者根据第五次全国人口普查长表 1% 抽样数据库计算得到。

按照当时的法定结婚年龄（20周岁），40—44岁组妇女初育时间在20世纪80年代初期，45—49岁组尚处于晚婚政策实行时期（女为23岁），一部分人应在70年代中后期完成初育，甚至有的生育了二胎；50岁者在70年代完成二胎的比例可能要高一些。因而，从整体看，40—44岁组妇女的生育多数是在80年代完成的。从表 3-1 可以看出，40—44岁组城市和非农业人口妇女的活产子女数不足1.4个，县和农业人口则超过2.3个。

表 3-2　　　　　　　　2000 年全国城乡妇女活产子女构成　　　　　　单位：%

城乡别和户口类型	年龄组（岁）	活产子女构成			
		0	1个	2个	3个及以上
市	40—44	1.02	69.62	21.82	7.53
	45—49	0.73	51.81	34.18	13.29
	50	6.95	33.77	37.37	21.91
镇	40—44	0.39	35.28	43.81	20.52
	45—49	0.56	21.45	46.32	31.67
	50	6.03	9.94	39.66	44.36
县	40—44	0.51	12.98	48.71	37.79
	45—49	0.50	7.83	41.49	50.19
	50	3.65	3.99	30.32	62.04
农业	40—44	0.49	13.99	49.03	36.50
	45—49	0.49	8.61	42.61	48.28
	50	3.82	4.53	30.82	60.84
非农业	40—44	0.99	73.61	20.65	4.75
	45—49	0.75	54.79	33.52	10.94
	50	7.38	32.32	39.98	20.33

资料来源：同表 3-1。

根据表3-2，城市40—44岁组妇女，独生子女比例约占70%，非农业人口则高至73%；县和农业人口中独生子女比例不足15%。由此可见，独生子女政策在城市多数家庭得到落实。另一方面也应看到，虽然农村二胎以上占多数，但若将二胎及以上视为少育行为的话，40—44岁组这一比例超过60%。由此，我们认为，中国20世纪70年代以来以少育和独生为目标的生育控制政策在很大程度上得到落实。

综上所述，1949年以来，中国的生育制度经历了鼓励生育（限制节育、堕胎，不提供避孕服务）到提倡晚婚、节育，到实行"晚、稀、少"政策，再到推行独生子女政策这样一个过程。而从制度形式上，由在特定范围倡导的政策变为普遍落实的国策，最终上升为法律；由局部地区实行到城乡推开。可以说，生育制度的形成、改进和调整、完善的路径非常清晰。这一生育控制制度所产生的效果是显著的。一是推动了一个农业人口占多数、男系传承为主、家庭养老功能突出国家的民众生育观念转变。尽管不少民众并未真正接受"独生子女"政策，但"少育优生"成为城乡多数夫妇的选择。二是在短期内推动中国生育模式发生从高出生、低死亡、高增长向低出生、低死亡、低增长转变，中国妇女总和生育率20世纪末即低于更替水平。这是世界上其他以农业人口为主的国家难以企及的。我们认为，没有外部制度的强有力约束，人口的这一转变是无法在短期实现的。中国生育控制制度的成效与特有的政治经济体制密不可分。中央政府鉴于人口发展态势，自上产生人口控制意识，进一步形成人口控制政策，进而借助完善的中央和地方机构加以推动，并建立专门的落实组织。在严格的生育控制政策实施初期（20世纪80年代），育龄夫妇多处于正规单位就业体系中，违规行为被降至最低，易于形成计划生育的氛围，引导新的生育观念甚至习俗生成。在这种环境下，独生子女夫妇增大了子女的抚育投入，重视自身生存条件的改善，多育观念和行为被彻底改变。

四 间接制度对生育行为的影响

我们上面所述均从直接针对生育的制度着眼。而无论历史时期抑或当代，还有这样一些制度，其本意并非要干预民众的生育行为，但客观上它对民众生育产生了影响,甚至发挥了抑制或鼓励生育的作用。

(一) 间接抑制生育的制度

1. 传统时代对生育具有抑制作用的间接制度

(1) 赋税制度对生育的抑制

传统时代,国家赋税的重要来源是百姓家庭人口、人丁及其财产。而在隋唐之前则以人口、人丁为征收对象。这一制度对民众生育行为具有影响。

秦汉时期,政府在对成人征收算赋的同时对未成年人征收口钱,七岁为起征年龄。西汉汉武帝时因军事征讨开销巨大,入不敷出,扩大征缴范围,有三岁小儿的父母即须交纳口钱,民众家庭负担因此加重。元帝初元五年(前44年),御史大夫贡禹上书指出:"古民亡赋算口钱,起武帝征伐四夷,重赋于民,民产子三岁则出口钱。故民重困,至于生子辄杀"。所以他建议:"宜令儿七岁去齿乃出口钱,年二十乃算"。此议被元帝批准[1]。秦汉赋税以人口为基础征收,向已能劳作的成人征收算赋是可以理解的,而对完全靠家人抚育的三岁小儿征收口钱加重了家庭的养育成本。故贫穷者中有采用将新生儿杀死以免口钱的极端做法。

三国吴国初建国时期,征役频繁,"百姓虚竭,嗷然愁扰,愁扰则不营业,不营业则致穷困,致穷困则不乐生,故口腹急,则奸心动而携叛多也。又闻民间非居处小能自供,生产儿子多不起养;屯田贫兵,亦多弃子"[2]。在战乱频发、赋役沉重的时期,民众生存条件恶化,养育能力下降,通过"弃子"减轻压力。魏国文帝时的御史大夫王朗上疏建议政府轻徭薄赋,培植民众生存条件,进而增强国力。其中有"胎养必全,则孕者无自伤之哀;新生必复,则孩者无不育之累;壮而后役,则幼者无离家之思;二毛不戎,则老者无顿伏之患。医药以疗其疾,宽徭以乐其业,威罚以抑其强,恩仁以济其弱,赈贷以赡其乏。十年之后,既笄者必盈巷;二十年之后,胜兵者必满野矣"[3]。它说明当时存在不当政策所导致的民不聊生、人口衰减的状况。

---

[1] 《汉书》卷72,贡禹传。
[2] 《三国志·吴书》卷57,骆统传。
[3] 《三国志·魏书》卷13,王朗传。

东晋时，力役负担"殆无三日之休停"，至有"生儿不复举"①。这种局面延续至南朝，文士周朗指出，长期的战乱环境下，官府"急政严刑"与"天灾岁疫"并举，百姓贫者"生子每不敢举"②。

南朝宋时，赋役沉重引发百姓逃亡、残体和弃子等行为。根据田赋规则，"郡大田，武吏年满十六，便课米六十斛，十五以下至十三，皆课米三十斛，一户内随丁多少，悉皆输米"。然而，"十三岁儿，未堪田作，或是单迴，无相兼通，年及应输，便自逃逸"。一些地方"既遏接蛮、俚，去就益易。或乃断截支体，产子不养，户口岁减，实此之由"③。南朝宋孝武帝大明五年（461 年）下令：天下人户，岁输布四尺。孝武大明中，王敬弘上奏更定规则，减轻民众负担："旧制，人年十二半役，十六全役，当以十三以上自能营私及公，故以充役。考之见事，犹或未尽。体有强弱，不皆称年。循吏恤隐，可无甚患；庸愚守宰，必有勤剧。况值苛政，岂可称言！至今逃窜求免，胎孕不育，乃避罪宪，实亦由兹"。他建议："十五至十六宜为半丁，十七为全丁。"武帝采纳④。消除重赋苛役之"因"，才能缓解民众"不育"之行，进而使人口增长。

南朝齐武帝也认为重赋对百姓生育愿望有压抑作用："今产子不育，虽炳常禁，比闻所在，犹或有之。诚复礼以贫杀，抑亦情由俗淡。宜节以严威，敦以惠泽。主者寻旧制，详量附定，蠲恤之宜，务存优厚。"⑤对百姓应施惠政，遇有灾伤年景，应不吝蠲免，如此才能使人力资源得到培植。

隋唐之前，口税、口赋这些征自人口的税负直接增加了家庭负担，使民众生存能力降低，难以养育所生育子女，以致采取遗弃做法。可见，政策也会产生"杀人"之效。

隋唐之后，赋税中财产份额增大，人口份额降低，以遗弃子女来避税的现象减少。但它并非从此消失。北宋时一些地方因有丁税，有子家庭以隐匿年龄、身份等做法来避税。齐廓任提点荆湖南路刑狱时，发现平阳县

---

① 《晋书》卷75，范宁传。
② 《宋书》卷82，周朗传。
③ 《宋书》卷92，徐豁传。
④ 《文献通考》卷10，户口。
⑤ 《南齐书》卷3，武帝纪。

自马氏时税民丁钱,岁输银二万八千两,民生子,至壮不敢束发。廓奏蠲除之①。庆幸的是,百姓没有采取极端措施。而南宋则不一样,因偏安一隅,加之战事较多,赋税繁重,百姓杀婴行为再现。连朝廷大臣也承认这一严重局面:"奸臣虐用其民,诛求过数,丁盐绸绢最为疾苦。愚民宁杀子而不愿输,生女者又多不举。"②湖州:"丁绢最重,至生子不敢举"。处州:"丁钱太重,遂有不举子之风"③。绍兴年间,政府以"永、道、郴三州、桂阳监及茶陵县民多不举子,永蠲其身丁钱绢米麦"④。可见,赋税重所导致的民不育子在南宋的影响范围并不限于局部地区。上述这些事例也非百姓不养子,恐怕主要是不敢多养子。

(2) 婚嫁习俗与溺婴

正如绪论所述,习俗没有制定主体,但它对民众具有约束力,违规者将受到排斥。而这一习俗中对生育行为具有间接作用者有多种。

近代之前,一些地方的溺女婴行为与婚嫁习俗有关。即女方父母为嫁女要置办丰厚奁产,成为一项负担。多女家庭视此为畏途,因而出现溺毙新生女婴的做法。

北宋政和年间,"福建愚俗,溺子不育","究其弊源,盖缘福建路厚其婚葬"⑤。

根据冯尔康和常建华的研究,清代有溺女之习的地区包括山西、河南、江苏、安徽、浙江、江西、湖北、湖南、四川、福建、广东、广西,而以江西、湖南、浙江、福建最盛⑥。

溺女婴的原因有多种,其中奁费高是各地方志和官员提到最多的一个原因。浙江绍兴萧山:贪者较装(妆)奁,故有生女而不举者⑦。永康县:

---

① 《宋史》卷301,齐廓传。
② 《文献通考》卷11,户口。
③ 韩元古:《南涧甲乙稿》卷21。
④ 《宋史》卷30,高宗纪。
⑤ 《宋会要辑稿》刑法二之四九。
⑥ 冯尔康:《清代的婚姻制度与妇女的社会地位述论》,见中国人民大学清史研究所编《清史研究集》第五辑,光明日报出版社1986年版;常建华:《清代溺婴问题新探》,见李中清等主编《婚姻家庭与人口行为》,北京大学出版社2000年版,第200页。
⑦ 乾隆《萧山县志》,见《民俗资料汇编》(华东卷)上册,北京图书馆出版社1997年版,第640页。

其甚弊者，嫁女多论聘财，娶妇多论资装。更相责望，因生乖别，致酿淹没之俗①。平阳县：荒歉年份，贫而多子者往往产女而溺之，又有贫家虑难遣嫁而溺者②。浙江的婚嫁费用是什么水平？道光五年（1825 年）浙江巡抚在"严禁溺女并酌定嫁资示"中指出："闻民间嫁女无一不备，有用银数百两、数千两者，最少亦须数百金。虽卖田借债亦须凑办。男家以厚嫁为荣，薄则笑之，甚至翁姑待媳妇，以妆奁之厚薄为爱憎。既嫁之后，则有三朝、七日、十四日、满月名色，女家必须备办礼物送至婿家，以多为贵。少则婿家必笑之。逢年逢节，亦复如是。女若生子，未产以前即送衣褟、食物；既产以后自洗浴剃头，以至外甥周岁，均须节节备具衣饰致送，直至十岁而止。"③江西德兴县：厚嫁增加了家庭负担，"民率以女为劫，溺女之风于是乎炽"④。福建的奁费，按照道光初年陈盛韶所言：古田嫁女，上户费千余金，中户费数百金，下户百余金。往往典卖田宅，负债难偿。男家花烛满堂，女家呼索盈门⑤。延平府福清县：溺女一事，最为此邑恶习。土风丰于嫁女，凡大户均以养女为惮，下户则有苦无以为养。比户而计，实无一户之不溺⑥。永春县："百数十年前，聘礼无过百金者，生女过多者辄溺之"⑦。湖南临武县：婚姻"大都礼数尚繁，故育女无过于三举"⑧。郴州兴宁县："育女苦赔累，不仁者遂作溺女之计"⑨。辰州沅陵县："索重奁而酿成溺女之风"⑩。桂阳县："（嘉庆时）旧不论财多寡，甚得古意。后女家以奢相尚，衣服易棉布而绫缎，首饰易铜角而金银，甚且珠翠。时节馈遗，竞丰好盛。稍从简略，男家间相诮让。中人之产不胜苦累，致成溺女之恶

---

① 康熙《永康县志》卷6，风俗。
② 乾隆《平阳县志》，见《民俗资料汇编》（华东卷）中册，北京图书馆出版社1997年版，第911页。
③ 袁啸波编：《民间劝善书》，上海古籍出版社1995年版，第347—348页。
④ 道光《德兴县志》，见《民俗资料汇编》（华东卷）中册，北京图书馆出版社1997年版，第1097—1098页。
⑤ 陈盛韶：《问俗录》卷2，水溺。
⑥ 光绪《福建通志》卷57，郑光策与福清令夏彝重书。
⑦ 民国十九年《永春县志》卷15，礼俗。
⑧ 同治《临武县志》卷18，风俗。
⑨ 光绪《兴宁县志》卷5，风俗。
⑩ 光绪《沅陵县志》卷37，风俗。

习。"① 广东阳江县道光年间：婚嫁之费，动逾千金，甚或不惜破产以为美观。因之，以女为累，至有溺之而不举者②。

（3）禁止违反礼制的生育行为

违礼生育行为则要受到处罚。

唐朝法律规定：居父母丧生子，徒一年。其意为在为父母服丧期"二十七月内而妊娠生子者"。但"服内生子，事若未发，自首亦原"③。宋朝予以继承④。当然，这一规定在民间社会的落实有很大弹性。对违规生育行为，若无好事者告发，官府也无人追究。

（4）鼓励妇女守节、抑制再婚客观上降低了育龄妇女生育率

对妇女再婚的限制和守节的鼓励，使不少育龄妇女在与原配丈夫婚姻维系中断之后，生育过程不得不停止。明清时期更形成女性 30 岁以前丧偶，活至 50 岁以上、守节在 20 年以上者才能被旌表的制度（清雍正时又放宽至 15 年）。清朝中期，江苏省每年上报符合旌表条件的节妇约 200 人（但并非所有符合标准者均被上报）。根据道光五年（1825 年）江苏巡抚所题奏的节妇名单，24 岁以下丧偶者占 34%，25—27 岁占 35.50%，其余为 30.50%⑤。从绝对数量上看，一个省每年 200 人青年丧偶妇女不婚不足以影响妇女的生育水平。但若将 30—40 岁之间有生育能力妇女（理论上妇女实际生育能力可延至 49 岁）丧偶后不再婚状况也考虑在内，同时还有一定数量的妇女 30 岁以前丧偶不婚，但守节未至 20 年而死亡者，抑制妇女再婚的制度对生育率的降低作用是不能忽视的。

2. 当代间接制度对生育的抑制

（1）义务教育制度

义务教育是当代政府所定具有强制性的制度，并形成法律。其中一项重要内容是儿童和少年应接受相应年限的教育，在此期间原则上不得就业。不同社会发展阶段，义务教育的年限不一。目前我国实行的是全民九年义

---

① 袁啸波编：《民间劝善书》，第 58 页。
② 道光《阳江县志》卷 1，风俗。
③ 《唐律疏议》卷 12，户婚。
④ 《宋刑统》卷 12，户婚。
⑤ 《陶澍全集》（5），第 143—154 页。

务教育制度（1986 年《义务教育法》第二条）。义务教育制度的实行，一方面增大了家庭的教育支出（虽然法定学费并不高，但为了获得优质教育资源或机会，父母往往不得不让子女参加各种课外补习等，所费不赀）；另一方面，因子女工作年龄推迟，父母从子女身上获得收益的时间也相应推迟，这都意味着养育子女成本提高。它会降低父母的生育意愿。

（2）就业制度

近代之前，特别是农业社会中，从家庭角度看，就业模式为男外女内。妇女参与社会就业较少，主要责任是抚育子女、照料家务。我们认为，这种分工模式是有利于生育的。1949 年后，在城镇地区形成了普遍的夫妇均在家庭外就业的模式。而在 20 世纪 50 年代至 90 年代，机关企事业单位推行的是低工资制度，工资之外的医疗、养老等福利等都与有正式工作为前提条件。妇女就业既被政府和制度所鼓励，多数劳动年龄妇女也有强烈的就业愿望，受过中高等教育的妇女看重自己事业的发展。公共就业与家务照料常是一对矛盾，既出外工作又要照料家务往往使妇女的劳动强度增大，生育越多负担越重。因而，妇女会产生减少生育的愿望，若有节育服务提供，就会付诸实施。它已被 50 年代后期至 70 年代初期严格的生育控制政策实施之前的经验所证明。

（3）社会福利制度

在传统时代，老年人赡养主要由家庭成员承担。家庭生育的目的很大程度上是为了这一功能得到维持。而当代，从 20 世纪 50 年代开始，医疗和养老保障等社会福利制度在城镇就业人口中首先建立，这使其对子女的赡养依赖降低。20 世纪 60 年代城镇居民，特别是正规就业者在计划生育政策尚未大力推行之前，多育愿望和行为即开始发生改变。

（二）提升生育水平、促进生育的间接制度

对生育行为具有促进作用的间接制度，传统时代和当代都存在。

近代之前，苛捐杂税增加民众负担，抑制生育；而轻徭薄赋则有助于改善百姓家庭生存条件，抚养子女的能力增强，促使生育水平提高，至少减少溺婴现象。如清代雍正年间实行的摊丁入亩制度，丁银数额不再与家庭人丁数量挂钩。子女对家庭的正效应增大，抑制生育的行为会减少。

这里，我们想着重分析当代间接制度对生育的作用。

1. 农村集体经济制度对生育增长的推动

（1）粮食分配制度中的"平均主义"色彩对生育水平具有提升作用

纵观古今中国社会，对生育所起间接作用最为明显者为1949年后农村集体经济时代的粮食分配制度。

根据我们调查，当时多数农村实行人八劳二（也有的为人七劳三）的口粮分配制度，即用于分配的收获物总量中80%按人头分配，20%按劳动力所折"工"分配（一般一个男整劳力劳动一天可挣0.9及以上个工，劳动能力最强、能使用各式农具者为一天1个工）。进一步看，多数地区按人头分配的粮食不再区分老幼，刚出生者与成年人份额一样。这意味着劳动力多、成年人为主的家庭并没有多分粮食，而未成年子女多的家庭也未少分。在粮食整体短缺的集体经济组织内，这一分配制度是有利于多子女家庭的。有学者称，该制度下，孩子给家庭带来的是正经济价值，并且证明了人口学者格林霍尔的观点，即集体农业仍旧意味着孩子越多越能带来正价值[1]，从而推动生育率的上升。

（2）教育制度和医疗制度的福利性质降低家庭抚育子女压力

集体经济时代，政府在农村建立了从小学到初中的免费教育体系，实行公费合作医疗制度。尽管教育和医疗水平不高，但满足了农民子女接受基本教育的需求；无论老幼常见病能得到及时救治。家庭不必为此再额外付出。对父母来说，多育没有带来很大抚养压力。李中清、王丰指出：集体化和公有化意味着食物、住所和工作从根本上不再是家庭的责任。通过提供免费的公共教育和健康医疗，公社和国家使家庭抚养孩子的费用大大降低。这些都对人口的发展产生了影响。人口控制的传统集体单位——家庭的瓦解和传统生育抑制行为的崩溃，导致了中国有史以来最快的人口增长[2]。他们对集体体制下抚养孩子的费用减轻促进人口增长所作分析是符合实际的。不过有一点需要指出：集体经济下，住房建设仍是家庭的

---

[1] Stevan Harrell, Wang Yuesheng, Han Hua, Goncalo D. Santos, Zhou Yingying, Fertility decline in rural China: A comparative analysis, *Journal of family history*, 2011, 36 (1): 15—36.

[2] 李中清、王丰：《人类的四分之一：马尔萨斯的神话与中国的现实（1700—2000）》，生活·读书·新知三联书店2000年版，第173—174页。

责任，宅基地却可以免费获得；一旦得到并建有住房它实际变成个人私有财产，客观上起到鼓励生育的作用，至少减轻了多子女家庭的居住压力①。

以上是就相对比较普遍的情形而言，至少北方地区有这种制度表现和人口行为。不过我们2002年在浙江农村调查时发现，北方的做法不是集体经济时代唯一的分配方式，南方一些地区还存在着另外一种分配规则。如在浙江萧山，在"人八劳二"基本原则之下，进一步将分配对象分成不同年龄或年龄组，不同年龄者获得的份额有差异。

表3-3　　1966—1981年浙江萧山义桥基本口粮按年龄分配方法

年龄（岁）	年均口粮（斤）	年龄（岁）	年均口粮（斤）
1	120	15	500
2	150	16	520
3	180	17	540
4	220	18	560
5	250	19—50（男）	640
6	300	19—50（女）	600
7	340	51—55（男）	600
8	360	51—55（女）	550
9	380	56—60（男）	560
10	400	56—60（女）	520
11	420	61—65（男）	520
12	440	61—65（女）	480
13	460	65 +	480
14	480		

资料来源：笔者2001年在浙江萧山农村调查时所获统计资料。

根据表3-3，19—50岁组标准最高，而且在19—65岁之间的各个年龄组，有男女之别。5岁幼童所获口粮只有成年人的39.06%，10岁为

---

① 王跃生：《社会变革与婚姻家庭变动》，生活·读书·新知三联书店2006年版，第431页。

62.50%，15 岁为 78.13%。男女差别不大，19—50 岁组，女性口粮相当于男性 93.75%。这一制度的结果是，子女未成年时所得口粮有限，基本上被其消耗掉了，很难产生剩余，父母的养育压力相对较大。当地一些夫妇因家庭负担重，20 世纪 60 年代中期即有主动采取避孕措施或流产手术者（相对内地农村，萧山靠近省城杭州，医疗机构更为健全）。两种分配方式下民众生育行为的差异更强烈地印证了制度对民众生育行为的作用。

2. 赡养法律对生育的促进作用

这是一个相辅相成的问题。在家庭养老功能被维系的环境中，父母养育子女，一个重要目的是希望子女在其年老时能提供赡养。在不同时代，国家和政府帮助和支持父母实现这一愿望。父母对子女养老回报有明确的期盼。各项涉及家庭问题的法律都规定子女应为老年父母提供赡养义务。

李银河指出：现行的扶养法是增强生育动力，即促使人口增长的。由于按照法律规定，子女有扶养父母的责任，父母却没有靠自己壮年时的积蓄自己养老的责任，这极其有力地增强了人们生育子女的动机[①]。如果说，由于社会养老资源缺乏或不足，父母不得不依赖多个子女养老，而法律制度又维护这种养老功能，那么无疑，该法具有促进生育的作用。不过，这种状况更多的是 1949 年后农村集体经济制度下的行为。实际上，传统时代一些有产家庭，父母设法控制家产，或者在不得不分家时，为自己留下一份膳田等，也是依赖自己及其所积累的财产养老的做法。

五 生育制度的"家"、"国"一致和背离

有关生育的制度既有国家和政府层级的法律和政策，也有民间的宗规族训、习俗。必须承认，在生育问题上，国家制度与民众生育愿望既有一致之处，也有背离表现。从制度上看，民众生育行为还受官方政策之外的规则约束。在生育问题上当"国"、"家"利益具有一致性时，民众会服从官方或遵循官方政策；而当利益不一致时，官方政策的贯彻则会遇到阻力。更多情况下，民众按照自己的逻辑行事。这种逻辑又有民俗基础，或者说

---

① 李银河：《生育与中国村落文化》，牛津大学出版社 1993 年版，第 97 页。

符合民间规则。

生育本身很大程度上是私人行为、家庭事务。子女的养育过程绝大多数是在家庭内完成的。子女对父母来说既是现实的负担,也是未来的劳动力和血缘亲属关系资源。从现实看,只有具备一定经济能力的父母才养得起子女或一定数量的子女,父母根据自己的能力决定养育子女的数量。在传统社会,超过抚育能力的子女,父母或者送人,或者溺毙,由此构成家庭对子女数量的自我限制。当然,在婴幼儿死亡率高的时代,父母意识到并非生下的每个子女都能长大成人,通过溺毙子女来降低养育压力的行为也并非很普遍。当然这在不同区域之间存在差异。

传统社会养育子女的未来收益主要表现为传承胤嗣,赡养失去劳动能力的老人。男娶女嫁制度下,只有儿子才能承担这一责任,由此形成生育中的男孩偏好,或至少有一个男性子嗣。独生子女政策会限制父母实现这一愿望。当然,社会养老保障制度的建立,将改变父母对子女赡养的依赖。从国家视角看,传统时代人口规模过小削弱其存在基础,赋税征收受到限制,军事攻伐和防御缺少兵力。人口规模过大,人地矛盾突出,生存资料短缺,游民、流民充斥,社会矛盾尖锐,政权受到威胁。而当代社会,人口过剩则可能导致就业困难、居住紧张,公共设施供给不足等问题。正因为"家"、"国"视角不一,生育制度才会有差异。

(一)"家"、"国"之间生育制度和行为的几种模式

1. "家"、"国"利益一致下的制度和行为模式

(1) 多育下的一致

政府因人力资源紧张(赋役人口、兵役人口不足)而鼓励生育(给予徭役和赋税优惠)。民众在婴幼儿高死亡率时代,本有通过多育来达到保有理想子女数量的愿望,即使政府没有鼓励措施,只要家庭经济条件许可,多育是普遍性选择。政府的优惠或倾斜性政策有助于改善生育家庭的生存条件,乃至提高子女的成活率。这是中国隋唐之前百姓与政府在生育问题上所持态度。不过,传统时代,民众对"多育"行为的推崇或接受与婴幼儿高死亡率有关。而若所生子女都能存活下来,对贫穷家庭来说则会超出养育能力。在没有有效避孕措施时,溺婴行为则不可避免。

(2) 少育下的一致或基本一致

国家因人口增长快、规模大给社会发展（就业、教育、医疗等）和生存水平带来压力，希望民众减少生育；民众因抚育子女成本上升，多子女生育会降低自己的生活品质，也有减少生育的愿望。二者形成共识，政府落实人口控制政策的阻力较少。这是当代"家"、"国"之间在生育问题上的一致表现。不过，也应看到，民众接受政府的少育政策，但对"独生"政策的接受度则较低，尤其是农村。

2. "家"、"国"利益不一致下的制度和行为模式

(1) 多育与控制多育

当国家试图控制人口增长，而民众仍处于传统生育观念和行为的惯性之中，国家的政策约束会遭到民众抵制，至少在政策实施初期会如此。当代计划生育政策20世纪70年代和80年代在一些农村地区贯彻时即遇到这种困境，特别是独生子女政策在中西部农村受到普遍抵制，以致政府不得不做适当调整。

(2) 少育与鼓励多生

民众已经形成少育习惯，国家人口总量明显下降，甚至出现负增长。有鉴于劳动力短缺，养老负担加重，政府采取措施鼓励民众多育。政府针对民众少育行为实行鼓励生育政策，在外国和境外已有所表现，中国内地尚未进入这一阶段。

(3) 溺婴与抑制溺婴

在近代之前，它表现为民众因抚育压力大，又无有效避孕措施，将超出抚育能力的子女溺毙和遗弃，乃至形成习俗；但政府为维护正统伦理价值观，采取措施加以干预。

3. "家"、"国"互不干预模式

生育被视为家庭事务，政府不采取鼓励或抑制措施。即使民众有溺毙和遗弃行为，政府亦不加制止。就中国历史实际来看，隋唐之前尚有直接鼓励生育的措施，而宋元以后，除了一产三男等特殊生育现象会获得政府的奖励和资助外，绝大多数民众的生育行为得不到政府的直接帮助，亦即政府没有具体的鼓励生育制度。当然，对溺婴行为政府则予以干预。不过，由于政府力量有限，难以实施有效监督，所以多数情况下，溺婴行为实际处于放任状

态。偏远地区尤其如此。

（二）近代之前民间抑制生育行为与官方态度

1. 养育压力下溺婴弃子习俗及官方校正

明清以前的中国社会，虽没有出现整体的人口过剩，但部分地区、特定时期的人口压力是存在的。农耕时代人口压力主要表现为家庭生活资料短缺。若这一制约在短期内难以缓解，乃至威胁到家庭已有成员的生存，抑制家庭人口增加的做法便有可能产生。在民众没有掌握有效避孕方法的时代，溺婴成为惯常做法。

宋代，"鄂岳之民生子计产授口，余则杀之"[①]。福建也有这种表现，"福建地狭人稠，无以赡养，生子多不举"[②]。建宁府、南剑州、汀州、邵武军四州：贫乏之人，例不举子，家止一丁，纵生十子，一子之外，余尽杀之[③]。另有记载，建、剑、汀、郡、武等地百姓"多计产育子，习之成风，虽士人间亦为之"[④]。与福建相邻的浙东路"衢、严之间，田野之民，每忧口众为累，及生其子，率多不举"[⑤]。当时地方官员或劝谕或发布告示加以制止。也有地方绅士参与其中。这些资料显示，宋代江南地区民众为缓解家庭生存压力而溺婴并非个别现象。它又与外部人口压力增大有关。南宋袁采曾有诗云：俗喜生男复患多[⑥]。对男孩的偏好是相对于女孩而言。若男孩生得多了，尽管会增加劳动力，但婚配的花费等也会使父母压力增大。

明清时期，人口压力相对宋元及之前进一步提高，民间溺婴现象也有增无减。当然，具体的溺婴原因有多种，本质上都与生存压力有关。

清代，河南邓州："食指若繁，贫民恒丰岁不饱，故溺女成风。"[⑦] 浙江温州平阳县：昔年邑多荒歉，艰于衣食，贫而多子者往往产女而溺之，又

[①] 范致明：《岳阳风土记》（不分卷）。
[②] 《宋史》卷173，食货。
[③] 吕祖谦：《东莱集》卷3，为张严州作乞免丁钱奏状。
[④] 杨时：《龟山集》卷3，寄俞仲宽别纸其一。
[⑤] 《宋会要辑稿》刑法二之一四七。
[⑥] 袁采：《袁氏世范》，附录2。
[⑦] 潘守濂：《作新续议》，见李文治编《中国近代农业史资料》第一辑，生活·读书·新知三联书店1957年版，第473页。

有贫家虑难遣嫁而溺者。今此风稍息①。清代无论中央还是地方,均有制止溺婴的措施,前面对此已经述及。

民众的性别选择性溺婴行为表明,当家庭遇到生存压力时,试图通过减少新增人口来应对,但同时又要考虑家庭的未来延续,女婴的后续价值和功能较低,故会成为"即刻"减少的对象。可见,民众在生存困难时,对待新生子女的"存"、"留"态度具有强烈的功能考虑,或者说是在计算子女的养育投入和收益之比后做出的抉择。

就近代之前社会而论,我们在看到人口压力和家庭经济压力促使民众产生溺婴行为的同时,也不能将这种做法的存在程度和范围夸大。这主要是因为传统时代自然状态下婴幼儿高死亡率成为家庭人口增长的重要抑制,夫妇只有多生、多养才有可能得到理想数目的成年子女。

2. 特殊风俗和不安定环境所导致的弃婴行为

隋唐之前一些地区将特定月份所生子视为不祥,因而予以弃杀。

前述汉代河西地区"俗多妖忌,凡二月、五月产子及与父母同月生者,悉杀之"②。武威太守张奂采取措施纠正。可见,风俗这种制度形式也有"杀人"功效。而若有外在制度约束,风俗也是可以改变的。

在后世,一些地区类似习俗依然能见到。隋朝时,江南风俗,二月生子者不举③。

生存环境不安定也不利于子女抚养。三国魏初,"天下未定,民皆剽轻,不念产殖;其生子无以相活,率皆不举"。郑浑任下蔡、邵陵地方官时,"课使耕桑,又兼开稻田,重去子之法。民初畏罪,后稍丰给,无不举赡;所育男女,多以郑为字"④。这一资料表明,战乱时代,民众颠沛流离,居无定所,基本生产活动难以展开,自身性命不保,对所生子女更无力赡养,故只好遗弃。而解决之道首先是恢复秩序,在此基础上督导民众进行农耕等生产,培植自身生存能力和养育子女的能力。

---

① 乾隆《平阳县志》,见《民俗资料汇编》(华东卷)中册,北京图书馆出版社1997年版,第911页。
② 《后汉书》卷65,张奂传。
③ 《隋书》卷36,后妃传。
④ 《三国志·魏书》卷16,郑浑传。

（三） 当代控制生育下的家国一致和矛盾

这主要是独生子女政策下所产生的"家""国"矛盾。

独生子女政策下，夫妇子女双全的愿望无法实现。我们必须承认，就20世纪90年代的情形而言，生育控制政策尽管没有使人们普遍接受只生一个孩子的观念，但却使多生（3胎及以上）观念转变为少生（2胎及以下）观念。这实际也是生育观念由传统向现代的转变。我们所以说这是一种重要转变，因为2胎以下的生育要求基本上是社会发展进入工业文明阶段后民众的生育意愿。高死亡率和劳动生产率低下的农业社会中家庭对子女的需求则明显超在农民夫妇中过这个水平。

我们认为理想子女数量在两个以下者均是低生育意愿的表现。即使以现代发达国家的标准来衡量也是如此。20世纪80年代末90年代初，我国城市民众普遍的低生育意愿已经形成。当然，它与严格的一孩政策或要求还有距离。多数农民也转变为低生育意愿，不过目前尚处于过渡时期，至少有一个儿子的生育意愿在农民夫妇中还占较大比重。

依据中国社会科学院人口研究所20世纪90年代初所做的一项调查[①]，城镇不同受教育程度者在理想生育两个及以下子女的意愿差别很小。具体来看，丈夫中，文盲、小学与初中、高中以上三个类别分别为92.94%、91.47%和93.5%；三种受教育程度的妻子之间有一些差别，但也不是非常悬殊，基本上都在低水平：87.09%、92.71%和94.70%。不同受教育程度者意愿生三个以上子女的比例均不高。从这一调查数据中我们可以得出的认识是：在生育控制政策的影响和约束下，不同受教育程度者都表现为低生育意愿。制度作用下民众生育行为具有趋同特征。同时不同受教育程度者中，意愿生一个子女的比例也都处于比较低的水平（5%上下）。

根据该调查，农村生育2胎以下者文盲、小学与初中、高中以上受教育程度者有一定差别，丈夫中三者分别为62.22%、70.87%和73.48%。其中文盲与高中以上相差为11个百分点。妻子中分别为64.53%、72.12%和74.47%，文盲与高中以上相差为10个百分点。

[①] 中国社会科学院人口研究所编：《当代中国妇女地位抽样调查资料》，万国学术出版社1994年版，第419页。

随着时间的延续，生育控制政策对民众生育意愿所起引导和改变作用越发明显。

20世纪90年代末的调查对此有所表现。1999年国家计划生育委员会"计划生育家庭发展与变化"课题组所做5省农村调查结果表明，接受一个孩子的比率较90年代初期有明显提高。当然，农村由于经济发展水平的差异，接受程度上有高低之别。江苏昆山市地处经济发达地区，理想生育意愿中一胎占60.4%，经济欠发达的安徽省广德县占45.5%，贵州省金沙县占35.7%[①]。

另一项调查中对受访者生育意愿进行政策影响差异比较。即考虑计划生育政策时的孩子数量需求与不考虑计划生育政策时的孩子数量需求。在第一种情况下，多数省份的调查者中超过三分之一选择一个孩子，只有广东显得很低（8.35%）[②]。若不考虑计划生育政策环境的影响，那么生育意愿中一胎比例将有明显下降[③]。吉林选择一个孩子者尚能接近三分之一。其他省份降至16%。在第二种情况下，各个省受访者选择生育两个孩子的比例最大，基本上都在三分之二以上。而选择3胎以上的多胎生育者除广东、甘肃超过15%以外，其他均在10%以下。这些都表明，在农村，尽管独生子女政策未被普遍接受，但低生育意愿已经基本形成。

可以这样说，在城市，生育控制政策实施的初期和中期以前（90年代前），将理想生育子女数定位为一个的比例是比较低的，意愿两个孩子为主流。整体上，90%以上接受调查者生育意愿在两个以下。农村夫妇中大多数选择2个，意愿生3个子女的比例也在30%左右。它表现出城乡之间的差异。90年代之后，城乡意愿生育1个孩子的比例都有提高。但若不考虑生育政策的要求，生育两个孩子是农村的主流意愿，城市中也有不低于50%的夫妇意愿生育两个孩子。

就现实而言，在人口压力环境下，民众表现出较强的社会责任感，放弃了对理想子女的数量追求。当然生育控制政策所形成的约束氛围也不能忽视。同时必须意识到这一点，无论从子女养育方式还是从子女存活的保

---

① 杨魁孚等主编：《中国计划生育效益与投入》，人民出版社2000年版，第142页。
② 陈胜利等主编：《中国计划生育与家庭发展变化》，人民出版社2002年版，第92页。
③ 陈胜利等主编：《中国计划生育与家庭发展变化》，人民出版社2002年版，第91页。

险系数等方面看，独生子女（只生一个）并非多数已婚夫妇的理想数量。在农村尤其如此。

总之，在一个农村人口为主体的社会中，当代中国的生育控制政策使民众的生育水平达到西方国家工业社会后期的状态。它在一定程度上缓解了人口压力。当然，中国城乡民众家庭为此做出了很大牺牲。

六　非婚生育制度

非婚生育行为在传统时代和当代都存在。非婚子女是婚姻制度外的子女，但其作为生命体又不能被一概排斥于家庭制度之外。传统时期和现代社会官、私文献中，对非婚生育有不同的规则。探讨这一问题，有助于认识中国的生育制度特征。非婚生育在历史上有多种说法，如奸生子、私生子。清末《大清民律草案》将其定义为"由苟合或无效婚姻所生之子"[1]，贬斥之意非常明确。当代法律则以"非婚生子女"相称。

（一）非婚生子女的法律规定和民间规则

传统时期，无论婚生子女，还是非婚生子女，其权益主要表现在家庭财产继承权上。

1. 法律地位

从宋元以来法律条文中可以看出，官方认可私生子的财产继承权，但与婚生子相比，有差异。明清有关财产继承制度即有这样的规定：洪武二年（1639年），"嫡庶子男除有官荫袭，先尽嫡长子孙。其分析家财田产，不问妻妾婢生，止依子数均分"；"奸生之子依子数量与半分"[2]。私生子在此为"奸生子"，可谓高度歧视。其继承权只有婚生子的一半。

清朝继承了明朝之法，不过对奸生子作了进一步规定。即家庭中，"如别无子，立应继之人为嗣，与奸生子均分；无应继之人方许承绝全分"[3]。清末《大清民律草案》第1474条：私生子依子量与半分。但第1475条：

---

[1] 《大清民律草案》，第179页。
[2] 《大明会典》卷19，户口。
[3] 《大清律例》卷8，户律。

私生子外别无子，立应继之人为嗣，其遗产，私生子与嗣子均分；无应继之人，方许私生子承继全分①。1925年《民国民律草案》第1372条、第1373条与此相同②。可见，私生子半分财产权获得维护；若生父无婚生子可享有全分权。

虽然私生子在继承份额中与婚生子女有所分别，但他由此获得基本的生存条件。不过其在民间社会的地位，特别是在家族中的地位则不高。一些家族甚至不接受私生之子。浙江东阳上璜王氏的修谱条例中有这样的内容：如有典雇妻妾与人，及典人妻妾以图嗣续者，所生子不载③。它意味着不承认非婚生育。

1949年后，私生子的法律权益提高。1950年《婚姻法》第15条规定：非婚生子女享受与婚生子女同等的权利，任何人不得加以危害或歧视。它成为1949年后的一贯规则。其权益当然包括财产继承权。

2. 民间规定

（1）不认可私生子

甲、宗族规则

在传统时代，宗族对私生子女的态度最为重要。

清末、民初的调查显示：湖南长沙、湘潭、衡山、湘乡、攸县、湘阴和宝庆县属，各族于修谱时对私生子不特严禁，且特设规条，遇有此等事端，族众公同议处。而当事人缘有此种习惯，即知为己所私生，亦不敢认领④。当地宗族对族人活产私生子不予接纳，分财则不可能。

民国三十二年（1943年）《湘潭张氏家谱》家训"禁奸生以混宗谱"有言：礼禁未然，法施已然；私奸生子，古人弃捐；异姓奸生，名教罪愆；同姓奸生，人伦倒颠；大干国法，大辱祖先；不列宗族，不登谱篇；守礼守法，必严必坚⑤。这一家训应该是近代之前所订。其观念为私生子是"罪恶"的产物，故采取断然拒绝态度。而在该族民国三十年家谱体例中似乎

---

① 《大清民律草案》，第189页。
② 《民国民律草案》，第387、388页。
③ 光绪《东阳上璜王氏宗谱》卷1，修谱条例。
④ 《民事习惯调查报告录》（下册），第984页。
⑤ 民国三十二年《湘潭张氏家谱》卷28，家训。

有所变通：凡养子及私生子之登记均从众议，照前谱齿录规定，本春秋后楚之义①。

私生子虽有本族人血统，但系苟合所生，若接纳会败坏宗族名声。近代之前，它将起到促使族人将私生子溺毙的作用。

乙、习俗

河南省民间私生子的财产继承权存在地区差异。按照清末民初嵩县、济源、镇平、辉县等县习俗，私生子不能继承父母的财产②。

同期福建顺昌、南平等县：私生子多弃而不养③。其生父亦多不认领，为乡人所不齿④。惟未经正式成婚之前之私生子，多收养之⑤。即与订婚女子所生子女，允许收养；否则不容。

湖北谷城、通山两县，均无认私生子为亲子习惯⑥。

这种习俗之下，私生子受到极大排斥，多难逃被溺死的命运。

（2）认可和接纳私生子

同是在河南，清末民初，一些地方习俗中私生子可以继承财产，而且与嫡庶子均分，较法律规定的"量予半分"为优，如襄城县、偃师县⑦。

湖北京山、巴东、潜江、竹山四县：均认私生子为亲子⑧。竹溪、麻城、五峰三县习惯"与之相同"⑨。这些地区百姓多为移民后裔，传统礼法约束较松，对待私生子则持宽容态度。

民国初年有些宗族也有松动。湖南汉寿何氏：私生子在《民律》虽有认领之例，而《民律》第1408条："私生子及其他法定代理人得据事实，请求其父认领。"亲属知其实为私生子，而其父认领，亦得入谱，绵血统也⑩。该家规或许受到新的民律的影响，故能接纳族人认领的私生子。

---

① 民国三十二年《湘潭张氏家谱》卷首，体例。
② 《民事习惯调查报告录》（下册），第804页。
③ 《民事习惯调查报告录》（下册），第925、927页。
④ 《民事习惯调查报告录》（下册），第925页。
⑤ 《民事习惯调查报告录》（下册），第927页。
⑥ 《民事习惯调查报告录》（下册），第967页。
⑦ 《民事习惯调查报告录》（下册），第804页。
⑧ 《民事习惯调查报告录》（下册），第967页。
⑨ 《民事习惯调查报告录》（下册），第951页。
⑩ 民国《庐江堂何氏族谱汉寿支谱》卷首上，凡例。

就民间的制度而言，对私生子存在不认、不容和认可两种类型。正统观念重的宗族视私生子与奸情有关，对祖宗是一种侮辱，不允许载入家谱之中。应该说这种制度占主导地位。但在移民社会则有相对宽容的一面。民国以来，一些宗族的态度则有软化表现。

（二）民间社会对待非婚生子女的态度

民间社会对待非婚生子女的态度，即接受并将其养育成人还是溺毙，很大程度上取决于地方惯习，而非国家法律。若惯习、家规认可非婚生子女，并能获得维持生存的财产继承权，那么生下后其存活的概率就高；否则被溺毙、遗弃的可能性则大。

1. 私生子溺毙遗弃是主流

私生子女多为男女偷情的产物。近代之前，未婚女性怀孕，家人会视为丑事，很难接受。对此处理方式有两种，一是使用中药或土方堕胎（其技术并不成熟），一是自然分娩后扔掉。可以说，真正存活下来的私生子女比较少。根据笔者收集的清代刑科题本个案，没有采取堕胎措施而生产的妇女，案发后在官府多声称生下的是死胎。我们认为，这很可能是一种遁词。因为其生育过程并无人监督，采取溺毙方式应是比较普遍的做法。而在官府受审时为免受溺婴之责，只好以所产为死婴来搪塞。应该看到，在当时社会中，私生子的存在要较个案中所揭示得更广泛。因为婚外怀孕引发的命案毕竟是其中的少数。不过在传统社会特定的氛围中，私生身份公开的私生子不会很多。对有偶妇女来说，比较容易隐匿私生行为。丧偶妇女和未婚妇女婚外怀孕后往往失去了隐匿的条件。因此，除非官府阻止，后两种情形下的私生子是很难存活的。

习俗对此也有揭示。近代人郑观应在分析溺婴行为时指出四个原因，其中第四条为"或偷生诚恐露丑，恶而溺之"[1]。福建南平一带，"由苟合所生之子，为南平社会所不齿，故概行遗弃"[2]。湖北的陨县、汉阳，均无认私生子为亲子的习惯，"故所有私生子多系于初生时即行溺毙或遗弃"[3]。

---

[1] 《郑观应集》上册，第38页。
[2] 《民事习惯调查报告录》（下册），第927页。
[3] 《民事习惯调查报告录》（下册），第951页。

谷城、通山两县，均无认私生子为亲子习惯，其结果必至溺毙或遗弃①。

实际上，溺毙私生子并非中国社会的特有现象。在工业化浪潮席卷欧洲之前，杀害私生子在欧洲大陆十分普遍。如果一个未婚女子怀了孕又不能巧妙地避过别人的耳目，那么她是注定要倒霉的②。而在中国相对封闭、不流动的环境中，人们生养私生子所面临的名声压力更大。为了保全个人和家庭的声誉，婚外怀孕后的堕胎行为和对私生子的溺毙将更为普遍。

2. 私生子存活下来多有特殊原因

在整体上不接受私生子的中国社会中，法律、宗规中每每出现对其分产所作规定，个别地方习俗中也有容忍的一面。它说明有一定比例的私生子存活下来。

南宋《袁氏世范》指出：族人"或与杂滥之人通私，或婢妾因他事逐出，皆不可不于生前早有辨明。恐身后有求归宗而暗昧不明，子孙被其害者"③。若私生子确实为族人之后，该家训持认可态度，但必须确定是否真为自己的私生子，避免冒滥现象。

而清代湖北竹溪、麻城、五峰三县习惯"均得认私生子为亲子，故遗弃之风较少"④。

对家规不甚严格的已婚妇女来说，有的与人发生婚外情而怀孕。若私情隐秘，丈夫健在或未出远门，很难被察觉奸情所孕。只有在私生子女长成之后，家人或外人会从相貌上会做出非其亲生的判定。这时再采取遗弃等断然措施则基本上不大可能。此外，在民间社会中，当夫妇多年不育且被断定是丈夫的生理缺陷所致，或有在亲族同辈分男性中"借种"的做法。由此生出的孩子实际也是私生子。不过，大家心照不宣，私生子被默认为亲生子。

---

① 《民事习惯调查报告录》（下册），第967页。
② [美]马克·赫特尔：《变动中的家庭——跨文化的透视》，宋践等译，浙江人民出版社1988年版，第341页。
③ 袁采：《袁氏世范》卷上，庶孽遗腹宜早辨。
④ 《民事习惯调查报告录》（下册），第951页。

七　结语和讨论

（一）传统时代生育制度的特征

1. 政府政策对生育的促进和抑制

近代之前，中国生育制度的多样性特征比较突出。隋唐之前，由于赋税征收建立在人口基础上，不同形式的徭役征派对人力需求较大，人口数量变动与国力有很大关系，人口的高死亡率又在一定程度抑制了人口较快增长。因而政府多采取鼓励生育的政策，为生育家庭提供赋役减免或食物资助等优惠措施，一定程度上降低了其生存压力。

然而，政府以人口、人丁为基础的赋税制度又增加了民众家庭的经济负担，以致一些民众通过溺婴等措施减少新生儿数量。应该承认，赋税制度并无抑制生育的目的，只是客观上起到了这种作用。不过，对其影响程度尚待更进一步的研究。目前看来，不宜估计过高。

2. 民间生育策略

就普遍的情形看，在人口高出生、高死亡和低自然增长模式和环境下，民众对待生育行为的基本态度是顺其自然。因政府征收赋税压力而溺婴者主要存在于宋及其之前。当然，因女孩缺少为家庭创造财富的能力且难以承担赡养老年父母的功能，诞育之初即遭溺死的现象，隋唐之前是存在的。北朝颜之推的《颜氏家训》中已有反映。

就宋以后社会而论，南方地区，从两湖、安徽、江苏、江西到浙江、福建，溺婴特别是溺女婴的现象增多。这一做法的原因有多种，其中比较突出的是，女孩长大出嫁时父母须付出过重的妆奁费用，导致家庭财产损失，增大生存压力。

3. 政府与民间生育制度的互动

这主要表现为，宋代以后，政府多制定有禁止溺婴的政策，甚至将惩处溺婴者载入法律。另一方面，政府设立育婴堂等机构，收养弃婴，或直接资助养育能力较低的民众。同时，政府鼓励民间慈善者及其组织在救助弃婴中发挥作用。宗族等组织也制定有禁止溺婴的规则。

我们认为，近代之前，政府对生育行为的主导政策是鼓励生育，主观上抑制生育的政策不曾制定。但由于政府的鼓励措施并非一贯，且力度不大，对人口增长的实际作用应该比较有限。另一方面，民众溺婴，特别是溺女婴受到政府和民间组织的阻止，在一定程度上矫正了这种行为。同一地区该习俗所以会长期延续，表明外部力量对小家庭生育决策的矫正作用是有限的。它与官方能力和作用的有限性有关。可以这样说，具有自然属性的生育行为一定程度上受到政府鼓励；家庭为减少利益损失采取适度溺婴措施，形成一定程度的官民意愿背离。溺婴行为最终得到制止是在1949年以后，现代避孕措施被引入，政府力量深入到村落层级。育龄夫妇不希望生育时得以借助避孕和流产手术来实现，而非产后溺死。

总的来看，近代之前在高出生率、高死亡率和低自然增长率模式下，家庭人口的增长，进而区域和国家人口的较快增长受到抑制，家庭和国家均以人丁兴旺为追求。而特定的惯习（厚妆奁等）和政府政策（赋役政策等）使家庭感受到多子女所带来的生存压力，在无有效避孕措施且没有可靠方法将不想要的孩子中止妊娠的时代，夫妇只好采取"育后"处置的措施。在我们看来，这种做法流行于特定区域，非全国普遍现象。

（二）1949年后人口生育控制制度及其效果

1. 政府生育政策的演变及效果认识

20世纪70年代初期起，由国家和政府出台控制人口生育的政策，是一项史无前例之举。可以说，从50年代初期到1980年，中国的生育制度经历了无控制、理解节育、倡导计划生育、鼓励计划生育、实施计划生育和推行独生子女政策这样一个演变过程。

从效果上看，中国生育控制政策的落实建立在独特的体制基础上。健全和系统的社会组织是实现这一政策目标的重要前提条件。近代之前的政权力量仅达县一级，民国时则设立区乡组织。1949年之后，村庄一级虽未进入正规行政体系之内，但对村庄事务具有主要决策权的党组织——党支部建立在村，党支部直接接受乡镇党委的领导，落实其所下达的指示。因而，可以说，行政力量已延伸至乡村。在城市，成年就业人员隶属于具体的单位，单位要对其所有行为负责。没有正规就业者则受街道下辖的居民委员会管理。可以说，这一组织管理方式使政府的约束力量能够触及每一个人，每一个家庭。

1949年以后，政府生育政策易于贯彻的另一个重要因素是，1956年高级社成立之后，农村数千年的家庭生产经营制度被打破，亦即个体经济失去生存空间，农民被纳入集体就业、生产和家庭消费体制之中。

健全的组织确保政府生育政策落实到位，而且其所具有的监督功能可及时纠正违规者。我们可以说，20世纪70年代"晚、稀、少"政策、80年代初开始推行的独生子女政策在城市得到有效贯彻。违规者要受到开除公职（包括机关、事业单位和公有、集体企业均有这项处罚权力）等处分，它是最有效的威慑措施。农村的"晚、稀、少"政策具有降低高出生率的作用。而在80年代初期独生子女政策推出不久，土地承包责任制开始实行，生育政策的约束力降低。不过，严格的罚款制度对多育行为是有抑制作用的。

总之，我们认为，中国在20世纪80年代、90年代农业人口占多数的时期，实现了生育率的大幅度降低，妇女总和生育率在90年代中期达到更替水平，亦即在农业社会阶段，我国妇女的总和生育率达到了工业化国家的水平。它在很大程度上是政策作用的结果。

2. 间接性制度对民众生育行为的影响

（1）间接性抑制生育的制度及影响

1949年以后，生育控制政策对民众生育的抑制是主流。但也要看到，民众生育观念、生育意愿发生转变，即多育观念向少育转变，从而影响其生育水平，降低生育率。在我们看来，间接性制度主要表现在以下方面。

甲、城镇地区非农业人口中社会保障制度的建立，弱化了育龄夫妇对子女养老的期望。可以说，城市生育控制政策易于收到效果与此有很大关系。

乙、随着小学、初中教育制度的普及，子女的受教育时间延长，进而对家庭的经济贡献减少或延后；与此同时，家庭对子女的教育投入增多，养育成本提高。这将改变夫妇对子女生育数量的追求。

丙、普遍性社会就业制度的建立，增大了养育子女的机会成本。特别是对有工作的女性来说，养育子女需要较多的时间投入，将直接增大与工作的冲突，故此易于形成少育行为。

（2）间接性激励生育的制度

在生育控制政策实施时期，对生育有间接性激励的制度同样存在。

甲、农村集体经济时代的粮食分配制度。集体经济时代，多数地区，特别是北方，口粮分配实行人八劳二制度，或人七劳三制度。在粮食整体短缺的时代，多生子女一定程度上有助于缓解家庭粮食不足的压力。当然，小孩进入少年、青年阶段，家庭口粮短缺状况便会出现。其所带来的阶段性生育激励不可忽视。

乙、困难家庭救济制度。在高生育率时代，无论城乡，生育子女多、生活困难的家庭将会得到政府的食物和货币救助，从而降低其生存压力，夫妇，特别是农村夫妇，抑制生育的动力不足。

丙、福利住房分配制度。从20世纪50—90年代，城市福利分房中有一个重要前提是，单身职工被排除在外。另外，分房面积与家庭人口数量相关。单身、晚婚者这些不具生育条件者非但享受不到优惠，反而失去了以夫妇、家庭为基础的福利权益。故此，这一制度客观上起到鼓励结婚、婚后及时生育的作用。

（三）政府、民间组织和家庭生育制度目标的一致和冲突

无论传统时代，还是当代，生育制度有多种。从制定主体角度看，基本类型有三种：政府、民间组织和家庭（家族为主）。

1. 合力表现

在人口增长缓慢、劳动力短缺时代，三者将会形成合力——推动人口增长。可以说这是近代之前的表现。

2. 平行作用

这是指政府和家庭在生育问题上处于互不干预状态。实际上它是中国近代之前多数阶段的表现。

3. 互为冲突

在我们看来，近代之前家庭的溺婴行为在形式上表现为与法律和政策规定的背离，但这尚构不成真正的冲突。因为夫妇的主要目的并非想借此

减少人口，只是对特定性别子女的排斥；政府抑制也不是因为民众的这一行为与其增加人口数量的政策相违背，而是它与当时所提倡的道德不相符合，并会造成男性婚配困难。

能够称之为冲突者应该是1949年以来，特别是20世纪70年代开始，政府推行计划生育政策、独生子女政策，民众出于对子女数量和特定性别子女（主要是男嗣）的追求，有意冲破制度限制。这实际上也是一种公共利益目标与个人或家庭利益目标的冲突。

缓解冲突的方式是，找到引起二者冲突的焦点，调整政策控制力度。政府通过对民众诉求的关注，以政策化解惯习的作用。比如，社会养老保障制度的缺乏、婚嫁方式中的男娶女嫁会增强民众追求男孩的愿望。因而，政府在贯彻生育控制政策的同时，注意考虑民众的现实需求。在完善社会福利制度时，引导男娶女嫁习俗向既不从妻也不从夫的方向发展。

第四章 性别制度、表现和影响

性别制度是对不同性别者家庭地位、社会角色所作规定。在中国历史上，性别制度有明显的男性偏好，它对民众的生育行为乃至人口变动产生了深远影响，当代社会仍能感受到这一制度性偏好的影响。探讨此项制度对我们深入理解中国生育行为及其偏好追求等具有重要意义。

一 性别差异制度的形成及演变

（一）关于性别制度的内涵

本章的性别是指性别的社会性（Gender）而不是生物性（Sex）。社会性别意味着性别差异由不同形式的制度所造成，性别社会差异的削弱和性别偏好的矫正也依赖制度的改进。

美国学者梅里·E. 威斯纳－汉克斯指出：对于世界上大部分文化而言，妇女/男人是一个基本的二元系统。性别对立是将事物分为二元对立的普遍趋势的根源，他们将此看作几乎是"自然的"，因为它出现在如此多的文化里。一些情况下，这些概念是互补的，"男性"和"女性"范畴被视为同等重要；另一些情况下，这些范畴显然具有层次等级，"男性"范畴往往比"女性"范畴得到更高的评价。还有一些情况下，这些范畴在对称程度上是可变的，某些"男性"范畴被视为比"女性"重要，而某些范畴则视为等同[①]。性别在不同文化环境中的差异实际就是制度的差异。

英国人类学家雷蒙德·弗思认为：两性的区别不仅是一个对衣着和分

[①] ［美］梅里·E. 威斯纳－汉克斯：《历史中的性别》，何开松译，东方出版社2003年版，第119页。

工的看法问题，不但存在便利性和习惯的问题，而且人们认为事情就应当如此，这样一来情况就复杂了。如果有男子或妇女不遵从习惯，特别是想采取异性的行为，就会引起人们强烈的反应，如取笑、愤怒，以致宗教情绪①。这说明，不同性别者的行为受到制度的约束。

制度更多地表现为对男女在社会上和家庭中的角色进行定位。随着社会发展和制度变迁，男女角色定位也会发生变化。

（二）中国性别差异制度的形成及其演变

1. 近代之前性别制度的基本原则

贯穿中国近代之前性别制度的主线是，在行为方式上强调男女有别，在社会和家庭地位上以男主女从为原则，由此子女养育上形成男性偏好。

（1）男女有别

强化"男女有别"意识是先秦，特别西周以后政治家和思想家最为关注的内容。男女性别差异是一种客观存在。但在先秦文献中，政治家和思想家努力让民众意识到的"男女有别"，实际是社会意义上的男女性别差异。其意在使男女能自觉地按照一定的、对男女有不同要求的规范行事。在他们看来，男女性别差异意识的培养是其他差异、秩序观念培养的基础。

"男女有别"被视为"人道"社会的基本要求，而男女无别则被视为如同"禽兽"之道的野蛮世界。这就把"男女有别"的意义揭示出来。

以儒家思想为基础形成的《礼记》最充分地表达了这一观念。《礼记·郊特牲》中说：男女有别，然后父子亲；父子亲，然后义生；义生，然后礼作；礼作，然后万物安。无别无义，禽兽之道也。《礼记·昏义》进一步指出：敬慎重正而后亲之，礼之大体，而所以成男女之别，而立夫妇之义也。男女有别，而后夫妇有义；夫妇有义，而后父子有亲；父子有亲，而后君臣有正。可见男女有别是一切伦常关系建立的基础，同治家、治国的要求密不可分。这是从宏观角度来看。

而从微观层面讲，男女有别有助于防止淫乱和奸邪之事发生。先秦不少思想家有此认识。孔子认为：淫乱者生于男女无别，男女无别，则夫妇

---

① ［英］雷蒙德·弗思：《人文类型》，费孝通译，华夏出版社2002年版，第77页。

失义。礼聘享者所以别男女，明夫妇之义也。男女既别，夫妇既明，故虽有淫乱之狱，而无陷刑之民①。管子也说：明男女之别，昭嫌疑之节，所以防其奸也②。晏子指出：男女有别而不通，故士无邪行，女无淫事③。那么，如何才能使男女有别？孔子认为要靠"礼"加以约束，"非礼则无以别男女父子兄弟婚姻亲族疏数之交焉"④。

先秦思想家所以强调男女有别，在很大程度上与当时社会还保留有氏族或部落社会的遗风有关，比如男女之间在交往上还有一定的随意性。而在王权建立、疆域扩大以后，社会管理的复杂性提高，如何保持社会秩序稳定就成为一个比以往更加突出的问题。增强男女有别观念是使人们认识秩序、约束行为的关键一环。

先秦时期，男女之别在礼制和思想家的论述中被一再强调，这是因为当时社会尚有一定的原始遗风。也许此种男女之别秩序格局至秦汉时期已经建立起来，民众的性别差异观念增强了，故无须再加论述和阐扬，所以该时期直接论述男女之别言论并不多。

秦始皇于会稽刻石上有"防隔内外、禁止淫泆、男女洁诚"⑤之语。这既是对其治下民风的称颂，也是对民众的要求。由此可见，秦朝政府也是先秦礼教的实践者。

汉代男尊女卑的观念被进一步强调。《白虎通》言：男女者，何谓也？男者，任也，任功业也。女者，如也，从如人也。在家从父母，既嫁从夫，夫殁从子也⑥。

值得注意的是，在男权社会中，由男性思想家和政治家所编织的男尊女卑伦理秩序不仅为男性所服膺，且也为女性所认可，进而成为社会的范式。

班昭在《女诫·敬慎》中指出："阴阳殊性，男女异行，阳以刚为德，阴以柔为用；男以强为贵，女以弱为美。"对女性来说，"修身莫若敬，避

---

① 《孔子家语·五刑解》。
② 《管子》君臣下31。
③ 《晏子春秋·外篇》第八。
④ 《孔子家语·问礼》。
⑤ 《史记》卷6，秦始皇本纪。
⑥ 《白虎通》卷10，嫁娶。

强莫若顺,故曰敬顺之道,妇人之大礼也"。不仅如此,班昭在《女诫·妇行》中明确提出"妇有四行":即妇德、妇言、妇容、妇功。"此四者,女人之大德,而不可乏之者也。"班昭将先秦时期女性的模糊要求概括出来,是"四德"的首倡者。后世将其与先秦出现的"三从"并称为"三从四德",对妇女行为产生了极大影响。

那么,男女有别的具体表现是什么?

甲、男女行为各有规矩

意识到男女性别的差异,那么在日常行为上就要有所分别。这是从交往形式上强化男女之别。

《礼记·内则》要求:男子入内,不啸不指;夜行以烛,无烛则止。女子出门,必拥蔽其面;夜行以烛,无烛则止。道路,男子由右,女子由左。《礼记·王制》有相同的表述:道路,男子由右,妇女由左,车从中央。可见,这里对男女之别的强调不在于观念,而在形式上。由此男女之间的藩篱得以树立起来,在公、私场合的交往和接触受到限制。

秦汉以后一些地方官员在辖区内将男女之别作为民风淳朴的表现形式之一,倡导男女分途。西汉宣帝时,颍川太守黄霸,"以宣布诏令治民,道不拾遗,男女异路,狱中无重囚"。结果他受到宣帝表彰,下诏赐爵关内侯,黄金百斤[1]。王莽时把"官无狱讼、邑无盗贼、野无饥民、道不拾遗、男女异路"作为地方官教化民众的重要内容,达到这一状态的官员可以享受封侯待遇[2]。南朝萧励任豫章内史时,境内"道不拾遗,男女异路"。民众对其非常感佩[3]。

不过,这种硬性分离男女行路方式的办法实行起来是困难的,也是不现实的,因而很难一以贯之地落实。隋朝柳彧说当时都邑百姓每至正月十五日,作角抵之戏,递相夸竞。"尽室并孥,无问贵贱,男女混杂,缁素不分"。他上奏请禁绝之。柳彧很羡慕"昔者明王训民治国"的状态,民众"率履法度,动由礼典。非法不服,非道不行,道路不同,男女有别"[4]。可

---

[1] 《史记》卷96,黄霸传。
[2] 《汉书》卷99上,王莽传。
[3] 《南史》卷51,萧励传。
[4] 《隋书》卷62,柳彧传。

见，至少在隋朝时，分割男女娱乐和社交活动的"礼教"缺乏实行的基础，但却不能因此否认其对男女行为方式的限制作用。

乙、家庭中男女各有活动范围——内外有别

根据《周易·家人》：女正位乎内，男正位乎外。男女正，天地之大义也。可见，男女不仅要外内有别，而且要在"外""内"之位上守正道。这样才能体现出男女各守其位的意义。

按照《礼记·内则》：礼，始于谨夫妇，为宫室，辨外内。男子居外，女子居内。深宫固门，阍寺守之。男不入，女不出。

这种男女成员生活格局非一般平民家庭所能做到。所以，不少人认为先秦之礼更多地针对贵族、士大夫所制定。不过，一当它在社会上层实行起来，将在一定程度上影响中下层民众。

此外，家庭成员按性别不同进行分工，强调"男不言内、女不言外"。但内事与外事的重要性不可同日而语。男性的"外"是广阔的天地，既可以谋生，又可与朋友来往，还可参与政事；女性的"内"是狭小的空间。男性的"外"事活动较少制约，女性的"内"事很大程度上处于男性家长监督和管理之下。

丙、男女基本服饰不同

不仅在观念上要培养和强化男女有别意识，而且在形式上，如发式和穿着上也要有所体现。在当时的贵族、士大夫之中，男有加冠之礼，女有加笄之礼。"昏姻冠笄，所以别男女也。"[1]

男子到二十岁举行"冠礼"，由宾客取"字"，所谓"男子二十，冠而字"[2]。女子则在十五岁许嫁时，举行"笄礼"取字，所谓女子"十有五年而笄"[3]，"女子许嫁，笄而字"。所以旧时习俗上，女子将许嫁时，叫作"待字"。后来"冠礼"虽然不实行了，但这个成年取"字"的习俗长期流行着[4]。明代《浦江郑氏义门规范》：子弟年十六以上许行冠礼，子弟当冠，须延有德之宾，庶可责以成人之道，其仪式尽遵文公家礼。女子年及笄者，

---

[1] 《礼记·乐记》。
[2] 《礼记·曲礼上》。
[3] 《礼记·内则》。
[4] 杨向奎：《宗周社会与礼乐文明》，人民出版社1992年版，第258页。

母为选宾行礼,制辞字之①。

应该指出,男女以服饰相区别并非中国的独特性制度,各个国家或民族都有自己的成人仪式。

丁、男女交往方式有别

由于女性的活动被限定在家庭之内,因而男女交往主要是女性与家庭异性成员之间的接触。

既然男女不同性别有不同的行为方式,那么男女之间的交往就要受到限制。否则,性别差异的教化功能将会失去。

男女日常活动被严格分别:男不言内,女不言外。非祭非丧,不相授器……外内不共井,不共湢浴,不通寝席,不通乞假,男女不通衣裳。内言不出,外言不入②。这一思想在《礼记》中被多次重复,可见其重要性。《礼记·曲礼上》说:外言不入于梱,内言不出于梱。女子许嫁,缨;非有大故,不入其门。姑姊妹女子子,已嫁而反,兄弟弗与同席而坐,弗与同器而食。

孔子说:君子远色以为民纪。故男女授受不亲……子已嫁而反,男子不与同席而坐③。

即使与很亲近的家庭成员也要避免直接接触,更不能共同使用一个物品:"男女不杂坐,不同椸枷,不同巾栉,不亲授。叔嫂不通问,诸母不漱裳。"④

一些学者认为:"叔嫂不通问","嫂不抚叔,叔不抚嫂","嫂叔之无服也,盖推而远之也",皆以远别为言。其极力避免群婚制中男女无别之嫌,昭然若揭⑤。

推而广之,朋友之间交往时更要避免与对方女性成员接触。孔子说:"朋友之交,主人不在,不有大故,则不入其门。"⑥

已婚女性与异性交往受到更多限制。

---

① 浦江郑氏《义门规范》。
② 《礼记·内则》。
③ 《礼记·坊记》。
④ 《礼记·曲礼上》。
⑤ 陈顾远:《中国婚姻史》,岳麓书社1998年版,第27页。
⑥ 《礼记·坊记》。

"妇人不出境吊者，妇人无外事，防淫佚也。"① 这在一定程度上具有将男女，特别是女性与非家庭成员男性隔离开来之意。

唐代更将女性与异性亲戚的交往限制和防备载入法律。按照《唐律疏议》："妇人从夫，无自专之道，虽见兄弟，送迎尚不逾阈。若有心乖唱和，意在分离，背夫擅行，有怀他志，妻妾合徒二年。因擅去而即改嫁者，徒三年，故云加二等。室家之敬，亦为难久，帷薄之内，能无忿争？相嗔暂去，不同此罪。"② 这或许是因为包办婚下，夫妇关系质量不高，若对为人妻者与异性交往不加限制，将会增大婚姻裂变的可能。

那么，设定如此严格的男女交往界限，实际效果如何呢？

《礼记·坊记》引述孔子的话，为男女交往设定种种规矩。但孔子最后仍言："以此坊民，民犹淫逸而乱于族"。由此可以推断，限制性规则并没有将男女无别的淫乱之行禁阻住。不过，也不能据此否认其对士大夫及其家庭成员行为的矫正和约束作用。

从后世，特别是明清时期民俗中可以看出，礼教的约束是存在的。

陕西洛川县：妇女不轻出大门外，归宁往来，常乘骡马，以巾蔽其面③。

江苏崇明县：风纪尤肃，（妇女）非庆吊不出门，见客则避匿④。

福建平和县：康熙年间，俗最重男，女非大故不相见，出必帷舆，贫必蔽面⑤。

在社会中下层民众中，男女授受不亲、男女大防的伦理并没有成为民众的实践。根据笔者对清代个案的研究，平民家庭妇女不仅要参与农耕等谋生性活动，而且料理家务时因物品短缺需向邻居借用，客观上她们难以将自己局限在本家门槛之内，主观上她们并不避忌与所熟悉男性打招呼和交谈⑥。

戊、男女教育殊途

---

① 《白虎通》卷10，嫁娶。
② 《唐律疏议》卷14，户婚。
③ 嘉庆《洛川县志》，见《民俗资料汇编》西北卷，北京图书馆出版社1997年版，第120页。
④ 民国十八年《崇明县志》卷4，风俗。
⑤ 康熙《平和县志》卷10，风土。
⑥ 王跃生：《清代中期婚姻冲突透析》，社会科学文献出版社2003年版，第266—276页。

这是子女养育上的性别偏好。男女在教育内容和方式上有很大区别。先秦时期男女教育殊途的模式就已确立。

根据《礼记·坊记》：男子生，桑弧蓬矢六，以射天地四方。天地四方者，男子之所有事也①。这实际是对男性成就大事的期望，或者说对男性侧重于进行向外部世界发展的教育。

男子六岁，"教之数与方名"；七岁，"男女不同席，不共食"；八岁，"出入门户及即席饮食，必后长者，始教之让"；九岁，教之数日；十岁，"出就外傅，居宿于外，学书计；十有三年，学乐，诵诗，舞勺，成童舞象，学射御"；"二十而冠，始学礼"；"三十而有室，始理男事"；"四十始仕"；"五十命为大夫，服官政；七十致事"②。可见，男性在儿童、少年和青年时期所学内容具有按照社会要求塑造治国理政人才的考虑。

女子的教育则是让其学习如何持家之道，并且由保姆传授。女子要"十年不出，姆教婉娩听从，执麻枲，治丝茧，织纴组紃，学女事以共衣服；观于祭祀，纳酒浆笾豆菹醢，礼相助奠。十有五年而笄，二十而嫁；有故，二十三年而嫁。聘则为妻，奔则为妾"③。女性所学则仅限于作为主妇的内容，与"主内"有关。就教育方式而言，这不大像一般平民家庭的做法。

可见，男女的培养目标属于两个不同的方向，由此社会分工建立在家庭教育的内容有别基础上。

（2）男主女从

在中国先秦时期，特别是周代以后，男主女从观念和制度即已形成："男女之别，男尊女卑，故以男为贵"④。女性对男性的"三从"则使男主女从制度系统化。《孔子家语·本命解》说：女子者，顺男子之教而长其礼者也。是故无专制之义，有三从之道。幼从父兄，既嫁从夫，夫死从子。《春秋·谷梁传》隐公二年：妇人谓嫁曰归，反曰来归，从人者也。妇人在家制于父，既嫁制于夫，夫死从长子。妇人不专行也，必有从也。这意味

---

① 《礼记·坊记》。
② 《礼记·内则》。
③ 《礼记·内则》。
④ 《晏子春秋·天瑞》。

着从"礼"的规定上看，女性在不同生活阶段都属于家庭中男性的依附者，既不能决定家庭事务，更无法掌控个人命运。就后世而言，"三从"对女性的约束最大。它将观念变成普遍的行为规范。

甲、婚姻上的表现

夫妻关系中丈夫居于主导地位，妻子作为从属者。这一点应该说是先秦时代的主流观念。

墨子说："昔者圣王为法曰：'丈夫年二十，毋敢不处家；女子年十五，毋敢不事人。'此圣王之法也。"① 这里的"事人"则有侍奉和服从之意。

《礼记·郊特牲》中言：结婚时，男子亲迎，男先于女（男先去，女后来），刚柔之义也。天先乎地，君先乎臣，其义一也。即在婚娶的形式上就将夫主妻从的角色差异体现出来。《礼记·郊特牲》还有进一步的论述：男子至女方家亲迎，走出其家门，"男帅女，女从男，夫妇之义由此始也。妇人，从人者也。幼从父兄，嫁从夫，夫死从子。夫也者，夫也；夫也者，以知帅人者也"。

礼男娶女嫁何？阴卑不得自专，就阳而成之，故《传》曰："阳倡阴和，男行女随。"②

这意味着婚礼中的亲迎则有女之父将女儿约束和管教之权交给女婿之含义，即女性由从父转入从夫阶段。

但实际上，这一转变并非都能很好地实现。所以孔子说："婚礼，婿亲迎，见于舅姑（外舅、外姑），舅姑承子以授婿，恐事之违也。以此坊民，妇犹有不至也。"③ 当然，此处所言可能是极端情况，就总体而言，夫妻中男主女从的地位在周以后的时期已经确立下来。

婚后，女性不仅要服从丈夫，而且对丈夫的长辈要小心服侍，处处表现出柔顺之意：成妇礼，明妇顺，又申之以著代，所以重责妇顺焉也。妇顺者，顺于舅姑，和于室人；而后当于夫，以成丝麻布帛之事，以审守委积盖藏。是故妇顺备而后内和理；内和理而后家可长久也。故圣王重之④。

---

① 《墨子·圣王篇》。
② 《白虎通》卷10，婚嫁。
③ 《礼记·坊记》。
④ 《礼记·昏义》。

不仅如此，这些已婚女性在丈夫面前自我称呼时带有一定贬低之意，以此表明自己不敢与丈夫处于平等地位。《礼记·曲礼下》指出：夫人自称于天子，曰老妇；自称于诸侯，曰寡小君；自称于其君，曰小童。自世妇以下，自称曰婢子。

班昭《女诫·专心》认同先秦礼教精神，她指出：夫有再娶之义，妇无二适之文。将丈夫视为妻子之"天"，"天固不可逃，夫固不可离也"。这实际是"从一而终"的另一种表达。

乙、姓氏上的表现

"姓"本来之意为女子所生子女。按照先秦时代的认识，姓从天所得。所谓"姓者，生也。人禀天气所以生者也"①。商、周族人都把自己的祖先追溯至一个女子感天所生，"故称天子，从女，从生"。"所以天子因生以赐姓。"② 而命氏，即周人要获得新氏需要国家认可③。氏来源于号、谥、国、官、字、居、事、职等。"三代之前，姓氏分而为二，男子称氏，女子称姓。氏所以别贵贱，贵者有氏，贱者有名无氏。""姓所以别婚姻，故有同姓、异姓、庶姓之别；氏同姓不同者，婚姻可通，姓同氏不同者，婚姻不可通。三代之后，姓氏合而为一，皆所以别婚姻，而以地望别贵贱。"④

根据《礼记·丧服小记》："男子称名，妇女书姓与伯仲，如不知姓则书氏。"男子称名，是政治和社会地位高的表现。女子称姓，则为了在婚姻缔结中有所分别。而实际上，未婚女性也有自己的名字，伯姬、季姜之类。不过妇女结婚后，其名字很少被提及。

春秋以后，中国姓氏观念发生了很大变化。战国时，姓氏合而为一⑤。战国以后，男子冠姓、女子称名之俗形成。在户籍管理中，男女之名均被登录。如商鞅变法时的秦国："四境之内，丈夫、女子皆有名于上，生者著，死者削。"⑥

姓、氏的产生过程也在一定程度上佐证了母系氏族社会在中国早期的

---

① 《白虎通》卷9，姓名。
② 《白虎通》卷9，姓名。
③ 常建华：《宗族志》，上海人民出版社1998年版，第22页。
④ 郑樵：《通志》卷25，氏族略。
⑤ 徐复观：《两汉思想史》第一卷，台湾学生书局1982年版，第295—323页。
⑥ 《商君书·境内篇》。

存在。

至汉代，姓为一般平民所采用。以姓为主体的周代妇女名字，被平民妇女名字取代。妇女从周代的系姓不称名，到汉代称名及冠姓，这是一个很大的转变。而随着儒学的发展，系姓之风再度出现。已婚女性冠夫姓的形成，也是既承袭了周代，而又不同于周代。汉代妇女名字与后世无明显差异。男女通名现象有一定表现，说明社会上对男女的不同要求或期盼不如后世大。汉代冠夫姓的形成，反映了妇女的附属性，它为后世所承袭[①]。

丙、生命周期以男性为基本参照

在传统文献中，常有对人生不同阶段活动特征的概括。由于女性被限制于家庭之内，不同生命阶段的活动特征很少差异。故此，这一概括建立在男性基础上。女性人生阶段的从属性更为突出。

根据《礼记·曲礼上》：人生十年曰幼，学；二十曰弱，冠；三十曰壮，有室；四十曰强，而仕；五十曰艾，服官政；六十曰耆，指使；七十曰老，而传；八十九十曰耄，七年曰悼。悼与耄，虽有罪，不加刑焉。百年曰期颐[②]。实际上，除了"仕""服官政"外，其他生命阶段的活动也是女性所要经历的。但在这里，女性未给予应有的定位。它或许是因为女性在家庭之中活动，生命阶段的"事业"特征没有差别，或者说其人生阶段同质性较强。

《礼记·内则》对此缺陷有所弥补：二十而冠，始学礼，可以衣裘帛，舞《大夏》，惇行孝弟，博学不教，内而不出。三十而有室，始理男事，博学无方，孙友视志。四十始仕，方物出谋发虑，道合则服从，不可则去。五十命为大夫，服官政。七十致事。……女子十年不出，姆教婉娩听从，执麻枲，治丝茧，织纴组纼，学女事以共衣服，观于祭祀，纳酒浆、笾豆、菹醢，礼相助奠。十有五年而笄，二十而嫁；有故，二十三年而嫁。聘则为妻，奔则为妾[③]。女性婚前有成长阶段之分，婚后则不再予以区别。

后世人对生命阶段活动特征的认识，多参照《礼记》标准，即使有所

[①] 刘增贵：《汉代妇女的名字》，见李贞德、梁其姿主编《妇女与社会》，中国大百科全书出版社2005年版，第46—68页。

[②] 《礼记·曲礼上》第一。

[③] 《礼记·内则》。

变动，也仍以男系为序。

宋代人洪迈在《容斋五笔》中引述朱新仲之语："人生天地间，寿夭不齐，姑以七十为率：十岁为童儿，父母膝下，视寒暖燥湿之节，调乳哺衣食之宜，以须成立，其名曰生计；二十为丈夫，骨强志健，问津名利之场，秣马厉兵，以取我胜，如骥子伏枥，意在千里，其名曰身计；三十至四十，日夜注思，择利而行，位欲高，财欲厚，门欲大，子息欲盛，其名曰家计；五十之年，心怠力疲，俯仰世间，智术用尽，西山之日渐逼，过隙之驹不留，当随缘任运，息念休心，善刀而藏，如蚕作茧，其名曰老计；六十以往，甲子一周，夕阳衔山，倏尔就木，内观一心，要使丝毫无慊，其名曰死计。"①

元代邵亨贞所撰《野处集》言：夫人之生也，（阙）事父母，畜妻子，衣食居处，凡人事之当然者，矧读书为士？自幼学而弱冠，壮有室，强而仕，艾而服官政，以至于致事，必心计而躬营之②。

在这些以生命周期为视角对个人成长、谋生及从政阶段所作描述中，完全将参照系建立在男性身上，女性不是观照对象。她们的活动范围被限于家庭之内，充当相对固定的角色：相夫教子、照料老人。

2. 男女形式平等与实质上男尊女卑

（1）男女形式平等表现

从字面上看，先秦时期，夫妇是平等的。如匹耦、配耦、伉俪、配偶之说，即有夫妇一体之意，正所谓"天地合精，夫妇判合"③。

先秦时代一些思想家言论中，夫妻在形式上并无尊卑之别。管子说：为人夫者，敦蒙以固；为人妻者，劝勉以贞④。荀子讲：男女之合，夫妇之分，婚姻娉内，送逆无礼，如是则人有失合之忧，而有争色之祸矣。故知者为之分也⑤。它实际是要求人们依照礼节对待嫁娶这一重要问题，以便更充分地表现出"男女之合，夫妇之分"。

---

① 洪迈：《容斋五笔》卷3，人生五计。
② 邵亨贞：《野处集》卷1，记。
③ 《汉书》卷25，郊祀。
④ 《管子》五辅10。
⑤ 《荀子·富国》。

不过，这些论述重在从夫妻名分上着眼，并非讲夫妻在家庭中的地位。实际上，既然"三从"中已将妇女婚后与丈夫的从属关系确立下来，夫妻关系就很难处于平等状态。

(2) 男尊女卑表现

甲、夫妻法律地位不同

这一点主要表现为夫妻中一方伤害另一方所受惩处的标准不一样。汉代即有差异存在，但具体的法律条文没有见到。隋唐则有明确规定。

诸殴伤妻者，减凡人二等；死者，以凡人论。殴妾折伤以上，减妻二等。诸妻殴夫，徒一年；若殴伤重者，加凡斗伤三等；死者，斩①。

这种差异的立法依据是夫妻地位不一样，夫尊妻卑，夫主妻从。丈夫是有特定内涵的一家之长，妻子则为家属（家长之属）。可以说，这也是先秦之"礼"入"法"的一种体现。

乙、家庭中夫妇角色差异

它表现为"男御女事"，即男有"御妇"之权，女有"事夫"之义务，表现为控制与被控制、侍奉与被侍奉的关系。班昭在《女诫》中这样论述：夫不贤，则无以御妇；妇不贤，则无以事夫。夫不御妇，则威仪废缺；妇不事夫，则义理堕阙。她虽然讲的是"御妇事夫"的前提条件，实际将夫妇在家庭中的角色差异揭示出来。

丙、丧服差异

在中国近代之前，人们对丧礼的重视程度不亚于婚礼，甚至超过婚礼。家庭中不同性别的成员之间丧服标准和服丧时间不同。《仪礼·丧服》定"五服制"：斩衰、齐衰、大功、小功、缌麻。服丧时间分别为三年、一年、九个月、七个月、五个月和三个月。丧服性别差异明显，妻为夫、妾为君（丈夫）、子女（含出嫁女）为父均为斩衰（三年）。这是最高等级的服制。而子为母，夫为妻则为齐衰（一年），降至第二等级。这显然也是男尊女卑的一种表现。不过，这一规则中子女为父母丧服差异唐以后被改变。唐开元二十年（732年），改修五礼，子为母服齐衰三年。明朱元璋以父母之恩相同，而低昂如此，甚为不情。洪武七年（1374年）立为定制：子为父母

---

① 《唐律疏议》卷22，斗讼。

皆斩衰三年①。清朝沿袭之。

需要指出，在日常生活，特别是照料义务履行中，晚辈对待长辈并不因有男女之别而持不同态度。儿子对待父母，媳妇对待公婆不应有分别。这一点，《孝经·士章》即有表述：资于事父以事母而爱同，资于事父以事君而敬同。故母取其爱，而君取其敬。有研究者指出，实际上，在男性宗法制度下，妇女的地位具有两重性：一方面她们是男性的附属品，附属于男性家庭，没有女性世系；另一方面又由于宗庙继嗣与家族传承的极端重要，以及对长幼之序与孝道的倡扬，造成对生育后嗣的母亲的尊重②。成为母亲、祖母的女性在子女、孙子女眼中所具有的地位并不低于父亲、祖父。不仅先秦时代如此，先秦以后，直到明清时期依然如此。

3. 对女性的病态审美——缠足习俗

正常女性在习俗压力之下，缠足变为病态之女，以迎合男性的审美情趣。它是性别不平等的重要表现。

见于文字记载的缠足行为一般追溯至五代的南唐。南唐李后主令善舞之宫嫔窅娘"以帛缠足，屈上作新月状，着素袜行舞莲中，迥旋有凌云之态"③。窅娘因此得宠，宫女纷纷模仿。很快这种做法传至民间。

自五代始，女性缠足逐渐推广开来。其于民间的流行是在宋代以后。

缠足一般从五六岁开始，至十三四岁定形。对女性来说，这是一个非常痛苦的过程。缠足形成风尚之后，不缠足者婚嫁变得十分困难。对娶媳家庭来说，女人脚的大小往往胜过相貌的丑美。在此种重压之下，有女家庭只得从俗，逼迫女儿缠足裹脚。

缠足所以会在宋以后成为风尚，原因有多种：一是病态的审美观念，人们视女性小脚为美，天足不雅；二是缠足使女性行动迟缓，有柔弱之态，传统的"妇容"得以表现；三是缠足限制了女性的行动，对男性的依附增强。我们认为，还有一点不可忽视，那就是在当时儒学复兴、理学逐渐浸润整个社会的大环境下，男性对女性的"他律"和女性的"自律"要求提

---

① 《瞿同祖法学论著集》，中国政法大学出版社1998年版，第389页。
② 高世瑜：《中古性别制度与妇女》，见杜芳琴、王政主编《中国历史中的妇女与性别》，天津人民出版社2004年版，第217页。
③ 祝瑞开主编：《中国婚姻家庭史》，学林出版社1999年版，第450页。

高了。即在男性世界中，女性不仅在观念上被弱化，而且在形体上也要被"弱化"。

但值得指出的是：清代南方一些地区，女子因靠体力谋生，不缠足者也大有人在。清乾隆时袁枚在所著《随园诗话》中说：江宁城中，每至冬月，江北妇女多渡江为人佣工，皆不缠足。① "两湖、两广、云贵诸省，虽大家亦有不缠者。"② 广东一些地区妇女"皆天足，常日徒跣，无异男子"③。广西"乡村妇女率大足，肩挑负贩，与男子同"④。不过，就整体而言，缠足是社会主流意识，为男权社会中民众所推崇；不缠足则会被视为另类，甚至被作为卑贱者。

近代之前，唯一一次政府性禁缠足行为发生在清朝初年。满族妇女习惯上不缠足。顺治二年（1645年），清政府下令：满汉人等所生女子不得缠足。康熙三年（1664年）重申禁令，规定：若康熙元年以后所生女子违法裹足，其父有官者交吏、兵二部议处；兵民之家则交刑部责四十板，流徙；十家长不能稽察，枷号一月，责四十板⑤。因与民情不符，推行困难，清政府于康熙六年（1667年）松弛禁缠足令⑥。当然，清政府禁止缠足不在于改变汉族这一陋习，而是意在使汉族百姓从满族之俗，就像其强迫推行剃发、易衣冠一样。若此法令能够真正得到切实贯彻，将不失为清政府所行造福妇女之政。

（三）男女平等制度的落实

中国男女平等制度初步产生于近代历史中。这一时期中国社会变动剧烈，战争、政治运动、思想文化运动接连不断。传统社会的封闭状态被打破，自给自足的小农经济受到冲击，西方文化和思想与其商品一起相携而来。中国民众，特别是知识阶层对国家现状和前景深感忧虑，在反思中国文化时，产生了强烈的了解外国思想、文化和制度的愿望。这种相互碰撞

---

① 袁枚：《随园诗话》卷10。
② 钱泳：《履园丛话》卷23，裹足。
③ 冯尔康：《清人社会生活》，中国社会出版社1999年版，第120页。
④ 冯尔康：《清人社会生活》，中国社会出版社1999年版，第120页。
⑤ 钱泳：《履园丛话》卷23，裹足。
⑥ 福格：《听雨丛谈》卷7，裹足。

局面对近代性别平等制度产生了重要影响。

这一时期性别制度的特征主要表现为：明确提出了男女平等和妇女解放的思想，并在一定范围内得到实施。民国以后所制定的新的法律制度与传统法律有了重要区别，男女平等的理念在很大程度上得到体现。男女平等的受教育权逐渐得到制度保障。传统社会"男主外，女主内"的格局受到触动，女性社会就业得到认可。

1. 近代男女平等制度的几种表现

（1）太平天国运动中的男女平等制度

洪秀全领导的太平天国运动从西方宗教中吸取"平等"观念，认为天下男女尽为兄弟姐妹，没有高低贵贱之分。这一思想被贯彻到《天朝田亩制度》中，实行男女平均分配土地之制。女性还可参军、参政。太平天国政府设立女官系统，史无前例地为女子开科考。应该说，这些思想和做法对其辖区社会有很大触动。从性别视角看，太平天国运动是近代中国最早具有男女平等观念的政治运动，它对传统的男尊女卑观念和歧视女性的做法有一定程度冲击，甚至起到矫正作用。但这些制度在战争环境下并没有得到真正落实。而从具体做法可以看出，太平天国领导人也未摆脱传统的封建特权观念和等级观念，推崇并建立帝王制度。在此种观念和体制下，真正的男女平等是难以实现的。

（2）知识分子对男女平等的推动

受西方资产阶级思想的影响，中国的一些知识分子开始宣扬男女平等的观念。其中不少人加入维新变法之列和建立民国的活动中。

康有为很推崇法国卢梭的"天赋人权"论，对"夫为妻纲"的说教进行了批判，倡导男女平等。他在《大同书》中多次提到"男女平等"，指出：以公理言之，女子当与男子一切同之；以实效征之，女子当与男子一切同之。此为天理之至公，人道之至平[1]。谭嗣同有很明确的男女平等认识："男女同为天地之菁英，同有无量之盛德大业。"而"重男轻女者，至暴乱无礼之法也"[2]。维新派的其他重要代表人物也有类似男女平等的思想。他们还将其贯彻到维新活动中，如倡兴女学、禁止缠足等。

---

[1] 康有为：《大同书》，华夏出版社 2006 年版，第 156 页。
[2] 《谭嗣同全集》，中华书局 1981 年版，第 304 页。

一些社会活动家身体力行，推动男女婚姻平等。蔡元培1900年提出的择偶条件为：女子须不缠足者；须识字者；男子不娶妾；男死后女可以再嫁；夫妇如不相合，可离婚。①

（3）新文化运动中的男女平等追求

五四运动前后，中国新文化运动中一批知识分子受近代西方自由思潮和马克思主义学说的影响，对中国传统文化进行反思和批判，特别是对以儒家思想为核心的"三纲五常"和"三从四德"观念口诛笔伐。李大钊、陈独秀等纷纷撰文，批判传统纲常对民众，尤其是对妇女的束缚，倡导妇女解放。

鲁迅、胡适等对传统贞操观进行了抨击。鲁迅指出，提倡节烈，既不道德，也不平等。因为它是对女性单方面的禁锢。他誓言"要除去制造并玩赏别人痛苦的昏迷和强暴"，"要人类都受正当的幸福"②。胡适指出：贞操是男女相待的一种态度，乃是双方交互的道德，不是偏于女子一方面的③。

可以说，新文化运动中的男女平等观是具体的，而不是空洞的。这种观念的提出有着很明显的现代含义。通过新文化运动，男女平等意识，特别是解放妇女的意识在知识阶层中大大增强。

2. 中国共产党的男女平等主张及制度建设

1921年，中国共产党作为一支独立的政治力量登上中国舞台。它主张建立一个没有剥削、没有压迫、人人平等的社会。无疑，这是实现男女平等的重要思想理论基础。

中国共产党在历次代表大会的宣言和决议案中都提出过关于妇女解放和改革婚姻家庭制度的基本原则。1922年6月15日《中国共产党对于时局的主张》提出："承认妇女在法律上与男子有同等的权利。"④ 1922年7月发表的《中国共产党第二次全国代表大会宣言》提出："废除一切束缚女子

---

① 马征：《蔡元培传》，四川人民出版社1985年版，第44页。
② 鲁迅：《我之节烈观》，《新青年》1918年第5期第2号。
③ 胡适：《贞操问题》，见《胡适文存》第四卷，黄山书社1996年版。
④ 中央档案馆编：《中共中央文件选集》第一册，中共中央党校出版社1989年版，第45页。

的法律,女子在政治上、经济上、社会上、教育上一律享受平等权利。"①1926年7月《中共中央对于时局的主张》的最低纲领中提出:承认妇女的选举权、被选举权及一切法律上和男子同等的权利。②

中国共产党在领导工农运动和建立根据地时都注重贯彻男女平等的思想。1931年11月7日通过的《中华苏维埃共和国宪法大纲》第4条规定:在苏维埃政权领域内的工人、农民、红军兵士及一切劳苦民众和他们的家属,不分男女、种族、宗教,"在苏维埃法律面前一律平等"。1941年9月《晋冀鲁豫边区政府施政纲领》第十一项规定:"女子在社会上、政治上、经济上与教育上,完全与享有男子同等权利。"③

这些思想和主张在解放区的土地、婚姻等制度中得到贯彻,因而其所产生的社会影响更为具体和深刻,社会影响是广泛的。

3. 改变旧习俗,发展新式教育

(1) 放足运动的兴起

放足运动及其成效是近代社会最重要的事件。

近代放足和反缠足之举最早由太平天国的起义者们所倡导。出于发动妇女参加起义运动的考虑,洪秀全下令妇女放足。太平军所到之处,严令妇女放足。定都天京之后,在其所控制的区域明令妇女不准缠足,违反者予以"斩首"④,所起抑制作用十分显著。此外,鸦片战争之后来中国的外国传教士也在入教妇女中宣扬不缠足观念(所谓"上帝造人男女无二致")。1875年,在厦门由传教士建立了中国第一个不缠足团体——戒缠足会。其会规为:凡不愿为女儿缠足者,均可入会。1895年,英国传教士立德夫人在上海设立"天足会"总会。在传教士所设立的女校中也要求女子不缠足。它对当时中国不缠足意识和观念的加强起到了重要作用。

中国近代知识分子从中所起的作用更为直接。1897年,梁启超、谭嗣

---

① 中央档案馆编:《中共中央文件选集》第一册,中共中央党校出版社1989年版,第117—118页。

② 中央档案馆编:《中共中央文件选集》第二册,中共中央党校出版社1989年版,第157页。

③ 朝延龙、常兆儒编:《中国新民主主义革命时期根据地法制文献汇编》第一卷,中国社会科学出版社1981年版,第9、48页。

④ 中国史学会主编:《中国近代史资料丛刊·太平天国》(三),上海人民出版社1957年版,第316页。

同等在上海成立不缠足会。此后，全国其他大城市也相继成立这种组织。

1898 年 8 月 13 日，光绪皇帝采纳康有为的意见，发布上谕：命各省督抚劝诱、禁止妇女缠足①。只因变法失败，未能坚持下去。不过，各种在野革命性政治力量仍以不同方式表达这一愿望。1906 年，在革命派推动下成立了全国性不缠足团体——中国天足会。清政府在"新政"期间也发布劝诫缠足令。1912 年 3 月 13 日，以孙中山为代表的中华民国政府通饬各省禁止缠足。这一沿袭千余年的恶习最终走上消亡之途。

放足运动和放足活动取得成功对近代妇女来说具有重要意义。它不仅免去了妇女的身心痛苦，而且为妇女投身到社会变革之中，以及对其家庭作用的提高都创造了条件。通过此举，中国传统文化中最令人感到耻辱的部分也得以清洗。

(2) 兴女学运动

中国传统教育是以私塾和书院授徒为主。其中的私塾，顾名思义就是私人为子弟所兴办的学习场所。书院既有私人所办，也有的为官方或半官方性质。私塾只有富裕之家或家族能够办得起来，从学者为男性子弟，女性被排挤在外。各地书院设置非常有限，同样是男性读经、准备应考之地。

甲午战争后，中国出现兴女学运动。光绪三十三年（1907 年）一月，清政府学部拟定女子师范学堂章程三十六条、女子小学章程二十六条。女子师范学堂章程的宗旨是：以养成女子小学堂教习，并讲习保育幼儿方法，期于裨补家计，有益家庭教育为宗旨。② 可见，对女性来说，教育虽然社会化了，但目的还是让女性回到家庭。尽管如此，毕竟有了女校的设置，女性有了进入学堂学习的机会，显示出教育制度的进步性。不过女校数量比较多的还是教会所办，其中 43% 为女生。

辛亥革命后，女学得到新的发展。不仅有女子国民小学，而且有女子中学、女子师范。学生数目增加很快。民国五年（1916 年），各类学校女生达到 17 万人，男生为 380 万人。男生虽仍占绝大多数，但在一个原来没有女性受社会教育传统的国家，这一数字足以显示出教育的进步。当然，此时的女子教育仍以贤母良妇培养为最高准则。

---

① 王亚芳：《论帝党在维新运动中的作用》，《学术研究》2004 年第 7 期。
② 陈东原：《中国妇女生活史》，商务印书馆 1998 年版，第 341—342 页。

五四运动后,中国教育的进步更为显著。男女教育平等成为一种新的理念,实行男女教材统一、男女可在同一学校学习,并且还出现了女子高等学校。

女性受教育权的获得不仅有助于其素质的提高,而且在近代社会中,教育是男女社会化的第一步。良好的教育是男女步入社会,进而融入社会的重要环节。对女性来说,接受现代教育是打破男性垄断社会公共领域岗位的必要准备。但必须看到,直到1949年前,中小学教育相对普及之地还只限于沿海城镇和地区。广大内地,一个县境内往往只有一所中学,容量有限,教育成本较高,只有中农以上家庭子弟才有可能进入;多数女性仍然得不到必要的受教育机会。

总的来说,在中国,男女平等是近代以后的产物,是在新的理念推动下逐渐实现的。当然,我们所说的平等主要指作为公民权益和权利的平等,而非文化传统上的绝对平等。

二 性别差异制度的社会表现

中国近代之前,性别差异制度在社会各个方面均有表现。其突出之处在于,男性是公共事务的主导者,而女性则被排挤出去。

(一) 先秦时期男性为主导社会的形成

我们知道,农业社会一直是中华文明的主要承载基础。在夏商之前相当长时期的母系和父系社会,我国即已处于农耕阶段。父系农业社会阶段,农耕主要为部落男性所承担,女性则更多地从事缝衣、做饭和养育子女等家内劳动。男主外、女主内的性别分工格局基本形成。在部落酋长制时期,公共权力机构的规模和权力有限,职业管理者的人数也有限。"舜有臣五人而天下治"[1]。但在进入由诸多部落形成的国家后,公共领域大大扩展。帝王之权均以男系为基础传承,国家职能部门和地方机构也多由与帝王有血统关系的男性负责。至少在早期国家中是如此。女性则基本上不能涉足公

---

[1] 《论语·泰伯》。

共权力。这种背景之下，政治、社会活动和日常生活的性别差异色彩日趋突出。当然，在夏、商和周以后是有一定区别的。

先秦政治思想家推崇夏启之前以"崇贤"为核心的"禅让"政治道德。"禅让"实行之时，男性在政治领域中的垄断地位就已确立，即在男性的贤者中选择部落首领。夏朝最高统治权的男系继承完全确立下来。这可以说是由父系氏族社会向父权或男权社会转变的重要阶段。当然这一过程还没有完成，因而它还有父系氏族社会的遗存。

殷商帝王继承法，初期实行兄终弟及（前期），后期渐改为嫡长制。兄终弟及是父系氏族社会末期的产物。它表明王权受到氏族组织的限制。商代后期国家体系渐趋完备，王权加强，商代自康丁之后，均为父死子继。无论哪一种形式都是排斥女性成员的。当然，后宫女性参政的情形常有，但它多被人们诟病。

《尚书·牧誓》言："牝鸡无晨。牝鸡之晨，惟家之索。"这是周武王讨伐商纣王时的誓词。从中可以看出两重意义，一是商王允许女性参政；一是在正统观念之下，女性参政是国家不祥之兆。当然，周武王这里是借助民间谚语来为其伐商制造理由。不过，这一观念在后世非常流行，不仅以此抑制女性参政，而且女性治家行为也因此受到限制。

的确，根据文献和考古发掘资料，殷商时期，女性地位要比周朝以后高。甲骨文的记载显示，当时的女性可以在战争中出任领兵将军，可以在田猎时充当追逐猛兽的勇士；还可以执行祭祀职务和从事文书档案工作。此外，已婚女性甚至可以拥有自己的土地、钱财[1]。

不仅如此，商代在祭祀上女性祖先的地位也受到重视。商代卜辞中的女性祖先多以天干字相称，如妣甲、母乙之类，或尊称为高妣。整个殷代，女性祖先一直被重视。这表明女性在商朝中仍发挥着重大作用[2]。总之，商朝贵族妇女并没有被完全排除参与祭祀、戎事和政事等活动。

西周在周公执政时期建立起严格的以男系为基础的宗法制度。宗法制度的核心是嫡长子继承制。由此引出宗法制下大、小宗的区别，以及宗法的基本原则。周公之前，周王室不以嫡长子继位为必行的原则，古公亶父

---

[1] 姜涛：《历史与人口》，人民出版社1998年版，第214页。
[2] 晁福林：《先秦社会形态研究》，北京师范大学出版社2003年版，第166—167页。

以后的几代人都是庶子继统。

周礼对所有涉及两性的活动空间和工作位置进行重新规范，将其分成"公"、"私"和"内"、"外"判分的领域，在"国"与"家"之间谈"公"、"私"，在家的范围内谈"内"、"外"。公与外是男性贵族的活动领地，内与私是妇女的空间①。

在公共领域，没有实际权力但能显示社会地位的爵位制也将女性排挤出去。《礼记·郊特牲》说：妇人无爵，坐以夫之齿。那么，妇人何以无爵？因为她们"阴卑无外事。是以有三从之意：未嫁从父，既嫁从夫，夫死从子。故夫尊于朝，妻荣于室，随夫之行"②。可见，"爵"只有在社会交往中才有意义，处于"三从"状态下的妇女主要限于家内事务。即使有家庭外的活动，她们也无独立行动自由，只能追随丈夫。妇女"无爵"则可避免其与男性分庭抗礼，在制度上保证"三从"目标的实现。

周人虽然也称颂"思齐大任，文王之母；思媚周姜，京室之妇"③。并追述"厥初生民，时维姜嫄"④。但并不将她们列入祀典。周人只强调对古公亶父以后男性祖先的祭祀。女性地位不高是周代实行宗法制度的必然结果⑤。

孔子对男女的社会角色、家庭角色作过概括：男子者，任天道而长万物者也，知可为知不可为，知可言知不可言，知可行知不可行。是故审其伦而明其别谓之知，所以效匹夫之德也。女子者，顺男子之教而长其理者也，是故无专制之义而有三从之道。幼从父兄，既嫁从夫，夫死从子。礼无再醮之端（始嫁言醮，礼无再醮之端，统言不改事人也）。教令不出于闺门，事在供酒食而已⑥。可见，在男女相对关系上，女性应顺从男性；具体到不同时段，从属的对象有别。

被后人推崇备至的孟子之母说：夫妇人之礼，精五饭，幂酒浆，养舅

---

① 杜芳琴：《中国社会性别的历史文化寻踪》，天津社会科学院出版社1998年版，第8页。
② 《白虎通》卷1，爵。
③ 《诗经·思齐》。
④ 《诗经·生民》。
⑤ 晁福林：《先秦社会形态研究》，北京师范大学出版社2003年版，第166—167页。
⑥ 《孔子家语》卷6，本命解。

姑，缝衣裳而已矣。故有闺内之修，而无境外之志①。

管子对妇女议论政事同样持反对态度。他认为，"商贾在朝，则货财上流；妇言人事，则赏罚不信。男女无别，则民无廉耻。货财上流，赏罚不信，民无廉耻，而求百姓之安难，兵士之死节不可得也"②。管子还说：中外不通，谗慝不生，妇言不及官中之事，而诸臣子弟无宫中之交。此先王所以明德圉奸，昭公威私也③。

可见，周朝之后，在"礼"的原则下，男性对政治事务的垄断权进一步加强，他们在家庭之外有广大的社会活动空间；女性则限于"闺内之修"，要求"无境外之志"。男性重在修"男教"（即外事、政事）；"男教不修，阳事不得"，那么就会"日为之食"。女性重在修"妇顺"；"妇顺不修，阴事不得"，则"月为之食"。它意味着男女都要各尽职守。这些都表明：至迟在周代，男主外、女主内已经成为夫妇之间职责的重要区别，也是男女性别分工的主要表现。

（二）秦汉以后近代之前女性的社会活动

1. 女性对政治活动的介入

与周和春秋战国时不同，汉朝统治者多非六国贵族出身，而以来自平民家庭者为主。故此，其在一些方面并没有严格遵循先秦礼教的要求。汉代妇女虽无法与男性分庭抗礼，但当时不仅妇女有名，而且一些贵族和达官妇女也有爵位和封邑。刘邦封兄伯妻为阴安侯。吕后当政时期，萧何之妻被封为酂侯。这之后，各朝都有贵妇受封情形。唐代贵族妇女有官品和邑号。与男性的区别是，妇人品命"因夫、子而授"，"不得荫亲属"④；但"若不因夫、子，别加邑号者，同封爵之例"⑤。它意味着后一种情形可以荫亲属。

汉朝以来，在男性垄断政治权力的环境下，出现吕后、武则天等专权

---

① 《列女传》卷1，母仪。
② 《管子》权修3。
③ 《管子》君臣下31。
④ 《唐律疏议》卷2，名例。
⑤ 《唐律疏议》卷2，名例。

女性，清代后期则有慈禧，在中国历史上留下难以磨灭的印记。当然，这些女性（除武则天短期改国号外）或以母后，或以皇后身份临朝称制，所延续的是原有王朝的政治生命。各个王朝仍把防范女性干政作为一个重要信条。魏文帝为与太后争权，在黄初三年（222年）九月下诏指出："夫妇人与政，乱之本也。自今以后，群臣不得奏事太后，后族之家不得当辅政之任，又不得横受茅土之爵；以此诏传后世，若有违背，天下共诛之。"①颜之推指出："妇主中馈，惟事酒食衣服之礼耳。国不可使预政，家不可使干蛊。如有聪明才智，识达古今，正当辅佐君子，助其不足，必无牝鸡晨鸣，以致祸也。"② 可见，男女的内外分工是非常刚性的。女性即使是"有识"之才，也只能以辅佐丈夫为己任。但在皇权世袭的高度专制政治体制下，很难保证帝王都是有为之君。后继皇帝昏庸无能甚至成为常态，权力旁落往往不可避免。有些学者认为这是由中国古代皇权专制制度、家国合一制度、男性宗法制度的本质以及由此造成的妇女地位的两重性所决定的③。

2. 女性家庭之外社会活动的限制及其效果

按照《大戴礼记》：教令不出闺门，事在馈食之间而正矣。是故女及日乎闺门之内，不百里而奔丧，事无独为，行无独成之道④。

后世法律限制女性参与诉讼活动。元朝规定：诸妇人辄代男子告辨争讼者，禁之。当然寡居妇女可以放宽限制：其"事须争讼者，不在禁例"⑤。

一些家规甚至限制八岁以上女孩出门与亲属交往。明代《郑氏规范》：女子年及八岁，不许随母到外家。余虽至亲之家，亦不许往，违者重罚其母⑥。

我们相信，礼俗、法律和宗规对女性社会活动的限制是会有作用的。

---

① 《三国志·魏书》卷2，文帝纪。
② 《颜氏家训》卷1，治家。
③ 高世瑜：《中古性别制度与妇女》，见杜芳琴、王政主编《中国历史中的妇女与性别》，天津人民出版社2004年版，第258页。
④ 《大戴礼记》本命第八十。
⑤ 《元代》卷105，刑法。
⑥ 宣统浦江《郑氏义门规范》。

清道光年间：古田男女有别，街衢庙院绝少游女①。

但也不能忽视另外一面，女性走出家庭对家庭权益的争取。当然，其中既有对正当权益的争取，也有对不正当利益的争夺。

北朝颜之推对邺下民风的描写就说明了这一点：邺下风俗，专以妇持门户，争讼曲直，造请逢迎，车乘填街衢，绮罗盈府寺，代子求官，为夫诉屈②。颜是将其作为不良风尚提出的。但从中可见，该地区妇女尽管不能打破男性对政治权力的垄断局面，但她们在民间有广泛的社会交往，为谋家庭之利而寻求社会关系，并非将自己封闭在家庭门槛之内。

直到清代，嘉庆年间在安徽地方任职的左辅还专门发布"禁妇女骂街示"："合邑城乡小户妇女除一二淑慎自持者，余皆习尚嚣凌，性成泼悍。伊等比屋连居，各豢牲畜，如己之鸡鸭走失，人之牛马溜缰，尽可善行访查，好为驱逐。乃一遇此等，矜张特甚，叱咤而兴。男未出头，妇先肆口，……本县细察人情，凡弟兄妯娌之不睦，邻里亲戚之失欢，大半不贤之妇女致之……自示之后，妇女亟改此习，谨慎自持。"③ 这也显示出一些地方官对辖区民众不当行为方式有较强的矫正意识。

3. 未婚男女交往制度

这里所述未婚青年的两性交往主要是指未婚男女之间情爱和性关系意义上的交往，当然也有未婚男女旨在建立婚姻关系的来往。

在商代和周代前期，男女交往的限制，特别是婚前男女交往所受限制并不像后世那样严格。

翦伯赞认为，商代女子在婚前或许尚有性交的自由。因为这种遗俗直至周代尚被保存着④。其根据是《周礼·地官》"媒氏"的记载："中春之月，令会男女；于是时也，奔者不禁。若无故而用令者罚之，司男女之无夫家者而会之。"此处的男女应该是未婚者，而非所有男女。"奔者不禁"中的"奔"有私奔之意。它意味着这个春意萌动的季节，也是男女情欲旺盛之时，他们之间私相来往是被父母和官方允许的，借此为其提供结成婚

---

① 陈盛韶：《问俗录》卷2，书目文献出版社1983年版，第72页。
② 《颜氏家训》卷1，治家。
③ 《左辅告示》卷1，见杨一凡等编《古代榜文告示汇存》第八册，第107—108页。
④ 翦伯赞：《先秦史》，北京大学出版社2001年版，第192页。

姻的机会。

未婚男女的这种交往方式在《诗经·关雎》中也有体现："关关雎鸠，在河之洲；窈窕淑女，君子好逑。"近代以来多数学者认为它是描述一对男女青年在河中沐浴时所吟唱的一首情歌。

然而，到了周朝后期，男女婚前相对自由交往的状况有了显著变化。"父母之命，媒妁之言"成为男女交往的基本前提。"男女非有行媒，不相知名；非受币，不交不亲。故日月以告君，斋戒以告鬼神，为酒食以召乡党僚友，以厚其别也。"①男女之间爱慕性交往的成分不复存在，而是被一整套刻板的制度束缚住了。总之，其核心在制止男女"私相授受"。《礼记·坊记》中则将其提至防民淫乱的高度。"夫礼，坊民所淫，章民之别，使民无嫌，以为民纪者也。故男女无媒不交，无币不相见，恐男女之无别也。"②《礼记·坊记》所引西周诗歌也可以证明当时民间即已形成"父母之命，媒妁之言"的习俗："诗云：'伐柯如之何？匪斧不克；取妻如之何？匪媒不得'……取妻如之何？必告父母。"《诗·卫·氓》言：匪我愆期，子无良媒。将子无怒，秋以为期。这表明，通过媒妁缔结婚姻的观念已深入人心。

有学者指出：女子的贞操，是适应于男子的权力之伸张而逐渐得到张扬的，最初只限于结婚以后夫妻同住的时期，以后才扩大到结婚以前的时期，再往后又扩大到夫死以后的时期。商代一夫一妻制家庭尚在初期阶段，男子对女子的贞操要求，也许尚未扩大到结婚以前的范围。因此，商代的女子婚前一定还能享受那种"男女杂游，不媒不聘"的原始杂交生活。③这一分析是合乎实际的。

4. 职业的性别差异制度

职业是谋生方式的体现。它分为家庭就业和社会就业两种，在当代，社会就业成为主流，属于社会活动。但在近代之前，谋生性就业以个体为主，就业场所既有家庭内，又有家庭以外。那么，男女职业有哪些分别呢？

按照《周礼·冬官》考工记，"国有六职"：坐而论道，谓之王公；作

---

① 《礼记·曲礼上》。
② 《礼记·坊记》。
③ 蓴伯赞：《先秦史》，北京大学出版社2001年版，第192—198页。

而行之，谓之士大夫；审曲面埶，以饬五材，以辨民器，谓之百工；通四方之珍异以资之，谓之商旅；饬力以长地财，谓之农夫；治丝麻以成之，谓之妇功。这里的"六职"可视为六种职业的简称。六职中，只有一职——妇功为女性所从事，而且以家庭内为主，不属于社会活动。

实际上，后世人对职业概括最多的为士、农、工、商四业。《汉书》作者班固对此所下定义颇为精炼：学以居位曰士，辟土殖谷曰农，作巧成器曰工，通财鬻货曰商①。由于妇功未列其中，我们从中看不出女性的身影。这些职业中，除了士业对女性明确排斥之外，其他农工商业女性均有参与。当然，相对来说，行商中女性较少。在广大农耕地区，男耕女织或男以耕垦为主、女以织布为主兼务农的分工更为突出。西周时期即是如此，小农家庭夫妇率一家人耕垦田野，《诗》曰："四之日举止，同我妇子，馌彼南亩。"②

宋代以来，家族规训增多，从中可以看到对男女分工的规定。多要求男司耕读，女司纺织。"女勤纺绩，不出闺门"（清康熙江苏常州朱氏祠规）③。

当然，在南方地区，女性在家外谋生活动中的作用不亚于男性。这在宋代即显示出来。

"江西妇人皆习男事，采薪负重往往力胜男子。设或不能，则阴相诋诮。"④

（三）近代以来女性的社会参与

1. 近代妇女对参政权的争取和维护

女性参政意识是近代才开始萌生的。这一过程充满了曲折。

辛亥革命之前的反帝王专制政府活动中，不少妇女投身之中，发挥了重要作用。

辛亥革命后女性参政问题开始受到新政权的关注，但女性直接进入政

---

① 《汉书》卷24上，食货上。
② 《汉书》卷24上，食货上。
③ 光绪《长沟朱氏宗谱》卷2，祠规。
④ 范致明：《岳阳风土记》（不分卷）。

权组织还受到很大限制。

1911年11月，上海、南京等地出现一批表达女性参政愿望和诉求的团体，诸如女子参政同志会、神州女界参政同盟会、神州女界共和协进社等。女界同仁派出代表多次晋谒临时大总统孙中山先生，并上书请愿，要求在《临时约法》中确认女子参政权。但经临时参议院修订后的《临时约法》未将男女平等、女子参政等条款列入。这引起女界强烈不满。唐群英、张汉英等妇女代表，从1912年3月19日起，多次闯入临时参议院，与议员激烈辩论，形成很大声势，并在社会上引发了妇女参政能力、妇女与家庭问题的大争论。当时，社会上多数人对女子参政持怀疑和否定态度。1912年8月，中国国民党成立大会上所通过的政纲中仍无男女平权的条文，这再次激起女界不满。唐群英、王昌国扭打会议主席宋教仁，成为引人注目的事件。11月，参议院审议唐群英等人的请愿案时，被多数票否决，第一次妇女参政运动遭到失败[①]。

然而，在地方议会中，妇女参政取得一些进步。民国初年，广东省议会中有10名女性参议员，开女性直接参政之先河。

20世纪30年代后期，第二次国共合作时，国民政府参政会吸收妇女参加，其中第一届女议员占5%[②]。

中国共产党所领导的各革命根据地十分重视妇女的参政工作。根据地建立了专门的妇女组织。1939年7月中共在延安建立了女子大学，培养妇女干部，第一届有500名学员参加学习。1939年陕甘宁边区第一届参议会通过提高妇女政治经济文化地位案，提出要鼓励妇女参政，各级参议会应有25%的女参议员，各机关应大量吸收妇女工作[③]。第一届陕甘宁边区参议会有19位女参议员出席。在边区，70%的妇女加入了妇女救国会组织。1940年晋察冀边区政权改选中，80%的女选民参加选举。这些活动，对提高妇女参政意识和社会地位起到很大作用。

妇女参政体现在其于社会公共事务中具有更多的发言权、管理权。妇

---

① 杜芳琴主编：《中国历史中的妇女与性别》，天津人民出版社2004年版，第427页。
② 邓颖超：《论女参政员的责任》，见《中国妇女运动历史资料（1937—1945）》，中国妇女出版社1991年版，第76页。
③ 《中国妇女运动历史资料（1937—1945）》，中国妇女出版社1991年版，第176页。

女只有在教育中获得更多的机会,在经济活动中发挥更大作用,才会增强公共事务的关注意识,提高社会地位,进而提升议政、参政水平。从这一角度看,近代,特别是民国时期,除解放区外,妇女的参政范围和水平还是很有限的。

2. 就业中的性别比较

近代工业出现前,农业生产一直是民众的主要谋生方式。在男主外、女主内家庭分工模式下,男性是农业生产的主要承担者,女性则以从事家务为主,同时在农忙季节参加辅助性农业活动。一些地区民众在农业之外,还经营家庭手工业,妇女在这方面所起作用并不低于男性。而传统形式的商业活动,如贩运、贩卖等,基本上是男性的领域。

可以说,近代之前,女性的社会就业很少,操持家务、织布做衣和协助丈夫的谋生活动是其主业,表现出较强的依附性。

近代以来,西方轻纺工业产品不断涌入,对中国传统家庭手工业形成冲击。不仅如此,外商在中国沿海地区直接投资办厂,随后中国民族资本也开始投入实业。这些工厂中的轻体力劳动适合女性参与,而且为了降低生产成本,企业主更愿意招收女工,甚至童工。家庭手工业的大量破产也迫使女性不得不走出家门。该背景之下,中国女性开始了社会就业的历程。1874年,华侨陈启源在广东顺德创办继昌隆缫丝厂,使用女工六七百人。① 至1894年甲午战争前,外资和民族资本所办各类工厂中女工为3.5万人。1916年,据对全国26省调查,女工已达到24.4万人,占工人总数的38%。1930年,据对9省29市调查,女工37.4万人,占总数31.1%。上海的女工数甚至超过男工,1932年的调查显示,全市女工比男工多4.5万名。② 由此可见,妇女走出家门参加社会就业的势头很强。

近代男女就业的社会化具有一定的同步性,但女性社会性就业意义更大。女性社会就业便有了经济独立的可能性,对家庭男性成员的生存依赖大大降低,从而冲击传统的家庭关系,一定程度上削弱了男权观念。从社会角度看,女性走出家门谋生,从以亲属为主、封闭的小家庭走入接触大

---

① 宣统《南海县志》卷21,风俗。
② 郑永福:《近代中国:大变局中的性别关系与妇女》,见杜芳琴、王政主编《中国历史中的妇女与性别》,天津人民出版社2004年版,第436—437页。

量非亲属成员、以劳动换取报酬的社会环境之中。这本身就是观念转变的结果。它有助于增强女性对自身利益的关注，促使个人意识觉醒和对社会不平等待遇认识的产生，进而投身争取个人权益的活动。

三 性别差异制度的家庭表现

就近代之前而论，性别差异制度在家庭中最为具体。这是因为，社会公共领域中，女性受到排斥，制度不必再对二者权利、地位做出规定。而家庭是男女共同活动的场所，这就需要规则对二者的权责等做出安排。在此主要从家庭地位、财产继承方面进行考察。

（一）男女家庭地位差异

1. 立户的性别差异。

（1）夫妇同在，以男为户主

"户"是家庭的官方管理标识。从理论上讲，"户"这一单位的管理者应无性别差异。但由于"户"与"家庭"具有高度重合特征，家庭事务由一家之主负责，在男娶女嫁的社会制度中，男性往往成为家庭当然之主。而户也须有主，在强调以户为单位征派赋役的时代，家庭的主要劳动力丈夫和其他尊辈男性往往成为户主。

传统时代多数时期，若丈夫在，女性不得为户主。但在核心家庭逐渐增多的时代，夫死妇在且有子女时，该家庭或户作为一个私人生活和官方管理单位仍要存在下去，因而政府也承认女性立户或为户主的事实。

汉朝，民众立户的规定："为人妻者不得为户。民欲别为户者，皆以八月户时，非户时勿许。"[1] 不过，汉代又非完全排除女性为户主。《二年律令·置后律》：诸死事当置后，毋父母、妻子、同产者，以大父，毋大父以大母与同居数者[2]。死毋子男代户，令父若母，毋父母令寡，毋寡令女，毋女令孙，毋孙令耳孙，毋耳孙令大父母，毋大父母令同产代户。同产子代

---

[1]《二年律令》，户律，见《张家山汉墓竹简》，文物出版社2006年版，第56页。
[2]《二年律令》，置后律，见《张家山汉墓竹简》，文物出版社2006年版，第59页。

户，必同居数。弃妻子不得与后妻子争后①。女子为父母后而出嫁者，令夫以妻田宅盈其田宅。宅不比，弗得。其弃妻，及夫死，妻得复取以为户。弃妻，畀之其财②。这里的"后"既是产业继承人，又是该户的户主。汉朝一些诏令中也显示女户的存在。文帝即位之初，"赦天下，赐民爵一级，女子百户牛、酒，酺五日"③。但必须承认，女性为户主，均是在户内主要男性缺失的情况下。

直到清末，其入籍制度仍规定：凡男子入籍者，其妻及未成年之子应随同入籍④。

（2）妇女有条件的立户权及责任

汉朝实行由官授予田产（土地和住宅用地）之制⑤，可以继承，也可以买卖，不过卖后不可以再获新授田。继承人负责向国家缴纳租赋⑥。因而继承人对于国家来说很重要，前一户主死后要及时确立新的继承人（或户主）。从上可以看出，尽管原户主的"子男"具有优先获得权，但母亲、妻子、女儿也并未排除在外。因为这一"后"更多的是责任，是对所获得的官田进行管理，承纳赋税义务。它没有或较少后世的后嗣含义。

在汉以后的王朝，女性立户或直接称"女户"，成为"弱户"的代名词，获得官方赋税上的优惠。

晋统一初期，"制户调之式：丁男之户，岁输绢三匹，绵三斤，女及次丁男为户者半输"⑦。

唐朝规定：寡妻妾，不课（按唐初标准，每丁纳粟二石）⑧。当然，其

---

① 《二年律令》，置后律，见《张家山汉墓竹简》，文物出版社2006年版，第60页。
② 《二年律令》，置后律，见《张家山汉墓竹简》，文物出版社2006年版，第61页。
③ 《汉书》卷4，文帝纪。
④ 《清史稿》卷120，食货。
⑤ 占人口比重最大的公卒、士五（伍）、庶人各一顷，方卅步的宅基一处。见《二年律令》，户律，载《张家山汉墓竹简》，文物出版社2006年版，第52页。
⑥ 入顷刍藁，顷入刍三石；上郡地恶，顷入二石；藁皆二石。令各入其岁所有，毋入陈，不从令者罚黄金四两。收入刍藁，县各度一岁用刍藁，足其县用，其余令顷入五十五钱以当刍藁。刍一石当十五钱，藁一石当五钱。见《二年律令》，田律，载《张家山汉墓竹简》，文物出版社2006年版，第41页。卿以下，五月户出赋十六钱，十月户出刍一石，足其县用，余以入顷刍律入钱。见《二年律令》，田律，载《张家山汉墓竹简》，文物出版社2006年版，第43页。
⑦ 《晋史》卷26，食货。
⑧ 《新唐书》卷51，食货。

授田数额也较男丁为少：寡妻妾以三十亩（丁男、中男为一顷），若为户者则减丁之半（即为五十亩）①。宋朝在户种上有明确的女户类别，规定：单丁、女户及孤幼户，并免差役。凡无夫无子，则为女户②。

清末民初，山东青城县有这样的规定：赘婿承受财产，或收养义女为之招婿同居、承受遗产，均谓之"女户"③。

2. 家庭事务决策权

（1）家庭事务决策权的一般性规定

近代之前各个历史时期，不同形式的制度多强调家庭事务决策权在男性手中，这里的男性包括父亲、丈夫、儿子等不同身份者。宗规族训对此所作规定颇多。

北朝颜之推《颜氏家训》中有：妇主中馈，惟事酒食衣服之礼耳，国不可使预政，家不可使干蛊④。妇女的角色是料理家人日常生活，无主持家庭事务如经营活动、财产处置之权。

北宋袁采所撰《袁氏世范》也有"妇人不必预外事"之条，认为"夫与子既贤，外事自不必预"；若夫与子不贤，干预也属无益，只能被动地指望夫、子"顿然悔悟"不当之行。⑤

明代江苏浦江郑氏规定：妇人嗫言无耻，及干预阃外事者，当罚拜以愧之⑥。安徽三田李氏宗族要求族人：娶妇五日，"语以家范，使晓大意，不许干预外政，失教者罪其夫"⑦。民国福建清溪虞都许氏"旧家规"（清朝所订）要求：丈夫理家政，妇人无与焉⑧。而至清末，《大清民律草案》第1351条规定：关于同居之事务，由夫决定⑨。这是对民间行为的认同。

在一些地方，甚至与妇女利益有关的分家事务也不许其参与。民国山

---

① 《唐六典》卷3，尚书户部。
② 《宋史》卷178，食货上。
③ 《民事习惯调查报告录》（下册），第819页。
④ 《颜氏家训》卷5，治家。
⑤ 《袁氏世范》卷上，睦亲。
⑥ 宣统（浦江郑氏）《义门规范》。
⑦ 光绪《三田李氏宗谱》卷末，《家法》。
⑧ 民国《清溪虞都许氏家谱》卷1，"旧规条"。
⑨ 《大清民律草案》，第173页。

东莱阳县：分家活动，女子无论已嫁未嫁，皆不得预①。

不过，在实际生活中，妇女作为家庭的一分子，对有利害关系的人和事更为了解，因而常会发表意见，进而影响丈夫决断，引发家庭矛盾。不少家族立有"正闺阃"的规则，其中以"勿使牝鸡司晨"作为告诫。不听妇言是许多宗族的训语，以此防其离间兄弟关系。这也是不少家规的重要原则。五代梁时吴越王钱镠临终"遗训"第五条为"戒听妇言而伤骨肉"②。明天启直隶任丘县边氏《经堂家训》要求族人：禁听妇人言，凡事三思，揆之于理，独断独行，不惟不谋于妇人，并不闻于妇人③。有些家规相对比较温和，如明代万历范氏家规：女性"凡外事听其（丈夫等当家男性）主张，不可干预；凡内事有关家务者，亦必说知商量而行。"而"不可任性执拗，失妇人顺从之道"④。

1925年形成的《民国民律草案》对妇女参与家庭事务稍微宽松一些，第1123条规定：妻于日常事务，视为夫之代理人。但"妻如滥用前项权利，或无行使权利能力时，夫得限制或撤销之。"第1124条：不属于日常家务之行为，须经夫允许⑤。家庭事务最终决定权并无改变。

（2）丧偶女性家庭事务处置权

按照传统礼法，女性丧偶之后，家庭事务决策权转为儿子。一些家规也遵循这一原则。

清代四川罗江李氏规定：孀居妇女，子已成立者，一切事务令其子办理；若子未成立者，宗长代为处置，总不许妇人出头，以玷清白⑥。

不过，实际生活中，当丈夫去世之后，作为母亲的女性往往主持家庭事务，小家庭中尤其如此。它在不同时期的个案中均有体现。

《名公书判清明集》载有这样一件个案：张介然有三子，介然身故，其

---

① 民国二十四年《莱阳县志》卷2，风俗。
② 《吴越钱氏宗谱》（1921年）卷首，武越王遗训。
③ 天启边氏《经堂家训》，见李文治、江太新《中国宗法宗族制和族田义庄》，社会科学文献出版社2000年版，第321页。
④ 万历范氏《怡乐堂宗规》，见李文治、江太新《中国宗法宗族制和族田义庄》，社会科学文献出版社2000年版，第287页。
⑤ 《民国民律草案》，第353页。
⑥ 李化楠：《李石亭文集》卷3，族谱图序。

妻刘氏尚存。其长子张迎娶陈氏，早丧无子。盖刘氏康强，兄弟聚居，产业未析，家事悉听从其母刘氏之命①。这个家庭，儿子已长大成人，有的且已婚娶，母亲仍为家庭主事之人。另一个案中，夫故母存，兄弟尚未分爨而食，"母为之主"②。

同样，父故母在，子女在处置家庭财产时要征得母亲同意。宋朝法律：交易田宅，自有正条，母在，则合令其母为契首；兄弟未分析，则合令兄弟同共成契③。

丧夫之妇，没有成年儿子时，也可成为家长。宋代妇女夫死立继大事上，也有决策权。所谓"夫亡妻在，从其妻"④。

清代一些个案也表明，夫死有子妇女对家庭财产具有完全支配权。

乾隆三十八年（1773年），直隶迁安县田周氏供词：小的男人叫田国际，早已死了。田国瑞是小的男人同亲兄弟。从前小的和田国瑞原是一块儿过的。本月二十三日，叔子田国瑞要和小的分家，就请了亲友们来公议，把房地都按股分开，每人分了三十多亩地。小的分了后层正房两间，前院一个猪圈。叔子分了前层正房两间，厢房一间。后来叔子田国瑞因小的分的猪圈在他前院里，要和小的连房子兑换，小的不肯。他就有些恼恨⑤。本案中田周氏之子已经成人，但家事管理权仍由田周氏掌握。

乾隆十七年（1752年），山东宁海县孔全供词：25岁。娶妻王氏。小的有个哥子上关东去有好几年了。母亲刘氏一味做家，小的平日拿几个钱用，或是买些什么穿吃，母亲总是不肯。小的因没过得快活日子，要把家私分作两股，母亲管着哥子的一股，小的自己得一股，好称心使用。小的曾和母亲说过这话，母亲不依⑥。在有两个成年儿子时，丧偶母亲仍是家庭事务的主要掌管者。

---

① 《名公书判清明集》卷7，户婚门，第211页。
② 《名公书判清明集》卷8，户婚门，第278页。
③ 《名公书判清明集》卷8，户婚门，第301页。
④ 《名公书判清明集》卷8，户婚门，第247页。
⑤ 中国第一历史档案馆藏，刑科题本，婚姻家庭类，直隶总督周元理题，乾隆三十八年八月二十六日。
⑥ 中国第一历史档案馆藏，刑科题本，婚姻家庭类，署理刑部尚书阿克敦题，乾隆十七年十二月初九日。

还有案例显示，有两个及以上儿子的家庭，若父殁母存，分家的决定和实施权出自母亲。乾隆三十九年（1774年），四川合州萧良俸供词：31岁，萧良伦为同母胞兄。乾隆三十九年（1774年）二月十六日，母亲胡氏邀堂叔萧俸相们替小的分家。哥子萧良伦说屋后树木要归他长房，母亲不肯，叫小的弟兄同去点数平分，各做斧记，以免日后争论①。

父亲长期出外时，儿子均已长大婚配，家事仍由母亲掌管。乾隆二十八年（1763年），山东莱阳县孙世魁供词：孙徐氏为母，孙世元为兄弟，小的父亲乾隆二十五年往奉天觅食，至今并无音信。小的只有弟兄二人，都已娶亲。小的给人家种地。兄弟好吃懒做。游荡过日。母亲屡次管教，他总不肯听。所以母亲气恼，把他夫妇分出，叫他自己过活②。

丧偶母亲主导儿子分家，并使自己保持较大数额的财产支配权。乾隆二年（1737年），京城旗人王氏供词：我系镶白旗满洲韩泰佐领下已故护军存柱之妻，51岁。生三个儿子，男人死后，我守着三个儿子过活，因我第二个儿子清泰要分家，我想他们都长成了，我又年老，叫他们分居，各人去过。将祖遗的二顷85亩地，房6间，叫他们均分。还有典的地二顷是我要留下养老的。我大儿子要跟着我过，我因小儿子还没有媳妇，不依他③。本案中，尽管儿子都已成年，母亲仍掌握着家庭事务的重要决策权。

可见，个案所揭示的实态与礼法中的要求不尽一致。丧偶女性没有表现出对儿子特别是成年儿子之"从"，而是相反，儿子服从母亲的安排。这与家庭生活中子对母的尊重、甚至孝顺伦理有关。由此我们感到，"丧夫从子"与孝顺伦理在一定程度有悖论表现，尤其在家庭生活中。从当时法律上看，丧夫女性服从成年儿子管理家事并没有获得明确的条文支持。上述案件中也无对母亲决策行为的指责之语。

3. 男系传承下立嗣与女性无缘

立嗣实际是血胤继承，既是男系血统的延续形式，又是死亡先人获得

---

① 中国第一历史档案馆藏，刑科题本，婚姻家庭类，大学士管理刑部事务舒赫德题，乾隆三十九年九月初八日。

② 中国第一历史档案馆藏，刑科题本，婚姻家庭类，刑部尚书舒赫德题，乾隆二十八年七月二十三日。

③ 中国第一历史档案馆藏，刑科题本，土地债务类，大学士兼管理刑部事务徐本题，乾隆二年七月二十八日。

承担正统祭祀人的标志。它只能由自己的儿子或过继的儿子来担当。这是先秦时期即已形成的制度,所谓"立嗣必子,所从来远矣"①。在一定程度上可以讲,中国历史上女性家庭地位低于男性是这一制度直接造成的,即女性(实际是女儿)不具有家系传承的功能。关于立嗣的规则我们在家庭传承部分再作分析。

4. 祭祀活动对女性的部分排斥

祭祀作为对宗族和家庭去世先祖、先人的追念形式,是"香火不断"的重要体现。

从《礼记》上看,女性要参与祭祀活动,并且其未婚在娘家时就要观摩祭祀活动,熟悉祭祀的程序,学习准备祭品的方法:女子十年不出,……观于祭祀,纳酒浆笾豆菹醢,礼相助奠②。所谓"夫祭也者,必夫妇亲之"③。

根据《唐律疏议》:妻者,传家事,承祭祀,既具六礼,取则二仪④。

而在后世一些惯习和宗规中,家庭女性成员被排斥在外,特别是宗族成员集体性祭祀活动中。

墓祭活动女性不得参与。明代《浦江郑氏义门规范》:诸处茔冢,岁节及寒食、十月朔,子孙须亲展省(妇人不与)⑤。清末江苏宜兴卢氏宗祠戒约:临祭之时,妇女幼子不得代祭⑥。

陕西米脂县民俗,"妇人不与祭"⑦。

但家祭、祠祭等并不排斥女性。在一些家规中,"敬奉祭祀"是女性的重要职责。

5. 丈夫对妻子具有管束权

在家庭之内,丈夫相对于妻子是家长。因而,其对妻子具有管束之权。甚至丈夫因管束造成妻子受伤,也可减轻和免除刑罚。按照秦朝法律:

---

① 《资治通鉴》卷14,汉纪。
② 《礼记·内则》。
③ 《礼记·祭统》。
④ 《唐律疏议》卷13,户婚。
⑤ 浦江郑氏《义门规范》。
⑥ 光绪《宜兴卢氏宗谱》卷1,宗祠诫约。
⑦ 民国三十三年《米脂县志》卷28,风俗。

妻悍，夫殴治之，决其耳，若折肢指、胅体，问夫何论？当耐①。丈夫可以管束妻子，但不能伤害她。但汉朝法律中，丈夫对妻管束权利增大：妻悍而夫殴笞之，非以兵刃也，虽伤之，毋罪。妻殴夫，耐为隶妾②。

清代汪辉祖所写《双节堂庸训》在治家卷中有多条是针对妇女的。"齐家须从妇人起"，他认为：化男子易，化女子难。至女子皆化，则男子之率教可知。"妇言不可听"，理由是：盖妇人之性，多有偏蔽，全在为之良人者，随事随时婉转化导，使于大段道理一一分明，自然无礼无义之言不敢轻易出口。"妇人不良咎在其夫"：为之夫者，御之以正，无论明理之妇，知所自处；即不甚明理者，亦渐知感悟。故吾谓男子之能孝弟者，其妇必不敢不孝不睦。妇之不良，大率男子有以成之。此外还有"女子当教以妇道"、"妇职不可不修"③等约束妇女行为的内容。

（二）女性财产继承权和处置权

按照传统性别逻辑，女性在人生的三个时期均处于男性的管束之下，其财产权也受到很大限制。但实际生活又很复杂，不能说女性一概没有财产继承权和处置权。

1. 女儿的财产权

（1）在室女

在室女为未婚女儿，男娶女嫁制度和习俗下，女儿出嫁时往往需要妆奁陪嫁。若父家长去世，其财产权益应有规定；否则在没有长辈的情况下，由兄弟管理家事，其妆奁水平将受影响。

张家山汉墓竹简《奏谳书》有引述律文对继承人顺序所作规定：死夫，以男为后，毋男以父母，毋父母以妻，毋妻以子女为后④。第一继承人"男"应为"死夫"之子；无男则由父母；无父母由妻子；无妻为"子女"，应为"死夫"之女儿。可见，妻和女儿，特别是女儿的继承机会是比较小的。女儿只能在无兄弟、祖父母和母亲时才有继承资格，实际是有权

---

① 《睡虎地秦墓竹简》，法律答问。
② 《二年律令》，贼律，见《张家山汉墓竹简》，文物出版社2006年版，第13页。
③ 汪辉祖：《双节堂庸训》卷3，治家。
④ 《张家山汉墓竹简》，文物出版社2006年版，第108页。

继承户绝财产。这一继承顺序的基本原则是儿子优先,其次为尊属(父母),再次为卑亲属(妻、女)。

可以说,唐之前,正常情况下,女性的继承权和机会无法与男性相比。

但宋代时女性的部分继承权获得了法律的保护。宋朝法律对女性继承权所作相关规定较细。按照宋法:"父母已亡,儿女分产,女合得男之半。"① 即未婚姐妹在与兄弟分家产时,能得到兄弟应得之半。当然,家中不仅有姐妹,还可能有姑等未婚女性。因而她们也应该包括在室女之内。按照《宋刑统》:分家时,男性"未娶妻者,别与聘财;姑、姊、妹在室者,减男聘财之半"②。若父故且无兄弟,本户为绝户,这时,"在室诸女得四分之三,而继绝男止得四分之一"③。它将父母等家长亡故、无男嗣者视为绝户。若只有一女,在室女所分份额不低。若有三女及以上,则大为降低。这些财产将用于其婚前生活和结婚时的奁费。

宋代女儿分产权利在案例上也有所体现。根据《名公书判清明集》一个案例的判词:遗腹之男,亦男也。周丙身后财产合作三分,遗腹子得二分,细乙娘得一分,如此分析,方合法意。李应龙为人子婿,妻家见有孤子,更不顾条法,不恤幼孤,辄将妻父膏腴田产,与其族人妄作妻父、妻母摽拨,天下岂有女婿中分妻家财产之理哉?……将(田园干照并浮财帐目)硗腴好恶匹配作三分,唤上合分人,当厅拈阄④。这里的"法意",就是"女合得男之半"。在只有一男一女时,就是将财产分作三分,男2女1;若有两女一男,则应为四分,女2男2。

一些家规对未婚女儿的继承权也有相应规定,如以"奁产"形式得到娘家一定数额的财产。袁采《袁氏世范》"孤女财产随嫁分给"条:孤女有分,必随力厚给;合得田产,必依条分给。若吝于目前,必致嫁后有所陈诉⑤。《名公书判清明集》中有一个案,丧偶母亲从家业田谷258硕中提出31硕作为女儿的随嫁产业⑥。

---

① 《名公书判清明集》卷8,户婚门,第277页。
② 《宋刑统》卷12,户婚。
③ 《名公书判清明集》卷8,户婚门,第253页。
④ 《名公书判清明集》卷8,户婚门,第277—278页。
⑤ 袁采:《袁氏世范》卷上,睦亲。
⑥ 《名公书判清明集》卷5,户婚门,第141页。

312 制度与人口——以中国历史和现实为基础的分析

  直到民国时期，这种做法仍为民众所遵守。江苏昆山县：查富家子女各二人，子娶而女未成年，未嫁时提议分产，惟有酌提二女之奁产或嫁费，余归二子均分，无四子均分之习惯①。

  湖北竹山、京山、通山、谷城四县：无子有产有女者，其女除将酌提嫁奁田地或遗爱田地外，不能承受全部遗产。潜江县，（无子有女之家）女子虽可承受全部财产，然有另提纸笔费与亲侄之习惯②。

  湖南汉寿县：凡富家女出阁，除备具一切妆奁之外，尚有由父母制定某处田亩若干，书立付约，赠予其女带至男家者，俗谓之"伴嫁田"③。

  陕西乡县：嫁女时，有以产业赔嫁者，俗名"赔嫁粉"。此项产业多寡不等，均为出嫁后度用之资。但其女存在，固能享受利益；如女死亡，其产业仍归娘室，夫家不能占据。习俗相沿，所在多有④。

  这些民俗对未嫁女所得份额未作明确规定，它或者由各个家庭根据其经济条件酌情为之。

  在室女所获财产主要用于婚嫁费用。有产之家，这也是不可剥夺的。只是其所得份额较其兄弟为少。在我们看来，它并非歧视，是所得财产的功能差异所导致。儿子在家婚配，养家糊口之责较重；女儿奁产对其夫家来说只是补充性财产。

  （2）已婚女儿对娘家财产的权利

  出嫁女对父家财产有何权利？这一点近代之前各个历史时期差异不大。当有兄弟时，出嫁女在父母去世后已无财产继承权。按照不同时期法律，只有当娘家无后成为绝户时，出嫁女才有继承财产的权利，其份额各朝有别。

  甲、有出嫁女"绝户"财产的处置方式

  唐代《丧葬令》规定：诸身丧户绝者，所有部曲、客女、奴婢、店宅、资财，并令近亲转易货卖，将营葬事及量营功德之外，余财并与女。无女均入以次近亲，无亲戚者官为检校。若亡人在日，自有遗嘱处分，证验分

---

 ① 《民事习惯调查报告录》（下册），第855页。
 ② 《民事习惯调查报告录》（下册），第971页。
 ③ 《民事习惯调查报告录》（下册），第995页。
 ④ 《民事习惯调查报告录》（下册），第1020页。

明者，不用此令①。唐开成元年（836年）七月文宗敕令：自今后，如百姓及诸色人死绝无男，空有女，已出嫁者，令文合得资产②。

《宋刑统》订立者建议对唐代加以改动，主要是出嫁女只能得娘家"户绝"所遗留财产的少部分：请今后户绝者，所有宅店、畜产、资财，营葬功德之外，有出嫁女者，三分给与一分，其余并入官。如有庄田，均与近亲承佃。如有出嫁亲女被出，及夫亡无子，并不曾分割得夫家财产入己，还归父母家后户绝者，并同在室女例，余准令敕处分③。

金朝对户绝财产的处理与宋朝相似：户绝者田宅以三分之一付其女及女孙④。外甥也可获得外祖父家绝产。

明律与唐、宋律又有不同："凡户绝财产，果无同宗应继者，所生亲女承分。无女者入官"⑤。清律基本承继了明律，只是表述上有变化：户绝财产，果无同宗应继之人，所有亲女承受。无女者，听地方官详明上司，酌拨充公⑥。从形式看，当娘家"户绝"时，女儿可得到全部遗产，女儿的继承机会似乎比宋及以前减少了。前者将女儿继承顺位排在宗亲之前。按照明清规定，不仅"户绝"，而且"宗绝"时，女儿才能获得继承权。一般情况下，"宗绝"的可能性是比较小的。

清末民初民间习惯有中亲女较宗亲有优先继承权。黑龙江布西县习惯：凡绝产统归亲女承受，倘并亲女亦无之，则归近族之人掌管，或由亲族会议公决⑦。青冈县、海伦县、大赉县：本境民俗，亲女有承袭财产之特权。故其承受绝产尤为当然之事。至于并无亲女之人，则此项绝产即归族有⑧。甘肃，户绝财产，亲女所生之子亦有承受权利⑨。

热河承德县：承继有近支全无应继之人，而由远支无服者入嗣。如本支有亲生女，无论已嫁未嫁，与入嗣者平分遗产，俗谓"儿一半女一半"

---

① 《宋刑统》卷12，户婚。
② 《宋刑统》卷12，户婚。
③ 《宋刑统》卷12，户婚。
④ 《金史》卷11，章宗纪。
⑤ 《大明会典》卷19，户口。
⑥ 《大清律例》卷8，户律。
⑦ 《民事习惯调查报告录》（下册），第775页。
⑧ 《民事习惯调查报告录》（下册），第781、785页。
⑨ 《民事习惯调查报告录》（下册），第1035页。

是也①。这与当时法律有相同也有不同。

还有其他类型的习俗。清末直隶清苑县，户绝财产，只有充公办法，而无亲女分析遗产之权。谚语所谓"儿承家、女吃饭"者是②。黑龙江绥东、绥棱等地，处分绝产方法，有归亲属者，有归亲友者，并无先尽亲女之习惯③。

乙、招婿女儿对父家财产的继承权

父母有女无子，招婿养老，这是法律允许的。但仍应立同宗应继之人为嗣，并将自己一部分财产分给承继之人。

该规定宋代就有：若户主无子有女，且已立嗣，他也可给女儿若干财产④。

明清时期更为明确。如清律：招养老女婿者，仍立同宗应继者一人承奉祭祀，家产均分⑤。

此法在民间社会已有实践。但有些人并不情愿接受。

光绪六年（1880年）陕西佛坪厅有这样一个案例：洋县人王沅佶早年来本地寄居。同治十二年（1873年）四月间，王沅佶因妻王氏无子，即将来此地务农度日的胡狗娃（也为洋县人）招赘为婿，相依过度，并令其经管家事。光绪四年（1878年）六月二十日，王沅佶病故。临终时遗嘱胡狗娃料理丧事后，通知族弟王顺成邀同合族商议，与其立继，并将财产与胡狗娃平分，仍旧相依过度。王顺成来后，胡狗娃与王沅佶无服族弟王有德（已在本厅生活多年）提及王沅佶遗嘱。王有德斥骂：女婿外姓不得分财产，胡狗娃分辨，引发冲突，王有德被伤身死。判词为：王沅佶遗妻王氏乏嗣，饬王顺成妥为择继，财产由犯妻胡王氏酌给，听其相为依倚⑥。本案中，财产所有者王沅佶对招婿与嗣子平分家产的法律是了解的。族人王有德不知是故意，还是无意，否认招赘者的这一权利。而最终判词虽未明确家产均分，但至少承认胡狗娃之妻具有财产的处置权利。

---

① 《民事习惯调查报告录》（下册），第1057页。
② 《民事习惯调查报告录》（下册），第762页。
③ 《民事习惯调查报告录》（下册），第786、787、789页。
④ 《名公书判清明集》卷8，户婚门，第290、291页。
⑤ 沈之奇：《大清律辑注》卷6，户律。
⑥ 中国第一历史档案馆藏，刑科题本，土地债务类，刑部尚书文煜题，光绪六年二月十六日。

嘉庆二十四年（1819年），广西桂平县李启明供词：32岁。父亲李成文，母亲林氏，弟兄三人，小的居长，娶妻梁氏，未生子女。小的父亲自幼招赘与林观长为婿，林观长无嗣，将遗田四块给父亲管业，养老奉祀。林观长身故，有他族人林建文屡向父亲争分遗产，经村老覃木旺劝令，父亲念系外祖同宗，分给遗田二块，以后不得再争。嘉庆二十四年（1819年）七月初六日，外祖母忌日，林建文弟兄林金生、林金树、林老十们前来拜祭。林建文弟兄说父亲祭菜不丰，吵闹起来，并说尚有遗田二块要林姓子孙耕管办祭。父亲不依，彼此争闹。判词：林建文所得遗田二块，讯已变卖，身死免追。林观长无嗣，讯无本宗有服亲属应继，其婿李成文例不准其承祀，林建文之弟林建明等扶同争产，亦未便为其承继。应饬具照例饬令林观长户族另行公议择立同宗应继一人承祭。林观长尚有遗田二块，与李成文各平均分，呈县立案，以杜争端①。招婿不能作为承祭人，须为岳父立嗣，并将一半财产分出。

当然，同一环境中有女无子之家既有不许招赘，将女嫁出，另立同宗昭穆相当之人的做法；也有招赘继产者。

广西上林县习俗：无嗣，则以侄儿及昭穆相当之族人承继，有女仍然嫁出，所遗产业概由嗣续子孙承受。近尚无有延请律师具立承产之遗嘱。入赘一举，俗亦不免。或仅生女而不生男者，即招婿入赘，承顶禋祀姓系，享有女家资产，但不能挟产归宗②。

湖北汉阳、五峰和麻城三县惯习：凡无子有女者，如同宗内并无昭穆相当之人可为立嗣，除被承继人曾以招赘承嗣者得承受全部遗产外，若其女已经出嫁，即不得再行承受全部遗产③。

2. 丧偶女性的财产权利

（1）丧偶女性家庭财产处置权受限

对丧偶女性处置夫家财产的权利予以限制，即其不具有买卖家产之权。

根据宋朝法律：寡妇无子女，可以亡夫财产维持生存，但不得典卖：

---

① 杜家骥主编：《清嘉庆朝刑科题本社会史料辑刊》第一册，天津古籍出版社2008年版，第399—400页。
② 民国二十三年《上林县志》卷6，社交部。
③ 《民事习惯调查报告录》（下册），第957页。

诸寡妇无子孙，擅典卖田宅者杖一百，业还主；钱主、牙保知情与同罪①。若立继，这些财产归继子所有。若继子年幼，可由寡妇管理。按照宋法：寡妇无子孙、（子孙）年十六以下，并不得典卖田宅。盖夫死从子之义，妇人无承分田产②。

(2) 丧偶无子时可承分丈夫的财产

宋朝法律为：兄弟分家时，"寡妻妾无男者，承夫分；若夫兄弟皆亡，同一子之分（有男者，不别得分，谓在夫家守志者。若改适，其见在部曲、奴婢、田宅不得费用，皆应分人均分）"③。其意为，丧偶女性所得财产只限于守节期间生活之用；若再嫁，所承分财产不得带走或变卖后将所得带走。

按照明朝规则：凡妇人夫亡无子守志者，合承夫分。须凭族长，择昭穆相当之人继嗣。其改嫁者，夫家财产及原有妆奁并听前夫之家为主④。清朝予以继承。

清末《大清民律草案》第1467条继承了明清规则：妇人夫亡无子守志者，得承其夫应继之分，为继承人⑤。

可见，丧偶妇女对承分亡夫财产的所有权是不完整的，或者说只有特定范围的使用权，而无买卖获利权。

而实际上，只要丧偶女性不再婚，其承分财产的买卖权也为官方所承认并予保护。

明代吕坤所订"禁约风俗"规定：寡妇守志果系家道殷实有继嗣者照律全承本业，无继嗣而有养子者照例量给产业三分之一，余令同门均分。无养子而有女者亦量给三分之一，以供礼节之用。子女俱无者量留上地二顷以为衣食之资，仍听其拣择庄宅各一处，一切差粮俱令分业之人代纳。地不及一顷者尽令寡妇领业，差粮自纳，不许伯叔兄弟人等侵占分毫。果守志终身者，原产听其变卖度日，亲戚往来，任其与借，不许宗人拦阻，违者禀官。除本妇听母家唆调改嫁他人者所遗财产听同产告争外，其余但有指奸指盗、逼嫁、

---

① 《名公书判清明集》卷8，户婚门，第304页。
② 《名公书判清明集》卷5，户婚门，第141页。
③ 《宋刑统》卷12，户婚。
④ 《大明会典》卷19，户口。
⑤ 《大清民律草案》，第188页。

逼分、强侵卖者，许本妇指实诉官，将本犯尽法重究[1]。

在民间，丧偶妇女买卖田产的习惯同样存在，但要有亲族出面作为见证人签字画押。

清末民国期间，江苏江北各县：凡孀妇绝卖田亩，除出卖人于契内署名签押外，另须相当之亲族，以见卖人地位同在契内列名画押。缘孀妇单独卖田，族人横加干涉，易生纠葛，买主不肯轻予买受，于买卖上颇有窒碍。倘有相当之亲族出名见卖，一切纷争可以解除，庶可保交易上之安全，此该习惯成立之原因也。至其效力，与普通绝卖契据无异，苟无其他瑕疵，无论何人，不能稍予动摇，买、卖主均有照约履行之义务[2]。

福建闽清县习惯：孀妇与人缔结契约，典卖祖（租）遗业产，须经亲族同意，署名签字。若本夫手置业产，订约典卖，亦必经房内一二人在见签字，方生效力[3]。

这些惯习虽说明丧偶女性处置家产受到一定制约，但其处置权并没有被剥夺。亲族作证只是表明该财产为其所有，以消除买者的疑虑，促成交易。

清代，甚至有丧偶有产妇女再嫁时将财产变卖的做法。

乾隆三十一年（1766年），山东鱼台县李贵供词：47岁。父故母存，娶张氏。李廷璧本姓沈，是无服族兄李海自幼抱养的，抚养长成，替他娶妻，与小的邻居。乾隆二十五年（1760年），李海的兄弟李涵病故乏嗣，遗下三十五亩地。李海因没亲子，又无近支可为李涵承继，把李涵绝产分给小的十七亩六分地，那一半归李廷璧承受。李涵的女人刘氏归李廷璧养活。乾隆二十六年（1761年），李涵的女人刘氏要改嫁，把门前四分场地卖给小的管业[4]。这主要是近支没有继承人，因而，无人阻拦丧偶再嫁妇女的卖产交易。

（3）女性丧偶有子时的财产权利

---

[1] 吕坤：《实政录》卷3，恶风当戒者十。
[2] 前南京国民政府司法行政部编：《民事习惯调查报告录》（上册），中国政法大学出版社2000年版，第183页。
[3] 《民事习惯调查报告录》（上册），第304页。
[4] 中国第一历史档案馆藏，刑科题本，土地债务类，山东巡抚崔应阶题，乾隆三十一年六月二十六日。

丧偶有子女性对家庭财产的权利，主要限于管理之权，即该财产的所有人是儿子。当儿子不具有管理或经营能力时，母亲负责打理。

忽必烈政权中统五年（1264年）八月规定：若母寡子幼，其母不得非理典卖田宅、人口，放贱为良。若有须合典卖者，经所属陈告，勘当是实，方许交易①。

而与丧偶母亲共同生活的儿子，即使长大成人，其进行财产交易时也须母亲画押，表明其对成年儿子处置家产的行为具有制约权。

嘉庆十七年（1812年），山东诸城县杨渠供词：年21岁。父亲故世，母杨氏，兄弟六人，分居各度。小的随同母亲度日。嘉庆十六年（1811年）十二月间，小的商同母亲把从前典给同祖堂兄杨泾二十亩零五厘地央中商可礼、夏皆说合，绝卖与杨泾为业，言明除去典价，找给京钱三百千文。二十一日晌午，小的在杨泾家写立卖契，交给杨泾收执，杨泾因没现钱，写给一张欠票。小的同杨泾回家向母亲告述，并要母亲契上画押。母亲因没有现钱，不肯卖给，向杨泾讨还文契②。

丧偶母亲也可直接经手买卖。

道光十二年（1832年）浙江余姚县王希成供词：26岁。父故母存。弟兄三个，前母生大哥王希曾，继母童氏生小的和弟弟王希邵。嘉庆二十五年（1820年），父故，经叔王陛勋主持，把父遗产给小的弟兄们按股均分。其中二亩田作为公共祭产。哥分家后外出佣工。道光十一年（1831年）秋间，母因岁歉没有吃用，自己做主，把祭祀公产卖与堂叔王陛佑为业，得价钱二十四千五百文③。

就传统时代而言，女性在家庭中的财产权利因身份不同而有别。女儿的身份有两种，一是作为未嫁女儿，其婚嫁费用应获得保障，宋朝则规定在室女儿所得为儿子的三分之一。一是作为出嫁女儿，她已获得奁资，失去与兄弟一起继承父系家产的权利，只有当父母去世无子户绝之时，她才能获得部分或全部家产。而作为妻子的女性对财产处置也有两种身份，一

---

① 《通制条格》卷3，户令。
② 杜家骥主编：《清嘉庆朝刑科题本社会史料辑刊》第一册，第225页。
③ 中国第一历史档案馆藏，刑科题本，土地债务类，浙江巡抚富呢扬阿题，道光十二年十二月二十日。

是丧偶不再嫁者，若无子，她可以承分丈夫所应得的那一份，作为其基本生存资料；若有子，她是未成年儿子财产的管理者，并与儿子一起以此财产为生。作为丧偶再嫁女性，她将失去包括奁产在内的所有财产支配权。女性还有一个身份是，作为丧偶母亲，其对成年儿子处置共同生活财产具有制约能力。当然这是就近代之前总体状况而论。在男系为传承链条的社会中，女性财产权受到很大限制，特别是并没有获得完整所有权，出卖财产受限较多。但它同时维护女性的基本生存权。一旦涉及再嫁这一伦理问题时，制度对女性财产权益维护则显得非常苛刻。

3. 已婚女性与再嫁女性对奁产的支配权

（1）女性对奁产的处置权利

女性将从娘家所得奁产带入夫家，其处理权有什么规定？

按照唐代法律：两个及以上兄弟分家时，"妻家所得之财，不在分限"[1]。即这份财产归妻与其夫所组成的小家庭，不作为分家前共有财产在兄弟之间进行分配。

宋朝法律继承了唐代法律精神："妻家所得之财，不在分限。又法，妇人财产，并同夫为主"[2]。"妇人随嫁奁田，乃是父母给与夫家田业，自有夫家承分之人"，不容卷以自随[3]。

女适人，以奁钱置产，仍以夫为户[4]。此处规定强调奁产并非与嫁女捆绑在一起，而是对夫家的赠予。带来奁产或以奁钱置办有产业的女性再婚时，不能带走这些财产。

可见，当兄弟分家时，各自妻子从娘家所带奁产不在分限，表现出"妻财"与"家财"的区别。但"妻财"并不属妻子个人所有，而是属于"夫财"的一部分。即使夫死，丧偶女性改嫁时也不可带走。有学者指出，由于各种原因，妻子对嫁妆仍拥有一定的支配权，例如在夫死无子时不当作夫产户绝处理，凡可以携走再嫁或归宗。甚至夫死有子，照样携妆改嫁，不留给丈夫的继承人。就实际情形而言，女性弃子再嫁，能否保有全部或

---

[1]《唐律疏议》卷12，户婚。
[2]《名公书判清明集》卷5，户婚门，第140页。
[3]《名公书判清明集》卷5，户婚门，第141页。
[4]《宋史》卷178，食货上。

局部的嫁妆，便要看执法者如何认定"妻财并同夫为主"，那多会根据实际情况而宽紧不一①。

元朝的法律则更为明确地剥夺了女性对奁田的处置权：随嫁奁田等物，今后应嫁妇人，不问生前离弃，夫死寡居，但欲再适他人，其元随嫁妆奁、财产等物，一听前夫之家为主，并不许似前搬取随身②。元大德七年（1303年）六月，礼部对此提出补充意见：除无故出妻不拘此例，余准本部所拟相应。都省准呈③。

明代规定：凡妇人夫亡"改嫁者"原有妆奁并听前夫之家为主④。清朝对这一规则予以继承。清代民间的奁产纠纷中也显示出此项律条的影响。

嘉庆年间，湖南酃县李租求（廪生）供词：妹子李氏嫁与谭在田为妻，曾给奁田三亩七分。

同案谭在田供词：31岁。李租求妹子李氏嫁与小的为妻，给有奁田三亩七分。过后小的因贫乏用，于嘉庆七年及十年、十二年央中谭集贤、谭楚万陆续将田卖与谭钲崇为业，共得价钱六十六千五百文，契价清楚，并没有向妻子及李租求们告知。十五年五月，妻子因日食不继，向小的问知奁田都已卖去，向她哥子李租求告知。五月十三日，李租求的兄弟李彬遇因强拉小的户族谭保石往谭钲崇理论，不允，争闹，被谭保石伤死。判词：李彬遇之姊谭李氏嫁与谭在田为妻，赠嫁奁田即系谭在田之业。谭在田因贫出售并无不合。谭钲崇凭中承买，契明价足，应听谭钲崇照契管业。谭李氏母家不得混行争论⑤。

民国初年法律继承了传统规则：妇人夫亡改嫁者，夫家财产、原有妆奁并听前夫之家为主，及大理院上字第319号判例亦有同样之明文⑥。

但在一些地方有与此不同的习惯。

女性改嫁可将奁产带走。浙江宣平县：妇人结婚时从母家携来一切妆奁及母家拨赠田亩（俗名"拨奁田"），嗣因夫亡改嫁时，前项财产妇人得

---

① 柳立言：《宋代的家庭和法律》，上海古籍出版社2009年版，第381、383页。
② 《元典章》户部卷4，典章18。
③ 《通制条格》卷4，户令。
④ 《大明会典》卷19，户口。
⑤ 杜家骥主编：《清嘉庆朝刑科题本社会史料辑刊》第一册，第443页。
⑥ 《民事习惯调查报告录》（下册），第898页。

随身带去。此种发生之原因，本于母家赠予之意思，是赠予其女，非赠予其婿，故拨奁契约上载有某某愿将某田亩拨赠其女，以作妆奁，并载有"生为食膳、死为祭祀"等字样，故妇人改嫁时得随带而去。是项习惯，民间流行已久①。本省缙云县、丽水县也有此习惯。

女性娘家在其女去世后对奁产具有收回权。安徽贵池县：殷实之家有批发产业与其女携归夫家，但此项产业只能归其女收息，不能由女变卖；其女故后，仍由母家收回，夫家不得干涉②。

若有外孙，娘家则免收回。福建建阳县：女子出嫁，母家若有随嫁田亩，必由其主婚者（父或母）亲笔立契，载明数量、坐落并出嫁女之名字。该契用红纸缮就以后，该田租谷即归其女收用。至女生外孙周岁时，父母再将该田官契及上手老契一并送与其女管业。倘出嫁女终身不生外孙，则不能取得官契及老契。至死之后，母家并得将随嫁田亩如数收回。此项田亩名为"养膳田"。但有外孙继承，或原议作为妆奁田、非养膳田者，不在此限③。

（2）其他财产权

从上可知，多数时期再嫁女性对奁产已失去支配权，其他财产更非其所能得。

正如前述，宋朝规定：夫亡，若妻再嫁，"其见在部曲、奴婢、田宅不得费用"④。

有子女性再婚时不得携子将在前夫家所得谋生财产带走。请看一案例。

清朝嘉庆二十四年（1819 年），云南南宁县赵详供词：年 43 岁。母亲早故，只生小的一人。小的娶妻李氏，未生子女。父亲续娶继母徐氏为妻，生子赵煜。父亲身故，遗有水田四丘。徐氏分给小的二丘，另爨度日，余田二丘徐氏与赵煜管业。二十一年间，小的往东川厂上贸易，徐氏如何带领兄弟并随带前项田二丘改嫁与邻村赵林为妻，小的先不晓得。到二十三年二月间回家知道，小的心想徐氏既经改嫁，所遗田亩理应归还小的家收

---

① 《民事习惯调查报告录》（下册），第 898 页。
② 《民事习惯调查报告录》（下册），第 557 页。
③ 《民事习惯调查报告录》（下册），第 632—633 页。
④ 《宋刑统》卷 12，户婚。

管，要向赵林理论。因他有事外出，暂时隐忍。到三月十一日，小的碰见赵林，向他讨理。赵林说前田是分给徐氏名下，徐氏既已改嫁他为妻，即是他家的田，小的不应出头多管。小的骂他霸占，两下口角打起架来。伤其身死。判词：徐氏业已凭媒改嫁，应听其便。伊子赵煜饬令归宗，其田二丘断给赵煜管业①。官方维护再嫁妇女不能将前夫财产带走的法律。

4. 近代以来女性继承权的变化

(1) 法律中女性继承权的变化

甲、清末和民国

A. 女性继承顺位

根据清末《大清民律草案》第1468条，遗产继承顺位为：（1）夫或妻，(2) 直系尊属，(3) 亲兄弟，(4) 家长，(5) 亲女②。1925年《民国民律草案》第1339条继承顺位与此相同③。这两项法律均将亲女置于末位。

而1925年《民国民律草案》第1340条规定：所继人之亲女，无论已嫁与否，于继承开始时，得请求酌给遗产归其继承④。"酌给"显然是一种弹性规定。

1930年《民法》继承编第1138条，遗产继承人除配偶外，顺序为：（1）直系血亲卑亲属，(2) 父母，(3) 兄弟姊妹，(4) 祖父母⑤。该条款消除了继承遗产的性别差异。

B. 女性从娘家所得财产有所有权

清末《大清民律草案》第1358条：妻于成婚时，所有之财产及成婚后所得之财产，为其特有财产。但就其财产，夫有管理使用及收益之权⑥。

C. 出嫁女儿获得对娘家财产的继承权

它指娘家并非户绝时出嫁女儿继承权的获得，实际是子女对父母财产有同等继承权。

民国初期的南京国民政府在当时男女平等观念之下，制定了矫正已嫁

---

① 杜家骥主编：《清嘉庆朝刑科题本社会史料辑刊》第一册，第191页。
② 《大清民律草案》，第188页。
③ 《民国民律草案》，第383页。
④ 《民国民律草案》，第383页。
⑤ 《六法全书》，第101页。
⑥ 《大清民律草案》，第173页。

女子对娘家财产不利的规则。

民国十八年 1929 年八月，国民政府发布的《已嫁女子追溯继承财产施行细则》第 2 条：女子虽经确定判决因已嫁而不认其有继承财产权者，该女子仍得享有之，但依其他法定原因应丧失继承权者不在此限。第 3 条：已嫁女子应继承之财产已经其他继承人分析者该女子得向原分析人请求重行分析。第 4 条：重行分析应以原分析时之财产额为准。第 6 条：已嫁女子之妆奁费重行分析时，应于应得之数内扣除之，但已超应得之数者其他继承人不得请求返还其超过额[①]。

此法则颁布后不久，地方政府即提出异议。山东省政府主席陈调元呈文指出：法律不溯及既往，为立法之大原则。本细则根据第二次全国代表大会妇女运动决议案，规定已嫁女子得追溯承继财产，在立法上可谓开一创例，就法理言之，固无不可。但此种法律，如果实行，骨肉之讼争，将相寻无已。社会之秩序，必陷于纠纷。故为维持社会安宁秩序起见，对于已嫁女子继承财产权，似应自该法颁行之日始，于事较为可通。……本细则第三条第一项之后，似应加入但原分析人之住宅应予除外一语，其理由有二：一、已嫁女子在夫家自有住宅，无再向母家分析房产之必要；二、吾国社会现状，富厚者少，贫乏者多，原分析人往往于住宅外，一无所有。若已嫁女子得向要求将住宅依时价以金钱计算分析，势非变卖房宅不可。在已嫁女子所得无几。而原分析人已流离失所矣，似非保护民生之道。……五、本细则第六条第一项规定，已嫁女子之妆奁费，重新分析时间，应于应得之数内扣除之，但超过应得之数者，其他继承人不得请求返还其超过额云云。查男女在法律上处于平等地位。故已嫁女子应承继之财产，得向原分析人请求重分，则已嫁女子之妆奁费用超过其应得之数者，经他继承人之请求，自应返还，以免女子受不当之利得。……据此，除指令呈悉候令交立法院审核具复仰即知照此令印发外，合行令仰该院遵照办理具复[②]。

乙、1949 年以后

[①]《已嫁女子追溯继承财产施行细则》，《国民政府公报》第 30 册，台北成文出版社影印 1972 年版。

[②]《国民政府训令》，《国民政府公报》第 32 册，台北成文出版社影印 1972 年版。

虽然 1930 年民法即已具有了男女平等继承遗产的规定，但 1949 年后的法律规定更为明确。

强调继承权男女平等。

A. 女儿的继承权

1950 年《婚姻法》第 14 条规定：父母子女有互相继承遗产的权利。1980 年《婚姻法》第 18 条为：夫妻有相互继承遗产的权利。父母和子女有相互继承遗产的权利。1985 年《继承法》第 9 条：继承权男女平等。第 10 条：遗产按照下列顺序继承：第一顺序：配偶、子女、父母。

B. 妻子的继承权

1950 年《婚姻法》第 10 条：夫妻双方对于家庭财产有平等的所有权和处理权；第 12 条：夫妇有互相继承遗产的权利。1980 年《婚姻法》继承了这一规定，表述上有所变化。根据第 13 条：夫妻在婚姻关系存续期间所得的财产，归夫妻共同所有，双方另有约定的除外。夫妻对于共同所有的财产，有平等的处理权。第 18 条：夫妻有相互继承遗产的权利。

1992 年《妇女权益保障法》对丧偶妇女的继承特予规定。第 34 条，丧偶妇女有权处分继承的财产，任何人不得干涉。第 35 条：丧偶妇女对公、婆尽了主要赡养义务的，作为公、婆的第一顺序法定继承人，其继承权不受子女代位继承的影响。

（2）女性继承权的民间表现

甲、清末和民国时期

清末民初民间社会中的女性继承权具有"多元"性。

直隶临榆县：孤寡无依，富有田产，自己不能守业，虽有近族，但是析居各爨，非经孤儿寡母自请代为照管家业者，亲族不能擅自干预[①]。

广西罗城县：遗产继承，除由嫡亲子孙照常接管遗产外，未嫁出之亲生女亦可承受父母遗命接管家业，并有因无子而以亲女招赘，及或子死以媳招赘以接管家业者[②]。

安徽天长县：无子者择立继子后，即于继产内提田若干或钱若干给予

---

① 《民事习惯调查报告录》（下册），第 760 页。
② 民国二十四年《罗城县志》民族卷，风俗。

亲女或族间卑幼，生则谓之遗念，死则谓之孝帛[1]。

1930年《民法》继承编颁布后，法律赋予子女对父母财产的同等继承权。虽然，它并未得到普遍贯彻，不过也有地区采纳新规。

湖南醴陵县：女子得继承财产，为民法所规定；女家无子，间有赘婿于家者，然尚不多觏，而乡间争继争产之风，则自是稍戢矣[2]。

广西宜北县：若无男子，则全部财产皆归其女享承，别人不得侵占，或亦有一部分与房族者[3]。

或者兼顾新旧法律。河北清河县：无子有女家庭，"须尽先以优待条件为前提，继承始有效"[4]。

乙、当代女性继承权的民间表现

可以说，法律和民间惯习均对当代女性继承权具有作用。

夫妇婚姻存续期间所积累财产的相互继承权这一法律原则得到贯彻。而女儿对娘家财产的继承权则需具体分析。

由于1949年后法律对无子有女家庭的过继行为已不再承认，因而这些家庭中父母的财产主要由女儿继承。但若子女双全，在农村往往采取子娶女嫁这种婚姻方式，出嫁女儿从娘家获得有限的嫁妆，不再对娘家的住房等财产拥有继承权。同时嫁出的女儿原则上也不承担对娘家父母的赡养和照料义务。

在城市，只有单性别子女的父母，子和女具有对父母财产的完全继承权。但有子有女家庭，继承情形多样。比较普遍的做法是，父母为儿子准备婚姻所需基本条件——住房，而对女儿则陪送嫁妆。父母的遗产有的采用儿子继承为主，女儿继承为辅；有的为均分。若前一种方式中一旦出现纠纷，法律将支持均分做法。

---

[1] 《民事习惯调查报告录》（下册），第554页。
[2] 民国三十七年《醴陵县志》卷6，礼俗。
[3] 民国二十六年《宜北县志》第二编，风俗。
[4] 民国二十三年《清河县志》卷9，风土。

四　婚姻制度中的性别差异

在婚姻制度一章，我们已从婚姻秩序、安排等及其对人口发展的影响作了探讨。在此仅从性别视角考察婚姻制度，就男女婚姻权利差异，特别是女性婚姻权利的不平等表现进行分析。

(一) 婚配形式和择偶数量的性别差异

1. 婚姻形式

传统婚姻形式为男娶女嫁，妻从夫居。

《白虎通》言：礼男娶女嫁何？阴卑不得自专，就阳而成之，故《传》曰："阳倡阴和，男行女随"。嫁娶者，何谓也？嫁者，家也。妇人外成，以出适人为家。娶者，取也[①]。

婚姻形式决定了男性在婚姻中的主导地位，女子出嫁是"就阳"，以己"卑"就夫尊。

女子父母之家非其"家"，以出适人之家为家。男子娶妻如同从外面"取"一物回来。

那么，婚姻之意为何？婚姻者，何谓也？昏时行礼，故谓之婚也；妇人因夫而成，故曰姻[②]。由此看来，婚姻也有女从男之意。女子因婚而发生生存空间变换。

2. 男性一夫一妻多妾

男子在婚姻所娶正妻之外允许纳妾，实际形成变相的一夫多妻制。它成为男性一项重要的制度性特权。无论出于何种目的，男女单方面被允许有多个合"礼"合"法"的性伴侣，对另一方则是不平等的，是性别不平等的重要体现。

这一制度在先秦时期即已形成。在一夫一妻制下，平民以上身份者多妾则是符合规则和礼俗的，当然越是地位高者纳妾数量越多。妾的名称也有分别。按照《礼记·曲礼》下：天子有后，有夫人，有世妇，有嫔，有

[①] 《白虎通》卷10，嫁娶。
[②] 《白虎通》卷10，嫁娶。

妻,有妾……公侯有夫人,有世妇,有妻,有妾。

春秋时代各诸侯国国王流行多娶现象,如晋献公先娶于贾,烝于齐姜,再娶二女于戎,复得骊姬。

另一种多妻妾的婚姻制度为媵嫁及同嫁。媵之为制著于《春秋》之中,乃贵族婚姻之特例。一国或一姓之女出嫁,原则上必有同姓之女伴随被送往夫家,且处于从嫁地位。按照本项制度,男子虽可一娶数女,而嫡室只有一个,并不违背一夫一妻制。在媵嫁制下,除了"侄"随嫁有辈分不同外,娣从嫁实际为姊妹共嫁一夫性质。有学者认为这与群婚习惯遗存有关。区别是群婚为嫁于多夫,此为一夫[1]。

这些是姊妹姑侄同嫁一夫的媵制。一般说来,娣与嫡妻之间虽是姐妹,但非同母所生者居多[2]。它在春秋时代的贵族中颇为普遍,《左传》中对此记载较多。

不仅贵族,而且一些庶人也有妾。至少春秋战国时如此。《庄子·渔父》中引"客"对孔子所言:"田荒室露,衣食不足,征赋不属,妻妾不和,长少无序,庶人之忧也。"在庄子的分类中,"庶人"处于天子、诸侯、大夫之下,很可能以承担"征赋"的自耕农为主。

不过,实行一夫一妻多妾制"冠冕堂皇"的理由是要借此多育、广嗣。《白虎通》对此有明确表述:天子、诸侯,一娶九女者何?重国广继嗣也。适也者何?法地有九州,承天之施,无所不生也。娶九女,亦足以成君施也。九而无子,百亦无益也。……娶三国女何?广异类也。恐一国血脉相似,俱无子也[3]。

大夫功成受封,得备八妾者,重国广继嗣也[4]。卿、大夫一妻二妾者何?尊贤重继嗣也[5]。

秦汉以后,特别是隋唐之后,庶民地主和平民为主导的社会得到发展。男性若妻子没有生育,特别是未生儿子,纳妾成为正当的理由。

---

[1] 陈顾远:《中国婚姻史》,岳麓书社1998年版,第39页。
[2] 汪玢玲:《中国婚姻史》,上海人民出版社2001年版,第39页。
[3] 《白虎通》卷10,嫁娶。
[4] 《白虎通》卷10,嫁娶。
[5] 《白虎通》卷10,嫁娶。

纳妾制度下女性择偶和在家庭中的地位出现分化。妾没有与之匹配或敌体的"夫","夫"是妾的家长,民间俗称老爷。在有妾家庭,妻子地位虽未受影响,但她要与另一个女人分享丈夫之情。而丈夫纳妾的公开说法是妻未能生育出男孩,潜在原因则是妻已年老或人过中年,吸引力降低。妻之心理因此将会扭曲或感不快,家庭关系的和睦程度则会降低。

3. 政策和法律对纳妾的规定

纳妾的正当理由因正妻无出,以妾生子。在重视男系传承的时代,它不是无嗣男子的个人事宜,而关系到孝道问题。以致官方鼓励无子男性纳妾,由此可实现"广继嗣"这一孝行。有人甚至提议:"妻无子而不娶妾,斯则自绝,无以血食祖父,请科不孝之罪,离遣其妻。"[①]

当然,为防止因纳妾而紊乱家庭秩序和家庭生活,官方也有限制性规则。

(1) 限制纳妾者的年龄

元朝《通制条格》有这样的条文:"州县人民有年及四十无子,欲图继嗣,再娶妻室,虽合听可离,或已有所生,自愿者,合无断罪,听改为妾。"即四十岁已婚无子男性虽不许更娶,但却可以再娶之妻改为妾,这样就可免受重婚之责。明朝纳妾者的年龄规定更加明确:"其民年四十以上无子者方可娶妾,违者笞四十。"[②] 清朝在法律上予以沿用。但乾隆五年(1750年),清政府将这一年龄限制删除[③]。

实际上纳妾的年龄规定即使在清朝之前也未被遵守。

明初浙江海盐朱氏家规中有"近时富贵子弟年未强壮,即置婢妾"之言。该族要求"吾家子孙非三十以上无子者,不许置偏房"[④]。可见,当时的"富贵子弟"纳妾年龄应在30岁以下,而该族所允许的纳妾年龄也低于政府规定的标准。它表明纳妾的法定年龄如同初婚年龄一样没有得到遵守。

传统社会纳妾问题上所作年龄限制并未真正起到抑制作用。纳妾主要集中在官僚和民间富裕家庭之中,甚至成为有地位、有势力者的一项特权,

---

① 《魏书》卷18,临淮王传。
② 《大明律》卷6,户律婚姻。
③ 郭松义:《伦理与生活》,商务印书馆2000年版,第352页。
④ 光绪《白苎朱氏宗谱》卷2,《奉先公家规》。

他们不会去自我约束。从清代社会来看，即使在平民中间，不到四十岁纳妾者并非少数，官府发现之后也不会按律责处。

（2）纳妾数量限制

晋朝对此有明确规定。按照《晋令》："诸王置妾八人，郡公、侯妾六人。《官品令》：第一、第二品有四妾，第三、第四有三妾，第五、第六有二妾，第七、第八有一妾。"①

金朝天眷二年（1139年）规定："庶官许求次室二人，百姓亦许置妾。"② 元朝曾规定："诸有妻妾，复娶妻妾者，笞四十七，离之；在官者，解职记过，不追财礼。"③ 不过，这一政策很不明确。我们这里只能这样理解：它只是控制妾的数量，当然也有禁止有妻更娶之意。

（3）纳妾范围限制

唐朝限制地方官娶所管辖民众为妾：诸监临之官，娶所监临女为妾者，杖一百；若为亲属娶者，亦如之。其在官非监临者，减一等，女家不坐④。宋朝继承这一制度。该法律旨在防止官员以权强娶豪夺，激起民愤，立法颇有深意。

明清时期改为"禁止娶部民妇女为妻妾"：凡府州县亲民官，任内娶部民妇女为妻妾者，杖八十。若监临官娶为事人妻妾及女为妻者，杖一百；女家并同罪，妻妾仍两离之，女给亲，财礼入官。强娶者各加二等，女家不坐，不追财礼。若为子孙弟侄家人娶者，罪亦如之，男女不坐⑤。

需要指出，清末《大清民律草案》《民国民律草案》中已无"妾"或"庶母"之名，但两者都有"庶子"（非妻所生之子为庶子）之目，妾实际隐身于"家属"之中，其法律名分是缺失的。而在家庭内部仍然承认其身份。

4. 宗族对纳妾的规定

同样，宗族对无子嗣的宗人纳妾持鼓励态度，但也有必要限制。

---

① 《魏书》卷18，临淮王传。
② 《金史》卷5，海陵王纪。
③ 《元史》卷103，刑法。
④ 《唐律疏议》卷14，户婚。
⑤ 《大清律例》卷14，户婚。

（1）族人纳妾的年龄和纳妾数量规定

形成于唐代的江州陈氏"义门家法"则禁止族人纳妾：男"至二十以上成纳，皆只一室，不得畜置婢妾"①。

清代安徽三田李氏规定：子孙年至四十无子者，方许娶妾，以图后嗣②。

江苏浦江郑氏规定：子孙有妻子者，不得更置侧室，以乱上下之分。……若年四十无子者，许置一人，不得与公堂坐③。

宗族所定纳妾年龄多与官方保持一致。

（2）宗族鼓励无子族人纳妾

实际上，这些年龄限制在明清时期往往只是具文。值得注意，有的家族限制族人纳妾与敦促已婚且超过规定年龄无子族人纳妾两种规定并存。

明朝浙江海盐朱氏《白苎朱氏奉先公家规》针对"近时富贵子弟年未强壮即置婢妾"的做法，规定：吾家子孙非三十以上无子者，不许置于偏房。或当娶而失期者，众跪于祠堂前而切责之④。万历《余姚江南徐氏宗范》规定：宗男三十以上无子，须娶妾以承宗祧。间有吝财不娶，惧内不娶，惑于女爱不忍娶者，族长须谕以无后为大，矧得子以妾，《易》有垂训，责令娶妾然后已。倘家力不能娶者，听之⑤。

按照民国安徽宣城（金鳌）《江氏宗谱》家训："男子年过四十无子，妇妒不容置妾者，本干七出之例。若嫡庶不分，轻妻宠妾，家长、族长亦当分别劝戒。"⑥

清朝人汪辉祖指出：娶妇著代承祧为重。既不宜，男礼宜置妾。贤明之妇，自知大义。不幸而妇性猜妒，亦当晓以无后之礼。偏于所爱，纵之使骄，曲徇悍妇之私，忍绝先人之祀，生无以对里党，死无以见祖宗，真

---

① 《江州义门陈氏宗谱》，江州陈氏义门家法，见费成康主编《中国的家法家规》，上海社会科学院出版社1998年版，第224页。
② 光绪《三田李氏宗谱》卷末，家法。
③ 费成康主编：《中国的家法族规》，上海社会科学院出版社1998年版，第261页。
④ 费成康主编：《中国的家法族规》，上海社会科学院出版社1998年版，第269页。
⑤ 费成康主编：《中国的家法族规》，上海社会科学院出版社1998年版，第273页。
⑥ 民国江民《金鳌派宗谱》第一册，家训。

不可为人，不可为子①。

宗族规训既反对族人早纳妾，同时鼓励中年无子者适时纳妾，以免承祧大业受到影响。为人妻者当无子时也不得限制丈夫纳妾。

（3）妾之地位

从婚姻形式上讲，妾不是男家基于"五礼"程序而娶进，因而不能获得为人妻的地位。根据《礼记》，"聘则为妻，奔则为妾"②，意为妾非明媒正娶，不能享受正式的迎亲仪式。

《白虎通》指出：所以不聘妾何？人有子孙，欲尊之义，义不可求人以为贱也③。这意味着为妾之人属家境、生活困难而不得不"自贬"身份者。

明代浦江郑氏规定：主母之尊，欲使家众悦服。不可使侧室为之，以乱尊卑④。

至清代，这种做法仍在民间惯习中保持着。四川江津县：纳妾之俗未废，妾礼杀于妻。女至男家，自行参祖；请见礼，男子不与谐⑤。

日常生活中与正妻有别。雍正《茗洲吴氏家典》（卷一）《家规》：侧室称呼及一应行坐之礼，不得与正室并。

光绪安徽《三田李氏宗谱·家法》规定：妾不可与诸妇并坐，其服饰只至素朴。

妾若不能生育儿子族谱不予载录，许多宗族凡例有此规定。明朝万历年间安徽休宁《茗洲吴氏家记·议例》中言：妾之无生者不书，有生出而细书，不与主母并。

常熟丁氏义庄规定，族人可享受支米待遇，但"妾婢不准入册支给"，而"所生男女一体支给"⑥。

民国时期，特别是20世纪20年代之后，宗族对有子之妾上家谱的规定变得较为宽容。

1928年江苏毗陵《胡氏宗谱》凡例规定：先嫡后庶，先长后幼，此宗

---

① 汪辉祖：《双节堂庸训》卷3，治家。
② 《礼记·内则》。
③ 《白虎通》卷10，嫁娶。
④ 宣统（浦江郑氏），义门规范。
⑤ 民国十三年《江津县志》卷11，风俗。
⑥ 光绪《常熟丁氏义庄》，义田规条。

法也。嫡母之下即记其所生子女，若嫡子虽幼，不得退居庶子之后。庶母所生子女亦必注之庶子，虽长不得越居嫡子之前。同时该族又有尊重实际之规：凡子孙嫡出庶出明书不讳者，分定故也。若以庶出为讳，则必去其生母之氏而系于嫡母之下，则有父而无母，且没其生母抚育劬劳之恩，于心何忍？故嫡子庶子明注其所自出，不必讳也①。

按照1943年《湘潭张氏宗谱》所订体例：凡女子无论嫡出、庶出各书于生母名下，明所生也。世俗多以妾出为讳，殊不知子孙不肖，嫡子亦亡家；子孙若贤，庶子亦能光宗②。

(4) 限制族女为人之妾

宗族对族男纳妾网开一面，而对族女为人之妾则予以贬斥和禁止。

道光苏州济阳丁氏义庄规条：族中子弟，"卖女作妾，玷辱祖先者，义当出族"③。

光绪安徽池州《仙源杜氏宗谱》卷首，《家法》中有：以女许优隶下姓及鬻女为妾者，照暂逐例，仍责令设法改正，俟改正后方准归宗。

民国初年，湖南汉寿县何氏规定：鬻女为婢、妾实系玷辱宗祖。族中犯此者出族，谱削其名④。

安徽绩溪县：绩俗最重宗族，每族必有宗祠。其族制极为严谨，不许族丁将子女卖为仆妾，违者即斥革，不准入谱。虽极贫，无犯者⑤。

至少从规则上看，宗族多反对族人之女为人作妾，将此视为辱没家风之行，以出族等方式加以惩戒。

5. 纳妾的民间环境

(1) 不轻易纳妾

无嗣男性纳妾可以增加生育机会，但纳妾后正常家庭生活秩序也会受到或多或少干扰，甚至会引发家庭矛盾。故此，不少地区的民众对纳妾持慎重态度。

---

① 民国丁卯重修毗陵《胡氏宗谱》卷1，凡例。
② 民国三十二年《湘潭张氏宗谱》卷首，体例。
③ 王国平、唐力行主编：《明清以来苏州社会史碑刻集》，苏州大学出版社1998年版，第261页。
④ 民国《庐江堂何氏族谱汉寿支谱》卷首上，凡例。
⑤ 《民事习惯调查报告录》（下册），第875页。

直隶定兴县：无子者，宁继异姓，不轻娶妾①。新河县：养婢蓄妾之风不盛，年老无子者，始置妾以广子嗣，与行乐宣淫者固不同也②。清河县：男子艰于子嗣，有妻室年长，或娶妾及侧室者。然此多妻习惯，大都中产以上之家，下等社会无之③。

陕西同官县：纳妾事，尚不多见④。

江西永丰县：清末，"纳妾不成礼，非无子者不纳妾"⑤。

广东赤溪县：俗不贯置妾媵，间有为嗣续计，偶有纳妾者⑥。

由此可见，广大中下层民众对纳妾持谨慎态度。多数纳妾者为无子嗣男性。当然，也不否认民众在纳妾问题上，存在潜在意识与表白不一致的情形。但若有子嗣且具一定财力的男性纳妾很少，则说明以性爱为目的的纳妾行为受到抑制。

（2）不轻易做人之妾

民众中有钦羡别人纳妾的一面，另一方面又不希望自家女子为人做妾。从这一点看，做人之妾是不得已而为之，它意味着近代之前多妻妾家庭难以成普遍之势。因为在正常情况下（非灾荒年景），妾的供给市场是有限的。

直隶定兴县：贫寒之家，耻于鬻女为妾⑦。它意味着本地范围内妾的来源很有限。

山西荣河县：至为人做妾，虽贫家女绝不为焉⑧。

浙江定海县：娶妾蓄婢之风，至今未泯。然邑中妇女虽极贫寒，罕有愿为人婢妾者，故多购自温、台及苏、沪⑨。本地纳妾之风存在，但为妾者多非本地之女。

江西瑞金县：民间有女子不得嫁人为妾之风俗，如某族内女子有嫁人

---

① 光绪《定兴县志》卷13，风俗。
② 民国十八年《新河县志》卷2，风土。
③ 民国二十三年《清河县志》卷9，风土。
④ 民国三十三年《同官县志》卷26，风俗。
⑤ 同治《永丰县志》卷5，风俗。
⑥ 民国十五年《赤溪县志》卷1，风俗。
⑦ 光绪《定兴县志》卷13，风俗。
⑧ 光绪《荣河县志》卷2，民俗。
⑨ 民国十三年《定海县志》卷16，风俗。

为妾者，视为最可耻之事。故各姓族谱内多载有凡系本姓女子，不得嫁人为妾。如未成事，则令改嫁；如已成事，则将该女父母宣告除名之谱规也①。萍乡县：妇女矜名节，不可污以浮言，不可与人为妾，不鬻为婢，犯者并罪及家长②。

湖南宁远县：嘉庆时"溺女之风已息，养女者犹不肯填房"③。为妾则更难接受。

四川长寿县：虽家贫，耻为人作妾④。乐山县：婚嫁不论财产，耻以女为人妾，礼意存焉⑤。蓬溪县：清光绪年间，无以财聘者，鲜鬻女为婢妾者，俗之良也⑥。渠县：人情极重视女子名分，故虽窭人不鬻其女，耻为人童养媳，尤耻为人作妾。大姓有犯者，辄摈出宗籍⑦。

一般来说，妾多来自贫困之家，是生活所迫。但上述地区贫穷民众对女儿为妾也持强烈排斥态度。这种风尚对纳妾行为形成抑制，变相"多妻"现象及其扩张因此受到一定阻止，从而有助于多数男性得到婚配机会。不过也应看到，虽本地之人为本地之妾很少，但本地贫家之女至外地做妾现象肯定难以杜绝，因属有伤地方名誉之事，故在方志中较少提及或披露。

（3）盛行纳妾之地

有些地方，纳妾之风相对盛行，以边远地区为多。

辽宁桓仁县：当地有纳妾之风，此风虽炽，要皆有因而发，或为兼祧，或因无嗣。虽非伉俪之正道，然亦无可如何也⑧。

吉林通化县：民国初期，境内纳妾之风甚炽，殊不合于伉俪之正道也⑨。我们认为，这些"甚炽"的纳妾之风显然指超出了无子续嗣范围的行为。移民地区传统约束规则较少，贫富变化更为无常，妾的"供给—需求"

---

① 《民事习惯调查报告录》（下册），第890页。
② 民国二十四年《昭萍志略》卷12，礼俗。
③ 嘉庆《宁远县志》卷2，风土。
④ 光绪《重修长寿县志》卷4，礼俗。
⑤ 民国二十三年《乐山县志》卷1，礼俗。
⑥ 光绪《蓬溪县续志》物宜第五，俗尚。
⑦ 民国二十一年《渠县志》卷5，礼俗。
⑧ 民国二十六年《桓仁县志》，见《民俗资料汇编》（东北卷），北京图书馆出版社1997年版，第93页。
⑨ 民国十六年《通化县志》卷2，风俗。

相对较多。

福建浦城县：资产稍厚者，多娶妾①。这表明当地纳妾并不强调无子续嗣这一前提，是有钱人具有一定普遍性的追求。

而内地省份多强调纳妾的生育功能。

山东冠县：男子晚年无子，有纳妾一人至二三人者，然亦庶不敌嫡，名分綦严②。

河南获嘉县：邑中习惯以一夫一妻为原则。然富厚之家每有因中年乏嗣、妻不孕育而纳妾者；亦有因女子易老、配偶不合而纳妾者；甚且至一至再，妻妾成行，房帷之间时形诟谇③。淮阳县：民国时，纳妾则富家习惯，乡曲编氓亦间有实因乏嗣而纳妾者④。

相对于无嗣而谨慎纳妾的习俗，富裕有产者纳妾的地区并不普遍。这些妾究竟是本地人还是外地人，没有提及。从前面所述习惯上看，她们也应以外地人为主。

6. 违规纳妾现象

这里的违规主要指不符合法定许可的纳妾年龄和无子等前提条件。

福建同安县：每托于四十无子而为之者（纳妾），然亦有未遇四十及过四十又有子而为之者，此亦吾国多妻制之俗⑤。

对欲纳妾者来说，法定最低纳妾年龄如同初婚年龄一样，具有弹性或不具约束力。只有宗族组织所订纳妾年龄标准才有可能被遵守。

7. 妾升格为妻的条件

一些地方，当正妻去世、妾又生有儿子的话，可以成为正室。山东嘉祥、东阿县的习惯是：正室无子、侧室生子而正室身故者，得以侧室为正室。但须得亲族同意，或由其子于嫡母故后，得亲族同意，尊生母为父之正室⑥。

江苏丹徒县：纳妾非婚姻之正，所娶之妾自不得认为正室。然其妾持

---

① 《民事习惯调查报告录》（下册），第935页。
② 民国二十三年《冠县志》卷1，风俗。
③ 民国二十三年《获嘉县志》卷9，风俗。
④ 民国二十三年《淮阳县志》卷2，风土。
⑤ 民国十八年《同安县志》卷22，礼俗。
⑥ 《民事习惯调查报告录》（下册），第815页。

家有道，或妻本无子，而妾已生子，一经妻之亡故，即召集亲族，宣布认妾为正室，其妾所生之子亦得认为嫡子①。

江西安义县：凡纳妾者，如正室死亡，欲令其妾取得正室之身份，则须置酒请各亲族，声明其事，方可有效，谓之扶正②。

湖南道县：妻无子而死，或有子而早死，自后妾既生子且有德于家庭，夫愿升之为妻，俗曰"升正"。该地族谱中也有允许这种做法的记载③。

四川合江县：妇久无出，或家富者多置妾。或嫡亡而以妾续继者，必告于宗祖，并遍召亲友证之，谓之"扶正"④。

妾被"扶正"的重要前提是，原配去世、妾生有子嗣。我们认为，这很大程度上是已长大成人的妾之子推动的结果。对其母和子嗣本人来说这种做法具有提升两者家庭、家族地位的作用。无子之妾即使正妻死亡，也很难获得此机会。

"妾"的存在是一夫一妻制的重要补充。它使一部分已婚男性得以弥补"一妻"生育的不足。但妾的地位形同奴婢，夫妇关系与夫妾关系不能同日而语。无论对妻还是对妾来说，它都表现出男女婚姻权利的不平等。对妻来说，由此不得不与其他女人共有一夫，至少在形式上如此；对妾而言，难以享受"妻"所具有的家庭地位，甚至被视为卑贱成员。这一制度在很大程度上加重了男女婚姻权利的不平等。

（二）婚姻缔结花费的性别差异——厚妆奁和高聘礼及其后果

1. 嫁女花费及厚妆奁后果

在男娶女嫁时代，一般而言，男方是成婚的主要受益者：女性嫁入夫家，夫家获得操持家务的人手，生子后传宗接代有了承担之人。女家仅仅因此建立起姻亲关系。抚育女儿长大出嫁与人，父母没有得到其为家庭创造财富的收益。故此一些民俗中会有索要财礼作为补偿的做法，但它受到正统观念的鄙视。客观讲，由于男方家庭有收益，一般会接受承担婚娶主

---

① 《民事习惯调查报告录》（下册），第858页。
② 《民事习惯调查报告录》（下册），第885页。
③ 《民事习惯调查报告录》（下册），第990页。
④ 民国十八年《合江县志》卷4，礼俗。

要花费的安排。不过在中国现代之前,一些地方流行女方父母陪送妆奁的习俗,亦即男方娶媳时婚房所需家具等基本生活用品由女方家置办,并且这种做法非个别地区所有。它直接加重了女方父母嫁女时的负担,进而导致对女儿的歧视或反感。

(1) 妆奁过厚之俗

无论南北,不少地方形成过厚妆奁的习俗,女方家庭因此而有一定经济压力。清代以来的方志对此反映颇多。

直隶衡水县:乾隆时,豪富之家,间有以数百金作嫁资者,此则诸准古昔大不侔矣。毕婚后,男家之费什一,女家之费什九①。可见,这并非自古就有的习俗。枣强县也如此,嘉庆时,毕婚后,女家之费恒数倍于男家②。

山东陵县:女家以受财礼为耻,订婚时鲜有议聘金者,一切妆奁嫁资均归女家担负。甚至以丰奢为荣,往往有农家子备办士大夫陈设什物者③。昌乐县:二十年前(约清末民初),中产之家嫁女妆奁无多,今则华靡相竞,较前不啻倍蓰,此风俗之大变也④。

陕西高陵县:婚多论财,侈奁具,有破产嫁女者⑤。

四川长寿县:民国时期,"近来风气渐趋奢靡,物价奇昂,以数百金嫁一女,殊不足道。视前辈饶裕之家,至多以二百金为限者,且数倍矣。甚有以争奁物涉讼者"⑥。乐山县:近或破产侈妆奁⑦。眉山县:若陪嫁奁具,前从省约,今则夸多斗靡,好事铺张⑧。合江县:妆奁一事尤重。无识者第以嫁妆之丰绌为衡,不问女性淑慝。而媒妁每夸妇妆丰富,以期男家许诺⑨。

湖北武昌县:乾隆年间,娶妇之家具首饰,礼物必丰;女家奁具美备,

---

① 乾隆《衡水县志》卷5,风俗。
② 嘉庆《枣强县志》卷6,风土。
③ 民国二十五年《陵县续志》卷3,风俗。
④ 民国二十三年《昌乐县志》卷9,风俗。
⑤ 雍正《陕西通志》卷45,风俗。
⑥ 民国十七年《长寿县志》卷4,礼俗。
⑦ 民国二十三年《乐山县志》卷1,礼俗。
⑧ 民国十二年《眉山县志》卷5,民俗。
⑨ 民国十八年《合江县志》卷8,礼俗。

动费千金，乡里小民从而效之①。

上述地区厚妆奁之俗有的在明清时期即有表现，有的则是近代以来所兴起。中产之家难以抵御，只得从俗。贫家则以备不起妆奁为耻，以致衍生出"倒赔嫁奁"之俗。如山东堂邑县，"男女婚嫁，女之母家殷实者，妆奁费固由母家担任。若系贫苦无力之家，则妆奁费由男家暗行给付女家，置备一切。俗谓之'倒赔嫁奁'"②。这也说明，北方的"厚妆奁"习俗有一定弹性。山西同一县份城乡妆奁和财礼的差异就印证了这一点。保德州：婚姻，乡间多论财，城中苦陪送③。

厚妆奁之俗在江南和东南沿海地区要盛于北方，并且在清代以前即如此，而非民国以后所兴起。

安徽广德州：其嫁女之家，甚有破产以营奁饰者④。

浙江永康县：康熙时"其甚弊者，嫁女多论聘财"⑤。西安县：旧俗，女家具奁率以奢丽相夸耀，贫者至破产不惜⑥。

福建长泰县：乾隆年间，重门户，侈妆奁。中人家行嫁，无明珠、翠羽之属，卒以为耻⑦。妆奁达不到特定水平"为耻"的心理会形成压力，甚至超出承受能力，向厚嫁看齐。

广东潮阳县：至于富室，则男尚亲迎，女重厚奁，每崇饰过度⑧。

妆奁数量多少为家庭行为。若民众量力操办，并不值得褒贬，更无须政府干预。但问题出在它形成习俗性制度，以多为尚，嫁女之家不得不如此，产生弊害。

（2）与嫁女有关的其他的花费

将女儿嫁出，双方父母建立起亲家关系。在有些地区，维持这种关系还需有进一步的物力投入，成为女方娘家新的负担。

---

① 乾隆《武昌县志》，见《民俗资料汇编》（中南卷）上册，北京图书馆出版社1997年版，第381页。
② 《民事习惯调查报告录》（下册），第823页。
③ 民国二十一年《保德州志》卷3，风土。
④ 光绪《广德州志》卷24，风俗。
⑤ 康熙《永康县志》卷6，风俗。
⑥ 嘉庆《西安县志》卷20，风俗。
⑦ 乾隆《长泰县志》卷10，风俗。
⑧ 光绪《潮阳县志》卷11，风俗。

山东陵县："其可异者，旧家庭嫁娶后，夫家只备食、住，衣服仍归女家供给，甚至夫婿及新生子女之衣服亦须负担，以此姑媳间屡生勃溪，致伤感情者有之"①。

浙江诸暨县：乾隆年间，男女成婚后，女方娘家"庆节馈遗无算，每为家计累"②。定海县：女子嫁而有孕，先知母家，母家乃制备婴儿衣服、襁褓，纤微毕具。俟产期濒近，令人送至婿家，谓之催生。洎婴儿落蓐，母家以食物馈女，谓之"生母羹"。弥厥月，母家更以婴儿衣饰、银钱、食物等相赠。婴儿生及一岁，外家更以衣饰、鞋袜相赠，多者至数十事。外家迭次所费，富者数百金，中家亦数十金③。

嫁女时女方家长花费不赀；婚后为维系女儿与娘家的关系，还要继续破费，成为累赘。不过后一做法并非很普遍。

（3）嫁女高花费的后果

女方父母婚姻花费以妆奁为主，还有婚后交往之费。其后果表现为：

甲、嫁女致穷

妆奁过重，对嫁女之家形成经济压力。

北方居民因此"生男多喜，生女悲者有之"④。它与女儿婚嫁花费所带来的潜在压力有关。

广西平乐县：富者每按其一岁之租额所入以为支出之标准。俗有"崽吃田底，女吃田面"之谚，殆指此也。然女子之嫁，类皆由母主持，父则以其事太烦琐而不之理。且母之爱女，性本天然，往往又出其私蓄以为增益。于是筹办嫁奁，大而床橱，小而杯箸，举凡服饰、器用，应有尽有……又其甚者，于嫁奁外，拨田产以供其收租，曰"养姑田"……至若中人之产，又如婚嫁者之撑持门面而受亏累，每有嫁女嫁穷人之感叹焉（谓人因嫁女而穷也）⑤。

抚育子女的理性期待是他们能给父母带来收益，而不是经济损失。但

---

① 民国二十五年《陵县续志》卷3，风俗。
② 乾隆《诸暨县志》卷9，风俗。
③ 民国十三年《定海县志》卷16，风俗。
④ 民国二十五年《陵县续志》卷3，风俗。
⑤ 民国二十九年《平乐县志》卷2，风俗。

在厚妆奁民俗下，所生子女对家庭"带来收益"（儿子）和"造成损失"（女儿）有性别之分，故而会有生女悲伤之叹。

乙、重妆奁影响家庭关系

妆奁过厚或追求厚妆奁对家庭关系的影响表现为：

出嫁女性意识到婆家看重妆奁，因而向父母施加压力，促其备办丰厚嫁妆；若达不到要求则会影响其与娘家的关系。

浙江汤溪县："女当临嫁有明索父母之妆奁者，有归宁而益肆其贪饕者"[①]。

而男家娶得陪送富厚之妇，往往出现"傲妇擅室，贪荣求利，反招羞耻"的结局[②]。这是北朝时的状况。

更多的情形是，男方家人以妆奁厚薄分别对待所娶之妇，使家庭关系蒙上势利色彩，失去和睦的基础。

浙江汤溪县：男家计其妆奁之多寡，而爱憎其妇，姑妇父子因之慈孝有乖[③]。

江西德兴县：婆家重妆奁，盛饰则翁姑喜，否则反唇相讥[④]。

四川眉山县：妆赠不丰，往往为夫家所厌薄，妯娌奚落，妇姑勃溪，驯致秦晋失好，每由于此[⑤]。合江县：虽穷苦，亦必备床帐、衾枕、箱柜始可以嫁，举债不惜。否则匪惟媒氏受诟，往往舅姑因此以虐其媳，夫以此薄其媳。是以世俗生男则喜，生女则戚，至有不举其女者，嫁难其一端也[⑥]。

女性与娘家关系和在婆家地位与妆奁捆绑在一起，婚姻的"物质利益"具有了至上性，而具有核心意义的家庭情感关系维系则因此受到削弱。

丙、女方父母因嫁女花费重而溺女婴

---

① 康熙《汤溪县志》，见《民俗资料汇编》（华东卷）中册，北京图书馆出版社1997年版，第867页。

② 《颜氏家训》卷1，治家。

③ 康熙《汤溪县志》，见《民俗资料汇编》（华东卷）中册，北京图书馆出版社1997年版，第867页。

④ 道光《德兴县志》，见《民俗资料汇编》（华东卷）中册，北京图书馆出版社1997年版，第1097页。

⑤ 民国十二年《眉山县志》卷5，民俗。

⑥ 民国十八年《合江县志》卷8，礼俗。

北方厚妆奁之地民众的过激做法较少，而在南方则酿成溺女风俗。

明代，福建"漳南之俗，只育一女，多则溺之"。原因是"厚嫁成风，遂致不敢养女"①。至清代，长泰县：中人之家嫁女费巨，故愚拙之民生女多不举②。

广东阳江县：妆奁沉重，至有溺女行为。但"其事甚秘，法所不及"③。

浙江龙游县：嫁则丰于妆奁，故俗多溺女，有三举者，人争啧啧④。

安徽宿松县：嫁女多矜厚奁，称贷不恤，溺婴之习多从此起⑤。

江西德兴县：俗之弊端，竞炫妆奁，铺张街衢，……民率以女为劫，诞女则仇之，溺女之风于是乎炽⑥。龙南县：嫁女重妆奁，鼓吹迎送，炫耀俗目。贫者固难取办，富者亦难为继，故溺女成风⑦。

四川合江县：世俗生男则喜，生女则戚，至有不举其女者，嫁难其一端也⑧。

厚妆奁给女方家庭不仅带来经济压力，而且增大生存压力。性别选择性溺女婴就成为一种理性选择，它有可能使家庭负担减轻。在自然生育为主导且生育频次较高的时代，不消除厚妆奁之"因"，溺女婴之果就会成为"长存"之道。

丁、个别地方出现嫁女困难

有女父母因备办不起女儿妆奁而致其婚姻失时，这种情形限于局部地区或个别家庭，它也是值得关注的。

湖南永州：道光年间，"下定、听亲准日二礼为费尚简，惟歌堂之猪及行聘、催妆二礼费甚浩繁，中人之家力不能给，往往坐视老女在屋。汪辉

---

① 余治辑：《得一录》卷2，明同安教谕金星徽上两台风俗书节略。
② 乾隆《长泰县志》卷10，风俗。
③ 道光《阳江县志》卷1，风俗。
④ 光绪《龙游县志》卷2，风俗。
⑤ 道光《宿松县志》卷2，风俗。
⑥ 道光《德兴县志》，见《民俗资料汇编》（华东卷）中册，北京图书馆出版社1997年版，第1097页。
⑦ 道光《龙南县志》卷2，风俗。
⑧ 民国十八年《合江县志》卷8，礼俗。

祖曾为中下之家酌定仪式，而士民鲜有从"①。外来人士试图制"新礼"矫正厚嫁行为，却得不到响应。

厚妆奁在一些地方催生出童养婚风俗，它实际是民众一种消极的应对措施。

甘肃灵台县：乡村贫寒之家，嫁娶不能如礼者，多以幼女早送男家，至长束髻②。

四川巴州童养媳形成的原因是"畏目前乳哺与日后嫁娶之累"③。

那么，厚妆奁之习为何会形成？一种说法为补偿说。在中国传统财产继承制度下，出嫁女儿不具有对娘家财产的继承权利，女方父母通过这种方式对其补偿。民国广西《平乐县志》的作者即有这种看法：我国数千年法制，女子无继承财产权，"故为之父母者，迨其及笄而遣嫁时辄厚其妆奁，盖以女之所得者止此一次，多不吝惜"④。

一种为脸面说。在中国民间社会，婚嫁是一种重要的仪式活动，并包含有强烈的财富"展示"意义。妆奁在搬运路途及婚礼过程中，都会引起好奇乡邻竞相观瞻。豪华妆奁吸引目光，被人称羡；简陋者则可能遭到鄙夷。这进而会使嫁女之家在乡间的地位受到影响。故此，女方父母不敢怠慢。福建的厦门：婚嫁重门户，不甚选婿。妆奁，先期鼓乐迎送至男家，珠翠衣饰无论已，外如卍字糖、福饼、绒花彩缯，动盈数十箧，谓不如是则见诮于人。在富者为所欲为，中户嫁一女费过半矣，甚有鬻产嫁女者，何其愚也⑤。

由此，富裕之家倡行，中产以下者效仿。结果，多数家庭感受到嫁女压力，乃至溺女，进而其对当地婚姻、生育和人口发展产生了影响。

2. 高聘金及其表现

聘金有多种称谓，其中较多的为"财礼"。

看重财礼并非近代社会所有。北朝颜之推指出：近世嫁娶，遂有卖女

---

① 道光《永州府志》，见《民俗资料汇编》（中南卷）上册，北京图书馆出版社 1997 年版，第 564 页。
② 民国二十四年《重修灵台县志》卷3，风土。
③ 道光《永安县志》卷9，风俗。
④ 民国二十九年《平乐县志》卷2，风俗。
⑤ 道光《厦门志》卷15，风俗。

纳财，买妇输绢，比量父祖，计较锱铢，责多还少，市井无异！① 婚姻缔结形同市场上的买卖行为，民众对"财"的重视由来已久。

不过，在地方志书中，我们看到，清代中期之前，多言婚娶注重门户，而以索要财礼为耻。但有的也承认，中上户重门户，下户重财礼。而在清末，特别是民国志书中，对重财礼之风似有变强之势。

河北武安县：武俗结婚，富者不论资财，中下人家即多索聘②。它表明当地重视财礼与否有阶层之别。

山东临朐县：近十年来，物质争较，礼让弗重，凡娶女者若在中产之下，须纳聘金若干（多至百元，二三百元不等），而簪珥、钗裙诸物更视昔加倍焉③。按照这一记载，重财礼是民国以后的"新风"。

山西乡宁县：乾隆以前，从无以财行聘者，客户间有之，邑人以为耻。今大变矣，百余年来，渐重财礼。论婚无议财礼者，然此不过十之一、百之一，余则皆计之④。沁源县：清之季年，本县小康之家结婚不论财，所纳聘金不过二三十金。民国以来，货物价昂，人趋奢华，凡非巨富之家，议婚必先论财。据近年考察，家愈贫者，聘金愈剧，甚至有二三百金以上⑤。翼城县：近年缔婚论财，不遵古制，聘礼每逾百圆，且有多至三四百圆者；聘金外，尚有后节礼，名曰"费金"⑥。解县：近日所行婚礼，……往往议金钱、争币帛。媒妁往来，行同市侩，一言不合，詈如雠仇。……其初，行于小户人家，渐渍士大夫之家，亦尤而效之，恬不为怪⑦。

陕西泾阳县：近岁婚娶通媒，先计财物。女子自十二三岁至十六七岁，辄得聘金七八十两，或百数十两，皆曩日所无⑧。兴平县：今则公然鬻女矣。其索取金帛，不量男家之贫富，而过事索求⑨。宜川县：宜民结姻不论财，光绪以来，民俗移易，贫寒之家竞言财礼，论钱三四十串不等。"民国

---

① 《颜氏家训》卷1，治家。
② 民国二十九年《武安县志》卷9，社会志。
③ 民国二十四年《临朐县志》卷15，礼俗。
④ 民国六年《乡宁县志》卷7，风土。
⑤ 民国二十二年《沁源县志》卷2，风土。
⑥ 民国十八年《翼城县志》卷16，风俗。
⑦ 民国九年《解县志》卷4，礼俗。
⑧ 宣统《泾阳县志》，见《民俗资料汇编》（西北卷），北京图书馆出版社1997年版，第29页。
⑨ 民国十二年《兴平县志》卷6，风俗。

尤甚，女年在十岁以上者，竟有论财礼洋一百五六十元及至二三百元不等。富家亦有论财礼若干者矣"①。

宁夏朔方一带：婚姻论财，过去"郡中偶有之，亦不过十数金而止。近来此风大炽，不分贫富，动需百金"②。

辽宁抚顺县：编户下民勤索厚聘，多者三四百元，少者一二百元③。而开辟较晚的吉林东半县，财礼更被看重。该县土地膏腴，至清末生产日富，而人民生齿尚未殷富，以故婚姻一事，财礼之多重于内地。举凡待字之女、再嫁之妇，思聘订者非出最巨之财礼，婚姻不能成立。即在富商居室之娶妇嫁女，财礼一项，亦须从重，人无有非议之者④。另一记载为：普通之婚嫁，率取门第、资产相当者始克议婚，其以人才为衡者，则诗礼之家时或有之，余则专凭聘钱矣⑤。不论财者只有少数诗礼之家，多数普通百姓难免"俗行"。

按照上述北方地区方志所载，重财礼之风是清末特别是民国以后才逐渐兴起，时间界限似乎比较明确。它或许与当时农耕之外工商业开始发展、乡土习俗受到冲击有一定关系。

相对来说，南方地区文献中这一时间变动不甚明显。不过，一些记载显示，清中期南方有的地方即有重财礼习尚。

乾隆初年湖南蓝山县：女子聘金至八九十两，二婚女子至一百余两。此外，"男家有棹面一项，每棹面用猪肉十七八斤，及鸡鸭鱼酒等件，多至二三十棹面以为馈送亲戚之物，约费银二三十两。女家则有灵童姑一项，女子出嫁本月前，选童女一人与之作伴，乃会聚宗族亲戚诸妇女在家，或至五七日，早晚唱歌食肉饮酒，日计百十人。以有用之钱米，用之无用之地。所以贫者至不能得妻，而富者至不愿养女。每见中人之产，或嫁一女娶一妇而家资荡尽者"。湖南省各属大概皆然。有地方州县官要求禁革，但布政使认为，殊难以官法相绳⑥。可见，这是较大范围的区域习惯，而非局

---

① 民国三十三年《宜川县志》卷23，风俗。
② 民国十六年《朔方道志》卷3，风俗。
③ 宣统《抚顺县志略》，风俗略第五。
④ 《民事习惯调查报告录》（下册），第768页。
⑤ 民国二十年《东丰县志》卷3，风俗。
⑥ 《湖南省例成案》卷7，户律田宅。

部风俗。

至清末民初，江西赣南民俗娶媳最重财礼，"富厚之家无论矣，即中产以下之家，多者恒需一二百元，少者亦需七八十元以上"①。

从地方文献看，北方地区习俗中对财礼更为重视，或者说流行范围更广。

高聘金或财礼也会对男性的婚姻产生影响。

（1）因婚致穷

民国初年山西虞乡县：嫁女索重聘，尤为近今恶习，几于挽回无术。间有不讲聘金者，则针线彩缎、银活首饰之要求，反有超出讲聘之数者。小康之家娶一媳妇，多致家道中落，殊可叹惜②。

在传统时代，娶媳聘金实际是男方资财流向女方父母，贫穷之家只用其中一小部分为女儿备办嫁妆，多数沉淀为自己的收入。过度索聘使男方家庭致贫。

（2）婚姻失时

聘金过高，对贫穷家而言，不得不积累多年，以致婚姻失时。

南朝齐时奢侈婚俗即有表现：所谓"晚俗浮丽，……富者扇其骄风，贫者耻躬不逮。或以供帐未具，动致推迁，年不再来，盛时忽往"。齐武帝永明七年下诏限制："宜为节文，颁之士庶。并可拟则公朝，方榼供设，合卺之礼无亏，宁俭之义斯在。如故有违，绳之以法。"③

元代高聘之风更盛。大德八年（1304年）正月，成宗下诏言：男女居室，人之大伦。近年聘财无法，奢靡日增，至有倾资破产，不能成礼，甚则争讼不已，以致嫁娶失时④。

清代至民国文献中对财礼过重导致的婚姻失时现象记载颇多。

直隶怀安县：贫乏者议明财礼多寡方允，其亲每有典卖田产而后婚娶者⑤。武安县：贫家无力迎娶，往往遣媒关说，往返磋商，数月不能定。甚

---

① 《民事习惯调查报告录》（下册），第878页。
② 民国九年《虞乡县新志》卷3，礼俗。
③ 《南齐书》卷3，武帝纪。
④ 《通制条格》卷4，户令。
⑤ 光绪《怀安县志》卷3，风俗。

有因此愆期，酿出其他案件者①。

山西临县：近年婚嫁论财，居奇可厌，七八十千者，数见不鲜，甚有百数十千者；后婚财礼有二三百千者。此最恶习，将有贫不能娶之患，是亟待矫正者也②。山西临晋县：聘必以银，率二十四两，……贫者不能贷，每愆期③。翼城县：聘金和杂费过重，"贫者无力办，每至愆期"④。

陕西周至县：世俗之辈，好尚侈靡，又有较量财帛，以致男女失时⑤。咸阳县：好尚侈靡，甚有较量财帛以致男女失时⑥。

河南武陟县：近俗贫家议婚多索聘金，数十百千不等，以故穷檐窭子往往婚姻失时⑦。

一般民众为儿子婚娶而积攒财产；一旦错过时机，花费将更高。

（3）贫穷男子被排挤出婚姻市场

对男性来说，婚姻失时，尽管聘金提高，尚有可能获得婚姻机会。有些经济条件欠缺家庭的男性最终则被排挤出婚姻市场。

陕西兴平县：嫁女"不量男家之贫富，而过事索求，至有嫁不及时，壮而无偶者"⑧。

山西乡宁县：乾隆以后，渐重财礼。光绪中，平家行聘，无过五十千者；至光绪末，增至二百千；今则三四百千不足异矣。……而男子之婚动二十、三十，亦有终身鳏居不能室者。岂女子之数少于男子欤？溺女之风，乡宁所无。其嫁之异方者，百之一二也，又何以少欤？末俗浇薄，重财帛而轻骨肉，长百姓者无如之何也⑨。山西猗氏县：男女定婚，女家必索聘银一二百两及三四百两不等。故中人之家，或因重聘破产，而贫民竟有终身不得妻者⑩。

---

① 民国二十九年《武安县志》卷9，社会志。
② 民国六年《临县志》卷13，风土。
③ 乾隆《临晋县志》，见《民俗资料汇编》（华北卷），北京图书馆出版社1997年版，第716页。
④ 民国十八年《翼城县志》卷16，风俗。
⑤ 民国十四年《周至县志》卷4，风俗。
⑥ 道光《咸阳县志》卷1，风俗。
⑦ 民国二十年《续武陟县志》卷5，风俗。
⑧ 民国十二年《兴平县志》卷6，风俗。
⑨ 民国六年《乡宁县志》卷7，风土。
⑩ 《民事习惯调查报告录》（下册），第829页。

河南灵宝县：婚姻多重聘礼，妇人生一女，他人求婚时所得聘礼银一百、八十两不等。贫苦之家多借此银营生，其男子往往老不能娶妻。相沿已久，随演成生男不如生女之习惯①。

广东仁化县：民国二十三年（1934 年）县志载：近十年来，婚嫁甚不易易，聘金需二三百元，连酒肉各费共须四五百元。贫者艰于受室，难保不影响于人口之日减②。

婚姻抑制人口增长的效果由此将表现出来，即贫穷男性失婚，其家庭人口不仅没有增长可能，还会因传嗣中断而消失。这也是传统时代贫穷阶层人口增长乏力的原因。

（4）诱发童养、招赘等婚姻

一些地区则生发出规避高聘金的策略。

陕西同官县：庶民多用财物，往往有论财致逾期者……其贫家不能成礼，幼即童养过门，男子无力早娶者，更多利此，往往以弱女而字壮夫，失婚姻之正矣③。男方父母通过将贫穷家庭女儿聘为童养媳，获得"预期"媳妇。其婚姻质量不高。

甘肃合水县：聘仪以梭布四对、白金十两为最厚，……极贫者得梭一对便以女与之，名曰："小引"，即童养媳也。男子之无力早娶者多利此，……④

南方贫穷之家以这种形式解决儿子婚姻机会者更多。

湖南兴宁县：穷家为娶妻"至不得已为权宜之计，血盆抱养，谓之'婆养媳'；数岁迎归，谓之'过门'。虽于婚礼稍失，是亦救时之策也"⑤。桂东县：同治年间，三朝，男家妇女皆将新妇妆奁评验，以致女家奢侈是尚，绫罗纱缎，珠翠金银，与前迥异，中人之产不胜苦累。于是有血盆抱

---

① 《民事习惯调查报告录》（下册），第 812 页。
② 民国二十三年《仁化县志》，见《民俗资料汇编》（中南卷）下册，北京图书馆出版社 1997 年版，第 712 页。
③ 民国二十一年《同官县志》卷 4，风土。
④ 民国二十二年《合水县志》，见《民俗资料汇编》（西北卷），北京图书馆出版社 1997 年版，第 185 页。
⑤ 光绪《兴宁县志》卷 5，风俗。

养者，谓之"童养媳"；有数岁即迎归者，谓之"过门"。以省婚费①。

赣南民众为财礼负担计，于是收养童媳者，几于十而五六②。

福建同安县：自幼抱养苗媳，及长始行合卺者。贫家大半如此，乡村尤甚③。古田县：中户以下多童养媳④。

台湾台北一带：童养婚存在的原因是，当地婚礼多论钱财，贫困而子嗣众多之家，恐将来无力负担聘金及婚礼费用，每多抱幼女，俟其长达适当年龄，以配亲生子⑤。

招赘婚也多是男性婚配困难下的选择，以贫家居多。

元代招赘婚较多，这与婚姻费用高有直接关系。所谓"目今作赘召婿之家往往甚多，盖是贫穷不能娶妇，故使作赘，虽非古礼，亦难革拨。此等之家，合令权依时俗而行。至元八年二月，钦奉圣旨条画内一款：诸色人同类自相婚姻者，各从本俗法，递相婚姻者，以男为主⑥。直至当代，男性选择被招赘，均是正常途径无法婚配后的做法。

当然，聘金过高对男性婚姻失时的影响也不能过度渲染。我们认为，性别比失衡的环境中，那些出不起财礼的家庭处于不利地位。而性别比相对正常的环境中，财礼即使较高，也处于多数民众能够承受的程度。我们从地方志中看到，撰述者虽对婚姻论财风气有所不满，却只是将财礼变化作为一般婚俗来叙述，并无指责之意。

山西浮山县：至贫寒之家，先送定礼，有十二金者，或数金者⑦。闻喜县：小家结婚聘礼昂贵，后婚尤甚，亦无怪其然也⑧。永和县：男女结婚，全用聘金，数十元，或百数十元不等⑨。

陕西安塞县：男女定亲，多在十四五岁。初聘时，男家央媒往议；如

---

① 同治《桂东县志》卷9，风俗。
② 《民事习惯调查报告录》（下册），第878页。
③ 民国十八年《同安县志》卷22，礼俗。
④ 民国三十一年《古田县志》卷21，风俗。
⑤ 《台北市志》，见《民俗资料汇编》（华东卷）下册，北京图书馆出版社1997年版，第1405—1406页。
⑥ 《通制条格》卷3，户令。
⑦ 民国二十四年《浮山县志》卷32，风俗。
⑧ 民国八年《闻喜县志》卷9，风俗。
⑨ 民国二十年《永和县志》卷5，礼俗。

许,则执酒、饰送女家,谓之定亲。财礼向只二三十金,近有增至四五十金者①。

在我们看来,财礼随时期后移而提高也与物价上涨有一定关系,即婚嫁物品涨价,或类型增多,若备办相对齐全花费就会提高。它并非均为女方父母贪欲增长的产物。

(5) 引发婚姻冲突

它主要表现为谈婚论嫁过程中,女方父母需求过多,彼此达不成最终意向,以致引发男方抢亲等冲突。

民国上海川沙县:贫家生子长大,身无恒业,亟亟求婚;而女子过门,恐无生计,于是要求需索,曰茶礼若干也,时节若干也,门包若干也,有则嫁,否则不嫁。"婿乃老羞变怒,致有纠众抢亲之举,终成怨偶,是为恶俗。近年此风稍稍戢矣。"②

(6) 溺婴减少

在一些地方,因聘金增加,养女家的溺婴现象减少。

福建永春县:"百数十年前,聘礼无过百金者,生女过多者辄溺之,虽经慈善家之劝戒,育婴堂之救济,然不能免。近则聘礼动至数百金,无在百金下者,而奁妆之厚薄转未过问,虽穷乡僻壤,女孩均得保全矣。"③ 这里说的"改变"出现于民国时期。一种"鄙俗"也会引发积极的效果——女婴长大后父母"有利可图",因此得以保全。

3. 厚妆奁与高聘金并存

这种习俗汉代即有,"世俗聘妻、送女无节,则贫人不及,故不举子"④。"无节"实际为超过家庭承受能力,其中"聘妻"无节属财礼过高,而送女"无节"则为妆奁沉重。如秦地:婚嫁尤崇奢靡;卫地:其失颇奢靡,婚嫁送死过度⑤。

南宋朱熹在《朱子家礼》中即叙及当时厚妆奁、高聘金风气:今世俗

---

① 民国十四年《安塞县志》卷6,风俗。
② 民国二十六年《川沙县志》卷14,方俗。
③ 民国十九年《永春县志》卷15,礼俗。
④ 《资治通鉴》卷26,汉纪。
⑤ 《汉书》卷28上,地理志。

之贪鄙者，将娶妇，先问资装之厚薄；将嫁女，先问聘财之多少①。

明清以后，见于记载的厚聘、高奁做法更多。

河南林县：富者不重赀财，贫者则视家赀厚薄与男女年龄而讲聘金多寡（男长女幼，则聘金特多）②。

山西曲沃县：康熙初年即有这种风尚：议婚者，率趋势利，不择人品。较聘财，几于鬻女；责资妆，近于索负③。荣河县：女家勒索聘礼，男家苛责妆奁④。襄陵县：近时，女家勒索聘礼，男家苛责妆奁，自诗书旧家而外，鲜有免者⑤。

陕西高陵县：婚多论财，侈奁具，有破产嫁女者⑥。

南方地区民国以来重财礼之习似乎没有进一步加重。而从清代文献中可以看出，不少地区同时存在既重妆奁又重聘金的习惯。

湖南醴陵县：旧俗赠赔奁之物，以华赡相高，素封之家，舁者动以千百计，而男家亦必多致聘钱⑦。永顺县：嫁奁厚薄，视家贫富，极富者赠以田，曰"奁产"，又谓之"女户田"。其或索重奁酿成溺女之风，贪厚聘而致有标梅之叹，知礼者所不为⑧。

浙江永康县：康熙时，"其甚弊者，嫁女多论聘财，娶妇多论资装，更相责望，因生乖别"⑨。诸暨县：乾隆年间，婚亦论财，厚聘厚嫁⑩。汤溪县：女家未许而较量聘币之厚薄，或聘已行而更求增益，以致视若仇雠⑪。

一些地方女方家根据聘金来决定妆奁水平，显示出两者的关系。

福建安溪县：乾隆年间，贫家嫁娶先讲定聘金若干，聘金少者无妆资，

---

① 《朱子家礼》卷3，议婚。
② 民国二十一年《林县志》卷10，风土。
③ 康熙《沃史》，见《民俗资料汇编》（华北卷）中册，北京图书馆出版社1997年版，第660页。
④ 光绪《荣河县志》卷2，风俗。
⑤ 民国十二年《襄陵县志》卷24，礼俗。
⑥ 雍正《陕西通志》卷45，风俗。
⑦ 民国三十七年《醴陵县志》卷6，礼俗。
⑧ 乾隆《永顺县志》卷4，风土。
⑨ 康熙《永康县志》卷6，风俗。
⑩ 乾隆《诸暨县志》卷9，风俗。
⑪ 康熙《汤溪县志》，见《民俗资料汇编》（华东卷）中册，北京图书馆出版社1997年版，第867页。

衣裳只是布素①。

4. 阶层有别

（1）穷家重聘，富家重奁

它实际是指穷家娶妻不得不付出高额聘金，富裕之家嫁女则要置办丰厚嫁妆，后者实际也是地方婚俗压力下的结果。

甘肃渭源县：婚姻，富者任滋铺张送物，……极贫之家，纳采亦须聘金二三十元。……近日习气奢侈，财礼竟高达百元之多。赤贫者聘儿一妇，酒食礼仪非一二百元不可②。静宁州：乡僻以牛、马为礼。绅士之家，择婿论门第，不索财，反厚资妆。……但媒妁必用三四十人，至少不下十二人，以此相夸③。崇信县：婚姻，以一千钱为一金，多十金，少八金，曰"聘仪"，棉布、花粉如例。近日，婚姻论财，大非昔比。缙绅之家，无此恶习④。

山西浮山县：至贫寒之家，先送定礼，有十二金者，或数金者⑤。

天津蓟县：男家聘礼，女家妆奁，在稍有资产人家决无计及多寡而以责之对方者。惟贫困者嫁女无资，少索财礼以为嫁女时之衣饰⑥。

四川中江县：彼此俱以聘厚奁多为观美，亦习染之过。惟贫者则率多从简约耳⑦。威远县：贫户或鬻产嫁女，不则翁姑夫媚或以奁薄而轻其妇。且贫男亦或办此多需而后得妻。⑧。

湖北钟祥县：清代同治年间"独小户贫家始有财礼之说，然亦以代衣饰，为数无多"⑨。枝江县：丰厚之家亦有厚奁者，尚无财礼恶习⑩。

---

① 乾隆《安溪县志》卷4，风俗。
② 民国十五年《渭源县志》卷2，风俗。
③ 民国三十二年《静宁州志》，见《民俗资料汇编》（西北卷），北京图书馆出版社1997年版，第178页。
④ 民国十七年《崇信县志》卷1，风俗。
⑤ 民国二十四年《浮山县志》卷32，风俗。
⑥ 民国三十三年《蓟县志》卷3，风俗。
⑦ 道光《中江县新志》卷1，风俗。
⑧ 乾隆《威远县志》，见《民俗资料汇编》（西南卷）上册，北京图书馆出版社1997年版，第133页。
⑨ 同治《钟祥县志》，见《民俗资料汇编》（中南卷）上册，北京图书馆出版社1997年版，第392页。
⑩ 同治《枝江县志》卷8，风俗。

湖南兴宁县：光绪年间，婚礼因富室相耀，渐次奢华……嫁女者，前此奁物不过日用布帛，富者侍婢、奁田；今则中等之家亦彼此相效为观美装。郎须寒暑衣服，女更倍之。绫缎远求京扬，珠翠争夸新样，一切器具备极精工。除婢女外，尚有奁钱数十千、数百千不等。富者即侈费，固绰有余裕；中户亦欲争夸，遂有典田鬻产以资奁仪者。于是育女苦于赔累，不仁者遂作溺女之计。娶妇艰于闹阆，贫寒者不免旷鳏之虞，至不得已为权宜之计。血盆抱养，谓之"婆养媳"；数岁迎归，谓之"过门"。虽于婚礼稍失，是亦救时之策也①。永兴县：其女家赔嫁妆奁多从厚，亦有用仆婢、奁田者；贫则但用被帐、布衣，未有以男家财入己者②。

（2）贫家聘礼重、富家聘礼轻

不少地方，娶妻之时，并非家境越好，聘礼越高，而是相反。这主要是女方要求使然，也与男女双方匹配方式有关。一般来说，富家有可能按照门当户对原则择婿，对男方经济条件较少后顾之忧，也没有必要通过"索聘"来沉淀财产。而在多数地区，女性可婚资源相对短缺，穷家娶妻往往具有竞争性，只有出得起"高聘"才有可能获得机会。这也是女方家庭借嫁女敛财的机会。

河北邯郸县：贫户，男家得出相当金钱，多男大于女（十岁上下不等）③。

山西沁源县：清之季年，本县小康之家结婚不论财，所纳聘金不过二三十金。民国以来，货物价昂，人趋奢华，凡非巨富之家，议婚必先论财。据近年考察，家愈贫者，聘金愈剧，甚至有二三百金以上④。

陕西同州：编户多论财⑤。横山县：边俗早婚，由来已久……县俗定亲，先讲财礼，为数不等。中人之家至少一份为三十六元，次须四六十元不等，贫者有至百元以上……县民生活艰苦，若贻财专资女家妆奁之用者，其实事不尽然，亦习俗成风也⑥。宜川县：光绪以降，民俗移易，贫寒之家

---

① 光绪《兴宁县志》卷5，风俗。
② 光绪《永兴县志》卷18，风俗。
③ 民国二十二年《邯郸县志》卷6，风土。
④ 民国二十二年《沁源县志》卷2，风土。
⑤ 乾隆《同州府志》卷13，风俗。
⑥ 民国十八年《横山县志》卷3，风俗。

竞言财礼，论钱三四十串不等。"民国尤甚，女年在十岁以上者，竟有论财礼洋一百五六十元及至二三百元不等。富家亦有论财礼若干者矣。"[1] 延长县：初下聘时，绅士富家备品物；余议财礼[2]。

河南陈留县：婚礼量门第，较丰啬。即小户贫家聘妇率用多金，贫不堪者率不得妻。习俗所成，殊为未善[3]。

但一些地方也有相反情形。

山西赵城县：聘必以银，率二十四两，富豪者有加焉，疑于论财矣[4]。我们认为，该地富家多出聘银并非女家多索所致，而是主动行为。

甘肃合水县：其聘仪，以梭布四对、白金十两为最厚，贫者递减，且视其女之年纪大小以为差次焉。极贫者得梭一对便以女与之，名曰："小引"，即童养媳也。男子之无力早娶者多利此，往往以弱女而字壮夫，不伦甚矣。稍温饱之家，则必年已及笄，择吉日仍具银、布如前，送女家以为奁资[5]。有钱之家所出聘礼更符合当地规范的要求，以此表现其对婚姻缔结的重视；穷家则只能从简，并且聘娶对象尚未成人，可谓属非正常婚配方式。

5. 婚姻类型不同财礼有差异

这里主要指的是，女性再婚财礼数额高于初婚。就中国近代之前社会而言，女性再婚者多为社会中下层家庭妇女。与初婚这种重视结两姓之好的心态不同，妇女再婚的买卖性质比较突出。主婚者往往有通过这种婚姻获得利益之念。清代的个案中有很多类似现象。民俗中也有这种反映。

山西闻喜县：小家结婚聘礼昂贵，后婚尤甚，亦无怪其然也[6]。

6. 厚妆奁与高聘礼差异的讨论

厚妆奁习俗在部分地区促使生女之家产生溺女婴行为。而高聘礼环境中则没有出现弃男婴习惯。形成这种差异的原因是什么？

我们认为，其逻辑或许是这样。生女之家嫁女时投巨资置办嫁妆，是

---

[1] 民国三十三年《宜川县志》卷23，风俗。
[2] 《延长县志》。见《民俗资料汇编》（西北卷），北京图书馆出版社1997年版，第119页。
[3] 康熙《陈留县志》卷11，风俗。
[4] 道光《赵城县志》卷18，风俗。
[5] 民国二十二年《合水县志》（抄本），见《民俗资料汇编》（西北卷），北京图书馆出版社1997年版，第185页。
[6] 民国八年《闻喜县志》卷9，风俗。

一种净损失。父母在女儿抚养过程中已有提供其基本生活资料的费用投入。从抚育—回报这一代际关系理论看,子女长大成人后,作为劳动力对家庭经济应有所贡献;进一步,父母年老之后,子女承担赡养之责,并为其送终,从而形成完整的抚育—回报模式。对女儿来说,该回报环节是基本缺失的。在男娶女嫁婚姻习俗之下,它是父母可以预见到的结局。若没有女儿出嫁时的高额嫁妆压力,父母是认可这一现实的。在有女有子之家,自己的儿子娶妻也遵循着该路径。实际上,即使有高额妆奁,一般父母也能认可。同样它也是基于互惠习惯。一旦生育女儿数量超出了自己所能置办嫁妆的能力范围,父母的压力便会产生。为了避免以后为这个女儿办理嫁妆而使家庭生存状况恶化,将超出期望而生育的女儿溺毙就成为一种选择。

而高聘礼没有导致溺男婴现象出现的逻辑是,父母与儿子之间的抚育—回报功能存在。尽管父母为儿子办婚事花费不菲,但却不是一种净损失。儿子娶回媳妇,既增添了本家庭的劳动力(料理家务也需要劳动人手),又为家庭人口的进一步繁衍提供了可能。况且,对多数女方家庭来说,聘金或财礼一部分被女方父母作为物品返还回来,一部分作为购置女方所需首饰和衣物,并非被女方父母扣下沉淀为自己的财产。因而,从一定程度上讲,这笔投资是值得的。另外,父母即使因家穷未能为儿子办成婚事,其回报功能如养老等并没有失去。

当然,也应承认,财礼从法律上讲,是可以留给女方父母的。这一点,我们从近代之前法律规定中即可看出。按照元朝法律:"诸女已嫁,闻女有过,辄杀其女者,笞五十七,追还元受聘财,给夫别娶。"同样是元朝,诸舅姑非理陵虐无罪男妇者,笞四十七,男妇归宗,不追聘财[①]。这几种类型中,无论追还财礼还是不追还财礼,都表明,女儿结婚后,男方所给财礼多数留在娘家。若父母将所有财礼都作为妆奁陪送女儿,就不存在追还问题。

(三) 离婚方式的性别差异
1. 近代之前的离婚制度
(1) 休妻制度的演变

[①] 《元史》卷105,刑法。

休妻制度的本意为，妻子有过失，或因其自身缺陷会对家庭发展产生不利后果时，丈夫可将其休回娘家，这桩婚姻由此而解除。

休妻之制最早处于"礼"的层次。根据《大戴礼记·本命篇第八十》："妇有七出，不顺父母去，无子去，淫去，妒去，有恶疾去，多言去，窃盗去。"不过，丈夫休妻权也受到限制。《管子·大匡》中有"令士庶人毋专休妻"。后被概括为三不去：尝更三年丧，不去，不忘恩也；贱取贵，不去，不背德也；有所受无所归，不去，穷穷也①。这从另一方面说明，当时"士庶人"中任意休妻的现象受到约束。

甲、法律中的休妻规定及实践

先秦时，秦国即有弃妻之律。它要求，男女婚姻关系的解除须到官府登记。秦简中有"弃妻不书，赀二甲"。被休的女方也要官府登记，否则，"其弃妻亦当论不当，赀二甲"②。但当时弃妻的类型不甚清楚。

至汉代，七出被载入《汉律》："妇人有七弃三不去。无子，弃，绝世也；淫佚，弃，乱类也；不事舅姑，弃，悖德也；口舌，弃，离宗也；盗窃，弃，反义也；嫉妒，弃，乱家也；恶疾，弃，不可奉宗庙也。"但若"更三年丧，不去，不忘恩也；贱取贵，不去，不背德也；有所受无所归，不去，不穷穷也"③。《汉律》与《大戴礼记》所载"七出"内容基本相同，区别在于"无子"被排在第一位。

其后的王朝基本上沿袭了汉朝之制，只是遣词有别。需要指出，在汉之后的法律中，"三不去"一直是"七出"的附加条件，以限制男性任意休妻。

《唐律疏议》载："七出者，依令，一无子，二淫佚，三不事舅姑，四口舌，五盗窃，六嫉妒，七恶疾。"④ 唐朝对任意休妻行为做出限定："诸妻无七出及义绝之状而出之者徒一年半；虽犯七出，有三不去而出之者，杖一百，追还合。"但若妻子"犯恶疾及奸者，不用此律"⑤，即不能享受

---

① 《公羊传》，庄公二十七年，何休注。
② 《秦简·法律答问》，见张晋藩《中国古代法律制度》，中国广播电视出版社1992年版，第157页。
③ 《九朝律考》卷4，汉律考，见张希坡《中国婚姻立法史》，第30页。
④ 《唐律疏议》卷14，户婚。
⑤ 《唐律疏议》卷14，户婚。

"三不去"的保护和宽宥。可见，对妻子的恶疾和奸淫之行是没有让步余地的。关于无子之妻多大年龄可以被休，《唐律疏议》这样表述：问曰：妻无子者，听出。未知几年无子，即合出之？答曰：律云："妻年五十以上无子，听立庶以长。"即是四十九以下无子，未合出之①。

元朝《通制条格》中的"七出"顺序与《唐律疏议》完全相同。被休回娘家的妇女，娘家可主婚令其再嫁。为避免其前夫争悔，元代大德七年（1303年）还规定：今后凡出妻妾，须用明立休书，即听归宗②。另外，元朝，只有犯奸之妇，不适用三不去之律，而将恶疾者去掉。

明清时期法律完全照搬唐代律令，同时规定：凡妻无应出及义绝之状而出之者，杖八十；虽犯七出有三不去而出之者，减二等追还完聚③。

那么，"七出"律令在民间是如何被实践的呢？对以前王朝民众的休妻实践，即妻子若有符合"七出"的行为时，丈夫及其父母是否将"出妻"付诸实施，我们难以获得全面的认识。程颐的言论提供了一条认识北宋状况的线索："今世俗乃以出妻为丑行，遂不敢为。古人不如此。妻有不善，便当出也。"④视出妻为丑行意味着家丑外扬。它至少表明，北宋民众将有"过"之妻休出的做法并不普遍。

通过对清代乾隆时期婚姻和家庭冲突个案的研究，可以发现，在清代中期的社会中，人们在婚姻行为中并没完全依照"七出"的标准来处理夫妻关系。瞿同祖对此也指出：有些人误会夫权在这方面的应用，以为夫的单独意志可以任意休弃，是不合于事实的⑤。从整体看，尽管包办婚质量较低，但夫妻关系一旦建立，人们更倾向于将其维系下去，而不是寻机使其解体以便从中脱离出来。所谓"无大故不出妻"⑥，可以从两方面来解释，一是无论上述什么形式的休弃，对男女双方都是丢脸和不光彩的事，因而它是当事各方都力图避免的结果；二是当时社会结婚成本较高，对男性家庭尤其如此。休妻在一定程度上虽可保全或将名誉损失降到最低，而其带

---

① 《唐律疏议》卷14，户婚。
② 《通制条格》卷4，户令。
③ 《大明律》卷6，户律。
④ 程颐、程颢：《二程遗书》，上海古籍出版社2000年版，第295页。
⑤ 瞿同祖：《瞿同祖法学论著集》，中国政法大学出版社1998年版，第145页。
⑥ 民国十二年《新乡县续志》卷2，风俗。

来的物质损失是比较高的。权衡后的决策多数是将现有夫妻关系维持下去。另外，也要看到，"七出"中的不少规定只具有象征意义，或者仅有引导意义；并且是将家庭矛盾公开化、公众化，在家丑不可外扬的社会心理作用下，它不会成为指导百姓行为的法则。

按照清代人的解释，"七出者，礼应去之也"。或者说，"七出乃礼可以出者，非谓必应出也"[①]。"礼应去"则意味着非"法应去"。而礼又无固定的标准来衡量，全靠各个具体的家庭以自己的道德水准来把握。另一方面，在"七出"规定中，各具体条款对家庭的影响也是不一样的。妻子"犯奸"与"多言"显然不是一个道德层次，其对家庭名誉的伤害程度也有很大的不同。"无子"与"嫉妒"也有客观与主观的差异。从影响程度上看，最应出者应是有通奸行为的妻子。根据法律，犯奸女性不在三不去之列[②]。它意味着，犯奸女性可以被无条件的休弃。个案也显示，依照"七出"要求，休妻者主要集中在这一项上。说明它对民间实践是有指导作用的。即使如此，在同类的总个案数中，真正被休弃者也只占一个小的份额。因而，若结合上面"七出者，礼应去之也"的观念，我们有理由认为，"七出"之条在清代中期实际是一种礼的倡导。"仓廪足而知礼节"，对广大中下层出身的民众来讲，生活是第一位的，"礼"在其次。

"七出"之规重在创造了一种丈夫威吓妻子的家庭和社会的氛围。或者说，"夫权"在此有了具体的内容。个案中一方面多数丈夫没有依照这些条款休弃妻子，另一方面不少丈夫表露出了这种意识，至少想以此来压抑和控制妻子，将妻子有与"七出"中某一规定相符的行为视为莫大的短处，从而使自己在家庭中的优势地位得以树立和保持。或许它是"七出"作用的真正表现所在。

在"七出"之外，以夫妇不和为由将妻子休弃是夫权的一个重要表现。这是丈夫及其家人对"七出"思想的发挥，是"七出"作用的扩大化。由此丈夫实际具有了控制妻子行为的决定性权力。如果结合"七出"规定可以看出，不仅妻子单方面的缺陷会成为丈夫休弃的理由，而且夫妻不和这种由双方行为引发的矛盾也要由妻子一人承担责任或过失，以带有羞辱特

---

① 沈之奇：《大清律辑注》卷6，婚姻。
② 沈之奇：《大清律辑注》卷6，户律，婚姻。

征的休弃方式将妻子赶出家门。夫妇矛盾的这种解决方式与传统社会从夫居婚姻、家庭财产的男系继承有密切的关系。

乙、宗族的休妻规则

宗族对休妻的规定主要针对族人妻子，多数宗族并未拘泥于"七出"之条：

宋代《司马氏居家杂仪》规定：凡子妇未敬未孝，不可遽有憎疾，姑教之；若不可教，然后怒之；若不可怒，然后笞之；屡笞而终不改，子放妇出。这表明，其并不主张甚至反对族人轻易休妻。

清代康熙山西离石《于氏宗谱》（卷5，《垂训·族规》）规定：族中无论尊卑，妻室有不孝公婆，不遵礼义者，宗子、司仪查出，同本支年尊尊长一二人及本妇公婆当面诫训，令其改过自新。如夫男偏徇，当本妇责治。倘本妇仍然不改，同阖族尊长带赴祠堂，令本妇之婆当众责治。倘干应出之条，照律遵行。

雍正《茗洲吴氏家典》（卷1，《家规》）："妇人必须安详恭敬，奉舅姑以孝，事丈夫以礼，待娣姒以和，无故不出中门……如其淫狎，即宜屏放。若有妒忌长舌者，姑诲之；诲之不悛则出之。"

光绪宜兴卢氏宗祠诫约：倘有妇人不敬公姑者，夫妻并惩，通族议罚[1]。光绪池州《仙源杜氏宗谱》卷首，《家法》：妇人得罪于翁姑者，初犯跪香，再犯、三犯者罪坐其夫笞二十。如妇实顽悍异常夫不能制者，免其夫而笞其妇。怙恶不悛者出之，免致酿成大戾。

可见，对行为不当的已婚女性，特别是不孝、不敬公婆的子媳，宗规主张以惩戒为主，望其悔过；只有屡犯不改者才会被休弃。

而有一些宗规对不顺公婆妇女根本不提休弃做法，仅实施惩戒。

清末江苏宜兴卢氏诫约：倘有妇女不敬公姑者，夫妻并惩，通族议罚[2]。

有的宗族则要求族人不得轻易出妻。

光绪甘肃《金城颜氏家谱》（《家训十条》）：非大故不得出妻。如以爱妾之故，而轻去其妻者，族共正之。

---

① 光绪《宜兴卢氏宗谱》卷1，宗祠诫约。
② 光绪《宜兴卢氏宗谱》卷1，宗祠诫约。

还有宗族对族人妇女制定了保护之规：

妇本无过失而其夫殴辱百端，使妇失所饥寒不保者，重惩其夫。夫仍不改者，责令批产给妇。罢妾凌妻者同①。

当然对有奸淫行为的妇女则不予原谅。

山西离石于氏：族中有奸淫内乱者不论有服无服，男则责逐改姓，不许归宗；女则休回母家②。对族中妇女来说，这实际是一条底线，一旦触犯则不可原谅。当然，对一些娶妻困难的穷人之家，这一点也并非刚性的。

值得注意的是，乾隆时直隶任丘边氏家训中将妇之不孝视为"夫使之然也"，"未有夫孝而妇不孝者也"。所赖为夫者"晓以天伦，发其血诚，纵有所苦，不生怨心，则可以言孝矣"③。

（2）男女共有离婚权

休弃是男性专有离婚权，而法律上还有男女均享有的离婚权利。其中主要有"义绝"和夫妇不相安谐两种情形。

唐律规定：诸犯义绝者离之，违者，徒一年。另外，若夫妻不相安谐而和离者，不坐。夫妇一方犯有"义绝"之行，另一方即应提出离婚；否则即属违规，应受惩处④。何谓义绝？按照《礼记·郊特牲》：悖逆人伦，杀妻父母，废绝纲纪，乱之大者，义绝乃得去也。男女一方有"义绝"之行，另一方即可提出离异，否则应受处罚。按照唐律，所要惩处的是"不肯离者"，"若两不愿离，即以造意为首，随从者为从。皆谓官司判为义绝者，方得此坐；若未经官司处断，不合此科"。即是否构成"义绝"，由官府判定。"夫妻不相安谐"指的是夫妇"彼此情不相得，两愿离者"⑤，亦即感情破裂，不愿继续在一起生活，协商达成离婚共识，这是法律所允许的。宋朝继承唐律。

明清沿袭唐律，只是在处罚方式上有别：若犯义绝，应离而不离者，亦杖八十；若夫妻不相和谐而两愿离者，不坐⑥。

---

① 光绪池州《仙源杜氏宗谱》卷首。
② 康熙离石《于氏宗谱》卷5，族规。
③ 乾隆边氏《笃叙堂家训》，见李文治、江太新《中国宗法宗族制和族田义庄》，第324—325页。
④ 《唐律疏议》卷14，户婚。
⑤ 《唐律疏议》卷14，户婚。
⑥ 《大明律》卷6，户律。

(3) 女性离婚权

虽然女性的离婚权受到限制,但并非完全被剥夺。

汉朝人即有此认识:夫妇之道,有义则合,无义则离①。这里,强调有"义"、无"义"是夫妇关系维系和离异的核心问题。它将"义"作为适用夫妻双方的准则。

妻子在丈夫有"义绝"之行时也可离婚。按照《白虎通》之说:夫有恶行,妻不得去者,地无去天之义也。……悖逆人伦,杀妻父母,废绝纲纪,乱之大者也。义绝,乃得去也②。何谓丈夫"恶行",此处没有讲明。我们认为,它有比较广泛的意义,甚至可以说丈夫在"义绝"之外的所有不当之行都属恶行。有的解释把恶疾也包括在内③。客观而言,丈夫的"义绝"之行是比较极端的行为,在多数家庭的夫妻关系中较少出现。不过,"恶行"的发生概率则相对较高,它很可能招致妻子不满。但这不能成为其离婚的理由。女性的"恶行"则可成为丈夫休弃的借口。彭卫根据汉代个案总结出汉代妇女提出离婚的四种类型:丈夫品德操行不良;丈夫患有"恶疾";丈夫家中贫苦、无法生活;女方家庭与男方家庭发生激烈矛盾④。

元朝对妇女的离婚权有如下规定:诸以非理殴伤妻妾者,罪以本殴伤论,并离之。若妻不为父母悦,以致非理殴伤者,罪减三等,仍离之。诸职官殴妻堕胎者,笞三十七,解职,期年后降先品一等,注边远一任,妻离之。诸以非理苦虐未成年男妇者,笞四十七,妇归宗,不追聘财。诸舅姑非理陵虐无罪男妇者,笞四十七,男妇归宗,不追聘财⑤。它意味着,出现上述几种受虐待情形,官府即可判离。当然前提是受伤害妻子告发至官府。

明清法律与元朝类似,然而处理方式与元朝有差异。按照明律:丈夫殴妻,官府"先行审问,夫妇如愿离异者,断罪离异;不愿离异者,验罪收赎"⑥。

---

① 《汉书》卷81,孔光传。
② 《白虎通》卷10,嫁娶。
③ 《白虎通》卷10,嫁娶。
④ 彭卫:《汉代婚姻形态》,三秦出版社1988年版,第272页。
⑤ 《元史》卷105,刑法。
⑥ 《大明律》卷20,刑律。

需指出：元代以后各朝均有这样的规定，丈夫卖妻与人，特别是卖为奴婢时，妻子可以提出离婚。此外，当妻子被丈夫离弃三年以上，或被丈夫强迫与人通奸，或被丈夫毁伤身体时，也可提出离婚。

然而，实际生活中，丈夫若因穷将妻子卖嫁与人，妻子往往被迫听从，很少告官判离。这一点清代刑科题本中的"卖婚"个案多有生动体现[1]。它表明，广大下层妇女缺少自我保护意识，其中多数唯丈夫之命而从。这与当时社会所形成的教化环境和歧视妇女的惯习有密切关系。

（4）嫁卖妻子

甲、法律和政策所赋予的卖妻行为

卖妻是违法行为，但特殊情况下，政府又允许丈夫卖妻。

北宋景祐元年（1034年）六月仁宗下诏：比因饥馑，民有雇鬻妻子及遗弃幼稚而为人收养者，并听从便[2]。灾民无以为生，卖妻与人有可能使夫妇均获得生存机会，故官方对此网开一面。

元朝规定：诸妻曾背夫而逃，被断复诬告其夫以重罪者，抵罪反坐，从其夫嫁卖；诸妻故杀妾子者，杖九十七，从其夫嫁卖[3]。清朝的制度更为明确，规定：若妻背夫在逃者，杖一百，从夫嫁卖；其妻因逃而改嫁者，绞。其因夫逃亡三年之内不告官司而逃去者，杖八十；擅改嫁者，杖一百，妾各减二等，其妻妾仍从夫嫁卖[4]。背夫逃亡无疑是妻子对丈夫的不忠行为，故在实施官罚（杖责）之后，法律赋予其夫嫁卖之权，可谓官、私之罚并行。

丈夫在特定环境和情形下被法律赋予嫁卖之权，本质上是将妻视为丈夫所有，有处置之权和犯错惩罚之权。但要注意，这些权力是有限的。

乙、嫁卖妻子的民俗

按照传统法律，妻子的行为符合"七出"中某一条款可以被休弃，但不可嫁卖。而民间社会实践中，丈夫往往将不满意的妻子嫁卖与人，以获

---

[1] 王跃生：《十八世纪中国婚姻家庭研究》，法律出版社2000年版，第149—183页。
[2] 《续资治通鉴长编》卷114，仁宗。
[3] 《元史》卷105，刑法。
[4] 《大清律例》卷10，户律。

得一份收益。这种做法在清朝刑科题本中多有表现①。

一些地方卖妻甚至成为风尚。道光时山西朔平府知府张集馨指出当地"卖妻鬻子，郡民习以为常"②。

地方文献中也有记载。

江西弋阳县有卖妻之俗：缘此鬻妻，又生一弊，产女之家以为育女至长而受侮于人，不如勿举③，因有溺女行为。

民国期间，广西贺县：陋俗宜革者，一为鬻妇，一为童养妇。……往往娶妇之后偶以性情未洽或龃龉细故辄私鬻其妻，虽尊长莫能预知也。是以晨为夫妇，夕作路人，贱视嫡配，若习俗然④。

夫妇关系不睦，以嫁卖作为中止婚姻的方式。这种做法所以具有民间基础，在于男性认为自己娶妻时已付出代价，离婚时通过卖妻弥补损失，乃至以卖妻所得银两作为再娶费用。我们认为，认可卖妻做法的多属贫困地区，而有卖妻行为者也多为贫困之家。

2. 近代以来男女平等离婚制度的建立

（1）民国时期的离婚制度

民国时期的离婚制度体现在《民国民律草案》和《民法》之中。

1925年《民国民律草案》在男女离婚权上已经表现出一定的平等色彩。第1147条规定：夫妇两愿离婚者，得行离婚。第1149条：两愿离婚，须呈报于户籍吏登记后，发生效力。该法保持了有限的约束，即30岁以下男女离婚时，须经父母同意。

而根据该草案第1151条，一方提出离婚须满足以下条件之一：（1）重婚者；（2）妻与人通奸者；（3）夫因奸非罪被处刑者；（4）彼方谋杀害自己者；（5）夫妻之一方受彼方不堪同居之虐待或重大之侮辱者；（6）妻虐待夫之直系尊亲属或重大侮辱者；（7）受夫直系尊亲属之虐待或重大侮辱者；（8）夫妇之一方以恶意遗弃彼方者；（9）夫妇之一方逾三年以上生死不明者。这些条件中多数适用于夫妇双方，不过也有重在约束妻子一方并

---

① 王跃生：《清代中期婚姻冲突透析》，社会科学文献出版社2003年版，第95—122页。
② 张集馨：《道咸宦海见闻录》，中华书局1981年版，第32页。
③ 同治《弋阳县志》卷2，风俗。
④ 民国二十三年《贺县志》卷2，风俗。

有不平等表现,甚至说它保留了"七出"的内容。如第二项条件中,妻与人通奸即可成为丈夫提出离婚的理由,但针对丈夫的第三项条件中,丈夫有奸情被处刑时妻子才可提出离婚,意味着未被处刑的奸情不能成为妻子离婚理由。第六项、第七项条件可能考虑到婚姻形式中妻从夫,且与夫亲属同居为主的情形,将招赘婚等居住方式考虑进来。

1930年的《民法》亲属编对此加以改进。第1049条规定:夫妻两愿离婚者,得自行离婚(但未成年人应得法定代理人之同意)。其生效方式为:两愿离婚,应以书面为之,并应有二人以上证人之签名(第1050条)。可见,两愿离婚者完全采用民间方式,即协商式离婚,非常简单。

夫妻之一方以他方有下列情形之一者为限,得向法院请求离婚:(1)重婚者;(2)与人通奸者;(3)夫妻之一方受他方不堪同居之虐待者;(4)妻对于夫之直系尊亲属为虐待,或受夫之直系尊亲属之虐待,致不堪为共同生活者;(5)夫妻之一方以恶意遗弃他方在继续状态中者;(6)夫妻之一方意图杀害他方者;(7)有不治之恶疾者;(8)有重大不治之精神病者;(9)生死不明已逾三年者;(10)被处三年以上之徒刑或因犯不名誉之罪被处徒刑者。近代以前,第2条和第7条都是男性享有的出妻之权,而现在成为双方的权利。离婚情形针对男女双方,它是培养男女平等精神、维护正常夫妻关系所必需的条件。

民国中后期,一些宗族也开始认可族人的离婚行为。民国三十二年(1943年),湖南湘潭张氏家谱体例规定:凡脱离夫妻关系者,书离婚;妻被逐者书出,夫死再嫁者书改适某某。女嫁被夫逐归而不再嫁者书大归。须分别查明脱离年月日及凭据从实也①。

(2)1949年以来的离婚制度

1949年以后,男女离婚权的平等原则继续得到贯彻。并且,一方提出离婚的条件大大简化,即不以合乎某项条件作为一方提出离婚的理由。

1950年《婚姻法》第17条:男女双方自愿离婚的,准予离婚。男女一方坚决要求离婚的,经区人民政府和司法机关调解无效时,亦准予离婚。男女双方自愿离婚的,双方应向区人民政府登记,领取离婚证。区人民政

---

① 民国三十二年《湘潭张氏家谱》卷首,体例。

府查明确系双方自愿并对子女和财产问题确有适当处理时，应即发给离婚证。男女一方坚决要求离婚的，得由区人民政府进行调解；如调解无效时，应即转报县或市人民法院处理；区人民政府并不得阻止或妨碍男女任何一方向县或市人民法院申诉。县或市人民法院对离婚案件，也应首先进行调解；如调解无效时，即行判决。

第18条：女方怀孕期间，男方不得提出离婚；男方要求离婚，须于女方分娩一年后，始得提出。但女方提出离婚，不在此限。

可见，这一离婚规则中具有普遍性的制约是，一方要求离婚时，先经历一个调解程序，旨在劝说双方和解，避免婚姻破裂；调解无效时，才予判离。与民国时期的差异在于，由于结婚需要政府部门发给证件，夫妇自愿离婚也需到政府部门登记，并领取证件。

1980年《婚姻法》关于离婚的条款继承了1950年《婚姻法》的基本规定，但表述更为简洁。第24条：男女双方自愿离婚的，准予离婚。双方须到婚姻登记机关申请离婚。婚姻登记机关查明双方确实是自愿并对子女和财产问题已有适当处理时，应即发给离婚证。第25条：男女一方要求离婚的，可由有关部门进行调解或直接向人民法院提出离婚诉讼。人民法院审理离婚案件，应当进行调解；如感情确已破裂，调解无效，应准予离婚。第27条：女方在怀孕期间和分娩后一年内，男方不得提出离婚。女方提出离婚的，或人民法院认为确有必要受理男方离婚请求的，不在此限。

可以说，这两部婚姻法，在离婚权利上，并不存在原则上的性别差异或歧视。女性怀孕和分娩后一年内限制男方提出离婚的条款，是从特殊情境（避免对孕育子女过程产生负面影响）出发的，并非歧视性规定。

（四）丧偶女性不婚、女性再婚制度

近代之前，男性丧偶再婚不存在任何制度性障碍，但女性丧偶后的婚姻则处于比较复杂的制度环境中。

1. 针对丧偶妇女的法律和政策性制度

（1）鼓励丧偶妇女守节制度

春秋战国时期，女子"不事二夫"的思想已逐步形成。

按照《礼记·郊特牲》：男女婚姻的缔结过程要显得郑重：币必诚，辞无不腆。告之以直信，信，事人也；信，妇德也。一与之齐，终身不改，故夫死不嫁。

秦始皇《会稽刻石》上有"有子而嫁、倍（背）死不贞"①和"妻为逃嫁，子不得母，咸化廉清"之语。从字面看，秦政府是不赞成妇女再嫁的，因为它会使一个家庭解体，未成年子女没有依靠。但此处没有指明这些有再嫁之行的妇女是寡妇还是有夫之妇，至少"妻为逃嫁"中的妇女不是丧偶者。

汉代宣帝神爵四年（公元前58年）下诏"赐贞妇顺女帛"②。这可能是见于文献的第一次官方针对妇女的奖赏行动。东汉元初六年（119年），安帝下诏赐"贞妇有节义谷十斛，甄表门闾，旌显厥行"③。按照东汉乡官制度，三老负有将本地"贞女义妇"上报和"表扁其门"之责④。

不过需指出，汉代的贞妇顺女与后世的节妇烈女含义是不同的。即贞妇并非元明清时期政府对30岁以前丧偶、50岁以上依然守节妇女的旌表，重在表彰妇女相夫教子、孝敬公婆的行为。顺女则主要是孝顺父母的未婚女性。我们从《后汉书·列女传》所列典型也可看出，她们中多数并非守节不嫁者，而是忍辱含垢、不辞劳苦的形象。后世称魏以前列妇"采才行高秀者，非独贵节烈也"⑤。

南朝宋明帝曾下诏令地方官："贞妇孝子，高行力田，许悉条奏。"⑥

可见，至少在魏晋南北朝之前，节烈妇女还未成为政府的表彰重点。当然，隋唐之前，一些王朝政府制定有对丧偶守志妇女的照顾或保护政策。北魏均田制规定："寡妇守志者，虽免课亦授妇田。"⑦ 唐代有这样的律条："诸夫丧服除而欲守志，非女之祖父母、父母而强嫁之者，徒一年；期亲嫁者减二等，各离之。女追归前家，娶者不坐。"⑧ 这些法律意在对丧偶未嫁

---

① 《史记》卷6，秦始皇本纪。
② 《汉书》卷8，宣帝纪。
③ 《后汉书》卷5，安帝纪。
④ 《后汉书》卷128，百官。
⑤ 《明史》卷301，列女传。
⑥ 《宋书》卷8，明帝纪。
⑦ 《魏书》卷110，食货。
⑧ 《唐律疏议》卷14，户婚。

妇女的生活有所帮助，并保护其守志的权利。或许这是将她们视为弱势群体所采取的保护和扶助措施，并非以此鼓励她们守节不嫁。

相对于以前历史时期，宋元以后，鼓励丧偶妇女不婚的政策变得明确起来。

元大德八年（1304年）成宗下诏：妇人服阕守志者，从其所愿。若志节卓异，无可养赡，官为给粮存恤①。同时要求地方官谨慎上报应旌表的节妇：今后举节妇者，若三十已前夫亡守志，至五十以后晚节不易，贞正著明者，听各处邻佑、社长明具实迹，重甘保结，申覆本县；牒委文资正官体覆得实，移文附近不干碍官司再行体覆，结罪回报。凭准体覆牒文，重甘保结，申覆本管上司，更为核实保结，申呈省部，以凭旌表②。

明朝继承元朝制度，洪武三年（1370年）规定："凡民间寡妇三十以前夫亡守志者，五十以后不改节者，旌表门闾，除免本家差役。"③ 在徭役较重的明代前期，该政策能给守节妇女之家带来具体帮助。

这一制度被清朝承袭。清朝被旌表者可从官府获银30两，刻名建坊。就清代而言，节妇由儒学负责巡访或收集，然后逐级上报，由巡抚汇总题奏请旨，获批后由礼部转告地方。其程序为：命下之日，行令该抚，转饬各该地方官，每名每口各给银三十两，听本家自行建坊。其各该府、厅、州、县、卫节孝内，题名设位④。总的来看，清代对节妇的旌表标准有放宽趋向。雍正规定：节妇年逾四十而身故，计其守节已逾十五载以上者，亦令该地方官据实奏报，一例旌表⑤。它实际是将相对较高的旌表标准降低了，激励妇女守节的目的更为明显。需要指出，清雍正帝于元年（1723年）下诏：直省州县各建节孝祠，官方派人春秋致祭。以此"励风教维廉耻"⑥。这一措施强化了政府对妇女守节行为的重视程度。雍正十三年（1735年），清政府对八旗丧偶妇女实施特殊优待：八旗寡妇不论年岁，有

---

① 《通制条格》卷3，户令。
② 《通制条格》卷17，赋役。
③ 《大明会典》卷20，户口。
④ 《陶澍全集》（5），岳麓书社2010年版，第206页。
⑤ 光绪《大清会典事例》卷403，礼部，风教。
⑥ 陆以湉：《冷庐杂识》卷1，崇尚贞节。

无子嗣，情愿守节者，两族佐领具保，照例给予一年半分俸饷①。而官方制度也需要地方官予以贯彻。道光初年（1821 年），孀妇守节满十年，操行无亏，即取得旌表资格。道光五年（1825 年），江苏巡抚题奏的 200 名节妇中，守节不足 15 年者占 5.47%，15—19 年者占 3.98%②。两项合计，不足 20 年者共占 9.45%。可见，90% 以上为守节满 20 年者。清朝一些官员关于旌表制度对妇女行为的影响颇有认识。道光时任职山西朔平府的张集馨对当地"妇不耻廉，名节甚轻，竟有守志多年，忽思改醮者"，深感不满。他认为"人心风俗之害，莫大于此"，故"欲劝化愚顽，当使知所观感。因将国初以来，旌表节妇，查明姓氏，于城东旧官廨建立节孝祠，设立木主，令地方官春秋致祭。迎主入祠之日，用鼓吹仪从导引，俾妇始咸知愧奋"③。这表明，一些地方的守节之风至清代后期尚未形成，需留心此事的官员加以倡导。

（2）限制丧偶妇女再婚

在传统社会还有另一种形式的政策，即禁止再婚。特别是禁止贵族之妇和命妇的再婚行为。

隋朝开皇十六年（596 年）文帝下诏：九品以上妻、五品以上妾，夫亡不得改嫁④。这意味着所有品级官员之妻丧夫后不许再婚；五品以上属于中高级官员，其亡故后妾亦不能再嫁。

宋朝仁宗时规定："宗室大功以上亲之妇，不许改嫁；自余夫亡而无子者，服除听还其家。"⑤ 辽代开泰六年（1017 年）明确规定："禁命妇再醮。"⑥ 元仁宗时强调："妇人因夫、子得封者，不许再嫁。"⑦ 清朝虽不禁止命妇再嫁，但对其再嫁也持贬斥态度："再嫁之妇不得受封，所以重名器也。命妇受封，义当守志，不容再嫁以辱名器。"⑧ 政府对命妇再婚的限制，

---

① 光绪《大清会典事例》卷 259，户部，俸饷。
② 《陶澍全集》（5），岳麓书社 2010 年版，第 143—154 页。
③ 张集馨：《道咸宦海见闻录》，中华书局 1981 年版，第 37 页。
④ 王钦若等：《册府元龟》卷 60，帝王部，立制度。
⑤ 李焘：《续资治通鉴长编》卷 151，仁宗。
⑥ 《辽史》卷 15，圣宗纪。
⑦ 《元典章》吏部卷 5，典章 11。
⑧ 《大清律例刑案汇纂集成》卷 4，户律婚姻。

主要是出于对传统礼教的维护。在他们看来，命妇应该是天下妇女行为之仪型，她们守节不婚是对从一而终观念的直接倡导；一旦改节，则会使礼教的尊严受到损害，政府施加其身上的神圣光圈也将不复存在。由此可见政府倡导守节用心之重。

各王朝对平民妇女丧偶禁婚的律令则比较少见，但值得注意，所有丧偶妇女都须遵循在夫死三年丧服除却之前不许再嫁的律条。否则就要受到强行离异等惩罚。当然，在实际生活中，违禁者大有人在，对贫困阶层的年轻寡妇尤其如此。

(3) 保护丧偶守节妇女

保护政策主要体现为禁止强嫁欲守志妇女。需要指出，这一政策在唐代尚非无条件的禁止。

前述唐律中有："诸夫丧服除而欲守志，非女之祖父母、父母而强嫁之者，徒一年；期亲嫁者减二等，各离之。女追归前家，娶者不坐。"[①]"疏议"对该律条的解释为：妇人夫丧服除，誓心守志，唯祖父母、父母得夺而嫁之；"非女之祖父母、父母"，谓大功以下，而辄强嫁之者，合徒一年；"期亲嫁者"，谓伯叔父母、姑、兄弟、姊妹及侄，而强嫁之者，减二等，杖九十，各离之。女追归前家，娶者不坐[②]。这表明，丧偶妇女娘家祖父母、父母具有强嫁权。除此之外，任何人强迫其改嫁将受到惩处。它意味着丧偶妇女守志行为受到有条件的保护。

元朝至元八年（1271年）规定：妇人夫亡，服阕守志并欲归宗者，听。其舅姑不得一面改嫁[③]。丧偶妇女因此有多种选择，而非只能听从公婆安排再嫁与人一条路可走。

清朝的法律是：丧偶妇女"夫丧服满果愿守志，而女之祖父母、父母及夫家之祖父母、父母强嫁之者杖八十，期亲加一等；大功以下又加一等；妇人及娶者俱不坐。未成婚者，追归前夫之家，听从守志，追还财礼；已成婚者，给与完聚，财礼入官"[④]。该律条提高了对丧偶守志妇女的保护程

---

① 《唐律疏议》卷14，户婚。
② 《唐律疏议》卷14，户婚。
③ 《通制条格》卷3，户令。
④ 《大清律例》卷10，户律。

度：即使娘家祖父母、父母也不得将其强嫁，否则将受惩处。

另一种保护是，地方官对抢孀、逼醮之风予以制止。

明代惠安知县叶春及认为当地促孀妇再嫁之人属于"无行义之尤者"，"各宜戒谕，犯者如法"①。

清嘉庆初安徽合肥知县针对境内逼醮抢嫁之风发布"禁逼醮示"：凡有孀妇去留应听自愿。如能矢守，当曲保全。倘再有逼醮抢嫁情事，一经访闻，或被告发，定将主婚及媒妁、娶主人等按律从重治罪，断不宽贷②。

（4）对女性再婚的有限鼓励或听任

我们可以说，隋唐之前，政府对妇女再婚基本上持听任的态度，汉代不仅中下层妇女，而且上层妇女再婚者不在少数。

唐朝太宗时甚至出台了这样的政策：官吏考课，以鳏寡少者进考，如增户法；失劝导者以减户论③。显然，"鳏寡少"与其丧偶后及时再婚有关。中央政府将此作为考课地方官项目之一，无疑有推动丧偶男女再婚之目的。

（5）妇女再嫁后所丧失的权益

近代之前，对一般平民妇女，政策法令并不限制其再婚，但再婚后，她将丧失一些权益。关于财产权益的丧失前已述及。另一项所丧失的权益为亲权。

清末《大清民律草案》第1378条：行亲权之母，于再嫁后，不得行其亲权④。在清末民初的民间惯习中也有表现，不过有所变通。母因再嫁，不能行使亲权，为法律所公认。但习惯上，带头子对于再嫁之母未断绝关系，不得谓母之亲权丧失⑤。

1925年《民国民律草案》第1162条：亲权由父行之，父亡故或在事实上不能行使亲权时，由母行之。但能营独立生计之成年者，不在此限。第1163条：母行亲权时，得自指定亲属一人为补助人（补助人须应母咨询，陈述意见，或关于监护事项，受母委任为代理人）。

---

① 叶春及：《惠安政书》卷9，乡约篇。
② 《左辅告示》卷1，见杨一凡等编《古代榜文告示汇存》第八册，社会科学文献出版社2006年版，第111、112页。
③ 《新唐书》卷51，食货。
④ 《大清民律草案》，第176页。
⑤ 《民事习惯调查报告录》（下册），第762页。

1950年《婚姻法》第21条：父母与子女间的血亲关系，不因父母离婚而消灭。离婚后，子女无论由父方或母方抚养，仍是父母双方的子女。

1980年《婚姻法》第29条：父母与子女间的关系，不因父母离婚而消除。

总的来看，从秦汉至隋唐，守节行为虽被政府和儒家思想家所赞扬，但政府并未大力提倡。不仅平民，而且贵族丧偶妇女的再婚行为既未受到限制，更未被贬斥。汉、唐皇族中的公主丧偶再嫁者就有不少。西汉平阳公主寡居时，曾亲自"与左右议长安中列侯可为夫者"①。此可见公主再婚择夫行为之自然、大方。平民中更是如此。汉初丞相陈平之妻原为多次再嫁之妇②。不仅如此，至少在汉代贵族妇女中，婚外男女关系并没有受到禁锢。汉家公主不讳私夫，天子安之若素，朝野亦司空见惯，贵族重臣甚至上书乞封③。当时妇女守贞之风尚未普遍。其后似乎也未有很大改变。史载：南朝"自宋齐以来，公主多骄淫无行"④。唐太宗则不仅推动年轻人早婚、适时结婚，而且规定，"妻丧达制之后，孀居服纪已除，并须申以媒媾，命其好合"⑤。唐朝公主改嫁与放荡行为更不绝于书。可以说，秦汉至隋唐，官方表彰守节行为，却未对妇女再婚设置过障碍，更无贬低再嫁女性之意。一些王朝为了加快人口增长甚至强迫丧偶妇女再婚。北齐天保七年（556年），高洋遣发山东寡妇"二千六百人配军士"⑥。它显然是对军人的安抚措施，但由此也反映了当时存在并不提倡妇女守节的社会观念。北周时，武帝要求鳏寡之人要"以时嫁娶"⑦。甚至到北宋时，"士大夫家妇女再适者，不以为异"，因为在当时的墓志中，官员们不回避记载其家人，甚至母亲的再嫁婚史⑧。至明清时期，社会中上层家庭妇女的再嫁行为减少，中下层家庭中则表现出守节与再婚并存的状况。

---

① 《史记》卷49，外戚世家。
② 《史记》卷56，陈丞相世家。
③ 赵翼：《廿二史札记》卷3，"汉公主不讳私夫"，见王子今《古史性别研究丛稿》，社会科学文献出版社2004年版，第133页。
④ 《南史》卷60，殷钧传。
⑤ 宋敏求：《唐大诏令集》卷110，政事。
⑥ 《北史》卷7，齐本纪。
⑦ 《周书》卷5，武帝纪。
⑧ 陆以湉：《冷庐杂识》卷1，崇尚贞节。

2. 宗族对妇女再婚的制度

（1）鼓励女性守节的规则

可以说，多数宗族持鼓励丧偶女性守节的态度，并有相应扶助措施。

南宋《锡山邹氏家乘凡例》要求族人：凡妇女有守节自誓者，为宗长当白诸有司，旌表其节，庶可以励薄俗。有司未行，即当备入于谱表立传，以载家乘外篇①。

明万历时浙江《余姚江南徐氏宗范》规定：宗妇不幸少年丧夫，清苦自持，节行凛然，终身无玷者，族长务要会众呈报司府，以闻于朝，旌表其节。或势有不能，亦当征聘名卿硕儒，传于谱，以励奖②。

明代常州毗陵朱氏祠规：夫亡守节，贞洁不改，与例相符，宗族共出力旌之③。

明代安徽休宁范氏《林塘家规》：凡有孝子顺孙义夫节妇，皆系圣朝作养上司培植所致，大裨风化，礼当敬崇。各门尊长查明鸣众，即动支祠银一两备办花红鼓乐，率本宗职官斯文族众登门奖劝，有堪奏请表扬者，或本家贫乏，族众合力举闻④。

清代道光十二年（1832年）湖南宁乡县资兴石鼓程氏规定：妇人之道，从一而终。至茂龄失夫，贞洁足嘉，无论有子无子，俱宜详书以重节守⑤。

常熟丁氏义庄条规不分年限，孀寡之妇除给月米（族人普遍享有的待遇）外，每年给钱一千文，俟其子孙年及二十岁停给，无子孙则常给⑥。这是不分家境对所有丧偶女性的资助。

从上可见，宗族组织视向官府报告族中"清苦自持"、节行高尚丧偶妇女为义不容辞的责任。若上报后官府未予旌表，宗族则在家谱中为其立传，以此传扬其精神，提高其在宗族中的地位。不仅如此，有义庄的宗族对守节之妇给予口粮资助。丧偶妇女失去了丈夫这一重要劳动力，家庭经济状

---

① 光绪《锡山邹氏家乘》卷首，旧谱凡例。
② 民国《余姚江南徐氏宗谱》卷8，族谱宗范。
③ 光绪《长沟朱氏宗谱》卷2，族范。
④ 李文治、江太新：《中国宗法宗族制和族田义庄》，社会科学文献出版社2000年版，第282页。
⑤ 民国二十五年（1936年）程子楷：《资兴石鼓程氏三修族谱》，初修凡例。
⑥ 光绪《常熟丁氏义庄》，义田规条。

况较同等条件的有夫者要差。设立专项口粮资助将减轻其生存压力。

（2）资助贫困守节之妇

多数宗族不具有资助族中所有丧偶妇女的经济支持条件，但对个别贫穷者予以生存帮助为不少宗族所倡导。

汪辉祖《双节堂庸训》"保全节操"条：妇人嫠居而能矢志不贰，或抚孤，或立后，其遇可矜，其行可敬，虽有遗资，总当善遇。若遇贫窭，更为无告。房族不幸而有是人，必须曲意保全，俾成完行[①]。

道光苏州济阳丁氏义庄规条：族之贫乏无依，三十岁以内苦志守节者，凭本房司事报庄给票，日给米七合。至七十一岁，照前规递加。三十岁以外守节者，日给米五合，至六十一岁，亦照前规递加[②]。七合为0.7升，估计这个标准是按当时妇女日消费水平所订。

相对来说，南方地区宗族对此更为重视，这与当地宗族组织有可支配的食物资源有关。

（3）限制和歧视女性再婚

在褒扬族内丧偶妇女守节行为的同时，宗族组织对改嫁或族人娶再婚妇女采取了一些歧视性做法。比较明显的是族谱一般不书其信息，或者说她们失去了被载入家谱的资格，以此表现宗族对女性再婚行为的排斥。

根据明万历安徽休宁茗洲吴氏家谱"议例"规定：配之改适者不书，女之改适者不书[③]。

《考亭朱氏文献全谱·谱例》规定："妇嫁者不录，绝之也；孀妇来嫁者不录，丑之也。来而有子者不得不书之也。……再嫁者不录，励女节也。"一些宗族即有"本姓娶妻，若系再醮来者"，谱中就写上侧室某氏。有的甚至规定"娶孀妇不书"。这种环境无疑为再嫁者施加了心理压力，抑制了丧偶妇女的再婚愿望。

辽宁海城尚氏康熙年间所定家训宽松一些：妻有被黜或夫死适人者，本夫之下俱不书，以义绝也。但于其子名下书曰：嫁母某氏、出母某氏所

[①] 汪辉祖：《双节堂庸训》卷3，保全节操。
[②] 王国平、唐力行主编：《明清以来苏州社会史碑刻集》，苏州大学出版社1998年版，第259页。
[③] 万历安徽休宁《茗洲吴氏家记》，议例。

出，以子不绝母也①。它意味着再嫁妇女一半的身份信息没有被反映，即宗族只承认其为人母、不承认其曾为族人妇。

（4）再嫁女性失去入祠权

这是限制或歧视丧偶女性再婚的一种方式。

湖南宁乡县资兴石鼓程氏对"有迫于时势，有子亦改醮者"，认为"情虽可原，法终难假，但于其夫之下书娶某氏生子某，略其生平，以示不得入庙之意"②。

民国浙江绍兴中南王祠规：本宗出嫁之妇，虽有子嗣，异日归养，不许入祠③。

在祠堂建设相对普遍的南方，本族丧偶再嫁妇女牌位不能入祠供后人祭祀，便成为孤魂野鬼。这是对再婚女性身后被祭祀权利的剥夺，在信神的时代其由此所受压抑之大可想而知。

而对嫁入的再婚妇女，有的宗族剥夺其领胙资格。

同治年间广东南海潘氏规定：孀妇如系再醮，不得预领优胙，惟房亲查据④。胙肉是一种物质形式，再嫁女性没有此项权利就意味着她们非宗祠所接纳的成员。

从上可见，这些限制主要出现在南方。宗族对族人婚姻的影响和干预由此表现出来。

（5）鼓励守节与理解再嫁做法并存

在传统时期，这是比较开明的认识和观念。

于成龙（清端公）所定"治家规范"中有：妇女不幸而夫早夭，应该守节为是。其或青春年少，不能终节者，不妨善言尽伊父母令其改适，以免意外之消⑤。

光绪池州《仙源杜氏宗谱》卷首，《家法》：寡妇应终身守节，若不得已而改适他姓，子幼者听其携带抚养，婚书务须注明。如妇本无丑行，亲

---

① 民国《海城尚氏宗谱》，先王定训。
② 民国二十五年（1936年）程子楷：《资兴石鼓程氏三修族谱》，初修凡例。
③ 民国浙江绍兴《中南王氏宗谱》卷首，宗祠规例。
④ 同治南海《潘氏典堂族谱》卷1，家规。
⑤ 余治辑：《得一录》卷9，治家规范。

房捏造谣言,即以贪产逼嫁从重处治。这种态度为丧偶妇女创造了相对宽松的选择环境。

江都毗陵胡氏:寡妇孀女不能矢节者,服阕后听其转适①。

汪辉祖《双节堂庸训》"保全节操"条:秉节之妇,固当求所以保全之矣。其或性非坚定,不愿守贞,或势逼饥寒,万难终志,则孀妇改适,功令亦所不禁,不妨听其自便,以通人纪之穷;强为之制,必有出于常理外者,转非美事②。这是比较难得的认识。但汪辉祖告诫族人娶再婚妇女要谨慎。他认为,女性再婚"妇德乖矣,分不宜娶"。若族人"或家贫而不能备礼,或丧偶而已近衰年,非醮妇莫为之室者,欲延祧祀不得不权宜迁就,大非幸事",要"从容访问,以家贫性顺,无子女者为尚"③。族人娶再婚妇女被视为不幸之事。不得不娶时,也不能不加抉择。它表明,即使当时的开明人士,其观念也受到所处时代的强烈制约。

总之,近代之前,宗族对丧偶妇女的基本态度是鼓励其守节,反对、限制和歧视其再婚。只有个别宗族对其再嫁表示理解。

3. 民间惯习

(1) 鼓励守节与歧视再婚之俗

可以说,这是近代之前民间社会的基本状态。由于官方和民间组织鼓励、倡导丧偶妇女守节,社会上形成了抑制再婚、效仿节妇的风尚。但对贫困家庭妇女来说,失去丈夫这一主要劳动力后,生存出现了困难。一些妇女,特别是有子妇女会勉为其难,竭力支撑残破的家庭;另一些妇女则不具有守节条件和能力,特别是其中相对年轻且有生育能力的妇女往往会走上再婚之途。总体而言,当时社会形成崇尚守节、贬斥再婚的习尚。它在很大程度上压抑了一部分丧偶妇女的再婚之念。

河北新河县:妇女再醮、孀妇再嫁均不为舆论所许;即男女订婚,男子未婚先亡,乡评亦不以女子另行订婚约为然,贞节观念深入人心④。这对当地妇女,特别是丧偶妇女再婚有很大制约作用。

---

① 民国丁卯重修毗陵《胡氏宗谱》卷1,凡例。
② 汪辉祖:《双节堂庸训》卷3,无志秉节者不可强。
③ 汪辉祖:《双节堂庸训》卷3,娶醮妇宜慎。
④ 民国十八年《新河县志》卷2,风土。

河南新乡县：稍知礼义者不娶寡妇；若娶有夫之妇，谓之"活头妻"，人皆非笑之①。家境稍好的丧偶男性将不以再婚妇女为婚娶对象，而丧偶、离异女性所能匹配者多为贫困或整体条件较差者，这也会使一部分丧偶女性放弃再婚念头。

山东莱阳县：妻老夫得纳妾，不得重婚；夫死妇重守节，醮虽不禁，但为人鄙视。该县县志另载：若寡妇再醮，则谓之"出水"，多于昏夜用驴骡载入，自作汤饼与男同食。其契约，虽市侩亦耻为之，率用假名，故再醮之妇每为人所鄙②。牟平县：男出妻、女改嫁法虽不禁，而其事绝少③。冠县：少年及中年丧妻，除有特殊情形外，概行续娶；女子从一而终，素重名节，除有特殊情形外，失其所天改嫁者，百无一二。再醮之妇，士林不齿④。潍县：改嫁习惯，妇人丧夫，绅商之家多重守节，惟贫寒之家不待夫死三年而改嫁⑤。歧视妇女再婚成为当地习俗的主流，中等以上家庭妇女再婚的可能性很小。

山西翼城县：男子失偶，或再娶，或三娶，乡评不以为非；若寡妇再醮，缙绅之家则认为辱门第，即不为乡党所齿，惟平民则不论此⑥。再婚有显著的性别差异。

陕西同官县：续弦，如娶闺女，仪同新娘；如娶再醮之妇，则较简单，礼金交后，不论昼夜，即行娶归。再醮妇上马前（不复坐喜轿，或乘驴，但不骑骡，谓不生产也），先与前夫烧纸，然后上马撒钱（名"分灵钱"），哭泣而去。到男家时，再婚男子于门首先与亡妇烧纸，然后拜堂⑦。地方志作者不满妇女再醮。光绪《渭南县志》称：再醮者殆有甚焉，此则其俗之不美者，非力禁而开导之，曷以挽此颓风乎⑧？

江苏六合县：（民国初年）妻死夫娶，虽城乡一致；夫死再醮，乡间有

---

① 民国十二年《新乡县续志》卷2，风俗。
② 民国二十四年《莱阳县志》卷3，风俗。
③ 国二十五年《牟平县志》卷10，杂志。
④ 民国二十三年《冠县志》卷1，风俗。
⑤ 民国三十年《潍县志稿》卷14，风俗。
⑥ 民国十八年《翼城县志》卷16，风俗。
⑦ 民国三十三年《同官县志》卷26，风俗。
⑧ 光绪《新续渭南县志》卷2，风俗。

之，城市则未之闻也①。

江西永丰县：俗尚贞节，耻再醮②。昭萍：耻再醮，有嫠妇嫁，必由门外阶下出，谓之"下阶"③。

广东吴川县：妇人重守节，稍温饱家，青年失偶罕再醮者。或不能守，其姊妹多耻之。家实贫窭，无以为活，始不得已而再嫁④。

这些地方性惯习表明，近代之前，丧偶妇女守节不再婚在民间社会受到普遍推崇，再婚则深受歧视。但它主要限于中等及以上之家。贫穷家庭妇女丧偶之后生存出现问题，不得不再嫁。这两种情形都应注意到。

（2）推动妇女再婚之俗

就整体而言，近代之前各地普遍存在着育龄妇女短缺的问题，因此婚姻市场上女性是比较抢手的。一部分大龄男性失去与未婚女性结缘的机会，他们试图与丧偶妇女缔结婚姻。它意味着社会上对丧偶女性有很强的需求。她们往往被视为奇货，以致被逼迫嫁人。

明代叶春及于《惠安政书》中指出，"今愚妇夫死未寒辄归别室；朝尚括发，夕即画眉，忍矣"。福建当地促嫁的环境也不可忽视："环而视之，欲以此妇为利，又尝数辈？"⑤

山西闻喜县：小家结婚聘礼昂贵，后婚尤甚⑥。这表明，社会上对再婚妇女有较大的需求。

陕西临潼县：乾隆年间，婚姻"多论财，再醮尤甚，至有射利之徒，诈罔成风，以寡妇为奇货"⑦。

甘肃镇原县：鳏夫年在三十岁下者，亦续娶处女；在三十岁上者，率娶寡妇⑧。它表明当地丧偶妇女有再嫁行为，否则鳏夫的婚配需求将难以满足。

---

① 民国九年《六合县续志稿》卷3，风俗。
② 同治《永丰县志》卷5，风俗。
③ 民国二十四年《昭萍志略》卷12，风土。
④ 光绪《吴川县志》卷2，风俗。
⑤ 叶春及：《惠安政书》卷9，乡约篇。
⑥ 民国八年《闻喜县志》卷9，风俗。
⑦ 乾隆《临潼县志》卷1，风土。
⑧ 民国二十四年《重修镇原县志》卷4，风俗。

宁夏海城县：凡有新寡之妇，夫族家倚若拱璧，张三李四执牛耳，财礼多至一二百两，互相竞逐，动成抢案①。

安徽合肥县：清乾嘉时期，"有等藐法顽民，见利忘义……非垂涎其（丧偶妇女）遗产，即瓜分其礼金。疏亲远族，攘臂争媒，母党夫家分头觅婿。该妇乍闻涕泣，至截发而誓之。诸凶相聚凭陵，竟踰墙而搂去。惊魂未定，已嗟覆水难收，拒暴不胜，可怜生米已熟，纵觍颜不死，已抱恨于终身"②。县令所发布告示中的描述，想必不会夸大其词。可见，当地丧偶妇女守节环境是恶劣的。

清代乾隆初年，湖南不少地方，"妇女夫亡，则夫家之人视为奇货。在本妇贫者，固图嫁卖，财礼肥囊；若其家稍富，并欲得其遗产。倘本妇志矢柏舟，无子立继，则群起相争，多方窘迫；有子可守，又复有意欺凌，用计逼逐，不嫁不休……似此者已十之六七"③。永州道光年间：旧时妇人不以守节为重，不幸而嫠，劝嫁者踵至。自汪辉祖崇礼节，严劝嫁之禁，至今旌表者不绝焉。惟室女耻为继室，则至今不改④。

江西吉水县：抢孀恶习，吉邑城厢较少，四乡成为故常。孀妇寡守不久，即被抢成婚，事后置宴设席，或仍送身价钱于被抢之家属。此习不知作俑何时，说者谓吉邑男多女少，有"大村无鳏夫，小村无寡妇"之谚。绅衿不举，被害者不诉，咸不知为犯法之举动。偶有因此起诉者，而本妇同室既久，已成软化矣⑤。

上海嘉定县：专为寡妇作媒贩卖于人者，俗谓"白蚂蚁"。其有寡妇不愿适人，抢去逼醮者，谓之"抢醮"，尤干法纪⑥。月浦一带，"棍徒窥有少艾孀妇，则贿诱其远族私立婚书，纠结党伙，昏夜破门而入，挟妇登舆，

---

① 光绪《海城县志》，见《民俗资料汇编》（西北卷），北京图书馆出版社1997年版，第253页。
② 《左辅告示》卷1，见杨一凡等编《古代榜文告示汇存》第八册，社会科学文献出版社2006年版，第111页。
③ 《湖南省例成案》卷5，户律田宅。
④ 道光《永州府志》，见《民俗资料汇编》（中南卷）上册，北京图书馆出版社1997年版，第564页。
⑤ 《民事习惯调查报告录》（下册），第888页。
⑥ 民国十九年《嘉定县续志》卷5，风俗。

不问其从与否，谓之'扛媚'。"①

四川合江县：旧时婚俗，"夫死贫不能自存者，率再醮"②。这意味着贫穷妇女再婚比较普遍。

在强大的需求市场中，丧偶女性不仅是潜在的婚娶资源，而且被夫家近亲视为有利可图之物。穷困家庭妇女丧偶之后，其夫家及其家族不仅未能为其提供必要的保护，甚至成为其再婚的推动力量。

（3）妇女丧偶再婚的阶层差异

在浓厚的守节倡导氛围中，家境好的丧偶女性不再婚者居多；贫穷家庭女性缺少自身或为子女谋生的能力，夫故后再婚者不在少数。丧偶女性是否再婚，并不能一概而论，而有着社会阶层差异。清代和民国初年文献对此多有反映。

山东潍县：男子丧妻，不论有无子女，皆可自由续娶，毫无限制；妇人丧妇，绅商之家多重守节，惟贫寒之家不待夫死三年而改嫁，多由母家主持，夫家不过听之而已③。清平县：男子中年丧妻，十九续娶，俗称"填房"；女子早寡，育子女及有财产者多不再醮，其再嫁者谓之"后婚"，世俗所讳道④。

河南获嘉县：女子骤失所天，即使无子，然士大夫家每多遵守礼教，甘心茹苦含辛，取嗣承继，不肯改嫁，故节孝之风邑中最盛。惟是妇女改醮，法律、习俗皆所不禁。亦有因无力赡养，或势处艰难，不得已改嫁者。并有携带幼年子女改嫁归后夫养育者，将来女大婚嫁，子大归宗。穷乡僻壤间亦有之，然而最鲜⑤。

陕西横山县：邑中妇女素重节操，不幸中途夫故，青年有子者，中资之家恒抚孤守节，社会钦誉不置；倘以环境所迫，不得赡养者，则再醮改嫁⑥。这种环境中，丧偶妇女守节还是再嫁与家境有关。

---

① 《月浦志》（1962年），见《民俗资料汇编》（华东卷）上册，北京图书馆出版社1997年版，第79页。
② 民国十八年《合江县志》卷8，礼俗。
③ 民国三十年《潍县志稿》卷14，风俗。
④ 民国二十五年《清平县志》，礼俗篇。
⑤ 民国二十三年《获嘉县志》卷9，风俗。
⑥ 民国十八年《横山县志》卷3，风俗。

康熙时期，浙江定海县："年少之妇，一醮再醮，恬不为怪，谓之'广眷属'。甚至夫骸尚未入木，而此身已有所属，衣冠各项即指妇操办。若此，岂曰风俗颓靡，究实穷苦所致。"①汤溪县：最可恨者，人娶再醮之妇，彼夫骨肉未寒，令彼事我，妇怼未亡之夫面目未改，顿事他人，恬不为怪②。丧偶妇女在再嫁问题上如此"解放"和"大胆"，或许是特殊的地方民俗使然。一般来说，她们不大可能来自经济条件好的家庭。

江西南昌县：俗耻再醮，家有釐妇，嫁必破壁出之，或毁垣不令由户；嫁必以夜，不用鼓乐，见者唾为不祥③。"多就废寺行迎再醮妇。"不仅如此，"子女随母嫁者，人贱视之，相詈则数以为耻，故伯叔多不令随嫁母行"④。再嫁难免，但却被贱视。

清末民初福建顺昌县：妇女夫亡无子，生计窘迫，得家长许可，恒多再醮。即薄有财产，或已有子女，而更招赘后夫，或竟携带子女财产再嫁者，所在多有，大都中下社会此风较盛⑤。漳浦县：中下人家，除去前夫稍有遗产者，恒不再醮而为招赘外。若无遗产，虽子女成行，亦不免再醮。其再醮或招赘，多在夫死一年以后⑥。

道光时湖南永州：中年破镜者亦多改节另嫁，量其妇美恶而行财礼多寡。守义不嫁者，或富者，或有子，苦节之贞，尤为难得焉⑦。

同一时期、同一地区，守节和再婚两种风尚各有表现。清末民初福建政和县：孀妇之励志守者所在皆有，以西里之前洋村为尤著。村皆吴姓，聚族而居，其妇人或青年失偶，皆孀守终身，从未闻有再醮者。贞节之风，尤为罕见。外此，有夫死子幼招人内赘之陋俗，不知仿自何时，至今尚难改革⑧。守节之风在特定宗族内部形成，大家相互激励。

---

① 康熙《定海县志》卷3，风俗。
② 康熙《汤溪县志》，见《民俗资料汇编》（华东卷）中册，北京图书馆出版社1997年版，第867页。
③ 同治《南昌县志》卷1，风俗。
④ 民国二十四年《南昌县志》卷56，风俗。
⑤ 《民事习惯调查报告录》（下册），第925页。
⑥ 《民事习惯调查报告录》（下册），第927页。
⑦ 道光《永州府志》，见《民俗资料汇编》（中南卷）上册，北京图书馆出版社1997年版，第560页。
⑧ 民国八年《政和县志》卷20，风俗。

可以说，经过理学家的宣扬、政府政策的倡导和宗族组织的引导，民间逐步形成以丧偶妇女再嫁为"失节"、耻辱的观念。明清时代政府更是不遗余力地表彰守节之行，对妇女的再婚行为产生了极大影响，以致在社会中上层妇女中，丧偶守节成为一种主流行为。

不过，根据研究，理学在宋代，特别是北宋时期，并不处于一尊地位，因而对其影响不宜过分夸大①。宋代贞节观念有了一定社会基础，但一般民众中出现丧偶妇女守节和再嫁并存的两个方面。南宋，"再嫁之妻将带前夫之子，就育后夫家者多矣"②。它从一个侧面显示出丧偶妇女再婚并非个别现象。

明清时期的丧偶妇女守节行为相对盛行开来。特别是在社会中层以上家庭，妇女丧偶守节具有一定普遍性。不少地区形成这样的风尚："以守节为常，以再醮为辱"③。道光五年（1825 年）江苏巡抚题奏 200 名节妇，请旨旌表。按其夫生前身份，可分为"民"妇，占 15%；"儒童"妇，占 66%；生监妇，占 16.50%；官妇（包括捐纳官职者），占 2.50%④。"民"可理解为没有功名的普通百姓，"儒童"为没有取得功名（未考中秀才）的读书人，生监（含捐监）为有功名者，官为有官员身份者。"儒童"之妇所占比例最大，其次为生监。这些人应该以自耕农以上经济条件者为主。在当时社会，"民"无疑是地方总人口中所占比例最大者。我们相信，他们的死亡率不会低于"儒童"和生监，亦即这一群体的已婚妇女青年丧偶比例不应该低于其他群体。但在受旌表者中其所占比例明显较低，说明"民"妇丧偶后再婚比例较高。而"儒童"和生监虽在地方总人口中所占比例不高，其妇却成为守节者中的主体。

我们认为，守节需要基本的经济条件作为支撑，对平民中家境不好的丧偶妇女来说，为了生存，再嫁往往是不可避免的⑤。守节观念很难为她们躬行实践。社会上始终存在丧偶守节与因穷不得不再嫁两种情形。"儒童"

---

① 张邦伟：《两宋时期的"性"问题》，见邓小南主编《女性与社会》，上海辞书出版社 2003 年版，第 448 页。
② 《名公书判清明集》卷 7，户婚门，第 242 页。
③ 乾隆《诸城县志》卷 11，风俗。
④ 《陶澍全集》（5），岳麓书社 2010 年版，第 143—154 页。
⑤ 王跃生：《十八世纪中国婚姻家庭研究》，法律出版社 2000 年版，第 82—119 页。

和生监之妇守节比例高也说明，除了经济条件之外，传统伦理观念的影响差异也不可忽视。"儒童"和生监多以儒家经典为伴，行为观念受到影响；其家人耳濡目染，女性的守节意识相对易于形成。

总之，守节行为要付诸实际，既需要礼教对民众行为的约束作用，又离不开实践礼教的物质基础。当然，这是就总体状况而言。

五 生育制度的性别差异

由上可见，男女在政治参与、社会作用、家庭地位、婚姻权益等方面差异明显，男性在这些方面具有制度性优势，男孩偏好氛围因此形成，进而在生育行为上表现出来。整体看，传统时期，无论从国家层面，还是宗族和家庭角度看，生育中的男性偏好是比较明显的。并且，这种偏好又有制度加以维护。

（一）生育中的性别偏好制度

这里的"生育"着眼于人口的出生。一般来说，人口的孕育和生产是一种自然性很强的行为，社会制度干预与否都不会改变生育的结果——新生儿的性别。但我们看到，近代之前，无论官方，还是民间，都有对生育结果——性别的偏好倾向，并体现在制度上。

1. 国家政策表现出的生育性别偏好

对一产三男家庭的奖励。

一产三男是一种多胞胎生育现象，虽并不常见，但也不足为奇。而在历史上，多个王朝实施过奖励一产三男家庭的政策。尽管帝王采取这一措施的动机是把"一产三男"视为祥瑞之兆，不过该政策产生的逻辑前提却是国家追求人丁兴旺，所谓"若一产三男甚多，是户口广裕之征也"①。对其奖励无疑也包含着鼓励人口增长的动机。

从史籍上看，越王勾践最先制定此项奖励："民间生三男者，公与之母。"② 此处之"母"为乳母，即政府雇人帮助生三男家庭哺育小孩，这可

---

① 刘廷玑：《在园杂志》卷1。
② 《国语·越语》。

谓最现实的做法。晋代以后至南北朝期间，奖励一产三男家庭的类型较多，包括赐赏粮食、衣物，有的还赐予照料的奴婢或乳婢。《晋书·石勒载记》载：黎阳人陈武妻一产三男一女，官方"赐以奴婢一口，谷一百石，杂彩四十匹"。

元朝以粮食资助和徭役免除为主。元至正八年（1271年），河南邓州军户张二妻一产三男，"都省拟免三年杂役"①。明清时期标准更为规范。明朝原例给粮至八岁，永乐十年延长至十岁②。宣德三年（1428年）二月，直隶宁津县民陈谅妻孔氏一产三男一女，"命如例给赐"③。"如例"就说明有现成规则可循。清代为：一产三男俱存者，给布十匹，米五石④。但清朝在规定中特别声明：若男女并产及三女，不准行⑤。明清以前政府只是将产三男作为个案来奖励，明清则将优待标准规范化。清朝政府还定出应排除的类型，以便地方官在辖区出现此种生育现象时便于掌握标准。值得注意的是，该政策直到清王朝被推翻前夕，仍在执行。宣统元年（1909年），赏一产三男河南拓城县民妻张刘氏、通许县民妻田厉氏米布如例⑥。

客观上讲，一产三男在现实生活中是非常稀少的生育现象，况且它是由先天因素决定的。所以对此予以奖励在当时社会只能起到一种宣传作用。不过，这一政策排斥女婴的做法，将会加重民众的男性偏好。

2. 宗族的生育偏好

宗族实际是男系成员的共同体，性别偏好行为最强。从宗族角度看，本族所生育女子最终要嫁人出族，非本族人力资源基础。多数宗族族人所生育女孩并不登录在家谱上。但也有例外。

常熟丁氏规定：族人生男女，于满月后到庄报明司事，详悉注册，以便及年支米⑦。

---

① 《通制条格》卷17，赋役。
② 《典故纪闻》卷7。
③ 《明宣宗实录》卷36。
④ 萧奭：《永宪录》卷1。
⑤ 萧奭：《永宪录》卷1。
⑥ 《清朝文献通考》卷25，户口。
⑦ 光绪《常熟丁氏家谱》，义田规条。

3. 民间的男孩偏好习俗

男孩偏好是近代之前民间社会的普遍现象，且成为一种有表现形式的生育习俗。

人们经常引用《诗经·小雅·斯干》来证明先秦时期民俗中对新生子女就有性别偏好："乃生男子，载寝之床，载衣之裳，载弄之璋，其泣喤喤，朱芾斯皇，室家君王。乃生女子，载寝之地，载衣之裼，载弄之瓦，无非无仪，唯酒食是议，无父母诒罹。"这种做法至少是周代重男婴轻女婴观念的具体表现。从中可以看出，将生育偏好性做法编入歌谣中诵唱，表明它不是小范围的个别现象，而是比较普遍的行为。

明清以来地方文献中对男孩偏好之俗多有记载。

河南偃师县：俗重男轻女，生男者谓之"大喜"，生女者谓之"小喜"①。添丁进口虽均为喜事，"喜"的程度却因性别而有差异。

山东莱阳县：世多以生子为大喜，女为小喜。该习俗的形成又与一系列制度安排有关：凡养老送终、继承宗祧皆为男子，而女不预②。男女功能差异使之家庭价值有别。

陕西中部县：重男轻女，生女则贺者甚少。凡妇人第一次生子，悬红布于门前，示得禧也③。

湖北天门县：凡初生男子，多用鸡卵染红宴贺客，亦遍致于亲友族邻，谓之"送红蛋"。受者亦致鸡、米、鱼、蛋与产妇，谓之"送汤饼"④。枣阳县：生子，遣人到妇家报喜，具名柬延请妇之亲属。妇家以布帛、米麦、鸡鸭、红砂糖、红蛋等物馈之⑤。

浙江定海县：女子之初产也，使生而男，外家迭次所费，富者数百金，中家亦数十金；生而为女则稍杀⑥。

清同治年间，广东宝安黄氏家规：族人生男者，于来年正月各要到祠

---

① 民国二十三年《偃师县风土志略》第五编，礼俗。
② 民国二十四年《莱阳县志》卷3，礼俗。
③ 民国三十三年《中部县志》，见《民俗资料汇编》（西北卷），北京图书馆出版社1997年版，第137页。
④ 民国十一年《天门县志》卷1，风俗。
⑤ 同治《枣阳县志》卷11，风俗。
⑥ 民国十三年《定海县志》卷16，风俗。

开灯。每一灯头，出钱二百文。灯一盏，其大八角。灯以及油水各项春色，俱系祠出。祠另补花银二元，以为庆贺之用。若不到祠开灯，其父不得颁胙[①]。

在这些习俗中，民众对新生儿的性别偏好可谓不加掩饰。男孩偏好的习俗基础在于男孩于家庭和社会中具有功能性优势，它是女孩所不具备的。如男孩作为"后"可将家系传承下去。孟子说"不孝有三，无后为大"[②]。后人解释"无后"为"不娶无子，绝先祖祀"[③]。这一认识对后世的男性偏好和婚姻方式（妻未生子，丈夫即可纳妾以求生子）产生了深远影响。而男孩成年后是家庭财富的创造者，是父母年老之后的依托和生存保障所在。男孩降生使家系传承有"后"、父母自身养老有"托"，这是最令人高兴的事。

不过，女孩不能为家庭创造财富，既与农耕社会的作业方式有关，也与男娶女嫁这一婚姻方式有关。明代一个案例对此即有说明。汝阳人刘玉生七个女儿，家贫力田。尝至陇上，叹曰："生女不生男，使我扶犁不辍。"其第四、第六女闻之恻然，"遂立誓不嫁，着短衣代父耕作。及父母相继卒，无力营葬，二女即屋为丘，不离亲侧"。被称为刘氏二孝女[④]。这一个案中，两个女儿不嫁人，虽解决了父母的养老问题，但却没有改变家境贫困状况。

（二）子女抚养中的性别偏好

1. 教育方式的性别差异

对于子女，多数家庭在生活上并不会有明显偏好。养育上的主要差异体现在教育投入上。社会大环境并没有为女性提供发展空间，她们的基本活动被限制在家庭之中；男孩成人后则有多种发展机会，并且其后来的作为与家庭早期教育投入有关。因而，在养育过程中，对男孩进行额外的教育付出是经济条件中等以上、衣食粗能满足家庭的重要选择。

---

① 同治《东粤宝安南头黄氏族谱》卷上，族规，见《中国的家法族规》，第298页。
② 《孟子·离娄》。
③ 朱熹：《四书集注·孟子》。
④ 《明史》卷302，列女列传。

先秦时期即有这种风俗：男子生，桑弧蓬矢六，以射天地四方。天地四方者，男子之所有事也①。这实际是对男性成就大事的期望，或者说对男性进行侧重于向外部世界发展的教育。

男子六岁，"教之数与方名"。七岁，"男女不同席，不共食"。八岁，"出入门户及即席饮食，必后长者，始教之让"。九岁，教之数日。十岁，"出就外傅，居宿于外，学书计"。"十有三年，学乐，诵诗，舞勺，成童舞象，学射御"。"二十而冠，始学礼"。"三十而有室，始理男事"。"四十始仕"，"五十命为大夫，服官政，七十致事"②。可见，男性在儿童、少年和青年时期所学内容，体现出家庭和社会将其塑造成治国理政人才的考虑。不过，我们认为，这种教育步骤非躬耕南亩的普通百姓家所能落实。

对女孩的教育，则是让其学习操持家事之道，并且由保姆传授。她要"十年不出，姆教婉娩听从，执麻枲，治丝茧，织纴组紃，学女事以共衣服，观于祭祀，纳酒浆笾豆菹醢，礼相助奠。十有五年而笄，二十而嫁；有故，二十三年而嫁。聘则为妻，奔则为妾"③。女性所学则仅限于作为主妇的内容，与"主内"有关。

可见，男女培养目标分属于两个不同的方向，表明教育的务实性，即不脱离家庭和社会的基本需求。不过，这种教育方式和内容显然是针对贵族、士大夫的子女。庶民家庭不大会有专门的保姆来教导女儿，更多地是由母亲或其他直系亲属承担。

传统的教育旨在将男孩塑造成威武、刚强之人，而对女孩则以阴柔为目标。正如汉代民谚所云："生男如狼，犹恐其尪；生女如鼠，犹恐其虎。"④

而在中国从隋唐进入科举时代之后，唯有男性可以进学，参加乡试、会试，最终金榜题名，踏入仕途。当家庭经济资源有限时，教育的务实性特征便会凸显，向男孩倾斜成为必然，不可避免形成男孩偏好。

这些抚育规则被后世家族所继承。

---

① 《礼记·坊记》。
② 《礼记·内则》。
③ 《礼记·内则》。
④ 《后汉书》卷84，列女传。

司马氏《居家杂仪》将其变为教育家庭未成年子女的准则：六岁，教之数与方名。男子始习书字，女子始习女工之小者。七岁，男女不同席，不共食，始诵《孝经》、《论语》，虽女子亦宜诵之。自七岁以下，谓之孺子，早寝晏起食无时。八岁，出入门户及即席饮食，必后长者。始教之以廉让。男子诵《尚书》，女子不出中门。九岁，男子诵《春秋》及诸史，始为之讲解，使晓义理。女子亦为之讲解《论语》、《孝经》及《列女传》、《女诫》之类，略晓大意……十岁，男子出就外傅，居宿于外。读《诗》、《礼》、《传》，为之讲解，使知仁、义、礼、智、信。自是以往，可以读《孟》、《荀》、《杨子》，博观群书……女子则教以婉娩、听从，及女工之大者……①

明代浦江郑氏规定：小儿五岁者，每朔望参祠讲书，及忌日奉祭，可令学礼。……子孙自八岁入小学，十二岁出就外傅，十六岁入大学，聘致明师训饬，必以孝弟忠信为主……若年至二十一岁，其业无所就者，令习治家理财②。对女子则未作规定。

2. 对男孩养育的精心程度高于女孩

清代湖北江夏县：生儿欲长命，或虑不寿，恒敛白金百分铸锁，桔其项，曰"百家锁"；力或不给，则家乞一线纫佩之，曰"百家线"。甚或拜僧道为徒，服僧道服，曰"寄名"③。咸宁县也有此俗④。

在婴幼儿高死亡率时代，活产婴儿在成长过程中面临着诸多风险，因而中国社会形成各种具有精神安慰作用的保护性做法。它们所针对或关注的对象多为男性或儿子。儿子承载着父母较多的期望，是家庭多种主要功能的履行者。

（三）性别选择性溺婴和弃婴

1. 溺女婴

（1）溺女婴的表现

---

① 《朱子家礼》卷1，居家杂仪。
② 宣统（浦江郑氏）《义门规范》。
③ 同治《江夏县志》卷5，风俗。
④ 光绪《咸宁县志》卷1，风俗。

前已论及，因性别偏好而忽视女婴，只为男孩进行教育投资。这是适应当时社会的功能而做出的选择。而溺婴，特别是溺女婴则是父母从家庭生存压力角度考虑所做出的残酷之举。

溺女婴之俗何时形成？从现有文献看，至少在春秋战国时代即已存在。韩非讲："父母之于子也，产男则相贺，产女则杀之。此俱出父母之怀妊，然男子受贺，女子杀之者，虑其后便，计之长利也。故父母之于子也，犹用计算之心以相待也。"①当然，这种做法不一定为贵族、士大夫家所为。至少在庶民中间，因生存困难，会溺杀超过期望数量的女婴，而不是将所生女儿均杀死。或许在没有有效避孕措施的时代，它是减轻家庭生存压力的一种手段，而性别选择性溺婴是父母在衡量投入—回报差异后所作出的决策。

北朝人颜之推在《颜氏家训》中对溺女婴的记载表明这种行为的确成为一种习俗：世人多不举女，贱行骨肉。他举了一个远亲的"弃女"方式：家饶妓媵，诞育将及，便遣阍竖守之。体有不安，窥窗倚户，若生女者，辄持将去，母随号泣，使人不忍闻也。为何会有此举？原因是"养女太多，一费也"②。可见，溺女行为不仅限于贫困之家，而且"家饶妓媵"的富裕之门也有。

宋代，因妆奁过重，"世俗生男则喜，生女则戚，至有不举其女者"③。苏轼在"与朱鄂州书"谈及武昌寄居的友人王天麟对他讲述的地方风俗：岳鄂间田野小人，例只养二男一女，过此辄杀之，尤讳养女。……初生，辄以冷水浸杀，其父母亦不忍，率常闭目背面，以手按之水盆中，咿嘤良久乃死④。

至明清时期，记载溺女风俗的文献更多。明嘉靖时浙江淳安县："淳人生女多淹而杀之"⑤。福建漳南之俗，止育一女，多则溺之⑥。

---

① 《韩非子·六反》。
② 《颜氏家训》卷1，治家。
③ 《司马氏书仪》卷3。
④ 《苏轼集》卷74，书九首。
⑤ 嘉靖《淳安县志》卷1，风俗。
⑥ 余治辑：《得一录》卷2，明同安教谕金星徽上两台风俗书节略。

清乾隆时，浙江处州景宁县：溺女，邑之锢俗也①。

江西被认为是清代溺女风气分布最广、最为盛行的地区②。广信府铅山县：溺女之风，相沿已久③。九江府彭泽县：溺女一事，不知起自何代，相习成风，不以为怪④。

安徽泾县：俗贵男贱女，女多辄不举，嗣艰者冀目前之速孕，资乏者忧异日之赠奁，乃至富而多男之家亦复相习为之⑤。

湖南长沙县："此邦风俗，向有溺女陋习，至今相沿，牢不可破"⑥。

由上可见，溺女婴成为中国历史上一个源远流长的陋俗，但在不同阶层家庭、不同区域其表现和程度则有差异。

（2）溺女婴的原因

对溺女婴的原因前面已经涉及。而就当时人分析，可以总结为以下几点：

甲、妆奁重，增加养女之家的生存压力

养女至成年最终嫁人，父母失去劳动人手本身就是一种投资的损失，出嫁时又要父母再追加投资；否则，将会为惯习所不容，女儿在婆家难以获得应有地位。故而采取极端措施，消除压力之源。这一原因最为溺女地区所认同。

清人徐珂所论是最好的注脚：溺女恶习，所在有之，盖以女子方及笄许嫁时，父母必为办妆奁。富家固不论，即贫至佣力于人者，亦必罄其数年所入佣赁，否则夫婿翁姑必皆憎恶。迨出嫁，则三朝也，满月也，令节新年也，家属生日也。总之，有一可指之名目，即有一不能少之馈赠，纷至沓来，永无已时。又或将生子，则有催生之礼，子生后，则弥月、周岁、上学等类，皆须备物赠送。甚至婿或分爨，则细至椅桌碗箸，必取之妇家。女子归宁，亦必私取母家所有携之而归，稍不遂意，怨恨交作。贫家之不

---

① 乾隆《景宁县志》卷2，风土。
② 常建华：《清代溺婴问题新探》，见李中清等编《婚姻家庭与人口行为》，北京大学出版社2000年版，第199页。
③ 同治《铅山县志》卷5，风俗。
④ 同治《彭泽县志》卷2，风俗。
⑤ 洪亮吉：《泾县志》卷1，风俗。
⑥ 乾隆《长沙县志》卷26，风俗。

愿举女，良有以也。或曰大贼人道，或曰方患人满。此风宜提倡不宜禁革①。

乙、为缩短生男周期而溺女

这是那些缺少男婴的家庭所可能采取的措施。子女从出生到断乳一般需要三年时间，对迫切需要男孩的夫妇来说，可谓一个较漫长的等待过程。将多生的女婴溺毙，在没有哺乳状态下，女性恢复排卵的能力从理论上讲为5—10周，生育男孩的机会将增多。传统时代，尽管民众科学的生理知识不足，但这些基本经验是可以代代相传和口口相授的。

为速孕而溺女婴的观念和行为，清和民国文献中有所反映。

光绪年间安徽广德县："近世乃有灭绝生道而溺女者，殊为莫解。或以生女太多，厌而溺之；或以屡产皆女，忿而溺之；或以养女需乳，不利速孕，急而溺之。"②

江西瑞金：惟富家巨族子弟，富少习于不经之说，谓生初胎生女不溺则必连育三女，而得子必迟，故完婚即期得男。有生女者，当必抛溺③。分宜县：贫家生女，艰于抚养；富者生女，急于求子，相率隐忍，将女溺毙，流弊几于莫挽④。临川县："有溺女以求子者"⑤。

在有限的高峰生育期内，以溺女婴来增大生育男孩的概率。

丙、家贫而溺

这主要是从养育子女耗费家庭经济资源、增加了生存压力角度考虑。

清嘉庆初左辅在安徽合肥知县任上发布告示禁止民众溺婴。他对溺婴的三条原因一一批驳：一为家贫无以养活；一为儿女既多厌于哺乳，且操家勤苦，又妨碍工作；一为早求生男⑥。但他未提及妆奁这一原因。

2. 弃女婴现象

溺女婴是父母对新生女所采取的溺杀行为，而弃婴则是遗弃在某个地

---

① 徐珂：《清稗类钞》第五册，中华书局1984年版，第2193—2194页。
② 光绪《广德州志》卷24，风俗。
③ 袁啸波编：《民间劝善书》，第58页。
④ 民国二十九年《分宜县志》，见《民俗资料汇编》（中南卷），北京图书馆出版社1997年版，第1072页。
⑤ 同治《临川县志》卷12，风俗。
⑥ 《左辅告示》卷1，见杨一凡等编《古代榜文告示汇存》第八册，社会科学文献出版社2006年版，第101—102页。

方，供人抱养；或送至育婴堂内。根据近代一些地方的统计，弃婴中绝大多数为女婴。

清同治年间，江苏江北育婴堂婴孩多有养至千余人者，少亦数百人，男子不过十分之一，余皆女口①。这表明，非不得已情况下，一般不会弃男婴。这是因为，男婴长大成人后是家庭重要的劳动力。即使家穷难以婚配，他们却可以养活自己，还能为年老父母提供赡养。对父母来讲，绝大多数男孩是具有"回馈"价值的。

（四）溺女婴对男性婚配的影响

性别选择性溺婴，即溺女婴，导致同龄男女性别比失衡。

从部分地区看，溺女婴不是个别人的行为，而是"众人"做法，故此足以导致婴幼儿性别比升高。明代福建漳南因"厚嫁成风，遂致不敢养女，计每县每年所溺女孩何啻数千计"②。清代后期江西弋阳县"总计一方生女勿举者十常三四"③。它意味着超过三分之一的活产女婴被溺毙。

高性别比的一个直接后果是男性婚姻挤压出现。当然，从同龄群体中排挤出的一部分男性可以通过"透支"女性的办法，即大龄男子与低龄女子结婚来解决婚配问题。清康熙年间浙江定海县：乡氓贫民往往年至四十、五十始图配耦，老夫少妇，年齿相悬数十载……大都竭毕生勤苦之资，甫能得妇，谓之"老来本"④。但同时总有一部分男性成为最终失婚者。

宋代苏轼在"与朱鄂州书"中即指出岳鄂间因溺女婴而使"民间少女，多鳏夫"⑤。

清代浙江景宁县：溺女，邑之锢俗也。康熙七八年间，有鳏渐众，娶者厚出聘资，饵其利，遂鲜溺焉⑥。汤溪县：民多不举女，而伉俪为难⑦。

---

① 丁日昌：《抚吴公牍》卷37。
② 余治辑：《得一录》卷2，明同安教谕金星徽上两台风俗书节略。
③ 同治《弋阳县志》，风俗。
④ 康熙《定海县志》卷3，风俗。
⑤ 《苏轼集》卷74，书九首。
⑥ 乾隆《景宁县志》卷2，风俗。
⑦ 《小方壶斋舆地丛钞》，见郭松义《伦理与生活》，商务印书馆2000年版，第140页。

江西广信府：有子无媳，三十不婚，鳏旷成群①。

湖北蒲圻县：尤讳养女，以故民间少女多鳏夫②。

湖南岳州，乾隆志载：民俗溺女，下户多垂老无妻。近奉严禁，风乃稍变③。

我们认为，近代之前，中国以农耕为主的社会中，尽管存在南北大环境下的生存水平差异，而同一区域内，比如一省、一府之内相差并不悬殊。其婚姻含义是，适婚人口高性别比地区并不具有明显的经济优势将其他地区年轻女性吸引过来。所以那些溺女婴多的地区，也是男性失婚比例高的地区，即"光棍"沉淀于当地。

在有些地方，性别比高、失婚群体大，在一定程度上恶化了婚姻市场。

清乾隆时期，湖南麻阳"男多女少"，"民人配合有妻者仅可什之五六，只身无妻者则有什之三四"。因此，民众"率多争婚夺亲"，"总由溺过甚，以致女少而贵。其溺之也如仇，其爱之也复如宝。穷民无力者终抱旷夫之叹"④。

嘉庆年间，安徽合肥，民间"每买外来贩妇为妻，因此拐逃拆卖之案、控讦关拘纷纷不息。妇年有已至四旬，而财礼尚多至七八十金及百金不等者"。"女少男多，非重价不能买妇。是以奸徒牟利，稍贩常多。"因民间向有溺女之习，"是以渐见女少，而稍贩因之恶习相仍，流弊至此"⑤。这些被拐卖妇女应该多属于相对远距离的贫困者。当地男性与被贩卖之妇结姻，显然不是地区经济条件好所吸引的结果。

一些地方丧偶妇女的守节行为因"剩男"多而受到干扰。上海附近一些农村，贫家生女多则厌之，率行溺毙，以致娶妻聘媳甚难。里有孀妇自愿苦守，或被诱言改嫁，甚至抢孀逼醮，大干例禁⑥。可见，这不仅是对婚

---

① 同治《广信府志》卷1之2，风俗。
② 道光《蒲圻县志》卷4，风俗。
③ 乾隆《岳州府志》，见《民俗资料汇编》（中南卷）上册，北京图书馆出版社1997年版，第480页。
④ 《湖南省例成案》卷3，户律户役。
⑤ 《左辅告示》卷1，见杨一凡等编《古代榜文告示汇存》第八册，社会科学文献出版社2006年版，第101—102页。
⑥ 宣统《蒸里志略》，风俗。

姻秩序的冲击，也影响到地方社会秩序。

需要指出，在江苏等东南地区，溺婴做法直至20世纪30年代仍然存在。费孝通在苏南江村调查中发现：按照当地的习惯，孩子长大后就要分家产，有限的土地如果一分之二，就意味着两个儿子都要贫困。通常的办法是溺婴或流产，人们并不为此种行为辩护，他们承认这是不好的，但是有什么别的办法以免贫穷呢？① 而当地杀害女婴就更为经常，0—5岁组的性别比为1:5②。

实际上，溺女婴、减轻养育压力是家庭行为，而性别比升高，男性不婚群体扩大是社会后果。尽管有识者会建立起溺女婴——光棍增多这样的逻辑联系，但对个体家庭来说，它更注重短期利益或近在眼前的养育和婚配压力。

（五）禁止溺女婴的措施

在生育制度一章中我们已对此有所涉及。这里再针对制止溺女婴的做法稍做说明。

1. 宗族劝导族人嫁女量力而行

明代江南有的宗族即有此规：世人生女，往往多致淹没。纵曰女子难嫁，荆钗布裙，有何不可？诸妇违者议罚③。

2. 地方官员劝谕辖区民众

劝谕本地百姓弃溺女之行，并以惩戒相威胁。

明朝正德嘉靖年间，曾任广西提学佥事的黄佐在所著《泰泉乡礼》中制定有这样的规则：凡生女多，惧贫难嫁，自行淹溺，访出，将父母送官惩治如律。近闻有等村民，自杀其女，以免奁饰。此风渐不可长，教读及约正、约副宜早谕之④。

清朝嘉庆年间，左辅任安徽泗州地方官时，鉴于当地溺女之风，发布"禁溺女示"："为人而忍于溺女，是真禽兽之不如。绝天性，无人心，鬼神

---

① 费孝通：《江村农民生活及其变迁》，敦煌文艺出版社1997年版，第33页。
② 费孝通：《江村农民生活及其变迁》，敦煌文艺出版社1997年版，第34页。
③ 宣统浦江《郑氏义门规范》。
④ 黄佐：《泰泉乡礼》卷1。

共怒，灾祸立至。独不思有女有婿，疾病亦赖扶持。倘或子死夫亡，老年且可依靠。生女何害而必溺杀之乎？况不溺女，而女常多，丁男授室无取外求，则稍贩无利，而讼狱可省，家道有成，亦尔民异日之利也……自示之后，倘仍不悛，一经访闻，或被投首，定照律抵罪。邻右牌头、甲长、地保隐匿不报，亦如之，毋贻后悔。"[1]

值得注意的是：在福建，尽管官方采取政策制止溺婴之俗，但民国时期溺女婴减少是财礼升高的作用。在福建，尽管官方采取政策制止溺婴之俗，但民国时期溺婴减少是由于财礼升高的作用。如前述福建永春县即有这种表现。

六　无子妇女及其家庭面临的压力和困境

生育是男女两性结合的产物，而女性是生命体孕育过程的直接承载者。另一方面，一些夫妇因患生理性疾病，存在婚后不育的可能性。但在现代医学科学地揭示出生育原理之前，不育或只生女儿被视为妻子单方面的原因，她们要承担相应的后果。近代之前的社会制度往往是支持这种判断的。更重要的是，无子女者在家庭、宗族和乡里中的地位被贬低，甚至财产不保。为人妻子的女性因此而背负着很大的精神压力。

（一）无子妇女的家庭压力

1. 无子妇女婚姻质量受到影响

在传统礼法中，无子被视为"绝祀"，是最大的不孝。所谓"三千之罪莫大于不孝，不孝之大无过于绝祀"[2]。这种认识直接导源于孔子："五刑之属三千，而罪莫大于不孝"[3] 和孟子"不孝有三，无后为大"[4]。娶妻无子，丈夫感受到压力；而丈夫最终将压力转移到妻子身上，以致在一定程度上

---

[1]《左辅告示》卷1，见杨一凡等编《古代榜文告示汇存》第八册，社会科学文献出版社2006年版，第101—102页。
[2]《资治通鉴》卷148，梁纪。
[3]《孝经·五刑》。
[4]《孟子·离娄上》。

危及婚姻关系。

　　这一点，从前面的"七出"规则中已经看到。没有生育能力的妻子，丈夫被赋予将其休弃的权利。此处不再赘述。当然，实际生活中，多数无育妻子并未被休弃。而妻子的压力并未消除，她会对丈夫有歉疚之感。正因为这样，没有生育能力或没有生出儿子的妻子不得不在丈夫纳妾问题上做出让步，即她已无资格坚守严格的一夫一妻婚姻格局。当然也有外部制度给其施加压力。特别是宗族组织有具体规定。按照清代于成龙所定"治家规范"："凡年至四十无子，方许置妾，嫡妻不得妒忌；如不遵此训，照七出条出之，其夫亦不得纵妾凌妻，犯者合族公罚。"[①] 元代民间甚至出现"欲图继嗣，再娶妻室"[②]的做法，这意味着妻子的地位不保。不过，法律不允许为继嗣而再娶，只能纳妾。

　　2. 无子妇女在大家庭中的地位

　　这里的大家庭指超出夫妇范围所形成的复合家庭，无子妇女与丈夫兄弟及其配偶的关系受到影响。

　　（1）无子妇女在妯娌中处于不利地位

　　这种情形大家庭中比较突出，在有子嗣的嫂和弟媳中间，无子妇女往往被歧视；或者说妯娌之间以有无子嗣相较，无子者常处于受压抑状态，以致酿成家庭矛盾。

　　清代乾隆五十五年（1790年），广西灵川县的一起命案很具典型性。

　　秦氏供词：42岁。丈夫秦杰美。夫兄秦杰经，娶妻苏氏，生侄名秦十保（四岁）。小妇人生有两女，都还幼小，没儿子。丈夫娶妾韦氏，也没生育。小妇人与婆婆、夫兄同居共爨。丈夫同夫兄常一同出外生理。小妇人因无子常恨自己命苦，田地工作懒得去帮做。夫兄在家时常说小妇人没得儿子的人，那肯做家，要把小妇人分出另住。乾隆五十四年闰五月二十七日，丈夫弟兄们都没在家。苏氏叫小妇人帮挑粪草，小妇人不去，原说情愿分居，免得受人折磨。苏氏说，你没儿子，分了家也总是我儿子的。小妇人听了气愤，起意要把秦十保致死，大家没得儿子，免得苏氏夸口。因婆婆同苏氏带着秦十保不离左右，不能下手。六月初三日，早饭后，苏氏

[①] 余治辑：《得一录》卷9，治家规范。
[②] 《通制条格》卷4，户令。

出外牧羊，韦氏挑粪草出去。婆婆往厨房做饭，小妇人看见秦十保一人在屋，就乘空把秦十保抱了从后门走出，一直抱到屋背岭田外沟边，将秦十保放下。秦十保啼哭，小妇人把他仰面掀倒，用右手搯住他的咽喉致死①（秦氏被判绞监候，秋后处决）。

这是一个兄弟均婚后仍然居住在一起的复合家庭。从该案件中，我们看出诸多制度性规则：秦氏丈夫娶妻后，生女无子，为续嗣而纳妾韦氏，但尚无男嗣；兄娶妻生有儿子。兄妻因有儿子而得意，重要的是其子不仅是自己的后嗣，并且还有可能兼祧两房，进而得到两门财产。秦氏因无子而在与兄嫂争斗中处于下风；且自己一支所积累的财产将归他人所有，由此失去生活热情，以致心理发生扭曲。在秦氏看来，这种局面的形成仅仅是因为自己没有儿子，对方有儿子；只有弄死对方的儿子，大家才能实现"平等"。

儿子对一个妇女、一个家庭和一个房支的功能过于重要，进而演化为大家庭妇女之间相互比拼的筹码，矛盾将难以避免。

（2）兄弟两家不和

兄弟两家，有子一门，儿子既可传承己门，又可因兼祧享有无子兄或弟的财产。关系不睦，常会引起心理和行为冲突。

下面一案例为兄弟两家中，无后者因财产支配权将会失去，导致心理不平衡。

清代乾隆十九年（1754 年），直隶鸡泽县刘国士供词：47 岁。小的哥叫刘国栋是前母贺氏所生，死过多年。小的为继母张氏生的。小的和嫂子分居多年，原是不和睦的。乾隆九年九月，小的母亲张氏死了，遗有养老地二十四亩，嫂子要和小的均分。小的因母亲在日，嫂子并没有养老，死后葬费又是小的一人承值，原和嫂子理论，不肯分给她。后来是族长刘国正、母舅贺奎奉调处，把地八亩分给嫂子。侄子刘自成就在这地里种瓜。嫂子又说小的没有儿子，自己庄地还是她的产业。小的心里生气，原是常恨着嫂子，女人籍氏再三劝解，小的心里只是气恼，起意将嫂子杀死（最

---

① 中国第一历史档案馆藏，刑科题本，婚姻家庭类，广西巡抚孙永清题，乾隆五十五年一月二十二日。

终嫂子被其杀害)①。

本案与前一案的矛盾焦点有相似之处。兄弟两支一有子一无子。兄嫂虽已丧偶，但因有儿子，不仅具有生活的信心，而且对无子夫弟有歧视之念。原因是她懂得立嗣规则，夫弟无子，其财产最终属于自己儿子，嘲笑其争夺财产没有意义。对夫弟来说，无子使自己地位尴尬，产业不保，故而对嫂子的欺人行径愤恨到极点。

兄弟两家或两房之中，相对无子一房，有子成为优势地位形成的唯一条件。更重要的是，有子者具有获得无子者所有财产的预期。它使两房在现实生活中的平等对话失去基础，乃至酿成冲突。这些现实经验和案例，近代之前的已婚无子妇女一定有深切感受，她们或者听天由命，忍气吞声，它应该是多数人的反应方式；或者采取极端之举。刚性的男嗣传承制度危害由此可见一斑。

(二) 无子家庭的财产权受到侵蚀

这是从个体家庭着眼。无子夫妇即使有女，但被限制招赘，而应嫁女出门，并过继近亲之子为嗣；即使允许招赘，同时要立同宗昭穆相当者承担祭祀之责，将自己一半财产分给这个并不为其养老、只是自己百年后承担祭祀之责的嗣子。它无疑使夫妇积累的家产受到侵蚀，养老能力下降。

1. 无子家庭因乏嗣，可支配财产被侵蚀

我们通过清代两例个案对此加以说明。

乾隆三十一年（1766年），山东鱼台县人李贵供词：47岁。父故母存，娶张氏。李廷璧本姓沈，是无服族兄李海自幼抱养的，抚养长成，替他娶妻，与小的邻居。乾隆二十五年，李海的兄弟李涵病故乏嗣，遗下三十五亩地。李海因没亲子，又无近支可为李涵承继，把李涵绝产分给小的十七亩六分地，那一半归李廷璧承受。李涵的女人刘氏归李廷璧养活②。案中，李涵之妻刘氏尚在，其田产只分给养侄李廷璧一半，并由其养老，丈夫无服族人李贵或许承担未来祭祀之责，获得另一半财产，但不承担赡养义务。

---

① 中国第一历史档案馆藏，刑科题本，土地债务类，直隶督那苏图题，乾隆十九年三月初八日。
② 中国第一历史档案馆藏，刑科题本，土地债务类，山东巡抚崔应阶题，乾隆三十一年六月二十六日。

嘉庆十六年（1811年），云南南安州人鲁荣供词：62岁。小的族人鲁纪、鲁宗贤系同胞弟兄。鲁纪生子鲁光道，光道生子鲁开先、鲁承先、鲁继先、鲁裕先四人。鲁宗贤无子，过继杨小头为子，改名鲁融道，生子鲁绍先。与小的同村居住。鲁宗贤在日，议立鲁承先（排行第二）为继孙，当凭小的将田产令鲁融道与鲁承先分析清楚。另有瓦窑田一分，因鲁开先素为鲁宗贤喜悦，分给鲁开先名下，言明留为鲁宗贤夫妇养赡，俟鲁宗贤夫妇身后，归鲁开先管业。后鲁宗贤夫妇及鲁融道、鲁开先都已亡故。鲁开先家属向鲁绍先归还田亩。鲁绍先占据不还，投族理讲，鲁绍先仍不退给。小的不依，说要约齐族人赴官控告，把鲁绍先驱逐归宗。鲁绍先闻知不但田不退还，反将小的自己大了口麦田一块一并占种。嘉庆十六年二月初二日，小的约鲁继先、鲁裕先、鲁美往寻鲁绍先理论，叫他退还田亩，如他不依，大家打他一顿出气，再去送官，鲁继先们应允。将在田里干活的鲁绍先打伤致死。判词：鲁绍先应还鲁开先田亩及占种鲁荣麦田，分别押令尸属退还管业①。鲁宗贤因无子，在收养养子的同时，还要立嗣（侄孙鲁承先），并将财产分析（一般为均分），此外还答应身后给侄长孙一份田产。除养子及养孙外，这些侄孙并不承担赡养之责。

2. 族人获得侵吞无子家庭财产的合法权利

立嗣实际使族人获得侵占无子家庭财产的合法手段。特别是在五服以内无合适之人过继时，族人对其财产的觊觎之心增强。下面一例即说明了这一点。

清朝嘉庆十一年（1806年），直隶固始县葛逊供词：25岁。和嗣父葛玉林是远房，并没服制。葛玉林病故，只生一女，没有儿子。本房近支又没有可继的人，是嗣祖母葛赵氏和嗣母李氏过继小的为子，已经多年了。平日嗣祖母们都是喜欢的。小的过继时嗣祖母赵氏恐怕堂叔子葛玉喜们不依，曾许将来分给他们几亩地，那时地亩是嗣母经管，葛玉喜们并没向要。嘉庆十一三月十九日，嗣母李氏病故。二十三日，堂叔子葛玉喜、葛玉朴去向嗣祖母分地。嗣祖母说她只有三十八亩地，要留十亩自己养老，再留十亩嫁妹子用，还要当卖三亩殡葬嗣母使用，下剩十五亩听葛玉喜们和小

---

① 杜家骥主编：《清嘉庆朝刑科题本社会史料辑刊》第一册，第191页。

的分罢。小的应允,分给葛玉喜、葛玉朴七亩五分地,是葛玉喜去叫了王洪幅来,向同族长葛玉林写的分单①。嗣主因近支没有可继之人,过继同宗远房无服之人,也是合乎规定的。这使嗣主遗妻和母亲有人照料。本案中,葛玉喜应属嗣主有服近亲,故在过继远房之人时,嗣主的母亲答应给其补偿。

更有近亲因过继不成而欲强占寡妇财产。

嘉庆十四年(1809年),贵州威宁州安世魁供词:31岁。父亲安松,母已故,弟兄两人,兄弟安世鳌。因胞叔身故无子,父亲想将兄弟安世鳌过继。婶母安禄氏不肯。嘉庆十三年七月,婶母另择二房堂弟安国珍为嗣,父亲因家里穷苦,兄弟不得过继,要婶母将早年父亲卖与她家鼠脚地土送还养赡,婶母没有依允。父亲起意强收租息。后起冲突②。本案中,安松欲将子过继与人,主要考虑的是减轻自己的生活压力。安禄氏夫兄欲过继其子与弟妇,未获同意,起意侵占其田产。从关系类型上看,胞弟身故无子,胞兄将自己的一个儿子过继与亡弟为后,也在情理之中。弟妇拒绝或有两家日常关系不睦等因素。

3. 过继嗣子不能保证履行赡养责任

这实际上是无子家庭最为现实的隐忧。因而,一些无子夫妇往往尽可能推迟过继立嗣之事。汪辉祖指出:无后为大,人尽知之。然往往不肯立后者,一则偏听妇言,虑嗣子不能孝顺;一则嗣子之本生父母攘踞嗣产为己物,反致所后之亲不得顾问,故人以立后为畏③。

实际生活中,过继子不尽心者并不少见,以致有退继现象。

清朝道光六年(1826年),山东高密县戴存光供词:60岁。戴存珍为小功堂兄。嘉庆十七年,缌麻堂叔戴健病故,堂婶杨氏承继戴存珍为子。二十四年,杨氏因戴存珍不能奉养,并把寿衣典当,承蒙前县断令戴存珍归宗,改继小的为嗣。道光五年八月二十四日,嗣母病故,小的因房屋窄小,择定二十六日出殡。二十五日,戴存珍走去说,他曾给嗣母为子,要

---

① 杜家骥主编:《清嘉庆朝刑科题本社会史料辑刊》第一册,第121—123页。
② 杜家骥主编:《清嘉庆朝刑科题本社会史料辑刊》第三册,天津古籍出版社2008年版,第1501页。
③ 汪辉祖:《双节堂庸训》卷3,治家。

分财产。小的不允,互殴,伤其身死①。

对有产无子者来说,指望过继子为其养老是最现实的考虑,故更想选择爱继之人为嗣。即使不能如愿,也不接受应继之人。应继者,特别是其父母更关心从继承中获得财产利益,故而努力争取过继结果。因此所引发的冲突不在少数。

嘉庆十一年(1806年),山西万泉县李英平供词:18岁。父亲已死12年,母亲53岁。小的并没弟兄,没有娶妻。李杨氏是大伯李清选的妾。伯父母早故,遗妾李杨氏止生一女王李氏,久已出嫁。大伯无后,李杨氏素爱小的,要继为子。母亲因小的是独子,不愿出继。三叔李清便要将他儿子李刚林过与大伯承祧,李杨氏不允,买了安邑县民段姓为子,改名李守达,将名字刻入大伯墓碑。三叔闻知磨去,改填李刚林名字,经李杨氏阻止。以后三叔时向李杨氏借贷,李杨氏不肯。李杨氏卖地,三叔阻搅。李杨氏控蒙断卖,三叔从此怀恨。十年十月,李杨氏因李守达花费银钱,把李守达赶逐。三叔又向李杨氏议继,李杨氏总是不依,三叔恨极。十二月二十日,三叔和他儿子李刚林往四望村赶庙会,小的也要会上买布,彼此撞遇。三叔唤小的至庙后僻处,他说要谋害李杨氏,邀小的同往,许分产业。小的不肯,三叔说你若不从,将来事犯总要扳害,无事也不干休。小的无奈允从。去其家将其勒死。判词:李清选乏嗣,饬传该族长另择应继之人承祀,遗产饬交继子管收②。

嘉庆十七年(1812年),山东寿张县马五供词:22岁。父亲已故,母李氏,哥马金庭、马金蛟分居各度。马张氏是小功叔祖父马谦的妾,叔祖父母死后无子,遗有几间住房、九亩地给马张氏独自过度。嘉庆十二年二月里,马张氏同她亲生出嫁女郑马氏恳亲族们公议,过继父亲承嗣,议明马张氏仍独自过度。俟她死后房地归父亲收管,写立继单③。这一案例中,亲生女儿无继承权,族人继承遗产,但不承担赡养义务。

4. 家庭财产纠纷较多

儿子对一个家庭的存在至关重要。在家族势力比较弱的地区,一些婚

---

① 中国第一历史档案馆藏,刑科题本,土地债务类,山东巡抚武隆阿题,道光六年四月二十七日。

② 杜家骥主编:《清嘉庆朝刑科题本社会史料辑刊》第一册,第115—116页。

③ 杜家骥主编:《清嘉庆朝刑科题本社会史料辑刊》第一册,第215—217页。

娶多年无子者则会收养儿子，有的收养后又生儿子；有女无子者会招婿，有的赘婿最终带产归宗，这都可能引发冲突。

清末民初，江苏奉贤县即有这种乱象：预领义子者因继生亲子而思摒弃，招纳赘婿者因移产归宗而多枝节，或住居两地之同族思得承继而生纠葛，或后夫子与前夫子或第三夫子产业而相争夺。"奉邑诉讼之繁由此故。"①

综上所述，近代之前，财产所有者若无子，便意味着失去了完整的财产支配权。规范的做法是近支过继立嗣。试图让自己女儿招赘养老者，同时须立近支族人为后，作为本房支传承者，但不承担赡养和照料之责。它实际使无子有女家庭的养老资源大大萎缩，成为无子者立"虚拟"之嗣（与承担赡养之责的继子不同）时应付出的一种代价。

（三）无子者丧事料理和祭祀礼仪中的地位

1. 丧葬中无嗣者的地位

料理丧葬是男嗣的一项重要责任，无子嗣者难免被歧视或冷落。在家系传承中将对此作专门分析，这里从略。

2. 无嗣者的祭祀

一般来说，无嗣者没有合"礼"身份的祭祀者。不过，有的宗族组织出于同情，采取一些特别做法予以祭祀。

清代，福建安溪县，"族中无后者，于祠堂侧屋另设一龛，祭期祔祀"②。这种习俗在福建多地流行。平潭县：族中无后者，深可悯悼。吾乡世族多于祠堂中设一大粉牌，有座如神主，凡无后者悉书名字，以行辈为列，为龛于旁，东向。遇春秋祭祀时，另俱酒馔于神位前，祭文后声明曰，敬请祔食诸位配享③。

有些宗族则从无嗣者遗产中酌提份额作为祭产。

河南正阳《陈氏宗谱》凡例：乏嗣人血统中断，虽立继承祧，其本身之报答先灵，终欠圆满。应于立继时将其遗产酌提（提法另订附注）几分之几，充作本宗祠祭产，载录宗谱。或有遗产无多，不能立继成家，或无

---

① 《民事习惯调查报告录》（下册），第856—857页。
② 乾隆《安溪县志》卷4，风俗。
③ 民国十二年《平潭县志》卷21，礼俗。

人愿继者，应将其神主设置宗祠内祔食于祖。其遗产除丧葬应用外，全数充入宗祠，永作祭产，不得瓜分①。

对传统家庭来说，有女无子是最大的缺憾，作为妻子在丈夫家族中往往处于被歧视的地位，本房所积累的财产成为族人觊觎的对象；女性丧偶后甚至有可能被无良族人逼嫁。由于无嗣，死后立主、祭祀等均不能享受与有后族人一样的待遇。女儿不能为后是导致这一局面的主要原因。

七 结语和讨论

男女性别本是一种生物性差异，而在人类社会中，男女被赋予更多不同的家庭和社会角色，并由制度来维护，社会性的性别差异甚至歧视规则由此具有了某种合理性。在中国，相对来说，近代之前性别差异性制度更为突出；近代以来，特别是1949年以来，新的制度努力消除男女性别差异的不平等现象和各种落后的规则。

（一）近代之前性别差异表现

中国近代之前，政府和民间强化和维护性别差异制度。其中主要表现为限制女性的社会活动、婚姻行为和对财产的支配权、继承权。

1. 社会角色的性别分工显著

近代之前，政治和社会等公共领域排斥女性参与，这是制度性规定。女性的核心价值是生养儿女，角色是操持家务，其活动范围主要限于家庭之内。

2. 婚姻方式中女性受到较多限制

（1）男娶女嫁、从夫居婚是中国社会的基本规则和习俗。女性的归属在于出嫁予人，夫家是其成人后生活的起点和年老后的归宿。婚姻一旦缔结，按照"礼"的规定，女性被要求从一而终。当然，法律允许婚姻中止。在这一点上，男性有较多的选择权利。在从夫居制度下，婚姻缔结表现为女性离开父母、进入夫家；婚姻终止则是女性走出夫家，故此有男性

---

① 民国二十七年《陈氏宗谱》卷1，凡例。

"出"妻之说，另一词语为"休"妻，它是丈夫在婚姻中止上具有主动权的表现。妻子在丈夫具有"义绝"如伤害自己父母、嫁卖自己与人等行为时才可提出离婚。当然，夫妇协商下的离婚行为也为法律所允许。整体看，传统制度的主导方向使夫妇保持婚姻稳定，而婚姻质量、夫妇情感是次要考虑。

(2) 再婚的性别差异。男性丧偶再婚或休妻、离婚之后再婚不存在制度性障碍，女性再婚则不被鼓励，甚至一些贵族官宦家庭丧偶妇女被限制再婚。整体来看，女性再婚在隋唐之前尽管也受到礼教的影响，实际处于单一制度影响之下，不仅贫民，而且贵族妇女丧偶后的再婚行为不在少数，歧视再婚、鼓励守节的社会风尚还没有真正形成。宋元之后，特别是明清时期，除个别阶段外，政府一方面并不禁止丧偶妇女再婚，另一方面则对守节不再婚者大力表彰，特别是其中三十岁以前夫亡守制、五十岁以后不改节者可享受旌表门闾、除免差役等待遇。宗族也加以倡导，并给以族内生存困难的丧偶女性及其家庭具体帮助。进而，近代之前社会上形成浓厚的崇尚守节、歧视再婚的习俗。这些制度形成合力，抑制了妇女的再婚行为。但是，对贫困家庭女性来说，不具备守节的物质条件，丧夫之后的生存困难状况立刻显现。其中会出现两种趋向，一是勉为其难，抚育子女、赡养公婆；另一种则为择夫再嫁，还有的招夫入门。总体上看，宋元明清社会中，女性丧偶不婚和再嫁是两种并存的现象。在有些地区不婚情形更普遍，如北方平原省区；另一些地区年轻妇女丧偶后再婚居多，特别是自然条件较差的地区，不少大龄不婚男性试图将丧偶妇女作为婚娶对象，地方习俗则认可女性再婚。

(3) 纳妾既流行与又受排斥

婚姻制度中既有允许纳妾规则，特别是无子嗣男性被鼓励纳妾；另一方面，各地又有歧视为人做妾的风俗，良家女子一般不会为人之妾。这种风尚对纳妾行为形成抑制，变相"多妻"现象的扩张受到一定阻止，从而有助于多数男性得到婚配机会，进而生育和家系传承的功能得以实现。

3. 男女对家庭财产的支配权有很大差异

此处的财产支配权主要指财产的获得、继承、转让和买卖权利。从获得角度看，女性在出嫁时从娘家得到妆奁的数额较大，甚至包括奁产（娘家给予的土地等）。从形式上看，它具有让女儿从娘家获得一定补偿的含义。而一旦婚配完成，其奁财的所有权则转移到丈夫手中。若夫妇和睦终生，作为家庭共有财产的奁产并未从女性手中剥离出去。一旦丈夫去世，丧偶女性欲改嫁时，其对奁产所有权的缺失便体现出来：丧偶者再嫁不能携带奁产，它沉淀为夫家的财产，留给子女或被立嗣者。正常情况下出嫁女性对娘家财产不具有继承权利，只有当娘家没有兄弟，又未立嗣，成为绝户时，她才可获得部分财产（丧事料理后所剩余的财产）。女性夫死后若未改嫁且有子女，她可代行对丈夫遗留财产的管理，直到儿子长大成人；若无子女，且欲守节，她可依赖丈夫所遗留财产生活，但她应为亡夫立嗣，财产的最终继承权为嗣子。从法律上讲，女性不具有家产买卖的权利。不过，从个案中可以看出，丧偶妇女出卖财产的情形是存在的。这也容易理解，当丈夫去世，亡妻生活遇到困难时，唯一的出路就是出售财产，禁止买卖就意味着生存难以维系。故此，丧偶妇女卖财产行为难以消除。总之，从制度上看，女性对娘家、夫家财产均不具有继承权，其再婚时对奁产的所有权也被剥夺。当然，如果丈夫去世，她有权享有夫所遗留财产作为生存基础，具有管理权，甚至可以买卖财产。

（二）民国时期性别差异的弱化

在我们看来，民国以后，性别的社会差异因法律、政策等制度形式中男女平等意识逐渐增强而出现弱化趋向。守节已不再被鼓励，再婚妇女的财产权益受到法律保护。在城镇地区，女性进入工厂就业或从事其他实业活动增多。新式小学、中学教育，甚至大学教育已经接纳女性。政治活动中也有女性参与。民法保护妻子、女儿对家庭财产的继承权。

不过，总体上看，制度变革对性别社会差异的削弱还是有限的。相对来说，城镇、沿海地区稍微强一些，广大内地，特别是农村，少年和青年女性进入学校读书者很少。民众行事方式受到传统惯习的强烈影响。有子有女家庭中，财产的继承权只有儿子能够享受；婚姻的方式仍以从夫居为主、男娶女嫁为模式。可以说，法律和政策对性别差异，特别是对女性歧视的矫正常常受到惯习的抵制或漠视，这与农业社会仍处于主导地位有关。

(三) 1949 年以后性别社会差异制度的变革

1. 法律、政策上的性别制度

1949 年以后，法律、政策上的性别社会制度以男女全面平等为原则。

1950 年的《婚姻法》体现了这一点。其中对女性权益保护和落后婚姻方式的矫正有特别规定。如废除男尊女卑婚姻制度，保护妇女合法权益；禁止纳妾，禁止童养媳，禁止干涉寡妇婚姻自由。在家庭中，夫妻双方对于家庭财产有平等的所有权与处理权，夫妻有互相继承遗产的权利。在婚姻中止方式上，规定男女双方自愿离婚的，准予离婚。

子女对家庭财产和父母遗产具有平等继承权。

在接受义务教育和就业等方面，男女权益平等。就社会实际表现来看，教育权利的男女平等得到了基本贯彻；而在就业方面，尚存在与法律和政策不一致的做法，特别是市场经济制度建立之后，同等条件下，女性就业机会要逊于男性。

2. 民间制度对性别差异影响力的削弱与保留

与民国时代不同，新中国成立后新的法律和政策的贯彻不仅有政府力量的直接推动，而且乡村和城市社区建立了与政府基本保持一致的组织机构，这使新制度的影响力渗入民众之中。

（1）宗族制度由于土地改革，特别是集体经济组织的建立而失去影响，其对男女家庭地位差异的维护力几近消失。

（2）民间惯习对性别差异维护作用出现分化。一方面它被视为落后观念受到新政策的挞伐、批判，作用力下降。另一方面，民众在婚姻、家庭方面依然按照惯习行事。男娶女嫁是主流婚姻形式。在农村，有子情况下，女儿不参与对娘家财产的继承。该惯习保留的逻辑前提是，老年人赡养仍主要由儿子负担。在 1949 年后的大部分时期，农村中老年父母的货币财产有限；房屋主要用来自己居住，且很少有多余之宅。出嫁到外村的女儿若参与继承，会同承担赡养责任的兄和弟形成分割，削弱其生存条件，乃至降低其赡养的积极性，进而要求有继承权的姐妹也承担赡养义务，这对兄弟一方和姐妹一方都是不经济的。故此，出嫁女性依然遵循惯习，不参与对娘家财产的继承。但在城市这种做法已经或正在改变。其原因，一是同城居住的兄弟姐妹均参与对父母的照料和赡养；二是享受社会养老保障的父母（特别是其中多数有退休金）基本不靠子女提供赡养费用，亦即无论子还是女，赡养责任减轻，因而不应由单性别子女成为父母财产的继承者。当然，一些地方特别是中小城市，传统惯习仍在发挥作用，儿子仍是父母财产的主要继承者。它表明，法律上子女的平等继承权得到了一定贯彻，不过养老方式的城乡差异，使其效果打了折扣。

从历史和现实相结合的角度看，中国的性别偏好有较系统的制度维护。其对人口发展的作用在于，生育中有强烈的男孩偏好，对男嗣的追求往往导致多育。可以说，中国当代的人口控制政策，特别是独生子女政策，对性别偏好起到了根本性矫正，在城市尤其如此。而在农村则有不同表现。一些民众为在少育状态下实现有男嗣的目标，妊娠期间采取性别选择性流产的做法，由此促使出生人口性别比上升。可见，性别偏好的民间惯习仍在发挥作用，它有待社会发生根本转型和全面公共福利社会的建立来消除。

第五章　家庭代际传承制度

家庭的代际传承与家庭人口状态有密切关系。它直接影响家庭形态、生育行为和家庭功能的发挥。家庭代际传承不仅与家庭有关，而且与社会稳定有关，故此传统时期它受到政府、宗族、村落社区组织的高度关注。在当代，家庭的形态、功能和生育行为等方面都发生了重要变化，但家庭作为社会构成的基本单位没有改变，家庭问题常与社会问题相互关联。所以，探讨维系家庭代际传承的制度、演变及其趋向，具有理论和现实意义。

一　男系传承制度及其变化

中国传统时代，甚至直到今天，家系传承的主流是男系传承。在男娶女嫁外婚制度下，男性子嗣成为家庭的血脉传人，同时承担老年父祖的赡养责任。但这一传承并非简单的代际交接，而有复杂的规则。

(一) 男系传承的理论认识

男系传承是一种制度。在我们看来，作为制度，它应该有制度的原则、制度的形式和制度的功能。男系传承也不例外。

1. 男系传承的基本原则

男系传承实际是男性家系的延续，其基本原则是，由直系男性血缘后嗣作为家系传人。

在传统时代，对一个家庭来讲，男系传承不仅有血缘延续，还有爵位袭替、家族事务组织、亲族交往、祖先祭祀权责的传递。而在一夫一妻、允许纳妾制度下，作为家系传人的儿子有正、庶之别。故此，在多子之家，实行"有子立嫡"。嫡子多为正妻长子，无正妻之子，则在诸庶子中立嫡。

作为建立在儿子传承基础上的制度，无子之家则可能出现传承中断。

为避免这种局面发生，法律和民间惯习中形成了"无子立嗣"的规则。无子者须立兄弟或同宗近亲儿子为嗣。在无近亲之时，立同宗人之子是一个底线。异姓为后是不允许的。

这些都是男系传承的基本要求，具有较强的刚性。从中可以看出，女儿在该传承系列中没有位置。

由此，男系传承的基本原则可以概括为，由直系男性血缘后嗣作为家系传人，并实行有子立嫡、无子立嗣方式，确保传承链条不断。

那么，男系传承和父系传承是什么关系？男系传承所对应的是女系传承，父系传统则与母系传承相对应。从传承的单系角度看，两者有共同之处。男系传承将家庭成员女性排斥在传承体系之外，以不同代际男性亲属为基础形成祖—父—子—孙传承系列；父系传承则不将从外嫁入的母亲纳入传承系列，二者没有实质区别。不过，若仔细分辨，二者也有小的差异。如在父系传承制下，可分为排斥女儿作为传承人的制度（通过过继近亲解决无嗣问题）和允许无子情况下女儿作为传承人两种。前者与男系传承是一致的，是普遍的做法；后者是非主流做法，民间存在的无子之家由女儿招赘进而以其后嗣为父亲传承人的规则，就属此类。但在严格的男系传承制下，女儿之子为异姓，无子之家只能立血缘近亲之子为嗣。

2. 男系传承的基本形式

男系传承制度有一些外在表现，成为这种传承的标识和符号。这些外在形式是男系传承原则的体现，其本身也是规则的产物。

（1）婚姻实行男娶女嫁

男女长大成人有不同的婚姻安排。儿子在家娶妻，女儿嫁出为人之妇。它体现出男性为本、女性为从的要求。根据这一传承形式，从家族角度看，同姓有血缘关系女性因为结姻而离开，异姓无血缘关系女性通过与本族男性结姻而进入。

（2）子女随父姓，妻冠夫姓

姓氏是男系的血缘符号。子女随父姓是男系绵延的表现，妻随夫姓则意味着她由此加入男系血缘群体之中，也是已婚女性对男性依附的体现。

（3）居住从男系

子女以父亲住所为住所，以父亲祖居地为籍贯；妻以夫居所为居所。

这一形式之下，父亲为子女、丈夫为妻子提供"家"，由此表现出子女对父、妻对夫的归属。

(4) 亡故者葬于男系家族墓地

死亡是个体生命历程的中止，丧葬安排则体现其最终归属方式。男系传承下很重视这一环节，家族设有按照昭穆秩序葬埋族人的墓地，是男系传承的重要形式之一。被娶入女性死后随夫葬埋。

(5) 只有同姓男系有血缘关系成员及其配偶被登录于家谱世系中。近代之前，有的家族放宽标准，允许收养者、赘婿等无血缘关系异姓成员登载于附谱之中。可见，宗族内血缘与非血缘成员之间并未消除区别。

3. 男系传承的基本功能

男系传承的功能实际是男系成员在传承过程中所应尽的义务和享有的权利。它是男系传承维系下去的条件和动力。

(1) 养老由子孙负担

在没有建立社会养老保障制度的传统时代，老年长辈由家庭成员——子孙供养，女儿一般不承担赡养义务。

(2) "送死"由男性成员承办

家庭成员死亡后的治丧活动在传统时代是家庭、家族的一件大事，它由死者子孙等男系成员操办。

(3) 家庭财产以男系继承为主

家庭财产采用儿子继承制，多子家庭则为分割继承（以均分为主），只有无子且没有立嗣时出嫁女儿才可继承绝产。

(4) 祭祀由男性后裔承担

后嗣要在清明、冬至等时节祭祀去世先人，它是男系传承的重要功能。中国先秦时即有"神不歆非类、民不祀非族"[①]之说，即强调同姓有血统成员与去世先人之间才能形成"神人"沟通关系。

可以说，传统社会中男系传承是由原则、形式和功能组成的制度体系，而非单一的规则。

这些原则、形式和功能体现在生命周期的各个阶段。对传承个体来说，

---

① 《左传》，僖公四年。

出生后起名时，他承载的是男系姓氏，成长于男系家庭，成人时娶入外姓女子为妻，父母年老后承担赡养义务，接受和继承父祖财产，进而祭祀去世父母和其他先人。可见，男系传承系统体现出精神传承和物质传承的统一、宗祧继承和财产继承的统一、形式传承和功能传承的统一。

男系传承在"现世"具有代际传递表现。每个男性成员都是传承链条上的一环，其成年后最重要的使命是培养或生育出接续之人——儿子，免使传承中断。因而，在传承过程中，家庭中至少应有两代男性成员，即亲子关系建立起来，传承链条才能形成。

这一制度之下，中国社会的男孩偏好行为不断得到强化。明清时期小宗法制度流行开来之后，各个家族内不同房分对后嗣欲加重视。成年男性，特别是已婚者都把有男嗣作为基本追求，否则则过继近亲之子为嗣。在人口高出生和高死亡率模式之下，不少夫妇难以实现有子目标。由此，已婚女性承受着很大生育压力。有条件的家庭，当丈夫超过一定年龄，妻子未能生子时则通过纳妾来弥补；有的多兄弟之家只有一人有子时，则采用兼祧方式来解决无嗣难题。总之，不少家庭存在"子"的短缺问题。

至此，我们可为男系传承下一个定义：它是以维护男系血缘代际接续为原则，由男系成员获得相应权利并履行相关义务、保持姓氏等男系符号的一种制度。这一制度之下，中国社会的男孩偏好行为不断得到强化。

（二）宗法制度与男系传承

我国严格的宗法制度产生于周代，它是一个秩序分明的体系，有大宗小宗之分。大宗本意为王和诸侯之位，它由嫡长子继承，成为宗子或大宗；嫡长子之外的"子"则被分封，成为支子或小宗。秦汉以后，宗法分封制度受到削弱，但皇族仍保持着大小宗这种宗法制度形式。而宋元以来，民间宗族发达成长起来，所实行的为小宗法之制，小宗法之中又有大小宗之别。大宗即是继承父、祖之位者，亦由嫡长子继承，而小宗则成为支系。宗族的大宗被当作本族已去世始祖的化身，同时也是始祖与活着的族人之间发生宗教和感情联系的桥梁[①]。

[①] 钱杭：《中国宗族制度新探》，中华书局1994年版，第114页。

班固在《白虎通》中引《礼服传》曰："大宗不可绝。同宗则可以为后、为人作子何？明小宗可绝，大宗不可绝。故舍己之后，往为后于大宗，所以尊祖重不绝大宗也。"《春秋传》曰："为人后者为之子"①。这是大宗法承继制度的重要表达。

整体来看，宋元以后，特别是明清以来，世家大族式微，中小土地所有者增多，大宗对小宗的荫庇能力减弱。民间社会中，大宗法制度难以维系，代之以小宗法制度。即小宗已没有无条件维护大宗地位的义务。在多兄弟家庭中，各个兄弟都试图将自己的支派延续下去，形成自成传承体系的格局。尽管如此，男系传承制度并没有被打破。而且法律制度有诸多维护措施。特别在无子立嗣时显示出该原则的刚性特征。

需要指出，明清之后，宗法制度尽管削弱，但在民间社会其影响力仍然存在。

明代隆庆年间惠安知县叶春及所撰《惠安政书》言：创家者必立宗法：大宗一，统小宗四。别子为祖，以嫡承嫡，百代不绝，是曰大宗。大宗之庶子皆为小宗。小宗有四，五世则迁②。其对大小宗的结构安排有理想成分。它表明，大宗法这种意识在民间仍然存在。

光绪三年（1876年），江苏江阴东沙王氏所定家谱凡例：无子立嗣为祖宗血食计，非为得财产计也，当以大宗为主，按亲房昭穆相当者为嗣之。如长房无子，次房一子，不得有子③。该家族是奉行大宗法原则的。

（三）男系传承中的嫡庶之别

嫡庶之别是宗法制度的家庭规则（宗法制度可视为血缘传承的家族原则），旨在维护家庭的传承秩序。"嫡庶之别，所以辨上下，明贵贱。"④可见其意义之大。

从国家法律等制度上看，嫡庶之别有两重含义：

1. 与婚姻有关的嫡庶子之分

在家庭内部，妻妾制下，正妻为"嫡"，妾为"庶"。相应地，嫡子为

---

① 《白虎通》卷4，封公侯。
② 叶春及：《惠安政书》卷9，乡约篇。
③ 民国三十八年江阴《绮山东沙王氏家谱》卷1，凡例。
④ 《晋书》卷3，武帝纪。

正妻所生子，庶子为正妻之外所生子。民间或称前者"嫡出"，后者为"庶出"。

清末所修《大清民律草案》对此表述得更为清楚，第1380条：妻所生之子，为嫡子；第1387条，非妻所生之子为庶子；第1389条：妻年逾五十无子者，夫得立庶长子为嫡子①。

在传统社会，只要婚姻中有妻妾之别，那么子就有嫡庶之分。直到清末新式法律中对此仍有表现。宣统三年（1911年）《户籍法》第43条：出生呈报书须开具下列诸件：（1）子之姓名；（2）男女嫡庶及私生子之别；（3）出生年月日时及处所；（4）父母之姓名、职业及本籍地；（5）户主之姓名、职业及本籍地②。第44条：嫡子庶子之出生由其父呈报，其父不能呈报者，由其母呈报③。而民国二十年（1931年）《户籍法》中已无子嫡庶之别，第24条事项变更登记包括：出生、认领、收养等④。第51条出生登记项目为：子女之姓名、出生年月日时及出生地，父母之姓名、职业及本籍等⑤。

也有个别地区的做法例外。湖北恩施县：嫡妻生子若在庶子之后，即以庶长子为嫡子⑥。这是比较少见的惯习。

2. 与承袭爵位、世系有关的嫡庶子之分

传统时代，在诸子之中，只有一人具有承袭爵位的资格，这就是嫡长子，其他嫡子（次子、三子等）或庶子则不具有此资格。庶子即使年长于嫡子，也不能越位。只有在无嫡子时，庶子才有机会，但须有将庶子"立嫡"这一前提，即需转变身份。

（四）男系传承与立嫡制度

1. 立嫡制度的演变

中国社会的立嫡、立嗣是经过一个变化过程的。

---

① 《大清民律草案》，第176—177页。
② 《旧中国户籍法规史料》，第7页。
③ 《旧中国户籍法规史料》，第7页。
④ 《旧中国户籍法规史料》，第25页。
⑤ 《旧中国户籍法规史料》，第29页。
⑥ 《民事习惯调查报告录》（下册），第978页。

中国西周时即形成"立嫡以长不以贤、立子以贵不以长"①的继承制度。它不仅是帝王世系的更替规则，而且也被应用于宗族的大小宗确立方面。

相对来说，秦汉时期，在普通民众的小家庭中，立嫡问题是比较单纯的。不过，父若有爵，也以嫡子继承为优先考虑。

汉朝：当士（仕）为上造以上者，以适（嫡）子；毋适（嫡）子，以扁（偏）妻子、孽子，皆先以长者若次其父所以，所以未傅，须其傅，各以其傅时父定爵士（仕）之。父前死者，以死时爵。当为父爵后而傅者，士（仕）之如不为后者②。无嫡子时，以所生子长幼为继承顺序。达到傅籍年龄也是一个条件。

另外，亲死"置后"时也遵循嫡子为首选原则：疾死置后者，彻侯后子为彻侯，其毋适（嫡）子，以孺子□□□子。关内侯后子为关内侯，卿后子为公乘，【五大夫】后子为公大夫，公乘后子为官大夫，公大夫后子为大夫，官大夫后子为不更，大夫后子为簪袅，不更后子为上造，簪袅后子为公士。其毋适（嫡）子，以下妻子、偏妻子③。可以说，汉朝在身份和家产继承中强调嫡子的作用和地位。

从汉代帝王立太子时兼对民间"为父后者"赐爵即可看出这一点。

文帝立太子之后下诏：赐天下民当为父后者爵一级④。景帝立胶东王彻为皇太子，赐民为父后者爵一级⑤。

秦汉之后多数帝王所立太子为嫡子，特别是嫡长子。文、景等帝立太子时推恩于普通民众后嗣，无疑这里的受爵对象是嫡子，否则不会出现此种比附性政策。关于这一点，我们还可从班固在《白虎通·宗族》中的说明中找到根据："宗其为曾祖后者为曾祖宗，宗其为祖后者为祖宗，宗其为父后者为父宗。"父宗即是承袭父亲传嗣之人，多子家庭为嫡子。

也要看到，汉朝的"后"，还有父亲财产继承人之意，它并不完全与后

---

① 《公羊传》，隐公元年。
② 《二年律令》，傅律，见《张家山汉墓竹简》，第58页。
③ 《二年律令》，置后律，见《张家山汉墓竹简》，第59页。
④ 《汉书》卷4，文帝纪。
⑤ 《汉书》卷5，景帝纪。

世"嗣续"传人相对应。汉初，当受田之人"不幸死者，令其后先择田，乃行其余。它子男欲为户，以为其□田予之。其已前为户而毋田宅，田宅不盈，得以盈。宅不比，不得"①。另外，"同产相为后，先以同居，毋同居乃以不同居，皆先以长者。其或异母，虽长，先以同母者"②。无后之人可以择"代户"之人。"死毋子男代户，令父若母，毋父母令寡，毋寡令女，毋女令孙，毋孙令耳孙，毋耳孙令大父母，毋大父母令同产子代户。同产子代户，必同居数。弃妻子不得与后妻子争后。"甚至奴婢也可以成为代户之人。"死毋后而有奴婢者，免奴婢以为庶人，以□人律□之□主田宅及余财。奴婢多，代户者毋过一人，先用劳久、有□子若主所言吏者。"③而且，民众"置后"是一个官方要介入的行为，这更表明其包含有官民互动的赋税意义。"当置后，留弗为置后，过旬，尉、尉史主者罚金各□两。"④地方官府限定在10日之内为无后户完成择立继承人的工作，否则属违规。

汉朝还有这样的规定。家主死后，"弃妻子不得与后妻子争后"⑤。但"后妻毋子男为后，乃以弃妻子男"⑥。"弃妻子"应该属于已休弃之妻所生儿子。后妻是其夫有名分的妻子，故其所生之子在丈夫去世后较已休弃妻之子有优先继承权。

需要指出，赐为父后爵位的制度三国之后仍在实行。魏文帝即位之初下诏："赐男子爵人一级，为父后及孝悌力田人二级。"⑦皇帝自己即位，"为父后"者较一般男性所得爵多一级。

对"为父后者"赐爵的制度南朝时继续实行。齐永明十一年（493年）三月，因立皇太孙，下诏："赐天下为父后者爵一级。"⑧陈太建元年（569年）规定：孝悌力田及为父后者赐爵一级，异等殊才，并加策序⑨。隋唐之后这一政策较少见实施。

---

① 《二年律令》，户律，见《张家山汉墓竹简》，第52页。
② 《二年律令》，置后律，见《张家山汉墓竹简》，第60页。
③ 《二年律令》，置后律，见《张家山汉墓竹简》，第60—61页。
④ 《二年律令》，置后律，见《张家山汉墓竹简》，第61页。
⑤ 《二年律令》，置后律，见《张家山汉墓竹简》，第60页。
⑥ 《二年律令》，置后律，见《张家山汉墓竹简》，第61页。
⑦ 《三国志·魏书》卷2，文帝纪。
⑧ 《南齐书》卷3，武帝纪。
⑨ 《陈书》卷5，宣帝纪。

唐代，立嫡制度比较明确，并辅之以严格的惩罚措施。根据唐律，诸立嫡违法者，徒一年。即嫡妻年五十以上无子者，得立庶以长，不以长者亦如之。嫡与非嫡者的区别在于：立嫡者，本拟承袭。嫡妻之长子为嫡子，不依此立，是名"违法"，合徒一年。"即嫡妻年五十以上无子者"，谓妇人年五十以上，不复乳育，故许立庶子为嫡。皆先立长，不立长者，亦徒一年，故云"亦如之"。依令："无嫡子及有罪疾，立嫡孙；无嫡孙，以次立嫡子同母弟；无母弟，立庶子；无庶子，立嫡孙同母弟；无母弟，立庶孙。曾、玄以下准此。无后者，为户绝。"① 宋朝继承了唐朝之法，仅将"无后者"由"户绝"改为"国除"②。明朝，"凡立嫡子违法者，杖八十；其嫡妻年五十以上无子者，得立庶长子；不立长子者，罪亦同"③。清代与之相同。实际上，在嫡妻有成年儿子时，不存在"立嫡"问题。当男子正妻没有生出儿子，且已年在五十岁以上时，才允许立庶长子为嫡。

立嫡制度所以受到历朝重视，在于它对维护家庭秩序至关重要。

2. 嫡子的法律地位

根据唐宋以来法律，嫡子在财产继承方面与庶子没有区别。其特殊权利主要体现在袭爵上。

依照唐代《封爵令》："王、公、侯、伯、子、男，皆子孙承嫡者传袭。"④ 这一继承规则要求："无嫡子，立嫡孙；无嫡孙，以次立嫡子同母弟；无母弟，立庶子；无庶子，立嫡孙同母弟；无母弟，立庶孙。"⑤ 而"诸非正嫡，不应袭爵而诈承袭者，徒二年；非子孙而诈承袭者，从诈假官法。若无官荫，诈承他荫而得官者，徒三年。非流内及求赎杖罪以下，各杖一百；徒罪以上，各加一等"⑥。可见，嫡子孙具有承袭爵位的优先权。这些规则被宋朝所承袭。

元朝也贯彻了这一原则，规定：诸用荫者，以嫡长子。若嫡长子有笃废疾，立嫡长子之子孙（曾玄同）；如无，立嫡长同母弟；如无，立继室所

---

① 《唐律疏议》卷12，户婚。
② 《宋刑统》卷12，户婚。
③ 《大明律》卷4，户律。
④ 《唐律疏议》卷25，诈伪。
⑤ 《唐律疏议》卷4，名例。
⑥ 《唐律疏议》卷25，诈伪。

生；如无，立次室所生；如无，立婢生子。如绝嗣者，傍荫其亲兄弟各及子孙；如无，荫伯叔及其子孙①。

明洪武二年（1639年）的制度为"嫡庶子男除有官荫袭，先嫡长子孙"②。清朝予以继承。

以上嫡子孙的特殊权利主要针对贵族和官宦之家，一般平民家庭立嫡与此关系似乎不大。不过，其名分意义是存在的。

1914年广东《尹氏家乘》凡例规定：立宗以嫡，故世表中书配氏，首嫡母也，嫡母之下即书其所生之子，庶出之兄不得越其前，从母也。嫡母之后书侧室某氏，次庶母也③。

或许可以这样说，妻妾并置时代，当家庭所获传承权益或地位为"稀缺"待遇，特别是具有"唯一性"时，那么分出嫡庶且排出顺序就有必要。它也是维护家庭秩序所需，否则将会导致纷争。

（五）男系传承中的立嗣和过继

立嗣是在夫妇没有儿子情况下从近亲中选立后嗣的措施；过继则是按照昭穆之制，从同宗血缘近亲中确定承继嗣续之人。或可表达为，立嗣以过继为基础，过继以立嗣为目的。可见，立嗣和过继是同一种行为。当然二者也有侧重点，立嗣重在精神和嗣续传承考虑，过继则以现实生活为主。前者中可能有不到被立嗣之家生活的情形，如兼祧者、女儿在家招赘时所立承嗣之人；后者中被过继者则不仅承担嗣续传承，还要负担养生送死之责。而在一般论述上，我们对此不作具体分别，或者将其合并为立嗣过继制度。

这一制度在平民社会中维护了父系或男系传承的传统。在中国传统社会，立嗣同立嫡长具有同等重要的地位。区别只在于，立嫡是于户主子弟中选择；而立嗣则是在非户主子弟中确定，前提是户主没有自己的儿子来承担家系的继承使命。对于多数家庭来说，立嫡长没有什么问题，因为民间大部分家庭实行的是一夫一妻制。嫡长是自然产生的，只是在少数妻妾

---

① 《通制条格》卷6，选举。
② 《大明会典》卷19，户口。
③ 民国广东甲寅重修《尹氏家乘》（1914年）族谱，凡例。

并存家庭、正妻没有生育儿子时才会出现立嗣问题。

对没有儿子的夫妇来说，立嗣中最感难堪的是妻子。因为她没有为丈夫生出儿子，以致不得不过继他人之子。这会使其家庭地位有可能进一步下降。

另外，立嗣制度强调男系血统，而将亲生女儿排除在外。女儿即使在家招赘养老，也要过继同族男性后裔为嗣。这实际会直接强化人们轻视女儿、歧视女性的观念和行为。

立嗣涉及至少两个婚姻单位，甚至两个及以上家庭的成员，由于利益攸关，往往容易产生矛盾冲突，因而官方特别关注于此，建立相关法律维系这一制度。

值得注意的是，唐宋法律强调立嫡，而未提及立嗣；明清则对立嫡和立嗣均加以强调。唐宋时期，无嫡、庶之子或嫡、庶之孙的家庭，则被视为户绝，或者直接作为"国除"之户，不再承担赋税。这意味着政府更多地关注家庭及其成员的纳税和服役功能。而明清时期，家庭的血胤传承功能受到重视。

1. 立嗣、过继制度的演变

从文献上看，唐以前王朝，多强调立嫡问题，法律及民间家规对立嗣较少提及。颜之推在《颜氏家训》中对立嫡、立嗣之事基本没有涉及。这或许表明，南北朝时期，特别是北朝时对此并不看得很重；也许与当时社会尚推崇大宗法制度有关。

《宋刑统》对过继并没有很明确的规定。但在《名公书判清明集》（卷5）户婚门中有立继之条。其中一案例表明宋代已有相对规范的立继规则："诸无子者，听养同宗昭穆相当者，法也。"① 不过，对异姓为嗣的限制并不像明清时期那么严格。该案中，邢林、邢枏为亲兄弟，邢林无子，邢枏虽有二子，不愿立为林后，乃于兄死之日，即奉其母吴氏、嫂周氏命，立祖母蔡氏之侄为林嗣，今日邢坚（当时7岁）是也。夫养蔡之子，为邢之后，固非法意，但当时既出于坚之祖父母吴氏及其母周氏之本心，邢枏又亲命之，是子违法而立之，非坚之罪也。使邢枏宗族有知义者，以为非法，力争于邢枏方立之时，则可；今欲转移于既立八年之后，则不可。力争于吴

---

① 《名公书判清明集》卷5，户婚门，第201页。

氏、周氏未死之时，则可；今欲遣逐于吴氏、周氏方死之后，则不可。况八年之内，非特其祖母、其母鞠之爱之，并无闲言，邢栟亦未尝有词，指邢坚之过。且坚为邢氏子八年，三承重服，一旦因其祖母、其母继亡，栟乃无故遽欲再立吴德孙为坚之弟，是诚何心哉？其族当因邢栟之启衅，乃以不应养异姓为说，合词以逐之，又果何见邪！……逐一邢坚，使归其本生，固无难者。但坚可逐也，使林无后，其祖母、其母能瞑目与九泉乎？……盖周耀者，邢坚之母舅；王燕喜者，邢坚之母婢。自吴氏、周氏亡后，坚既年幼，未解事，母舅与婢遂为腹心，必不能导之以敬事叔父之礼。凡叔父所欲，又未必能顺适之，衅端自此启矣……所有家业，牒嘉兴府别委清强官，唤集族长，从公检校，作两分置籍印押。其邢坚合得一分，目下听从邢栟为之掌管，候其出幼，却以付之，仍不许将来破荡典卖，庶几叔侄复还其天，存殁各无所憾，其于风教，实非小补①。

这一案件判词表明，当时法律对立异姓为后的限制并不严格，并未强调须是同姓同宗血亲之子。

另外，宋代立嗣的顺序也不像明清时期那样明确。在一案例中，弟兄三个，长兄无子，两弟各有儿子，却都不愿己子过继与长兄为子，而正欲为堂兄弟之后。原因是堂兄富裕，亲兄穷苦。官府令两个人的儿子当厅拈阄，"断之于天"，一人为亲兄子，一人为堂兄之子②。

还有，立继时间选择比较宽松。张介然有三子，介然身故，其妻刘氏尚存，其长子张迎娶陈氏，早丧无子。刘氏身体尚好，兄弟聚居，产业未析。所以子虽亡，寡妇安之。族人张达善向官府状告，称叔张迎亡嗣续，自以昭穆相当，应承继。刘氏屡造讼庭，不愿立张达善。官府判词：在法，立嗣合从祖父母、父母之命。若一家尽绝，则从亲族尊长之意。今祖母刘氏在堂，寡妇陈氏尚无恙，苟欲立嗣，自能选择族中贤子弟，当听其志向可否……今仰刘氏抚育子妇，如欲立孙，愿与不愿悉从其意。张达善勘杖八十，且与封案③。

值得一提的是，南宋对"户绝"的认定持比较谨慎的态度：理宗绍定

---

① 《名公书判清明集》卷5，户婚门，第201—203页。
② 《名公书判清明集》卷5，户婚门，第203—204页。
③ 《名公书判清明集》卷7，户婚门，第211—212页。

二年（1229年）五月下诏：户绝之家，许从条立嗣，不得妄行籍没①。

过继、立嗣在明清时期的法律中得到较多关注。

明朝规定：凡无子者，许令同宗昭穆相当之侄承继。先尽同父周亲，次及大功小功缌麻。如俱无，方许择立远房、及同姓为嗣。若立嗣之后、却生亲子，其家产与原立子均分。并不许乞养异姓为嗣、以乱宗族。立同姓者，亦不得尊卑失序，以乱昭穆②。若立嗣，虽系同宗，而尊卑失序者，杖八十；其子亦归宗，改立应继之人③。清朝将这些规则继承下来。

清朝地方政府非常重视立嗣这一家族敏感事务，要求宗族组织按章择立：族内无子立嗣，应行通闻族房长，照律例先尽同父周亲，次及大功小功缌麻远房同姓之人。不许尊卑失序，如或应继之人不得于所后之亲，听择贤能。或立亲爱，不许亲房告争。义男、女婿为所后之亲喜悦者，亦得酌分财产。该族正务须恪遵律例，分别缘亲处断，不得偏私④。

清代一些地方有立异姓外亲之子为嗣的惯习。这属于异姓乱宗，地方官则加以制止。安徽泗虹风俗："凡无子嗣者每以姑舅姊妹之子为子，甚者至于赘婿为子，辗转相承。有婿之嗣子，一姓婿之嗣孙，又一姓合四五姓而冒一姓者。因是氏族混淆，婚姻渎乱，父子不亲，夫妇无别，伤恩害义，灭礼乱常，莫此为甚。此风不革，教焉所施？为此严切谕禁，凡有养子冒姓者，著即改归本姓，所有已受田产者，皆安其旧念，事在既往，不得纷争。嗣后无子择继，须遵照定例，先择同气周亲，次及疏远房族。即有女婿义子，不忍相离，准其相为依倚，不得改姓。要知宗族虽远，犹一祖之贻留也；外戚纵亲，究他人之骨肉，非类也，鬼不歆非类。嗣外姓者何藉焉？自谕之后，庶渐兴水源木本之思。"⑤

《大清民律草案》（1911年颁布）第四编"亲属"篇"嗣子"一节中较近代之前有所变通，即在同姓血亲无合适之人或不欲立其为嗣时，允许立外亲甚至妻兄弟姐妹之子为嗣。这是对民间做法的一种让步。

---

① 《宋史》卷41，理宗纪。
② 《大明会典》卷19，户口。
③ 《大明律》卷4，户律。
④ 《西江政要·道光四年·户役》，议详选立族正给予委牌，族中小事治以家法。
⑤ 左辅：《念宛斋官书》卷2，见杨一凡等编《古代榜文告示汇存》第八册，社会科学文献出版社2006年版，第171—172页。

根据该草案第 1390 条：成年男子已婚而无子者，得立宗亲中亲等最近之兄弟之子为嗣子。亲等相同，由无子者择定之。若无子者不欲立亲等最近之人，得择立贤能或所亲爱者，为嗣子。第 1391 条：无前条宗亲亲属，或虽有而不能出嗣，或不欲立其为嗣者，无子者得立同宗兄弟之子，为嗣子。若无子者不欲立同宗兄弟之子，得由其择立下列各人为嗣子：（1）姊妹之子；（2）婿；（3）妻兄弟姐妹之子①。

值得注意的是，1925 年《民国民律草案》在继承编中专门设置"宗祧继承"一章，表现出对"立嗣"的重视。其中第 1308 条规定：所继人之直系卑属，关于宗祧继承，以亲等近者为先，若亲等同则同为继承人。第 1309 条：已婚之成年男子，无前条所定之继承人者，得立宗亲中亲等最近之兄弟之子为嗣子。亲等相同，由本人择立之。若本人不欲立亲等最近之人，得择立贤能或所亲爱者为嗣子，以承宗祧。若宗亲中实无相当之人可为嗣子者，得立嗣孙以承宗祧（间代立后）。第 1310 条：无前条宗亲亲属或虽有而不能出嗣或不欲立其为嗣者，本人得择立同宗兄弟之子为嗣子，以承宗祧。若同宗亲属，但无相当可嗣之人，得由本人择立下列为嗣子，以承宗祧：（1）姊妹之子；（2）母舅之孙；（3）妻兄弟之子②。

按照前面规定，已婚成年男子方可立嗣。但第 1311 条作了补充，扩大了无子之所继人应立嗣子者的范围：（1）已成年而亡故或出家者；（2）未成年已婚后亡故或出家而其妻不再改嫁者；（3）未成年未婚从军阵亡者；（4）独子夭亡而宗亲内无相当之人可为父之嗣子，或虽有可嗣其父之人，而皆不得于其守志之母者③。

1930 年民国《民法》亲属编取消了立嫡、立嗣和过继等规定，这是对男系传承制度的重要削弱。但它有收养条款。而收养者的条件比较宽，唯一的限制是：收养者之年龄应长于被收养者二十岁以上（第 1073 条）。它实际强化了无子者自主立嗣择后的权利。

2. 立嗣的条件

有资格立嗣者一般为成年已婚男子，早亡者不予立嗣。但实际状况则

---

① 《大清民律草案》，第 177 页。
② 《民国民律草案》，第 377—378 页。
③ 《民国民律草案》，第 378 页。

比较复杂。

(1) 法律规定

根据宋朝法律，下殇无立嗣之理①。却也有例外者。《名公书判清明集》载：朱运干有两子，长司户登科，次诘僧，十岁幼亡。朱运干情之所钟，为族人蛊惑，遂立朱元德子介翁为诘僧之后。随即追悔，经县投词，遗已多年矣②。

清朝官方对过继纠纷的处理也显示出这一点。

嘉庆十九年（1814年），浙江黄岩县蒋绍名供词：24岁。父亲已故，母亲张氏年五十六岁，胞弟蒋绍敬。小的并没妻子，蒋绍凤是小的大功堂兄，向没嫌隙。小的有胞叔蒋子潮孤身无后，在蒋绍凤家同住。嘉庆十八年五月里，叔子蒋子潮病故，遗下田一分、园地一块，还有零星什物，都是蒋绍凤收管。小的因兄弟蒋绍敬该继与叔子为嗣。八月四日，向蒋绍凤索分叔子遗产，蒋绍凤说要做丧葬用并代还欠项。小的不依争闹，拳伤蒋绍凤左眼，被蒋绍凤呈告。后伤其身死。该案判词为："已故之蒋子潮既未娶妻，勿庸立继，所遗产物为数无多，应饬房族查明，分别留为丧葬并偿欠之用，不得再行争执。"③

清末《大清民律草案》对此进一步明确，第1390条强调立嗣者应为"成年男子已婚而无子者"④。它实际包括两个条件：一是"成年男性"，一是"已婚无子"。不过第1392条对无子而死亡者嗣又规定了变通条件：一是成年者；二是未成年未婚而出兵阵亡或独子夭亡，而宗亲内无应为其父之嗣子者；三是未成年已婚而其妻孀守者⑤。

(2) 宗族规则

清朝同治年间广东南海潘氏规定：未冠而殇，不得择继。惟所殇是独子，族内果无昭穆相当可为其父母后者，方许为其所殇子立后⑥。

(3) 社会实践

民间行为比较多样。这里仅对清朝状态加以考察。

---

① 《名公书判清明集》卷7，户婚门，第213页。
② 《名公书判清明集》卷7，户婚门，第213页。
③ 杜家骥主编：《清嘉庆朝刑科题本社会史料辑刊》第一册，第250页。
④ 《大清民律草案》，第177页。
⑤ 《大清民律草案》，第177页。
⑥ 同治南海《潘氏典堂族谱》卷1，家规。

福建连城县：凡三四岁至十数岁未婚之男子夭亡，无论独子与否，父母大都择定亲等相当者登载图谱，以嗣该男名下。如父母先已物故，立嗣之事则由兄弟或亲房作主。如或家产稍厚，该兄弟亲房恒至争继①。它意味着未成年死亡，甚至幼亡者也有立嗣资格。

浙江东阳县：未婚夭亡之人，不必有特别原因，均可以为之立后。倘经合族同意，载入宗谱，即完全享有被继承人之财产②。

湖北竹山县：寻常夭亡未婚之人，间有立嗣者。巴东以嫡长子为限，得为立嗣。通山县以年龄在十五六岁以上为限，得为立嗣③。

3. 出继条件

独子不得过继，兼祧除外，这是一条基本原则。请看清朝一个案例。

嘉庆十年（1809年），山东德州马文德供词：44岁。父故，母七十七岁，并无兄弟。前妻满氏生子马功年，二十七岁，过继与小功服兄马文为子，继娶杨氏没生子女，带有他前夫所生儿子对年抚养，才十四岁。判词：马文德据供亲子马功已经出继，抚养之子对年尚未成丁。现系母老丁单，查对年系异姓之子，该犯亲子马功系独子，定例不准出继，年既二十七岁，应令归宗奉祖母④。

过继者的身份变动要在家谱中体现出来。

1914年广东《尹氏家乘》凡例规定：无嗣承继兄弟之子，必先于本生父母之下书生几子，以第几子承继某兄某弟为嗣；后于承继父母之下书继兄某、弟某第几子为嗣，示不忘本也⑤。

（六）男系传承中的兼祧制度

兼祧是立嗣制度的变种。立嗣之本意在于为无子者择立拟制之子，被立嗣者只能承继一支一房。但由于同宗近亲男性资源短缺，不敷分配。或因故难以通过过继方式择立，兼祧之制便应运而生。

---

① 《民事习惯调查报告录》（下册），第923页。
② 《民事习惯调查报告录》（下册），第911页。
③ 《民事习惯调查报告录》（下册），第969页。
④ 杜家骥主编：《清嘉庆朝刑科题本社会史料辑刊》第三册，第1525页。
⑤ 民国广东《尹氏家乘》（1914年），族谱，凡例。

兼祧指一个男子同时继承两家（甚至更多家）宗祧。兼祧人不脱离原来家庭的嗣系，兼做所继承家庭的嗣子，承担祭祀之责。如既为本父之嗣子，同时因叔或伯没有无子，又兼祧其嗣及祭祀。兄弟之子中无过继时，允许实行兼祧，即兄或弟之子可作为两家或以上兄弟之家的嗣子。

就现有文献看，至少宋代已有兼祧做法。但宋朝官方对一人为两家之后持排斥态度。一当发现，即予纠正。

> 吴登云已过房为季五之子，今又欲为季八后，亦不过贪图其产业，岂真为死者计哉！……登云以一身而跨有两位之产，又出何条令？……除照朱氏（吴登云曾祖母）遗嘱摽拨外，余一份产业，别行命继……仍就亲房季一秀、季七秀两位，选立一人①。

> 方天禄死而无子，妻方十八而孀居，未必能守志。但未去一日，则可以一日承夫之分，朝嫁则暮义绝矣。妻虽得以承夫之分，然非王思诚所得干预。子固当立，夫亡从妻。方天福之子既是单丁，亦不应立。若以方天福之子为子，则天禄之业并归天福位下，与绝支均矣……仍将天福押下县，唤上族长，从公将但千户下物业均分为二，其合归天禄位下者，官为置籍，仍择本宗昭穆相当者立为天禄后②。

在明代之前，强调立嫡的重要性，而对立嗣的规定较具柔性。明清时期实行"小宗法"制度，理论上每个成年男人都要有嗣，以承担祭祀之责。无子为嗣的家庭不能立异姓为嗣，只能过继近支子弟。诸个兄弟家中只有一个男嗣，则往往采取兼祧做法。

清朝中期以后，政府对独子兼祧予以支持，并制定相应规则。乾隆四十年（1775年），高宗特旨"允以独子兼祧，于是始定兼祧例"。清代官方认为：兼祧者从权以济经，足补古礼之阙。会典服制别大宗、小宗，以大宗为重。大宗依服制本条持服，兼祧依降服持服。道光九年（1829年），礼臣增议两祧服制，借以完善兼祧制度：以独子之子分承两房宗祧者，各为父、母服斩衰三年，为祖父、母服齐衰不杖期。父故，嫡孙承重，俱服斩衰三年。其本身为本生亲属俱从正服降一等，子孙为本生亲属衹论所后

---

① 《名公书判清明集》卷7，户婚门，第208—209页。
② 《名公书判清明集》卷8，户婚门，第280页。

宗支亲属服制①。同治十二年（1873年）奏准：官员小宗兼祧大宗，与以大宗兼祧小宗者，均以大宗为重。于大宗生庶祖母病故，其父先故，治丧一年；于兼祧先父故，饬令解任持服小功②。

清朝对兼祧认可的原因在于，立嗣泛化，近亲男性无子时可承继后辈短缺现象表现出来。为避免立嗣范围扩大，财富流失，由一男作为本家和无子叔或伯两家及以上之嗣就会提上日程。

（七）维系男系一脉传承的政策和民间规则

男系一脉传承制度下，无论政府还是宗族均采取维护同姓血系成员传承规则的态度，限制或禁止异姓成员进入传承之列。

1. 限制抚养异姓之子

重视血缘成员抚养，抑制养育非血缘成员。

根据唐律：养异姓男者，徒一年；与者，笞五十。其遗弃小儿年三岁以下，虽异姓，听收养，即从其姓。【疏】议曰：异姓之男，本非族类，违法收养，故徒一年；违法与者，得笞五十。养女者不坐。其小儿年三岁以下，本生父母遗弃，若不听收养，即性命将绝，故虽异姓，仍听收养，即从其姓。如是父母遗失，于后来识认，合还本生；失儿之家，量酬乳哺之直③。宋朝予以继承④。

明朝法律为："其乞养异姓义子，以乱宗族者，杖六十；若以子与异姓为嗣者，罪同，其子归宗。其遗弃小儿，年三岁以下，虽异姓，听收养，即从其姓。"⑤ 清朝与之相同，且有补充规定："凡乞养异姓义子有情愿归宗者，不许将分得财产携回本宗。其收养三岁以下遗弃之小儿，仍依律即从其姓，但不得以无子遂立为嗣，仍酌分给财产，俱不必勒令归宗。如有希图赀财冒认归宗者，照律治罪。"⑥

为减少或消弭潜在的纠纷发生，一些宗族禁止随母嫁入的义子成人后仍

---

① 《清史稿》卷93，礼。
② 光绪《大清会典事例》卷139，吏部。
③ 《唐律疏议》卷12，户婚。
④ 《宋刑统》卷12，户婚律。
⑤ 《大明律》卷4，户律。
⑥ 《大清律例》卷8，户律。

在继父族内生活。清末浙江东阳上璜王氏立有禁例：义子随母来地，一经成人，即合归宗。不准在地娶妻，以防生育，损坏族风。违者，罪坐后父①。

2. 禁止以异姓为嗣

清朝规定：无子者，许令同宗昭穆相当之侄承继，先尽同父周亲，次及大功、小功、缌麻。如俱无，方许择立远房及同姓为嗣②。可见无论何种情况下，均不允许立异姓为嗣。乞养异姓义子以乱宗族，以子与异姓人为嗣，立嗣虽系同宗而尊卑失序，杖六十；庶民之家存养良家男女为卑幼，系压良为贱者，杖一百，即放从良。义男、女婿为所后之亲喜悦者，听其相为依倚，不许继子并本生父母用计逼逐，仍酌分给财产。继子不得于所后之亲，听其告官别立③。告官为别立之条件。

1925年《民国民律草案》第1228条：为人养子者，除继承法关于遗产继承别有规定外，养亲不得以之继承宗祧④。

从清代和民国初年的民间惯习看，以同姓同宗近亲之子为嗣的原则得到基本贯彻。

湖北京山县：抱养异姓子不得认为嗣子⑤。

当然，也有违例做法，我们将在后面作专门探讨。

3. 异姓子或婿养老继产与立嗣

按照法律，收养异姓子或由女招婿的同时，仍须立嗣。

民国河南正阳《陈氏宗谱》凡例：要继人有环境情势攸关，不得已而继以异姓或抚养义子，或娶再醮妇随带子以备养老得子者，均必书其本姓，以备是子将来归宗，且防乱我本宗；尤必须兼立本族继子一人，专承血统，应给与财产三分之二，永承禋祀血食⑥。

清代个案也表明，民间多遵循此规则。

乾隆四十四年（1778年），浙江平阳县李俊起供词：59岁。娶妻潘氏，生四子。小的本姓张，自幼过继与李士锦为义子。小的过继时，义父已经

---

① 光绪《东阳上璜王氏宗谱》卷1，修谱条例。
② 《大清律例》卷8，户律。
③ 《名法指掌》卷4，田债户婚。
④ 《民国民律草案》，第366页。
⑤ 《民事习惯调查报告录》（下册），第970页。
⑥ 民国二十七年《陈氏宗谱》卷1，凡例。

死过，是义母吴氏抚养大的，改名李俊起。因小的是异姓，不便乱宗，凭族公议，将义父亲侄李洪继立为嗣。义父有田三十亩，乾隆十六年上，义母分田十二亩给小的，各自居住①。

咸丰元年（1851年），直隶邢台县案例：王振青本姓李，自幼为王顺大功堂兄王建为义子，改从王姓。道光十一年间，王建因老疾无子，近支远宗均无可继之人，当时王顺亦无子嗣。王建因王振青究系义子，虑恐族中争产，将地50亩令王顺与王振青各半均分，另有庄房、牛骡器具留为王建夫妇丧葬之费，写立分单。道光十四年间，王建夫妇病故，由王振青办理丧事，将庄房牛骡器具均归王振青收管。王顺争分器具，王振青不允。王顺牵去骡头，王振青控县。讯明各照依原管业，器具、牛骡仍归王振青。王振青牵去骡头免其追还，具结完案。王顺旋亦生子王可心。道光二十八年二月间，王顺因王可心年已长大，王建系属长房，现应立继，不应王振青异姓乱宗，欲将子王可心，继与王建为嗣，再行酌分财产。遂向王振青告知，王振青不依，嗔王顺图产混闹。王顺心怀不甘，找人相帮殴打王振青伤重而死②。

光绪年间，江苏江阴《绮山东沙王氏家谱》凡例：异姓不得乱宗，抚育在家仍许拨分家产，但终属异姓。惟继父表内书继某姓某人之子，而于本人表内书某人继子，恩抚书恩抚子、血抱，辨异同也。倘已继子而复生子，或有嗣子，我先人亦有定例，将继子之名列于本生子与嗣子之后，尚真宗也。至由聘赘婿外甥内侄，一概不书，以祖宗不馨其祀也③。

这些规则表明：义子可以作为"物传"之人，但不能成为"神传"之人。

需要指出的是，在重血统观念下，不少地方能容忍私生子承继财产和宗祧。

浙江宣平县：中下等社会，对与异姓妇女因奸所生之子，得由其父母养成人，与正式婚姻所生之嫡子同一分析财产，并得承继宗祧，分给胙肉，

---

① 中国第一历史档案馆藏，刑科题本，婚姻家庭类，户部尚书兼管刑部事务英廉题，乾隆四十四年六月二十二日。

② 中国第一历史档案馆藏，刑科题本，土地债务类，刑部尚书阿勒清阿题，咸丰元年七月二十六日。

③ 民国三十八年江阴《绮山东沙王氏支谱》卷1，又例。

登载族谱，族人均行公议，无一反对者①。它可以视为民间对私生子所持宽容态度，毕竟私生子也是本家族成员的血脉传承者。但也有地方惯习和宗规排斥私生子的这项权利，前已述及。

就总体来看，男系传承的政策和民间规则具有一致性，或者说多数情况下民间规则和民众行为遵循着国家法律和政府政策。

二 立嗣过继形式的多样性

上面已对男系传承和立嗣过继制度作了基本说明。这一部分着重对民间社会立嗣过继的实施、变通性做法和冲突表现进行探讨。由此将会加深我们对传统时代生育行为的认识。

（一）家族组织在立嗣、过继中所起作用

1. 立嗣过继方式和原则

国家法律对立嗣过继只有原则性规定，而家族则将其细化，包括选择范围、被选中兄弟的第几子过继等。

（1）依照昭穆循序原则

这里的"序"与服属、亲等有关，但在同样亲等、服属关系上又有具体规定。循序进行减少了人为安排因素和随意性，有助于降低过继中的矛盾、争执和推诿现象。

五代，特别是宋元之后的宗族组织对此开始加以重视，其在修谱中所订凡例显示出对族人此项行为的引导和约束作用。

形成于五代时期的章氏《家训》"继绝世"规定：继有两条，有应继，有爱继。应继者，伯叔无嗣，子侄承继，由长及次，由近及远，以此推焉。爱继者，本宗子侄当继，而又爱堂者为后，则以堂者继之；本堂子侄当继，而又爱从者为后，则以从者继之。此一定道理。若同姓不继，而取继于异姓，则与祖宗一脉流传之义毫无干涉，虽继犹斩也②。

袁采在《袁氏世范》中也提到立嗣原则：立嗣择昭穆相顺。同姓之子，

---

① 《民事习惯调查报告录》（下册），第898页。
② 民国十四年《上虞雁埠章氏宗谱》卷14，家训二十四则。

昭穆不顺，亦不可以为后①。

明代万历浙江余姚徐氏的原则是："宗人无后立继，当会众告祖，务要相应。不得徇私，联疏为亲，紊乱昭穆。应继者，亦不许觊利财产，中叛还宗。"② 《郑氏规范》："宗人无子，实坠厥祀，当择亲近者为继立之，更少资之。"③

清朝宗族这方面的规定更多。

《锡山邹氏家乘》凡例：凡子孙无嗣者，以亲兄弟次子承继。若亲兄弟无可继者，于堂兄弟之子继之。由亲及疏，以次而继，不许变乱宗法。如无可嗣者，生前命立本宗昭穆之子，必须咨禀宗长、房长后，听取继④。强调按照程序确立应继之人。

辽宁海城尚氏康熙年间所定家训：无子立继，论亲不论爱。乞养异姓，勒令归宗，自是礼法。如有行第不正而私相抱养者，皆乱宗之首，一体改正⑤。"论亲"并禁止"行第不正"是两条基本要求，遵守程序。

康熙五十九年（1720年）安徽休宁陈姓定例：立继惟以挨房轮继，不得僭越重继，致多争论。违者许执遗命，请本族尊长祠内公议，治以不孝之罪⑥。

绍兴江左邵氏道光年间修谱凡例：年老无子当继兄弟之子为嗣，以长继长，以幼继幼，是为应继。或于兄弟诸子中择所心爱者谓之爱继，必以应继为先，而爱继次之。至若应继或游荡废疾，不克承祧，是欲延祀而反绝祀也，亦宜立爱。其继嗣之序，先于同胞，次从昆弟，次再从昆弟，次及本房，次及本族中。永杜争讼之端，世为家法⑦。

湖南宁乡县资兴石鼓程氏族谱规定：无子者必立嗣，重宗祀也，继必立兄弟之子，不失所亲也。兄弟之长子不出继，其余次子、三子皆可立。亦必于继父之下书立某之第几子为嗣。若弟之继兄、孙之继祖。异姓抱养

---

① 袁采：《袁氏世范》卷之上，睦亲。
② 民国《余姚江南徐氏宗谱》卷8，族谱宗范。
③ 宣统浦江《郑氏义门规范》。
④ 光绪《锡山邹氏家乘》卷首，旧谱凡例。
⑤ 民国《海城尚氏宗谱》，先王定训。
⑥ 章有义：《明清徽州地主分家书选辑》，见《中国社会科学院经济研究所集刊》（9），中国社会科学出版社1987年版，第91页。
⑦ 民国十七年《绍兴江左邵氏宗谱》卷首，凡例。

皆不书，恐乱宗也①。

清同治年间，广东宝安黄氏家规：族有乏嗣者，至亲应继，不论家资厚薄，以必继为主。若至亲无可择，当择房亲；房亲无可择，当禀请房亲及族内尊贤，则同族合昭穆者，以承宗祧。不许取异姓为后。倘若取异姓之子为后，不许入祠列谱②。

以上宗族均捍卫严格的血缘近亲和亲等顺序为立嗣基本原则，由近及远，没有折中的余地。

(2) 规定范围无合例之人，允许择爱

这种做法均承认循序规则，只是在近支中无合乎要求者，方可择爱。故可称其为应继为主，择爱为辅，有一定的弹性。

明代毗陵朱氏祠规：年长无子，挨择亲分之次子承嗣。如合例无人，听其立爱。不许用异姓螟蛉、甥、婿混乱宗支，违者众共摒逐③。

清代同治年间，广东南海潘氏：继嗣论应，无应则择。凡分所应继，不得论其家赀，亦不得推归众奉，致令血食无主。若本人生前择爱择贤，果于昭穆不失，亦听自便④。

九江何氏家规认可择爱立继：兄有子，弟不孤，自近及远，由亲及疏，此不易之例也。然亦有爱立者，而应立者亦当量给其家赀。但不得以子并父、孙祢祖耳。他如外甥、妻侄以及路遗子、随娘儿，概不许乱宗⑤。按照这一族规，爱立者替代应立者，嗣父母须予应立者一定数额家产补偿，以减少其不平情绪。

光绪年间福建南平麟阳鄢氏规定：孀妇矢贞，尤宜立后，故旧谱于继嗣一节，定例綦详。乃迩来世风偷薄，骨肉情轻，于兄弟乏传者，往往靳不予继，多方把持，丧心昧良，可胜浩叹！今凭族尊定议，一惟率由旧章，至或万不得已，抱养同宗，亦自许书嗣子，但必须昭穆不紊，年齿相当，毋容含混⑥。"抱养同宗"也可视为爱继的一种。

---

① 民国二十五年（1936年）程子楷《资兴石鼓程氏三修族谱》，初修凡例。
② 同治《东粤宝安南头黄氏族谱》卷上，族规。
③ 光绪《长沟朱氏宗谱》卷2，族范。
④ 同治《潘氏典堂族谱》卷1，家规。
⑤ 《九江王何宗谱》卷3，家规，1920年。
⑥ 光绪福建南平、延平《麟阳鄢氏族谱》卷首，续凡例。

以上宗规透露出这样的信息,近亲无嗣时,存在有子之家漠视其立嗣安排的现象,并非只有争相立嗣一种情形。这可能与各家庭财产分化比较突出有关,无产和少产者无子欲立嗣时,应立范围的家庭会消极对待。

2. 五服内由近及疏、五服外不拘亲疏

上述家规都包含有立嗣时遵循由近及疏的原则。下面一族则有分别。

湖北黄冈《王杨宗谱》(民国三十六年续修)凡例:继立务准服制重轻,立爱、立贤于礼例相符。如五服之内无人可继,则择五服之外之人立之,而房分亲疏不拘焉[①]。

在五服外宗人中择立则较宽松,表现出原则性与灵活性的统一。

3. 大小宗原则

这是对宗法制度的遵循,个别宗族有以大宗立嗣为优先的规定。

清朝江阴东沙王氏光绪三年(1877年)修谱之例:无子立嗣为祖宗血食计,非为得财产计也。当以大宗为主,按亲属昭穆相当者嗣之,如长房无子,次房一子,不得有子[②]。

4. 兼祧规则

既然民间婚姻中有兼祧做法,它便会在宗规中体现出来。

1914年广东《尹氏家乘》规定:凡本生无出,房分中皆独子,无可承继者,遵兼祧之例[③]。该家规有条件认可兼祧做法。

民国三十二年(1943年)《湘潭张氏家谱》体例言:若再继兼祧须于本生母名下注载以某男某某出抚某某为嗣,受抚者亦须于母名下注明抚某某第某男某某为嗣,并载再继、兼祧字样。若抚异姓者曰取后某,别录;若后异姓者书以子某出后某氏;若随母改适寄养者曰子某出育于某氏,归宗者书子某自某氏来归祀氏,谓礼变而事实也[④]。

宣统沧州盐山《郑氏族谱》要求:出继者书出继某支,承继支书继自某人,双承嗣于本生支注明兼祧某支,兼承之支则书兼祧子或继子[⑤]。

---

① 民国三十六年黄冈《王杨宗谱》,凡例。
② 民国三十八年江阴《绮山东沙王氏支谱》卷1,又例。
③ 民国广东《尹氏家乘》(1914年),族谱凡例。
④ 民国三十二年《湘潭张氏家谱》卷首,体例。
⑤ 宣统沧州盐山《郑氏族谱》,谱例。

宗族规则随着时代变迁和新法律产生而变更。1949年，江苏江阴东沙王氏家谱凡例：兼祧于法已不适用，但以被继承本人之意志为准。则王姓子出赘及过养于他姓者，得仍视为王姓之人，许其归宗[①]。

可见多地宗族认可兼祧行为。

我们可通过下图将不同类型的立嗣加以说明。

图5-1为同父之下两个兄弟所组成的家庭。其中兄有两子一女，弟只有1女。按照规范的过继规则，兄第二个儿子应过继与弟为嗣。过继后两家子女构成变为图5-2。

下面看另一类型。

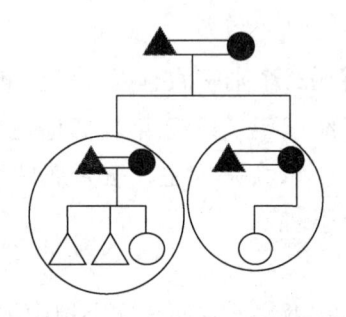

图5-1　同父已婚兄弟家庭构成（过继前）

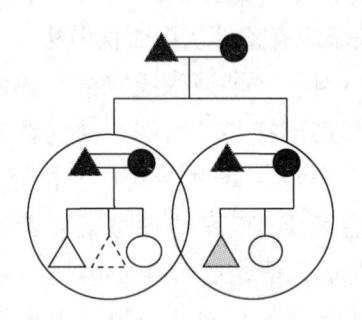

图5-2　同父兄弟之间的过继行为（过继后）

说明：▲代表已婚男性，●代表已婚女性，=婚关系，

△代表未婚男性，○代表未婚女性，

△代表出继男性，▲代表入继男性（下同）。

---

① 民国三十八年江阴《绮山东沙王氏支谱》卷1，凡例。

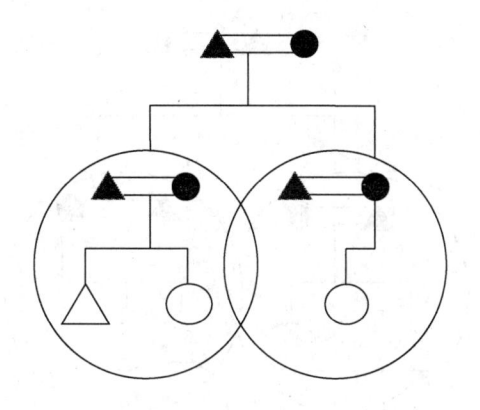

图 5-3　同父已婚兄弟家庭构成（过继前）

图 5-3 同父两兄弟所组成的家庭中，兄有一子一女，弟有一女。在同父周亲下，没有可过继给弟的男性资源。解决的办法是扩大范围，过继同宗昭穆相当之人。

图 5-4 中，无子者将堂兄次子过继为嗣。

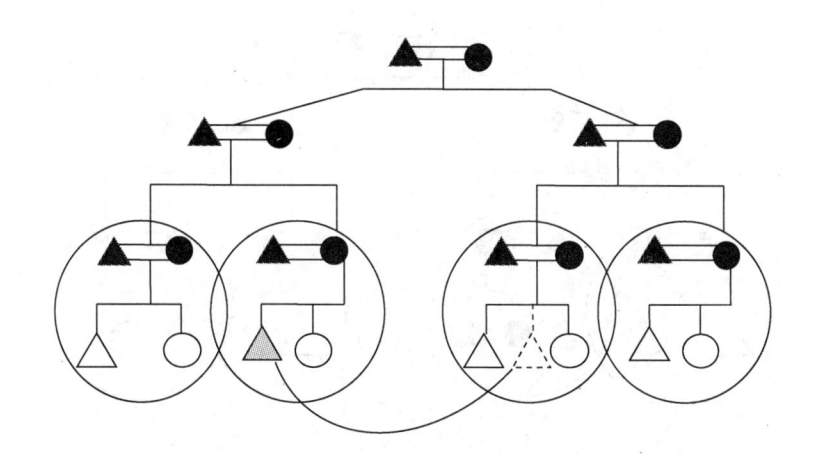

图 5-4　过继同祖父下堂兄弟之子为嗣

有一些无子者不愿扩大过继范围，则有可能采取兼祧方式。我们还以图 5-3 为例，兼祧所形成的格局如图 5-5 所示。

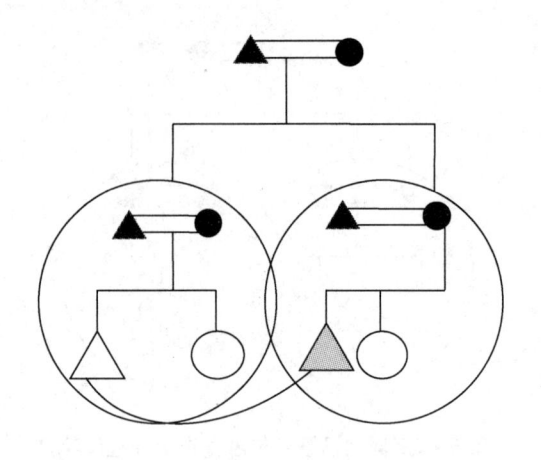

图 5−5 同父兄之子兼祧弟嗣

以上类型中的过继和立嗣是一体的。但有些地区，无子有女者留女招赘养老，按照法律还须立同宗昭穆相当之人为嗣，该嗣子并不到嗣父家生活，但却可获得嗣父一半家产。其结构见图 5−6。

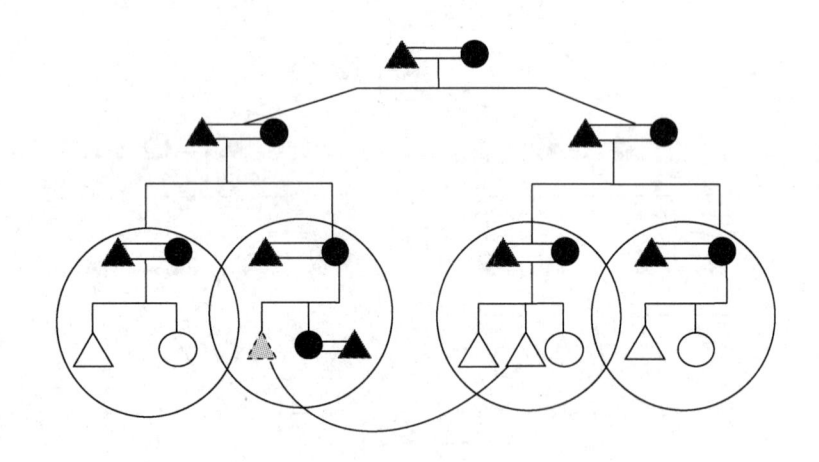

图 5−6 留女招赘与立嗣并存

说明：▲ 虽立嗣但不入继之子。

图 5−6 中，弟只有一女，他让女在家招婿上门，同时又将堂兄一子立为嗣，嗣子仍与其生父母一起生活。

（二）民间惯习

相对于宗族立嗣规定，民间惯习与其要求既有一致之处，也有更为灵活的特征。

1. 立嗣过继原则

（1）由亲及疏

为减少立继纠纷，民众多遵循由亲及疏原则。

清朝和民国初年江西赣南各县：凡无子之人而欲以他人之子为嗣者，须先尽亲等最近之人，以次递推。若舍近支而立远房，实所罕见。即或有之，不但近房必出而相争，虽无关系之族人，亦皆不以为然①。

广西贺县：遗产继承，贺邑习惯遗产传子，无子者以侄入继，先亲后疏，便无异议。倘嗣外姓之子，或招婿入赘继承遗产者，族人多起争端。无产者可勿论②。

打乱程序则有争产之嫌。有产之家立嗣由亲及疏外推，则可将争竞降至最低。

（2）大小宗原则

民间有的地方将其表达为绝次不绝长。

这种习惯在清代和民国初期的东北地区有一定普遍性。黑龙江龙江县、林甸县、青冈县、木兰县、海伦县习惯：凡大宗无后，小宗不得先立嗣，俗称"绝次不绝长"，即此之意。至于长子不出嗣之说，亦公认有效。但别房及近支并无可继之人，虽系长子亦应出嗣，即兼祧两房可也③。

热河滦平县也有此俗④。山西潞城、兴县、定襄县同样流行这种习惯⑤。

江苏高淳县与此相似：承继顺序，由亲及疏。但大宗无后，小宗无先立嗣之理⑥。

江西萍乡县：凡行次或房分居，长者无子，虽家产净绝，而为其弟或

---

① 《民事习惯调查报告录》（下册），第877页。
② 民国二十三年《贺县志》卷2，风俗。
③ 《民事习惯调查报告录》（下册），第777、779、780、782、785页。
④ 《民事习惯调查报告录》（下册），第1058页。
⑤ 《民事习惯调查报告录》（下册），第834、842、849页。
⑥ 《民事习惯调查报告录》（下册），第856页。

次房者，必设法为之抚嗣接传。若非长兄，则在所不论，俗所谓"长房不绝嗣"。其殆承古代大宗、小宗之遗意欤①。俗例长子不出继，故若一家只有长子一人，则不能与他兄弟有数子者争继。然长子过继长房，则为习惯所许，亦古代重视大宗之意也②。

福建顺昌县：俗以长继长，绝次不绝长，亦有以次继长者，俗谓"爱继"③。

应该说，绝次不绝长流行地民众有较强的大小宗观念。当然，这里的"大小宗"并非严格遵循正统的宗法制度，而是世俗的同胞兄弟排序原则。即视长兄或父之长子为大宗，强调其属本支派的传承代表，若无子应优先为之立嗣。

有些地方流行长子不下堂规则。如在河南固始县：长子除兼祧近门外，不许出继。该县居民守此说甚固，俗谓之"长子不下堂"④。山东莘县亦有此俗：惟长房长子无论支派远近，不许出嗣⑤。这也表明长房传承地位具有独特性。

（3）择继或爱继

无子者跳出应继顺序，自主择立继承之人在清末和民国初期多有表现。一些地方甚至演化出"生前择爱、死后论派"的惯习。山西虞乡县：凡年老无子，从本家近族内自由选定侄辈立嗣，虽次序应继嗣者不得强阻，任其自选。生前未经指定某子者，死后常由族长按照宗谱派立相当之丁为嗣，他人不得异议，亦不得竞争，故名曰"生前择爱，死后论派"⑥。可见，生前立嗣时家主有较大的自由决定权。

山东莘县：年老无子者，欲立嗣子，须将家族长及亲邻邀齐，按照支派，依次序立。如近支无可继之人，准在同族中择贤择爱⑦。这是应继为主、择继为辅的习俗。

---

① 《民事习惯调查报告录》（下册），第885页。
② 《民事习惯调查报告录》（下册），第885页。
③ 《民事习惯调查报告录》（下册），第925页。
④ 《民事习惯调查报告录》（下册），第812页。
⑤ 《民事习惯调查报告录》（下册），第819页。
⑥ 《民事习惯调查报告录》（下册），第841页。
⑦ 《民事习惯调查报告录》（下册），第819页。

江苏高淳县：如本人在世无子，立嗣除应立外，准其择爱择贤，请由亲族公允，当众成立继书①。这可谓应继与择继并行。

湖北远安县：凡晚年无子，均以胞侄承继；若无胞侄，即由亲及疏。其本人生存时认为有贤能之侄，则无论亲疏，听其择立②。在此，无嗣者择继具有优先权。

甘肃个别地方（定西县）有先讨爱子之习。故凡为嗣者，必以立爱为前提；若无爱子，始由亲及疏挨次讨嗣③。这也是择继优先之俗。

热河平泉县：承继以血统主义为本旨。查该县有本身乏嗣，由继承人无论远支、近支，选择远族中子弟品行端正者为嗣，俗谓之"择爱"④。应继高于择继。

清末东北等移民地区，宗族势力不强大，故择立限制较少。吉林台安县：守志之妇无子，择继之时，亲属及其他族人不得干涉⑤。

江西铜鼓、靖安、莲花、寻邬、安福等县甚至出现这种做法：凡无子息者，可抚养近房或远房之子为嗣（亦有抚异姓子者）。惟无论应嗣、爱嗣，于订立承继帖时，必须出钱若干，载明帖上，交付承继人之本生父母，名曰"恩养钱"。是故贫家生子，有向人招徕，希望出继，得此恩养钱者。甚至帖载"登山过海，祸有不测，承继人之父母不得多生枝节"等语。此种习惯似又近于因贫而卖子女者矣⑥。择继成为主要形式。

湖北利川县：承继习惯，凡立继者多任意择其所钟爱之房族子侄，并不以亲疏次第为限⑦。择继在当地不受限制。

陕西洋县、兴平县：甲乙兄弟两人，甲有数子，乙无子，除甲长子外，准乙在其余数子内择贤择爱，立为嗣子。由甲立约，交乙为据⑧。择继是当地主流做法。陕西一些地方还有挨子、爱子并继之俗。吴堡县：对于承继，

---

① 《民事习惯调查报告录》（下册），第856页。
② 《民事习惯调查报告录》（下册），第947页。
③ 《民事习惯调查报告录》（下册），第1045页。
④ 《民事习惯调查报告录》（下册），第1057页。
⑤ 《民事习惯调查报告录》（下册），第769页。
⑥ 《民事习惯调查报告录》（下册），第881—882页。
⑦ 《民事习惯调查报告录》（下册），第979页。
⑧ 《民事习惯调查报告录》（下册），第1008页。

有挨子、爱子均得为继习惯。挨子者，应继之卑幼。爱子者，在立继程序上尚无承继资格，因为被继承人素所亲爱，欲择立为嗣之卑幼也；挨子既应承继，被继承人虽不满意，亦不能强为拒绝。因之，被继承所遗财产按两股均分[①]。可见，应继在这些地方具有优先权，但它可以被爱继有条件地替代，即保障其获得与爱子均分财产的权利。不过，陕西一些地方爱继会有潜在风险。南郑、城固、紫阳、平利、略阳、镇巴、汉阴等县：乏嗣者往往就族中择立素平亲爱之人为嗣，及其故后，由所立爱子顶盆送葬，遗产概归承受。常有承受未久，遽逢应继之人出而争继，则由亲族公议，准先继者酌量带业归宗，余归应继者承受[②]。

以上择继习俗资料来自清末和民国初年，它至少表明当时上述地区择继行为得到认可，应继则是可替代的，或有条件替代。

（4）带产承继

清末，直隶清苑县有带产承继的习俗：承继宜授有继父之财产，不能将本支财产再行授分，此为法律所公认。但本地有带产承继之说，在事实上毫无妨碍，本支亦不反对[③]。

山东东阿县也有此习惯：若应继人本支财产富于所继之家，则往往不愿出继。而本支父兄许以相当之田宅，带之出继，俗谓之"带产过继"[④]。

在我们看来，带产承继具有体现立嗣本质的意义。即过继重在为无嗣者"继绝"承祀，而非继承财产。不过，对被过继者来说，若从相对富裕的本家（生父母之家）入继财产较少的叔伯等近亲之家，会有利益考虑。本家父兄为弥补其损失允诺其带产承继可谓一种大度的做法，借此可减少出继子的"怨望"情绪。

（5）兼祧

清代和民国初期，各地民间多有此种习惯。北方俗称为一门两不绝。我们认为，兼祧意在将嗣续限定在血缘近亲范围内，近亲无可立之人则不再扩大范围。

---

① 《民事习惯调查报告录》（下册），第 1033 页。
② 《民事习惯调查报告录》（下册），第 1010 页。
③ 《民事习惯调查报告录》（下册），第 762 页。
④ 《民事习惯调查报告录》（下册），第 816 页。

直隶清苑县：有一门两不绝之俗，"即是兼祧之本旨"①。

黑龙江兰西县习惯：长子普通多不出嗣，惟遇有特殊情形，可令其兼祧两房②。

陕西南郑、城固、略阳、西乡、镇安、安康、白河等县有一门有子九不绝之习惯。如某同胞或同堂兄弟共有九人，该九兄弟中八人皆乏嗣，惟一人仅有一子，八人均拟择子承继，而同昭穆相当之人不敷分配，或因有子之人不愿其子出继等事，即可令此一子顶立九门禋祀③。朝邑县也有这种做法。原因是，朝邑北乡客民最多，因寄居不久，族户多未繁衍，凡遇绝户之家，为立子嗣，如必限以昭穆相当，次序不紊，每有时而穷，故有情非同父周亲，亦可兼祧两门者，甚至一门兼顶三四五门不等者。而土著之民，尚不认承嗣者有此泛泛无限之权利也④。

甘肃古浪县：立嗣以房属远近为准。房属近亲，往往一子数嗣；如房属疏远，虽有多子，亦不得应继⑤。它很明显是为了排斥较远服属之人被立为嗣。

江苏高淳县：设或门衰祚薄，亦准一子两祧⑥。

福建漳平县：继子不必全继，有半继三承、兼继一角（四分之一）等名义，甚有以兼继一角之子，再行半继与人者（八分之一）⑦。这种做法名为继嗣，实有分产之意。

湖北麻城县：一子兼祧不以同父周亲均系独子为限。五峰县习惯：除以同父周亲均系独子为兼祧之要件外，其兼祧时之手续须由生父伯叔订立合同。谷城、巴东和竹山也如此⑧。但京山、潜江并非这样，不必以同父周亲均系独子为限⑨。湖北利川县：其一子兼祧，多出自立继者之意愿，不以

---

① 《民事习惯调查报告录》（下册），第762页。
② 《民事习惯调查报告录》（下册），第773页。
③ 《民事习惯调查报告录》（下册），第1009页。
④ 《民事习惯调查报告录》（下册），第1024页。
⑤ 《民事习惯调查报告录》（下册），第1043页。
⑥ 《民事习惯调查报告录》（下册），第856页。
⑦ 《民事习惯调查报告录》（下册），第933页。
⑧ 《民事习惯调查报告录》（下册），第956、965页。
⑨ 《民事习惯调查报告录》（下册），第965页。

是否同父周亲及均系独子为限①。1949年前，应城县兼祧只限于同胞兄弟之子，且系独子②。

　　清代刑科题本所涉个案中也有兼祧现象。嘉庆五年（1800年），安徽阜阳县郭杨氏供：郭志是小妇人丈夫。夫翁同胞三人，长郭有见、三郭有祥，夫翁郭有奇行二，只生丈夫一子。因长三两房无子，通族丁单无可承继，丈夫一人居祀三房。三翁姑同长房继翁、三房继翁姑都已病故，只有长房继姑郭肖氏见年七十岁，是丈夫供养。小妇人只生一子，才四岁③。

　　以上习俗和案例显示，兼祧习惯的存在地区比较广泛。一般来说，它与侄辈可继承人选短缺有关，一人成为父辈两个及以上平行家庭的后嗣。但实行这一制度者也有家产不被血缘关系较远者侵蚀的考虑。

　　民国法律中，反对重婚，意味着兼祧行为失去了存在的法律基础。但对已经存在的兼祧行为未作规定。

　　中国共产党1949年前在其所建立的根据地制定的婚姻条例中，有的涉及这一内容。1942年《晋冀鲁豫边区婚姻暂行条例施行细则》第5条：兼祧以重婚论。在边区婚姻暂行条例施行前的兼祧之妻，得随时要求离去，并得要求相应之赡养费④。

　　1949年后，视兼祧娶妻为重婚，违反婚姻法，明确禁止：婚姻法施行后，一子顶两门娶二妻，或为传后代再娶一妻，都是重婚，违反婚姻法，不能允许⑤。

　　（6）直接立孙

　　宋朝即多有直接立孙为嗣之举。根据《名公书判清明集》：绝家命继，有一举而两得者，谓如父子俱亡，无人承绍香火，不必为父命继而立孙，则父之香火在其中矣⑥。这是因为亲子一脉相承，为子立嗣形成亲—子—孙一体的格局。若选择为亲立嗣，则还需再为子择继，徒增立嗣过程的复

---

① 《民事习惯调查报告录》（下册），第979页。
② 《应城县志》，中国城市出版社1992年版，第900页。
③ 杜家骥主编：《清嘉庆朝刑科题本社会史料辑刊》第一册，第417页。
④ 笔者抄自哈佛—燕京图书馆。
⑤ 《中央人民政府法制委员会有关婚姻问题的若干解答》，见国家计划生育委员会《计划生育文件汇编》（1950—1981.3），第150页。
⑥ 《名公书判清明集》卷7，户婚门，第262页。

杂性。

但清代民间的一些做法与宋代法律有不同——无子立孙。我们认为，其形成原因是，某人无嗣，族中没有昭穆相当者被立为嗣子，年龄大者遇到这种情形的可能性较大；但却能找到辈分上可作其嗣孙的人，故此直接立孙。

清末吉林：当地"多有无子过孙"习惯。"查无子过孙，本为法律所不许。而亲族视为当然，不出争议者"①。虽然不合法，但亲族予以理解，无人干预。

黑龙江兰西县习惯：无子抚孙，非经亲族会议之可决，不能生效②。自己选择嗣孙，须本族组织认可。在我们看来，宗族组织并非借此加以抑制，而是一种程序的履行。

安徽天长县：无子者，往往不论房族，有昭穆相当之侄可继，随其所爱，继立族孙或族曾孙为承重孙或承重曾孙者。蒙城县：无子之人，亦往往径行立孙，因此构讼者颇多③。这意味着当地惯习和宗族不完全认可此做法。

湖北竹山、京山、巴东、潜江四县：无子者均有虚一代径立嗣孙习惯④。

无子立孙所以会存在并被认可，在于它并没有打破对特定房支血脉的承继。其存在原因与被继者年龄较大，或被继者侄辈乏人、但侄孙可继人选相对较多有关。

此外，清末，直隶保定民间有"借子还孙"之俗：因其人已承继他支，厥后本支乏嗣，则继承他支者有子，又归还本支继承⑤。这表现出家族内继承资源的"互助"和"交换"特征。

2. 立嗣之人确立方式

立嗣至少涉及两个及以上家庭，在一定程度上讲它是一项宗族策略，

---

① 《民事习惯调查报告录》（下册），第770页。
② 《民事习惯调查报告录》（下册），第773页。
③ 《民事习惯调查报告录》（下册），第865页。
④ 《民事习惯调查报告录》（下册），第970页。
⑤ 《民事习惯调查报告录》（下册），第763页。

因而需要宗族组织参与。若在宗族内部难以达成一致，特别是引发冲突时，地方官府也会介入。

(1) 族内确立

清代直隶临榆县：民户兄弟等有缺嗣者，或择侄辈令其承继宗祧，或无亲族侄辈，有令孙辈承继宗祧者，均系以支派远近为定序，或由缺嗣人择贤择爱。其承继手续，有用红布书写继单合同，以年月日为骑缝，各执一张者。如胞侄辈，亦有不用继单合同者。至承继人有不孝时，任凭缺嗣人退继①。

道光年间，江西官府要求族正负责族人无子的立嗣事务，前已述及。

(2) 公议确立

清末和民国初期长沙县民间，如父母俱亡，无人行使承继权时，得由家族或亲近之人，集合族长、房长及族内公正人等公议承立，经多数表决而嗣子之承继以定②。

辽宁辽阳县：无子之人，商允以某人子承继，订期邀集族长以下及村长、亲友，说明原委，立有证书。由继子本生父母及族长等依次画押，然后祭告祖先。礼成受贺，主人设宴款客。近来间有依民法程序遵行者③。

立嗣证书在不少地方受到重视。

湖南临沣县：某甲有子嗣乙，如系双方合意，昭穆相当，均凭族戚书立契约，当由甲书交于乙者，名曰"嗣书"，即叙明某子嗣乙之义；其由乙书交于甲者，名曰"付约"，即叙明某既嗣某，遗产即许其相续之义。此契约一经承立，遂发生嗣父与嗣子关系，其他族人均不得别生异义④。

陕西渭南、南郑、沔县、洋县、城固等县：立继有嗣单，或称"抱约"，因有权利义务关系，不仅详书嗣子之名，并应由亲族署名，以资凭证，故布绸子书之⑤。

奉天洮南县：洮属承继，虽有种种手续，而民间所执凭据，决为继书。

---

① 《民事习惯调查报告录》（下册），第 760 页。
② 《民事习惯调查报告录》（下册），第 989 页。
③ 民国十七年《辽阳县志》卷 25，礼俗。
④ 《民事习惯调查报告录》（下册），第 989—990 页。
⑤ 《民事习惯调查报告录》（下册），第 1011 页。

盖继书为承继人与被承继人间意思合致之证书，一经写立，即生权义关系，不得随意变更。例外虽有未立继书，而径行承继者，然多见于乡僻愚氓①。

福建莆田县：通常承继多有继书为凭证，但招赘承继则附载于婚约②。

（3）以抓阄解决争继

宋朝有此规则，当同族有两人争继时，在地方官员监督下于公堂抓阄确定。

（4）形式立嗣

清末和民国初期，安徽铜陵县：无子之人，其遗产必归于近支，如甲无子，拟将遗产付与近支之乙，而乙论序不能承继，则于远房中择一昭穆相当之丙，凭亲族给钱若干，将丙名登入谱牒，注明为甲嗣子，实不负祀葬义务，亦无继承财产权利。往往于修谱时办理此事③。可见，这一形式立嗣与无子有女之家留女招赘的同时再立一近亲之子不同，被立嗣者无相应权利（继承财产）和义务，但要得到一定数量的"钱"作为补偿，应该不会很多。

（5）二人或多人共继

个别地方因同辈可继承之人超出一个，为平息争议，也有立两人或多人者。

民国初年湖北五峰县：已立一嗣子得仍再立数嗣子。竹溪、麻城、郧县也有此习惯。其再立嗣子人数，麻城县以最多不过三人为限，郧县以二人为限④。

多人共继的习惯清代和民国初期不少地区存在。

直隶清苑县：习惯有两人同时给一人为嗣，对于被继承之财产，有平均授分之权利⑤。

山西汾城县：族人死亡无后，若顺序相同，主张承继权者有数人时，得经族同意，酌定以二人以上承继无后者为嗣⑥。

---

① 《民事习惯调查报告录》（下册），第765页。
② 《民事习惯调查报告录》（下册），第924页。
③ 《民事习惯调查报告录》（下册），第876页。
④ 《民事习惯调查报告录》（下册），第951页。
⑤ 《民事习惯调查报告录》（下册），第762页。
⑥ 《民事习惯调查报告录》（下册），第842页。

安徽贵池县：无子立嗣，无合法继承之人，仅有兼祧之资格者二人，为预防争端起见，准二人并祧为嗣子。例如，兄弟三房，长房富有财产，膝下无出，次、三两房各生一子，若次房独将其子兼祧于长房承受遗产，三房亦将子兼祧于长房均分财产，谓之"并祧"①。天长县：无子之人死亡，有两房或数房皆为应继之人，争执不下，往往各房各出一人承继，谓之"关继"②。

浙江丽水县有应继、择继同时并举做法：凡无子者，择立所亲爱者为嗣子时，并于宗亲中再立亲等最近者一人以为嗣子，俾得与所亲爱者同享继承遗产权……以弥争竞，而保和平者往往有之③。

湖北恩施县：某甲无子，若其兄弟乙、丙、丁、戊均各有子，则必各以其一子出继与甲为后④。

山西忻县：因承继而生争执时，由族中调处，许择立两子，以示平均⑤。

福建有过继两个族人为子的做法，但它会酿成矛盾。请看一案例。

清乾隆二十六年（1761年），福建平和县曾甘供词：29岁。兄弟五人，小的居长。小的第四弟曾团乾隆十七年过继与族人曾栖做儿子，到今已十来年了。乾隆二十五年四月八日曾栖患病，说弟曾团呼唤不前，又叫家长曾一渊来商议把他胞弟曾耀的第二个儿子曾漂也过继做儿子。四月十三日，曾栖就病死了。到十月十三日，弟曾团叫小的与母亲帮他到大峰地方佃户林外家去取租谷。曾耀知道，同他大儿子曾熊也到那里。曾熊一见小的就说你来这里做什么？小的答应他说，要和林外取讨租谷。曾熊说，这谷你是讨不得的，要拿出契券来看才好分走。小的不理他，曾熊就口里乱骂。母亲用手指骂他不是。他来打母亲，小的帮护母亲，伤其身死⑥。

我们认为，多人共继是独继人选难以确立下的折中做法，是对争继现象的让步，表明被立继者生父母看重立嗣中的财富继承，而非"香火"传

---

① 《民事习惯调查报告录》（下册），第869页。
② 《民事习惯调查报告录》（下册），第875页。
③ 《民事习惯调查报告录》（下册），第906页。
④ 《民事习惯调查报告录》（下册），第978页。
⑤ 《民事习惯调查报告录》（下册），第831页。
⑥ 中国第一历史档案馆藏，刑科题本，土地债务类，福建巡抚吴士功题，乾隆二十六年三月二十一日。

承责任。

(6) 立嗣的变种

这里所谓"变种"是指立嗣对象不仅与法律、政策不一致，而且在多数地区的民俗中所少见，仅在小范围内流行。

甲、继女为嗣

从近亲中过继女儿为嗣。

清末民初湖北汉阳、竹溪、兴山三县：凡无子无女而其同宗亲属又无昭穆相当之男子可为入继者，即得入继昭穆相当之女子为其嗣子。潜江也如此[①]。五峰县、郧县、麻城则有入继女子为女，以便招入赘婿承嗣者[②]。

它并非孤案，甘肃皋兰县也有类似习俗：年老无子者，或以女招赘为嗣，并有无女而同族中又无可以继承之人，则以侄女过继承嗣[③]。这与湖北汉阳等地做法相似。

更有以养女为嗣者。湖北潜江县：有养女终身不嫁，谓之"童贞女"，其父母为之立嗣者[④]。还有直接为女儿立嗣者。兴山县：无子有女即视女为子，并得为其女立一嗣子为后[⑤]。这些做法属于个别地区"个案"，存在范围极小。

乙、妻妾各立嗣

清末民初湖北竹溪、五峰两县：有妻妾而均未生子者，得为其妻妾各立一子为嗣[⑥]。京山、谷城、潜江县也有此俗[⑦]。我们认为，所立二嗣子本质上仍是妻之夫或妾之男主的后嗣。其产生的原因或许是为了让嗣子履行照料之责。

(三) 争继现象

立嗣过继本为嗣续传承之大事，若按照严格的传承规则择立，争继现

[①]《民事习惯调查报告录》(下册)，第951、968页。
[②]《民事习惯调查报告录》(下册)，第951页。
[③]《民事习惯调查报告录》(下册)，第1044页。
[④]《民事习惯调查报告录》(下册)，第981页。
[⑤]《民事习惯调查报告录》(下册)，第980页。
[⑥]《民事习惯调查报告录》(下册)，第957页。
[⑦]《民事习惯调查报告录》(下册)，第957、964页。

象会减少。但在现实生活中，往往会出现这种情形，应继或适合过继之人的品性、能力等方面较差不为欲立嗣夫妇所喜欢，择继之念就会产生；应继者若看重立嗣者的财产等物质条件，则不会轻易放弃过承权。还有比较多的表现是，应继范围内无合适之人，不得不扩大人选范围，如在出五服同宗之中选择，亲疏界限变得模糊。为利益而争继者便会出现。

1. 争继表现

同宗近亲争继现象，宋代即已常见。《名公书判清明集》中收入多例这样的个案，这里举其二。

王文植无子，初立其兄文枢次子伯大为嗣子；伯大亡，遂命其亲房侄志学之子志道为伯大嗣，"以嗣以续，出于一家，法其顺也"。文植初立志道时，文枢长子伯达欲以其弟伯谦争立为文植之子，未达目的。伯谦不满，曾打碎文植家堂香火。志道为文植之后已有四年。伯谦朵颐文植家业，设法赢得其好感，以便获得被立嗣机会。他"乘文植小疾，即出二婢，以亲药饵，得文植欢心"，被立为嗣。而文植欲逐志道，引发诉讼。官府认为，志道为文植嗣，曾承祖母重服，又已娶妻生子，祖孙相依四年。为止讼起见，判两立伯谦、志道。两者不许别籍异财，各私其私①。本案中，图谋财产是伯谦争继的主要原因。这应该是当时相对富裕之家发生的争继现象。

蔡氏有四股或四支，其中第三支有二子，长曰汝加，生梓；幼曰汝励，生杞。梓、杞俱亡，各有女赘婿而无子，不曾命继。杨梦登、李必胜为梓之婿，赵必枞为杞之婿。近因梦登奉其妻父生母范氏（原为婢女）之命，就本支山内砍伐柴木，于其他诸位本不相干，却引发冲突。范氏只欲依二孙婿以养老身，不愿为杞、梓立后。官府认为，今若不为杞、梓命继，则诸蔡纷纷。"命继一事，所合区处，以绵一位（支）嗣续之脉，以绝诸位睥睨之争。尊长蔡槭等合词推择，以第一位楷之子烨为杞后，极为允当。而第四位棣者，乃欲立己之子照争立，全无道理"。四位（支）中惟楷有三子，棣亦有三子，可以出继。"今欲帖县，将楷之子烨、棣之子照当官拈阄，以一为梓之子，以一为杞之子。命立既立，所有两分家业、田地、山林，仍请本县委官从公均分，庶几断之以天，而无贫富不公之嫌。合以一

———————
① 《名公书判清明集》卷7，户婚门，第209—210页。

半与所立之子，以一半与所赘之婿。女乃其所亲出，婿又赘居年深，稽之条令，皆合均分。范氏年老无依，亦深可念，仰所立之子如法供养，仍众存些小，以为范氏他日送老之计。"① 在重嗣续的宗族环境中，有女招婿养老，也须及早立嗣，否则族人争继现象不会止息。争继的动力则是对被继者家财的追求。

立同宗无服之人为嗣引发的财产冲突。

前述清朝嘉庆十一年（1806年）直隶固始县葛逊案即属这一类型。对此，官府判词为：葛逊经葛赵氏同媳李氏生前立继与葛玉林为嗣，"系属伦序不失，业已多年。且葛逊又为葛赵氏等所喜悦，自应仍令立继。所有葛赵氏遗产一并给与葛逊收受"②。按照规则，近支无可立继之人，可立远房。本案中，为防止近支关系之人干预立嗣，葛赵氏承诺给其（侄辈）财产补偿，后引起争产纠纷。而葛赵氏所立之嗣符合法律规则，补偿做法未获官府支持，嗣主财产得以保全。

极端争继现象。

清朝乾隆初期，湖南习俗，"遇有继嗣之事，若其人家道颇丰，则不容本人情愿，不论是非亲爱，只以分属亲房，即以子弟强令承继。其尤可骇者，倘有亲支数人，则人人称系应继，彼此争夺，甚至抢谷居庄。本人现在，而目击财产属之他人，莫敢谁何。虽欲卖产自赡，而不能自主，人亦不敢承买，以致争继之案竟成巨件，经年累月弗获归结"③。

清末民初，直隶万全县，往往因择嗣问题，族人争夺，纠纷不已④。

可以说，争继现象贯穿于实行立嗣制度的各个时期。

清嘉庆广东乳源余氏族"谱例小引"对争继现象有精当描述：无子立后，人固有于不幸中之幸者，则无子立后之术是矣。然而不可不慎也。夫生我为父，养我为母。夫人称之理得而心安也，乃不父其父而父他人，不母其母而母他人，即孩提爱亲之童，亦靡不差称，况既成既长之日，而愿言乐继于人哉？且谁无父母提携捧负，谁无兄弟如手如足？子非其生而肯

---

① 《名公书判清明集》卷7，户婚门，第205—206页。
② 杜家骥主编：《清嘉庆朝刑科题本社会史料辑刊》第一册，第121—123页。
③ 《湖南省例成案》卷5，户律，田宅。
④ 民国二十三年《万全县志》卷9，礼俗。

以子与人为后，安知非贪其家资，图其业产而何？又常推夫人情世事之间，无产则已，有产易争。人之无子不少，冷观成败，阴候其绝，而生觊觎之望也。故非亲如同堂伯叔兄弟之间，则不可轻许焉，而疏远者可知矣。慎之思之。闻立继彼不得入继者，各怀愤恨而蓄嫉妒之心。使所继不当其人，保无有日后必争之势，而逼之以归本生父母，则生前尽心抚立，以望宗祧不斩。讵身死之后，仍同无主之祀，良可悲也。故古人于身之无子者，慎继嗣须先严宗法焉。严宗法，异姓不许为人嗣也，独子不得过继也，长子不得他祧也。凡立嗣应继之法，先寻本支兄弟之亲，审其子之众者，次者以立之。倘兄弟无可继之子，次及房支，房支无人，以次而及疏族，则同姓之贤而收之为后①。在传统观念中，无子者被视为"不幸"之辈，立嗣之制的实行则可弥补此"不幸"。族人逐"利"（被继者的财产）是争继的原因。只有按照规则立嗣，才可减少这一过程中的冲突。

2. 避免争继的特殊措施

清末民初湖北谷城、潜江二县有分润遗产做法：无子有产者，择立嗣子时，所有同宗及其他亲属，得对遗产有所分润，名曰"分给遗爱田"②。它实际是一种收买做法，以此减少立嗣中的冲突。

湖南长沙、汉寿、常德、沅江、益阳、湘潭、衡山、宁乡有"遗爱"惯习：若舍近亲而立疏族之子，立嗣之人，须分给动产若干与近亲昭穆相当之人，以免争继；若近亲昭穆相当者有数人时，如立其一，则未立各人亦各分给若干财产，是之谓"遗爱"③。

陕西周至县：一侄承继，余侄应得遗念田。如同父周亲兄弟四人，分析家产，各居有年。一旦长乏后嗣，于长兄夫妇生前恒不立继，迨死后，由亲族协议立继。若系老二之子承继，则三、四之子必得遗念田若干④。

这些做法表明，同宗之人争继或干扰他人立继的主要动机还在于看重物质利益，通过获得一定数额的补偿而止弭其争继行为。

---

① 嘉庆广东《乳源余氏族谱》卷1，谱例小引。
② 《民事习惯调查报告录》（下册），第972页。
③ 《民事习惯调查报告录》（下册），第988页。
④ 《民事习惯调查报告录》（下册），第1029页。

(四) 立嗣——重视与否

在宗法制度和人死变为鬼神观念之下，为避免乏嗣者死后无人祭祀变成孤魂野鬼、中断血脉传承的结局，多数人重视立嗣。但立嗣需要满足两个基本条件，一是有与自己昭穆相当的近支之人，一是有能维持自己和被立嗣者生存的财产。而这些条件并非每个无男嗣者都能具备。

1. 从绝户的财产处置看无嗣现象

隋唐以后不少王朝都有绝户财产的处置法律，它表明未立继者并非个别现象，否则政府不会制定这种律条。

元统一政权建立前期于中统五年（1264年）八月即规定：随处若有身丧户绝别无应继之人，其田宅、浮财、人口、头匹尽数拘收入官，召人立租承佃。所获子粒等物，通行明置文簿，报本管上司，转申中书省①。

2. 小户人家不重视立嗣

那些小户人家出身者，对立嗣则不甚重视。或许，即使重视也无人愿意为嗣，更不愿成为过继者。

不重视立嗣的情形。

清朝直隶邯郸县：小民率不讲承继之礼，老无子者，弟侄辈为养赡送终，因取其庄地瓜分之，名曰"倩业"。邑令郑方坤力为训饬，有争讼者，必为择昭穆相当之人，使承祧受业。其风稍变②。

清朝个案中不立嗣现象的具体表现。

嘉庆十一年（1806年），直隶永年县王景元供词：清凉寺村人，28岁。父亲与伯父王宪武是同胞弟兄，均已故逝。父母和伯父在日就居各度。王唐氏是伯父王宪武的女人，是小的期亲伯母。她两眼俱瞽，并没儿子，只有两个女儿，都已出嫁。伯父王宪武遗下有几十亩地，伯母陆续变卖，只剩下不多几亩，那卖的地价都帮给她两个女儿，没给小的分文。小的心里不平。同案李成章供词：清凉寺村人，李王氏是小的儿媳，王唐氏是儿媳王氏的母亲，她两眼俱瞽，并没儿子，向来独自过度，在小的家前院居住。

---

① 《通制条格》卷3，户令。
② 乾隆《邯郸县志》卷5，风土。

王景元是王唐氏的胞侄。王唐氏因他不务正业，本来不喜欢他的①。本案王宪武虽有几十亩地，至去世未立嗣，其遗妻也没有为其择立后嗣。

嘉庆二十年（1815年），安徽凤台县信幅供词：信怀朴是小的儿子。嘉庆十八年十月，小的分居胞叔信有仁病故，无嗣，棺殓乏费。经凭族众将遗屋两间议作价钱二十千文，归小的管业，将屋价尽数作殓葬费用②。可见，当事人胞叔并未立嗣。

同治元年（1862年），陕西商州人徐兴元有六个儿子，分产时自提膳产一份，其余分为六股。后次房及五、六房三房告绝。后因产业争夺发生诉讼，官府判决其绝产归属方式：三股绝业，归现存之三股各得一股③。此案没有提及立嗣问题。

无子无产者不立嗣会有葬埋承担等问题；而无子有产者不立嗣则往往会有觊觎其财产之人，特别是族人制造事端，获取利益。

（五）立嗣所反映的男性资源短缺问题

立嗣是本家男性资源短缺的一种表现，这与当时人口的高死亡率有很大关系。若近支适宜过继男性严重匮乏，便会出现立嗣困难形势。

清朝乾隆三十一年（1766年），山东鱼台县李贵供词：47岁。父故母存，娶张氏。李廷璧本姓沈，是无服族兄李海自幼抱养的，抚养长成，替他娶妻，与小的邻居。乾隆二十五年，李海的兄弟李涵病故乏嗣，遗下三十五亩地。李海因没亲子，又无近支可为李涵承继，把李涵绝产分给小的十七亩六分地，那一半归李廷璧承受。李涵的女人刘氏归李廷璧养活④。案中，李海、李涵兄弟均无男嗣，李海收养一子；弟弟李涵有产业，但至亡故也未立嗣，很可能是近支无可立之人。

嘉庆四年（1799年）四川永川县的一个案例更说明一些家族人口死亡率高、人丁不旺，不得不反复立嗣，乃至引发冲突。凌致均供词：21岁。

---

① 杜家骥主编：《清嘉庆朝刑科题本社会史料辑刊》第一册，第113页。
② 杜家骥主编：《清嘉庆朝刑科题本社会史料辑刊》第一册，第253页。
③ 樊增祥：《樊山政书》卷2，中华书局2007年版，第30页。
④ 中国第一历史档案馆藏，刑科题本，土地债务类，山东巡抚崔应阶题，乾隆三十一年六月二十六日。

父母俱在，弟兄三人，小的娶妻陈氏，生一子。凌致中是小的同高祖堂兄，从前小的堂伯凌建质身故乏嗣，承继凌致中的兄弟凌致复为子。嘉庆三年十二月间，凌致复病死，父想把小的儿子过继与凌致复为子。凌致复的妻子梁氏不肯，又继了凌致中第三个儿子凌祉。嘉庆四年三月二十八日，凌祉又因病死了。梁氏要请亲族把凌致中第二个儿子凌祥立继。三十日下午，父亲查知，与凌致中争闹，回来说凌致中图谋绝产，两次怂恿梁氏把他儿子过继。父与小的商量要把凌致中杀死泄愤。小的应允，……用茅刀将他戳伤身死（36岁）[①]。本案涉及两次立继，三次议立，其中前两次立继之人均夭折。

下面再看几个有代表性的案例。

嘉庆二十二年（1817年），奉天新民厅冯进和供词：父亲冯火生，胞兄冯进财、冯进春，小的居四。二胞兄冯进财生子冯仁、冯义，胞兄们俱故。小的缺嗣，把二胞侄冯义过继小的为嗣，娶妻周氏，没生子女。冯仁生子冯克基、冯二、冯三、冯克云。因冯义也没儿子，把冯克云过继小的儿子冯义为嗣。冯义本系冯克基胞叔，出继降服小功[②]。可见，不少家庭或家族保持血缘关系自然传承的男嗣资源并不充足。

嘉庆二十三年（1818年），浙江萧山县楼瑞骙供词：58岁。父母妻子俱故，生有两个儿子。楼瑞胜本是小的同祖大功堂弟，因他出继共曾祖堂叔楼泳德为子，降服小功。小的胞弟楼瑞幅也出继堂叔楼泳德的兄弟楼泳明为嗣，所遗屋地立有议单，分授管业。兄弟楼瑞幅身故无嗣，小的把次子楼元相承继为子。兄弟所遗平屋一间，小的卖给许学贤为业，契载卖绝。那时楼瑞胜外出，契内的押是他妻子毛氏画的。嘉庆二十一年十一月二十五日，小的路遇楼瑞胜，说楼瑞幅无子，他次子也可并继所遗房屋，不应小的独卖，要向许学贤找价。小的说屋已卖绝，不该再向索找。楼瑞胜不依，互殴，小的伤其身死。判词：楼瑞骙将次子楼元相继与已故楼瑞幅为嗣，系昭穆相当，应准其立继。楼瑞骙所卖楼瑞幅房屋早经卖绝，仍听许学

[①] 中国第一历史档案馆藏，刑科题本，婚姻家庭类，署理四川总督魁伦题，嘉庆四年十二月十七日。

[②] 杜家骥主编：《清嘉庆朝刑科题本社会史料辑刊》第一册，第314页。

贤管业①。在宗族内部，总有缺男嗣家庭。

道光十四年（1835年），盛京周恒玉供词：34岁。娶妻张氏，生有三个女儿。小功堂兄周泳安生有三个儿子。道光十二年十一月，小的因女人张氏有病，又没子嗣，要过继周泳安次子周碌为子，向周泳安商量。周永安和周碌都不愿意。小的就撩开了。十三年十月里，小的听说周泳安要把他三儿子周全过继给于家窝棚民人佟姓为子。十一月初一日早饭后，小的赶集去，回来路上遇到周碌在割高粱茬子，小想起周碌不肯过继为子，便说你不愿意，你父亲为什么又把你兄弟过继异姓佟家为子呢？周碌说佟家有钱，就许我们过继。小的听得生气，骂了他几句。周碌回骂，小的伤其身死②。在宗族内，无子者常惦记着从本族多子家庭过继儿子，以免无后。

传统社会人口繁衍的人为限制措施较少，由此形成高出生率。但高出生与高死亡相伴随，没有男嗣的家庭约占20%上下③。根据家谱和个案所作统计，明清时期，只有一子的家庭占30%左右④，他们的儿子没有出继可能。剩下约50%的多子家庭理论上可以贡献出儿子给无子近亲，应该说不存在过继问题。但在较小的房支内，比如兄弟两个，一个无子，一个有一子，则在同父周亲下找不到被立嗣对象，不得不扩大范围。而在三个已婚兄弟家庭中，找到过继者的可能性则较高。

（六）立嗣过继制度的双重效果

在我们看来，过继实际分为完整过继和不完整过继两类。完整过继也可称之为实质过继，被过继者由嗣父母抚养长大，进而承担起赡养嗣父母之责。不完整过继可视为形式过继，被过继者并不对嗣父母承担赡养义务，只是在其去世后履行祭祀之责。这个"嗣子"所得回报是，至少要分走嗣父母一半的财产。

总体上看，过继制度对无子家庭具有双重性，或有正反两种作用。相

---

① 杜家骥主编：《清嘉庆朝刑科题本社会史料辑刊》第一册，第322页。
② 中国第一历史档案馆藏，刑科题本，婚姻家庭类，盛京刑部侍郎祥康题，道光十四年三月二十日。
③ 王跃生：《十八世纪中国婚姻家庭研究》，法律出版社2000年版，第245页。
④ 刘翠溶：《明清时期家族人口与社会经济变迁》，台北中研院经济研究所1992年版，第110页；王跃生：《十八世纪中国婚姻家庭研究》，法律出版社2000年版，第281页。

对来说，完整过继为无子夫妇提供了生养死葬的人力。

清朝嘉庆十六年（1811年），陕西大荔县潘贵玉供词：36岁。生父已故，生母李氏，弟兄二人，小的第二，女人鱼氏，没生子女。父亲胞弟兄五人，大伯、二伯无后，小的自幼过继二伯为嗣。嗣父已故，嗣母吴氏，年七十三岁。四叔生有三子，老三自幼与大伯为嗣。五叔有二子，俱已成家①。本案中，父辈弟兄五个，有两支没有儿子，只能靠过继来解决无后问题。但无子家庭的养老问题并未解决。

形式过继者更看重从嗣父母那里分得财产，而不是承担赡养义务。这种过继不仅对嗣父母赡养没有实际性帮助，而且还会削弱其养老能力，由此常常酝酿冲突。当然，第一种情形也有冲突，不过一旦完成过继，嗣父母即得到具有相对完整意义上的儿子，为其操办婚事，自己年老后也有了基本的照料保障。

（七）立嗣过继的中止及其余绪

1930年《民法》亲属编·继承编中已无过继内容，只有收养条款。这意味着拟制血亲制度在法律上于此时终止。不过，民间社会仍有表现。甚至新中国成立之后，一些地方的民俗中仍然存在。而法律上只将其视为养子，与养父母女儿的财产继承权和赡养是平等的。

辽宁海城县1937年所修《海城县志》还有过继习俗的记载。

宗规中也有延续。河北交河李氏1937年所订"谱例"将嘉庆九年（1804年）规则继承下来：凡无子之家必遵长门无子过次门之长，次门无子过长门之次之例，不许乱争。如无应继之人，必择其近支之子多者而继之；如近支无人必选其远之有才者而继之。如远近均无可继，过嗣外人之子，必须合族人等立字画押，然后许入族谱；不然断无续入族谱之例②。

---

① 杜家骥主编：《清嘉庆朝刑科题本社会史料辑刊》第二册，天津古籍出版社2008年版，第616页。

② 民国二十六年《交河李氏族谱》，家训。

三 异姓承继的排斥和认可

中国近代之前家系传承建立在男系基础之上。而在民间社会，一些地方的个体家庭则有异姓承继之举。整体看，它遭到政府、宗族组织和其他社会力量的抑制，认可和让步的做法同样存在。本节将考察这一制度。

（一）拒绝异姓为嗣

这应该是主流做法。

宗族作为同姓血缘亲属组织，是维护同姓同宗近亲为嗣这一原则的主要力量，并且它拥有抑制的具体手段。

1. 排斥立异姓子为嗣行为的综合措施

这在宗规中体现较多。它坚持立嗣过继在同姓同宗近亲择立这一制度，对违规者无让步可言。

清代，江苏毗陵长沟朱氏祠规：年长无子，挨择亲分之次子承嗣。如合例无人，听其立爱，不许用异姓螟蛉、甥、婿混乱宗支。违者众共摈逐[1]。对于异姓，即使外亲（嫁出女儿之子）均在排斥之列。

广东东粤宝安黄氏：若以异姓、别宗壮年已冠者择立为继，永不得入祠、列谱、领胙等项，众当斥逐，以正本源也[2]。以宗族组织所能使用的处罚手段作为威慑，使族人打消这种念头。

四川罗江李氏规定：异姓乱宗，断不可也。吾族有乏嗣者，先尽胞侄，择一人立后；如无可立，乃择同堂之侄贤者立之。如亦无可立，乃立远房。倘有以婿作子，及抱他人子者，宗长率众禀报，按律治罪，仍行改正，遣其子归宗[3]。借助法律处置违例行为，可谓规范性措施。

民国浙江绍兴中南王氏祠规：无嗣之家，不许承继异姓以乱宗祧及收养仇子，违犯者公逐[4]。

---

[1] 光绪《长沟朱氏宗谱》卷2，族范。
[2] 同治《东粤宝安南头黄氏族谱》卷上，众议新续例款。
[3] 李化楠：《李石亭文集》卷3，族谱图序。
[4] 民国浙江绍兴《中南王氏宗谱》卷首，宗祠规例。

民国广西平乐邓氏：异姓乱宗，拟杖六十[1]，这是以家法作为惩治违规者的手段。

以上宗族表现出对异姓乱宗的不容忍态度，并有具体的反制措施，意在杜绝这种现象。

有些宗族订立原则性规定，却没有列明惩罚措施。浙江慈溪方氏家规：族内无嗣之人，亲房可以承继。亲房无人，可择远房。不准螟蛉，所以杜争端、明嫡派也[2]。

2. 以不许入谱抑制和贬斥异姓为嗣做法

在重视血统的时代，入谱是族人享有的基本待遇，因而也被族人所看重。故此，不许异姓之嗣入谱会对违制行为起到抑制作用。

清同治年间，广东宝安黄氏家规：族有乏嗣者，至亲应继，不论家资厚薄，以必继为主。若至亲无可择，当择房亲；房亲无可择，当禀请房亲及族内尊贤，则同族合昭穆者，以承宗祧。不许取异姓为后。倘若取异姓之子为后，不许入祠列谱[3]。

山东牟平县：继子最重血统，若畜异姓子为子，则族人不许入谱[4]。

河北交河李氏族家训：凡有晚妻带来之子不许叙入族谱，有犯异姓乱宗之例[5]。

相对于使用家法杖责、号召众人摒逐和告官纠正，"不许入谱"要轻微一些。若有的族人不在乎是否上谱，宗族惩戒则会失去效力。

（二）异姓外亲、妻亲和赘婿为嗣制度

在男系传承制度下，当本家族缺少合适后代作为嗣子时，一些地方允许有血缘异姓子弟过继。这些异姓包括女儿之子、姑之子，也有的将妻子兄弟姐妹之子包括进来。

1. 以异姓血亲——外孙外甥为嗣

外孙是嫁出去女儿所生，外甥则为嫁出姐妹所生。因娘家兄弟无男嗣，

---

[1] 民国广西平乐《邓氏宗谱》卷2。
[2] 《慈东方家堰方氏宗谱》（1931年）卷首，家规。
[3] 同治《东粤宝安南头黄氏族谱》卷上，族规。
[4] 民国二十五年《牟平县志》卷10，杂志。
[5] 民国《交河李氏族谱》，家训。

外甥被过继为后嗣。按照立嗣规则，外甥也属异姓，不被允许。客观上讲，外甥与娘家舅有血缘关系。或许由于这个原因，一些地方接受将其立嗣的做法。

清代和民国初期，山西这一习惯流行范围较广。临县、高平县：舅父母无子，则以外甥承继，俗名"异姓顶门"①。忻县、稷山等县：无子者因族中无可承继，得以外甥（即姊妹之子）为嗣，但须得族中同意②。新绛县：无子而族无可继之人，其出嫁亲女生有二子者，得商取女婿同意，以其次子入继舅家为嗣③。

与山西相邻的陕西也有此俗。凤翔县：无子者须得亲族同意，得以甥嗣舅，惟承继后如再生子，该嗣子对于家财，即不得享受平均分配权利④。甚至有同宗昭穆相当有应继之人，而优先择立外甥。蓝田、扶风等县：有家道丰裕而无子者，即使昭穆相当有应继之人，特因择爱之故，抱养其甥为嗣，同族之人以甥舅有血统关系，与寻常异姓乱宗者大有区别，竟视与亲生子无异。甚且有阖户欢迎、酌酒相贺者⑤。定边县：年老乏嗣，选承继子，先以姊妹之子为之，或妻姊妹之子亦可。如无姊妹子及妻姊妹子者，始以同宗子相继。以故承继者，姊妹子居十分之四，妻姊妹子居十分之五，同宗子居十分之一⑥。醴泉县：死者乏嗣，本宗无丁可继，可议立外姻。但非得本宗亲族允许，不能发生效力⑦。

甘肃省皋兰县："有以外甥承舅，而同室之人亦不争者，盖谓姊妹之子与昆弟之子相似，其血脉同出一本，较同宗之人或尤亲也"⑧。天水县：外甥不仅可以承继，而且还可兼祧。兼祧时，舅为之另娶妻室，各承宗祧⑨。

由此可见，黄土高原地区民众以外甥为嗣有一定社会基础。

在南方，东南地区省份也有此种做法。

---

① 《民事习惯调查报告录》（下册），第845、849页。
② 《民事习惯调查报告录》（下册），第825页。
③ 《民事习惯调查报告录》（下册），第830页。
④ 《民事习惯调查报告录》（下册），第1032页。
⑤ 《民事习惯调查报告录》（下册），第999页。
⑥ 《民事习惯调查报告录》（下册），第1022页。
⑦ 《民事习惯调查报告录》（下册），第1030页。
⑧ 《民事习惯调查报告录》（下册），第1044页。
⑨ 《民事习惯调查报告录》（下册），第1051页。

江苏省盐城县：乡间习惯，以外孙承继外祖者，所在多有，不重嗣书形式，而重披麻挽发（挽法之式在封棺时，以承继人头发缠于铁钉，镶于棺内）。既经挽发，承继人即弃本人之姓，而从所继者之姓①。这实际是外孙承继外祖父之嗣。

安徽省当涂、贵池等县：乏嗣者，如同父周亲内无相当承继者，即以外甥承祧，不于族中再择其他承祧之人。盖以外甥为其同胞姊妹所生，血统较为亲密之故②。

江西各地习惯：外甥可继舅父。凡无子孙可以承继者，例得招外甥来舅家承祀宗祧，并得袭受其遗产，改从舅氏之姓，其亲房人等并无干涉者。盖以血统关系论，究与异姓之子有别，此种通融办法，遂为同宗族者所公认矣③。

出嫁女之子的过继行为在一些地方为习俗所认可。若无纠纷，官方似乎并不干预。而一旦引发官司，官府则要依法处置。请看案例。

清嘉庆二十年（1815年），陕西富平县韩登顺供词：34岁。本生父韩广幅自幼过继与族伯祖韩文炳为嗣，生小的胞弟兄三人，小的行三。自幼仍回本宗，过继与本生大伯韩广顺为嗣。韩有顺是小的姑母的儿子，他是小的表兄，自幼过继小的本生二伯韩广良为子，改从韩姓，和小的同居度日。小的嗣父母并本生父母俱故，女人李氏，两个儿子。嘉庆十九年二月里，韩有顺合小的不睦，吵要分家。小的因他是外姓，不与他平分田产。他不依，和小的闹过几次。后伤其身死。判词：韩有顺之嗣母胡氏尚存，饬令该族长在本宗另择昭穆相当之人承继，并照例酌给尸妻念氏家产，交尸兄张有通领回归宗④。

2. 以妻亲之子为嗣

清末民初，在一些地区，不仅接受异姓外甥为嗣，而且还认可妻亲之子为嗣。从男系角度看，妻亲之子，如妻子兄弟、姐妹之子，与妻之夫并无血缘关系，除非姊妹嫁给同一家庭的兄弟。

---

① 《民事习惯调查报告录》（下册），第860页。
② 《民事习惯调查报告录》（下册），第863页。
③ 《民事习惯调查报告录》（下册），第877页。
④ 杜家骥主编：《清嘉庆朝刑科题本社会史料辑刊》第一册，第417页。

山西临县、高平县：有异姓顶门习惯。姑父母无子，则以内侄承继，俗名"异姓顶门"①。

甘肃靖远、固原县：无子者因族中无可继承之人，则以妻侄或姨侄为嗣②。妻侄为妻子兄弟之子，姨侄为妻子姐妹之子。它是一种颇为宽松的过继制度。从丈夫角度看，这些入继者与其没有血缘关系。

江苏高淳县：淳邑向无外姓之子为嗣，间有以内侄、外甥为爱继，亦不过门改姓③。其中内侄与被继男性没有血缘关系。

安徽来安县：无子之人死亡，如有遗产，先尽同族昭穆相当之人承继；若系单门，归外甥或内侄承继，亦有以螟蛉子承继者④。

浙江金华县：有抱养外孙及姊妹之子，或其他遗弃小儿为嗣之习，入嗣者皆属外行，又名"外纪"⑤。外姓血缘近亲可为嗣。

福建顺昌县：有以姊妹或妻兄弟之子为嗣子者⑥。姊妹之子为外甥，而妻兄弟之子与妻夫无血缘关系。

湖北竹溪、兴山、五峰、郧县：有内亲之子入继习惯：舅以甥为嗣子，及两姨间之子过继⑦。潜江、谷城、通山、巴东四县均有舅以甥为嗣子，及两姨间之子过继习惯。竹山、麻城县只有舅以甥为子习惯⑧。

湖南沅陵、古丈、永顺、辰溪等县：承继不限于同宗，凡外甥及女子娘家姊妹或兄弟之子，纵系异姓，均可承继为嗣，正式列入族谱。宗族除最亲者外亦无有反对者⑨。

民国时期，鉴于新法律不再强调刚性的男系传承，河南一些宗族有变通性规定。

河南民国二十七年（1938年）《陈氏宗谱》凡例中言：按前清法例，父母老而不安，女子及婿能孝养承欢者，得与父母同居，承继财产一半。

---

① 《民事习惯调查报告录》（下册），第845、849页。
② 《民事习惯调查报告录》（下册），第1040页。
③ 《民事习惯调查报告录》（下册），第856页。
④ 《民事习惯调查报告录》（下册），第871页。
⑤ 《民事习惯调查报告录》（下册），第892页。
⑥ 《民事习惯调查报告录》（下册），第925页。
⑦ 《民事习惯调查报告录》（下册），第958页。
⑧ 《民事习惯调查报告录》（下册），第970页。
⑨ 《民事习惯调查报告录》（下册），第985页。

新法令则女子与男子同等承继，无男女则继兄弟姊妹之子。及妻兄弟姊妹之子是否能与旧习惯相融，惟族众自行酌夺①。

外甥为嗣在清末之前即有表现，清末和民初以来，法律允许妻亲之子为嗣。上面所述地方习俗有此实践。那么，清末法律和惯习谁影响了谁？我们认为两者互为影响。

3. 以女招赘立嗣

招赘立嗣与立外甥为嗣既有不同之处，也有相似方面。不同之处表现为，招赘多是无子有女之家，通过招婿为嗣，或以招婿所生子为嗣，直接作为女方父亲的传人；而以外甥为嗣，则是因娘家兄弟无子，以外甥为舅之嗣。可见，二者有继承代位之别，前者为隔代继承，后者为非隔代继承。相似之处为，当以招赘所生子为嗣时，其血缘亲等与外甥是一样的。

招赘立嗣有两种形式，一是以所生子为嗣，一是以赘婿为嗣。

（1）以所生子为嗣

按照这种制度，赘婿是异姓之人，只能承担养老送终的责任；而女儿与赘婿所生子与本家有血缘关系，可以作为嗣子。

山东省德平县：赘婿从姓者，人皆指为义子。而赘婿生子，则无指为义孙者②。从亲等上看，女儿之子与儿子之子相同。在招赘婚下，女儿所生之子成为其父的嗣孙，传承由此归入"正道"。

山西省忻县、乡宁、稷山等县：无子者有女，得为女招夫同居，但不得即以为嗣。至女生子，得以女生之子为嗣③。

陕西潼关县：年老无子有女者，多为女招赘在家，以其婿所生之子为孙，一切权利义务俨如亲孙承受，名之曰"异子不异孙"④。

甘肃陇南、陇东、西宁等道属各县：夫妇年老无子，同族中又无可继之人，则为其女赘婿。入门后，令改从其姓，生子即以承继禋祀⑤。

可见，这四地的招赘婚有相同的目标——以此获得嗣孙。

---

① 民国二十七年《陈氏宗谱》卷1，凡例。
② 《民事习惯调查报告录》（下册），第818页。
③ 《民事习惯调查报告录》（下册），第825页。
④ 《民事习惯调查报告录》（下册），第1032页。
⑤ 《民事习惯调查报告录》（下册），第1038页。

而甘肃平凉县与此相同之处，也有区别：无子之人有女赘婿，为养老送终计者，由婿出财礼若干，凭同亲证，写立婚书，约定先生之子为自己后嗣，次生之子为女家顶门，如只生一子则兼祧两家。女家所有产业，许赘婿管理，不许当、卖①。这一习俗中，所招之婿并没有与岳父之家融为一体：他要优先为自己立嗣，第二子才能作为岳父嗣孙，只生一子则兼祧。

可见，这种做法在北方以西北地区为主。南方也有赘婿所生子为嗣孙的习惯。

安徽芜湖、庐江等县习惯：户丁稀少之族，年老无子者，每欲为女招赘，以其婿所生之子一人为嗣孙。此种习惯实与现行律相抵触②。南陵县：凡年老无子者，辄欲为女招赘，以其婿所生之子一人为嗣孙③。

福建漳平县：女赘婿入门，即以其婿兼祧，为半继子，所生子女与岳父母为孙④。

台湾桃园县：女大不嫁，招人为夫，谓之赘婿。此举多系无子之人用于传嗣。招赘之初，由媒居间关说，言明入赘年限，生子属谁，彼此协议，乃订契约，然后入门结婚。婚后头胎男孩必从女性，承继宗祧。及约期届满，赘婿始得携妻归返。或另别居⑤。

湖北远安县：若因族内不和，令立异姓之子以为子者，则人必非之。惟家贫年老有女无子，而族内亦无昭穆相当之人可为继者，遂招他姓之子为女婚配，其所生子女即以女姓为姓，承继女家宗祧⑥。

湖南常德县：凡无子而有女者，招入他人为婿，成婚后，赘婿即居于女家，其初生之男随女家姓氏，次生之男则随其父之姓氏，以后所生子女以此类推。其赘婿有于女家族谱上经承认列名者，有不然者⑦。

以女招赘生子为嗣孙所以能在较大范围内流行和接受，在于人们认识到女生子与儿生子与父系祖辈（儿女之父或子之祖父、外祖父）有相近的

---

① 《民事习惯调查报告录》（下册），第1044、1045页。
② 《民事习惯调查报告录》（下册），第861页。
③ 民国十三年《南陵县志》卷4，风俗。
④ 《民事习惯调查报告录》（下册），第933页。
⑤ 《桃园县志》，见《民俗资料汇编》（华东卷）下册，北京图书馆出版社1997年版，第1469页。
⑥ 《民事习惯调查报告录》（下册），第947页。
⑦ 《民事习惯调查报告录》（下册），第990页。

血缘亲等，在一定程度上认可了无子之时女儿在家系传承中所具有的间接传承作用。

（2）以赘婿为嗣

赘婿入门后即以嗣子视之。我们认为，以赘婿为嗣，虽属异姓承继，但女方父母更多地看重其所生之子。而对赘婿来说，单纯做养老女婿和以婿为嗣是有区别的。以婿为嗣意味着女方父母不再另立同宗之人为嗣，由此他获得了完整意义的"子"的权利，地位更为牢固。

山西新绛县：无子者有女，得为女招夫同居，即以为嗣，但须得族中同意①。这是有条件接受无子族人以婿为嗣。

陕西南郑县：有赘婿为嗣习惯。夫妇年逾四旬或五旬无子，而仅有一女者，可以商同亲族，择一异姓之子年龄相当者，以女赘之，所有遗产，均归赘婿完全承受②。这里的"完全承受"中应包括嗣续传承。凤翔县风俗：五十岁以下四十岁以上尚无子息，即须择立嗣子，有本宗承继者，亦有外戚改姓承继者……一旦生女则为之招婿，冒姓顶门者。盖乡愚惟知择贤择爱，久已置血统于不顾矣③。个体家庭中父母虽在意嗣续，但对招婿养老这一现实问题更为重视。

甘肃，民间以婿为子"已视为寻常，亦有于初赘时，凭媒证立契约者。如甲以乙为婿，又以为子，则约内说明。乙对于甲须养老送终，所有甲之产业概归乙承受"④。以婿为子也有为嗣之意。

山东聊城县：赘婿承受女家财产，即从女姓，但须得女族同意。至女之父母故后，如欲归宗，必以承女家宗祧，并须得女族及女之同意⑤。临淄县：女无兄弟，并无亲属，赘婿可为其父嗣子⑥。

直隶万全县：如无子孙，以期功及族人承继，由近而远，以次择嗣……如本族无人，始能以外姓者承嗣。或有女招赘，名虽为继承宗祧，

---

① 《民事习惯调查报告录》（下册），第830页。
② 《民事习惯调查报告录》（下册），第1012页。
③ 《民事习惯调查报告录》（下册），第1032页。
④ 《民事习惯调查报告录》（下册），第1036—1037页。
⑤ 《民事习惯调查报告录》（下册），第817页。
⑥ 《民事习惯调查报告录》（下册），第819页。

实则为财产者居多①。

河南嵩县、禹县、汜水县：同宗无子应继者，招婿为子，其财产即归所招之婿承受。

江苏昆山县习惯：富家年老无子而生有二女，确有均招赘在家者，始终不凭亲族，指定何婿为子，议立正式嗣书。俟老夫妇亡故后，所遗财产由招婿在家之二女请同长辈亲友两股均分，并由两婿一同继承妻父之宗祧。此指户绝者而言，惟同族中有亲生子者不在此限②。句容县：无子者类多招婿为子，其婿即于入赘时更易姓名，写立赘书，实与继书无异。被继承人如有子侄，则分以财产若干，俾免争执。否则，但须纳资于祠，其婿即可登谱顶门，享有被继承人一切权利。此种习惯，一因兵燹后人丁稀少，土客杂处而生；一因父母爱怜其女以及其婿。本为常情所致，相沿既久，民间视为固然③。

安徽天长县：无子之家，往往在善堂领养之女，及亲生女招婿养老，即承宗祧④。

浙江安吉县以赘婿入嗣的习惯也与江苏句容县原因类似：自洪杨乱后，人丁稀少，间有宗系断绝，而本人复仅有女无子，因赘婿至家，改从妻姓，得继承妻父之宗祧及遗产。倘婿之本宗复无兄弟子侄，日后生有二子，即以长嗣岳家，次归本宗，亲族均无异议。金华等地也有该习惯⑤。长兴县赘婿也可入继为后。入继之后，即改从其姓，并受其产，而承其祀者。其受产承祀，有经亲族签字继簿者，有尽先将不动产、户粮生前许其移动者，均认为有力之证据⑥。

福建莆田县：无子之人，多系养女招婿以为嗣子，有子之人间亦如是⑦。晋江县：有女无子者即将女子招赘一夫，复将女子所招赘之夫立为嗣

---

① 民国二十三年《万全县志》卷9，礼俗。
② 《民事习惯调查报告录》（下册），第854页。
③ 《民事习惯调查报告录》（下册），第857页。
④ 《民事习惯调查报告录》（下册），第865页。
⑤ 《民事习惯调查报告录》（下册），第893页。
⑥ 《民事习惯调查报告录》（下册），第915页。
⑦ 《民事习惯调查报告录》（下册），第919页。

子；又或自己未生有男女，即抱养一女，遂将此女招赘一夫，立为嗣子①。

由上可见，以赘婿为嗣是一个存在范围广泛的习俗。它也是异姓为嗣的一种形式。由于赘婿与女儿结成了夫妇，其与岳父母关系的密切程度一般说来超过养子。我们认为，赘婿为嗣所以能被当地社会民众接纳，在于其所生之子与岳父有血缘关系，赘婿本人所具有的嗣子地位是过渡性的。

值得注意的是，在招婿为嗣上，一些地方还有变种，即以媳招婿为嗣。儿媳丧偶，相处比较好者则视媳为女，为之招夫，以此解决家庭劳动力缺乏和传嗣问题。这可谓更具宽容性的立嗣方式。

江苏句容县：子亡媳寡，其无人可继者，即以所招婿为子，于赘书内载明"顶门立户、接续宗支"等字样②。

江西婺源县：婺俗有子死后，令媳招夫到家，名曰赘子，得以继承一切产业，与己子无异。赘子称妇之翁姑为赘父、赘母，其族人对于养子视已死者之行辈，有赘兄、赘弟之称③。

福建长乐县也有"招夫立嗣"习惯：孀妇招夫，缔结契约，仍服前夫之姓，生子即继前夫④。

湖北钟祥县：中人以下之家，其家属统系极形复杂，溯其原因，系由该县招夫、招赘之风最为盛行，往往无子有女以女招夫，子死有媳以媳招夫，夫死有产妇自招夫，夫死子幼为抚孤计亦自招夫，其他孙女孙媳及前夫之女均得招夫，亦有抱养他人之女为己女以招夫者。诸如此类，大都令其所招之夫改从己姓，名曰"接禋祀"；间有于合同内载明承两姓宗祧者……辗转相沿，遂多有两三代集合数姓而成为一家者，一般人民恬不为怪，几成为普通之习惯⑤。

在我们看来，以寡媳所招夫为嗣在民间的接受范围较女儿招夫为嗣要小得多。因为两者所生之子与寡妇亡夫之族没有血缘关系。当然，被招之夫可以简单视为异姓之嗣。

---

① 《民事习惯调查报告录》（下册），第922页。
② 《民事习惯调查报告录》（下册），第857页。
③ 《民事习惯调查报告录》（下册），第874—875页。
④ 《民事习惯调查报告录》（下册），第932页。
⑤ 《民事习惯调查报告录》（下册），第972—973页。

有些地方对此有限制性做法。

福建省闽清县：孀妇、苗媳招赘异姓人为夫者，与螟蛉异姓子不同，不能改姓，死后亦不得登谱，但其所生之子得改姓登谱①。

这些承继形式不符合法律要求，官方常加以制止。

清代安徽泗州一带风俗：凡无子嗣者每以姑舅姊妹之子为子，甚者至以赘婿为子，辗转相承，有婿之嗣子一姓，婿之嗣孙又一姓，合四五姓而冒一姓者。因是氏族混淆，婚姻渎乱，父子不亲，夫妇无别，伤恩害义，灭礼乱常，莫此为甚。此风不革，教焉所施？嘉庆年间曾任泗州知州的左辅发布告示，矫正此风：凡有养子冒姓者著即改归本姓，所有已受田产皆安其旧念，事在既往，不得纷争。嗣后，无子择继须遵照定例，先择同气周亲，次及疏远房族，即有女婿义子，不忍相离，准其相为依倚，不得改姓。要知宗族虽远，犹一祖之贻留类也；外戚纵亲，究他人之骨肉，非类也，鬼不歆非类，嗣外姓者何籍焉。自谕之后，庶渐兴水源木本之思，即隐寓别嫌明微之意，于风俗人心大有关系。如敢故违，如律治罪②。

（三）养子为嗣制度

养子与养父母多无血缘关系，属异姓之人。按照近代之前法律，养子不能为嗣。但从历史上看，这一制度是有变化的，并且民间实践也很复杂。

1. 对养子为嗣没有或较少限制

（1）宋元之前

从文献看，宋朝对养子为嗣并非严格拒绝，即使有侄子之时，也可抚育养子为嗣。请看《名公书判清明集》的几个案例。

戴赠与戴盛为亲兄弟，同居共爨。戴盛未娶无子，抱养陈亚六为嗣子，已有47岁，妻生两子。戴盛先亡，戴赠抚育其侄成人，后中分财产与之。后戴赠女婿徐文举觊觎妻叔财产，向官府告妻族不容其次子为戴盛之嗣，甚至诬告妻弟。官府认为，徐文举欲废人之嗣，以立己子，若不惩治，则

---

① 《民事习惯调查报告录》（下册），第937页。
② 《左辅告示》卷2，见杨一凡等编《古代榜文告示汇存》第八册，社会科学文献出版社2006年版，第171—172页。

其词不绝，妻党被扰不已，老丈人死不瞑目也。故判徐文举勘杖八十[1]。养子嗣续地位可敌亲侄，亦即一旦立养子为嗣，亲侄也不得再过继。这表明，宋代人的血统观念不如明清时强。

嫂阿陈丧夫，曾生有一子，二十四岁夭亡，后欲立遗弃子为孙（三岁前抱养）。而夫弟张养中欲以自己子为嗣，嫂叔相争。在法，户绝命继，从房族尊长之命。又云，夫亡妻在，则从其妻。阿陈自夫身故之后，已守志三十年，抚养儿子长大，二十四岁而夭，遂与立嗣。以祖母之命，尽可以立幼孙；以寡嫂之分，岂不尊于乃叔？揆之尊长命立之条，委无违碍。又在法，诸遗弃子孙三岁以下收养，虽异姓亦如亲子孙法……揆以抱养遗弃之条，委为允当。又在法，诸无子孙，许乞昭穆相当者，阿陈自情愿为亡子立嗣，庶几自子而孙，枝脉甚顺。况法中亦许无子立孙者听。今张养中必欲以次子为继，殊不知其子与兄子为兄弟，若以弟为孙，则天伦紊乱。揆之昭穆相当之条，委为不合。今仰阿陈收养同祖为孙，张养中所陈，碍法寄断[2]。

丁一之无子，生前抱养王安之子为后，年未三岁，正合条法。殁后，弟用之欲以己子为一之后。一之生前抱养，与亲生同，而一之既自有子，用之不得干预[3]。

从宋代官府判词中可以看出，当时认可异姓为嗣，其法律依据是：异姓三岁以下，并听收养。即从其姓，听养子之家申官附籍，依亲子孙法[4]。

我们还可从南宋《袁氏世范》中看到异姓立嗣现象的存在：贤德之人见族人及外亲子弟之贫，多收于其家，衣食教抚如己子。而薄俗乃有贪其财产，于其身后，强欲承重，以为"某人尝以我为嗣矣"[5]。我们认为，义子所以会与亲子争嗣，它与当时社会并不排斥义子为嗣的制度环境有关。

（2）清代

清代关于养子及其为嗣的资料较多，不同地区和环境下民众对其接受

---

[1] 《名公书判清明集》卷7，户婚门，第212—213页。
[2] 《名公书判清明集》卷7，户婚门，第214页。
[3] 《名公书判清明集》卷7，户婚门，第245页。
[4] 《名公书判清明集》卷7，户婚门，第216页。
[5] 袁采：《袁氏世范》卷上，收养义子当绝争端。

度有别。

甲、北方和西北地区

清末直隶清苑县：本地习惯恒有以异姓之子为子者，原因于同姓无相当继承之人，是以异姓子为之继承。然异姓继承相依既久，同族中多认为合法承继，并不加以干预[①]。

绥远沽源县：承继次序，无论本姓、异姓，以亲等远近有差。但异姓承继，必同姓无人方可。然亦有同姓有人，或素不安分，或有嫌隙，亦可承继异姓。两方允许，即邀集亲族，公同会议，当众书立继书、画押，交承继人之父母收执，不得无故追废[②]。立嗣之约具有刚性约束力。

山西石楼县：无子者因族中无可承继，得收养异姓子为嗣，但须得族中同意[③]。壶关县：无子者收养异姓或同姓之子为嗣，即同族应继之人亦应为当然，不持异议[④]。偏关县、山阴县：无子者每抱他人之子，抚养长成，即认为己出，一切财产归其继承。本族中有昭穆相当之人，亦不得以异姓乱宗，出而争执[⑤]。

陕西郃阳县：乡民老而无子，靡所依恃，往往以自己意思，请凭亲族择立异姓之子为嗣，财产完全归其承受[⑥]。潼关、保安等县：年老乏嗣之人，或族中无昭穆相当卑幼，或同族素平不睦，彼则不与，此则不受，往往抱养异姓之子，以娱晚境[⑦]。汉阴县：年逾五十并无子女者，得抱养异姓三岁以下之小儿为嗣。然必限于五服内无嗣可择，或均属丁单，亦无昭穆顺序可以兼祧，始得抱养他姓。且必经两族人等同立嗣单，方能承继宗祀，享受财产。否则，本族人等，即以异姓乱宗为嗣来相诘责[⑧]。陕南人民素不注重血统，凡嗣续者误解择贤立爱之说，不惟非昭穆相当，大都继之异姓[⑨]。

---

① 《民事习惯调查报告录》（下册），第762页。
② 《民事习惯调查报告录》（下册），第1065—1066页。
③ 《民事习惯调查报告录》（下册），第830页。
④ 《民事习惯调查报告录》（下册），第842页。
⑤ 《民事习惯调查报告录》（下册），第848、851页。
⑥ 《民事习惯调查报告录》（下册），第1009页。
⑦ 《民事习惯调查报告录》（下册），第1010页。
⑧ 《民事习惯调查报告录》（下册），第1024页。
⑨ 《民事习惯调查报告录》（下册），第1025页。

甘肃盐池县：收养异姓子有年龄限制，至大不得过五岁，并与养子本生父母以抱养费，多少不等。抱养之后，与本生父母断绝关系①。

在宗族观念浓厚的地区，或许能接受收养养子做法，但将其立嗣则难以想象。从上可见，北方有此习俗者多位于黄土高原地区，它可能与当地宗族意识淡薄、生存条件差有关。

乙、东南特别是闽浙地区

南方相对重视宗族建设的地区，也有立养子为嗣的风俗。这在清末民初福建和浙江一些地区有所表现。

福建晋江县：无论有无生子，多喜买养异姓之子，改姓以为己子。以后所有家产，即有亲生之子，亦应均分，不以异姓乱宗为嫌。晋江本地和下游各县大概如此②。顺昌县：有抱养异姓之子，迨长，遂立为嗣子者③。惠安县：承继习惯，不拒外姓④。平潭县：无子之人，多买养异姓子为嗣，日后虽有一亲生之子，该买养子仍得分产，并得改姓入谱。惟所给之产，略较亲生子为少。至修谱办法，昭穆牵线，亲生子则用朱线，买养子则用蓝线⑤。闽清县：螟蛉异姓之子为嗣者颇多，一经亲族同意，即可改从养父之姓，继宗承产⑥。养子在其中并未受到歧视，甚至享有与后生之亲子一样的财产继承权。这是一种比较特殊的民俗。

浙江一些地方的做法与福建相似。富阳县：民众因年老难以生育，每收养异姓小儿，以为将来立后之计。亦有于未经生子之前，先行抱养异姓小儿以为压子者，及后虽已生子，而所抱养之子仍认为子，与诸子同一待遇，分授财产亦复不相上下。其名字且得载入宗谱，惟须注明"螟子"二字。其有终未生子，及生而无存者，即以螟子入承本宗。而近支远族见该房既有螟子，亦并无争继之异言也⑦。嘉兴、吴兴、海盐等县也有此习惯。如吴兴县：凡无子者，率领一异姓人为子，即改从领父母之姓，且令受其

---

① 《民事习惯调查报告录》（下册），第1050页。
② 《民事习惯调查报告录》（下册），第922页。
③ 《民事习惯调查报告录》（下册），第925页。
④ 《民事习惯调查报告录》（下册），第930页。
⑤ 《民事习惯调查报告录》（下册），第935页。
⑥ 《民事习惯调查报告录》（下册），第937页。
⑦ 《民事习惯调查报告录》（下册），第892页。

产而承其祀，与生子一无差别……查吴兴自洪杨后，户丁稀少，若必就本宗立嗣，猝不可得，乃有此异姓承嗣办法，迄今相沿不改①。长兴县：异姓义男也可承嗣②。诸暨县：凡人之老而无子者，苟乏期功强近之亲，或远房之昭穆相当可以承继者，许其抚养异姓之子为嗣，谓之养子，又曰领子。领养之子类皆抚自幼年，遇有族中修谱时，但须始终同居，及于修谱时，曾尽义务者，例准载入养父名下，非若他处谱例严峻③。从中可见，浙江嘉兴、吴兴、海盐等对养子全盘接受的做法是太平天国之后的事，与家庭劳动力缺乏有关，是养子重要性提高的表现。

上述福建、浙江地区的民众对养子采取更为实际的态度，而养子所以能获得这些待遇，在于他们对养父母家有较大贡献，履行了与亲子相同的义务，宗族组织也加以认可，使之得以上谱。

丙、移民集中地区

一般而言，移民地区宗族力量相对较弱。男系血缘近亲传承的民间维护力量主要来自宗族。当个体家庭因迁移而脱离了宗族环境，同时处于过继选择范围的亲族家庭不在身边，那么通过收养解决乏嗣的行为便会增多。北方的热河靠近内蒙古，属清代中期移民垦荒流入地，"客民最多，而亲族关系早经断绝，本已乏嗣，所遗财产，以螟蛉子为嗣"④。

湖北西北部为川、楚、陕三省交界地区，也是流民集散地，民众多为从外地移居者，因而风尚不同于非移民区。钟祥、恩施、秭归、利川等县百姓，因狃于立嗣须由本人自主的习惯，往往无子之家不以兄弟及同姓户族之子为嗣，而反任意择立异姓子为后，其亲族也不能出而阻止⑤。汉阳、五峰等县：抱养异姓子为嗣子，只以养父母之意思为凭，亲族不得干预。也有县份民俗强调收养义子为嗣须经亲族同意。麻城、竹溪、兴山、郧县四县：抱养异姓子承嗣，须先得亲族会同意，否则，族人不予承认⑥。五峰县：招夫养老与赘婿相似，亦应更名易姓，承祀前夫宗祧，所有前夫财产

---

① 《民事习惯调查报告录》（下册），第909页。
② 《民事习惯调查报告录》（下册），第915页。
③ 《民事习惯调查报告录》（下册），第917页。
④ 《民事习惯调查报告录》（下册），第1056页。
⑤ 《民事习惯调查报告录》（下册），第947页。
⑥ 《民事习惯调查报告录》（下册），第952页。

得归后夫承受。如后夫生有二子，长立前夫嗣，次立后夫嗣①。竹山、谷城、巴东三县：抱养异姓子亦得认为嗣子，但不得仅以养父母之意思为凭，必须取得亲族会之同意②。

一些移民地区有多种入继形式并存。

湖北郧县：承继习惯约分三类：（1）为同姓之承继；（2）为外亲之承继；（3）为异姓非亲之承继。凡同姓承继，无亲侄者，应先尽较近之宗支承继，先从侄，次再从侄，次缌麻服侄以及无服之亲。凡外亲承继，先妻党（如妻之侄、姨之子），次女党（如女之子或女之夫兄弟之子）。凡异姓非亲之承继，以夫亡招夫及赘婿为最多，其所招之后夫，即为其前夫父母之财产承继人③。

丁、遭受战乱地区

战乱导致人口大量死亡，幸存下来的家庭人力资源紧缺，没有子嗣过继近亲，收养过继异姓子因此会变得宽松。

安徽广德州：太平天国之后，户口萧条，乏子嗣者因本族无人可继，多以异姓子为嗣，相沿已久，成为习惯。即本族有可继之人，但得族众承认，准其以异姓人为子。一经载入宗谱，即生效力④。黟县：因人丁稀少，价买异姓男孩承继宗祧，其字约内必载明"生死听命、永不归宗"等语⑤。

前述浙江嘉兴、吴兴、海盐也因太平天国所造成人口减少，对养子被立为嗣予以接受。

戊、宗族势力薄弱地区

就个体家庭而言，无子之时，养子具有不可替代的养老等现实作用，这些家庭对血缘传承的重视将让位于生存考虑；而外部若有宗族组织，其做法会受到约束。宗族势力薄弱地区，家庭的意愿将能得到更多体现。

江苏奉贤县：地广人稀，万姓杂住，绝少聚族而居，故无嗣子者每多预领义子或招赘婿为将来之继承人，至同宗承继者视为例外⑥。

---

① 《民事习惯调查报告录》（下册），第952页。
② 《民事习惯调查报告录》（下册），第970页。
③ 《民事习惯调查报告录》（下册），第976、977页。
④ 《民事习惯调查报告录》（下册），第865页。
⑤ 《民事习惯调查报告录》（下册），第873页。
⑥ 《民事习惯调查报告录》（下册），第856页。

安徽太和、繁昌等县：凡无子息，即抱养他姓之子为嗣，若中途己身有子，则酌给财产，或令与己子均分①。

同治五年（1866年）的一项审判案件对异姓过继有所反映：江苏奉贤县人汤掌明，佣工度日，与陆鸿声为邻村熟人。同治三年二月，陆鸿声堂侄陆关林病故，家止伊母孙氏，伊妻陈氏，田亩乏人耕作。孙氏谂知汤掌明支身勤俭，欲过继为子，并将伊媳陈氏再醮汤掌明为妻，姑媳仍得相依。遂与陈氏商定六月间央顾氏、金氏媒说，汤掌明允从，于七月十四日至孙氏家过继成婚。这一婚姻因族人阻拦，汤掌明伤人而被诉至官府。官府判词仅指责孙氏在儿媳夫丧服期未满时主婚再醮，并未提及其过继异姓行为②。

己、个别宗族允许养子为继子

前面惯习分析显示，福建和浙江的宗族认可族人以养子为嗣。而有的宗族更将这种认可落实在族规中。

清道光年间江苏宜兴卢氏宗祠诫约：议族内倘有乏嗣之家，螟蛉异姓为嗣，公议出资捐入祠中，以继子论③。它意味着有养子之家捐资即可使其成为继子。这一做法近代之前是比较少见的。

民国安徽宣城江氏规定：凡无子者宜挨亲属，按昭穆立继。倘亲者败检不肖，欲于疏属择贤者继之谓爱继，亦无不可。至不得已而螟蛉，则须由族众公议。继子须由继父母自择，继父母死则亲族公议。有争继者，便不应继，族众当以理折之④。螟蛉子为嗣虽"须由族众公议"，但限制被大大弱化，或者说突破了以往的刚性限制。

一些宗族没有家谱等传承载体，家谱对异姓继承的贬抑做法则难收效。

清末民初调查显示，浙江嘉兴县土客杂处，土著人丁甚少，"故往往继承异姓之人为子。而于谱牒宗祠等稽考系统之要件多付阙如，凡遇身分系争之案，每苦房族寥落，取证无资，惟藉社庙中所书阴册以为依据"⑤。

---

① 《民事习惯调查报告录》（下册），第862页。
② 中国第一历史档案馆藏，刑科题本，婚姻家庭类，大学士管理刑部事务周祖培题，同治五年五月十二日。
③ 道光《宜兴卢氏宗谱》卷1，宗祠诫约。
④ 民国江民《金鳌派宗谱》第一册，家训。
⑤ 《民事习惯调查报告录》（下册），第909页。

庚、社会变革下的宗族变通

民国以后，新的法律对血缘近亲立嗣、过继行为的支持逐渐弱化，这促使宗族做出一定调整。

江阴东沙王氏民国三十八年（1949年）修谱凡例：向者以入赘及收领养子为乱宗，但新法以重国族而不重宗族，故许其成立。顾我国宗法制度行之已久，民间积俗每以收领养子部分只列入附谱以重血统者。我王氏则不沿用，故亦不另立附谱焉①。该族将入赘者和养子收入家谱，并且没有正、附谱之区别。

2. 对养子为嗣前宽后严的宗规

一些家族，当其尚处小族、寒门且无力修谱、建祠堂之时，对异姓入继的刚性限制较少；一当家族跻身望族或有财力修谱、建祠之时，异姓入继者上谱问题、立牌位问题便会凸显，故此，会出现既往从宽、以后从严的策略。

民国湖南涟源李氏：异姓入继，渎乱宗支，谱未修以前所抚之子，今欲芟锄，以承祧日久，不忍遽绝其嗣，故原谅附之。自今以后毋得妄抚异姓，亦不得抚弟继孙致混昭穆②。

民国三十二年（1943年）《湘潭张氏家谱》体例言：凡养子及私生子之登记均从众议，照前谱齿录规定，本春秋后楚之义③。该张氏所订家训二十条中有一条为"禁非类以乱宗族"：舍诸本宗，抚诸别氏，无根之木，无源之水；气不相属，神不歆祀，名为子孙，实绝祖妣，谱不正录，宗不与齿。而今而后，各自禁止④。

清光绪渤海季氏规定：如有乏嗣者，应过别支子孙承嗣，不许认义子以乱宗支。如四门第二十一支可兴公之孙系以外孙为嗣名曰兰德，传至四世汝元、汝贞等均无嗣。后世不得援以为例⑤。

这表明，一些原来弱小的宗族当自身人口规模扩大足以支撑其立于一

---

① 民国三十八年江阴《绮山东沙王氏支谱》卷1，又例。
② 民国湖南涟源《李报本堂族谱》卷首，初修谱凡例。
③ 民国三十二年《湘潭张氏家谱》卷首，体例。
④ 民国三十二年《湘潭张氏家谱》卷28，家训。
⑤ 光绪渤海《季氏家谱》。

方时，血统意识增强，对非血缘成员立嗣采取严控措施。至民国时期这一思维模式尚未转变。

（四）异姓子在宗族中的地位

在宗族观念之下，异姓子既包括外亲等有血缘关系者，也含有妻亲之子、赘婿和收养之子等无严格血缘关系者。在宗族内的家庭单元内，作为家庭成员其地位与他人并无高下之别，只有在宗族这一跨家庭组织中，差别才表现出来。

1. 有无上谱资格

家谱是同宗有血缘关系成员及其配偶的名录和传承世系记录。因而它是排斥异姓如收养之子被登录的。但在现实中，也有一些变通做法。

（1）不允许上谱

可以说，这是多数家谱所遵守的基本原则。不仅收养子不能登谱，而且被立异姓嗣子也不能上谱。

江西赣南：民众最重血统，凡乞养子不准入祠登谱，私生子亦然。较他处族谱将养子、私生子列入附录或加特别标记者不同[1]。这是比较严格的做法。

值得注意的是，赣南习俗中虽不许养子上谱，但并不意味着抱养子行为受到抑制。赣南各县：抱养子女之风甚盛，自己未曾生育者抱养他人之子，固毫不足怪，即自己生有子女者抱养他人之子，亦所在多有。惟各姓族谱中恒有异姓不得上谱之规定，然此风不因之衰减也[2]。这或许是因为民众更看重现实生存之需，如老年赡养，而不注重形式。

浙江东阳上璜王氏：异姓不得乱宗，如有乞养异姓为嗣者，不载[3]。

福建连城县：异姓不得入谱。连俗素重血统，立嗣多依现行律，虽乡间亦有以异姓人为嗣者，然至登载图谱时，族众恒不许允之[4]。

从前面可见，福建、浙江等东南地区养子在较大范围内存在着，有的

---

[1] 《民事习惯调查报告录》（下册），第878页。
[2] 《民事习惯调查报告录》（下册），第881页。
[3] 光绪《东阳上璜王氏宗谱修谱》条例。
[4] 《民事习惯调查报告录》（下册），第922页。

甚至可以被立为嗣和载入家谱。上面提及地区的家规对包括养子在内的异姓子入谱持排斥态度。可见，同一区域的宗族对异姓子上谱既有接纳，也有排斥。

（2）可以上附谱、副谱或闰谱

一些宗族采取折中做法，既承认异姓子孙被收养的事实，又不愿将其等同正式族员。

清光绪常州蒋湾桥周氏"续添凡例"言：如有舍亲族而取诸异姓即为螟蛉，虽享祀依然，而先人之气脉已绝，九泉之下应抱馁而至痛。他族向有附谱之例，本拟自是届为始，凡系螟蛉者悉附于后，不得与亲支并列世表之中。嗣中牌位亦另设一所。此风或可渐息。而在该族"重增凡例"中又加以区别：从来抚养异姓之子义属螟蛉，即抚姑姊妹女之子义亦属螟蛉。盖眷属虽亲而种类则异，非特种类有异，而姓氏则亦异。故于义亦属螟蛉也。然执法过严，概为删除，恐伤昔日抚育之恩，绝将来膳养之报，尤背先人宽恤之心。兹特原情酌议于例从宽。此届通族只准螟蛉与养甥酌议捐资收录，以充公用，不准赘婿为子。倘有此弊，一概不得承嗣。自今以后，百世而下永为定例。世表中但书子，去一生字；齿序虽尊不得为宗长，前例中早已注明。今特姑听嗣续本支，然究属异姓，凡有族中公事不拘尊卑老少，一概不得与闻。此所谓重本支轻异类亦古今不易之定理也①。

道光年间浙江鄞县新河周氏规定：异姓为后，谓之乱宗，不书。书于谱末，名曰闰谱，以他姓子所后父为始，而系他姓子与其子孙②。光绪浙江鄞县吴氏：各房所有螟蛉子附在下卷之末，今另为一门，书某房某人螟蛉，系其子孙于后③。

光绪福建南平、延平麟阳鄢氏"谱例"指出：按国朝律例，渎姓之戒，倍极精严，故恩养别详闰谱，非有他意，不得已也。但推原咎，端不在受养之人，而在抱养之人，既误于前，亦宜善全于后。今凭族尊定议，凡养父所与阉分田宅、应得产业，毋得混侵。至于祭业一节，各房间有成规，余果皆同胞等视，益见吾家推恩之义，正其名仍存其实，义之尽亦仁之至

---

① 民国丁亥重修《蒋湾桥周氏家谱》，卷1，凡例。
② 道光浙江鄞县《新河周氏宗谱》卷首，凡例。
③ 光绪浙江鄞县《鄞东皎碶吴氏宗谱》卷首，凡例。

也。更若吕易嬴牛系马，明掩人口，暗渎宗支。谱成而后，倘有蹈斯辙者，概置闰谱之列①。

民国湖南涟源李氏：其有抚异姓及同姓异族子与随母子并遗来育以为嗣者，于其父母齿录下直书系某姓子，不提书派名以入世系，但附载于谱尾以示别也②。

湖南浏阳县：修谱时分为正、副两种，除本支各派得入正谱外，所有抚入异姓之子概行列入副谱③。

个别宗族对异姓子孙分别旧、新，过往者从宽，可上附谱；新入者从严，不得援例。民国江苏宜兴篠里任氏规定：神不歆非类，异姓承继，律有明条，但如钱姓、丁姓、陈姓者，先世恩深，谊不容割，故遵旧谱为附图，而列于各分之后，仍为附表，同诸世次，以全类族辨物之义。至新附螟蛉，不得援此为例④。

（3）以蓝线相区别

民国十七年（1928年）《绍兴江左邵氏家谱》凡例：异姓继赘，统挂蓝线，本属从权⑤。

（4）通过族谱形式改变来区分

或许设立副谱、闰谱等成本较高，一些宗族采取直接注明方式，以示区别。

清咸丰七年（1857年），江苏江阴东沙王氏家谱凡例规定：嗣子必于本人名下书以某人几子某嗣，若推嗣则书嗣子。倘有以外姓入继者，于本人名下注明继某姓子为螟蛉，庶真伪有辨，本源勿紊矣⑥。

清末民初武进县习惯：凡无子者，因房分之疏远，子侄之愚蠢，乃螟蛉他姓子为嗣，亦有招婿为子者。厥后纂修宗谱，遂有容认之例外谱规……若辈虽为异姓之子，而相安已久，子孙已取得本姓，于是通融方法，酌令津贴若干，为谱局经费，准予登入新谱。惟于系统线下标明"义子"、

---

① 光绪福建南平、延平《麟阳鄢氏族谱》卷首，续凡例。
② 民国湖南涟源《李报本堂族谱》卷首，续修谱凡例。
③ 《民事习惯调查报告录》（下册），第995页。
④ 民国江苏《宜兴篠里任氏家谱》卷1，凡例。
⑤ 民国十七年《绍兴江左邵氏家谱》卷1，凡例。
⑥ 民国三十八年江阴《绮山东沙王氏支谱》卷1，旧例。

"继子"等字样①。民国江苏毗陵《胡氏宗谱》：本族间或有继子者（指异姓），虽非嫡派，亦必存之而不去。但须酌议，世表中注某处某人第几子为嗣，俾后世子孙知其传继，亦寓不去之去矣②。

福建建阳县：收养遗弃小儿，及无子乞养他人之子以为子者，于宗谱上载明"抚子"字样，以示区别③。

而北方一些地区，大半不立宗祠，不修家乘，这一限制方式失去作用空间。如陕西蓝田县，因不重宗祠和家谱，义子种类，复杂难稽，有因荒年遇流丐收养者，有拾养奸生子者，有买异姓子为己子者。其初尚有乱宗之私议，一经历年久远，便认为一般普通族人。本宗遇有乏嗣者，并愿将义子后裔过继，倘义子后裔或有一支乏嗣，本宗亦愿为之承嗣，并无户族以异姓乱宗名义出而理论。其以甥继舅、以内侄继姑父者，尤属地方公认为正当④。可见，宗族有无载体形式对宗族传承的维护作用有强弱之别。

2. 异姓子孙的丧葬和祭祀权益

除了不允上谱或上谱时做出区分外，异姓子孙死后丧葬和祭祀方面也不能享有正式族人待遇。

山西解县：抱养义子不得即以为嗣，若只从姓相依，族人均不过问。但生前不准入嗣祭扫，死后亦不得安葬祖茔，并不准列名谱牒⑤。虞乡县也如此：凡鳏夫寡妇，无子或子死，虽能由外姓或亲戚自由买子，但准其子承继受业，而不能入家庙、序昭穆、拜祀扫，故俗云："义子不乱宗。"⑥

3. 异姓子孙参与宗族公共管理事务受限

在宗族内部，异姓子难以摆脱"外人"身份，更不会以"正式成员"被对待，因而一些宗族禁止异姓子孙担任宗族公职。

民国江苏毗陵胡氏规定：螟蛉之子非我族类，当稍有区别。嗣后凡螟蛉子孙概不准干预族中公事，五世之内并不得居族尊、分尊之职，所以崇

---

① 《民事习惯调查报告录》（下册），第859页。
② 民国十六年重修《毗陵胡氏宗谱》，凡例。
③ 《民事习惯调查报告录》（下册），第931页。
④ 《民事习惯调查报告录》（下册），第1013、1014页。
⑤ 《民事习惯调查报告录》（下册），第838页。
⑥ 《民事习惯调查报告录》（下册），第841页。

本支严异姓之界也①。

民国十七年（1928年）《绍兴江左邵氏家谱》凡例：异姓继赘，统挂蓝线……嗣后，凡遇蓝线子孙，概不得作族长、支长，以示区别②。

尽管这种限制只存在于宗族之中，它无疑会在本地形成蔑视异姓者的氛围，其对社会事务的参与也受到排斥。

（五）异姓继嗣者的风险

在宗族社会中，家庭之间既有和睦相处的一面，也有利益冲突和争夺的另一面。在本姓家族成员看来，异姓进入一定程度上也是对族内资源的侵占，甚至会认为自身的继承机会因此丧失，其摒斥心理和行为将会产生。可见，异姓继嗣者在宗族之中是有一定生存风险的。

1. 异姓继嗣者族中地位不稳

宗族环境中，养子地位不稳。义父在世时，无人叫板生非；一旦义父去世，失去保护，被族人排斥的情形往往会发生。

湖南长沙、宝庆、衡山等地：义子准修入族（零）谱，然其效力亦有不能及于养亲之死后者。故凡养亲死后，义子非遭嫡庶子之苛待，即遭亲属之干涉，甚或夺其财产而逐之③。

清代档案中对此也有反映。

乾隆三十年（1765年），山东阳谷县韩德新供词：46岁。小的父亲弟兄三人，大伯韩公爵只有一个孙子韩斋；父单生小的一个，小的生有韩闹、韩腊；三叔韩公玉没生子，雍正十年间，在河滩上捡了万九遗弃一月大的孩子做儿子，改名韩坦，养大了替他娶女人施氏，阖庄都知道的。小的因叔子身故，韩坦是异姓义子，不便承嗣。乾隆十四年上同亲戚项志仁议明把小的第二个儿子韩腊承继韩坦为子，并不是图他的财产。韩坦夫妇想自己生了儿子，怕韩腊分他的地，总不喜欢，逐日吵闹。乾隆二十九年二月里，韩坦告韩腊不孝，蒙前任马县主审明断，令韩腊归宗，另议应继之人承叔子的嗣。小的家人少，除了韩腊别无可继的人，因此没有议继。小的

---

① 民国丁卯重修毗陵《胡氏宗谱》卷1，凡例。
② 民国十七年《绍兴江左邵氏家谱》卷首，凡例。
③ 《民事习惯调查报告录》（下册），第984页。

因韩坦把小的儿子韩腊告官断回,心里生气,原在背地里说要驱逐他的话。二月二十五日,韩坦吃醉了酒,在小的门首混骂说,哪个说俺是义子,要把俺撵逐?叫他指出凭据来。小的听见问他骂谁,他说你来承揽就是骂你。小的与他互殴,伤其身死。判词:韩公玉本支现无应继之人,据讯尸妻施氏情愿守志,并无亲属可依,应靠韩公玉所遗房产仍令管业,以为终身养赡之资。本案中,官府并未再强调为韩公玉立嗣,所遗留财产韩坦之妻具有支配权①。

2. 异姓子孙难以被宗族成员真正接纳

一些个案显示,义子、义孙即使在义父宗族中生活多代之后,与其他族人仍难融为一体,摆脱不了被歧视的境地。

清朝道光七年(1827年),陕西鄠县孙广勋供词:34岁。道光二年间,科考入学,后来误课不到,褫革衣顶。革生已故祖父罗顺过继与孙建忠的祖父孙淑世为嗣。孙广亭为孙建忠之子,先与革生同居度日。道光三年正月,孙广亭到甘肃生理。三月里,孙建忠酌给父亲孙广元财产,分出另住,父亲叫革生经管家务。七年正月,孙广亭回家,查知分家情由,说革生是异姓子孙,要革生退给分产。革生向孙建忠告知,孙建忠叫革生不要理他。后来,孙广亭见了革生即行辱骂,革生见孙广亭凶横,隐忍没较。其父孙建忠斥责他,他也不听。闰五月十六日,孙广亭又来索产,要撵逐革生归宗,革生理斥②。当事人所说祖父过继孙淑世为嗣并不准确,应该是被收养的义子。即使到了第三代,义子后辈还未被义祖父族人全面接受。当然,闹事者的主要目的还是想获得更多财产,并非真的要维护不许异姓乱宗的原则。

陕南异姓继嗣较多,但在宗族中难免有财产受损风险。表现为,异姓人继承之初族众并不过问,日久,其已长成,娶妻生子,族众亦无异词。及后嗣续人身故,族众因觊觎财产,而争继承之讼狱。其最后解决之道,类皆以嗣续人产业捐入该族坟会,作为公产而后已。坟会公产由强盛族众

---

① 中国第一历史档案馆藏,刑科题本,婚姻家庭类,大学士管理刑部事务刘统勋题,乾隆三十年闰二月十四日。

② 中国第一历史档案馆藏,刑科题本,土地债务类,护理陕西巡抚徐炘题,道光七年十二月二十日。

分管、分种，每逢祭礼，该分种、分管者微出产中利息，置备祭品祭扫，余润即可鲸吞①。

乾隆初年，湖南"民间所养异姓之子本属良民，非奴仆也"。乃地方"多有本宗豪强之人，欺其异姓，视同奴隶，酌分之产屡被侵夺，竟有公然控指为仆者"②。

可见，宗族内部成员之间存在不同形式的利益关系或财产关系。当各家都有血缘男嗣时，族众可以相安无事。一旦其中有的支派没有男嗣，意味着其失去了财产的正统继承者和保卫者，觊觎并获得一份额外财产的心理便会在族人中酝酿，乃至付诸实施。异姓继嗣者的保护人是嗣父母。嗣父母去世，失去靠山，其地位将会不保。我们认为，这种局面形成的一个重要原因是异姓继嗣不为法律所承认，尽管地方惯习认可，但好事族人会以官法来否定他。

（六）收养异姓之子的利与弊

从宗族角度看，收养异姓之子有利有弊。

一些家庭将收养异姓义子作为壮大家户人力和势力的手段。在移民集聚地区，个体家庭人力资源单薄，收养义子的确能弥补这种不足。

一些地方即使有子之家，也养义子，以其作为家庭经济的重要劳动人手。福建龙溪县民俗：生女有不举者，间或假他人子为子，不以窜宗为嫌。其在商贾之家，则使之携赀四方，往来冒霜露，或出没巨浸，与风涛争顷刻之生，而己子安享其利焉③。

但其负面影响也存在。主要表现是，异姓之人力量增大时出现争继现象。浙江处州居民，家各有谱，宗支颇明晰。本宗相承，笔以红色，异姓继嗣，笔以蓝色。惟所序非族中合议，胥以私意出之，故流毒弥多。常有无赖觊富室产，富室乏嗣，笔祖若父以蓝色，而自承为富室正支，或指富室为异嗣者。甘为人后，恬不知耻。更有自移他族骸骨，瘗诸祖茔，讦人

---

① 《民事习惯调查报告录》（下册），第1025页。
② 《湖南省例成案》卷5，户律，田宅。
③ 乾隆《龙溪县志》卷10，风俗。

为盗葬，或阴匿祖骸以实之①。

福建，"异姓乱宗，显有功令，而潮人每有此弊。以丁多为强，较之他郡尤甚，常乞养他人子，非独单门然也。其有貌为鞠育，包藏祸心者，更多故矣"②。收养义子之家也有不良之图。

可见，养子既可成为本家发展壮大的力量，也有可能对养父家族关系形成瓦解之势；或被养父作为谋取不当利益的工具。

（七）家族对族人出为养子、继子的态度

宗族对异姓入继、收养义子持排斥态度的同时，对本族人将子与人为继子和养子也不赞成。这是一种观念上的统一，即反对异姓入继与出继异姓具有一致性。

如民国广西平乐邓氏：以子与人，罪与同得③。与异姓乱宗的处罚力度相同。

不过，相对来说，对后者虽然反对，但多停留在态度上，很难采取严厉的抑制措施，特别是贫困族人将难以抚养的子女送人，宗族组织的说教所起作用是有限的。相反，一些宗族采取宽容做法对待被异姓收养或出继异姓之人，为其"回归"留有余地。

清光绪浙江鄞县吴氏：族内有出为他姓螟蛉者，仍于本生下附书其名，俾日后可以归宗。随母他适者，亦照此例④。

民国浙江绍兴中南王氏祠规：本宗出继之子，异日有欲归宗者，必通知合族，具祭昭告列祖，捐银一两，方许入祠⑤。

清光绪福建南平、延平麟阳鄢氏：有自幼出育者，乃其父母贫不自存，忍心为此，非出育者之罪。今议于其父母之下，仍书男某，旁注出育二字。如果亢宗有志，不忘原本，确查详据，仍许归宗，一体相视。然亦有习成匪僻，被逐无依，因思复姓者，是以吾宗为逋逃薮，毋得滥收，盖与其玷

---

① 徐珂辑：《清稗类钞》第五册，中华书局1984年版，第2205页。
② 徐珂辑：《清稗类钞》第五册，中华书局1984年版，第2209页。
③ 民国广西平乐《邓氏宗谱》卷2。
④ 光绪浙江鄞县《鄞东皎碶吴氏宗谱》卷首，凡例。
⑤ 民国浙江绍兴《中南王氏宗谱》卷首，宗祠规例。

宗，不如乏嗣也①。

民国湖南宁乡刘氏：有继嗣于他姓者，饬令归宗。其有不得遽归者，仍照刘姓编次，俾后裔知有本源也。……随母出子，本系一脉，虽遗腹必收②。

清咸丰七年（1857年），江苏江阴东沙王氏家谱凡例：本宗出继外姓及出赘他族、迁徙远方并相从释道者，必于本名下注明继何氏，徙何方，出家何所，使后日归故土复本宗，不迷所自，而族人亦得执以查考焉③。

综上所述，族人出为他姓人嗣子、继子或被他姓人养为义子，本族为其"复归"认祖敞开大门，并在新修族谱世系中标明，表现出很强的收族意愿。在我们看来，它具有避免同宗近亲婚配的积极意义。同时也要看到，由于宗族组织无力对贫寒家庭及其子弟予以有效资助，被人收养为义子或丧偶妇女带子嫁人难以避免，故多数宗族也未制定苛刻的禁止族人出继之规。

四　丧祭中的代际传承

中国历史上有"国之大事，在祀与戎"之说。国家所征之税，"给郊、社、宗庙、百神之祀，天子奉养、百官禄食庶事之费"④。王者所以亲耕、后亲桑何？以率天下农蚕也。天子亲耕以供郊庙之祭，后之亲桑以供祭服⑤。在家庭传承中，丧祭也是一项重要活动。根据《礼记·祭统》：孝子之事亲也，有三道焉：生则养，没则丧，丧毕则祭。养则观其顺也，丧则观其哀也，祭则观其敬而时也。尽此三道者，孝子之行也。可见，祭祀是为人子孙一项重要义务。这也成为民众的实践，所谓"父之所以生子者，为其生能养己，死能葬己也"⑥。

可以说，丧葬和祭祀是男系传承的重要内容和功能。

---

① 光绪福建南平、延平《麟阳鄢氏族谱》卷首，续凡例。
② 民国湖南《宁乡南塘刘氏四修族谱》卷首，初修凡例。
③ 民国三十八年江阴《绮山东沙王氏支谱》卷1，旧例。
④ 《汉书》卷24上，食货。
⑤ 《白虎通》卷6，耕桑。
⑥ 《名公书判清明集》卷8，户婚门，第276页。

（一）丧葬活动中的代际关系

亲祖故世，子孙要操办尽可能隆重的葬礼，这是"孝思"的表现，也是代际关系功能的体现方式。

1. 三年丧制

（1）从礼仪软约束到法律硬要求

三年丧制是最高的服丧等级，是子为去世父母所服。这一制度始于先秦，或者说初现于西周。但春秋时期尚未形成定制。孔子弟子宰我即有"三年之丧，期已久矣"的疑问。孔子批评宰我"不仁"之论。他认为"子生三年，然后免于父母之怀，夫三年之丧，天下之通丧也。予也有三年之爱于其父母乎？"[①] 汉以后三年丧礼逐渐变成三年丧律。

根据《唐律疏议》：父母之丧，法合二十七月，二十五月内是正丧，若释服求仕，即当"不孝"，合徒三年[②]。还有：父母之丧，终身忧戚，三年从吉，自为达礼[③]。该律条为以后王朝所承继。

服丧期间，做官的子弟要离职回籍守制（时称丁忧），未婚者不得娶妻，已婚者不得生子和纳妾。科举时代则不允许应考。

当然，违制现象并不鲜见。至清代，河南武陟县：丧期内"婚娶、应试、饮酒、观剧与常人无异。独此白衣素履则必待三十六月始除"[④]。湖南浏阳县：乃至有父母方终，骤行婚娶，称为"对丧拜合"[⑤]。

（2）民间表现

从民俗看，多数地区遵从这一制度。

清代，直隶安州：服制皆二十七月后始复吉服[⑥]。广东广宁县：齐衰、斩衰三年之制，固未有不恪遵者[⑦]。四川金堂县：二十七月丧制"上自士大

---

① 《论语·阳货》。
② 《唐律疏议》卷10，职制。
③ 《唐律疏议》卷13，户婚。
④ 道光《武陟县志》卷10，风俗。
⑤ 嘉庆《浏阳县志》卷16，风俗。
⑥ 道光《安州志》，见《民俗资料汇编》（华北卷），北京图书馆出版社1997年版，第318页。
⑦ 道光《广宁县志》，见《民俗资料汇编》（中南卷），北京图书馆出版社1997年版，第860页。

夫之家，下及贫婆之家，均无或异者"①。广西全州：遵制持服二十七月②。

孔子对三年丧制实行的必要性所作说明即体现出代际关系的回馈意义。父母费心抚育子女，特别是初生三年所花费的精力最大，由此初步形成一个"人"的个体。中国民间社会有"三冬三夏才能得一个娃"之说。父母亡故时子女为其服丧三年，感念其养育之恩，孝思得以强化；它也会使父母在天之灵获得慰藉，而非人去即怠忽或遗忘。这也是传统时代代际关系功能的一个重要体现。正因为如此，它才为传统社会官民所重视。由于男嗣在其中起到重要作用，因而三年丧制对后人男嗣追求心理和行为具有增强作用。

2. 丧事操办

在中国传统时代，亲人去世，丧事要力求办得隆重，不惜花费。在人们的观念中，只有这样才能显示子孙有"重死"意识。可以说，丧事操办是传统时代子孙"孝"行的重要体现。

家族组织是族人丧事活动的重要监督者。明代安徽休宁范氏家规指出：送死大事尤甚于养生，必葬之以礼，然后送死之事始毕③。清末浙江慈溪方氏家规：人子所当尽心者，莫大于送终一事④。一些宗族视治丧为子女孝行的重要表现：父母殁也，躄踊哭泣，实尽其哀。凡衣衾棺椁称家有无，或丰或俭，一循乎礼，总期无憾而后安⑤。

而治丧有很强的男系传承表现。根据《朱子家礼》，丧家应立丧主，"凡主人，谓长子；无则长孙承重，以奉馈奠"⑥。民间多遵守此原则。如山东莱阳：丧葬之事，则长子主之，殁则长孙承重，犹有宗法遗意⑦。

治丧如此重要，子孙不敢忽视和怠慢，因此花费不菲，甚至出现倾产治丧做法。清代山西宁乡县：破产厚葬者，比比皆是矣⑧。河南汝州：道光

---

① 民国十年《金堂县续志》卷1，礼俗。
② 嘉庆《全州志》卷1，风俗。
③ 万历范氏《林塘宗规》，见李文治、江太新《中国宗法宗族制和族田义庄》，社会科学文献出版社2000年版，第280—281页。
④ 民国《慈东方家堰方氏家谱》卷首，家规。
⑤ 民国三十八年江阴《绮山东沙王氏支谱》卷1，光绪三年家规。
⑥ 《朱子家礼》卷4，丧礼。
⑦ 民国二十四年《莱阳县志》卷3，礼俗。
⑧ 康熙《宁乡县志》卷2，风俗。

年间，丧家所费不赀，或有变产告贷以应者①。伊阳县：丧家"或至弃产以应，家以是落，尤为恶习，允宜禁止"②。湖南长沙县：为办丧事，酒食、布帛、舆马之费，多则数千金，少亦不下数百金，力不及者必称贷变产以行之；不如是，则群以为俭其亲矣③。善化、湘潭等地也有此俗。

然而，在民间，小户人家难以承办破费很大的葬礼。为避免家人办丧事时捉襟见肘，未雨绸缪，建立互助组织。清初浙江德清人唐灏儒撰写《葬亲社约》，葬亲社的规模以32人为限，"凡有举葬者，同社各出代奠三星，一以为敬，一以为助"④。河南荥阳：家有戴白老亲，则十人为会，每月敛钱若干数，因母得子。一家有事，以举钱赒之，九家且效奔走焉⑤。天津一带：民间小户，每有因父母年老，预立一社，以便父母亡故时互相扶助，名为荣寿社。其法：公举一社首管理社事，约定社友各认出总额若干元，按年陆续缴出，由社收存，至五年或十年缴齐。社友无论何时父母亡故，即通知社首，由社首按照认出总额若干元给付⑥。四川金堂县则有"孝义会"，亲友醵金以助，分年增息偿还，"俱极便于贫民"⑦。

在中国社会，特别是民国之前，为亲代操办像样的丧礼，是子代对亲代养育之恩的一种回馈形式。由于具有了这样的意义，子孙不得不倾力去办。但它却会增加子代的经济压力，助长形式化做法和浪费现象。我们同时认为，这种习惯能够在民间社会维系的一个原因是，它会带来财富在家庭之间发生流转，丧家为办丧事而货卖田地，那些握有闲钱者则得到了置办土地的机会。

（二）无后者丧葬安排

就民间习惯而言，无男嗣者最尴尬和凄凉之时不仅是生前无人赡养、

---

① 道光《汝州全志》卷5，风俗。
② 道光《伊阳县志》卷1，风俗。
③ 嘉庆《长沙县志》卷14，风土。
④ 陈宏谋辑：《五种遗规》，中国华侨出版社2012年版，第271页。
⑤ 乾隆《荥阳县志》卷2，风俗。
⑥ 《民事习惯调查报告录》（下册），第759页。
⑦ 道光《金堂县志》，风俗，见《民俗资料汇编》（西南卷）上册，北京图书馆出版社1997年版，第16页。

照料，而且还有死后的丧事无人鼎力去办，以致会草草了事。

1. 无子或无嗣者丧事操办方式

清末直隶清苑县：父死而亲子执幡，或嗣子执幡。故有嗣子不订立继单，仅以执幡为继承之成立者①。无子者死后，"执幡"成为"嗣子"的象征或确定方式。可见，这个嗣父母生前并未与嗣子生活在一起，后者只承担"死葬"和祭祀等责。

山西神池县：无子者身故，生前并未立嗣。而有义子者，则以义子为嗣。如无义子，则以族中于无子者身故，出殡时服斩衰而打烧纸盆（亦称打砂锅）者为嗣②。显然，既无亲子、又无义子的族人，只能由宗族近亲或宗族组织出面确定服斩衰而打烧纸盆者，并由其继承财产。

黑龙江龙江县：无继嗣者遗产由办理丧事人承受。顶灵驾丧者，得多分遗产，或取得遗产全部。……惟生无子嗣又未定有承继之人，即由亲族公推一昭穆相当之族人为死者顶灵驾丧，执行人子送终之职务，并非过继为子。葬后所有遗产，亲族人等公议分析，顶灵驾丧之人较其他族人所得为多。盖其中寓有报酬之意。亦有全分遗产均归顶灵驾丧人承受者③。族人对无嗣之人丧事办理与其财产分配结合在一起，谁在形式上付出得多，所获份额也多。而"顶灵驾丧"者也不承担嗣子义务，或者说只是一个"临时"嗣子。

有的直接以钱作为"临时后嗣"的补偿。山西大同县：人死之后，尚未立嗣，无人抱持死者灵幡者，须择族中卑属一人行之，事毕得受酬金，名曰打幡钱④。可见，大同的做法更为"直接"，"临时后嗣"成为一个"演员"，以获得报酬为目的。

而清代嘉庆十六年（1811年）陕西肤施县的个案显示，无子者有生前委托族人操办丧葬做法。杨德顺供词：杨锐是小的父亲，合族叔杨助清并无服制。嘉庆十六年五月二十六日，族祖杨其庆因年老没儿，把地亩卖得钱四百一十千。因父亲为人忠厚可靠，说将来死了，要父亲照料，分给父

---

① 《民事习惯调查报告录》（下册），第762页。
② 《民事习惯调查报告录》（下册），第831页。
③ 《民事习惯调查报告录》（下册），第778页。
④ 《民事习惯调查报告录》（下册），第836页。

亲钱四十千文①。

我们认为，无子、无嗣生前所以没有确立嗣子，在很大程度上是贫穷所致。过继族人为后嗣需要有一定的财产作为基础，没有人愿意在无财产作为后盾的情况下为其承担赡养、丧葬等义务。上述地方惯习表明，当不具有过继立嗣的经济条件时，死者的丧事只能草率办理。在有报酬的前提下，族人指定"临时后嗣"履行丧葬操办"义务"。

2. 无子无嗣但有女者丧事操办方式

黑龙江兰西县：生无子孙，又未立有子嗣，死后丧事由本族叔侄等辈主办，所有产业归办丧之人承受。如无本族，由女或由戚友办理丧事，遗产或归女承受，或变价作为丧事费用，尚无一定办法②。

这种丧事办理中，也不必择人充当"临时后嗣"，族人一道以最简单的形式料理，不免有凄凉之感。

3. 死后丧前立嗣与丧事操办

生前没有择定后嗣，补救办法是死后由宗族组织择立，以便办理丧事。为避免草率行事，有些宗族为此制定规则。

河南正阳《陈氏宗谱》凡例：要继人有信任个性，生前不立待诸身后者，其夫妇有一寿终时，族众须秉公按昭穆伦次迅为立继入谱承服，主办丧事，以重慎终大事。且使奉祀死者，孝养存者，不得停灵推延，藉便私图，致宗祀虚悬或酿滋事变③。该宗族强调要有立嗣的形式。

整体看，无子或生前无嗣者的丧事办理具有从简表现，甚至显得凄凉。这对族邻将会起警示作用，从而使男孩偏好的氛围更加浓厚。

（三）祭祀活动中的代际关系

1. 祭祀制度发展简述

祭祀去世先人是后辈的重要职责，也是血缘代际延绵的主要体现方式。所谓"四时祭祀，周、孔所教，欲人勿死其亲，不忘孝道也"④。按照朱子

---

① 杜家骥主编：《清嘉庆朝刑科题本社会史料辑刊》第一册，第200页。
② 《民事习惯调查报告录》（下册），第774页。
③ 民国二十七年《陈氏宗谱》卷1，凡例。
④ 《颜氏家训》卷7，终制。

家训：祖宗虽远，祭祀不可不诚①。

元代温州盘谷高氏新七公家训：重祭典：人本乎祖，宜思水木之源。祭必以诚，毋缺烝尝之礼。吾族子孙，倘有临祭不与，则受惩罚②。

浙江上虞章氏五代所立《家训》"重丧祭"条：孝子事亲，生则养，没则丧，丧毕则祭。养观其顺，丧观其哀，祭观其敬，此三者孝子之行也。人之于祖、父，春秋必祭，忌日必祭，祭必以礼③。

但祭祀又有一系列规则需要遵守。

从祭祀制度发展历程看，元代之前官员可以立家庙祭祀四代祖先，一般百姓不允许建祠堂，却可在家中堂屋祭祀父、祖两代先人；至明朝时平民百姓被允许祭祀四代先人，并可祭始祖。但有一个要求，祭祀仪式结束应将灵牌烧掉，祠堂建设仍未解禁。清朝从官方角度看，继承了明朝制度，规定士庶可祭祀高、曾、祖、祢四世祖先，其妣配之。然而，民间家族违制建祠堂成为普遍现象，借以供奉始祖、始迁祖以下的祖宗牌位。

需要指出，祭祀活动建立在由男系成员承担基础之上，是立嗣功能的具体表现。宗祧继承人承担着祭祀嗣父母及其宗支的责任。这一原则和制度在民国时期仍然保留着。

根据 1925 年《民国民律草案》第 1333 条：宗祧继承人，自继承开始时起，对于祖先神主、祭具、坟墓、家谱及其他有关宗祧之设置，所继人生前所有者，取得其所有权④。

2. 祭祀物质条件的创造和设置

祭祀先祖并非草率之事，它需要借助基本的载体，以此实现"神人"即家族先祖与现世之人的沟通。

（1）建祠堂

前面已述，民间祠堂的普遍兴起在明清，特别是清代之后。但之前官宦之家即有"家庙"。《礼》云：君子将营宫室，宗庙为先。

北宋临安钱氏《谱例》：祠堂妥神之处，务须洁净。凡遇朔望，子孙拜

---

① 《朱子治家格言》。
② 《盘谷高氏贵六公房谱》，盘谷新七公家训，1935 年修。
③ 民国十四年《上虞雁埠章氏宗谱》卷 14，家训二十四则。
④ 《民国民律草案》，第 382 页。

谒、行香，俱要肃静①。

明代《浦江郑氏义门规范》：立祠堂一所，以奉先世神主。出入必告，正至朔望必参，俗节必荐时物。四时祭祀，其仪式并遵文公家礼。然各用仲月望日行事，事毕更行会拜之礼②。

明代江苏海安《虎墩崔氏族谱》"族约"："尊族敬宗，建祠为重。制虽不古，事亦可以义起者。吾家居此二百余年，祠宇未建，奉先无所，聚拜无地，人心涣散，相以为戒。"故而积累资财，以图兴建③。

清代浙江上虞章氏五代所立《家训》"建祠宇"条：祠乃先灵之所栖，子孙所以尽报本追远之义也。况习礼、饮胙、睦族、敦宗皆系于此④。

广东一带：俗最重祭，缙绅之家多建祠堂，以壮丽相高。每千人之族，祠数十所。小姓单宗，族人不满百户者，亦有祠数所⑤。

整体看，南方宗族祠堂相对普遍；北方则较少，个别士大夫之家也有建祠堂者。

山东莱阳县：士庶皆有家庙，藏其先世遗像、谱牒、木主，以时致祭⑥。山西长子县：士大夫家，建立家祠，四时分至致祭，元旦、端午、中秋、重九，各荐时食。清明则墓祭⑦。直隶任县："士庶之家，每族多立祠堂，奉先世神主⑧。不少地方形成祠祭（士大夫及大户）和家祭（庶民百姓）并存局面。山西岢岚州：凡祭必于其祠，祠必定以时。朱子《家礼》久废不讲矣。士庶人无宗祠，惟设主于寝⑨。陵川县：户大者，率有祠堂；小户及贫寒者，率将木主置之柜中，祭时始行取出。除忌日外，祭时甚少⑩。武乡县：士大夫家建立家祠，四时分至致祭。……庶民每值时节，或

---

① 光绪《苏州吴县湖头钱氏宗谱》卷首，谱例。
② 浦江郑氏《义门规范》。
③ 明代江苏海安《虎墩崔氏族谱》"族约"，见李文治、江太新《中国宗法宗族制和族田义庄》，社会科学文献出版社2000年版，第289页。
④ 民国十四年《上虞雁埠章氏宗谱》卷14，家训。
⑤ 同治《番禺县志》卷6，舆地略。
⑥ 民国二十四年《莱阳县志》卷3，礼俗。
⑦ 嘉庆《长子县志》卷2，风俗。
⑧ 民国四年《任县志》卷1，风俗。
⑨ 光绪《岢岚州志》卷10，风土。
⑩ 民国二十二年《陵川县志》卷3，民俗。

祀于寝室，或祀于墓，岁时不废①。临晋县：邑俗，族必有庙，无庙祭于寝②。

而相对贫穷的地区，祠堂少有，家祭成为普遍做法。山西永宁州：无论士民家，概无祠堂③。汾阳县：至祠堂之设，惟缙绅家有之。余者位木主于中庭，以岁时从事而已④。曲沃县：今祠堂之设，惟缙绅家有之，余多从中庭内寝，设主供奉⑤。襄陵县：营庙置主，惟缙绅家有之，然亦同堂异龛而已。民间则设龛于寝，祭仪亦大概简略⑥。直隶无极县：邑有先祠者不过数家⑦。迁安县：邑无世家大族，鲜有立祠置龛⑧。乐亭县：祭礼行于家庙，而家庙之设，缙绅亦罕⑨。衡水县：无论士民家，概无祠堂⑩。枣强县：邑多无先祠，士民各于其家建神堂，奉主祀之⑪。滦州：州境无大村落，居民亦无大族姓，故立宗祠者甚少⑫。陕西咸阳县：以无宗祠，故多不能如礼⑬。

北方民众不建祠堂的主要原因是财力问题，但也有习惯问题。山西临县：临邑，宗法不立，故族无祠堂、家无庙者居多，虽有力之家，葬后不迎主。士夫家有庙者，亦昭穆不分，不行四时祭享之礼，惟春秋四节荐食而已⑭。这应是祭祀礼节不甚讲究的问题。兴县：兴邑宗法不立，故族无祠堂，家无庙。有力之家葬毕迎主回，置于客厅；无客厅者，置于内室。无四时祭享之仪，惟冬至、元旦荐食，行四拜或九拜礼。虽士大夫家，不知祭仪⑮。

以上主要提及两种祭祀形式，实际上，还有更多的祭祀采用墓祭。

山西沁州：士夫家建立家祠，四时分至致祭。庶民每值时节，或祀于

---

① 民国十八年《武乡县志》卷2，风俗。
② 康熙《临晋县志》，见《民俗资料汇编》（华北卷），北京图书馆出版社1997年版，第714页。
③ 康熙《永宁州志》，见《民俗资料汇编》（华北卷），北京图书馆出版社1997年版，第594页。
④ 康熙《汾阳县志》卷4，风俗。
⑤ 乾隆《曲沃县志》卷23，风俗。
⑥ 民国十二年《襄陵县志》卷24，风俗。
⑦ 民国二十五年《无极县志》卷4，礼俗。
⑧ 民国二十年《迁安县志》卷19，风俗。
⑨ 光绪《乐亭县志》卷2，风俗。
⑩ 乾隆《衡水县志》卷5，风俗。
⑪ 嘉庆《枣强县志》卷6，风土。
⑫ 嘉庆《滦州志》卷11，风俗。
⑬ 民国二十一年《重修咸阳县志》卷1，礼俗。
⑭ 民国六年《临县志》卷13，风土。
⑮ 光绪《兴县志》卷7，风俗。

寝室，或祀于墓，岁时不废①。山西长治县，"士大夫家建祠，四时分至致祭，清明则墓祭。庶民或祀于寝，或祀于墓"②。

值得注意的是，1925年《民国民法草案》第1069条规定：凡由一家分为数家者，各家得联合设立支祠或宗祠③。第1083条：以维持祖先祭祀、祠堂、坟墓或支给家属之教育、婚嫁、扶养及其他与此相类诸费为目的，得由家长、家属个人或共同另提一定财产，设定家产，作为家财团④。这是对民间祠堂建设的认可，也有倡导作用，同时还有保护祠产之意。

从上可见，无论宗族有无祠堂，各地民众祭祀祖先的形式均保持着，它是后嗣的一项重要责任。

（2）置祭田

祭祀祖先，特别是规范程序化的祭祀需要有源源不断的财力支持。在农耕社会，土地是收入的主要来源，因而购置或捐献土地、设置祭田是子孙的又一项任务。

根据《朱子家礼》：初立祠堂，则计见田。每龛取其二十之一以为祭田，亲尽则以为墓田。后凡正位、祔者皆仿此。宗子主之，以给祭用。上世初未置田，则合墓下子孙之田计数而割之。皆立约闻官，不得典卖⑤。这些土地的收入主要用于祠堂维护，祭品置办等。

就后世来看，北方所建祠堂不多，以家祭和墓祭为主，祭祀仪式简单，花费较少。在南方地区，家族祭祀隆重，且祠堂等设施要不时修缮，这些花费若无固定来源，将会对祭祀维系带来影响。因而，设置祭田成为一项基础工作。汪辉祖《双节堂庸训》"祭产宜豫"曾对设置祭田的重要性做过说明：贤孝子孙，原不倚产承祭，但子姓繁多，不能尽属有力。万一力不副心，必致奉祀不虔。古人先备祭器，所以敦水源、木本之思也。且祀产不定，则祭之规模皆难豫立。丰俭无常，亦乖礼制。吾族迁萧始祖传世二十有余，计年六百余岁，而历代墓祭至今勿替，祀产之益彰彰矣⑥。可见，

---

① 乾隆《沁州志》续卷1，风俗。
② 光绪《长治县志》记三，风土。
③ 《民国民律草案》，第346页。
④ 《民国民律草案》，第347页。
⑤ 《朱子家礼》卷1，通礼。
⑥ 汪辉祖：《双节堂庸训》卷3，祭产宜豫。

祭田、祭产是稳定、规范的祭祀活动举办所不可缺少的。

明代江苏海安《虎墩崔氏族谱》"族约"置祭田：有祠则当有祭，不可无田……今宜置膏腴田数百亩，俾公而勤者经理之，岁收所入，不特足以供祭，亦且借以建祠……，他日周恤婚丧，教育子弟，诚莫大之利也①。清代东粤宝安南头黄氏族规：族有祀尝田产，祀田为报本之资，尝产为应务之用，所系甚大②。浙江上虞县章氏所订《家训》"置祭田"条："亲尽则墓田立约闻官，不得典卖。每岁计租之所入，以为牺牲粢盛之需。"③ 民国安徽宣城（金鳌）《江氏宗谱》：君子将营宫室宗庙为先，有力置产亦当先置祀田④。北方也有少量设置。民国山东莱阳：大率兄弟析居，轮祭父母，"推而上之及高曾始祖，皆按支轮祭。家法久废，故每多置田产，资其租金，以备祭品，谓之'祭田'"⑤。

对宗族来说，如何管理祭田也是一个大问题。

北宋临安钱氏《谱例》：祖宗祀田，不许子孙私自盗卖。当立成规，各房轮流掌管，以供祀事⑥。明代余姚江南徐氏宗范：祖宗遗立祭田，盖以供祭祀而世守者也。务要轮流收管，营办四时祭品⑦。

当祭田收入丰裕之时，也有宗族扩大用途。一些地方官则提出祭产收入的使用范围，以免宗族将其用入违规活动之中。

《西江政要·道光四年·户役》设有章程：议详选立族正给予委牌，族中小事治以家法，祠内公项止许祭祀修祠之用。如有盈余，将族中鳏寡孤独残废穷苦之人量为周恤，不准将祠内公项取作讼费。

（3）祭祀的安排

民众祭祀多按照区域惯习进行。

《锡山邹氏家乘》凡例：凡冬至祭始祖，因时合族叙拜，以辨昭穆、收

---

① 明代江苏海安《虎墩崔氏族谱》"族约"，见李文治、江太新《中国宗法宗族制和族田义庄》，社会科学文献出版社2000年版，第289页。
② 同治《东粤宝安南头黄氏族谱》卷上，族规。
③ 民国十四年《上虞雁埠章氏宗谱》卷14，家训。
④ 民国江氏《金鳌派宗谱》第一册，家训。
⑤ 民国二十四年《莱阳县志》卷3，礼俗。
⑥ 光绪《苏州吴县湖头钱氏宗谱》卷首，谱例。
⑦ 《余姚江南徐氏宗谱》卷8，族谱宗范，1916年。

漫散。蔬馔随时，或丰或俭，称家有无，以敦族义。立春祭先祖，亦如之；清明祭扫，大小宗各从其祀，亦如之①。

一些宗族有变通做法。

根据江阴东沙王氏家规（光绪三年、1877年订）：父母殁而祭也，春露秋霜，生死忌日，依期祭飨，必敬必诚，不可稍有缺失……倘生事不能竭力，死葬不能尽礼，致祭不能尽诚，即当以不孝治罪矣②。已故父母的"生死忌日"是"祭"的重要内容。

（四）绝嗣者的祭祀

对单门独户者来说，绝嗣即意味着香火断绝。但一些宗族组织不忍族人落入这种境地，适当予以关照。不过它有一前提条件，绝嗣者生前须将部分财产交给本族祠堂。

常州蒋湾桥周氏家规：乏嗣者，如族中无可推择，又不忍视其烟绵就绝，通族会议，将田产入祠生息，清明、冬至大祭，两旁另行设祭毕，派幼辈数人将祭席到墓祭扫，庶几与嗣终始，千秋血食不替矣③。民国浙江绍兴中南王氏祠规：绝嗣之家，除嫡侄承祧外，有将旁支为后者，应将遗产十分之一输入祠中。如无旁支，全归祠内④。

汪辉祖在《双节堂庸训》中提出"无子可继宜依礼祔食"的主张：异姓不可为后，而服属之亲又无可择立，若必执继绝之说强为序继，则怀利者纷起，而争甚谓也。夫承继专为承祭，但使烝尝有属，何庸似续旁求？《礼》有祔食于祖之文，以丧葬余赀，祔为祖考祭产，俾有后者轮年祔祭，鬼自永不忧馁，息争端而延久祀，莫善于此⑤。

丧祭中的代际关系是逝者与生者之间的关系。在男系传承和安土重迁的社会中，它受到人们极大重视。儿子和男性后裔是丧葬和祭祀的主要承担者和组织者，无男嗣者则通过过继等方式免使葬埋无人承应和香火断绝。

---

① 光绪《锡山邹氏家乘》卷首，旧谱凡例。
② 民国三十八年江阴《绮山东沙王氏支谱》卷1，又例。
③ 民国丁亥重修《蒋湾桥周氏宗谱》卷首，家规。
④ 民国浙江绍兴《中南王氏宗谱》卷首，宗祠规例。
⑤ 汪辉祖：《双节堂庸训》卷3，无子可继宜依礼祔食。

总之，在丧祭制度下，无男性后嗣是令人失落和凄凉的结局。为维持与逝者的这一关系，活着的人追求有男嗣的愿望越发强烈。

五　男系传承的矫正和民间实践

男系传承是清朝之前中国传承制度的主线。民国以来男系传承的矫正性制度开始出现，特别是1930年《民法》亲属编·继承编颁布，男系传承制度大大削弱。1949年之后，社会变革剧烈。男系传承从法律到政策上受到进一步触动。本节我们具体认识男系传承的矫正过程，同时对民间实践表现加以观察和分析。

（一）民国时期男系传承的保留、矫正与民间实践

传统时代男系传承制下，女性在这一传承链条中为从属者，其家庭地位和社会发展空间受到很大制约。近代以来，一些新的政治力量宣扬男女家庭、社会权利平等观念。随着帝制被推翻，制度对男系传承的维系逐渐削弱，并形诸法律条文之中。但民国时期尚处于新旧做法交替之中。

清末《大清民律草案》吸收了西方民法中的内容，不过它尚未贯彻，清朝即告灭亡。民国初年，新的民法并未制定出来，北洋政府以《大清民律草案》为基础进行修订，于1925年形成《民国民律草案》。该草案对当时的民间惯习予以吸收，对社会发展趋向和要求考虑不够，因而它是一部具有现代法律形式但传统意识浓厚的法律，当然其中也有一些较传统法律有所改变的内容。1930年，南京国民政府完成了《民法》亲属编·继承编的制定。在此我们想通过这些法律对民国时期法律中的男系传承规则及其变化进行分析。同时，对其影响效果加以探讨。

民国时期，具有现代法律形式的"民律"和"民法"相继出现。它既有对男系传承法律和惯习的保留，又在某些方面出现改进。

1. 法律制度

（1）立嗣——男系传承原则的维护和削弱

正如前述，立嫡、立嗣是男系传承的一个重要原则。它的保留与否是男系传承维持与弱化的显性指标。

甲、1925 年《民国民律草案》

它是具有现代法律形式、但观念较为传统的一部法律，对当时民间惯习多有迎合。

该法在继承编中专门设置"宗祧继承"一章，表现出对传统"立嗣"原则的承继。其中第 1308 条规定：所继人之直系卑属，关于宗祧继承，亲等近者为先，若亲等同则同为继承人。

第 1309 条：已婚之成年男子，无前条所定之继承人者，得立宗亲中亲等最近之兄弟之子为嗣子。亲等相同，由本人择立之。若本人不欲立亲等最近之人，得择立贤能或所亲爱者为嗣子，以承宗祧。若宗亲中实无相当之人可为嗣子者，得立嗣孙以承宗祧（间代立后）。

第 1310 条：无前条宗亲亲属或虽有而不能出嗣或不欲立其为嗣者，本人得择立同宗兄弟之子为嗣子，以承宗祧。若同宗亲属，但无相当可嗣之人，得由本人择立下列为嗣子，以承宗祧：（1）姊妹之子；（2）母舅之孙；（3）妻兄弟之子①。

根据 1925 年《民国民律草案》第 1333 条：宗祧继承人，自继承开始时起，对于祖先神主、祭具、坟墓、家谱及其他有关宗祧之设置，所继人生前所有者，取得其所有权②。

可见，这一法律既维护传统的立嗣原则，又在某一方面做出调整。其突出之处是外亲之子和妻亲之子被纳入立嗣候选者范畴。而在传统立嗣中，这属于立异姓之子为嗣，是法律所禁止的。可以说，该法律打破了男系血缘宗亲继承制度，但保留了男系传承之制。

乙、1930 年《民法》亲属编

这是一部现代意识、男女平等意识浓厚的法律。

1930 年《民法》亲属编已无过继、立嗣方面的任何条款，表明这一历史传统在法律上已经被终止。实际上，民间社会当时还有过继现象，而法律视此为收养。根据《民法》第 1072 条：收养他人之子女为子女时，其收养者为养父或养母，被收养者为养子或养女。第 1074 条：有配偶者收养子女时，应与其配偶共同为之。第 1076 条：有配偶者被收养时，应得其配偶之同意。第

---

① 《民国民律草案》，第 377—378 页。
② 《民国民律草案》，第 382 页。

1077条：养子女与养父母之关系除法律另有规定外，与婚生子女同①。

可以说，1930年《民法》亲属编的颁布，标志着无子立嗣做法已经失去了法律支持。这是对男系传承原则的一项重要的制度性削弱。其在城市中大大提升了女性的地位。当然，乡村依然保持着传统。

（2）男系传承内容的变动

甲、赡养

赡养义务履行的性别差异在1930年《民法》亲属编中被消除，第1116条：受扶养权利者有数人，而负扶养义务者之经济能力不足扶养其全体时，以下面顺序定其受扶养之人：（1）直系血亲尊亲属，（2）直系血亲卑亲属，（3）家属，（4）兄弟姊妹，（5）家长，（6）夫妻之父母，（7）子妇女婿②。

实际生活中，多数妻子同丈夫父母同住，所以《民法》第1114条规定：互相具有扶养义务者，除"直系血亲相互间"外，"夫妻之一方与他方之父母同居者，其相互间"③。

乙、财产继承

A. 子女财产继承权

1925年，《民国民律草案》第1372条：遗产继承人有数人时，不论嫡子、庶子，均按人数平分。私生子依子量与半分④。只有当所继人没有直系卑属（这里主要指儿子）和没有立继之时，女儿才能进入继承之列。按照第1339条：继承次序为：（1）妻，（2）直系尊属，（3）亲兄弟，（4）家长，（5）亲女。而在第1340条又规定：所继人之亲女，无论已嫁与否，于继承开始时，得请求酌给遗产归其继承⑤。该法律强调儿子有优先继承权。

1930年《民法》继承编第1138条中，无论儿子、女儿均为直系血亲卑亲属，拥有相同继承权。这一法律是对女性财产继承权的完全赋予。

B. 妻子财产继承权

1925年《民国民律草案》第1338条：妇人夫亡无子守志者，在立继以

---

① 《六法全书》，第94页。
② 《六法全书》，第97页。
③ 《六法全书》，第96页。
④ 《民国民律草案》，第387页。
⑤ 《民国民律草案》，第383页。

前，得代应继之人，承其夫分，管理财产①。该规定与传统法律一致。妻子对丈夫财产仍无继承权。

第1339条：所继人无直系卑属，也未立继，妻可作第一顺位继承人②。这是有条件的继承权。

妻子完整继承权的获得由1930年《民法》继承编所赋予。

根据该法第1144条：配偶有互相继承遗产之权，其应继分以下列各款定之：

a. 与第一顺序继承人（直系血亲卑亲属）同为继承时，其应继分与他继承人平均；b. 与第二顺序（父母）或第三顺序（兄弟姐妹）继承人同为继承时，其应继分为遗产二分之一；c. 与第四顺序（祖父母）之继承人同为继承时，其应继分为遗产三分之二；d. 无第一至第四顺序继承人时，其应继分为遗产全部③。配偶与直系卑亲属（子女）取得均分权。虽然，这一法律适用于丈夫和妻子，但对妻子来说意义更大，是已婚妇女继承权的根本性变革。

综上所述，民国法律，对男系传承的基本原则实现了从维护到废除的转变，标志是1925年《民国民律草案》设立立嗣专项条款，1929年《民法》对立嗣不做规定，实际是不再承认立嗣的合法性。在男系传承功能上实现了男女继承权和赡养义务的平等，而对祭祀等功能不作规定。

（3）男系传承形式维系和消除

甲、姓氏符号

A. 子女

1930年《民法》亲属编第1059条：子女从父姓，赘夫之子女从母姓。但另有约定者，从其约定④。

子女姓氏是传承方式和符号的显性标识，体现了向哪一系"靠"的特征。这一民法明确规定子女从父姓，表明男系传承的主导性仍被法律承认。赘夫之子从母姓，实际是从女方父亲之姓（或子女外祖父之姓）。该法也有

---

① 《民国民律草案》，第382—383页。
② 《民国民律草案》，第383页。
③ 《六法全书》，第101页。
④ 《六法全书》，第93页。

弹性,即遵从当事人自己约定。比如,赘婿之子也可能从父姓,或一个从父姓,一个从母姓。

B. 妻子

值得注意的是,1925 年《民国民律草案》第 1118 条:妻于本姓之上冠称夫家之姓,并取得与夫同一身份待遇①。1930 年《民法》亲属编第 1000 条:妻以其本姓冠以夫姓,赘夫以其本姓冠以妻姓。但当事人另有订定者不在此限②。

由此可见,妻冠姓方式民国两项法律均保留传统做法,显示出婚姻形式与姓氏的一致性。

乙、居住形式

在男娶女嫁模式下,妻从夫居是主要的居住形式,子女,特别是未成年子女,也以从父居为主。传统法律对此并未另作规定。民国法律则将这一点作了明确表达。

A. 夫妇

1925 年《民国民律草案》第 1119 条:夫须使妻同居,妻负与夫同居之义务③。

1930 年《民法》亲属编第 1002 条:妻以夫之住所为住所,赘夫以妻之住所为住所④。

B. 子女

1930 年《民法》亲属编第 1060 条:未成年子女以父之住所为住所。赘夫之子女以其母之住所为住所⑤。

它表明,民国法律仍然维持男娶女嫁模式和从夫、从父居方式。

丙、亲属关系形式

1925 年《民国法律草案》第 1055 条:亲属范围:(1)四亲等内之宗亲;(2)夫妻;(3)三亲等内之外亲;(4)二亲等之妻亲。父族为宗亲,

---

① 《民国民律草案》,第 352 页。
② 《六法全书》,第 89 页。
③ 《民国民律草案》,第 353 页。
④ 《六法全书》,第 89 页。
⑤ 《六法全书》,第 93 页。

母族及女子之出嫁族为外亲，妻族为妻亲。

第 1057 条：妻于夫之宗亲、外亲，其亲属关系均与夫同①。

1930 年《民法》亲属编对此有改动。第 969 条：称姻亲者，谓血亲之配偶，配偶之血亲及配偶之血亲之配偶。第 970 条：姻亲之亲系及亲等之计算为：（1）血亲之配偶从其配偶之亲系及亲等；（2）配偶之血亲从其与配偶之亲系及亲等；（3）配偶之血亲之配偶从其与配谱之亲系及亲等②。

丁、男系载体

1925 年《民国民律草案》第 1068 条：凡由一家分为数家者，各家得联合编一家谱。第 1069 条：凡由一家分为数家者，各家得联合设立支祠或宗祠③。而在 1930 年《民法》亲属编则对此不作规定。

民国法律在男系传承形式上如子女、妻子姓氏、居住方式、男娶女嫁婚姻形式等方面维系了传统。

2. 民间习惯

那么，新法律形成后，其对民间男系传承行为起到多大矫正作用？

（1）立嗣方面

从前可知，民国法律有两次重要改变，一是 1925 年《民国民律草案》允许异姓外亲和妻亲之子作为后嗣，一是 1930 年《民法》亲属编取消立嗣制度，但无子者可以收养亲属和非亲属子女。民间实践如何应对法律中这些新的规则？

民国三十二年（1943 年）湖南《湘潭张氏家谱》体例言：凡养子及私生子之登记均从众议，照前谱齿录规定④。该族所订家训二十条中有一条为"禁非类以乱宗族"：舍诸本宗，抚诸别氏，无根之木，无源之水，气不相属，神不歆祀，名为子孙，实绝祖妣，谱不正录，宗不与齿，自今而后，各自禁止⑤。这一规定明显是针对 1925 年民律中允许异姓为嗣的条文，其反对态度非常鲜明。

---

① 《民国民律草案》，第 344 页。
② 《六法全书》，第 87 页。
③ 《民国民律草案》，第 345—346 页。
④ 民国三十二年《湘潭张氏家谱》卷首，体例。
⑤ 民国三十二年《湘潭张氏家谱》卷 28，家训。

山东牟平县：凡养老、送终、继承均为男子，女子不与焉。继子最重血统，若畜异姓子为子，则族人不许入谱①。

广西宾阳县：民国以来，县民习俗，遗产继承权多属男子，以嫡系为限，有数子者均分之；无嫡系，其遗产继承恒以旁系较亲卑辈承顶，谓之"过继"。过继后，其原嫡系遗产继承权即行消灭，履丰席厚之家亦有仍照份子分配者②。

它表明，在民间，直至1949年前，过继立嗣惯习还在一定范围内保持着，而且多强调在同宗近亲中立嗣的传统规则。

但作相应调整的做法也存在。

民国三十八年，江苏江阴《绮山东沙王氏家谱》凡例中养子将被一体登录。这是对新法要求的接受③。

(2) 财产继承

1930年《民法》继承编的重要变化是子女具有平等继承权。

费孝通1936年在江村调查后得出的认识是：就这个村子而论，虽然新法律已颁布7年，我尚未发现向这一方向发生任何实际变化的迹象④。岂止是江村，华北农村也基本上沿袭着父系单系继承原则。根据黄宗智的研究，在华北地区，直到20世纪40年代，村庄里财产继承的原则还是原来的一套。这一原则适用于土地和几乎所有其他的不动产，特别是住宅，以及所有的动产和农具、家具和耕畜，只有明确属于个人所有物的东西除外，如妇女的嫁妆和她个人的零花钱，夫妇的卧房用品和个人的衣物⑤。或者说，农村社会中真正的分家仍是诸个兄弟按"股"分割祖遗财产，姐妹无论出嫁与否，均不能作为一股参与分配。这些都表明，法律对家庭男女成员继承权的普遍维护并没有被农村民众所接受，习俗的力量仍占主导地位。

广西宾阳县：民国以来，法律上女子虽定有财产继承权，惟普通则仅

---

① 民国二十五年《牟平县志》卷10，杂志。
② 广西档案馆：《宾阳县志》(1961年)，见《民俗资料汇编》(中南卷)下册，北京图书馆出版社1997年版，第904页。
③ 民国三十八年江阴《绮山东沙王氏家谱》卷1，凡例。
④ 费孝通：《江村农民生活及其变迁》，敦煌文艺出版社1997年版，第66页。
⑤ [美]黄宗智：《民事审判与民间调解：清代的表达与实践》，中国社会科学出版社1998年版，第27页。

得享有动产之分润而已，盖以事亲之责，男子比女子为重故也，然亦间有得享不动产者①。平乐县：民国二十九年（1930年），亲族中无侄子、侄孙可承继者，于远族中选择之，亦有因无子有女而传之于女者，尚在少数。又，无子有女，以招赘夫婿而继承遗产者。至于子女共同继承遗产，现未实行②。

但也有新气象出现的地区。

湖南醴陵县：女子得继承财产，为民法所规定；女家无子，间有赘婿于家者，然尚不多觏。而乡间争继争产之风，则自是稍戢矣③。女儿被赋予父母财产的继承权，将使宗族内无子女家庭比例大大缩小，其他族人借过继立嗣争产的机会降低。

山东莱阳县：女子无论已嫁未嫁，有继承权。妻有继夫财产权，无子者异姓执有遗嘱亦得继承，男子有妻未经离婚不得再娶。妇人生子，或不相中，亦可离婚；离而结，结而离，是又俗以法变者矣④。

应该说，《民法》使当时的财产继承方式出现了"二元"状态：女性继承权在城市被逐渐承认，但在农村儿子继承家产的主导形势并没有改观。它不仅与惯习保持有关，而且还在于农村父母养老依然主要由儿子承担，亦即养老承担与财产继承的关系不能割裂。

（3）招赘婚

民国时期的法律仍强调妻从夫婚姻居制，夫从妻者视为赘婿。不少地方民众并未改变对这种婚姻形式的排斥态度。

山西永和县：查永和招赘情事，昔年多有，近年以来，因严禁之，概不多见⑤。为什么法律允许的婚姻形式要被禁止？谁出面禁止？这里并未讲明，应该是当地官府。

河南获嘉县（民国二十三年，1934年）：赘婿于家以待养老，则绝无

---

① 广西档案馆：《宾阳县志》（1961年），见《民俗资料汇编》（中南卷）下册，北京图书馆出版社1997年版，第904页。

② 民国二十九年《平乐县志》卷2，风俗。

③ 民国三十七年《醴陵县志》卷6，礼俗。

④ 民国二十四年《莱阳县志》卷3，礼俗。

⑤ 民国二十年《永和县志》卷5，礼俗。

仅有也①。表明当地没有这种习俗。

但不少地区则已接受这种做法。

山东嘉祥、临沂等县：有女无子，同宗又无可立为嗣子者，则为女招婿同居，婿改从女姓，亦有于本姓之上加以女姓者②。德平县：赘婿从姓者，人皆指为义子，而赘婿生子，则无指为义孙者③。

山西新绛县：无子者有女，得为女招夫同居，即以为嗣，但须得族中同意④。

招赘婚是先秦以前即已存在的婚姻形式，但直到当代，它一直处于受贬低的状态，在民间社会尤其如此。民国法律仍强调妻从夫居，招赘婚属于另类婚姻。

3. 民国男系传承的基本评价

（1）民国法律中男系传承的变革和维系表现为：

甲、男系传承原则（特别是立嫡、立嗣制度）得到根本改变。传承功能上，男女均享有对父母财产的继承权。这一规定具有划时代的意义。

乙、男系传承形式（姓氏、居住方式等）获得法律支持，表现出对传统规则的遵从。

（2）民众实践出现适应新法与因循旧习并存的局面，而男系传承功能并没有实质改变；

（3）总体上，男系传承的主导地位尚未动摇。

总的来看，1930年的民国法律对男系传承形式和内容已经形成基本矫正，而废除立嗣做法和财产继承权男女平等规则的确立无疑具有重要意义。但民众家庭实践多遵循传统做法，变革是有限的，尤其在广大农村。

（二）1949年以来男系传承的矫正与民间实践

1949年新中国成立以来，中国共产党强调男女政治地位、法律地位、社会地位、家庭地位完全平等，并在法律中加以贯彻。其对城乡社会组织，

---

① 民国二十三年《获嘉县志》卷9，风俗。
② 《民事习惯调查报告录》（下册），第814页。
③ 《民事习惯调查报告录》（下册），第818页。
④ 《民事习惯调查报告录》（下册），第830页。

特别是生产资料所有制形式所进行的变革，为法律的深入贯彻创造了条件。更重要的是，中国共产党善于使用较法律灵活的政策来影响民众行为。这一政治环境下，民众实践有何表现？这里我们从法律、政策和民众实践相结合的角度加以分析。

1. 法律原则

1949年以来很长时期内，对男系传承有影响的法律主要是《婚姻法》，它有两个重要版本，一是1950年《婚姻法》，一是1980年《婚姻法》。20世纪80年代以后，《继承法》、《老年人权益保障法》等法律相继建立。

与民国法律（1930年）相比，1949年以后法律对男系传承新的矫正主要体现在传承形式上。

（1）姓氏

甲、夫妇姓氏

1950年《婚姻法》第11条：夫妇有各用自己姓名的权利。

乙、子女姓氏

1980年《婚姻法》第16条：子女可以随父姓，也可以随母姓。

可见，这两项法律消除了"妻"和"子女"向男系或父系靠拢的传统规则。

（2）居住方式

1950年《婚姻法》对居住方式未作规定。

1980年《婚姻法》第8条规定：登记结婚后，根据男女双方约定，女方可以成为男方家庭的成员，男方也可以成为女方家庭的成员。

至此，男系传承的原则、功能与形式从法律上得到完全清除。

（3）赡养

关于这一功能的法律也具有更为清晰的特征。

1950年《婚姻法》第13条：子女对于父母有赡养扶助的义务；双方均不得虐待或遗弃。

1980年《婚姻法》第15条：父母对子女有抚养教育的义务；子女对父母有赡养扶助的义务。

1996年《老年人权益保障法》第11条：赡养人应当履行对老年人经济上供养、生活上照料和精神上慰藉的义务，照顾老年人的特殊需要。赡养人是指老年人的子女以及其他依法负有赡养义务的人。赡养人的配偶应当协助赡养人履行赡养义务。

从法律角度看，1949年以后法律对男系传承的矫正主要表现在传承形式上，子女和妻子的姓氏、居住选择摆脱了只有从父、从夫的限制。由此，在法律上彻底消除了男系传承的痕迹。

2. 体制、政策对民间男系传承习惯的矫正

从前述可见，民国时期法律，特别是1930年《民法》亲属编对男系传承的原则和功能已经作了矫正，而有些男系传承形式和功能，法律并未触及，民间惯习仍对男系传承起着维护作用。即使当时法律规定了子女享有父母财产的平等继承权，在民间社会它并未得到普遍遵守。新中国成立初期的法律对民间惯习中的男系传承矫正作用也是有限的。

在我们看来，1949年以来对男系传承制度削弱最大的因素为体制和政策。体制和政策也是制度形式。

（1）体制变革对男系传承的削弱

甲、土地非私有化制度使墓葬、祠堂等男系传承形式维系的经济基础丧失

1949年后，农村重要基础性变革是土地的非私有化，从土地改革到高级社建立，土地这一生产资料为集体所有。不仅如此，政策设法变革传统丧葬和祭祀民俗，将大操大办丧事视为落后行为予以挞伐，并采取具体措施。如将宗族祠堂改建为学校等公共设施，将家族祖坟坟头削平，新葬者不留坟头。有的农村建立不分家族、面向所有村民的公共墓地。后人对去世先辈的祭祀大为简化。这些做法很大程度上弱化了男系家族共同体组织观念和香火意识。试设想，墓地、祠堂仍属家族财产，男系传承的这些形式将很难触动。

乙、农村集体经济组织取代宗族组织，男系传承的支撑力量削弱

新中国成立后，农村发生了一系列具有政治、经济和社会含义的变革，对男系传承形式和功能都有很大冲击。比较突出的是新中国成立前夕和成立初期的土地改革及其后高级社、人民公社的建立，农村在较长的时期内形成三级所有、队为基础的经济和政治一体组织机构。这使传统宗族组织失去发挥作用的空间。宗族对族人婚姻方式、财产继承等涉及男系传承行为的干预能力大大降低。

当然，农村的丧葬组织过程仍具有一定的家族形式，但不少农村，葬埋之地已非以庞大的家族为基础，至多限于三四代以内。

20世纪80年代集体经济组织解体后，宗族意识有"复燃"表现，但在社会转型时代，其"松散"之势难以改变。

（2）在城市，新中国成立后的土地集体所有制度使城市居民与乡土社会的经济关系（新中国成立前，不少城市居民在乡村继承或购置有土地）基本中断。更为重要的是，城市社会本身最有利于贯彻现代法律中的男女平等原则，从而最大限度地削弱男系传承行为。一是男娶女嫁色彩淡薄，城市社会结婚男女双方家庭同城居住，特别是女性不必像农村妇女那样离开娘家村庄嫁入另一村庄。二是社会保障制度建立，老年父母对子女的赡养依赖降低。另外，城市丧葬和祭祀的非家族化特征比较明显。公墓已成为城市多数人死后的埋葬地。

我们认为，男系传承体系离不开家族组织的维系和支撑，家族单元——家庭离开家族组织所在地，男系传承原则和功能就会被削弱。城市男系传承体系的削弱与此有关。脱离宗族的个体家庭更加注重现实生活，而对"神—人"之间的传承愿望已经大大降低。

（3）社会保障制度建立，部分男系传承功能被替代

男系传承中有一项重要功能是子孙为失去劳动能力的父祖提供赡养费用，它是一项最为现实的功能，也是诸多家庭追求男嗣的动力所在。近代之前家庭的这一需求是刚性的，国家只为少数无子女老人提供非常有限的生活救济（如设立养济院等）。可以说，近代之前的社会保障制度是非常初步和弱小的。民国时期，于1940年以后在公务人员中实行退休金制度。如1943年《公务人员退休法》按照工作年限（以工作15年为起点）将退休金标准定为退休前工资额度的40%—65%，按年发给[1]；1948年实行学校教职员退休条例，以工作十五年为起点，退休金相当于原工资的50%—65%[2]。而当时绝大多数在私立企业工作的人员并不享受退休待遇。应该说，民国时

---

[1] 《民国公务员退休法》（民国三十二年十一月六日），《国民政府公报》第182册，台北成文出版社影印1972年版。

[2] 《学校教职员退休条例》，国民政府令（民国三十七年四月十四日），见中国国家图书馆电子图书，"民国法律"。

期已经建立了针对特定群体的社会养老保障制度，只是其覆盖范围很有限。这意味着当时多数老年人仍以传统方式由子代等亲属赡养。

新中国成立后的退休金制度覆盖到所有机关、事业单位人员和集体、国营企业人员。由于新中国成立后至20世纪80年代初实行低工资、广就业制度，因而城市多数劳动年龄人口有就业单位，进而能够享受到退休金待遇。

社会养老保障制度对城市多数成年人口群体的覆盖使其基本上摆脱了对男系子嗣赡养的依赖，男系传承的赡养功能大大减弱。当前城乡夫妇对儿子偏好的强弱差异（城市较弱、农村较强）与社会养老保障覆盖的差异有很大关系。

(4) 独生子女政策对男系传承原则、功能和形式全面触动

一对夫妇只生育一个孩子，正常生育水平下，将会有一半的夫妇仅有女儿，没有男嗣的家庭因此而大大增加。

独生子女政策只有在较少男系传承观念的环境中才能被接受。而中国也主要在城市社会中得到贯彻。行政手段和社会保障制度是其能够推行的主要原因。

3. 当代男系传承观念和行为的基本认识

从法律和政策上讲，1949年以来的做法具有推动男女双系传承的导向功能，即无论儿子还是女儿均可成为家庭功能和形式的传承者。那么，这一制度在民间社会中与民众实践是契合还是背离？我们在经验观察的基础上对此做一总体判断。

我们认为，当代中国，就整体而言，男系传承原则虽已经大大削弱，但男系传承形式基本上没有受到触动，男系传承功能中不少内容被保留下来。

(1) 男系传承原则在乡村仍有表现，但立嗣制度失去存在空间；城市男系传承原则明显弱化

其表现为，过继、立嗣这一男系同姓血缘近亲的认同规则被改变。由于无子家庭的过继、立嗣制度失去法律支持，加之传统立嗣与财产继承、祭祀等相联系；有女无子家庭，嗣位继承者可能与之发生冲突，所以此种做法在民间社会已经很少。但在20世纪五六十年代，重视血缘关系、具有过继形式的做法即收养近亲之子仍然存在。随着生育数量减少，特别是20世纪80年代严格的计划生育政策推行之后，收养血亲之子的做法大大减少。

(2) 男系传承功能整体弱化，范围缩小，仍被维系的方面有城乡之别

甲、农村儿子赡养父母是刚性约束，女儿则为弹性要求；父母的基本财产仍由儿子继承

在我们看来，农村财产继承单系为主的惯习依然保持，与养老以儿子承担为主联系在一起。它也是出嫁女儿尚能以平常心态接受传统男系传承规则的主要原因。当然，当父母年老、生存困难时女儿给予资助的情形在增加。这属于自愿性质，而非义务所驱使①。

乙、由于社会保障制度建立，城市老年父母对子女的赡养依赖降低，照料承担呈现多元局面

功能性男系传承的基本内容得到保留，其含义是：从赡养角度看，在儿女双全家庭，老年父母生活不能自理时，依附儿子养老是首选。

财产继承具有明显的城乡分野，农村儿女双全家庭，嫁出去的女儿获得一份嫁妆，对父母的基本产业不具有继承权。城市则以儿子继承为主、女儿继承为辅。当然，一旦诉诸法律，女儿的平等继承权会得到维护。

(3) 男系传承形式多数被保存下来

甲、男娶女嫁、从夫居婚仍居主导地位，农村尤其如此。客观上，在乡土社会、父母承担主要婚姻花费的环境中，男娶女嫁的婚姻形式将难以根本改变。它需要两个因素的改变，一是彻底脱离乡土社会；一是男女自己积攒和负担婚姻费用，而非依赖父母，并在婚后形成独立生活单位。

乙、子女姓氏、籍贯仍从父。

无论城乡，姓氏符号随父姓的习惯并未真正改变；子女的籍贯登记也多随父亲。

婚姻形式上儿子优先法则被遵守。即在儿女双全家庭，遵守子娶女嫁的传统习惯。只有在无子有女时，才有可能采取"女娶"这一变通做法。当然此习惯有城乡之别。不过，在城市独生子女家庭已经普遍的情况下，从婚事的操办方式看，男娶女嫁的一些习惯很大程度上得到保留。

4. 社会转型对男系传承的冲击

社会转型是指社会形态所发生的基本变化，在中国现阶段则表现为农

---

① 王跃生：《农村家庭代际关系理论和经验分析——以北方农村为基础》，《社会科学研究》2010年第4期。

业社会向工业社会转化，由以农业经营为主的社会向以非农经营为主的社会转化，以农村人口为主的社会向以城市工商业人口为主的社会转化。社会转型与经济发展有关，但经济发展又依赖制度和体制的变革加以推动。社会转型过程中需要破除旧的制度和规则，建立新的规范，因而社会转型与制度变迁相伴随。

社会转型对男系传承的冲击表现在：

（1）城市社会在转型时期得以扩张，乡土社会范围缩小

城市社会中，家庭脱离家族，变成较少血缘组织纽带束缚的个体生活单位，按照城市组织要求进行整合。因此，现代法律原则在城市贯彻中较少受到干扰。由于城市居民来自各地，难以形成一种居于主导地位和具有约束力的民俗，法律精神和规则相对容易得以贯彻。

（2）转型社会代际关系发生变化

20 世纪 80 年代以来，中青年农民设法向乡土社会以外发展，老年亲代留守村落，并且非农就业为主的子代收入高于亲代。男系传承具有很强的亲代控制子代表现，而在社会转型过程中，这种状况被逐渐改变。但由于户籍等制度的限制，务工农民迁移进城还存在困难，其婚姻方式还保持着较浓厚的男系传承色彩。乡土社会的男系传承原则和功能仍对其具有影响。

（三）男系传承弱化下的选择：推动变革与适度保持传统

正如前面所言，当代男系传承形式和男系传承功能既有被削弱或消除的方面，也有依然得到维持的方面。而且后者主要体现在乡土社会中。

在我们看来，究竟选择推动变革还是适度保持传统，主要看这些被保存下来的形式和功能有无对社会发展起到负面影响。若有负面影响，推动变革是必要之举。更进一步，若选择推动变革，也要看变革的成本和变革的效果。还应注意，有些男系传承形式和功能是传统农业社会的产物，随着社会转型，它自然会被削弱或消除。

1. 推动变革的必要性

（1）男系传承是男孩偏好的深层原因

甲、家庭世系中断仍是乡土民众最大隐忧

就目前而言，男孩偏好所造成的性别比偏高是对社会发展最大的负面

影响。男孩偏好并在生育上有所表现的地区以农村为主。实际它是男系传承原则、男系传承形式和男系传承功能共同作用的结果。乡土社会中，男系传承不断仍是农民最理想的境界；有了男嗣，其他传承形式和传承功能的维系就有了保障。在农村环境中，无子便意味着本支、本门的中断。失去后人支撑的家庭在一定情况下等于失去未来，在乡邻中地位受损，甚至丧失公共事务的话语权。

乙、农村仍是家庭男嗣共同体

虽然，社会发展至今日，农村社会及其组织依然建立在各个家庭男嗣汇聚和整合的基础之上，实际是不同姓氏家族个体家庭男嗣或男系代理人的共同体。我们认为，改变村庄这种男系共同体的优势格局，需要男到女方村落落户者达到一定规模。

在 20 世纪 80 年代初期以前，严格的人口控制生育政策尚未实施，多数家庭能够实现有男嗣的目标，即多育和子女存活率高使多数夫妇追求男嗣的目标得以实现。而人口政策控制之下，少育或独生之下，一些夫妇自然方式生育之下这一目标难以实现，但现实环境又使他们感受到无子的压力。只有儿女双全或有子才会使乡土社会的夫妇保持真正有尊严的生活。

我们通过 1990 年第四次全国人口普查数据和 2000 年第五次全国人口普查长表数据可清晰地看出家庭子女构成的变动。

表 5-1 中，1990 年 50 岁以上组基本上没有受到计划生育政策的影响，95% 的妇女（在这里基本上等同于夫妇）至少有一个儿子，可见绝大多数家庭的男系传承不存在问题。1980 年严格的计划生育政策实行时，45 岁组妇女基本上已结束生育，所受影响不大，多数至少有一个儿子。40 岁组妇女 1980 年时处于 30—34 岁年龄段，多已完成 3 胎及以下的生育，少数妇女 4 胎以上的生育可能会受到抑制，该年龄组已婚妇女有子比例仍超过 90%。30 岁和 35 岁组妇女 3 胎以上生育受到抑制，但有子比例在 80% 以上。2000 年 30 岁和 35 岁组妇女无子比例分别超过 20% 和 15%。他们中有的夫妇可能会通过违规生育来弥补，进而提高有子比例。由此我们可以看出，即使在严格的生育控制政策之下，约 80% 甚至更高比例的妇女能实现有子愿望。当然各地农村之间也存在差异。以 2000 年 40 岁组为例，她们中绝大多数已完成生育过程，存活儿子构成具有说明意义。广东的构成为 94.50%、甘肃

为93.48%、江西为93.91%、福建为93.21%、宁夏为93.02%,而上海和北京农村分别为64.38%和69.56%[①]。

丙、男系传承功能的替代手段尚不到位

若在保持乡土生活格局的前提下,推进社会保障制度,可替代男系传承的某些功能,从而减少无子夫妇的后顾之忧,如老年赡养。但若乡土社会中仍在一定程度上保持着男系传承的原则,民众仍以有子为满足、无子为缺憾,那么他们就会设法弥补缺失,亦即社会保障制度难以消除性别偏好。这就需要对乡村社会进行改造。实际上,1949年以来农村的政治、经济和文化变革,都具有改造农村社会的作用。特别在宗族内部对男系传承的重视,因祠堂、家族墓地这些男系传承形式的减少而弱化。而另一方面,由于没有了过继制度,各个家庭或夫妇只能靠自己之力解决传嗣问题,追求至少有一个男孩的愿望就变得很强烈。

表5-1　1990年、2000年农村64岁以下已婚妇女存活子女构成　　单位:%

时间	年龄组(岁)	有儿有女	有儿无女	有女无儿	无儿无女
1990年	30—34	53.68	28.26	16.84	1.22
	35—39	65.18	22.10	11.86	0.85
	40—44	76.75	15.17	7.16	0.91
	45—49	83.90	10.22	4.70	1.18
	50—54	86.32	8.21	3.92	1.54
	55—59	85.93	7.77	4.12	2.18
	60—64	81.40	9.58	5.42	3.60
2000年	30—34	39.03	36.59	22.63	1.75
	35—39	54.65	28.96	15.54	0.84
	40—44	62.50	24.34	12.48	0.67
	45—49	66.70	21.93	10.61	0.76
	50	70.86	17.87	7.47	3.79

资料来源:笔者根据1990年第四次人口普查1%抽样数据库和2000年第五次人口普查长表1%抽样数据库计算得到。

---

① 笔者根据2000年第五次人口普查长表1%抽样数据库整理计算。

在我们看来，只要民间社会还存在男系传承原则、形式和功能，男孩偏好就不可能消失。城市社会男孩偏好所以弱化，不仅是社会保障制度一项措施的结果，其他因素包括，城市社会已非男系传承者的共同体。或者说城市居民由流动者所组成，非土著人的集合。这一特征之下，城市人较少在家庭之间进行类比，攀比心理较弱。城市人对人和家庭的评价更多地着眼于个人能力和家庭成员作为，关注现实，而非纵向延展和传承。

从这一点看，人口城市化和社会养老保障制度的建立是男系传承制度的最好削弱路径。

（2）城市单性别子女、无子家庭增多

甲、理论上城市严格的生育控制政策之下，无子家庭将有可能达到50%，当然实际状况不一定如此（见表5-2和表5-3）。

表5-2　　　1990年城市64岁以下已婚妇女存活子女构成　　　单位：%

年龄组（岁）	有儿有女	有儿无女	有女无儿	无儿无女
30—34	4.99	48.35	43.56	3.10
35—39	16.20	43.61	38.65	1.54
40—44	44.31	30.17	24.45	1.07
45—49	63.81	20.58	14.81	0.80
50—54	73.60	15.79	9.70	0.91
55—59	77.96	12.93	7.67	1.44
60—64	77.23	11.99	7.70	3.08

资料来源：笔者根据1990年第四次人口普查1%抽样数据库计算得到。

表5-3　　　2000年非农业人口中50岁以下妇女存活子女构成　　　单位：%

年龄组（岁）	有子有女	有子无女	有女无子	无子无女
30—34	6.75	47.55	40.63	5.08
35—39	11.58	46.75	39.60	2.07
40—44	15.89	44.26	38.51	1.35
45—49	27.51	38.76	32.60	1.13
50	37.79	28.37	26.28	7.56

资料来源：笔者根据2000年第五次人口普查长表1%抽样数据库计算得到。

1990年城市50岁以上组已婚妇女中儿女双全比较高。而城市1990年30岁组和35岁组调查对象儿女双全比例分别降至5%以下和20%以下，单性别子女成为主流。

我们再看一下2000年城乡妇女的子女构成。需要指出，1990年后，我国城镇化速度加快，城镇地区农业人口比重增大。独生子女政策更多地对非农业人口形成限制。这里我们主要观察非农业人口中妇女存活子女构成。

根据表5-3，2000年非农业人口各年龄组已婚妇女中单性别子女均成为多数。其中40岁和45岁组已婚妇女再生育的可能性已经很小，她们中有女无子者超过或接近三分之一，30岁组和35岁组则达到40%。这些数据说明，在独生子女政策控制之下，城市人口、非农业人口拥有单性别子女的妇女成为多数。对不少家庭来说，男嗣单系传承难以维系下去。

乙、女儿成为无子家庭的精神和物质传人

生育控制政策之下城市有女无子夫妇比例超过30%，40岁以下中青年夫妇的这一比例更达到或接近40%。从代际关系角度看，女儿成为夫妇唯一的精神寄托、血系传承人和所积累财产的主要继承者。他们更希望与女儿保持全方位的交往关系，无论其婚前还是婚后。

2. 如何变革

(1) 在农村淡化男娶女嫁、招赘婚这些建立于男系传承基础上的婚姻形式

推动没有男娶女嫁之别的婚姻形式的落实，实现与法律规则要求的对接。有男有女的家庭，儿子既可在家结婚，实行妻随夫居，也可以走出家庭，随妻居；女儿可以在父家结婚，丈夫随妻居，也可嫁出随夫居，减少对传统中具有歧视色彩概念的使用，如招赘婚等。

传统的男到女家落户是对男系传承的补充，不是并立，更不是替代，也谈不上双系。只有建立男女任意选择的婚嫁模式，才具有双系意义。当然，在男女婚姻仍由父母操持的惯习中，这一变革是困难的。只有男女不仅婚姻自主，而且所需费用自理，并在双方父母家庭以外的第三地建立新的家庭，这种婚姻形式才会真正实现。

(2) 在城镇引导民众接受双系网络家庭的形式

从法律上讲，子女对父母财产的双系继承在城市已得到贯彻，但在血

缘传承方面偏重男系的习惯依然得到保留。我们主张引入网络家庭①概念，并推动现实中的男系单系网络家庭向男女双系网络家庭发展，男女所组成的家庭是双方父母家庭的传承单元或网络单元，并对双方老年父母履行赡养和照料义务。社会组织和公共部门应通过现代法律规则的落实促使传统惯习的改变。结婚夫妇对双方父母承担同等的义务，并享受同样的权利。这一点与法律规则是一致的。实际上，现代法律已为双系传承铺平了道路。

而社会养老保障制度的建立为双系传承提供了可能。当传统家庭养老功能主要由家庭成员担当之下，有子有女家庭只能选择单系原则，因为双系将会造成家庭资源的浪费。如嫁出去的女儿若有对娘家财产的继承权，将会减少兄弟可支配资产的数额，削弱其对父母养老的承担能力。

独生子女家庭增多，将成为双系传承的推动力量。相对于非独生子女，独女在实际生活中与娘家保持着更为密切的关系，即使婚后也如此。同时，独女成为娘家财产的唯一继承之人，获得较多利益。故此，她们对娘家利益的保护意识、对娘家父母的责任意识也增强了。

我们所说的双系网络家庭，更多地着眼于义务、权利和情感互动等传承功能方面的代际关系。

从根本上讲，男系传承功能的改变需要借助人口城市化这一对乡土惯习具有消解作用的社会平台。

3. 男系传承形式的某些保留

从目前城乡共同的视角看，男系传承形式在符号层级仍得到保留。

我们认为，若男系传承只存在于姓氏、籍贯等形式上，这可视为一种文化现象，并不会对性别偏好产生增强作用，也不必追求这方面的"无偏好"。只有传承形式上的符号偏向与功能偏向结合起来，才会产生负面影响。所以对变革的追求主要是在传承原则、传承功能以及传承形式的某些方面（如男娶女嫁）上，而非将男系传承的符号表征彻底消除。

---

① 网络家庭指在父系（或母系）之下，由具有赡养和继承关系的成员所建立的生活单位相对独立的两个及以上单元家庭形成的家庭组织。网络家庭的核心单元是亲代家庭和子代家庭，这种亲子关系形成网络家庭的组织环节，在此基础上进一步延伸和扩展。见王跃生《个体家庭、网络家庭和亲属圈家庭分析》，《开放时代》2010 年第 4 期。

六 结语和讨论

(一) 基本结论性认识

（1）近代之前中国男系传承原则、功能和形式得到全面维系，而且法律、宗规族训和民间惯习等制度形式形成合力。中国的男权社会因此得以强化并长期延续。

（2）民国时期，特别是1930年具有现代意义的《民法》亲属编·继承编制订出来，男系传承原则失去法律支持，男系传承的功能具有了更多男女平等色彩，但男系传承的形式得到维护。而在民间，大众行为既有对新式法律遵循的一面，也有继续按照传统规则行事的另一面，总体上男系传承尚未从根本上动摇。

（3）1949年以后，法律对男系传承的进一步矫正主要是在传承形式上实行无性别偏好规则。至此，中国相沿已久的男系传承从原则、功能到形式在法律上得到最后清理。

与以往不同之处在于，由于土地非私有化变革，实行集体经济制度和公有制为主导的城市社会保障制度基本建立，男系传承在失去法律支持后，又失去宗族组织维护，其承载形式所依赖的物质基础丧失，男系传承功能在城市明显削弱。

（4）当代男系传承形式在民间社会作为一种符号依然得到保持。乡土社会中，男系传承原则和功能虽被削弱，但其存在的基础并没有消除。因而少育之下，一些地区男孩追求更为强烈。

（5）在男系传承整体削弱且有城乡之别时，推进男系传承形式的进一步变革、双系家庭和双系网络家庭的建立，对于家庭关系的改善和家庭功能的维护具有积极意义。

由此可见，传统时代男系传承受到法律、政策、宗规族训和民间惯习的全面维护；而在民国时期，特别是1930年后，法律、政策对男系传承的维系力度降低，但宗规族训和民间惯习依然在起作用，不过其作用方向并非均为维系，一些规则和规范受到削弱；1949年以后，宗规族训失去发挥作用的基础，民间惯习在乡土社会仍具维护男系传承氛围的效力，法律则表现出推动双系传承秩序建立的功能，政策对男系传承的削弱之大超过以往任何时期。

（二）不同制度形式下的传承特征

1. 法律中三种传承规则

中国历史上从法律角度看，存在严格的男系传承、折中的男系传承和双系传承三种形式。

严格的男系传承为依照亲子血缘关系（不包括拟制血亲）向下延续；无子时则应立嗣，遵循在同父周亲子弟中过继的原则。折中的男系传承为，无子时允许立异姓外亲、甚至妻亲子弟为嗣。双系传承为法律不承认以男系或女系为传承模式，它只规定在世亲属之间的抚育、赡养、继承等关系，而不涉及祭祀等关系；强调亲子、亲女之间的等距关系。

若结合历史时期的法律规则，可作这样的判定：近代之前为严格的男系传承实行时期；民国时期，特别是1930年前为折中的男系继承；1949年以后则为男女双系继承，或者说具有无偏向传承特征。

2. 民间惯习中的传承规则

民间社会，家系传承规则较法律原则复杂。有的方面与法律规定具有一致性，有些方面则有变通，有的则与法律有抵触。

它可被概括为三种形式：严格的男系传承、折中的男系传承和形式（名义）男系传承。前两种形式已有说明。形式男系传承主要指姓氏符号等遵从男系原则，但这一传承下的功能有偏向男系的表现。

这三种形式在近代之前并非先后承继关系，而是一种并存关系。不过，若仔细辨析，严格的男系传承居于主导地位，折中的男系传承为辅，而名义男系传承为补充。民国时期，虽然法律已演进到不承认男系传承规则的地步，但民间社会并未有实质改变。1949年以后，男系传承变为一种形式，功能方面男性为主的原则并未改变。

无论什么形式的传承都是一种代际传承，本质上均和生育有关。无疑，严格的男系传承和折中的男系传承下，对男孩生育有高度偏好。而形式传承下由于婚姻、养老等功能中男嗣为主的做法得到很大程度的保留，因而，男孩生育偏好依然存在。

1949年以后生育控制政策出台之前,由于死亡率降低,高生育率之下,多数家庭能够实现儿女双全的目标。形式男系传承与功能性男系传承的愿望和需求能够得到满足。

计划生育政策,特别是独生子女政策改变了这种局面,即形式男系传承只有部分家庭能维系。城市不少家庭存在形式男系传承中断。由于社会养老保障制度建立,由子女承担的养老费用有了社会替代方式,民众对男孩生育的追求欲望减弱,这就削弱了独生子女政策贯彻的障碍。

在农村,由于社会养老保障制度建立滞后,男系传承形式与诸多男系传承功能并未脱离联系。不少夫妇试图在少育状态下实现有子目标。男孩偏好乃至性别失衡与此有很大关系。因而,推动变革,将男系传承的负面影响进一步降低是非常必要的。

第六章　大家庭抑或小家庭为主导
——以分财别居、分爨、分产制度为中心

无论历史时期，还是当代，家庭一直是绝大多数人口的基本生存载体。由于家庭共同生活成员有多少之分和代际之别，家庭便有了规模大小和结构简单与复杂之不同。家庭规模和结构既与家庭成员生育、死亡等自然行为有关，还受成员婚姻、迁移流动行为和亲子分爨、兄弟分家等因素影响。

我们认为，从家庭制度上看，有关家庭"分"、"合"的法律、政策、惯习和宗规族训对家庭形态和结构的影响最为直接。就作用方式而言，有些制度促使家庭裂解，有些则鼓励大家庭居制。从不同角度观察制度及其功能，往往会得出不同的认识。

杜正胜即从制度着眼提出"汉型家庭"和"唐型家庭"的概念。他认为：汉代的家庭结构似多承袭秦制，虽不见得限于父子两代的核心家庭，但兄弟通常是分居的，平均家庭人口数不超过五口。汉型家庭结构以夫妇及其子女组成的核心家庭为主，甚者"生分"。唐型家庭的特征是尊长犹在，子孙多合爨、同居、共财，人生三代同堂是很正常的，于是共祖父的成员成为一家。否则，至少也有一个儿子的小家庭和父母同居，直系的祖孙三代，（主干家庭）成为一家。他还使用多种文献资料印证自己的认识[①]。李根蟠则对杜正胜的"汉型家庭"提出异议。他认为，杜正胜片面强调汉代的核心家庭而忽视主干家庭的存在，与其对商鞅"分异令"的误解有关。

[①] 杜正胜：《传统家族试论》，见黄宽重、刘增贵主编《家族与社会》，中国大百科全书出版社2005年版，第1—87页。

李认为,"分异令"所禁止的只是老百姓同时与两个已婚儿子同居共籍,而不禁止与一个已婚儿子同居行为。在这种制度环境下,汉代也有一定数量的主干家庭[①]。可见,弄清不同时期对家庭有影响的制度内涵及其效力,对我们认识家庭规模和结构状态及变动有重要意义。

本章试图将各种制度形式纳入分析视野,以便对不同时期家庭形态、家庭构成特征与制度的关系有比较客观的认识。需要指出,在家庭的"分"、"合"问题上,分家有多种不同的形式,包括分财别居、分爨和分产等。分财别居是原有家庭成员形成两个及以上居住和经济单位,各立户头,互不统属;分爨则是共同生活的成员,特别是已婚成员分开过日子,分爨之后收入各自掌管,不过原有家产并没有分割清楚,它既可发生在兄弟之间,也可在亲子之间;分产是将家庭共有财产按份额确定归属,主要是在兄弟之间。这几种"分"的行为都具有分家的功能,相对来看,分财别居是比较彻底的分家(分爨、分住与分产),而分爨并没有将遗产所有权分清,分产之后虽多分爨,但也有合爨生活的情形。

一　限制分财别居与表彰多代同居

从一定意义上说,家庭实际是一个由血缘、姻缘和收养关系成员组成的基本生存单位。在这个生存单位内,夫妇形成的"婚姻体"是其中的核心单元。每个"核心单元"除夫妇外,还有所附着的子女。家庭可大可小。家庭之"大"表现为婚姻体和所附着子女的增多,家庭之"小"则为多个婚姻体及其所属子女分解成若干生活单位。在中国历史上的大部分时期,家庭不同代际成员形成什么样的生存单位,并非完全由组成婚姻体的夫妇自由选择,而很大程度上受到长辈制约。更重要的是,政府、家族对其实施干预。总的来说,对于家庭结构和形态,基本的制度有两种,一是鼓励分家,一是限制分家。整体看,限制分家是主流。

[①] 李根蟠:《从秦汉家庭论及家庭结构的动态变化——兼与杜正胜先生商榷》,《中国史研究》2006年第1期。

（一）对子代拥有私财和支配家产的限制

同居共财的家庭成员是一个利益共同体。个别成员拥有私财则对大家庭的存在基础产生削弱或侵蚀作用，或者使家庭成员产生离心倾向，导致家庭解体。因而，在我们看来，禁止同居成员拥有私财具有使家庭保持和睦、抑制分家行为的意义。当然，这种限制主要针对的是共同生活的子代成员，特别是成年儿子。

先秦时期，具有约束力的"礼"制中已有明确的禁止子代拥有私财规定。

《礼记·坊记》："父母在……不敢私其财"；《礼记·内则》："子妇无私货，无私畜，无私器。不敢私假，不敢私与"。它包含两层意思：一是限制子辈私置财产，一是反对其私自动用家产。

而秦汉之后，"礼"制层次的限制逐渐形成法律规条。

按照《唐律·户律》："诸同居卑幼，私擅用财者，十匹笞十；十匹以上，十匹加一等，罪止杖一百。"

但唐律中也允许妻子保有从娘家所得财产之权，这从分家规则中表现出来：妻家所得之财，不在分限①。当然，在分家之前、兄弟共同生活期间，妻家所得之财的收益应该是家庭成员共同享用的。

明清法律对家长控制财产权力的维护继承了唐代法律精神："凡同居卑幼，不由尊长，私擅用本家财物者，二十贯（清代为十两）笞二十，每二十贯（清代为每十两）加一等，罪止杖一百。"② 这里的"尊长"主要是父亲、祖父等具有主事能力的长辈。此项法律实际是强调家庭的"一体"性。

直至清末，《大清民律草案》仍维护家长掌管家政的权力。第1327条：家政统于家长；第1328条：与家长同一户籍之亲属，为家属。但它也有重要变化：家属以自己之名义所得之财产，为其特有财产（第1330条）。即允许家庭成员拥有以自己名义挣得或购置财产的所有权，如女性从娘家所带来的奁产等，为自己有权支配的财产。

我们从民间惯习中也可看到，家庭事务由家长统领的做法得到贯彻，

---

① 《唐律疏议》卷12，户婚。
② 《大明律》卷4，户律户役；《大清律例》卷8，户律户役。

但也有分离因素存在。

民国时山东德平县：至一家之生殖用度概由家长主持之，支配之。或有时因子孙繁衍、人口众多，家长一人照顾难周，或有时兄弟之间各私其私，爱其所爱，信谗言，而伤手足，反角弓而乖骨肉，是皆析居之原因也①。家庭成员拥有私财，便会进一步谋求私利，成为家庭分解的诱因。或者如甘肃镇原县：一室之内各有所事，男耕于野，妇爨于厨。完纳钱粮，应对宾客，则惟当家者负其责。名分懔然，下不犯上，家长命令，男女老少绝对服从②。这种环境下，家长具有制约子辈分家的能力。

（二）限制分财别居的制度表现

前面所言限制子代拥有私财和私擅动用家产，是针对在一个家庭共同生活的成员，以此维持父母的权威和大家庭的存在基础。若子代成员提出"分财别居"要求时，应如何对待？限制分财别居成为一种基本做法，当然它并非无条件限制，而是祖父母、父母在世时或其他特定事件中的制约，如服丧期间等。

1. 法律政策制度对分财别居的限制

历史上哪一个王朝最早将直系尊亲在世时别籍异财之禁条纳入法律之中，就现在看是在唐朝。根据唐以后各朝的法律条文，它有程度之不同，可分为两种：

一是严格限制。

政府通过法律和政策抑制民众的别籍异财行为。

按照唐律："诸祖父母、父母在而子孙别籍异财者，徒三年。"并且曾、高祖在世时，也参照此条③。它实际是强调直系尊亲在世时不得分家。唐律重在对子孙的两项行为加以限制：一是与祖父母、父母分户籍（由一户形成两个及以上的户），一是分财产。依据《唐律疏议》，子孙即使有其中一项行为，也在被禁止或受惩处之列：籍别财同，或户同财异者，各徒三

---

① 民国二十五年《德平县续志》卷11，风俗。
② 民国《重修镇原县志》卷3，民族。
③ 《唐律疏议》卷12，户婚。

年①。即分开户籍，财产未分，或同一户籍之下将财产分开，这也是不允许的。可见，无论"双分"还是"单分"，处罚力度是一样的。它是对祖父母、父母在世时子孙的分户异财加以限制。唐代还有另一种限制分家析产措施，即禁止试图通过分户、降低户等来避役的行为：诸以子孙继绝应析户者，非年十八以上不得析；即所继处有母在，虽小亦听析出。诸户欲析出口为户及首附口为户者，非成丁皆不合析。应分者不用此令②。

需要指出，一般而言，分户异财多是子孙的愿望或主动行为，因而惩罚的重点也是子孙。但祖父母、父母等长辈或许会主动将子孙分出，各自生活；子孙只是被动接受父家长的安排。按照唐律，子孙分出若是由祖父母、父母所主导，这些尊长也要给予处罚：祖父母、父母令别籍及以子孙妄继人后者，徒二年；子孙不坐③。这一处罚标准较子孙要求分出减少一年。同时，它仅限于分户行为，而父母主导下的"异财"举措不在处罚之列，表明官方认可父母为子孙主持财产分割的做法。

宋朝法律对唐代律令予以继承④。从宋代初期看，当时边远地区民众分居、异财现象很受政府关注，被严令禁止。开宝元年（968年），宋太祖发布诏令："荆蜀民祖父母、父母在者，子孙不得别财异居。"二年（969年）又进一步明确了处罚措施：川陕诸州，察民有父母在而别籍异财者，论死⑤。这一严苛之令在太平兴国八年（983年）被太宗废除：除川、峡民祖父母父母在别籍异财弃市律⑥。宋初专门针对新收复地区采取严厉政策，可能与中原以外边鄙之地习尚中分财别居行为较普遍有关，政府以此矫正弊俗⑦。这之后，宋代禁止别籍律令的贯彻也有一定弹性。宋仁宗天圣七年（1029年）下诏：广南民自今祖父母、父母在而别籍者论如律，已分居者勿论⑧。可见，它是一种现状从宽、未来从严的政策。宋朝还将"诱人子弟

---

① 《唐律疏议》卷12，户婚。
② 《文献通考》卷10，户口。
③ 《唐律疏议》卷12，户婚。
④ 《宋刑统》卷12，户婚律。
⑤ 《日知录》卷13，分居。
⑥ 《宋史》卷4，太宗纪。
⑦ 王跃生：《中国人口的盛衰与对策》，社会科学文献出版社1995年版，第147页。
⑧ 《宋会要辑稿》刑法三之四四。

析家产"作为一项罪名,"令所在擒捕流配"①。宋代个别地方"民析居者例加税,谓之'罚税'",仁宗天圣时下诏除之②。地方官出台该税种,肯定也想借此抑制分家行为。仁宗将其废除,旨在减少杂税,并非支持民众分家析产。宋人李元弼《作邑自箴》所收录的"判状印板"表明,民众向官府提出"析户"时,官府要查明祖父母、父母存故状况,原文为:"析户:本耆勘会有无祖父母、父母在堂,如祖父母、父母已死,即今孝服满与未满及有无诸般违碍。如无祖父母、父母及孝服已满,别无诸般违碍,即许均分。各赍分帐赴县,仍取邻保结罪状申限。"③应该说,这是在官府监督和审核后的"合法"分家行为。可见,对祖父母、父母在世时分家析产限制的法律规则,在政府行政程序上得到落实。不过,从李元弼所作"劝谕榜"中可以看出,当时也存在"非法"析产行为:或有父母在堂已各居止,或异财④。

唐宋时期,官方限制分家除了为达到使祖父母、父母的家庭养老有所保障的目的外,还有防止民众通过分户异财降低户等、借以规避赋役的考虑。

关于严格限制分家异财,我们主要从制度规则上着眼。

分家作为家庭事务,一旦实施,也不会惊动官府。故此,官员不会硬性照搬法律予以惩处。但我们的确见到有严苛做法的个案。五代后唐时石敬瑭在做节度使时,"所历方镇,以孝治为急。见民间父母在昆弟分索者,必绳而杀之"⑤。我们认为,它重在恫吓民众,很难真正贯彻。

二是弹性限制。

其表现为,法律和政策一方面禁止祖父母、父母在世时别籍异财,另一方面又认可父母等长辈主导下的分家为合法之举,不予处罚。

元代至元八年(1271年)六月,尚书省御史台呈:监察御史体究得,随处诸色人等,往往父母在堂,子孙分另别籍异财,实伤风俗。送户部讲

---

① 《宋史》卷7,真宗纪。
② 《宋史》卷174,食货上。
③ 李元弼:《作邑自箴》卷9,析户。
④ 李元弼:《作邑自箴》卷9,劝谕榜。
⑤ 《旧五代史》(晋书)卷75,高祖纪。

究得：旧例，祖父母、父母不得令子孙别籍，其支析财产者听。今照得士民之家，往往祖父母、父母在日，明有支析文字或未曾支析者，其父母疾笃及亡殁之后，不以求医侍疾丧葬为事，止以相争财产为务。以此参详，拟合酌古准今，如祖父母、父母在，许令支析者听，违者治罪。都省准拟[1]。尚书省御史台的此项呈文透漏出这样一些信息：至元八年，忽必烈刚刚完成统一大业。而监察御史"体究"或可称为"调查"所得各地民众父母在堂，往往分另别籍异财状况，显然是宋朝，至少是金和南宋时的做法。它表明，宋承继的唐律规则在民间并未得到普遍贯彻。另外，它还告诉我们，宋代，至少在南宋时，祖父母、父母令子孙别籍不被允许，但为子孙支析财产不在禁止之列。这与唐代法律精神是一致的。这次呈文形成的政策性规定是：禁止祖父母、父母在子孙分另别籍异财，但祖父母、父母在，许令支析者听。"许令支析"主要是指父母生前可以为子孙将家庭财产归属分割清楚，不包括亲子别籍、各自生活。至元十一年（1274年），元朝形成正式的法律性文件：父母在堂之家，其兄弟诸人不许异居，著为定式，如此庶使人子竭养亲之心，父母享终身之乐[2]。可见，元代对分家的限制主要从子弟"养亲"角度考虑。

明朝规章和法律出现进一步松动。《大明律》载："凡祖父母、父母在而子孙别立户籍，分异财产者，杖一百。"但"须祖父母、父母亲告，乃坐"[3]。我们认为，传统时代，尽管分家起因于家庭成员的矛盾，甚至冲突，但一旦实施，多是家庭成员协商或亲友调停的结果。祖父母、父母因此而告发子孙应该比较少见，除非出现分家后不赡养尊亲等行为。所以，该制度增强了分家的宽容性，或者说它认可家庭或亲族自我处置该项事务的权利，官方的直接干预减少了。正德《大明会典》对此规定更为明确：凡祖父母父母在者，子孙不许分财异居。其父祖许令分析者听[4]。明代的民间实践也证明了这一点。景泰二年（1451年）规定：凡各图人户，有父母俱亡而兄弟多年各爨者，有父母存而兄弟近年各爨者，有先因子幼而招婿、今

---

[1] 《通制条格》卷3，户令。
[2] 《通制条格》卷4，户令。
[3] 《大明律》卷4，户律。
[4] 《大明会典》卷19，户口。

子长成而婿归宗另爨者,有先无子而乞养异姓子承继、今有亲子而乞养子归宗另爨者,俱准另籍当差。其兄弟各爨者,查照各人户内,如果别无军匠等项役占规避窒碍,自愿分户者,听①。该政策的本意是防止民众分爨后仍为一个户籍形式来规避差役,但它承认亲在兄弟分爨即为两家的事实,表明限制分家的法律被弱化了。不过,景泰二年(1451年)的这一政策中也存有一些限制:如人丁数少及有军匠等项役占窒碍,仍照旧不许分居②。可见,不许分居仅限于特殊户种,其目的主要是保证徭役的落实,而非增强亲子关系。

清律继承了大明律的条文。根据大清律例:祖父母、父母在者,子孙不许分财异居。此谓分财异居,尚未别立户籍者,有犯亦坐满杖。其父母许令分析者,听③。

清末所制定的《大清民律草案》对分财不作限定,仅对分户籍做出这样的规定(第1323条):凡隶于一户籍者,为一家。父母在,欲别立户籍者,须经父母允许。可见,此规则将子弟分户籍的最终决定权交给父母,官方不参与裁决。它同时意味着,子弟未经父母允许而硬性分户,也得不到官方认可。

在弹性限制分家制度下,对百姓亲子分家行为,官府难以惩治。但一些官员担心因此导致儿子不赡养父母的行为增加,故加强教化措施。明代吕坤所定"乡甲事宜"规定:各州县做竖牌十面。父子生分,牌书"不义某人"④,以此羞辱分家之子。在重视廉耻的乡土社会,这无疑会起到抑制分家的作用,但它并非法律措施。

三是特定时点的分家限制。

它主要表现在限制子弟为父母服丧期间的分家行为。

唐律规定:诸居父母丧,兄弟别籍、异财者,徒一年⑤。宋朝继承这一规则。

---

① 《大明会典》卷20,户口。
② 《大明会典》卷20,户口。
③ 《大清律例》卷8,户律。
④ 吕坤:《实政录》卷5,乡甲约。
⑤ 《唐律疏议》卷12,户婚。

明朝法律：若居父母丧而兄弟别立户籍、分异财产者，杖八十。不过"须期亲以上尊长亲告，乃坐"①。清律对此予以继承，但增加了"若奉遗命，不在此律"②。

综上所述，明清是实行分家弹性限制制度的主要时期。官方一方面采取法律手段限制子孙与祖父母、父母别籍异财，以此使祖父母、父母居家养老具有最基本的保障；另一方面，法律又认可家庭内部自己调解下的分家行为，实行"民不告、官不究"政策。我们认为，这一制度环境下，往往会出现多代共居同财的大家庭与分家异财各爨所形成的小家庭并存的局面。

总体而言，传统时期的分家限制重在约束子弟的分家时间选择，非笼统反对分家。祖父母、父母在世是一个重要限定。该制度旨在维护家庭的养老功能。明清时期，官方政策则将分合决定权更多地授予家庭，允许民众自行决定。

2. 宗规族训对分家的限制

家庭是宗族的组成部分，家庭凝聚与宗族团结的目标是一致的。但宗族并不把限制分家作为普遍要求。我们只在个别宗规族训中见到这类限制。

清代浙江瑞安盘谷孙氏：兄弟析居最为不幸之事，……今与子孙约：凡父母在堂即议分居者，以不孝论，斥出祠堂。俟犯斥者故后，再准其子入祠③。在宗规中，"斥出祠堂"具有开除族籍的含义，是最重的处罚之一，其威慑力可以想见。

四川罗江李氏亦视父母在世时分家为不孝行为，故规定：弟兄不得析居；有偏听妇言，垂忤启衅，意欲分产者，即以不孝论，子妇皆逐出④。与浙江孙氏处罚方式相同。

两项宗规均视父母在世时兄弟分家为不孝，其着眼点还是家庭的养老功能。它是鉴于分家可能削弱子弟履行这一义务而采取的措施。

3. 民俗对分家的限制

在近代之前的民俗中，对父子兄弟共同生活、数代合爨多持赞扬态度。

---

① 《大明律》卷4，户律。
② 《大清律例》卷8，户律。
③ 《瑞安盘谷孙氏规约数种》，《近代史资料》1983年第2期。
④ 李化楠：《李石亭文集》卷3，族谱图序。

分家被视为家庭不睦的产物。故父母在世时，兄弟多压抑分家之念。不过，地方惯习对民众的分家约束通过舆论或乡评来表达，并无明确限制规条。当然，在安土重迁、世代相守的农村，这一约束环境是不可忽视的。民国时贵州平坝县：父在时，子只能共同生产，不能处分财产①。

以上从国家法律、政府政策、宗规族训和习俗等层级考察了限制分家的制度。它们均表现为有条件限制，即尊亲在世时不允许分家。这意味着，尊亲去世之后，特别服丧期满后，分家的制度性约束就不存在了。不过，从法律角度看，元明之后，父母在世时的分家也由刚性限制变为弹性约束：父母主导的分家或父母认可的分家，并不受法律追究。分家与否更多地成为一种民众自律和自主行为。

(三) 大家庭鼓励制度

前述分家限制制度可能有助于形成大家庭，但它并非对大家庭形态的直接维护。而在传统时期，却有专门鼓励大家庭的制度，具体来说，就是表彰多代（至少三代及以上）共同生活、人口规模较众的大家庭。

南北朝时开始实行此项政策。南朝宋元嘉七年（430年），南豫州上报所统西阳县人董阳三世同居，外无异门，内无异烟。皇帝诏榜门曰："笃行董氏之闾"，蠲一门租布②。这属于对特定对象的表彰。南朝齐建元三年（481年），中央派大使巡行天下，对四世以上同居者，"诏表门闾，蠲租税"③。其表彰范围因此会扩大。

唐朝对此类家庭的表彰则形成了制度。即"数世同居者，天子皆旌表其门闾，赐粟帛，州县存问，复赋税"，甚至授予主持家政者官爵④。唐高宗于显庆六年（661年）下令："诸州举孝行尤著，及累叶义居可以励风俗者"，上报中央政府以便给予旌表⑤。需要指出，在传统时代，同居者，特别是"称同居亲属者，谓同居共财者"⑥。

---

① 民国二十一年《平坝县志》第二册，民生志。
② 《南史》卷73，刘瑜传。
③ 《南齐书》卷55，孝义。
④ 《新唐书》卷218，孝友。
⑤ 《旧唐书》卷4，高宗纪。
⑥ 《唐律疏议》卷16，擅兴。

而五代后唐同光元年（923年）庄宗即位，则实行"民有三世已上不分居者，与免杂徭"①。这是一项比较独特的政策，其既包含对不分家的倡导，也有鼓励大家庭之意。相对来说，当父母在世，两个儿子婚后不分居且生有孙子女，即可实现三世不分居。一般而言，在传统时代，做到这一点并不困难。我们认为，庄宗的该项政策表明，唐中期以来，为避户等，民众亲子分爨、兄弟分家增多。或许其主旨是为了矫正当时广泛分居的民风。

可能由于三代、四代同居格局相对容易做到，全国数量较众，故元代之后，政府逐渐将表彰重点放在五世以上不分家者。

元朝至元三十年（1341年）五月，中书省礼部呈：汴梁路申，管城县民户赵毓三世同居，合为旌表。本部议得：方今自翁及孙三世同居，如赵毓者比比皆是。若与旌褒，纷纷指例，无益劝惩。今后五世同居安和者，旌表其门，似革泛滥。都省准呈②。可见，三代同居是比较容易实现的，对其表彰的激励作用有限。

明朝成化二十三年（1487年）四月宪宗下诏：军民之家有五世以上同居共爨不分异者，有司勘实奏闻旌表，以励风俗。诏书到日，先给羊酒奖励③。

清朝继续奉行旌表五世同堂政策。乾隆帝四十九年（1784年）发布上谕，令各省督抚查明所属州县绅士庶民中有身及五代同堂者，详悉造册咨送军机处会奏，加恩赏赉。据各省上报汇总，五世同堂者共计192户。其中，100岁以上4人（其中生员1人），90岁以上62人（其中监生8人），80岁以上99人（其中生监25人），70岁以上27人（其中生监5人）④。而个别四世同居的大家庭也曾受到奖励。雍正元年（1273年），福建海澄县人、刑部主事李五福四世二百余人同居无异，诏表其门⑤。

鼓励同居共财制度有助于大家庭的形成，使家庭育幼养老保障功能得

---

① 《旧五代史》（唐书）卷29，庄宗纪。
② 《通制条格》卷17，赋役。
③ 《明宪宗实录》卷3。
④ 《乾隆朝上谕档》第12辑，第445页。
⑤ 萧奭：《永宪录》卷2下。

以维护。但我们也不能据此认为当时社会多代同居家庭是家庭的主体形式。政府调查对宋元之际民众中父母在堂、往往兄弟分家的状况已有所说明。

（四）抑制分家、表彰大家庭制度下的民众居住形式

在限制兄弟分家、鼓励多代同居制度之下，民众的家庭居制肯定会受到影响，以致当时社会形成一定比例的多代同居共㸑的大家庭。但这些制度的效果究竟如何？一些文献和民俗资料对此有所揭示。

南齐降北魏之官裴植，在家为"长嫡"，"母又年老，其在州数岁，以妻子自随。虽自州送禄奉母及赡诸弟，而各别资财，同居异㸑，一门数灶，盖亦染江南之俗也。论者讥焉"①。这说明在鼓励多代同居的南朝，民众亲子"同居异㸑"已成为风俗，显然非少数人行为。

宋代，浙江天台一带，"百姓父母在则私分异财、离居各食，纵妻子之欢，忘天性之爱"。兄弟之间，"居虽同室，迹犹路人，至以计分毫之利，而弃绝至恩；信妻子之言而结为死怨，岂知兄弟之义"。当地知县对此大加指责，发布训俗告示，以扭转风气②。江苏苏州民间，"父子或异居，大抵然也"③。

南宋淳熙年间福州一带：观今之俗，为父母者视己之子犹有厚薄。迨至娶妇，多令异食。贫者困于日给，其势不得不然，富者亦何为之？盖父母之心不能均于诸子以至此，不可不戒；人子之孝本于养亲以顺其志，死生不违于礼，是孝诚之至也。观今之俗，贫富之家多是父母异财，兄弟分养，乃至纤悉无有不较。及其亡也，破产卖宅以为酒肴，设劳亲知与浮屠，以求冥福。原其为心，不在于亲，将以夸胜于人也。是不知为孝之本，生则尽养，死不妄费④。南宋人袁采所著《袁氏世范》中列举兄弟不和睦的几种表现：亲兄弟子侄隔屋连墙，至死不相往来者；有无子而不肯以犹子为后，有多子而不以与其兄弟者；有不恤兄弟之贫，养亲必欲如一，宁弃亲

---

① 《北史》卷45，裴叔业传。
② 陈耆卿：《赤城志》卷37，风土门。
③ 范成大：《吴郡志》卷2，风俗。
④ 梁克家：《淳熙三山志》卷39，土俗。

而不顾者；有不恤兄弟之贫，葬亲必欲均费，宁留亲丧而不葬者①。其中，"不恤兄弟之贫，养亲必欲如一，宁弃亲而不顾者"，显然是父母或父母一方在世兄弟分家后的状态。兄弟各自组建家庭，视养亲为负担，故形成无论经济条件如何，各家需均等付出的意识。

如果说宋代的私人文献对当时民间亲在子分状况的反映不够全面的话，元代官方调查则显示出亲子分爨别居的状况具有一定普遍性。

元代至元十一年（1274年）正月，御史台呈文指出：伏见随路居民，有父母在堂，兄弟往往异居者。分居之际，置父母另处一室，其兄弟诸人分供日用。父母年高，自行拾薪取水，执爨为食。或一日所供不至，使之诣门求索。或分定日数，令父母巡门就食。日数才满，父母自出，其男与妇亦不恳留。循习既久，遂成风俗，甚非国家所以孝治之意②。既然是"随路居民"，表明非个别地区的现象。为此，官方形成禁约，今后"父母在堂之家，其兄弟诸人不许异居，著为定式，如此庶使人子竭养亲之心，父母享终身之乐"③。但至元二十一年（1284年）正月御史台再次呈文指出：近年以来，汉人官吏士庶，与父母异居之后，或自己产业增盛，而父母日就窘乏者，子孙视犹他家，不勤奉侍，以为既已分另，不比同居……今后若有别居异财，丰衣美食，坐忍父母窘乏，不供子职，及同宗有服之亲寄食养济院，不行收养者，许诸人首告，重行断罪④。可见，不仅亲在子分之风没有刹住，而且出现分出之子推诿赡养父母责任的现象。从这些官方文件的用词可见，当时亲在子分行为一定程度上具有普遍性。

至清代，"大江南北其子有余财不养父，弟有余财而不养兄者比比也"⑤。"不养父"并非同居一家而不养，而是别籍异财后子代的行为。

民国之后，法律对分家约束降低，民众更多地依照习惯行事。因而分家行为增多。山东莱阳县：今则小家庭突多，男女结婚即别立门户，财产独立，父母不得过问，族长不得干预⑥。四川荥经县：邑中富室无继续三代

---

① 袁采：《袁氏世范》卷之上，睦亲。
② 《通制条格》卷3，户令。
③ 《通制条格》卷3，户令。
④ 《通制条格》卷3，户令。
⑤ 袁枚：《小仓山房文集》卷17，与江苏巡抚庄公书。
⑥ 民国二十四年《莱阳县志》卷3，礼俗。

者，缘丁多则产析，累析则式微①。崇庆县：家有数子多尚异居，其识道义畏人言者颇能敦睦，妇有长舌斯阋墙成讼矣②。异居为多子婚后所追求，但"传统"的约束尚存在。

综上所述，近代之前，尊亲在堂、子孙分财别居行为尽管受到法律、政策等制度的严格限制，其约束力是存在的，但不能估计过高。民众中以"婚姻体"为核心再造独立生活单位的努力并未抑制住。分家、均分家产是儿子的权利，已婚儿子多数没有在一个共同体家庭长期生活下去的愿望和信心；但分家的时间选择受到控制，子代追求分家的行为往往被贬低。可见，内在制度和外在制度在分家问题上的作用方向不同。外在制度虽然不能制止分家，却会在一定程度上降低分家的频度。

二 分家与小家庭的成长

中国历史上既有限制分家、鼓励大家庭形态的制度，也存在促使、助力分家的制度，还有不为分家设置障碍、允许民众自己决定家庭形态的制度。无疑，这些制度环境是有利于小家庭成长的。

（一）有利于分家的制度

1. 官方制度中有利于分家的几种形式

（1）促进分家的制度

促进分家的制度应以战国时秦国孝公时所行商鞅之法为肇端："民有二男以上不分异者倍其赋"③，强制多子家庭成年子弟分家别居。这有助于增加政府的纳税单位。但商鞅所言似乎又并非为了增加户数：始秦戎翟之教，父子无别，同室而居。今我更制其教，而为其男女之别，大筑冀阙，营如鲁卫矣④。商鞅将"父子无别，同室而居"视为落后之俗，欲改变之。在我们看来，改革民俗，"为其男女之别"、矫正"父子无别"与"民有二男以

---

① 民国十七年《荥经县志》卷12，风俗。
② 民国十五年《崇庆县志》，礼俗第五。
③ 《史记》卷68，商君列传。
④ 《史记》卷68，商君列传。

上不分异者倍其赋"非同一命题。前者强调不同性别和不同代际成年家庭成员应分室起居；后者则主要针对有两子及以上家庭，当这些儿子成年、结婚后应分开生活，形成独立的家庭户。不过，我们认为，该规定鼓励和推动多子家庭分财别居、增加户口单位的目的更强一些。史载，其在民间推行之后，秦国出现"家富子壮则出分，家贫子壮则出赘"的现象①。当然，政府加重同居家庭赋税会引导成年儿子分出单过，但复合型家庭并非因此就不存在了。有学者从秦代迁陵县南阳里户版发现：家庭结构完整的户版10件，其中核心家庭5件、直系家庭3件、复合家庭2件②。我们认为，秦制即使对分家有提升作用，也主要限于有两个及以上成年儿子的家庭。在以家庭养老为主的时代，只有一个儿子的父母将不会受到该制度的影响，亲子在很大程度上将依然保持直系家庭的居住方式。

汉朝户税仍是重要的税种，但两汉政府没有延续秦国促使多男家庭分家之政，然而它也未明确实行"矫正"之策。从汉代史籍上看，当时的兄弟分产现象是比较普遍的。王彦辉认为：分户异居的事例在两汉书中却连篇累牍，或以"推财"极尽讴歌；或以"争财"、"求分"大加针砭，无不说明分户析产是汉朝处分家庭人口和家庭财产的最基本形式③。

直至三国曹魏时，才有"除异子之科"，目的是"使父子无异财也"④。可见，该规定是"破"和"立"两者的结合，即将存在已久的"异子之科"废除，同居共财父子不再有赋税加重之忧。这一制度是否会减少亲子分异现象，仍是一个值得研究的问题。

南宋时人真德秀在其所著《西山政训》中指出：人户分析，当从其便。访闻诸县乃有专置司局，勒令开户者，但知利其醋钱，不顾有伤风教。自今唯法应分析，经官陈情者，即与给印分书，不许辄有抑勒。今闻诸县仍复有此，甚者差吏下乡，勒令开析⑤。地方官为从民众分家析产中获得手续费等好处，直接鼓励分家。

---

① 《汉书》卷48，贾谊传。
② 张荣强：《湖南里耶所出"秦代迁陵县南阳里户版"研究》，见陈锋、章健民主编《中国古代社会经济史论》，湖北人民出版社2010年版，第113页。
③ 王彦辉：《论汉代的分户析产》，《中国史研究》2006年第4期。
④ 《晋书》卷30，刑法。
⑤ 真德秀：《西山政训》，禁苛扰。

（2）不为分家设置限制

这一制度表现为，官方允许民众根据其家庭状况自己决定分合生活方式。

汉朝《二年律令》载：民大父母、父母、子、孙、同产、同产子，欲相分予奴婢、马牛羊、它财物者，皆许之，辄为定籍[1]。还有：诸后欲分父母、子、同产、主母、假母，及主母、假母欲分孽子、假子田以为户者，皆许之[2]。从中，我们看不出限制倾向。

可以说，多数王朝，对父母去世后的兄弟分家行为不予限制，当然是在服除之后。

需要指出，鉴于兄弟分家行为难以抑制，政府不再做不切实际的努力，而是采取更为务实的做法。东汉政府为减少兄弟分家时的冲突，鼓励"让财"。此项工作由乡三老负责，本地有"让财救患"、"为民法式者"，"皆扁表其门，以兴善行"[3]。这些"让财"榜样对后世民众有一定影响。

宋朝对兄弟在祖父母、父母去世且服阕之后的分家行为不仅不予限制，而且保护兄弟自身所积累财产在分家时不遭受损失。景祐四年（1038年）正月仁宗下诏：应祖父母、父母服阕后，不以同居、异居，非因祖父母财及因官自置财产，不在论分之限[4]。真德秀认为，对分家析产所引发的诉讼官司，"如卑幼诉分产不平，固当以法裁断，亦须先谕尊长，自行从公均分；或坚执不从，然后当官监析。其有分产已平而妄生词说者，却当以犯分诬罔坐之"[5]。这里，他只讲以均分家产为原则，而无抑制分家之意。

明朝对兄弟分籍登记设立规则。景泰二年（1451年）代宗准奏：凡各图人户，有父母俱亡而兄弟多年各爨者；有父母存而兄弟近年各爨者；有先因子幼而招婿，今子长成而婿归宗另爨者；有先无子而乞养异姓子承继今有亲子，而乞养子归宗另爨者。俱准另籍当差[6]。

明清时法律对父母所同意的兄弟分家，不予追究。

---

[1]《张家山汉墓竹简》，文物出版社2006年版，第55页。
[2]《张家山汉墓竹简》，文物出版社2006年版，第55页。
[3]《后汉书》卷128，百官。
[4]《续资治通鉴长编》卷420，仁宗。
[5] 真德秀：《西山政训》，崇凤教。
[6]《大明会典》卷20，户口。

清末之后，家庭分合事务受到法律支持。清末《大清民律草案》第1323条：凡隶于一户籍者，为一家。父母在，欲别立户籍者，须经父母允许[1]。第1463条：有母在者，若各继承人欲分财产，须经母之允许。但若别有遗嘱者，以其遗嘱[2]。第1481条：所继人之遗嘱，定有分产之法或托他人代定者，须从其遗嘱。遗嘱禁止分产者，其禁止之效力以五年为限；若逾此年限，其所逾年数为无效。第1482条：继承人除依第1463条、第1481条第二项规定外，得随时分析遗产[3]。

1925年，《民国民律草案》第1063条：凡隶于一户籍者，为一家。父母在，欲别立户籍者，须经父母允许[4]。第1378条：遗嘱禁止分产者，其禁止之效力以十年为限，若逾此年限，其所逾年数为无效。第1379条：有母在者，若各遗产继承人欲分遗产，须经母之允许。但若别有遗嘱，从其遗嘱。第1380条：遗产继承人，除依第1378条第二项规定外，得随时请求分析遗产[5]。

(3) 给予成年子弟分家的权利

这是近代以来家庭成员平等、自由观念影响法律而出现的新规则。

1930年《民法》亲属编第1127条：家属已成年或虽未成年而已结婚者，得请求由家分离；第1128条：家长对于已成年或虽未成年而已结婚之家属，得令其由家分离，但以有正当理由时为限[6]。应该说，这是一个重要转变，即家长的"允许"权被削弱，改由尊重子弟分家的请求。

20世纪30年代中期，为推行保甲制，当时政府修订户的标准，改变过去一门一户（即在同一个大门出入即算一户）的原则，采用一烟一户的原则。即不管是亲属或寄居，只要在同一口锅内烧饭吃的人，即归为一户。户长（这个户的实际管家人）即对这些人有监视管束的权利和义务。反之，虽是直系亲属，只要分爨别居，即另算一户。这种改变便于责成户长管理

---

[1] 《大清民律草案》，第170页。
[2] 《大清民律草案》，第187页。
[3] 《大清民律草案》，第190页。
[4] 《民国民律草案》，第345页。
[5] 《民国民律草案》，第388—389页。
[6] 《六法全书》，第11—12页。

监视这个户的人口，完纳本户交粮、缴税等义务①。

1949年后，从政府所制定的规则上看，民众家庭合与分过程中若没有矛盾纠纷发生，则不予干预，完全由当事者自己解决。这种制度环境是有利于成年子女分家的。

2. 民间允许分家的制度

同样，我们这里对允许分家制度的考察也主要着眼于父母等尊亲在世时的状况，因为父母去世之后的分家无论现代还是古代均不是问题。

（1）宗族规则

前面已经看到，宗族是家长权威和大家庭的重要维护者。但就清代而言，族规并非一概禁止尊亲在世时兄弟分家。

清代福建晋江施氏规定：分家业，必令族房长均产业，定公阄，父母毋私所受，兄弟无专己有。违者罚金充祠，杜竞争也②。江苏常州毗陵长沟朱氏祠规（康熙三十五年订立）：兄弟分家，义让为美，不得霸占，以失手足之情，而伤父母之心。有恃强攘夺者，族长查明，押号均分，照攘夺之多寡，酌量示罚③。这些家族对族人分家并无限制，只是强调"均分"和无偏原则，同时鼓励"义让"行为，以减少因分家而引发的冲突。

汪辉祖在《双节堂庸训》中还提出了适时分家的理由，在"子孙多产宜分析"中他指出：累世同居，岂非美事？然众口难调，强之转为不美。盖子多则妇多，妇人之性最难齐一，至孙妇更难矣。产业赀财不为分析，不肖之妇各私所私，费用浩繁。有家长所不能检者，致贫之道即基于此。一朝撒手，兄弟、妯娌疑少争多，必酿家门之祸。礼有之"六十曰老"，而传年力就衰，即当手定分书，按股折授，以杜身后事端④。硬性维系一个充满矛盾的大家庭，不如家长年老后适时将家产归属分割清楚，以免争竞。

应该说，上面家规强调的是分产。我们认为，分产是分家的核心。分产重在将房屋、田产及主要生产工具归属确定下来。当然，分产之后，已婚兄弟既可以与父母分开生活——分爨，也可以合爨。不过，若分产之后

---

① 中国科学院近代史研究所：《近代史资料》1962年第4期。
② 晋江《浔海施氏族谱》（康熙五十四年）天部。
③ 费成康主编：《中国的家法族规》，上海社会科学院出版社1998年版，第282页。
④ 汪辉祖：《双节堂庸训》卷3，子孙多产宜分析。

仍维系着共同生活居制，新增财产或已有财产被损耗的界限会模糊，产生新的矛盾。因而我们认为，分产多数情况下与分爨是一体的。除非兄弟中有婚有未婚，未婚兄弟虽分得了财产，但仍可能与父母共同生活。

(2) 民间习俗

我们从明清徽州分家阄书中可以看出，该地已经形成这样的习惯，当主持家政的父辈尊亲年老时，往往考虑或着手为诸子分家。所谓"树大分枝，各勤尔职，各守尔业，可期永久"；"载生载育，渐微繁衍，与其合之，或事有所诿，不若分之，而责有攸归，俾共知艰难，克自树立"①。分家使诸子或诸兄弟都能当家做主，增强彼此谋生的责任感，减少家庭生活中的懈怠行为。

清代人的分家习俗和行为也为当时人所认可。江西籍官员李绂在《别籍异财议》中指出：凡累世同居者，必立之家法，长幼有礼，职事有司，筦库句稽，善败惩劝，各有定制。又必代有贤者，主持倡率，而后可行。否则财相竞，事相诿，俭者不复俭，而勤者不复勤，势不能以终日；反不如分居者各惜其财，各勤其事，犹可以相持而不败也。至于祖父母父母在堂，亦微有辩，如年踰七十，宜传家政。或年虽未衰，别有疾病，而不任综理，则子孙析居，亦无不可。地方官长在民众分家问题上为劝亲睦而激薄俗，"禁其争财可也；若止于分居，则不能禁，亦不必禁"②。

民国时，福建政和县：兄弟长成，不问父母存否，随时可议分居。其分居也每于春季行之，取其发育万物也③。四川长寿县：邑俗崇尚礼让，兄弟和睦，待父母没，然后分异者间亦有之；多数娶妇后即陆续拨出，曰"分锅头"④。广东高要县：娶妇后多异爨⑤。

这些习俗告诉我们，民国时期，一些地方成年已婚兄弟分家与否已不把父母等直系尊亲存殁作为一个前提条件。

综合以上，至少从明清之后的家规和习俗看，鉴于由家长控制下的多

---

① 章有义：《明清徽州地主分家书选辑》，见《中国社会科学院经济研究所集刊》(9)，中国社会科学出版社1987年版，第109、112页。
② 贺长龄：《皇朝经世文编》卷59，礼政。
③ 《民事习惯调查报告录》(下册)，第921页。
④ 民国十七年《长寿县志》卷4，礼俗。
⑤ 民国二十七年《高要县志》卷21，风俗。

个已婚儿子所形成的大家庭难以维系（矛盾较多）和不经济（节俭意识差），父母在世而适时分家的主张和做法并不少见。对其唯一的外在要求是，贯彻均分原则，鼓励"义让"行为。

（二）间接促使分家的制度

在限制分家制度实行的时期，我们也看到一些制度间接起到促使分家的作用。所谓"间接"意指，该制度原本并非要促使民众父子分爨、兄弟分家，只是客观上具有这种效果。

唐宋时期根据户等（以财产和丁口数等为划分依据）确定户税和徭役承担标准的制度，促使一些民众为降低户等而分家。

唐朝开元二十六年（738年），针对"民间户高丁多者，率与父母别籍异居，以避征戍"的行为，政府调整政策：十丁以上免二丁，五丁以上免一丁[1]。而这一政策并没有达到目的。故天宝三年（744年）再下令：如闻百姓或有户高丁多，苟为规避；父母见在，别籍异居，宜令州县勘会。一家有十丁以上放两丁征行赋役，五丁以上者放一丁，即令同籍共居，以敦风化。如更犯者，准法科罪[2]。对父母与诸个成年儿子同居所形成的丁多之家，政府给予赋役优惠。按此标准，减少了20%的赋役额度。武则天时对父母令子别立户籍分散财产、丁口的做法不予承认。万岁通天元年（696年）武则天下令：天下百姓，父母令外继别籍者，所析之户等第并须与本户同，不得降下；其应入役者，共计本户丁中，用为等级，不得以析生蠲免[3]。这意味着亲子分家所形成的诸个单元家庭仍被作为一家来统计财产和人丁数，不予降等。这些政策是对民众规避高户等行为的矫正。

北宋端拱初，"畿甸民苦税重，兄弟既壮乃析居，其田亩聚税于一家，即弃去；县岁按所弃地除其租，已而匿他舍，冒名佃作"[4]。皇祐中，并州知州韩琦上疏指出："州县生民之苦，无重于里正衙前。……至有孀母改

---

[1] 《新唐书》卷51，食货。
[2] 《文献通考》卷10，户口。
[3] 《文献通考》卷10，户口。
[4] 《宋史》卷173，食货上。

嫁，亲族分居；或弃田与人，以免上等；或非命求死，以就单丁。"① 熙宁元年（1068年），知谏院吴充言："今乡役之中，衙前为重。民间规避重役，土地不敢多耕，而避户等；骨肉不敢义聚，而惮人丁。故近年上户浸少，中下户浸多，役使频仍，生资不给，则转为工商，不得已而为盗贼。"② 可见，赋税制度一定程度上改变了百姓的居住方式。我们认为，重税起到了加快民众亲子分爨、兄弟分家步伐的作用，但它并非唯一条件。

明代的户籍和赋税政策也有促使分家的作用。郑振满对福建宗族的研究即显示出这一点。泉州《陈江丁氏族谱·四世祖仁庵府君传》载：国初更定版籍，患编户多占籍民，官为定格，稍右军、盐二籍，欲使民不病为军而乐于趋盐。公抵县，自言有三子，愿各占一籍，遂以三子名首实，而鼎力受盐焉③。

我们认为，家庭形态同时受到两种作用力方向不同的制度的影响。对家庭共同体来说，分解家庭人丁财产规模、降低户等可使家庭规避赋税负担，这种做法为政府所反对。若保持家庭共同体形态不变，则可使没有或丧失劳动能力的成员获得基本生存条件，政府鼓励这种行为，但大家庭的养育成本相对较高，特别是子女少的婚姻单位在共同体中会有利益受损之感。两种情况都会促使家庭分解发生（见图6-1）。

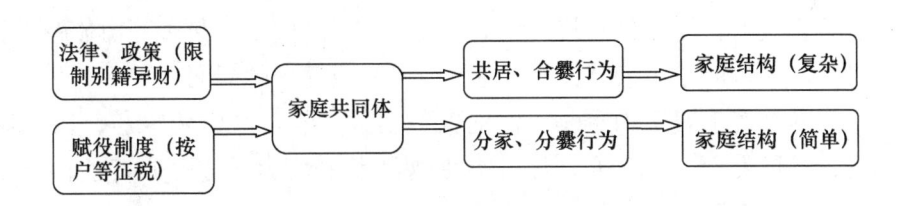

图6-1　家庭受到两种不同制度作用时的分解表现

---

① 《宋史》卷177，食货上。
② 《宋史》卷177，食货上。
③ 郑振满：《乡村与国家——多元视野中的闽台传统社会》，生活·读书·新知三联书店2009年版，第134页。

三 分家中的财产分割方式及其实施

传统时代，分家中的财产分割主要是在兄弟之间，从父母角度看，则是在儿子之间。一些有产家庭的女儿在婚嫁时从娘家得到一份奁产——不同形式的财物，正常情况下她不再参与财产分割。只有当娘家无子女儿被父母安排招赘婚时她才有可能与父母嗣子分割财产。这里我们着重对兄弟分家中的财产分割规则进行考察。

（一）分家中的财产分割方式

1. 均分制

（1）均分制的形成和演变

在一定程度上可以说，均分是符合人类情感的，或言具有一定普适性。因而，我们认为，若没有外力制约，只要有分家之举，采用均分做法可谓最具自然性的选择。它能将财产争议和亲情矛盾降至最低。

我们认为，中国的均分制伴随着分封制的瓦解、编户齐民成为国家存在和支撑基础而产生，亦即在春秋后期、战国时代就已形成。

秦汉时期，法律上明确的均分制见于《二年律令·置后律》：长（？）次子，□之其财，与中分。其共为也，及息①。由于简牍残缺，影响完整意义的理解。它可能是父亲对长次子主持分财时应遵守的规则。

汉代的个案也表明均分是当时的家庭实践：陆贾"病免家居，以好畤田地善，可以家焉。有五男，乃出所使越得囊中装卖千金，分其子，子二百金，令为生产"②。

唐朝法律对均分制较以前更为明确：同居应分，不均平者，计所侵，坐赃论减三等。《唐律疏议》对此解释道："同居应分"，谓准令分别。而财物不均平者，准户令。户令的要求是："应分田宅及财物者，兄弟均分。妻家所得之财，不在分限。兄弟亡者，子承父分。"分家时若违此令文者，是为"不均平"，应受法律惩处：谓兄弟二人，均分百匹之绢，一取六十匹，

---

① 《二年律令》，置后律，见《张家山汉墓竹简》，第61页。
② 《史记》卷97，陆贾传。

计所侵十匹，合杖八十之类，是名"坐赃论减三等"①。"同居应分"之意为符合祖父母、父母已故等基本条件；分家时不均平以坐赃论减三等，表明受损者可告发多分者，官府将予以处置，由此形成均平分家的制度环境。

在均分家产上，宋律完全照搬唐律②。不仅一般家产均分，而且"其父祖永业田及赐田，亦均分；口分田，即准丁、中、老、小法"③。《宋刑统》在均分规定下还有一点补充说明：其父祖亡后，各自异居，又不同爨，经三年以上，逃亡经六年以上，若无父祖旧田宅、邸店、碾硙、部曲、奴婢现在可分者，不得辄更论分④。这实际是对兄弟分家之后各自积累财产的保护。另外，对"妻家所得之财，不在分限"的补充规定为：妻虽亡殁，所有资财及奴婢，妻家并不得追理⑤。它意味着妻子对从娘家所得财产的支配权实际归其丈夫；妻死亡后，其娘家不具有索回之权。

宋朝法令中还有一条值得注意：兄弟中"未娶妻者，别与聘财"⑥。其意为，在与已婚兄弟均分家产之外，还要另得一份结婚聘财。因为结婚是需要花费钱物的，若未婚者从所分财产中自理婚姻费用，其继承财产的份额就会缩水。

明朝洪武二年（1369年）对均分所作规定简洁明了：令嫡庶子男，除有官荫袭先尽嫡长子孙，其分析家财田产，不问妻妾婢生，止依子数均分。奸生之子，依子数量与半分。如别无子，立应继之人为嗣，与奸生子均分。无应继之人，方许承继全分⑦。只要是婚内生子（无论嫡庶）均享有均分权利，但婚外生子只有半分权利。与唐朝不同（针对分家中当事人的不均平行为予以惩罚），明朝对分家不均平者的惩罚重点为负有责任的"同居尊长"：若同居尊长应分家财不均平者，二十贯笞二十，每二十贯加一等，罪止杖一百⑧。我们认为，唐、明法律具有差异的原因是，唐朝强调分家是在

---

① 《唐律疏议》卷12，户婚。
② 《宋刑统》卷12，户婚。
③ 《宋刑统》卷12，户婚。
④ 《宋刑统》卷12，户婚。
⑤ 《宋刑统》卷12，户婚。
⑥ 《宋刑统》卷12，户婚。
⑦ 《大明会典》卷19，户口。
⑧ 《大明律》卷4，户律。

祖父母、父母等尊长去世之后，而明朝法律实际允许父母在世时兄弟分家（凡祖父母父母在者，子孙不许分财异居。其父祖许令分析者听①）。清朝继承明朝法律精神，强调同居家长为诸子均平分家财②。

清末《大清民律草案》第 1474 条：继承人有数人时，不论嫡子、庶子，均按人数平分。私生子依子量与半分③。《民国民律草案》第 1372 条与此相同④。

1930 年《民法》继承编第 1141 条：同一顺序之继承人有数人时，按人数平均继承，但法律另有规定者不在此限⑤。其与之前法律最大不同在于，用不具有性别色彩的"同一顺序之继承人"替代"嫡子、庶子和私生子"这些性别特征明显的表达，意味着女性也获得均分遗产权利。

可见，家产均分制是中国近代之前兄弟之间财产分割的主流。1930 年《民法》继承编出台后，女儿成为家产的合法继承人或均分人。这是家庭财产继承法律的重要变革。

（2）均分制的民间实践

我们认为，家产分割是人一生中都可能遇到的事件。因为财产获得的份额多少与人的生存条件和生存水平直接相关，因而它为人们所高度关注。如果说其他制度可能会在民间实践中被打折扣，均分制度则不易产生扭曲。因为只有如此，家庭矛盾才能降至最小。

在民间，均分意识深深植根于民众之中，一旦有不均行为，受损者就会做出强烈反应。

南宋《袁氏家范》即告诫族人"分析家产贵公当"。但兄弟成年已婚后，家产的构成变得复杂。有的财产为妻子从娘家所带奁产，有的为分爨之后自己经营所得。正式分家时往往"应分"和"不应分"家产的界限模糊，引发争执，甚至诉至官府。袁采要求兄弟分家时注意各自让步：富者"果是因众成私，不分与贫者，于心岂无所慊！果是自置财产，分与贫者，

---

① 《大明会典》卷19，户口。
② 《大清律例》卷8，条例。
③ 《大清民律草案》，第188—189页。
④ 《民国民律草案》，第387页。
⑤ 《六法全书》，第101页。

明则为高义，幽则为阴德"；"贫者亦宜自思，彼实窃众，亦由辛苦营运以至增置，岂可悉分有之！况实彼之私财，而吾欲受之，宁不自愧！"[1] "因众成私"意味着正式分家前有的兄弟借机谋求私利。

清代家产分割不均平引发的冲突案例颇多。

道光年间甘肃金县魏效宦供词：30岁。父母均故，兄弟二人，已婚，生一子。魏效官是胞兄，分居另爨，素无嫌隙。从前未分家时，田产钱财是哥子一人经管。道光九年（1829年）五月，小的查知尚有应分地三亩、钱十八千七百文，哥隐匿未分。小的邀同胞叔魏金枝、族长魏金祥向哥子问明属实。魏金枝们评令哥子俟秋收时将地粮拨出一半，抵还小的应分钱文，并将三亩地交给小的管业。哥子应允[2]。

乾隆四十年（1775年），直隶安平县杨作梅供词：35岁。娶妻苏氏。杨朝俊为大伯。小的父死后，母宋氏改嫁了。过了几年，大伯杨朝俊把祖遗田分给四十亩，小的和胞兄杨作楫耕种。大伯因多住了几间房子，他自己只分了二十亩地。当时分家，小的们都无话说。后来小的胞兄杨作楫不知从哪里打听得大伯还隐瞒下二亩五分一块地、又二亩九分一块地没有均分。小的们知道，和大伯争论，大伯把二亩九分一块地也分给小的们了[3]。

均分观念之下，已分家后还要时刻留心是否有分家不公做法。

光绪五年（1879年），山东峄县褚五供词：34岁。小的兄弟五人，父母在日，把产业按股均分。那时小的和褚敬中年幼，同炊，余各分度。光绪二年春，小的和褚敬中也各分度。褚敬中就把小的应得房地按照分单分给清楚。褚敬中又自费心力，新置地亩没有分给。光绪三年八月初八日，小的因传闻褚敬中添置地亩，系用公项价买，往向褚敬中查问索分。褚敬中回说自置和公产无干。小的不服，褚敬中殴打小的。他女人韩氏帮护，小的伤韩氏身死[4]。

均分原则一旦打破，或节外生枝，矛盾即会产生。

---

[1] 袁采：《袁氏世范》卷上，分析家产贵公当。
[2] 中国第一历史档案馆藏，刑科题本，土地债务类，大学士管理刑部事务托津题，道光十年闰四月初四日。
[3] 中国第一历史档案馆藏，刑科题本，土地债务类，大学士管理刑部事务舒赫德，乾隆四十年三月初五日。
[4] 中国第一历史档案馆藏，刑科题本，土地债务类，山东巡抚文格题，光绪五年四月初三日。

乾隆三十七年（1772年），四川合州杨珑供词：32岁。小的父母生小的与二弟，还有妹子大姑和二姑。继母唐氏生三弟杨榜，还有四个妹子。前年父临终时，因小的与二弟杨甫早已娶亲，大妹也出嫁了。只有二妹与杨榜并四个幼妹还没婚配，教把所遗财产给小的弟兄三人均分。继母同杨榜度日，小的与杨甫每年各出赡谷十二石帮继母食用，将来弟妹婚嫁使费三股分出，伯叔们都知道的。乾隆三十六年十月十六日，继母邀请族邻议产分产，忽要四股分拨，说给小的弟兄三人各一股，留起一股卖为弟妹婚嫁使费。大伯杨再蛟就说使得，叫写分书。小的心想父亲遗下财产约值三千金光景，从前小的与杨甫娶秦，大妹出嫁都不过费钱二三千文。如今若将财产四股分开，每股值银七八百两，弟妹五人婚嫁如何这许多，明是继母背了父亲遗命，偏护幼小弟妹。那时三伯杨再珍、五伯杨再虹、七叔杨再浩都说继母不公。小的必要三股均分。杨再蛟就骂小的不孝，抓住小的要打……小的误伤杨再蛟身死。本案判词：唐氏偏护幼子，欲改伊夫遗命，致酿人命，本有不合，念系妇女无知，应予免议。杨再蚬所遗财产饬令依杨再蚬遗言三股均分，唐氏幼小子女婚嫁亦令三子公派①。

道光二十七年（1847年），陕西秦州王积遇供词：36岁。父七十三岁，母早故。弟兄三个，小的排行第三，和哥子们先本同家过度。道光二十六年十月十二日，父做主分爨，把家产三股均分。十三日，小的想起有公中木板十二块，被大哥收存，没有公分，就去向大哥理论。大哥说他是长兄，随父亲同挣家业，独得木板也不为过，不肯再分。小的不服，大哥村骂，小的回骂。大哥揪住小的发辫要拉到父亲房里讲理。小的情急，用身带小刀扎伤哥子，后死②。

可见，由于与切身利益有关，均分成为家庭成员中一个不可动摇的信念和监督、制衡原则，或者说是利益保护的底线，一条刚性规则。

2. 均分为主、非均分为辅

从现有律令看，若着眼于大的王朝，元朝法律具有均分为主、非均分

---

① 中国第一历史档案馆藏，刑科题本，土地债务类，大学士管理刑部事务刘统勋，乾隆三十七年六月二十日。

② 中国第一历史档案馆藏，刑科题本，婚姻家庭类，陕甘总督布彦泰，道光二十七年二月十一日。

为辅的特征。但对此也值得辨析。

元朝关于分产的法律将"子"的身份进行分类，不同身份者所得财产份额不同。至元三十一年（1294年）十月，中书省礼部呈：大都路申，卢提举妾阿张告争家财。检会旧例：诸应争田产及财物者，妻之子各四分，妾之子各三分，奸良人及幸婢子各一分。以此参详，卢提举元抛事产，依例，妻之子卢山驴四分，妾之子卢顽驴、卢吉祥各三分。都省准呈①。需要指出，这一做法是根据"旧例"而来，当时正值元初，"旧例"很有可能是前朝所遗留。

就绝大多数民间行为而言，分家时，嫡庶之间没有差异，仅个别地区有不同。如清末、民初福建连城县：重嫡轻庶，庶子分得财产常不及嫡子三分之一，惟若由父母主分，则不尽然②。湖北汉阳、麻城两县：凡有嫡子、庶子者，其嫡子所分承继财产必较庶子为多。同地的郧县则为嫡庶均分为主③。

但在民间实践中，有以下值得关注的非均分做法，当然它是在一个较小的范围内浮动。

（1）长子适当多分

一些地区有长子多得稍许家产的风俗，原因是其承担祭祀本支祖先之责，所谓"非嫡长子则不敢祭其父"④。重视祠堂祭祀规则的地区遵循该原则。在莫里斯·弗里德曼以中国东南沿海地区为关照对象的研究中，提到这一点：汉人的继承习俗一般将与祭祀祖先责任有关的额外财产份额分与长子⑤。实际上，此种做法在中国南北方地区都有表现，不过南方相对更为流行。这与当地经济较为富裕、宗族势力较大有关。

清代徽州分家阄书中有长子适当多分的做法。理由不一。其中一例，四子中长子"幼遭残疾，未克经营，难供衣食"，因而写明适当"津贴长子"，余作"四股均搭"⑥。

---

① 《通制条格》卷4，户令。
② 《民事习惯调查报告录》（下册），第921页。
③ 《民事习惯调查报告录》（下册），第959页。
④ 《朱子家礼》卷1，通礼。
⑤ ［英］莫里斯·弗里德曼：《中国东南的宗族组织》，上海人民出版社2000年版，第30页。
⑥ 章有义：《明清徽州地主分家书选辑》，见《中国社会科学院经济研究所集刊》（9），第113页。

费孝通20世纪30年代调查的苏南江村也有分家时长子接受两份的习惯，但额外归他的那份一般比较小，其多少根据他对大家庭的经济贡献而定。长子年纪大些，肯定较其弟多做了些贡献。长子对已故双亲也具有较大的与礼仪有关的义务①。

浙江长兴县：父遗财产，除各子按股均分外，有长子、长孙另提若干的习惯②。长子、长孙应是一体的，一次提取，而不会分别提取。

福建建阳县：富家分产，除由父母自抽赡养费外，长子续抽贴长费。如父母已故，由族长公亲代分遗产，亦应另抽贴长费，此费恒不过就全产百分中抽其五六而已③。政和县：兄弟分家，提长子津贴，然后按份拈阄④。顺昌县：析产时，长子得多分百分之一二，名为居长。嫡庶子则均分⑤。晋江县：对长子有更大优待，长子应分双份⑥。浦城县：俗尚重视长子，其分产不论家资厚薄，先抽出父母养膳，再抽出长子长孙产业，名曰"手泽"。其所谓长孙，即长子所生长子，若长子无出，或次子、三子先生有子，均不得谓长孙。所抽份额视家资厚薄为十分之一⑦。个别地区在家谱中载明此项规则：台湾清溪虞都许氏：家有长子，承祧冗宗，任至钜矣。家务烦剧，惟此是问，力又劳矣。而亲朋交游，宴会又多矣。其随家厚薄，酌量立租以优之⑧。这里说明了长子多分的理由：承担祖先祭祀之责。当地长子、长孙所多得份额不一，从百分之一二这一较小数额到十分之一，再到双份。

湖北汉阳、竹溪、麻城三县：凡诸子分产，其长子必另提长房田，以示与众子有别⑨。竹山、京山、通山、潜江、巴东五县亦如此⑩。

广西平乐县：遗产传之子孙，一子者独享，子多者除提出若干田产给长子，曰"长子田"，以示优异外，其余共同均分。子亡而有孙者，传之于

---

① 费孝通：《江村农民生活极其变迁》，敦煌文艺出版社1997年版，第57页。
② 《民事习惯调查报告录》（下册），第915页。
③ 《民事习惯调查报告录》（下册），第921页。
④ 《民事习惯调查报告录》（下册），第921页。
⑤ 《民事习惯调查报告录》（下册），第925页。
⑥ 《民事习惯调查报告录》（下册），第922页。
⑦ 《民事习惯调查报告录》（下册），第935页。
⑧ 民国《清溪虞都许氏家谱》卷1，旧规条。
⑨ 《民事习惯调查报告录》（下册），第959页。
⑩ 《民事习惯调查报告录》（下册），第971页。

孙，"孙多者除提出若干田产给与长孙，曰'长孙田'，以示优异外，其余共同均分"①。

北方在华北和西北地区都有此表现。

民国时期，河北万全县：长子、次子无分别，有子若干人，皆平均分配。长子因祀祖先之义务，较次子有稍能多得者，唯女不预焉②。

山东莱阳县：分家时，若长子特除则谓之长子份③。

陕西华阴县：分产须为长房提留祀田，以为祭祀之用。盖犹古宗法重大宗之风④。

综合以上，长子分家时适当多得惯习在南方地区的流行程度较北方广泛。其理由一是长子对家庭的贡献较大，一是长子在祭祀祖先活动中承担的责任大。实际上第一个理由中，长子是否真的贡献较大很难一概而论，但第二个理由应是成立的。南方所以较北方流行，可能与南方对祭祖仪式更为重视、花费较大有关。

（2）长孙适当多分

这种做法是对长孙的优待，其理由不一。

清代徽州文书中也有分家时先"除拨与长孙之田地"，然后再均分的做法⑤。在一份母舅为外甥所主持的分家阄书中，有这样的规则：长甥勤劳营运，合于未分财产之内拨出本银一百两（共计货币财产408两），田五亩（共计田产45亩），中间房上下四间，共界长孙汝楳，以优长甥运筹之劳。余财房屋田地二分均之⑥。长孙多得的理由是长子为家庭财富积累贡献较多，酬报于长孙。

山西临县：兄弟分析祖产时，如兄有子，则于兄弟平分之外，酌分给兄之子地若干亩，名长子长孙地⑦。民国初年《临县志》对这种做法的形成原因作了交代：兄弟析产，必拨长子孙田，名曰"拨长子"，初不知为主庙

---

① 民国二十九年《平乐县志》卷2，风俗。
② 民国二十三年《万全县志》卷9，礼俗。
③ 民国二十四年《莱阳县志》卷3，礼俗。
④ 《民事习惯调查报告录》（下册），第1027页。
⑤ 章有义：《明清徽州地主分家书选辑》，见《中国社会科学院经济研究所集刊》（9），第110页。
⑥ 章有义：《明清徽州地主分家书选辑》，见《中国社会科学院经济研究所集刊》（9），第86页。
⑦ 《民事习惯调查报告录》（下册），第845页。

祭而设，并非因长而优异也①。山西兴县：析产者亦拨长子、长孙田，然不知其为祭设也②。长子、长孙负有主持祭祀先祖使命，故多分一些。

陕西西乡县：兄弟分家时，有长孙者，得由其中抽拨长孙产一份，弟兄不得争执③。

浙江嘉兴县：分析遗产，长子、长孙（即承重孙）得酌提遗产。即除兄弟平均分配外，并得酌提财产若干与其长孙承授，众孙不得援例争执，载明分家阄书，与伯叔等同遗产利益。嘉兴全境，除穷乏无产可分者外，凡中资以上人家，皆适用此习惯，无论祖父母是否生存，均有效力④。

湖南各地多有长孙田或长孙钱习惯。但长孙不分嫡庶所出，于分析家产时先为长孙提出田产若干亩，其余均分。提出之田，又于分析家产时依前例提出银钱若干与长孙，谓之"长孙钱"⑤。可见，这里的长孙并非专指长兄之子。

江西萍乡县有优待长孙之俗：分析家产时，除平均分配于诸子外，并酌量其财产之多少，提出若干给予诸子中最先所生之长孙，以示重爱初见三代之意。其余各孙不得争论⑥。这与湖南习惯相似，并且它回答了多给长孙的理由。

清代个案中也显示江西存在这种现象。

乾隆二十七年（1762年）江西南昌县熊遵先供词：生三子，叫熊象式、熊国柱、熊国栋，一向同居共爨。小的因年老不能支持家务，今年二月初二日，邀请女婿罗胜猷，族侄熊国民、熊东旭来家共议房屋品搭均分，叫熊东旭代写分关。小的想大儿子象式生有长孙，要另把两间房子、一石田拨给长孙，叫熊东旭载入分关。熊象式意思嫌少，说不必载入分关。二三子也说该载入分关。最后被写入分关⑦。

---

① 民国六年《临县志》卷13，风土。
② 光绪《兴县志》卷7，风俗。
③ 《民事习惯调查报告录》（下册），第1020页。
④ 《民事习惯调查报告录》（下册），第908页。
⑤ 《民事习惯调查报告录》（下册），第983页。
⑥ 《民事习惯调查报告录》（下册），第885页。
⑦ 中国第一历史档案馆藏，刑科题本，土地债务类，署理江西巡抚明山题，乾隆二十七年七月二十九日。

从上可见，长孙多得习惯在多地流行。其理由主要有二，一是酬劳长子对家庭所做较多贡献，一是长房子孙负有祭祀先人的使命。实际上，第二条理由更为充分。也有的强调长孙在代际传承中的作用。

3. 养子、义子在分家中的地位

在过继、立嗣制度推行的时代，养子、义子含义相同，专指收养之子。养子对养父母财产的继承权，近代之前法律涉及较少。

宋代诉讼案件显示，抱养之子与亲子有均分财产做法。

田县丞有二子，曰世光登仕，抱养之子；曰珍珍，亲生之子。县丞身后财产，合作两份均分①。

吴氏为陈文卿之妻，夫妇抱养陈厚为子，继而亲生二子，名陈谦、陈寅。陈文卿夫妇将产业析而三之，将陈厚分出②。

有这样一个案例：徐氏为陈师言继妻，原来抱养一子，名绍祖。后又亲生二子，名绍高、绍先，一女曰真娘。丈夫死后，徐氏自将夫业分作五分，养子一分，而与亲生二子自占四分，官府认为它"于条亦未为是"③。

这些个案表明，宋朝抱养义子有与亲生子均分家产的官方规则。至于当时其他被收养义子是否能享受到均分待遇尚不明确。

南宋《袁氏家范》中也认可义子的财产权，但没有说明其应得份额：若义子有劳于家，亦宜早有所酬。义兄弟有劳有恩，亦宜割财产与之，不可拘文而尽废恩义也④。

近代以来，法律对此规定逐渐明确，民俗资料相对较多，这里我们将两者结合起来考察。

（1）与嫡庶子相比，养子获得部分财产

甲、无具体比例

清末《大清民律草案》第1469条：乞养义子，或收养三岁以下遗弃小儿，或赘婿素与相为依倚者，得酌给财产，使其承受⑤。

---

① 《名公书判清明集》卷8，户婚门，第251页。
② 《名公书判清明集》卷8，户婚门，第278页。
③ 《名公书判清明集》卷9，户婚门，第296页。
④ 袁采：《袁氏世范》卷上，收养义子当绝争端。
⑤ 《大清民律草案》，第188页。

1925 年《民国民律草案》第 1341 条，养子或赘婿素与相为依倚者，于继承开始时，得酌给财产，使其继承①。

民间实践也是如此。

黑龙江林甸县：养子不能与嫡、庶子平分家产，随父母及主持事务者或亲族公议，再行酌量分配，所以示亲疏也②。木兰县：养子酌量给予，不能告争③。绥东：至于养子，则亦有平均分给者，亦有酌量分给者，一依父母之命④。布西：分产"嫡、庶之子，向无区别，义子则由当时议定数目给与之"⑤。

甘肃平罗县：先买异姓之子为子，认有承继之权利。若后又生子，则有酌给财产、令养子分居之义务⑥。义子在养父有亲子后，被分出单过。

江阴东沙王氏光绪三年（1877 年）修谱之例：异姓不得乱宗，抚育在家仍许拨分家产⑦。这意味着族人虽不能立义子为继子，但可分给其财产。

在酌量分给义子财产的习俗中，义子所得应该有限。

乙、有比例

1930 年《民法》继承编第 1142 条：养子女之继承顺序与婚生子女相同。养子女之应继分为婚生子女之二分之一。但养父母无直系血亲卑亲属时，其应继分与婚生子女同⑧。

而在该《民法》实施之前，或者说清末民初，一些地方惯习中也对义子财产继承份额有规定。

河南睢县：义子得十分之三；禹县：得三分或四分之一；襄城县：得三分之一⑨。

福建浦城县：抱养异姓为螟蛉子，厥后生子，则酌给螟蛉子财产，与

---

① 《民国民律草案》，第 383 页。
② 《民事习惯调查报告录》（下册），第 780 页。
③ 《民事习惯调查报告录》（下册），第 783 页。
④ 《民事习惯调查报告录》（下册），第 786 页。
⑤ 《民事习惯调查报告录》（下册），第 775 页。
⑥ 《民事习惯调查报告录》（下册），第 1049 页。
⑦ 民国三十八年江阴《绮山东沙王氏支谱》卷 1，又例。
⑧ 《六法全书》，第 101 页。
⑨ 《民事习惯调查报告录》（下册），第 805 页。

诸子较约五分之三四，惟不得承嗣宗祧①。

可见，河南义子所得财产比例低于福建，前者约为三分之一，后者超过一半。

（2）养子与婚生子享有同等继承权

在1949年以前的民间习俗中，也有养子与亲生子平分家产的做法。

河南汜水县：义子与继子均分②。

陕西郿县：无子者抱养异姓之子为义子，迄今有子后，所有财产得与义子按股均分。如义子情愿归宗，义父不得留难，但止酌给财产，不能与己子平均分配③。它以义子不归宗为均分条件。华阴县：养子之风盛行，小康之家，凡得子较迟时，强半收有养子。本人对于养子，视与亲生子无异，所有家财得与亲生子均分④。

甘肃庆阳县：凡养异姓之子为子，其继承之权利与亲生子同，一切财产得与亲生子均分⑤。

安徽太和、繁昌等县：凡无子息，即抱养他姓之子为嗣，若中途己身有子，则酌给财产，或令与己子均分⑥。这意味着当地存在均分的做法，但也有非均分的。

这些义子和亲子均分家产习俗似乎以北方居多。

（3）当养子为养父唯一之子时的分产权利

甲、全部继承养父财产

湖北汉阳、竹溪、五峰、兴山：均得听养子全部承受。惟郧县则只许酌给⑦。京山、巴东、通山三县亦如此⑧。

乙、有条件全部继承

湖北一些县，对义子财产继承全部财产有条件限制。合乎条件者，可

---

① 《民事习惯调查报告录》（下册），第935页。
② 《民事习惯调查报告录》（下册），第805页。
③ 《民事习惯调查报告录》（下册），第1000页。
④ 《民事习惯调查报告录》（下册），第1027页。
⑤ 《民事习惯调查报告录》（下册），第1049页。
⑥ 《民事习惯调查报告录》（下册），第862页。
⑦ 《民事习惯调查报告录》（下册），第954页。
⑧ 《民事习惯调查报告录》（下册），第968页。

全部承受，否则不可。潜江县限于有亲属者，谷城县限于抱养之人，有亲房、疏房兄弟子侄及亲生女者，不得全部承受①。养父母无其他亲属（包括女儿）时，义子才可继承全部财产。

(4) 义子归宗时产业处置

甲、义子归宗，其产业不许携带。黑龙江大赉县：义子携产归宗，亦为习俗所禁。"唯产系私置，或为赠与，则又不在此限。"② 东北多数地区义子归宗时，义父既不向其索所养育之资，亦不许其携产归宗。这也是财产继承权与养老义务一致性的表现。义父尚在世，义子就欲归宗，实际意味着他不打算为义父承担赡养之责，剥夺其继承权是合乎情理的。

乙、允许带走

它多为义父母去世之后的做法。

河南商水县：义子于养亲死后，往往将其在养亲家分得之财产携带回本宗，俗谓之"携产归宗"③。

浙江长兴县：异姓义男及赘婿于入继之后，被承继人故后，如系酌给一部分财产，当许携归本宗；倘继受全部，承其祧祀者，则永久改从其姓，所有财产即不能携归本宗④。

这两个地区对义子所继承财产的制约环境有不同。前者为义父母养老送终后就算尽到责任，携带其继承财产归宗不受限制，主要是义父本宗成员不能施加限制。似乎当地对嗣子并不重视，义子没有嗣子义务，只负责生养死葬，祭祀并非刚性义务。后者中继承部分财产者可以带产归宗；若义子为嗣子并继承了所有财产，归宗将受限，硬性归宗则不能带产。

4. 继子和废继子分产权利

夫妇无子过继他人之子，之后又有亲生子，这会带来财产继承问题。此外，还有过继子因与继父母相处过程中出现矛盾，而被废继，容易产生财产继承纠纷。

---

① 《民事习惯调查报告录》（下册），第968页。
② 《民事习惯调查报告录》（下册），第789页。
③ 《民事习惯调查报告录》（下册），第808页。
④ 《民事习惯调查报告录》（下册），第915页。

(1) 继子财产继承权与亲子相同

这里主要针对过继立嗣之后又生子的情形。

清朝规定：若立嗣之后，却生子，其家产与原立子均分①。从法律上讲，原立嗣子与亲生子有相同的继承权。但原立继子将失去嗣子地位。财产均分应该是对其所作补偿。

这一原则在民间得到贯彻，但也有差异。

福建漳平县：继子不论同姓、异姓，其继承遗产与亲子同，但半继三承、承继一角等类，则按所继之分分之②。半继三承存在的原因应该是继父母当时所立嗣不止一个。

湖北竹山、通山、巴东三县习惯：立嗣后复生子，其亲生子与原立之嗣子分产一律平分；京山、谷城两县：嗣子多系酌提产业，不能平分。迁江县：以不平分为原则。如立嗣时合同载明立嗣后再生有亲子，财产均分字样，则须均分③。这些地区，无子者立嗣之后又生子，原嗣子的地位有的如一般亲生儿子，有的则类似义子，因而分产待遇有不同。

以上表明，法律规则在民间并没有完全贯彻。

(2) 废继子的继承权

废继子是指过继之子不被继父母喜欢，取消其继子资格。原因是过继后，继父母发现继子有毛病，如不爱劳作、不听管束，担心将来家产被其挥霍，故将其废掉，送还与生父母或其他亲属。为减少矛盾，继父母适当予以财产补偿。

直隶高阳县：本地习惯多有于废继之子，或给付田产数亩，或给付钱文数十吊④。废继子情形在民间社会并不少见。

5. 私生子的分产地位

从宋元以来法律条文中可以看出，官方是认可私生子的存在地位的。明清有关财产继承制度即有这样的规定：明洪武二年（1639年），"嫡庶子男除有官荫袭，先嫡长子孙。其分析家财田产，不问妻妾婢生，止依子数

---

① 《大清律例》卷8，户律。
② 《民事习惯调查报告录》（下册），第934页。
③ 《民事习惯调查报告录》（下册），第967页。
④ 《民事习惯调查报告录》（下册），第763页。

均分";"奸生之子依子数量半分"①。清朝继承了明朝之法，不过对奸生子作了进一步规定。即家庭中，"如别无子，立应继之人为嗣，与奸生子均分；无应继之人方许承绝全分"②。清末《大清民律草案》第1474条：私生子依子量与半分。第1475条：私生子外别无子，立应继之人为嗣，其遗产，私生子与嗣子均分；无应继之人，方许私生子承继全分③。1925年《民国民律草案》第1372条、第1373条与此相同④。

民国期间，私生子在民间社会的继承权有两种：

（1）无分产权

河南嵩县、济源、镇平、辉县等县：私生子无分受父母遗产之权⑤。我们认为，这种习俗流行地区，将不认可在外生活的私生子归家的权利。若允许其归家，必然涉及生存所需物质条件的给予等问题。

（2）与嫡庶之子有同样权利

私生子与嫡庶子女享有同样的财产继承权。

河南襄城县：私生子有相同分遗产权⑥。偃师县也为有均分权⑦。

浙江宣平县：下等社会，私生子得由其父抚养成人，与婚内生子同一分析财产，并得承继宗祧，分给胙肉，登载族谱。族人均行公认，无一反对者⑧。

福建浦城县：私生子经父认领者，分产与诸子无异，亦得承祀⑨。生父认领私生子，即承认父子关系的存在。而父子关系又有具体的内容，财产继承关系是其中之一。

6. 赘婿分产权

（1）全部继承

河南嵩县、禹县、汜水县：清末民初，同宗无子应继者，招婿为子，

---

① 《大明会典》卷19，户口。
② 《大清律例》卷8，户律。
③ 《大清民律草案》，第189页。
④ 《民国民律草案》，第387页。
⑤ 《民事习惯调查报告录》（下册），第804页。
⑥ 《民事习惯调查报告录》（下册），第804页。
⑦ 《民事习惯调查报告录》（下册），第813页。
⑧ 《民事习惯调查报告录》（下册），第898页。
⑨ 《民事习惯调查报告录》（下册），第935页。

其财产即归所招之婿承受①。从形式上看，这些地方赘婿继承权不受限制，但它应有一个前提，即赘婿履行赡养岳父母及为其送终等义务，而且是在现有婚姻关系维持期间。

（2）与应继子均分

清末民初，河南睢县：如本宗有应继之子，则赘婿与应继子各半均分②。这一点与清朝法律一致。

由上可见，近代之前法律强调和维护家庭财产在诸子中实行均分的原则。由于财产涉及诸子生存条件、能力和水平，故而会被大家"认真"对待；"不均"则难免"争"的局面出现，均分是减少矛盾和冲突的有效手段。总体来说，在民间社会，"均分"问题上"官民"认识高度一致，因而它得到较好的落实。当然，在部分地区有长子和长孙适当多分的惯习，它以贡献或义务较多（在祭祀等活动中）为形成逻辑，但实行范围有限。私生子、养子的继承权，民间多以惯习性制度操作，呈现出多样性特征。不过，有一点值得肯定，多数惯习表现出较强的"人道"色彩，使身份"特殊"之子获得基本的生存条件。

（二）分家的实施

分家的实施是指分家最终如何落实？从实际做法看，主要有两种，一是拈阄书，简称"抓阄"；一是协商决定。

1. 分家实施的时间

分家本质上形成两个及以上家庭单位。在私有土地制度下，这个家庭单位既是独立的生活单位，也是独立的生产单位。其经营活动须由成年人主持。正因为如此，近代之前的分家多实施于兄弟成年均婚之后。这样，分家之后，新的家庭单位既有男性劳动力耕垦生产及其他经营活动，也有妻子从事炊煮、纺织等家庭事务。可以说，分家时间的这一选择是有利于家庭功能维系和家庭人口繁衍的。

当然也有的家庭经济条件较差，当长子结婚之后，父母即将其分出单过；未婚的子女继续与父母居住在一起。

---

① 《民事习惯调查报告录》（下册），第805页。
② 《民事习惯调查报告录》（下册），第805页。

2. 分家实施的方式

(1) 拈阄书

拈阄书更多地强调分家形式的公平。

宋代案例显示,分家产时多采用拈阄方法,且官府非常认可,故而常有"当厅拈阄"的做法。

如一案例中"将(田园干照并浮财帐目)磽腴好恶匹配作三份,唤上合分人,当厅拈阄"①。

南宋袁采所著《袁氏世范》中有"分析阄书宜详具"之条,指出当时人"分析之家置造阄书,有各人止录已分所得田产者,有一本互见他分者"②,颇不规范。为提高阄书的权威性,南宋的分家阄书还需盖官印,官府为此要收取费用。"人户惮于所费,皆匿而不印,私自割析。经年既深,贫富不同,恩义顿疏,或至争讼……凡析户之家宜即印阄书,以杜后患。"③

明清以来,不少地方有拈阄书习惯。这在个案、方志和民间调查中有所体现。

安徽徽州有大量明清时期的分家阄书流传下来。

乾隆三十四年(1769年),广西北流县钟爵兹供词:小的为钟远积堂叔,乾隆三十三年九月十九日,嫂子庞氏请小的父子到她家替远积兄弟四个分家,远积拈阄分得后座西边房屋,远瀋分得后座东边房屋,前座的房间分给老三钟音石、老四钟亚四④。

福建政和、建阳、莆田和连成四县都采用这种方法。莆田县:分家以阄书为证凭,若未写立阄书,执阄条亦得管业。至因招赘而得承受财产,均于婚约内附带分受何项财产字样⑤。政和县:按份拈阄,各执分书为据⑥。

山东莱阳县:民国时,凡析炊,父母在则父母主之,或邀戚族参加;殁则遵嘱,并请戚族尊长主之。大率除养老祭田公物外,皆兄弟均分,并

---

① 《名公书判清明集》卷8,户婚门,第278页。
② 袁采:《袁氏世范》卷下,治家。
③ 袁采:《袁氏世范》卷下,治家。
④ 中国第一历史档案馆藏,刑科题本,土地债务类,大学士管理刑部尚书刘统勋题,乾隆三十四年月二十七日。
⑤ 《民事习惯调查报告录》(下册),第921页。
⑥ 《民事习惯调查报告录》(下册),第921页。

祭告先祖，即位前拈阄为定……拈阄后则立分书或分单①。

河北高邑县：本邑习俗，多按兄弟平分家产。析产时，约同家族长辈或乡邻中之洞达事理者，将家产匀配数份，有由长让幼择取者，有由拈阄判定者。分定后，书立字据，曰"分单"，各执一张，以为凭证。至异炊后，戚友中多持食品来探视一次，名曰"燎锅底"②。

总之，多子家庭用抓阄这种形式确定财产归属流行较普遍，它有助于减少纷争，将可能的冲突降至最低。一般来说，越是有产或产多家庭，越便于采用此方法。

（2）协商解决

分家时不立阄书，父母与诸子在族内尊长、亲戚参与下，共同协商财产归属。这种做法中，父母等长辈在分家中具有较大的决定权，但均分的原则贯彻其中。相对来说，此种方法的人为因素增多，存有隐患，往往引发纠纷。

清乾隆初年，地方官雅尔图在其发布的告示中化导民众：父母分产纵有多寡不均，可以情让家常日用。纵有借贷不清，不是外人。常言道，易得者钱财，难得者兄弟，能全兄弟之情者，是为悌弟③。父母分产有多寡不均现象，表明并非采用抓阄方法。

咸丰元年（1851年），山东昌乐县于同淀供词：41岁。女人张氏，弟兄三个。咸丰元年二月间，长兄于同海因人口众多，商议分居各度。于同海、于同升各分业地二亩，小的分房屋一间，并地一亩。那月十七日，小的因少得地亩，疑系分产不公，往向于同升说要邀同亲友另分④。这显然不是以拈阄方式分家的。

（3）均分制的内容

均分家产实际是将所有家庭动产和不动产纳入分配范畴，或者说有使用价值的大小物品都是均分对象。在有奴婢的时代，奴婢也是家庭财产形

---

① 民国二十四年《莱阳县志》卷3，礼俗。
② 民国三十年《高邑县志》卷5，风俗。
③ 《雅尔图告示》，见杨一凡等编《古代榜文告示汇存》第七册，社会科学文献出版社2006年版，第483—505页。
④ 中国第一历史档案馆藏，刑科题本，土地债务类，山东巡抚陈庆偕题，咸丰元年二月十六日。

式之一，故被列入分配之列。

《唐律疏议》对分配内容做出了规定，而《宋刑统》所作规定更详细。其中有：兄弟在"父祖亡后，各自异居，又不同爨，经三载以上。若无父祖旧田宅、邸店、碾硙、部曲、奴婢见在可分者，不得辄更论分"。其父祖永业田及赐田，亦均分；口分田，即准丁、中、老、小法①。其未娶妻者，别与聘财；姑姊妹在室者，减男聘财之半。寡妻妾无男者，承夫分；若夫兄弟皆亡，同一子之分（有男者，不别得分，谓在夫家守志者。若改适，其见在部曲、奴婢、田宅不得费用，皆应分人均分）②。另外，妻虽亡没，所有资财及奴婢，妻家并不得追理③。可见，宋朝律令在家产分配上规定得更为细致。

明清徽州阄书中常有这样的词语："将承祖并续置产业屋宇，逐一肥瘦品搭"，根据儿子或兄弟数量形成不同的阄书；"将祖翁所贻田产屋宇并器皿等项，高下肥硗，凭亲族品搭均匀"；"将承祖遗业并新置产业、屋宇、家伙物件等项，肥瘠新旧，品搭均匀"④。

从民间习惯看，分家时多数地区都考虑到对未婚子女或兄弟姊妹的安排。福建建阳县：未婚子女须抽贴婚费⑤。浦城县：少子年稚未婚，得另抽教养婚娶之费⑥。

（三）分产分爨的关系

分产与分爨是分家的重要表现形式。它们之间既有联系又有区别。

1. 分家与分产、分爨的一致性

一般来说，中国的习惯中，分家的核心是分家产，原来诸兄弟共有的父祖和本辈积累的产业以均分的方式，每人继承一部分。分产之后，各自形成经济单位和生活单位，分产与分爨具有一致性，并在户籍上体现出来，

---

① 《宋刑统》卷12，户婚。
② 《宋刑统》卷12，户婚。
③ 《宋刑统》卷12，户婚。
④ 章有义：《明清徽州地主分家书选辑》，见《中国社会科学院经济研究所集刊》（9），第81、97、98页。
⑤ 《民事习惯调查报告录》（下册），第921页。
⑥ 《民事习惯调查报告录》（下册），第935页。

即兄弟各立户头。应该说，这是近代之前中国社会中比较普遍的分家做法。

2. 分产之后继续共爨

兄弟之间或父母在世主持诸子之间将家产分割清楚。但它没有形成兄弟之间分爨的时点。这种情形多存在于父母健在的家庭。

清代道光年间安徽黟县即有这样的做法。其中潘姓阄书主持分家者序云：吾尚清健，将所有田产房屋，预为四股，品搭阄分，分定房屋。此时兄弟尚须通融取用，俟吾百岁后，再各照阄书，同田产一并执管[①]。

分爨则在父母去世后进行。一般来说，均分原则下，分产不会因父母在世还是去世而有差异。但父母对财产的状况和水平最清楚，同时分产不可避免有不和或情绪化做法，父母利用其约束能力主持分产将有助于抑制矛盾，减少冲突。分产后大家继续生活在一起，父母的赡养不受或少受影响。

四 当代制度变革与家庭的核心化

在前面的分析中，我们重点对1949年前法律、政策、宗规族训、惯习等制度中对家庭形态分合具有作用的规则和民众实践进行了探讨。1949年之后，类似的干预形式已经比较少见。但值得注意的是，家庭存在的社会、政治制度环境和家庭成员赖以生存的经济制度基础发生了深刻变化，这直接影响了家庭成员关系和地位，进而加快了家庭分解或核心化的步伐，从另一方面显示出制度对家庭的作用力。

（一）所有制变动对家庭结构和规模的冲击

中国自20世纪40年代以来以土地所有权和生产方式为核心的制度变革对农村家庭有深刻影响。在我们看来，探讨这种影响应避免在抽象概念之间建立联系，而要有具体的时空意识。只有这样，才能对当代农村家庭变动的真实状态和阶段性特征有所把握。

1. 土地改革前生产资料私人所有制下的家庭

土地改革之前，中国农村以土地私有制为主体。农民家庭成员的标准

---

① 章有义：《明清徽州地主分家书选辑》，见《中国社会科学院经济研究所集刊》(9)，第119页。

生存方式是耕垦自有土地，表现出高度的自给自足性质。即家庭成员以土地所获为生，家庭劳动力以耕作为业。

多子家庭贯穿中国农业社会的财产继承方式主要是均分制。这为小家庭的广泛存在提供了制度保证。不过，子女的分家要求受到家长的抑制，并且家长的抑制权力又得到法律支持①。按照传统法律，诸子均分财产权不能被随意剥夺，但父母、祖父母在世，特别是父家长在世时，子弟不能任意分家。

为消弭子女的离心倾向，法律规定，家庭财产的"整体性"不能被侵蚀，家产在家长掌管之下，任何成员不得私自动用。② 家庭成员的劳动和经营收入交由家长统一管理，不得自行支配。宗规族训也将这一法律原则贯彻进去。对于有产家庭成员来说，得不到属于自己的土地、住房和其他生产资料，就无法独立生活。从原则上看，这些规则和限制会降低家庭的分解频度，使一些大家庭得以维持。

在法律之外，还有"道德"力量维护家庭伦理秩序，特别是尊卑秩序。在中国传统社会中，家庭伦理是诸种伦理的核心。家庭伦理原则实际在法律等规定出台之前就已形成，或者说法律是在这些伦理原则的指导下形成的。因而将伦理视为制度也是顺理成章的。传统家庭伦理的重要内容是尊重家长，孝顺长辈；兄弟手足之谊高于夫妻之爱。尽管这些说教难以成为所有家庭及其成员恪守的规范，但它毕竟造成了一个社会舆论氛围，一定程度上约束了家庭成员的行为。

在实际生活中，有产家庭父家长对子弟分家要求具有最大约束作用；一旦其去世，即使母亲等长辈健在，兄弟分家往往不可避免，并且它也是法律、惯习难以阻止的。从这一角度看，当时社会存在一定比例父家长控制下的复合家庭。不过，20世纪30年代之前的传统时代，因人口死亡率很

---

① 按照唐律：诸祖父母、父母在而子孙别籍异财者，徒三年。当然，若祖父母、父母令别籍及子孙妄继人后者，徒二年，子孙不坐（见《唐律疏议》卷12）。明朝有所宽松，"凡祖父母、父母在而子孙别立户籍，分财产者，杖一百"（见《大明会典》卷19）。这一规定被清朝所继承。

② 王跃生：《中国人口的盛衰与对策》，社会科学文献出版社1995年版，第148—149页。

高，平均预期寿命为35岁左右，50%的父亲在45岁之前去世。[①] 多数家庭父家长对成年子弟分家的控制时期并不长久。部分家庭父亲去世后，兄长被赋予治家之权，继续抑制分家行为。然而兄长的"权威"远不及父亲。因此，多子合爨家庭父家长去世后，分家往往不可避免。由于分爨、分财产多是一次完成，家庭生产和生活性财产均在分割范围，所以私有制下的分家对大家庭往往带来较大的震荡。

就民间实践来看，传统时代，父亲在世时，一些有产家庭已婚同居兄弟因矛盾难以化解，也有分家之举[②]。

同时，也要注意到这一点，在私有土地制下，并非每个家庭都能完全依靠自有土地为生。只有部分土地和无地的家庭在中国多数地区所占比例不低于60%。这些家庭或者租入土地经营（南方较多），或者家中成年劳动力出外佣耕（北方较普遍）或做非农佣工。佃农和佣工家庭生存条件相对欠缺，家长权力也受到抑制，大家庭往往难以维持。

所以，我们可以看到，在北方地区，地主、富裕农民与佣耕家庭一样多居乡村，核心家庭、直系家庭和复合家庭出现并存的局面。而南方地主等富裕家庭多居城镇，乡村佃户比例较高，其核心家庭为主的局面至少在20世纪30年代就已形成，直系家庭也占较大比例，复合家庭比例很低[③]。表6-1对此有所揭示。

需要指出：传统时代家庭亲子、兄弟关系重要性的伦理维护和法律支持较强，但这并不意味着实际生活中夫妇关系处于可以被忽视的状态。

在中国均分制下，子代从亲代平均继承财产，诸兄弟各自向下形成不同的延续和传承系列。更进一步，兄弟及其配偶的未来养老基本上依赖自己的子女，侄辈子女并不承担赡养义务。当然，大家庭合爨生活时则另当别论。由此可以说，兄弟的分家愿望也是合乎理性的。

---

① 根据王丰、李中清对18世纪皇族人口的研究，有一半父亲活不到45岁。王丰、李中清：《两种不同的节制性限制机制：皇族人口对婚内生育率的控制》，见李中清、郭松义主编《清代皇族人口行为和社会环境》，北京大学出版社1994年版，第25页。

② 有必要指出，明清以来，法律对分家行为的干预建立在家长等主要家庭成员告发的基础上，所谓"须祖父母、父母告，乃坐"。见《大明会典》卷19（这一规定被清朝所继承）。家庭成员协商后的分家行为，官方是不会处置的。这意味着法律对父母在世时的分家限制并非刚性约束。

③ 王跃生：《中国农村家庭的核心化分析》，《中国人口科学》2007年第5期。

可见，即使在传统社会，夫妇之间的共同利益要大于兄弟。在我们看来，即使夫妇之间没有或缺少真情实感，夫妇之间的共同利益也会使他们能一道经营自己的准核心家庭（分家前），进而在原有家庭中形成离心倾向，最终分解成独立生活单位。

私有制时代复合型大家庭受到制度的维护；而其解体则与兄弟对现实利益的考虑和追求有关，它也是有制度根据的。其最终状态取决于父家长是否制约？有无制约能力？其制约能力与家长对生产资料的控制程度和家庭成员的生存方式有密切关系。这些往往因家庭经济状况和地区民风不同而有差异。

表6-1　　　　　　土改前冀南、苏南和广东农村家庭结构　　　　　　单位:%

家庭类型	冀南农村*					苏南江村	广东凤凰村**
	西大庄村 ($N=190$)	双寺村 ($N=177$)	庆有庄村 ($N=165$)	曲河村 ($N=346$)	上寨村 ($N=207$)		
核心家庭	42.6	45.8	52.7	46.7	48.3	50.3	60
直系家庭	33.2	27.1	26.1	31.3	29.0	45.4	29
复合家庭	15.8	19.8	12.1	14.5	13.0	3.3	
单人家庭	7.9	7.3	8.5	7.2	9.7		11
缺损家庭	0.5		0.6	0.3		1	

注：*冀南农村中西大庄村、双寺村为平原村，曲河村为半平原村，庆有庄村为丘陵村，上寨村为山区。**广东凤凰村数据中未将直系家庭和复合家庭完全分开，实际直系家庭是其中的多数。

资料来源：冀南村庄家庭结构根据笔者所获村庄人口数据计算得到。苏南江村数据见费孝通《三论中国家庭结构的变动》，载乔健主编《中国家庭及其变迁》，香港中文大学社会科学院暨香港亚太研究所1991年版，第4页。广东凤凰村数据见伍锐麟、黄恩怜《旧凤凰村调查报告》，载李文海主编《民国时期社会调查丛编·乡村社会卷》，福建教育出版社2005年版，第297页。

2. 土地改革以来的制度变革

（1）土地改革至高级社时期

中国20世纪40年代后期和50年代初期进行的土地改革是政治力量推动的结果。它对农村家庭形态有重要影响。

在土地改革中，地主的土地和房屋被没收，其他富裕农民超过当地平均水平的生产资料和住房等被要求贡献出来（时称"献地"、"献房"和

"献财")。他们因此失去了维持大家庭的经济基础。因而,其中多数不得不分灶各爨,缩小生活单位。

贫穷家庭原来少地、缺房,子弟婚后不得不拥挤在一起生活。分得土地和房屋后,他们有了组成家庭或分居各爨的条件。加之,不少农村,人口多的贫穷家庭所分土地、房屋——特别是房屋——不在一处,分家在所难免。

土改后和高级社前,农村的土地具有私有性质,家庭仍是一个生产单位,但土地兼并和雇工经营受到政策限制。不过,这一阶段持续时间很短。整体看,土改前所维持的大家庭受到外部变革力量的骤然冲击,纷纷解体;而一般民众的分家行为则是逐渐增加的。

需要指出,土地改革是在改变和加强农村社会公共权力的基础上进行的。从县乡到村各级政权都被纳入由党所领导的正规机构管辖之下。家族等民间组织受到冲击,家庭之间建立在血缘基础上的横向联系被削弱,家庭成员所受乡村传统势力的控制降低。社会性组织对民众行为的引导和约束作用增强。如政府通过建立婚姻登记制度,使法定婚龄贯彻有了保证,早婚行为减少,家长对子女婚姻的包办程度降低。

同时,土地改革后的社会主流意识形态和政策倡导家庭成员平等、夫妇平等。这使家长和长辈控制子弟的权力受到限制,一定程度上改善了家庭成员关系。

可见,土地改革不仅通过改变大多数农民的财产水平和生存条件影响其家庭形态,同时以建立新的社会组织的方式改变家庭及其成员的生存环境。

(2) 集体所有制的两个阶段

A. 高级社至20世纪60年代中期

1956年高级社的建立是实行集体经济制度的始点。原属家庭所有的土地、牲畜和大型农机具等基本生产资料归集体组织所有。家庭不再是基本生产单位,家庭成员作为劳动者参加集体生产活动。1958年成立的人民公社将集体化水平进一步提高。1958年至1961年,家庭的生活功能也一度被取消,代之以公共食堂。

集体经济制度下,家庭的私有财产范围大大缩小,家庭可支配财产为住房、日常生活用品和小型劳动工具。粮食、棉花、油料等基本生活资料来自集体经济组织的分配。

然而，多数时期（除短时建立公共食堂外），家庭仍是一个生活单位。父母作为一户之主，家庭成员在生产队劳动所得（口粮和现金分红）归其掌管。未成年子女由家庭抚养，有子女的老年人被家庭成员赡养（无子女老年人可享受"五保户"待遇，由集体组织提供生活物品和基本生活照料）。家庭的基本生活功能得到维护。

集体经济时代，生产资料的"集体所有"、生产方式的"集体组织"和日常生活以"家庭"为单位形成对立。前两种因素可能使家庭观念淡化，家庭关系趋于平等。应该注意，集体经济组织尽管有很强的"平均"性质，但分配原则是"按劳分配"。家庭成员的劳动能力有强弱之别，因而所挣工分有高低不同，对家庭的贡献也有大小差异。不仅如此，集体经济组织还按家庭人口数平均分配"自留地"（其数量在集体所有耕地中占5%—7%），允许社员从事家禽等养殖活动。这样，家庭成员的"能动性"还可得到一定程度的发挥，家庭"私"的利益有所照顾。当然这些"非公"经营只能在集体劳动时间之外进行。根据统计，集体经济时期，农民从家庭副业中所获纯收入在家庭总收入中超过四分之一[①]。家庭成员勤惰有别，家庭副业收入在家庭之间是有区别的。同时，各个家庭劳动力不一，人口数量不同，生活水平也有差异。因此，多子家庭分家的观念并不会因集体经济制度的建立而淡薄。

更重要的是，集体经济组织并非建立在生活资料丰富的基础上，而基本表现为食物资料的"短缺"。短缺状态下，大家庭维持的困难增大。根据我们在河北南部农村的调查，1961年前后经济困难时期出现又一个分家高潮。一些土改前遗留下来或土改后新组成的复合家庭纷纷解体。在生活资料短缺、经济拮据情况下，分灶单过、节俭持家成为降低生存危机的主要方式。

值得指出的是，集体经济时代，婚配方式的父母包办色彩大大降低，但与婚姻有关的费用却仍是传统方式——由父母负担。在多子家庭，对长子来说，分家可以避免承担弟弟的婚姻费用，所挣工分的分红完全是自己的，分家的愿望因此也会增强。

---

① 国家统计局编：《中国统计年鉴（1984）》，中国统计出版社1984年版，第471页。

集体经济时代，各级组织倡导男女同工同酬，鼓励和要求有劳动能力的妇女参加集体劳动。尽管男女同工同酬没有真正实现，但已婚青年和中年女性成为家庭的主要劳动力则是事实。年长女性虽失去农耕劳动能力，却在家照看年幼成员、料理家务。不同代际女性对家庭的经济贡献表现出差异，从而对其家庭地位产生影响，甚至出现颠覆性变化，家庭矛盾因而增多。这同样会促使分家行为发生。

应该指出，集体经济时代，形成公社—生产大队—生产小队三级社会组织网络。民众的就业只限于生产队，自主迁移流动被严格禁止。但这些社会组织并不干预家庭的组成形态，民众是否分家？何时分家？是家庭的私事，集体组织一般并不施加限制。

在我们看来，家庭财产范围缩小，集体组织经营下个人劳动能力、贡献显化，提倡家庭成员平等的社会环境，都会形成促使家庭分解的因素。

根据我们对河北、湖北和浙江农村的经验研究，在集体经济建立的前期，农民家庭分解有这样一些特征：

第一，父亲在世时已婚儿子分家成为趋向。这种分家多是矛盾激化的产物。一般情况下，家长总是限制分家行为，但其失去了传统时代对生产资料的控制能力，难以压制儿子的分家要求；另一方面，由于农民家庭经济困难，小家庭更能提高生存能力。最终，父母不得不做出让步。

第二，分家复杂程度或难度降低。由于家庭财产范围缩小，分家对"本家庭"和新生家庭的生活影响较小。分爨、分户头的意义大于分财产的意义。

第三，渐次分家模式形成。分家的方式往往是先结婚的儿子与父母生活一段时间再提出分家，后结婚的儿子继续与父母生活一段时间。

根据笔者的调查，至20世纪60年代中期，河北、浙江和湖北等区域环境有很大差异，核心家庭已经成为主导型家庭类型（见表6-2）。

B. 从20世纪60年代中期到家庭联产承包责任制实行

这一时期，由于包括"文化大革命"在内的一系列政治运动的开展，中国农村的集体经济制度得到维护和加强。父母在失去生产资料的掌控权、经济地位下降之后，又因"文化大革命"对传统道德的冲击和批判，其家长权威失去舆论支持。女性特别是儿媳在家庭中的地位明显提升。她们由在背后鼓动丈夫分家，到直接提出分家要求。有的在谈婚论嫁时即提出房产归属方式和婚后独立生活的安排。

特别是70年代以后，农民家庭在1949年后的高出生、低死亡时期所生育子女逐渐长大，到了婚配年龄。这一代人中的多数受到了小学和初中教育。与上一代相比，他们有明显的文化优势，独立生活的意识更强。

表6-2　　　　　20世纪60年代中期中国家庭结构状况　　　　单位:%

家庭类型	冀南农村 西大庄村 ($N=301$)	双寺村 ($N=245$)	庆有庄村 ($N=223$)	曲河村 ($N=430$)	上寨村 ($N=305$)	浙江萧山农村 牌轩村 ($N=115$)	后坛村 ($N=135$)	义一村 ($N=334$)	湖北洪湖农村 白云村 ($N=220$)
核心家庭	65.45	64.89	71.75	61.16	67.21	64.35	58.46	59.88	63.18
直系家庭	21.93	22.86	12.56	23.26	14.10	22.61	23.85	21.86	32.73
复合家庭	1.33	2.45	—	1.63	0.98	—	3.08	1.20	0.45
单人家庭	11.30	9.80	14.80	12.33	16.39	12.17	13.85	15.57	3.64
缺损家庭	—	—	0.90	1.63	1.31	0.87	0.77	1.50	—

资料来源：同表6-1。

在该时期，多数地区农民家庭的最低生存条件得到基本保障，但生存质量没有实质改善，积累非常有限。多子家庭，倾数年盈余为儿子准备结婚用房。长子完婚后，即开始操持次子的婚事。已婚儿子不愿继续为此节衣缩食，而希望及时分出单过。父母对其没有抑制能力。同时，在父母看来，缩小家庭规模也可提高积累水平。故此他们多不会阻止子女分家。

本阶段农民的分家特征是：

第一，婚分间隔缩短，结婚即分家逐渐成为趋向。

第二，分家中的矛盾降低。父子两代均能坦然对待分家行为，而不再是矛盾的结果。

在我们看来，1982年人口普查中的家庭关系状况对集体经济末期的家庭结构有所揭示。尽管1982年中国多数地区开始实行家庭联产承包责任制，但家庭结构应该延续着集体经济后期的状态。

可见，核心家庭成为主导家庭形态，直系家庭仅占五分之一强，而已婚兄弟合爨生活只出现在极少数家庭中。

3. 家庭联产承包责任制初期

20世纪80年代初期推行的家庭联产承包责任制虽然恢复了家庭的生产经营权，但土地仍为集体所有，且数量有限，家长控制资源的能力并没有实质性改变。因此，这一制度并没有增大家长权力，子女的分家愿望也未减弱。随着劳动生产率的提高，农民有了更多时间上的剩余，他们试图在农业之外、村庄之外获得经济机会，而在家庭内合作生产的愿望降低。

第一，多子家庭普遍由婚后分家，变为婚前确定财产归属。当然，它也是婚嫁女性要求下的结果。婚姻仪式只是向分家过渡的一个中间环节。

第二，独子家庭分爨现象增多。独子家庭父子之间不存在分家之举。而在一些家庭，儿子结婚后，父母尚未年老，两代人都有独立生活的愿望，由此形成两个各自炊煮、收入分立的生活单位。

这一环境之中，全国及农村家庭核心化保持在较高水平（见表6-3）。

表6-3　　　　　　　1982年农村和全国家庭结构统计　　　　　单位:%

家庭类型	农村	全国
核心家庭	67.95	68.30
直系家庭	22.82	21.74
复合家庭	0.84	0.92
单人户	7.47	7.98
残缺家庭	0.71	0.84
其他	0.21	0.22

资料来源：笔者根据1982年第三次人口普查1%抽样数据库计算得到。

4. 土地私有制、农民所有制和集体经济制度下家庭变动特征

通过上述3个主要时期、5个阶段的分析，我们对不同所有制和不同生产方式下的农村家庭变动状况和特征有了基本认识。

为比较清楚地认识农民家庭在制度变革前后的变动状态，我们将其归纳如下（见表6-4）：

表6-4　　　　　　　　　　制度变革阶段和家庭变动特征

主要类型	时期				
	20世纪30—40年代	50年代前期	50年代中后期至60年代中期	60年代中后期—土地承包制之前	80年代土地承包制初期
基本生产资料所有制形式	私有制	农民所有制	集体经营制前期	集体经营制后期	土地以外的生产资料为个人所有
家庭主要财产范围	房屋和以土地为主的基本生产资料	房屋和以土地为主的基本生产资料	房屋、基本生活用品和小型生产工具	房屋、基本生活用品和小型生产工具	土地以外的所有生产资料和房屋
家庭成员关系特征	亲子关系为核心	亲子关系为主，夫妇关系为辅	亲子关系和夫妇关系并重	夫妇关系增强	夫妇关系成为核心
家庭管理方式	父家长控制家庭财产，统一收支	户主控制财产，统一收支	户主控制财产，统一收支	户主控制财产，统一收支	户主控制财产，统一收支
分家表现	高度抑制	抑制降低，分家增多	共同协商，分家逐渐普遍	多子家庭婚分间隔缩短	多子家庭结婚即分家
家庭类型	北方农村复合家庭、直系家庭和核心家庭并存；南方以核心家庭为主，直系家庭为辅，复合家庭较少	北方农村复合家庭分解，核心家庭和直系家庭为主导家庭形式	核心家庭为主，直系家庭为辅，复合家庭明显降低	核心家庭为主，直系家庭为辅，复合家庭趋于消失	核心家庭为主，直系家庭为辅
家庭成员就业方式	以农业为主	以农业为主	完全从事农业生产	完全从事农业生产	以农业为主，非农为辅
家庭功能	家庭就业为主，生育功能突出，老年成员由家庭提供保障	家庭就业为主，生育功能突出，老年成员由家庭提供保障	集体经济组织内就业，生育功能突出，老年成员主要由家庭提供保障	集体经济组织内就业，生育功能逐渐降低，老年成员主要由家庭提供保障	家庭就业为主，生育功能明显降低，老年成员主要由家庭提供保障

表6-4分5个时期、8个方面概括农民家庭的主要变动。相邻时期之间都有差异，但又非截然不同。不过，若跳过个别阶段，有些时期之间差异又很大。如集体所有制和土改前基本生产资料私有制时期，在6个方面表现出不同，只是在家庭成员就业方式和家庭功能有相似之处。可见，集体经济制度对传统家庭的触动最大。而在集体经济的两个不同阶段，差异

主要表现为家庭成员关系和分家行为,家庭结构因此受到影响。家庭联产承包责任制初期与集体经济时期相比,家庭主要指标变动并不大,不同之处为这一时期家庭财产范围中私人拥有除土地以外的基本生产资料,家庭功能中由集体经济组织内就业变为以家庭就业为主。

5. 制度变革下的中国大陆家庭形态与其他华人社会比较

我们说,中国大陆20世纪50年代中期至80年代初期25年间的家庭变动受到制度变革的影响。它对家庭的代际关系产生了极大影响,大大提高了家庭的分化水平。

为了说明制度变革的作用,我们在此考察一下没有受到类似制度冲击的华人地区的状况。

依据数据(见表6-5)可以得出这样的认识,20世纪80年代以来中国大陆城乡的核心化水平高于其他华人社会。一般来说,在一个社会内部,工业化和城市化的提高会促使家庭分解。就三个华人地区自身而言,基本上遵循着这样的路径。工业化和城市化水平高的华人地区,其家庭核心化水平应高于工业化、城市化水平较低的大陆地区。但80年代初的数据并没有显示出这样的特征,即中国大陆无论整体,还是单就农村而言,核心化水平都高于其他三个华人地区。

我们认为,这种差异主要是制度不同所导致。大陆之外的三个华人地区并没有经历财产所有制的变革,传统家庭观念所受冲击也较小。在中国台湾,尽管工业化和城市化加速对原有农业社会家庭生活也有作用,但家庭财产关系、代际关系所受影响要小于大陆农村。

整体看,中国大陆农村的家庭变动并非由人口普遍的迁移流动所促就。这与西方有所不同。按照法国人口学家阿尔弗雷·索维所言:到了19世纪,年满21岁以上的子女开始自由结婚,其住所往往远离父母。人们向发展中的城市迁移,以及工业的出现,对于这种变动有着广泛的影响。由于经济的发展和人们在地域上日趋分散,亲属们便完全分开生活了。人们不得不依靠自己的积蓄维持晚年的生活,而且就连自己这已经缩小了的家庭,也失去了其稳定性。妇女的解放和子女的部分解放,逐渐蚕食着父亲的权威。[①]

---

① [法]阿尔弗雷·索维:《人口通论》下册,查瑞传等译,商务印书馆1982年版,第206—207页。

表 6-5　　　　　　中国大陆与华人地区家庭结构变动比较　　　　　单位:%

地区	家庭类型	时期		
		20 世纪 60 年代	80 年代（不分城乡）	80 年代（农村）
中国大陆			1982 年	1982 年
	核心家庭		68.30	67.95
	直系家庭		21.74	22.82
	复合家庭		0.92	0.84
	单人家庭		7.98	7.47
	残缺家庭		0.84	0.71
	其他		0.22	0.21
中国台湾地区		1965 年	1980 年	1980 年
	核心家庭	50	61	54
	直系家庭	35	33	49
	复合家庭	15	6	7
	单人家庭			
中国香港地区			1981 年	
	核心家庭		54.4	
	直系家庭		16	
	复合家庭		6.3	
	单人户		15.2	
	其他		8.1	
新加坡		1966 年	1982 年	
	核心家庭	60.1	61.0	

注：新加坡和中国香港地区 20 世纪 80 年代初就已是城市化水平很高的地区，没有分城乡数据；中国台湾有农村地区数据。

资料来源：中国大陆 1982 年家庭结构数据为笔者依据"三普"1% 抽样数据库计算。中国台湾数据，1965 年和 1980 年见孙得雄《社会变迁中的中国家庭：以台湾为例》，载乔健主编《中国家庭及其变迁》，香港中文大学社会科学院暨香港亚太研究所 1991 年版，第 36 页。中国香港数据见王建平、涂肇庆《香港地区家庭住户结构变迁的探讨》，载《中国人口科学》2003 年第 4 期。新加坡数据见郭振羽《"家族主义"和社会变迁：新加坡华人家庭组织的分析》，载乔健主编《中国家庭及其变迁》，香港中文大学社会科学院暨香港亚太研究所 1991 年版，第 190 页。

英国学者罗素指出：现代家庭的衰落无疑主要是由于工业革命的影响，

但是这种衰落早在工业革命之前就已经开始了,家庭衰落起源于个人主义的理论。青年人都坚持按照自己的意愿,而不是依从父母之命选择配偶。已婚的儿子住在父母家中的风俗已经不复存在了。儿子从学校一毕业就要离家谋生,这已成为一种习惯。①

索维和罗素所说的社会环境,中国直到 20 世纪 90 年代以后才开始形成,但中国的普遍分家行为在这之前就已经出现了。当然,西欧在中世纪所形成的长子继承制,"本家庭"(或称母家庭)虽无分家之形,却有分家之实;没有继承权的子女出外谋生,婚后建立的多是小家庭。而中国 20 世纪 60 年代农村家庭的核心化则是在人口迁移流动受到很大限制的环境中实现的。它表明内在和外在制度的变革对家庭的影响更大。

(二) 社会转型下的中国家庭变动

1. 中国农村的社会转型表现

(1) 农村劳动力的非农转移扩大

集体经济时代被禁锢在农业生产中的劳动力 20 世纪 80 年代中期开始向非农领域、向城镇转移。这一转移的前提是,随着家庭联产承包责任制实行,劳动生产率在多年徘徊后得以提高。因耕地有限,多数家庭的劳动力都出现了时间"剩余"。加之,土地联产承包并非私有,不存在土地兼并的问题。多数家庭的耕作活动也并不需要借助雇佣劳动来进行。所以,农民劳动力的"剩余"只有向非农领域发展,才能找到"释放"的渠道。

但在 20 世纪 80 年代初期,城镇地区的经济改革尚未完全展开,企业的用工制度还是计划经济时代的做法。农民的非农活动主要是在本地村际之间贩运农副产品等,从事者还很有限。它意味着农民的非农就业和流动行为尚未真正开始。从外部环境看,直到 1981 年年底,国家对农村劳动力的非农流动仍持限制态度。

80 年代中期,特别是 90 年代以后,农民的择业性流动逐渐开始,并形成规模。农民家庭成员中年轻劳动力从事非农活动成为普遍现象。根据笔者对 2000 年"五普"长表 1% 抽样数据库所作统计,农村有成员外出半年

---

① [英]罗素:《婚姻革命》,靳建国译,东方出版社 1988 年版,第 117—118 页。

以上的家庭户占 20.23%①。"半年以上"基本属于较长时间的外出，是脱离农业活动的表现。家庭人口中外出半年以上能达到这个比例，表明在某些特定年龄段外出者有更高的比例。

"五普"长表还将离开户籍登记地半年以上者纳入流入地登记范围。这是对农村流动人口统计的一个途径。按照迁移原因分类，"务工经商"最能体现农村人口谋生性迁移活动。根据该项目所作统计，集体户中的务工经商者绝大多数来自农村，所占比例为 87.29%。而农村务工经商者中，男性占 53.34%，女性占 46.66%。应该说，农村女性成为经济型流动人口的重要力量。

（2）农业从业者在三个产业中所占比例明显萎缩

根据统计，1952 年中国第一、二、三产业从业者比例分别为 83.5%、7.4% 和 9.1%，1978 年分别为 70.5%、17.3% 和 12.2%，1999 年分别为 50.1%、23.0% 和 26.9%。② 非农产生从业者（第二、三产业）从不足 20% 至 20 世纪末基本达到 50%。它表明，中国民众已经从以农业为主要就业方式的阶段走出来。

（3）非农收入比重明显扩大

1978 年只有 4% 的农民家庭收入来自非农业收入，到 1985 年非农业收入占农民家庭总收入的比例增加到了 31%，1998 年这个比例进一步增加到了 43%。1985 年和 1998 年财产及财产转移收入大约占农民总收入的 6%。如果忽略财产及财产转移收入，那么可以说在过去的 20 年里超过一半（大约为 55%）的农民收入增加来自于非农经济活动。③

20 世纪 90 年代以来，中国农村居民收入中工资性收入比例明显提高，而家庭经营性收入比例下降。2000 年比较发达的东部地区农民收入中工资性收入比例已达到 46%，与家庭经营性收入比例（48%）非常接近。老年人进入劳动力市场的可能性非常小，较难获得工资性收入机会。因此，老

---

① 著者根据 2000 年第五次全国人口普查长表 1% 抽样数据库计算。
② 国家统计局编：《中国统计年鉴（2000）》，中国统计出版社 2000 年版，第 54 页。
③ ［美］D. 盖尔·约翰逊：《中国能否通过在农村创造非农工作职位来转移大部分农业劳动力》，见 D. 盖尔·约翰逊《经济发展中的农业、农村、农民问题》，林毅夫、赵耀辉编译，商务印书馆 2004 年版，第 134 页。

年人自己劳动收入的能力会因收入结构的这种转变而弱化。[①]

(4) 社会转型中的人口

在研究中国社会转型与家庭变动的关系时，人口因素必须要考虑在内。

A. 计划生育政策作用下生育率变动显著

中国的人口控制在20世纪70年代开始加大力度，80年代初"独生子女"政策开始推行。在农村，已婚妇女只有两个及以下子女的"少生"局面在90年代基本形成。实行计划生育、控制人口过快增长是中国历史上空前的家庭生育干预措施。而这一制度对农村最显著的影响时期是在20世纪80年代初期以后。

中国妇女的总和生育率发生了明显改变：1950年5.81个，1955年6.26个，1960年4.02个，1965年6.08个，1970年5.81个，1975年3.57个，1980年2.24个，1985年2.20个，1990年2.31个，1995年1.78个，2000年1.80个。[②] 生育率下降不仅直接降低家庭规模，而且对现时和未来的家庭结构产生影响。

B. 老龄化社会初步显现

20世纪70年代中期以来，农村生育率明显降低；80年代中期以后，农村中青年劳动力向城镇转移，由此导致农村人口年龄结构发生变化。其直接结果是农村的老龄化水平提高。至2000年，全国65岁以上人口比重为7.10%；农村老龄化程度高于城市，为7.5%（城市为6.4%）[③]。而1990年全国为5.57%，农村为5.74%（城市为5.38%）；1982年，全国为4.91%，农村为4.99%（城市为4.68%）[④]。2000年中国农村已经进入老龄化社会。

2. 转型时期的中国家庭变动

必须看到，社会转型不是一个时点事件，而是指民众生存方式发生根

[①] 李建民：《中国农村计划生育夫妇养老问题及其社会养老保障机制研究》，《中国人口科学》2004年第3期。

[②] 路遇主编：《新中国人口五十年》（上），中国人口出版社2002年版，第133页。

[③] 根据国务院人口普查办公室、国家统计局人口统计司编《中国2000年人口普查资料》，中国统计出版社2002年版，表3-2a、表3-2b、表3-2c计算。

[④] 根据国务院人口普查办公室、国家统计局人口统计司编《中国1982年人口普查资料》，中国统计出版社1985年版，第276—302页表34、表36计算。

本变动的过程。就目前言之，社会转型尚处于初期阶段。因而，转型时期的中国农村家庭变动呈现出这一过渡时期的特征。

（1）当代农村家庭成员的生存方式

在社会转型初期，特别是20世纪90年代以后，农村家庭成员的生存方式表现出年龄上的分化。老年成员仍以务农为业，保持着农业社会的生存方式；中年劳动者中多数在家庭之外从事非农劳动，但其"业"之所在并非"家"之所在。以个人而不是以家庭为单位迁移流动，"家"、"业"分离现象突出。由此家庭正常生活功能被撕裂或发生扭曲。不过他们的归宿仍以农村为主。青年一代基本脱离了农业劳动，多数进城打工。对沿海以外地区来说，多数务工农村青年仍回农村婚配，而受过中专以上教育的农民子弟在城镇立足和安家的能力较强。

这里，我们分老年、中年和青年三个年龄组对90年代以来农民家庭成员的生存加以总结（见表6-6）。

表6-6　　　　现阶段农村不同年龄组劳动力的生存方式特征

主要类型	老年	中年	青年
谋生行业	农业为主	非农为主，农业为辅	非农
就业地类型	农村	农村和城镇并存	城镇
家庭居住地	农村	农村为主，城镇为辅	农村与城镇并存
财产形式	多没有产权属于自己的住房	土地以外的生产资料和住房	住房和货币性收入
家庭类型	"空巢"家庭、直系家庭和（或）轮流吃住	核心家庭为主	核心家庭为主
多代直系家庭收入的支配形式	以夫妇为支配单位	以夫妇为支配单位	以夫妇为支配单位
养老保障形式	依赖子女养老	期望建立社会养老保障制度	期望建立社会养老保障制度

这种概括以我们在华北、华中农村的经验观察为基础。当然，各地差异很大，特别是家庭中青年成员出外务工情形有明显的地区之别，在此主要针对社会转型已经开始的地区而言。那些没有发生转型的地区，民众的生存方式则保留更多的农业社会色彩。

(2) 转型初期的中国家庭结构

从形式上看,中国城市家庭继续保持了原来的小型化趋向,但农村家庭有逆转趋向。

表6-7　　　　　1982年以来中国一级类型家庭结构变动　　　　单位:%

家庭类型	1982年 全国	1982年 农村	1982年 城市	1990年 全国	1990年 农村	1990年 城市	2000年 全国	2000年 农村	2000年 城市
核心家庭	68.30	67.95	69.08	70.61	69.88	71.47	68.18	66.27	71.41
直系家庭	21.74	22.82	18.85	21.33	22.46	18.55	21.72	24.83	16.26
复合家庭	0.92	0.84	1.37	1.08	0.95	1.79	0.57	0.50	0.69
单人户	7.98	7.47	9.21	6.34	6.09	7.31	8.57	7.52	10.38
残缺家庭	0.84	0.71	1.21	0.57	0.56	0.74	0.71	0.74	0.74
其他	0.22	0.21	0.27	0.08	0.06	0.14	0.26	0.13	0.52

资料来源:笔者根据整理加工后的1982年1%、1990年1%和2000年长表1%抽样数据库计算得到。

我们将核心家庭、直系家庭和复合家庭定义为一级类型家庭,它们还可细分为二级类型家庭。

根据表6-7,一级类型中,全国家庭结构在三个时期基本稳定,但分城乡有一定差异。与1982年相比,2000年,城市核心家庭上升2.33个百分点(增幅为3.37%),直系家庭下降2.59个百分点(降幅为13.74%),单人户提高1.17个百分点(12.70%)。农村核心家庭下降1.68个百分点(降幅为2.47%),直系家庭上升2.01个百分点(增幅为7.04%),单人户稍有上升。就变动幅度而言,除城市直系家庭外,变动都比较小。

那么,在二级类型层次,家庭结构有哪些变动?

二级类型家庭显示出差异(见表6-8)。核心家庭中,夫妇家庭增加显著,2000年比1982年提高1.70倍,其中城市为1.81倍,农村为1.50倍。单亲家庭明显减少,而标准核心家庭则基本稳定。三代直系家庭是直系家庭的主体,变动很小;城市稍有减少,农村小幅上升。四代家庭所占比例很小。隔代家庭不是主要的家庭类型,但其变动是值得注意的,农村变动最为明显,上升1.94倍。

这些变动与社会转型有什么关系呢？

表6-8　　　　　　1982年以来中国二级类型家庭结构变动　　　　　单位：%

家庭类型	1982年 全国	1982年 农村	1982年 城市	1990年 全国	1990年 农村	1990年 城市	2000年 全国	2000年 农村	2000年 城市
夫妇核心家庭	4.79	4.54	5.71	6.49	5.79	9.20	12.93	11.36	16.03
标准核心家庭	48.16	48.93	45.90	53.53	53.65	51.32	46.75	46.48	46.65
单亲核心家庭	11.52	10.93	12.46	7.59	7.73	6.48	6.08	6.57	5.16
扩大核心家庭	2.57	2.64	2.33	2.18	2.09	2.66	1.61	1.30	2.17
过渡核心家庭	1.26	0.92	2.69	0.81	0.62	1.82	0.82	0.57	1.43
二代直系家庭	3.82	3.89	3.84	3.29	3.48	2.86	2.35	2.63	1.85
三代直系家庭	16.43	17.52	13.21	16.48	17.51	13.43	16.62	18.99	12.51
四代直系家庭	0.55	0.58	0.35	0.64	0.73	0.36	0.64	0.80	0.34
三隔代家庭	0.65	0.53	1.23	0.63	0.45	1.63	1.65	1.81	1.45
四隔代家庭	0.30	0.29	0.22	0.28	0.30	0.26	0.46	0.60	0.11
隔代家庭之和	0.95	0.82	1.45	0.91	0.75	1.89	2.11	2.41	1.56
三代复合家庭	0.73	0.66	1.06	0.90	0.78	1.57	0.42	0.40	0.47
二代复合家庭	0.14	0.12	0.25	0.11	0.11	0.15	0.12	0.08	0.20
四代复合家庭	0.06	0.06	0.05	0.07	0.07	0.07	0.02	0.03	0.02
单人户	7.98	7.47	9.21	6.34	6.09	7.31	8.57	7.52	10.38
残缺家庭	0.84	0.71	1.21	0.57	0.56	0.74	0.71	0.74	0.71
其他	0.22	0.21	0.27	0.08	0.06	0.14	0.26	0.13	0.52

资料来源：笔者根据整理加工后的1982年1%、1990年1%和2000年长表1%抽样数据库计算得到。

由于集体经济后期中国城乡家庭的核心化程度已达到了很高的水平，因而，20世纪80年代以来中国家庭分解和小型化的空间缩小。但核心家庭中夫妇家庭提高幅度很大，它是社会转型中人口迁移增加和家庭子女数量减少两种因素作用的结果。根据统计，"空巢"家庭由1982年集中于老年人中变为以中、老年人为主。中年人生活在夫妇家庭增多，与少生、独生子女离家上学和工作有关。这意味着标准核心家庭"空巢"提前。

我们认为，与社会转型关系最为直接的是隔代直系家庭增加显著。

20世纪90年代初以来，伴随着农村劳动力大规模的非农转移，隔代家庭在劳动力流出比较多的地区呈现出很高的增长率，"留守儿童"主要生活在这类家庭中。就目前现实情况而言，进城务工农民已婚者中多数不把城市作为最终归宿，只是其临时谋生场所。它既有政府户籍政策限制的原因，也有初级迁移者工作预期不稳定，减少迁移成本的考虑。只要迁移流动建立在劳动力自身而不是劳动力及其家庭基础上，隔代家庭的产生就将继续下去。

我们说，农村所形成的隔代家庭是中国现阶段社会转型初期的重要特征。政策提供了农民维持基本生存条件的基础：承包责任田的相对永久使用。但对多数农民来说，依靠农业难以增收，要想获得生存条件的根本改善，离开村庄进城或非农行业务工是必要选择。然而，在户籍限制、教育费用提高的现实环境下，为减少开支，将子女留给中老年父母照料成为多数人的选择。中国的现行政策（包括土地制度和户籍政策等）在客观上起到催生隔代家庭的效果。

农村隔代家庭的增加透露出这样的信息，现阶段已婚妇女已从生育之累中解脱出来，这是其家庭角色转化的一种体现。她们在家庭财富创造中的作用增强，试图通过牺牲已有子女的抚养过程在短时间内改变生存条件。

隔代家庭与现行土地制度有密切关系：农村劳动力向城市转移，但农民仍拥有可以维持基本生存条件的土地。双重的选择使农民不必冒险行事。农村老家被视为"根"之所在。为降低谋生成本，将更多的收入积攒下来，把没有劳动能力的子女留在农村、留给老年父母照料就成为一种选择。

仅从家庭结构上看，中国当代家庭尽管处于中度和高度核心化状态[①]，但还保持着自身的一些特征：单亲家庭比例较低。这是因为70岁以上农村老人中超过60%与子女同住（"五普"长表数据所显示的结果），形成相对高比例的直系家庭。它表明，家庭老年成员仍高度依赖子女照料。

（3）家庭功能变动

社会转型对农村家庭功能的最大影响在于家庭内的生产功能降低，家庭成员在家庭外就业成为主流。

而在社会转型初期，家庭功能既表现出向现代社会转变的趋向，但又保

[①] 王跃生：《中国农村家庭的核心化分析》，《中国人口科学》2007年第5期。

持着传统的做法,形成过渡状态。前面对不同年龄家庭成员生存方式分析中这一点已被揭示出来。除此之外,家庭功能变动表现在以下三个方面:

A. 家庭生育功能降低

生育功能降低表现为家庭养育子女数量减少,妇女总和生育率降至更替水平以下。

西方社会妇女生育水平的降低与工业革命发生后的社会转型有很大关系。应该说,中国农村妇女总和生育率持续而稳定的下降并不是社会转型的影响所致,而与20世纪70年代以来计划生育政策的推行有很大关系。妇女总和生育率明显降至低水平与80年代以后生育控制政策力度加大有很大关系。客观上,它与中国农村社会的转型有了契合之处。我们认为,这种"契合"对于减少人口控制的难度有不可忽视的作用。

生育率下降的直接结果是家庭养育子女的功能削弱。与此同时,家庭对子女的教育投入增大,但教育的施行者是社会机构,因而这并未增加家庭直接养育子女的时间。多数夫妇只有2个以下的子女,不仅夫妇自身对子女的抚养期缩短,而且对上代人帮助其照料子女的依赖程度也降低了。它在一定程度上会缩小不同代际成年人的交换关系空间。

B. 抚养功能增强(主要指单个子女的抚养成本上升)

在农业社会向工业社会、农业就业为主向非农就业为主转型初期,子女就业社会化和对未来就业竞争增强的预期,导致家庭将有限的收入向子女教育投资倾斜。在既有未成年子女、又有老人的家庭,偏向"抚养"投入的特征则比较显著。

C. 赡养老人功能呈削弱趋势

一般而言,家庭养老的可靠性因子女迁移流动择业而有所降低,对社会养老资源的需求增加。但在农村,多数老人没有参与社会养老保险制度,并且缺少个人储蓄,在经济上他们仍不得不依赖子女。

一元赡养即家庭赡养,建立在家庭组织生产、家庭就业基础上,并且很大程度上与长辈掌握家庭经济资源有关。就整体而言,这些条件已经发生改变,它直接导致完全的家庭养老模式受到冲击,其表现是子代被动赡养年老亲代。

在少生子女和独生子女生育已经基本形成的当代农村,家庭养老的承担者急剧萎缩。流动就业的时代，父母年老之后身边缺少能照料生活的后辈。

（4）家庭关系变动

从前面的分析可知，在集体经济时代中后期，农村家庭的主导关系就已从亲子转向夫妇。

转型初期代际关系的进一步变动主要表现为：家庭不同代际成员因经济能力差异而出现新的变化。

一般而言，社会转型初期，在就业和财富支配方面，中老年成员往往处于不利状态。从纵向视角看，他们的劳动年龄跨越两个时期：集体组织经营时期和家庭经营时期。其主要劳动年龄时间在前一阶段度过。转型阶段开始时，他们已不具有进入城镇从事非农劳动的年龄优势。而子代无论年龄还是个人人力资本都能适应流动性非农择业环境的要求。

因而，继续从事农业经营的亲代与以非农就业为主要谋生方式的子代之间，劳动收入产生了明显差异。子代所创造财富的价值明显高于亲代。不仅如此，他们所继承财产（主要是房屋）的价值降低了。

目前农村的中年男性主要是在家庭联产承包责任制之后成为劳动年龄人口的，他们多数时间在非农领域就业。结婚时他们从父母那里得到的主要财产是住房（在短缺经济时代，为子女结婚建房需要父母多年积累）。随着其经济能力的提高，原有住房因破旧和过时而被翻建，或新辟宅基地建更宽敞的住房。它意味着以往继承的财产对其现实生存意义大大降低，本代自我创造和积累的家产成为财富主体。这大大提升了他们在代际关系中的地位。子代对老年父母的"回报"意识由此降低，影响赡养水平。

不过需注意，当前青年农民的婚姻决策上尽管出现实质性改变，但其婚姻费用仍遵循传统方式——由父母负担。对父母来说，这是一种刚性要求。它包括提供新房和彩礼费用。因住房档次提高，父母要完成这项使命仍需多年积累。因而，结婚阶段是家庭代际财产转移的主要时期，住房是转移的主要物品。在这一过程中，父母的生存资料被蚕食，至老年时缺少自己能够支配、有较高价值的财产——特别是房屋和自我赡养的货币财产。此种做法的逻辑前提仍建立在完全依赖子女养老基础上。

（5）网络家庭关系发生改变

在农村集体经济时代和以家庭为单位进行农业生产的时期，家庭核心化并不意味着父子、兄弟分别生活的家庭之间联系下降。已婚而分居的儿子与父母的居住单元形成网络家庭，家庭代际互助和养老行为得以维持。这是因为，分家的已婚子女与父母在同一村庄居住，日常联系仍很密切。

而产业转型过程中，家庭成员的迁移流动行为增多，网络家庭的空间分布范围扩大，生活互助和养老责任履行所受限制增大。

可见，社会转型时期农村家庭变动表现出多方面的"不适应"和"不协调"。中青年非农就业扩大与老人完全依赖家庭养老的不适应，血缘网络家庭及成员地域分割与相互联系纽带削弱的不适应，代际收入和支配资源能力"倒挂"所造成的家庭成员地位不协调，家庭养老承担者的萎缩与社会保障功能缺乏的不协调。

在如此巨大而深刻的社会变革之中，出现这种现象是很正常的。值得注意的是，由于已有制度的变革"滞后"，新制度缺位，加重了家庭和其成员对现状的"不适应"和"不协调"。因而无论家庭还是社会组织，都要努力适应社会转型所带来的新变化，从家庭内在制度和社会外在制度建设和完善着手，提升不同代际家庭成员的生存质量，使家庭成为和谐社会建设的基础。

五 结语和讨论

家庭作为一种生活单位，有居制（同居共爨还是另居分伙）、形态结构（不同类型家庭的构成）和规模（共同生活成员数量）之别。无论从历史看，还是就现代而言，家庭的居制和形态受制度的影响很大。

（一）家庭居制的制度演变

中国现代之前的家庭是多种功能的承载体：国家赋役承担单位，家庭成员就业单位，丧失和不具有劳动能力成员的赡养和照料单位。总之，它是社会维系和人口育、养的基础，进而成为国家的存在基础。正因为如此，相对于现代社会，传统时期家庭受到政府更多的重视，特别表现在家庭形态大小和家庭成员居住方式合与分上。可以说，关于家庭的合与分，民间组织的引导方式、社会惯习的处理规则多与国家和政府法律、政策具有一致性。

1. 法律和政策

在夏商周和春秋时期，法律和政策对家庭居制的干预比较少。我们认为，当时社会的等级制比较突出，家庭居制在贵族和庶民之间应有分别，前者中多代同居家庭、甚至家族式家庭占有较大比例，而后者则以两三代共同生活的小家庭为主。至战国时期，由于宗法社会、分封制度被打破，土地买卖成为可能，家庭分化增加。更重要的是，分封制下由各诸侯、封国向上进贡的方式被政府所设立的地方管理机构直接向民众征收赋税所取代。赋税既有人头税，又有户税。民众家庭分解，户数增加将会使政府征收户税的家庭个数增加。这或许是商鞅变法时实行民有二男以上不分户者倍其赋政策的本意。至秦统一，该政策扩展至所有辖区，汉朝仍在一定程度上延续这一政策。

但汉代武帝之后，罢黜百家、独尊儒术政策之下，对孝道大力提倡。传统时代，孝道更多地表现在家庭中子代与亲代关系中。其具体要求是，子代对亲代尽好照料、赡养之责，同居共爨是履行此项义务的基本要求。因而，从这一时期开始，政府表彰多代同居政策开始出现。该政策与分户令相冲突，故此后者在鼓励同居时代较少采用。至隋唐时期，特别是唐代，祖父母、父母在世，子孙不得分财别居这一要求被载入法律，一直到明清奉行不替。不过，元明清时期的法律表述与隋唐有所不同，即既规定不许分财别居，又强调祖父母、父母允许下的相应行为不在处罚之列。

民国时期的法律赋予成年已婚子女分家的权利。1949年之后的法律则视亲子分财另居还是共爨生活为家庭行为，不予限制或鼓励。

2. 法律和政策的效果

秦汉时期限制二子长大之后仍与父母共居一户的做法，意味着复合型大家庭受到限制。但也不能据此认为当时直系家庭因此减少，社会上形成普遍的核心家庭。我们认为，无论是否提倡孝道，在家庭养老为主的时代，一子分出组成核心家庭，一子在家与父母共同生活形成直系家庭，这两种情形应该占主流。秦汉时期鼓励分户政策将大大减少复合家庭的存在基础，大家庭受到制约，形成以核心家庭和直系家庭为主导的家庭模式。

秦汉之后，对多代同居家庭的表彰，特别是隋唐之后，法律限制子孙与祖父母、父母分财另居，是否就形成大家庭为主导的局面呢？我们认为并非如此。政策鼓励大家庭重在宣扬其和睦精神，使长幼有教，老有所养，以此作为社会稳定的基础，并非借此敦促或要求各个家庭都达到这种状态。而尊亲在世限制分财别居的法律一定程度上能起到维系多代同居的局面，复合型家庭的存在比例会有增加。但对此不宜过高估计。

从元明清的民间实践看，家庭类型有阶层之别。比较富裕的家庭，子孙在家长的管理下谋生，家庭既是生活单位，又是生产单位，子女另谋生路受到限制。一旦父家长去世，多兄弟所组成的复合家庭往往分财各爨。经济条件差的中下层家庭，家长掌握的谋生资源有限，家庭主要劳动力在耕垦有限的自有土地之外，或者租佃他人土地，或者出外作佣工，兄弟分家倾向比较大。根据笔者对清代刑科题本个案的汇总分析，中下层民众中，复合家庭不足10%，核心家庭超过40%，直系家庭接近40%，单人户占6%[①]。民国时期，北方不少方志有本地大家庭为普遍现象的记述。根据笔者对冀南农村的调查，在平原农村，复合家庭约占15%左右，山区则不足10%[②]。当时不少中农及以上家庭，父母在世时，设法控制儿子的分家要求。父亲去世往往是家庭解体的起点。它意味着，这些家庭兄弟均婚后有合爨共财的经历，但却不会持久。1949年之后，土地集体所有制时代，家长失去了对生产资料的所有权和控制儿子分家的能力，多子家庭逐渐形成儿子结婚即分家的格局。

总体说来，传统时代，家庭结构的基本表现是核心型小家庭与直系家庭、复合家庭并存。这表明，不同类型的制度对复合型家庭的维系作用是存在的，只是它不像我们原来认为的那么大。

（二）当代制度变迁对家庭变动的影响

中国当代农村家庭深受制度变革的影响，这一制度变革主要体现为土地改革和集体经济制度的建立。就全国看，集体经济制度持续时间超过25年，影响深远而广泛。在该制度环境中，家庭财产范围缩小，家庭基本生产功能被集体经济组织取代，家庭不同代际成员关系趋于平等，父母制约

[①] 王跃生：《十八世纪中后期的中国家庭结构》，《中国社会科学》2000年第2期。
[②] 王跃生：《华北农村家庭结构变动研究——立足于冀南地区的分析》，《中国社会科学》2003年第4期。

子女行为的能力下降。家庭裂解由此变得相对容易。农村家庭核心化进程加快，20世纪60年代中国农村普遍实现了核心化。没有经历所有制变革的其他华人社会，尽管工业化和城市化水平高于中国大陆农村，但家庭的核心化水平明显低于大陆农村。由此表现出制度变革对家庭形态的作用效力。

中国在20世纪80年代初期以前的制度变革并没有对农民的生存方式带来质的改变：以农为业、以直接劳动获取基本生活资料。因而，这种变革并没有造成社会转型。中国农村的社会转型由改革开放政策推动，开始于80年代中期：农村劳动力向城镇转移，非农活动成为主要谋生方式。社会转型是一个过程。当前农村尚处于社会转型初期。在这一时期，中国农村家庭出现一系列变动，但民众面对变革也有诸多"不适应"和"不协调"。家庭中青年劳动力进城务工经商，未成年人和老年人留在农村，隔代家庭增加，家庭的抚养—赡养功能受到削弱；非农就业者支配收入和家庭资源的能力增强，家庭财产的继承价值降低，中青年家庭经济地位提高，老年人对子女的生活依赖依然很强；少子女和独生子女家庭逐渐普遍，成年子女进城求学和就业渐成趋势，家庭"空巢"现象不仅增加而且提前；家庭养老承担者空前萎缩，而社会保障功能尚很弱小。

中国当前家庭对社会转型的不适应多与制度约束和传统家庭功能、特别是老年保障仍以家庭为主有关。在转型初期，劳动力的流动与家庭的迁移脱节，人为造成家庭成员的城乡分割；缺少资源支配能力和缺乏社会保障能力的农村老年人仍不得不依赖传统的"一元养老模式"，养老质量难以提高。这些问题需要制度的改进来解决，如社会保障体系的建立，户籍制度的改进等。但变革难以在短时期内一蹴而就，要有一个渐进的过程。另一方面，这个过程又不能拉得太长，否则家庭变动的负面表现将会更加突出。

从制度变革和社会转型的纵向视角认识中国家庭变动，有助于弄清家庭变动的逻辑关系，认识中国家庭的渐变特征，避免对家庭变动作机械式的理解，进而有助于探寻家庭问题的实质和解决途径。

中国社会科学院创新工程学术出版资助项目

制度与人口

——以中国历史和现实为基础的分析

下卷

INSTITUTION AND POPULATION:
Based on Chinese History and Reality

王跃生 著

中国社会科学出版社

目 录

下 卷

第七章 人口的空间分布——迁移流动制度 ………………………… 579

    一　制度如何影响人口迁移 ……………………………………… 579

    二　政府主导下的人口迁徙类型和组织方式 …………………… 584

    三　近代之前自发性迁移流动制度及其特征 …………………… 616

    四　近代自由迁徙制度 …………………………………………… 648

    五　当代迁移制度的演变 ………………………………………… 650

    六　结语和讨论 …………………………………………………… 667

第八章 户籍制度的演变 ……………………………………………… 674

    一　户籍形式和内容的演变 ……………………………………… 674

    二　户籍管理系统和体制 ………………………………………… 694

    三　户籍类别及其继承、世袭和改变 …………………………… 713

    四　户籍制度的功能 ……………………………………………… 738

    五　流动人口的入籍问题 ………………………………………… 761

    六　户籍管理中的问题及其处置 ………………………………… 793

    七　户籍核查和整顿 ……………………………………………… 810

    八　结语和讨论 …………………………………………………… 820

第九章 人口统计制度的变迁 ………………………………………… 826

    一　人口统计的类型 ……………………………………………… 826

二　人口统计的组织系统 ……………………………………… 849
　　三　人口统计的目的 …………………………………………… 860
　　四　人口统计的方式和特征 …………………………………… 870
　　五　人口统计中的问题 ………………………………………… 875
　　六　结语和讨论 ………………………………………………… 890

第十章　老年人口的优待、照料和保障制度 ……………………… 893
　　一　老年人口年龄标准的规定 ………………………………… 893
　　二　传统时代的尊老制度 ……………………………………… 899
　　三　家庭养老体系的维护 ……………………………………… 922
　　四　家庭养老方式和策略 ……………………………………… 962
　　五　社会养老和老年人社会救助制度 ………………………… 974
　　六　结语和讨论 ………………………………………………… 996

第十一章　人口压力应对制度 ……………………………………… 1003
　　一　人口压力辨识 ……………………………………………… 1003
　　二　传统时代人口压力的应对策略 …………………………… 1017
　　三　当代人口生存压力应对政策 ……………………………… 1106
　　四　民间组织在人口压力应对中的作用 ……………………… 1137
　　五　人口压力的制度成因 ……………………………………… 1141
　　六　结语和讨论 ………………………………………………… 1145

第十二章　进一步讨论和总结语 …………………………………… 1150
　　一　不同体制下制度对人口影响的特征 ……………………… 1150
　　二　对人口行为具有影响的制度分类 ………………………… 1154
　　三　人口制度实际效果认识 …………………………………… 1161
　　四　本项研究的主要结论 ……………………………………… 1166

征引文献 ……………………………………………………………… 1200

后　记 ………………………………………………………………… 1230

Contents

Volume II

Chapter 7　Institution of population migration and flowing ·············· 579

   1. Institutional influence on population migration ···················· 579
   2. Migration types and organization ways under the
      leading of the government ··· 584
   3. Spontaneous migration institution and features before
      the modern China ·· 616
   4. The modern free migration institution ····························· 648
   5. Evolution of the contemporary migration institution ············ 650
   6. Conclusion and discussion ·· 667

Chapter 8　Household registration system and its change ·············· 674

   1. Household registration forms and contents ······················· 674
   2. Household registration management system ····················· 694
   3. Categories, hereditary and change of household registration ············ 713
   4. Function of household registration system ······················· 738
   5. Household registration of migration and floating population ············ 761
   6. Problems of household registration management and solving ········· 793
   7. Verification and rectification of household registration ············ 810
   8. Conclusion and discussion ·· 820

Chapter 9 Population statistics system ······ 826

1. Types of population statistics system ······ 826
2. Organization system of population statistics ······ 849
3. Purpose and role of population statistics ······ 860
4. Method and features of population statistics ······ 870
5. Problem of population statistics ······ 875
6. Conclusion and discussion ······ 890

Chapter 10 Institution on elderly population ······ 893

1. Age standard of the elderly population ······ 893
2. Institution of respecting old people in the traditional society ······ 899
3. Maintenance of family pension system ······ 922
4. Family pension mode and strategy ······ 962
5. Social pension system ······ 974
6. Conclusion and discussion ······ 996

Chapter 11 Population pressure and institution responding on the pressures ······ 1003

1. What is the population pressure ······ 1003
2. Government strategy to population pressure in the traditional times ······ 1017
3. Population pressure and response system in the contemporary China ······ 1106
4. Folk organization's role in resisting population pressure in the traditional times ······ 1137
5. Institutional causes of population pressure ······ 1141
6. Conclusion and discussion ······ 1145

Chapter 12 General conclusion and further discussion ······ 1150

1. Institution features of different system environment ······ 1150

2. Classification of institution influencing population behaviors ········· 1154
3. Actual effects of population institution ································ 1161
4. Main conclusion of the study ··· 1166

Reference ··· 1200

Postscript ··· 1230

第七章 人口的空间分布——迁移流动制度

人口迁移流动实际上是两种行为。按照迁移理论，人口迁移指人口在空间位置上的变动，是人口在两个地区之间的移动，它通常涉及人口居住地由迁出地到迁入地的永久或长期性变更。人口流动是人口短期离开居住地又返回的行为，如离家外出工作、学习、探亲和从军一段时间，未改变定居地。人口流动不能等同于人口迁移，流动人口也不能视为移民。从政府角度看，迁移者多被纳入迁入地户籍管理体系之中①，而流动者户籍仍在家乡。不过实际情况比较复杂。比如有些流动者本意是希望在家乡之外生活下去，因制度约束难以如愿；而当流动者在某一地积聚规模较大时，政府又可能做出让步。此外，还有不少流动人口转化为迁移人口。我们认为，无论迁移还是流动，都受到当时制度的强烈影响。本章对近代之前的迁移流动制度并不做出硬性区分，而对近代以来相对规范的迁移流动管理制度分别加以说明。

一 制度如何影响人口迁移

（一）主动迁移和被动迁移

在制度之下，迁移实际上有主动迁移与被动迁移之分。主动迁移是指特定个体、群体为改变生存环境而主动做出迁移决策并加以实施；被动迁移则非迁移者自己所愿，是外在力量（包括法律、政策等制度形式）驱使下的迁移。

---

① 这一点也为传统时代人们所认可。根据《明史》，所言：朝廷所移民曰移徙，见《明史》卷77，食货志。

就整体而言，无论传统时代，还是当代社会，民众的主动迁移难以摆脱制度的作用。当主动迁移与政府目标一致时，它会受到鼓励。像历史上战乱结束后的移民垦荒，政府以优惠政策吸引人口稠密区百姓前往荒芜区，缺少耕地者为谋求生存条件改善而响应。还有，灾荒年份，灾民离乡乞食，政府也会予以协助。反之就会受到限制。当民众为逃避苛捐杂役而迁移时，官方则会采取严厉控制措施。对民众的一般性迁移流动，政府出于维持治安等考虑，也往往加以限制。

与主动迁移中有较多的个人行为考虑相比，被动迁移多具有群体特征。历史上的移民实边、屯田和填充京师，当代压缩城市人口回农村（20世纪60年代初期）、组织青年学生上山下乡都是具有一定规模的群体迁移行为。

在我们看来，从官民角度着眼，不同迁移模式下的制度类型有别。主动迁移模式下，有政府支持的迁移和反对的迁移。被动迁移模式完全为政府力量所干预或促使，民众则只有一种表现，即消极对待。需要指出，这里还有一种迁移行为，既可视为主动迁移，也可看作被动迁移。如战乱殃及，民众被迫逃离家乡。这与政府组织无关，民众为求生而迁移。就逃离而言，这是被动迁移；而从求生角度视之，应属主动迁移。一些朝代，特别是两个及以上对峙政权之间发生战争时，民众的这种迁移还会得到一个政权或政府的资助。像宋金对立冲突时期，南宋政府就对江北民众的南迁给予帮助。由此来看，在某种情况下，民众自发的被动迁移有的也会受到政治力量的影响。可见，被动迁移同样可分为政府组织性被动迁移与民众自发性被动迁移两种。

相对来说，主动迁移模式下，民众有迁移意愿，再加上政府鼓励，迁移将是有效率的，其成本比较低，政府获得的收益也比较大。比如，王朝建国初期的垦荒迁移。中国当代改革开放之后，特别是20世纪80年代中期之后，政府逐渐从控制农村剩余劳动力非农流动，转变为鼓励农民进城务工。这一政策为农村劳动力找到转移出口，有助于提高农村的非农就业水平和农民的收入，为农村劳动力所期盼并获响应，其对中国当代经济发展所起推动作用不可估量。若民众无迁移意愿，政府强行组织，不仅经济目标难以实现，而且政治目标最终也难以达到。中国当代城镇青年学生被迁移至农村、边疆，在大规模实施十年左右后，不得不终止就是一个证明。

因此，本章将从主动迁移和被动迁移视角认识制度作用和效果。

(二) 制度环境与人口迁移

人口迁移流动不仅受到直接性制度（政策和法律等）的影响，而且还受到制度环境的影响。制度环境表现出明显的社会发展阶段特征。

1. 制约人口迁移的制度环境

(1) 家庭养老为主的制度环境对人口迁移的制约

中国农业社会的制度环境对人口迁移的影响表现为，由于没有建立社会养老等保障体系，老年人养老完全由子孙承担。值得注意的是，在中国儒家文化的熏陶下，家庭养老责任被刚性化，子代不仅要从行为上予以承担，而且还须在心灵上固化这种意识，以"孝顺"观念为指导来履行此项义务。传统时代，人口迁移流动不能摆脱家庭养老责任和义务。所以，正常情况下，人口迁移较少发生。当家庭生产资料所获难以满足家庭成员的基本生存需求，不得不寻求其他谋生方式时，家庭的基本决策安排往往是男性青壮年劳动力出外，妇女则在家代夫承担赡养老人之责，同时抚育年幼子女。我们看到，明清时期的晋商、徽商出外经商则多采取这种模式，在产业经营和养老抚幼方面取得平衡。男性经商或佣工所得，主要用来维系和改善家庭生活和生存条件，或置买地亩或建宅院。这种行为和思维方式演化和沉积为安土重迁惯习。

(2) 均分家产制度对出外谋生行为的约束

中国对迁移有影响的另一制度环境为家产均分制度。至少在汉朝我国即已形成兄弟均分父祖所遗留家产的制度。它也为国家法律所认可和保护，在唐代已被明确载入律令之中。均分财产为诸个兄弟提供了基本的生活和生产条件，自耕农家庭一般能满足这一条件。而且，分家往往是在父母为诸个儿子完婚之后。它意味着子代不必奋斗和辛苦工作就可成家立业。当然，有时它最终也会导致贫穷。该制度至少缺少将青年子弟驱赶出去自谋生路的功能，与西欧中世纪和日本近代之前所流行的长子继承制或不可分割继承制有很大不同。后一制度环境中，没有继承权的子弟则不得不离开父母之家出外佣工或创业，一定程度上推动了人口迁移，更重要的是促进了工商业城市的发展。

（3）歧视经商的制度环境对人口迁移具有限制作用

一般来说，在近代之前的社会中，商人是最具有迁移流动性的群体。中国从战国时期即形成重士农、轻商的制度环境，政府甚至制定抑商政策。它在民间社会沉积为歧视商人的习俗。近代之前，人们往往不得已才经商，并且多将此视为累积财富的一种手段，最终把利润所得用于购置土地等不动产，或为子弟创造读私塾、进官学、应科考的条件。由此，中国明清之前难以形成稳定的商人队伍，以工商实业为主的城市也比较少。日常或正常的人口迁移无法形成规模，人口职业的非农业化过程迟迟没有到来。

2. 当代人口迁移与制度环境的"变"与"不变"

中国当代人口迁移流动是史无前例的。其直接结果是推动了中国人口城镇化的进程，2012年，城镇人口规模已超过农村人口。那么，这是否为制度环境的"变"所促就？在我们看来，由于生存方式发生改变，原来的制度环境影响力在下降。即使它不发生改变，人口迁移的趋势也难阻止。

我们认为，城市内部人口的迁移流动增多与社会养老保障制度的建立有一定关系。城市居民家庭中，多数已步入老年的亲代曾经在企事业单位工作，有退休金和福利住房可供养老。其生活不能自理后的照料提供对象则具有弹性，或者靠子女，或者雇人，还可以选择进社会养老机构。这显示出制度环境"变"的一面。当然，另一变化也很巨大，即歧视经商的习俗或观念早已被彻底扭转。但分家中均分的原则仍被恪守，并非遵循法律在兄弟姐妹中均分（不少地区仍延续在儿子中均分的习俗）。不过，与传统时代不同，父母的财产对子代的生存意义降低了。传统社会，所分得的财产不仅可用于生活，而且更重要的是作为生产资料（如土地、店铺等），现在子代所得多属生活资料（以住房为主）。可以说，现代社会中，子代主要通过就业而不是继承财产获得生存条件。对多数人来说，所继承的财产份额要明显低于自己创造财产的价值。因而，子代更多地靠上学毕业后择业或直接出外就业获得收入而立足，哪里有业可就到哪里去，不是固守父母所居住城市。

农村与城市的最大不同是，社会养老保障制度还不完善。而其他两个方面与城市有相似之处。比如，土地是集体财产，不在分割继承之列。即使土地的使用权可以继承，但土地耕作收入与非农收入差异较大。可见，传统型生活和生产资料的获得方式已不能满足子代的生活和生存所需。尽快富裕起来成为普遍追求，歧视经商的习俗已荡然无存。

总之，无论城乡，就业成为优先考虑，有就业就意味着有收入，才能获得生存条件。这是当代中国人口迁移的最大动力。

（三）不同政治经济体制下人口迁移的特征

在"绪论"中，我们已经论述过，政治经济体制是制度，并且是更为宏大、影响力更深远的制度。这里的政治体制是指世系皇权或帝制国家还是共和政体国家。经济体制在农村是指土地私有制还是集体所有制度（可进一步细分为土地集体所有制下集体经营和家庭经营两种）；在城市则指是私有工商业为主还是国有、集体企业为主（可细分为计划经济为主和市场经济为主）。

人口迁移流动的影响方式和程度受制于政治经济体制。

中国近代之前是典型的农业国家。农民是人口的主体，即使到了清代，农业人口在总人口中所占比例仍在90%以上。农业赋税是国家收入的主要部分，农民是国家徭役的主要承担者。因而，控制农民，将农民束缚于土地上，国家赋役才会有落实保障。在皇权专制政体下，各级地方机构及其官员唯皇权是从。尽管政府机构只设置于县及以上，但村、社、宗族等民间居住单位和组织也多在与政府保持一致的乡绅掌控之下。加之政府还设有专门负责治安的组织形式，正常情况下，民众的迁移流动得到了基本约束。不过，由于周期性社会震荡不断发生，当皇权失灵、地方机构瘫痪之时，民众的大规模迁移行为也会发生。这时的迁移多为避难迁移。另外，中央政府为了政治（削弱政敌）、军事（巩固边防）和经济（促使无地农民与土地结合，增加赋税）等需要也会组织迁移，而它多限于新王朝建立之初或其他非常时期。就总体来看，帝制时代，政府抑制迁移的政策是主流。

20世纪40年代末，中国政治经济经济体制的变革表现为，租佃、雇工经营的地主土地所有制为耕者有其田的农民土地所有制取代，至50年代中期集体经济制度建立。城市则形成国有、集体企业为主导，实行计划经济的管理模式。政治体制为，中国共产党是从中央到地方各级政府的领导者。

这种体制下，党所主导的政府，甚至党组织本身具有配置劳动力资源的强大能力，政府可以根据人口形势实施鼓励或抑制人口迁移的政策。如实行大规模的区域产业调整政策，由此带动了人口的巨大迁移。这是传统时期所难以比拟的。可以说，中国1949年后政府推行了变动频繁的鼓励和限制迁移政策，甚至在同一时期将两者结合起来。如60年代初期，禁止农村人口向城市迁移，同时又鼓励城市干部职工家属迁回农村，当然其目标是一致的，即控制、压缩城镇人口。需要指出，从清朝中叶摊丁入亩之政实施以来，以成年男性劳动力为征收对象的人头税不再与人口数量本身挂钩。这一变革在民国时期和1949年后被延续下来。我们说，传统时代对人口迁移的控制立足于赋役征派，其鼓励策略也有这方面的用意。而1949年后对农村人口迁移的抑制、将城镇人口压缩回农村更多地视人口为消费者；鼓励内地人口向边疆迁移则又视人口为劳动力或建设力量。这种差异性迁移政策与当时实行政府负责供给城镇居民口粮制度有关。当粮食歉收时，政府会感受到供给压力的存在，为避免城市发生饥荒，解决之道就是减少吃商品粮的城镇人口。在土地私有制、市场经济环境下，口粮供给非政府的直接责任，此种迁移政策便不会出台。

20世纪80年代初期，尽管政治体制没有变革，但农村集体经济组织解体，农民劳动方式和农耕之余的时间所受直接约束被消除，这为农村劳动力流出村庄提供了可能。城市用单位制对职工进行控制的制度也逐渐松动，允许员工离职经商或停薪留职离开单位去外地发展。僵化的人口迁移流动控制制度开始改变。

二 政府主导下的人口迁移类型和组织方式

中国历史上民众迁移行为多种多样，但迁移主流是政府出于不同需要所组织和实施的迁移，大规模的迁移尤其如此。因而，考察政府主导下的迁移类型和组织方式，是认识中国人口迁移制度的主线。在我们看来，它主要有以下几种。

（一）政治性迁移

政治性迁移是政府为了特定政治目的所组织的迁移。无论中国近代之前还是1949年以后，这种迁移类型都存在。

1. 都城迁移及为实都而进行的迁移

都城人口是一国政务管理的人力基础所在，同时也是城中从皇族到平民不同群体、阶层所形成的需求与供给体系所必需。都城人口迁移和实都是两个概念，前者可简称为迁都，是将国都所在地及其人口大部分搬迁至另一地方，这种迁移是统治者出于政治考虑所做出。而实都则是某一政权立国之初，因都城空虚，从外地将所需人口迁移进来。

（1）迁都所引发的人口迁移

国都迁移是最大规模的政治迁移。它并非仅有统治机构搬迁，而且有相当部分官员及其家眷、工商服务业人口的迁移和转移。

在中国传统社会早期，国家的部落特征显著。由于人口总量有限，各地有大量尚未开垦的土地，民众生存空间转换余地较大。出于政治、经济或军事需要，一些时期的政权会将国都进行整体性搬迁。史载，商朝立国之前，其先祖有多次整体性迁移，自契至汤八迁[1]。这实际是以部族为单位的迁移。汤始居亳，从先王居。商汤灭夏桀而建立商朝。此后国都之址并不固定。至"盘庚之时，殷已都河北，盘庚渡河南，复居成汤之故居，乃五迁，无定处。殷民咨胥皆怨，不欲徙。盘庚乃告谕诸侯大臣曰：'昔高后成汤与尔之先祖俱定天下，法则可修。舍而弗勉，何以成德！'乃遂涉河南，治亳，行汤之政。然后百姓由宁，殷道复兴，诸侯来朝，以其遵成汤之德也"[2]。在我们看来，商汤迁都，主要是国家管理机构及商朝贵族人口的迁移。作为早期农业国家，国都物质基础并不雄厚，搬迁或许不费很大气力。即使如此，贵族并不乐迁，以致"咨胥皆怨"。这也表明，当时商朝并未面临现实的生存威胁。若有强敌来侵，难以抵御；或有大的自然灾害如洪水，民众肯定不会有抱怨迁移的情绪。它或许因其位置使国都的政治经济功能发挥受限。但有一点是无疑的，迁都旨在维护商王朝对整个国家或境内其他诸侯的控制。从当时的迁移结果来看，迁都达到了这样的目的：民众生活康宁，诸侯的向心力增强。可以说迁都的政治目标实现了。

在以后历史时期，迁都成为政府对辖区民众增强控制力的一项重要

---

[1] 《史记》卷3，殷本纪。
[2] 《史记》卷3，殷本纪。

措施。

　　北魏孝文帝为对中原地区实施有效控制和治理，于太和十七年（493年）从偏于一隅的平城（今山西大同）迁至中原腹心、黄河之滨的洛阳。孝文帝认为平城系"用武之地，非可文治，移风易俗，信为甚难"；而洛阳属"崤函帝宅，河洛王里"，"因兹大举，光宅中原"①。迁都同样会遇到阻力，他以"南伐"名义令大军（号称步骑百余万）南下，最终"定迁都之计"②。太和十九年（495年）孝文帝下诏：迁洛之民，死葬河南，不得还北。于是代人南迁者，悉为河南洛阳人③。作为当时北方统一的政权，北魏都城的贵族、平民、军人众多，这无疑是一次规模浩大的人口迁移。

　　明朝定都南京，镇守北平的燕王朱棣通过"靖难之役"取得政权后，即有迁都北平之意。永乐元年将北平改为北京④，形成南北二京的格局。为了加强北京地区的经济基础，取得政权不久，朱棣即开始移民实北京周边地区之举。建文四年（1402年）八月，"徙山西民无田者实北平，赐之钞，复五年"⑤。永乐元年（1403年）八月，发流罪以下垦北京田；徙直隶苏州等十郡、浙江等九省富民实北京⑥。永乐二年（1404年）七月，徙山西民万户实北京。永乐三年（1405年）九月，徙山西民万户实北京。至永乐四年（1406年）七月，正式下诏，"以明年五月建北京宫殿，分遣大臣采木于四川、湖广、江西、浙江、山西"⑦。永乐十八年（1420年）七月下诏，自明年改京师为南京，北京为京师⑧。十一月，以迁都北京诏告天下⑨。十二月，皇太子及皇太孙至北京。随后，北京郊庙宫殿建成。迁都大业基本完成。成祖北迁，取南京民匠户"二万七千以行"，致使旧都"减户口过

---

① 《魏书》卷19中，列传。
② 《魏书》卷7，高祖纪。
③ 《魏书》卷7，高祖纪。
④ 《明史》卷5，成祖纪。
⑤ 《明史》卷5，成祖纪。
⑥ 《明史》卷5，成祖纪。
⑦ 《明史》卷5，成祖纪。
⑧ 《明史》卷5，成祖纪。
⑨ 《明史》卷5，成祖纪。

半，而差役实稀"①；或称"永乐北建，大半随行"②。

清王朝定都北京后，大批满、蒙、汉八旗军民从东北迁至京城③。其人数顺治末年内城所居或有34万④。这次迁移还产生了都城原有居民与新移民之间的冲突。清政府下令将内城汉族迁往南城。顺治五年（1648年）八月，谕户部等衙门：京城汉官、汉民原与满洲共处，近闻争端日起，劫杀抢夺，而满汉人等彼此推诿，竟无已时，似此何日清宁？此实参居杂处之所致也。朕反复思维，迁移虽劳一时，然满汉各安，不相扰害，实为永便。除八旗充投汉人不令迁移外，凡汉官及商民等，尽徙南城居住。其原房或拆去另盖，或质卖取价，各从其便。……著礼部详细稽察，凡应迁徙之人，先给赏银，听其择便，定限半岁，岁终搬尽⑤。

以上是历史上统治者主动迁都的做法。当然，还有因面临政敌或外敌威胁而被动迁都者。这种迁移实际带有逃移色彩，迁移过程中的人口损失较大。

东汉初平元年（190年），董卓"尽徙洛阳人数百万口于长安。步骑驱蹙，更相蹈藉，饥饿寇掠，积尸盈路"⑥。

近代的避战迁都以1937年11月国民政府在侵华日军紧逼之下，下令迁都重庆，从而引发规模巨大的人口由东南沿海地区向内地的西迁。

（2）充实国都与人口迁移

一般来说，迁都也常伴有"实都"之举，新迁或新建之都起初人口规模和职业不足以维系都城正常运转，从外填充国都人口必不可少。这里，我们主要考察非迁都下的实都制度。

从宏观视角看，中国历史上的改朝换代常常带来人口分布的巨大调整。当新政权建立并确立都城之后，面临的局面是人口匮乏，百业待兴。国都是政治中心，其建设、维护离不开工匠，百官及其家眷生活离不开商业服务业人员。因而从外迁移人口入京则成为历朝建国初期的举措。

---

① 顾起元：《客座赘语》卷2，南京出版社2009年版，第57页。
② 顾起元：《客座赘语》卷2，南京出版社2009年版，第53页。
③ 《清史稿》卷130，兵。
④ 韩光辉：《北京历史人口地理》，北京大学出版社1996年版，第123页。
⑤ 《清世祖实录》卷40。
⑥ 《后汉书》卷72，董卓传。

与后世有所不同，秦汉时期，移民京师一个重要目的是，把分散于地方的豪强移至京城，便于政府对其实施监督和控制，借此消除威胁。秦统一六国后，始皇帝于二十六年（前221年）"徙天下豪富于咸阳十二万户"①。

而多数王朝主要通过实民于京师，使国都的工商业得以建立，满足皇族、贵胄和达官生活所需。

北魏天兴元年（398年），徙山东六州人吏及徒何、高丽杂夷、三十六署百工伎巧十余万口以充京师，各给耕牛，计口授田②。如此大规模的移民迁入京师完全从事非农业活动，国力和市场容量将难以承受。而让其在国都所辖地区亦农亦工，既解决了其生存问题，又满足了国家对其技能所需。移民由此成为国都维系的重要人力资源。

该政策变成以后王朝的惯常做法。不过，在人口规模较大的统一王朝国都内，迁入者有可能专营工商业。

隋朝炀帝即位后营建东都，以尚书令杨素为营作大监，每月役丁二百万人。徙洛州郭内人及天下诸州富商大贾数万家以实之。洛州即是东都所在区域，郭内人应是本地城市人口，其职业以工商为主。这还不够，隋政府还从全国各地迁移富商大贾进入，显然在于推动当地商业活动开展。

唐代，武则天为充实东都洛阳人口，于天授二年（691年）徙关外雍同秦等七州户数十万进入③。

明朝定都南京和迁都北京时，其迁民实都规模和力度颇大。明初，朱元璋将浙江等九布政司、应天十八府州所属富民万四千三百余户，"依次召见，徙其家以实京师，谓之富户"④。此外，明初还将直隶、浙江百姓二万户迁于京师，充仓脚夫⑤。值得一提的是，明初朱元璋采取"吐故纳新"办法，将国都原有人口迁出，另移新民进入。史载：高皇帝定鼎金陵，驱旧民置云南，乃于洪武十三（1380年）等年，起取苏、浙等处上户四万五千

---

① 《史记》卷6，秦始皇本纪。
② 《魏书》卷110，食货。
③ 《唐会要》卷84，移户。
④ 《明史》卷77，食货。
⑤ 《明史》卷77，食货。

余家，填实京师，壮丁发各监局充匠，余为编户，置都城之内外，名曰"坊厢"。这些移民"有人丁而无田赋，止供勾摄而无征派"①。成祖迁都北京时，"选应天、浙江富民三千户，充北京宛、大二县厢长，附籍京师"。后因"供给日久，贫乏逃窜"，政府"选其本籍殷实户佥补"②。可见，政府迁民于国都，重在建立京师的经济秩序。对被迁移者来说，实都意味着他们将长期处于政府的特殊"供给"体系中。尽管政府最初实行有"优免"被迁者原籍差役五年的制度，但无法弥补其所付出，很难得到认同。故而，政府不得不强制推行。宣德六年（1431年）规定：富户在京入籍，逃回原籍或躲避他处，顺天、应天府官查出申部，令所在官司即时揭究解发。若亲邻里老知者许于官司出首，免罪。本人能自首赴京者亦免罪。若知而不首及有司占吝不发，即便究问，正犯发口外充军。事故死绝等项，各该官司照数佥补③。政府以连坐方式实施这一迁移，强制性可见一斑。弘治五年（1502年），明政府不得不做出政策调整：顺天府在逃富户各省不必起解，每户每年征银三两，总类进表官顺赍到部，转发宛、大二县，帮贴见在厢长当差④。以交银代替强征，缓解了被迁移者的困局。在我们看来，明朝迁移江南富户政策所以不成功，与当时南北经济环境和生存条件的高低差异也有关系。即使没有供给负担，从纯经济的角度看，由富庶的南国迁移至北方也非民众所愿。不过，这些迁来的富户中，也有不少人入籍而沉淀下来。

（3）固基式人口迁移

国都所在地是王朝统治的根本所在，充实国都周边地区人口，将为京师拱卫提供必要的人力资源和物资保障。

汉初刘敬向刘邦所提建议即体现出这一目的。

汉高祖九年（211年），刘敬从匈奴回来，向刘邦建言：匈奴统治区域"去长安近者七百里，轻骑一日一夜可以至秦中……今陛下虽都关中，实少民。东有六国之强族，一日有变，陛下亦未得高枕而卧也。臣愿陛下徙六

---

① 顾起元：《客座赘语》卷2，南京出版社2009年版，第57页。
② 《明史》卷77，食货。
③ 《大明会典》卷19，户口。
④ 《大明会典》卷19，户口。

国后及豪桀、名家居关中。无事可以备胡，诸侯有变，亦足率以东伐。此强本弱末之术也"。刘邦深信其言，随即"徙齐、楚大族昭氏、屈氏、景氏、怀氏、田氏五族及豪桀于关中，与利田、宅，凡十余万口"①。它可谓威慑与利诱相结合的迁移策略。

为维护国都及其周边的人口规模和人力资源基础，唐代采取双重标准，抑制京师周边民众外迁，这与政府允许狭乡百姓迁往宽乡政策相左。按照唐初政策，户殷之处，听徙宽乡。贞观初年，陕州刺史崔善为上表指出：畿内之地，是谓殷户，丁壮之民，悉入军府。若听移转，便出关外，此则虚近实远，非经通之议。其事（听百姓迁徙宽乡）遂止②。保持国都周边人口规模的固基目的十分明确。

明代永乐及其以后，移民实北京的政策实行了较长时间。永乐元年（1403年），选浙江、江西、湖广、福建、四川、广东、广西、陕西、河南及直隶苏、松、常、镇、扬州、淮安、庐州、太平、宁国、安庆、徽州等府无田粮并有田粮不及五石、殷实大户充北京富户，附顺天府籍，优免差役五年③。永乐八年（1410年），令各处军卫有司军匠在京充役者，免家下杂泛差役。永乐九年（1411年），令自愿徙北京为民及免杖而徙者，免徭役五年；徒流而徙者，免徭役三年④。宣德三年，令应当富户之家，所在官司再免二丁杂泛差役，以备供送⑤。

与以往王朝不同，清朝的固基迁移比较独特。清政府为安置入关官员兵丁，使其本人及其家眷获得生存资料，在北京周边地区大规模圈地。史载：当日原圈地，每人六垧，一垧六亩，共地三十六亩。如家有壮丁二名，该地七十亩，人多者照数加增，当差照人算数⑥。除前明贵族土地外，也有大量民地被圈占。其确定土地归属的方法是："凡圈民地，请旨，户部遣满官同有司率笔帖式、拨什库甲丁等员役，所至村庄相度献亩。两骑前后，牵部颁绳索以记，周四围而总积之，每圈共得几百十垧，每壮丁分给五垧，

---

① 《资治通鉴》卷120，汉纪。
② 《唐会要》卷84，移户。
③ 《大明会典》卷19，户口。
④ 《大明会典》卷20，户口。
⑤ 《大明会典》卷19，户口。
⑥ 刘献廷：《广阳杂记》卷1。

垧六亩……圈一定，则庐舍场圃悉皆屯有，而粮籍以除"①。顺治四年（1647年），"圈顺直各州县地百万九千余垧，给满洲为庄屯"②。而原有耕种者虽名义上得到土地补偿，但圈占为良田，所补属瘠地，且与原耕种者居住地有一定距离。如圈顺义、怀柔、密云、昌平四县地六万七百晌，以延庆州、永宁县、新保安、永宁卫、延庆卫，延庆左卫、右卫无主屯地拨补；圈雄县、大城、新城三县地四万九千一百一十五晌，以武邑县无主屯地拨补。圈昌平、良乡、房山、易州四州县地五万九千八百六十晌，以定州、晋州、无极县、旧保安、深井堡、桃花堡、递鹨堡、鸡鸣驿、龙门所无主屯地拨补③。被圈占者不得不颠沛流离，从而形成"有进有出"的人口迁移流动。

2. 压抑敌对或地方不安定势力的迁移

新政权建立，对旧有贵族和豪强则采取将其移出原居地策略予以削弱。更重要的是他们被迁至便于控制的地区。

周武王克商，成周既成，以洛阳作下都。为加强对殷商亡国贵族的控制，周"迁殷顽民，殷大夫士心不则德义之经，故徙近王都教诲之"④，史称成王"殷遗民"⑤。西周将这一政策扩大实施范围，"东伐淮夷，残奄，迁其君薄姑"⑥。

战国时各诸侯之间兼并战争中，亡国贵族也多被迁出原居地。秦灭魏，迁大梁，都于丰⑦。楚武王灭权，迁于邢处，其孙因以为民。秦灭楚，迁大姓于陇西，因居天水⑧。

秦统一后，迁不轨之民于南阳⑨，以此控制具有反抗意识者。

三国末期，蜀被司马昭灭后，"后主既东迁，内移蜀大臣宗预、廖化及

---

① 姚文燮：《圈占记》，见贺长龄等编《清经世文编》卷31。
② 《清史稿》卷120，食货。
③ 《清世宗实录》卷30。
④ 《册府元龟》卷486，邦计部，户籍迁徙。
⑤ 《史记》卷4，周本纪。
⑥ 《史记》卷4，周本纪。
⑦ 孙楷：《秦会要》卷16，民政。
⑧ 《秦会要》卷16，民政。
⑨ 《史记》卷129，货殖列传。

诸葛显等并三万家于东及关中，复二十年田租"①。咸熙元年（264年），魏政府"劝募蜀人能内移者，给禀二年，复除二十岁"②。这也是防止原蜀国民众积聚反对力量的措施。

在我们看来，徙百姓为帝王守陵也是一种政治性移民。西汉时这种形式的移民规模很大。汉兴，立都长安，"徙齐诸田、楚昭屈景及诸功臣家于长陵。后世世家徙吏二千石、高訾富人及豪杰并兼之家于诸陵，盖亦以强干弱支，非独为奉山园也"③。西汉元朔二年（前127年），徙郡国豪杰及訾三百万以上于茂陵，以此将"天下豪杰、兼并之家、乱众民者"集中在一起，从而起到"内实京师、外消奸猾"的作用，达到"不诛而害除"的目的④。太始元年（前96年），徙郡国吏民豪杰于茂陵⑤。景帝、武帝时期的奉陵移民有多次，却并未说明数量规模。成帝鸿嘉二年（前19年）徙郡国豪杰訾五百万以上五千户于昌陵⑥。可见，此前的移民也是具有较大规模的。这种移民具有强制性质，但政府也予以适当补贴和优惠条件。景帝前元五年（前152年），募徙阳陵，予钱二十万⑦。始元三年（前84年）募民徙云陵，赐钱田宅⑧。始元四年（前83年），徙三辅富人于云陵，赐钱户十万⑨。奉陵移民对被迁移者的生活造成极大冲击。永光四年（前40年）元帝之诏书即表明这一点："有司缘臣子之义，奏徙郡国民以奉园陵，令百姓远弃先祖坟墓，破业失产，亲戚别离，人怀思慕之心，家有不安之意……今所为初陵者，勿置县邑，使天下咸安土乐业，亡有动摇之心。布告天下，令明知之。"⑩成帝修建昌陵时，耗费巨大且逾期，故而"罢昌陵及故陵，勿徙吏民，令天下毋有动摇之心。"⑪

---

① 《华阳国志》卷8，大同志。
② 《三国志·魏书》卷4，陈留王纪。
③ 徐天麟：《西汉会要》卷46，民政，风俗。
④ 《册府元龟》卷486，邦计部，户籍迁徙。
⑤ 《册府元龟》卷486，邦计部，户籍迁徙。
⑥ 《汉书》卷10，成帝纪。
⑦ 《史记》卷11，景帝纪。
⑧ 《汉书》卷7，昭帝纪。
⑨ 《汉书》卷7，昭帝纪。
⑩ 《汉书》卷9，元帝纪。
⑪ 《汉书》卷10，成帝纪。

迁移地方豪族离开其经营已久、对民众有较大影响力的地区，是削弱地方异己政治力量、巩固中央政权的具体措施。相对来说，该制度在秦汉及其之前施行较多，它与当时地方政治架构有直接关系。这就是，从西周以来施行的分封制，地方形成具有自成一体的诸侯及其家庭力量，东周之后它们逐渐成为王室的威胁势力。春秋时期，大的诸侯成为霸主，周王室只具有形式上的王权。战国更成为各大诸侯国角逐最高权力的时代。秦虽最终战胜六国，但六国贵族力量未从根本上消除，并在秦末民众起义中成为重要的倒秦势力。汉朝建立后，将"徙诸大姓齐、田、楚、景之辈以实关中"作为重要的"强本弱末"之策。实际上，不仅强大如六国贵族，任何时代地方大族若得不到有力控制，且以追求和保护自己的利益为目标，都有可能成为中央政府的离心力量。故此，通过移徙散其势力，消其乱萌，于国于豪族均有积极作用。而后世在忠于中央政府的地方行政体系建立和巩固之后，这种局面则可避免。

3. 分封式迁移

分封式迁移是周朝之后明朝之前多个王朝的做法。新王朝立国之初，将诸王子为代表的王室贵族分封于各地，成为藩王，巩固其在地方的统治基础。

周王朝开启这一迁移形式的先河。

周建国之后，实行分封制。西周时，除了同姓（姬姓）贵族被分封于各地外，异姓功臣也被分封。或言：周初"立七十一国，姬姓独居五十三人"[1]。这些分封之地一定程度上形成了汉族人口的基本生存区域，进而奠定了汉族人口向四周发展的基础。

按照西周制度："天子建德，因生以赐姓，胙之土而命之氏。诸侯以字为谥，因以为族。官有世功，则有官族，邑亦如之"[2]。即赐王公、贵族、功臣可供驱使的属民和土地，令其建立诸侯国。受封者要向天子进贡，为天子出力役、兵役等，还要定期前往都城述职。周王朝由此获得了对广阔区域土地和民众的控制，这同时加速了中原文化向四周的扩展和传播。在此过程中，不仅中原地区，而且中原周边地区的"汉化"程度得到提升。

---

[1] 《荀子·儒效》。
[2] 《左传·隐公八年》。

因为周朝贵族的封国遍布各地，华夏族的分布范围大大扩展了。

周以后，除秦国因实行郡县制、废除分封制外，自汉至明，分封皇室贵族至外地的制度一直保留下来，只是他们临土而不亲民，即没有直接归其管辖的百姓。但庞大的王府仍成为地方重要的政治力量。

4. 驻防式迁移

清代的军事迁移体现在多个方面，清王朝实行驻防八旗制度，其精锐军事力量驻扎于全国重要地区，官兵多携带家口，形成迁移人口。直省各置驻防旗兵，立庄田于所驻地，给田人各三亩。其全眷挈赴者，前在京所得圈地撤还。旗员分界园地，多则二百四十亩，少则六十亩，各省不尽同。惟浙江驻防无田，仍支俸饷①。

5. 为应对战争威胁而进行产业布局调整，形成人口迁移

这以1949年后政府实施的三线建设为代表。所谓三线，一般是指由沿海、边疆地区向内地收缩划分三道线。一线指位于沿海和边疆的前线地区；三线指包括四川、贵州、云南、陕西、甘肃、宁夏、青海等西部省区及山西、河南、湖南、湖北、广东、广西等省区的后方地区；二线指介于一、三线之间的中间地带。其中川、贵、云和陕、甘、宁、青俗称为大三线，一、二线的腹地俗称小三线。三线地区位于中国腹地，离海岸线最近的在700公里以上，距西面国土边界上千公里，四面分别有青藏高原、云贵高原、太行山、大别山、贺兰山、吕梁山等连绵山脉作天然屏障，在准备打仗的特定形势下，是较理想的战略后方。用今天的区域概念来说，三线地区多为除新疆、西藏之外的中国西部经济不发达地区。

1964年8月，国务院副总理李富春等《关于落实毛泽东对国家经济建设如何防备敌人突然袭击问题批示的报告》提出：(1) 一切新的建设项目，不在第一线特别是十五个一百万人口以上的大城市建设。(2) 第一线特别是十五个大城市的现有续建项目，除明年、后年即可完工投产见效的以外，其余一律要缩小规模，不再扩建，尽早收尾。(3) 在第一线的现有老企业，特别是工业集中的城市的老企业，要把能搬的企业或一个车间、特别是有关军工和机械工业的，能一分为二的，分一部分到三线、二线；能迁移的，

---

① 《清史稿》卷120，食货。

也应有计划地有步骤地迁移。(4)从明年起，不再新建大中水库。(5)在一线的全国重点高等学校和科学研究、设计机构，凡能迁移的，应有计划地迁移到三线、二线去，不能迁移的，应一分为二。(6)今后，一切新建项目不论在哪一线建设，都应贯彻执行分散、靠山、隐蔽的方针，不得集中在某几个城市或点①。由于具有军事战略意义，因而这一政策得到强有力的贯彻。1964—1980年期间，国家在三线地区共审批1100多个中大型建设项目。大批原先位于大城市的工厂迁入西部山区，这些交通不发达的深山之中形成多个工业区，并带动了职工及其家眷内迁，形成1949年后又一次具有特殊意义的人口大迁移。期内仅迁入青海省的职工及其家属即达10余万人，迁入贵州省的达8万余人，迁入四川省的职工多达40万人。

但就总体看，1963—1970年间，由于农村劳动力前往城镇寻求工作这一最具有势能的迁移受到控制，人口迁移总量明显降低，人口迁移率由1954—1962年间的30‰以上大幅度降至仅略高于20‰，表明国内人口迁移规模显著缩小。

(二)推动移民实边和削弱敌对势力的移民

1. 实边和开拓疆土移民

就近代之前看，秦朝和汉朝由政府组织的与疆域开拓和戍边有关的人口迁移最为突出。

秦灭六国后，秦始皇命将北击匈奴，"因河为塞，筑四十四县城临河，徙谪戍以充之"②。秦始皇三十三年（前214年），"发诸尝逋亡人、赘婿、贾人略取陆梁地，为桂林、象郡、南海，以谪遣戍"③。在北方，秦始皇派大将蒙恬"渡河取高阙、陶山、北假中，筑亭障以逐戎人。徙谪，实之初县"④。可见，向边疆移民多非民众情愿，故起初只能强行组织没有社会地位者前往。为加强对北方匈奴族内扰的防御：秦始皇三十五年（前212

---

① 中共中央文献研究室编：《建国以来重要文献选编》第十九册，中央文献出版社1998年版，第133—134页。
② 《史记》卷110，匈奴列传。
③ 《史记》卷6，秦始皇本纪。
④ 《史记》卷6，秦始皇本纪。

年），"徙五万家于云阳"①。秦始皇三十六年（前211年），迁北河、榆中三万家，拜爵一级②。"秦逐匈奴，收河南地，徙民以实之，谓之新秦。"③这种做法具有利益诱导和激励特征。在西南地区，临邛县郡西南二百里，本有邛民，"秦始皇徙上郡实之"④。秦朝有的实边之举则具有人口分布调整并使不同民族相互融合以便控制的色彩。始皇三十七年（前210年），至会稽，徙大越民置余杭⑤。此外徙中县之民于南方三郡，使与百粤杂处⑥。

汉朝对北部边疆的充实和保卫颇为重视，实施多种移民措施。对普通百姓则采取优惠政策鼓励其向边疆迁移。文帝十一年（前169年）间，匈奴数为边患，晁错上书："今远方之卒守塞，一岁而更，不知胡人之能。不如选常居者家室田作，且以备之，以便为之高城深堑；要害之处，通川之道，调立城邑，毋下千家。先为室屋，具田器，乃募民，免罪，拜爵，复其家，予冬夏衣、禀食，能自给而止。"文帝接受其建议，募民徙塞下⑦。汉代以武帝时迁移力度最大。其中屯田士卒是重要实边力量。武帝太初四年（前104年），初置张掖、酒泉郡，而上郡、朔方、西河、河西开田官，斥塞卒六十万人戍田之⑧。普通百姓和罪犯也在迁移之列。武帝元朔二年（前127年），令募民十万口徙朔方。元狩二年（前121年），武帝于武威以西初置四郡，徙内地民人实之。"其民或以关东下贫，或以报怨过当，或以悖逆亡道，家属徙焉。"⑨元狩三年（前120年），武帝又将山东灾民70余万迁于西北，置于"关以西及充朔方以南新秦中"。元狩五年（公元前118年），徙天下奸猾吏民于边⑩。元鼎六年（前111年），分武威、酒泉地置张掖、敦煌郡，徙民以实之。武帝时的迁移对象开始为触犯法律应受惩罚之人，但由于需迁移的人口规模大，这些人难敷需求，故"关东下贫"一类

---

① 《史记》卷6，秦始皇本纪。
② 《史记》卷6，秦始皇本纪。
③ 《秦会要》卷16，民政。
④ 《秦会要》卷16，民政。
⑤ 《秦会要》卷16，民政。
⑥ 《秦会要》卷16，民政。
⑦ 《资治通鉴》卷15，汉纪。
⑧ 《史记》卷30，平准书。
⑨ 《汉书》卷28，地理。
⑩ 《册府元龟》卷486，邦计部，户籍迁徙。

在当地生存条件较差者通过优惠条件鼓励其迁往边地。

东汉初年将西汉后期丢失的边地收复，政府鼓励避乱于内地的边民回归。所谓在光武帝经略下，北边重地云中、五原、朔方、北地、定襄、雁门、上谷、代八郡民归于本土。政府发遣边民因战乱而移住内地者，"布还诸县，皆赐以装钱，转输给食"①。这一做法透漏出的信息是，西汉移民实边者的后代至汉末尽管因边乱逃至内地，但其已将边地作为"本土"或家乡。与此同时，东汉初年，政府继续实行移内地民众实边政策。永平九年（66年）规定：徙朔方者，复口算②。整体看，东汉没有采取过从内地大规模移民实边政策。它不必动员大批百姓，而以迁移刑犯为主。仲长统上书建议："远州县界至数千，而诸夏有十亩共桑之迫，远州有旷野不发之田，代俗安土有死无去。君长不使，谁能自往缘边之地。亦可因罪徙人，便以守御。"③永平年后，罪犯及其家眷成为政府"实边"的重要力量。永平八年（65年），明帝诏"三公募郡国中都官死罪系囚，减罪一等，勿笞，诣度辽将军营，屯朔方、五原之边县；妻子自随，便占著边县；父母同产欲相代者，恣听之。……凡徙者，赐弓弩衣粮"④。永平九年（66年）春三月诏"郡国死罪囚减罪，与妻子诣五原、朔方占著，所在死者皆赐妻父若男同产一人复终身；其妻无父兄独有母者，赐其母钱六万，又复其口算"⑤。永平十六年（73年）九月，诏令郡国中都官死罪系囚减死罪一等，勿笞，诣军营，屯朔方、敦煌；妻子自随，父母同产欲求从者，恣听之⑥。元初二年（115年），安帝下诏：郡国中都官系囚减死一等，勿笞，诣冯翊、扶风屯，妻子自随，占著所在⑦。建康元年（144年），令郡国中都官系囚减死一等，徙边⑧。和平元年（150年）减天下死罪一等，徙边戍⑨。

秦和西汉时期将短期性军丁防守与长期性移民实边结合起来，对新拓

---

① 《后汉书》卷1下，光武帝纪。
② 《文献通考》卷10，户口。
③ 《通典》卷1，食货。
④ 《后汉书》卷2，明帝纪。
⑤ 《后汉书》卷2，明帝纪。
⑥ 《后汉书》卷2，明帝纪。
⑦ 《后汉书》卷5，安帝纪。
⑧ 《后汉书》卷6，冲帝纪。
⑨ 《后汉书》卷7，桓帝纪。

展疆域的巩固起到一定作用，开启了内地以汉族人口为主体的百姓向边境地区长距离迁移的先河。

隋和唐前期在北方面临着突厥政权的威胁。隋开皇三年（583年），因突厥屡次侵扰，文帝令朔州总管赵仲卿在"长城以北，大兴屯田，以实塞下"[①]。隋炀帝大业四年（608年），于西域之地置西海、鄯善、且末等郡，"谪天下罪人，配为戍卒，大开屯田"[②]。

唐代于西北地区的屯田规模也很大。调露二年（680年），河源经略大使刘仁轨，"远置烽戍七十余所，度开营田五千余顷，岁收百余万石"[③]。开元五年（717年），营州都督宋庆礼于柳城"开屯田八十余所"[④]。元和年间，因西北戍边军队缺粮，宰相李绛请开营田，"可省度支漕运及绝和籴欺隐"。宪宗赞成此议，"以韩重华为振武、京西营田、和籴、水运使，起代北，垦田三百顷，出赃罪吏九百余人，给以耒耜、耕牛，假种粮，使偿所负粟，二岁大熟"。进而"募人为十五屯，每屯百三十人，人耕百亩。就高为堡。东起振武，西逾云州，极于中受降城。凡六百余里，列栅二十，垦田三千八百余顷，岁收粟二十万石，省度支钱二千余万缗"[⑤]。灵武、邠宁一带，"土广肥而民不知耕"。文宗大和末年，王起"奏立营田"。后党项大扰河西，邠宁节度使毕諴"亦募士开营田，岁收三十万斛，省度支钱数百万缗"[⑥]。此外，唐代政府还鼓励无田客户移往边地。开元十六年（728年）十月敕：诸州客户有情愿属缘边州府者，至彼给良沃田安置，仍给永年优复[⑦]。

宋代，太宗时，曾在今河北保定一带设置沿边屯田使，"发诸州镇兵一万八千人给其役"，种植水稻，取得成效[⑧]。这属于军屯。咸平年间，于陕西沿边，设置军屯，"无寇则耕，寇来则战"[⑨]。元丰年间还曾在西北边地招

---

① 《隋书》卷24，食货。
② 《隋书》卷24，食货。
③ 《旧唐书》卷109，黑齿常之传。
④ 《旧唐书》卷85下，姜师度传。
⑤ 《新唐书》卷53，食货。
⑥ 《新唐书》卷53，食货。
⑦ 《唐会要》卷84，移户。
⑧ 《宋史》卷176，食货。
⑨ 《宋史》卷176，食货。

募"知田厢军"屯垦，"人给一顷耕之，余悉给弓箭手，人加一顷，有马者又加五十亩，每五十顷为一营。"政府从距边较近的"秦凤、泾原、熙河三路选募厢军及马递铺卒，愿行者人给装钱二千"①。但其成本太大，未能长期坚持下去。

明代，边防主要为士兵戍守，兼屯田，以增加自养能力。明政府也有民屯做法："移民就宽乡，或召募或罪徙者为民屯，皆领之有司"②。按照明制："临边险要，守多于屯。地僻处及输粮艰者，屯多于守。"明初，"东自辽左，北抵宣、大，西至甘肃，南尽滇、蜀，极于交址，中原则大河南北，在在兴屯矣"③。在西南地区，明初汉族人口大量迁入。洪武二十六年（1393年），朱元璋派傅有德、沐英平定云南，留兵戍守。同时"徙江南间右之民以居之"④。云南楚雄一带，"明初所来官军商民落籍，其数极多"⑤。贵州平越，"来自中土之民颇多"⑥。

清朝移民实边主要体现为中期在新疆组织移民屯田。乾隆年间，招徕内地平民前往新疆屯田，在乌鲁木齐、伊犁等地建立多个屯居点。户给地亩牛具，照水田例六年后升科⑦。乾隆八年（1643年），甘肃巡抚黄廷桂招民三百余家垦种西宁府属大通卫水旱可耕之地⑧。乾隆三十年（1665年）招肃州、张掖、敦煌、高台等县贫民一千九百户于呼图、拜宁、边城、昌吉、罗克伦等处安插屯种，筑伊犁雅尔城屯田⑨。可见西北地区的移民垦荒规模是比较大的。乾隆三十一年（1666年），乌什查出地亩足供六千户耕种。政府采用借给耕具、牲口、籽种等措施，鼓励周围无业回民前往开垦⑩。同年，穆垒迤西一带，计可垦田八万余亩，安插民人二千六七百户。除组织屯兵外，计划每年招移三百户。每户给土房两间，农具一付，马一

---

① 《宋史》卷176，食货。
② 《明史》卷77，食货。
③ 《明史》卷77，食货。
④ 宣统《楚雄县志》卷2，风俗。
⑤ 宣统《楚雄县志》卷2，风俗。
⑥ 傅玉书：《桑梓述闻》卷3。
⑦ 《清朝通典》卷4，食货。
⑧ 《清高宗实录》卷757。
⑨ 《清朝通典》卷4，食货。
⑩ 《清高宗实录》卷193。

匹（后因马匹紧缺，改为给牛）①。乾隆三十三年（1668年），甘肃和新疆五百余户居民被迁至乌鲁木齐所属地区开垦，官方给予车辆口粮，送往安插②。乾隆四十四年（1679年），署陕甘总督毕沅从甘肃武威等县组织"情愿前往乌鲁木齐垦种地亩者"1887户③。

1949年后至六十年代，政府组织的移民实边规模更大。其中军屯即军人转变为生产建设兵团最引人注目。1952—1954年，在新疆，先后有17万人民解放军官兵集体转业为生产建设部队，1964—1965年又接受内地新的转业军人3.4万人④。普通民众向边疆的迁移20世纪50年代一直在进行。

如何使迁入者稳定情绪，定居下来，为政府所关注。《内务部关于巩固1956年移民工作的指示》指出：本年六月全国移民工作座谈会后，除河南省继续移往甘肃、青海和新疆八万二千余人外，其他地区均停止了移民，全力地进行巩固工作。组织移民生产、修建房屋、解决物资供应等。仍有少数人坚决要求返籍，有相当一部分目前虽参加了生产，但在思想上还不很稳定；真正有长期安家立业打算的，只占一部分。为稳定移民，要通过对生产的领导，做好收益分配工作；做好接送移民家属工作。在秋收后应先把一部分家属接到安置地区，这是巩固移民的一项重要措施⑤。

根据中央从内地人口稠密区江苏、安徽、湖北、上海等省市向新疆移民的计划，1957—1960年苏、皖、鄂三省迁入新疆人数达80多万，其中江苏59.6万人。这类支边人员主要是农村和小城镇居民。知识青年成为支边移民又一大群体。1961—1966年从上海、北京、武汉、浙江、江苏、天津六省市来疆知识青年有12.7万人，其中上海知识青年有9.7万人⑥。

黑龙江、内蒙古也是移民实边的重点区域。从1954年至1958年，黑龙江省北大荒有十多万转业官兵前往开垦。从1955—1959年，黑龙江省净迁

---

① 《清高宗实录》卷770。
② 《清高宗实录》卷742。
③ 《清高宗实录》卷1083。
④ 李洁、徐黎丽：《试论1949年以后新疆汉族移民的类型与功效》，《北方民族大学学报》2009年第2期。
⑤ 国务院法制局编：《中华人民共和国法规汇编》第四册，法律出版社1956年版，第221页。
⑥ 李洁、徐黎丽：《试论1949年以后新疆汉族移民的类型与功效》，《北方民族大学学报》2009年第2期。

入21万人，1960—1964年净迁入86万人。内蒙古人口由自治区成立初期的561.7万，至1982年增至1936.9万，增长2.45倍，其中迁移增长部分占整个人口增长的三分之一。这些迁入者主要分布于工矿区和林区。

需要指出的是，20世纪50年代末、60年代初期在户籍迁移控制增大的背景下，对向边疆移民放松限制。1964年8月，国务院批转《公安部关于处理户口迁移的规定（草案）》，其中有一项为："从内地人口稠密地区迁往边远人口稀少地区"的户口迁移一律不受限制①。在迁移政策宽松的同时，由于新疆工农业发展增强了吸引力，尤其是1960年前后，兰新铁路通车提供了交通便利，大批内地人口为了谋生迁入新疆。在"大跃进"和1959—1961年三年自然灾害期间，人口自流入疆形成高峰，甘、豫、川、皖等省农民构成自流移民的主体。最多的是1959年，一年中迁入新疆的人口达82万多人②。

无论近代之前还是当代，移民实边完全是政府主导的迁移。对被迁移者来说被动特征很突出。不过，在我们看来，即使是被动性迁移实边，也有强制和诱导两种。相对来说，秦、隋、明时期实边的强制性色彩更浓，而汉、唐、宋王朝，则将强制和诱导相结合，对罪犯、戍卒和身份低贱者则实行强制迁移，对平民则给予一定优惠条件。像秦汉时期，具有平民身份者不愿前往，政府只好发遣罪犯、赘婿、有商籍者作为先锋。不过，移平民屯田于边疆，在交通工具落后的时代，漫长的戍边之路对内地百姓来说实在是一条畏途。优惠措施不足以弥补颠沛之苦和恶劣的气候折磨。当然，实边移民在防止外部军事力量骚扰内地民众生存环境中所起作用是不能否认的。还应指出，在一段时间内实边移民取得了一定效果，它往往靠中央政权的稳定和强大作为后盾。一当政权削弱，政府失去与外部政权的抗衡力量，不仅边防要塞会被突破，而且屯田不保，移民也不得不后撤。西汉和东汉北边移民就有如此举动。我们意在说明，这些王朝的军事性移民的存在基础是比较脆弱的。明朝北部防御没有采取大规模移民，而是筑守长城、建立庞大的正规军队防御系统，但耗费不赀，国家负担沉重。应

---

① 《山西政报》1964年第12期。
② 李洁、徐黎丽：《试论1949年以后新疆汉族移民的类型与功效》，《北方民族大学学报》2009年第2期。

该说清朝的西北实边移民更多的是诱导型的。由于清朝在新疆建立起稳定的统治，移民所面临的生存危险降低。同时它又是就近移民为主，把与新疆为邻的甘肃无地百姓迁移过去。

1949年后的移民实边具有诱导型与半强制型相结合的特征，却有时期之分，像20世纪50年代和60年代将内地人口稠密区农民迁移至新疆进行垦荒，就具有诱导型政策特征；而从上海等城市将知识青年迁移至新疆建设兵团管辖区则属于半强制加诱导型移民。这里所以称之为半强制性移民，在于其形式为先动员，然后自愿报名；其诱导性表现在城市就业受到限制，就当时而言留在城市并不一定有更好的就业前景。这些入疆移民基本上沉淀下来，成为当地的永久性居民，确实起到了实边和稳定边疆的作用。60年代中期之后，特别是70年代初期以后实行的青年学生上山下乡运动中，不少人很不情愿被迁移至边疆农村、牧区和生产建设兵团、国营农场。他们在短期内虽带来边疆人口的充实，但绝大多数人并没有成为永久居民，70年代末、80年代初期陆续回城。该迁移政策失败的原因在于，在城市人口总体生活环境、生存条件和福利水平高于边疆农村时，逆城市化迁移只能靠政府强制力量推动。假如城市社会处于衰落之中，而农村社会将被复兴，被迁移者会认同这一结果。实际情形是，城市生活及其优越之处依然存在，其父母生活在城市，"家"在城市。因而回归城市生活依然是绝大多数被迁移者的愿望，一当政策松动，他们就会努力将其变为现实，甚至不惜违反政策，以越轨的方式来实现既定目标。

2. 以削弱敌方力量为目标的迁移

当两个或多个政权处于交战、敌对或其他形式的竞争状态时，通过采取迁移其人口或吸引其人口归顺之策，来达到削弱对方、增强自己的目的。

秦末，秦将章邯引兵至邯郸，皆徙其民河内[①]。

汉元封元年（前110年），因"东越险阻反复"，担心其"为后世患"，迁其民于江淮间，"遂虚其地"[②]。

再一种方式是诱导他国居民迁移。秦孝公"以秦地旷人稀，诱三晋之

---

① 《史记》卷89，张耳、陈余传。
② 《汉书》卷6，武帝纪。

人,利其田宅,复三代,无知兵事"①。"秦四竟之内,陵阪丘隰不起十年之征,著于律也,足以造作夫百万。……今利其田宅而复之三世……然则山东之民无不西者矣。"②

唐代规定:"四夷降户,附以宽乡,给复十年。"③ 贞观四年（630年）,四夷降附者百二十万人④。另外,"没外蕃人,一年还者给复三年,二年者给复四年,三年者给复五年"⑤。

南宋时,对从金国统治区域"归正"民人给予优待,也具有诱导民众迁移、削弱敌方实力的作用。孝宗淳熙四年（1177年）四月下诏:归正人令从便营生外,两淮、江浙系官田土甚多,每户给田十二亩,三人以上给二十亩。愿自备牛具、种粮者,与增一倍。每户给草屋二间,三人以上给三间,人数虽多,不得过四间。其合用农具种粮,从本州措置应副。仍专委甲头掌管,轮流通融使用。每遇发人之初,猝未能耕种养赡,却恐阙食,从本州计口,先支钱米。大人日支米二升半,盐菜钱五十文,小儿减半,候及一年住支……拨过田亩,并与免诸般科役租税十年⑥。

第三种方式是,两军对峙的边境地带,为防止己方民众为对方所利用,实施内迁策略。

建安十八年（201年）,曹操与孙权隔江对峙,"恐江滨郡县民为权所略,征令内移"⑦。

清初为断绝东南沿海民众与退居台湾的郑氏集团的联系,于顺治十八年（1661年）下令迁海。所谓"国初郑成功窃据台湾,圣祖仁皇帝移沿海之民三十里以避之,郑氏遂为我困"。但康熙帝在诏令中却这样表达:"前因江南、浙江、福建、广东濒海地方逼近贼巢,海逆不时侵犯,以致生民不获宁宇,故尽令迁移内地,实为保全民生。"⑧ 当时规定:滨海民悉徙内

---

① 《通典》卷1,食货。
② 《商君书·徕民》。
③ 《新唐书》卷51,食货。
④ 《新唐书》卷51,食货。
⑤ 《新唐书》卷51,食货。
⑥ 《宋会要辑稿》兵一六之七。
⑦ 《三国志》卷47,孙权传。
⑧ 《清圣祖实录》卷4。

地五十里，以绝接济台湾之患。广东沿海迁民始于康熙元年（1662年），官员"麾兵折界，期三日尽夷其地，空其人民"；民众则"弃赀携累，仓卒奔逃，野处露栖。死亡载道者，以数十万计"。康熙三年（1664年）政府"以海防为事，民未尽空为虑"，再次迁民。"八郡之民，死者又以数十万计。民既尽迁，于是毁屋庐以作长城，掘坟茔而为深堑。五里一墩，十里一台，东起大虎门，西迄防城，地方三千余里，以为大界。"史称"自有粤东以来，生灵之祸，莫惨于此"①。康熙二十二年（1683年），清政府收复台湾。康熙二十三年（1684年）迁海及海禁政策取消，原迁居民允许还归故土，"保有家室，各安生业"②。

无论哪一时期，可以说军事性迁移服务于特定军事目标，且须在短期内完成，其对被迁移者来说，无异于一场灾难。

（三）鼓励经济性迁移

经济性迁移指政府和某个政权为恢复和发展经济而采取的措施。近代之前的经济性迁移主要表现为鼓励无地、少地民众垦荒，改善民众生存条件，增加赋役承担人口。

1. 秦汉至明时期

如果说先秦时期，各地普遍以地广人稀为特征的话，秦汉时期随着人口增加，部分地区"人稠土狭"局面即已形成，如黄河中下游地区。而三辅左右及凉、幽州等地，"内附近郡，皆土旷人稀，厥田宜稼"，却"悉不垦发"。民众多"安土重迁，宁就饥馁，无适乐土之虑"③。政府实施鼓励和引导狭乡民众迁往宽乡政策就显得很重要。

秦朝，始皇帝于二十八年（前219年）南登琅邪，"徙黔首三万户琅邪台下，复十二岁"④。

西汉时，不同地区的生存环境存在差异，"或硗狭，无所农桑系畜；或地饶广，荐草莽，水泉利，而不得徙"。前元元年（前156年），景帝鉴于

---

① 屈大均：《广东新语》卷2，迁海。
② 《清圣祖实录》卷116。
③ 《通典》卷1，食货。
④ 《史记》卷6，秦始皇本纪。

当时"岁比不登,民多乏食,夭绝天年",下诏:"其议民欲徙宽大地者,听之。"① 至武帝时,"遂徙关东贫人于陇西、北地、西河、上郡、会稽,凡七十二万五千口"②。从区域上看,既有向西北迁移者,也有徙入东南地区者,且为远距离迁移。在农耕社会中,这是规模颇为庞大的迁移,显示出当时政府具有较强的组织能力。

东汉元和元年(84年),因发生牛疫,"谷食连少",章帝下令"郡国募人无田欲徙它界就肥饶者,恣听之。到在所,赐给公田,为雇耕佣,赁种饷,贳与田器,勿收租五岁,除算三年。其后欲还本乡者,勿禁"③。《文献通考》(卷10)对此也有记载:(章帝元和元年)人无田徙他界者,除算三年。政府不仅为无地农民在外乡提供土地,而且在劳动力、种子和工具方面予以帮助,再加上享受五年田租税和三年户口税减免,可以说助耕条件非常优惠。其对无地者的吸引力将很大。由此劳动力和土地资源得以有效的结合。这一政策实施的前提是国家有公田、荒地可以提供。

三国时,曹操认为:"夫定国之术在于强兵足食,秦人以急农兼天下,孝武以屯田定西域,此先世之良式也。"于是,以任峻为典农中郎将,募百姓屯田许下,"得谷百万斛"④。这些被募者应以外乡移民为主。魏嘉平四年(252年),关中发生饥荒,军需供应不足。司马懿上表:"徙冀州农夫五千人佃上邽,兴京兆、天水、南安盐池,以益军实"⑤。

北魏则通过调整授田制度来引导人口向宽乡流动。太和九年(485年)规定:诸土广民稀之处,随力所及,官借民种莳。役有土居者,依法封授。诸地狭之处,有进丁受田而不乐迁者,则以其家桑田为正田分;又不足,不给倍田;又不足,家内人别减分。无桑之乡准此为法,乐迁者听逐空荒,不限异州他郡⑥。

北齐给授田令仍沿袭北魏之制:每年十月普令转授成丁而授,丁老而退,不听卖易。文宣帝天保八年(557年)决定"徙冀、定、瀛无田之人,

---

① 《通典》卷1,食货。
② 《通典》卷1,食货。
③ 《后汉书》卷3,章帝纪。
④ 《晋书》卷26,食货。
⑤ 《晋书》卷26,食货。
⑥ 《魏书》卷110,食货。

谓之乐迁，于幽州宽乡以处之"①。将民众从现在的冀中一带迁至冀北耕作。

进入隋唐时期，人口地区分布的稠稀不均状况更为突出。政府继续实行不同的授田政策，并通过狭乡和宽乡有别的标准来促使民众迁移，引导劳动力与土地合理配置。

隋朝初年，"时天下户口岁增，京辅及三河，地少而人众，衣食不给"。官员多提出让民众"徙就宽乡"之策。隋文帝"命诸州考使议之"，提出方案；又令尚书以其事策问四方贡士，"竟无长算"②。可见这一问题具有影响全局的意义。文帝于是"发使四出，均天下之田。其狭乡，每丁才至二十亩，老小又少焉"③。政府以此引导百姓向宽乡迁移。

唐朝实际承继了隋朝政策："人居狭乡，乐迁就宽乡，去本居千里外复三年、五百里外复二年、三百里外复一年"的优惠措施。若"应给复除而所司不给，不应受而所司妄给者，徒二年"④。那么，宽、狭乡如何界定？唐代有其规则："田多可以足其人者为宽乡，少者为狭乡。"⑤ 宽、狭乡有不同的授田办法：狭乡授田，减宽乡之半。其地有薄厚，岁一易者，倍受之。宽乡三易者，不倍授。工商者，宽乡减半，狭乡不给。凡庶人徙乡及贫无以葬者，得卖世业田。自狭乡而徙宽乡者，得并卖口分田⑥。这种政策多实行于新王朝建立初期，一当地方秩序恢复，各地民众生活趋于正常，宽乡、狭乡之别不再明显，鼓励迁移政策将会中止。

宋以后政权建立之初已不再实行均田制，故引导狭乡民众向宽乡迁移的政策便较少采用。但宋代于局部地区也曾实行鼓励民众垦荒之政。京西唐州素为沃壤，经五代之乱，田亩不耕，土旷民稀，赋不足以充役，议者欲废为邑。知州赵尚宽指出："土旷可益垦辟，民稀可益招徕，何废郡之有？"乃按视图记，得汉召信臣陂渠故迹，益发卒复疏三陂一渠，溉田万余顷。又教民自为支渠数十，转相浸灌。而四方之民来者云布，尚宽复请以

---

① 《通典》卷2，食货。
② 《隋书》卷24，食货。
③ 《隋书》卷24，食货。
④ 《唐律疏议》卷13，户婚。
⑤ 《新唐书》卷51，食货。
⑥ 《新唐书》卷51，食货。

荒田计口授之，及贷民官钱买耕牛。三年之后，"榛莽复为膏腴，增户积万余"①。南宋绍兴二十六年（1156年），因"蜀地狭人伙"，"而京西、淮南膏腴官田尚多"，户部建议："许人承佃，官贷牛、种，八年乃偿。并边免租十年，次边半之，满三年与其业。愿往者给据津发"。高宗赞成此议，同时指出："贫民乍请荒田，安能便得牛、种？若不从官贷，未免为虚文，可令相度支给"②。南宋初年，政府多有此举。值得一提的是，宋代政府还禁止雇主对雇工迁移的阻挠。北宋仁宗天圣五年（1027年）下诏指出：江淮、两浙、荆湖、福建、广南州军旧条，私下分田客非时不得起移。如主人发遣，给与凭由方许别住，多被主人抑勒，不放起移。自今后客户起移，更不取主人凭由，须每亩收田毕日商量去住，各取稳便。即不得非时衷私起移。如是主人非理拦占，许经县论详③。在我们看来，这一规定既有助于保护田客的自由流动之权，也有利于形成正常的雇佣秩序。

鼓励垦荒移民之策仍为一些朝代初期的重要政策。

明代，移民就宽乡，或召募或罪徙者为民屯，由移民所在地方政府负责。而军屯则由卫所负责。政府制定有"耕""守"规则：边地，三分守城，七分屯种；内地，二分守城，八分屯种④。明初，迁徙苏、松、嘉、湖、杭无田之民四千余户前往安徽临濠耕垦，官方提供牛、种、车、粮等必要生产资料，还可享受"三年不征税"的待遇。徐达平定北边之地后，迁徙北平山后元朝遗民35800余户，"散处诸府卫"，其中有军民之别，"籍为军者给衣粮，民给田"。此外，迁徙沙漠遗民32800余户屯田北平，置屯254个，开地1343顷。另将江南民众14万迁于凤阳耕种。与此同时，朱元璋接受户部郎中刘九皋仿效古法迁狭乡之民至宽乡，以使"地无遗利，人无失业"，将山西泽、潞民稠地区百姓迁至河北。他还多次将浙西及山西民众迁往滁、和、北平、山东、河南等地；迁登、莱、青民于东昌、兖州。史称"太祖时徙民最多"。明成祖仍有向宽乡移民之政，"核太原、平阳、泽、潞、辽、沁、汾丁多田少及无田之家，分其丁口以实北平"。此外，洪

---

① 《宋史》卷426，循吏。
② 《宋史》卷173，食货。
③ 《宋会要辑稿》食货六三之一七七。
④ 《明史》卷77，食货。

武年间，江西无田失业之人被迁至湖南武陵等十县土旷人稀处耕垦①，还有刑犯被迁谪到成都等"荒芜不治"之区，为戍边者提供粮食②。而自明初以后，这类"移徙者鲜矣"③。

需要指出，元朝末年至明代初期的人口大迁移可谓中国传统时期最后一次全国性大规模汉族人口迁移，当然它与晋"永嘉之乱"时期的第一次汉族人口南迁、唐"安史之乱"导致的第二次汉族人口南迁和北宋"靖康之变"所引发的第三次汉族人口南迁有所不同。元末明初的迁移可称之为汉族人口一次全方位的迁移，是汉族人口分布的一次重要调整。当代华北、两湖、西南等地许多宗族追溯其始祖时多至元末明初。史载，河北雄县人先祖"多系永乐自小兴州内徙"④，河北南部的大名府民户"十之八"不是土著⑤，而是明初从各地迁来。山东菏泽清光绪时有望族14家，土著居民4家，其余为明初迁入者，占71%⑥。平阳望族13家，宋代迁入2家，元末1家，其余为元末明初迁入，占84.6%⑦。河南新安县民国时有望族46家，世居者4家，宋代迁入1家，清代顺治年间迁入1家。其余为元末明初迁来，占85%。这40家中，来自山西洪洞、闻喜、翼城、介休等县32家，其余8家为山东4家，陕西2家，本省洛阳1家，南京1家⑧。长江以南的湖南益阳，元代以前的"旧族什不及一，其仅存者，亦日就零落"⑨，新族绝大多数为元末明初迁来。醴陵县迁入百姓"考其时皆在元末明初之际"⑩。这与明朝政府的组织和推动有直接关系。

我们认为，秦汉至隋唐时期，诸个统一王朝疆域辽阔，但人口的分布并不平衡，即使在广大内地也形成了宽乡与狭乡之分。平原地区、适于耕垦地区集聚了相对稠密的人口，且农民家庭占有土地资源不一，生存水平

---

① 《明太祖实录》卷250。
② 《明太祖实录》卷181。
③ 《明史》卷77，食货。
④ 光绪《雄县乡土志》氏族第七。
⑤ 顾炎武：《天下郡国利病书》卷5。
⑥ 光绪《菏泽乡土志》，氏族。
⑦ 光绪《平阳乡土志》，氏族。
⑧ 民国二十八年《新安县志》卷9，社会。
⑨ 民国二十二年《益阳县志》卷5，氏族。
⑩ 民国十五年《醴陵乡土志》，族姓。

和抵御灾害能力差异很大。新的王朝和政权建立之时，用政策调整人口分布，鼓励狭地民众向宽乡迁移，开垦荒地。宋至明时期，随着人口增长，宽乡减少，不过局部地区尚有不少可耕地有待开发，所以，王朝初期，组织移民垦荒仍是推动经济发展、改善民生条件的重要措施。甚至明初被视为人口稠密区且大量向外移民的山西太原、平阳二府和泽、汾、沁三州，在100年后的嘉靖二十七年（1548年），清查出可垦荒田17490余顷。山西巡抚为此上书请"遣官相度，召民佃种"①。到了明中后期的万历二十六年（1598年）间，山东还是"大抵地广民稀"之区。此外"江北畿南可垦甚多，又不特山东为然也"。因而政府拟"招致能耕之民报名承佃，严辑土人，毋阻毋争"②。不过，这些荒地政府基本上招徕本区域内无地民众垦种，像明初那样组织跨省迁移应该比较少了。在我们看来，明代是中国人口分布大势形成的重要时期。

2. 清代

清代初期，政府曾在短期实行鼓励向东北移民垦荒之策，其特别之处在于奖励招民官员。顺治十年（1653年）规定："在盛京招民一百名者，文授知县，武授守备；百名以下，六十名以上者，文授州同州判，武授千总；五十名以下者，文授县丞主簿，武授把总。若数外多招，每百名加一级。"因辽东地方广阔，可耕地多，故此招去之人，"任意耕种，俱照开荒之例，一百名每户给播种牛一只，并犁具等；给银五两，雇觅人工银二两"。完成这一指标的组织者"不论旗民，文授知县，武授守备"；其他招徕七十户、五十户者也将获得相应官职③。另一项鼓励措施为放宽迁入者及其子弟的科考限制。顺治十年（1653年）规定，"各处生童愿赴辽东入籍应试者，由本地方官起文赴部，送至辽东垦田附籍"④。顺治十四年（1657年）题准：直省俊秀愿充辽生者，许全家移住，令该府收入版籍，一体考试⑤。但乾隆和嘉庆年间，清政府视东北为发祥之地，严格限制内地民众出

---

① 《明世宗实录》卷343。
② 《明神宗实录》卷318。
③ 刘献廷：《广阳杂记》卷3。
④ 光绪《大清会典事例》卷391，礼部、学校。
⑤ 光绪《大清会典事例》卷391，礼部、学校。

关垦荒。后面将对此进行论述。

康熙初年，清政府在全国普遍推行鼓励垦荒之政。康熙十三年（1674年），制定招民开垦酌量叙用之例。凡贡监生员、民人"垦地三十顷以上至百顷以上者，奏送吏兵二部，试其文艺通否，与以知县、县丞、守备、百总等官"。现任文武官招徕流民三百名以上，"安插得所，垦荒成熟者，不论俸满即升"；各省候选州同、州判、县丞及举贡监生有力招民者，"授以署县职衔，俟开垦起科实授本处知县"①。人户是地方政权建立和维系的基础，清政府采用这些措施表明其对此有深刻认识。

康熙中期至乾隆初年，清政府对向四川移民垦荒倡导最力。康熙二十九年（1690年），因四川民少地多，规定"凡流寓愿垦荒居住者永给为业"②。像清初对东北移民予以优惠一样，康熙二十九年（1690年）规定："川省民少而荒地多，有情愿往川垦荒居住者，子孙即入籍考试"。但"如中式后回籍，并往别省居住者禁止"③。若无此种鼓励迁移规定，民众要取得考试资格须在迁入地居住二十年以上。可见定向鼓励迁移政策使移民获得了具体的好处。至雍正年间，清政府仍鼓励民众前往四川垦种，雍正十一年（1733年）令四川苗疆山林坡冈之间招民垦种④。直到乾隆初年，这一政策继续推行。乾隆四年（1739年）规定："贫民入川垦地者，听其散居各府州县佃种佣工，为糊口之计"。四川督抚将姓名籍贯开造移询各原籍，限文到三月内，备造清册，回复川省，核实稽察。"如实系安分贫民，无力佃耕者，酌拨地亩，给予牛具籽种耕垦，分别水田旱地，及领垦年份，报部升科。自行佣工开垦者，听其自便。"⑤

清雍正和乾隆年间，对西北移民垦荒颇为重视。雍正五年（1727年），川陕总督于沙州招民垦种，从甘肃平、庆、临、巩、甘、凉、西七府及肃州所招民二千四百户，每户分地百亩，给以籽种六石⑥。雍正六年（1728年），因宁夏察罕托辉土地平衍可垦，世宗遣派大臣会同督抚浚治河渠，得

---

① 《清朝通典》卷1，食货。
② 《清朝通典》卷1，食货。
③ 光绪《大清会典事例》卷158，户部，户口。
④ 《清朝通典》卷1，食货。
⑤ 光绪《大清会典事例》卷158，户部，户口。
⑥ 《清世宗实录》卷60。

地二万余顷，招民垦种，官给房舍、牛具、籽种。政府规定：凡本籍绅士俱令开垦授业。其陕西各属无业民户愿往者，给与路费，每户受田百亩，以为世业①。乾隆年间继续在西北推行招民垦种政策。乾隆二十七年（1762年），从内地招募民户476户至乌鲁木齐；二十八年（1763年）又招177户，每户种地30亩，每亩产麦八九斗至一石一二斗②。

此外，在口外地区，雍正四年（1726年），政府清丈张家口外地亩，设同知一员，分亩为十分，限年招垦③。

综合以上，我们看到，清朝政府解决内地人口压力和民生困难的主要措施是，组织或允许民众向尚未开发、有大量荒地的边远地区迁移垦荒。可以说，除了四川因明末清初大规模战乱造成当地人口锐减、土地荒芜外，内地已无大面积的可垦荒地。而东北、西北和西南边疆地区则不同，荒地甚多。至清中期，相对稳定的边疆政治形势，特别是西北、西南处于中央政府有效控制之下，为内地民众前往垦荒创造了条件。总体看，清政府除了中期对向东北和台湾移民有所限制外，其他边疆则多持鼓励和允许政策。特别在西北，官方不遗余力予以组织。可以说，中国边疆地区的初步开发与清朝政府的措施有直接关系。

3. 1949年后

1949年后的垦荒移民主要是政府以此作为解决民众生计和就业的手段。

1952年7月25日中央人民政府政务院发布"关于劳动就业问题的决定"：对于不能即时就业或参加转业训练的失业工人，生活确实困难者，应采用"以工代赈"、"移民开垦"、"生产自救"等方法予以安置，或予以临时救济或长期救济④。移民垦荒成为失业工人的出路之一。该决定指出，农村大量剩余劳动力的潜在的劳动能力没有发挥出来。同时已耕的土地不足，在目前的技术条件下就不够种，进一步向前发展，定会产生更多的剩余劳动力。这是一个最根本的问题。因此，从根本打算，必须有计划有步骤地

---

① 《清朝通典》卷1，食货。
② 中国第一历史档案馆编：《乾隆朝上谕档》第四册，档案出版社1998年版，第352页。
③ 《清朝通典》卷1，食货。
④ 中共中央文献研究室编：《建国以来重要文献选编》第三册，中央文献出版社1992年版，第289页。

向东北、西北和西南地区移民，在不破坏水土保持及不妨害畜牧业发展的条件下，进行垦荒，扩大耕地面积[①]。通过移民垦荒解决农村剩余劳动力在新中国成立初期即成为政府的思路。1952年10月中央劳动就业委员会发布"关于解决农村剩余劳动力问题的方针和办法"，提出通过扩大耕地面积"有计划地向东北、西北、西南边远移民开垦"。该办法还指出：已知的可耕地尚有十五亿亩以上没有耕种，其中70%在东北、内蒙古、西北三个地区，海滨地带也有许多荒地可以开垦[②]。1949—1952年，移入新疆的农民有25万人[③]，成为向边疆大规模移民的前奏。1955年开始，山东组织大规模的垦荒移民，至1960年共移出100万人，分布于黑龙江、青海、新疆和内蒙古等三北地区[④]。

新中国成立后另一项经济性移民为水库移民，也称为工程移民。新中国成立到90年代初期，因兴建水库所移民总数达1000多万，有19个省超过10万人，其中山东151万，湖北93万，河南92万，广东69万。三峡移民始于90年代中期，工程完工后最终需要迁出113万人。中小型水库移民多安置于省内，而三峡水库移民则分布至上海、安徽、浙江、广东等地[⑤]。

就整体而言，新中国成立后的垦荒移民主要集中于东北、西北、西南等边疆省份，它是政府主导下的移民行为。不仅内地人口稠密区农民被迁移过去，而且城市青年，特别是相当数量的大城市知识青年前往支边。可以说，这一移民政策对缓解内地农村人口与土地的压力和大城市的就业压力具有一定作用。而其更重要的意义在于充实了边疆地区人口，可谓中国人口分布的重要调整。

（四）允许灾荒迁移流动

近代之前，除了政府组织、招徕移民外，百姓的自由迁移受到很大限制。但因灾害，原籍生存资料短缺，政府多放宽对受灾民众的迁移流动限

---

① 中共中央文献研究室编：《建国以来重要文献选编》第三册，中央文献出版社1992年版，第289页。
② 路遇主编：《新中国人口五十年》（上），中国人口出版社2004年版，第517页。
③ 路遇主编：《新中国人口五十年》（上），中国人口出版社2004年版，第517页。
④ 路遇主编：《新中国人口五十年》（上），中国人口出版社2004年版，第521—522页。
⑤ 路遇主编：《新中国人口五十年》（上），中国人口出版社2004年版，第567—568页。

制。严格讲，灾荒迁移有两种形式，一是灾民流亡他乡求食，暂时离开户籍地，历史上多称其为流民；二是本地生存环境恶劣，时常发生灾荒，民众赴他乡寻求长期生存之地。实际上，在第一种类型中，当流民在外找到可以长期落脚之地后，也会定居下来，形成迁移。无论哪一种形式，都需要官方采取容忍或协助政策。

历史上不少王朝把移民作为一项救济措施。

《周礼·地官》中大司徒有一项职责为：大荒、大札，则令邦国移民、通财、舍禁、弛力、薄征、缓刑。《周礼·地官》廪人掌九谷之数，以待国之匪颁、赒赐、稍食。以岁之上下数邦用，以知足否，以诏谷用，以治年之凶丰。凡万民之食，食者人四鬴，上也；人三鬴，中也；人二鬴，下也。若食不能人二鬴，则令邦移民就谷，诏王杀邦用。可见移民就谷成为政府一项合乎道德规范的举动。尽管《周礼》所言具有理想特征，它却对后世政府行政起到了影响。

西汉武帝时，山东遭受水灾，民多饥乏，于是"遣使虚郡国仓廪以振贫；犹不足，又募豪富人相假贷，尚不能相救"。武帝只得采用移民救济措施，"徙贫民于关以西，及充朔方以南新秦中七十余万口，衣食皆仰给于县官。数岁贷与产业，使者分部护，冠盖相望，费以亿计，县官大空"。[①] 或载：武帝时，山东被河灾，乃岁不登数年，人或相食，方二三千里。天子怜之，令饥民得流就食江、淮间；欲留，留处。使者冠盖相属于道护之，下巴、蜀粟以赈焉[②]。可见移民就食有粮之地成为政府救助灾民诸种措施的最后选项。而饥民所以能转化为移民，是因为政府允许欲留于就食之地者入籍。

东汉桓帝永兴元年（153年），郡国少半遭蝗，河泛数千里，流人十余万户。政府下令，"所在廪给"[③]。如此大规模的流民，在荒芜土地尚多时期，将有一部分转为定居者。

北魏神瑞二年（415年），因歉收，拓跋嗣下令："分简尤贫者就食山

---

① 《汉书》卷24下，食货。
② 《汉书》卷24下，食货。
③ 《晋书》卷26，食货。

东,敕有司劝课田农"①。太和年间多有是举。太和十一年（478年），文帝下诏：今年谷不登,听民出关就食。遣使者造籍,分遣去留,所在开仓赈恤②。另一处记载为：太和十一年（487年），大旱,京都民饥,诏听民就丰。行者十五六,道路给粮廪；至所在,三长赡养之,遣使者时省察焉③。可见,这是一项组织得相对完善的灾民转移。

隋朝开皇年间,关中连年大旱,开皇十四年（594年）官方买牛驴六千余头,分给尤贫者,令往关东就食④。这实际是为贫穷灾民提供交通工具。

唐朝则形成灾民出外就食规则：其凶荒则有社仓赈给,不足则徙民就食诸州⑤。

宋朝,雍熙三年（986年），江南民饥,政府允许饥民"渡江自占"⑥。宋代对灾民流徙他乡提供路途帮助。仁宗天圣六年（1028年）下诏：陕西、河北、京西民困灾伤流移者,免所过渡钱⑦。

元朝政府的政策是：既要为灾民出外就食提供方便,又对其加强管理,并适时将其送还原籍：诸年谷不熟,人民转徙,所至既经赈济,复聚党持杖,剽劫财物,殴伤平民者,除孤老残疾不能自赡,任便居住,有司依前存养；其余有子弟者,验其家口,计程远近,支与行粮,次第押还元籍⑧。当灾荒过后,出于治安考虑,政府并不希望流民长期逗留在外,采取措施促使其返回家乡。它也是明清时期政府的基本做法,即流民原则上不允许转化为移民。在当时,这也有防止民众躲避赋役的考虑。

明朝初期对生存困难地区百姓的外迁愿望给予满足。永乐十五年（1417年），山西平阳、大同、蔚州、广灵等府州县百姓申外山等诣阙上言：本处地硗且窄,岁屡不登,衣食不给,乞分丁于北京、广平、清河、

---

① 《文献通考》卷2,田赋。
② 《北史》卷3,魏本纪。
③ 《魏书》卷110,食货。
④ 《隋书》卷24,食货。
⑤ 《新唐书》卷51,食货。
⑥ 《宋史》卷5,太宗纪。
⑦ 《续资治通鉴长编》卷106,仁宗。
⑧ 《元史》卷103,刑法。

真定、冀州、南宫等县宽闲之处，占籍为民，拨田耕种，依例输税，庶不失所。朱棣准其迁移垦荒之请，"仍免田租一年"①。在我们看来，这是救济和经济活动相结合的迁移。这些百姓因原籍农耕条件恶化而生存不保，需要政府救济；而政府同意其请求，将其迁移出来，既盘活了当地劳动力资源，又从根本上救助了困窘民众。

清朝将救助出外求食灾民载入法律：凡被灾最重地方，饥民外出求食，各督抚善为安辑，俟本地灾祲平复然后送回②。官方的态度很明确，允许灾民出外就食，灾后将被送回。但清政府特定时期对灾民出外垦荒也曾采取过较宽松的政策。顺治十一年（1654年）清廷颁诏：饥民有愿赴辽东就食耕种者，山海关章京不得拦阻，所在章京及府州县官，随民愿往处所，拨与田地，酌给种粮，安插抚养，毋使失所。仍将收过人数，详开报部奏闻③。在这一政策之下，临时安置性质的灾民则很可能转化为真正的移民。而乾隆初期在实施限制流民前往东北垦荒谋生政策之后，对特殊情形，政府也给予格外开恩。乾隆九年（1744年）一月，高宗上谕指出：近来流民渐多，皆山东、河南、天津被灾穷民，前往口外八沟等处，耕种就食，并有出山海关者。山海关向经禁止，但目今流民，不比寻常，若稽查过严，若辈恐无生路矣。大学士等可即遵旨，寄字山海关一带各口并奉天将军，令其不必过严，稍为变通，以救灾黎④。乾隆五十七年（1792年）十一月，高宗谕令：京南、河南等府，偶被旱歉，曾经降旨，凡有出关觅食贫民，毋许拦阻，原为轸恤灾民起见。山海关外盛京等处，"地广土肥，灾民携眷出口者，自可藉资口食，即人数较多，断不至滋生事端，又何必查验禁止耶"⑤。而清政府这项政策使不少灾民受益。仅吉林一处就有"万五千余人"。"吉林屡丰，流民均获生全。"⑥嘉庆八年（1808年）六月，针对贫民出关须有原籍提供票引这一规则，仁宗指出：近闻内地民人前往山海关守候出关者，尚复不少。"贫民亟思移家谋食，相率赴关，系尚在未经定限以

---

① 《明太宗实录》卷106。
② 《大清律例》卷8，户律。
③ 《清世祖实录》卷84。
④ 《清高宗实录》卷208。
⑤ 《清高宗实录》卷1417。
⑥ 《清高宗实录》卷1440。

前。若令仍回原籍领票，该民人等力有不能。如任其拥挤关口，概不放行，则日聚日多，成何事体"。故要求负责官员"驰驿前赴山海关，会同来议，查点欲行出口之户现有若干，逐一放行。"①

进入民国，通过迁移方式救济灾民仍为政府所采用。1920年，北洋政府交通部为将直隶灾民输送出去，规定："凡某县灾民赴外省谋生者，由县知事造具清册，载明某人赴某处派警备交送至车站，由各车站加挂车辆运往，不收车费，以示嘉惠。"② 日本发动侵华战争引发难民潮。1938年10月国民政府发布"非常时期难民移垦规则"。第一条，凡各省难民，移送各省荒区，从事垦殖。组织形式包括国营、省营和民营，以省营为主。移垦难民，在输送期间及尚未收获以前之生活，由赈济机关及垦务主管机关维持之。难民每户垦种之亩数，由垦区管理机关斟酌垦区情形并视其可能自耕之限度规定之。垦民第一年所需农具耕牛种子肥料种畜等，由垦区管理机关采购，贷予垦民。垦民所住房屋，应由垦区管理机关于垦民达到垦区前建筑一部分，其余俟垦民陆续到后协助其自动建筑③。

需要指出，无论传统时代，还是当代，由政府组织的各类迁移在迁入地都能比较顺畅地解决户籍问题。就当代来说，只有允许户口变更下的迁移，才是真正的迁移。民众获准从一个户籍管理地进入另一个户籍地，既得到了某些权利，又要承担相应义务。

三　近代之前自发性迁移流动制度及其特征

自发性迁移指民众非经官方招募、组织，也非灾荒、战乱而不得不背井离乡，他们完全根据自己的生存状况做出迁移选择。无论传统时代还是当代社会，民众均隶属于不同形式的户籍体系下，自发性迁移行为受到诸多限制。特别是传统时代，人口的自发流动迁移，实际是对户籍所在地赋役的逃避，更是官方所不能容忍。但纵观中国历史，各个时期，甚至同一王朝的不同阶段，政府对待自发性迁移的态度和政策并非一致。下面对此作一探讨。

---

① 《清仁宗实录》卷115。
② 《大公报》1920年9月23日。
③ 《国民政府公报》第136册，台北成文出版社影印1972年版。

(一) 户籍迁移变更制度

编户之民不得自由迁移是中国传统时期多数王朝的基本政策。这在先秦时期律令中即有体现。《商君书·垦令》中有"民不得擅徙"的规则。"商君之法，舍人无验者坐之。"[1]《管子·禁藏》言："伍无非其人，人无非其里，里无非其家。故奔亡者无所匿，迁徙者无所容。"通过建立严密的控制网络，民众就会"不求而得，不召而来，故人无流亡之意，吏无备追之忧。故主政可行于人，人心可系于主"。这被后人认为是"齐遂霸"[2]的重要社会管理经验。

当赋税、徭役以固定居民为征派对象时，实行限制迁移政策是符合国家治理的逻辑的。不过，就后世来看，政府并非一味持禁迁之策，而是有所变通。当然，在对待自发性迁移问题上，各个时期的政策也不尽一致。

近代之前各朝政府根据社会实际制定了不同类型的迁移管理制度。

1. 允许迁移但又有管理原则

户籍一旦建立，政府不支持民众任意变更户籍的行为，但迁移流动行为又不可避免。一般来说，在官方能够掌控下的户籍变更，或者从一个户籍地变更至另一户籍地的做法，官方并不持强烈反对态度，甚至给予一定协助。这从秦汉时期的制度中可以显示出来。

秦律：甲徙居，徙数谒吏。吏环，弗为更籍，今甲有耐、赀罪，问吏可（何）论？耐以上，当赀二甲[3]（甲迁居，请求吏迁移户籍，吏加以拒绝，不为他更改户籍。如甲有处耐刑、罚款的罪，问吏应如何论处？甲罪有耐刑以上，吏应罚二甲）。这表明秦朝户籍制度也是相对完善的。"赀二甲"即罚缴两副铠甲。

汉朝，政府八月审核户籍时，"有迁移者，辄移户及年籍爵细徙所，并封。留弗移，移不并封，及实不徙数盈十日，皆罚金四两。数在所正、典弗告，与同罪。乡部啬夫、吏主及案户者弗得，罚金各一两"[4]。户籍分正

---

[1] 《史记》卷68，商君列传。
[2] 《通典》卷3，食货。
[3] 《睡虎地秦墓竹简》，法律答问。
[4] 《二年律令》，户律，见《张家山汉墓竹简》，第54页。

副两本，正本留乡，副本存县①。从这一规则中可见，民众迁移时，地方吏员要将其户籍记录移至迁入地，并予以封存；否则，管理者要被处罚金。可见，汉朝的户籍管理制度从规则上看也是比较完善的。地方官吏不仅要知悉固定居住人口数，而且要掌握人口的流动行为。根据高敏对居延汉简的研究，汉朝民众迁移须经过"乡啬夫"的批准和由其助手"假佐"办理迁移手续。其程序为：第一，迁移者首先自己提出申请，说明迁移理由，如到现居地以外区域耕作等。第二，迁移户籍的申请能否获得批准，还有一个重要的条件，就是迁移者必须缴纳了更赋。第三，一经批准迁移，就由所在乡给被迁住的乡开具证明，即"当得取检谒移居延"，迁移方为有效②。

2. 狭乡从宽，宽乡从严

这一政策为实行均田制的朝代所采用。由于均田制建立在权益和义务相结合的基础上，狭乡人多地少，不能使百姓占有应得土地份额，进而影响其对租庸调的承担。

北魏和唐朝对狭乡百姓向宽乡转移并变更户籍的做法持赞成和鼓励态度；而逆向变更，或者已在宽乡者试图再寻他处，则为官方所反对。

北魏均田制规定：对狭乡百姓，政府"听逐空荒"；"其地宽之处，不得无故而迁"③。

唐代，对徙宽乡者不加禁止，但有相应的管理规则："徙宽乡者，县覆于州，出境则覆于户部，官以闲月达之。自畿内徙畿外，自京县徙余县，皆有禁"④。此外，唐代还有乐住之制：居狭乡者，听其从宽；居远者，听其从近；居轻役之地者，听其从重（畿内诸州不得乐住畿外，京兆、河南府不得住余州。其京城县不得住余县，有军府州不得住无军府州）⑤。政府通过这种区别对待的方式来调整人口的分布。

宋代之后，均田制不再实行，分别对待自发迁移者政策因此也中止了。

---

① 张荣强：《湖南里耶所出"秦代迁陵县南阳里户版"研究》，见陈锋、章健民主编《中国古代社会经济史论》，湖北人民出版社2010年版，第104—105页。
② 高敏：《秦汉的户籍制度》，《求索》1987年第1期。
③ 《魏书》卷110，食货。
④ 《新唐书》卷51，食货。
⑤ 《唐六典》卷3，尚书户部。

唐以前政府试图通过这种区别对待的政策引导民众最大限度地与生产资料相结合，将消费人口变为生产人口和赋役人口，客观上会起到推动经济发展的作用。

（二）限制避役迁移行为

无偿向民众征派徭役是传统时代国家维系的手段之一。而当徭役沉重时，民众不堪负担，逃移他乡。这是政府不允许的。

宋朝仁宗景祐四年（1037年）下诏河北转运司：如闻城邑上户，近岁各多徙居河南或京师，以避徭役。恐边郡寖虚，宜令本路禁止之[1]。

明朝通过十年一次攒造黄册作为限制民众随意迁移、逃避徭役等义务的措施：编排里甲，分豁上中下三等人户，遇有差役，以凭点差；若有逃移者，所在有司，必须穷究所逃去处，移文勾取，赴官依律问罪，仍令复业[2]。

为维护赋役秩序，采取这一政策是必要的。但也要看到，当民众长期逃离家乡，并在迁入地置有产业时，政府往往不得不做出让步，不强求其返回，实行允许入籍政策，将其纳入迁入地赋役体系之中。

（三）迁移流动者的控制措施

1. 以路引票照等手续加以限制

（1）针对陆地迁移者

迁移流动者脱离了原来的户籍体系，实际是摆脱了政府的控制，可能成为社会治安的隐患。故此，一些朝代建立了不同形式的人口流动凭证制度。

元代，民众流动至外地，要有路引。忽必烈于统一王朝建立前期的中统五年（1264年）八月即作出规定：诸翰脱、商贾，凡行路之人，先于见住处司县官司具状召保，给公凭，方许他处勾当。若公引限满，其公事未毕，依所在例给[3]。对在路途者也有严格稽查要求：诸关厢店户，居停客

---

[1]《续资治通鉴长编》卷120，仁宗。
[2]《大明会典》卷20，户口。
[3]《元典章》刑部卷13，典章51。

旅，非所知识，必问其所奉官府文引。但有可疑者，不得容止，违者罪之。诸经商及因事出外，必从有司会问邻保，出给文引，违者究治①。

明代初年的帝王诏令也表明其对自由迁移行为持抑制态度：各处民凡成丁者，务各守本业，出入邻里必欲互知。其有游民及称商贾，虽有引，若钱不盈万文，钞不及十贯，俱送所在官司，迁发化外②。另外，明代远行之人要携带证明其身份的"远行丁引"。其格式和项目为：

某州县为远行。照得本州县某里卫所某百户某人，年若干岁，身长几尺，无须、微须、多须，方面、长面、瓜子面，白色、黑色、紫棠色，有无麻疤。今由某处某处，前至某处。何项生理，家有父某人，母某氏，妻某氏，子某人某人，兄某人，弟某人。如无丁引，或有引而脚色不对者，所至店家邻佑，或在官各色人等，拿赴所在衙门，即以奸盗解回原籍查究。此引回日缴还原发衙门。须至丁引者：右给付某处某人，准此③。此种丁引既有当代身份证的信息，也有介绍信的功能。其对家庭主要成员的所作记录表明，它的信息详细程度超过了当代身份证。

清代前往口外之人要携带有官方所发给的证明——"票"：凡民人无票私出口外者，杖一百，流二千里④。清中期进入东北的民众"多系山东、山西、直隶、河南等处人，其出山海关时，皆由临榆县领票"。乾隆五年（1750年），侍郎舒赫德奏请严肃山海关出入之禁，结果"带领妻子出口者渐少，而只身人仍不断前往"。故高宗下旨：应令严饬地方官遵照舒赫德原议，实力奉行。其临榆县停给路引⑤。清朝的印票不仅供路途使用，而且流入地也要将其作为安插依据。乾隆二十八年（1763年）规定，各省棚民单身赁垦者，令于原籍州县领给印票，并有亲族保领，方准租种安插。倘有来历不明，责重保人纠察报究⑥。

（2）针对出海船只

对向海外迁移，历朝政府都持控制策略。主要是控制民众出海经商，

---

① 《元史》卷105，刑法。
② 《大明会典》卷19，户口。
③ 《吕坤全集》（中），第1046页。
④ 《大清律例》卷20，民律，关津。
⑤ 《清高宗实录》卷150。
⑥ 《清史稿》卷120，食货。

对捕捞等谋生行为也予以限制。明清时期尤其严格。

明初，朱元璋于洪武四年（1371年）下令：禁滨海民不得私出海①。十四年（1381年）"以倭寇仍不稍敛足迹"，"下令禁濒海民私通海外诸国"②。甚至连福建、浙江沿海居民入海捕鱼也在禁止之列③。该政策维持了较长时间，由此导致沿海百姓谋生困难。至嘉靖三十五年（1556年），尚书赵文华条陈防海事宜，指出：滨海细民，本籍采捕为生，后缘海禁过严，以致资生无策，相煽从盗。宜令督抚等官止禁通番大船，其余各听海道官编成排甲，稽察出入，照旧采捕。此建议被批准④。这可谓政策的一个重要转变。应该看到，海禁政策使沿海民众的正当生存方式受到抑制，但却促使"相煽从盗"这种违规行为增多。天启五年（1625年），福建巡抚南居益题奏：闽越、三吴之人，住于倭岛者不知几千百家，与倭婚媾长子孙，名曰唐市。此数千百家之宗族姻识潜与之通者，实繁有徒⑤。

清朝在收复台湾后虽弃禁海政策，但对出海者有严格的检核措施，保持控制态势。清朝雍正五年（1727年）六月规定：闽粤海船只许从厦门、虎门出入。海船回时，按票照稽查。如有去来人数不符，或年貌互异者，按顶替私回论罪⑥。这一制度的落实需官方建立相对完善的船只、船民出外登记和保管档案。其对百姓向海外移居具有很大限制。乾隆五十七年（1792年）规定：渔船出入口岸，务期取结给照，登记姓名。倘进口时藏有货物，形迹可疑，严行盘诘⑦。应该说，这是一种并非苛刻的管理制度。

应该承认，这些政策从总体看，对中国向海外移民构成了限制。

2. 流动人口居住管理

这主要针对尚在道途的流动人员，政府着眼于治安秩序维护。

清朝的做法是：客店"令各立一簿，每夜宿客姓名、几人？行李牲口

---

① 《明太祖实录》卷70。
② 《明太祖实录》卷139。
③ 《明太祖实录》卷159。
④ 《明世宗实录》卷442。
⑤ 《明熹宗实录》卷53。
⑥ 《清世宗实录》卷58。
⑦ 《清史稿》卷120，食货。

几何？作何生理？往来何处？逐一登记明白"①。这不仅有益于官府稽查流动人员，而且对旅店日常管理有帮助。乾隆二十二年（1757年）的规定则扩大了对流动人口的管理范围：往来无定商贾，责令客长查察。凡客商投宿旅店、船埠、寺庙，该店主、埠头、住持询明来历，并将骑驮伙伴数目，及去来日期逐一注明送官。若有疏纵，各治以罪②。凡是接纳客商之处都负有掌握其信息和向官府上报的义务，并承担失察之责。

3. 流入、流出地控制

清朝此项制度比较健全，故对其加以说明。

（1）流入地管理

谋生性迁移流动者多受雇于人，雇主及其所在地保甲负有管理责任；若流入地没有土著居民，则建立流动人口自我管理组织（类似保甲），当地官员也要时常核查。

甲、将流入者纳入当地保甲体系

针对出柳条边者，清政府规定：沿柳条边之蒙古地方有内地民人种地居住者，交与札萨克等，十家内设立一长，逐户严查，不许闲人存留，取具十家长保结③。地方原有管理组织承担着对移民的约束责任。

在广东，穷民赶山搭寮、取香、砍柴、烧炭、种麻、种靛等项，"令各州县每寮给牌，遇有迁徙消长，赴县添除；违者寮长照脱漏户口律治罪"④。这是政府督导下移民自我管理的方式。

浙江、江西、福建等省棚民在山中种麻、种靛、开炉、扇铁、造纸、做菇等项，管理措施为："责成山地主并保甲长出具保结，造册送该州县官，照保甲之例，每年按户编查，并酌拨官弁防守。该州县官于农隙时务会同该营汛逐棚查点"⑤。

盐场灶丁也纳入专项管理系统。乾隆二十二年（1757年）议准：盐场井灶，另编牌甲，所雇工人，随灶户填注，即令约束，责成场员督查⑥。

---

① 光绪《大清会典事例》卷158，户部，户口。
② 光绪《大清会典事例》卷158，户部，户口。
③ 《大清律例》卷20，兵律，关津。
④ 《大清律例》卷20，兵律，关津。
⑤ 《大清律例》卷20，兵律，关津。
⑥ 光绪《大清会典事例》卷158，户部，户口。

清代中期以后，陕南山区有商人募工伐木。嘉庆十九年（1814年），仁宗发布上谕：州县查明境内木厢纸厂处所，发给该商执照，将所雇工匠姓名乡贯，造册交乡约甲长查察。其外来佣工，亦令先投乡保等，问明姓名乡贯，另册呈报，按照保甲之法，认真稽查，以进增删①。

由此可见，政府不希望迁移流动者成为编外之民。但值得肯定的是，清朝对有业可就的迁移民众并非一味采用驱逐之策，这对缓解百姓生存压力和当时经济发展有积极作用。

乙、流入地担保制度

民众在流入地谋生，当地应有人担保。清朝乾隆年间规定：江西、安徽、浙江等省棚民中"单身赁垦之人"须有认识亲族担保，方许租种。"如无人保结者，即令押回原籍"②。这也是从治安角度着眼。官府在对自由流动者基本信息缺乏掌握之时，担保这种以人治人的约束方式虽抑制了一部分人的迁移行为，却也为投奔熟人的迁移者提供了谋生机会。

（2）流出地管理

甲、流出地担保制度

清朝，乾隆十年（1745年），政府允许在台湾谋生者将妻子搬移过去，但要地方官"取具邻佑保结"③。

乙、流出地地方官连坐制度

清中期，对内地人向台湾的迁移加强管理。乾隆二十六年（1761年），高宗复准：拿获偷渡人犯，查明本籍解回，一名至十名，及十名以上者，将本籍地方官分别议处④。

从形式上看，近代之前政府，特别是清代，对民众自发性迁移流动有严格的控制制度，其抑制作用不能否认。特别是其所建立的保甲制度对迁入者形成较严密的监督。不过，也应看到，政府官衙门力量有限，而民众迁移流动又多是前往人口稀少、荒地较多的政府控制薄弱地区，制度的抑制作用又表现出有限的一面。

---

① 《清仁宗实录》卷286。
② 光绪《大清会典事例》卷158，户部，户口。
③ 光绪《大清会典事例》卷158，户部，户口。
④ 光绪《大清会典事例》卷158，户部，户口。

(四) 自发性移民政策的多样性——以清代为例

清代是自发性移民活跃的时期。这与清代的社会经济环境有关。历史演进至清朝，传统的农耕经济在广大内地已很成熟，中国的人口数量也跃至新的台阶。18 世纪初已经超过两亿，19 世纪初则突破四亿[①]。可以说，在 18 世纪，广大内地省份普遍进入当时生产条件下的"人满"状态。人均耕地不足，无地农民增多。因而，农村剩余劳动力向外转移的势头很强。这种局面可以说是中国历史上不曾有过的（清代之前曾出现过局部"人满"）。清朝较明朝疆域大大拓展，政府直接控制区域增多（如在西南少数民族地区实行"改土归流"），为内地人口向周边地区迁移提供了政治条件。内地的丘陵、山区也成为民众寻求新的谋生方式的区域。面对当时民众全面外迁的形势，清朝政府采取了不同的应对策略。

1. 关外、台湾等地抑制人口流入与容许迁移并存的政策

有清一代，特别是清中期（以乾隆和嘉庆年间为主）限制内地民众前往东北垦荒。其目的不完全在治安上。在清廷看来，东北乃其发祥之地，土地山林等资源应属旗人所有。汉民耕垦于平川、采挖于山林，是与旗人争利。另一个限制迁移地方是台湾，主要从治安秩序、土客关系角度考虑。清朝政府中期对这两个地区外来人口流入实行的是限制为主导的政策，设法阻挡欲迁入者于关口。但清政府并非一味采取屏蔽和驱逐政策，而是有条件地放入，同时允许已流入者转化为入籍人口，变成固定居民。甚至许可有基本谋生能力和生存条件者将原籍家眷搬迁过来，形成标准的迁移人口。

（1）出关者抑制和适度让步政策

甲、抑制流入与实施驱逐

从清初至康熙初年，清政府对前往奉天开垦者采取招徕和安插政策。直到康熙十九年（1680 年），清廷仍规定：有民愿开垦者，州县申报府尹，给地耕种征粮[②]。当然这些垦荒者既有当地原有居民，也有从内地来的流民。他们成为清政府在当地设立州县的人口基础。直到乾隆四年（1739

[①] 王跃生：《18 世纪中后期中国人口数量变动研究》，《中国人口科学》1997 年第 4 期。
[②] 《清圣祖实录》卷 91。

年），民众出关尚不存在大的问题。山海关守关者通过向出关民人索费而放行。按照规定："民人领临榆县印票，赴守关章京处放行。每票一纸，只身者索钱三十三文，有车辆者五六十文、百十文不等。其钱系城守都司兵役与揽头、店主、保人分肥"，无论何人，"但得钱文，即为出保"①。这种做法虽属违规之举，但它也说明当时尚未实行严格的限制政策。

对东北增强控制流迁人口的政策始于乾隆五年（1740年）。乾隆帝指出：盛京为满洲根本之地，所关甚重。今彼处聚集民人甚多，悉将地亩占种。盛京地方，粮米充足，并非专恃民人耕种而食也。与其徒令伊等占种，孰若令旗人耕种乎？即旗人不行耕种，将地亩空闲，以备操兵围猎，亦无不可。他要求兵部侍郎舒赫德前去，与额尔图详议具奏。舒赫德很快上奏，提出应对策略：奉天地方为满洲根本，所关实属紧要，理合肃清，不容群黎杂处，使地方利益悉归旗人。但此等聚集之民，居此年久，已立有产业，未便悉行驱逐，须缓为办理。宜严者严之，宜禁者禁之。数年之后，集聚之人渐少，满洲各得本业，始能复归旧习。今若明降谕旨，无知小民，恐将伊等悉行驱逐，难免不生他故。此奏获准②。这被视为东北"封禁"之始③。"封禁"有关闭通道、冻结民众出入之意。从此后清廷的政策看，它难称为"封禁"，而只是控制内地民人的出关行为和进入规模。当然，不排除其在东北局部地区如吉林、黑龙江的某一范围内实施过禁入型的"封禁"做法。但对整个东北而言，则不能以"封禁"来概括其政策。

A. 关口控制

内地去往东北有陆路和海路两种。陆路以山海关为主要通道，也有绕道蒙古八沟等地进入。在清代，直隶百姓进入东北主要是陆路，而山东民众既有陆路也有水路。

乾隆五年（1740年），舒赫德等拟定的关口限制措施包括：一、山海关出入之人，必宜严禁。向例在奉天贸易及孤身佣工者，由山海关官员给与照票，始行放出。其携眷者概不放行。……其在山海关附近三百里以内居住及出口耕田者，亦应一体给票，俟入口时缴销。若至应入口之时并不

---

① 《清高宗实录》卷102。
② 《清高宗实录》卷115。
③ 刁书仁：《论乾隆朝清廷对东北的封禁政策》，《吉林大学社会科学学报》2002年第6期。

进关者，由原给票之官员处行文奉天地方官催令归还。一、严禁商船携载多人。查奉天所属地方海口，因通浙江、福建、山东、天津等处海界，其商船原无禁约，该地方官给与船票，经过各海口照例查验，钤加印记，始准开行①。这是一项"严"中有"宽"的制度，从中看不出"封禁"之意。需要一提的是，乾隆七年（1742年），也就是舒赫德措施实施的第三年，户部尚书陈德华奏称：近闻民人踵至山海关者，皆诎然而返，或地方官有意留难，不行给票；或管关官员故为肯勒。请行令直隶总督，饬地方官遵例。查系近关三百里内居民出关种地者，即给印票，并行令该关副都统转饬营口官验明印票，立行放出。此奏被批准②。这显然是对官员死板执行出关控制政策的一种矫正，也表明中央层级的"封禁"政策并不存在。

乾隆十五年（1750年）清政府对内地新流入东北之民提高了控制力度：令奉天沿海地方官，多拨官兵稽查，不许内地流民再行偷越出口，并行山东、江浙、闽广五省督抚，严禁商船，不得夹带闲人。山海关、喜峰口及九处边门，皆令守边旗员，沿边州县，严行禁阻③。乾隆二十六年（1761年），朝廷令直隶山东等省督抚，转饬边关海口，嗣后赴奉天民人内，查系并无贸易，又无营运者，严行查禁④。乾隆四十年（1775年），盛京将军上奏将失察流民私行渡海之奉天、山东沿海州县巡查各员严行议处⑤。乾隆四十二年（1777年）规定：如有藉称寻亲出口赴奉天并无确据者，不许给票。如滥给滋事发觉，即将给票官降二级调用；山东登莱等处有票船只，如有夹带无照流民私渡奉天者，杖九十，徒二年半，船只入官⑥。我们认为，这些禁令频发，虽表现出政府高度重视此项工作，但另一方面也表明，守关、守口官弁无意疏漏和有意纵放（在受贿情况下）行为均存在。这也为民众不断进入东北提供了可能。值得一提的是，乾隆四十六年（1781年）进入吉林地区的流民不得不从由蒙古八沟地方绕行⑦。可

---

① 《清高宗实录》卷115。
② 《清高宗实录》卷165。
③ 光绪《大清会典事例》卷158，户部，户口。
④ 光绪《大清会典事例》卷158，户部，户口。
⑤ 《清高宗实录》卷996。
⑥ 《清高宗实录》卷1028。
⑦ 《清高宗实录》卷1131。

见近处关口的抑制作用是存在的。

嘉庆年间,清政府继续实行严控民人出关垦荒之策。嘉庆十三年(1808年)九月规定:各处无业贫民,毋得偷越出口私垦,致干例禁①。嘉庆十六年(1811年),仁宗要求直隶、山东、山西各督抚转饬各关隘及登莱沿海一带地方:嗣后内地民人,有私行出口者,各关门务遵照定例,实力查禁……如此各省关禁一律申明,使出口之人渐少,则私垦之弊,当不禁而自除②。

但对经商者并不限制,多数情况下对出关投亲靠友之人也会从宽对待。只有这样,关外民众的日常生活和经济行为才不会受到大的影响。

必须承认,尽管清朝中期通过关口控制内地民人进入东北政策和做法有漏洞,但其阻挡功能不能忽视。至少民众大规模的出关流迁行为较少发生(除灾荒年景皇帝特许外)。

B. 进入者限期离开或赶逐政策

从政策条文上看,清政府对已进入东北境内者并未以简单方式迅速或粗暴地驱离。流入盛京的内地百姓,若已定居,以允许入籍为主;不愿入籍者限期(十年)离开。而进入吉林等东北远地者(主要是没有户籍的单丁)则采取有条件递解或限期离开之策。

乾隆六年(1741年),清政府规定:吉林、伯都讷、宁古塔等处为满洲根本,毋许游民杂处……未入籍之单丁等,严行禁止,不许于永吉州之山谷陬隅造房居住。仍查明本人原籍年貌,五人书一名牌互保。五人内如有一人偷挖人参、私买貂皮、擅垦地亩、隐匿熟田及赌博滋事者,将犯枷责递解外,仍将连保四人一并递解;若连保人有愿回籍者,给引回籍,并令地方官按季查明人数,陆续将回籍之人尽行裁汰③。这一政策仅限制未入籍单丁的居住地选择,但允许其从事佣工等谋生活动;只有当其从事违规性谋生行为及触犯法纪时才予驱逐(递解)。至于有家室之民则没有居住地点限制。

乾隆二十七年(1762年),高宗复准地方官所奏:宁古塔界内,地方

---

① 《清仁宗实录》卷201。
② 光绪《大清会典事例》卷158,户部,户口。
③ 《清高宗实录》卷150。

褊小，外来流民，不便准其入籍，应将流民逐回。如有愿于吉林伯都讷地方入籍者，即将该处丈出余地，分给伊等，交纳地粮①。可见，这是将宁古塔的外来者引至更适于耕作的伯都讷定居，并非无条件驱离。乾隆帝三十四年（1769年）复准：阿勒楚喀、拉林地方，流民二百四十二户，俱系陆续存住，在二十七年定议之前，定限一年，尽行驱逐②。对居住年久者允许继续留住，只将近几年新来者限定一年之内离开。而《清史稿》对此记载为：乾隆三十四年吉林将军傅良奏：阿勒楚喀、拉林地方，流民二百四十二户，请限一年尽行驱逐。高宗认为：流寓既在定例之前，应准入籍垦种，一例安插，俾无失所。③即二十七年之前来此地耕种者准予入籍为民，该限之后来者则要驱逐。

乾隆帝四十一年（1776年）十二月谕军机大臣等：吉林原不与汉地相连，不便令民居住。今闻流寓渐多，著传谕傅森查明办理，并永行禁止流民，毋许入境④。可见，这次对当地的新进入者的控制增强。此项政策得到落实。乾隆四十六年（1781年）五月，吉林和尔苏边门，拿获流民三户，共四十三名口，并引进民人三名，"照例逐回"⑤。为防患于未然，当地政府对流民零星进入地区，实施从严控制之策，一定程度上抑制了外来民众在该地区拓展生活空间的势头。

乙、适度让步与允许转化

所谓"适度让步"是指在控制政策实施过程中，对聚集关口者，特别是内地受灾流民，经由皇帝授权，载明放行出关；"允许转化"指对以不同形式进入东北并在各地居住年久的内地百姓给予入籍机会。

A. 对关口流民的让步政策

乾隆嘉庆时期，对内地受灾百姓出外谋生者多有让步做法。当然，这一变通政策只能由帝王做出，并下令实施。

乾隆八年（1743年），直隶天津、河间等地受旱灾，众多流民聚集山

---

① 光绪《大清会典事例》卷158，户部，户口。
② 光绪《大清会典事例》卷158，户部，户口。
③ 《清史稿》卷120，食货。
④ 《清高宗实录》卷1023。
⑤ 《清高宗实录》卷1131。

海关、喜峰口、古北口等关外，希望出关谋生，遭到拦阻。为此，乾隆帝谕令：伊等既在原籍失业离家，边口又不准放出，恐贫苦小民，愈致狼狈。著行文密谕边口官弁等，如有贫民出口者，门上不必拦阻，即时放出。但不可将遵奉谕旨、不禁伊等出口情节，令众知之，最宜慎密。倘有声言令众得知，恐贫民成群结伙，投往口外者，愈致众多矣。著详悉晓谕各边口官弁等知之①。此项策略可谓用心良苦。乾隆九年（1744年），因河南、山东有灾，高宗再令山海关等隘口，放行出关谋生贫民②。可见，这一放行政策是特殊情形下所做出的妥协，而非控制民众流迁政策发生改变。不过，也应看到，清帝知道，放行措施虽是临时、权宜之举，但对流入者来讲，一旦进入关内，他们就不是短期居留的避灾之民，绝大多数人会设法转为永久性居民。

乾隆五十七年（1792年）十一月，高宗谕令：京南、河南等府，偶被旱歉，曾经降旨，凡有出关觅食贫民，毋许拦阻，原为轸恤灾民起见。山海关外盛京等处，"地广土肥，灾民携眷出口者，自可藉资口食，即人数较多，断不至滋生事端，又何必查验禁止耶"③。而清政府的这项政策使不少灾民受益。甚至在严格控制外来者的吉林地区也安置了"万五千余人"。因"吉林屡丰，流民均获生全"④。这无疑也会诱使流民定居下来。实际上，他们从家乡来到关口，就是想获得迁移机会。

值得注意的是，乾隆五十七年（1792年），对灾民的"格外施恩"、"一时权宜抚绥"之计，在此后延续下来。嘉庆帝于八年（1803年）五月指出：乃近年以来，民人多有携眷出关，并不分别查验，概准放行。但他发现，不仅灾荒年份内地有人出关，而上年"直隶收成丰稔"，"直至今春尚有携眷出关者数百余户"。因此他斥责守关副都统"漫不经心"，令"交部议处"。以后，"除只身前往之贸易佣工、就食贫民仍令呈明地方官给票、到关查验放行、造册报部外，其携眷出口之户概行禁止"。若"遇关内地方偶值荒歉之年，贫民亟思移家谋食、情愿出口营生者，亦应由地方官察看

---

① 《清高宗实录》卷195。
② 《清高宗实录》卷209。
③ 《清高宗实录》卷1417。
④ 《清高宗实录》卷1440。

灾分轻重，人数多寡，报明督抚据实陈奏"。即由皇帝定夺是否放行①。这一谕令似有收紧乾隆五十七年（1792年）民人出关管理松弛之意。然至同年六月，又有"贫民亟思移家谋食，相率赴关"。嘉庆帝认为这些来者"系尚在未经定限以前，若令仍回原籍领票，该民人等力有不能。如任其拥挤关口，概不放行，则日聚日多，成何事体？"故派员前往，会同守关官员"查点欲行出口之户现有若干，逐一放行"。当然，"自此次定限之后，断不得携眷出口"②。需要指出，嘉庆八年（1803年）五月所定政策中限制较严的只是"携眷出口"者，即有明显迁移打算者，而对"只身前往之贸易佣工、就食贫民"并不限制。不过，灾荒年"就食贫民"中多数为"携眷"之人。

从以上政策和民众行为可见，乾嘉时期，内地直隶、山东等省民人无论家乡有无灾歉，出关谋生的势头很强。即他们并非希望以流民身份出关并短暂停留，而欲迁移至这块有诱惑力和生存潜力的地区。

表面看来，清政府所实施的将内地百姓阻挡于关门与让步式放行政策有矛盾之处。我们认为，前一政策的立足点是保护"龙兴"之地和旗人利益；后一政策则是帝王之思，最高统治者感到其有为民众提供谋生途径之责，至少应有为民解困的姿态。这一矛盾是由为一族之众还是为一国之民考虑的立场差异所造成的。不过，更为重要的是，流入百姓主要是为了谋生，是当地发展的积极因素，不会带来民族冲突和统治威胁。

B. 流入地百姓的身份转化政策

乾隆初年，东北地区，特别是奉天一带已有大量内地流民进入，并且形成聚落，硬性驱逐并非良策。所以，清政府采取了对居住年久者允许入籍的政策，不愿入籍者则宽限离开。

乾隆五年（1740年），针对"外来民人，安居年久，有曾入州县档册者，亦有未经载入者"，清廷认为，"似此若不清查，复严保甲，不但地方不能肃清，征收地丁钱粮，必多隐匿"，舒赫德等受命拟定的处置办法是：应饬令无论旗民，一体清查。除已入档者毋庸议外，其情愿入档者，取结编入档册；不愿入档者，即逐回原籍。该地方乡约若隐匿不首，严究治罪；

---

① 《清仁宗实录》卷113。
② 《清仁宗实录》卷115。

地方官失察，照例议处①。

乾隆六年（1741年），奉天府尹吴应枚对流入民众提出的解决方案更为具体：愿入籍者，准取保结，经照编入；不愿入籍，一时又未能回籍者，暂作另户编甲，陆续给照回籍；游手好闲、生事不法者，照例治罪外，递解回籍；商贾工匠，从前在奉寄居者，地方官给照，无照不许存留；旗人披甲当差者，雇人耕种，须家长雇主结报，门牌注明，去来随时报明领催乡保，牌上无名者不准存留。对出关佃种：经商者也有规定：关外佃种民人，照原编牌式，另给一牌；无牌，不得擅放进边贸易。乾隆帝批准其奏。此政实行后，"群黎感悦"②。这一政策具有较大灵活性，流入百姓获得了去、留选择机会，其中大部分人得以合法定居、谋生，成为入籍之民。真正不受欢迎者是"游手好闲、生事不法"之辈。安分守己的劳动者（包括佣工、佃农）为当地土地所有者所依赖，不会成为排逐的对象。

乾隆二十六年（1761年），清政府规定，奉天流入者中，"所有商贾、工匠及单身佣工三项为旗民所资籍者，准其居住③。这项政策更具有务实特征，既满足了内地农业劳动力求职、谋生之需，也照顾了东北当地旗人，特别是土地所有者对佣工的需求。

乾隆四十一年（1776年），高宗指出：盛京、吉林为本朝龙兴之地，若听流民杂处，殊于满洲风俗攸关。但承平日久，盛京地方与山东、直隶接壤，流民渐集，若一旦驱逐，必致各失生计，是以设州县管理④。这更是对流民定居权的承认，流民人口由此转变为迁移人口。政府设立州县以管理流迁之人，而这些流迁者又成为当地州县存在的人口基础，可谓相辅相成。

乾隆五十七年（1792年），清政府在吉林安置了一万五千名内地灾民。按照政府本意，内地灾情缓解后，他们还应回籍。吉林将军恒秀乾隆五十八年（1793年）为此上奏，因"今年内地有秋，饬令回籍"。然而，这并非灾民出关之意，故其"咸云甫经全活，移回转苦失业，路费亦艰"。恒秀

---

① 《清高宗实录》卷115。
② 《清高宗实录》卷137。
③ 光绪《大清会典事例》卷158，户部，户口。
④ 《清高宗实录》卷1023。

为此上奏，希望做出让步，"请照例造入红册，自来岁为始，交丁银"。乾隆帝批准其处置意见①。它无疑使这支有较大规模的流民转化为定居之民，一定程度上瓦解了清廷严格控制外来民众在吉林增加定居的既定政策。

嘉庆年间，尽管清政府仍对民众流入吉林一带实行相对严格的控制，而对违禁进入者不得不做出让步，乃至允许其成为固定居民。嘉庆五年（1800年），清政府议准：郭尔罗斯地方，流寓内地民人二千三百三十户，均系节年垦种，难以驱逐，应划清地界。……定为规制，不准再有民人增居②。嘉庆十二年（1807年）十二月，吉林地方官员查出伯都讷所属拉林河西岸地方，流民私垦田地一千九百余亩，聚集人一千余户。"若一时全行逐回原籍，该流民不惟栖止失所，恐不免于饥寒。"对此解决办法是，"加恩将此项查出私垦之田，分给流民，仍照前次办过成案，入于红册，于明年起征"③。这意味着朝廷认可这些流民的居住权，他们甚至由此得以入籍。嘉庆十三年（1808年），长春厅查出流民三千一十户。仁宗指出："若概行驱逐，未免失所。著再加恩准照前次谕旨，入于该处民册安插。"但要求"自此次清查之后，该将军务遵照原议，除已垦之外，不准多垦一亩，增居一户"④。嘉庆十五年（1810年），吉林厅又查出新来流民1459户，长春厅查出新来流民6959户。嘉庆帝对此非常不满：流民出口，节经降旨查禁，各该管官总未实力奉行，以致每查办一次，辄增出新来流民数千之多。因而下令：除此次吉林、长春两厅查出流民，姑照所请入册安置外，以后"责成该将军等，督率厅员实力查禁，毋许再增添流民一户"。如有阳奉阴违，"即交该将军咨明理藩院参奏办理"⑤。可见，清政府的基本做法是，严控外来之民进入所限制地区。而流迁者的扩散能力很强，一旦政府发现，已形成规模，难以驱逐，只好认可这一现实，将其纳入当地户籍管理体系中。

整体来看，直到道光以后，清政府才明显放松对出关垦荒移民的限制。

---

① 《清高宗实录》卷1440。
② 光绪《大清会典事例》卷158，户部，户口。
③ 《清仁宗实录》卷190。
④ 《清仁宗实录》卷196。
⑤ 《清仁宗实录》卷236。

咸丰年间，清政府意识到对局部地区的禁垦做法已无法坚持，承认旗人及牧丁对大凌河牧厂的私垦。到光绪二十八年（1902年），东西厂全部开放①。清末，政府对东北移民开垦变被动接受为主动招徕。光绪三十二年（1906年），设立锦州丈放局，将垦地放给一般报领者②。宣统二年（1910年），清政府于黑龙江讷漠河一带，设立招垦行局，组织内地灾民前来垦荒。令被灾省份，就赈抚项下拨给川资，到江以后，一切垦荒费用，均由江省垫给，酌分年限收还。本年即安排一千三百余名③。

应该说，清朝中期政府对内地民众前往东北垦荒的政策是：入境从严，通过陆路和海路入口加以控制。但仍有不少人从陆路和海路以合法和违规的方式进入。流迁者一旦进入并于当地立足，有了基本的生活条件，政府又采取从宽处置的策略，即允许置有产业者入籍，不愿入籍者给予较宽裕的时间返回原籍。实际上，清朝中期政府对内地人出关既有怕多的忧虑，又有过严限制影响当地旗人和其他正当行业对劳动力的需求之虞。因而，它不会实施真正或全面的封禁之策。

（2）向台湾迁移的限制

清朝对内地民众向台湾的自发迁移政策经历了清初禁止、康熙时期收回台湾后允许、康熙五十年后限制、乾隆十一年允许已在台内地民人搬移家眷、光绪元年弛禁这样一个过程。总体上看这是一个宽、严结合的政策。当然"宽"是有条件的，针对在台湾居住年久、有谋生产业和条件者，允许其将内地家眷搬迁过去，同时对偷渡者严厉禁止。

清初，在政府禁海政策之下，福建、广东等沿海民众向台湾迁移受到严格限制。台湾收回之后，政策逐渐放松。

康熙后期因外来者自由入台产生土客冲突及治安问题，开始实行欲来者须在原籍所在地官府申领印照的政策，禁止无照偷渡。康熙五十七年（1718年），朝廷复准闽浙总督觉罗满保奏疏："凡往来台湾之人，必令地方官给照，方许渡载；单身游民无照者，不许偷渡。如有犯者，官兵民人

---

① 徐世昌等编纂：《东三省政略》卷7，财政。
② 徐世昌等编纂：《东三省政略》卷7，财政。
③ 《宣统政纪》卷40。

分别严加治罪，船只入官；如有哨船私载者，将该管官一体参奏处分。"①

雍正初的政策为，准许闽粤人前往耕种，但"所有妻眷，一概不许携带，止许只身在台，而全家仍在本籍。盖在台湾为游民，而在本籍则皆土著"②。这里，清政府将流动人口（单身游民）和迁移人口（改变家庭居住地）分得很清楚。

雍正五年（1727年），福建总督高其倬曾上奏建议：在台人民，其贸易雇工无业之人，全无田地，一概不准搬眷往台。若实在耕食之人，令呈明地方官，查有耕种之田，并有房庐者，即行给照，令其搬往安插。至佃户之中，有住台经五年，而业主又肯具结保留者，准其给照搬眷，其余一概不准。雍正帝批其"胸无定见，而为此游移迁就之词……仍照旧例行，待朕再加酌量"③。雍正帝留下了变更的余地。雍正十年（1732年），经广东督臣鄂弥达上奏，部议准令在台流寓之民，搬取家眷团聚④。雍正十一年（1733年）规定，在台湾的流动人口，"其并无家室产业，如佃户佣工贸易之人，取具房主、业主、邻佑保结，附于保甲之末，汇报督抚稽查"⑤。可见，雍正年间对待向台湾迁移者采取的政策比较宽大：在当地有固定谋生方式，特别是置办有土地等产业者，允许其赴大陆搬移家眷；而对单身贸易佣工之人，允许其在台谋生，并编入保甲。

乾隆初年延续了雍正朝的政策。乾隆十年（1745年）规定：粤省在台湾人民，情愿携眷者，止许搬移妻子，令地方官取具邻佑保结，照内填注名数；如地方官不查明，混行给照，照滥给印结例，议处本人，严加治罪⑥。因该规定中没有强调必须是置办有产业者才能携眷赴台，可理解为是一种放宽限制的政策。乾隆十一年（1746年），政府扩大了在台之人搬移家眷的范围，规定：在台人民，果有祖父母、父母在籍，准其赴台就养。如祖父母、父母在台，准其子孙赴台侍奉；若本人在台，而内地妻少子幼，并无嫡亲可托者，亦准其搬移聚处。即赴台侍奉祖父母、父母之子孙，果

---

① 《清圣祖实录》卷277。
② 《清世宗实录》卷61。
③ 《清世宗实录》卷61。
④ 《清高宗实录》卷100。
⑤ 光绪《大清会典事例》卷158，户部，户口。
⑥ 光绪《大清会典事例》卷158，户部，户口。

有幼少妻子，亦准一体赴台①。乾隆十二年（1760年）再次实行搬眷政策。本年六月，清廷准闽浙总督喀尔吉善所奏：台湾客民搬取家口，请定限一年，地方官查明给照过台；逾限，不准滥给②。这一规定提示我们，清政府对在台客民搬迁内地眷属并非采取完全放开政策，可谓断续进行。而乾隆二十六年（1761年）规定更说明了这一点：台湾流寓民人，搬眷过台一年期满，内外各地方官，毋再滥行给照③。乾隆五十三年（1788年），福康安上奏指出：（台湾）内地只身民人，或携眷移往居住，查有内地官给执照者，即收留编入民籍④。它或许表明，乾隆年间清廷虽允许台湾客民搬移内地家属，但并非不受时间限制可随时搬移，而是地方官上奏获批之后才实行或解禁一次，限期执行。过期不准搬移或暂停，累积数年再度实行。

  对偷渡去台湾者，则采取惩罚措施。何谓偷渡？按照清朝法律："不请印照者，照偷渡例，杖八十，逐回原籍；地方官滥给印照，照例参处。"⑤此外，"人照不符，照私渡例治罪"⑥。实际上，偷渡者是那些在台湾没有任何亲属，不符合去台条件，得不到印照私自前往的内地劳动力。按照官方说法，"奸民偷渡过台，一由内地客头之包揽，一由在台回至内地民之接引"。故此，"如招引多人偷渡，本人照客头例，发边卫充军"⑦。乾隆二十六年（1761年）规定：台湾流寓民人，搬眷过台一年期满，内外各地方官，毋再滥行给照。有遇拿获揽载偷渡船只，将搭载大船及雇倩小船各船户均照客头包揽过台之例治罪⑧。偷渡流入台湾者，拿获后究明由何处出口、入口，将失察之员治罪。至兵役澳甲，拿获偷渡人犯，十名以上，同船户客头并获者，每十名赏银四两；十名以上，照数追加。赏项令地方官于偷渡船只变价内支销⑨。通过在迁入地搜捕偷渡者，进而株连出入口管理之人和承载船只，措施可谓严厉。乾隆三十八年（1773年），广东、广西

---

① 《清高宗实录》卷265。
② 《清高宗实录》卷292。
③ 光绪《大清会典事例》卷158，户部，户口。
④ 《福康安等奏清查台湾酌筹善后事宜》，见《台案汇录》庚集卷二。
⑤ 《清高宗实录》卷322。
⑥ 《清高宗实录》卷1345。
⑦ 《清高宗实录》卷322。
⑧ 光绪《大清会典事例》卷158，户部，户口。
⑨ 光绪《大清会典事例》卷158，户部，户口。

地方督抚奉旨：严禁闽粤两省渡台人民，仍将有无查出偷漏之人，于岁底汇奏一次。节经饬行沿海文武实力查禁。三年中，查获偷渡者32起，抓获人犯372名，分别定拟军遣杖徒①。乾隆五十四年（1789年），朝廷饬令专管各汛口员弁兵役每日将所泊商渔等船，查验字号船牌，按旬列报。一有无照船只，即行根究②。这种禁令抑制了不少人的赴台谋生行为，但却难以杜绝。

清政府乾隆时期对向台湾移民的限制重点放在偷渡过程上；对已经进入且在当地有正当谋生手段者，不仅允许其被编入保甲，而且可以将内地家眷搬移过去。禁止偷渡，表明政府要控制迁往台湾内地人的规模。在政府开来，若流入外来人口过多，谋生没有着落，则会引发治安问题。

清政府光绪元年在沈葆桢建议下取消台湾自发性迁移限制，谕令指出：福建台湾全岛自隶版图以来，因后山各番社习俗异宜，曾禁内地民人渡台及私入番境，以杜滋生事端。现经沈葆桢等将后山地面设法开辟，旷土亟须招垦；一切规制，自宜因时变通。所有从前不准内地民人渡台各例禁，著悉与开除。其贩买铁、竹两项，并著一律弛禁，以广招徕③。至此，实行了近190年之久的人民渡台必须领照并经查验的规定才算完全废止④。

(3) 限制向易引发土著和客民冲突地区迁移

甲、控制汉民向少数民族地区迁移

清朝对于出入南方少数民族地区者，有严格的禁令：凡湖广沿边苗民俱以塘汛为界，民人责令有司稽查，苗人责令游巡官员详查。若民人无故擅入苗地，照越度缘边关塞律杖一百；苗人无故擅入民地，亦照民例充徒⑤。乾隆二十四年（1759年），政府制定番界、苗疆禁例。各省民人无故擅入苗地，及苗人无故擅入民地，均照例治罪。若往来贸易，必取具行户邻右保结，报官给照，令塘汛验放始往⑥。这项政策实行的原因是：各省

---

① 台北故宫博物院编：《宫中档乾隆朝奏折》第三十三辑，1982年版，第682页。
② 《清高宗实录》卷1345。
③ 《清德宗实录》卷3。
④ 李祖基：《论清代移民台湾之政策》，《历史研究》2001年第3期。
⑤ 《大清律例》卷20，兵律，关津。
⑥ 《清史稿》卷120，食货。

番、苗与内地民人言语不通，常有肇衅之事①。此外，凡民人偷越定界，私入台湾番境者，杖一百。凡台湾民、番不许结亲，违者离异②。乾隆二十六年（1761年），清廷专门制定台湾"番界苗疆禁例"，凡台湾流寓民人自去年停止搬眷之后，不准内地民人偷渡，亦不得与番人结亲；即已娶生子者，禁止往来番社。其民人无故擅入苗地及苗人无故擅入民地，均照偷越例治罪③。

我们认为，这一政策对汉族人口流迁至少数民族地区有一定限制作用。而从清代民族地区所出现的客民和土著之民不时有经济利益冲突这一角度看，其抑制汉民与少数民族交往的作用有限。不少内地人得以进入少数民族地区耕种，甚至逐渐成为土地所有者。

乙、棚民政策

清代的棚民实际是一种经济性移民。其最早起于江西、浙江、福建三省山区。这些外来者"搭棚居住，艺麻种箐，开炉煽铁造纸制菇为业"。此外，广东穷民入山搭寮，取香木舂粉、析薪烧炭为业者，谓之寮民④。可见棚民和寮民之名均是根据其居住方式所得。作为流动者他们没有能力建造正式稳固的住宅，只好就地取材，搭建临时栖身之所。

A. 控制措施

雍正四年（1726年），清政府规定，棚民照保甲法一体编查。纳入当地保甲体系一方面表明清政府加强了对其控制，另一方面也是对其谋生方式的承认。

雍正帝对棚民管理非常重视。雍正三年（1725年），对江西、福建、浙江三省棚民实行区别对待，居住年久者编入保甲，编册之后"续到流移，不得容留"⑤。雍正帝十三年（1735年）七月，在发给内阁的谕令中指出：浙、闽、江西等省有棚民州县，"朕皆留心拣发牧令前往，俾司化导董率之任"。"向闻棚民留住之地方，皆责成本处地主、山主出具保结，并非来历

---

① 《大清律例》卷20，兵律，关津。
② 《大清律例》卷20，兵律，关津。
③ 《清朝通典》卷9，食货。
④ 《清史稿》卷120，食货。
⑤ 《清世宗实录》卷34。

不明之辈，始许容留"，而且地方官员，要于每年岁底亲往查点一次。然而，"今闻法久废弛，有司等视查点为具文，而地主、山主，亦以保结为虚应故事"。故雍正帝要求该督抚等，"转饬有司，实力奉行，毋或怠惰"①。棚民允许在流入地从事所营之业。

清代中期以后，不仅内地山区有棚民、寮民存在，广东沿海的岛屿也有寮民身影，且形成规模。乾隆五十五年（1790年），广东总督上奏建议，撤毁雷、廉交界海面之涠洲及迤东之斜阳地方寮房，将民众递回原籍，以免其与洋盗串通滋事。高宗指出，沿海各省所属岛屿，多有内地民人安居乐业。若遽饬令迁移，使数十万生民流离失所，于心何忍。而且如办理不善，"转使良民变而为匪"。为此，"所有各省海岛，除例应封禁者外，余均仍旧居住"。对"零星散处"的贫民，"尤不可独令向隅"。但各督抚应"严饬文武员弁编立保甲"②，加强控制。乾隆帝比地方官高明之处在于，兼顾治安与民生两个方面，而非一味为保境内无事，限制民众谋生空间。当然，乾隆皇帝也有严厉的一面，一旦发现有"盗匪混入，及窝藏为匪者，一经查出，将所居寮房概行烧毁，俾知儆惧"③。

而对山东沿海岛屿的外来谋生者则加强控制。乾隆五十七年（1792年），上谕："据福宁所奏，山东一省海岛居民二万余名口，各省海岛想亦不少。当遵照前言，不准添建房屋，以至日聚日众。仍应留心访察，勿任勾结匪徒，滋生事端。"④

棚民垦荒在一些地方造成水土流失，因而政府不得不有所控制。

浙江各府多有棚民租种山场，导致水土流失。嘉庆二十年（1815年）规定：浙江"支身棚民，租种年限已满，及本无租山资本，藉称佣工，在山逗留者，均驱逐回籍"⑤。咸丰元年（1851年），浙江巡抚常大淳奏言："浙江棚民开山过多，以致沙淤土壅，有碍水道田庐。请设法编查安插，分别去留。"⑥

---

① 《清世宗实录》卷158。
② 《清史稿》卷120，食货。
③ 《清史稿》卷120，食货。
④ 《清史稿》卷120，食货。
⑤ 光绪《大清会典事例》卷158，户部，户口。
⑥ 《清史稿》卷120，食货。

B. 入籍管理

政府既然允许棚民在当地居住谋生，就会有后一个问题产生，即是否允许其入籍？我们看到，雍正以后，棚民入籍政策制定出来。

雍正三年（1725年），根据两江总督查弼纳、浙闽总督觉罗满保所奏，政府对江西、福建、浙江三省棚民实行安辑政策，内容包括：现在各县棚户，请照保甲之例，每年按户编册，责成山主、地主并保长、甲长出结送该州县，该州县据册稽查，有情愿编入土著者，准其编入；棚民有膂力可用及读书向学者，入籍二十年，准其应试，于额外酌量取进①。这意味着移民入籍有一个渐进过程，要取得完整的入籍权益，需要二十年时间。

嘉庆二十年（1815年）清廷规定：浙江省棚民，核其租种，已逾二十年，现有田产庐墓，娶有妻室者，即准令入籍。其年分未久，已置产缔姻者，俟扣满年限，亦准其呈明入籍。若并未置产缔姻，租种山场尚未年满，及租票内并未注有年份者，应暂为安插。年份未满者，俟年满饬退②。

综合以上，清代中期，政府尽管为百姓的自发性谋生流迁设置了诸多限制，但这一政策有严厉的一面，也有变通的另一面。特别是民众一旦进入禁垦之地成为事实，并有业可就，政府往往做出让步之举，而非驱逐。由此，流民得以转化为移民，获得了合法谋生机会，改善了生存条件。而从宏观角度看，这对边远地区开发、经济发展有积极意义。

还应指出，民众所进入的地区虽然人口相对较少，但却多有土著之民于其中生活。除吉林、黑龙江等空旷之区外，多数土地是有主之地。外来人口过多进入可能导致客、土冲突。它是限制性政策出台的重要因素之一。当然，对东北来说，清中期限制内地民众大规模进入则有更为复杂的考虑。

我们说，尽管清政府抑制民众迁入政策具有很大的弹性，表现出人性化的一面，自发性人口流迁行为因此未被禁锢住；但也必须看到，其对民众扩展生活空间的影响作用是存在的，即在这一政策环境中，受控地区大规模移民之势难以形成。

2. 相对宽松的西南、口外自发性垦荒迁移政策

总体来看，清政府除了限制内地百姓向东北、台湾和一些易于发生土

---

① 《清世宗实录》卷34。
② 光绪《大清会典事例》卷158，户部，户口。

著和外来者冲突的地区迁移外,基本上采取的是容许自发性垦荒移民的政策。尽管实行了印照管理,即移民应持有迁出地地方官所出具的证明信件前往迁入地,其目的主要是加强管理,而非刻意限制民众的垦荒流动和迁移特征。

(1) 自发性入川垦荒迁移政策

四川明末清初遭受严重战争创伤,人口锐减,大量土地荒芜。清政府在康熙、雍正年间曾招募周边百姓前往耕垦。而自发前往者亦复不少。政府给自行前往者以方便,试图使他们沉淀下来,成为入籍之民。因此,这些外来者从一开始就具有移民特征。

康熙中后期,湖广民众前往四川垦地者甚多。他们离开家乡之前,将房产地亩"悉行变卖"。可见是全家同往,表现出永久离开家乡的迁移意向。但其中的问题是:在四川垦地满五年起征之时,他们复回湖广,"将原卖房产地亩争告者甚多"①。其行为具有"回迁"特征,以此逃避在迁入地的纳粮义务。为抑制移民随意回迁引发原籍房地产纠纷,清政府出台流出、流入地管理办法:嗣后湖广民人,有往四川种地者,该抚将往种地民人年貌、姓名、籍贯,查明造册,移送四川巡抚,令其查明;其自四川复回湖广者,四川巡抚亦借此造册,移送湖广巡抚,再相照应查验,则民人不得任意往返,而事得清厘,争讼可以止息②。它是一种变无序为有序的做法。清政府此意在于,将从湖广前往四川耕垦之民变成当地入籍之民,而不得仍视湖广之籍为籍。它具有抑制迁入者异向回迁或返迁的意义。

民众赴川应持有当地官员颁发的印照,以证明其身份。但无照者也有,远道而来,接受抑或排斥成为两难。雍正五年(1725年)户部议复:楚民入川落业者,定例令地方官给与印照验放。近年自湖广、福建、江西、广东来川者,竟无执照可验。穷民挈眷迁移,若勒令回籍,必致流离失所;任其接踵而来,又恐奸良混集。伏乞敕下各省抚臣,凡入川穷民,务令各该地方官给以印照,到日验明按插。福建、湖南也照此办理③。那些当下无照已至者,应该也被接收下来。

---

① 《清圣祖实录》卷250。
② 《清圣祖实录》卷250。
③ 《清世宗实录》卷58。

乾隆初年，对自发入川移民的宽容政策仍在实行。而且又有两广移民加入，甚至江西、福建人也参与进来。乾隆六年（1741年），两广总督马尔泰上奏：广东惠、潮、嘉二府一州，所属无业贫民，携眷入川，不必强禁。许其开明眷属名口年龄，报本地方官查明，给票所往，不必候川省关移。并饬知沿途管县，验明人票相符，即予放行。到川，编入烟册，移知原籍存案。获准①。这实际是一种更为务实的做法，减少了迁移者的等待过程。该项政策是对迁出、迁入两地所言，要求原籍当局不为百姓离开设置限制，入川后即时编入户籍册籍中。至少从公文上看，这些政策为民众自发迁移创造了顺畅的途径。

对于官方管理者来说，没有印照手续者应被拦截下来，这可谓依法行政，并非苛刻之举。乾隆十五年（1735年），永兴、唐绥祖等地方官会奏建议"入川民人，无本籍印票者，递交原籍安插"。高宗指出：搬移入川民人，其不法奸徒及往为啯噜子等类，固应尽法究治，并饬一切卡隘加意稽查。至于贫民远图生计，亦不可持之太峻……嗣后入川民人，给照查察之处，如系奸拐与贩匪类，断宜严行究处。至实系良民觅食他乡者，虽未便明弛其禁，该督抚亦宜酌量办理，不必过于严紧，务期杜奸匪而便民生，两有裨益②。应该说，这既是对地方官行政方式的引导，也为无印票入川贫民提供了极大方便。乾隆帝的开明和高明之处还在于，以更为灵活和现实的态度和举措对待自发性入川之民。

乾隆二十五年（1745年）正月，贵州巡抚周人骥上奏：各省流寓民人，入川者甚多，请设法限制。乾隆帝指出：此知其一，不知其二也。国家承平日久，生齿繁庶，小民自量本籍生计难以自资，不得不就他处营生糊口，此乃情理之常……今日户口日增，而各省田土不过如此，不能增益，正宜思所以流通，以养无籍贫民……封疆大吏，当体通正大体，顺民情所便安，随宜体察③。乾隆帝深知，在家乡生存困难的穷民对赴外地谋生、寻找机会充满期待。地方大员应体谅到这一点，为其流迁提供有利条件。

值得注意的是，乾隆三十二年（1752年），四川总督阿尔泰以"川省

---

① 《清高宗实录》卷138。
② 《清高宗实录》卷167。
③ 《清高宗实录》卷604。

荒地，业经认垦无余"，建议"嗣后各省民人，藉词赴川垦地者，不必给票，并转饬沿途关津，查无照票者，即行阻回"。乾隆帝则不以为然：此等无业贫民，转徙往来，不过以川省地土粮多，为自求口食之计。使该省果无余田可耕，难以自赡，势将不禁而自止。若该处粮价平减，力作有资，则生计所趋，又岂能概行阻绝？其邻近该地之湖广、江西等省，均系朝廷子民，抚绥本无异视①。这一定程度上具有让民众在迁移"市场"上自我权衡和决定是固守乡土还是流迁之意，由此人力资源和土地资源实现最优配置，人口分布得以调整。

应该说，清代中期，特别是乾隆时期，政府对民众向四川的自发性流迁给予较大的政策性便利，由此使民众行为的"人口迁移"特色更为突出，而非简单和临时性"人口流动"：变卖财产全家离开故乡，从当地政府获得证明身份的印照，进入四川验明身份后即有入籍资格。

（2）改土归流地区的自发性移民政策

雍正年间，西南地区实行的改土归流制度，为内地民人流迁带来了机会。

明代文献记载：土官争界，争袭，无日不寻干戈，边人无故死于锋镝者，何可以数计也。春秋、战国时事当是如此。若非郡县之设，天下皆此光景耳②。清中期改土归流之制实行后，藩篱消除，不同民族百姓来往障碍大大减少。

湖北西部宣恩、咸丰、利川等地，"自雍正十三年（1735 年）改土归流以来，久成内地，附近川黔两楚人民，垦荒者接踵而往"③。或称"流民日增"、"逐队成群"、"前后接踵"，其中以垦荒居多④。但乾隆初年当地"田土拐带案牍日见纷纭"。乾隆十七年（1737 年），湖广总督永常上奏提出管理办法：嗣后外省及各属人民入施（指恩施）者，请照入川给照之例，开造眷属清册，呈报本籍，给照前往，交与该地方官查验，收入保甲，一体编查。其现在落业民人，凡有夫妻子女者，无论流寓久暂，悉予编保；

---

① 《清高宗实录》卷 784。
② 王士性：《广志绎》卷 5，西南诸省。
③ 《清高宗实录》卷 429。
④ 台湾故宫博物院：《宫中档乾隆朝奏折》第四辑，第 461—462 页。

其单身游手之徒，限三月内查明，取具亲邻保结，方准编入；其老荒山场，概行封禁。乾隆帝同意这一方案①。可见，这些规则比较温和，没有苛刻之处。它表明，以前流迁之民多为无印照者，本地官府对其籍贯及本人、眷属年貌等信息无从掌握。而印照制度借鉴入川之例。只要有印照，即可入籍，成为合法谋生、居留之民。已在当地有正当职业且有家室者，一律允许编保，纳入户籍管理体系之中。单身之人，有亲邻保结，也可获得居留资格。总之，这些政策虽具有约束力，甚至给迁入者带来不便，但它并无限制正当民众迁入之意，更无驱逐条款。

需要指出，当地官员所划出的"封禁"之地，落实效果并不好，不少民众前往垦殖。乾隆三十八年（1758年）巡抚陈辉祖为此上奏，"请令民间自行首报，分别升科"。乾隆帝指出：方今生齿日繁，地利所在，自必趋之如鹜。且现在既有私垦之事，可见前此之官为封禁，仍属有名无实。又不如听其耕辟升科，俾小民获自然之利。而在官复有籍可稽，较为两得。陈辉祖所奏，亦属可行。但只令自行首报，不复官为核验，愚民惟利是务，谁肯全数开呈？弊将百出。若只系垦多报少，尚属藏富于民，亦可不计。为免使地方里正串通胥吏，藉端挟制，……自非官为查丈不能彻底清厘。而查丈之事，亦非易办。乾隆帝决定暂缓进行②。当时朝廷对民众垦荒升科比较谨慎。这些迁移耕垦的百姓既未被驱逐，又获得免于"升科"的待遇。

直到道光年间，清政府一直实行这一政策。道光二十六年（1846年）上谕：贵州附居苗寨客民，既经编入保甲，其分户另居者一律编查。著该抚饬令各地方官督率村寨保长人等，将客民旧户迁徙若干，现存若干，其旧户内有子孙分户另居若干，逐一查明造报③。迁移者已被视为当地固定居民。此项政策对西南地区的民族构成具有调整作用。

（3）口外移民政策

清朝原本对内地民众前往口外也有限制，以维系蒙汉隔离局面。但它并未被认真实行，身为土著贵族的蒙古王公也乐于把牧地租给外来汉民

---

① 《清高宗实录》卷429。
② 《清高宗实录》卷927。
③ 《清宣宗实录》卷428。

耕种①。

　　清代康熙中期之后，山东民众赴蒙古种地者众多。康熙五十一年（1712年），已达"十万有余"。官员中有主张驱逐。康熙帝反对这种做法，但同时认为应加强管理：嗣后山东民人有到口外种地者，该抚查明年貌、姓名、籍贯，造册移送稽察，由口外回山东去者，亦查明造册，移送该抚对阅稽查，则百姓不得任意往返②。这与对湖广前往四川垦荒民众所采取的政策一样，意在使迁入者有定居之心。雍正帝（雍正五年）翻检史册，认为康熙帝"圣虑周详"，属"抚民怀远之至意"，故要继续实行。雍正初年，为加强管理，清政府陆续添设古北口、张家口、归化城同知各一员。雍正帝于五年（1727年）下令：嗣后再有出口种地之人，俱著该同知一面安插，一面移咨本籍，查无过犯逃遁等情，准其居住耕种，年终造册报部③。雍正八年（1730年）奏准：山西、陕西边外蒙古地方种地民人甚多，设立牌头总甲，令其稽查。即于种地民人内择其诚实者每堡设牌头四名、总甲一名，有拖欠地租、并犯偷窃等事及来历不明之人，即报明治罪④。清政府在当地设官并建立保甲体系，就表明认可流迁者在当地的谋生行为，由此他们实际具有了户籍之民的身份。

　　乾隆四十一年（1761年），高宗指出：山东无业贫民，出口往八沟、喇嘛庙等处佣耕度日者，难以胜计……藉以成家业者甚多，远近传闻，趋之若鹜，皆不惮千里挈眷而往⑤。至少从民众行为方式看，他们是想迁移到这块土地上生活，而非短期流动。我们认为，它与清政府所创造的相对宽松的迁移环境有很大关系。

　　就总体而言，清代政府对内地人口增长、失去土地民众生存艰难的状况有所认识。中期以后，除了在东北和台湾实施具有弹性的迁移控制政策外，政府对其他地区民众自发性迁入行为则予以认可，并提供方便。这对缓解内地民众的生存压力、调整人口分布具有积极意义。

---

　　① 戴逸主编：《简明清史》第二册，人民出版社1984年版，第219页。
　　② 《清圣祖实录》卷250。
　　③ 《清世宗实录》卷53。
　　④ 光绪《大清会典事例》卷158，户部、户口。
　　⑤ 《清高宗实录》卷1009。

3. 清代中期自发性流迁政策的认识

清代中期，由于内地省份人口总量增长较快，人口压力凸显，民众向人口稀少、尚未开垦地区寻求谋生途径的势能很大。这一时期政府实际控制疆域和有效管理的疆域扩大，为民众向边远地区流动迁移提供了可能性空间。我们同时还认为，清代雍正年间"摊丁入亩"政策实行之后，自发性迁移流动的劳动年龄人口已非逃避赋役者。因而除了个别敏感地区之外，清代中期，政府对民众谋生性流动迁移并未实施很强的限制，当然必要的管理（如持有印照等手续）是需要的。

清代中期，政府对民众自发性流迁行为实行了区别对待政策。

在东北、台湾以控制进入为主导，但又非实施"封禁"政策。政府允许内地灾荒流民出关谋生；对以各种形式流入东北地界者给予其或入籍定居或宽限返乡的选择；东北有定居亲属的内地民众可前往寻亲。对在台湾居住年久、有业可就者不仅可取得定居权，且允许将内地眷属搬迁过来。不过清中期政府总体上对东北持控制迁移政策，在台湾则长期实施偷渡之禁，由此抑制了内地民众大规模进入，延缓了这些地区的开发。在南方山区，政府基本上采取允许棚民进入谋生的政策，当然出于治安等考虑要将其纳入保甲等管理体系中，居住年久者还可获得入籍等权益。对自发入川、出口外等地开垦的民众，清中期政府基本持放开政策，只要有家乡政府所颁发的印照即可上路，至迁入地被获准耕种和入籍。另外，湖北、湖南西部实行改土归流后的地区也允许民众按照入川方式前往谋生。

清朝政府对自发流迁民众的这一政策具有释放内地"人满"农耕区人口压力的作用，在一定程度上使中国人口分布的外部扩展（向边疆迁移）、内部充实（开发江南山区、川楚陕交界山区等）的调整得以实现。

清代民众的自发性迁移是其在利益比较中所做出的选择，也符合人口学上的推拉理论条件：内部人口压力增大、生存条件难艰是重要推力，而外部存在的肥沃可耕区域则形成一种难以抵御的吸引性拉力。这种自发性迁移将有助于实现劳动力与土地资源配置的优化。同时供给和需求市场的存在也是政府限制内地民人迁入政策难以全面落实的一个因素。即东北、口外地区的农耕活动（当地贵族和地主拥有土地）对内地劳动力的供给有需求，因而政府不会、也难以实施严苛的"封禁"政策。但也应承认，由于个别地区限制性人口迁移措施的存在，使移民的应有规模受到压缩。

（五）民间自由迁移制度

我们知道，自由迁移多在政府约束之下。但是民间惯习对自由迁移行为也有限制作用。其表现如下：

1. 重视庐墓所形成的"安土重迁"习俗

这在中国近代之前社会中表现得很突出。可以说，传统时期的民众迁移多是"驱离"型迁移。家乡因"灾"或遭"乱"，难以生存，不得不离乡背井。它与农业社会信息闭塞，人们对外界环境不熟悉，不敢贸然离家有关。

元朝人胡祗遹在《杂著》一书中指出：汉人一般情况下，"安先世之田宅，服先畴之畎亩，守前人之世业，十世百世，非兵革易代，掳掠驱逐，则族坟墓，恋乡井，不忍移徙"。他认为这是"汉人之恒性，汉人之生理，古今不易者也"①。它实际为农耕社会中汉族人所养成的生活习惯。

明代，广东大族较多，世代相守。"粤东濒海，其民多居水乡，十里许，辄有万家之村，千家之砦。自唐、宋以来，田庐丘墓，子孙世守之勿替。"②或称"岭南之著姓右族，于广州为盛"。"自唐、宋以来，蝉连而居，安其土，乐其谣俗，鲜有迁徙他邦者"③。

清代，安徽婺源一带：乡落皆聚族而居，多世族，世系数十代尊卑长幼犹秩秩然，罔敢僭忒。尤重先茔，自唐宋以来，丘墓松楸世守勿懈④。山东泗水县：丧葬之墓，"合族共域，以昭穆为序，至数十世不徙，别则称疏"⑤。它是"重迁"的极端表现。我们认为，这些家族的"主体"固守祖先庐墓，不轻易离乡他徙。但宗族内部成员往往有贫富分化和职业差异，当本地失去生存资料时，个体或家庭单位的迁移也难以避免。

就基本情形而言，近代之前，当家乡的经济条件尚能维持生存时，民

---

① 胡祗遹：《杂著》，见《紫山大全集》卷22。
② 屈大均：《广东新语》卷2，迁海。
③ 屈大均：《广东新语》卷17，祖祠。
④ 康熙《婺源县志》卷2，风俗。
⑤ 光绪《泗水县志》卷9，风俗。

众往往不忍离家外出谋生；即使有，也多不会全家出外，而让眷属留守在家，男性劳动力经商、务工或佃耕于他乡，由此形成了相对保守的迁移风格。

2. 家庭养老制度对迁移构成限制

对于成年劳动力来说，当家乡耕种和就业机会减少，可能会出外寻找机会，但多为独身前往。如老年父母、妻子和年幼子女留在家乡，妻子承担照料老人、抚育子女之责。只有单身谋生者在异乡获得稳定的生存条件，才有可能形成家庭式迁移。因而可以说，中国近代之前的自由迁移多是有节制的迁移，非短期、大规模的流入一地，除非发生灾荒和战乱。

3. 聚集而居的宗族及其组织排斥异姓迁入

它表现在以下几个方面：

（1）对再婚妇女所带来的义子，强调归宗

浙江东阳上璜王氏规定：义子随母来地，一经成人，即合归宗。不准在地娶妻，以防生育，损坏族风。违者，罪坐后父[①]。这也是防止同姓血缘聚落受到他姓侵蚀的一种措施。

（2）限制异姓迁入

同样是浙江上璜王氏，有这样的禁例：异姓来地开店，不准携带妻、媳，以杜生育漏泄；违者，罪坐房东[②]。

这是对土著生存环境的自我保护，通过净化族群、血缘认同手段来减少潜在的冲突。

我们认为，就民间安土重迁的惯习来看，它的确有抑制民众迁移的作用。不过，这有一个前提，即家乡的土地等资源能满足人们的生存需要。客观上，近代之前的多数时期，由于人口增长缓慢，人口压力相对较轻，因而可以几代人安居一地，固守庐墓。但若生存压力增大，安逸生活将难以保持。成年劳动力不得不出外寻求生路，一旦于外乡立足，便会将家眷迁移出去。这种情形在清代人口压力较大地区成为普遍现象。

从总体来看，中国近代之前政府出于赋役承担和治安秩序考虑，限制民众的自由迁移。但由于官方控制力量有限，难以对迁入地进行有效监督，

[①] 光绪《东阳上璜王氏宗谱》卷1，修谱条例，涧溪小宗祠添载禁例四条。
[②] 光绪《东阳上璜王氏宗谱》卷1，修谱条例，涧溪小宗祠添载禁例四条。

特别是荒地较多地区往往官府机构设置较少，非其所能顾及。对外来者聚集较多地区，若民众有业可谋，非流民游手可比，政府所采取的基本政策是让步性的。这以清代最为突出。清代雍正年间"摊丁入亩"政策实行之后，迁移流动的劳动年龄人口已非逃避赋役者。因而除了个别敏感地区之外，政府对民众谋生性迁移流动并不限制。

四　近代自由迁徙制度

这里主要对清末以来的自由迁徙制度稍加叙述，主要考察民国。此阶段的自由迁徙制度体现在户籍法等法律文件中。在此我们首先需明确，何谓迁徙自由？对此学界解释甚多。一般来说，它是指一国宪法和法律赋予和保障本国公民在国内自由迁徙和定居的权利以及出国、移居国外的权利。

（一）清末的自由迁移制度

清政府于宣统三年（1911年）划时代地制定了《户籍法》，户籍迁移变更制度具有了可操作性。第150条：凡移籍、入籍、就籍、除籍者，均须呈报于户籍吏[①]。这应该是比较规范的户籍及其变更制度建立的开端。第151条：凡在同一户籍吏管辖地内，将全家由此地移往彼地而变更其本籍地者，名为移籍。第152条：移籍呈报书须开具下列诸件：1.原籍地，2.新本籍地，3.迁移之年月日。第153条：凡去此户籍吏管辖地入于彼户籍吏管辖地内者，名为入籍，入籍时户主须呈报于入籍地之户籍吏。第154条：入籍呈报书须开具下列诸件：1.入籍之户主及家属姓名、年岁、职业；2.原籍地；3.入籍地[②]。从规则上看，它没有设置任何明显的限制性条件，所要求提供的信息对移籍者来说并不费力，也不求助他人或某个机构。因而它具有自由迁移的精神。

可以看出，按照该《户籍法》，迁入者向入籍地户籍吏呈报时，不需携带迁出地所出具的手续。根据第172条：受移籍之呈报时，须注销其旧本籍地，而记载其新本籍地。第175条：凡由彼户籍吏管辖，而转属于此户

[①] 《旧中国户籍法规史料》，第18页。
[②] 《旧中国户籍法规史料》，第18页。

籍吏管辖者，此户籍吏于记载后，须通知于旧管之户籍吏。第176条：凡由此户籍吏管辖而转属于彼户籍吏管辖者，此户籍吏于收受彼户籍吏通知后，须记载原委于户籍，将其原户籍注销[①]。

当然，这一法律未及贯彻实施，清王朝就灭亡了。

（二）民国的自由迁徙制度

1912年3月，中华民国临时政府颁布《临时约法》，规定"人民有居住迁徙之自由"。以后的北洋政府和国民政府的历次宪法都承袭了这一条文[②]。

从户籍迁移规则上可以看出，自由迁移基本得到贯彻。民国二十二年（1933年），《户籍法》被制定出来。其第44条规定：凡一户欲将本籍由一县、市移转于他一县、市者，由家长向本籍地户籍主任请求发给转籍证明书，并具声请书二份，载明下列各款事项声请之：1. 家长及家属之姓名、性别、出生年月日及职业；2. 本籍地及户籍号数；3. 新籍地该管乡、镇、坊之名称。前项声请，得向新籍地之户籍主任为之。前二项之规定，于寄籍之移转准用之[③]。第45条：在同一县、市内之户，欲由一乡、镇、坊迁徙于他乡、镇、坊者，应由家长具声请书，载明户籍号数及他乡、镇、坊之名称，向原乡、镇、坊之户籍主任声请之[④]。迁移所需唯一手续为转籍证明，而开具转籍声明所需手续也很简单，仅提供家长及家属姓名、性别、出生年月日、职业及本籍户籍号和新籍乡、镇、坊名称。可见，它也是一种自由迁移制度。

这一制度较清末增加了要求，即应请迁出地户籍管理者发给转籍证明，前提是填写声请书，其中有迁入地的地址信息，但无须迁入地发给准迁手续。所以，迁移的手续仍不具有硬性约束。

民国三十二年（1943年）《迁徙人口登记办法》规定：迁出本乡镇以

[①]《旧中国户籍法规史料》，第20页。
[②] 王海光：《中国户籍制度现代化演进路径的历史考察（1908—1949）》，《安徽史学》2011年第5期。
[③]《旧中国户籍法规史料》，第27—28页。
[④]《旧中国户籍法规史料》，第28页。

外者，得请求乡镇公所，填发迁徙证①。

民国三十五年（1946年）的《户籍法》还将人口迁移和人口流动做出区分。其中第27条：迁出原户籍管理区域在一个月以上，不变更所属之籍者，应为迁出之登记。第28条：由他户籍管辖区域迁入在一个月以上，不变更所属之籍者，应为迁入之登记。第29条：迁出原户籍管辖区域未满一个月，不变更所属之籍者，应为流动人口之登记②。

民国时期迁移制度的特征是，对人口迁移实施必要的迁入、迁出管理，处于技术层面。其包含的限制内容比较少。

从制度上看，清末和民国实行相对自由的迁移制度。这期间，中国工商业城市发展较快与自由迁移环境有一定关系。

五 当代迁移制度的演变

我国1949年后的人口迁移深受制度的影响，实际是政府政策主导着民众的迁移行为、迁移方式和迁移规模。但也需看到，从20世纪50年代至90年代，中国的人口迁移制度和政策经历了多次变动，形成了独特的演变轨迹。大体上可分三个时期，即20世纪50年代中期前的自由迁徙，50年代后期至80年代初期的控制迁移和80年代中后期至当代自由流动与适当控制迁移的制度。下面将对不同时期迁移政策的形成背景、主要内容、落实方式和特征进行探讨。

（一）自由迁移制度及其短暂实行

这里我们首先要明确何谓当代意义上的迁徙自由？前面已有说明，指一国宪法和法律赋予和保障本国公民在国内自由迁徙和定居的权利以及出国、移居国外的权利。

1949年9月29日通过的《中国人民政治协商会议共同纲领》第5条规定：人民有迁徙的自由。1954年《中华人民共和国宪法》（新中国成立后第一部宪法）第90条进一步重申和完善了这一规定：中华人民共和国公民

---

① 《旧中国户籍法规史料》，第153页。
② 《六法全书》，第636页。

有居住和迁徙的自由。

那么，民众是否在一定时期内享受到了迁徙自由这一权利？它是如何落实的？我们这里主要从当时户口迁出和迁入规则上来认识此问题。

1951年公安部制定的《城市户口管理暂行条例》第1条即为保障人民迁徙自由[1]。这一点在实施规则中得到体现。其中第5条规定：户口变动时，户主须按照规定，持户口簿至当地公安机关，办理手续。迁出：凡迁出者，须于事前向当地人民公安机关申报迁移，注销户口，发给迁移证（同一公安派出所辖区内之迁移不发给迁移证）。迁入：凡迁入者，须于到达住地三日内，向当地公安派出所申报入户。有迁移证者，应呈缴迁移证；无迁移证者，应补交其他适当证件[2]。

我们看到，这些规则的基本要求是，民众迁出、迁入时须到管理部门变更户籍。其中迁出时须向当地公安机关申领迁移证，除了持户口簿外不必提供其他特别信息，没有上报、审批环节；而迁入地机关仅看申请者有无迁移证，甚至无迁移证者可以其他适当证件替代。应该说这是一种很宽松的迁移制度。需要指出的是，此条例没有提出迁移者的城乡身份问题，或对此作特别限定。从形式上看，既然是城市户口条例，迁出者应该主要针对城市居民，但迁入者中则包括农村居民。

值得注意的是，1955年3月内务部、公安部《关于办理户口迁移的注意事项的联合通知》中出现对由农村迁往城市者的特别要求，规定：对不安心农业生产，盲目要求迁往城市的农民（包括复员回乡军人和烈属、军属），应积极耐心地进行劝止，不应随便开给迁移证[3]。这显然是对乡—城迁移的限制措施。农民想迁移进城，被视为不安心农业生产，首先进行劝止，最终以不开具迁移证作为抑制手段。但国营企业、建筑等单位在农村有计划招收的农民或新考入城市学校的学生，可凭招收单位或录取学校的证件，发给迁移证[4]。它为迁移进城者设置了前提条件——持有录用和录取证明。由此，乡—城之间的迁移限制更明确了。但该通知同时规定：对那

---

[1] 《中国人口年鉴》（1985年），第79页。
[2] 《中国人口年鉴》（1985年），第79页。
[3] 《山西政报》1955年第8期。
[4] 《山西政报》1955年第8期。

些确实因残、病、年老到城市依靠子女或亲友供养,子女随父母到城市上学,妻子到城市找丈夫同居以及其他非从事农业生产而有正当理由到城市的居民,不能以盲目流入城市的农民看待,而应当发给迁移证[①]。它给照顾迁移的人性化做法留有余地。即配偶随夫和未成年子女随父母进城没有限制,直系亲属中有病、年老等丧失劳动能力者也可迁移进城(言外之意,无病、青壮年亲属则不在照顾之列)。我们认为,该规定对农村迁往城市者的大门半开半闭,无疑它是对自由迁徙制度的部分否定。

同年6月(1955年)《国务院关于建立经常户口登记制度的指示》并未对户口迁移手续办理设置限制。迁出(包括婚出),全户或者个人变动常住所的时候,应由户主或者本人在迁出以前按照下列规定办理:在原乡、镇地区以内变动常住所的,报告乡、镇人民委员会,只作住所变更的登记,不办迁出手续;迁出原乡、镇地区但不出县境的,应当向乡、镇人民委员会领取迁移证,并由乡、镇人民委员会登入迁出登记册;迁出县境的,应当向乡、镇人民委员会或者由乡、镇人民委员会介绍到上一级户口主管机关领取迁移证,并由乡、镇人民委员会登入迁出登记册。外出六个月以上的应当办理迁出手续。迁入(包括婚入),全户或者个人迁到新住地的时候,应由户主或者本人在到达后五天内报告当地乡、镇以下行政组织的负责人,并且交出迁移证或者缴验其他证件。当地乡、镇人民委员会根据行政负责人的报告审查证件后,登入迁入登记册[②]。按照这一规定,乡镇等政府机关负有为迁移者办理手续之责,并未赋予其进行特别审查的权力。不过,它是不分城乡的一种迁移规则,至于农村向城市的迁移,更有可能执行内务部、公安部"两部"通知要求。

可以说,从新中国成立初期至1955年年初,自由迁徙原则得到基本贯彻,特别是农村和城市之间尚无迁移限制。但1955年3月"两部"通知已经表现出对农村劳动力自由迁移进城的限制:没有城市单位和学校录用和录取证明的农村劳动力,已被排除在迁移进城之列。当然,那些不办迁移手续盲目进城者则另当别论。

需要指出,1955年前,农村还未进入集体经济阶段,农民流动受基层

---

① 《山西政报》1955年第8期。
② 国务院法制局编:《中华人民共和国法规汇编》第一册,法律出版社1956年版,第197—199页。

组织的限制较小；城市当时正处于工业扩张时期，严格的户籍控制制度尚未建立起来。这为农村劳动力或以迁移形式或以"盲流"形式进入城市或非农行业就业提供了机会。

我们认为，新中国成立初期自由迁移制度的主要效应是，为农村剩余劳动力，特别是年轻一代迁移进城就业提供了方便；城市工商业得以获得所需劳动力，进而提高了我国的城市化水平。

（二）控制人口迁移制度的出台和长期维系

控制人口迁移可有多种表现。在我们看来，控制迁移意味着政府对民众迁出和迁入地选择具有限制权，如增加审批程序，设置较多的前提条件，并对人口迁移总量实施监控。就我国 20 世纪 50 年代后期以来的迁移实践看，控制人口迁移政策的核心是限制农村人口向城市迁移，对逆向人口迁移则较少约束，其目的是抑制非农业人口增加。

1. 控制迁移制度的形成和维系

（1）控制迁移制度出台的背景和内容

前面看到，1955 年对农村劳动力自发性迁移进城已经开始有所控制，但尚处于初步限制阶段。

1956 年是农村集体经济制度建立的第一年，在一些地区农民的生产积极性受到挫伤，加之自然灾害发生，外出谋生状况突出。1956 年秋季，安徽、河南、河北、江苏等地灾区和非灾区农民、复员军人和乡、社干部盲目外流的现象相当严重。流出的人口一般奔向各大城市、工业建设重点地区和边疆省区。流入陕西、甘肃、新疆等地的人口数量最多，共达八万余人。各大城市和工业建设重点地区，对流入的人口虽已设法容纳安置，但容量有限；还有大量人口无法进行安置，而流入者却在不断增加。为了防止农村人口大量外流的现象继续发展，国务院发布《关于防止农村人口盲目外流的指示》，劝阻灾民留在当地。对于已流出者，分情况处理：（1）有亲友可以投靠者或能找到生产门路者，应允许其居留；（2）凡本地可以安置，应设法安置。特别在人少地多地区，可以将其安置在农村，从事垦荒生产。凡无亲友投靠，没有生产门路者，应同其原籍政府联系，请其派遣干部前来领回原籍，或者由流入地区政府遣送回籍。返乡后，当地政府帮助其解决生产和生活上的困难。另外规定，工厂、矿山、铁路、交通、建筑等单位需用劳动力时，应事先做好计划，通过劳动部门统一调配农村剩余劳动力，不应私自招收。同时，各厂矿企业单位和工会组织必须教育职工，不要随便写信招引亲友前来，以免到达后无法安置[①]。政府已感受到农民无序流动给就业、居住安排所带来的压力。当时所采取的是设法安置与遣送相结合的策略，应该说是一种比较温和的做法。但控制农村劳动力迁移的思路已经初步产生，不准非农业用工单位私自招工等。

1949年后迁徙制度由"自由"变为全面"控制"的转折点在1958年，其标志是当年经全国人大会议通过的《中华人民共和国户口登记条例》。从规则上看，其控制的重点是农村人口迁往城市，变更为非农业人口户籍。根据第10条：公民迁出本户口管辖区，由本人或者户主在迁出前向户口登记机关申报迁出登记，领取迁移证件，注销户口。公民由农村迁往城市，必须持有城市劳动部门的录用证明，学校的录取证明，或者城市户口登记机关的准予迁入的证明，向常住地户口登记机关申请办理迁出手续[②]。该规定的前半部分有含糊之处，它实际是指民众在城市内部、农村内部迁移，甚至城市向农村迁移，不受限制。而农村向城市迁移则实行迁入地准入制度，对成年人来说只有被正式招工或被中专以上学校录取者才能办理户籍迁移手续。这一政策的目的显然将非正规的迁移排除在外，正规迁移又以具有劳动能力和学生中的优秀者为主，被录用劳动者的家眷是不允许随迁的。该制度的实行不仅大大限制了农村劳动力向城市的迁移流动，而且造成了大量被录用农村劳动者夫妇城乡两地分居现象。

政府对此项限制政策出台的原因做出三项解释，一是农村人口盲目流入城市，国家压缩城市人口的方针难以落实，城市交通、住房、供应、就业、上学等出现了一定的紧张局面。同时，农村劳动力大力外流，农业生产受到影响。二是国家对城乡劳动力进行统一、有计划的安排策略受到干扰。三是盲目流入城市的农村人口，找不到职业，生活发生困难，使城市

---

① 《中华人民共和国国务院公报》1957年第11期。
② 《中国人口年鉴》（1985年），第83页。

社会秩序受到冲击[1]。

如果结合前面1955年内务部和公安部的联合通知和1956年国务院发布的《关于防止农村人口盲目外流的指示》，我们认为，前者成为1958年户口登记条例出台的一个重要铺垫，或者说两者存在明显的逻辑关系。

（2）控制农村人口向城镇迁移政策的长期维系

1958年之后，直至1976年，对农村人口向城市迁移一直处于高度控制之下。

1964年8月，国务院批转《公安部关于处理户口迁移的规定（草案）》，明确户口迁移的几项原则。其中严加限制的迁移主要为：从农村迁往城市、集镇，从集镇迁往城市。此外，从小城市迁往大城市，从其他城市迁往北京、上海两市的，要适当限制。需要一提的是，该规定对"从内地人口稠密区前往边远人口稀少地区"不设限制[2]。这一政策表现出差别对待人口迁移的特征，以此调整人口的地区分布。该规定出台与巩固政府60年代初以来压缩城市人口所取得的成果有关，重点是抑制城市人口，特别是中大城市人口增长。

当然，此项规定中也列出了"少量"不受限制的类型：其中有，按照国家规定招收的职工和学生；在农村无依无靠，不能单独生活者，或有其他特殊情况，必须前往城市、集镇投靠直系亲属的[3]。

可以说，1958年以来实施的农村人口前往城市的限制政策，特别是1964年的户口迁移规定及其落实，造成了大量夫妇两地分居现象。

不仅如此，60年代中期至70年代末，通过实行城市知识青年上山下乡政策，我国出现了规模巨大的逆城市化迁移。

2. 通过粮食关系控制迁移

在农村集体经济和城市计划经济环境下，粮食这一基本生活资料短缺是一个普遍性问题。国家征购和掌控的商品粮有限，非农业人口粮食供应紧缺既是控制农村人口向城市迁移的原因，同时控制粮食供应方式、建立

---

[1] 公安部：《关于中华人民共和国户口登记条例草案的说明》（1958年），见《中国人口年鉴》（1985年），第84页。
[2] 《山西政报》1964年第12期。
[3] 《山西政报》1964年第12期。

体制内粮食分配体系又成为抑制人口自由迁徙的手段。

（1）粮食控制先于人口迁移控制

从时间序列上看，1949年以后，政府对粮食的控制先于对人口迁移的控制。

1953年中国农村尚处于合作社阶段，社员将土地和主要生产资料入股，并以劳动力参加生产，获得红利和报酬。这一年，《政务院关于实行粮食的计划收购和计划供应的命令》发布，它是新中国成立后粮食控制的第一步。按照该规定：生产粮食的农民应按照国家规定的收购粮种、收购价格和计划收购的分配数量将余粮售给国家。农民在缴纳公粮和计划收购粮以外的余粮，可以自由存储和自由使用，可以继续售给国家粮食部门或合作社，或在国家设立的粮食市场进行交易，并可在农村间进行少量的互通有无的交易。关于粮食的供应方式，在城市，对机关、团体、学校、企业等的人员，可通过其组织，进行供应；对一般市民，可发给购粮证，凭证购买，或暂凭户口簿购买。而且这一命令限制私人粮商经营粮食：所有私营粮商一律不许私自经营粮食，但得在国家严格监督和管理下，由国家粮食部门委托代理销售粮食。各种小杂粮（当地非主食杂粮），原则上亦应由国家统一经营。可见，此项制度之下，国家开始垄断粮食的收购和对非农业人口的供应。市场销售也在国家控制之下。同时允许私人代销粮食，这意味着他们没有定价权。不过，农民可以在市场上交易自己手中的余粮。它表明，政府在对粮食实行总体控制时，留有一定余地。

1955年，城市居民的粮食供应开始实行票证制度，它与户口及其迁移挂靠在一起。1955年国务院发布《市镇粮食定量供应暂行办法》规定："凡实行本办法的市镇，对非农业人口一律实施居民口粮分等定量"，居民口粮"按核定的供应数量发给供应凭证"。粮食供应一旦纳入管理，就会实行定量和凭证制度。因为控制与短缺相联系，短缺又要求减少消费。在这一"暂行办法"中，居民口粮获得与户口相联系。其第8条规定：市镇居民婚嫁、出生、死亡、分居、并居的，均应在办理户口手续后，凭户口证件办理粮食供应的增、减、转移手续。第9条为：市镇居民迁居的，应凭城镇居民粮食供应证向原发证机关领取粮食供应转移汇，凭证至迁入地区办理粮食供应手续①。

粮食供应关系与户口及其迁移捆绑在一起的制度对人口的流动是一个极大约束。这一制度实行期间（从20世纪50年代中期到80年代中期），在一定程度上可以说，粮票在人们外出消费食物中的限制作用超过货币。没有粮食关系和票证的农业人口在城市失去了基本生存条件，不得不"安土重迁"。

值得注意的是，严格的户籍和粮食供应制度限制了农民向城市迁移，但没有从根本上抑制其向边疆垦区自发流动，1967—1976年自发移入161.71万人。如黑龙江1966—1979年间，平均每年接纳近20万自发迁入者，山东占一半，其次为辽宁、吉林、河北、安徽、河南、内蒙古等省区，以单身、青壮年农民居多。内蒙古"文化大革命"十年，自发迁入24.6万人，主要来自辽宁、山东和河北②。如果结合1964年公安部户口迁移规定中从内地人口稠密区前往边远人口稀少地区不必限制的差异性条文，可知内地省份农民向黑龙江省的自发流迁或许受益于这一政策。但其中不少人当时并未得到户籍，特别是从内地农村自发流动到这里的劳动力多未入籍。这从1980年第三次人口普查前整顿户口的规定中可以看出：对于从人口稠密地区流入人口稀少的边远农村定居，或已成为矿区、林区职工的，一般不再遣返，准予就地落户，并通知流出地办理户口迁出手续。该报告还特别要求人口流出、流入数量最大的省、区（如山东、黑龙江）的地方政府之间应对口建立必要的联系制度，对有关问题及时商讨处理办法③。这至少表明，在人口迁移高度控制的年代，内地有正当手续者向边远地区迁移受到鼓励，体现出政策导向。与此同时，不少来自人口稠密区农村没有迁移手续、自发性流动者也能在流入地获得生存或劳动机会。这与人口稀少区劳动力缺乏、当地政府宽松掌握政策有关。

（2）人口迁移控制下的粮食关系转移控制

---

① 国务院法制局编：《中华人民共和国现行法律行政法规汇编（1949—1994）》上册，中国法制出版社1996年版，第79—81页。
② 路遇主编：《新中国人口五十年》，中国人口出版社2005年版，第541—542页。
③ 《国务院人口普查领导小组、公安部关于全国第三次人口普查前认真执行整顿户口工作的报告》（1980年10月22日），《湖南政报》1980年第11期。

1958 年《户口登记条例》出台后,通过控制粮食供应,限制人口流动,特别是限制农村人口进城,成为政府的一个主要手段。对迁移者来说,获得户口迁移证和获得粮食供应关系证同等重要。而在户口迁移审批上,两者被捆绑在一起。

1964 年《粮食部关于农村居民转为市镇居民签发粮食供应转移证明的通知》规定:参加农村人民公社生产队口粮分配的农业人口转为市镇粮食定量供应人口的,一律签发《农村粮食供应转移证》,迁入地粮食部门应当根据迁出地粮食部门填写的开始供应时间,正式供应粮食;农村按市镇粮食定量办法供应的人口,转移粮食供应关系,一律签发《市镇粮食供应转移证明》[①]。

1973 年,因各地有"擅自将农业人口改为非农业人口迁出,扩大了商品粮的供应"现象,商业部下发《关于农业人口迁移办理粮食供应转移关系问题的通知》,加以限制:农业人口迁移时,一律签发《农村粮食供应转移证》,不得签发《市镇居民粮食供应转移证》。如有个别特殊情况,符合政策规定,经过正式批准,由农业人口转为非农业人口吃商品粮的,由迁入地粮食部门审查后,凭公安部门的落户证明和原住地签发的粮食供应转移证办理粮食供应手续。迁移时,应将原生产队分配口粮所余部分卖给国家,不应带到城镇,以免重复供应[②]。这一政策也表明,70 年代初期,地方的乡城迁移并非处于冻结状态。这为一些人提供了将农村亲属转为城镇户口的操作空间,当然在控制乡—城迁移的大环境下其规模是有限的。

1981 年《国务院关于严格控制农村劳动力进城做工和农业人口转为非农业人口的通知》规定:粮食部门要按照政策规定严格控制农业人口转为非农业人口。不符合规定的,不供应商品粮[③]。

我们认为,20 世纪 70 年代初期以来,政府一再颁发文件,重申通过粮食控制,抑制农业人口转为非农业人口,表明从 20 世纪 70 年代之后,地方

---

① 商业部办公厅编:《1949—1984 年商业政策法规汇编》上,中国商业出版社 1987 年版,第 198 页。

② 商业部办公厅编:《1949—1984 年商业政策法规汇编》上,中国商业出版社 1987 年版,第 205 页。

③ 国家计划委员会条法办公室编:《重要经济法规资料选编(1977—1986)》,中国统计出版社 1987 年版,第 1775 页。

层级的"农转非"控制有一定的漏洞,或者说地方政府并未不折不扣地执行中央政策。特别是70年代初期开始,地方政府投资建立"五小工业"企业(小煤矿、小钢铁厂、小化肥厂、小水泥厂和小机械厂)。县级"五小工业"的员工来源主要是农村。地方政府名义上向公社、大队下达招工指标,而能够获得机会者多为不同级别(特别是县、公社和大队)干部的子女及其他亲属。严格讲,"五小工业"建设是符合中央要求的,县级企业的工人来源客观上只能从农民中招收。或许,地方政府在这一过程中扩大了"农转非"规模,引起中央关注,进而发文控制。

综合以上,从20世纪50年代中后期开始至80年代初期,中国人口迁移政策的基本做法是,严格限制人口迁移,重点控制农村人口迁往城市,政府所借助的控制手段是户籍制度和以户籍为依托的粮食关系。公安和粮食管理部门成为这一政策的落实机构。不过,从70年代初期开始,中央政府出台了多项强调对农村人口迁入城镇维持控制态势的规定。它表明,不少地方政府在限制农村人口迁往城市的政策执行上已有一定松动;与中央控制"农转非"的刚性要求相比,地方的做法显示出一定的弹性。这些迁入者既有60年代初期下放回农村的干部家属,也有地方新建企业从农村所招职工。此种现象说明,即使在高度集权的计划经济时代,地方政府也有自己的活动空间。当然,这并非地方官员公然对抗中央政策,应该属于"打擦边球",如扩大"农转非"范围或增加招工数量。况且70年代的经济形势已非大力压缩城市人口的60年代初期,城市容纳人口的能力有所恢复或增强。不过,在中央政府对"农转非"实施控制的大环境下,地方性乡—城限制迁移政策的执行力度虽有弱化表现,但人口向城镇迁移的规模还是被抑制住了。

(三)户籍迁移适度放松、延续控制机制与农村劳动力自由流动并存时期

1977年年初,中国当代政治体制和人事管理理念的初步变革开始出现。为调动干部和工人的工作积极性,关注其生活问题的政策开始受到重视;同时经济建设逐渐成为政府工作的中心,城市发展活力趋于增强,对外来人口的容纳和劳动力的需求能力增大。这在人口迁移政策上得到体现。

1. 直系亲缘和姻缘关系成员团聚和非农迁移政策

(1)农村生存困难亲属迁移进城政策

1977年后，人口乡—城迁移的刚性控制有所松动，政府出台了具有人性化特征的微调政策。

1977年11月，国务院批转公安部《关于处理户口迁移的规定》，继续维持对农业人口迁往城市的限制政策，但也有一定弹性：一是与市、镇职工、居民结婚的农村人口（包括上山下乡知识青年），确因长期病残生活难以自理，农村又无亲属依靠的，可准在市、镇落户；二是市、镇职工在农村的父、母如确无亲属依靠，生活难以自理，可准予落户；三是市、镇职工寄养在农村的十五周岁以下的子女，或原在农村无亲属照顾的十五周岁以下的子女，可准予在市、镇落户；四是上山下乡知识青年，因病残或家庭有特殊困难者，符合国家规定，需要返回市、镇家中的，经市、县知识青年上山下乡办公室审查同意，准予落户[1]。该政策允许与城镇职工、居民有夫妻关系、亲子关系且没有生活能力的农村户籍人员迁入；对下乡知青中的病残者或家庭有特殊困难者，也允许迁入，它属于对个别生存不能自理人员的照顾。言外之意，在农村且有劳动能力和生活自理能力的城镇人员配偶、父母、子女均不在这一范围内。不过，它毕竟开了"农转非"的口子，是高度迁移控制下的一种松动。与前述70年代初期各地方所实行的干部家属迁移进城不同，这可谓是对社会"弱势者"有所倾斜的政策。

（2）配偶分居迁移和非农迁移政策

正如前言，夫妇两地分居是中国20世纪60年代初期至80年代初期比较普遍的现象。它是控制人口迁移制度的直接产物。虽然，这其中既有夫妇均为城镇户口，因工作分配和调动而分居两地者，但其主体却是夫妇一方为农村户口者。应该说，夫妇一方，主要是丈夫在城镇机关、事业单位或厂矿工作，而妻子及其子女在农村务农、生活。其形成原因，既有困难时期城市干部家属被压缩回原籍农村者；也有农民子弟考上大中专院校，毕业后留城工作，与农村户籍女性结婚，其"农转非"受到限制；还有农民子弟入伍提干后转业留城，其配偶在农村老家。另外，困难时期过后，特别是20世纪70年代后从农村所招工人的家属不允许随迁。由此当时中国城乡形成数量庞大的夫妇城乡两地分居群体。

---

[1] 公安部治安管理局编：《户口管理法律法规规章政策汇编》，中国人民公安大学出版社2001年版，第240—241页。

1980年1月，中央组织部、民政部、公安部、国家劳动总局《关于逐步解决职工夫妻长期两地分居问题的通知》指出：解决职工夫妻两地分居问题，是关系到调动广大职工社会主义积极性的一件大事。该通知要求各有关部门（组织、民政、公安、劳动等），根据工作需要与可能，既要逐步解决夫妻长期两地分居职工的实际困难，又要适当控制城市人口、职工总数和商品粮销量的原则，有计划有步骤地解决。其做法是：①分居两地双职工，本着大城市就中小城镇，内地就边疆，一二线地区就三线地区的原则，通过组织调动解决。大城市之间，中等城市之间和县（镇）之间分居的双职工，可以互相调动。从边疆调往内地，从三线地区调往一二线地区，从小城市调往大中城市，从各地调往京、津、沪三市的，要从严掌握。中央一级机关及其在京单位两地分居的双职工，一般应将在京一方调往京外一方所在地区就近安排工作；也可以根据工作需要将分居的双方调往第三地本系统所属单位安排工作。②一方是职工，另一方是城镇居民的（吃商品粮的），也应本着大城市就中小城市，内地就边疆，一二线地区就三线地区的原则，可将职工调往家属所在城镇，也可将其家属迁来职工所在城镇。同等城市之间，有城市户口的职工家属，可以互相迁移。但从小市迁往大市要适当。③一方是职工，一方是农村社员的，不可能把在农村的一方都迁移到职工一方所在地区。应当根据经济的发展，分别不同情况，有条件地解决①。这一政策所要解决的重点是，双方均为职工或均为非农业人口。但一方为农村社员者，也属于应照顾的对象，只是不可能一下子都将家属迁移至城镇地区。它毕竟开启了职工家属"农转非"的窗口，使人们看到希望。应该说，在这之前，地方政府已有类似举动，当时所解决的主要是干部在农村的家属。中央政府的此项政策实际是将解决夫妇两地分居者的范围拓展了，由此地方政府的步伐会迈得更大。需要指出，这里的职工既包括干部，也有工人。

"三部一局"通知发出不到一年，专门针对技术干部家属"农转非"的文件出台。1980年9月，公安部、粮食部和国家人事局即联合发出《关于解决部分专业技术干部的农村家属迁往城镇由国家供应粮食问题的规

---

① 《劳动工作》1980年第3期。

定》：具有高级职称者和年龄40岁以上、工龄20年以上的中级职称者即符合条件①。至1984年各地方政府还制定了进一步放宽的政策，如湖南省中级职称者年龄35岁以上、工龄15年以上②；江苏省特级教师和教龄满20年、中教五级以上小学三级以上的中小学公办教师③，即符合迁移农村家属进城镇条件。

而对工人身份者迁移农村家属进城则执行相对严格的标准，或许因为这一群体的规模较大，故政策设限较多。1988年3月，国家劳动人事部、公安部、商业部联合发文解决老工人夫妻长期两地分居问题：工人夫妻两地分居人数较多，其中大部分是家居农村的。限于国家和企业的承受能力有限，单纯采取"农转非"办法难以解决。新的解决意见为：本着大城市就中、小城市，内地就边疆的原则，凡生产、工作离得开的老工人，企业和劳动人事部门应尽量帮助他们调到配偶所在地域离家较近的地方工作。在现行控制非农业人口增长的政策内，注意解决老工人的困难。即按照每年批准从农村迁入市镇和转为非农业人口的职工家属人数，不得超过非农业人数的千分之二的原则进行。各地区要切实安排老工人的农村配偶及其未成年子女"农转非"，逐步解决他们的分居问题④。可见，当时职工家属"农转非"是在有限放开的基础上进行的，政府对非农业人口总量增长的控制并没有彻底放弃。

2."农转非"迁移适度放开政策

前面所述姻缘和亲缘关系成员被允许迁移进城政策所涉及的主要是城市职工的农村户籍亲属，他们可谓"农转非"中的特殊群体，其迁移具有随迁性质。这里的"农转非"是指夫妇双方均为农民，因在城镇经营工商业而立足，政府出台允许其转为非农业人口的政策。但在初期，主要限于

---

① 公安部治安管理局编：《户口管理法律法规规章政策汇编》，中国人民公安大学出版社2001年版，第342—343页。
② 湖南省劳动人事厅、公安厅、粮食局：《关于解决部分专业技术干部农村家属户口问题的报告》，《湖南政报》1984年第4期。
③ 江苏省人民政府：《关于照顾解决部分中小学公办教师和归侨、侨眷中的专业技术干部的农村家属户口迁移到城镇问题的通知》，《江苏教育》1984年第19期。
④ 《劳动人事部、公安部、商业部关于解决老工人夫妻长期两地分居有关问题的通知》（1988年3月3日），见孙陆军主编《中国涉老政策文件汇编》，中国社会出版社2009年版，第104页。

集镇地区的外来农业务工经商人员迁移落户。

1981年《国务院关于严格控制农村劳动力进城做工和农业人口转为非农业人口的通知》要求加强户口和粮食管理,对农村人口迁入城镇要严格掌握。迁转户口要由公安机关统一办理,其他单位或个人都不得自行决定,自行审批[1]。这一规定透露出的信息是,虽然中央政府仍然限制农村人口迁入城镇,但并非禁止。它实际是对地方政府已经采用的"农转非"做法的认可。

1984年《国务院关于农民进入集镇落户问题的通知》指出:随着我国农村商品生产和商品交换的迅速发展,乡镇工商业蓬勃兴起,越来越多的农民转向集镇务工、经商,他们迫切要求解决迁入集镇落户问题。(1)凡申请到集镇务工、经商、办服务业的农民和家属,在集镇有固定住所,有经营能力,或在乡镇企事业单位长期务工的,公安部门应准予落常住户口,及时办理入户手续,发给《自理口粮户口簿》,统计为非农业人口。粮食部门要做好加价粮油的供应工作,可发给《加价粮油供应证》。地方政府要为他们建房、买房、租房提供方便。工商行政管理部门要做好工商登记、发证和管理工作。(2)保护农民进入集镇兴业安居的合法权益,乡镇人民政府要依照国家法律,保护其正当的经济活动。新到集镇务工、经商、办服务业的户要同集镇居民户一样纳入街道居民小组,参加街道居民委员会活动,享有同等权利,履行应尽的义务。值得注意的是,该政策还允许农民转非后有退出权利:对到集镇落户的,要事先办好承包土地的转让手续,不得撂荒;一旦因故返乡的应准予迁回落户,不得拒绝[2]。根据这一政策,已在集镇务工经商并有固定住所、经营能力和稳定工作者,政府允许其将户口从原籍迁至所经商务工的集镇,并被统计为非农业人口。这是迁移政策和户籍制度的一个重要的转变。但这些进集镇落户者被保留有农业人口的痕迹,他们的户口簿为《自理口粮户口簿》,不能购买平价粮油,仅提供高价粮油。不过,在一个"二元"户籍体系维系多年的社会中,政府从促进经济发展的角度为一批没有特殊关系背景的进集镇谋生农民提供落户、转变身份的机会,这不能不说是一个重大突破。

---

[1] 《劳动工作》1982年第1期。
[2] 《中华人民共和国国务院公报》1984年第26期。

《国务院关于农民进入集镇落户问题的通知》颁布七年后，1991年商业部、公安部《关于自理口粮户口人员"农转非"办理户粮关系有关问题的通知》最终将这一尾巴去掉。它规定：（1）凡根据国务院《关于农民进入集镇落户问题的通知》进入集镇务工、经商、办服务业的农民及其家属（不含其他自理口粮户口人员），符合国家"农转非"政策，已经有关部门批准"农转非"，需办理户、粮关系的，凭"农转非"批件，由进入集镇前户口迁出地的粮食部门按规定开具农村粮食供应转移证。迁入地公安机关凭其自理口粮户口所在地开出的非农业户口迁移证和"农转非"批件登记市镇非农业户口；迁入地粮食部门凭公安部门的市镇非农业户口登记手续和农村粮食供应转移证，办理市镇粮食供应关系。（2）根据前款规定，在办理"农转非"手续时，出现户口迁出地与农村粮食供应关系迁出地不一致的问题，迁入地公安、粮食部门核准后，应予以承认①。不过，随着20世纪90年代中期之后粮食市场的放开，城乡居民均可从商场而不是国营粮站购买生活用粮，粮食关系准入制度最终被取消。它使农民进城就业的障碍进一步减少。

在我们看来，1984年《国务院关于农民进入集镇落户问题的通知》是一项具有重要经济意义和社会意义的人口迁移政策转变，它表明政府由限制农民"转非"变为允许甚至鼓励进镇从事工商业的农民"转非"。这之前所出台的解决职工两地分居的政策主要关心在城市有姻缘、亲缘关系的群体。只有在城镇企事业和行政机构正式工作人员的农村户籍配偶及其未成年子女，才能享受迁移进城的待遇。尽管这一群体的总量不是小数，不过相对于广大城里没有亲属关系而欲进城就业和落户的农村劳动力来说，它仍是微不足道的。允许没有任何亲属关系、通过务工经商而在城镇立足的农民落户，才会形成有规模的人口迁移，进而提高中国当代人口城镇化水平。当然，也应看到，作为改革初期的一项政策，其起点还是比较低的，即只放开农民迁入集镇从事工商业和落户的限制，而集镇尚非真正意义上的城市。1991年商业部和公安部的新规则解决了进入集镇务工经商农民的口粮关系，使之得以享受完整意义的非农业人口待遇。

---

① 《中国商业年鉴1992》，商业政策法规，IX22-23。

3. 实行自由流动人口暂住证制度

20世纪80年代中期以来,中国城镇经济发展加速,不同地区经济发展水平差异也逐渐扩大,这不仅吸引农村劳动力进城务工,不同地区城市之间劳动力的流动也在增多。对他们的经济性流动和就业活动,政府不仅不予限制,而且给以鼓励。但劳动力的户籍迁移仍存在障碍,对农村进城务工劳动力尤其如此。为掌握无户籍务工人员的信息,实行《暂住证》和《寄住证》是80年代中期以后推出的管理办法。这项工作主要是公安机关的职责。

按照1985年《公安部关于城镇暂住人口管理的暂行规定》的要求:对暂住时间拟超过三个月的十六周岁以上的人,须申领《暂住证》。对外来开店、办厂、从事建筑安装、联营运输、服务行业的暂住时间较长的人,采取雇用单位和常住户口所在地主管部门管理相结合的办法,按照户口登记机关的规定登记造册,由所在地公安派出所登记为寄住户口,发给《寄住证》。暂住人口需要租赁房屋,必须凭原单位或常住户口所在地乡镇人民政府的证明,由房主带领房客到当地公安派出所申报登记。对来历不明的人,房主不得擅自出租住房[①]。

然而,实际生活中,由于进城就业者流动性强,应办《暂住证》和《寄住证》却未办者实际是多数。这成为城市新的管理难题。

综合以上可见,人口迁移的障碍和限制条件尽管大大减少,但离自由迁徙目标尚有不小的距离。因而,中国人口迁移制度仍需要进行深入改革,它不仅影响到公民个人的发展机会,劳动力资源配置的优化也需要减少迁移限制。

(四) 从1949年后的迁移轨迹看制度的影响

1949年以后,中国人口的迁移轨迹受制度的影响十分明显。

1951—1953年为城市人口迁移较多的时期。城市经济恢复,农村人口迁入城市较多,年迁入率为104.2‰,迁出率为71.1‰,净迁入率为33.1‰,总迁移率为175.3‰。

---

① 《中华人民共和国国务院公报》1985年第26期。

1851—1960 年是城市人口迁移最多的时期。城市工业项目大批上马，大批农民进厂做工，迁移率年平均为 156.5‰，迁出率 128.4‰，净迁入率 28.1‰，总迁移率 284.9‰。

1961—1965 年，因精简职工和压缩城市人口，城市人口出现负增长。1961—1963 年，全国共精简职工 1300 万，压缩城市人口 2600 万，1961 年与 1962 年城市人口净迁入率分别为 -39.1‰ 和 -45.2‰，1961—1965 年平均每年迁入 17.6‰，总迁移率 89.4‰。

1970 年主要迁移行为是干部下放和知识青年上山下乡，1971—1977 年，城市人口迁移较为平缓，迁入率年平均为 29.5‰，迁出率 21.9‰，净迁入率 7.6‰，总迁移率 51.4‰。

1978—1986 年，经济建设成为中心。由于落实政策，大批下放干部、下乡知识青年和城市居民陆续返回城市，城市人口迁入大增。1978—1980 年城市人口净迁入率分别为 20‰、31.5‰ 和 16‰[①]。

而 20 世纪 80 年代中期以后，特别是 90 年代以来，随着改革开放政策力度加大，农村人口向城镇迁移流动成为主流。

我们可以这样说，中国农村人口向工商业城市迁移流动起自 19 世纪末。至 20 世纪 30 年代中期达到一个高潮，后因战乱受到抑制。不过迁移的势能却一直存在。1949 年后，大规模的工业建设为农村剩余劳动力的释放提供了机遇，大批人进城务工。但这一过程持续不到十年便遇到了挫折。原因是生产水平较低的农业难以提供城市非农业人口激增所需粮食。政府不仅出台严格限制农村人口向城镇迁移政策，而且因就业紧张开始推行城市居民子女离城"上山下乡"政策。控制和压缩城镇非农业人口增加成为 20 世纪 60 年代初至 70 年代末近 20 年政策的主旋律。此种局面直至 80 年代中期才开始扭转。农村劳动力被积累 20 余年的迁移势能再次找到释放机会。尽管户籍制度没有放开，政府却认识到了劳动力迁移流动对经济发展的意义，鼓励农村劳动力向非农领域转移逐渐成为 80 年代中期以后的主导政策。

与以往任何时期不同，中国当代出现自先秦以来第一次真正意义上的

---

① 杨子慧主编：《中国历代人口统计资料研究》，第 1553—1554 页。

社会转型，即以农业为主社会向以工商业为主社会转型，以农村人口为主向以城镇人口为主社会转型。中国的城乡格局社会面貌将因此发生空前的变化。人口自由迁移流动是这一转型社会的基本要求。如何促使人口有序流动，不仅从人口职业结构上，而且从居住方式上彻底改变目前转型社会初期"二元"格局所带来的耕地等资源的浪费，是一个值得思考的问题。

六 结语和讨论

在中国历史和现代社会的多数时期，人口迁移不是人口简单的空间位移。它涉及个体对社会义务的履行，官方对民众行为的控制，区域和城乡人口分布的调整等问题。就总体而言，政府试图将人口迁移行为和已经迁移人口纳入其管理体系之中，并且官方作为人口迁移的组织管理和主导者，限制民众自发迁移行为。为此不同时期政府制定多种政策和法律性制度，规范和引导人口迁移行为。这是一方面。另一方面，民众为改变生存环境，寻求新的工作机会，往往设法冲破或不顾及官方的限制性制度藩篱，有的以消极态度对待政府组织的迁移，难免与政策要求发生碰撞。政府或者收紧控制政策，或者做出适当让步。这些可谓中国古今制度与人口迁移关系的基本表现。

（一）中国的人口迁移制度特征

1. 近代之前

近代之前的中国社会，绝大多数人以农耕为生，并世代居住在农村。人口迁移表现为民众从一个农业区域移至另一个农业区域，或者从一个成熟的农作区迁移至尚未垦殖或已垦殖但又荒芜的地区。隋唐之前，由于内地人口压力尚不显著，民众远距离谋生性迁移还不多见，而多是因外敌侵入，或因内乱，为避难而远徙，非政府力量所能控制。由政府组织的迁移多以政治、军事和救济性迁移为主。其中军事迁移包括移民实边等，对边疆巩固具有积极作用。政治性迁移则多为将反对派力量迁移至便于控制区域，使其脱离可借助的人力、物力环境；另一种政治性迁移是移民实国都、充实国都及其周边地区，形成厚实的人力拱卫屏障，既可供应京城庞大的贵族群体、百官及其眷属消费所需，又可积聚必要的防御性人力资源。这种政治性迁移在宋元之后，特别明清时期仍在采用。而军事性迁移政策也不时采用。清朝初期为防止民众与台湾抗清势力相互联络，于东南沿海实行"迁海"政策，直至收复台湾后才取消。雍乾之后，在新疆实施移民屯田之政，有效地稳定了清政府对西北边疆的统治基础。

宋元以后，特别是明清时期，由于内地农耕成熟区人口压力增大，民众谋生性迁移增多。而出于治安考虑，政府对民众垦荒性迁移多持抑制态度。如明朝对荆襄地区流民的驱逐曾经激起大规模流民起义，官府出兵镇压或驱逐，持续多年。但其效果不好，政府最终不得不做出妥协，在当地设置府县进行管理。清廷则禁止内地民众前往关外垦殖，限制向台湾移民。在东北，若违禁迁移者达到一定规模，政府难以驱逐，则做出让步，认可其迁移事实，纳入当地户籍管理系统。政策具有"罚不责众"特征。

值得一提的是，近代之前，在每次改朝换代初期，百废待兴，战乱集中之地民众死、散殆尽，土地荒芜。这时，政府多能采取宽松的人口迁移政策，并且鼓励土地紧缺地区民众前去垦荒，予以一定年限的赋税减免。清朝政府不仅在初期，而且至雍正和乾隆时期仍鼓励民众前往四川等地开垦荒地。

2. 近代之后至民国时期

近代以来，中国社会与近代之前的最大差异是工商业城市开始兴起。农业人口向城镇迁移、进入近代工厂等新兴产业就业增多。当然，传统的农业领域内垦荒迁移仍在继续。总体来看，这一时期，政府对人口迁移的限制相对较少。政府所形成的户籍法规并不排斥民众迁移。应该说，该时期人口自由迁移的特征比较突出。

3. 当代

中国 1949 年以后的迁移制度具有明显的阶段性特征。

（1）农村人口的迁移流动制度

就 1949 年以来而言，对农村人口具有吸引力的迁移主要是非农迁移，表现为向城镇迁移流动。政策的导向则分三个主要阶段。

20 世纪 50 年代初期，由于大量工业项目兴建，城镇发展迅速，对农业劳动力有需求，政府采取的是相对宽松的迁移制度。用人单位可根据需要招收工作人员，没有严格的户籍、粮食关系限制。

1958年《中华人民共和国户口登记条例》出台是迁移制度由"自由"变为"控制"的转折点。但民众在城市内部、农村内部迁移，甚至城市向农村迁移，没有限制。控制重点是农村向城市迁移，实行迁入地准入制度：只有被正式招工或被中专以上学校录取者才能办理户籍"农转非"手续。这一制度实行的结果是，大大限制了农村劳动力向城市的迁移流动，而且造成了大量被录用的来自农村的劳动者夫妇城乡两地分居。

20世纪80年代初期，农村土地承包责任制实行之后，劳动生产率提高，有限的耕地已不能消化农民的剩余劳动，向非农领域转移为大势所趋。而沿海地区在对外开放中涌现出大批用工制度灵活的独资、合资企业和乡镇企业，内地中青年劳动力纷纷前往，启动了农村剩余劳动力转移之帆。随后，城镇住房建设、基础设施建设速度加快，对农村劳动力需求旺盛。更重要的是，城镇服务业打破国有、集体企业垄断局面，允许农民前来从事个体经营。中国人口出现了空前的谋生性流动热潮。不过，严格来讲，这些走出家乡、进城务工者尚不能称之为迁移。户籍制度是制约这类迁移的主要障碍。可以说，中国20世纪80年代和90年代对农村户籍人口实行的是允许流动、限制迁移的制度。不过务工经商农民向集镇和小城市迁移逐渐放开。

（2）城市人口的迁移制度

中国1949年之后对城市户籍人口迁移政策表现出很强的逆城市化特征，它体现在两个方面。

甲、20世纪60年代初期至70年代以压缩城市人口到农村为特征的迁移制度。

60年代初期为压缩城镇人口，大批在城市落户时间较短的职工家属被要求迁回原籍农村。

同时，因就业岗位有限，城市初、高中毕业生被鼓励向农村或边疆生产建设兵团迁移落户，参加农耕活动。这一逆城市化迁移在60年代中期至70年代初期达到高潮。

需要指出，城镇知识青年向边疆农场、内地农村迁移落户与当时城市就业紧张、政府控制下的商品粮供应能力不足有关。这种逆城市化人口迁移战略是典型的政府主导、民众被动型迁移，难为迁移者所认可，返回父母所在城市，在工厂和事业单位就业是其追求。当一部分人被以招工、招生（大中专恢复办学并实行从工农兵中推荐入学）或征兵等形式离开农村、农场的时候，其他人回城的愿望也会被激起，并努力付诸实施。一旦城市经济稍微好转，他们以不同形式向政府施加压力，消极的如长期居城不归，积极的如上访申诉等。最终这一政策在80年代初期被停止执行，返城知青或被安置工作，或自谋职业。知识青年从城镇迁至农村、农场，并没有带来农村、农业的实质发展，只是在短期内缓解了城镇劳动年龄人口的就业压力。在当时僵化的就业体制和计划经济环境中，它也许是政府不得不采取的政策。或者说，它是20世纪60年代初期压缩城市人口政策的延续。

乙、20世纪50—70年代为调整工业布局，将沿海城市工业企业向内地和中西部地区疏散，工人、科研人员及其家眷是迁移的主体。

1949年后，为改变内地工业不发达局面，大批沿海或发达地区工厂内迁，或部分内迁；还有，发达地区工厂业务骨干被调至新建企业，这形成具有较大规模的非农业人口迁移。20世纪60年代中期至70年代，为应对可能的对外战争，保护军工实力，中央政府所实行的"三线"建设是工业布局的又一次大调整，相应地带动了沿海地区人口向中西部地区的迁移。

这一迁移制度在中国工业布局调整和促进内地城镇发展中起到了作用。但不能否认，其中的"三线"建设是对生产效率的牺牲，增加了国家财政负担，其负面作用在20世纪80年代逐渐显现。

(3) 城乡人口向边疆迁移

1949年后的边疆建设力度加大，政府一方面在20世纪50年代将一部分解放、守卫边疆地区的军队整建制转变为以生产建设为主的半军半民组织，同时动员内地城乡民众前往。其中城市主要是初、高中知识青年，农村则为人口稠密区民众。而且50年代和60年代初期内地迁往边疆的人口多沉淀下来，成为永久性居民，是比较成功的实边之策，为传统时代所不及。

总的来看，无论传统时代还是当代，人口迁移有很强的政府主导性质。政府将人口空间变动作为其实现政治、军事和经济目标的重要手段。民众为此付出了代价，是不得已的。传统时代通过创造耕作条件（给予种子、工具等）和赋税减免若干年来吸引和补偿被迁移者。而在当代，这种迁移则表现为国家和个人双重付出：国家付出财力，造成投资浪费；个人则要付出子女教育条件降低和生活环境恶化，乃至两地分居等代价。

（二）常态迁移制度

1. 历史上的常态迁移

中国历史上大的迁移实际上有两种：一是政府主导的迁移，像政治性迁移、军事性迁移、救济性迁移等都是如此；二是逃难、避乱性迁移，是民众自发性迁移。前一种迁移是政策的产物，后一种迁移则与政策无关，甚至可以说是制度无效（政府统治秩序瓦解，无力为民众提供保护）后的产物。那么，在这两者之外，还有常态性迁移。

近代之前，尽管在统治秩序稳定之后政府限制民众离乡迁移，但百姓正常的谋生性迁移，如出外经商、为人做佣工或佃耕等，政府并不禁止，只是要求将其纳入流入地管理体系中（如村社、保甲等），过若干年后（如清代为二十年）则可视为正式户籍人口，承担当地居民应尽义务并享受固定住户的权利（如子弟有资格进学和参加科举考试）。

不过，近代以前，政府对人口的自由迁移政策呈现出这样的特征：初期鼓励、中期控制和后期失控。所谓初期鼓励是指：为了稳定政治基础，恢复生产，培植税源，政府不遗余力地组织民众迁移。一当政权得到稳固，人口分布的大势基本确立，政府所关心的是赋税的征收和徭役的征派，而这都需要有一个被束缚于制度体系内的户籍人口群体来承担。民众的迁移流动是对该体系的最大破坏，所以，此时政府的政策则转为控制。在王朝的中期，禁止民众脱逃户口、远走他乡成为政策的主流。到了王朝晚期，由于社会矛盾激化，政府腐败加剧，赋役沉重。定居人口不堪重负，纷纷逃离家乡，成为流民。他们往往遁入深山老林开垦荒地，在政府管理体制之外生存。明代中后期川、楚、陕交界地区就汇聚了大批流民。政府试图驱赶，形成与流民的巨大冲突。

2. 1949年后的常态迁移

1949年以后，由农村向城市的常态性迁移有三个阶段：新中国成立初期至1958年的相对自由迁移，1958年至20世纪80年代中期的控制迁移和改革开放后适度放开的迁移。但要注意，即使是控制迁移阶段，乡城之间并非有一道制度性藩篱屏蔽住农村人口向城镇迁移。农村子弟考上大中专学校可以办理迁移手续；农民子弟在部队提干后，其在农村的家属可随军成为非农业人口，若转业则可进入城镇企事业单位和机关工作。当然，对农村人口来说，获得这种机会的概率是比较小的。改革开放之后，政策的最大变化是，夫妻分居城乡两地者，特别是农村的家属被允许迁移进城。

1949年后城市内部的常态迁移限制较少，但由小城镇迁往中等或大城市，地方城市迁往三个直辖市者则受到较多限制。

常态迁移受限制的原因有多种：一是农业劳动生产率低，政府从中征购的粮食等生活用品有限，城市人口增速快则会导致供应紧张，乃至短缺，故而限制。这应该是20世纪60和70年代抑制乡城迁移的主要理由。二是城市工商业被纳入国家严格的计划之中，发展潜力有限，所能提供的工作岗位难以满足城市新增劳动力的需求，农村劳动力迁移进来，就业无法解决。这与第一项原因一样，主要表现在20世纪60—70年代。三是城乡社会保障体制和水平有差异。在计划经济时代，城市人口的社会保障体制与就业制度相联系，有就业就能获得相应保障。无正规就业者则不能享受退休金等待遇，而主要由配偶和子女提供生活费用。90年代之后，城乡最低生活保障制度建立，它主要由本地政府从财政费用中列支。若大批农业人口进入城市，又找不到工作岗位，城市地方政府的救助负担将会加重。不仅如此，不同地区的城市之间也有福利水平、教育资源、升学率等差异，对利益的追逐也会促使居民迁移意愿产生。我们从中可以看出，城乡之间、区域之间发展不平衡所导致的就业、保障水平、发展机会、生存环境的差异是常态迁移制度建立和维系的根本原因。

（三）迁移制度的变革方向

当前中国社会正处在深刻的转型之中，而与人口迁移有关的转型，是以农村人口占多数的社会变为以城镇人口为主导的社会，以农业就业为主转变为以工商业就业为主。虽然，一部分农民在当地就可以实现职业、身份的转化，不必踏上迁移之路。但不能不承认，当代的社会转型会引起多数农村人口居住地、就业地的变化。

迁移制度的变革在于适应这一社会转型的需要，减少人口迁移的障碍。

当代人们已经形成共识，人口迁移的主要障碍是户籍制度。目前政府已基本允许农村人口向中小城市迁移，当然还有前提条件，如有住房，有稳定就业等。

迁移制度的变革基本趋向是迁移的束缚、限制性政策减少，直至完全取消。民众基于就业、收入和生存质量等选择居住地和迁徙地。

当然，现代社会因自然灾害、公共工程建设等所导致的迁移还会存在，仍需政府制定和维护相关规则。这种迁移制度应更多地体现为利益诱导和补偿，减少强制性。

第八章　户籍制度的演变

户籍实际上是政府实行的以家庭户为单位的一项登记制度。户籍载录有户内成员的基本信息，因而它是政府实施人口管理的基本依据。在不同社会发展阶段户籍既具有相同或相似的社会功能，也存在一些差异。本章将对户籍的发展演变及其原因、时期特征、现实状态和问题加以探讨，通过借鉴历史上户籍管理的经验，更好地认识当代户籍制度，进而寻求解决户籍制度问题的方式。

一　户籍形式和内容的演变

户籍是政府对民众进行的包含居住管理、义务落实和责任承担等项内容的制度安排，是官民互动的产物。历史上的户籍是如何建立的？它有哪些内容？不同时期户籍的特点是什么？弄清这一点有助于认识户籍制度的功能。

（一）户籍形式及其演变

1. 户籍释义

户籍的本义是共同居住、生活家庭成员的登记名册。按照《说文解字注》：凡著于竹帛皆谓之籍[①]。而"户"为象形字，许慎《说文解字》（卷12上）谓：半门曰户。按照《六书精蕴》（见《康熙字典》卯集中）：户为"室之口也"。"凡室之口曰户，堂之口曰门。内曰户，外曰门。一扉曰户，两扉曰门。"如此看来，户籍为登记在竹板或丝帛上一户及其成员的基本信息。

[①] 段玉裁《说文解字注》卷5上，竹部。

2. 户籍形式的演变

先秦和秦汉时期称户籍为户版。这和当时户籍信息登记在竹板之上有关。当时户版与户籍为同义语。

春秋时，齐、鲁、卫、魏、楚等国先后实行书社制度，二十五家为一社，因书其社之户口于籍，故称书社。《左传》（鲁）哀公十五年（前481年）载："书社五百。"晋朝杜预为此作注："二十五家为一社，籍书而致之。"《荀子·仲尼篇》："与之书社三百。"唐朝杨倞注："书社，谓以社之户口书于版图。"《史记·孔子世家》索隐："书社者，书其社之人名于籍。"

成书于战国后期的《周礼·秋官》对理想的户籍管理方式作了设计（它并非以具体国家的户籍制度为蓝本，应该说它是当时儒家学者在户籍管理方面的一些设想，其对后世户籍制度建设起到一定或较大借鉴作用）：司民掌登万民之数。自生齿以上，皆书于版。辨其中国，与其都鄙，及其郊野，异其男女，岁登下其死生。可见，户籍官员不仅要知道所辖地区的人口数量，而且对人口在不同区域的构成、城乡分布、性别、本年度新生和死亡状况有所了解。后世也有人将其视为周代的户籍制度，按照《册府元龟》的概括：自黄帝疆理天下画为万国，而户籍之制无闻焉。禹汤之际聊可纪述，施及周室，六官并建，而司民掌登万民之数，自生齿以上皆书于版，太宰之职听闾里以版图，然后计口占数之法著矣[①]。

从文献上看，"户籍"之名最早见于《史记·始皇本纪》：（秦）献公十年（前375年）"为户籍相伍"。这说明战国时秦国即建立了相对完善的户籍制度，它是什伍之律推行的基础。

统一的秦王朝建立后，始皇帝于十六年（前231年）"初令男子书年"[②]，即建立男性年龄登记名册，以此作为徭役征派的依据。在我们看来，这不意味着秦王朝的户籍之上只有男子信息。或许男性书年名册与记载所有"户"内成员的户籍册是两种登记制度。男性名册只登记达到服役年龄的男子姓名、数量状况，户籍册则是地方官员管理所有户内成员信息的依据，借以服务本地治安等管理需要。这表明当时服役人数掌握和户籍管理

[①] 《册府元龟》卷486，邦计部，户籍迁徙。
[②] 《史记》卷6，秦始皇本纪。

有不同的含义或功能。

同先秦时期一样，秦代的户籍信息登录在木牍或竹简上。版宽1—3厘米，分上下两栏，登有户主、妻和各子女名称①。这也证明，秦代人丁和户口登记为两套并行的制度，其功能有所不同。《秦律杂抄》中有《傅律》的名称。所谓《傅律》，就是关于登记户口而准备服役的法律②。

汉朝，根据《二年律令》："民皆自占年。小未能自占，而毋父母、同产为占者，吏以□比定其年。"③ "民皆自占年"表明所有户成员都要登记在册。

汉朝，每年八月政府要核定各户应纳算赋人口的数量，这项工作必须以户籍册为基础，否则会失去依据。"汉法常以八月算人……民年十五至五十六出赋钱，人百二十为一算"。高祖四年八月下令"初为算赋"。"故两汉率用八月算人也"④。汉朝还有民众各别立户的限制："民欲别为户者，皆以八月户时，非户时勿许。"⑤ 这可能也是为了减少管理成本，集中于"算人"之时为民众进行分立户头的登记备案工作。它表明，汉代户籍有相对规范的管理制度。另外，汉朝还有专门为达到服役年龄的成年男性所建立的名籍。汉景帝二年（前145年），令天下男子年二十而始傅（傅音附，傅，著也；著名籍，给公家徭役)⑥。所以汉朝的户口登记也称为傅籍⑦。此外，汉朝的户口册籍称为名籍；户口数，称为名数。它或许是对秦代书年制度的延续。

东晋时：郡国诸户口黄籍，籍皆用一尺二寸札，已在官役者载名⑧。这与秦汉户籍所有成员均被登录有所不同。或许，未服役者也有大小之别，并登记在黄籍上，只是没有标注姓名。但也有一种可能是家庭全体成员的户籍通过另外的形式来登记。

---

① 张荣强：《湖南里耶所出"秦代迁陵县南阳里户版"研究》，见陈锋、章健民主编《中国古代社会经济史论》，湖北人民出版社2010年版，第115页。
② 高敏：《秦汉的户籍制度》，《求索》1987年第1期。
③ 《二年律令》，户律，见《张家山汉墓竹简》，第53页。
④ 《西汉会要》卷31，食货。
⑤ 《二年律令》，户律，见《张家山汉墓竹简》，第56页。
⑥ 《通典》卷7，食货。
⑦ 高敏：《秦汉的户籍制度》，《求索》1987年第1期。
⑧ 《太平御览》卷606，晋令。

东晋初期，户籍实际有黄籍、白籍之别。一些研究者认为，白籍为侨居者户籍（登记在白纸上，起初具有临时户籍之意），黄籍为土著者户籍[①]。

唐代：率土黔庶，皆有籍书[②]。即所有百姓都被编入户籍册中。武德六年（623年）三月政府下令：每岁一造账。三年一造籍。州县留五比，尚书省留三比[③]。唐代还有手实之制：凡里有手实，岁终具民之年与地之阔狭，为乡账[④]。手实用来登记本地居民的年龄和耕垦的土地数量，并于年底汇总成乡账上报至县，由县逐级上报，最终至中央户部。按照唐律，称"人年"者，以籍为定。《唐律疏议》曰：称人年处，即须依籍为定。假使貌高年小，或貌小年高，悉依籍书，不合准貌。籍既三年一造，非造籍之岁，通旧籍计之[⑤]。开元十六年（730年），玄宗乃诏：每三岁以九等定籍[⑥]。这是建立在家庭财产基础上的簿籍，是税赋征收的依据。唐德宗时杨炎制定两税法，"户无主、客，以居者为簿"[⑦]。无业的佣耕、佃种之人也被纳入户籍管理体系之中。

后唐承续唐朝之制，明宗天成四年（929年）五月敕令：百姓今年夏苗，委人户自通供手状，具顷亩多少，五家为保，委无隐漏[⑧]。它表明，当时民众多有可以证明身份和财产数量的凭据。

宋代的户籍类型相对比较杂乱。乾德元年（963年）太祖所下诏书即说明这一点：诸州版籍、户帖、户钞，委本州判官、录事掌之，旧无者创造。始令诸州岁所奏户账，其丁口男夫二十为丁，六十为老，女口不须通勘[⑨]。或言其制为："诸州岁奏户账，具载其丁口，男夫二十为丁，六十为老。"[⑩] 宋朝的户帖是记载家庭人口、土地等财产及税则的册籍。关于户帖所记土地和税则，熙宁年间的方田法中有说明：县委令、佐分地计量；量

---

① 朱绍侯：《魏晋南北朝土地制度与阶级关系》，中州古籍出版社1988年版，第278页。
② 《唐律疏议》卷12，户婚。
③ 《唐会要》卷85，籍账。
④ 《新唐书》卷51，食货。
⑤ 《唐律疏议》卷6，名例。
⑥ 《新唐书》卷51，食货。
⑦ 《新唐书》卷52，食货。
⑧ 《旧五代史》卷146，食货。
⑨ 《续资治通鉴长编》卷4，太祖。
⑩ 《宋史》卷177，食货。

毕，根据田之肥瘠等分为五等，以定税则。"至明年三月毕，揭以示民，一季无讼，即书户帖，连庄账付之，以为地符。"① 户钞为农户缴纳税款之后从官府得到的收据。可见，至少版籍、户帖、户账是与户口有关的册籍和文书，其中版籍、户帖是地方政府岁所奏户账丁口等数字的主要来源。由于"女口不须通勘"，宋朝又形成了专门的丁籍登记制度。开宝年间，太宗有京畿十六县括丁籍之诏②。在重视户籍的赋役功能的时期，丁籍无疑具有户籍的功能，至少是部分功能。南宋高宗时曾下诏："诸州守贰考各县丁籍，依年格收除。"③ 丁籍以服役男丁为登录对象，到龄则入，超龄则除。宋代还有丁账，一些学者认为丁账和丁籍相同。戴建国指出：丁籍是地方州县催科征税的依据簿书，保留在州县，并不上缴朝廷；丁账则是指依据丁籍制成的报呈上级的丁口统计文书④。这一认识比较符合实际。而宋代还有五等丁户簿，三年一造（逢闰年），每造凡三本，一留县，一送州府，一申省部。每逢造五等丁户簿时，地方令、佐责户长、三大户，录人户丁口、税产、物力，为五等⑤。可见，五等丁产簿及其编审方式与户籍更为接近。有学者认为，五等丁产簿是基层征税差科的依据，留县并不上缴，仅录副本送州存档。即它不是上报朝廷的统计汇总文书⑥。宋代熙宁年间又建立保伍制，成书于南宋的《州县提纲》认为：县道户口保伍最为要。它不仅是地方治安管理的依据，而且"遇差役起夫，水旱赈济，皆可按籍而知"⑦。这几种类型以社区、村落为编制基础，记载百姓民籍的册籍都具有不同的户籍功能，只是侧重点有所不同，另外不同时期其功能也有差异。其中户帖、丁籍、五等丁产簿和保伍等册籍的户籍功能更强。

金代的户口登记称为计账，三年编审一次。根据规则：每逢编审之年，"自正月初，州县以里正、主首，猛安谋克则以寨使，诣编户家责手实，具

---

① 《宋史》卷177，食货。
② 《续资治通鉴长编》卷12，太祖。
③ 《宋史》卷31，高宗纪。
④ 戴建国：《宋代籍账制度探析》，《历史研究》2007年第3期。
⑤ 《续资治通鉴长编》卷254，神宗。
⑥ 戴建国：《宋代籍账制度探析》，《历史研究》2007年第3期。
⑦ 《州县提纲》卷2，户口保伍。

男女老幼年与姓名，生者增之，死者除之"①。可见，金代的户籍内容很明确，男女老幼都要被登记在上。值得注意的是，与唐代不同，金代的"手实"在编户家中，不是以里为单位合为一册。因而，它更具有居民户户籍册的性质。当然，户内人口增减的处理则由官府所派"寨使"依据家庭成员生死这一新变化来修订。

元朝基本上继承了金朝做法，"三年一大比，造户籍，上计账。每造凡三本，一留县，一送州府，一申省部"。它是赋役征派的依据：官府"验其力之增减而轻重其赋役"②。元代的丁口产业鼠尾簿也具有户籍的性质。根据该簿编制规则："计各乡保村庄丁口产业鼠尾簿一扇，各户留空纸一面于后。凡丁口死亡，或成丁，或产业孳畜增添消乏，社长随即报官，于各户下，令掌簿吏人即便标注。凡遇差发、丝银、税粮、夫役、车牛、造作、起发当军，检点簿籍，照各家即目增损气力分数科摊，不偏枯，不重并，使奸吏不能欺谩"③。这一簿册服务于徭役征派，其优点是将各家人口、产业变更及时地反映出来，并且较三年一大比的户籍编造内容要多。

明代初年，太祖下令建立户籍制度："籍天下户口，置户帖、户籍，具书名、岁、居地。籍上户部，帖给之民"④。其户帖"各书户之乡贯、丁口、名、岁，以字号编为勘合，用半印钤记，籍藏于部，帖给于民。仍令有司，岁计户口之登耗以闻，著为令⑤。户帖相当于当代居民手中的户口簿，记录每户人口的籍贯，家庭规模。为便于查阅，每个户帖有其编号；为防止假冒，还要用印钤记。它是一种相对规范的户籍管理形式。户帖后为黄册所取代，黄册与赋役承担相连。洪武十四年（1381年）下诏：天下府州县编赋役黄册，以一百一十户为里；……每里编为一册，册首总为一图。鳏寡孤独不任役者，则带管于百一十户之外，而列于图后，名曰畸零⑥。明朝定型后的黄册制度为十年一大造。

清朝初年仍采用明朝的黄册制度，以此编审户口，摊派赋役。顺治三

---

① 《金史》卷46，食货。
② 胡祗遹：《杂著》，见《紫山大全集》卷22。
③ 胡祗遹：《县政要式》，见《紫山大全集》卷23。
④ 《明史》卷77，食货。
⑤ 《续文献通考》卷13，户口。
⑥ 《大明会典》卷20，户部。

年（1646年）规定：三年一次编审天下户口，责成州县印官，照例攒造黄册。其内容是原额、新增、开除、实在四项，称为"四柱"①。而从户籍管理角度看，清政府比较重视保甲制度的作用。顺治初年规定：州县城乡十户立一牌头，十牌立一甲头，十甲立一保长，户给印牌，书其姓名、丁口。出则注其所往，入则稽其所来。无论绅衿旧家，与齐民一体听保甲稽查。其客民在内地贸易者，与土著一例顺编②。一定程度上讲保甲册成为清朝的基本户籍载体，并作为人口统计的依据。为此，乾隆帝指出："现今直省通查保甲所在，户口人数俱稽考成编，无难按籍而计。"③ 从文献上可以看出，这一制度在当时得到有力贯彻：乾隆后期和嘉庆朝官员王凤生在《河北采风录》中指出：河南安阳地方"向按十户立一牌头，十牌立一甲头，十甲立一千长。诚恐所管牌甲较多，千长一人不能周查，又设百长一人副之。其有畸零各户，即就少数编查。每家给一印牌，开明男妇幼孩名口，作何艺业，雇工佃户，何方人氏，有无父兄妻子。户内如续有事故者，牌内开除；另有雇觅者，牌内添注；搬去移来者，甲内删补"④。可见，保甲制中的"印牌"登录每户所有成员的信息，具有户籍册的功能。

宣统三年（1911年）《户籍法》对户籍如此定义，第143条：凡记载移籍、入籍、除籍等户之变更者，名为户籍。这应该是从古迄其时最为明确的户籍定义，是具有现代意义的表述。当然该《户籍法》出台本身是西方户籍制度影响的产物。其第144条为：户籍须每户一本。第145条：凡在户籍吏管辖内定有本籍者，编入本籍。第147条：户籍须备正副两本，正本存在户籍局，其副本则送在该管地方审判厅，其保存年限由法部酌定⑤。按照此项法律，民户并不留存户籍册，正副本均由官方掌管。

民国二十年（1931年）《户籍法》，第16条：户籍登记簿，分本籍登记簿与寄籍登记簿两种。每种各备正副二本。第17条：户籍登记簿，由县、市政府依照格式分别制定，于每页骑缝盖印，并于簿面之里记明页数

---

① 光绪《大清会典事例》卷167，户部，户口。
② 《清朝文献通考》卷19，户口。
③ 《清朝文献通考》卷19，户口。
④ 王凤生：《河北采风录》卷2，安阳县水道图说。
⑤ 《旧中国户籍法规史料》，第17页。

盖印，先期发交各户籍主任。第 18 条：户籍登记，每户用纸一份，每户一号[1]。它将民户分为本籍和寄籍两种进行登记，以便对土著和流动人口进行区分。

1949 年后第一个户籍管理规则为公安部 1951 年制定的《城市户口管理暂行条例》。它具有户籍制度的功能，只是主要针对城市居民。其第 3 条规定：凡同一主管人，共同生活，同处食宿者，不论其人数多少，关系如何，均称一户。第 4 条：户口管理一律由公安机关执行。各种簿册、表格、证件，应力求简化便利，均由公安部统一印制样式，由省（市）级公安机关翻印。第 7 条：各户均须置备户口簿，按实填写，以备查对[2]。户置户口簿是这项规定的特别之处，其格式由公安部统一印制。户口簿所填信息须与公安机关掌握的信息一致。

根据 1955 年《国务院关于建立经常户口登记制度的指示》：全体人口都要进行户籍登记。原由公安派出所办理户口登记的地方，仍按照 1951 年 7 月 16 日公安部公布的城市户口管理暂行条例办理。乡和未设公安派出所的集镇，乡、镇人民委员会应当建立乡、镇户口簿和出生、死亡、迁出、迁入登记册。乡、镇户口簿登记全乡、镇的常住人口，并且根据人口变动，随时填入或者注销，以掌握全乡、镇实有人口的情况。出生、死亡、迁出、迁入四种登记册，随时登记变动人口，以掌握人口变动的情况[3]。从字面上看，这次规定中的户口簿由基层政府掌管，对居民家庭成员生死和迁移变动状况随时登记。

相对来说，农村的户籍登记不如城市完备，这种状况一直延续至 1964 年。从当时所颁布的《第二次全国人口普查登记办法》可以下此断语，它规定：人口普查登记表，农村每户填写一式两份，以生产队为单位装订成册，由公社和大队分别保管，作为户口簿使用[4]。

1995 年公安部关于常住人口登记表、居民户口簿的建立和发放范围规定：公民在申报登记常住户口时，户口登记机关应为其建立常住人口登记

---

[1] 《旧中国户籍法规史料》，第 24 页。
[2] 《中国人口年鉴》（1985 年），第 80 页。
[3] 国务院法制局编：《中华人民共和国法规汇编》第一册，法律出版社 1956 年版，第 197—199 页。
[4] 《中国人口年鉴》（1985 年），第 123 页。

表。其中对新生婴儿，在申报出生登记时，要建立常住人口登记表；对未满 16 周岁的公民要补建常住人口登记表。城乡居民户口以户为单位进行管理，分为家庭户和集体户。凡以家庭关系为主的公民，户口登记机关应以家庭户为单位发给居民户口簿。相互之间不存在家庭关系的居住在机关、团体、企业、事业、寺庙等单位集体宿舍的公民，户口登记机关按集体户口进行管理，可以共立一户或几户，由所属单位确定专人负责管理。这一规定中明确户口登记机关（派出所）负责建立常住人口登记表，家庭户被发给户口簿。非家庭户成员则通过集体户口进行管理。

综上所述，中国从古至今户籍制度一直延续下来。但不同时期户籍制度的表现形式有差异。这种差异与户籍的功能密切相关。秦汉及以前，以人丁为基础的徭役征派和以人口为基础的税赋最为政府关注，所以成年男丁之籍和人口之籍是当时重要的户籍形式。唐中期和宋代，通过评定户等征派徭役和赋税，由此户等簿籍的重要性提高了。明朝的户帖在初期短时实行后被赋役黄册所取代。清朝摊丁入亩之后，赋役黄册的重要性降低，代之以保甲册。清末和民国时期是现代户籍制建立时期。1949 年以后户籍的最主要特征是有城乡之别，农业与非农业身份之不同，两种户籍者的身份和所享有的社会福利有差异。政府严格控制城乡人口户籍转换。这是户籍管理刚性最为突出的时期。

（二）立户和户籍单位的确立原则

以户为单位的居民之籍，怎样确定户内成员的范围？户主由谁来担当？不同时期有的有明确规定，有的则规定含糊。

1. 户主的确立

近代之前，户主多由父家长担当，异义较小，家长与户主常为一人，故对户主未专门规定。

按照唐代制度："凡是同居之内，必有尊长。"[①] 尊长一般情况下即是户主。按照开元二十五年（737 年）户令，"诸户主皆以家长为之"[②]。而名籍确定下来后，不得随意改动。大历四年（769 年）八月规定：名籍一家，

---

① 《唐律疏议》卷 12，户婚。
② 《文献通考》卷 10，户口。

辄请移改，诈冒规避，多出此流。自今已后，割贯改名，一切禁断①。可见，当时民众有通过更改户籍信息规避赋役行为。

唐代由尊长出任户主的原则为以后各朝所承继。

至清末，《大清民律草案》仍遵守这一原则。第 1324 条规定：家长以一家中之最尊长者为之；第 1325 条：最尊长者，于不能或不愿管家政时，由次长者代理之；第 1327 条：家政统于家长②。光绪三十四年（1908 年）《调查户口章程》第 12 条规定：户主指现主家政者而言③。清末宣统三年（1911 年）《户籍法》第 101 条规定：因继承宗祧而成为户主者，须于一月内呈报于户籍吏；第 106 条：因分家而成为户主者，须于十日内呈报户籍吏④。作为具有现代意义的法律，其对户主的规定更为细致。

民国期间，户籍法律对户主多有定义：1930 年所制定的《民法》亲属编第 1123 条：家置家长，同家之人除家长外均为家属。虽非亲属，而以永久共同生活为目的同居一家者，视为家属。可见，此处的"家"与"户"有共同之处。第 1134 条：家长由亲属团体推定之，无推定时以家中之最尊辈者为之；尊卑同者，以年长者为之；最尊或最长者不能或不愿管理家务时，由其指定家属一人代理之。第 1125 条：家务由家长管理，但家长得以家务之一部，委托家属处理⑤。1946 年，民国政府将 1931 年《户籍法》修订颁布。关于户籍的认定，第 4 条：户口之查记，得为户之编造，凡在同一处所同一主管人之下共同生活或营共同事业者为一户，以家长或主管人为户长⑥。

民国时地方户口管理基本上体现了国家法律精神。民国初年《福建地方保卫团清查户口章程》规定户主的确立原则为：有尊辈同居者以尊辈为户主；兄弟同居者以兄为户主；家无男丁或有而未成年者以妇女为户主⑦。

新中国成立之后，户口管理规则中户内成员的家长和尊长意识淡化，

---

① 《唐会要》卷 85，籍账。
② 《大清民律草案》，第 170 页。
③ 《旧中国户籍法规史料》，第 92 页。
④ 《旧中国户籍法规史料》，第 13 页。
⑤ 《六法全书》，第 97 页。
⑥ 《旧中国户籍法规史料》，第 54 页。
⑦ 许世英订：《治闽公牍》卷上，第 63 页。

强调户主为家庭主事之人。1951年《城市户口管理暂行条例》第3条规定：凡同一主管人，共同生活，同处食宿者，不论其人数多少，关系如何，均称一户。一般住户，以其主管人为户主；如系单人合住者，以其居住较久或有固定职业者为户主。1958年，《中华人民共和国户口登记条例》第5条规定：户口登记以户为单位。同主管人共同居住一处的立为一户，以主管人为户主；单身居住的自立一户，以本人为户主；居住在机关、团体、学校、企业、事业等单位内部和公共宿舍的户口共立一户或者分别立户。户主负责按照本条例的规定申报户口登记。

我们认为，传统社会，家庭户既是一个生活单位，也是生产单位；对官方来说，它又是一个赋役承担单位。户集多种功能于一体，家长的责任重大。它需要由有威望和制约能力的尊长出任。而现代家庭则主要是生活单位，且关系简单。

2. 原系一家分居后户的确立原则

从上面户籍成员内容来看，户是一个同居共爨单位。原来生活在一起的亲子因儿子成人结婚并分居另爨，则与父亲不再属于一户，而是两户。

传统时期的规则基本上也是符合这一制度的，但也有个别做法与此相左。清代直隶的保甲法规定：有父者，子虽分居不得另占户[1]。

民国和1949年后户籍制度均强调户为同居成员所组成。

1931年民国《户籍法》第8条规定：户籍之编造，以一家为一户，虽属一家而异居者，各为一户。户籍设户籍登记簿。根据第18条：户籍登记每户用纸一份，每户一号。民国三十年（1941年）《修正户籍法施行细则》第5条：其分产而仍同居者亦各为一户[2]。

1951年《城市户口管理暂行条例》第3条规定：如一家分居数处，分起伙食，相距较远者，或数家虽同居一处而经济各自独立者，均得分别立户。

这意味着现代意义的户强调同爨、同居和共财的一致性。

---

[1] 黄可润：《畿辅见闻录》第二册，第22、23、49页。
[2] 《旧中国户籍法规史料》，第49页。

(三) 户籍内容及变动登记制度

户籍登记内容近代之前比较简单。主要是本户居住地,户主及户内成员的姓名、年龄。当然,不同时期也有一些差异。

1. 户籍内容

从《周礼·秋官》对战国时期户籍内容所作表述可知,当时的户籍内容包括被登记者的住址(辨其中国、都鄙、郊野)、年龄(生齿以上)、性别(异其男女)、死亡和出生状况(死生)。《商君书·去强》为我们提供了秦国户籍登记的内容,"四境之内,丈夫女子皆有名于上,生者著,死者削"。由此可知秦国的户版上登记本户所有人的姓名,并对户内成员的生死状况及时反映。

从现代发现的秦代竹简上可知统一后的秦朝户籍上所登记的内容。它分上下两栏,登有户主、妻和各子女名称。

南阳户人荆不更黄得　妻曰嗛　子　小上造台　子小女虏　五长
　　　　　　　　　　　　　　子　小上造宁　子小女移
　　　　　　　　　　　　　　子　小上造定　子小女平[①]

其内容是户主、户内成员及与户主关系,子女姓名、性别和爵位。但没有确切年龄,然而我们却可对子女是否成年的状况有所了解。

这种登记内容也为两汉所沿用。从《二年律令》可知,姓名、年龄、性别是当时户籍登记的基本内容。

北朝西魏留下一些户籍册,从中可对其时户籍的内容有所认识。

个案1[②]

户主王皮乱己巳生年伍拾究(玖)　白丁　课户中
妻那雷处姬辛卯生年叁拾陆　丁妻
息女女亲辛丑生年两拾柒　　中女出嫁受昌郡民泣陵申安
息女丑婢丙辰生年拾两　　　中女出嫁效谷县斛斯己奴党王子

[①] 张荣强:《湖南里耶所出"秦代迁陵县南阳里户版"研究》,见陈锋、章健民主编《中国古代社会经济史论》,湖北人民出版社2010年版,第115页。

[②] 朱绍侯:《魏晋南北朝土地制度与阶级关系》,中州古籍出版社1988年版,第168—169页。

息男员丁巳生年拾壹　　　中男
息女子杰己未生年究（玖）　小女
前缺
一段十亩麻　舍东二步　东至安周　西至舍　南至渠　北至元兴
一段七亩正　舍西三步　东至舍　西至元兴　南至渠　北至元兴右件
　　　　户主皮乱分麻足　正少十亩
一段五亩麻　舍西一里　东至步胡朱　西至乙升　南至婆洛门　北至
　　丰虎
　　　　　　右件一段妻处姬分　麻足　正未受
一段居住一亩园宅

个案2[①]

户主侯老生水癸酉生年伍拾伍　　白丁　课户上
妻邓延腊腊丙子生年伍拾两　　　丁妻
息男阿显丁未生年两拾壹　白丁
息男显祖辛亥生年拾柒　　中男
息女显亲乙卯生年拾叁　　死
息女胡女戊午生年拾　　　中女
息男恩恩甲子生年肆　　　小男

牛一头黑特大
计布一匹二丈
计麻三斤　　　三石七斗五升租
计租六石　　　二石二斗五升输草四围半
后缺
前缺
一段十亩麻　舍南一步　东至曹匹智（　　）西至侯老生　南至
（　　）北至渠

[①] 《敦煌资料》第一辑，见朱绍侯《魏晋南北朝土地制度与阶级关系》，中州古籍出版社1988年版，第172—173页。

一段廿五亩正　舍西五步东至麻　西至刘文成　南至元兴　北至道

右件二段户主段老生分　麻正足

一段五亩麻　舍西卅步　东至老生　西至文成　南至老生　北至渠

一段十亩正　舍南一步　东至曹乌地（　）西至文成　南至圻　北至老生

右件二段妻分　麻正足

一段十亩麻　舍西一步　东至舍　西至渠　南至阿各孤　北至曹羊仁

一段八亩正　舍南十步　东至渠　西至丰虎　南史敬香　北至渠

右件二段息阿显分　麻足　正少十二亩

一段一亩居住园宅

朱绍侯认为，这些户籍登记册虽为西魏所遗留，但因西魏是北魏分裂后所形成，因而其户籍制度也是对北魏的沿袭，这些册籍也是对北魏的揭示[①]。

上述户籍残卷虽不完整，但它已将当时户籍的格式和基本内容显示出来。从中可见籍册实际上分两部分，一是家庭成员信息，一是家庭财产信息。就第一部分而言，它包括户主姓名、出生时间、年龄、身份、户等；妻子的姓名、出生时间、年龄；子女的性别、出生时间、年龄、婚姻状况、所嫁何地何人。应该说，户籍关于人口的信息是比较全的。

唐代的户籍册将户内成员按照年龄大小和老幼分为黄（男、女始生为"黄"）、小（四岁为"小"）、中（十六岁为"中"）、丁（二十有一为"丁"）和老（六十为"老"）。

前述宋代户籍比较杂乱。丁籍则主要以成丁为统计对象，逾龄则除。而五等丁产簿上则有丁口、纳税产业等。在保伍之籍上，"如一甲五家，必载其老丁几人，名某年若干，成丁几人名某年若干，幼丁几人名某年若干，凡一乡为一籍，其人数则总于籍尾"[②]，可见，保伍籍簿上每家所有成员均要登记。

[①] 《敦煌资料》第一辑，见朱绍侯《魏晋南北朝土地制度与阶级关系》，中州古籍出版社1988年版，第177页。

[②] 佚名《州县提纲》卷2，户口保伍。

明朝户帖之上要将"户之乡贯丁口名岁"登记清楚①。洪武三年（1370年）浙江嘉兴府嘉兴县杨寿六的户帖格式为：

一户杨寿六，嘉兴府嘉兴县思贤乡三十三都上保必暑字圩，匠籍，计家八口。

男子四口。成丁二口：本身，年六十岁；女夫卜官三，年三十一岁；不成丁二口：甥男阿寿，年六岁；甥男阿孙，年三岁。

妇女四口。妻母黄二娘，年七十五岁；妻唐二娘，年五十岁；女杨一娘，年二十二岁；

甥女孙奴，二岁。

事产。屋二间二舍；船一只；田地自己一十五亩一分五厘六毫。

右户帖付杨寿六收执。准此。

洪武四年月日杭字八百号②。

户帖对该家庭户主、成员、与户主关系、性别、年龄及其财产状况有较全面的反映。但户帖在洪武十五年（1382年）因黄册制度的实行而逐渐废止。明朝黄册的编造方法：洪武十四年（1381年）诏天下府州县编赋役黄册，令人户自将本户人丁事产、依式开写③。人户以籍为断，禁数姓合户附籍④。

试举一例：

永乐徽州府歙县胡成祖黄册抄底。

一户胡成祖系十七都五图民户。

旧管　人口三口，男子二口，妇女一口

事产　民田地山塘一亩二分三……

　　　民房屋瓦房二间

新收　人口正收男子不成丁一口

　　　男系永乐十七年生

开除　事产转除民田地山塘一亩二分三

---

① 《大明会典》卷19，户口。
② 栾成显：《明代黄册制度》，中国社会科学出版社1998年版，第25、26页。
③ 《大明会典》卷20，户口。
④ 《明史》卷77，食货。

实在　人口三口　　男子二口
成丁一口　　　本身年三十九岁
不成丁一口　男进年四岁
妇女大一口　妻阿程年三十四岁
事产　民房屋瓦房二间①

可见，黄册是一种四柱册，即旧管、新收、开除和实在，体现出家庭人口和财产在十年内所发生的变化。所谓"十年大造黄册，凡户口、田赋、事役新旧登耗之数无不备载"②。明初，政府的户籍登记制度得到了贯彻：天下编黄册，以户为主，详具旧管、新收、开除、实在之数为四柱式③。黄册不像户帖那样一式两份，民众手中并不保留底册。但弘治四年（1491年）的规定表明，为了使百姓对承担的税赋心中有数，官府在每次造册完成后，抄写帖文，相当于黄册副本，交给民户收藏：造册完日，州县各计人户若干，填写帖文各一纸，后开年月，并填委官里书人役姓名，用印钤盖，申达司府知会，给发各户亲领执照，使知本户旧管、新收、开除、实在丁粮各若干，凭此纳粮当差。下次造册，各户抄誊似本，开报州县，以为凭据④。另外，在南方省份，为防止隐匿田产，客观显示土田的等级，使赋税征收有据，政府"随粮定区，区设粮长四人，量度田亩方圆，次以字号，悉书主名及田之丈尺，编类为册，状如鱼鳞，号曰鱼鳞图册"。鱼鳞图册"以土田为主，诸原坂、坟衍、下隰、沃瘠、沙卤之别毕具"。鱼鳞图册与黄册的关系是，前者为经，"土田之讼质焉"；后者为纬，"赋役之法定焉"⑤。无疑，黄册是明朝户籍的主要载体。

清初仍沿用明朝黄册之制编审人丁。但清中期以后，政府对保甲制更为重视。根据清代保甲规条，保甲"立有户口同籍，凡一户之男女老幼、残废丁仆，靡不具载；又设循环二簿，令保甲随时登载，按季交官"⑥。

笔者从河北省档案馆查到光绪年间永安堡保甲户口册，具体认识其形

---

① 栾成显：《明代黄册制度》，中国社会科学出版社1998年版，第48—50页。
② 《续通典》卷9，赋税。
③ 《明史》卷77，食货。
④ 《大明会典》卷20，户口。
⑤ 《明史》卷77，食货。
⑥ 《清高宗实录》卷662。

式和内容：

该册全名为"永安堡保甲户口册"。

第一页内容如下：

村长：张克亮

村副：郑福安

保长：张永新

地方：李润春

本村共计十三牌一百三十六户。

男：大二百六十四名，小一百一十七名；女大二百七十一口，小一百零六口。共计男女大小七百六十八名口，地二十八顷四十亩。

第二页

第一牌第一户牌长周廷辅年53岁，生业：匠，种地5亩。

男大2名，小1名；女大2口，小无。雇工：无，寄住亲友：无。

第二户家长郑维新年48岁，生业：商，种地35亩。男大3名，小1名；女大3口，小2口；雇工1名，寄住亲友：无。

第三户家长周廷伟年49岁，生业：能，种地20亩。男大3名；女大3口，小2口。雇工1名，寄住亲友：无。

……

第十户家长周廷汉年36岁，生业：能，种地35亩。男大2名小1名；女大3口，小2口。雇工：无，寄住亲友：无。

可见，保甲户籍册中以10户为一牌，每牌首列牌长，其他户首列家长，家长要注明姓名、年龄、生业，家庭耕地数。家庭成员分男女大小名口及数量，男为名，女为口。家庭雇工单独统计，若有寄住人口也须写明[①]。

清末，清政府实行具有现代色彩的户籍制度。宣统三年（1911年）《户籍法》第166条：户籍记载事件如下：（1）户主及家属之姓名、职业，有前户主者并其姓名、职业；（2）户主及家属出生年月日；（3）成为户主与家属之原因及年月日；（4）有监护人者，监护人之姓名及就任与任务终

---

① 河北省档案馆藏：《永安堡保甲户口册》，卷宗655-1-1217。

止之年月日；（5）户主之本籍地①。不仅如此，户内成员登记应按照以下顺序：户主、户主之直系尊属、户主之配偶者、户主之直系卑属及其配偶者、户主之旁系亲及其配偶者②。

民国二十年（1931 年）《户籍法》第 99 条规定的登记内容与宣统三年（1911 年）《户籍法》相似，只是将户主改称为家长③。

1949 年后直至 20 世纪 80 年代户籍登记内容比较简单，包括户主姓名、出生年月、籍贯、受教育程度、婚姻状况；户内成员为姓名、与户主关系、出生年月、受教育程度、婚姻状况等。

1995 年公安部规定，居民户口簿共设置 28 个登记项目，包括：（1）户别；（2）户主姓名；（3）户号；（4）住址；（5）住址变动登记；（6）姓名；（7）户主或与户主关系；（8）曾用名；（9）性别；（10）出生地；（11）民族；（12）籍贯；（13）出生日期；（14）本市（县）其他住址；（15）宗教信仰；（16）公民身份证件编号；（17）身高；（18）血型；（19）文化程度；（20）婚姻状况；（21）兵役状况；（22）服务处所；（23）职业；（24）何时由何地迁来本市（县）；（25）何时由何地迁来本址；（26）承办人签章；（27）登记日期；（28）登记事项变更和更正记载。

传统户籍与现代户籍登记内容的最大差异为，从信息上看，前者重户主信息，而户内成员信息从简；后者户主和户内所有成员基本信息详细程度一样。这种差异的原因在于，传统社会，家庭成员多以家庭为生活或就业单位，流动较少，户主或家长对其成员约束力较大；当代家庭只是其成员的生活单位，就业社会化，家长对成年成员的约束和控制力减弱，政府机构有必要掌握所有家庭成员的信息。

2. *户籍内容的变更*

户籍建立既有形式上的相对固定，但各户成员有生死变化，年龄由未成年向成年、成年向老年的递进。另外，还有居住地的迁移变化。户籍只有反映这些变化才更有价值。

一般来讲，家内成员信息变更主要是生死变动，在现代社会还有婚姻

---

① 《旧中国户籍法规史料》，第 19 页。
② 《旧中国户籍法规史料》，第 19 页。
③ 《旧中国户籍法规史料》，第 37 页。

状况的变动。但家内成员也有可能单独或部分前往外地,还有分家另立户头的现象。

《周礼·秋官》中司民对所掌"万民之数""岁登下其死生"实际就是按年度变更民众生死信息。

秦国时对户籍人口"生者著,死者削"①,这也是一种变更方法。

相对来说,近代以来官方对户籍内容的变更所做规定更细。

清末宣统三年(1911年)《户籍法》第19条规定:出生、成婚、离婚、撤销嫡庶②、认领私生子、立嗣、退继、招婿、监护、死亡、宗祧继承、分家等都要及时申报。第42条:子之出生须于十日内呈报于户籍吏。关于死亡登记,第89条:死亡之呈报由负有呈报义务者知其死亡之日起于五日内呈报于户籍吏③。关于分家,第106条:因分家而成为户主者,须于十日内呈报户籍吏④。关于结婚,第57条:男女成婚之日须呈报于户籍吏。第58条:成婚呈报书须开具男女姓名、职业、年岁及本籍地,父母和户主姓名、职业及本籍地⑤。可见,这是几乎涉及家庭成员所有变化类型的户籍法律,体现出及时登记变更的特征。

民国二十年(1931年)《户籍法》第24条事项变更登记包括:出生、认领、收养、结婚、离婚、监护、死亡、死亡宣布、继承⑥。1930年的《民法》亲属编已不承认立嗣、过继、宗祧继承等传统男系传承规则,故此项法律所规定的事项变更登记减少了。

新中国成立初期,政府仅对城市人口户口管理作出规定。按照1951年《城市户口管理暂行条例》:婴儿出生后一月内,由户主或其父母申报之;在死亡未入殓以前,二十四小时内,由户主或家属申报之;凡结婚、离婚、分居、并居、失踪、寻回、收养、认领、雇工、解雇、开张、歇业或户主

---

① 《商君书·去强》。
② 对于嫡出、庶出,其父认为非己之子有撤销其身份之意者,亦须为出生之呈报(宣统三年《户籍法》第47条)。
③ 《旧中国户籍法规史料》,第7、12页。
④ 《旧中国户籍法规史料》,第13页。
⑤ 《旧中国户籍法规史料》,第8页。
⑥ 《旧中国户籍法规史料》,第25页。

之职业等有变动时，均须分别报告之①。由于1956年前城市私人经济尚存在，所以它包含了雇工和解雇等变更内容。

1955年《国务院关于建立经常户口登记制度的指示》则是针对全体人口所制定的户籍登记制度。关于出生：婴儿在出生后一个月内，应由婴儿的父、母或者其他关系人报告婴儿父、母当地乡、镇人民委员会，或者报告当地乡、镇以下行政组织的负责人（如组长、屯长等）转报乡、镇人民委员会登入出生登记册。死亡：其中正常死亡，应当在死亡后一个月内，由户主或者其他关系人报告当地乡、镇人民委员会，或者报告当地乡、镇以下行政组织的负责人转报乡、镇人民委员会登入死亡登记册②。另外，由于离婚、分居、合居、失踪、寻回、收养、认领、雇工、解雇等原因引起的户口变动，都应由户主或者本人报告当地乡、镇人民委员会，或者报告当地乡、镇以下行政组织的负责人转报乡、镇人民委员会按迁出迁入的规定，办理登记或者注销③。这一变更登记具有直接申报和间接申报相结合的特征。

1958年，《中华人民共和国户口登记条例》第7条规定：婴儿出生后一个月以内，由户主、亲属、抚养人或者邻居向婴儿常住地户口登记机关申报出生登记。弃婴，由收养人或者育婴机关向户口登记机关申报出生登记。第8条：公民死亡，城市在葬前，农村在一个月以内，由户主、亲属、抚养人或者邻居向户口登记机关申报死亡登记，注销户口。第19条：公民因结婚、离婚、收养、认领、分户、并户、失踪、寻回或者其他事由引起户口变动的时候，由户主或者本人向户口登记机关申报变更登记④。这一规则强调当事人直接向户口管理部门申报。

需要指出，20世纪60年代之后，直到80年代初期，夫妇两地分居现象增多。夫妇的新生婴儿登记原则是随母落户。1982年公安部仍坚持这一原则：农村妇女与城镇职工、居民结婚所生的子女，不论出生地在哪里，

---

① 《中国人口年鉴》（1985年），第79—80页。
② 国务院法制局编：《中华人民共和国法规汇编》第一册，第197—199页。
③ 国务院法制局编：《中华人民共和国法规汇编》第一册，第197—199页。
④ 《中国人口年鉴》（1985年），第83页。

都应在其母常住户口所在地申报出生登记①。它也可谓限制城镇人口增长的一项措施。1998年7月该政策出现转变，实行"婴儿落户随父随母自愿的政策"：凡新生婴儿，包括超计划生育、非婚生育的婴儿，既可以在父亲也可以在母亲常住户口所在地户口登记机关申报常住户口②。这为两地分居夫妇提供了选择机会，他们一般会将孩子户口登记在有利于其未来发展的地区。

从上可见，秦汉时期户籍以人口登记为主，魏晋南北朝直至明代户籍登记内容出现人口数和财产状况并重的趋向，清代之后则变为以人口数为主、财产为辅。1949年后的户籍偏重家庭背景信息和个人信息。户籍登记的这些时期特征由当时户籍的功能所决定。

二 户籍管理系统和体制

户籍一旦建立，要维系下来并发挥其作用，就需要有一个健全的管理系统，否则，将会形同虚设。就中国不同时期来看，户籍的管理有三个层级：一是基层社会，以县以下民众所生活的村落和坊巷为基础；二是地方官府管理层级，各个时期地方政府管理结构有别，基本上指从县，中经府或州，至道、路、省的不同级别机构；三是中央或全国性管理机构。需要指出的是，一些朝代职业性较强的户籍有专门机构管理，如明代军籍归卫所，匠隶工部；清代的八旗由八旗都统衙门负责。这里仅对多数平民的户籍管理系统进行分析。

（一）基层社会户籍管理

1. 基层社会的户籍管理体制

（1）近代之前的管理制度

基层社会是户籍存在的载体，近代之前政府所设行政机构最低为县，

---

① 公安部：《关于解决有关农村落户问题的指示》（1982年12月6日），《中华人民共和国国务院公报》1982年第21期。

② 《国务院批转公安部关于解决当前户口管理工作中几个突出问题意见的通知》（1998年7月22日），《河南政报》1998年第11期。

县以下的乡村（具体名称各个时期差异很大）多为政府督导下的民间组织负责管理（民众或轮流或以差役形式出任管理人），有些王朝在县下设有政府的派出机构。整体看，乡村不是官方直接管理的层级。基层社会的户籍管理与户口管理基本是一体的。如果说有区别的话，前者侧重于人口的名册管理，后者则将其与地方治安秩序结合起来。概括来说，户籍管理并非单纯弄清户口数量，而在于借此服务于政府徭役摊派、赋税征收和社会秩序维护等职责。

《周礼·地官》乡大夫之职：各掌其乡之政教禁令。以岁时登其夫家之众寡，辨其可任者。国中自七尺以及六十，野自六尺以及六十有五，皆征之。其舍者，国中贵者、贤者、能者、服公事者、老者、疾者皆舍，以岁时入其书。由前已知，《周礼·秋官》中的司民负责户口登记，而此处"地官"中的乡大夫每年也要登记所管辖范围家庭户数，还要知道各户成员，特别是男性的年龄状况，以便派发或免除徭役。可见，在《周礼》中户口管理已经出现两个系统：一是纯粹的人口管理；二是建立在家庭人口基础上的徭役征派。由于《周礼》的官职设置具有理想色彩，具体操作中，两个系统各行其是，还是有所配合，不得而知。

秦汉时期，基层社会实行里、亭、乡三级制：大率十里一亭，亭有长；十亭一乡，乡有三老、有秩、啬夫、游徼等职。其中有秩（大乡）和啬夫（小乡）的职责是："知民善恶，为役先后，知民贫富，为赋多少，平其差品"。此外，还有乡佐，"主民收赋税"①。他们的这些工作需建立在对本地百姓家庭人口、财产状况有较全面掌握基础上，无疑，有秩和啬夫是一乡户籍事务的掌管者。有研究指出，民众迁移也须向啬夫申请②。有秩、啬夫等享有官俸，可见他们属于官僚体制内的人员。乡以下的"里"是最基层的乡村单位，应该相当于后世的村落或几个相对集中的自然村。秦朝重视对民众的行为控制，以"里"作为初级控制单位是不够的。什伍之制则可弥补其疏漏。什伍显然建立于里之中。

晋朝县下户口管理之制基本承袭汉代。其结构为：每县户五百以上皆置乡，三千以上置二乡，五千以上置三乡，万以上置四乡，乡置啬夫一人。

---
① 《后汉书》卷128，百官5。
② 高敏：《秦汉的户籍制度》，《求索》1987年第1期。

乡户不满千以下，置治书吏一人；千以上，置史、佐各一人，正一人；五千五百以上，置史一人，佐二人。县率百户置里吏一人。其土广人稀，听随宜置里吏，限不得减五十户①。这里的乡"啬夫"、"治书吏"、"史"、"佐"等应属于被纳入官吏系统内的乡村事务管理者，无疑户籍管理也为其职责之一。

北魏孝文帝太和十年（486年），给事中李冲上书建立设立三长制，被采纳。其内容为：五家立一邻长，五邻立一里长，五里立一党长，党长取乡人强谨者。邻长复一夫，里长二，党长三。所复复征戍，余若人。三长三载亡愆，则陟用之一等②。这是另一种形式的基层社会三级管理制度。其家户数量结构为邻5、里25、党125。一定程度上讲，它是秦朝什伍制和里、亭、乡三级制混合后的产物。在我们看来，此项制度将乡村管理重心下移了，因为三长之中，有两长即邻长和里长置于村落单位之中。为了调动各"长"的积极性，充任者本人及其家庭成员享受免征戍的待遇。征戍实际是一项徭役，政府不必付给充任者任何报酬，以免除征戍换得他们承担基层社会管理的义务。

隋朝文帝即位后，颁发新令：五家为保，保五为闾，闾四为族，皆有正。畿外置里正，比闾正；党长比族正，以相检察③。其家户数量结构为保5、闾25、族100。与北魏相比，这一制度更加重视基层社会管理，"三正"均设置于基本上与村相当的管理单位内。这是畿内模式，还有畿外模式。一般而言，远离中心区的畿外，人口相对稀疏，最小居住单位可能只有几户、十几户，要凑够100户，可能需要相对多的自然聚居点，故在畿外变通为保、里、党制。需要指出的是，隋朝政府内部在是否设乡正问题上曾展开过争论。苏威上奏建议置五百家乡正，令理人间词讼。李德林以为："本废乡官判事，为其里间亲识，剖断不平。今令乡正专理五百家，恐为害更甚。且今时吏部总选人物，天下不过数百县，于六七百万户内铨简数百县令，犹不能称才，乃欲于一乡之内选一人能理五百家者，必恐难得。又即要荒小县有不至五百家者，复不可令两县共管一乡"。皇帝饬内外群官，

---

① 《文献通考》卷12，职役。
② 杜佑：《通典》卷3，食货。
③ 杜佑：《通典》卷3，食货。

于东宫开会讨论。自皇太子以下，多认同李德林的观点。然权官高颎赞成苏威建议，遂置之。后虞庆则等于关东诸道巡省使还，一起上奏指出设乡正之弊，"五百家乡正专理词讼，不便于人；党与爱憎，公行货贿"。这一制度最终被废止①。

唐朝的制度为：诸户以百户为里，五里为乡，四家为邻，五邻为保。每里置正一人（若山谷阻险，地远人稀之处，听随便量置），掌按比户口，课植农桑，检察非违，催驱赋役。在邑居者为坊，别置正一人，掌坊门管钥，督察奸非，并免其课役。在田野者为村，别置村正一人。其村满百家，增置一人，掌同坊正；其村居如（不）满十家者，隶入大村，不须别置村正②。从形式看，唐朝基层社会管理制度兼有北魏和隋朝的设置特征。尽管名称不尽一致，实际上唐对隋制继承更多，只是隋朝的"乡"没有持续设置下去。唐朝明确为邻、保、里、乡四级制。其家户数量结构为邻4、保20、里100、乡500。需要指出，唐朝并未明确"保"与"里"的递进方式，从家户数量看应为5保为里。另外，唐在"里"这一层级有"邑"、"野"之别，相当于当代有城乡之不同。即城为"坊"，乡间为"村"。它在一定程度上也印证了我们视秦汉及其以后的"里"近似于村落认识的合理性。唐朝四级之中，里正或坊正、村正责任最为明确，表明"坊"、"村"是一个整合度比较高的基层单位，处于"纲举目张"的关键环节。还有一点需要提及，唐朝将"坊"、"村"并置，从一个侧面说明城邑及其人口在当时具有较重要的地位。

五代后周时实行村团制，显德五年（958年）十月下诏：诸道州府，令团并乡村，大率以百户为一团，每团选三大户为耆长。凡民家之有奸盗者，三大户察之；民田之有耗登者，三大户均之；仍每及三载，即一如是③。这里的"团"与前朝"里"的户规模相同，它或许是为了适应当时战乱频仍、村落单位人户减少的局面。只有将唐代的村进行团并，才能达到百户的水平。

宋朝基层社会主导的管理形式为保伍之制。其设置初衷主要从社会治

---

① 马端临：《文献通考》卷12，职役。
② 杜佑：《通典》卷3，食货。
③ 《五代会要》卷25，团貌。

安角度考虑，旨在避免"设有缓急、懵然莫知"的状况，"令诸乡各严保伍之籍"。一甲五家，必载其家老丁几人，名某、年若干；成丁几人，名某、年若干；幼丁几人，名某、年若干。凡一乡为籍，其人数则总于籍尾。有盗贼则五家鸣锣挝鼓，互相应援；或遇差役起夫、水旱赈济，皆可按籍而知，诚非小补①。应该说，宋朝的保甲制与之前管理方式相比，具有严密、细化的表现。以往以"家户"为单位，宋的这一制度则将户内成员分成三个年龄组登入册籍。可以说，它具有将治安管理、徭役摊派、人口救济与户籍相结合的特征。而其功能扩展到基层社会所有方面。或者说保甲以治安管理为核心，兼及徭役征派、灾害、救济等。

金朝将坊乡制和村社制结合起来，村社是乡的基层单位。具体规则为：京府州县郭下置坊正；村庄随户众寡为乡，置里正。坊正、里正的职责为：按比户口，催督赋役，劝课农桑。村社的组成方式为：300 户以上设主首 4 人，200 户以上 3 人，50 户以上 2 人，以下 1 人。其职责为：佐里正，禁察非伪。此外，还置壮丁，"以佐主首，巡警盗贼"②。可见，村社的职责重点是治安。

元朝基层管理组织为"社"：诸县所属村疃凡五十家立为一社。无论何种身份的家庭"并行入社"。然后由社众"推举年高、通晓农事、有兼丁者，立为社长"。社长的职责是："专一照管，教劝本社之人务勤农业，不致惰废。如有不肯从教劝之人，籍记姓名，候提点官到彼，对社众责罚"。社长可享受"免本身杂役"的待遇。官府年终对其进行考校，"有成者优赏，怠惰者责罚"③。社长还负责本社纠纷的调解：诸论诉婚姻、家财、田宅、债负，若不系违法重事，并听社长以理谕解，免使妨废农务，烦扰官司④。

明朝的管理则以赋役征派为主。洪武十四年（1381 年）规定：地方府州县编制赋役黄册，以一百一十户为里，推丁多者十人为长，余百户为十甲。甲凡十人，岁役里长一人，管摄一里之事。城中曰坊，近城曰厢，乡

---

① 佚名《州县提纲》卷2，户口保伍。
② 《金史》卷46，食货。
③ 《续文献通考》卷16，职役。
④ 《通制条格》卷16，田令。

都曰里。凡十年一周①。里是基本单位，但与前面各朝"里"的户规模不同，它由110户组成。明政府还根据城乡差异将与"里"同级的单位细分为三种：坊、厢、里。

清朝，黄册制下的户口管理体制与明朝基本一样。而清朝更重视户口牌甲制度：州县城乡十户立一牌长，十牌立一甲长，十甲立一保长。户给印牌，书其姓名丁口。出则注所往，入则稽所来。此项制度的功能及其管理规则与宋朝相似，但设置更细致。其家户结构为牌10、甲100、保1000。"甲"与"里"相当，"保"则与"乡"相当。在这一制度下，固定居住人口与流动人口均处于掌控之中。乾隆二十二年（1757年），清政府针对保甲更定十五条管理规则。其中有：直省所属每户岁给门牌，牌长、甲长三年更代，保长一年更代。户口迁移登耗，随时报明，门牌内改换填给；绅衿之家，与齐民一体编列；凡客民在内地贸易，或置有产业者，与土著一律顺编；各省山居棚民，按户编册，地主并保甲结报；广东寮民，每寮给牌，互相保结②。应当说，保甲制的此项管理规则更具有后来户籍制度的功能。

（2）近代以来至民国时期基层户籍管理的新变化

清朝在光绪二十八年（1902年）开始推行警察制度，其在一定程度上承担了人口管理的职能。不过，清末也开始建立专门的户籍管理机构。按照宣统三年（1911年）制定的《户籍法》第1条：城镇乡各设户籍吏一员，城镇中有划分为数区者，每区各设一员。第2条：户籍吏，城镇由董事会之总董兼充，乡由乡董兼充，有区董之城镇由区董兼充。第3条：户籍吏掌记载于人籍及户籍事件。第9条：城镇董事会及乡董、区董办事之自治公所内设户籍局，须另备一室，负责人籍及户籍之事务③。应该说，清末户籍管理开始向专门化转变，但尚不是专门人员所管，是由乡董、区董等兼充。由于户籍吏设置于乡一层级，并且其职责是被动地等待民众前来办理户籍登记等事宜，因而，它并不能取代建立在村庄基础上的牌甲制度。

相对于清末，民国时期基层户籍管理的专业性更高。民国二十年

---

① 《大明会典》卷20，户口。
② 《清史稿》卷120，食货。
③ 《旧中国户籍法规史料》，第3—4页。

(1931年)《户籍法》第10条规定：每户籍管辖区域设户籍主任一人，户籍员若干人，掌理户籍及人事登记事务，于乡镇公所或坊公所办理之。第14条：户籍主任应依据户籍登记簿、人事登记簿，分别编造各项统计季报及统计年报，呈送监督官署。从该规则中可以看出，民国形成了户籍登记和上报制度。这一户籍管理区域同清末一样，是以乡镇为基础的。而1946年的《户籍法施行》(第6条)对此有更明确的说明：户籍登记以乡镇为管理区域，以乡镇长兼任户籍主任，并设户籍干事若干人[①]。同样，民国的户籍管理为政府掌握人口数量及其变动提供了可能，但它本身不具有治安等职能，亦即它不能替代保甲这样的基层社会管理组织。事实上，保甲制在民国继续实行。1946年《户籍法施行细则》(第9条)对此作了明确表述：保甲编制以户为单位，十户为甲，十甲为保。有增减之必要时，得以六户至十五户为甲，六甲至十五甲为保。市之保甲编制，十户至三十户为甲，十甲至三十甲为保[②]。它与清朝的不同表现为，标准的甲为10户，保为100户。实际是民国的"保"与清代的"甲"等同，民国的"甲"与清代的"牌"等同。它意味着民国农村的保甲基本上建立在村庄范围内，治安责任更显重要。而乡则成为隶属政府系统的基层管理机关，打破了秦汉以后政府行政机构只设置于县的格局。

(3) 1949年以后基层户籍管理体系及其特征

1949年以后户籍管理完全纳入政府规范体系之中。

按照1951年《城市户口管理暂行条例》第4条：户口管理一律由公安机关执行，各种簿册、表格、证件，应力求简化便利人民，均由中央政府公安部统一印制样式，由省(市)级公安机关翻印。公安人员执行任务时，各户不得拒绝[③]。

1955年《国务院关于建立经常户口登记制度的指示》指出：1953年的人口调查登记工作，已为建立经常的户口登记制度奠立了基础。但在最初仍维持着民政和公安双系管理制度。全国户口登记行政由内务部和县级以上人民委员会的民政部门主管；办理户口登记的机关，在城市、集镇是公

---

① 《旧中国户籍法规史料》，第54页。
② 《六法全书》，第638页。
③ 《中国人口年鉴》(1985年)，第79页。

安派出所，在乡和未设公安派出所的集镇是乡、镇人民委员会。原由公安派出所办理户口登记的地方，仍按照1951年7月16日公安部公布的城市户口管理暂行条例办理。乡和未设公安派出所的集镇，乡、镇人民委员会应当建立乡、镇户口簿和出生、死亡、迁出、迁入登记册。乡、镇户口簿登记全乡、镇的常住人口，并且根据人口变动，随时填入或者注销，以掌握全乡、镇实有人口的情况。出生、死亡、迁出、迁入四种登记册，随时登记变动人口，以掌握人口变动的情况①。

而户籍管理的一体化在1956年开始实施。1956年国务院《关于农村户口登记、统计工作和国籍工作移归公安部门接办的通知》要求：为了统一城乡户口管理工作，决定将内务部和各级民政部门掌管的农村户口登记、统计工作，以及有关国籍问题的处理工作，移交公安部和各级公安部门接管办理。具体规则为：乡、民族乡、镇户口登记、统计的工作，仍由乡、镇人民委员会文书或原办理人员负责办理，不办理移交，但民政委员会应向治安保卫委员会交代工作情况；县民政科应将本县户口登记工作进行的情况和有关1953年人口调查登记和以后建立户口登记制度的档案、材料、簿册、统计表格，以及处理国籍工作的情况和有关材料等移交县公安局，专署民政科应当向专署公安处办理移交②。

1958年《中华人民共和国户口登记条例》则彻底完成公安系统全面管理户籍的工作。其第3条规定：户口登记工作，由各级公安机关主管。城市和设有公安派出所的镇，以公安派出所管辖区为户口管辖区；乡和不设公安派出所的镇，以乡、镇管辖区为户口管辖区。乡、镇人民委员会和公安派出所为户口登记机关。居住在机关、团体、学校、企业、事业等单位内部和公共宿舍的户口，由各单位指定专人，协助户口登记机关办理户口登记；分散居住的户口，由户口登记机关直接办理户口登记。居住在军事机关和军人宿舍的非现役军人的户口，由各单位指定专人，协助户口登记机关办理户口登记。农业、渔业、盐业、林业、牧畜业、手工业等生产合作社的户口，由合作社指定专人，协助户口登记机关办理户口登记。合作

---

① 国务院法制局编：《中华人民共和国法规汇编》第一册，法律出版社1956年版，第197页。
② 国务院法制局编：《中华人民共和国法规汇编》第三册，法律出版社1956年版，第173页。

社以外的户口,由户口登记机关直接办理户口登记①。这一户籍制度直至今天仍在延续。

2. 户籍管理者失职的处罚

(1) 近代之前基层管理者的户口脱漏之责

基层里社保甲所管辖民众户口出现隐漏,负责之人要被处罚。

唐朝规定:诸里正不觉脱漏、增减者,一口笞四十,三口加一等;过杖一百,十口加一等,罪止徒三年。不觉脱户者,听从漏口②法。诸里正及官司,妄脱漏、增减以出入课役,一口徒一年,二口加一等。赃重,入己者以枉法论,至死者加役流;入官者坐赃论③。宋代与此相同④。

明代的规则是:若里长失于取勘,致有脱户者,一户至五户,笞五十;每五户加一等,罪止杖一百。漏口者,一口至十口,笞三十,每十口加一等,罪止笞五十⑤。景泰三年(1452年),政府对黄册编审提出要求:"各处攒造黄册官吏里书人等,捏甲作乙,以有为无,以无为有者,事发,所在法司解京并发口外为民。"⑥

清朝继承了明朝对脱户漏口的惩罚规定。此外,里长甲首还负有制约监督逃避赋役者的职责:凡民户逃往邻境州县,躲避差役者,杖一百,发还原籍当差。其亲管里长提调官吏故纵,及邻境人户隐蔽在己者,各与同罪。若邻境里长知而不逐遣,及原管官司不移文起取,若移文起取,而所在官司占吝不发者,各杖六十⑦。与明律相同。

从历史文献中很少见到乡里漏口脱户、处罚管理人员的事实。但我们见到清道光年间一例虚报户口、冒领赈济款项被惩治的案例。山东一保正李林帮办编查保甲,辄乘该县患病,起意舞弊,将该庄病故逃亡192户仍造入册内,并填捏诡名170户虚票,于初赈、二赈冒领银129两。应比照诈

---

① 《中国人口年鉴》(1985年),第83—84页。
② 漏口的定义为:户有数口,止报一二,规免课役,谓之漏口。徐元瑞:《吏学指南》,户婚。
③ 《唐律疏议》卷12,户婚。
④ 《宋刑统》卷12,户婚。
⑤ 《大明律》卷4,户律。
⑥ 《大明会典》卷20,户口。
⑦ 《大清律例》卷8,户律。

欺官私取财律，拟杖一百、流三千里①。当然这不属于家庭户漏报的类型。

（2）清末和民国处罚方式

根据宣统三年（1911年）和民国二十年（1931年）《户籍法》，惩罚主要针对户籍登记人员呈报、声请延误和无不正当理由不收受呈报及不为人提供规定的查阅、誊抄服务等，多采取罚款方法，从五元到三十元（清末）或五角至十元（民国）不等。

综合以上，秦汉和晋朝的乡级户籍管理属于乡村治安、赋役征派等事务的一部分，由官府直接委派人员负责，享受官俸。晋之后乡里户籍管理方式具有官督民众自管性质。官督体现在乡里组织结构由政府确定，漏报户口的处置标准纳入法律之中。民众自管是指，政府并不委派官吏直接参与基层社会户籍管理，而由民众采用或推举（元之前）或轮流（明清时期）方式产生管理者，担当者享有免除课役的优待。至明清时期，当赋役更多地与土地等产业结合时，基层户籍管理变成一种义务，实际是费力劳神的负担，以乡里之民轮流承当为主导形式。

（二）地方政府的户籍管理责任

1. 管理职能

（1）近代之前及民国时期

按照《周礼·地官》：县师掌邦国、都鄙、稍甸、郊里之地域，而辨其夫家人民、田莱之数，及其六畜、车辇之稽。三年大比，则以考群吏而以诏废置。由此可见，"县师"应该是地方较高层级官员，负责对辖区不同行政单位面积、人口、土地等项目的统计，三年核查登记一次，以数额升降变化作为考察负责官吏的政绩和地方管理机构设置与取消的依据。

秦汉郡县制时代，官方文献中县令长、郡太守的户籍户口管理之责并不明确。我们从郡守掌"劝民农桑"、"论课殿最"、"岁尽遣吏上计"和县令长（大县为令小县为长）"恤民时务、秋冬集课、上计于所属郡国"② 等职责中可以看出，户籍和人口管理事务由其掌管。《后汉书·百官志》刘昭补注引胡广言：秋冬岁尽，各计县户口垦田、钱谷入出、盗贼多少，上其

---

① 《成案汇览》卷1，山东司。
② 《后汉书》卷128，百官。

集簿,丞尉以下,岁诣郡课校其功。可见,户口变动状况是地方官府每年上报的内容,而这须建立在日常管理基础上。《二月律令》对汉朝地方官员的户籍管理职能有更细致的说明:"代户、贸卖田宅,乡部、田啬夫、吏留弗为定籍,盈一日,罚金各二两。"① 它意味着乡的吏员要及时登录本地民众户口、财产变动状况。另外,"恒以八月令乡部啬夫、吏、令史相襟案户籍,副臧(藏)其廷。有移徙者,辄移户及年籍爵细徙所,并封。留弗移,移不并封,及实不徙数盈十日,皆罚金四两;数在所正、典弗告,与同罪。乡部啬夫、吏主及案户者弗得,罚金各一两"②。官府掌握了这些户籍变动的具体事务,为年度户口统计和上报奠定了基础。户籍管理中有失职行为,则应受到惩处。

地方各级官府收藏有本地基本户籍资料,为官员施政提供帮助。东汉末年军阀混战中,曹操打败袁氏集团,领冀州牧,任崔琰为别驾从事。他对崔琰说:"昨案户籍,可得三十万众,故为大州。"③ 这表明东汉州一级保存有本辖区户籍档案或汇总性户口数据。

唐朝,县一级,凡民田收授,县令给之,还要掌握籍账状况④。这其中就有户籍账册的管理。在均田制实行时期,县令对民众口分田的收授须以户籍资料为基础。

宋朝,关于县令的户口管理之职,建隆元年(960年)规定:凡户口、赋役、钱谷、振济、给纳之事皆掌之,以时造户版及催理二税。有水旱则有灾伤之诉,以分数蠲免。民以水旱流记,则抚存安集之,无使失业⑤。县令负有全面的人口管理和救济事务。而州一级,乾德元年(963年)下诏:版籍、户帖、户钞,委本州判官、录事掌之,"旧无者创造"⑥。府一级,推官二员,其中一员为户推,掌通检推排簿籍⑦。

金朝州一级设观察判官一员,分判吏、户、礼案事,通检推排簿籍;

---

① 《二年律令》,户律,见《张家山汉墓竹简》,第53页。
② 《二年律令》,户律,见《张家山汉墓竹简》,第54页。
③ 《三国志魏书》卷12,崔琰传。
④ 《新唐书》卷55,百官下。
⑤ 《宋史》卷167,职官。
⑥ 《续资治通鉴长编》卷4,太祖。
⑦ 《宋史》卷161,职官。

判官一员，专掌通检推排簿籍①。

明代，承宣政布政司为掌握一省民事的最高行政机构，设布政使：掌一省之政，每隔十年，"会户版以登民数、田数"。其对户籍管理主要体现在汇总上报户口、田亩簿籍方面。其下有府县两级行政机构，有的直隶州辖县。府设知府，"掌一府之政，宣风化，平狱讼，均赋役，以教养百姓。若籍账……皆总领而稽核之"。其户口管理之责并不重。县为知县，作为亲民之官："掌一县之政，凡赋役，岁会实征，十年造黄册，以丁产为差。赋有金谷、布帛及诸货物之赋，役有力役、雇役、借债不时之役"。"岁歉则请于府若省蠲减之"。此外，"凡养老、祀神、贡士、读法、表善良、恤穷乏、稽保甲、严缉捕、听狱讼，皆躬亲厥职而勤慎焉"②。可见，知县在户籍事务上的管理之责最重。

清朝地方实行督抚体制，但仍设承宣布政司，户籍事务由其负责。按照清制：布政使，省各一人。十年会户版，均税役，登民数、田数，上达户部③。省下地方行政机构与明朝一样，为府县或州县两级。其中知县掌一县治理，"靡所不综"；县丞、主簿，"分掌粮马、征税、户籍、缉捕诸职"④。

民国户籍管理，地方机关为省、县政府⑤。民国三十五年（1946年）《户籍法实施细则》第3条规定：办理户口查记之机关，省政府应于民政厅设户政科，县政府应于民政科设民政股，市政府于民政局设民政科⑥。地方政府户口管理机构因此更专门化了。

（2）1949年以来

1949年后，地方户籍管理除了短时期由内务和民政部门负责外，大部分时间归各级公安机关负责，户籍册存放于派出所。

2. 失职者的处罚

在重视户籍、户口的时代，各级政府官员对辖区户口脱漏负有责任。

---

① 《金史》卷57，百官。
② 《明史》卷75，职官。
③ 《清史稿》卷116，职官。
④ 《清史稿》卷116，职官。
⑤ 民国三十五年《户籍法》第三条。
⑥ 民国三十五年《户籍法施行细则》，见《六法全书》，第638页。

其处罚措施形诸法律。

唐朝的规则是：诸州县不觉脱漏、增减者，县内十口笞三十，三十口加一等；过杖一百，五十口加一等。州随所管县多少，通计为罪（通计，谓管二县者，二十口笞三十；管三县者，三十口笞三十之类。计加亦准此。若脱漏、增减并在一县者，得以诸县通之。若止管一县者，减县罪一等。余条通计准此）。各罪止徒三年。知情者，各同里正法。不觉脱漏、增减，无文簿者，官长为首；有文簿者，主典为首。佐职以下，节级连坐①。宋代与之相同。

明代的法律条文为："本县提调正官、首领官吏，脱户者，十户笞四十；每十户加一等，罪止杖八十。漏口者，十口笞二十，每三十口加一等，罪止笞四十。"② 清与之相同。清朝还规定，"府州县编审年份，借名造册科派者，从重治罪"③。

民国户籍管理中的失职处罚主要针对具体办理登记人员，针对官员的惩罚不多。1949年后法律中并没有脱漏户口、处罚官员的规定。

明清之前官员脱漏户口所以受重视，在于户口是赋役征派的基础，户籍人口多少关系国力盛衰，进而与政府机构能否正常运转有关。近代以来，直接征自人头的税赋减少，1949年以后户口与税赋完全脱离。政府对脱漏户口行为则不那么重视了。

对地方最高管理机构负责者在户口编审中的失职行为处罚较少。

清朝主要要求其对五年一次的本省编审人丁及时"造册具题"，"于次年八月内到部，如不照限题报"，"经管官照违限例，议处"④。

（三）中央户籍管理机构设置

周代之前，中央政府尚未设置专门的人口管理和汇总人口信息的机构。

成书于战国时期的《周礼》对官制和各机构的职责详加叙述。它实际具有某种理想成分，但其对秦汉以后的官制及机构设置颇有影响。

---

① 《唐律疏议》卷12，户婚。
② 《大明律》卷4，户律。
③ 光绪《大清会典事例》卷157，户部，户口。
④ 光绪《大清会典事例》卷157，户部，户口。

《周礼》所设官职多具复合特征，即并非专管一项事务。这里仅将包含人口管理职能的官职列出。

《周礼·地官》中"大司徒"的首要职责是：掌建邦之土地之图与其人民之数，以佐王安抚邦国。《周礼·地官》"小司徒"之职为：掌建邦之教法，以稽国中及四郊、都鄙之夫家九比之数，以辨其贵贱、老幼、废疾……以稽其人民，而周知其数。《周礼·秋官》"司民"：掌登万民之数。自生齿以上，皆书于版。辨其中国，与其都鄙，及其郊野，异其男女，岁登下其死生。及三年，大比，以万民之数诏司寇。"司寇"：及孟冬祀司民之日，献其数于王，王拜受之，登于天府。内史、司会、冢宰贰之，以赞王治。此外，还有若干职位负有对辖区民众统计之责：《周礼·秋官》"乡士"掌国中：各掌其乡之民数而纠戒之，听其狱讼，察其辞，辨其狱讼，异其死刑之罪而要之。"遂士"掌四郊：各掌其遂之民数而纠其戒命，听其狱讼，察其辞，辨其狱讼，异其死刑之罪而要之。"县士"：掌野，各掌其县之民数，纠其戒令而听其狱讼，察其辞，辨其狱讼，异其死刑之罪而要之。

秦朝，丞相是协助皇帝处理中央事务的最高行政长官，其办事机构为丞相府。全国人口统计数据由其掌管。秦末，刘邦率部进入咸阳后，萧何"先入收秦丞相府图籍藏之，以此沛公得具知天下阨塞、户口多少、强弱之处"①。

汉代成帝时置列曹尚书四人，其下有尚书郎四人，其三曰民曹，主户口垦田②。

三国时各国中央对户籍也有专管机构。晋武帝太康元年（280年）平吴后，"收其图籍，户五十三万，吏三万二千，兵二十三万，男女口二百三十万"③。由于有汇总至中央的户籍图册，占领者得以很方便地获悉其人口状况和构成。

西晋太康中置左民尚书，惠帝时设右民尚书④。

---

① 《资治通鉴》卷9，汉纪。
② 《晋书》卷24，职官。
③ 《通典》卷7，食货。
④ 《宋书》卷29，百官。

东晋及宋、齐并置左民尚书，下有民部曹①。其上有司徒府，"领天下州郡名数户口簿"②。南朝梁沈约对东晋咸和三年（328年）至宋时的户籍编审和管理评价颇高：咸和三年以至乎宋，并皆详实，朱笔隐注，纸连悉缝。而尚书上省库籍，唯有宋元嘉中以来者。晋代旧籍并在下省左人曹，谓之"晋籍"，有东西二库。"此籍精详，实宜保惜，位高官卑，皆可依按。"③这也表明，当时各州郡名数户口簿上报至中央机构，有专库收管。

梁、陈并置左户尚书，下设左户郎，掌户籍。

北朝各政权也建立有户籍管理机构。这一史实即可说明：前秦苻坚灭前燕慕容㬢，入邺，阅其名籍，户二百四十五万八千九百六十九，口九百九十八万七千九百三十五④。后魏、北齐有度支尚书，其下后魏为左户曹郎，北齐有左民郎曹，亦左民、左户之任也。后周依《周官》，置地官府大司徒卿⑤。

隋初管理户籍事务的有度支尚书，下有民部郎曹置侍郎二人。开皇三年（583年）改为民部，其下隋开皇六年（586年）置民部员外郎，炀帝改为民曹承务郎⑥。

唐朝，户口统计汇总为尚书省职能之一。"籍谓三年一造，申送尚书省。"⑦具体负责部门为尚书省下属的户部尚书（正三品），侍郎二人（正四品下）：掌天下土地、人民、钱谷之政、贡赋之差。其属有四：一曰户部，二曰度支，三曰金部，四曰仓部⑧。其中的户部郎中、员外郎：掌户口、土田、赋役、贡献、蠲免、优复、姻婚、继嗣之事；以男女之黄、小、中、丁、老为之账籍；以永业、口分、园宅均其土田；以租、庸、调敛其物；以九等定天下之户，以为尚书、侍郎之贰⑨。各地户籍应按规定上报户部收藏。而运送户籍册入京也颇费工夫。景龙二年（708年）中宗为此专

---

① 《新唐书》卷51，百官。
② 《南齐书》卷16，百官。
③ 《文献通考》卷12，职役。
④ 《通典》卷7，食货。
⑤ 《唐六典》卷3，尚书户部。
⑥ 《新唐书》卷51，百官。
⑦ 《唐律疏议》卷3，名例。
⑧ 《新唐书》卷51，百官。
⑨ 《新唐书》卷51，百官。

门敕令：诸籍应送省者附当州庸调车送。若庸调不入京，雇脚运送，所须脚直以官物充①。由此可见唐朝前期政府对户籍管理的重视。开元二十九年（741年）二月玄宗敕令：自今已后应造籍，宜令州县长官及录事参军审加勘覆，更有疏遗者，委所司具本判官及官长等名品录奏。其籍仍写两本，送户部②。天宝元年（742年）规定：天下籍造四本，京师、东京、尚书省、户部各贮一本。天宝十二年（753年）有所变更，"应送东京籍停止"③。户部尚书要知悉全国户口增减状况，并接受皇帝的质询。永徽三年（652年）七月二十二日高宗向户部尚书高履行询问去年进户多少，"履行奏去年进户一十五万。高宗以天下进户既多，谓（长孙）无忌曰：比来国家无事，户口稍多，三二十年足堪殷实。因问隋有几户，今有几户？履行奏隋大业中户八百七十万，今户三百八十五万。高宗因此感叹："自隋末乱离，户口减耗，迩来虽复苏息，犹大少于隋初。"④这段对话表明，户部尚书应熟谙户口变迁状况。

宋代，前期，三司使（盐铁、度支、户部）负有户口管理之责。其中的户部"掌天下户口、税赋之籍，榷酒、工作、衣储之事，以供邦国之用"⑤。神宗元丰年间机构改制，三司"并归户部"。户部成为负责全国与户口有关事务的最高机构，由尚书、侍郎负责："掌军国用度，以周知其出入盈虚之数。凡州县废置，户口登耗，则稽其版籍；若贡赋征税，敛散移用，则会其数而颁其政令焉"⑥。人口统计和户口管理职能很显著。其下分左右曹。其中左曹以户口事务为主："掌天下人户、土地、钱谷之政令，贡赋、征役之事。以版籍考户口之登耗，以税赋持军国之岁计，以土贡辨郡县之物宜，以征榷抑兼并而佐调度，以孝义婚姻继嗣之道和人心，以田务券责之理直民讼"⑦。南宋初年，户部左曹职能拆分为三，第一项则为户口：掌凡诸路州县户口升降，民间立户分财，科差人丁，典卖屋业，陈告户绝，

---

① 《册府元龟》卷486，邦计部，户籍迁徙。
② 《唐会要》卷85，籍账。
③ 《唐会要》卷85，籍账。
④ 《册府元龟》卷486，邦计部，户籍迁徙。
⑤ 《宋史》卷162，职官。
⑥ 《宋史》卷163，职官。
⑦ 《宋史》卷163，职官。

索取妻男之讼①。可见，户口数量变动、家庭财产分割和交易、婚姻纠纷及户绝立嗣等都由其负责。这表现出当时政府对民众的家庭人口事务处理有较多介入。

元朝户部隶属中书省，其职责为"掌天下户口、钱粮、田土之政令"②。

明清时期中央以户部作为户口统计机构。

明代，户部为户口事务主要掌管机构。户部尚书："掌天下户口、田赋之政令，侍郎贰之。稽版籍、岁会、赋役实征之数，以下所司。十年攒黄册，差其户上下畸零之等，以周知其登耗。凡田土之侵占、投献、诡寄、影射有禁，人户之隐漏、逃亡、朋充、花分有禁，继嗣、婚姻不如令有禁。皆综核而纠正之"③。

清朝，尚书掌军国支计，以足邦用，侍郎贰之。其下十四司，各掌其分省民赋④。"直省滋生户口向惟册报户部。"乾隆初期，饬令地方督抚："岁计一省户口食谷实数于仲冬具折以闻，并缮册由部臣汇核以进"⑤。

清末，清政府设立民政部，人口统计由其负责。需要指出，清末的民政部光绪三十二年（1906年）由巡警部改设，进而扩大其职能。包括五司：民治司、警政司、疆理司、营缮司和卫生司。其中的民治司掌稽核地方行政、地方自治、编审户口、移民、侨民等事务⑥。

民国户籍行政主管机关中央为内政部。1949年后户籍管理则主要由公安部负责。

（四）特殊户籍管理系统

近代之前，各个时期，户籍管理往往并非一体。在以编户齐民为主要管理对象的时期，除中央户部（当然其有一个演变过程，但至少隋唐之后，成为管理户口事务主要机构）到地方州县这一系统之外，还设有对特殊人口进行管理的机构。

---

① 《宋史》卷163，职官。
② 《元史》卷85，百官。
③ 《明史》卷72，职官。
④ 《清史稿》卷114，职官。
⑤ 《清朝文献通考》卷19，户口。
⑥ 《民政部官制》（光绪三十二年），见《清朝续文献通考》卷119，职官。

1. 具有特权人口群体的管理

汉朝，宗室被编入"宗室名籍"，由"宗正"负责管理①。它成为以后王朝的通行做法。

至清朝，八旗人口则由八旗都统衙门负责：凡遇比丁之年，各该旗务将所有丁册逐一严查。如有漏隐，即据实报出，补行造册送部。如该旗不行详查，经部察出，即交部查议②。

2. 具有特殊职责人口群体的管理

历朝军户、乐户都也有专门机构管理，与民籍有别。

北周建德二年（573年）实行新制：改军士为侍官，募百姓充之，除其县籍③。

而多重管理也会给地方带来混乱局面。北魏初年，由于"禁纲疏阔，民多逃隐"。天兴年间，拓跋珪下诏："采诸漏户，令输纶绵。"其后诸逃户占为细茧罗谷者甚众。"于是杂营户帅遍于天下，不隶守宰，赋役不周，户口错乱"。因此，始光三年（426年），太武帝下诏，"一切罢之，以属郡县"④。

民国以后，由于所有公民的社会地位平等成为法律原则，不存在特殊人口群体，因而专门的管理机构也不存在了。

（五）三级户籍管理者的配合

在户籍和丁口需要汇总上报之前，三级管理的协调和配合作用即显示出来。

唐代武德六年（623年）高祖下令：每岁一造账，三年一造籍，州县留五比，尚书省留三比⑤。开元十八年（730年）进一步明确管理办法，规定：诸户籍三年一造，起正月上旬。县司责手实计账，赴州依式勘造。乡别为卷，总写三通。其缝皆注某州某县某年籍。州名用州印，县名用县印，

---

① 《后汉书》卷26，百官。
② 《大清律例》卷8，户律。
③ 《隋书》卷24，食货。
④ 《魏书》卷110，食货。
⑤ 《唐会要》卷85，籍账。

三月三十日纳讫，并装潢一通，送尚书省，州县各留一通。所须纸笔装潢，并皆出当户内口，户别一钱。其户每以造籍年预定为九等，便注籍脚。有析生新附者，于旧户后，以次编附①。

明朝三级管理者在户籍管理中的协调作用也不可忽视：每里编为一册。册首总为一图。鳏寡孤独不任役者，则带管于百一十户之外，而列于图后，名曰畸零。册成，一本进户部，布政司及府州县（明制，布政司下或府、县两级，或府、州两级，或州、县两级——笔者），各存一本②。

清朝初期继承明制：三年一次编审天下户口，责成州县印官，照旧例攒造黄册。以百有十户为里，推丁多者十人为长，余百户为十甲。城乡管理单位名称有别，城中曰坊，近城曰厢，在乡曰里。各设以长③。具体程序为：每遇编审之年，分级填写。户报甲长，甲长造册送坊厢里长，坊厢里长攒造文册送本州县。州县官攒造类册，用印解送府；府别造总册一本，用印申解本省布政使司④。最后报中央户部。

1946年《户籍法》第3条：户籍行政之主管机关在中央为内政部，在省为省政府，在县为县政府。

1949年后，专门负担户籍和户口管理的垂直机构逐渐建立起来。户口调查、登记成为一种规范性工作。各级户口管理单位的协调能力大大提高。根据1951年《城市户口管理暂行条例》第4条，"户口管理一律由人民公安机关执行，各种簿册、表格、证件，应力求简化便利人民，均由中央人民政府公安部统一印制样式，由省（市）级人民公安机关翻印"⑤。

综合以上，中国历史上各个时期都有相对健全的户籍管理体系。特别是形成了以乡里、村社为基本管理单位，将常住、有产业的户籍人口进行登记，以便落实其对政府应承担的义务；地方政府中，县与非官方里甲等管理单位直接衔接，汇集成第一级官方户籍管理账册或文书，进而逐级上报；中央政府有专门机构进行户籍信息的相关汇总工作。《唐会要》作者指

---

① 《唐会要》卷85，籍账。
② 《大明会典》卷20，户口。
③ 光绪《大清会典事例》卷157，户部，户口。
④ 光绪《大清会典事例》卷157，户部，户口。
⑤ 《中国人口年鉴》（1985年），第79页。

出:"黎庶之数,户口之众,而条贯不失,按比可知者,在于各有管统,明其簿籍而已。"① 这正是户籍系统所应起到的作用。

三 户籍类别及其继承、世袭和改变

传统时代,民众的户籍政府并非按照一种模式进行管理。不同群体、职业和来源的人口有不同的户籍,形成多种户籍身份类型。不同身份的户籍人口社会地位不同,权益有别,贵贱有分。总的来看,户籍身份类型制度随着历史变迁总体呈简化之势。近代以来,人口不分性别、职业、种族,平等的户籍制度建立起来。但1949年以后,特别是1958年之后,户籍的城乡之分在中国"二元"社会的形成和身份固化中起到很大作用,农村人口的迁移和非农就业等受到较大限制。20世纪80年代改革开放政策推行之后,这种局面有了重要改变。

(一) 以职业为划分基础的户种

历史上政府以职业为基础实施人口管理,并制定相应的政策。多数情况下,它们并没有形成户种,如士、农、工、商。而有些时期,不同职业从事者又会形成户种。

关于职业户口制度,春秋时期即已出现。楚子襄评价晋国的制度时说:"晋君类能而使之","其卿让于善,其大夫不失守,其士竞于教,其庶人力于农穑,商工皂隶不知迁业"②。"不知迁业"表明这些职业从事者有世袭特征,它显然是制度约束的结果。昭公二十六年(前510年),晏子指正:在礼,家施不及国,民不迁,农不移,工贾不变,士不滥,官不滔,大夫不收公利③。管子在辅佐齐桓公时实行"制国以为二十一乡"之策:工商之乡六;士乡十五。我们认为,该分类是有户籍基础的。

汉代,编户齐民按其职业分为四种:"学以居位曰士,辟土殖谷曰农,

---

① 《唐会要》卷85,逃户。
② 《左传》,襄公九年。
③ 《左传》,昭公二十六年。

作巧成器曰工，通财鬻货曰商"①。可见，这是就不同职业者的社会和经济功能所作区分，不是户种分类。

北魏道武帝时重行春秋时管仲相齐时的做法，令都城士、工、商分别居住：分别士庶，不令杂居；工伎屠沽，各有攸处，但不设科禁②。可见，这是一种引导措施，并非刚性限制。

唐代：辨天下之四人，使各专其业：凡习学文武者为士，肆力耕桑者为农，工作贸易者为工，屠沽兴贩者为商（工商皆谓家专其业以求利者，其织纴组紃之类非也）。工、商之家不得预于士，食禄之人不得夺下人之利③。它继承了汉朝的划分标准。

明代朱元璋虽对工商业者实施抑制政策，但他承认古代以来士农工商"皆专其业"所具有的社会功能，要求本朝也应做到"务俾农尽力田亩，士笃于仁义，商贾以通有无，工技专于艺业"，这样，才能使民众"各安其生"。因而他指示户部榜谕天下：其令四民，务各守本业④。

清代雍正皇帝指出：上天生民，必各付一业，使为立身之本。故人之生虽智愚不同，强弱异等，莫不择一业以自处……凡为士农、为工商以及军伍，业虽不同，而务所当务，则同也⑤。

从上可见，先秦时期，特别是春秋战国时一些政权对不同职业者实行过分类管理并使这种职业世袭化的制度（即所谓士之子恒为士，农之子恒为农，工之子恒为工，商之子恒为商⑥）。若这项政策真正得到贯彻，表明职业差异在户种甚至户籍上得到体现。但我们怀疑，它带有一定理想性质，规范如齐国的划分可在城乡之间得到一定程度的落实，若打破城乡界限则很难落实。汉、唐、明、清时期四民之分更多的是从人口个体基本从业类型着眼，并非以户为单位来禁锢民众从事一种职业。民众的家庭成员，既有一起务工或经商者，也有职业混合的类型。如一家中有人读书为士，也有人出外经商，还有人在家务农。由此，职业类型难成为一个户种。

---

① 《汉书》卷24上，食货。
② 《资治通鉴》卷139，齐纪。
③ 《唐六典》卷3，尚书户部。
④ 余继登：《典故纪闻》卷4。
⑤ 光绪《大清会典事例》卷397，礼部，风教。
⑥ 《国语·齐语》。

1949年以后，四民之说在一段时期被工农商学兵所取代，它是从职业或同一时期民众的活动类型出发而划分的。像"学"包括小、中、大学各类学生，不是一种职业。传统时代的"士"很难找到与现代相对应的职业。若进行简单类比，应该说现在的中专生和大学生作为专门读书人具有"士"的属性；此外，获得大中专以上学历，从事教育、科研的知识分子也可与"士"建立联系。

因而，我们认为，士农工商或工农商学兵不是户种之分。但同时也应看到，传统时代具有职业特征，甚至在权利和义务上有别的户种是存在的。像秦汉时期的"市籍"以及秦汉之后的军户、匠户、灶户、儒户等即属于职业户种。明朝的规定中这一点更清楚：凡户三等：曰民，曰军，曰匠。民有儒、有医、有阴阳，军有校尉、有力士、弓、铺兵，匠有厨役、裁缝、马船之类。濒海有盐灶，寺有僧，观有道士。毕以其业著籍。人户以籍为断，禁数姓合户附籍[1]。凡军、匠、灶户，役皆永充。军户死若逃者，于原籍勾补[2]。不同户籍类型的管理机构有不同。明朝分三个系统，所谓军发卫所，民归有司，匠隶工部[3]。清朝，编审之法，核实天下丁口，具载版籍。年六十以上开除，十六以上添注，丁增而赋随之。有市民、乡民、富民、佃民、客民之分。民丁外复有军、匠、灶、屯、站、土丁名[4]。或称，清朝"**凡民之著籍，其别有四：曰民籍，曰军籍，亦称卫籍，曰商籍，曰灶籍**"[5]。1949年以后，特别是20世纪50年代中后期，全民被分为农业和非**农业两种户种**（或称为市民和农民户籍）。

下面我们对这些户种的权益和义务做一分析。

1. 军户

有的朝代也称为兵户、营户。军户顾名思义是与军事活动有关的户种。军户地位各个时期差异明显，有的高于平民，甚至成为特权户种；有的则与贱民无异，行为受到高度限制；有的为冲锋陷阵之徒；有的则只是军需

---

[1] 《明史》卷77，食货。
[2] 《明史》卷78，食货。
[3] 《大明会典》卷19，户口。
[4] 《清史稿》卷121，食货。
[5] 《清史稿》卷120，食货。

物品提供者。军户的产生与国家和政权需要维持一个稳定的常规军事力量及其后勤保障体系有关。

汉朝户籍中有"戍卒名籍",这应该是早期的军户。

东汉末三国初由于战乱,各个割据政权拥兵自重。为稳定队伍,首先需将士兵家属控制住,编其为军户。军户的地位要较一般民户为低,因为他们与首领之间有很强的依附关系。军户子称士息,女则为士女。士息世袭为士,士女只能在军户中择偶,成为士妇。三国时,凡属兵户子弟被称为"兵家子"[①]。他们由军队系统的营署负责管理,脱离了地方州县管理系统。当战事较少的时期,军户则从事垦种,形成军屯。

南北朝时普遍存在的营户就是一种军户。编入营户成为政府或政权对普通百姓和征战中所俘获人口的惩罚和控制方式。南朝宋元嘉(424—453年)时,沈庆之征讨缘沔诸少数民族,"前后所获蛮,并移京邑以为营户"[②]。当然也有招募者,北魏时刁雍受命"招集谯、梁、彭、沛民五千余家,置二十七营,迁镇济阴"[③]。北魏开始建立的府兵是这一时期重要的军户。府户子弟"少年不得从师长,长者不得宦游"。或谓"籍贯兵伍,地隔宦流,处世无入朝之期,在生绝冠冕之望"[④]。这些军户成为政府或某个政权进行军事活动的常备力量。他们被纳入军籍管理体系。

唐代军户依然存在,以府兵为基础。史称:"唐立府兵之制,颇有足称焉。""始一寓之于农,其居处、教养、畜材、待事、动作、休息,皆有节目。"[⑤]可见,府兵具有兵农合一性质。府兵"老不任事,以其子弟代,谓之父子军"[⑥]。这是世袭特征的体现。唐初府军有十二军,"军置将军一人,军有坊,置主一人,以检察户口,劝课农桑"[⑦]。它表明,府兵及其眷属也有专门的管理体系。由于唐代最初的府兵是以追随高祖起事的义兵为主,为唐王朝建立做出了贡献,地位不低,有特殊优待。如政府分予其肥沃之

---

① 《晋书》卷49,王尼传。
② 朱铭盘:《南朝宋会要》,民政。
③ 《魏书》卷38,刁雍传。
④ 《魏书》卷94,抱嶷传。
⑤ 《新唐书》卷56,兵。
⑥ 《文献通考》卷151,兵。
⑦ 《新唐书》卷56,兵。

田耕种。

宋朝没有建立庞大的军户组织。不过，当时也有专门的军籍之名，兵士个人隶属其中，而非其全家，故难以军户称之。

辽金由于其早期部落组织的特征和开拓疆域的征战活动较多，军户大量存在。辽代，各契丹部族"凡民年十五以上，五十以下，皆籍为兵"[1]。这可谓兵民合一组织。金朝初年，"诸部之民无它徭役，壮者皆兵。平居则听以佃渔射猎习为劳事，有警则下令部内，及遣使诣诸孛堇征兵。凡步骑之仗糗皆取备焉"。其管理组织以部落为单位，"部长曰孛堇，行兵则称曰猛安、谋克，从其多寡以为号。猛安者千夫长也，谋克者百夫长也"。每个基层单位的"部卒之数，初无定制。至太祖即位之二年，始命以三百户为谋克，谋克十为猛安"[2]。可见，辽金的契丹和女真部落管理组织是军民一体的，因而也是军户和民户合一的。

元朝军户至少有两大类。以蒙古族为主组织的探马赤军则是不折不扣的军事组织，是具有诸多特权的军户。其管理原则为："家有男子，十五以上七十以下，无众寡尽签为兵"；"上马则备战斗，下马则屯聚牧养。孩幼稍长，又籍之，曰渐丁军"[3]。军籍具有世袭性质。"天下既平，尝为军者，定入尺籍伍符，不可更易。"[4] 元政府建立统一政权后，对蒙古军户的管理办法也有改变。至元三年（1266年）规定：蒙古军户二丁三丁者，出一人为军；四丁五丁者二人；六丁七丁者三人[5]。第二大类为，"其继得宋兵，号新附军"。此外还有辽东之军、契丹军、女真军、高丽军、云南之寸白军、福建之畲军，则皆不出戍他方者，盖乡兵也。这属于地方性军户[6]。军户子女只能在军户内婚配，寡妇再嫁也须配予有军籍之人，以保障军户组织能够延续。

明朝实行世袭军户制度。大率五千六百人为卫，千一百二十人为千户所，百十有二人为百户所。所设总旗二，小旗十，大小联比以成军。其取

---

[1]《契丹国志》卷28，建官制度。
[2]《金史》卷44，兵。
[3]《元史》卷98，兵。
[4]《元史》卷98，兵。
[5] 王圻：《续文献通考》卷19，户口。
[6]《元史》卷98，兵。

兵，有从征，有归附，有谪发。从征者，诸将所部兵，既定其地，因以留成；归附，则胜国及僭伪诸降卒；谪发，以罪迁隶为兵者。其军皆世籍①。所谓军户"役皆永充。军户死若逃者，于原籍勾补"②。军户不许将弟男子侄过户或脱免军伍③。至于军户子孙"畏惧军役，另开户籍，或于别府州县入赘寄籍等项，及至原卫发册清勾，买嘱原籍官吏里书人等，捏作丁尽户绝回申者，俱问罪，正犯发烟瘴地面，里书人等发附近卫所充军，官吏参究治罪"④。有差役的军户分家别居也处于高度控制之中：各人户内，如果别无军匠等项役占规避窒碍、自愿分户者、听；如人丁数少及有军匠等项役占窒碍，仍照旧不许分居⑤。军户的迁移流动受到限制。弘治十七年（1504年）下令地方抚按官严督所属，清查地方流民，久住成家不愿回还者，就令附籍，优免粮差三年。如只身无产、并新近逃来军匠等籍，递回原籍，仍从实具奏稽考⑥。可见，对军户等专门户籍者限制其脱籍。需要指出，尽管军户虽具有世袭特征，并且其成员行为受到严格控制，但不能否认军户属平民户种。官府为其子弟设立有学校，可以参加科举考试。

清朝军户则分两类，一是八旗制度下军户，为特权军户。在这一制度下，年16岁以上的八旗子弟要被挑补为旗兵，由政府发给银两维持家属生活。他们隶属于专门的管理机构——八旗都统衙门。该衙门"掌满洲、蒙古、汉军八旗政令，稽其户口，经其教养，序其官爵，简其军赋，以赞上理军务"⑦。八旗人丁，三年编审一次，"令各佐领稽查已成丁者，增入丁册"。乾隆六年（1741年），令"八旗编审各佐领下已成丁及未成丁已食饷之人，皆造入丁册，分别正身开户，户下于各名下开写三代履历"⑧。由于八旗兵丁及其家眷享有优厚待遇，其人口的增加使国家财政负担加重，乾隆七年（1742年），实行压缩汉军旗之政，高宗指出：八旗汉军，其初本

---

① 《明史》卷90，兵。
② 《明史》卷178，食货。
③ 《文献通考》卷13，户口。
④ 《大明会典》卷19，户口。
⑤ 《大明会典》卷20，户口。
⑥ 《大明会典》卷19，户口。
⑦ 光绪《大清会典》卷1，吏部。
⑧ 《清史稿》卷120，食货。

系汉人。有从龙入关者，有定鼎后投诚者，亦有缘罪入旗与夫三藩户下归入者，有内务府、王公包衣拨出者；从龙人员子孙，皆系旧有功勋，无庸另议更张。其余各项人民等，朕欲广其谋生之路。倘愿改归原籍，准其一例编入保甲①。第二种军户则为从明朝军继承下来：原编屯卫或归并厅州县，或仍隶卫所官，其屯丁皆为军户。凡充发为军户者，其随配之子孙及到配所生之子孙，亦为军户②。

民国年间军户已经不存在。

新中国成立后，只有军籍（仅针对军人本人），没有军户（军人家属不是军户）。

可见，军户在自东汉以后直至明清是多数朝代的一个重要的户种。政府和政权设立军户的目的在于可以掌握稳定的兵源，并加强对职业军人的控制。总体上看，除了一些少数民族政权及其入主中原后所建立的王朝对以本民族人口为主组成的军户予以特殊优待外，多数王朝军户所享有的社会地位均较平民为低。主要表现为所受束缚较多，出军费用负担较重，子女婚姻、子弟从业均不如贫民自由，甚至过继子弟与近亲也受到限制。因而，到了王朝的中后期，军户组织往往难以为继，甚至土崩瓦解，成为王朝统治力量削弱的重要体现。其职能或为新的军事力量所取代。不过，军户在多数朝代具有平民身份，而非贱籍。科举时代，其子弟则被允许科考。这是其平民身份的重要标志。

多数情况下，军户严禁转为民户，其他非民籍户种也是如此。明代，军、匠、灶役冒民籍者发还③。清代初期：卫军为屯丁，毋得窜入民籍，五年一编审，粮道掌之④。

不过，一些朝代，在军民户之间也存在转化问题。官方通过强制手段将民户转化为军户，这种情形比较多。金代元光二年（1223年），"籍闲官豪右亲丁及辽东、河北客户为军"⑤。而另一种转化即军户转为民户者同样

---

① 《清史稿》卷120，食货。
② 光绪《大清会典》卷17，户部。
③ 《明史》卷77，食货。
④ 《清史稿》卷122，食货。
⑤ 《金史》卷16，宣宗纪。

存在。元代即有是举。由于军户要具有自备军马从军征伐的能力，贫困者则无此条件，将其列入军户则起不到这种作用，故有"军户贫乏者还民籍"①的政策。元成宗大德八年（1304年），"放辽阳民乐亦等三百九十户为兵者还民籍"②。清代中期因八旗生齿日繁，"许在京汉军改入民籍，推行于各省"③。这种转化具有"裁军"和压缩军籍人口之意，以此减轻国家供养负担。

2. 匠户

匠户主要为各种手工业者。手工业工匠在中国历史上出现很早，但将工匠以一个专门的户种来管理是在比较晚的时期才实施。

晋朝时，专门设立负责冶铸的机构，其下管匠户五千三百五十④。北朝时有绫罗户、淘金户等，均由专门机构掌管。

唐代政府对官府直接掌管的工匠的政策是：工巧业作之子弟一入工匠后，不得别入诸色。他们要轮番赴官府服役，"番皆一月"。但"纳资者亦听之"⑤，即允许匠户出钱免役。

宋代的匠户种类多，规模大。其中以冶户和炉户为众，主要从事各种金属开采和冶炼活动。

元朝匠户规模也很大。元初，一次就从江南选有艺业者十万户作为匠户⑥。根据元朝法令：匠户具有世袭性：诸匠户子女，使男习工事，女习黹绣，其辄敢拘刷者，禁之⑦。甚至匠户子女不许与民籍子女通婚，以防借婚配脱离匠籍⑧。

明代的匠户身份较元朝自由一些。但明初中期，匠户也是"役皆永充"的世系之制。明初将匠户分为两种：住坐和轮班。"住坐之匠，月上工十日；不赴班者，输罚班银月六钱，故谓之输班。"⑨ 工匠之役"率三年或二

---

① 《元史》卷11，世祖纪。
② 《元史》卷21，成宗纪。
③ 《清史稿》卷309，喀尔吉善传。
④ 《宋书》卷39，百官。
⑤ 《大唐六典》卷7，尚书工部。
⑥ 王圻：《续文献通考》卷19，户口。
⑦ 《元史》卷103，刑法。
⑧ 赵冈：《中国传统农村的地权分配》，新星出版社2006年版，第97页。
⑨ 《明史》卷78，食货。

年一轮，使赴工者各就其役而无费日，罢工者得安家居而无费业"①。成化二十一年（1485年），允许轮班匠输银代役，不愿出银者仍旧当班。嘉靖四十一年（1562年），轮班匠一律改为征银。嘉靖四十一年（1562年）工匠均改为纳银制度。到了隆庆年间，匠户可以改业务农，并可购置田产②。

清初，匠户政策承继明朝，"原编丁册，各省皆有匠户轮班供役"。后改为"按户征银，解京代班，曰匠班银"。再往后，匠班银"渐次推入地丁征收，惟于赋役全书仍存其目"③。可见，从户籍上看，匠户在清中期逐渐消失④。

在帝制时代，匠户作为国家户籍中的一种是宋元以后的事，而明朝对其管理更为严格。在此之前，虽然也有各种隶属于官府的手工业户，但政府只是在有关册籍中标注其所具有的手艺，以便在兴役时向他们摊派；或者这些手工业户到官府兴办的某个手工、矿冶工场去应募，被记录在册，便于管理。在国家数年一次的户口编审中，他们并不被单独列目。

3. 灶户

灶户为煮盐之户，承办国家所交予的食盐生产任务。

宋代的灶户也称为畦户。其来源是：政府"籍民户为畦夫，官廪给之，复其家"⑤。元朝的灶户最早确立于元成宗时。当时置河间税课所，置盐场，"拨灶户两千三百七十六隶之"。以后又在河东、四川填置灶户（煮井盐）⑥。

明代的灶户由盐运司管理，负责"核实丁口，编册在官，每岁验其老壮，以为增减。其有死亡事故者，即为除额"⑦。灶户也有上、中、下三等之分。灶户原则上不能改变身份。史载：明初仍沿袭宋、元旧制，所以优恤灶户者甚厚。给草场以供樵采，堪耕者许开垦，仍免其杂役。又给工本米，引一石。置仓于场，岁拨附近州县仓储及兑军余米以待给，兼支钱钞，

---

① 《明太祖实录》卷177。
② 赵冈：《中国传统农村的地权分配》，新星出版社2006年版，第98页。
③ 光绪《大清会典》卷17，户部。
④ 王跃生：《中国人口的盛衰与对策》，社会科学文献出版社1995年版，第49页。
⑤ 《宋史》卷181，食货。
⑥ 《元史》卷94，食货。
⑦ 《明太祖实录》卷199。

以米价为准。寻定钞数，淮、浙引二贯五百文，河间、广东、海北、山东、福建、四川引二贯。灶户杂犯死罪以上止予杖，计日煎盐以赎[①]。

清朝灶户管理沿袭明朝。在保甲制中，"盐场井灶，另编排甲"[②]。

4. 市籍

市籍在先秦时期即已产生。一般指专门从事商业交易之人，他们有固定的经营店铺，在官府备案，并交纳税赋。隋唐之后，市籍名称也有变化，有称铺户，或称商籍。

秦代市籍者的地位要比一般平民低。政府在发遣边疆的戍卒中，将贾人、本人有市籍者、大父母父母有市籍者分批发送[③]。可见，市籍之人有专门的户籍册，否则官府对其三代状况不会掌握得这么清楚[④]。

汉朝规定：拥有市籍者不得享有授田待遇：贾人有市籍者，及其家属，皆无得籍名田，以便农[⑤]。从这一规则中可以看出，并非所有"贾人"或经商者都有"市籍"，比如兼职的商贩，经营不固定者，可能不符合纳入市籍的条件；有市籍者，或许多居于都市之中，具有了相对稳定的职业和收入，故政府不再将有限的公地分与他们，以免其与耕垦之人争利。汉初，高祖对商人采取抑制政策："令贾人不得衣丝乘车，重租税以困辱之"。孝惠、高后时，因政局和社会、经济秩序稳定下来，"弛商贾之律"，但"市井之子孙亦不得仕宦为吏"[⑥]。需要说明的是，虽然"贾人"不一定都有商籍或市籍，而"市井"之人应该有专门登记或能显示其身份的册籍，否则，就难以实施对其子孙做官限制的政策。

隋唐的坊郭户中应有一定比例为有市籍者。

明朝则有"市民"之称谓，他们多居于城中。明洪武二十一年（1388年）规定："税课司局巡拦，止取市民殷实户应当，不许佥点农民"[⑦]。

清朝则设有商籍。它是指离开家乡在外地经商之人。清代的商籍名目

[①] 《明史》卷80，食货。
[②] 《清史稿》卷120，食货。
[③] 《汉书》卷49，晁错传。
[④] 王跃生：《中国人口的盛衰与对策》，社会科学文献出版社1995年版，第51页。
[⑤] 《史记》卷30，平准书。
[⑥] 《史记》卷30，平准书。
[⑦] 《大明会典》卷20，户口。

与政府照顾商人子弟应试进学和参加科考有关。按照清朝政策：商人子弟准附于行商省份，是为商籍①。

近代之前，尽管商人是相对富裕的阶层，但却在做官、科考和生活方式上受到限制。

宋代地方举荐至京城参加科举考试者不许有隐匿工商异类者②。

1949年之后，以职业划分户籍的制度在一定程度上仍然被延续下来，甚至在一些方面得到强化。如城镇人口中绝大多数为市民户籍（以非农业人口为主），享有商品粮供应等农业人口不能享受的待遇。

（二）以财产为划分基础的户种

1. 户等制

政府区分户等的意义在于赋役分等，使赋税征收与家庭人口和财富水平挂钩，等级高的户及其丁承担的赋役额度高于等级低者。这是对均田制被破坏后百姓家庭贫富分化、承担赋役能力有强有弱状况的适应。否则若仍以同一标准征收，中低产业家庭无力完纳，采取强制手段则会恶化其生存条件，激化官民矛盾。

北魏较早实行户等划分。其始为"九品混通"。太延元年（435年），拓跋焘下令：若有发调，县宰集卿邑三老计赀定课，衰多益寡，九品混通，不得纵富督贫，避强侵弱③。由此可见，家庭财产在户等中起重要作用，而户等又与徭役水平联系在一起。以后，这一制度转为九品混通。北魏显祖拓跋弘即位后，鉴于山东之民咸勤于征成转运，"深以为念"，于是更定规则："因民贫富，为租输三等九品之制。千里内纳粟，千里外纳米；上三品户入京师，中三品入他州要仓，下三品入本州"④。将转运粟、米距离与户等结合起来，以此分出徭役水平轻重，表现出对经济条件差家庭的照顾。北齐高洋"始立九等之户，富者税其钱，贫者役其力"⑤。

---

① 光绪《大清会典》卷17，户部。
② 《宋史》卷155，选举。
③ 《魏书》卷4上，世祖。
④ 《魏书》卷110，食货。
⑤ 《隋书》卷24，食货。

隋朝炀帝时，"人间课税，虽有定分，年常征纳，除注恒多。长吏肆情，文账出没，既无定簿，难以推校"。高颖建议实行"输籍之样"，将户等标准化，"遍下诸州，每年正月五日，县令巡人，各随便近，五党三党共为一团，依样定户上下"。隋炀帝采纳①。此举在于使户等评定的随意性降低。

唐代户等制度由粗分的三等制演变为细分的九等制。武德六年（623年）三月，高祖李渊令"天下户量其货产，定为三等"。至九年（626年）高祖下诏指出：天下户三等，未尽升降，宜为九等②。九等户以资产为核心："凡天下之户，量其资定为九等，每定户以仲年，造籍以季年"③。高宗永徽五年（654年）规定：天下二年一定户④。开元十六年（728年），乃诏每三岁以九等定籍⑤。一些人为避税、避役，设法降低户等。武则天万岁通天元年（696年）规定：天下百姓，父母令外继别籍者，所析之户，等第并须与本户同，不得降下；其应入役者，共计本户丁中，用为等级，不得以析生蠲免。其差科各从析户祗承，勿容递相影护。但这一问题一直存在。开元玄宗指出：比来富商大贾，多与官吏往还，递相凭嘱，求居下等。自今已后，不得更然；如有嘱请者，所由牧宰，录名封进，朕当处分⑥。天宝四年（745年）玄宗再下令：自今已后，每至定户之时，宜委县令与村乡对定，审于众议，察以资财，不得容有爱憎，以为高下。广德二年（764年）代宗要求：天下户口，委刺史县令据见在实户量贫富等第科差，不得依旧籍账⑦。这些禁令频发，表明户等评定难度很大，存在的问题较多。关键是它与家庭利益关系密切，人们设法避高等户而就低等户。

宋代之后尽管户等制为基础的赋役征派制逐渐向以土地为基础的税役转化，但户等划分制并未废除。甚至可以说，宋代同唐代一样，非常重视户等划分，当然财产在户等评定中的作用权重更大了，或者说是主要依据。

---

① 《通典》卷7，食货。
② 《唐会要》卷85，定户等第。
③ 《旧唐书》卷43，职官。
④ 《唐会要》卷85，定户等第。
⑤ 《新唐书》卷51，食货。
⑥ 《新唐书》卷51，食货。
⑦ 《唐会要》卷85，定户等第。

宋初沿用唐代九等户制。其中"上四等量轻重给役，余五等免之，后有贫富，随时升降"①。此项制度的弊端、问题和民众的应对方式与唐代相似。因"乡役之中，衙前为重"，"民间规避重役，土地不敢多耕，而避户等；骨肉不敢义聚，而惮人丁"。以致对当时的户等构成产生了影响，"故近年上户浸少，中下户浸多，役使频仍，生资不给，则转为工商。"或者，"嫁其祖母及与母析居以避役"，有"鬻田减其户等者"②。熙宁年间，神宗接受判寺官邓绾、曾布建议，在"畿内乡户"中"计产业若家资之贫富"，实行五等制，但坊郭仍为九等，以此作为征徭役税的依据。"岁以夏秋随等输钱，乡户自四等、坊郭自六等以下勿输。两县有产业者，上等各随县，中等并一县输。析居者随所析而定，降其等。若官户、女户、寺观、未成丁，减半输。皆用其钱募三等以上税户代役，随役重轻制禄。"户等确立的方法是："坊郭三年，乡村五年，农隙集众，稽其物产，考其贫富，察其诈伪，为之升降；若故为高下者，以违制论"③。按照该制度："凡当役人户，以等第出钱，名免役钱。其坊郭等第户及未成丁、单丁、女户、寺观、品官之家，旧无色役而出钱者，名助役钱"④。在此制度下，应服役户根据等第出免役钱，非服役户则要承担协助服役费用。政府如有徭役征派，用这些钱募人代役。

金代调查民户财力以定赋役的办法被称为通检推排。根据《金史·食货志》："通检，即《周礼》大司徒三年一大比，各登其乡之众寡、六畜、车辇，辨物行征之制也。"不过，这一做法效果并不好，所以金世宗又于大定二十二年（1182年）实行推排法。即让地方官"会集耆老，推贫富，验土地牛具、奴婢之数，分为上中下三等"⑤。可见，推排只是确定户等的方法，最终要落实在户等上。

元朝户等也有上中下之分。按照元朝的赋役审定制度："有耕种者，或验其牛具之数，或验其土地之等征焉"⑥。大德八年（1304年）正月中书省

---

① 《宋史》卷177，食货。
② 《宋史》卷177，食货。
③ 《宋史》卷177，食货。
④ 《宋史》卷177，食货。
⑤ 《金史》卷46，食货。
⑥ 《元史》卷93，食货。

所立民间聘财等级即显示户等制度的存在：上户金一两、银五两、彩段六表里、杂用绢四十匹，中户金五钱、银四两、彩段四表里、杂用绢三十匹，下户银三两、彩段二表里、杂用绢十五匹[①]。

明朝实行的也是三等户制。明初"因赋定役，每十年，大造黄册，户分上中下三等，差役照册佥定"[②]。按照洪武十七年（1384年）的政策：令各处赋役，必验丁粮多寡，产业厚薄，以均其力[③]。洪武十八年（1385年）规定：有司第民户上中下三等为赋役册，贮于厅事。凡遇徭役，则发册验其轻重而役之[④]。或言，"以上、中、下户为三等，五岁均役，十岁一更造"[⑤]。"其大小杂泛差役，各照所分上中下三等人户点差"[⑥]。成化十五年（1479年）则有细分：令各处差徭，户分九等，门分三甲，凡有差派，定民输纳[⑦]。然一条鞭制度推行之下，户等的评定重要性降低了。

清朝初年沿袭明制：直省丁徭多寡不等，率沿明代之旧，有分三等九则者，有一条鞭征者，有丁随地派者。最后，清政府，均改作役随地派[⑧]。出于对徭役征派目的而设定的户等制完成了其历史使命。

综合以上，户等制是对秦汉时期以人丁年龄为基础征派徭役制度的完善，是对家庭分化、家庭财产水平高低不一状况的适应，这有利于减轻中下户的徭役负担。而它要建立在客观评定基础上，这一点又很难做到。就实行户等制度的多数王朝而言，三等是户等划分的基本标准，在此基础上细分为九等，实际是九则。户等过于简略不能使徭役水平与财富状况一致或接近，划分过细则难以操作。总起来看，在徭役由人丁、民户承担和家庭财产分化的时代，尽管有很多问题，但进行户等划分却是必要之举。

2. 主客制

我们认为，户种分主客，实际是对民间习惯称呼的沿用。"主"既有

---

① 《通制条格》卷3，户令。
② 《大明会典》卷20，户口。
③ 《大明会典》卷20，户口。
④ 《大明会典》卷20，户口。
⑤ 《明史》卷78，食货。
⑥ 《大明会典》卷20，户口。
⑦ 《续通典》卷7，食货。
⑧ 《清朝文献通考》卷19，户口。

"土著"、本地人之意，也有"主人"的含义；"客"则是外来者，从属者。就像日常生活中一样，主、客之间没有身份贵贱差异。

唐初中期的授田制至中期后因民众财产出现分化，开始向主客制演变。以是否拥有土地等不动产作为主客户标准。唐初实行建立在授民官田基础上的租庸调之法，以人丁为本。然"自开元以后，天下户籍久不更造，丁口转死，田亩卖易，贫富升降不实。其后国家侈费无节，而大盗起，兵兴，财用益屈，而租庸调法弊坏"[1]。德宗时杨炎制定两税法，夏输无过六月，秋输无过十一月。置两税使以总之，量出制入。户无主、客，以居者为簿；人无丁、中，以贫富为差。商贾税三十之一，与居者均役。田税视大历十四年垦田之数为定。遣黜陟使按比诸道丁产等级，免鳏寡惸独不济者[2]。客户在居住地置有财产也会逐渐转化为主户。不过从唐宪宗元和十五年（820年）敕文看，两税法也有其问题：建中元年已来，改革旧制，悉归两税，法久则弊，奸滥益生。自今已后，宜准例三年一定两税，非论土著客居，但据赀产差率[3]。可见，无论主户客户，均按所拥有的土地等财产确定户等。相对来说，客户多为无地或少地者，其列为低等的可能性较高，从而少承担赋役。

宋代的主客户则完全以有无私有土地为区分标准。有田者为主户，失田者为客户，无论在本地，还是流落外乡，均以此定断。这从当时官员的奏疏中可以反映出来："为国之计，莫急于保民；保民之要，在于存恤主户，又招诱客户使之置田以为主户。主户苟众，而邦本自固"[4]。由于宋代的赋役建立在土地等财产基础上，无产者列入低等，故基本上不承担赋役。宋代真宗大中祥符之前的政策是"县吏能招增户口者，县即升等，乃加其奉；至有析客户为主户者，虽登于籍，而赋税无所增"[5]。从地位上看，客户具有平民身份。因而政府禁止主户对客户任意役使。南宋宁宗开禧九年（1216年）规定："凡为客户者，许役其身，毋及其家属；凡典卖田宅，听

---

[1] 《新唐书》卷52，食货。
[2] 《新唐书》卷52，食货。
[3] 《唐会要》卷85，定户等第。
[4] 《宋朝文编》卷106。
[5] 《宋史》卷174，食货。

其离业,毋就租以充客户";"凡客户身故,其妻改嫁者,听其自便,女听其自嫁"①。或者,可以这样说,主客户在宋代实际成了地主与佃农户、佣工户的代名词。宋代租佃制盛行,佃户(即客户)封建人身依附关系有所削弱,客户已与主户并列于户籍册上,被地主荫庇、隐漏的情况大为减少②。在宋代,客户和主户之间的转化并不很困难。③ 从文献中可知,主客户之间无明显的社会地位差异。

元代至元年间,江南富户任意贬低地客,"若地客生男,便供奴役;若有女子,便为婢使,或为妻妾"。御史台明确指出:富户所买田土上的地客系良民,政府要"取勘实数,官司籍记,重立罪赏,禁治主家科派,使令与无税民户一体当役"④。

主客户之间贫富转化宋金时期均有表现。宋代,所谓"主家或以累降失其先职族首名品,而客户或以功为使臣、军班超处主家之上"⑤。金代:"司、县官贪暴不法,部民逃亡,既有决罚,他县停匿亦宜定罪。随处土民久困徭役,客户贩鬻坐获厚利,官无所敛,亦宜稍及客户,以宽土民。"⑥有地的主户深受土地徭役之累,客户土地少户等较低,但其却可通过经商致富。他们若购置土地,则可转化为主户。

(三) 以有无赋役为划分户种的标准

唐代分为课户和不课户:户内有课口者为课户,无课口者为不课户。诸视流内九品以上官及男年二十以上、老男、废疾、妻妾、部曲、客女、奴婢,皆为不课户⑦。天宝十四年(755 年),唐代管户总八百九十一万九千三百九,应不课户三百五十六万五千五百一,应课户五百三十四万九千二百八十;管田总五千二百九十一万九千三百九;不课口四千四百七十万

---

① 《宋史》卷173,食货。
② 杨育民:《关于中国历史上的人口统计》,《上海师范大学学报》1993 年第 3 期。
③ 《宋史》卷174,食货。
④ 《通制条格》卷4,户令。
⑤ 《宋史》卷191,兵。
⑥ 《金史》卷16,宣宗纪。
⑦ 《文献通考》卷10,户口。

九百八十八，课口八百二十万八千三百二十一，史称"唐之极盛也"①。不过，不课户过多将直接影响政府赋税收入，因而政府会加以限制，或令其转化。武宗时将十五万奴婢转为两税户②。从身份讲，这是有积极意义的政策。

（四）贱籍类型

中国近代之前，各个时代均有一定数量的贱籍。贱籍是相对平民而言，其法律地位低于平民。若与平民有纠纷，互相造成伤害，对两造的惩罚标准不一，且在婚姻、职业等方面也有歧视性限制。需要指出，中国历史上一些人的身份，如奴婢，与平民不属于一个等级，但他们并没有形成单独的户籍种类，其隶属于主人，被登记于主人户籍之下。本处所言贱籍为政府将其列入一个单独户籍种类，为政府承担相应的义务。

从历史上看，贱籍身份者多从事一些特殊的职业，这是其受政策约束的一个显性标识。另外，贱籍无论职业还是名称在不同历史时期是有差别的。

下面我们从综合的角度对贱籍身份者分类如下：

1. 隶户

北朝时的户种。北魏将捕获的西凉人没为隶户。隶户实际是官奴婢户。将被俘获和掳掠之民作为战利品没为奴婢，是不少王朝或政权对外征战中的做法。隶户之意在于直接隶属于官府，身份不自由，承担官府所需各种杂役。另外，北魏还有一种与隶户处于同一地位的贱籍——厮养户，"厮"本身就具有贬低其身份之意，最早指干杂活或供驱使的奴仆。而厮养户则属于承担官役之户。孝文帝太和十七年（493年）下诏规定："厮养之户不得与士民婚。"但"有文武之才，积劳应进者，同庶族例，听之"③。可见，政府对他们并未完全禁锢。

2. 杂户

杂户名目北朝至唐宋时均有，不过内容有一定差异。北朝时主要为拥

---

① 《文献通考》卷10，户口。
② 《册府元龟》卷486，邦计部，户籍迁徙。
③ 《魏书》卷7下，高祖纪。

有不同技能、受政府役使的专业户,其来源与隶户有相通之处。他们要为国家服各种杂役,其子弟要世袭父业,不得进学受教育①。在一定情况下,杂户身份可以改变。北周建德六年(577年)平定北齐后,武帝"欲施轻典于新国,乃诏凡诸杂户,悉放为百姓","自是无复杂户"②。杂户的身份比奴婢要高,因而他们被转变为百姓身份的手续也简便些。

隋朝规定:盗贼及谋反大逆降叛恶逆罪当流者,皆甄一房配为杂户③。将编民中罪重但又不至于死者贬为杂户,供官府驱使,成为一种惩罚手段。这也成为杂户的来源之一。

唐代,"杂户者,前代犯罪没官,散配诸司驱使"。其"亦附州县户贯,赋役不同白丁"④。故此杂户的"课役不同百姓",但与百姓也有相同之处"老免、进丁受田,依百姓例,各于本司上下"⑤。杂户由专门系统管理。杂户与平民之间身份的差异从下面两方面可以有所体现:一是两者不得互相收养子女:"诸养杂户男为子孙者,徒一年半;养女,杖一百。与者,亦如之"⑥。二是不得通婚:诸杂户不得与良人为婚,违者,杖一百。这实际将杂户与平民隔离开来,其转换身份的途径也被阻断。

3. 官户

其来源也是良人因罪等原因所贬,为官府所役使。如唐代,"官户者,亦谓前代以来,配隶相生;或有今朝配没,州县无贯,唯属本司"⑦。其地位较杂户稍低。

官户地位较杂户为低在法律规则中显示出来:"诸养杂户男为子孙者,徒一年半;养女,杖一百。官户,各加一等。与者,亦如之"⑧。还有:诸杂户不得与良人为婚,违者,杖一百。官户娶良人女者,亦如之。良人娶

---

① 《魏书》卷7下,高祖纪。
② 《隋书》卷25,刑法。
③ 《隋书》卷25,刑法。
④ 《唐律疏议》卷12,户婚。
⑤ 《唐律疏议》卷3,名例。
⑥ 《唐律疏议》卷12,户婚。
⑦ 《唐律疏议》卷3,名例。
⑧ 《唐律疏议》卷12,户婚。

官户女者，加二等①。从管理方式上看，"官户隶属司农，州、县元无户贯"②。金代规定：没入官奴婢，隶太府监为官户。此外，还有与官户相当的监户：凡没入官良人，隶宫籍监为监户③。

4. 倡优隶卒

倡优隶卒在元代之后被明确规定属于贱业。

元朝的政策是"倡优之家及患废疾，不许应试"④。它实际是科举制度实行以来历朝政府的一贯政策。

按照清朝法律：四民为良，奴仆及倡优为贱。凡衙署应役之皂隶、马快、步快、小马、禁卒、门子、弓兵、仵作、粮差及巡捕营番役，皆为贱役；长随与奴仆等。其有冒籍、跨籍、跨边、侨籍皆禁之⑤。清朝倡优隶卒及其子孙概不准入考、捐监：如有变易姓名，蒙混应试、报捐者，除斥革外，照违制律，杖一百⑥。

5. 乐户

乐户是以音乐歌舞活动为业的贱民，多来源于罪犯家属，也有部分原为良人。

按照北魏法律：诸强盗杀人者，首从皆斩，妻子同籍，配为乐户；其不杀人，及赃不满五匹，魁首斩，从者死，妻子亦为乐户⑦。

隋朝时，裴蕴曾奏括天下周、齐、梁、陈乐家子弟，皆为乐户⑧。

唐代，根据《唐律疏议》：乐属太常，并不贯州县，为"配隶之色"。（隋末）义宁以来，得于州县附贯，依旧太常上下，别名"太常音声人"⑨。

明朝乐户仍为一个户种，政府限制官员及其子弟与之婚配：凡官员娶乐人为妻妾者，杖六十，并离异；若官员子孙娶者，罪亦如之⑩。

---

① 《唐律疏议》卷14，户婚。
② 《唐律疏议》卷6，名例。
③ 《金史》卷46，食货。
④ 《通制条格》卷5，学令。
⑤ 《清史稿》卷120，食货。
⑥ 《大清律例》户例，户役。
⑦ 《魏书》卷111，刑法。
⑧ 《隋书》卷67，裴蕴传。
⑨ 《唐律疏议》卷3，名例。
⑩ 《大明律》卷6，户律。

清代，陕西、山西等省有乐户，"先世因明建文末不附燕兵，编为乐籍"①。他们以吹拉弹唱为业，婚丧嫁娶之家则雇其营造气氛。经君健认为：清代的贱民有山西、陕西乐户、浙江堕民、九姓渔户、广东疍户、常昭丐户等。这几类人中只有山、陕乐户是被正式列入贱籍的，其他只是狃于习俗被压为贱，并没有朝廷法律可为根据②。

关于乐户身份的豁免，北朝西魏时即曾有此举。大统五年（539 年）："免妓乐杂役之徒，皆为编户"③。清代雍正二年（1724 年）下诏取消贱民，其中就有山西乐籍，削除其贱籍，使与编氓同列。

6. 丐户

丐户是明清时期仅在浙江地区存在的一个贱民户种，或称为堕民、惰民，均具有明显贬低之意。其来源或谓"胜国勋戚，国初降下之，使不与齐民列"④。

明代，这些人分布于浙江宁、绍、温、处、台、金、衢、严八府，"一名堕民，俗呼大贫"。他们"初不治生理，游手游食之人，著于版籍，至今不齿于庶民"。可见，他们是被列入官方户籍的一个户种。但他们也有自己的谋生方式。"民间吉凶事，率夫妇服役，鼓吹歌唱，以至舁轿、篦头、修足，一切下贱之事，皆丐户为之。"当地民间形成不与其为婚之俗，"良民虽贫彻骨，不与为婚，婚即闾里不叙矣⑤。王士性《广志绎》亦记载：绍兴惰民"止为乐工，为舆夫，给事民间婚丧。妇女卖私窝，侍席行酒与官妓等……家虽万金，闾里亦不与之缔婚，此种自相为婚嫁，将及万人"⑥。丐户及其子弟不得不安于此种境遇：四民诸生皆得役而詈之，挞之不敢较，较则为良贱相殴⑦。

清代，惰民被视为卑贱之流，不得与齐民同列甲户。雍正二年（1724 年）包括惰民在内的贱籍被下诏取消，与平民身份平等。乾隆元年（1736

---

① 《清史稿》卷 120，食货。
② 经君健：《清代社会的贱民等级》，中国人民大学出版社 2009 年版，第 189 页。
③ 《北史》卷 5，魏本纪。
④ 王士性：《广志绎》卷 5，西南诸省。
⑤ 叶权：《贤博编》（不分卷）。
⑥ 王士性：《广志绎》卷 4，江南诸省。
⑦ 王士性：《广志绎》卷 5，西南诸省。

年），政府进一步推动其"释放"工作：各省乐籍并浙省堕民丐户皆令确查，削籍改业为良。若土豪地棍仍前逼勒辱凌及自甘污贱者，依律治罪。其地方官奉行不力者，该督抚查参照例议处[1]。但政府也留下对其发展限制的余地。乾隆三十六年（1771年）规定：凡开豁为良之乐籍、堕民、丐户及已经改业之疍户、九姓渔户人等，耕读工商听其自便。应以报官改业之人为始，下逮四世，必其本族亲支均系清白自守者，方准应试报捐[2]。至清末，政府规定其享有教育权利：除浙江堕民籍，准入学堂，毕业者予出身[3]。

需要指出，明清时期，在有丐户、惰民的地区，民间宗族也对其持排斥态度。浙江东阳上璜王氏修谱条例：女适丐户，及娶丐户女为婚者，削除[4]。

7. 疍户

疍户分布于广东沿海地区。他们以船为家，捕鱼为生，粤民不容登岸[5]。其"产业牲畜皆在舟中，即子孙长而分家，不过为造一舟耳。婚姻亦以疍嫁疍，州县埠头乃其籍贯也，是所谓浮家泛宅也[6]。

清代雍正年间，除豁贱籍的措施收到一定成效，但在民间惯习中其受歧视的状况仍然存在。广东番禺县，至同治时：诸疍民以艇为家，是曰"疍家"。其男有未聘，则置盘草于梢；女未受聘，则置盘花于梢，以致媒妁。……诸疍亦渐知书，有居陆成村者。然良家不与通婚，以其性凶善盗，多为水乡患[7]。

站在当代反观近代之前的贱籍政策，可以看出，它是当时社会等级制度的一部分。就贱籍内部类型来看，其中除了少数职业如娼妓之外，多数人所从事的为服务业，其中有的还具有很强的专业色彩，如乐工等。这表现出传统社会制度对服务于官私之人、之业的蔑视；或许从当时正统观念

---

[1] 《大清律例》户例，户役。
[2] 《大清律例汇辑便览》卷8。
[3] 《清史稿》卷24，德宗纪。
[4] 光绪《东阳上璜王氏宗谱》，卷1修谱条例。
[5] 《清史稿》卷120，食货。
[6] 王士性：《广志绎》卷5，西南诸省。
[7] 同治《番禺县志》卷6，舆地略。

角度看，只有将其列入贱业、贱籍，才能增强官私对其役使的能力，被奴役者才不致有反抗意识。

不过，也应注意到这一点，士农工商一直在近代之前中国社会占多数，除了北朝等特殊时期外，贱籍身份者在总人口中所占比例很低。并且，贱籍虽具有世袭性，但长期延续者较少。往往随着王朝更替，旧的贱籍则消失了。新王朝为了争取民心，增加官府直接控制人口（因为私奴婢为其主人所有，不承担官方赋役），常常主动采取对贱籍者的"解放"措施。它也显示出中国历史上多数人口所隶属的阶层之间相对具有开放性。

（五）具有福利待遇差异的户种：农业户口与非农业户口

中国在20世纪50年代中后期形成了由国家供应粮食的非农业户口和由农村集体经济组织——生产队分配口粮的农业户口。以后，非农业人口、农业人口在福利和就业等方面相区别。农业户口和非农业户口之间的转化存在很大困难，这成为城乡"二元"社会相对固化的基础。

60年代和70年代是这一身份制度控制最为严格的时期。主要表现为：农业人口向城镇迁移的渠道虽未彻底堵塞，如从农村考上大中专学校者可以转变身份，当兵提干后即改变了身份，并可转业至城镇机关和企事业单位工作，少数被招工者即成为吃商品粮者。不过，这个渠道很窄。

直至80年代前期，一些地方稍有松动，但随即受到中央制止。1981年国务院发出《关于严格控制农村劳动力进城做工和农业人口转为非农业人口的通知》，要求加强户口和粮食管理：有关户口迁移问题，对农村人口迁入城镇要严格掌握。迁转户口要由公安机关统一办理，其他单位或个人都不得自行决定，自行审批。粮食部门要按照政策规定严格控制农业人口转为非农业人口。不符合规定的，不供应商品粮[①]。这一通知仍然沿袭20世纪六七十年代的政策模式。

20世纪80年代中期之后，农村剩余劳动力向城镇非农业领域转移的限制逐渐弱化，但进城务工的农业人口转变为非农业人口的藩篱依然存在。直到1995年，开始有了初步转机，主要限于小城镇这一层级。这一年公安

[①] 《劳动工作》1982年第1期。

部提出《小城镇户籍制度改革试点方案》，1997年6月获国务院批准。其做法是，在东、中、西部地区分别选择20个、15个和10个镇先期进行两年的户籍管理制度改革试点，然后在总结经验的基础上，分期、分批推开。条件是：在小城镇已有合法稳定的非农职业或者已有稳定的生活来源，而且在有了合法固定的住所后居住已满两年的，可以办理城镇常住户口：(1) 从农村到小城镇务工或者兴办第二产业、第三产业的人员；(2) 小城镇的机关、团体、企业、事业单位聘用的管理人员、专业技术人员；(3) 在小城镇购买了商品房或者已有合法自建房的居民。上述人员的共同居住的直系亲属，可以随迁办理城镇常住户口。此外，在小城镇范围内居住的农民，土地已被征用、需要依法安置的，可以办理城镇常住户口。按照该规定：在小城镇落户的人员享受当地原有居民同等待遇。当地人民政府及有关部门、单位应当同对待当地原有居民一样，对他们的入学、就业、粮油供应、社会保障等一视同仁[1]。依据这一试点方案，农民进小城镇落户以有稳定非农职业或有自有住房为前提，满足条件者，其本人和直系亲属均可办理迁入手续，享受城镇居民待遇。

2001年公安部《关于推进小城镇户籍管理制度改革意见的通知》被国务院批准实施，其主旨为：通过改革小城镇户籍管理制度，引导农村人口向小城镇有序转移，促进小城镇健康发展，加快城镇化进程。同时，为户籍管理制度的总体改革奠定基础。从政策角度看，这一规定具有划时代意义。以往一直是限制农民进城镇落户，而现在引导农民向小城镇转移。它明确：小城镇户籍管理制度改革的实施范围是县级市市区、县人民政府驻地镇及其他建制镇。落户条件是：凡在上述范围内有合法固定的住所、稳定的职业或生活来源人员及与其共同居住生活的直系亲属，均可根据本人意愿办理城镇常住户口。已在小城镇办理的蓝印户口、地方城镇居民户口、自理口粮户口等，符合上述条件的，统一登记为城镇常住户口。对经批准在小城镇落户的人员，不再办理粮油供应关系手续；根据本人意愿，可保留其承包土地的经营权，也允许依法有偿转让。农村集体经济组织要严格执行承包合同，防止进城农民的耕地撂荒和非法改变用途。对进城农户的

---

[1] 《中华人民共和国国务院公报》1997年第20期。

宅基地，要适时置换，防止闲置浪费。它要求：切实保障在小城镇落户人员的合法权利。经批准在小城镇落户的人员，在入学、参军、就业等方面与当地原有城镇居民享有同等权利，履行同等义务，不得对其实行歧视性政策[①]。应该说，该规定是在1995年小城镇户籍制度改革试点基础上的广泛推行，即对在县级市以下小城镇有稳定工作和住处者（主要针对进城务工农民）可登记为城镇常住户口。该通知的宽松之处在于，入小城镇落户口者仍可保留老家农村承包土地的经营权，即继续享受农民才有的基本权益。

虽然迄今中国户籍上的农业和非农业户种区分仍然存在，并在福利水平上还有表现，但它已非人口流动的障碍。在同一地区内（如省内），农业和非农业户籍人员上学、择业已没有区别或较少限制。区别在于跨省区人员升学考试、就业还受到限制，其中前者尚比较突出。但这是区域户籍变更限制，并不是以农业、非农业户籍为限制条件。

（六）具有阶级特征的户种划分

这是中国20世纪40年代后期和50年代初期土地改革中实行的一项重要制度。中国共产党在农村划分阶级成分类型的原则是以农民家庭拥有的土地、房屋、大型生产工具（骡马、车辆等）数量和生产方式（自耕、租佃他人土地、受雇于人、雇佣他人劳动、出租自有土地等）等为基础的。根据该原则，农民的阶级成分被分成地主（以雇工经营为主）、富农（自耕与雇人经营相结合）、富裕中农（以自耕为主、雇人为辅）、中农（完全自耕）、下中农（以自耕为主、租佃他人土地为辅）、贫农（以租佃他人土地为主、自耕为辅）、雇工（以为人作长工为主）等几个类型。城镇则有资本家（以自有生产资料雇用他人生产和经营）、工商业者（自己生产和经营者）、工人等。

其中，农村的阶级成分划分对中国当代社会影响最大。地主、富农属于被打击的对象，其土地、大型生产工具和房屋中的大部分被没收，在贫下中农中进行分配。富裕中农要将多余的土地贡献出来，进行再分配。中

---

① 《中华人民共和国国务院公报》2001年第15期。

农的财产原则上不动。

在这项工作完成之后，农民的阶级成分符号被固化下来，并在户籍上标识出来。地主、富农分子被作为改造对象，其行为受到很多约束。富裕中农和中农属于被团结的对象，贫下中农是被依靠的对象。城市的资本家属于被限制和改造的对象，工商业者为被团结对象，工人为依靠力量。实际上，农村的成分制度远远超出了农村自身，那些1949年前已经到城镇工作的各类职员、干部等，其成分以其在农村父母的成分来确定。这样，农村的阶级成分覆盖到了中国绝大部分人。这种改造、团结和依靠规定延伸到相应成分类型者的子女身上，因而一定程度具有了世袭性。

被改造者及其子女没有当兵、被招工和上大学的权利；被团结者的子女基本上也丧失了这些权利。只有被依靠者及其子女才有机会获得。此种状况在20世纪60年代和70年代前半期最为突出。

1979年1月，中共中央做出《关于地主、富农分子摘帽问题和地、富子女成分问题的决定》：凡是多年来遵守政府法令、老实劳动、不做坏事的地主、富家分子以及反、坏分子，经过群众评审，县革命委员会批准，一律摘掉帽子，给予农村人民公社社员的待遇。地主、富农家庭出身的农村人民公社社员，他们本人的成分一律定为公社社员，享有同其他社员一样的待遇。今后，他们在入学、招工、参军、入团、入党和分配工作等方面，主要应看本人的政治表现，不得歧视。地主、富农家庭出身的社员的子女，他们的家庭出身应一律为社员，不应再作为地主、富农家庭出身[①]。中国当代的阶级成分制度由此画上了句号。

综合以上，中国的户种在近代之前多数为平民户种，但同时存在贱民之籍。平、贱民之间不能通婚；两者发生冲突，造成伤害，法律所规定的惩罚标准有别。至清代中期，贱民之籍被取消。同时也应看到，一些时期平民内部户种中的家庭成员行为也受到高度控制，如军户的子女婚姻受到限制，子弟脱离军户不被允许。总体而言，除个别民族冲突严重的时期，中国历史上户种的世袭性质并不是很严重，且多数百姓具有平民身份。这是有利于民众的通婚选择和职业选择的。当然，皇族、官宦等享有特权的

---

① 中共中央文献研究室编：《三中全会以来重要文献汇编》（上），人民出版社1982年版，第76页。

阶层是存在的，不过其所占份额有限，不足以对整个社会流动带来负面影响。1949年以后，农业和非农业户种及其福利、就业等差异的存在，尽管没有法律规定两者的社会地位高低，却造成了各自发展机会有差异的事实。在人口城市化时代，其对社会经济发展的制约作用已经显现：城市就业的平等竞争没有落实，人力资本的优化存在障碍，"二元"社会消除模式滞后。

在中国户籍制度实行的大部分阶段，户籍具有身份意义。对多数士、农、工、商者来说，尽管有职业差异，却均为平民身份，无高低贵贱之别。并且，他们之间不存在转化的困难。但有些户籍则具有继承和世袭性质。还有一种户籍，虽然属于平民或公民，却存在转化限制，不同身份者所享有的福利待遇不同，低福利户籍者向高福利户籍者转移存在困难。

四 户籍制度的功能

户籍制度是政府管理人口的产物，它服务于具体的统治目标。这也是政府投入人力和财力管理户籍所得到的收益和效用。当然，历史时期不同，户籍制度的功能也在发生变化。本节从综合的角度分析户籍制度的诸种功能。

（一）户籍功能的一般认识

户籍本质上是官方掌握辖区家庭户及其成员基本信息（年龄、性别、职业、财产状况等，各个王朝和政权有别，随时代而增减项目）的工具。而官方花费人力物力掌握民众家庭及其成员的信息均有特定的目的。这些目的实际就是户籍的功能所在。

我们认为，当国家或政权维系所花费钱物主要征收于家庭户及其成员（户税和人丁税等）的时期，那么户籍就成为分摊和征派赋税的依据，户籍具有了赋税收缴的功能。而当国家或政权保卫和建设需要民众贡献人力时，为了对承担和免除力役者的年龄有所掌握，户籍的徭役功能（特别是近代之前）就体现出来。从政府角度看，这些功能具有"索取"特征，成为民众的义务。

还有一些户籍功能具有"给予"意义，在形式上表现为民众从中获益。如灾荒救助，政府要将救济款物落实至受灾者家庭及不同年龄者成员身上，就需对灾区常住人口的家庭及其成员信息有基本掌握。这显然不能靠临时性统计，而应有户籍底册作为基础。在现代社会中，有不少针对民众的社会服务项目落实需以户籍为依据。如低保等社会福利的提供、就业指标的安排等惠民措施虽是中央政府的主张，却要由地方政府根据其财力等条件来落实。地方政府的服务能力有限，它往往以本辖区常住人口（户籍人口）为对象。

在政府所提供的具有稀缺性的机会中，常常以区域内人口为享有对象，区域外者不得占有。户籍成为防范舞弊和投机行为的工具以及一种屏蔽手段。传统时代的科举考试和当代的中考高考都强调本地户籍者才具有报考资格。

户籍对社会秩序的维护是另一项重要功能。民众是国家和政权的承载者，但官民之间也存在矛盾，甚至冲突；同时民民之间也会有不同形式的利益纠葛。为对民众有所约束，对越轨者及时查禁和缉捕，户籍信息成为重要依据。不同身份者通过户籍来划分和认定，在传统时代比较突出，当代依然存在。

户籍还有对官员的管理功能。东汉以后直至清朝实行官员任职回避制度，本地官员不得在距家乡较近的区域范围做官。它建立在籍贯基础上，是户籍制度的一种功能。

最后，户籍管理的一个重要作用是，政府希望借此掌握户口的数量。因而以户籍为基础进行户口统计必不可少。

综合以上可概括为，户籍是政府用来从民众家庭户获取统治资源（物力和人力）、维护统治秩序和社会秩序的工具，同时在政府主导的公共服务项目落实、民众短缺机会提供中具有作用，并且它还是政府进行户口统计的基本依托。

（二）户籍的基本功能

我们下面从统治资源（人力物力）获取、给予被管理者福利与机会、社会秩序维护和人口统计四个方面认识不同时期户籍的功能和变动。需指出，虽然户籍的功能从户籍制度建立之时就一直保持着，但具体的功能类型则有时期之别。

1. 赋役功能

在传统时代，特别是清代之前，户籍的赋役功能往往是一体的。杜佑指出：圣人因之设井邑，列比闾，使察黎民之数，赋役之制，昭然可见也①。而这都需要以户籍为基础。

（1）赋税征收功能

相对来说，政府赋税的主要部分来自辖区内家庭户、户财产（以土地为主）和户内丁口，这意味家庭及其人口、财产是赋税的基础。只有户籍人口才会成为征缴对象。可见，户籍制度的这项功能最为突出。

《商君书·去强篇》中有这样的话："举民众口数，生者著，死者削。民不逃粟，野无荒草，则国富，国富则强。"其意为，政府掌握了民众户籍，民众不能逃避赋税，并安居一地耕垦田野，国家有人力，又有财力，因而就会富强。由此可见户籍与赋税之间所存在的关系。

西汉初年之政：定民年十五而算，出口赋，至五十六而除；二十而傅，给徭役，亦五十六而除。口赋为人百二十为一算，用于"治库并车马"②。根据《二年律令》：卿以下五月户出赋十六钱，十月户出刍一石，足其县用，余以入顷刍律入钱③。景帝二年（前155年）"令天下男子年二十始傅"④。民出口赋是汉朝的发明。马端临指出：古之治民者，有田则税之，有身则役之，未有税其身者也⑤。其意为人身可有役，但不应税役兼有。既然人身对国家如此重要，那么政府会加强对人口的户籍控制。

北齐文宣帝高洋"始立九等之户，富者税其钱，贫者役其力"⑥。户籍分等是实施"有钱出钱、有力出力"的前提。

唐朝，实行按户等纳赋税之制。而户等的确立显然是建立在户口编审这一制度之上。武德七年（624年）高祖下令将全国民户"量其资产"定

---

① 《通典》卷1，食货。
② 《文献通考》卷10，户口。
③ 《二年律令》，田律，见《张家山汉墓竹简》，第43页。
④ 《文献通考》卷10，户口。
⑤ 《文献通考》卷10，户口。
⑥ 《文献通考》卷12，职役。

为上、次、下三等，所纳税米、税钱或输羊数字不同。例如，岭南诸州税米，上户一石二斗，次户八斗，下户六斗。附经二年者，上户丁输羊二口，次户一口，下户三户共一口。太宗贞观九年（635年），改民户为九等。大历四年（769年）规定：按每年税钱标准将王公以下百姓分为九等：上上户四千文，上中户三千五百文，上下户三千文；中上户二千五百文，中中户二千文，中下户一千五百文；下上户一千文，下中户七百文，下下户五百文。唐代中期之后均田制破坏，租庸调之法难以实行。德宗时杨炎制定两税法，夏输无过六月，秋输无过十一月。置两税使以总之，量出制入。户无主、客，以居者为簿；人无丁、中，以贫富为差①。该制度仍须以户籍为基础。两税法以家庭户占有土地、拥有财产数量作为征收赋税的主要依据，人丁及其年龄高低在户等划分中的作用降低。这一改革不仅在中国赋税史上具有重要意义，而且在户籍管理史上也具有里程碑意义。由此，国家对人丁或百姓的人身控制力度降低，对以土地为核心的家庭财产数量登记更为重视。但这并不意味着户籍的地位降低，因为土地及其他财产是属于家庭之物，不同财产水平的"户"仍是交纳单位，户人口的流亡仍可能使两税失去落实对象，进而与户等相联的徭役也无人承担。所以政府对户籍的管理和没有不能放松。

马端临曾对两税法实施的原因进行了梳理，颇有启示意义："至元魏而均田之法大行，齐周隋唐因之，赋税沿革，微有不同，史文简略，不能详知。然大概计亩而税之令少，计户而税之令多。然其时户户授田，则虽不必履亩论税，只逐户赋之，则田税在其中矣。至唐，始分为租庸调，田则出粟稻为租，身与户则出绢布绫锦诸物为庸调。然口分世业，每人为田一顷，则亦不殊元魏以来之法。而所谓租庸调者，皆此受田一顷之人所出也。（唐）中叶以后，法制隳弛。田亩之在人者，不能禁其卖易，官授田之法尽废，则向之所谓输庸调者多无田之人矣。乃欲按籍而征之，令其与豪富兼并者一例出赋，可乎？"② 因而，两税改革势在必行。

北宋的制度是："差夫役，总计家业钱均定，遂无偏曲"③。苏轼认为：

---

① 《旧唐书》卷52，食货。
② 《文献通考》卷3，田赋。
③ 李元弼：《作邑自箴》卷4，处事，四部丛刊续编本。

"自两税之兴，因地之广狭瘠腴而制赋，因赋之多少而制役，其初盖甚均也。责之厚赋，则其财足以供；责之重役，则其力足以堪。何者？其轻重厚薄，一出于地，而不可易也。户无常赋，视地以为赋；人无常役，视赋以为役。是故贫者鬻田则赋轻，富者加地则役重。此所以度民力之所胜，亦所以破兼并之门而塞侥幸之源也。"①

明代，太祖即位之初，"定赋役法，一以黄册为准。册有丁有田，丁有役，田有租。租曰夏税，曰秋粮，凡二等"。"夏税无过八月，秋粮无过明年二月。"府州县地方官"验册丁口多寡，事产厚薄，以均适其力"②。但仅靠赋役黄册也有缺陷。明初两浙富民畏避徭役，大率以田产寄他户，谓之铁脚诡寄。洪武二十年（1360年）朱元璋"命国子生武淳等分行州县，随粮定区。区设粮长四人，量度田亩方圆，次以字号，悉书主名及田之丈尺，编类为册，状如鱼鳞，号曰鱼鳞图册"。黄册与鱼鳞册并行："鱼鳞册为经，土田之讼质焉；黄册为纬，赋役之法定焉"③。栾成显指出，明朝户籍制度与赋役制度之间的关系历来十分密切，二者常常合二为一④。

清朝初年和中期，编审之法为："核实天下丁口，具载版籍。年六十以上开除，十六以上添注，丁增而赋随之"⑤。丁是编审对象，有丁则有赋。当然，这是原则性规定，而实际丁数编审在当时已非真实之"丁"的核查，而变成纳税单位的调整。康熙五十一年（1712年）出现重要转变，圣祖宣布："海宇承平日久，户口日增，地未加广，应以现在丁册定为常额。自后所生人丁，不征收钱粮。编审时，止将实数查明造报。"按照户部所议变动办法："缺额人丁，以本户新添者抵补；不足，以亲戚丁多者补之；又不足，以同甲粮多之丁补之。"雍正初，世宗下令：各省将丁口之赋，摊入地亩输纳征解，统谓之"地丁"⑥。至此，人丁编审与赋税征派脱离关系。

民国期间赋从田出的制度继续实行。1949年后，特别是实行集体经营制度期间，生产队通过交公粮来完成这一农业税。当时农业税与家庭户的

---

① 苏轼：《经进东坡文集事略》卷17，安万民六篇·较赋税第十，四部丛刊初编本。
② 《明史》卷78，食货。
③ 《明史》卷77，食货。
④ 栾成显：《明代黄册制度》，第330页。
⑤ 《清史稿》卷121，食货。
⑥ 《清史稿》卷121，食货。

关系不大，或者说不是直接关系。当然，20世纪80年代初土地承包制实行后，农业税（2006年取消）分摊至承包者身上，只有有农村户籍的家庭户才有资格承包土地。

由此可见，户籍的税赋功能在唐以前最受重视，税赋标准和家产、人丁数量有关，故当时不断推出整顿户籍之政。宋以后，在税赋的户等标准确定中，土地拥有量逐渐占据主导地位。至清代中期，丁税被摊入田亩之中征收，并且新增加丁数不再承担赋税。政府通过户籍征收税赋的功能因而降低了。

（2）徭役征派功能

以户籍人口为基础摊派徭役是传统社会帝王宫殿、陵寝及其他工程兴建、军事戍守等活动中政府对民力的主要征用方式。可以说，没有户籍制度，国家徭役将难以落实。唐代学者颜师古对汉朝"傅"民之政解释说，"傅，著也，言著名籍，给公家役也"[①]。一语道破户籍的本质。而管理户籍的一个主要责任是通过"察其人"达到"徭役均"的目的[②]。当然这只能是一种理想。

秦朝之制，凡民年23岁，"附之畴官，给郡县一月而更谓之'卒'，复给中都一岁谓之'正卒'，复屯边一岁谓之'戍卒'"[③]。

汉朝专门有针对服役男性的名籍，即"二十而始傅"[④]。东晋时黄籍上"已在官役者载名"[⑤]。

唐代政府不仅依靠户籍作为徭役征派依据，而且还要为服役人丁绘制相貌画像，作为控制手段，防止诈老诈小：诸户计年将入丁、老、疾应征免课役及给侍者，皆县令貌形状以为定簿。一定以后，不须更貌，若有奸欺者，听随事貌定，以附于实[⑥]。天宝九年（750年）规定："天下虽三载定户，每载亦有团貌，自今以后，计其转年合入中男、成丁、五十九者，

---

① 《汉书》卷1，高帝纪。
② 《通典》卷1，食货。
③ 《文献通考》卷149，兵。
④ 《通典》卷7，食货。
⑤ 《太平御览》卷606，晋令。
⑥ 《文献通考》卷10，户口。

任退团貌。"① 广德二年（764年）代宗敕令整顿户籍：天下户口委刺史、县令据见在实户，量贫富等第科差，不得依旧籍账②。唐代中期之前租庸调中的"庸"就是针对成丁所实行的服役制度。但民众具体的服役方式不一，可亲身应役，也可交钱代役。

宋代太宗淳化五年（994年）下令：天下诸县以第一等户为里正，第二等户为户长，勿得冒名以给役③。宋代的徭役制度也与户籍相连。王安石变法中曾实行募役法，应服役的上等户交免役钱，不服役户交助役钱，由政府雇募他人服役。南宋的制度是：民年二十一为丁，六十为老。官司按籍计年，将进丁或入老疾应免课役者，县役亲观颜状注籍，知、通案丁簿，考岁数，收附销落④。

明朝户籍人口的当差功能较强。徭役分三等，基于户口征派。所谓"以户计曰甲役，以丁计曰徭役，上命非时曰杂役，皆有力役，有雇役。府州县验册丁口多寡，事产厚薄，以均适其力"⑤。甲役承担遵循黄册编审规则："以一百一十户为里，一里之中，推丁粮多者十人为之长，余百户为十甲，甲凡十人，岁役里长一人，甲首一人，管摄一里之事"；"凡十年一周，先后则各以丁粮多寡为次，每里编为一册，册之首总为一图"⑥。这意味着每年每里按户服役者为11人。明代民众服役的种类较多。特别是地方种种事务，都通过派役的方式进行，苛繁无比，扰民甚重。嘉靖、隆庆年之后，明政府改革徭役制度，"行一条鞭法，通计一省丁粮，均派一省徭役。于是均徭、里甲与两税为一，小民得无扰，而事亦易集"⑦。它旨在将赋、役和杂税合并征收，一律折银交纳，由官府雇人服役。而实际情况是：粮长、里长，名罢实存，诸役卒至，复佥农氓。条鞭法行十余年，规制顿紊，不能尽遵也⑧。或称一条编之法，"可革倍输之弊，不免复生铺户之扰。倍输

---

① 《通典》卷7，食货。
② 《文献通考》卷12，职役。
③ 《文献通考》卷12，职役。
④ 《续资治通鉴》卷150，宋纪。
⑤ 《明史》卷78，食货。
⑥ 《明太祖实录》卷135。
⑦ 《明史》卷78，食货。
⑧ 《明史》卷78，食货。

取之租税人丁之家，而铺户延及负贩之类。吏胥领出官钱，买办杂物，虽葱菜鱼虾，率贱其值。府县之官，但求完事，而不问物之所从来，则小民之受害者多矣"①。政府裁撤驿夫，"征调往来，仍责编户。驿夫无所得食，至相率从流贼为乱云"②。

清朝的役法，"初沿明旧制，计丁授役，三年一编审，嗣改为五年"。具体为：凡里百有十户，推丁多者十人为长，余百户为十甲，甲十人。岁除里长一，管摄一里事。城中曰坊，近城曰厢，乡里曰里。里长十人，轮流应征，催办钱粮，句摄公事。十年一周，以丁数多寡为次，令催纳各户钱粮，不以差徭累之③。而清代具有代役银制度性质的丁银在雍正年间摊入田亩征收，人丁编审与徭役征派不再有直接关系。

需指出，户籍登记一旦失真，其徭役征派将失去依据，避役者增多。南朝梁武帝时沈约指出：巧伪既多，并称人士，百役不及，高卧私门，致令公私阙乏，是事不举④。这将直接影响到政府职能的运作。

当徭役需由符合特定年龄者（男性青壮年为主）亲身服役的时期，户籍编审受到高度重视。秦汉时期至隋之前即是如此。唐代整体上仍保持着应役之人亲身服役这一基本要求，但"庸"中已出现可以交钱代役的做法，即有"双轨"制的形式。宋、元都有这种制度形式。明中期前则全面实行户赋和丁银分别征收之制。可以说，无论是亲身服役，还是允许交钱代役，均以户籍编审人丁为基础，即户籍的徭役功能保持着。但至明中后期，一条鞭法实行，丁银与户赋等合并征收。至清代中期，丁银数额固定下来并摊入田亩征收，人丁编审的意义失去。

2. 治安功能

不同时期，治安秩序建立和维护的基本前提是，基层政府和乡里组织了解区域内所居住的家庭户及其人口的状况，进而对民众行为有所约束和控制。户籍是实现此项目标的基础。

传统时代，比较普遍的做法是，推行户籍连坐或邻里连坐之政，形成

---

① 叶权：《贤博编》（不分卷）。
② 《明史》卷78，食货。
③ 《清史稿》卷121，食货。
④ 《文献通考》卷12，职役。

邻里相互监督、制约机制。

最早实施这一方法的为战国的秦国。秦献公十年（前375年），推行户籍相伍制①。孝公时商鞅变法中有"令民为什伍，而相收司连坐"②。通过这种牵制和监督措施，达到约束民众行为的目的。

汉继承秦朝之制，乡里组织十分完备：亭有亭长，以禁盗贼；里有里魁，民有什伍，善恶以告。里魁掌一里百家，什主十家，伍主五家，以相检察。民有善事恶事，以告监官③。

隋文帝建民间保、闾、族之制，旨在让百姓"以相检察"④。

唐朝设立乡坊制，分别管理乡居和邑居百姓：百户为里，五里为乡，四家为邻，五家为保。在邑居者为坊，在田野者为村。村坊邻里，递相督察⑤。

五代后周之制为：以百户为团，每团选三大户为耆老，凡夫家之有奸盗者三大户察之⑥。

北宋庆历三年（1043年）欧阳修所上"论捕贼赏罚札子"指出：臣伏见自天下有盗贼以来，议者多陈御盗之策，皆欲使民结为伍保，则奸恶不容。今区法于吉水县立伍保之法，三年之内，劫贼不敢入其县界。臣欲乞特降指挥下江南西路，体量吉水县自区法创立伍保之法以来，如实全无劫贼，又民间以为便利，即乞颁行伍保之法于天下⑦。《州县提纲》对保伍的治安功能记述为："有盗贼则五家鸣锣挝鼓，互相应援"⑧。

元代的丁口产业鼠尾簿由于详细记载各家丁口产业状况，成为解决民间纠纷的依据：土田、婚姻、驱良、头匹、债负，一切词讼，一一凭籍照勘。此籍如一县之大圆明镜，物来即应，妍丑莫逃。续有分房析居、复业还俗、于驱为良等户，亦依上标附。又置交参、分外来寄居、别投下诸杂

---

① 《史记》卷6，秦始皇本纪。
② 《史记》卷68，商君列传。
③ 《后汉书》卷128，百官。
④ 《文献通考》卷12，职役。
⑤ 《旧唐书》卷48，食货。
⑥ 《册府元龟》卷486，邦计部，户籍迁徙。
⑦ 《欧阳修集》卷102，奏议。
⑧ 《州县提纲》卷2，户口保伍。

户计簿一扇,以备互相争讼。二簿——从实,无得漏落包套;邻佑、主首、社长互相保结,不实者罪之①。可见,这一簿册载有民众身份、产业等多种信息。一旦出现纠纷,有据可查,将有效减少扯皮现象。

明代,初期强调建立户籍秩序,限制民众离籍从事非农活动:各处民凡成丁者,务各守本业,出入邻里,必欲互知。其有游民及称商贾,虽有引,若钱不盈万文,钞不及十贯,俱送所在官司,迁发化外②。至中期,对流民加强控制,将其"编甲互保,属在所里长管辖之"③。王守仁曾在赣南实行十家牌法,作为安辑乡里、教化百姓的一种方式:"十家人构成一组,为一牌,轮牌人每日仍将告谕省晓各家一番"。轮牌人要持牌每日查审各家人员增减、行为等,"若事有可疑,即行报官。如或隐蔽,事发,十家同罪"④。

清朝户籍管理的治安功能集中体现在牌甲编造上,它要求做到"出则注所往,入则稽所来"。而乾隆二十二年(1757年)新定牌甲管理十五条则试图将所有人口(官民、不同职业者、固定居住与流动者、内地和边远地区民众)纳入这一体系,以便掌握每个人的动向。甲长则负有对"甲内有盗窃、邪教、赌博、赌具、窝逃、奸拐、私铸、私销、私盐、踩曲、贩卖硝磺,并私立名色敛财聚会等事,及面生可疑之徒,责令专司查报"之责。该规则被称为"立法益密"⑤。保甲制度在地方得到普遍落实,被誉为"致治良规"⑥。嘉庆二十一年(1816年)仁宗要求督抚"编查保甲时,责令里长甲长等取具连名互保甘结。如有来历不明、踪迹可疑者,该里长等畏其株连,自不肯代为具结"⑦。四川巴县编联保甲时更能说明这一点:穷苦孤独之民及游手无业之徒,往往数姓或十数姓同居一院,藏污纳垢,在所不免,保甲正为此等而设。编联时,除同院而同姓同宗者可并为一户外,若同院而俱异姓,及虽同姓而不同宗者必须以一姓为一户,各填户册,每

---

① 胡祗遹:《县政要式》,见《紫山大全集》卷23。
② 《大明会典》卷19,户口。
③ 《明史》卷77,食货。
④ 《王守仁全集》卷2,公移。
⑤ 《清史稿》卷120,食货。
⑥ 王凤生:《河北采风录》卷2,安阳县水道图说。
⑦ 光绪《大清会典事例》卷158,户部,户口。

户半纸，于册尾上格填写此户，一院几家字样①。咸丰二年（1852年）常州"常郡实行保甲启"规定：大户每有数宅同居者，同姓以家长为主，只算一家；异姓则各编各户。其牌俱挂门首，以便查核。绅户、大户稽查中户、小户，大户、绅户则互相稽察，牌长每日稽查，甲长则五日抽查，牌长与甲长十日聚一次②。其治安功能非常突出。

民国二十六年（1937年）《保甲条例》和户籍管理相表里，维护地方治安。第8条规定：编组保甲，应先清查户口，填具户口调查表，编入户籍册，并逐户填发门牌。第9条：保甲编定后，乡、镇、区公所应分别编造本籍及寄籍户数、人口、性别、年龄、职业统计表，报县政府汇报省政府备查③。民国《户籍法》中未规定户籍的治安职能，但民国三十年（1941年）《修正户籍法施行细则》则体现出这一功能。该细则第7条为：县（市）或设治局初次办理户籍登记，应先编整保甲户口，由保甲长就保甲户口清册中合于户籍法所规定之家，通知或代各该家长将家属人口之有关各事项，填入户籍登记声请书，经家长签名或画押后送请乡（镇）公所④。民国三十五年（1946年）《户籍法施行细则》第5条则要求警察介入户口登记：现有警察地方，警察机关应指派员警协助户政人员办理查记。警察机关需用户口资料时，得自行派员过录户籍誊本⑤。第8条规定：户口调查开始前应先编组保甲。第9条：保甲编制以户为单位，十户为甲，十甲为保。有增减之必要时，得以六户至十户为甲，六甲至十五甲为保⑥。

1949年以后，户籍由公安机关负责建立和管理，其治安功能非常明显。政府通过户籍制度掌握每个公民包括性别、年龄、居住地、家庭关系、职业等基本信息，有助于处理城乡居民的纠纷事件，约束违法行为。对于离开户籍所在地者，则通过流动人口制度进行管理。按照1951年《城市户口管理暂行条例》，其制定的宗旨之一就是"维护社会治安、保障人民之安

---

① 徐栋辑：《保甲书》卷2，成规。
② 余治辑：《得一录》卷14，常郡实行保甲启。
③ 《旧中国户籍法规史料》，第176—177页。
④ 《旧中国户籍法规史料》，第49—50页。
⑤ 《旧中国户籍法规史料》，第60页。
⑥ 《旧中国户籍法规史料》，第61页。

全"①。而对流动人口，在第6条中规定：来客住宿超过三日者，须向公安派出所报告；第7条：旅栈、客店均须备旅客登记簿，于每晚就寝前，送当地人民公安机关检阅备查②。1958年《中华人民共和国户口登记条例》第15条规定：公民在常住地市、县范围以外的城市暂住三日以上的，由暂住地的户主或者本人在3日以内向户口登记机关申报暂住登记，离开前申报注销；暂住在旅店的，由旅店设置旅客登记簿随时登记。第16条：公民因私事离开常住地外出，暂住的时间超过三个月的，应当向户口登记机关申请延长时间或者办理迁移手续；既无理由延长时间又无迁移条件的，应当返回常住地。

可见，尽管政治体制有别，但传统社会和当代户籍制度的治安功能颇具共性。政府通过基层乡坊组织（村落、社区）和管理组织（不同时期名称和类型有别，如宋以后的保甲和当代的公安派出所）将民众纳入户籍所在地和长期居住地的体系内进行管理。当然，就当代和未来来看，政府对民众管理的形式会有一定变化，但政府通过登记制度掌握公民的基本信息仍是必要的。

3. 证明身份的功能

（1）近代之前户籍的身份功能

近代之前，户籍证明身份的功能有多种表现。

首先，民籍有军民匠灶之分、士农工商之别。虽然他们同在平民之列，有些朝代则有地位高低之别、义务之不同。如汉至隋唐对商籍者有歧视规则，入官、衣着、出行方式等均受限制；还有朝代对军籍者本人及其子女有婚姻等限制，如只能在军籍内部婚配等。其次，民籍之外则有贱民之籍，杂户、驱口、丐户、世仆伴当等，还有贱业，如倡优隶卒等。这些身份差异在户籍上多有标识，或被分别编籍。即使在混居的区域内，彼此也清楚各自身份和户籍种类；在科考、婚姻缔结等法律有身份约束的方面，不同身份者形成监督。

另外，传统社会中，民众因经商等而有流动或迁移行为时，需由本地官府出示证明身份的文书——印信等。只有本地户籍百姓外出时，官府才

---

① 《中国人口年鉴》（1985年），第79页。

② 《中国人口年鉴》（1985年），第79—80页。

会为其开具印信等证明。

总体来看，近代之前以农业为主的社会中，民众长期固定于一地生活，形成熟人社会，彼此相知。政府尚无必要耗费财力印制由个人随身携带的身份证明。

（2）民国以来户籍的身份证明功能

民国后，户籍和职业贵贱之别得以在法律上消除。

近代以来，中国工商业逐渐壮大，不同规模的城市兴起。为求学、择业、经商等目的迁移流动增多，来自不同地区、行业者的经济交易行为也在增加。乡土熟人社会变为市镇陌生人为主的社会。当个人遇到求学、择业、求租、办理证件等事项时，需向相关机构提供身份证明；还有个人之间进行商业性交易时，也需有彼此有身份证明。个人口说不足为凭，只有户籍部门或权威机构出具的规范证件才有效力。

1946年《户籍法细则》第四章为"国民身份证"规定：国民身份每人一份，其上载明姓名、性别、出生年月日、本籍、教育程度及公民资格，并粘贴照片或指纹。它由乡镇公所编订号码，汇至县政府审核盖印，发给受领人[①]。实际上，这一制度当时并未全面实施，首先在公务人员及其在任所的眷属中推行。

1949年以后，相当长时间内，政府没有建立身份证制度。居民若出外或结婚、求学，需证明身份时，农村由村庄（集体经济时代为生产大队）开具证明信件；在城市，居民户口簿是公民依法履行常住户口登记义务的凭证，具有证明公民身份状况以及家庭成员间相互关系的法律效力。1985年《居民身份证条例》颁布，它要求满十六周岁公民应当申请领取居民身份证。其登记项目包括姓名、性别、民族、出生日期、住址。公民向户口所在地的户口登记机关申请领取。它还规定：公安机关在执行任务时，有权查验居民身份证，被查验的公民不得拒绝。2003年《居民身份证法》颁布。它明确规定了身份证的使用范围：（1）常住户口登记项目变更；（2）兵役登记；（3）婚姻登记、收养登记；（4）申请办理出境手续；（5）法律、行政法规规定需要用居民身份证证明身份的其他情形。

[①] 《旧中国户籍法规史料》，第65—66页。

在人口流动频繁、公共事务中陌生人交往成为主流、个人经济活动增多的当代社会中，身份证具有居民个人主要信息完整、简洁的特征，且携带方便。但身份证不能取代户籍簿，或者说它是户籍簿的衍生物。

4. 社会福利功能

传统时代，针对特殊困难群体如鳏寡孤独的救济制度（钱粮资助、养济院设立等）和帝王对高龄者的赐赏制度均具有狭义社会福利特征。它是政府利用公共资源对弱势和应获尊敬群体的生活性援助。这些工作由地方州县官员以户籍人口为基础来落实。

以户籍制度为基础、使多数民众都能获得的广义的社会福利是中国当代社会的产物。

中国当代社会福利的户籍依赖表现为，福利给予或落实者为地方政府。没有户籍者、主要是没有常住地户籍者往往被排除在外。

由于当代公共福利水平存在明显的地区差异，这种差异与地区发展水平、地方政府的财政投入能力和支付水平有关，不同地区民众的人均福利受益状态便有高下之别。目前的制度特征是，相对高福利水平地区政府为保证本地区民众已有福利水平不致下降，基本做法是以本地户籍居民作为公共福利提供的对象，而外地人口即使在本地工作居住多年往往也难以纳入其体系之中。

这一制度所表现出的不公平已受到广泛诟病，改革路径一是强化中央政府在全民福利建设中所承担的责任，扩大其所负担的福利份额；二是对在流入地工作超过一定年数并承担了缴纳基本养老保险义务者，应纳入本地医疗和养老福利覆盖范围，减少迁移流动者的福利盲点；三是在公共福利享受上弱化缺少激励的户籍身份，以在本地有纳税经历且超过一定时限作为困难救助、失业援助等福利提供的条件；四是在经济发展政策上，制定对落后地区有所优惠和倾斜的财政、贷款、税收措施，加快其发展，缩小区域差异。

5. 灾害救济功能

户籍制度的灾害救济功能表现为：对受灾民众的直接救助要有基本的户籍人口信息作为灾害程度评估、救济投入和救济对象落实的基本依据。遇到灾荒，政府对应救济人口的规模有基本了解，以便筹集和调拨救济款物。

传统时代户籍的这些功能为政府所重视。

北魏孝文帝即注意发挥户籍的救济功能。太和十一年（487年），他下诏指出：去夏以岁旱民饥，须遣就食，旧籍杂乱，难可分简。故依局割民，阅户造籍，欲令去留得实，赈贷平均。然"犹有饿死衢路，无人收识"者。它"由本部不明，籍贯未实，廪恤不周"所造成，故要求"可重遣精检，勿令遗漏"①。可见，户籍为救济灾民所依赖，但户口册籍杂乱、遗漏，也会影响救济效果，故孝文帝要求重新查核。

宋朝的基本户籍为保伍之籍，前述其作用之一是"水旱赈济，皆可按籍而知"②。

清朝保甲即具有救济职责：每岁编户审丁，汇册报部。间遇水旱偏灾，发币赈恤，按册而稽，自不至于浮冒③。但行至既久，认真对待者少。嘉庆十六年（1811年），仁宗指出：偶遇偏灾散赈，则奸吏蠹胥浮开户口，较岁报丁册往往增多，任意弊混④。不过，其应有的功能不能否认。此外，在预防性救济设施建设中，如仓储的建立及存储数量，必须对本地户籍人口有所掌握。清代常平仓设置和仓内存放粮食数量标准划分时，即注意与本地人口数量结合起来。

当代社会中，水旱、地震等灾害发生后，政府也主要借助户籍登记系统把握受灾人口规模，确定救济对象和发放救济款物。

6. 教育考试功能

无论传统时代还是当代社会，户籍在教育和考试中的功能均很明显。当教育和考试名额按地区分配或以地区为录取单位时，有无当地户籍成为是否能获得中小学入学资格和大学招考机会的前提条件。

（1）近代之前户籍制度在进学和考试中的功能

甲、进学

隋唐以后，随着科举制度的发展和完善，与科举制度相关联的官学，

---

① 《魏书》卷7下，高祖纪。
② 《州县提纲》卷2，户口保伍。
③ 光绪《大清会典事例》卷158，户部，户口。
④ 光绪《大清会典事例》卷158，户部，户口。

主要是地方府州县学普遍设立。它们均对平民子弟开放。而不同地区的官学，主要面向有本地户籍身份者。通过考试，合格者方有资格被吸收进学。明清时期，这些学校的生员学额是与地方人口数量相联系的。

清朝为特殊户籍者设置学额。随父客居外乡的商籍子弟原则上要回本籍考试，但路途遥远，颇有不便。故此，清政府在官学设有商籍名额。顺治十一年（1654年）规定：商籍入学直隶、山东、江南、浙江四省照大学考取，山西、陕西照小学考取。康熙六十年（1721年）：广东盐商子弟照准浙河东之例，遇岁、科二试，取进童生二十名①。康熙五十七年（1718年）五月，江宁织造李煦上奏指出：两淮商人原籍，或系山西、陕西，或属江南之徽州，其西商子侄，随父母在两淮，不能回籍考试，因另立商籍，每逢岁考，童生取入扬州府学，定额十四名②。

明清时期还设有卫籍，卫所军户隶属卫籍，特为其子弟设立学额。清代直隶、广东、贵州、甘肃等地均有卫籍学额，后逐渐归并入地方州县学，一体考试。

乙、科举考试中户籍的作用

科举考试以不同层级的行政区域为考试和录取单位，故而具有本地籍贯成为一项基本要求。

A. 科考者须有本地籍贯证明

科举制度下，平民子弟都有资格参加考试。出示乡贯（即户籍地）证明是参加考试的必要条件。

唐朝规定：每岁仲冬，州、县、馆、监举其成者送之尚书省；而举选不由馆、学者，谓之乡贡，皆怀牒自列于州、县③。牒即是乡贯证明。文宗太和八年（834年），宰相王涯以为"礼部取士，乃先以榜示中书，非至公之道。自今一委有司，以所试杂文、乡贯、三代名讳送中书门下"④。

宋代，由地方官推荐至京师参加考试的读书人，须"什伍相保"，在其"家状并试卷之首，署年及举数、场第、乡贯，不得增损移易。以仲冬收

---

① 光绪《大清会典事例》卷381，礼部，学校。
② 故宫博物院明清档案部编：《李煦奏折》，中华书局1976年版，第242—243页。
③ 《新唐书》卷44，选举。
④ 《新唐书》卷44，选举。

纳，月终而毕。将临试期，知举官先引问联保，与状金同而定焉。凡诸州长吏举送，必先稽其版藉，察其行为；乡里所推，每十人相保，内有缺行，则连坐不得举"①。对冒籍考试者严加限制。景德四年（1007年），《考校进士程序》制定出来，它规定："士不还乡里而窃户他州以应选者，严其法。每秋赋，自县令佐察行义保任之，上于州；州长贰复审察得实，然后上本道使者类试。"②天圣七年（1029年）仁宗对特殊情形有所宽容：举人有开封府户籍七年以上不居他处者，听取解。虽无户籍，亦不曾占名他州者，先经所属投牒察访行实，召京朝官二人保之。违反则保官以违制论③。从实际情形看，当时无论官方还是应试之人对籍贯问题都很看重。《明公书判清明集》即载有"户贯不明不应收试"的判案：应试者户籍未明，"非特本府不敢有违条令，场屋之士亦决不肯相容，犯众怒而成专欲，尤非自身之利"④。南宋孝宗乾道七年（1171年）则发布有较严厉的惩戒措施：禁牒试贡举改移乡贯，要求礼部行下诸路转运司，检坐见条，严行核实。如或违戾，告者赏钱五百千，取受者以赃论，……书铺知情受赂，重加配流施行⑤。

元朝规定：举人试卷，各人自备三场文卷并草卷，各一十二幅，于卷首书三代、籍贯、年甲，前期半月于印卷所投纳⑥。乡试时，"冒贯者治罪"⑦。

这些做法在明清时期被保留下来。明代：试卷之首，书三代姓名及其籍贯年甲，所习本经，所司印记⑧。清代：卷首书姓名、籍贯、年貌、出身、三代、所习本经⑨。

不仅如此，明清时期考试人还须有本乡人担保，证明其乡贯。本地籍贯的确认方式以是否有祖宗坟墓为条件。清顺治二年（1645年）题准：寓

---

① 《宋史》卷155，选举。
② 《宋史》卷155，选举。
③ 《续资治通鉴长编》卷108，仁宗。
④ 《明公书判清明集》，中华书局2002年版，第97—98页。
⑤ 《宋会要辑稿》选举一六之一七。
⑥ 《元史》卷81，选举。
⑦ 《通制条格》卷5，学令。
⑧ 《明史》卷70，选举。
⑨ 《清史稿》卷108，选举。

学诸生，本年乡试，暂分监生中额三名，嗣后皆发回本省。如父母坟墓向在北方，即系土著，学政核实，令入籍应试①。对"生童有籍贯假冒者尽行褫革，仍将廪保惩黜"②。

B. 迁移者须在迁入地居住超过一定时间，方有资格参加考试

元朝对离开原籍多年欲参加推举而应试有变通之法：别路附籍蒙古、色目、汉人，大都、上都有恒产、住经年深者，从两都官司，依上例推举就试③。究竟多少年可视为年深，这里没有指明。关于举人试卷，各人自备三场文卷并草卷，各一十二幅，于卷首书三代、籍贯、年甲，前期半月于印卷所投纳④。

清初，不允许生童冒籍应试，但若"祖、父入籍在二十年以上，坟墓、田宅具有的据，方准应试"⑤。这成为一条基本原则。康熙三十九年（1700年）规定：在京冒籍生员，除入籍二十年以上者不议外，余以部文到日为始，限两月内具呈自首，改归原籍。如过期，仍照例黜革。康熙五十年的规定更为明确：入籍二十年者，定例准其考试⑥。雍正九年（1731年）对此加以重申：江西省棚民近年读书愈众，饬令地方官逐一清查，有实在入籍二十年以上，有田粮庐墓者，即在各居住之州县一体考试，量加入学额数。其年例不符者，不许滥行收考⑦。乾隆五十九年（1794年）又规定了具体实施办法：嗣后生童呈请入籍者，寄籍地方官先确查该生，室庐以税契之日为始，田亩以纳粮之日为始，扣定二十年以上，准予移会原籍。令原籍地方官据文立案。应试本生及子孙自改籍之后，再不许回原籍跨考⑧。清朝有时似乎并未将参试条件严格限制为入籍二十年以上。雍正五年（1727年），议准：台湾岁科两试，饬令该地方官查明现住台地置有田产入籍既定之人，取具邻里结状，方许送考⑨。而在清末鼓励移民垦荒活动中，

---

① 光绪《大清会典事例》卷391，礼部、学校。
② 光绪《大清会典事例》卷391，礼部、学校。
③ 《元史》卷81，选举。
④ 《元史》卷81，选举。
⑤ 光绪《大清会典事例》卷391，礼部、学校。
⑥ 光绪《大清会典事例》卷340，礼部、贡举。
⑦ 光绪《大清会典事例》卷391，礼部、学校。
⑧ 光绪《大清会典事例》卷391，礼部、学校。
⑨ 光绪《大清会典事例》卷391，礼部、学校。

二十年期限也缩减了。光绪元年（1875年）规定：安徽省广德州招徕客民十余年来，置有田产庐墓、入册输粮，核与广东客民考试成案相同，即以同治十三年（1874年）烟户粮册为断，由地方官查明现在就耕者若干户，有志应考者若干丁。果无原籍可归而又身家清白，别无违碍，取结造册立案，入于广德州应试。仍移明原籍，不准跨考。光绪三年（1877年）对甘肃招垦之民的后代也予照顾：自领地承粮之日为始，扣足十年，呈明入籍报考①。

(2) 户籍制度与现代教育考试

户籍在当代教育和考试升学中的作用较之传统时代更大。

目前我国正规的小学和中学在入学资格上均强调户籍在学校所在地。省属（包括自治区和直辖市所属）大中专学校以招收有本行政区户籍的学生为主。

大学招生考试严格按要求以所在地作为报名和录取单位。

户籍制度与教育相结合，旨在使本籍学生享受本地教育资源。在人口向城镇地区迁移流动成为趋向的时代，于流入地务工的外来人员子女往往受到户籍制约而难以就近进入公立学校学习，这已成为农民务工人员及其子女融入城市社会的重要障碍。

而考试以省（自治区和直辖市）为录取单位是对户籍制度的另一种强调。由于各省级单位教育资源（学校数量和录取学生能力）不同，教育资源丰富的直辖市往往录取率高于一般省份，考生所获得的升学机会较高。一些随父母流动至外地的高中生尽管通过上私立学校等方式得与父母同城生活，但却因户籍迁移受阻而不得不返回原籍参加高考。

7. 出仕为官回避功能

对多数人来说，籍贯地为其成长之地，祖父母、父母及兄弟姐妹等近亲聚居于此，在当地形成广泛的社会关系网络。为使官员少受这种关系掣肘，降低其为亲族谋私的概率，近代之前官员任职回避制度因此而生。

这一制度在东汉时即开始实行。唐代的规则是回避本贯州县。北宋以30驿为限（约900里）。明朝时期继承了这些原则。清朝规定：如人户于寄

---

① 光绪《大清会典事例》卷391，礼部、学校。

居之地置有坟庐逾二十年者，准入籍出仕，令声明祖籍回避①。一般为地方官员于祖籍或籍贯以外500里任职。

当代社会则基本上没有这类限制性规则。即使有地方正职干部交流使用的做法，但它并非刚性和普遍性制度。

8. 就业功能

户籍的就业功能近代之前并不突出，政府除官衙外，很少公共事业单位，更无可支配的企业。当时社会的经济主体多以家庭为单位，亦即绝大多数人以家庭为就业单位。而近代以来，特别是当代则有不同。20世纪50—80年代，事业单位和不同层级的公有企业是吸纳或安排民众就业的主体。政府强调被录用人员的户籍身份。80年代以后，个体经济发展，户籍的就业功能降低，但事业和国营企业仍贯彻原来的录用规则，至少是重要的前提条件。

户籍制度与就业要求、权利和机会相连，是当代户籍的独特之处。

（1）农业与非农业户籍的就业差异

20世纪50年代中期集体经济制度建立以后，政府的就业制度一直强调农民以务农为主，城镇国营和集体企业用工以招收具有市民户口者为主，这是城乡"二元"社会形成的重要因素之一。

直到80年代初期当城镇允许个体经济发展时，仍强调申请者须具有城镇户口。根据1981年《国务院关于城镇非农业个体经济若干政策性规定》：凡有城镇正式户口的待业青壮年，都可以申请从事个体经营②。1983年，按照国务院《关于城镇非农业个体经济若干政策性规定》的补充规定：个体工商业户请帮手、带学徒，应按《规定》办理，在城市不准招聘农村户口人员；在集镇（含城关镇）可以招聘农村户口人员，但不得改变其农村户籍，国家不供应口粮。

20世纪80年代中期以后，尽管国营企业用工制度已有灵活之处，但对农业户籍者的限制仍然存在。1986年国务院发布《国营企业招用工人暂行规定》，其中第12条为："企业招用工人，应当在城镇招收。需要从农村招

---

① 《清史稿》卷120，食货。
② 国务院法制局编：《中华人民共和国现行法律行政法规汇编（1949—1994）》上册，中国法制出版社1995年版，第345—346页。

收工人时，除国家规定的以外，必须报经省、自治区、直辖市人民政府批准"①。

（2）地方性就业政策对外地户籍的排斥

20世纪90年代以来，中国劳动力就业进入大流动时代。在福利水平较低的行业，特别是福利较少的私人企业，应聘时户籍的约束已明显减轻；而正规企事业单位招聘员工时仍强调应聘具有本地户籍。有的用人单位虽不要求应聘者有本地户口，但同时不负担解决录用者的户籍迁移问题。在购房、子女在公立学校就读等仍将有本地户籍作为前提的地区，有工作单位但无户籍者将会遇到不少现实困难。

9. 人口统计功能

户籍所具有的相对完整的人口信息是进行人口统计的基础。无论传统时代还是当代均是如此。关于这一点，我们将在人口统计制度一章中展开分析。

（三）户籍功能的时代特征

中国户籍制度自建立以来，其功能有较强的时代特征。大体上可分为传统和现代社会两个阶段。

1. 近代之前户籍的功能特征

（1）户籍的赋役功能较强

近代之前中国传统社会实际以农业为主导，除个别区域外，工商业整体而言并不发达（隋唐以前尤其如此），从业者有限。国家税收主要来自农业经营者。农业生产又多以小自耕农家庭为单位。将家庭户成员固着于土地上，以获得稳定的赋税成为户籍制度的主要功能。

传统国家有大量的公共工程需要人力去完成，边防保卫和地方治安也需要人力投入。而农耕活动又有较强的季节性差异。农闲时期征调青壮年劳动力参与政府的建设项目，要比提高税赋水平、然后政府再雇用其他人承担更符合社会实际。在农耕社会中（与工商业相对发达的时期不同），服役者的机会成本相对较低。而要将劳役指标落实到具体家庭户的青壮年头

---

① 中国社会科学院人口研究所：《中国人口年鉴》（1987年），经济管理出版社1989年版，第55—56页。

上，周而复始，递相更替，户籍人丁登记就必不可少。

需要指出，尽管各个时期政府希望通过户籍建立稳定的赋役征派体系，但王朝在不同阶段的赋役水平往往随时变动，若对外、对内发生战事，或帝王频举各种建设工程，则会加重民众赋役负担。因而，民众设法脱离户籍体系，或隐漏，或逃亡。这使赋役落实出现困难，故政府不得不经常进行整顿户籍的活动。

总之，传统时期，为了落实赋役征派这一基本功能，户籍管理是一项颇花费财力人力的工作。

(2) 户籍的"给予"功能较弱

传统时期，社会福利较少。绝大多数民众的生、老、病、死行为及相关花费由家庭自己负担。只有少数鳏寡孤独者会被有限的养济院、育婴堂所收纳。可以说，社会福利"给予"功能在当时户籍中是比较薄弱的。

但隋唐至清代，户籍在科举中的功能比较突出。科举时代科考分多个层级，其中的考试进学、院试和乡试均以行政区域（县、府和省级）为录取单位，只有属本地户籍者才有资格报考。由于各地教育水平有差异，教育水平高、竞争激烈地区考生试图假冒身份赴外地考试的现象难以避免，因而户籍也具有屏蔽舞弊者的功能，以此使同一区域内学子有相对公平的录取机会。

(3) 高度重视户籍的社会秩序维护功能

户籍的治安维护功能在传统时代可谓仅次于赋役征派。乡邻之间互相监督、出事后连坐被秦汉以来多个王朝所实施。

至于身份认定更是民众之间存在等级和身份差异时期户籍的主要功能之一。

在我们看来，禁止官员于本贯州县任职也建立在户籍基础上。它意在减少官员受地缘、亲缘关系圈的影响，降低其以权为亲族谋私的可能性。这一规则本质上具有维护统治秩序的作用。

2. 当代户籍的功能特征

(1) 户籍的赋役功能大大弱化

就当代而言，户籍的赋役功能明显弱化，甚至消失。可以说20世纪50—80年代初集体经济时代，户籍已不具有税收征派功能。当然，土地承包制实行后至 2006 年，农业税需承包者缴纳。而兵役承担一般由少数适龄青年承担，其家属获得相应优待；多数人则免除了兵役。

（2）户籍"给予"功能增多

当代户籍人口可以享有的利益明显增加。但这些利益往往在城乡之间、地区之间有差异。因而通过户籍限制身份和城乡变动成为户籍的一项基本管理职能。

户籍与中小学入学学校划分（城市尤其如此）、中等和高等学校招生考试及录取等密切相连，成为一项刚性较强的限制制度。

（3）户籍的社会秩序维护功能依然保持

当代户籍社会秩序维护功能中治安功能仍是最重要方面，但其中的邻里连坐规定已被废除。

就总体来说，当代户籍制度的进步表现为，政府通过户籍来对民众实施严格的行为限制减少，人身束缚降低。但户籍人口存在城乡"二元"福利和地区差异，它成为"农转非"和地区之间人口迁移的一个重要障碍。尽管 20 世纪 80 年代之后这一限制在逐渐弱化，却尚未发生根本改变。

综上所述，户籍制度是政府掌握家庭户及其成员信息、实施人口管理的基本工具，其功能可概括为四个方面，一是借户籍将民众束缚、固定于特定居住地，以便从家庭户及其成员身上获得统治所需人力和物力资源（近代之前这一功能比较显著）；二是为在籍人口提供不同水平的生存帮助，并提供和维护其获得上学、考试和就业等机会，屏蔽投机行为；三是对常住和流动人口的身份、职业及个人特征信息有基本掌握，抑制越轨现象，稳定统治秩序和治安秩序；四是通过户口册籍周知家庭和人口数量。从古迄今，户籍制度的功能既有一以贯之得到维持的一面，如户口统计、治安维护、贫困和受灾者救助、入学和考试资格的认定；也有随着时间推移而逐渐弱化，甚至消失的另一面，如通过户籍编审人丁、征派徭役则因清朝雍正年间实行摊丁入亩制度而消失；有些功能则为传统社会没有或不显著，在当代一些阶段凸显出来，如计划经济时代口粮供应、就业安排等与户籍挂钩则是传统社会所没有的，还有一些福利提供也具有较强的户籍依附性，当然它还有待改进。当代户籍制度的改革应以减少户籍制度中对身份平等和机会平等有负向作用的内容，以有利于民众正常迁移流动，推动社会进步、经济发展。

五 流动人口的入籍问题

无论传统时期还是当代，政府都希望户籍民众不脱离既有户籍系统，传统社会政府有赋役和治安管理考虑；当代户籍虽较少赋役束缚，但却有治安等要求，并且农村人口向城市迁移，增加了粮食供给（20世纪60—70年代比较突出）、就业和社会福利提供方面的压力。实际上，由于原居住地生存条件发生变化，或者原居地之外有更吸引人的谋生环境，故此将民众世代束缚于一地也不可能。另外，传统时代周期性战乱打破了原有户籍秩序，民众逃亡他乡求生者甚多。从户籍角度看，一人或一家离开家乡或户籍所在地到外地谋生，既有永久离开者，也有临时出外者。对那些欲在流入地定居者，不同时期政府采取何种政策？入籍规定是什么？这里对此作一探讨。

（一）近代之前流动人口入籍制度

1. 流动人口的种类

从文献上看，近代之前中国的流动人口类型比较多，主要包括以下几种：

（1）流民

"流民"一词在中国历史上出现较早。先秦文献《管子·四时》中有"禁迁徙、止流民、圉分异"的表述。可以说，流民是在家乡失去基本生存条件、离乡背井之民。它往往不是个别人的行为，而有一定的规模。清代，《明史》的撰写者这样给流民下定义：年饥或避兵他徙者曰流民[①]。这表明，饥荒和战乱最有可能酿成大规模的流民。它在一定程度上意味着，流民具有"群体"行为特征，而非"个体"或单个家庭所为。

在有些时期，流民有的也被称为流人（它不同于唐宋以来被判流放罪发配至边远地区的罪犯）。汉桓宽所著《盐铁论·执务》有这样的表述：

[①] 《明史》卷77，食货。

"天下安乐，盗贼不起；流人还归，各反其田里。"

（2）客民

客民可谓居于土著聚落、社区中的外来之民。《清史稿·食货志》有："凡客民在内地贸易，或置有产业者，与土著一律顺编。"客民中既有群体，也有单人独户。一般来说，流民和客民有可能互相转化，客民中有些人最初以流民形式出外，但最终沉淀于某一地。在不少王朝，客民是相对于主户或土著而言的，官私文献作者往往以主户为参照来定义他们。

唐宋时期，没有土地、在外乡佃耕者成为客户，与客民有相似之处。

明清时期，南方山区和川陕山区有搭棚而居者——从事耕作、烧炭、煽铁、造纸等谋生活动的外乡人，时称棚民。他们也属客民的一种。

（3）流寓者

流寓者与客民相似。流寓者相对固定居住于外乡某一地，或村庄或城镇。

（4）侨民

东晋南北朝时将离家远徙他乡落脚且没有加入当地户籍者称为侨民或侨人，所谓"百姓自拔奔者并谓之侨人"[1]。

（5）游民

游民是历史上使用较多之词。其所指比较广泛，且时代差异较大。多指没有正当职业者。他们既有在外乡乞讨之人，也有在本地从事不入流职业者。《大戴礼记·千乘》："太古无游民，食节事时，民各安其居，乐其宫室，服事信上，上下交信，地移民在。"

而游民的出现，特别是人数过众往往也与政策施行不当有关。唐代景云二年（711年），监察御史韩琬上疏指出：军机屡兴，赋敛重数，上下逼促，因为游民。游惰既多，穷诈乃作；既穷而诈，犯禁相仍[2]。

游民也最为当政者多关注，他们往往被视为越轨者，对社会秩序有所干扰。《管子·治国》中说："凡为国之急者，必先禁末作文巧，末作文巧禁，则民无所游食。"

（6）逃户

---

[1] 《册府元龟》卷486，邦计部，户籍迁徙。
[2] 《唐会要》卷85，逃户。

一般来说，逃户并非指因个人纠纷或冲突所产生的逃亡之户，而是逃避政府赋役等义务者。《明史》撰修者为逃户所下定义为：其人户避徭役者曰逃户①。这虽然比较贴切，但不全面。赋税逃避者也属逃户所为。应该说，在上述几类流动人口中，逃户最为政府所不满，他们削弱了国家赋役征派的人口基础。

汉代有一种人被称为"亡命"，我们认为其与逃户相当。根据颜师古对"亡命"一词所作解释："命者，名也。凡言亡命，谓脱其名籍而逃亡。"②

实际上，历史上流动人口的名目还有很多。这里不再一一列出。

在人身束缚、行为控制比较严格的传统时代，不同形式的流动人口所以会出现，原因较多。若没有完善的社会救助制度，灾荒之后必然出现流民；战乱和王朝更替，也会导致难民出现。当赋役沉重，百姓难以承受时，逃户便会产生。至于客户、客民则与民众出外谋生有关。这些人口流动现象的存在表明，当时官府对民众流动的管束网络并不严密，不少地区有空间容纳流入者。

2. 什么情况下流动人口可以入籍

对于不同类型的流动人口，在政府看来，其最理想的归宿是返回家乡，重新著籍，成为国家赋役承担者。历朝政府采取过或诱导、协助或强迫等政策令其踏上归途。但这些政策并非总是有效。明朝宣德五年（1430年）兵部尚书张本所言即说明这一点：近年各处间有灾伤，人民乏食，官司不能抚恤，多致流徙。朝廷累免差徭，谕令复业，而顽民不遵者多。官吏、里甲，或徇私情，或受贿赂，为之隐蔽③。因而在一定前提下政府不得不改行变通制度，即允许流动人口编入当地户籍，进而承担赋税等义务。

（1）流动人口有条件入籍制度

甲、以居住年久、置有产业为条件

这是多个王朝所确定的流动人口入籍的基本条件。允许居住年久、置有产业的流动人口入籍，纳入当地户口管理之中。

唐代中期以后，流落至外乡耕作、谋生的客户置有财产和超过一定居

---

① 《明史》卷77，食货。
② 《汉书》卷32，张耳传。
③ 《明宣宗实录》卷69。

住时限,即可成为附籍之民。所谓"天下所检客户,除两州计会归本贯已外,便令所在编附。年限向满,须准居人,更有优矜"①。宝应二年(763年)代宗下诏:客户若住经一年已上,自贴买得田地,有农桑者,无问于庄荫家住,及自造屋舍,勒一切编附为百姓差科,比居人例量减一半,庶填逃散者②。这里强调客户入籍条件为有土地等生产资料,在当地居住时间超过一年。客户附籍,政府获得纳税服役人口,弥补了当地逃户留下的赋役人户空缺。客户的财产权因此获得保护,居住权得到认可。

相对来说,明清时期这一政策的特色比较突出,故在此多着笔墨。

A. 明朝的基本制度

明朝万历时所修《大明会典》对"附籍人口"有这样的规定:"今后大造之年,各该州县如有流民在彼寄住年久,置有田产家业,不愿还乡者,查照流民事例,行文原籍查勘明白,许令收造该州县册内,填入格眼,照例当差纳粮";但不许"捏为畸零等项名色,及破调容隐作为贴户。查出依律治罪"③。该制度表现出对流民的宽容,允许符合条件者入籍,入籍者须承担赋役之责。此项制度的操作方式也比较规范,要经过"行文原籍查勘明白"这一程序,它体现了入籍(现居地)和黜籍(原户籍所在地)管理的一致性。

对京城经商之人也以此为入籍原则。嘉靖六年(1527年)世宗下诏要求巡城御史,严督各该兵马司官:"查审京师附住各处军民人等。除浮居客商外,其居住年久、置立产业房屋铺面者,责令附籍宛大二县,一体当差。仍暂免三年,以示存恤。"④ "一体当差"即意味着他们与当地居民没有区别,但可享受暂免三年的优待。

逃户于流入地居住年久、置有产业,也可入籍。这项政策在明初即实行过,多为特颁谕令。此后,逃户原籍政府多希望将其逐回原籍。当难以奏效时,中央政府则会允许有耕地等财产的逃户入籍为民。宣德五年(1430年)即有此政。英宗时明确规定:"凡逃户离乡年久、产业已成,不

---

① 《唐会要》卷85,逃户。
② 《唐会要》卷85,籍账。
③ 《大明会典》卷19,户口。
④ 《大明会典》卷19,户口。

愿回还者，许就所在官司报籍，三年一体当差。"① 这与经商之人的入籍资格要求一样。另一记载更为详细："已成家业愿入册者，给与户由执照，仍令照数纳粮。"②

为维护地方秩序，明朝地方官也主张将有职业的流寓之民编入户籍体系之中。吕坤的《实政录》中有"乡甲事宜"之条：约中除乐户、家奴及佣工、佃户，各属房主、地主挨查管束，不许收入乡甲外，其余不分匠作、裁缝、厨役、皂隶、快手、门禁、马夫，但系本县老户人家，或客商经年久住，情愿入约者，俱许编入乡甲，以乡党辈数齿序，不许作践③。在当时，"编入乡甲"即成为当地正式居民。该规定显然属于地方政令，它与中央政策的精神是一致的。

可见，明朝政府对离乡年久、置有产业者无论是一般流民，还是曾经的逃户，均允许将其编入所在地户籍，一般在编审户口的大造之年进行这项工作。我们认为，对外来者来说，置有产业便意味着具备了基本生存条件，同时有能力承担官方的赋役，真正成为地方事务的人力、财力基础和社会秩序的维护力量。

B. 清朝的基本制度

清朝的基本政策是："凡客民在内地贸易，或置有产业者，与土著一律顺编"④。这是针对经商之人所实行的制度。

清代中期以后，内地人口稠密区民众在家乡谋生困难，出外耕作或从事工商业者增多。政府虽然在政策上限制民众离乡和流入新地，但实际上，这并非刚性措施。对在流入地有产业和居住年久者，允许其入籍。雍正十一年（1733年），政府要求将在台湾"立有产业兼有父母妻子"的外来流寓人口，编入十甲牌稽查⑤。这等于认可其入籍资格。乾隆初年，对在江南、福建、浙江各府州县内搭棚山居，以种麻、种粮、煽铁、开炉、造纸、作菇等项为资生之计的"邻省失业流寓之人"，若"内有已置产业，并愿投

---

① 《明英宗实录》卷89。
② 《大明会典》卷19，户口。
③ 吕坤：《实政录》卷5，乡甲事宜。
④ 《清史稿》卷120，食货。
⑤ 光绪《大清会典事例》卷158，户部，户口。

认绝户丁粮入籍者,皆编入土著,同当差役"①。同期,对在东北奉天"置有户业,愿编入奉籍"的流民,政府也"准入籍"②。当然,流民入籍之后就要承担当地的赋役。可以说,这成为清代中期以后政府的一项基本政策。

对于"罢职官员,本身寄居各省者",康熙四年(1661年)一方面"勒令回籍";另一方面,"若本身既殁,子孙有田土丁粮,已入版图者,回籍附籍,听其自便"③。

综合以上,允许在流入地置有产业者入籍,并承担纳粮当差义务,成为近代之前政府对待流动人口的一项基本制度。由此,流动人口实现了向迁移者的转化。就当时社会来看,在土著人口稀少,甚至荒无人烟的地区开荒种地,置有产业也许并不困难;而在人口稠密区、土地紧缺区,从佃耕开始,若要置有产业则并非易事。不过,市镇经营的外地客商也有可能积攒下产业,由此获得入籍条件。从这一角度看,该项入籍政策对增强不同地区经济交流、推动经济发展具有积极作用。

乙、以结婚成家为条件

这里的成家条件是指男女户籍地不同,特别是外地女子与流入地土著男子结婚,或者相反。当进行户籍整顿时,政府允许本地人所娶外地妻或所招外乡之婿入籍。

明代永乐年间,北京、山东等处人民流移各处寻找谋生机会。永乐四年(1460年)规定:有将女凭媒礼嫁在处人民为妻,已生男女者,保勘明白,仍许完聚,不必发回原籍④。这是对特殊情形的照顾。将与本地人结婚、生育的外地女子遣送回原籍实际是拆散其所组成的家庭,可谓不人道之举。由此可见,当时政府实行了比较严格的流民遣送政策,只有个别情况能获免遣。英宗时山西左参政王来上奏:"流民所在成家,及招还故土,每以失产复逃去。乞请随在附籍便。"⑤ 此奏被批准。不过,这一政策并未形成定例,在外婚配的流民被要求复籍之政似乎没有废除。弘治十七年

---

① 光绪《大清会典事例》卷158,户部,户口。
② 《清高宗实录》卷371。
③ 光绪《大清会典事例》卷158,户部,户口。
④ 《大明会典》卷20,户口。
⑤ 《明史》卷172,王来传。

（1504年），孝宗令抚按官严督所属，清查地方流民，其中"久住成家不愿回还者就令附籍，优免粮差三年"。但"如只身无产并新近逃来军匠等籍，递回原籍"①。这意味着在外"久住成家"之人获得了与"置有产业"者一样的入籍机会。

清朝嘉庆二十年（1815年）规定：浙江省棚民，核其租种已逾二十年，现有田产庐墓，娶有妻室者，即准令入籍。其年分未久，业已置产缔姻者，俟扣满年限，亦准其呈明入籍。若并未置产缔姻，租种山场尚未年满，及租票内并未注有年分者，应暂为安插。年分未满者，俟年满饬退②。租种他人田地与置有个人产业不同，不具有入籍条件。这里，清政府网开一面，娶有妻室也可入籍使限制"软化"。但应该承认，在当地置产仍是最主要的条件。乾隆二十八年（1763年）制定了江西、安徽、浙江等省棚民稽查之例：凡棚民有室家者，准其隶籍编入；其单身赁垦之人，令于原籍州县领给印票，及认识亲族保领，方许编入保甲安插，准其租种。至现在单身棚民已经种地者，责取具有家棚民保状编入；无者，令回本籍③。对台湾流寓之人中"如有过犯，罪止杖笞以下，查有妻室田产者，照常发落，免其驱逐"④。我们认为，有妻室、田产并非要求棚民具备两项条件，有一项即可。

以上表明，各时期政府对置有产业的流动人口所实施的入籍政策相对比较稳定，而成家者能否入籍则要视情形而定。

（2）返回原籍困难者照顾性入籍制度

近代之前，对一般民众来说，出行交通相当不便，流民更是如此。将远离家乡的百姓硬性逐回原籍，对官府和流民都有困难，故一些朝代有适度照顾政策。

甲、老弱之民

明朝规定，逃户中，"老弱不能归及不愿归者，令在所著籍，授田输

---

① 《大明会典》卷19，户口。
② 光绪《大清会典事例》卷158，户部，户口。
③ 《清朝通典》卷9，食货。
④ 《大清律例》卷20，兵律，关津。

赋"①。不过，既然允许老弱者留下，也需子女协助其生产和生活。因而，留下来者肯定要超出这一规定者范围。对老年致仕官员适当照顾。正统十三年（1448年）规定：天下诸司衙门老疾致仕事故等项官员，"离原籍千里之外不能还乡者，许各所在官司行原籍官司照勘，原系军民匠籍照旧收附；如遇缺伍失班即送壮丁补役。若原籍无人办纳税粮，于附近州县照数拨与地亩，承种纳粮，抵补原籍该纳之数"。"若附近原籍不及千里者，仍发回纳粮当差。"②

丙、路途遥远者适当照顾

南朝梁天监十七年（518年），武帝下诏，要求"轻去其乡"的流民返回，给予"蠲课三年"等优待；"流寓过远"且"不乐还者"，"即使著土籍为民，准旧课输"③。

明代正统时规定：欲附籍者，老疾致仕事故官家属，离本籍千里者许收附，不及千里者发还④。

清朝规定：各省流寓孤贫如籍隶邻邑，仍照例移送收养外，其在原籍千里以外者，准其动支公项银两一体收养，年底造册报销⑤。在流寓地收养，实际意味着他们被纳入当地救助体系之中。

（3）让步性入籍制度

让步性入籍政策多在政府驱赶流动人口回乡策略失败或无效后采用，是政府对流动人口的妥协。这可谓一种务实的政策，具有缓和官民矛盾的社会效果。

元朝初年，因北方地区赋役繁重，民众纷纷向江南逃徙。至元二十六年（1289年），元政府下令："籍江南户口，凡北方诸色人寓居者亦就籍之。"⑥

明朝政府对荆襄之民和清朝政府对出关谋生民众所采取政策中的驱逐—让步特征最明显。

---

① 《明史》卷77，食货。
② 《大明会典》卷19，户口。
③ 《梁书》卷2，武帝纪。
④ 《明史》卷77，食货。
⑤ 《大清律例》卷8，户律。
⑥ 王圻：《续文献通考》卷19，户口。

明代成化初，荆、襄流民起义，卷入者达上百万。项忠、杨璇为湖广巡抚，下令将流民驱逐出去，不听令者发配戍边，结果民众死亡甚多。祭酒周洪谟著《流民说》，"引东晋时侨置郡县之法，使近者附籍，远者设州县以抚之"。都御史李宾上奏其建议，宪宗采纳，命原杰前去招抚，得流民十二万户，给授闲田耕种，设置郧阳府和上津等县进行管理。河南巡抚张瑄亦请安辑豫西北流民，宪宗准其所奏①。"编籍既定"，流民"帖然安堵"②。弘治、明正德年间继续实行这一政策。弘治二年（1489年），查出流民在湖广郧、襄、荆三府已成家业，附籍58824口；未成家业，愿回原籍者13546口③。其中附籍者占81.28%。正德元年（1506年）第一次清查出荆、襄、南阳、汉中等处流民235600余户，739600余口。对其中愿附籍者，各给户由，收入当地版籍；愿还乡者，量宽赋役④。同年又在荆、襄、郧阳、南阳、汉中、西安、商洛等府、州、县续清出流民118971户，其中愿附籍者92370户，占77.64%。"附籍者当给与户由。"⑤可见，附籍是多数流民的愿望，由此他们取得了入籍落户资格，转化定居之民。这一政策使持续多年的流民问题获得解决。

清政府在东北的基本做法是，严控民众出关谋生。而内地山东、河北等地缺少耕地的民众出外谋生愿望很强，通过多种途径进入东北。一旦地方官弁发现，他们在当地已形成聚落，难以驱逐，朝廷不得不做出让步，允许其定居和入籍。乾隆四年（1739年）高宗覆准：吉林等处"有直省百姓情愿入籍者，准其入籍"。当然，要履行必要的程序，即当地官员需"行询各原籍，咨覆到日，于户口册内，照奉天所属民人，每名征丁银一钱五分"⑥。乾隆五年（1740年）对"寄居奉天府流民"，高宗下旨："情愿入籍之民，准令取保入籍，其不情愿入籍者，定限十年，令其陆续回籍。"⑦嘉庆十三年（1808年），长春厅查出流民3010户。仁宗为此指出："若概行

---

① 《明史》卷77，食货。
② 《明宪宗实录》卷160。
③ 《明孝宗实录》卷28。
④ 《明武宗实录》卷11。
⑤ 《明武宗实录》卷18。
⑥ 光绪《大清会典事例》卷158，户部，户口。
⑦ 光绪《大清会典事例》卷158，户部，户口。

驱逐，未免失所。著再加恩准照前次谕旨，入于该处民册安插。"但要求"自此次清查之后，该将军务遵照原议，除已垦之外，不准多垦一亩，增居一户"①。嘉庆十五年（1810年），吉林厅又查出新来流民1459户，长春厅查出新来流民6959户。嘉庆帝为此很气恼：流民出口，节经降旨查禁，各该管官总未实力奉行，以致每查办一次，辄增出新来流民数千之多。因而下令：除此次吉林、长春两厅查出流民，姑照所请入册安置外，以后"责成该将军等，督率厅员实力查禁，毋许再增添流民一户"；如有阳奉阴违，"即交该将军咨明理藩院参奏办理"②。可见，清朝政府对流民的让步多是不得已的。这也表明，清中期之后，由于内地人口压力增大，旷土甚多的东北有较大的诱惑力吸引百姓"犯禁"闯关。

对政府来说，"严控"民众随意流动，旨在显示已有制度的存在和权威。但政府有限的管理力量很难将民众都束缚在本地户籍之上，其流迁过程又非官员所能及时监控。一当在流入地发现他们，其已垦殖、生活多时，甚至形成聚落。此时再强行驱离，则会引发官民矛盾。故此，政府不得不施以宽政。

我们认为，对被迫离开家乡逃荒的灾民来说，灾情过后为其创造条件回籍也是必要的。不过，有些百姓则是主动离家寻求新的生活方式，且在找到垦荒地和相对稳定的职业后，定居下来。这时政府仍硬性驱逐，促其还籍，不仅难以奏效，而且会产生官民冲突矛盾。故此，允许流民在流入地落户著籍，可收增加赋役人口和食物资源之效，对地方经济是有益的。另外，流动人口因入籍被纳入治安管理体系（如保甲等）中，有助于地方秩序维护。

（4）特殊时期和环境下的入籍制度

甲、改朝换代时期

改朝换代之际，原有统治秩序被打破，民众为躲避战乱，离土逃难者甚多。新王朝建立后，抚辑百姓、恢复经济成为首务。政府在鼓励民众返回原籍的同时，对希望在逃亡地入籍者也持宽容态度。而经过连年厮杀，人口衰减，不少地区都有大量荒地待人垦种，政府有条件实行宽松的入籍

---

① 《清仁宗实录》卷196。
② 《清仁宗实录》卷236。

政策。

乙、劳动力和赋役人口短缺时期

当全国或某一区域户籍人口流失较多，劳动力短缺，赋税落实出现困难时，政府对流动人口往往采取宽松的入籍政策。

唐开元年间，"天下户未尝升降"，监察御史宇文融献策：括籍外羡田、逃户自占者给复五年，每丁税钱千五百，以摄御史分行括实[①]。唐朝一些县级单位正是通过整合、集聚逃户所组成。庆州怀安县开元十年（722年）检逃户初置，故以"怀安"为名[②]。客观上讲，逃户本是对原籍户籍体系的脱离，进而逸出原有赋役网络。按照法律，这是一种犯罪行为，应受惩治。但当其在逃入地有稳定的生产、生活时，政府又认可这一现实，将其纳入新的户籍和赋役系统之中。而若不然，将会使其产业不保，重新颠沛于道途，以致激发不满情绪。这是政府的明智之举。当然，户籍管理制度的刚性也由此降低了。

明朝初期，特别是政权稳定之后，政府的基本做法是敦促逃户返回原籍，地方官也以设法追捕逃户返乡为己任。但若皇帝特许，在异乡耕作的逃户也会获得入籍机会。洪武二十四年（1391年）太原代州繁峙县上奏：逃民三百余户，累岁招抚不还，乞令卫所追捕之。朱元璋则格外开恩：今逃移之民，不出吾疆域之外，但使有田可耕，足以自赡，是亦国家之民也。即听其随地占籍，令有司善抚之[③]。显然，地方官欲追捕逃户回原籍，是在执行既有政策。朱元璋如此善待逃户，许可其入籍他乡，表现出务实的态度。不过他发布此谕令有一个前提是：这些逃户非居无定所者，有土地可耕，能满足自己的生存所需。永乐十九年（1421年）明政府对逃户分别对待：令原籍有司覆审逃户，如户有税粮无人办纳，及无人听继军役者，发回。其余准于所在官司收籍，拨地耕种，纳粮当差。其后仍发回原籍，有不回者，勒于北京为民种田[④]。这一政策中，对原籍没有税粮和徭役者，准其留在当地开垦官田。如今后仍希望留在当地，可作有田民户的佃农。我

[①]《新唐书》卷51，食货。
[②]《元和郡县志》卷3。
[③]《明太祖实录》卷208。
[④]《大明会典》卷19，户口。

们认为,明洪武、永乐时期,各地荒芜土地尚多,逃户相对容易在外乡得到耕作和生存机会,这是逃户返乡政策未被严厉实行的一个原因。

清初,顺治十一年(1654年)规定:其新旧流民,俱编入册,年久者与土著一体当差,新来者五年当差①。被编入册,实际就等于进入当地户口体系。清朝的这一政策仅实行于初年。

丙、重建户籍秩序时期

在王朝或政权建立初期,原有户籍管理系统破坏,不少民众离乡流迁在外。将其招归家乡既无册籍可查,也无现实可能。故而政府承认流动人口的现居权利,借此建立新的户籍体系。

在我们看来,东晋、南朝的土断政策是重建户籍秩序时的代表性做法。东晋最著名的做法为庚戌土断,其实施的背景是:"自中原丧乱,民离本域,江左造创;豪族并兼,或客寓流离,名籍不立"②。通过土断将北来之民重新纳入官府户籍体系中。此后,东晋和南朝多次进行这一工作,太元年间,"外御强氏,搜简民实,三吴颇加澄检,正其里伍"③。义熙九年(413年),东晋安帝接受刘裕建议,"依界土断,唯徐、兖、青三州人居晋陵者,不在断限。诸流寓郡县,多被并省"④。这之后南朝多次实行该制度。南朝陈文帝天嘉初下诏指出:"自顷编户播迁,良可哀悼。其亡乡失土逐食流移者,今年内随其适乐,来岁不问侨旧,悉令著籍,同土断之例。"⑤ 这些措施的目的就是将未著籍的侨居者变成政府控制的户籍人口。对侨居者来说,因此而受到更多行为上的束缚,成为政府的赋役之民。

隋朝文帝曾将居住无定的军士纳入所属州县户籍体系中。因承继北朝丧乱,连年征战,兵士军人权置坊府,南征北伐,居处无定,恒为流寓之人,竟无乡里之号。隋朝开皇十年(590年),文帝下诏:凡是军人可悉属州县,垦田籍账一与民同⑥。

元朝初年也面临着户籍重建局面。至元元年(1264年)规定:"漫散

---

① 《清世祖实录》卷87。
② 余嘉锡:《世说新语笺疏》上卷,政事第三。
③ 《世说新语笺疏》上卷,政事第三。
④ 《通典》卷3,食货。
⑤ 《通典》卷3,食货。
⑥ 《册府元龟》卷486,邦计部,户籍迁徙。

之户逃于河南等路者，依见居民户纳税。"① 元政府要求逃亡之民于现居地纳税，就意味着承认或认可其入籍权利。

明洪武三年（1370年），朱元璋令户部榜谕天下军民：凡有未占籍而不应役者，许自首，军发卫所，民归有司，匠隶工部②。它显然也是出于建立户籍秩序的考虑。而嘉靖四十四年（1565年）的做法则是因原有户籍人户缺失，影响赋役征派，政府通过将流动人口编入户籍来补缺。巡按御史孙丕扬上奏：各州县里甲空缺，乞将流寓人户编入版籍，或补缺户缺丁。此奏被批准③。这些流寓人口应与逃户有别。

丁、招徕流亡民众垦荒时期

某地有荒地可垦，政府通过实行允许入籍等优惠条件，鼓励民众前往垦荒，使其附着于土地之上；或者允许流民耕种逃户所留下的土地，并编入当地户籍之中。

唐朝广德二年（764年）规定：如有浮客，情愿编附，请射逃人物业者，便准式据丁口给授。如二年以上种植家业成者，虽本主到，不在却还限，任别给授④。唐代宝历元年（825年）五月敕令：黔首如有愿于所在编附籍账者，宜令州县优恤，给与闲地，二周年不得差遣⑤。唐中期对耕种逃户土地的外来者给予一定优待，以免耕地荒芜：客户耕种逃户土地，五年之后逃户未归，"便任佃人为主"⑥。这也是官府认可的一种入籍方式。

北宋真宗天禧五年（1021年）下诏："诸州县自今招来户口，及创居入中开垦荒田者，许依格式申入户籍，无得以客户增数。"⑦ 这意味着外来民众只要开垦有荒地，即可入籍，成为主户。同时，朝廷不允许地方官将外来开垦者以客户身份上报。这是因为主户对政府有更为直接的贡献。

明初，政府实行"以占籍附流民"的政策⑧。在这一制度之下，著籍户

---

① 王圻：《续文献通考》卷19，户口。
② 《大明会典》卷20，户口。
③ 嵇璜纂：《续文献通考》卷13，户口（以下不注编纂者名字者均为嵇璜所纂《续文献通考》）。
④ 《唐会要》卷85，逃户。
⑤ 《唐会要》卷84，移户。
⑥ 《唐会要》卷85，杂录。
⑦ 《文献通考》卷11，户口。
⑧ 《明史》卷72，职官。

被纳入正式户籍系统。流民获得了所在地的田亩，同时要承担政府的相应义务。明中期在个别有可开垦土地的地区，政府对逃户也实行过相对宽松的入籍政策。正统年间，凤阳府宿州所辖龙山湖坡等处，系湖水退滩，土膏地饶，易于耕种。山东、山西等地上万民众前来垦荒，地方官"分拨田地，著令生理"。这实际是承认其在当地的居住权利。而此后"相继来者，络绎于道"。因担心民众"聚集为非"，政府不得不添设官员管理以移民为主的新辟区。英宗特别指出：逃民中有囚犯、军匠，产业已定，自愿附籍者听。仍不拘例，量免差徭①。既然囚犯和军匠能被宽恕并允许入籍，其他平民更不待言。

清代，官方招徕、引导的各类民众迁移，不存在入籍限制。清康熙二十九年（1690年）规定：川省民少而荒地多，有情愿往川垦荒居住者，子孙即入籍考试。如中式后回籍，并往别省居住者禁止②。雍正、乾隆时期对自发前往四川耕垦的湖广、广东等地民众，政府为其在当地入籍予以支持，不设限制。

综合以上，近代之前的流动人口入籍制度可以分为三大类，即社会秩序正常、稳定状态下的入籍制度，社会秩序重建、经济恢复时期的入籍制度和流民趋势难以扭转时期的让步入籍制度。在第一种情况下，政府实行有条件入籍为主的政策，对居住年久、置有产业以及有家室的流民，甚至逃户，多允许或主张其入籍，成为新的赋役人口。而对无产业、单身或行动不定者，则采取措施促使其回籍。当然对其中老弱者或路途较远、回乡不便者，也会予以照顾，允许入籍。在第二种情况下，政府的首要任务是安辑流民、恢复经济，因而对其选择返乡还是在现居地入籍不作限制。第三种情况下，流民大规模涌入某一地区，并获得比较稳定的生存条件，政府本意是将其驱除回乡，但遭到抵制，或驱而复返，最终政府不得不改变策略，允许其入籍，以缓和官民矛盾。

3. 流动人口入籍方式

就近代之前来说，流动人口被纳入流入地户籍管理和行政管理体系之中，即完成了入籍手续。还应指出，当时的入籍者并不享受或很少享有社

---

① 《明英宗实录》卷129。
② 光绪《大清会典事例》卷158，户部，户口。

会福利待遇，政府只要认可流动人口在流入地的居住权，流动人口同时承担赋役，即成为完整的本地居民。然而，若具体来看，不同时期流动人口的入籍方式和称谓有别，新入籍者与原来老户叫法上也有差异。此外，在流动人口入籍和未入籍之间，还有"允许"和"不允许"暂居的政策规定。这里对此做一分析。

（1）直接入籍

甲、占籍

A. 特许占籍

政府允许流动人口占籍，不同时期，特别是隋唐以前的政策中多有此令，这应该是特许入籍的一种形式。

东汉时期此举较多。明帝即位初即下诏，准许无籍流民于流入地入籍，并有优待措施。永平十二年（69年），流民无名数欲占者人一级①。名数即为户籍。流落外乡者没有进入当地户籍体制之内，对政府来说是一种损失。为使其占籍为民，政府采取了赐民爵这样的鼓励措施。之后明帝又多次施行此政。章帝永平十八年（75年）登基后继承这一制度，下诏：流人欲占者人一级②。和帝八年（96年）春二月规定：民无名数及流民欲占者一级③。

唐代玄宗时，因"天下户未尝升降"，接受监察御史宇文融建议：括籍外羡田、逃户，自占者给复五年。号称"诸道所括得客户八十余万，田亦称是"。实际上，"州县希旨张虚数，以正田为羡，编户为客"④。这一政策中，允许"逃户""自占"，由此身在外乡的逃户因占籍而成为客户。

宋以后政府也实行过流民占籍政策。

北宋雍熙三年（986年），江南民饥，许渡江自占⑤。此处的"自占"应该是允许饥民选择合适地方定居谋生。

明朝户部尚书的职责之一是：以垦荒业贫民，以占籍附流民，以限田

---

① 《后汉书》卷2，明帝纪。
② 《后汉书》卷3，章帝纪。
③ 《后汉书》卷4，和帝纪。
④ 《新唐书》卷51，食货。
⑤ 《宋史》卷5，太宗纪。

裁异端之民①。即把流民变为定居入籍人口。明初海南知府王伯贞减轻百姓税赋，"居数年，大治，流民占籍者万余"②。宣德三年（1428年），宣宗对户部所发布谕令最有代表性：各处逃徙人民，限三月内复业。凡前所负税粮，悉与蠲免。其有久居于彼，产业已成者，许令占籍③。正统元年（1436年），政府在继续实行逃民复籍之政的同时，对"不愿归者，令占籍于所寓州县，授以田亩，俾供租税"④。这是较为宽大的政策，因为它没有强调逃民已置有产业、居住年久这一前提。正统二年（1437年），英宗再下谕令，愿占籍于所寓者，复其徭役二岁⑤。弘治年间，郧阳巡抚孙需"安辑流民，占籍者九万余户"⑥。这里的"占籍"也是允许和鼓励流动人口入籍的措施。占籍者取得了入籍资格，同时也应承担租税义务。

B. 自由迁移或流寓者于某地定居下来

史载：自晋后，"衣冠迁徙，人多侨处，因缘官族，所在占籍"⑦。这显然是当时统治秩序混乱环境下民众自主择居的方式，并非官方所主导。

隋唐、特别是宋元以后的传记中，在叙述传主本人或父祖籍贯发生过变动时，常将新居地视为占籍。宋太宗时官员孔承恭，原为京兆万年人。唐昭宗东迁，举族随之，"遂占籍河南"⑧。元朝初年人邸顺，原为保定行唐人，"占籍于曲阳县"⑨。明初给事中王佐，其先河东人，元末侍父官南雄，经乱不能归，"遂占籍南海"⑩。明末武库主事成德，字符升，霍州人，"依舅氏占籍怀柔"⑪。这里的"占籍"有定居和入籍之意。

根据上述，外来流动人口"占籍"并不涉及与当地人的关系和参照问题。其"占籍"地既有可能在成熟的村镇，也有可能是新拓荒之区。

---

① 《明史》卷72，职官。
② 《明史》卷169，王直传。
③ 《续文献通考》卷13，户口。
④ 《明英宗实录》卷24。
⑤ 《明英宗实录》卷28。
⑥ 《明史》卷172，孙需传。
⑦ 《新唐书》卷119，贾至传。
⑧ 《宋史》卷276，孔承恭传。
⑨ 《元史》卷151，邸顺传。
⑩ 《明史》卷285，王佐传。
⑪ 《明史》卷266，成德传。

乙、入籍

宋元之后，政府将在外乡居住谋生者直接编入当地户籍，即属一种入籍形式。

元朝至元二十六年（1289年），元世祖下诏籍江南户口，凡北方诸色人寓居者亦就籍之①。将寓居之民编入当地户籍之中。

明朝嘉靖年间黄佐《泰泉乡礼》"乡社"规定：凡民自他境来，初预乡约、保甲者，谓之入社，社祝以告。告毕，乃书其姓名于籍。其有犯约之过、不修之过，罚而不悛者，逐之出社，告亦如之。告毕，约正等公同约众于籍除名②。这应该是针对那些居住年久、置有产业者而言。即符合政府入籍规定的外来者，由乡社为其办理入籍手续。

清代，雍正三年（1725年），根据两江总督查弼纳、浙闽总督觉罗满保所奏，政府对江西、福建、浙江三省流民实行安辑政策，内容包括：①现在各县棚户，请照保甲之例，每年按户编册，责成山主、地主并保长、甲长出结送该州县，该州县据册稽查，有情愿编入土著者，准其编入。②编册之后，续到留移，不得容留，有欲回本籍者，准其回籍。③棚民有膂力可用及读书向学者，入籍二十年，准其应试，于额外酌量取进③。这意味着移民入籍有一个渐进过程，要取得完整的入籍权利，需要二十年时间。嘉庆二十年（1815年）规定：浙江省棚民，核其租种，已逾二十年，现有田产庐墓，娶有妻室者，即准令入籍。其年分未久，已置产缔姻者，俟扣满年限，亦准其呈明入籍。若并未置产缔姻，租种山场尚未年满，及租票内并未注有年份者，应暂为安插。年份未满者，俟年满饬退④。

这些外来之人允许入籍，就成为当地的正式居民和户籍人口。我们认为，对流动人口来说，入籍所包含的意义和范围更为广泛。前述符合条件的定居者、让步政策的受益者和特殊时期被纳入户籍者都属于直接入籍者之民。

（2）附籍

---

① 《元史》卷15，世祖纪。
② 黄佐：《泰泉乡礼》卷5，乡社。
③ 《清世宗实录》卷34。
④ 光绪《大清会典事例》卷158，户部，户口。

从官方文献对"附籍"形式所作叙述看，它可分为两种：

甲、本地人登载户籍的称谓

本地人及其家口被官方直接载入户籍之中，称为附籍。其中"附"有隶属之意。《册府元龟》作者在叙述中国户籍制度演变时有言：秦民之后，迄于汉世，书年附籍因革或异①。此处的"书年附籍"具有户籍建立之意。

《周书·武帝纪下》载："良人没为奴婢者，并宜放免，所在附籍，一同民伍。"这是为"放免"者建立平民户籍的做法。

唐朝每三年一造户籍时，"其户每以造籍年预定为九等，便注籍脚。有析生新附者，于旧户后以次编附"②。百姓因分家增加户数，新增户登录在旧户之后。当然也可以将"析生新附"理解为"析生"和"新附"两类。前者为分家所增之户，后者为外来附属之户。

元代徐元瑞于《吏学指南》（"统属"之项）中解释百姓"所属官司"之意为"本身元附籍贯官司也"。这里的"元附籍贯"指户籍所在地，可谓"附籍"的一种简称。他对"脱户"的定义为：率土黔庶皆有籍书，若全家并不附籍，谓之脱户③。"不附籍"为不在当地户籍之中。

按照明朝制度：人户以籍为断，禁数姓合户附籍④。这里的"附籍"也有登录之意。

综合以上，附籍在一些朝代为民众登录、建立户籍的形式。当然，它既针对土著人口，也包括外来人口。

乙、特指附属于本地户籍中的外来者

这里的附籍强调的是附属性。外来流动人口附属于原有居民组织和户籍之中。或言附籍为"以他处之民附入本地之籍"⑤。

更进一步讲，外来人口附于流入地户籍之后，接受当地乡里、保甲等组织的管理，称为附籍。附籍者可谓被编入当地户籍的外地人。他们具有

---

① 《册府元龟》卷486，邦计部，户籍迁徙。
② 《册府元龟》卷486，邦计部，户籍迁徙。
③ 徐元瑞：《吏学指南》，户婚。
④ 《明史》卷77，食货。
⑤ （清）佚名：《六部成语》，户部。

了在当地长期居住下去的资格或权利,当然以后还有可能返回原籍或家乡。对附籍者的规定,不同朝代也有差异。多数时期具有入籍性质,同时被纳入承担当地赋役者之列。

唐朝法律即有"附籍"之名。根据《唐律疏议》:"流人若到配所三年,必经造籍,故云'虽经附籍',三年内听还。既称'愿还',即不愿还者,听。"[1] 这是对犯有流配罪之人所言。他们到配所,将被建立新的户籍,或者纳入当地户籍,故属于附籍。广德二年(764年)规定,如有浮客,情愿编附,请射逃人物业者,便准式据丁口给授[2]。"浮客"也属外来流动人口,若其愿意被编入户口之中,作为附籍者,便可享受户籍人口的待遇。唐敬宗宝历年间的政策与广德时相似:黔首如有愿于所在编附籍账者,宜令州县优恤,给与闲地,二周年不得差遣[3]。可见,给外来者以优惠条件附籍成为政府招徕和稳定民众的手段;而只要附籍,其权利和义务与土著者便并无二致。从这一点看,唐代流民或浮客"附籍"与入籍意义相同。

北宋时参政知事曾布曾上疏指出:近世之民,轻去乡井,转徙四方,固不为患,而居作一年,即听附籍[4]。他并非叙述当时具体的户籍管理制度,仅以此表明流动人口以附籍方式编入当地户籍比较容易。

元代初年也有附籍之政。至元三年(1266年)世祖下诏:"驾户种地他所者,其丁税于附籍之郡验丁而科。"[5] 这应该是允许外来耕种者于当地入籍的制度。

《明史》作者对附籍有明确定义:有故而出侨于外者曰附籍[6]。我们认为,对附籍者更明确的表述应该是:侨居者被编入当地户籍为附籍。明朝的附籍条件在不同身份的流动人口中间有所区别。"其军卫官下家人、旗军下老幼余丁,曾置附近州县田地","愿将人丁事产于所在州县附籍纳粮当差者"被允许[7]。对一般平民也有附籍规则。嘉靖六年(1527年)对京师

---

[1] 《唐律疏议》卷3,名例。
[2] 《唐会要》卷85,逃户。
[3] 《全唐文》卷68,敬宗帝。
[4] 《宋史》卷201,刑法。
[5] 王圻:《续文献通考》卷19,户口。
[6] 《明史》卷77,食货。
[7] 《大明会典》卷20,户口。

外来者的附籍政策是：由巡城御史严督各该兵马司官，查审京师附住各处军民人等。除浮居客商外，其居住年久，置立产业房屋铺面者，责令附籍宛、大二县，一体当差。仍暂免三年，以示存恤[①]。

一般来说，流民附籍有两个基本条件：一是寄住年久，二是置有产业。不过它没有硬性规定"年久"的含义。这里有一点很明确，流民附籍者要承担当地的赋役，不能摆脱应承担的责任。但正统年间，逃户、流民中似乎也有不符合上述两个条件或其一者被允许附籍。正统十二年（1447年）三月，河南邓州流民马贵等言：臣等三百五十余户，原居山东、山西。因地狭民众，徭役繁重，逃移至此。近承恩例，命于所在附籍，均田耕种。颙望已久，郡县不即举行，乞早加恩恤，使得宁居。英宗"命有司亟行之"[②]。从流民叙述中可见，他们并未在当地置有产业，期盼附籍后获得"均田耕种"的资格。想必邓州当时有可垦荒地容纳这些流民，故政府采取特许附籍政策。值得注意的是，附籍者有的被要求承担原籍差役。明成祖时，"选应天、浙江富民三千户，充北京宛、大二县厢长，附籍京师，仍应本籍徭役。"[③] 或许这属于特殊情形。

清朝初年规定：凡外省流民附籍年久者与土著之民一例当差[④]。这一政策很明确，附籍与入籍者义务相同。进一步看，只有附籍年久外来户才与当地人一样承担差役，言外之意，刚附籍者则可享受优待。那么何为"年久"？我们认为应该是二十年以上，因为按照清朝的科举规则，流动人口子弟只有入籍二十年以上方可应科举。对"罢职官员，本身寄居各省者，勒令回籍；若本身既殁，子孙有田土丁粮，已入版图者，回籍附籍，听其自便"[⑤]。清光绪二十八年（1902年）变法期间，刑部有一项规定：徒犯毋庸遣军，照满流年限计算，限满释放。听其自谋生计，并准在配所入籍为民[⑥]。这与唐代的政策相似，但唐代称为附籍。这是附籍与入籍可通用的证明。

---

① 《大明会典》卷19，户口。
② 《明英宗实录》卷151。
③ 《明史》卷77，食货。
④ 光绪《大清会典事例》卷158，户部，户口。
⑤ 光绪《大清会典事例》卷158，户部，户口。
⑥ 《清史稿》卷143，刑法。

可见，附籍是在新居地建立户籍的方式或标志。上面第一种对本地和外来者未作区分，第二种则是流民、客民等外来者加入本地户籍的称谓。而从著籍的角度看，二者没有实质区别。因而，无论哪种人，一旦附籍，其享受的权利和承担的义务便没有根本性差异。只是一些朝代对初附籍者有赋役减免三年的照顾。

丙、寄籍

寄籍，从字面上不难看出，它是指临时居于外乡特定地区之人。

唐代即有"寄籍"之称。唐李翱所写《岭南节度使徐申行状》言："公讳申，字维降，东海剡人，永泰元年寄籍京兆府。"① 他意在说明徐申祖籍并非京兆府。

就后世看，寄籍是政府对流动人口管理的一种形式，它意味着官方允许外来之人及其家眷在当地居住。但寄籍者尚未完全加入当地户籍管理体系，属侨居性质。因而，寄籍者的权利受到限制，当然其亦未承担本地户籍人口的所有义务。寄籍者有哪些权利和义务？这里以明清文献为主加以说明。

寄籍的前提条件是什么？明代宣德五年（1430年）规定，逃户已成产业，每丁种有成熟田地五十亩以上者，许告官寄籍②。与附籍的差异在于，寄籍没有居住年久这一限制。更重要的是，寄籍者未被纳入当地赋役体系中，可谓只于流入地谋生，而不必承担官派义务。景泰初年的规定也说明这一点：凡各里旧额人户，除故绝并全户充军不及一里者，许归并一里当差，余剩人户发附近外里辏图编造，不许寄庄。若有诡立姓名者许首告改正。其有自愿卖与本处人民为业，除豁寄庄户籍者，听。若违例寄庄者，所在有司拘问，田地入官③。该政策的主旨是，鼓励原住民在本里不够一个管理单位时，或合并，或编入附近其他单位，仍为正式户籍人口。不允许散户以寄庄身份编入，但无产业者则许可。所以有这种限制。我们认为，是因为寄庄之户是侨寓户，不承担赋役。正因为如此，对置有财产、居住年久的寄籍者，官方更愿意其成为附籍者。而景泰二年（1451年），户部

---

① 《全唐文》卷639。
② 《大明会典》卷20，户口。
③ 《大明会典》卷20，户口。

上奏对寄籍者的处理意见更说明寄籍户原不承担赋役义务：各处寄籍人户，令各将户内人丁、事产尽实报官，编入图甲，纳粮当差，于户下注写原籍贯址、军民匠灶等户，及今收籍缘由，不许仍作寄籍①。这里很明确，保持寄籍身份者将不承担当地赋役；只有变更其身份，使其入籍，才能将其纳入赋役体系中。天顺五年（1461年）规定：各处流移人户及军民官员事故，遗下家人，先年编成里甲，开垦荒地，为业已久者，各府委官丈量，俱照轻则。每亩起科秋粮米三升三合，草一斤，造入黄册，纳粮当差。如仍寄及不附籍者解原籍复业，田产入官。凡各司府州县总册，各委官吏亲赍进呈。其各里文册，另差官，径送南京户部②。从这一规定上看，政府希望将在流入地"为业已久者"编入正规户籍体系中，成为正式"纳粮当差"人口。从中可见，寄籍者并不当差。不过此判断又有问题。因为明代还有这样的规定：凡各处招抚外郡人民在境居住，及军民官员事故改调等项，遗下家人弟男子侄，置有田地、已成家业者，许令寄籍，将户内人丁事产报官，编入图甲，纳粮当差，仍于户下注写原籍贯址军民匠灶等户，及今收籍缘由，不许止作寄籍名色。如违，所在官司解京，发口外充军，田产入官③。本项规定中寄籍者的义务与附籍没有区别。王阳明所订《南赣乡约》中有一条是针对寄籍者的：寄庄人户，多于纳粮当差之时躲回原籍，往往负累同甲；今后约长等劝令及期完纳应承，如蹈前弊，告官惩治，削去寄庄④。这两项中央和地方规则表明，寄籍者并没有豁免"纳粮当差"义务。如果进一步区分，或许侨居者可分成寄籍与寄庄两种。寄籍与附籍没有质的区别，而寄庄则是临时居住人口。

　　清朝，进入一个地方垦荒并稳定居住的外来者和相对固定居住某地的外乡人往往被视为寄籍之民。清代中期，政府对寄居者持鼓励入籍态度。乾隆五年（1740年）规定：寄居奉天人民愿入籍者，听其入籍⑤。可见，寄籍者尚未取得本地户籍。另外，我们看到，清代一些地方官在节妇旌表

---

① 《明英宗实录》卷202。
② 《大明会典》卷20，户口。
③ 《大明会典》卷20，户口。
④ 《王阳明全集》卷1，知行录。
⑤ 《清朝通典》卷9，食货。

题本中对寄籍者做出区分。道光三年（1823年）安徽巡抚陶澍所上题本对各县寄籍者这样记录："江苏上元县民寄籍怀宁县陈如鹤之妻仲氏"，"原籍浙江山阴县寄籍怀宁县赵大奇之继妻江氏"，"江苏江宁县寄籍怀宁县周承懋之妻殷氏"①。而该题本对附籍等身份者均未作标记。这也说明，寄籍者非入籍之民，与附籍者（已入本地籍的外地人）有别。但寄籍者在当地获得了合法居住权利，具有"准本地人"的特征，故他们中的节妇能享受到本地居民才有的被旌表待遇。

如果要对附籍、寄籍和占籍、入籍作进一步区分，我们认为，附籍和寄籍是指流动人口处于一个具有相对健全的官府管理体系和土著人口为主导的环境中居住生活，而占籍则有可能指外来之民处于原无居民或居民较少的新垦辟之地，入籍之意则更为宽泛一些。

那么，寄籍与附籍有区别吗？若有，是何种区别？在一些朝代，对其所作规定难以区分，都是对侨居者的管理制度。而在另一些朝代，两者又有区别：外来者附籍即可视为入籍，承担在迁入地的义务；寄籍则是临时户籍，可以免却官方所摊派的赋役等义务。但政府也会加以调整。

明嘉靖年间，庞嵩在应天治中兼摄府尹时，因"留都民苦役重，力为调剂。凡优免户及寄居客户、诡称官户、寄庄户、女户、神帛堂匠户，俾悉出以供役，民困大苏"②。本案说明两个问题，即寄籍者一般不承担当地的徭役；另一方面，他们的这一免役权在特殊情况下会被剥夺。与此同时，寄籍者也可享受只有土著和附籍居民所享受的权利。如寄籍者子弟可在当地参加科举考试。

明代万历年间，尚书司少卿徐贞明建议在京东将荒地改良成水田，种植水稻。户部尚书毕锵等深表赞成，因而采纳徐贞明建议，形成六事上奏。其中有："能垦田百亩以上，即为世业，子弟得寄籍入学；其卓有明效者，仿古孝弟力田科，量授乡遂都鄙之长。"③ 具有临时户籍者也可享受本地居民的权利。清朝雍正六年（1728年），陕西学政杨超曾上疏："镇安、山阳、商南、平利、紫阳、石泉、白河诸县士风衰落，西安、汉中各属冒考，

---

① 《陶澍全集》（5），第43页。
② 《明史》卷281，庞嵩传。
③ 《明史》卷111，徐贞明传。

号为寄籍，诸弊丛生。请就本籍量取，宁缺无滥。并改寄籍者归本籍，廪增俱作附生。"① 外地冒考者以寄籍身份参加当地科考，这也说明寄籍者及其子弟具有考试资格。只是一些人假冒寄籍而应试，杨上疏取消寄籍者的这一权利，或许是整顿考试秩序期间的临时措施。

4. 流动人口逃避入籍

近代之前，流动人口入籍享受到定居地的权利，科举时代入籍者子弟还因此取得了在当地进学、科考的资格。这对有聪颖、好学子弟且有一定财力的百姓颇具吸引力的。但对多数民众来说，其从入籍中得到的利益有限，却要成为赋役的承担者。所以各个朝代均有流动人口逃避被编入当地户籍体系之中的现象。

南朝宋时，雍土多侨寓，玄谟（王玄谟，雍州刺史——著者）请土断流民，当时百姓不愿属籍，"罢之"。后王玄谟"又令九品以上租，使贫富相通，境内莫不嗟怨"②。

隋朝，"其无贯之人不乐州县编户者谓之浮浪人。乐输亦无定数，任量，惟所输终优于正课焉"③。

元代初年有这种情形。地方官"籍民户"时，因外来者"多以浮客占籍，及征赋，逃窜殆尽；官为称贷，积息数倍，民无以偿"④。这些浮客应属不同职业的流动人口，若无赋税，他们尚认可入籍的事实；一旦税及其身，则纷纷逃亡。有的则为避役有意保持流动者身份。"赋役频烦，河南百姓新强旧乏，诸路豪民行贩市易，侵土人之利，未有定籍，一无庸调。"故有官员建议，"如知而辄避、事过复来者，许诸人捕告，以军兴法治之。"⑤ 元初官员胡祗遹认为，当时"最苦者农民，而游手好闲以口舌趋末利，商贾之徒挟轻赍而无定居，不占籍、不应租税者甚众"⑥。没有户籍、不入籍者有诸多好处和便利，因而逃避入籍现象难以抑制。

明代也有一批人有意逃避入籍，目的是摆脱赋役之累。万历时宛平知

---

① 《清史稿》卷308，杨超曾传。
② 《宋书》卷76，王玄谟传。
③ 《通典》卷5，食货。
④ 《元史》卷191，谭澄传。
⑤ 《元史》卷20，完颜弼传。
⑥ 胡祗遹：《杂著》，论司农司，见《紫山大全集》卷22。

县对此有生动描述：五方之民，各挟所长，以游京师，典买田园，因而贾富十百千万，其所受固宛之廛也。而彼则曰：吾偶寄居耳，不可以丁。其名曰流寓。久之，长子孙，有亲戚墓坟，或渐增地至顷亩，则既食宛土之毛矣。而彼则又曰：吾故土尚未脱籍，故自有丁差在焉。其名曰寄庄。其甚者，陆海素封，绣钥牙筹，或甲有乙田而仍其籍，或尽有甲乙而空其户，斯又真占宛之籍矣。而彼则又曰：某云何，某云何，可以籍，法未可以役；某为酒户，某为醋户，某为厨役，某为女户，某为女轿夫，某为海户，某为某名下，某为某门下；吾辈率有劳公家，势俱不役，情可无籍，而自谓为优免户；别有一等，占籍已久，义无脱籍理，而又富连阡陌，人所共睹，不得影射者，则又附之城社，或为煤户，或为柴户。每遇编差之年，坐名注头，择所便者贴之，乃所谓煤柴户，则实又上供所宜先也。盖所仅存而乐役者，簪缨巨室之外，非下下户，则高等之贫无力者耳[①]。长期在京经商者无入籍落户之思，而以寄寓身份避役为念，这实际上是钻政策的空子。

清代同样有流寓一地之民不愿入籍者。乾隆十五年（1750年），奉天将军阿兰泰等上奏指出当地流民内竟有置有产业不欲回籍，而又不愿编入奉籍者。乾隆帝下令："著再加恩，展限十年，令该将军并地方官等详晰申明晓谕……若在奉省置有产业，何不即入奉籍？既不欲回原籍，而又不肯编入奉籍，则是目无法纪，怙恶不悛矣。展期一满，定当严行治罪，决不姑贷。"[②] 可见，民众也在盘算入籍与不入籍的得失问题。

近代之前，户籍制度更多的是政府管束民众的工具，赋役承担是户籍人口的主要义务，民众从中所获利益有限。正因为这样，出现漏口、脱籍和逃户等做法。流民中有不少人就是为脱离户籍而离家赴他乡。故出于趋利避害考虑，流动人口有逃避入籍之行。当然，若流动人口不入籍失去了在流入地的居住权，政府可能将其遣返回原籍，所置有的财产会遭受损失，这可能促使其入籍。但若入籍增加其负担，他们其中一部分人也许会踏上新的流动之途。

促使流动人口回原籍与允许其入籍均为政府从自身利益考虑所制定的制度，其目的在于将流动人口纳入管理体系和赋役体系之中。不过，允许

---

① 沈榜：《宛署杂记》卷6，力役。
② 《清高宗实录》卷371。

入籍使流动人口获得在异乡的居住权利，是值得肯定的。但若无条件入籍，又会使已有户籍秩序失效，民众的趋利避害行为难以抑制。因而有条件允许流动人口入籍也为不少王朝所采用。居住年久、置有产业或建立家室成为正常情况下流民入籍的主要条件。此外，老弱流民或官员及其子弟远离家乡也可获得适当照顾，入籍定居。政府流动人口的入籍时机选择与王朝政治经济形势有关。当王朝初建、户籍秩序混乱之时，流民于异地入籍条件较宽；为招徕民众开垦荒地，对流民采取优惠入籍政策。当政治秩序稳定下来之后，控制流动人口入籍成为主流。而大批流动人口集中定居特定区域，难以有效驱逐时，让步性入籍迁移政策便会产生。在看到流动人口入籍受限的同时，也应注意到，由于入籍者要承担赋役等义务，获得利益有限，故逃避入籍大有人在。总之，我们认为，传统时代流动人口入籍政策具有刚、柔相济特征，"刚"表现为政府尽可能限制民众离开家乡户籍体系，"柔"则为有条件允许流动人口在谋生地区入籍，户籍制度的僵化程度有所降低。

（二）清末至民国的入籍制度

清末随着《户籍法》的制定，具有现代意义的户籍管理理念被引入，新的入籍规则开始出现。

1. 本籍、寄籍、就籍和入籍定义

根据宣统三年（1911年）《户籍法》第151条：凡在同一户籍吏管辖地内，将全家由此地移住彼地而变更其本籍地者，名为移籍。移籍呈报书须开具下列诸件：（1）原籍地；（2）新本籍地；（3）迁移之年月日。第153条对入籍这样定义：凡去此户籍吏管辖地入于彼户籍吏管辖地内者，名为入籍。这一法律未对寄籍作出规定。但其有"就籍"之称，第155条规定：因呈报之缺漏或其他事由而无本籍欲新定本籍者，名为就籍[①]。可见，就籍也是入籍的一种形式。

相对来说，民国二十年（1931年）《户籍法》对本籍的规定比较明确。第4条：（1）在一县或一市区域内有住所三年以上，而在他县、市内无本

[①]《旧中国户籍法规史料》，第18页。

籍者，以该县或市为本籍；（2）子女除别有本籍者外，以其父母之本籍为本籍；（3）弃儿父母无可考者，以发现人报告地为本籍；（4）妻以夫之本籍为本籍，赘夫以妻之本籍为本籍。一人不得有两本籍。第5条：已有本籍，而在他县、市内有住所或居所满6个月者，以该县或市为寄籍；无本籍或本籍不明，而在一县、市内有住所或居所未满6个月者，亦同。一人不得同时有两寄籍[1]。第16条规定：户籍登记簿分本籍登记簿与寄籍登记簿两种[2]。民国三十五年（1946年）《户籍法》寄籍者的居住时间有所调整，第18条规定：已有本籍而在他县内有住所或居所一年以上者，以该县为其寄籍，但一人同时不得有两寄籍[3]。可见，寄籍是对临时居住者的登记，他们已被纳入当地户籍管理体系之中。我们认为，一人不得有两寄籍的规定也是针对流动人口所实施的制度，即一个人离开本籍之地，于外乡活动（务工经商等），也须有一个政府相关管理机构能够找得到的相对固定的居址。

2. 迁移流动人口入籍条件

清末宣统三年（1911年）《户籍法》第154条规定：入籍呈报书须开具下列诸件：（1）入籍之户主及家属姓名、年岁、职业；（2）原籍地；（3）入籍地[4]。第156条对就籍如此规定：呈报就籍，须经户籍局所在地之监督审判厅允许。第157条：呈报就籍书须开具下列诸件：（1）就籍人姓名、年岁、职业；（2）就籍地；（3）无本籍之原因；（4）就籍人之父母姓名、职业[5]。至少从手续上看，清末政府对入籍没有限制，户主将本人及家属基本信息及原籍地等填写在入籍呈报书中即可。相对来说，由于就籍者有信息缺漏或其他事由，故增加了"审判厅允许"的程序。

民国时期沿袭了清末比较宽松的入籍管理制度：户主在迁出地向本籍户籍主任请求发给转籍证明书，提供家长及家属姓名、性别、出生年月日、职业，新籍地该管乡、镇、坊名称即可。而没有本籍信息者则可申请设籍，

---

[1] 《旧中国户籍法规史料》，第22页。
[2] 《旧中国户籍法规史料》，第22页。
[3] 民国三十五年《户籍法》，见《六法全书》，第635页。
[4] 《旧中国户籍法规史料》，第18页。
[5] 《旧中国户籍法规史料》，第18页。

实际可视为入籍规定。根据民国二十年（1931年）《户籍法》第47条：设籍之声请，应自许可之日起十五日内，由家长开具下列各款事项，连同许可书誊本，向设籍地之该管户籍主任为之：（1）设籍人及其同家人姓名、性别、出生年月日及职业；（2）无本籍之原因；（3）无本籍原因发生前之旧本籍；（4）设籍人如为家长，其为家长之原因；（5）设籍人如系家属，其与家长之亲属关系[①]。民国三十五年（1946年）《户籍法》对外来人口的设籍条件包括"由他县迁入，有久住之意思"和"原无本籍，而在一县内居住三年以上者"[②]。需要指出：民国十八年（1929年）《乡镇自治施行法》第7条：无论男女在本乡镇区域内居住一年或有住所达两年以上，年满二十岁，经宣誓登记后为乡镇公民，有出席乡民大会或镇民大会及行使选举罢免创制复决之权[③]。这应该是从地方公民权角度着眼的，并非专门针对外来迁入者或流动人口。从上述规定中可以看出，尽管政府有迁出和入籍的管理规则，但只限于基本登记手续的履行，而非设定约束性前提条件（如有就业岗位、有人担保等）或进行逐级审批。

总之，清末和民国时期对入籍的限制相对较小，户籍管理部门只是履行基本的个人和家庭信息登记，程序简单，没有硬性审批要求。我们认为，它与当时户籍的"单纯"特征有关。清末和民国时代，社会福利和保障制度尚未真正建立。入籍于一地，特别是迁入城市完全是个人谋生、择业的需要，国家或地方政府不必为其提供基本福利，亦即财政负担没有加重。甚至，迁入者开店办厂会带来地方税收增加。这或许是自由入籍或基本无限制入籍制度实行的本质。

（三）1949年以后迁移流动人口的入籍立户制度

1949年以后，迁移流动人口的入籍制度更多地与迁移制度、就业制度、教育制度、口粮供应制度相联系，而不是单纯的是否允许迁移流动人口入籍的问题。这些制度又有较强的阶段性特征。

---

① 《旧中国户籍法规史料》，第28页。
② 《旧中国户籍法规史料》，第55页。
③ 《乡镇自治施行法》（民国十八年九月十八日），《国民政府公报》第31册，台北成文出版社影印1972年版。

1. 新中国成立初期实行相对宽松的入籍制度

根据1951年公安部《城市户口管理暂行条例》："户口变动时，户主须按照规定，持户口簿至当地人民公安机关，办理手续。"[①] 对入籍者没有特别限制。

1955年《国务院关于建立经常户口登记制度的指示》对迁入的规定为：全户或者个人迁到新住地的时候，应由户主或者本人在到达后五天内报告当地乡、镇以下行政组织的负责人，并且交出迁移证或者缴验其他证件。当地乡、镇人民委员会根据行政组织负责人的报告并审查证件后，登入迁入登记册[②]。

2. 20世纪50年代后期以后"二元"入籍制度的维持

与传统社会基本上以一元社会为主相比，1949年后城乡"二元"社会形成。20世纪50年后期开始，为控制城镇人口增长，国家实行了特征明显的"二元"入籍制度。

这一时期，人口迁移和户籍转移是一体的，允许迁移才能变更户籍至迁入地。它意味不带户籍的人口流动受到很大限制。

（1）城镇迁移人口的入籍制度

它表现为两个限制：

甲、限制小城市迁移至大城市落户；

乙、限制其他城市至北京、上海落户。

同时规定：允许从城市、集镇迁往农村，从城市迁往集镇，从大城市迁往小城市，从北京、上海迁往其他城市，以及同城市之间、集镇之间相互迁移。这一政策体现在1964年8月国务院批转《公安部关于处理户口迁移的规定（草案）》之中。

（2）农村人口的入籍制度

其原则为：

甲、限制农村人口迁往城市、集镇落户；乙、允许农村人口内部相互迁移。农村户籍人口之间的迁移，特别是在县域内的迁移并无限制。

---

① 《中国人口年鉴》1985年，第79页。

② 国务院法制局编：《中华人民共和国法规汇编》第一册，法律出版社1956年版，第197—199页。

特殊情形下农村人口迁往城镇给予适当照顾。按照1964年国务院批转《公安部关于处理户口迁移的规定（草案）》，在不同城市类型之间和农村与城市之间，符合下列情形之一则不受限制：一是按照国家规定调动、招收、分配的职工、学生及批准随迁的家属；二是退职、退休、退学、休学和被清洗、开除、解除劳动教养、劳改释放后必须回家的；三是在农村无依无靠，不能单独生活，或有其他特殊情况，必须迁往城市、集镇投靠直系亲属的；四是有正当理由，需要从小城市投靠直系亲属的，应当允许迁移落户①。

1977年11月，国务院批转公安部《关于处理户口迁移的规定》，该规定重申了1964年的政策，并将天津也列入严加控制迁入的大城市。但它也有一些相对宽松之处：市、镇职工寄养在农村的十五周岁以下的子女，或原在农村无亲属照顾的十五周岁以下的子女，可准予在市、镇落户；上山下乡知识青年，因病残或家庭有特殊困难，符合国家规定，需要返回市、镇家中的，经市、县知识青年上山下乡办公室审查同意，准予落户②。

对特殊情形的照顾主要是从基本生存条件角度考虑，即农村户籍者基本生存条件缺乏，不得不依附城镇的直系亲属。这可谓乡城迁移控制藩篱上所开的"缝隙"，基本政策并无改变。

3. 20世纪80年代中期以来入籍制度特征

（1）经济变革之下原有城乡"二元"户籍制度主体的保持

20世纪80年代初农村实行土地承包制后，集体经济时代对劳动力的束缚基本上不存在了，农民劳动方式的自由度提高，剩余劳动时间增多。而在改革开放政策环境下，沿海地区三资企业开始出现，乡镇企业（实际相当数量为私人企业）快速发展。与此同时各地普遍兴起基础设施建设高潮。这在80年代中期以后成为吸引大量农村中青年劳动力就业的主要领域。

但农村人口变更为非农业人口户籍的制度没有整体放开。允许农村劳动力不变更、转移户口前提下进城务工成为20世纪80、90年代的重要政策。

---

① 《山西政报》1964年第12期。
② 公安部治安管理局编：《户口管理法律法规规章政策汇编》，中国人民公安大学出版社2001年版，第240—241页。

(2) 人性化户籍制度的出台

20世纪80年代之后，针对夫妇分居两地者，政府放宽了落户限制。特别是农民配偶与在城镇工作丈夫（或妻子）、户籍在小城市一方与在大城市另一方迁移限制逐渐放松。关于这一问题，在迁移一章已作专题分析。

1998年公安部《关于解决当前户口管理工作中几个突出问题的意见》对原有入籍制度进行修订：一是实行婴儿落户随父随母自愿的政策。今后，新出生的婴儿可以在父亲或者母亲常住户口所在地的户口登记机关申报常住户口。对以往出生并要求在城市随父落户的未成年人，可以逐步解决其在城市落户问题，学龄前儿童应当优先予以解决。二是放宽解决夫妻分居问题的户口政策，对已在投靠的配偶所在城市居住一定年限的公民，应当根据自愿的原则准予在该城市落户。三是男性超过60周岁、女性超过55周岁，身边无子女需到城市投靠子女的公民，可以在该城市落户。对因工作调动等原因在其他地区离休、退休的人员，需要返回工作单位所在地或者原籍投靠配偶、子女的，应当优先予以解决[①]。这一政策的重要特色是对家庭成员入籍地选择或确立时未将户口性质作为前提，即没有对农业户口者进行特别限制，性别平等的意识较强，并对年老亲代的赡养性迁移予以支持。

(3) 有条件"农转非"制度

1998年公安部《关于解决当前户口管理工作中几个突出问题的意见》规定：在城市投资、兴办实业、购买商品房的公民及随其共同居住的直系亲属，凡在城市有合法固定的住所、合法稳定的职业或者生活来源，已居住一定年限并符合当地政府有关规定的，可准予在该城市落户。具体工作由公安部先行组织试点，在总结经验的基础上逐步推开[②]。前面我们看到，1995年政府已在小城镇针对进城农民有稳定职业和固定住处者进行允许入籍落户的试点，而这项意见未限定于小城镇，具有普遍意义。

4. 农业人口户籍转为非农业人口户籍壁垒的认识

中国20世纪50年代后期开始实行的限制农村人口迁入城市转变为城镇户籍的制度逐渐演变为"二元"户籍制度，城乡之间树立起一道无形的藩

[①] 《中华人民共和国国务院公报》1998年第21期。
[②] 《中华人民共和国国务院公报》1998年第21期。

篱或称壁垒。

但是，也应看到，即使在"户籍管理条例"实行之后，农业人口并非完全被禁止进城（这一点前面也有说明）。其渠道有三：一是从农村考上大中专院校者，即可享受与粮食分配挂钩的准市民待遇，毕业分配后则进入正式的市民福利体系之中。需要指出，20世纪60年代中期前，即"文革"之前，大中专学校通过考试录取；70年代初期开始实行推荐录取（工农兵学员）。二是从农村入伍者，若以士兵身份复员，在70年代则有很大可能被招入地方国营工厂工作，转为城镇户籍；若在部队提干，其农村家属则可随军，转为市民户籍；若原为农村户籍的军官转业，则可进入城镇机关和事业单位工作。三是工矿企业直接从农村招工，这种情形在70年代因各地兴办地方工业而增多。

在当时"农转非"户籍控制时代，通过推荐上大学（或中专）、当兵和招工而离开农村，是绝大多数人的愿望。然而，僧多粥少，它往往成为农村各级干部，特别是村和乡（当时称为公社）干部为子女或亲属谋私的特权。可以说，普通农民（缺少关系资源者）的子女很难得到这种机会。直到70年代末，大中专招生考试录取制度恢复后，才为普通农民的优秀子弟提供了农转非的机会，但能被大中专学校录取的名额非常有限。

无论传统时代，还是当代社会，入籍是对人口迁移予以承认的一种方式。不过，近代之前正式入籍之外，还有附籍、寄籍等在外乡合法居住的形式。整体来看，政府组织和主导下的迁移行为不存在入籍障碍；而自由迁移者的入籍则受到限制，一般以置有产业和居住年久为条件。当改朝换代或其他原因使原有户籍秩序受到破坏，政府不得不放松入籍限制。值得注意的是，由于户籍与赋役等义务承担相联系，因而近代之前入籍并非所有人的期盼，有人则设法脱籍和避免入籍。清中期以后户籍人丁不再承担丁银，迁移者的入籍限制降低。至民国期间，入籍限制进一步放宽。尽管政府建立户口迁出、迁入登记制度，但只要有迁出手续，即可在迁入地申请入籍。当然，迁入者，特别是进入城镇地区者，政府不提供社会福利，因而控制的必要性降低。新中国成立初期实行了不到十年相对宽松的入籍制度。1958年之后人口迁移控制直接表现为迁出和迁入控制。迁入控制，特别是农村向城市的迁入控制又是核心。至于农村之间和城镇向农村的迁移则不受限制。这一制度实行的原因是政府承担着向非农人口提供商品粮和解决其就业的责任，而政府可支配的粮食资源短缺和就业岗位的紧张一直是20世纪60年代至70年代的突出问题。直到20世纪80年代初期之后，伴随着改革开放，农村劳动生产率提高，粮食增产，为城镇工商业发展提供了可能。乡城迁入控制逐渐放松。就当代而言，乡城入籍迁移仍未达到彻底放开状态。

通过对入籍制度的考察，我们得出这样的认识，户籍人口一旦被要求承担赋税的义务或得到享受福利、保障的权利，迁移流动后都会出现户籍变动的困难。近代之前是前一种类型，1949年以后是后一种类型，政府对入籍均有一定限制。清末和民国时期则处于两种类型之间，户籍人口既不承担建立在人丁和家户基础上的赋税，也不享受政府所提供的福利，由此获得了少受限制的迁移和入籍自由。就当代而言，只有剥离与户籍相联系的福利和保障待遇，同时消除地区之间的福利和保障水平差异，迁移和入籍限制才会真正消除。

六 户籍管理中的问题及其处置

传统时代，户籍管理实际是官方与民众的互动行为。一方面，百姓被纳入户籍系统，获得了合法的居住权和一定的安全保护，因而有入籍的愿望和要求；另一方面，户籍人口需承担户赋、口税、丁役，并且有些朝代赋役较重，故为了减少利益损失，民众或全家或个体又设法脱离户籍体系，这就造成了国家赋役人口的减少，为法律和政策所不容。在现代社会中，政府不再以户籍作为向民众征派赋役的主要途径（当然还有兵役制度，承担者所占比例很低），因而脱户、漏口现象减少。但通过户籍来趋利避害的行为，仍然存在。

（一）传统时期户籍管理中的问题及其处置

从官方角度看，传统时代户籍管理中的主要问题是百姓设法脱漏户口，为降低赋役人口流失，维护地方治安秩序，政府制定了相应处罚制度。

1. 脱漏户籍的几种表现及惩罚

（1）脱户漏口及其处罚措施

脱户漏口主要指户或口未被登记在所在地户籍之上，意在逃避赋役。

秦朝有"匿户"之名。"可（何）谓'匿户'及'敖童弗傅'？匿户弗繇（徭）、使，弗令出户赋之谓殹（也）。"① 什么叫"匿户"和"敖童弗傅"？就是隐藏人户，不承担徭役，不加役使，户赋得以免除者。

汉朝对脱离户籍者有"舍匿之法"，又叫"首匿法"。《汉书·淮南厉王传》载：汉政府对"亡之诸侯、游宦事人及舍匿者，论皆有法"。舍匿，谓容止而藏隐也。西汉武帝"重首匿之科"，可见"首匿"之法西汉武帝时便已有之②。根据《二年律令》，汉朝对脱漏户口者的具体处罚为："诸不为户，有田宅，附令人名，及为人名田宅者，皆令以卒戍边二岁，没入田宅县官。为人名田宅，能先告，除其罪，有界之所名田宅，它如律令。"③

北周武帝建德六年（677年）曾颁布法令，严禁乡官隐匿户口、土地："正长隐五户及十丁以上、隐地三顷以上者，至死"④。

唐朝将脱户和漏口两种行为分别处罚：诸脱户者，家长徒三年；无课役者，减二等；女户，又减三等。谓一户俱不附贯，若不由家长，罪其所由。即见在役任者，虽脱户及计口多者，各从漏口法。脱口及增减年状，谓疾、老、中、小之类，以免课役者，一口徒一年，二口加一等，罪止徒三年。其增减非免课役及漏无课役口者，四口为一口，罪止徒一年半；即不满四口，杖六十⑤。《宋刑统》照搬了这一条文⑥。

但严酷的制度并未能抑制民众脱离户籍体系的行为。唐代宗宝应元年（762年）四月敕令指出："近日已来百姓逃散，至于户口十不半存。"其原因与赋役繁重有关，"今色役殷繁，不减旧数。既无正身可送，又遣邻保祗承，转加流亡，日益艰弊"。故政府采取减轻赋役政策，"其实流亡者且量蠲减，见在者节级差科"⑦。大历元年（766年）规定："逃户复业者，给复

---

① 《睡虎地秦墓竹简》，法律答问。
② 高敏：《秦汉的户籍制度》，《求索》1987年第1期。
③ 《二年律令》，户律，见《张家山汉墓竹简》，第53页。
④ 《周书》卷6，武帝纪。
⑤ 《唐律疏议》卷12，户婚。
⑥ 《宋刑统》卷12，户婚。
⑦ 《唐会要》卷85，籍账。

二年。如百姓先货卖田宅尽者，宜委本州县取逃死户田宅，量丁口充给。"①

明朝从建立之初即重视惩处漏口脱户行为。朱元璋于洪武二年（1369年）下令：凡各处漏口脱户之人，许赴所在官司出首，与免本罪，收籍当差②。漏口、脱户，许自实③。这表明，脱漏者仍在本区域内居住，它与已到外地的逃户不同。明朝规定："凡一户全不附籍，有赋役者，家长杖一百；无赋役者，杖八十，附籍当差。"④ 而大造之年是查核脱户漏口的主要时点。弘治四年（1491年）政府允许漏报丁口者自首，予宽大处理："先年造册之时，有将丁口漏报，或税粮诡寄、户籍那移者，许先行备开缘由，自首；本管州县，申详合干司府，查对相同，明白改正，免罪"⑤。

清朝对脱户漏口者的处罚方式与明朝相同⑥。但在清代大量个案中，我们很少见到因此而受惩罚者。

马端临对民众隐漏户口原因如此分析：两汉时，户赋轻，故当时郡国所上户口版籍，其数必实；自魏晋以来，户口之赋顿重，则版籍容有隐漏不实，固其势也⑦。这只能是相对而言。但它说明，当呈报户口真实状况将导致家庭经济损失时，漏报就不可避免。

（2）隐庇户口

普通百姓脱离政府户籍，为强宗大户所隐庇。对民众来说，既有主动行为，也有被迫之举。

北魏早期豪强地主建立坞堡，形成自保组织。在宗主督护制下，"民多隐冒，五十、三十家方为一户。荫附者皆无官役，豪强征敛，倍于公赋"⑧。它显然非民众所愿。只有在官方控制力量削弱、宗族势力增大的环境中，才会出现这种状况。

至隋初，因"承西魏丧乱，周齐分据，暴君慢吏，赋重役勤，人不堪

---

① 《文献通考》卷10，户口。
② 《大明会典》卷19，户口。
③ 《明史》卷77，食货。
④ 《大明律》卷4，户律。
⑤ 《大明会典》卷20，户口。
⑥ 《大清律例》卷8，户律。
⑦ 《文献通考》卷3，赋役。
⑧ 《魏书》卷53，李冲传。

命，多依豪室"。这种局面对新政权构成威胁。隋文帝采纳高颎建议，通过轻税赋吸引依附豪室之民归入官方户籍体系①。

明朝通过隐庇户口逃避赋役的行为很多。"苏、松、嘉、湖，东南上郡但有力之家买田，不收其税粮；中下之户投靠仕宦以规避，故富民一充粮长、解头，即赔累衰落矣"②。宣德七年（1432年），苏州知府况钟在"查核户役示"中指出：近访得有等奸诈之徒，买求里书，作弊多端。本有业产，人丁服众，比先造册，将亲儿子冒作分析出赘等项，隐蔽差役。及将乞养异姓人口，朦胧报籍，有兄弟叔侄花分二户、三户，仍于一家住坐③。实际上，明代各地豪强多有通过招隐、诡寄、飞洒、投献等方式，荫庇户口者，以致转化为宗藩豪强私属的农民众多，"由是豪家之役属日增，而南亩之农夫日以减矣"④。按照明朝法律："若将他人隐蔽在户不报，及相冒合户附籍，有赋役者，亦杖一百；无赋役者，亦杖八十（与一户全不附籍相比较）。若将另居亲属隐蔽在户不报，及相冒合户附籍者，各减二等。所隐之人并与同罪，改正立户，别籍当差。其同宗伯叔、弟侄及婿，自来不曾分居者，不在此限。……若隐漏自己成丁人口不附籍，及增减年状妄作老幼废疾以免差役者，一口至三口，家长杖六十；每三百加一等，罪止杖一百；不成丁，三口至五口，笞四十；每五口加一等，罪止杖七十，入籍当差"⑤。清朝与此相同⑥。至少就明朝看，隐庇他人在户的行为并没有抑制住。

(3) 冒户冒丁

冒户，顾名思义就是冒充、假冒之户，非该户真实状态。它可分为关系之"冒"、身份和户种之冒。关系之"冒"为没有血缘亲属关系或关系较远者在户籍上合为一户，以避赋役，一般为有役之户附属于无役和役轻之户；身份和户种之冒，即在不同等级之户和户种赋役存在差异的制度下，冒充赋役较轻和无赋役之户。还有年龄、身体状况之冒。

---

① 《通典》卷7，食货。
② 叶权：《贤博编》（不分卷）。
③ 《况太守集》，江苏人民出版社1983年版，第139—140页。
④ 《明经世文编》卷22，周忱：与行在户部诸公书。
⑤ 《大明律》卷4，户律。
⑥ 《大清律例》卷8，户律。

冒丁表现为，将应服役丁口年龄虚报为"小"为"老"，借以逃避。

不同冒户者的处罚类型：

甲、关系之冒

唐朝对假冒亲属等关系合户或应合而分以减轻课役行为分别惩处："诸相冒合户者，徒二年；无课役者，减二等。谓以疏为亲及有所规避者。主司知情，与同罪"①。《唐律疏议》对此所作解释为：依《赋役令》，"文武职事官三品以上若郡王期亲及同居大功亲，五品以上及国公同居期亲，并免课役"。既为同居有所蠲免，相冒合户故得徒二年。无课役者，或籍资荫赎罪，事既轻于课役，故减二等，得徒一年。若"主司知情与同罪"。"主司"在此指"里正以上，知冒户情，有课役、无课役，各与同罪"②。另外，"即于法应别立户而不听别，应合户而不听合者，主司杖一百"。《唐律疏议》对此解释道："应别"，谓父母终亡，服纪已阕，兄弟欲别者。"应合户"谓，"流离失乡，父子异贯，依令合户。而主司不听者，各合杖一百。应别、应合之类，非止此条，略举为例，余并准此"③。还有本属一家，试图通过"移改"手法避役，也在处罚之列。

唐朝对冒户的处分规则为宋代所继承。我们从宋代袁采《袁氏世范》对族人的告诫中可以看出当时冒户现象的存在：人有已分财产而欲避免差役，则冒同宗有官之人为一户籍者，皆他日争讼之端由也④。

明朝正统三年（1438年）令四川官员"取勘各府州县人户"，若"有三姓五姓十姓合为一户者，俱各另为立户，应当粮差，不许合户附籍"⑤。

乙、身份和户种之冒

在传统时代，不同身份户种者承担的赋役水平不一，有的户种和身份者还有享受免赋役待遇。所谓"国中贵者、贤者、能者、服公事者、老者、疾者皆舍"，不服徭役⑥。这就会引发隐匿个人实际身份而向赋役轻者或免赋役者靠拢的行为。

---

① 《唐律疏议》卷12，户婚。
② 《唐律疏议》卷12，户婚。
③ 《唐律疏议》卷12，户婚。
④ 袁采：《袁氏世范》卷下，治家。
⑤ 《大明会典》卷19，户口。
⑥ 《文献通考》卷10，户口。

南朝时，政府虽然不断进行土断性质的户口整顿，但户籍冒滥状况仍很严重。齐人虞玩之指出："有改注籍状，诈入仕流；昔为人役者，今反役人。又生不长发，便谓为道人，填街溢巷，是处皆然。"① 至梁武帝时沈约上书言：宋元嘉以来，户籍身份不实状况日趋严重：凡粗有衣食者，莫不互相因依，竞行奸货，落除卑注，更书新籍。通官荣禄，随意高下。以新换故，不过用一万许钱。昨日卑微，今日仕伍②。而冒滥之原因在于：魏、晋以来，最重世族，公家以此定选举，私门以此订婚姻。寒门之视华族，如冠屦之不侔，则夫徭役贱事，人之所惮。固宜其改窜冒伪，求自附流品，以为避免之计也③。

唐代身份之冒很突出。代宗大历四年（770年）八月敕令：名籍一家，辄请移改，诈冒规避多出此流。自今以后，割贯改名，一切禁断④。

南宋对女户有免赋役优待，因而有冒充女户行为。南宋孝宗乾道九年（1173年）七月：禁大姓猾民避免赋役，诡立女户。"将女户如实系寡居，及寡居而有丁者，自依条令施行。其大姓猾民避免赋役，号为女户无丁、诡名立户者，即自三等以上及至第四等、第五等并与编户一等均敷。仍令州县多立文榜晓谕，限两月陈首，与免罪改正。如违，许告。"⑤ 南宋淳熙十二年（1185年），一些地方官员以百姓身丁钱为"巧取之资，有收附而无销落。输纳之际，邀求亡艺。钱则倍收剩利，米则多量加耗。一户计丁若干，每丁必使之折为一钞。一钞之内，有钞纸钱，息本钱，糜费公库钱。是以其民苦之，百计避免。或改作女户，或徙居异乡，或舍农而为工匠，或泛海而逐商贩，曾不得安其业"⑥。

明朝，按照法律规定："军、民、驿灶、医卜、工乐诸色人户，并以籍为定。若诈冒脱免，避重就轻者，杖八十。"⑦ 事实上，减少冒滥现象、赋役均平，将可有效地减轻多数民众的负担。明初，南京作为"留都"，"民

---

① 《南齐书》卷34，虞玩之传。
② 《文献通考》卷12，职役。
③ 《文献通考》卷12，职役。
④ 《册府元龟》卷486，邦计部，户籍迁徙。
⑤ 《宋会要辑稿》食货六五之一〇一。
⑥ 《续资治通鉴》卷150。
⑦ 《大明律》卷4，户律。

苦役重"，后官方"力为调剂，凡优免户及寄居客户，诡称官户、寄庄户、女户、神帛堂匠户，俾悉出以供役，民困大苏。"①但各地冒籍问题并未消除。明嘉靖初年，福建惠安，户目有七：民、军、盐、匠、弓兵、铺户和医。其户籍管理由里胥负责，"版籍之弊极矣。毋论民户，其目孔多，即铺户、盐户，各有定籍者，乃以军盐为称。"②

丙、年龄和身体状况之冒

在我们看来，凡是实行人丁服官役且特定年龄段才可免除政策的朝代，通过假冒年龄或诈称残疾来避役现象就会存在。

秦朝对此制订有处罚律条。"匿敖童，及占癃（癃）不审，典、老赎耐。百姓不当老，至老时不用请，敢为酢（诈）伪者，赀二甲；典、老勿告，赀各一甲；伍人，户一盾，皆要（迁）之。"③根据这一规定，瞒报成童的数字，或者报送残废人口的数字不确实，或者虚报为老年人，不仅要对自报之人处罚，还要对负有审查责任的里典、伍老（相当于后世的保甲长）判以"赎耐"（可以赀赎的四年徒刑）。

南朝齐时，黄籍中有"盗易年月"、"身强而称六疾"的做法④。这实际是年龄之冒和身体之冒。

隋朝炀帝即位时，"犹承高祖和平之后，禁网疏阔，户口多漏。或年及成丁，犹诈为小，未至于老，已免租赋"。裴蕴任刺史多年，"素知其情，因是条奏，皆令貌阅。若一人不实，则官司解职，乡正里长皆远流配。又许民相告，若纠得一丁者，令被纠之家代输赋役"。由此，"诸郡计账，进丁二十四万三千，新附口六十四万一千五百。"⑤

唐朝规定：增减年状（谓疾、老、中、小之类。）以免课役者，一口徒一年，二口加一等，罪止徒三年⑥。宋代与之相同。

（4）投充，由良入贱

投充本意为有田产者为获得保护将产业献给豪富或势力大者，自己及

---

① 《明史》卷281，佞吏。
② 叶春及：《惠安政书》卷3，版籍。
③ 《睡虎地秦墓竹简》，秦律杂抄。
④ 《文献通考》卷12，职役。
⑤ 《隋书》卷67，裴蕴传。
⑥ 《唐律疏议》卷12，户婚。

其家人成为保护者的奴仆。从户籍制度上看，投充者已脱离官府户籍体系。

三国曹魏时：政府"给公卿以下租牛客户数各有差，自后小人惮役，多乐为之。贵势之门动有百数"。晋武帝即位后，下诏"禁募客"①。

南北朝分裂之时，"版籍尤为不明，或称侨寄，或冒勋阀，或以三五十户为一户苟避科役，是以户数弥少"②。

唐代文宗时，"豪民侵噬产业不移户，州县不敢徭役，而征税皆出下贫。至于依富室为奴客，役罚峻于州县"③。

金代，"当收国二年时，法制未定，兵革未息，贫民多依权右为苟安，多隐蔽为奴婢者"④。

元代也有这种行为，大德八年（1304年）成宗下诏禁止：国家财赋自有常制。比者诸人妄献田土、户计、山场、窑冶，增添课程，无非徼名贪利，生事害民。今后悉皆禁绝，违者治罪⑤。

明朝则有类似于投充的寄庄行为，即把自己财产交予豪富，自己成为其家奴。政府规定：若违例寄庄者，所在有司拘问，田地入官。其军卫官下家人、旗军下老幼余丁，曾置附近州县田地，愿将人丁事产于所在州县附籍纳粮当差者听⑥。明代官员周忱在分析全国人口总数从明初开始逐朝减少的原因时，将"投倚于豪门"作为首要原因⑦。

清代初期北方不少有产者迫于威胁，携带田产投充于满族贵族之门。

2. 户籍编审和管理中的问题

户籍编审和管理是各级官府的一项重要工作，也是其施政的基础。但它需要耗费时日和精力，官员懈怠者不在少数；而经办之吏胥又会借此牟利，高下其手，这都有可能使户籍信息失真。所谓"簿书既广，必藉众功，藉众功则政由群吏，政由群吏则人无所信矣。夫行不信之法，委政于众多之胥，欲纪人事之众寡，明地利之多少，虽申商督刑，挠首总算，亦不可

---

① 《晋书》卷93，王恂传。
② 《文献通考》卷3，赋役。
③ 《新唐书》卷52，食货。
④ 《金史》卷46，食货。
⑤ 《通制条格》卷16，户令。
⑥ 《大明会典》卷20，户口。
⑦ 《明史》卷77，食货。

得而详矣"①。概括起来，户籍编审和管理中比较突出的问题有以下表现。

（1）户籍编审失时

尽管多数朝代制定出编审户口的间隔时间，但当遭遇战乱及上下为政懈怠的时期，多有编审失时现象。

唐代开元以后，"天下户籍久不更造，丁口转死，田亩卖易，贫富升降不实"②。唐宪宗时衡州刺史吕温初任职时即上奏指出：昨寻旧案，询问闾里，承前征税并无等第。又二十余年都不定户，存亡孰察，贫富不均③。该州旧额户一万八千四百七，除贫穷死绝、老幼单孤不支济外等，堪差科户八千二百五十七。吕温到任后"团定户税，次检责出所由隐藏不输税户一万六千七百"④。

南宋则有另一种形式的不实问题。高宗绍兴二十六年（1157年）七月下诏：禁将未成丁之人先次拘催及老丁不为即时销落。地方州县"通取索逐县丁簿，稽考岁数，依年格收附销落。如辄敢将未成丁之人先次拘催，及老丁不为即时销落，许经本州申诉，依条根治施行"⑤。

元朝户籍编审和户口统计也非常态行为，以致民众偶遇官府稽查，则感惊慌。元朝初年多年不编审户口之后重新登记，民众颇有不安之感。为此，世祖至元二十八年（1291年）三月下诏：江淮迤南，近因抄数户口，民间意谓科取差发，妄生惊疑。自来户籍乃有司当知之事，其勿疑惧⑥。若是经常性的例行做法，不会在民间激起波澜。元初人胡祗遹指出：我朝之于军民，一籍之后近则五七年，远者三四十年，略不再籍。孰富强，孰贫弱，孰丁口增加，孰丁口消亡，皆不能知。临事赋役，一出于奸吏之手，一听奸民之妄诉⑦。作为征收赋役依据的册籍，长年不编审，均平原则难以体现，最终将导致定居百姓流亡。

明朝，"国初核实天下户口，具有定籍，令民各务所业"。其后（正德

---

① 《通典》卷1，食货。
② 《新唐书》卷52，食货。
③ 《文献通考》卷11，户口。
④ 《文献通考》卷11，户口。
⑤ 《宋会要辑稿》食货六六之四。
⑥ 《元典章》圣政卷1，典章2。
⑦ 胡祗遹：《杂著》，见《紫山大全集》卷22。

年间）"休养既久，生齿渐繁，户籍分合及流移附属并脱漏不报者多，其数乃减于旧"①。

在正常情况下，户口编审间隔时间越长，再次编审的难度越大，也更易形成推诿行为。而不编审或拖延编审对上升为富户的家庭是有利的，其户等仍处于原来状态，赋税不会增加；而变穷家庭若承担原来的赋税，则有可能出现遁逃行为。

（2）懈怠于编审

如果说编审失时有政治环境等客观因素所导致的话，那么懈怠于编审之责则完全是官员不作为所造成。

南朝时，这种现象即已存在。虞玩之对此指出：凡受籍，县不加检合，但封送州，州检得实，方却归县。吏贪其赂，民肆其奸，奸弥深而却弥多，赂愈厚而答愈缓。自泰始三年至元徽四年，扬州等九郡四号黄籍，共却七万一千余户。于今十一年矣，而所正者犹未四万。② 这里不仅是懈怠了，而且是利用造籍舞弊。

（3）户口册籍造假

户口册籍编审时故意造假较之应付差事、懈怠要严重得多，它是官吏为谋私而有意为之。

明代十年一次的黄册攒造即存在这一问题：如有将殷实者诡在畸零③，或将逃绝者伪当正管，或隐漏税粮，或卖放人户，及买田不过割者。还有外来商贾并仕宦人等买田住久，并本处富豪之家，"有田无粮，遗累小民"④。这些做法都与从事编审的小吏——书手舞弊有关，它直接导致田赋负担不均，至少弘治、正德年间即如此。而江南地区隆庆年间黄册编造已出现"两本账"。"有司征钱粮、编徭役者为一册，名曰白册；而所解后湖之黄册又一册也。有司但以白册为重，其于黄册唯付之里胥，任其增减。凡钱粮之完欠，差役之重轻，户口之消长，名实相悬，曾不得其彷佛，即

---

① 《大明会典》卷19，户口。
② 《南齐书》卷34，虞玩之传。
③ 按照黄册编审规则，以110户为里，里中鳏寡孤独不任役者，则带管于百一十户之外，而列于图后，名曰畸零。见《明太祖实录》卷135。
④ 《明武宗实录》卷11。

解至后湖。而清查者以为不谬于旧册斯已矣。"① 隆庆六年（1572年）御史陈堂建议设置钦差式官员负责黄册事务，摆脱书算、豪猾之辈的影响。具体做法是：在地方添设督粮通政一员，请赐之敕，责令兼理黄册事务，凡人丁事产悉照白册攒造。其欺隐脱漏者如例问遣，驳回者依限完报②。这一建议被穆宗批准。

户籍编审造假多为有势力或富裕之家向负责编审的吏胥和主管者行贿后的产物，由此得以减少甚至免除赋役，实际结果是加重其他民户的负担，引发逃亡以避赋役现象。所谓"豪富人民，每遇编充里役，多隐匿丁粮，规避徭役，质朴之民皆首实，有司贪贿，更不穷究。由是徭役不均，细民失业"③。或每遇造册，有充军匠、厨役及官医等户者"辄赂官吏，朦胧作带管；却编畸零户为大户，俾应前役，以致负累失所，逃亡者众"④。

（4）民众虚报，官府隐匿

民众为免利益受损虚报财产、丁口信息，官府为政绩考虑对逃亡人户不作变更。户籍信息严重失真。

南朝齐高帝建元二年（366年）指出："黄籍，人之大纪，国之理端。自顷氓伪已久，乃至窃注爵位，盗易年月，或户存而文书已绝，或人在而反记死叛，停私而云隶役，身强而称六疾，皆政之巨蠹，教之深疵。比年虽却改籍书，终无得实。若约之以刑，则人伪已远；若绥之以德，又未易可惩。"因而，他要求"诸贤并深明理体，各献嘉谋，以何科算能革斯弊也？"⑤

唐代中期之后，战乱频兴，户籍不实现象严重。史称："天下残瘁，荡为浮人，乡居土著者百不四五。"⑥ 这表明，地方的户籍管理系统实际处于瘫痪状态。天宝八年（749年），唐玄宗对地方虚报户口有所认识："为牧宰等，授任亲民，职在安辑，稍有逃逸，耻言减耗；籍账之间，虚存户口；调赋之际，旁及亲邻。"故下令："近亲邻保代输者，宜一切并停，应令除

---

① 《续通典》卷9，食货。
② 《续通典》卷9，食货。
③ 《明宣宗实录》卷79。
④ 《明英宗实录》卷6。
⑤ 《通典》卷3，食货。
⑥ 《文献通考》卷3，田赋。

削。各委本道采访使，与外州相知审细检覆，申牒所由处分。"①

清代户口信息不实问题一直存在。直省地方官被要求造烟户册，然而多有名无实。其原因既有官员奉行不力问题，同时民众也担心受到"扰累"，故不以实数相报②。

(5) 册籍管理混乱

地方和中央户口册籍管理不善问题多有存在。

宋代咸平年间，真宗"诏取天下民籍"，然而"户不知其数，及考其盈虚，又称亡失簿书"。为此，咸平五年（1002年）真宗下令："三司自今收掌簿书，无使亡失。其天下钱谷大数，每年比较，于次年条奏"③。这意味地方上报的册籍，中央机构并未妥善保管，不能为帝王提供及时的咨询需求。

由上可见，近代之前的户籍问题在"民"（被管理者）、"官"（管理者）双方都有表现。其直接后果是户籍信息不实。由于户籍在多数时期是徭役征派的基础，在籍或以真实状况上报、填写，切身利益将遭受损失，所以漏报、脱户、隐匿人丁成为惯常举动。尽管政府制定有相应处罚措施，但收效并不明显。官方自身对户籍的管理也受制于各个时期的政治、社会环境。吏治腐败、社会动荡，政府的管理效率降低，也会在户口管理上有所表现，如编审失时，登记不实，册籍保管不善，户籍的应有功能削弱和丧失。这些问题往往要靠户籍整顿来解决。

(二) 当代户籍管理中的问题

当代户籍管理中的问题虽不如传统时代突出，但一些方面也很严重，甚至导致社会问题。

1. 超生人口不上户口问题

20世纪80年代初期以来，严格的计划生育政策开始推行。按照这一政策，城镇职工未经批准生育二胎即属违反规则，应接受罚款等处罚；农村则实行有差别的政策，多数地区头胎是儿子生育二胎者属于违规，无论何

---

① 《唐会要》卷85，逃户。
② 《清高宗实录》卷193。
③ 《续资治通鉴长编》卷51，真宗。

种情况生育第三胎子女即应处罚（少数民族聚居区除外）。一些违规者（以农村为主），为免交罚款，而将生育子女隐匿下来；若不交罚款，户籍登记部门则不予入籍登记。

国务院文件也承认存在这种现象：20世纪80年代以来，不按规定申报、登记户口的情况越来越严重。一些地方违反国家规定，不准超计划生育的婴儿申报出生户口的现象屡禁不止。据调查资料推算，全国每年出生婴儿不申报户口的至少有三四百万人；尤其是农村地区，由于户籍管理机构不健全，出生不申报、死亡或迁出不注销的情况更为严重；流动人口大量增加，不按规定申报暂住户口的问题也十分突出①。有些地方为降低出生率，无视户口管理规定，弄虚作假，对新生儿不做出生登记，而作为迁入人口进行登记②。

对超生人口的解决对策，1980年的做法是，对已经出生的小孩，应准予及时登记户口③。

政府要求：对出生婴儿不申报户口的问题严格依法办事。任何地方都不得自立法规，限制超计划生育的婴儿落户。对于未办理独生子女证、未施行节育手术、超计划生育以及早婚生育婴儿和非婚生育婴儿的，地方政府和计划生育部门应当依据有关政策和行政法规予以批评教育以至行政处罚和经济处罚。但对已出生的小孩，应按照国务院及公安部、国家计划生育委员会的有关规定给予登记户口④。

2. 人户分离问题

人户分离是指公民常住地与常住户口登记地不一致的现象。这一问题在对人口流动严格控制、住房单一的时期，如20世纪六七十年代比较少。20世纪80年代以来人户分离情况逐渐增多。

---

① 《国务院批转人口普查领导小组、公安部关于在第四次全国人口普查前进行户口整顿工作报告的通知》（1989年12月8日），《中华人民共和国国务院公报》1989年第24期。

② 《公安部、国家计划生育委员会关于加强出生登记工作的通知》（1988年10月25日），见公安部治安管理局编《户口管理法律法规章政策汇编》，中国人民公安大学出版社2001年版，第95页。

③ 《国务院人口普查领导小组、公安部关于在全国第三次人口普查前认真进行整顿户口工作的报告》（1980年10月22日），《湖南政报》1980年第11期。

④ 《国务院批转人口普查领导小组、公安部关于在第四次全国人口普查前进行户口整顿工作报告的通知》（1989年12月8日），《中华人民共和国国务院公报》1989年第24期。

就我国目前来看，人户分离的形式有多种，既有城乡之间人户分离，也有城城之间、同城内部人户分离。其原因有多种，城乡之间、城城之间人户分离与户籍管理中对人口迁移入籍的限制有很大关系。农村人口在城市长期就业，户籍却在原籍的现象很普遍。城市人口也同样存在就业、居住于一个城市，户籍在另一城市的现象。

20世纪七八十年代的异地人口分离表现为，一些从大城市转到小城市或乡的家庭和个人，长期不迁户口。其中有相当一部分情形为单位搬迁至另一地后，并不为职工及其家属进行户口登记地变更。同城人户分离则与住处搬迁后，不办理户口迁移手续有关。这种做法的背后多有利益考虑。20世纪90年代后，特别是2000年以来，城市居民家庭拥有的住宅增多，不少家庭有2套，甚至3套住房，分属同城不同区。这些居民在户籍地选择上，出于子女上学或个人就医等考虑，更愿意将户口保留或落在教育资源、医疗条件或综合居住条件较好的区域内。迄今这是一个难以有效解决的问题。

流动至城市就业的农村人口人户分离和城市人口至另一城市就业、生活所产生的人户分离现象的正面意义在于，户籍对人的行为（就业、上学）束缚大大降低了。但其存在的深层问题是，流动者子女在父母工作地的入托、上学受到仍以当地人口为服务对象政策的限制，流动者本身在就业选择、社会保障等多个方面享受不到与当地户籍人口相同的待遇。

在我们看来，人口流动成为趋向的环境中，只要户籍登记制度及其限制措施存在，公民常住地和户口登记地的分离就难以避免。解决之道是，在同一城市中，取消或降低户籍登记地与社会公共资源享用权的关联；根据居民居住密度和城市发展、扩张的形势，合理配置公共资源。而异地人户分离现象的解决更有赖于户籍制度的改革。

3. 户口信息更改问题

户口信息本应是个人真实信息的反映，其管理也应是刚性的。但实际上，通过违规方式更改出生年月等信息的问题却在一定程度上存在着。它表明户籍管理上漏洞尚多，特别是负责人员有作弊行为。

父母为使子女提早上学更改出生年月在城市并非个别现象，如为了赶上秋季入学，将下半年出生月份改为上半年月份。在农村，为早结婚而将出生年月提前。当然这种做法具有一定阶段性。比如20世纪八九十年代，农村民众的早婚意识比较强，子女受教育时间较短，父母操办子女婚事尚很普遍。在父母推动和运作下，更改年龄结婚者并非个别现象。21世纪初期以来，此种情形有所减少，但并未消失。

趋利避害是更改户口信息的主要动机，它往往具有应对政府政策的特征。1986年7月，国务院下达了《关于发布改革劳动制度四个规定的通知》，规定从1986年10月1日起实行，其中包括废止"子女顶替"制度[1]。有些工厂的工人，为了能让子女顶替工作，纷纷到当地公安派出所要求更改户口簿上的出生年月日，将年龄由小改大。更改的幅度小则二三岁，大则十来岁。郑州市公安局反映，一个派出所在两天内就有近两千人要求更改出生年、月、日。为此下达文件规定：国务院文件下发后，公安机关已为某些人更改出生年、月、日的，一律无效[2]。

这些问题的解决需要双向努力：一是严格执行户籍管理机构的户口登记制度。在信息时代，提高户口资料更改的层级，取消派出所这一级修改户口信息的权力；二是建立公民信用档案。

4. 农村户口疏于管理问题

1997年5月，公安部《关于完善农村户籍管理制度的意见》指出：长期以来，农村户籍管理工作一直比较薄弱，许多地方机构不健全，没有专人管理，户籍登记制度不严密，出生不报、死亡不销等问题十分突出，有些地方甚至出现人口管理失控现象，致使人口统计数据不准确[3]。

5. 其他阶段性户籍管理问题

这里将当代除上述问题之外特定时期存在的户籍管理加以概述。

（1）无户口问题

无户口者有两种情况，一是原有户口，因长期不在户籍所在地居住生活，户口被注销。这种情况20世纪70年代和80年代初比较突出。其形成

---

[1] 公安部治安管理局编：《户口管理法律法规规章政策汇编》，中国人民公安大学出版社2001年版，第382—383页。

[2] 《公安部关于不得随意更改户口簿出生年月的通知》（1986年9月2日），见公安部治安管理局编《户口管理法律法规规章政策汇编》，中国人民公安大学出版社2001年版，第541页。

[3] 《河南政报》1997年第8期。

原因是，政府当时采取严格控制市镇人口增长的政策，从城镇下乡、下放到农村、农场者试图回城，在难以通过正常途径解决户籍的情况下，长期离开户籍地，与城市亲属居住在一起，结果农村的户口被注销。另一种情形是，城镇职工在农村的家属，在无城镇户籍的情况下离开家乡，长期居于城市，原籍户口被注销。这些无户口者所生育的子女则成为新生无户口者。

1980年6月，公安部《关于解决无户口人员落户问题的通知》中指出：据北京、天津、南京三市调查，在九千一百余名无户口人员中，在城市居住十四年以上的占百分之三十一。其中，农村户口被注销，成为"黑人黑户"的约占百分之二十。这些人没有户口，粮食得不到供应，子女上不了学，就不了业，确有许多实际困难。解决办法是：按国家规定的每年千分之一点五的控制比例，逐步解决可以在城市落户的"黑人黑户"问题。比如，有的家属已来城市投靠职工生活多年，农村失去生活条件，确有特殊困难无法返回的；职工因公致残，生活不能自理，其直系亲属已来城市照顾的；原属城市居民，因户口丢失或被注销，或因农村生活无着，无处投奔，已返回城市依靠亲属生活的等，应有计划地加以解决。"审批入户必须严格按原来规定的批准权限和手续，采取成熟一户批准一户的办法，逐个加以解决。"① 可见，这是一种开小口子的谨慎做法，担心引发连锁反应。而对于不符合在市镇落户的，应由有关部门尽量动员他们返乡，农村要妥善安置、恢复户口，所生子女准予随母落户②。

无户口者还有一部分为自流人口，实际是自发性流动人口的简称。按照《关于解决无户口人员落户问题的通知》：凡流到边疆农村已经定居的，一般不要再遣返，应就地登记户口，并通知原住地补办迁出手续。凡返回原籍的外流人员，包括原籍是市镇的人，应立即恢复其户口。对无家可归的，民政部门把他们安置在哪里，就在哪里登记户口③。1980年《国务院

---

① 公安部治安管理局编：《户口管理法律法规规章政策汇编》，中国人民公安大学出版社2001年版，第89—90页。
② 《国务院批转人口普查领导小组、公安部关于在第四次全国人口普查前进行户口整顿工作报告的通知》（1989年12月8日）。
③ 公安部治安管理局编：《户口管理法律法规规章政策汇编》，中国人民公安大学出版社2001年版，第90页。

人口普查领导小组、公安部关于在全国第三次人口普查前认真进行整顿户口工作的报告》也有类似规定：在整顿户口中，对于以往从人口稠密地区流入人口稀少的边远地区农村定居，或已成为矿区、林区职工的，一般不予遣返，应准予就地落户，并通知流出地办理户口迁出手续①。1989年"四普"前整顿户口时重申了这一原则：对于流入人口稀少的边远地区农村定居的，或已成为矿区、林区职工的无户口人员，一般不要再遣返，流入地与流出地联系协商后，可就地准予落户②。可见，政府对自发性流动人口的落户政策也具有边疆从宽、农村从宽的导向。

（2）买卖户口问题

这主要是20世纪80年代末90年代初以来出现的问题。当然形式和目的多样。

1992年公安部《关于坚决制止公开出卖非农业户口错误做法的紧急通知》指出：一些县、市以"加快改革开放的步伐"、"筹集城市建设经费"等为借口，违反国家有关户口管理的法规，收费办理户口"农转非"，甚至公开规定价格出卖"农转非"户口，本县、市和外县、市农民均可购买……对于已经出卖的非农业户口，一律予以注销，在原常住户口所在地恢复农业户口，并做好各项善后工作③。由此可见，这一时期的买卖户口行为是地方政府和民众个人的交易，各有利益追求。

另外，有的买卖户口行为则属个人与户籍管理人员之间的私下交易。一些触犯法律被通缉人员通过在异地购买户口，变更身份，得以逍遥法外。

（3）一人多籍问题

20世纪90年代以来，随着人口流动增多，流动者通过正常迁移途径入籍受限制较多，采用造假或与户口管理者串通而入籍并非个别现象。这些入籍者并不注销原籍户口，形成一人有多籍的事实。这是一种情形。

而2000年以后，为谋求利益，有人以违规手段办理多个户口。因户籍

---

① 《国务院人口普查领导小组、公安部关于在全国第三次人口普查前认真进行整顿户口工作的报告》（1980年10月22日）。

② 《国务院批转人口普查领导小组、公安部关于在第四次全国人口普查前进行户口整顿工作报告的通知》（1989年12月8日）。

③ 公安部《关于坚决制止公开出卖非农业户口错误做法的紧急通知》（1992年5月2日），《陕西政报》1992年第17期。

与购房资格获得、贷款额度、办理社会养老保险、子女上学等权益挂钩，诱使一些人通过更名在同地和异地多立户籍，一个自然人有多个独立的户口。他们往往通过贿赂户籍管理人员来达到这一目的。户籍管理秩序和户籍制度的权威性受到极大冲击，严重危害社会公平。

七 户籍核查和整顿

我们从历史和现实看，户籍制度存在不少问题。政府对此也在不断核查和整顿。传统时期户籍是赋役落实的依据与国家实力盛衰有密切关系。若脱户、漏口成为突出问题，官方则会采取措施进行核查和整顿。当代户籍人口所承担的义务责任降低，脱户漏口现象减少，它更多的是如何解决入籍问题。

（一）传统时代的户籍核查和整顿制度

户籍的确立是对人口、家庭居住地的静态管理。正如前言，传统时代，户籍确立的首要目的与赋役征派有关。对特定的民户来说，赋役征派的基本依据是户口、人丁数量，特别是成年人丁数量。唐中期均田制废除之后，征派数量或标准依据家庭的财富水平和人丁差异分出户等，高户等家庭多承担赋役，低户等者则可减免。趋利避害是任何时代民众的共同行为趋向。为少担赋役，瞒报户丁年龄和数量、低估家产的现象就会出现，政府的赋税和服役人口会因此而减少。因而整顿和核查户籍的措施便会出台。另一方面，在社会稳定、轻徭薄赋的时期，人口及其所依附的家庭、家族活动范围也较少变动。实际上，生存环境在改变，社会动荡、重赋繁役常使民众无法于户籍所在地生活下去，以致逃离家乡，成为无户籍的流民。面临这种局面，政府不得不进行户籍整顿，将游离于户籍之外的人口重新纳入户籍体系之中。

1. 户口核查制度
（1）遣派专员核查
户口核查主要是检核户籍的漏报、瞒报行为，当然也包括对家庭财产的核查。

后汉之初，"百姓虚耗，率土遗黎，十才一二"。建武十五年（39年），光武帝下诏令州郡，检覆垦田顷亩及户口年纪①。然而，"刺史、太守多不平均，或优饶豪右，侵刻羸弱。百姓嗟怨，遮道号呼"②。然而，地方大姓也对此项检核政策不满，最终不了了之。

后赵石勒为增加户口以右常侍霍皓为劝课大夫，与典农使者朱表、典劝都尉陆充等循行州郡，"核定户籍，劝课农桑"③。

北魏延兴三年（473年），孝文帝下诏："遣使者十人循行州郡，检括户口。其有仍隐不出者，州、郡、县、户主并论如律。"④ 太和中，初立三长，设立户籍大使⑤，整顿户口。

唐代玄宗时以"天下户未尝升降"，与实际不符，予以检核。开元八年（720年）起，多次整顿户口。玄宗采纳监察御史宇文融之策：括籍外羡田、逃户，自占者给复五年，每丁税钱千五百，以摄御史分行括实⑥。玄宗多次向地方派出户口使，督促户口整顿。开元九年（721年）敕令：检获招诱得户口应合酬者，其有课户，皆须待纳租庸，然后论功⑦。开元十二年（724年），御史中丞宇文融充诸色安辑户口使。天宝四年（745年），户部郎中王铁加勾当户口色役使⑧。当然，整顿户籍也会带来混乱。史称王铁为户口使，"务聚敛，以其籍存而丁不在，是隐课不出，乃按旧籍，除当免者，积三十年，责其租、庸。人苦无告，法遂大弊"⑨。而德宗根据杨炎建议所实行的两税法，既是一项赋役改革制度，也具有户籍整顿的意义。朝廷"遣黜陟使按诸道丁产等级"。"旧户三百八十万五千，使者按得主户三百八十万，客户三十万。天下之民，不土断而地著，不更版籍而得其虚实。"⑩ 由此可见，相对合理的赋役制度对民众附籍起到积极作用。

宋朝熙宁年间，发遣三司户部判官李琮根究逃绝户役，江、浙所得逃

---

① 《通典》卷1，食货。
② 《后汉书》卷22，刘隆传。
③ 《晋书》卷105，石勒载记。
④ 《魏书》卷7上，高祖纪。
⑤ 《魏书》卷83，阎毗传。
⑥ 《新唐书》卷51，食货。
⑦ 《唐会要》卷85，杂录。
⑧ 《唐会要》卷85，户口使。
⑨ 《文献通考》卷3，田赋。
⑩ 《文献通考》卷3，田赋。

户"凡四十万一千三百有奇"。李琮后被任命为淮南转运副使,"两路凡得逃绝、诡名挟佃、簿籍不载并阙丁凡四十七万五千九百有奇"[①]。

(2) 令地方官自查

中央政府下令让地方官对本地户口不实状况进行核查。

唐代广德二年(764年)为解决户等与财产不符问题,代宗下令:刺史县令据见在实户量贫富等第科差,不得依旧籍账[②]。

明代况钟宣德年间在苏州知府任上要求各县治理隐蔽户口田产、逃避赋役的行为:要求各县掌印正官及造册官吏,将"该管粮长、里老拘集到官,公同取勘"。核查的内容有,"每都图内十年里长,除丁产相应服众,人户照旧部动外,其产去税存,及有人丁贫乏不能服众,并老幼残疾事故死绝等项,务要于图内推补,通汇造册一本,同官吏、粮老里书取具,不敢卖富害贫,重甘保结,先行缴报"。这一过程完成后,"候具造册完日,委官逐一查对,以革挪移脱放之弊"[③]。而十年一度的大造之年,不仅要审核本地户籍人口,而且员弁负有对流民等无籍者的查核之责。嘉靖九年(1530年),世宗"令各省乘大造之年,查勘各属流民"[④]。

2. 户籍秩序重建

战乱常使民众离籍而亡,一当新王朝建立,招徕流亡者复籍,重建户口体系便被提上日程。政府开展此项工作的动力在于,它是赋役制度落实的基础。

西汉初,高祖六年(201年)下诏:"民前或相聚保山泽,不书名数,今天下已定,令各归其县,复故爵田宅。"[⑤] "不书名数"是脱离名籍或户籍之意。战乱平息,民众更愿意回归故土生活。若政府辅之以轻徭薄赋政策,百姓会响应号召,重新成为编户。

东汉初年面临同样的户籍残破形势,不得不予以重建。光武帝令州郡检覆垦田顷亩及户口[⑥]。这是建立户籍秩序的基础工作。

---

① 《宋史》卷174,食货。
② 《唐会要》卷85,杂录。
③ 《况太守集》,第139—140页。
④ 《续文献通考》卷13,户口。
⑤ 《汉书》卷1下,高帝纪。
⑥ 《通典》卷1,食货。

西晋末年，中原包括士族在内的大量民众因战乱逃亡至江南。其中同籍人聚于一地，保持原籍贯州县之名。东晋初政府因而设置侨州、侨郡、侨县，保持北方士族的一些特权。侨人的户籍为白籍，不承担赋役；而隶属于政府管理之下的土著编户为黄籍。这些侨置郡县多位于当地郡县之中，故此出现一地双重机构、双重名籍现象，不利于政府管理。更重要的是，侨人游离于赋役体系之外，既造成政府税赋损失，也会引发承担赋役的土著之人不满。故而，通过土断将侨住之民，于所居郡县编入正式户籍。这成为东晋政府的一项重要举措。可见，土断本质上是户籍整顿政策。东晋哀帝兴宁二年（364 年）三月庚戌，"天下所在土断"①。其对此后东晋政权维系意义很大，后人称"庚戌土断，以一其业，于时财阜国丰，实由于此"②。但庞大的侨民群体很难靠一次土断完成，加之土断之后还会有新来流迁之民。东晋以后进行过多次上断。晋孝武帝接受范宁建议：对侨州县"正其封疆，土断人户，明考课之科，修闾伍之法"③。义熙九年（413 年），晋安帝采纳刘裕表奏："依界土断"，由此"诸流寓郡县，多被并省"④。东晋大的土断前后共进行过四次，逐渐取消户籍的黄白之别。土断使自我管理的南迁之人重新纳入官府户籍体系和地方里伍。这一政策也为南朝各政权所沿袭。

南朝宋孝武大明中，王玄谟请土断雍州诸侨郡县。

齐高祖时，因黄籍登记中"窃注爵位、盗易年月"或"户存而文书已绝，或人在而反记死叛，停私而云隶役，身强而称六疾"等"政之巨蠹"存在，下令整饬："别置校籍官，置令史，限人一日得数巧，以防懈怠。"至武帝继续实行，永明八年（490 年）规定"谪巧者戍缘淮各十年"。因"百姓怨咨"，武帝做出让步，"既往之愆，不足追咎。自宋升明以前，皆听复注。其有谪边疆，皆许还本。自此后有犯，严其罪"⑤。

陈文帝再次实行土断，天嘉初下诏："自顷编户播迁，良可哀惕。其亡

---

① 《通典》卷3，食货。
② 《文献通考》卷12，职役。
③ 《文献通考》卷12，职役。
④ 《通典》卷3，食货。
⑤ 《文献通考》卷12，职役。

乡失土逐食流移者,今年内随其适乐,来岁不问侨旧,悉令著籍,同土断之例。"①

可见,东晋和南朝户籍整顿成为政府一项持续性政务。土断是重建户籍秩序、将脱离户籍民众纳入政府控制之下的重要措施。东晋南朝的户籍整顿是有效果的,但也不能估计过高。齐建元二年(480年)虞玩之指出:"自泰始三年至元徽四年,扬州等九郡黄籍共却七万一千余户。于今十一年矣,而所正者犹未四万。神州奥区,尚或如此,江、湘诸郡,尤不可言"。民众"或抱子并居,竟不编户;迁徙去来,公违土断;属役无漏,流亡不归"②。趋利避害行为使百姓脱离户籍具有"常态"表现,官方所能做到的是减少这种现象,抑制其恶化趋向。

以后各朝户籍整顿也不时进行。

唐德宗时,朱泚叛乱被平息,天下户口三耗其二。贞元四年(631年),德宗下诏:"天下两税审等第高下,三年一定户。"③

北宋太宗至道元年(995年),诏令"复造天下郡国户口版籍"。该政策实施的起因是:"自唐末四方兵起,版籍亡失,故户税赋莫得周知,至是始命复造焉"④。从宋公元960年立国,至至道元年(995年),其间相隔35年。我们认为,重造户籍前并非官方没有任何户籍作为税赋征收依据,只是不够全面,或者各区域标准不一,当然未被纳入户籍者尚多。此令在于按照北宋本朝新法编造户籍。

元建立统一政权前,壬子年(1252年,宪宗当政时),"朝廷初料民",采取严酷措施,"令敢隐实者诛,籍其家"⑤。这一政策在元统一之后不见采用。不过,至元年间是元朝括户、籍户的集中期,表明当时户籍制度尚处于缺位阶段。至元七年(1271年),括天下户。此后元政府多次对全国和特定地区户籍进行整顿。至元八年(1272年),命尚书省阅实天下户口。至元十四年(1278年),诏谕四川宣慰司括军民户数。至元十八年(1282

---

① 《通典》卷3,食货。
② 《文献通考》卷12,职役。
③ 《新唐书》卷52,食货。
④ 《文献通考》卷11,户口。
⑤ 王圻:《续文献通考》卷19,户口。

年），籍西川户，诏括契丹户。至元十九年（1283年），籍福建户数，籍云南新附户①。

明代初年，政府也实行了严格的户籍查核制度。洪武三年（1370年），朱元璋要求编审户口时，"有司点闸比对，有不合者发充军，官吏隐瞒者处斩"②。初创户籍制度时的措施，很难长期贯彻。多数时期，实际执行过程则往往从宽。明代，英宗时为将流民纳入户籍之中，下令勘籍，编甲互保，属在所里长管辖之，设抚民佐贰官。归本者，劳徕安辑，给牛、种、口粮③。对流入政府控制力量薄弱地区者，起初采取驱赶政策，后则设府、县加以收纳、管理。

3. 户口整顿的主要内容

前面所言户口检核和户籍重建都具有户口整顿意义。而直接性户口整顿包括对民众游离本籍、身份不实、漏口脱户等行为的处置。

（1）查核无籍之民，促其返回本籍

北齐神武帝高欢曾命孙腾、高崇之"分责无籍之户，得六十余万"。于是侨居者各勒还本籍，因而"租调之入有加"④。这是通过将流民吸引回原籍来增加政府掌控的赋役人口。

（2）身份不实——貌阅制度的实施

近代之前，一般户籍上只登录姓名年龄，有的还有相貌特征，如肤色白、黑等。

这一制度始创于隋。开皇初年，当时"山东尚承齐俗，机巧奸伪，避役惰游者十六七。四方疲人，或诈老诈小，规免租赋"。文帝"令州县大索貌阅，户口不实者，正长远配，而又开相纠之科。大功已下，兼令析籍，各为户头，以防容隐"。由此"计账进四十四万三千丁，新附一百六十四万一千五百口"⑤。大业五年（609年），民部侍郎裴蕴"以民版籍脱漏，户口

---

① 王圻：《续文献通考》卷19，户口。
② 王圻：《续文献通考》卷19，户口。
③ 《明史》卷77，食货。
④ 《文献通考》卷10，户口。关于租调的定义，徐元瑞：《吏学指南》（征敛差发）中言：验丁田纳粟曰租，随土输布帛曰调。
⑤ 《隋书》卷24，食货。

及诈注老少尚多，奏令貌阅。若一人不实，则官司解职"①。可见，它是一项严格的督查措施。

唐朝的此项做法实行于武则天时代。延载元年（694年）规定：诸户口计年将入丁老疾应免课役及给侍者，皆县亲貌形状，以为定簿。一定以后，不得更貌。疑有奸欺者，听随事貌定，以付手实②。自此之后，团貌规则有数次更改③。开元二十九年（741年）延长团貌间隔：天下诸州，每岁一团貌，既以转年为定，复有籍书可凭，有至劳烦，不从简易，于民非便，事资厘革。自今已后，每年小团宜停，待至三年定户日，一时团貌。天宝四年（745年）敕令要求：今载诸郡，因团貌宜便定户。自今已后，任依例程，应缘察问，对众取平。九年十二月再敕：天下郡县，虽三年定户，每年亦有团貌，计其转年合入中男成丁，五十九者任退团貌④。这有照顾意义。

明朝则实行对僧徒的貌阅制度。景泰年间，"天下僧徒冗滥败俗伤化，其间有因户内丁多求避差役者，有因为盗事发更名换姓者，有系灶丁灶户负盐课而偷身苟免者，有系逃军逃匠惧捕而私自削发者"。政府实行核查，"取各僧度牒审验，若年貌相同、名籍俱实者，仍与执照为僧；若买借他人度牒及无度牒者，究问，递发前项卫分充军"⑤。

（3）户等不实

既然民众的户等与赋役水平有关，因此就会出现就低做法，导致户等不实。故在隋、唐和宋等朝，整顿户等是一项重要工作。

隋代初年设立户等标准，以便审核人员评定时有所依凭，减少高下其手之弊。高颎"以人间课输，虽有定分，年常征纳，除注恒多，长吏肆情，文账出没，复无定簿，难以推校，乃为输籍定样，请遍下诸州"。其实施办法是："每年正月五日，县令巡人，各随便近，五党三党，共为一团，依样定户上下"。此建议被采纳。"自是奸无所容。"⑥《通典》作者杜佑对高颎

---

① 《文献通考》卷10，户口。
② 《唐会要》卷85，团貌。
③ 《唐会要》卷85，团貌。
④ 《唐会要》卷85，团貌。
⑤ 余继登：《典故纪闻》卷12。
⑥ 《隋书》卷24，食货。

的贡献评价甚高:"隋受周禅,至大业二年,有户八百九十万。盖承周、齐分据,暴君慢吏,赋重役勤,人不堪命,多依豪室;禁网隳废,奸伪尤滋。高颎睹流冗之病,建输籍之法,于是定其名,轻其数。使人为浮客,被强家收太半之赋;为编甿奉公上,蒙轻减之征。浮客悉自归于编户,隋代之盛由此"①。可见,有效的户籍整顿,将脱户漏口者纳入政府赋役体系之内,为国家维系和发展提供了所需人力和物力资源。

(4) 户籍丁口财产和赋役背离

明清并未实行严格的户等制,但赋役仍与家庭丁口(成丁而役、六十而免)、财产,特别土地挂钩。亦即丁口多、土地广者将承担更多的赋役。因而,隐匿土地、丁口成为逃避方式。

明朝虽有"户凡三等,曰民曰军曰匠"之制,但这是按身份所分,并非基于财产水平。

我们认为,明朝十年进行一次的黄册攒造具有户籍整顿的功能。这一审核涉及户内财产数量、赋役承担水平、户种等。因而,它也是问题集中显现和处理的时期。根据景泰初年的规定:"凡攒造黄册,如有奸民豪户通同书手,或诡寄田地,飞走税粮;或瞒隐丁口,脱免差徭;或改换户籍,埋没军伍匠役者;或将里甲那移前后应当者,许自首改正入籍,免本罪"。"各司府州县委官,并当该官吏,提督书算,从实攒造。仍先以提调委官,并书算姓名贯址,造册一本缴部。如有似前作弊者,事发,问罪充军"②。

无疑,在传统社会,各个王朝户籍管理中累积的问题都比较多,而靠官府和地方乡里日常自查的机制是不健全的。在户籍作为赋役征派依据的时代,通过整顿户籍,减少官方掌握信息与实际状况的背离程度,是一项非常必要的工作。

(二) 当代户籍整顿

1949年以来,户籍核查具有阶段性特色。由于户籍管理由公安系统负责,因而户籍整顿也主要由其负责。或者公安部受命于国务院,牵头组织相关整顿工作。

---

① 《文献通考》卷10,户口。
② 《大明会典》卷20,户口。

1. 当代户籍问题的阶段性特征

（1）20世纪50年代后期至70年代末期

为压缩城镇人口，控制城市人口增长，公安机关不断开展户籍整顿，并实行指标和目标管理，制止和惩处违规将农村户口转为非农业户口的行为。

（2）20世纪80年代初期以来

计划经济时代严格限制人口迁移流动的户籍制度开始受到冲击，刚性的户籍管理体系被侵蚀，户籍管理问题增多。像更改户口信息、买卖户口、农村基层户口管理工作瘫痪等，在这一时期比较突出。公安部不时开展整饬。

2. 发挥人口普查在户籍整顿中的作用

（1）人口基本信息核查

20世纪80年代以来，政府相关机构正式开展人口普查前有一项重要前提工作就是，整顿户籍，核查常住和流动人口信息。

根据1990年《第四次人口普查办法》要求：城镇的户口整顿要按户口登记内容逐人逐项核对无误，农村地区的户口整顿应将户口登记的姓名、性别、出生日期、民族等主要内容核对无误。编制出普查区内各户户主姓名底册，作为普查登记时的参考。

2000年第五次人口普查时，户口整顿工作采取入户核对常住户口和清理登记暂住人口的方法。常住户口核对要按照户口登记项目，逐人逐户逐项核对，发现空挂户口、双重户口以及重户重口、脱户、漏口和登记项目差错的现象，要及时予以更正。暂住人口的核对，要掌握本调查小区内暂住人口的住宿地点、人数等情况，配合人口普查办公室进行普查登记。已建立人口信息计算机管理系统的派出所还要与计算机存储内容对照，努力做到调查小区内不遗漏一人一户，登记项目无差错[①]。

2010年第六次人口普查前户口整顿工作采取依托人口信息系统和现有资料，入户清理核对的方法进行。对辖区内的各类人员，要按照户口登记

[①]《国务院办公厅转发国务院第五次全国人口普查领导小组、公安部关于在第五次全国人口普查前进行户口整顿工作意见的通知》（2000年2月28日），《中华人民共和国国务院公报》2000年第14期。

项目，逐户逐人逐项核对①。对核对出的户口问题和户口登记项目差错，要组织人员深入核实、查证②。

(2) 查清漏报和未注销户口

根据《第四次人口普查办法》：户口整顿的重点是查清不报或漏报和不按规定注销常住户口的底数，以及外来暂住人口的底数。

第五次全国人口普查之前，户口整顿工作的重点是清理和掌握各户籍管理区域内常住人口、暂住人口和流动人口的情况和数据资料。对出生、死亡、迁出、迁入等未及时办理有关手续的，要依照有关规定办理申报户口、注销户口等登记手续；对没有申报户口的超计划生育的出生人口，要准予登记③。

根据第六次全国人口普查办法：对查实后的一人多户口、空挂集体户口、无户口、应销未销户口以及登记项目差错、遗漏现象，要依据有关政策规定和程序予以更正、补录；对暂住人口和在中国内地居留的境外人员，要核对本人身份证件（证明）和住宿登记等情况，及时进行变更更正、补录（注销）。对出生、死亡、迁出、迁入等未及时办理手续的，要依照规定办理④。

(3) 集中解决平时遗留问题

当代户籍中与超生、人口流动、人户分离等有关的问题比较突出。普查旨在获得所有人口的信息，若遗留问题不解决，人口数量准确就失去了基础。

第五次人口普查前，户口整顿工作意见要求：对没有申报户口的超计划生育的出生人口，要准予登记。在农村地区，要按照农村户口城市化管理的进程，健全户籍管理制度。对无户口人员，要积极采取措施给予落户

---

① 《国务院第六次全国人口普查领导小组、公安部关于在第六次全国人口普查前进行户口整顿工作的意见》，《江西省人民政府公报》2010年第6期。

② 《国务院第六次全国人口普查领导小组、公安部关于在第六次全国人口普查前进行户口整顿工作的意见》，《江西省人民政府公报》2010年第6期。

③ 《国务院办公厅转发国务院第五次全国人口普查领导小组、公安部关于在第五次全国人口普查前进行户口整顿工作意见的通知》（2000年2月28日），《中华人民共和国国务院公报》2000年第14期。

④ 《国务院第六次全国人口普查领导小组、公安部关于在第六次全国人口普查前进行户口整顿工作的意见》，《江西省人民政府公报》2010年第6期。

和恢复户口。在城镇地区,要尽快落实新建房屋和新开发居民小区户口管理的归属。对常住地与常住户口登记地不一致的,要逐人逐户核对清楚,区别不同情况加以解决。一时不能解决的,必须登记造册,掌握情况[①]。

按照第六次人口普查办法:户口整顿工作的重点是清理和掌握各地以居(村)民委员会为单位的常住人口、暂住人口、人户分离人员、在中国内地居留的境外人员、无户口人员的情况和数据资料。对无户口人员,要经调查甄别后依照规定,办理户口登记手续或恢复户口登记;对其中未申报户口的不符合计划生育政策的出生人口,要准予登记,不得将登记情况作为行政管理和处罚的依据。对暂住人口和在中国内地居留的境外人员,要掌握其居住地点和基本情况,配合人口普查办公室进行普查登记。对户口登记项目内容与居民本人实际情况不符或存在差错的,要按有关规定及时更正,力争做到常住人口登记表、居民户口簿、居民身份证、公民身份号码顺序码登记表、计算机存储的人口信息和居民本人实际情况相一致[②]。

八 结语和讨论

户籍顾名思义为户口登记册,是家庭成员基本信息的载体,是政府管理人口的基本依据。政府借此将民众约束于特定的居住、生活和就业区域,进而要求其为国家履行应承担的义务;同时民众可以享受到由政府提供的人身和财产安全保障服务,在当代户籍又往往与子女接受义务教育、困难者获得最低生活保障、无业者的就业协助和老年人养老福利享受等联系在一起。这是就一般意义上的户籍而言。中国的户籍制度从先秦延续至今,其形式、内容和功能既有共同表现,也有或多或少的差异。

(一) 传统时期的户籍制度

近代之前,户籍建立和管理制度主要服务于政府的赋役制度和治安管

---

① 《国务院第五次全国人口普查领导小组、公安部关于在第五次全国人口普查前进行户口整顿工作意见》(2000年2月28日),《中华人民共和国国务院公报》2000年第14期。

② 《国务院第六次全国人口普查领导小组、公安部关于在第六次全国人口普查前进行户口整顿工作的意见》,《江西省人民政府公报》2010年第6期。

理，其中赋役征派之需又是政府下大力气进行户籍管理的主要动力。在这两项基本功能基础上，户籍还有被进一步拓展的功能。它是理解传统时代户籍设置内容、编审方式和限制逃亡、控制异地入籍等做法的核心。

1. 中国近代之前户籍管理的特征

（1）形成健全的三个层级户籍管理体系

传统时代，户籍管理由乡里、不同级别地方政府机构、中央政府三个层级组成。乡里是户籍的基本载体，县为户籍的基本行政管理单位，郡（或府）、州或省（不同时期有别）是地方最高户籍呈报单位，中央则有专门机构汇总地方户籍人口信息。这成为最高当局认识国家和地方民情的主要途径之一，也是地方政府施政的基本依据。

（2）人口、人丁信息编审和家庭财产登记受到重视

从秦汉以来王朝留下的户籍文献可以看出，传统的户籍登记并非只关注人口、人丁，而且也看重家庭财产状况。在这一基础上形成户等，将人丁的徭役承担与家庭财力结合起来。

（3）多种册籍并用，功能有别

在同一时期，具有户籍功能的册籍往往并非一种，但各有侧重。主要表现为基于人口人丁、基于家庭财产和基于治安三类。当然，并非每个时期这三种户籍类型都在使用。相对来说，与赋役相结合的户籍编审最受重视。

（4）编审间隔疏密有别，视功能而定

以人丁和人口为基础的赋役征派，户籍编审时间较短，而基于家庭田产为基础的册籍编审（多包括人口信息）则以三至五年为主。

（5）户种以平民为主体，贱籍所占比例不高

以户种来确定民众的权利和义务，并体现出身份差异。但为了保证多数民众属于国家能够控制的承担赋役人口，政府限定贱籍数量和特权人口，客观上减少或弱化了社会等级。

（6）户籍人口迁移流动受到限制，但附籍相对宽松

为保证赋有人承，役有人当，政府限定户籍人口迁移流动。但对在异地居住年久、置有产业者，由于他们具备了成为新的赋役人口的条件，政府对其附籍持鼓励态度。这一定程度上降低了人口迁移流动的刚性制约。

(7) 户籍管理效果与王朝政治治乱密切相关

户籍是官方行政管理的一部分。当吏治腐败、社会动乱之时，户籍管理体系也受到冲击，户籍信息的可信度下降。

(8) 户籍制度中累积的问题靠整顿来解决

当户籍人口缺失影响到国家正常的赋役征派时，帝王往往通过派员如户口大使等至地方进行户籍整顿。这种做法在隋唐之前比较普遍。

2. 户籍制度的阶段性特征

(1) 秦汉时期

家庭大小人口是户籍登记的核心，它服务于当时政府的户赋、口税和丁役制度。以年度"案比"为手段，以适应人口、人丁年龄变化而及时调整赋税水平和服役、退役安排。

(2) 魏晋南北朝至隋唐时期

家庭财产和人丁均成为户籍编审的重要内容。但在均田制和租庸调赋役制度下，户籍管理具有"以人丁为本"[1]的表现。

至唐中后期两税法实行之后，家庭财产在户籍编审中的重要性增加，不同财产所有者按户分成等级，高等级者承担更多徭役负担。所谓"户无主客，以现居为簿；人无丁中，以贫富为差"[2]。

(3) 宋元至明时期

财产成为户籍编审的主要对象，但户口仍是登记内容。高户等者交纳免役钱，其他户等者则交助役钱。至明朝一条鞭法之下，田赋、徭役（按丁征派）和杂税合并，折成银两，分摊至田亩之上，按田亩多少征税。它建立在土地清查的基础上，尚非彻底的摊丁入亩。

(4) 清朝

清前期，以户籍为基础进行人丁编审、确定丁银征派仍被采用。康熙后期全国丁银数额固定下来，增丁不增丁银。就一个地区而言，人丁编审与丁银增减脱离了直接关系。但编审仍有作用，如在有丁与无丁户内进行丁银调整。雍正年间将数额已经固定的丁银总数摊入田亩税中征收，即丁银成为田赋的一部分，由此编审人丁彻底失去了意义。户籍与徭役制度脱离了关系。

---

[1] 《新唐书》卷52，食货。
[2] 《文献通考》卷3，田赋。

以治安为主的保甲册成为新的户籍载体，保甲组织是户籍的基本管理单位。

3. 民众对待户籍制度的态度

在我们看来，近代之前，民众对待户籍的态度有三种：一是认可户籍制度，承担应尽义务；二是设法逃避户籍制度，以免除户籍人口所承担义务；三是希望被纳入户口体系内，以便享受应有权益。一般来说，在王朝初期，相对轻徭薄赋，民众认可户籍制度，脱户漏口现象比较少；进入王朝中后期，赋役沉重，一些民众设法游离于户籍体系之外，那些安分者要承受更多的赋税，因而户籍内民众都表现出摆脱控制的愿望。脱离原籍流移至异地者，希望子弟能有机会在迁入地参加科举考试，不必千里迢迢奔回原籍，则有加入当地户籍的愿望。就整体而言，各个朝代的户籍管理都有前紧后松的特征。在没有大的战乱和持续的自然灾害发生的前提下，明以前的不少王朝政府所掌握的人口数量在中后期不如前期多，这是漏报、脱籍增多所造成。

户籍管理实际是官民之间的博弈。在传统时代，户籍人口并没有从政府那里获得更多利益，相反却因承担繁重的赋役而遭受损失。因而民与官之间脱离与反脱离的角逐一直存在。但在正常情况下，户籍对流动人口来说又为其在特定地区具有居住权、免被遣逐所必需。

总的来看，传统时代户籍制度发挥了其基本功能，这使国家机器能够运转，地方秩序得以维护。

(二) 当代户籍制度特征

1. 当代户籍的功能

相对于传统时代，当代户籍人口的赋役承担功能基本消失。人口税和户赋已不存在。兵役虽然保持，但并非每个适龄者都必须承担这项义务。可以说，户籍人口具有束缚性的刚性义务减少了。

当代户籍制度的治安功能较传统时代更受重视。从户籍管理本身就可说明这一点。户籍由公安机关管理，最基层管理机构为派出所。每个人的信息都被登记在册。遇有治安事件，户籍是搜检越轨者信息的权威渠道。户籍还具有身份证明功能，户籍人口可以享受子女接受义务教育、就业安排、最低生活保障等权益。这些都是传统户籍制度相对薄弱之处。

2. 当代户籍制度的"二元"特征

（1）户籍人口权益的城乡分野。在城市计划经济时代，物资短缺，粮油等基本生活资料按人定量供给，只有城市户籍人口才能获享。此项制度直到20世纪80年代后期才被逐渐取消。就业制度具有城乡差异。计划经济时代，机关企事业单位招工，多数情况下以只有城镇户籍者为对象。这一制度的遗绪在当代仍有表现。

（2）户籍人口权益的地区差异。

中国现阶段户籍人口权益的地区差异主要体现在省级单位之间。

甲、教育资源差异带来权益和机会之别。目前大学和中等专业学校学生录取以省（含直辖市和自治区）为单位。省级单位之间教育资源不一，考生数量和招生数量不同，因而不同省份最终录取率有高低之别。

乙、社会福利和保障水平有不同。中国目前的社会保障制度、福利水平和救济标准与地方经济发展水平和财政实力有关。发达地区待遇比贫困地区要高。

这些差异使地区之间人口迁移趋向有别，而户籍制度仍在限制这种迁移。

3. 现行户籍制度的问题

（1）户籍制度对迁移流动的限制，不利于提升城市化速度和质量。

（2）户籍制度没有体现出公民发展机会和福利平等的原则。

（3）在农村劳动力转移成为趋势情况下，户籍制度导致劳动力与其家庭成员的城乡分割。中国当代所出现的"留守儿童"现象与户籍制度有密切关系。

当然这些问题并非户籍一项制度所导致，而与多种制度缺位有关。

（三）传统户籍制度和现代户籍制度异同比较

纵观中国历史和当代的户籍制度，从功能上看，它有三种不同的结合，并且具有时代差异：户籍与赋役结合的时代，户籍与福利结合的时代，户籍与治安结合的时代。户籍与赋役结合的时代，脱离户籍的现象比较多，这在明以前社会中表现突出；民众从户籍制度中享受福利待遇的时代，争相入籍特别是进入福利教育水平高的地区户籍体系内成为主流，我国当代正处于这种状态之下。若户籍仅与治安相结合，民众对是否进入户籍体系则比较消极。

（1）传统社会户籍人口背负着更多的责任和义务，政府对户籍的控制旨在限制承担赋役的人口流失、脱漏。当代户籍制度中户籍人口的责任和义务已经大大减少，相反，户籍人口从社会保障和社会服务中获得的利益逐渐增多。

（2）传统时代政府设法抑制民众脱离户籍体系，而当代则为民众努力进入户籍体系之内，以便享受特定利益。民众对户籍制度的态度常常表现为趋利避害。

（3）传统时代户籍管理有户种划分，甚至贬抑商籍，限制其子弟的上升路径，不过对多数平民来说，没有形成"二元"或多元管理模式；当代社会，民众在法律地位上没有差异，但户籍制度中以农业和非农业进行户种划分，重点限制农业户籍者的迁移流动，形成城乡"二元"户籍制度。

至于两者的共同点，可以说治安功能是传统时代和当代户籍制度均很重视的方面。

（四）户籍制度的未来变革

户籍制度的进一步变革，应该从其功能上探讨。

户籍的身份信息登记功能应该保留，身份登记包括出生地、性别、年龄、婚姻状况、受教育程度等。对人口个体及信息进行管理的功能不能削弱，人口管理信息包括职业、居住地等。

而户籍改革体现为，建立无差异的社会保障制度是消除户籍人口迁移的重要方式。

相比于改革之前，目前的户籍制度由双轨变为单一更具备条件。

（1）在市场经济下，就业的自由流动障碍已经大大减少。对受过中高等教育、有一技之长者来说更是如此。

（2）生活用品的非市场化供应范围已大大减少。

户籍未来改革的障碍则表现为：将附着于户籍人口上的社会保障等公共福利待遇剥离之后，以什么为基础进行替代？这是一个需要探索的问题。

第九章 人口统计制度的变迁

一般来说，人口统计是政府或政权性行为，由官方组织。当然，也有民间或私人性质的统计，其规模一般较小。中国历史上，由政府组织的人口统计活动先秦时代即已开始，并形成制度性做法。本章将主要考察不同时期政府的人口统计制度，对其基本内容、方式、目的及存在的问题进行分析。

一 人口统计的类型

人口统计的核心是弄清一个地区或一国的户、口数量状况，汇总成不同层级的人口数据，以此服务于政府的相关政策。传统时代主要将其作为赋税征收、徭役摊派的依据，同时也可作为治安管理、政区设置的重要参考；当代社会则与社会事业安排、经济规划和社会保障服务等联系在一起。不同时期，人口统计关注的对象和内容并不完全相同，因而，人口统计的类型也有差异。

（一）按统计对象划分的类型

从统计对象看，可分为三种：人口统计、人丁统计和户统计。人口统计是对一地或一国之中所有人口进行的统计；人丁统计多是对达到承担赋役年龄人口的统计，它是对总人口中部分人口所作统计；户统计则以家庭户为单位进行统计，关注民众居住和生活单位的规模。

1. 以人口为基础的统计

（1）传统时期人口统计的基本做法

从理论上讲，以全体国民为基础的人口统计可视为人口普查。中国历史上不少时期的调查是以人口为基础进行的，但它很难说是以全体人口为基础的，因为不少群体没有被纳入统计对象。可以说，近代之前一些朝代的人口统计具有普查的性质，却不能等同于人口普查。

中国历史上最早的人口统计出现于公元前789年（周宣王三十九年）。当时周宣王与姜戎战于千亩（今山西介休南）而损兵折将。为补充兵力，遂决定进行人口调查。该史实载于《国语·周语上》："宣王既丧南国之师，乃料民于太原（今甘肃镇原一带）。"按照《说文解字》：料，量也。从斗，米在其中，会意。引申为"数"，计量。所以说这是周代首次人口统计。当时，仲山父谏阻："民不可料也。夫古者不料民而知其多少"，"宣王不听，卒料民。"若古代"不料民而知其多少"，则须有较完整的、基于特定管理单位的人口登记底册，或以家族为单位，或以部落为单位，或以职业群体为单位。国家一旦需要周知民数，相关负责之人和管理机构将现成民数汇总即可，不必再专门逐户清点人数。在短期内"料民"可能会造成民众恐慌①，因为它与"征役"相联系，被调查者为避役而隐匿家庭人口数量，以致可能出现"料"而不准现象。所以，这一新的统计方式遭到仲山父谏阻。该项措施从形式上看可称为人口统计，但其"料民"或统计人口的范围并非全国性的。对仲山父阻止"料民"之举，还有另外的解释。葛剑雄认为，宣王企图进行的"料民"是同时在一个地区逐人统计，这不符合等级社会对不同对象分别登记的传统做法②。不过，有一点是无疑的，即使原来已有人口统计体系存在，其准确性和及时性（比如间隔时间较长）存在不足，难以使政府获得真实的人口数量。若原有体系能满足要求，显然就没有必要重新"料民"了。

战国时期，各个政权对人口在维系统治、壮大国力中的作用即有认识。当时的韩、赵、魏、秦等国采用上计制度，让地方官于每年年终向中央报告地方治状，以此考核官员业绩，人口数量是其中的重要内容。

---

① 在后来的历史中，我们看到，一些王朝对汉族以外民族地区人口调查比较谨慎，甚至干脆不进行户口调查。清朝乾隆四十一年（1776年）六月，贵州巡抚裴宗锡上奏：黔属在在汉苗杂处，而向来民数，有仅报汉民者，亦有仅报苗民者，且有汉、苗全不造报者，现在通行严饬，确查实在数目，分别汉苗一体开报。乾隆帝认为其"所办非是，各省岁报民数，用以验盛世间阎繁富之征，原止就内地编氓而言，其边徼苗瑶本不在此例，……伊等（指苗民——笔者注）箐居岩处，滋息相安，素不知有造报户口之事，忽见地方有司逐户稽查，汉、苗悉登名册，必致猜惧惊惶，罔知所措。甚或胥吏、保长藉此扰累，致滋事端，于绥辑苗疆之道甚有关系，断不可行……所有汉、苗一体查造之处，即速停止。且不独黔省为然，其云南、两广、两湖等省，凡有苗、瑶、壮等类，其户口皆不必查办。"见《清高宗实录》卷1011。

② 葛剑雄：《中国人口发展史》，福建人民出版社1991年版，第28页。

商鞅为秦国宰相时秦国的人口统计项目有：壮男壮女之数，老弱之数，官士之数，以言说取食者之数①。其统计对象既有性别之分，又有年龄大小之别，还有不同职业者。可见它不是简单的人口数量统计。

在本书户籍制度一章曾述及《周礼·秋官》"司民"一职在户籍管理中的责任。除了对人口数量、分布、性别和年度生死状况进行统计外，其另一职责是：及三年，大比，以万民之数诏司寇。司寇及孟冬祀司民之日，献其数于王，王拜受之，登于天府。三年大比实际是对人口进行全面的汇总统计，并将结果上报最高管理机构。正如前言，《周礼》更多的是以儒家思想为基础，设计政府组织架构和各部门职责功能，而其所述复杂制度恐很难得到落实。不过，秦汉以后至清代各个时期的人口统计制度对《周礼》的一些做法加以效仿，当然不是完全照搬。

秦统一后，秦国的人口统计制度被沿袭下来。秦朝政府把人户统计不准确作为官吏的重大失误，应受责罚。《法律答问》中说："可（何）如为'大误'？人户、马牛及者（诸）货材（财）直（值）过六百六十钱为'大误'，其他为小。"又《效律》："人户、马牛一，赀一盾；自二以上，赀一甲。"错算人口一户，要罚缴一个盾牌；错算两户以上，要罚一副铠甲。② 以经济处罚来惩戒统计中的失误行为，若能认真落实，其警示作用不可忽视。

秦汉以降的人口统计均建立在较完善的户籍登记或准户籍如黄册、手实基础之上。因而它也是以固定居住人口的统计为主。

汉代的人口统计与财产统计并存：民宅园户籍、年细籍、田比地籍、田命籍、田租籍，谨副上县廷，皆以箧若匣匮盛，缄闭，以令若丞、官啬夫印封，独别为府，封府户③。汉朝规定，每年八月，要对户口进行登记核查工作：仲秋之月，县道皆案户比民④。

相对而言，唐代的人口统计规则和方法显得较为细致：每一岁一造计账，三年一造户籍。县以籍成于州，州成于省，户部总而领焉⑤。按照唐

---

① 《商君书·去强》。
② 《睡虎地秦墓竹简》，法律答问，效律，秦律杂抄。
③ 《二年律令》，户律，见《张家山汉墓竹简》，第54页。
④ 《后汉书》卷105，礼仪。
⑤ 《唐六典》卷3，尚书户部。

制，计账中载明每户应承担赋役标准，并以告示的形式发布，使民众知悉：所谓计账，"具来岁课役以报度支。国有所须，先奏而敛。凡税敛之数，书于县门、村坊，与众知之"①。唐代的人口统计有比较规范的格式和样式，因而需要一定的物力投入，但这笔费用是由被调查者承担的：诸造籍起正月，毕三月，所须纸笔、装潢、轴帙皆出当户内，口别一钱。计账所须，户别一钱②。计账之造和户籍之造有何区别呢？这一叙述给出了答案：计账针对"户"，户籍针对"口"。那么，计账所记"户"的内容是什么呢？应该是户内资产变动状态，以便为三年一次的户等评定提供依据之一。根据唐朝制度：凡天下之户，量其资产，定为九等（每三年，县司注定，州司覆之，然后注籍而申之于省）。每定户以仲年（子、卯、午、酉），造籍以季年（丑、辰、未、戌），州、县之籍恒留五比，省籍留九比③。按三年一大比之意，五比为存放最近五次所造之籍，九比为存放最近九次所造之籍。"其远年依次除"，意味着超过五次或超过九次所造册籍则可废除。因为，随着时间推移，旧册籍所载户口信息已发生变化，不再具有实用功能和保存价值。而下面对同一制度的不同叙述将丰富我们对唐代人口统计程序的认识。开元十八年（730年）十一月敕：诸户籍三年一造，起正月上旬，县司责手实计账，赴州依式勘造，乡别为卷，总写三通。其缝皆注某州某县某年籍。州名用州印，县名用县印，三月三十日纳讫。并装潢一通，送尚书省；州县各留一通。所须纸笔装潢，并皆出当户内口，户别一钱。其户每以造籍年预定为九等，便注籍脚。有析生新附者，于旧户后，以次编附④。此项敕令告诉我们，三年一造户籍、一定户等要依靠以里为单位载录本地民众年龄与所耕种土地数的"手实"（按照唐制：手实"岁终具民之年与地之阔狭，为乡账"⑤）。最终的户等确定是以家庭土地状况和家庭人口年龄状况两项指标为依据的。可见，唐代三年一次人口统计的落脚点是进行民众家庭户等调整，以便确定每户的赋役水平。需要指出，唐代还对

---

① 《新唐书》卷51，食货。
② 《唐六典》卷3，尚书户部。
③ 《唐六典》卷3，尚书户部。
④ 《唐会要》卷85，籍账。
⑤ 《新唐书》卷51，食货。

"户之两贯者"的统计方式提出解决办法：先从边州为定，次从关内，次从军府州；若俱者，各从其先贯焉①。

宋代初年，通过每年户账这种形式统计人丁变化。乾德元年（963年）太祖"始令诸州岁所奏户账，其丁口男夫二十为丁，六十为老，女口不须通勘"②。其具体操作方式在景德《农田敕》有说明：诸州每年申奏丁口文账。仰旨挥诸县，差本村三大户长就门通抄，每年造账。本县据户数收落，仍春季终闻奏。③ 宋代还有五等丁产簿，三年一造，以丁口、税产、物力为登记对象，确定各户等级。此外，宋代有基于考核官员为目的的升降账，户口增减是重要项目。真宗咸平四年（1001年）三月下诏：逐季阙解，三年一次升降户口，令有司定式样颁下。④

金代，凡户口计账，三年一籍。⑤

明清时期统计户口人丁，多称为编审。

明朝为三年编审一次。在地方，主要由州县官员组织，每次编审时上级官府向下布置。明万历时宛平知县沈榜在《宛署杂记》中指出：每三年本县奉文审定人丁一次，分九等。就中择上中则编各衙门正头，其次为贴户，其次征银给募。⑥ 户口编审也重在为徭役征派提供依据。

清朝初年继承明制，顺治五年（1648年）规定：三年一次编审天下户口，责成州县印官，照旧例攒造黄册，以百十户为里，准丁多者十人为长，余百户为十甲，城中曰坊，近城曰厢，在乡曰里⑦。清朝的编审实际是对人丁的统计，而非全体人口。对人口的统计则始于乾隆初年，以保甲门牌为基础，汇总人口数字上报。但因"番疆苗界向来不入编审"，故"不必造报"。⑧

光绪三十四年（1908年）清政府制定了具有现代意义的人口调查规则。《调查户口章程》第1条规定：本章程遵照逐年筹备事宜清单，以实行调查全

---

① 《唐六典》卷3，尚书户部。
② 《续资治通鉴长编》卷4，太祖。
③ 《淳熙三山志》卷10，户口。
④ 《宋会要辑稿》职官一一之七六。
⑤ 《金史》卷46，食货。
⑥ 沈榜：《宛署杂记》卷6，人丁。
⑦ 光绪《大清会典事例》卷157，户部，户口。
⑧ 光绪《大清会典事例》卷157，户部，户口。

国户口，务得确数为主旨。在调查实施中，分两步进行，第一次调查户数（每户编门牌一号，若有两户以上同住一门之内，以一户为正户，一户为附户①），第二次调查口数②。这次调查原计划五年内进行完，后因时局变化，缩短至四年。宣统元年（1910年）各省开始户数调查，宣统三年（1912年），各省陆续进行口数调查。但因辛亥革命爆发，清政府被推翻，本项调查并未完成。民国元年，国民政府内务部将1911年各省上报清民政部的人口统计报告整理、汇总，并加以公布。姜涛称清末的此次调查是人口普查的雏形。③

对历史上的人口统计制度，梁方仲作过这样的论述：汉代的人口调查皆为口数和户数并列。原因是，当时"口赋"（算钱）是国家的主要收入，户赋则被制定为列侯、封君的收入。及曹魏至唐，政府收入始以户调为主，所以户数的调查成为政府最为关心的事，口数反居于次要的地位。北魏至唐，口数的记录缺乏，可为明证。……总之，自汉至唐，八九百年间，政府最看重的是户籍的编制。户籍是当时的基本册籍。……自唐代中叶以后，作为户调制物质基础的均田制已渐趋废止。尤其是宋代以后，私有土地日益发达，土地分配日益不均，因而土地这个因素对于编排户等高下的作用愈形重要，即如宋代主户、客户的划分，就主要根据各户占有土地的多寡、有无来决定的。于是，各种单行的地籍……相继逐渐设立起来了……地籍已逐渐取得了和户籍平行的地位，……明代中叶"一条鞭法"实行摊丁入地之后，鱼鳞册（地籍）便成为征派赋役的主要根据，而仍依向例编造的赋役黄册（户籍）实际上已退居次要的位置了。④ 这一总结从户口统计的功能来认识统计对象和内容的变化。户口统计需要官府花费不少人力物力，仅限于形式而无实际作用的制度必然被忽视或放弃。该原则对我们评估不同时期户口数量的准确性也是有帮助的。

（2）民国以来的人口普查制度

在中国，具有现代意义的人口普查制度出现于民国时期，但真正落实是在1949年以后。

---

① 《旧中国户籍法规史料》，第91—92页。
② 《旧中国户籍法规史料》，第91页。
③ 姜涛：《中国近代人口史》，浙江人民出版社1993年版，第81页。
④ 梁方仲：《中国历代户口、田地、田赋统计》，上海人民出版社1993年版，第10—11页。

甲、民国期间的人口普查。

民国政府曾拟于1937年进行人口普查，但因抗战爆发，并未进行。不过，民国期间，局部的具有普查性质的调查也进行过。

1941年，《民国普查条例》颁布，这应该是我国第一个有关普查的制度文件。其第2条规定：本条例所称户口普查，谓普遍查记全国或一地域内全部户口在制定时刻之静态。[1] 第3条：本条例所称户，谓在同一处所及同一主持人之下，共同生活或共同办事者之集合体。[2]

1947年，民国《户口普查法》形成，明确户口普查十年举办一次。[3]

可以说，民国期间人口普查制度逐渐制定出来，但因环境所限，没有真正全面实施。

乙、1949年以来的人口普查

迄至2010年，1949年以后已进行过六次全国人口普查。

1953年，1949年后第一次全国人口普查进行。但它不称"人口普查"，而是"人口调查"。当时政务院制定了《全国人口调查登记办法》。此次普查主要目的并不在经济方面，而是政治需要，即为准备全国人民代表大会及地方各级人民代表大会选举，做好选民登记工作服务。当然它也提出为国家的经济、文化建设，提供相对全面、准确的人口数字。登记办法强调，凡中华人民共和国国民都要进行登记。以户为单位进行登记。并规定明确的登记起始时点，为1953年6月30日；登记采用全国统一的格式。[4]

距离第一次人口普查11年后，第二次全国人口普查1964年进行。普查的标准时间仍为当年6月30日。此后由于受"文革"政治运动干扰，普查并未在接近十年的时间内进行。直到1982年，第三次全国人口普查才实施，具体时点为1982年7月1日。[5]

1990年第四次全国人口普查于1990年7月1日进行。其中第25条规定：台湾、澎湖、金门、马祖地区的人口数字，按台湾当局公布的资料计

---

[1] 《旧中国户籍法规史料》，第123页。
[2] 《旧中国户籍法规史料》，第123页。
[3] 《旧中国户籍法规史料》，第126页。
[4] 《中国人口年鉴》（1985年），第116—119页。
[5] 《中国人口年鉴》（1985年），第128—129页。

算。香港、澳门地区的人口数字，按香港、澳门当局公布的资料计算。

2000年第五次全国人口普查将标准时点改为2000年11月1日。其最重要的变化是在短表基础上增加了长表（10%的人填写）。此后普查进入正轨，每十年进行一次，逢0年实施。2010年第六次全国人口普查于当年11月1日进行。

2. 以"丁"为基础的统计

"丁"统计是对户口或人口统计的简化，即它只对纳税和服役人口进行统计，其他非纳税和服役人口则略而不计。其积极意义在于，可有效减少统计成本，缩短统计所花时间，管理成本（册籍数量减少）也因而降低。各个时期，丁的标准，主要是年龄和性别标准也处于变化之中，这种变化体现出不同时期民众的赋役负担水平。

就各个历史时期而言，绝大多数王朝或政权"丁"的统计对象为男性，亦即只有男性才被视为丁，且成年男性作为成丁才被纳入统计范围。个别时期，以"人丁"而非"丁"为统计对象时，将成年女性包括进来。

战国时，国中自七尺（年二十）以及六十、野自六尺（年十五）以及六十有五，皆征之。① 对服役人口的确定建立在户籍登记基础上：以岁时登其夫家之众寡，辨其可任者。②

秦朝也有专门针对男子的统计，始皇十六年（前231年）：初令男子书年。③

汉孝景二年（前155年），令天下男子年二十而始傅（傅音附。傅，著也，著名籍，给公家徭役）。④ 我们认为，这并非指二十岁的男子才建立户籍（秦汉史料显示，当时以家庭为单位的户籍制度已经建立起来），而是被纳入服役人口册籍。按照汉朝的赋役制度：汉民凡在官三十二年，自二十三以上为正卒，每一岁当给郡县官一月之役；其不役者，为钱二千入于官，以雇庸者。⑤ 它意味着官方对23—56岁男子的状况要进行特别统计，实际

---

① 《周礼·乡大夫》。
② 《周礼·乡大夫》。
③ 《册府元龟》卷486，邦计部，户籍迁徙。
④ 《通典》卷7，食货。
⑤ 《文献通考》卷150，兵。

统计范围为 20—56 岁。

将人口分为课役人丁与不课役人口是晋代以后的做法。

北齐河清三年（564年）规定"丁"的标准为：男子十八以上、六十五以下为丁；十六以上、十七以下为中；六十六以上为老；十五以下为小。并将其授田、输租调结合起来：率以十八受田，输租调；二十充兵，六十免力役；六十六退田，免租调。① 这些具体事务只有靠健全的人丁籍册才能进行。

唐朝，凡三年一简点，成丁而入，六十而免②。唐政府强调，"租庸调之法，以人丁为本"③。这里的"人丁"男女均包括。唐代的人丁管理比较严格，其对男丁实行团貌法。团貌实际是官方为男丁绘制的头像，以便派、免赋役时识别，防止诈老诈小。按照延载元年（694年）八月敕令：诸户口计年将入丁、老疾应免课役及给侍者，皆县亲貌形状，以为定簿。一定以后，不得更貌。疑有奸欺者，听随事貌定，以付手实④。从中可见，被纳入团貌对象者包括三类人：应服役的成丁、应免役的老疾之人和家有老人或其他原因可享受免役待遇之人。幼小之人没有包括在内。貌相图要附在以里为单位所编制的记载人年信息的"手实"内，由此手实成为"年貌双全"的簿籍。开元二十九年（741年）三月政府更改团貌时间间隔：天下诸州，每岁一团貌。既以转年为定，复有籍书可凭，有至劳烦，不从简易，于民非便，事资厘革。自今已后，每年小团宜停，待至三年定户日，一时团貌。仍令所司，作条件处分⑤。由此我们知道，团貌原来实行的是一年一次小团貌，三年一次大团貌。开元二十九年（741年）后取消年度小团貌，一律为三年一次。天宝四年（745年）七月规定：今载诸郡，因团貌宜便定户。自今已后，任依例程，应缘察问，对众取平⑥。其意为官方在团貌时要掌握尽可能全面的信息。九年（750年）十二月规定：天下郡县，虽三年定户，每年亦有团貌，计其转年，合入中男成丁。五十九者任退团貌⑦。

---

① 《隋书》卷24，食货。
② 《旧唐书》卷43，职官。
③ 《新唐书》卷52，食货。
④ 《唐会要》卷85，团貌。
⑤ 《唐会要》卷85，团貌。
⑥ 《唐会要》卷85，团貌。
⑦ 《唐会要》卷85，团貌。

它表明，一年小团貌并未彻底停止，它主要针对转年之前一年的男性。六十岁不再承担徭役者，五十九岁时即可退团貌。

宋朝尽管有多种涉及户口统计的制度，但其户账对统计的对象很明确。乾德元年（963年）规定：诸州岁奏男夫，二十为丁，六十为老，女口不预①。

元朝重视丁税，故丁数为其所关心。科征之法制定之后，元政府"令诸路验民户成丁之数"：每丁岁科粟一石，驱丁五升，新户丁驱各半之，老幼不与②。

明朝，丁分成丁与未成丁两种。"民始生，籍其名曰不成丁，年十六曰成丁。成丁而役，六十而免。"③ 洪武十四年（1381年）"始造黄册，定军民匠籍，凡十载乃更造。凡户口、田赋悉从其制"④。

清朝初年，三年编审一次人丁，"逐里逐甲，查审均平，详载原额、新增、开除、实在四柱，每名征银若干，造册报部"⑤。清朝的丁也专指男性，分成丁（男年十六为成丁）和未成丁两种。成丁被载入丁册之中，"凡载籍之丁，六十以上开除，十六以上添注"⑥。由于成丁要承担赋役，故从明后期以来民众隐丁现象就很普遍。"丁"数已不是成年男性的汇总，而是纳税单位的汇总。何炳棣认为，明代后期某些地区和清代前期全国的所谓人口统计数只能看作为纳税单位⑦，他还肯定地说，顺治八年至乾隆五年的丁数从来不代表人口⑧。这提醒研究者，应当对特定制度下形成的人口数进行辨识。康熙五十一年（1712年）清政府实行新增人丁永不加赋政策后，编审中对人丁统计的强调仍未改变。雍正四年（1726年），鉴于保甲组织的"详密"优点，清政府开始以保甲为基础，统计十六岁以上人丁。岁底造册，册内止

---

① 《文献通考》卷11，户口。
② 《元史》卷93，食货。
③ 《明史》卷78，食货。
④ 嘉靖《邓州志》卷10，赋役。
⑤ 光绪《大清会典事例》卷157，户部，户口。
⑥ 王庆云：《熙朝纪政》卷3，纪停编审。
⑦ 何炳棣：《明初以降人口及其相关问题：1368—1953》，葛剑雄译，生活·读书·新知三联书店2000年版，第4页。
⑧ 何炳棣：《明初以降人口及其相关问题：1368—1953》，葛剑雄译，生活·读书·新知三联书店2000年版，第4页。

开里户人丁实数，免列花户。地方各州县丁数报给布政司，布政司另造册上报中央①。从乾隆年间档案看，至少从形式上做到了这一点。如乾隆四十七年（1782年）山西巡抚农起奏：兹据布政使刘峨详称，山西乾隆四十七年分太原等九府辽州等十直隶州所属民数户口按照保甲册籍逐细查核，实在土著民人共2184723户，内男妇大口共6894702名口，男女小口共6087807名口②；有的在列出数字后，如陕西巡抚特意说明："核之现行保甲牌载，数目相符"③；河南巡抚直接说明："现在牌民按照烟户册籍核对实在民数"④；山东巡抚则称"严饬各属"编定保甲户口，"分派正佐等官按户逐口复行确查，将应减户口务期核实，毋许舛错疏漏"，并在报告完数字后，加一句"并无舛错遗漏"⑤。保甲制度被认为寓有编审之法，"不待料民而户口自无漏数"⑥。不仅如此，地方修志时要将本地人口数载入，其所依据的也是保甲登记。如河南洛阳县志载：乾隆四十年户47753，丁246168。嘉庆年间，修志之岁，知县魏襄编查保甲仿行十家牌法，计户67154，共男妇大小366750名口，内分大口259581名口，小口107169名口⑦。

清末（光绪三十四年，1908年）《调查户口章程》规则对我们理解户口统计和人丁统计的一体性有所帮助，即在同一调查中要体现出这两项功能。第20条：口数册造齐后，应将册内届七岁之学童及年届十六岁之壮丁另计总数，附记该册之后⑧。

3. 以赋役人口为统计对象

此项统计方法以男女赋役人口为统计对象。不同时期这类统计的名称不一。与前述"丁"为成年男性不同，一些朝代赋役人口统计中将男女混称为"丁"。

西晋武帝建立统一政权后（265年）即修订赋役制度，规定"男女十六

---

① 光绪《大清会典事例》卷157，户部，户口。
② 《宫中档乾隆朝奏折》第五十四辑，第148页。
③ 《宫中档乾隆朝奏折》第五十四辑，第83页。
④ 《宫中档乾隆朝奏折》第五十四辑，第202页。
⑤ 《宫中档乾隆朝奏折》第五十四辑，第225页。
⑥ 朱云锦：《豫乘识小录》卷2，户口说。
⑦ 嘉庆《洛阳县志》卷33，户口簿。
⑧ 《旧中国户籍法规史料》，第93页。

以上至六十为正丁；十五以下至十三、六十一以上为次丁；十二以下、六十六以上为老，不事"①。在这项制度中，将男女视为"丁男"和"丁女"。丁男和丁女所输"调"有区别，女较男为轻："丁男之户岁输绢三匹、绵三斤，女及次丁男为户者半输。"② 东晋取消正次丁之分，男女年十六以上至六十为丁。统计类型简化了。赋役承担标准为：男年十六亦半课，年十八正课，六十六免课；女以嫁者为丁，若在室者，年二十乃为丁。其男丁，每岁役不过二十日。赋役标准较西晋有所减轻，即十六至十七岁为半课③。

北魏时未制定明确的丁口标准。北魏均田令规定：诸男夫十五以上受露田四十亩，妇人二十亩。诸民年及课则受田，老免及身没则还田④。这意味着十五岁是男妇的成丁标准。

可以看出，两晋和北朝时期与赋役相联系的"成丁"标准是比较低的，甚至"次丁"也要承担"半课"。

北周出现统计名称和标准的变动，分类更细，为黄、小、中、丁。含义为"男女三岁以下为黄，十岁以下为小，十七岁以下为中，十八岁以上为丁，以从课役。六十为老乃免"⑤。

继起之隋朝继承北周规则，为减轻民力负担，文帝开皇三年（583年），将成丁年龄由十八岁提高至二十一岁。炀帝即位时，户口益多，府库盈溢，故而除妇人及奴婢部曲之课，男子以二十二成丁⑥。

唐朝，"籍谓三年一造，申送尚书省"⑦。地方上报时分年龄结构，武德七年（624年）规定：凡男、女始生为"黄"，四岁为"小"，十六岁为"中"，二十有一为"丁"，六十为"老"。每一岁一造计账，三年一造户籍⑧。授田之制为，丁及男年十八以上者，人一顷，其八十亩为口分，二十亩为永业；老及笃疾、废疾者，人四十亩，寡妻妾三十亩，当户者增二十

---

① 《文献通考》卷2，田赋。
② 《文献通考》卷2，田赋。
③ 《隋书》卷24，食货。
④ 《魏书》卷110，食货。
⑤ 《隋书》卷24，食货。
⑥ 《隋书》卷24，食货。
⑦ 《唐律疏议》卷3，名例。
⑧ 《唐六典》卷3，尚书户部。

亩，皆以二十亩为永业，其余为口分①。开元二十六年（738年）玄宗下诏：民三岁以下为黄，十五以下为小，二十以下为中②。与武德七年（624年）没有区别，只是表达方式改变：0—3岁为黄，4—15岁为小，16—20岁为中，21岁以上为丁。但天宝三年（744年）的规定有所不同：更民十八以上为中男，二十三以上成丁③。实际意味着18—22岁为中男，亦即将成丁而服全役的年龄推迟了2岁。这种规定还有一种意义：天宝五年，男子七十五以上、妇人七十以上，中男一人为侍④。细分人口统计标准的意义由此体现出来。它也表明当时官方在民众免役享受方面是比较谨慎的，不轻易免除成丁的义务。广德元年（763年），代宗下诏：一户三丁者免一丁，凡亩税二升，男子二十五为成丁，五十五为老，以优民⑤。它是此前历史时期条件最宽的成丁标准。

宋代的人口统计有多种，其中户账是以20—59岁男丁为统计对象的。

清代初期的编审即是以人丁为基础。顺治十一年（1654年），清政府要求从十二年开始，各省责成于布政使司，直隶责成于各道：凡故绝者开除，壮丁脱漏及幼丁长成者增补。其新旧流民俱编入册，年久者与土著一体当差，新来者五年当差⑥。但后来的研究发现，清代康熙之前的人丁编审数据并非真正地达到赋役年龄的成年男子数，而是纳税单位。

根据清代浙江台州府临海县康熙五十五年（1717年）户口黄册，其内容包括：康熙五十年原报人丁68559丁口，内男子有妻17682丁，男子无妻20711丁，老幼疾丁7533丁，食盐课口22633丁。康熙五十五年编审实在人丁72179丁口，内男子有妻18805丁，内除原额完赋男子有妻17682丁外，实盛世滋生增益男子有妻1123丁，钦奉恩诏，永不加赋，理合注明。男子无妻21715丁，内除原额实赋男子无妻20711丁外，实盛世滋生增益男子无妻1004丁⑦。

下面我们将不同时期的成丁标准作一汇总（见表9-1）。

---

① 《新唐书》卷51，食货。
② 《新唐书》卷51，食货。
③ 《新唐书》卷51，食货。
④ 《新唐书》卷51，食货。
⑤ 《新唐书》卷51，食货。
⑥ 《清世祖实录》卷87。
⑦ 中国第一历史档案馆藏：户口黄册。

表9-1 不同时期人口的分类标准（成丁年龄范围）

朝代	确定时间	黄	小	老	中丁或次丁	成丁范围	权利	义务	说明	资料出处
西汉	前155					20—56岁		服役	男	《文献通考》卷150，兵
西晋	265年		12岁以下	66岁以上	61—65岁次丁			丁男之户2岁输绢三匹，绵三斤	男女	《文献通考》卷2，田赋
东晋	317年					16—60岁		男16岁半课，18岁正课，66岁免课，女以嫁者为丁，若在室者，年二十乃为丁	男女	《隋书》卷24，食货
南朝宋	429年				15—16岁半丁	17岁		服役	男	《宋书》卷42，王弘传
北齐	河清三年（562年）		15岁以下	66岁以上	16—17岁中丁	18—65岁	18岁授田	输租调，20岁充兵，60岁免力役，66岁退田	男女	《隋书》卷24，食货
北周		3岁以下	10岁以下	60岁	17岁以下	21—59岁		丁从课役，60岁乃免	男女	《隋书》卷24，食货
隋朝	开皇三年（583年）	3岁以下	10岁以下	60岁	17岁以下	18（后提至21岁）—59岁			男女	《册府元龟》卷486，邦计·户籍，《隋书》卷24，食货
	隋炀帝初即位					22岁成丁				

续表

朝代	确定时间	黄	小	老	中丁或次丁	成丁范围	权利	义务	说明	资料出处
唐	武德七年（624年）	始生为黄	4岁	60岁	16岁	21—59岁			男女	《唐会要》卷85，团貌
唐	天宝三年（744年）			60岁	18—25岁	26—59岁			男女	《通典》卷7，食货
唐	广德元年（763年）			55岁		25—54岁			男	《通典》卷7，食货
宋朝	北宋	3岁以下	15岁以下	60岁以上	20岁以下	20—59岁			男女	《宋刑统》卷12，户婚律
宋朝	北宋乾德元年（963年）			60岁		20—59岁			诸州岁奏男夫，女口不预	《文献通考》卷11，户口
金朝		2岁以下	15岁以下	60岁	16岁	17—59岁			男女	《续文献通考》卷12，户口
明朝				60岁		16—59岁		成丁而役，60岁而免	男	《明史》卷78，食货
清朝				60岁		16—59岁			男	光绪《大清会典》卷17，户部

（二）按统计年限间隔划分的类型

这里我们着重考察全国性、较大区域范围的人口统计制度。各个时期政府对两次统计的间隔规定各有不同，但值得注意的是，同一时期，存在基层组织年度统计和官方机构积累一定年份（或三年或五年）再汇总上报的做法。

1. 年度统计

按照《周礼·秋官》的制度设计，三年进行一次全国人口的汇总上报，但每年人口生死变化也要及时登记。

汉朝有一条基本的人口统计制度为"八月算人"，统计承担赋税的人口数量。高祖四年（前203年）八月，初为算赋，"故两汉率用八月算人也"[1]。它实际也属年度人口统计方法。

唐朝手实的作用也是每年登记民众的年龄等信息[2]。

宋时，乾德元年（963年）始令诸州岁所奏户账，其丁口男夫二十为丁，六十为老，女口不须通勘[3]。这是对人丁构成状况的年度统计。

明初，朱元璋推行户帖制度，"有司岁计其登耗以闻"[4]，表明它也是一种年度人口统计。但该制实行时间很短。根据正德《大明会典》记载，明朝每岁类报户口总数：凡各处户口，每岁取勘明白，分豁旧管新收开除实在总数，县报于州，州类总报之于府，府类总报之于布政司，布政司总类呈报本部立案，以凭稽考[5]。这表明明朝实行有年度人口汇总制度。

清朝雍正四年（1726年），以保甲为基础，统计十六岁以上人丁，岁底造册，册内止开里户人丁实数，免列花户。地方各州县丁数报给布政司，布政司另造册上报皇帝[6]。这应该是乾隆初年全面推行的年度人口汇总上报制度的滥觞。但户口编审并未因此停止。实际两者曾并行一段时间。乾隆初年，清朝开始实行年度人口上报制度。乾隆五年（1740年），清政府规

---

[1] 《西汉会要》卷31，食货。
[2] 《新唐书》卷51，食货。
[3] 《续资治通鉴长编》卷10，太祖。
[4] 《明史》卷77，食货。
[5] 《大明会典》卷20，户口。
[6] 光绪《大清会典事例》卷157，户部，户口。

定，各督抚于每年十一月，将户口数与谷数一并造报①。各府州县需把户口增减，"缮写黄册具奏，仍将奏明数目，报部察核汇奏"②。嘉庆十六年（1811年），仁宗发布上谕，要求地方督抚于编设户甲一事，务须饬属实力举行。俾奸匪不得潜藏，即申报时雨及约收实收分数等事，并与编审丁册认真稽察。则户口多寡，年岁丰歉，随时核对，不致浮混，亦可杜捏灾冒赈之弊③。

清朝年度人口汇总数字至光绪年间中断。这是因为"其事向掌于户部，盖至是而其职渐替矣"④。

光绪三十四年（1908年）《调查户口章程》制定了传统时代具有现代意义的人口调查规则。第24条规定：户数册应每两个月编订一次，口数册应半年编订一次，于年终汇报民政部⑤。

民国以后，户籍人口统计年报制度建立。民国二十年（1931年）《户籍法》第14条规定：户籍主任应依据户籍登记簿、人事登记簿，分别编造下列各项统计季报和统计年报，呈送监督官署。其中有本籍及寄籍、户数、人口、性别、年龄统计；出生男女及其父母年龄、职业；死亡男女及年龄、职业与死亡原因统计；结婚与离婚男女及其年龄、职业统计；男女职业统计；户籍变更事件统计。监督官署接到这些报告后，编造关于全县、市分类统计季报及统计年报各二份，呈报民政厅，由民政厅以一份存查，一份转呈民政部⑥。

民国年间政府也有人口年度例行统计制度。根据民国三十五年（1946年）《户籍法施行细则》第33条：户口调查之结果，应统计事项包括：人口性别、籍别、年龄、教育程度、职业和婚姻状况。每月应为户籍登记之统计，每年应为前项第二款至第六款之统计。第35条：户口调查办理完竣之日，乡镇公所应编制全乡镇户口初步统计表，载明现住人口及性别，呈送县政府编制全县户口初步统计表，呈送省政府。第37条：户口登记之统

---

① 光绪《大清会典事例》卷157，户部，户口。
② 光绪《大清会典事例》卷157，户部，户口。
③ 光绪《大清会典事例》卷158，户部，户口。
④ 《清朝续文献通考》卷25，户口。
⑤ 《旧中国户籍法规史料》，第95页。
⑥ 《旧中国户籍法规史料》，第23—24页。

计，县政府应根据乡镇公所汇呈登记声请书之誊本，编制统计表，以一份发交乡镇公所，一份于每月十日之前及每年一月以前呈送省政府汇编全省统计，报内政部①。

1949年后，年度人口统计在1955年开始实行。根据当年《国务院关于建立经常户口登记制度的指示》：户口登记的统计时间，暂定每年一次。乡、镇等地区应当在每年的2月将上年全年的户口变动数字统计报县，县在每年的3月汇总报省，省在每年的4月汇总报内务部。县境内由公安派出所办理户口登记的地方，公安派出所应按照乡、镇等地区上报的时间，将所辖区域内户口变动数字报由县公安局汇总后转送县民政科。市的户口变动数字，应由市公安局按照县上报省的时间交市民政部门报省民政厅。直辖市的户口变动数字，应由公安局交民政局于每年4月底前报内务部②。

2. 三年统计一次

历史上，各个时期，三年一次编审户口的做法相对比较普遍。

《周礼·秋官》所言"三年大比"之制虽是一种理想，却为后世政府在人口统计中所效仿。

前面已对唐宋和明清等主要朝代三年一造户籍有所说明，兹不赘述。但需指出，清朝除清初之外，所实行的是五年一次人丁编审。

3. 五年统计一次

清顺治十三年（1656年），将编审户口的时间由三年改为五年。顺治十五年（1658年）议准：各省编审人丁，五年一次③。雍正四年（1726年），直隶总督李绂上书：编审五年一举，虽意在清户口，不如保甲更为详密，既可稽查游民，且不必另查户口。请自后严饬编排人丁，自十六岁以上，无许一名遗漏。岁底造册，布政司汇齐，另造总册进呈。雍正帝接受了其建议④。五年一次编审人丁的价值因此降低了，却并未停止。乾隆元年（1736年），高宗强调，"滋生户口，每逢五年，务须据实奏报，实力奉行，

---

① 民国三十五年《户籍法施行细则》，见《六法全书》，第643页。
② 国务院法制局编：《中华人民共和国法规汇编》第一册，第199页。
③ 光绪《大清会典事例》卷157，户部，户口。
④ 《清史稿》卷120，食货。

不得视为具文，脱户漏口"①。清高宗于乾隆五年（1740年）再次下诏：滋生户口，每逢五年，务须据实造报，实力奉行，不得视为具文，脱户漏口②。乾隆二十七年（1762年），清廷认为，续增人口、永不加赋和摊丁入亩政策实行之后，"五年编审大典，今昔情形迥异"，百姓不至于再"隐避"。借助于保甲制度，政府即可将民数弄清楚。而不必像过去那样，"传唤粮里夫人，率领乡民，赴县听点"③。虽然编审方式改变，但编审之制并未停止。直到乾隆三十七年（1772年），李瀚上奏请停编审折，高宗允准并指出，自"永不加赋"实行后，五年一次编审，不过"沿袭虚文，无裨实政"。且已有各省所报年度户口数字，"更无藉五年一次之另行查办，徒滋纷扰"，故"著永行停止"④。

当代（20世纪80年代之后），在十年进行一次普查的同时，五年进行一次（尾数逢5年份）总人口10%抽样调查。

4. 十年统计一次

从历史上看，作为与赋役相结合的人口编审和统计，一般来说以三至五年为多。这样家庭人口和财富的变动能及时显示出来，人口和财富减少的家庭，赋役负担也可及时减轻。

但明代的黄册则为十年大造一次。承宣政布政司布政使掌一省之政。其中有：十年，会户版以登民数、田数⑤。知县，掌一县之政。凡赋役，岁会实征，十年造黄册，以丁产为差⑥。其间隔长的弊端显露无遗：人口、产业"十年消长，月异而岁不同。今有门第萧然，田去名存，茕茕孤寡，匍匐答应；而势焰薰灸之家，反漏网袖手，何可言均也"⑦？

除此之外，十年进行一次的人口调查和统计为人口普查。

1941年民国《户口普查条例》第8条：全国户口普查，至少每十年举办一次，各级政府得就其所辖地域，各别举行。1947年，《户口普查法》

---

① 光绪《大清会典事例》卷157，户部，户口。
② 光绪《大清会典事例》卷157，户部，户口。
③ 《清高宗实录》卷662。
④ 光绪《大清会典事例》卷157，户部，户口。
⑤ 《明史》卷75，职官。
⑥ 《明史》卷75，职官。
⑦ 《明神宗实录》卷491。

施行，第 3 条：户口普查每十年举办一次。户口普查年份及普查标准时刻，由国民政府以命令定之①。

1949 年以后的人口普查已进行六次，前三次时间间隔不一，第一次为 1953 年，第二次为 1964 年，第三次为 1982 年，第四次（1990 年）之后均为十年进行一次。2010 年《全国人口普查条例》将普查间隔时间纳入法规，第 8 条规定：人口普查每 10 年进行一次，尾数逢 0 的年份为普查年度，标准时点为普查年度的 11 月 1 日零时。

人口大国进行人口普查颇耗人力和财力。当代人口普查及其所形成的人口数据与税收征收没有直接联系，即它不会给民众带来利益损失。但对国家来说，则有对人口数量、结构、职业等变动反映不及时的问题。为此，政府采取在逢 5 年份进行 10% 人口抽样调查的方法加以弥补，即"小普查"。

（三）按人口统计内容划分的类型

1. 综合统计

在近代之前，绝大多数王朝的人口统计与赋役征派有关，有些王朝又根据百姓家庭人丁数量和财产状况确定户等。因而，人口统计、编审往往不是仅登记人口数字，还包括家庭户拥有的土地亩数、房屋间数、奴婢数等。

商鞅为秦国所制定的统计内容有"十三数"：境内仓口之数，壮男壮女之数，老弱之数，官士之数，以言说取食者之数，利民之数，马牛刍藁之数。欲强国，不知国十三数，地虽利，民虽众，国愈弱至削②。其中的人口部分涉及性别、年龄构成、劳动年龄人口、被抚养人口、从事社会管理者人数等。其他非人口方面的统计则与民众生存资料和进行征战所需物资有关。

唐朝的手实包括"民之年与地之阔狭"。根据现已发现的唐初手实残件，它所载内容包括户主、家口、年纪、身份、田亩数及四至、已受未受

---

① 《旧中国户籍法规史料》，第 124、126 页。
② 商鞅：《商君书·去强》。

田数①。可见，它是人财并重的登记制度。从统计角度看，唐朝三年一造并上报至中央户部的户籍册不仅有以户籍为基础统计出的户口、土地等数字，而且还以里或乡等基层组织为单位开列应承担赋役者的姓名。元和十五年（820年）二月的敕节文即能说明这一点：天下百姓，自属艰难，弃于乡井，户部版籍，虚系姓名②。这就是说，从户部所藏版籍中，能查到全国各地承担赋役者的基本信息，它是地方从乡到州逐级上报所形成的册籍。但百姓一旦逃亡，离开乡井，即使有名录在手，也难以落实到承担者头上。

明代的黄册底抄也显示，黄册具有综合统计特征。户内成员总数、性别、年龄和财产状况都要填写。同样，上报至户部的黄册上也详细至承担赋役者的名字。它最终"藏于户部，庶几无移易倚托之患"③。明宣德五年（1430年）的一项规定即表明了这一精神："军民匠灶等差，及有百里之内开种田地，或百里之外有文凭分房趁田耕种，不误原籍粮差；或远年迷失乡贯，见住深山旷野，未经附籍者，许所在官司取勘见数造册，送部查考"④。离开家乡的流民、逃户等是否为应承担赋役人口，流入地官府将其姓名等主要信息汇总报至户部，即可核查出来。它显示出当时统计制度是比较完整的，且统计信息在户部得到较好的保存。

近代以来人口统计与赋役脱离了关系，但其对人口日常行为和迁移流动进行管理的色彩增强了。因而，除了应登录者的年龄、婚姻等信息之外，还有职业等，当然，住址、籍贯也被要求填写。

根据清末《清查户口章程》第7条，清查户口内容主要包括："居民家口人数及姓名、年龄、籍贯，家主及眷属所执职业，家主眷属有远出或贸易者，所住何地，作何事业，一一详记；居屋是否系自置产业"⑤。1908年清末《调查户口章程》第17条：调查口数，应查明姓名、年岁、职业、籍贯、住所等项⑥。

民国三十年（1941年）《户口普查条例》第6条所规定的查记内容包

---

① 王育民：《中国人口史》，江苏人民出版社1995年版，第224页。
② 《唐会要》卷85，定户等第。
③ 《明太祖实录》卷203。
④ 《大明会典》卷19，户口。
⑤ 《旧中国户籍法规史料》，第87页。
⑥ 《旧中国户籍法规史料》，第93页。

括：户长姓名、户内各人姓名及与户长关系、性别、实足年龄及出生年月日、婚姻状况（未婚，有配偶、鳏、寡或离婚）、受教育程度、从业或办事处所与所任职务、现在或他往[①]。

1953年第一次人口普查登记内容为：户信息有户住址、户主、户内成员与户主关系；个人信息有姓名、性别、年龄、民族四项[②]。内容比较简单，个人身份信息较少。1964年第二次人口普查登记内容稍有增加，个人信息包括姓名、性别、年龄、本人成分、民族、文化程度、职业七项。本人成分、文化程度和职业为新增项目。

1982年后的人口普查内容大大扩展。按照1982年《第三次人口普查办法》，普查登记项目为19项，其中按人填报的项目为13项：（1）姓名，（2）与户主关系，（3）性别，（4）年龄，（5）民族，（6）常住人口户口登记状况，（7）文化程度，（8）行业，（9）职业，（10）不在业人口状况，（11）婚姻状况，（12）妇女生育的子女数和现在存活的子女数，（13）1981年育龄妇女生育状况。按户填报的项目为6项：（1）户的类别（家庭户或集体户），（2）本户住址编号，（3）本户人数，（4）本户1981年出生人数，（5）本户1981年死亡人数，（6）有常住户口已外出一年以上的人数[③]。新增内容主要体现在婚姻、子女数（针对15—64岁妇女）、生育状况（针对15—49岁妇女）和就业方面。这在一定程度上是为了满足政府对计划生育和人口控制信息的掌握；同时人口迁移流动行为增加，普查是获得这一信息的最好途径。

1990年普查表登记项目增加至21项。根据《第四次人口普查办法》第8条，按人填报项目15项：（1）姓名，（2）与户主关系，（3）性别，（4）年龄，（5）民族，（6）户口状况和性质，（7）1985年7月1日常住地状况，（8）迁来本地的原因，（9）文化程度，（10）在业人口的行业，（11）在业人口的职业，（12）不在业人口状况，（13）婚姻状况，（14）妇女生育、存活子女数，（15）1989年1月1日以来妇女的生育状况。按户填报的项目为6项：（1）本户编号，（2）户别，（3）本户人数，（4）本户出

[①]《旧中国户籍法规史料》，第124页。
[②]《中国人口年鉴》（1985年），第116—119页。
[③]《中国人口年鉴》（1985年），第128—129页。

生人数，（5）本户死亡人数，（6）本户户籍人口中离开本县、市一年以上的人数。由于人口迁移流动增多，普查增加了这方面的内容。可见，新增内容主要表现在人口迁移流动和就业方面。这意味着人口经济活动信息受到关注。

根据2000年《第五次全国人口普查登记办法》，其最重要的变化是分为短表（包括个人信息9项、户信息10项）和长表（共26项）。短表为基本信息，所有人、户都要填写；长表增加了住房、就业、生活费用来源、生育等项目，仅有10%的人户填写。长表提供了较全面的家庭户及其成员信息，为从总体上认识人口经济活动、生存条件、迁移流动、婚育行为及其相互间的影响提供了可能。

2010年第六次全国人口普查的方式和内容与第五次人口普查相似。

综合以上，传统时代国家对人口数量和财产状态的统计具有很强的功能考虑。赋税征收和徭役派发是政府对户口和家庭财产进行登记的主要动力，一句话，登记对象和内容与政府征派赋役所获收益有直接关系。政府的收益来源改变了，重视的内容和方式（统计对象）也会改变。当代人口统计内容的设立更多地着眼于管理（对具体的家庭户）或宏观经济（劳动力就业、商品的需求和消费、产业布局）、社会发展（教育、医疗、养老机构等面向大众的机构设置，保险、保障水平确立和救济事业安排等）计划的制定。当然，现代社会的组成结构较传统时代复杂得多，仅凭普查数据的内容难以满足政府需求，因而由政府不同机构组织的各种与人口有关的专项调查（婚姻、家庭、生育、死亡、迁移、老年、妇女、儿童等）也在进行。

2. 单纯人口统计

这种做法主要出现于清朝。中央仅要求地方政府上报人口数字，并且此项工作与赋役征派没有直接关系。皇帝主要想借此知悉各地及全国人口数量状况。它似乎与我们对人口统计的功能性认识不符。实际上它的施政功能是存在的，地方受灾后救济粮款的发放等事务就离不开对灾区人口数字掌握这一前提。

清朝乾隆初年开始实行年度户口数字上报制度，对所有人口进行统计上报。根据清代档案，各省上报的年度人口分类并不统一，如直隶、山东、陕西分男大口、女大口和男小口、女小口四项，广东为大丁、小丁和大口、小口四项，广西为男丁、女丁和男口、女口四项，江苏有土著军民大小口和男丁、妇女三项，奉天、安徽、江西、福建、广东、四川、甘肃只有一个人口总数（其中有的省将旧管、新收、开除、实在四项人口数均列出）。河南、山西、浙江、湖北、湖南、贵州等地有户又有口①。

3. 单纯赋役人口统计

这一点前面已经述及，不再说明。

总的来看，多数以人口为核心的统计并非只有户数和口数这些内容，而将户数、口数和家庭财产数包括在内。当然，时期不同，所偏重的方面有所不同，隋唐之前相对重视户、口数，同时也包含土地等财产数。宋元之后，对民众家庭土地等财产数量的重视程度超过户口数，但丁数统计也未彻底放弃。人丁统计直到清朝雍正年间（摊丁入亩）后才终止。之后，人口统计虽与赋税征收脱离关系，而作为一项了解人口变动的工作，直到清末仍在进行。

二 人口统计的组织系统

传统时代，政府的人口统计组织、管理机构与户籍管理机构多属一体。地方政府机构官员和吏胥数量有限，不会设立专管人口或户口统计的岗位。它多由长官主持并由幕僚或胥吏协助完成，技术性要求不高。明代以后，省级单位人口统计相对集中于布政使司衙门，中央由户部负责。人口统计由相对专门的机构承担，但它只是该机构多种职能之一。民国以后，从中央到地方，专门的统计机构设立，由受过训练的统计人员承当。1949年后统计机构更为健全、完整，甚至乡级政府也配备专门统计人员，村级则由会计兼充。这些都只是负有人口统计职责的常设机构和人员。大型的人口调查如人口普查则由多个政府机构协作进行。

（一）传统时期人口统计组织系统

由于近代之前人口统计多非年度或月度统计，其工作量有限，因而多

---

① 《宫中档乾隆朝奏折》第二辑、第十三辑、第二十六辑。

数时期无论中央还是地方政府均不设专职部门。

1. 中央与户口统计有关管理机构

户口统计由有关机构兼管而非专管。

周代之前，人口统计尚未形成规范的制度，因而也没有设置专门的人口管理和汇总人口信息的机构。

成书于战国时期的《周礼》对官制和各机构的职责详加叙述。它是当时人具有理想成分的管理蓝图或架构，但其对秦汉以后的官制和机构安排颇有影响。《周礼》所设官职多具复合型职责特征，即它并非专管一项事务。这里仅将其职责中包含人口的官职列出。《周礼·地官》"大司徒"首要职责是："掌建邦之土地之图与其人民之数，以佐王安扰邦国"。《周礼·地官》"小司徒"之职："掌建邦之教法，以稽国中及四郊都鄙之夫家九比之数，以辨其贵贱、老幼、废疾……以稽其人民，而周知其数"。《周礼·秋官》"司民"之职：掌登万民之数。自生齿以上，皆书于版。辨其中国，与其都鄙，及其郊野；异其男女，岁登下其死生。及三年，大比，以万民之数诏司寇。"司寇"：及孟冬祀司民之日，献其数于王，王拜受之，登于天府。内史、司会、冢宰贰之，以赞王治。此外，还有若干职位负有对辖区民众统计之责。《周礼·秋官》"乡士"：掌国中，各掌其乡之民数而纠戒之。听其狱讼，察其辞，辨其狱讼，异其死刑之罪而要之……"遂士"：掌四郊，各掌其遂之民数而纠其戒命，听其狱讼，察其辞，辨其狱讼，异其死刑之罪而要之……"县士"：掌野，各掌其县之民数，纠其戒令而听其狱讼，察其辞，辨其狱讼，异其死刑之罪而要之。可见，该制度中，有多个官职之责涉及"民数"这一人口事项。

秦朝，丞相是协助皇帝处理中央事务的最高行政长官，其办事机构为丞相府。全国人口统计数据资料汇聚于此，是中央政府施政的重要依据。秦末，刘邦率部进入咸阳后，萧何"先入收秦丞相府图籍藏之，以此沛公得具知天下阨塞、户口多少、强弱之处"[①]。这表明丞相府衙掌管各地报送的包括户籍在内的各种图籍。

汉成帝时民曹尚书郎负有人口统计之责。三国魏左民尚书下的左民郎

---

① 《资治通鉴》卷9，汉纪。

曹负责户口调查[①]。

唐朝，人口统计汇总为尚书省所管，户部尚书下的户部郎中、员外郎，掌户口等事务，"以男女之黄、小、中、丁、老为之账籍"[②]。

宋朝，"天下户口"的统计之责中央最初由三司使负责。神宗元丰年间机构改制，三司"并归户部"。户部职能中有："掌军国用度，以周知其出入盈虚之数。凡州县废置，户口登耗，则稽其版籍；若贡赋征税，敛散移用，则会其数而颁其政令焉。"[③] 这些都与人口统计有关。

元代户部隶属中书省，"掌天下户口、钱粮、田土之政令"[④]。人口统计是其主要职责之一。

明清时期六部之上已不再设省，户部直接负责全国户口统计事务。

明朝户部负责与人口统计有关的政令。其职责有："稽版籍、岁会、赋役实征之数，以下所司；十年攒黄册，差其户上下畸零之等，以周知其登耗"[⑤]。"每十年，有司更定其册，以丁粮增减而升降之"[⑥]。

清朝，"直省滋生户口向惟册报户部"。乾隆初期，饬令地方督抚，"岁计一省户口仓谷实数于仲冬具折以闻，并缮册由部臣汇核以进"[⑦]。根据乾隆朝档案，这项工作基本上得到落实。各地通过清点保甲牌甲所载户口，从县、府逐级上报，由布政使司负责汇总，最后由省最高长官巡抚或总督上奏皇帝[⑧]。

清末，政府设立民政部，而该部是在巡警部基础上通过扩大职能所建，人口统计由其负责。1908年《调查户口章程》第4条：调查户口，京师内、外城以巡警总厅厅丞、顺天府各属以府尹、各省以巡警道为总监督。第5条：调查户口监督人员为：京师各巡警分厅知事，顺天府各属知州、知县，各省厅、州、县同知通判，知州、知县。第6条：调查户口事务，归下级

[①] 《宋书》卷39，百官。
[②] 《新唐书》卷51，百官。
[③] 《宋史》卷163，职官。
[④] 《元史》卷85，百官。
[⑤] 《明史》卷72，职官。
[⑥] 《明史》卷77，食货。
[⑦] 《清朝文献通考》卷19，户口。
[⑧] 《宫中档乾隆朝奏折》第五十四辑。

地方自治董事会或乡长办理，以总董或乡长为调查长，董事或乡董为调查员[①]。调查所获人户总数报民政部。但在清朝末年，户口清查工作由警察系统负责。根据光绪末年《清查户口章程》第2条：警务局长及警务分局长，均应在其所辖地段内总理清查户口事。第5条：警务局与警务分局当划定所辖地方为数区，又分一区为数段，每区派巡长一人，每段派巡警一人任清查户口之事[②]。

由以上梳理可见，中央机构的户口统计事务在唐以前尚不明晰，并且归属多有变动，唐以后逐渐过渡到由六部中的户部负责，明清时期则更为明确。户部之名就表明户口事务是该部的主要管理职责之一。

2. 地方人口调查和统计的组织方式

地方将户口数字在内的统计报表逐级汇总上报。由于各个时期地方最高行政单位名称不一，因而地方最后一道汇总者也有不同。

汉朝实行自下而上的"上计"制度，地方县级等最基层官员将本地户口、垦田、钱谷入出、"盗贼"多少制定计簿上报于郡国，郡国则于秋冬岁尽遣吏上报于中央政府，称为上计[③]。《后汉书·百官志五》对此有记载：县、邑、道……秋冬集课，上计于所属郡国；郡国"岁尽遣吏上计"。一般一年上计一次，边远地区三年一次。而上计建立在每年的"八月案比"基础上[④]，案比是政府核查户口、防止奸伪的强制性措施[⑤]。

唐朝，每一岁一造计账，三年一造户籍。县以籍成于州，州成于省，户部总而领焉[⑥]。或称"诸户籍三年一造，起正月上旬，县司则手实计账，赴州依式勘造，乡别为卷，总写三通。其缝皆注某州、某县、某年、某籍，州名用州印，县名用县印。三月三十日纳讫，并装潢一通，送尚书省。州县各留一通"[⑦]。根据唐代制度，三年一造户籍时有两项重要依据，一是手实：凡里有手实，岁终具民之年与地之阔狭，为乡账；二是计账："具来岁

[①] 《旧中国户籍法规史料》，第91页。
[②] 《旧中国户籍法规史料》，第87页。
[③] 韩连琪：《汉代的户籍和上计制度》，《文史哲》1978年第3期。
[④] 《后汉书》卷95，礼仪志中记载："仲秋之月，县道皆案户比民。"
[⑤] 高敏：《秦汉的户籍制度》，《求索》1987年第1期。
[⑥] 《唐六典》卷3，尚书户部。
[⑦] 《全唐书》卷35，玄宗帝。

课役以报度支",是对有役成丁下一年度应承担徭役水平所做的报告①。由此可见,政府所造户籍是租、调征收和人丁徭役摊派的基本依据。

五代地方最高行政机构也为州,其有户口申报之责。梁开平三年(909年)三月下诏:天下州府准旧章申送户口账籍②。这说明,此前的报送制度停止了一段时间。

宋朝,知府和知县负有地方人口管理和统计之责。如开封府:"凡户口、赋役、道释之占京邑者,颁其禁令,会其账籍"③。临安府:"籍其户口,均其赋役,颁其禁令"④。知县县令的职责:"凡户口、赋役、钱谷、振济、给纳之事皆掌之,以时造户版及催理二税"⑤。宋朝岁赋中有"丁口之赋,百姓岁输身丁钱米",因而州县须掌握人丁数量。为了征两税,政府对户数也要进行年度统计:岁起纳二税,前期令县各造税籍,具一县户数、夏秋税苗、亩桑功及缘科物为账一,送州覆校定,用州印,藏长吏厅。县籍亦用州印,给付令佐。造夏税籍以正月一日,秋税籍以四月一日,并限四十五日毕⑥。由此可见,丁口数和户数是地方政府统计的主要项目。

金朝,"凡户口计帐,三年一籍"。其编制方法为:自正月初,州县以里正、主首,猛安谋克则以寨使,诣编户家责手实,具男女老幼年与姓名,生者增之,死者除之。正月二十日以实数报县,二月二十日申州,以十日内达上司,无远近皆以四月二十日到部呈省⑦。这在一定程度上也证实了我们对唐朝上报内容和格式的推断。地方官府汇总上报人口数字,而非详细名册。

元朝因有丁税,就需要进行人丁统计。根据其科征之法:"诸路验民户成丁之数,每丁岁科粟一石,驱丁五升,新户丁驱各半之,老幼不与";"仍命岁书其数于册,由课税所申省以闻"⑧。"路"是地方人丁数字的汇总

---

① 《新唐书》卷51,食货。
② 《五代会要》卷25,账籍。
③ 《宋史》卷166,职官。
④ 《宋史》卷166,职官。
⑤ 《宋史》卷167,职官。
⑥ 《宋史》卷174,食货。
⑦ 《金史》卷46,食货。
⑧ 《元史》卷93,食货。

上报机构。

明朝，其赋役法"一以黄册为准。册有丁有田，丁有役，田有租"。征派丁役就必须统计人丁。按照明制：府州县验册丁口多寡，事产厚薄，以均适其力①。户口数字由布政使司负责上报。

清朝地方最高行政单位为行省，其中布政使司负责户口事务。其编审之制：州县官造册上之府，府别造一总册上之布政司。凡军、民、匠、灶四籍，各分上中下三等。丁有民丁、站丁、土军丁、卫丁、屯丁。总其丁之数而登黄册。督抚据布政司册报达之户部，汇疏以闻②。或称：凡造册，本户记丁口之数授之甲长，甲长授之坊厢、里长，坊厢里长上之州县，州县合而上之府，府别造总册上之布政司。民年六十以上者开除，十六以上增注③。乾隆六年（1741年）之后，各省级单位人口数由布政使负责汇总，督抚每年十二月上报朝廷。从档案资料看，各省所报内容并不统一。一般包括旧管、新收、开除、实在丁口这几项数字。有的则只有实在"土著军民大小口"数或"实在民数"，有的进而分出男丁数和女丁数。还有的省将实在人口分成男大口、小口、女大口、小口四项。有些省份在奏折中特意说明"核之现行保甲牌载，数目相符"，或"现在牌民按照烟户册核对"④。浙江台州府临海县户口黄册：今开：康熙五十年原报人丁68559丁口，内男子有妻17682丁，男子无妻20711丁，老幼疾丁7533丁，食盐课口22633丁。康熙五十五年编审实在人丁72179丁口，内男子有妻18805丁，内除原额完赋男子有妻17682丁外，实盛世滋生增益男子有妻1123丁，钦奉恩诏，永不加赋，理合注明。男子无妻21715丁，内除原额实赋男子无妻20711丁外，实盛世滋生增益男子无妻1004丁⑤。

我们不难看出，人口统计是近代之前地方和中央政府有关统计工作的主要内容。相对来说，中央政府分管户口事务机构的专门性逐渐增强，地方省级单位（如明清）由专管机构负责，府州县级机构户口统计事务则未

---

① 《明史》卷78，食货。
② 《清史稿》卷120，食货。
③ 《清朝通志》卷85，食货。
④ 《宫中档乾隆朝奏折》第五十四辑，第83页、第202页。
⑤ 中国第一历史档案馆藏：户口黄册。

设分管部门。总的来看,传统时代地方性户口调查和统计多按照中央所定程序进行,逐级汇总,在指定时间内上报至中央主管机构,形成相对完善的统计网络。

(二) 现代人口统计管理机构

中国具有现代意义人口统计管理机构的建立始于民国,即由专门机构负责人口统计事务。

1. 常规人口统计

(1) 民国时期

民国内政部为户籍管理机关,人口统计则由国民政府主计处统计局负责,省市县政府设有主计机关。

1947年,民国政府内政部设立人口局。"内政部人口局组织条例"规定:人口局掌理全国人口调查登记、调节事务。其下设五个处。人口日常统计、人口普查、在华外侨统计、人口政策制定等均为该局职责[①]。它可谓综合性人口统计事务管理机构。

(2) 1949年以后

人口统计分为多个系统。

甲、统计系统

国家建立了从中央到县的统计机构。人口统计是其职能之一。

乙、公安系统

户籍人口是公安机关登记管理的对象,其机构从中央公安部到基层派出所形成健全的组织网络,这也为其进行人口统计创造了条件。不过新中国成立初期内务部也参与此项工作。

1953年《国务院关于建立经常户口登记制度的指示》规定:户口登记的统计时间,暂定每年一次。乡、镇等地区应当在每年的2月将上年全年的户口变动数字统计报县,县在每年的3月汇总报省,省在每年的4月汇总报内务部。县境内由公安派出所办理户口登记的地方,公安派出所应按照乡、镇等地区上报的时间,将所辖区域内户口变动数字报由县公安局汇总

[①] 《内政部人口局组织条例》(民国三十六年颁布),见中国国家图书馆电子图书"民国法律"。

后转送县民政科。市的户口变动数字，应由市公安局按照县上报省的时间交市民政部门报省民政厅。直辖市的户口变动数字，应由公安局交民政局于每年4月底前报内务部①。按照这一"指示"，人口统计工作的基层执行单位与中央汇总部门是不同的，或者说具体统计工作由公安部门来做，而最终汇总单位是内务部。

这种状况在1956年被改正过来。当年国务院关于农村户口登记、统计工作和国籍工作移归公安部门接办的通知要求：为了统一城乡户口管理工作，决定将内务部和各级民政部门掌管的农村户口登记、统计工作，以及有关国籍问题的处理工作，移交公安部和各级公安部门接管办理②。

公安机关对人口出生、死亡、迁出、迁入状况进行统计，形成比较系统的数据。

丙、计划生育管理系统

中国从20世纪70年代初期建立计划生育管理机构之后，形成了颇为完整的人口变动统计制度。特别是它掌握着比较详细的婚姻、出生、死亡和年度人口变动信息。

因此，除了人口普查数据为多部门参与所得外，中国当代的年度人口数据一般有三个口径。三者各有优缺点：公安系统的数据建立在基层户籍登记基础上。当代官民均重视户籍，新生、死亡和迁移信息得到及时更动，因而从理论上讲它对年度人口数的反映比较接近实际。其不足是，在20世纪70年代之后，违反计划生育政策而超生者往往不能被及时纳入户籍登记；20世纪80年代后流动人口增多，漏登人口随之增加。再一个为统计系统的数据。由于它有系统的基础人口数字和健全的统计网络，通过逐级上报汇总，便可得到年度人口数据。但它也存在对流动人口难以掌握的问题。第三为计生系统，它最初以乡镇所设公安派出所户籍为基础，建立村和社区的人口管理台账，由专门人员负责，将新增和死亡人口全数登记，甚至跟踪流动到外市县的本地户籍人口中的育龄夫妇。一般来说，未在公安和统计系统数据中显示的新增人口，在计生系统数据中能够得到反映。但由于各地生育与地方政府的政绩挂钩，故此一些地方存在两本账问题：一本

---

① 国务院法制局编：《中华人民共和国法规汇编》第一册，法律出版社1956年版，第199页。
② 国务院法制局编：《中华人民共和国法规汇编》第三册，法律出版社1956年版，第173页。

是真实的新增人口，一本是向上报告的新增人口。在超生问题比较突出的地区这种现象突出一些，而在计划生育政策被民众基本接受的地区则较少。

2. 人口普查管理及上报

（1）人口普查管理

甲、民国时期

民国三十年（1941年）所颁布的《户口普查条例》规定：县或市由县长、市长任普查长，民政科长及统计主任分任副普查长；省由政府主席任普查长，民政厅长与省统计长官分任副普查长；全国由国民政府主计长任普查长。各相应层级设普查处①。

民国时期的人口普查停留在规则上，没有真正在全国范围内实行过，所以具有实践意义的制度相对较少。

乙、1949年以后

1949年后的人口普查尽管在"文革"期间被中断，但就已经进行的人口普查来看，应该说它得到了较好落实，这得益于政府集合多个部门的力量加以落实。

A. 人口普查的具体组织

1953年第一次全国人口调查时，中央一级的领导机构由内务部、公安部和国家统计局等部门组成，内务部主持；省由民政厅、公安厅和统计局等有关部门组成，民政厅主持；县、市由各该人民政府直接主持，由各有关部门组成。各级人口调查组织机构设立办公室，在同级选举委员会领导下，进行工作②。

1964年全国人口普查时，中央组成人口普查领导小组，下设办公室，由公安部、国家统计局等有关部门抽调干部参加。地方省、地也设相应领导机构。县、公社设人口普查办公室，由党委或人委负责人主持③。

1982年《第三次人口普查办法》第2条规定：国务院和省、直辖市、自治区人民政府和地方县及以上单位设置人口普查领导小组及其办公室，

---

① 《旧中国户籍法规史料》，第124—125页。
② 《全国人口调查登记办法》（1953年），见《中国人口年鉴》（1985年），第116页。
③ 《中共中央、国务院关于进行第二次全国人口普查工作的指示》，见《中国人口年鉴》（1985年），第120页。

县以下各级设置人口普查办公室或人口普查小组①。

根据1990年《第四次人口普查办法》第3条：人口普查工作，在国务院和地方各级人民政府的领导下进行。国务院和省、自治区、直辖市人民政府，设区的市、自治州人民政府和地区行政公署，县、自治县、不设区的市和市辖区人民政府，设置人口普查领导小组及其办公室；乡、镇和街道办事处，设置人口普查办公室；村民委员会和居民委员会设置人口普查小组，分别负责人口普查的领导、组织和具体实施。

B. 人口普查对基层人口统计管理工作的推动

人口普查不仅使政府获得了特定年份的人口基本信息数据，而且在中国当代社会它还起到了推动基层人口统计、户口管理制度建设的作用。尤其对人口管理基础相对薄弱、基本数据资料缺乏的农村，这一功能明显较大。

1964年《第二次全国人口普查登记办法》第18条规定：人口普查以后，为了保证经常地为国家建设提供准确的人口资料，应当固定公社秘书和大队会计担负户口登记和人口统计工作。建立和健全公社、大队两级户口管理制度，认真执行出生、死亡、迁入、迁出四项变动登记，及时掌握人口变动，每年核对两次户口，准确地完成半年度和年度的人口统计任务②。可见，人口普查的开展增强了政府对人口变动状况掌握的意识。

1982年《第三次全国人口普查办法》要求：人口普查工作完成后，统计、公安等有关部门，要进一步健全经常的户口登记和人口统计工作。农村人民公社（未设派出所的）和生产大队要指定人员，分别专管或兼管公社、大队两级户口登记和人口统计工作……定期为国家提供准确的人口统计资料③。

由于县以下地方管理机构变更职能，1990年《第四次全国人口普查办法》规定：农村乡（未设派出所的）和村要指定人员，分别专管或兼管乡、村两级户口登记和人口统计工作。各地公安部门应当逐步建立人口信息计算机管理系统。计划生育部门应当进一步做好生育、节育调查统计工作。

---

① 《第三次全国人口普查办法》，见《中国人口年鉴》（1985年），第128页。
② 《中国人口年鉴》（1985年），第124页。
③ 《中国人口年鉴》（1985年），第131—132页。

总之，进行人口普查有助于政府发现人口日常管理的薄弱环节和忽视的方面，使人口统计管理的规范性增强。

（2）人口普查数据上报制度

在我们看来，人口普查要达到预期目的（获得准确全面的人口信息）一要有有效的组织，特别是基层社会组织最重要；二要有健全的数据上报汇总制度。因民国时期人口普查并未真正落实，这里仅考察1949年后的几次人口普查数据上报制度。

1953年《全国人口调查登记办法》第16条规定：人口调查登记表城市每户填写一份，送市辖区及不设区的市人口调查登记办公室。在乡、镇每户填两份，一份存乡、镇，一份送县人口调查登记办公室。县、市辖区人口调查登记办公室根据所颁综合表的要求，做一级综合统计，于1953年10月底前填一式三份：一份自存，一份送省、市人口调查登记办公室，一份直接送中央人口调查登记办公室。各省、市及中央直辖行政单位人口调查登记办公室做二级综合统计，于1953年11月15日前填一式三份，一份自存、两份送中央人口调查登记办公室[①]。可见，在中央政府之下，上报制度采取的是二级汇总，乡镇仅负责收集原始登记表，汇集至县，进行第一级汇总统计；然后将所填人口信息综合表上交至本地最高省级单位进行第二级汇总，完成后上报中央普查组织机构。

根据1964年《第二次全国人口普查登记办法》，若包含中央一级，人口普查资料的统计分为四级：公社和公安派出所为一级；县、市和直辖市的区为二级；省、市、自治区为三级；中央为四级。逐级上报[②]。这意味着，人口普查的原始资料留在农村公社（相当于后来的乡镇）和城镇地区的公安派出所一级。

按照1982年《第三次全国人口普查办法》规定，人口普查分为手工汇总和机器汇总两种。第18条：人口普查的几项主要数字，先用手工汇总。汇总单位分为六级：农村生产大队和市、镇居民委员会人口普查小组为一级；农村人民公社和市、镇街道办事处人口普查办公室为二级；县、市和市辖区人民政府人口普查领导小组办公室为三级；自治州人民政府和地区

---

① 《中国人口年鉴》（1985年），第117—118页。
② 《中国人口年鉴》（1985年），第124页。

（盟）行政公署人口普查领导小组办公室为四级；省、自治区、直辖市人民政府人口普查领导小组办公室为五级；国务院人口普查领导小组办公室为六级，将汇总报送国务院，经国务院审批后发布公告。第22条规定机器汇总包括抽样和全面汇总[①]。

1990年《第四次全国人口普查办法》中汇总方式与第三次人口普查基本相同，也分手工六级汇总（当然由于地方管理体制有所变化，不同级别负责汇总机构名称也稍有变化）和机器汇总两种。

2000年《第五次全国人口普查办法》对汇总统计有较大改变，完全采用电子计算机进行数据处理。按照统一规定的标准，集中在县级进行编码，由省级单位统计部门进行汇总，并由其人口普查领导小组办公室将全部汇总结果报送国务院人口普查办公室。国务院人口普查办公室完成全国人口普查汇总工作，公布汇总资料。

传统和现代社会人口调查和统计组织方法的共同点是，中央制定基本规则由地方机构落实，地方将所获得的数据逐级汇总上报，最终形成全国性数据。

三 人口统计的目的

人口统计需要花费一定的人力和物力，其目的主要是服务国家政治、经济和社会需要，并且多有具体指向。

（一）传统时代人口统计的目的

前面已经对传统社会人口统计的目的有所说明，认为其主要服务于政府的赋役征派，事关民众的承受能力和国家对人口状况的掌握程度。

正如东汉末年人徐伟长在《中论》中所言："夫治平在庶功兴，庶功兴在事役均，事役均在民数周"，"民数周为国之本也"[②]。政府只有掌握辖区百姓的数量，才能确定赋役征派水平。应该说，为赋役征派提供依据是人口统计的核心目的。

[①] 《中国人口年鉴》（1985年），第130—131页。

[②] 《文献通考》卷12，职役。

但传统时代政府进行人口统计的目的并不止于此。我们认为，人口统计还有以下几项具体功用。

1. 掌握区域人口分布和变动，为地方州县等政府机构设废和升降提供依据

地方州县政府机构建立与废除、保持抑或裁并，与该地人口数量有直接关系。人口多意味着政务多，有必要维持甚至将其升格；人口减少，行政事务相应减少，保持设置将使国家行政费用负担加重，因而须与相邻地区合并或降格。在我们看来，根据人口数量状况适时调整地方机构设置是保持政府效率的必要之举。只有对当地人口数量有具体的把握才能做出这种安排。

东汉建武六年（30年），刘秀下诏指出："张官置吏，所以为人也。今百姓遭难，户口耗少，而县官吏职所置尚繁。其令司隶、州牧各实所部，省减吏员。县国不足置长吏可并合者，上大司徒、大司空二府。"结果"并省四百余县，吏职减损，十置其一"①。这项工作需要借助人口统计来实施。

东晋时因荒郡人口较少，"举召役调，皆相资须，期会差违，辄致严坐，人不堪命，叛为盗贼"。武帝接受范宁建议：今荒小郡县，皆宜并合。不满五千户，不得为郡；不满千户，不得为县②。

隋朝文帝"廓定江表，寻以户口滋多，析置州县"③。

至于户口数量在地方行政机构等级设定中的作用更为明显。唐代州县是地方基本行政单位，其中州以人口数量为基础，分为上、中、下三级：四万户以上为上州，二万户以上为中州，不足二万户为下州。县分为上、中、中下、下四级：六千户以上为上县，二千户以上为中县，一千户以上为中下县，不满一千户为下县④。

后周世宗广顺三年（953年）敕令：天下州府及县，除赤县、畿县、次赤、次畿外，其余三千户以上为望县，二千户以上为紧县，一千户以上为上县，五百户以上为中县，不满五百户为中下县⑤。其较唐朝标准降低。

---

① 《后汉书》卷2，光武帝纪。
② 《晋书》卷75，范汪附子宁传。
③ 《隋书》卷29，地理。
④ 《旧唐书》卷43，职官。
⑤ 《文献通考》卷10，户口。

宋朝的标准为：四千户以上为望县，三千户以上为紧县，二千户以上为上县，千户以上为中县，不满千户为中下县[①]。

元朝对州级行政单位比较重视，县人口达到一定数量即可升格为州[②]。而州的标准也以"以户为差"，"户至四万、五万者为下州，五万至十万者为中州"[③]。不同等级的州、县官员的品秩有别，官佐人数也有不同。这些都要以人口统计作为基础和依据。

2. 周悉地方人口数量变动，以此考评官员政绩

由于各个时期各地都存在人口逃逸、脱户、漏口、瞒报等现象，直接导致赋役人口减少。增加户籍人口意味着"国控"或"官控"人力资源的增多，故不少时期最高当局制定有奖励任内户口增加地方官员的政策。

西汉宣帝时，黄霸在颍川太守任上，外宽内明得吏民心，户口岁增，"治为天下第一"，"征守京兆尹，秩二千石"[④]。南阳太守召信臣，"为人勤力有方略，好为民兴利，务在富之"；"其化大行，郡中莫不耕稼力田，百姓归之，户口增倍，盗贼狱讼衰止"。荆州刺史上奏召信臣"为百姓兴利，郡以殷富"，被赐黄金四十斤[⑤]。辖区户口增加成为汉代中央政府评价地方官员能力和政绩的一个重要指标，当然能使土著百姓安心、外来民众归属，也需要地方官为百姓营造较好的生存环境。由此来看，户口增加是治绩的综合体现。

唐朝十分重视地方官任职期间户口增减状况，将其作为主要政绩加以考核。开元四年（716年），玄宗指出：抚字之道，在于县令。……其县令在任，户口增益，界内丰稔，清勤著称，赋役均平者，先与上考，不在当州考额之限[⑥]。开元十六年（728年）规定：州县岁上户口登耗，采访使覆实之，刺史、县令以为课最[⑦]。德宗贞元四年（788年）发布敕文：户口增

---

① 《宋史》卷158，选举。
② 王跃生：《中国人口的盛衰与对策》，社会科学文献出版社1995年版，第86页。
③ 《元史》卷18，成宗纪。
④ 《汉书》卷103，循吏传。
⑤ 《汉书》卷103，循吏传。
⑥ 《唐会要》卷69，县令。
⑦ 《新唐书》卷51，食货。

加，刺史加阶，县令减选，优与处分①。可见，户口增加成为守土官员的主要政绩之一。这是以鼓励为表现形式的政策。唐代政府还有分别人口增减事实、奖罚并举之策。会昌六年（846年）五月规定："自今已后，县令非因灾旱交割之时，失走二百户以上者，殿一选；三百户已上者，书下考，殿两选。如增加二百户以上者，减一选；五百户以上者，书上考，减两选。可减者优与进改"②。对高级官员也有考核要求：观察使、刺史交代之时，册书所交户口如能增添至千户，即与超迁；如逃亡至七百户，罢后三年内不得任使③。可见，这是一种奖惩结合的制度。

五代时继续推行鼓励户口增长制度。后唐同光二年（924年）三月中书门下上奏对地方刺史、县令的奖擢办法，其中有"招复户口，能增加赋税者"④。后晋的做法更具体，奖励力度更大。天福八年（943年）三月十八日下令：诸道州府令、佐，在任招携户口，比初到任交领数目外，如出得百户已上，量添得租税者，县令加一阶，主簿减一选。出二百户已上及添得租税者，县令加二阶，主簿减二选。出三百户已上及添得租税者，县令加二阶，减两选，别与转官；主簿加两阶，减一选。出四百户至五百户已上，及添得租税者，县令加朝散大夫阶，超转官资，罢任后许非时参选，仍录名送中书，如已授朝散大夫，及已出选门者，即别议奖酬；主簿加三阶。其出剩不及一百户者，据户口及添租税数，县令加一阶，参选日超一资注官；主簿加一阶。如是一乡收到三十户或五十户已上，一村收到三户、五户已上者，其本乡村节级等，与免本户二年诸杂差使科配。如是一乡收到一百户已上，一村收到一百户已上，本乡村节级等，与免本户三年诸杂差徭。如愿且充节级，所由未得差替，如愿归农，便与免放。仍仰本县准敕，分明给与凭据⑤。这一规则中，县令作为地方父母官，是奖劝的重点；而乡村非官员系统之人因本乡、本村外来人口增加则可享受免除杂差徭的优待。后周广顺元年（951年）二月规定：今后罢任县令、主簿招添到户

---

① 《唐会要》卷69，县令。
② 《唐会要》卷69，县令。
③ 《旧唐书》卷18下，宣宗纪。
④ 王溥：《五代会要》卷19，刺史。
⑤ 《五代会要》卷20，县令。

口,其一千户已下县,每增添满二百户者减一选;三千户已下县,每三百户减一选;其四千户已下县,每四百户减一选;万户已下县,每五百户减一选,并所有增添户及租税,并须分明于历子、解由内录都数。若是减及三选已上,更有增添及户数者,县令与改服色,已赐绯者与转官,其主簿与加阶转官①。其意为,1000户以下县,新增20%减一选;3000户、4000户以下县,增加10%减一选;10000户以下县,增加5%减一选。原有人口基数大,增加难度也较大,故在考核时降低其增户比例。

宋朝初年规定:据诸道所具版籍之数,升降天下县望。以四千户以上为望,三千户以上为紧,二千户以上为上,千户以上为中,不满千户为中下。仍请三年一责户口之籍,别定升降②。县等升降与所辖户籍人口数有关,而官员待遇又与县等有关。此外还有直接针对官员的激励制度:县令、佐能招徕劝课,致户口增羡、野无旷土者,议赏③。后形成规范的制度:"诸州、县官人抚育有方,户口增益者,各准见在户为十分论,加一分,刺史、县令各进考一等,每加一分进一等。其州户不满五千、县户不满五百,各准五千、五百法为分。若抚养乖方,户口减损者,各准增户法,亦减一分,降一等;每减一分降一等。"④奖惩均以增减10%为标准。徽宗政和六年(1116年)七月规定:令佐任内增收漏户八百户升半年名次,一千五百户免试,三千户减磨勘一年,七千户减磨勘二年,一万二千户减磨勘三年⑤。此项规定的范围不明确,若以县为单位,额度不低,但若以府以上行政单位为对象,标准则不高。对政府来说,增加户数的目的是租赋增加,否则便意味着没有收益,会失去推动户口增加的动力。乾德四年(966年)下诏:诸县令、佐有能招携劝课,以致蕃庶民籍,租额出其元数,减一选,仍进一阶⑥。真宗景德四年(1007年)九月所下诏书对这一点作更为明确的规定:诸路所供升降户口,自今招到及创居户,委的开落得账上荒税合该升降,即拨入主户供申。内分烟析生不增税赋,及新收不纳税浮居客户,

---

① 《五代会要》卷20,县令。
② 《续资治通鉴长编》卷1,太祖。
③ 《宋史》卷173,食货。
④ 《宋刑统》卷9,考课令。
⑤ 《宋会要》食货一二,《续修四库全书》史部,政书类。
⑥ 《宋史》卷160,选举。

并不得虚计在内，方得结罪保明，申奏升降①。

南宋初年，因战乱民众逃亡、脱籍现象严重。绍兴三年（1133年）十月规定：诸路残破州县以户口增否别立守令考课之法，分为上中下三等。每等又分为三，置籍比较……考在上等之上者除依格推赏外，任满日知州优加擢用，县令与升擢差遣，下等取旨责罚②。为恢复经济，增强国力，故以户口作为地方官的考核标准是南宋初年的基本方针。绍兴五年（1135年）七月高宗下诏：诸路曾经残破州县最亲民官到任日，据见存户口实数批上印纸，任满亦如之，以考殿最③。

元初，户口增减在地方官考核中占重要地位。忽必烈即位后，重视地方人口，他于中统三年（1262年）下诏：核实逃户，户口增者，赏之；隐匿者，罪之。如西蜀、四川行省平章政事赛音谔德齐沙木斯鼎在任三年，增户九千五百六十五，被赏赐五千两。而太原总管伊埒蒙古岱"坐匿户，罢职为民"④。中统五年（1264年）对县级官员实行"五事"考校制，其中第一项为"户田增"⑤。此谓生齿之最，包括"民籍增益，进丁入老，批注收落，不失其实。若有流离，而能招诱复业者"⑥。

清朝，顺治十四年（1657年），定州县官编审户口，增丁至二千名以上，各予纪录。十七年（1660年），规定县吏以户口消长课殿最⑦。康熙二年（1663年），扩大鼓励范围，"定州县增丁二千名以上者，督抚布政司及道府俱准纪录"⑧。鼓励地方官增丁的原意是促使地方赋税增加，使政府获益。因康熙五十一年（1712年）实行"续生人丁，永不加赋"政策，增丁的鼓励措施也失去意义，所以康熙帝于五十六年（1717年）下令，停止执行增丁州县官议叙政策⑨。

以上各个时期最高当局对州县官员，特别是最基层的县官，采取了将

---

① 《宋会要》食货一二。
② 《宋会要》食货一二。
③ 李心传：《建炎以来系年要录》卷91。
④ 《续文献通考》卷13，户口。
⑤ 《通制条格》卷6，选举。
⑥ 徐元瑞：《吏学指南》，五事。
⑦ 光绪《大清会典事例》卷157，户部，户口。
⑧ 光绪《大清会典事例》卷157，户部，户口。
⑨ 光绪《大清会典事例》卷157，户部，户口。

辖区户口增加作为其主要政绩予以奖赏的政策，有的还将户口增减与奖惩结合起来。我们认为，这项工作的落实须建立在必要的人口统计基础上，而非由官员随意报告。

地方官为求奖赏、擢升，也有弄虚作假行为。唐玄宗接受临察御史宇文融献策：括籍外羡田、逃户，自占者给复五年，每丁税钱千五百，以摄御史分行括实。诸道所括得客户八十余万，田亦称是。州县希旨张虚数，以正田为羡，编户为客①。两税法实行以来，"刺史以户口增损为其殿最，故有析户以张虚数，或分产以系户名，兼招引浮客，用为增益，至于税额，一无所加"②。虚报户口出现两种结果，一是徒增当地民众负担，一是户数增而税不增。前者很难持久，虚报户数之税由土著居民承担，将逼迫其或逃亡或反抗。后人称："昔宇文融括诸道客户，州县观望，虚张其数，以实户为客。虽得户八十万余，岁得钱数百万缗，而百姓困弊，实召天宝之乱。"③ 第二种做法则为骗取中央奖赏，也非可取之道。要抑制这两种行为，需将官员自报与中央派出稽查官员核实相结合。它虽会增加行政成本，却是于国于民有益之举，在户口与赋役相结合的时代更是如此。

3. 定期汇总人口作为国家权力的一种象征

在传统政治理念中，国家的存在基础是"民"。"人者，君之所治也。"④ 而周知所管辖范围百姓的数量是政府对疆域控制能力的一种体现。即所谓"户口之制，所以验生民之聚散，以征治理之得失"⑤。传统时代，为了显示君治民之权为神授和符合天意，还要在户口数据汇总后于都城举行告天仪式。

《周礼·秋官》：三年，大比，以万民之数诏司寇。司寇及孟冬祀司民之日，献其数于王，王拜受之，登于天府。这一本属理想性的礼仪制度被后世一些王朝所效仿。

明代，户口数据，郊祀时，"中书省以户籍陈坛下，荐之天，祭毕而藏

---

① 《新唐书》卷51，食货。
② 《文献通考》卷10，户口。
③ 李攸：《宋朝史实》卷15，财用。
④ 《通典》卷1，食货。
⑤ 《清朝通典》卷9，食货。

之"①。《明实录》对此记载为：洪武三年二月，上命中书省臣，凡行郊祀礼，以天下户口、钱粮之籍陈于台下，祭毕，收入内府藏之②。

清代，所谓："直省滋生户口向惟册报户部。"乾隆初期，饬令地方督抚，"岁计一省户口仓谷实数于仲冬具折以闻，并缮册由部臣汇核以进。盖仿周礼司民掌登民数，拜献于王之意。即藉以验海宇富庶丰盈景象，法至善也"③。

4. 为人口救济提供依据

地方遭受自然灾害，人是救济的核心。只有对特定灾害地区既有人口数量有一定掌握，才能落实灾民所需粮款数额，以免地方官员和吏胥虚报冒领。

清代乾隆帝即有这一观念。乾隆八年（1669年），他指出，直省地方向来令造烟户册，以便清查户口，原欲其确实可据。即偶遇赈济，亦得按册而稽，易于查办④。由于地方官敷衍，难得实数。为此，高宗要求曾任过直隶知府、对烟户册造报有经验的山东运河道陈法前往江南庐凤道任职，令其"将烟户册加意料理"；"若行之果有成效，将来各处便可仿行，于地方自有裨益"⑤。可见，高宗非常重视烟户册的价值。

一些地方官也有这样的认识。乾隆年间曾任直隶多县知县和易州知州的黄可润指出：直隶行保甲之法，北府顺天、河间、天津等处更为切要，不但以稽察匪类、旗逃、烧锅、邪教而已，遇灾赈恤户口已可得梗概。保甲人多因循讳匿，不妨使知兼为赈务而设，则彼报明恐后⑥。

实际上，尽管政府有这样的愿望，但多数时期户口实数与官府掌握之数往往不一致，甚至有很大出入。征派赋役时少报与接收赈济时多报现象各个王朝均存在，它是一种避害与趋利行为，难以根绝。

（二）近代以来人口统计的目的

1. 服务于政治选举需要

一般而言，皇权专制制度转变为君主立宪制度，建立两院制或其他形

---

① 《明史》卷77，食货。
② 《明实录》卷58。
③ 《清朝文献通考》卷19，户口。
④ 《清高宗实录》卷193。
⑤ 《清高宗实录》卷193。
⑥ 黄可润：《畿辅见闻录》第二册，第50页。

式的国会；帝制被彻底推翻，实行国会和人民代表制度时，将国会议员、人大代表选举名额分配与地方人口数量结合起来是近代政治制度的重要规则之一。这就使选举前进行全面的人口调查和统计成为必要。

清末，为实行君主立宪，曾开这一形式人口统计的先河。1908年，清政府筹备立宪，拟采用两院制度。因议员须有半数以上出于民间公选，额数分配以人口多寡为衡，选举权及被选举权限制条件以年龄、职业、籍贯、住址等资格为准。"若户籍登记之法不能实行，则议员选举之事必多窒碍"①。这可谓选举政治对选民人口信息的需求推动了人口登记工作。

1949年后，1953年因召开由人民用普选办法产生的乡、县、省（市）各级人民代表大会和全国人民代表大会，使年满十八岁的公民都能依法参加选举，须做好登记选民工作。而选民的登记又须以人口登记为依据。故举行全国人口调查登记②。

2. 作为政府制定经济社会发展规划的依据

尽管1949年后不同系统有专门机构进行年度人口统计，但最完整、全面的人口信息仍要靠人口普查获得。它成为不同时期政府认识全国人口总体状态，进而制定经济社会发展规划的依据。

1953年的人口调查不仅有服务于当时选举的目的，而且是中国历史上第一次真正具有普查性质的调查，其数据成为认识20世纪中叶中国人口总量、性别结构、年龄结构的最有价值的资料，并且一定程度上也具有复原20世纪初期至40年代总体人口数据缺失的价值。更重要的是它为当时正在进行的大规模经济建设、制定国民经济第一个五年发展计划提供了人口信息。

1964年进行全国第二次人口普查。在中央的指示中和相关规则中将其视为"人口普查"。本次调查目的是"为了搞清全国人口底数，适应国家建设需要"③。

1982年《第三次人口普查办法》指出：普查目的是"为了准确地查清

---

① 清民政部《调查户口章程》，见《大清法规大全》卷6。
② 《中央人民政府政务院为准备普选进行全国人口调查登记的指示》（1953年4月3日），见《中国人口年鉴》（1985年），第114页。
③ 《第二次全国人口普查登记办法》，见《中国人口年鉴》（1985年），第122—125页。

我国人口数字，查清我国人口的地区分布和社会经济构成情况"，"统筹安排人民的物质文化生活，制定人口政策和规划提供可靠的资料"①。

1990年《第四次人口普查办法》，目的是为了准确地查清第三次全国人口普查以来我国人口在数量、地区分布、结构和素质方面的变化，为科学地制定国民经济和社会发展战略与规划，统筹安排人民的物质和文化生活，检查人口政策执行情况，提供可靠的资料。

3. 为治安和户籍管理提供信息

户口调查和统计与户籍管理有互助作用。完善的户籍管理是获得准确户口信息的基础工作。而在户籍不完善时，户口调查，特别是间隔较长时间才进行的户口调查，可为户籍建立提供基本信息。这一点在清末的户口调查中即体现出来。

根据光绪三十四年（1908年）《调查户口章程》第20条：查口票填齐后，应由调查员造具口数册二份，一份存调查处，一份报告调查长。口数册应载各项，即照查口票所载，按照户数次序编列②。

由于人口普查以户为单位进行调查，将一户所有常住人口信息全部包含进来，因而由此获得的表格数据可成为户籍册建立的副产品。1941年《户口普查条例》将普查目的定为：健全地方自卫与自治组织，奠定户籍行政基础③。

1953年《全国人口调查登记办法》第16条规定：人口调查登记表在城市每户填写一份，送市辖区及不设区的市人口调查登记办公室（无户口管理基础者可多填一份，存派出所）④。可见，普查所获得的第一手数据为户籍管理提供了基础信息。

而1964年第二次全国人口普查登记在帮助建立户口管理制度方面所起作用更为直接：人口普查登记表，农村每户填写一式两份。以生产队为单位装订成册，由公社和大队分别保管，作为户口簿使用⑤。

---

① 《中国人口年鉴》（1985年），第128页。
② 《旧中国户籍法规史料》，第93页。
③ 《旧中国户籍法规史料》，第123页。
④ 《中国人口年鉴》（1985年），第118页。
⑤ 《第二次全国人口普查登记办法》，见《中国人口年鉴》（1985年），第123页。

1982年《第三次全国人口普查办法》规定：城乡户口登记机构和民政、卫生、计划生育等有关部门，要在这次人口普查基础上，根据《户口登记条例》和其他有关规定，建立和健全户口登记和其他有关簿册，及时登记人口的出生、死亡、迁移、结婚等情况，定期为国家提供准确的人口统计资料[①]。

总之，人口调查和统计只有当其有助于政府管理民众事务工作，对国家治理地方有所裨益才会受到重视。相对来说，近代之前人口统计的目的偏重于赋役征派，而赋役水平决定国家财力和人力支配能力，故此政府将地方人口数量与行政机构等级、官员品秩和衙门官吏配备相联系，避免虚设机构和虚定官品，形成冗官、冗员，徒耗国家财力，乃至增加民众负担。当代人口统计与个人或家庭赋役脱离了关系，政府试图通过公民个体基本信息的收集，进而汇总成宏观数据资料，以服务于政治、经济和社会发展的需要。

四　人口统计的方式和特征

人口统计的方式主要指户、口这些基本信息，官方怎样获得。它不是针对人口数据的汇总过程而言，旨在认识最基本的人口信息是通过什么样的官民沟通方式得到的。从大的方面看，无非有两种，一是在官方的督促下，民众自填自报；一是官方派出专门人员进行登记。不同的统计方式，对调查数据的质量有直接影响。

（一）近代之前人口调查登记方式

人口调查是人口统计的第一步。

1. *个人或户主报告，乡里组织人员填写*

我们认为，隋唐之前，特别是秦汉之前，简帛是人口登记的载体，人口登录、统计的成本相对较高。它可能需要政府派出专门人员来进行。这种方式在秦至隋唐依然保持下来。

[①] 《中国人口年鉴》（1985年），第131—132页。

秦朝"令黔首自实田",实际是民众向官府报告其所占有的土地数,而非自己填写。

唐朝的"手实"也具有这种特征,民众将自家人口年龄和土地占有状况报告与乡里负责人员,经过汇总,形成乡账。在每户手实登记页的最后印有一段话:总计本户新旧口及田地亩数和四至中告如上,若将来有人指出隐瞒一口,愿受违敕之罪,谨此呈报①。

2. 被调查者自己填写

被调查户自己填写相关信息,在中国历史时期人口调查统计中具有一定普遍性,至少明清时期如此。这样,官府不必派专门调查人员上门,由乡里所指派的管理者布置下去,届时收回完成的表册。

明代洪武二十四年(1391年)规定:攒造黄册格式,有司先将一户定式誊刻印板,给与坊长厢长里长并各甲首,令人户自将本户人丁事产依式开写,付该管甲首②。

清朝初期三年一次编审户口时,由州县官府部署,里甲等基层组织负责实施。"人户自将本户人丁,依式开写,付该管甲长"。然后逐级上报③。

民众根据政府设定标准格式自己填写,这种方式的优点是减少官府直接参与人员和费用投入(派员下去或乡里派人都需要人力投入),被统计对象照式样填写。在我们看来,它必须有这样一个前提,就是统计内容直观、简单,无须解释或稍加提示百姓就能明白。其缺点是,难以保证填写规范和准确。从规则上看,乡里人员并没有被赋予核查之责。当然,也许坊长、甲首等对本坊、本甲各户人口、财产情形已很清楚,这本身就是一种制约。

3. 自填与调查员填写并行

这是清末才出现的调查方式。

光绪三十四年(1908年)《调查户口章程》第16条规定:调查口数由调查员就编定户数,按照部定查口票格式,交每户户主限期填报,至迟不

---

① 国家统计局网站:http://www.gov.cn/test/2005-06/08/content_4955.htm "隋唐五代统计史"。
② 《大明会典》卷20,户口。
③ 光绪《大清会典事例》卷157,户部,户口。

得逾十日①。第28条：调查时，凡应由户主自行填报之件，如该户主不识文字或现当外出无人书写者，应由调查员亲往，或派员前往当面询明，即时录写②。此外，第16条还规定了填写方式：父母以上及伯叔父母以上，均填入尊属格内；兄弟妻妾子孙、兄弟子孙之妻妾、兄弟之子孙及其妻妾，均填入亲属格内；婢仆人等填入佣工格内③。但调查员要进行抽查：查口票填齐后，仍应由调查员随时亲赴各户，按照所填各节抽查④（第19条）。

4. 抄写法

抄写法是一种间接性的户口调查和统计方法。

宋朝的丁口文账所采用的为抄写方法：各村三大户长就门通抄，每年造账⑤。这表明，各户家中收藏有记载人口信息的底册，否则就不能称为"通抄"。当然，抄写时也有核对的功能。

清代，为减少频繁造报户数中直接调查对民众的"纷烦滋扰"，政府要求以现有保甲门牌所载信息为基础进行。因门牌上"土著流寓，一起胪列，原有册籍可稽。若除去流寓，将土著造报，即可得其数目"⑥。但该数据的真实性须有准确的门牌信息为基础，若保甲组织未将各家庭成员变动及时在门牌上更改，数据质量将会下降。

由于人口统计耗时耗力，近代之前政府难以组织庞大的专门人员开展这项工作。相对来说，当时调查的时效限制不强，不必在短时内集中投入大量人力，由民众自填和乡里人员填写也不失为一种方法。

（二）近代以来人口统计方法

1. 查填与自填相结合

民国三十年（1941年）《户口普查条例》第9条规定：户口普查，得用挨户查填或户长自填方式或并用之⑦；第10条：户口普查时，以户长或

---

① 《旧中国户籍法规史料》，第92页。
② 《旧中国户籍法规史料》，第96页。
③ 《旧中国户籍法规史料》，第92—93页。
④ 《旧中国户籍法规史料》，第93页。
⑤ 《淳熙三山志》卷10，户口。
⑥ 光绪《大清会典事例》卷157，户部，户口。
⑦ 《旧中国户籍法规史料》，第124页。

其代理人为申报义务人①。

民国三十六年（1947年）《户口普查法》第6条规定：户口普查表格应由普查员查填，但人口家多之户，得由户长自填，由普查员核对②。

2. 访谈员填写为主

采取统一的问卷表格，由访谈员填写被访者信息，是现代人口调查的主要方法。访谈员具有一定文化水平，且经过专门培训，能够处理访谈过程中所出现的特殊问题。这种方法可以减少自填方法中被调查者对项目理解偏差而误填，降低有意造假现象，并便于汇总统计。在具体访谈方式上，就1949年后的人口普查看，有这样几种：

（1）以登记站登记为主

1953年第一次人口普查采取的方法是：按乡、镇、市辖区及不设区的市所划的选举区域设立调查登记站，采取户主到站登记的办法，必要时亦可采取调查员逐户访谈的办法③。人口调查登记表统一使用国家统计局所制定的格式。城市每户填写一份，乡、镇每户填两份（一份存乡、镇，一份送县人口调查办）。

（2）登记站登记和入户登记相结合

1964年第二次人口普查登记办法为：农村以人民公社、城市以公安派出所为单位，分片、分段设立登记站，由居民到站登记，或由普查人员到户登记④。要求做好复查验收。①登记1户，要当面核对一户的人数和每个人的登记项目；②每个生产队登记完毕后，要组织贫下中农代表和职工代表审查核实⑤。

根据1982年《第三次全国人口普查办法》第10条：人口普查登记的方法，可以在普查区内按照方便群众的原则，分片设立人口普查站，由基层干部组织户主或户主指定的户内熟悉情况的人到站申报；也可以由普查

---

① 《旧中国户籍法规史料》，第124页。
② 《旧中国户籍法规史料》，第126页。
③ 《全国人口调查登记办法》（1953年4月3日），见《中国人口年鉴》（1985年），第116页。
④ 《第二次全国人口普查登记办法》（1964年2月11日），见《中国人口年鉴》（1985年），第123页。
⑤ 《第二次全国人口普查登记办法》（1964年2月11日），见《中国人口年鉴》（1985年），第123页。

员到户访问填报。不论采取哪种方法，普查员都要按照人口普查表的项目逐户逐人询问清楚，逐项填写；申报人都须如实报告，做到不重不漏，准确无误。一户填报完毕后，普查员要将填报的内容，向本户申报人当面宣读，进行核对①。

（3）入户登记为主、登记站登记为辅

1990年第四次全国人口普查办法：主要采用普查员入户查点询问、当场填报的方式进行；必要时，也可采用在普查区内设立登记站的方式进行。普查员应当按照普查项目逐户逐人地询问清楚，逐项进行填写；申报人必须如实报告，做到不重不漏，准确无误。一户填报完毕后，普查员应当将填报的内容，向本户申报人当面宣读，进行核对。

（4）完全以入户登记为主

近代以来的人口统计逐渐采用规范的方法。特别是1949年以来，由专门的访谈员承担入户登计户口信息这一基础工作。

值得注意的是，1964年第二次全国人口普查中也允许进行间接登记：城市和户口登记制度健全的农村地区，普查时，可以不再填写登记表，用原有户口簿册进行核对矫正，缺少的项目加以补充②。

根据2000年《第五次全国人口普查办法》：人口普查的登记工作，采用普查员入户查点询问、当场填报的方式进行。

客观上讲，官方派专门人员进行人口调查统计有助于提高信息质量。毋庸置疑，这种方法具有填写形式规范、数字清晰、理解准确的特点。不过，户口信息本身质量是否高，是否真能反映被调查户和其成员的实际状况，则与被访者是否愿意填写或告诉访谈人员真实信息有关。可见，无论自填和访谈员填写，这种问题都难以避免。不同时期民众有不同的个人利益保护意识，即使在当代，户口信息与赋役基本脱离了关系，但保护隐私的意识仍然存在，一定程度上影响数据质量。

---

① 《第二次全国人口普查登记办法》（1964年2月11日），见《中国人口年鉴》（1985年），第123页。

② 《第二次全国人口普查登记办法》（1964年2月11日），见《中国人口年鉴》（1985年），第123页。

五 人口统计中的问题

人口统计作为一种制度，服务于国家和政府的特定需要、目标和利益。国家利益与百姓利益既有一致方面，也有不一致之处。建立在人口统计基础上的赋役征派则是国家与民众利益最大的不一致。为保护家庭利益，隐匿人口、人丁数量成为具有一定普遍性的现象。而认真进行人口统计的成本很高，非有限的人力所能做到。近代之前，政府鼓励人口增长，所管辖地方人口数量高低与官员的政绩挂钩，特别是在王朝初期；但有时候并无直接关系，由此便会出现敷衍现象。地方官招徕人口的效果，人口年度或三年大比中显示出来，成为其政绩；一旦迁入的垦荒人口被升科，隐匿和漏报不可避免。这是现代之前人口统计中的问题表现。当代人口控制政策之下，人口统计中则存在与传统社会表现不同的问题形式。不过，无论传统社会，还是当代，问题的实质是一样的。一定程度上可以说，人口统计问题的核心是官方和民众之间存在为了各自利益而产生的博弈。1949年以后至80年代，人口统计建立在户籍基础上，且它不再作为赋役征派的依据，故此漏报现象减少。70年代以来在计划生育政策下和80年代中期以后人口迁移流动大幅上升的背景下，人口统计出现新的问题。

（一）近代之前传统社会人口统计制度问题表现

1. 户口汇总数据不准确表现

全国和地方户口汇总数据不准确是近代之前各个历史时期不同王朝的通病，它在很大程度上使我们难以比较准确地把握主要历史阶段和年份全国和地方人口状况，对中国人口数量演变的认识受到限制。

需要指出，中国近代之前，不少户口统计数字就已经受到人们的怀疑。这种质疑主要基于人口发展演变的一个简单逻辑：在没有大的自然灾害和战乱，且人为控制生育尚未推行的时代，人口总量随着时间的推移应呈增长之势。此项推断又与人们耳熟能详的家庭代际人口变动有关：总体上，后代人口总数高于前代。一旦正常社会经济背景之下，人口总量出现逆向变化，与常理不符，则会使人怀疑统计数字的准确性。这是从宏观角度得出的认识。而从微观视角看，各个时期官员和百姓对统计过程中的漏报、漏统做法耳熟能详，不认可人口统计数据。

隋朝炀帝大业五年（609年），全国有户8907536，口46019956，这被认为是"隋之极盛"时的人口数[1]。

按照《通典》所载：唐朝天宝十四年（755年），全国户8919309，口52909309。这一数字受到杜佑质疑："我国家自武德初至天宝末，凡百三十八年，可以比崇汉室，而人户才比于隋氏，盖有司不以经国驭远为意，法令不行，所在隐漏之甚也。"[2] 在杜佑看来，唐初百废待兴的贞观年间有户三百万，至天宝末年已历一百三十余年，其户口数稍微超过隋朝峰值人口，难以令人信服。杜佑还进一步将唐盛世人口与西汉相较：圣唐之盛，迈于西汉，约计天下编户，合逾元始之间，而名籍所少三百余万。自贞观以后，加五百九十万，其时天下户都有八百九十余万也。汉武黩兵，人户减半，末年追悔，方息征伐。其后至平帝元始二年，经七十余载，有户千二百二十余万。大唐百三十余年中，虽时起兵戎，都不至减耗，而浮浪日众，版图不收。若比量汉时，实合有加数，约计天下人户少犹可有千三四百万矣[3]。杜佑的怀疑建立在汉、唐版图和国力比较基础上。他对唐朝国力超过隋、汉的判断很有信心。在他看来，盛唐应有与其国力和版图相适应的户口总规模。杜佑的怀疑也许是有道理的，不足是他未对漏报原因进行具体分析。

《宋史》编撰者指出，宋代政和年间，"天下户口类多不实"。政府"虽尝立法比较钩考，岁终会其数，按籍隐括脱漏，定赏罚之格，然蔡攸等计德、霸二州户口之数，率三户四口，则户版讹隐，不待校而知"。为此，政府规定：诸路凡奏户口，令提刑司及提举常平司参考保奏。而终莫能拯其弊，故租税亦不得而均焉[4]。可见，弄清户口真实状况难度很大。这一史实在《文献通考》中记载得更详细：政和三年（1113年），详定《九域图志》，蔡攸、何志同言："本所取会天下户口数类多不实，且以河北二州言

---

[1] 《通典》卷7，食货。
[2] 《通典》卷7，食货。
[3] 《通典》卷7，食货。
[4] 《宋史》卷174，食货。

之。德州主客户五万二千五百九十九,而口才六万九千三百八十五;霸州主客户二万二千四百七十七,而口才三万四千七百一十六。通二州之数,率三户四口,则户版刻隐,不待校而知之。"他们建议皇帝"诏有司申严法令,务在核实",被采纳。同年,淮南转运副使徐闳中指出:《九域志》在元丰年间主客户共一千六百余万,大观初已二千九十一万,他建议"诏诸路应奏户口,岁终再令提刑、提举司参考同保",被批准执行。政和六年(1116年),户部修改有关地方户口奖励规则:令、佐任内增收漏户八百户,升半年名次;一千五百户,免试;三千户,减磨勘一年,七千户,减二年;一万二千户,减三年。知、通随所管县通理,比令、佐加倍①。蔡攸等对当时户口统计数字的怀疑是以该时期百姓居住习惯及家庭规模结构为基础的。即使当时流行核心家庭,平均家庭户人口规模也不应低于3口。而户口数字显示家庭平均人口只有1口多一点。或言,当时的口数为成年男丁数,家中女口没有包括在内。

  明代户口统计数据也存在中后期不如前期的现象。"太祖当兵燹之后,户口顾极盛。其后承平日久,反不及焉。靖难兵起,淮以北鞠为茂草,其时民数反增于前。后乃递减,至天顺间为最衰。成、弘继盛,正德以后又减。"② 明朝人周忱指出,其原因是:民众"投倚于豪门,或冒匠窜两京,或冒引贾四方,举家舟居,莫可踪迹也"③。《明史》作者认识到制度与人口增减的关系:户口增减,由于政令张弛。具体来讲:"其盛也,本于休养生息;其衰也,由土木兵戎"(明宣宗语——笔者)④。大量流民不著籍是官方户籍人口减少的直接原因:明代中期,自一州一县言之,大约流移之民恒居其半⑤。赋役繁重迫使民众逃亡。故一里之中二户在逃,则八户代偿;八户之中复逃二户,则六户赔纳。赔纳既多而逃亡益众,逃亡益众则赔纳愈多⑥。沈榜在《宛署杂记》记载:宛平"旧册成丁三万八千,而(万历年间)实差不及一万四千","现差丁数,实当旧册成丁三分之一"。

---

① 《文献通考》卷11,户口。
② 《明史》卷77,食货。
③ 《明史》卷77,食货。
④ 《明史》卷77,食货。
⑤ 《明经世文编》卷251。
⑥ 《明经世文编》卷340。

他感慨：居京师首善之地，而版图所献，仅仅此数①。陈支平根据明嘉靖、万历时的《惠安政书》所作统计，将各都所辖村落中的原管户数中减去绝户后，平均每个自然村只有3.9户。结合当时的宗族资料，陈支平认为，每个自然村至少应在10户以上②。可见官府掌握户数与实际户数差异之大。明万历时人顾起元指出：今日赋税之法，密于田土而疏于户口，故土无不科之税，而册多不占之丁。是以租税不亏而庸调不足。生齿日繁，游手日众，欲一一清之，固有未易言者矣③。这也证明了我们对户口统计功能的认识：当户口或人丁统计不能或较少为国家带来收益时，政府对该项工作的重视程度就会下降。

我们认为，尽管户口数据汇总不实在各朝具有普遍性，但它在不同时期有程度之别，同一王朝初期或户口整顿期间所得到的数据可能相对接近实际，至少多数户口为官方所掌握。我们在看到户口不实这一基本问题时，也应注意到，这些数据毕竟提供了认识历史人口数量的基本线索，或者成为矫正和复原某一时期户口数量的基础。

2. 户口统计中的主要问题

这里，我们主要考察中国近代之前户口数据不实形成的原因。

(1) 隐匿脱漏和虚报瞒报漏报问题

我们认为，全国和地方户口数据不准确，在于户口统计并非以真实户口为基础进行汇总和上报。可以说，无论官府还是民众，户口数报告中的趋利避害行为均很突出，由此出现各种应对户口统计的手法。

甲、隐匿脱漏

官府统计户口时，隐匿漏报户口主要是民众行为，以此逃避赋役，是对家庭利益的保护措施。这种做法在按人丁征派赋役和根据户等确定承担额度时期都存在。相对来说，赋役较重时期更为突出一些。正如马端临所言："庸、调之征愈增，则户口之数愈减，乃魏晋以来之通病，不特唐为然也"④。

---

① 沈榜：《宛署杂记》卷6，人丁。
② 陈支平：《民间文书与明清赋役史研究》，黄山书社2004年版，第28—32页。
③ 顾起元：《客座赘语》卷2，第53页。
④ 《文献通考》卷3，赋役。

明朝，按规则"人户以籍为定"，但实际上，"富者家联数十丁，籍之所入者惟数丁耳；贫者家实无一、二丁，籍之所载乃与富者等，兹固里胥之弊耳"①。地方富户和里胥串通作弊，隐漏人丁。

乙、虚报瞒报漏报

这主要是官府及其吏胥所为。虚报和瞒报做法基本相同，当户口数量与政绩有关时，虚开户数、丁口数上报以邀功做法便会出现。甚至所管辖地区民众逃亡也不如实报告。

西汉元狩四年（前119年），关东流民众多，地方所报"计文不改"②。"计文"指地方所上奏的包括户口数在内的"上计"报告。而地方所报数据因循不变，武帝为此深感失望。

南朝齐建元时虞玩之指出：今户口多少，不减元嘉，而版籍顿阙，弊亦有以。自孝建以来，入勋者众，其中操干戈卫社稷者，三分殆无一焉③。趋利之辈多报，应履行义务之人则少报。这可谓虚报与漏报相结合的手法，是有意为之，非无心所致。

唐朝两税法实行后，地方户数增减成为中央的一项重要考核内容，但由此也使虚报瞒报行为增加。宰相陆贽上奏指出这种现象的危害。地方官"贵户口增加，诡情以诱奸浮，苛法以析亲族，所诱者将议薄征则遽散，所析者不胜重税而亡"。故此，"宜命有司详考课绩，州税有定，徭役有等，覆实然后报户部"④。

当然也有这种情形，地方官吏平时疏于辖区户口检核和稽查，所上报的数据遗漏甚多。一旦发生灾荒，需要救济时，突然冒出大量户籍上未登录的户口，漏报问题得以显现。

清朝乾隆初年之后，政府力图依赖保甲制度，弄清民数增长状况，由地方官例行统计上报，以达到两个目的：一是掌握民数，一是灾害发生时依此为据救济灾民。但执行过程中，官员平时敷衍对待，未登者甚多；一当向上报告需赈济户数，户口大增。乾隆八年（1743年）五月谕军机大臣

---

① 熹靖《延平府志》卷5，食货。
② 《汉书》卷57，万石君传。
③ 《文献通考》卷12，职役。
④ 《新唐书》卷52，食货。

等：直省地方，向来令造烟户册，以便清查户口，原欲其确实可据，即偶遇赈济，亦得按册而稽，易于查办。乃有司奉行不力，多系虚开，有名无实，全不足据①。嘉庆年间，这一问题依然如此。十五年（1750年）上谕：奉行既久，竟同具文……偶遇偏灾散赈，则奸吏蠹胥，浮开户口，较岁报丁册往往增多②。不过，清朝雍正以后，户口数、特别是人丁数与赋役征派脱钩，虚报人口数对国家财政收入已无影响。当时的漏报行为，主要是官员图省事而为。

人口统计数量不准确的后果不仅造成赋役不均，而且政府难以建立有效的人口管理秩序，是国家秩序混乱的征兆。杜佑指出：乱君之为政也，户口漏于国版，夫家脱于联伍，避役逋逃者有之，弃损者有之，浮食者有之。于是奸心竞生而伪端并作。小则滥窃，大则攻劫，严刑峻令不能救也。人数者，庶事之所自出也，莫不取正焉。以分田里，以令贡赋，以造器用，以制禄食，以起田役，以作军旅。国以建典，家以立度，五礼用修，九刑用措，其唯审人数乎？③ 杜佑对人口统计、官方掌握民数的意义可谓认识得很全面，但落实到位并长期不走样地保持下去则很难。

（2）视户口统计汇总为具文，敷衍对待

地方官敷衍对待人口统计，各个时期都存在。认真核查后再汇总统计，费力费神，而且还不一定能获得准确信息，他们对此很清楚。为省事，统计编审时把上一次数据稍微加工或随意增加一些户口数即上报，成为官员及其吏胥的惯常做法。在我们看来，它较漏报、漏统更为严重。漏报、漏统尽管遗漏了不少应该在内的人口，但它做了初步的调查和统计工作，应付和视为具文则是罔顾人口实际，在衙署内随意调整人口数字。应付、敷衍的结果多是人口漏报严重。

汉朝的上计制度即有这一问题：汉宣帝于黄龙元年（前49年）下诏指出：方今天下少事，徭役省减，兵革不动，而民多贫，盗贼不止，其咎安在？上计簿，具文而已，务为欺谩，以避其课④。故要求"御史察计簿，疑

---

① 《清高宗实录》卷193。
② 光绪《大清会典事例》卷158，户部，户口。
③ 《通典》卷3，食货。
④ 《汉书》卷8，宣帝纪。

非实者，按之，使真伪毋相乱"①。

北宋大观三年（1109年），户部侍郎吴择仁上奏：地官之职，掌户口版籍，实赋税力役之所自出，民事之先务也。今承平日久，生齿繁庶而天下所尚因仍旧籍，略加增损，具文而已，户口登耗无由尽知。乞自今岁具增减实账，每路委监司一员，类聚上户部置籍销注。徽宗批准②。中央派专官至地方监督户口统计，表现出对原有做法和地方官府自己进行统计的不信任。

明朝，地方官"十年编审，但验粮多寡，为丁之损益，虚籍姓名，皆非实数矣"③。每十年将原来的数字略加更改，抄写呈报。因此，明朝自洪武以后。口数与户数都是不可信的数字④。

清代雍乾之后，人口统计与赋税征派脱离关系，户口增减与官员政绩也无关联。加之当时各地人口规模相对庞大，统计工作量增加，因而草率对待成为普遍现象。最明显的是清代中期，地方州县所报民数册，"岁岁增生数目一律雷同"。"地方有司向竟视为具文，而历任督抚亦任其随意填造，不复加察。"乾隆四十年（1775年）要求："嗣后每年奏报人民各该督抚务率属员实力奉行，勿再如前，约略开造。倘仍因循疏漏，查出定当予以处分。"⑤ 在奏报时，有的督抚于奏折中特意说明：严饬各属编定之保甲户口，分派正佐等官按户逐口复行确查，将应减户口务期核实，毋许舛错疏漏⑥。然而地方官员应付、敷衍人口统计的问题并未解决。乾隆五十六年（1791年）长麟上奏：各省督抚于年底奏报，亦只就各州县开造清册，禀核缮奏，只觉繁增，然原属具文，无甚关系。请求"展限核实查造"。乾隆帝认为，户口殷繁，势难一一查核，即细加查造之后，亦断不能一无舛漏。他担心复查时"胥吏籍端滋扰，更非安辑闾阎之道"，因而否定了长麟建议⑦。人口规模庞大，复查困难，乾隆帝认可此种现实。关键原因还在于，户口与

---

① 《汉书》卷8，宣帝纪。
② 《宋会要》食货一二，见《续修四库全书》史部，政书类。
③ 康熙《宁化县志》卷3，户口。
④ 赵冈、陈钟毅：《中国土地制度史》，新星出版社2006年版，第107页。
⑤ 《清朝文献通考》卷19，户口。
⑥ 《宫中档乾隆朝奏折》第五十四辑，第225页。
⑦ 《清高宗实录》卷1370。

赋役的联系脱离，投入精力、财力于此，意义不大。这就使清代地方的人口数字具有了较大的弹性：例行登记时人口数少，遇灾害需救济时则又出现膨胀。所谓"行丁归地亩之法，百姓优游耕凿，有司无考课之累，比户无徭役之扰，良法美意，三代以来未之有也。然因此之事，有司视编审为具文，以至户口不清，而贫富莫辨，徭役不均，而游惰无罚。故平时考籍，常患其少；一旦有水旱偏灾，朝廷有大恩恤，则其数又骤见其多。于是编审、赈恤二册自相矛盾"①。

这种状况一直到清末都未改变。贵州因客民进入苗族生活区，政府试图弄清每年客民增减人数：每年秋收后将客民旧户迁徙若干，见存若干，其旧户内有子孙分户另居若干，历经按年奏报在案。地方官往往援例奏报，以卸责任，"而切实考求，多非事实"②。

在我们看来，地方官员对户口统计的应付性态度存在的原因：一是弄清一个地方的户口数是一件颇耗精力、人力和物力之事，而近代之前官府衙门人员编制、办公经费有限，不具有投入更多人力从事这项工作的条件；二是人口数量若与赋役挂钩，民众隐藏户口的办法很多，非官府所能对付；三是官方虽有类似于里甲之人协助施政，但里甲作为乡土之人，为保护家庭、家族利益，他们也不会认真协助官方做有损于本地民众之事。这样说来，是否人口统计与赋役脱离关系后，就可获得准确的数据了？也非如此。在两者有关系时，官方系统尚有重视人口统计之意，如奖励人口增加地区的官员；当没有关系时，民众虽然有可能比较配合，官员的认真态度却较之前更低了。

当然，也有王朝为此采取过严厉措施，以获得准确数据。隋代大业五年（609年），民部侍郎裴蕴为整顿民间版籍脱漏状况，规定"户口及诈注老少尚多，奏令貌阅，若一人不实，则官司解职。又许民纠得一丁者，令被纠之家代输赋役"。由此得诸郡计账进丁二十四万三千，新附口六十四万一千五百。隋炀帝为此感慨："前代无贤才，致此罔冒；今户口皆实，全由裴蕴"③。这只有在高压措施下才能做到。而民众无所隐匿，赋役负担加重，

---

① 光绪《永定县乡土志》卷3，户口。
② 《清朝续文献通考》卷25，户口。
③ 《文献通考》卷10，户口。

也会带来统治危机。

可见，有些王朝针对地方官将户口统计视为具文的行为作了纠正，甚至加以整顿，但它难以解决长期性问题。

近代之前，特别赋役与户口紧密联系的时代，人口统计可谓一个应认真对待但又不能过分认真的问题。这就需要掌握"度"，既使国家赋役人口得到落实，又不使民众负担过重，或许才能获得接近实际的人口数量。

(3) 将少报、漏报人口作为一种"善政"

由于近代之前，特别是清代之前户口登记、编审与赋役征派相联，官方为鼓励官员增加辖区人口，进而提高赋税，采取了诸多鼓励措施。在官员之中，也有两种行为，有的热心招徕人口，增加赋税；有的则为减轻民众负担而有意隐匿人口。

前述唐宪宗时衡州刺史吕温上奏指出："当州旧额户一万八千四百七，除贫穷死绝、老幼单孤不支济等外，堪差科户八千二百五十七。……臣不敢因循，设法团定，检获隐户数约万余。州县虽不曾科征，所由已私自敛率。"[①] 可见，前任官员对该州户口不实状况未认真对待，认可"隐户"的存在。民众由此减少税负。但长期下去，则难以达到"下免偏苦、上不缺供"的状态[②]。

宋代，官员不严格检核户口也被后世赞扬：田制不立，圳亩转易，丁口隐漏，兼并冒伪，未尝考按，故赋入之利视前代为薄[③]。

明朝人沈榜所著《宛署杂记》载：一些官员治理地方的做法是：先损户口，上损其数，则下受其益，不至重征[④]。清代初年官员陆陇其也认为：审丁不宜求溢额也，"窃观直隶各州县现在之丁已不为不庶，但求无缺亦足矣。不必更求溢额也"。因为"宽一分在州县，即宽一分在穷民"[⑤]。清朝在"滋生人丁、永不加赋"政策实行之前也有这种状况。地方官"编审时不将所生实数开明具报者，特恐加增钱粮，是以匿隐"[⑥]。

---

① 《文献通考》卷11，户口。
② 《文献通考》卷11，户口。
③ 《宋史》卷174，食货。
④ 沈榜：《宛署杂记》卷6，人丁。
⑤ 陆陇其：《三鱼堂文集》卷3。
⑥ 《清朝通志》卷85，食货。

我们认为，一些地方官想以此缓和官民矛盾，避免走竭泽而渔之路。另外，若全数上报，赋税额度增加，也会使官府徒增征收压力，甚至造成积欠增多。

（4）针对全体人口的统计制度并未真正建立

尽管从形式上看，我国很早即形成了针对全体国民的人口统计制度，甚至具有普查意义。但实际上，近代之前将所有管辖区民众、不同群体和阶层都进行统计的朝代并不多。近代之前，政府的人口统计制度与赋役征收联系在一些，官方所关注的是赋役人口数量，而不是总人口数量。可以说，近代之前，没有一个统一的面向一国全体民众的人口统计机构。

正如前面已经指出的，人口统计要服务政府的具体政治和经济目标，借此获得回报。所以，多数王朝若征收户赋、口税，则对户、口统计有兴趣；若摊派徭役，则关注人丁数量。那些不承担赋税和徭役的人口有些朝代（如唐朝、明朝等）编审时也会进行统计，作为未来增减赋税的依据，但有些朝代则不加统计。

宋代的人口统计是以主客户为基础的。宋朝官书上的人口数是主客户的汇总数。据吴松弟研究，当时未被统计在内的人口包括军人及其家眷、僧侣道士、部分地区的非汉族人口等，在北宋中后期不下一百二三十万。若以元丰年间主客户总数 16730504 户为参照，则有约 7% 的人口未被统计在内[1]。

清朝以各省上报人口数所做汇总同样有多种人口未包括进来。根据清朝制度，"土司所属番、夷人等，但报明寨数、族数，不计户者不与其数"[2]。直到乾隆以后清政府仍规定："直省督抚于每岁仲冬将户口增减实数，缮册具奏，其番疆苗界不入编审者不在此例。"[3] 至于八旗人口则有专门的统计系统，不入年度所汇总的人口总数中。此外，僧道也未被统计在内。根据我们计算，在 18 世纪末 19 世纪初，未纳入户部统计体系内的人口超过 1900 万[4]，在当时约 3.88 亿总人口中约占 5%，比例并不大。若赋役

---

[1] 葛剑雄主编：《中国人口史》第三卷，复旦大学出版社 2002 年版，第 97 页。
[2] 《清史稿》卷 120，食货。
[3] 《清朝通志》卷 85，食货。
[4] 王跃生：《18 世纪中后期中国人口数量变动研究》，《中国人口科学》1997 年第 4 期。

人口统计准确，未统计在内者对总人口虽有影响，尚不至于偏差太大。

任何时期，作为一项行政措施，户口统计讲究实用性和便捷性。在财力和统计人力有限之时，用较少的投入获得所需户口信息最为重要，至于那些与赋役落实没有关系的人口群体，则不纳入"大计"之中，或由特殊机构对其管理。当然，相对于赋役人口，获得免役或由特殊机构管理的人口，毕竟占少数。若能保证主体人口统计接近实际，即可对总体人口有基本把握。不过，问题正是出在这里，特别是明朝之前，赋役人口统计漏洞甚多。官方所汇总的人口数字对人口实际状况的反映明显失真。

综合以上，传统时代户口数据不准确是多种因素造成的。而其中主要是上报户口数较实际户口数为少，隐匿不报或少报人丁、口数是民众所为，而漏报、漏统和应付上报是官员做法，至于一些群体没有被纳入"大计"之中，则是制度所造成。另外，户数多报的行为主要是官员为求政绩而虚报。但虚报很难持久，因为虚报必然带来当地赋税增加，使民众负担加重，以致引发民众逃亡。故此，历史上户口不准确的主流是户口低于实际，而非高于实际。

3. 户口统计方法中的问题

这一问题是我们站在当代认识历史上户口数据时的感觉，或许它在历史时期并不是问题。

由于统计标准和名称含混，导致户数和口数不协调，引起人们对户口认识的混乱。

其中，宋代户口数据所引发的歧见最多。其突出问题是，每户平均人口明显偏少，不足2.5人。赵冈等认为，宋代的人口数字只包括男口，有时甚至只计算男丁之数[1]。他们以宋太祖乾德六年（968年）十月的诏令为依据：诸州版籍，户帖、户钞，委本州判官录事掌之。旧无者创造，始令诸州岁奏户账，其丁口男夫，二十为丁，六十为老，女口不须通过勘[2]。其中的户账，后来又改称丁账，专载男丁之数，不但女口不录，连20岁以下、60岁以上的男口也不录，所以，"丁"与"口"常常混为一事[3]。

---

[1] 赵冈、陈钟毅：《中国土地制度史》，新星出版社2006年版，第104页。
[2] 《续资治通鉴长编》卷4，太祖。
[3] 陈一萍：《北宋的户口》，《食货月刊》1977年第6卷第7期。

明代中期以后，政府已缺乏对民间户口、田地变动的有效掌控能力，赋税征收基本上采取"不失原额"的定额化政策。故此，明清两代人口增长较快，土地的开发有所扩大，但两者很少能在政府的赋役征收中体现出来①。

清代，关于清初"丁"的含义，丁与人口的关系，清朝中期之后就具有了迷惑性和混乱性。清人认为，"大江南北，以丁定差者尚有真户籍，而江南则以田定差，概无实口数"②。但是"丁"与真实的成丁却有别。清朝中期之前的人丁建立在纳税单位基础上，与当时成丁数量并无联系。由于名实有别，连乾隆帝也被地方所报丁数所蒙蔽。乾隆初，高宗谕内阁："朕查上年各省奏报民数，较之康熙年间，计增十余倍（这一计算有误——笔者注）。承平日久，生齿日繁，盖藏自不能如前充裕；且庐舍所占田土，亦不啻倍蓰。生之者寡，食之者众，朕甚忧之。"③他将康熙时的"丁"数作为基数，与后来的大小男女所形成的"民数"进行比较，因而对人口增长"十余倍"感到惊讶。清朝官员张玉书在辨析清初之"丁"与实际人口数量无关时指出："其载诸册籍者皆实输丁粮之人，而一户之中，生齿虽繁，所籍丁口，率自其高曾所遗，非析产不增丁。则入丁籍者，常不过数人而已。其在仕籍及举贡监生与身隶营伍者皆例得优免，而佣保奴隶又皆不列于丁，则所谓户口登耗之数，于生齿之赢绌总无与也。"④

由于概念上名实不符的现象存在，并且它又被不同形式的正史所载录，产生误导，成为后人把握特定时期人口数量状况变动的一个障碍，以致不得不费力考辨。

近代之前人口统计是一项既简单而又复杂的行政事务。说其简单，在于当时户口统计内容相对较少，且间隔时间也较长，多为三年进行一次；说其复杂，则因它与赋役征派相联系，官民在这一问题有利益冲突，民众为避差役、少纳赋税而隐匿家庭人丁、人口信息。有些朝代则将户口增减作为地方官员考核的一个重要项目，引发虚报现象；在没有利害关系时，

---

① 陈支平：《民间文书与明清赋役史研究》，黄山书社 2004 年版，第 81 页。
② 康熙《嘉兴府志》卷 9，户口。
③ 《清史稿》卷 120，食货。
④ 张玉书：《纪顺治间户口数目》，见贺长龄等编《清经世文编》卷 30，户政。

官员则又有敷衍应付表现。其复杂的另一方面表现为，近代之前，官方没有自己主导的相对独立的统计队伍，主要依赖地方里甲协助，吏胥操办。在乡土社会中，这些人均与被统计者有或多或少的关系。因而，要得到准确的户口信息是比较困难的。

我们同时感到，在任何社会中，户口的日常管理健全与否是户口统计质量高低的基础，没有这一基础，只是在特定的短时期内以突击方式试图获得准确的人口数据，这是不可能的。

（二）当代人口统计中的问题

相对于近代之前，中国当代进行人口统计的基础要好。原因有三：一是从中央和地方县一级政府均有专门的统计机构负责，即它不是由兼职部门承担。即使县以下乡镇，也有专门人员从事统计工作，这有助于提高人口统计质量。二是中国当代在县以下乡镇设置了隶属于政府的管理机构，而非近代之前由民众自治的乡里组织，从体制上看它会降低舞弊行为。三是以公安派出所为载体的户籍管理组织具有将所有辖区人口纳入系统内的职能。但实际上，机构是由人组成的，人对制度的执行往往具有弹性。另一方面，被统计者一当涉及利益保护或利益索取问题，也会有造假行为。当代人口统计中的具体问题同样值得关注。

1. 关于人口数量漏报问题

传统社会人口，特别是户口为国家赋役征派的直接基础，而现代社会户口的这一功能大大弱化。但由于人口统计与户籍管理、治安等事务联系在一起，它仍是一项受重视的工作。人口数量的准确是人口统计的价值所在。应该承认，从新中国成立初期至20世纪80年代初期，中国人口数量统计比较准确。它得益于相对比较完善的基层社会管理体系，特别是农村集体经济时代和城市计划经济时代，生活资料分配、劳动年龄人口就业安排和其他福利待遇享受都与家庭及其成员是否被统计在管理系统之中有关。所以，这一时期，人口数量的漏报比较少。加上当时社会人口流动受到很大限制，人口统计中的"死角"（处于体制外）较少。20世纪80年代中期以后，人口统计中的问题逐渐增多。其主要表现在：

（1）严格的计划生育政策推行之下，超生人口漏报问题突出

1980年，中国开始实行严格的计划生育政策。在城市，政府推行独生子女政策。由于有严厉的纪律处分和经济惩罚措施，违规者较少。农村，特别是中西部农村，独生子女政策难以落实，后来多数农村调整为第一胎为女儿者间隔四年可以生育二胎，山区农村则普遍实行二胎生育政策。即使如此，违规生育二胎、三胎者并不少见。为躲避罚款，不报户口成为基本做法。1988年公安部和国家计划生育委员会所发布的《关于加强出生登记工作的通知》指出："近年来，出生婴儿不登记户口的现象日趋严重，特别是农村地区，已成为户口管理和人口统计工作中的一个突出问题。有些地方违反国家户口管理规定，搞'土政策'，不给超计划生育的婴儿申报户口。据统计，每年超计划生育的婴儿未落常住户口的约有一百万人左右。"不仅如此，地方有关管理部门，"为降低出生率，无视户口管理规定，弄虚作假，对新生儿不做出生登记，而作为迁入人口进行登记"。一些群众"认为履行不履行出生登记，对个人无所谓，因而不主动申报、登记出生的情况也很突出"。这些问题"严重影响了户口管理制度的实施和人口统计数字的准确性，同时也影响了社会安定和人民日常生活"。为此，采取的解决办法是：公安和计划生育部门要核对户口，摸清出生不登记户口的情况。凡经核实出生未登记户口的，应按有关规定办理入户手续。任何地方都不得自立限制超计划生育的婴儿落户的法规。对未办理独生子女证、没施行节育手术、超计划生育婴儿的人，以及早婚、非婚生育婴儿的人，应当给予批评教育直至进行行政和经济处罚，但对婴儿都应当给予落户。在人口统计工作中，要认真贯彻《统计法》，坚决纠正将出生人口作为迁入人口进行统计的错误做法，对弄虚作假瞒报出生人口数字的要依法严肃处理[①]。实际上，这一问题并未从根本上解决。政府多在每次人口普查前出台相对宽容的政策，集中解决漏报问题。可以说，与超生有关的漏报是民众和计生管理部门两方为保护自身利益所导致的结果：民众为免受处罚而不报，计生管理部门为掩盖本地区的超生问题而隐瞒。

（2）人口流动与人口漏登问题

20世纪80年代中期以来劳动年龄人口离开户籍所在地的择业性流动明显

[①] 公安部治安管理局编：《户口管理法律法规规章政策汇编》，中国人民公安大学出版社2001年版，第95—96页。

增加，流入地对其缺少有效管理，人口漏报的可能性增大。其中不少劳动年龄人口长期远离家乡在外务工。按照人口普查规则，出外半年以上者由流入地登记，但流入地若无健全的户口管理机构，他们则可能成为漏统人口。

2. 人口统计中的分类问题

像传统时代一些时期存有主客户界定、丁户关系、无役之口与有役之丁的转换问题一样，当代人口统计中的类别之分也有不少问题。对近代之前的人口问题，我们在研究时深受困扰。我们有理由推断，后人在对1949年后各个阶段人口变动进行考察时，也会如堕雾中，分不清头绪。而这很大程度上也是制度的缺陷所造成。

（1）市镇县人口界定和含义的复杂性影响了数据可比性

中国当代的市镇县是一个行政单位。一般来说，市以非农业人口为主，县以农业人口为主，但镇则难以确定是以农业人口还是非农业人口为主。中西部地区与沿海地区的镇人口职业构成也有很大差异。

（2）农业人口与非农业人口具有很强的身份性而非职业性差异

我国的农业人口与农村人口相一致，非农业人口与市民人口相吻合。它基本上是计划经济和集体经济时代的产物，与人口职业相对固化的状态相适应。但在人口空前流动、城市化成为趋向、农业人口职业非农化大幅度上升的时代，这一建立在户籍基础上的统计划分则与实际状况相差甚远。亦即存在大量农业人口并非以农为业，而在城市从事非农职业；居住在农村者，也有相当部分以非农为业，如在本地不同类型的企业工作。

（3）家庭户信息统计的失真问题

中国当代的户口登记和统计建立在户籍基础上，对分户状况反映不及时。一些家庭亲子分爨形成两个及以上生活单位仍被统计在一户之下，它会造成家庭类型认识失真。老年人轮流在子女家生活的状况也反映不出来。

（4）户籍人口与常住人口的混淆问题

在现行人口管理制度下，人口个体的户籍只要不从登记地迁移出去就永远不会改变。户籍人口长期不在户籍地生活，仍按户籍人口统计。而常住人口则指长期居住在一地的人口，与户籍没有关系。从户籍登记地来看，若长期不在户内生活，则不能视为常住人口。不过对这些变动，现行户籍制度和人口统计制度往往不能及时反映。

由此我们感到，制度既带来了户口形式上的一致和规范，也造成了形式与实际相脱离。在我们看来，降低人口管理的刚性，适应变化而调整管理制度，是必要之举。

六 结语和讨论

无论历史上还是当代，人口统计均为政府和政权行为，是掌握、制约、调控人口所需并获得有效人力、划分行政单位和选举单位、制定社会发展计划的一项基础工作。全面的人口统计依赖从住户到村落、乡里，再到县、地区（州、府）、省（郡、道等），直至中央人口管理机构等诸多环节来完成，是一项系统工程，非个人或个别组织所能做到。人口统计是国家和社会治理不可或缺的制度。当然，社会发展阶段不同，人口统计的功能和组织方式也有不同。

（一）历史上的人口统计制度特征

在中国历史上，人口统计制度与赋役征派制度、户籍管理制度密不可分。可以说，户籍是人口统计实施的基础，户籍人口是统计的主要对象。同时，人口统计也是户籍存在的主要功能之一。近代之前，完善的人口统计服务于政府的赋役征派目标，是政府落实和维护这一制度的动力所在。

中国的人口统计制度在先秦时代即已比较成熟，重视人口税、户赋征收是历朝政府着力推动人口统计的主要原因。可以说，近代之前的人口统计具有三个结合：与户口稽核、赋役编审和人丁统计相结合。

人口统计体系比较健全。（1）由村社开始，分层逐级汇总；（2）人口统计的时间间隔合理，多数为三年统计一次，有助于及时调整赋役水平。

人口统计注意抓住核心，减少统计工作量。将人口统计的重点放在赋役人口身上，体现出统计的务实性。

近代之前，人口统计中的问题主要表现为：（1）人口数量（包括户数、口数、丁数等统计类别）不准确。在赋役与家庭人口数量有关的时代，民众出于对自身利益的保护，匿报、漏报现象难以禁绝，若官府施加高压措施则逃离家乡。相对来看，王朝初期人口数量比较接近实际，中期之后则问题增多，人口统计数据与实际脱节。（2）人口统计类别口径不一，导致后人对户口数字认识混乱。中国历史上，隋唐之前重视户口统计。而隋唐之后，男丁成为赋税主要征派对象，故只统计男性成年人口。清中期摊丁入亩之后，男女人口才成为统计对象。统计口径不规范为人们认识历史上的人口数量变动及其趋向带来很大困难。可以说，准确的总人口数据在中国历史上是比较少的。当然有些朝代的数据比较接近实际，若能接近实际水平的80%及以上就是很成功的统计数据。

传统时期政府往往采取阶段性整饬来解决户口不实问题。其中也有如隋大业五年（609年）实行"若一人不实，则官司解职"[①]的高压政策，消除人口数量统计不实之弊。然而，多数时期，尽管官府下了很大功夫，"天下户口类多不实"的现象难以改变。在赋役与户口相联系时，民众以漏报、瞒报乃至全家逃亡作为保护自己利益和维持生存条件的手段。官府有限的吏员不具备逐一核对户口、控制百姓流亡的能力，因而，只好认可现实。明清时期帝王的这一态度最为明显。乾隆五十六年（1791年），江苏巡抚长麟上奏："各属造报民数未确，请展限核实再造"。乾隆帝指出："户口殷繁，势难一一查核，即细加查造之后，亦断不能一无舛漏，且恐吏胥藉端滋扰，更非安辑闾阎之道。"[②] 这也是一种务实策略，若追求形式上的完满，则需付出更大代价。

（二）当代人口统计制度的认识

1949年后，特别是农村集体经济制度和城市计划经济时代单位隶属制之下，人口控制体系较传统时代更为严密，这为提高人口统计的质量创造了条件。由于当代人口与赋税征收脱离关系，脱漏、隐瞒户口现象减少，人口上报数字相对比较接近实际。粮食分配和基本福利以户口为依据，故户内新增人口多被及时上报，因而官方能得到比较准确的人口数字。

当代人口统计中数据不实问题主要出现在20世纪80年代中期以后。它有两个主要原因，一是人口生育控制之下，超生者为逃避处罚而将所生子女隐匿下来；地方管理者在计划生育"一票否决权"等政策压力下，为保

---

① 《文献通考》卷10，户口。
② 《清高宗实录》卷1370。

护地方、部门和个人利益，认可隐匿现象。二是改革开放之后，人口流动、人户脱离现象增多。一些离开户籍所在地者，在流入地未被及时纳入户口管理体系之中，成为漏统者。

（三）人口统计制度问题症结认识

在我们看来，人口统计作为一种官民互动和博弈行为，它面临着三个难以解决的困境和三个诱导条件。

1. 当如实上报会带来利益损失时，民众会设法减少家庭人口上报数量，官方获得准确人口数量的可能性降低。常规性的人口数量不足为凭，官方为减少赋役损失，只能依赖定期整顿户口等方法，将漏报人口统计进来。

2. 当如实上报家庭人口能带来收益时，民众则会努力进入人口统计体系内。这一环境下，官方得到准确人口数量的可能性增加。它是现代福利社会中民众的做法。实际上，此种制度环境中，政府设置的一些规则使民众进入体系之内受限。如迁入地入籍门槛较高，多数人难以如愿。超生者为获得户籍人口福利和权益，愿意上报户口，但在须先接受惩罚（交纳罚款等）这一前提下，一些人又不得不放弃。

3. 当人口统计准确与否既无损失也无收益时，民众则会消极对待，官员也往往懈怠于此项工作。当代人口普查中，官民即有这样的行为表现。它也会导致人口统计数据质量降低。

第十章 老年人口的优待、照料和保障制度

老年人是特殊的人口群体，一般来说，他们退出劳动或就业领域，获得、掌握财产和生存资源的能力下降。其中一些生活不能自理的老年人需要他人照料。一般来说，老年人只有借助制度化的措施才会享有基本的生存保障。本章将通过对历史和现代两个时期加以观察，认识制度在老年人口的扶持和照料中的作用。

一 老年人口年龄标准的规定

何谓老年人口？老年人口本质上是一个生物学标准。人类生物个体达到一定生命阶段便会衰老，尽管个体之间衰老的节奏有所不同，共性是存在的。正是基于这一点，社会才有可能确定一个老年人口标准。需要指出，社会性老年人口标准往往具有一定的弹性，即会在一定范围内发生浮动。由于被确定为老年人口的群体要享受一定的社会照顾和保障，年龄标准低，获益人口规模大，直接劳动群体缩小，国家和社会负担会加重；反之，年龄标准提高，享受保障或优待的群体减少，国家和社会负担将减轻。在传统社会，赋役征派和免除与年龄关系密切，因而前者往往被视为"惠政"，政治清明、偃武修文阶段政府所采用。当代社会中，老年人口标准直接与劳动年龄人口数量和养老金负担挂钩，标准变动则是一个比较谨慎的问题。

（一）以赋役免除为基础的老年人口标准

近代之前，老年人口标准多结合赋役制度进行。

按照《周礼·地官》，乡大夫"以岁时登其夫家之众寡，辨其可任者。国中自七尺以及六十，野自六尺以及六十有五，皆征之。其舍者，国中贵

者、贤者、能者、服公事者、老者、疾者皆舍"①。这意味着都城中 61 岁以上、乡村 66 岁以上者则可享受免役待遇。在人口平均期望寿命不高的先秦时期，66 岁作为免服役的年龄上限标准是比较高的。《周礼》是儒家学者对官职设置制度的设想，我们很难将其指认为属于哪个具体朝代的做法。根据东汉班固的追记，西周时期有"民年二十受田，六十归田"政策②。

秦汉之后，各朝多制定有明确的免役、免赋上限年龄。

秦汉时期，56 岁者可享受免赋役待遇。即如西汉初年："定民年十五而算，出口赋，至五十六而除；二十而傅，给徭役，亦五十六而除。"③

西晋、东晋至南北朝时，多以 66 岁作为年老标准④。这或许是对《周礼》规则的承袭。

北齐的年老标准虽未变，但它将免役与免租调分开：60 岁免力役；66 岁退田，免租调⑤。北周的政策是：59 岁以前"皆任于役"，60 岁则免⑥。

隋朝初年的标准与北齐相同：60 岁免力役；66 岁退田，免租调⑦。隋开皇十年（590 年），文帝以"宇内无事，益宽徭赋"，"百姓年五十者，输庸停防"⑧。但 50 岁并不是年老标准，只是实行"惠民"政策时期的特殊举动。国家承平年久，征派减少，消耗降低，故有条件缩小赋役人口的范围。

唐初武德七年（590 年）以 60 岁为老年标准。此后均未超过此限，甚至个别时期有所下调。代宗广德元年（763 年）将老人标准降低为 55 岁，作为一项"优民"措施⑨。此外，免役年龄也有变动。高宗开耀年间规定：民年 50 岁者皆免课役。中宗神龙元年（705 年）又改为 59 岁⑩。它表明，唐代的老年标准与服役豁免年龄逐渐趋于一致。

而唐以后，60 岁为老的标准为宋元明清王朝所接受，普遍实行 60 岁者

---

① 《周礼》卷 12，地官。
② 《汉书》卷 24，食货。
③ 《文献通考》卷 10，户口。
④ 《文献通考》卷 2，田赋。
⑤ 《隋书》卷 24，食货。
⑥ 《隋书》卷 24，食货。
⑦ 《隋书》卷 24，食货。
⑧ 《隋书》卷 24，食货。
⑨ 《新唐书》卷 51，食货。
⑩ 《新唐书》卷 51，食货。

免役政策。当然特殊服役者有所不同。明朝天顺二年（1458年）规定："军匠厨役人等年六十五以上，筋力衰惫者，许令壮丁代替，听其优闲"[①]。

可见，近代之前，劳动年龄人口要为国家承担徭役义务，年老之后才可免除。有些实行政府授田制的朝代（以隋唐之前为主），分为免力役年龄和退田免租调年龄两项标准。宋元之后，授田制基本上不再实行，故只剩下免力役一项年龄标准。总体而言，60岁是秦汉以来多数王朝的免役年龄，个别时期有上浮（西晋、东晋和南北朝）和下调（隋唐时期一些阶段）。

（二）公职人员的退休年龄标准

上面所述赋役年龄是政府所控制的人口应为国家承担的力役义务，可以说这是针对普通百姓所订立。在传统时代，各级政府需要官员参与管理，他们属于公职人员，作为公职人员年老后也要有退出机制。那么他们的退出或退休（致仕）年龄标准是什么？在现代社会中，不仅政府机构雇用大量人员，而且政府拨款维系的事业单位也有大量工作人员。还有，与传统时期民众以个体经营、家庭内就业不同，现代社会，人口就业则以家庭外社会就业为主。国家通过法律建立公职人员退休制度，并制定公私企业员工的退休制度，或者统一制定针对全社会的退休年龄制度。

需要指出，退休年龄与老年人口起始年龄标准并不能画等号，但它是认识各个时期老年人口制度的重要视角。

1. 传统时期官员致仕制度

近代之前公职人员数量有限，主要是各级政府官员；官学兴起之后，还有学官（教职）。不同时期政府有针对官员年老后的离职年龄规定。

值得注意的是，先秦时期的礼仪规则对后世致仕制度影响很大。

根据《礼记·曲礼》：大夫七十而致事。若不得谢，则必赐之几杖，行役以妇人；《礼记·内则》：五十而爵，六十不亲学，七十致政。

东汉班固在《白虎通》中专辟致仕之条，将70岁作为致仕的标准年龄。其理由是：臣七十悬车致仕者，臣以执事趋走为职。七十阳道极，耳目不聪明，跂踦之属，是以退去。避贤者，所以长庶耻也。悬车，示不用

[①] 《皇明诏令》卷13。

也。致仕者，致其事于君。君不使自去者，尊贤者也。故《曲礼》曰："大夫七十而致仕。"《王制》曰："七十致政。"① 在这一观念中，70岁的人身体全面衰弱，不能适应"执事趋走"的从政要求，否则会延误国君和帝王交办之事，因而应离职让贤。

从秦汉之后的制度看，基本上采用的是70岁致仕制度。不过有的朝代执行得不严格。

南朝齐永明时，御史中丞沈深上表指出：百官年登七十者，皆令致仕，并穷困私门②。官员建议实施这个标准，表明之前它没有被严格遵守。

北魏明帝正光四年（523年）下诏：今庶僚之中，或年迫悬车（指70岁），循礼宜退。但少收其力，老弃其身，言念勤旧，眷然未忍。或戴白在朝，未当外任；或停私历纪，甫受考级。如此之徒，虽满七十，听其莅民，以终常限。或新解郡县，或外佐始停，已满七十，方求更叙者，吏部可依令不奏③。在此，70岁只是一种参考性致仕年龄，没有硬性约束。

唐朝规定：年七十已上，应致仕。若齿力未衰，亦听厘务④。这成为一种因人而异的政策。

宋代，咸平五年（1002年）真宗下诏：文武官年七十以上求退者，许致仕⑤。可见，它也是一种弹性规定。景德元年（1004年），真宗再下诏：三班使臣七十以上视听未衰者与厘务，其老昧不任及年七十五以上者，借职授支郡上佐，奉职、殿直授节镇上佐，不愿者听归乡里⑥。这有变相取消致仕制度之嫌。

元朝制度显得规范一些：至元二十八年（1291年）规定："诸职官年及七十，精力衰耗，例应致仕。今到选官员，多有年已七十或七十之上者，合令依例致仕。"大德七年（1303年）实行这样的政策："内外官员年至七十者，三品以下，于应授品级，加散官一等，令致仕。"⑦

---

① 《白虎通》卷6，致仕。
② 《南史》卷5，废帝郁林王纪。
③ 《魏书》卷9，明帝纪。
④ 《旧唐书》卷43，职官。
⑤ 《宋史》卷170，职官。
⑥ 《宋史》卷170，职官。
⑦ 《元史》卷42，选举。

明代洪武年间规定：凡内外大小官员年七十者听令致仕，其有特旨选用者不拘此例①。洪武十三年（1380年）令文武官年六十以上者听致仕，给以诰敕②。我们理解，"听致仕"意指本人若提出，允许其致仕；但若没有请求，并不严格执行。洪武二十六年（1393年）规定："凡官员年七十以上若果精神昏倦，许令亲身赴京面奏。如准，吏部查照相同，方许去官离职。"这实际增加了致仕的难度，非鼓励致仕之策。永乐十九年（1421年）的诏令更合情理：文武官七十以上不能治事者，许明白具奏，放回致仕③。它成为明以后的基本制度。有些时期，还对到龄提出致仕者增加待遇。天顺二年（1458年），英宗下诏：四品以上官，年七十以礼致仕④。成化二十三年（1487年），宪宗下诏：在京文职以礼致仕，五品以上、年及七十者，进散官一阶⑤。

清朝基本上也实行70岁致仕制度。

由上可见，近代之前历朝政府的官员致仕制度有这样的特征：70岁为礼仪性退休年龄，而非强制性或刚性退休规则。相对来说，元代以后，对70岁致仕年龄执行得相对严格一些。

2. 当代公职人员和企事业单位人员退休标准

（1）民国时期的标准

民国年间的公职人员退休年龄规定20世纪四十年代才制定出来。

1943年形成的《公务员退休法》中有"声请退休年龄"一款，其第3条规定：任职十五年以上年龄已达六十岁者；在"应命令退休年龄"一款内，第4条为：年龄已达六十五岁者⑥。我们认为，"声请退休年龄"是自己可以提出退休、并可享受相应福利待遇的年龄；而"应命令退休年龄"是公务员任职年龄的高限，届时必须办理退休手续。

1947年国民政府再次颁布《公务员退休法》：对年岁已满65岁者，或

---

① 《大明会典》卷13上，致仕。
② 《大明会典》卷13上，致仕。
③ 《大明会典》卷13上，致仕。
④ 《大明会典》卷80，养老。
⑤ 《大明会典》卷80，养老。
⑥ 《国民政府公报》第182册，台北成文出版社影印1972年版。

因病不胜职务者，应命令退休①。

1948年国民政府重新颁布（1944年曾颁布过）《学校教职员退休条例》，其所规定的教职员退休年龄标准与公务员基本相同②。

这表明，民国后期政府对公务员和其他公职人员执行的是自愿退休和强制退休相结合的年龄标准。前者以服务年限为基础（工作15年以上年龄达60岁者，工作30年以上者则无60岁这一年龄标准限制），后者以年届65岁为限。

（2）1949年后退休年龄标准

1949年后政府出台过多种退休年龄政策。在我们看来，1957年11月《国务院关于工人、职员退休处理的暂行规定》最具普遍意义。其中第2条规定：男工人、职员年满60周岁、连续工龄满5年，一般工龄（包括连续工龄）满20年的可以享受退休待遇；女工人为年满50周岁，女职员为年满55周岁③。1949年后的退休年龄是将年老状况、工龄与享受的退休金联系在一起的。对女性来说，则有一定的照顾含义。

但实际工作中，退休年龄还有一些行业标准和职位标准。其基本原则是，在一般标准基础上进一步提高退休年龄，它主要针对有较高级别的干部和知识分子。如大学教授65岁退休，资深教授可延至70岁；干部中副部级为65岁，职位越高退休越晚。有的获得特殊名誉者如院士则无退休限制。当然，这些特殊情形在老年人口群体中是少数。

（三）当代老年人口标准

应该指出，在当代，退休年龄与老年人口标准是不一致的。比如不少地区执行女性55岁退休制度。它只是可以享受社会养老保险的年龄，而非广义上的老年人口标准。

---

① 《公务员退休法》，国民政府令（中华民国三十六年六月二十六日），见中国国家图书馆电子图书"民国民法"。

② 《学校教职员退休条例》，国民政府令（中华民国三十七年四月十四日），见中国国家图书馆电子图书"民国法律"。

③ 孙琬钟主编：《中华人民共和国国务院令》（1949.10—2001.4），中国民主法制出版社2001年版，第516页。

1. 法律上的老年人年龄标准

根据1996年《老年人权益保障法》：老年人是指六十周岁以上的公民。这是一个权威界定。

2. 统计上的老年人口年龄标准

目前有两个口径：一是65岁标准，一是60岁标准。在不少统计数据汇总中，这两个标准均被采用。如进入老龄化社会的标准就有两个，一是60岁以上老年人口达到10%，一是65岁以上老年人口达到7%。

从上可见，老年人口标准是在参考了人的生物性年龄变动特征所制定出来的。我们可以从中总结出这样一些认识：若着眼于体力付出，老年人口标准倾向于较低的规定，如60岁是传统时代免除徭役的标准年龄，也是当代企事业人员男性退休的标准，它可视为一个基础标准。

在现代社会，行业、职业不同，人们对退休年龄标准的设定也有不同的愿望和要求。体力劳动者、在职时福利水平较低的行业职工，倾向于采用低退休年龄标准。而脑力劳动、事业单位人员、在职时福利水平稍高的行业职工则更希望执行高退休年龄标准，并且这些行业的女性希望执行与男性相同的退休年龄标准。

就总体而言，相对青、中年人，老年人是一个相对弱势的群体，主要是他们自养能力降低或缺乏，支配和掌握生产、生活资料的能力下降，需要政府、社会组织和家庭予以一定的照顾，以保障其基本生存条件和质量。中国从古至今，在这方面形成了丰富的制度，有诸多值得借鉴的东西。

二　传统时代的尊老制度

尊老是中国传统社会一项重要制度。各朝帝王通过赐赏老年人物品和精神性荣誉，提高其在社会中的地位，进而使其在家庭内受到晚辈的敬重和关照，生存条件得到改善。此外，民间组织如宗族等对此也有相关规定。整个社会营造出尊老的氛围，社会文明得以体现。

（一）礼仪性尊老制度

所谓礼仪性尊老制度，是指政府举办一些尊崇老者的礼仪活动，或建立具有尊老形式的节日。这种特殊待遇完全从年龄着眼，它使老年人成为一个受人尊重的群体。

1. 尊老制度的形成

应该说，先秦时代是中国养老之礼形成的重要阶段。《礼记·内则》对其进行了总结："凡养老，有虞氏以燕礼，夏后氏以飨礼，殷人以食礼，周人修而兼用之。凡五十养于乡，六十养于国，七十养于学，达于诸侯。八十，拜君命，一坐再至，瞽亦如之；九十者使人受。五十异粻，六十宿肉，七十贰膳，八十常珍，九十饮食不违寝，膳饮从于游可也。六十岁制，七十时制，八十月制，九十日修，唯、绞、紟、衾、冒，死而后制。五十始衰，六十非肉不饱，七十非帛不暖，八十非人不暖，九十虽得人不暖矣。五十杖于家，六十杖于乡，七十杖于国，八十杖于朝，九十者，天子欲有问焉，则就其室以珍从。七十不俟朝，八十月告存，九十日有秩。五十不从力政，六十不与服戎，七十不与宾客之事，八十齐丧之弗及也。五十而爵，六十不亲学，七十致政。凡自七十以上，唯衰麻为丧。凡三王养老皆引年，八十者，一子不从政；九十者，其家不从政，瞽亦如之。凡父母在，子虽老不坐。有虞氏养国老于上庠，养庶老于下庠；夏后氏养国老于东序，养庶老于西序；殷人养国老于右学，养庶老于左学；周人养国老于东胶，养庶老于虞庠，虞庠在国之西郊。有虞氏皇而祭，深衣而养老；夏后氏收而祭，燕衣而养老；殷人冔而祭，缟衣而养老；周人冕而祭，玄衣而养老"①。这一制度涵盖了老年生活的多个方面，或者说它是先秦时代尊老之礼的汇总。尽管当时社会上面的一些规则不具有贯彻的条件，只是一种倡导或理想，但必须承认，其对后世尊老政策的制定具有重要指导意义。

2. 官方组织的尊老礼仪活动

（1）乡饮酒礼

乡饮酒礼在周或更早时即有，此后其内容因时而变。根据乡饮酒礼之名，它最早应为乡间百姓聚会宴饮之礼，后则被政府赋予教化意义。此项活动的尊老特征很突出。

按照《礼记·射义》："乡饮酒之礼者，所以明长幼之序也。"其体现

---

① 《礼记·内则》。

方式是，组织本地民众举办公共聚会，尊崇与会老年人。具体做法为：六十者坐，五十者立侍，以听政役，所以明尊长也。六十者三豆，七十者四豆，八十者五豆，九十者六豆，所以明养老也。民知尊长养老，而后乃能入孝弟。民人孝弟，出尊长养老，而后成教，成教而后国可安也①。而"乡饮酒之礼废，则长幼之序失，而争斗之狱繁矣"②。可见，乡饮酒礼重在使人明白和认识长幼之序，以此化解争斗和冲突，使民间社会保持和谐。

《论语·乡党》云：乡人饮酒，杖者出，斯出矣。杖者为老人，"六十杖于乡"。可见60岁及以上老年人在这一活动中受到诸多礼遇，它完全基于年龄。

乡饮酒礼仪式有一些具体的规则。如先秦时的做法是：以致仕的卿大夫为乡饮酒礼的主持人，贤者为宾，其次为介，又其次为众人。仪式严格区分尊卑长幼，按照规定升降拜答。

汉朝之后，它被纳入政府年度礼节性活动之中。从帝王至州县官员都要举办，差异是帝王在京城行乡饮酒礼，地方则在不同层级的学校行之。

东汉建武时，伏湛奏行乡饮酒礼，施行之③。

晋泰始六年（270年）十二月，武帝临辟雍，行乡饮酒之礼④。

唐朝制度更为规范。开元六年（718年），初颁乡饮酒礼于天下：令牧宰每年至十二月行之……各备礼仪，准令式行礼，稍加劝奖，以示风俗⑤。其目的在于，"时识廉耻，人知礼节"，以免民众"朋游无度，酣宴是耽，危身败德"⑥。可见，乡饮酒礼的教化色彩比较突出，借此矫正民众中的伤风败俗行为。

宋朝为乡饮之礼赋予了三大功能：《周礼》，乡大夫，三年大比，兴贤者、能者，乡老及乡大夫帅其吏，与其众寡，以礼宾之，一也；党正，国索鬼神而祭祀，则以礼属民而饮酒于序，以正齿位，二也；州长，春秋习射于序，先行乡饮礼，三也……今制，州、军贡士之月，以礼饮酒，且以

---

① 《礼记·乡饮酒义》。
② 《礼记·经解》。
③ 《东汉会要》卷6，礼。
④ 《晋书》卷14，礼。
⑤ 《唐会要》卷23，乡饮酒。
⑥ 《全唐文》卷5，太宗皇帝。

知州、军事为主人，学事司所在，以提举学事为主人，其次本州官入行，上舍生当贡者，与州之群老为众宾，亦古者序宾、养老之意也①。

明朝洪武初，朱元璋下诏中书省详定乡饮酒礼条式：使民岁时燕会习礼读律，期于申明朝廷之法，敦叙长幼之节。遂为定制②。洪武五年（1372年）规定：在内应天府及直隶府州县，每岁孟春正月、孟冬十月，有司与学官率士大夫之老者，行于学校。在外行省所属府州县，亦皆取法于京师。其民间里社，以百家为一会，粮长或里长主之。百人内以年最长者为正宾，余以齿序坐，每季行之于里中。若读律令，则以刑部所编申明戒谕书兼读之。……乡饮之设所以尊高年、尚有德、兴礼让。洪武十八年（1385年），大诰天下：乡饮酒礼、叙长幼、论贤良、别奸顽、异罪人。其坐席间，高年有德者居于上，高年淳笃者并之，以次序齿而列。其有曾违条犯法之人，列于外坐，同类者成席，不许干于善良之席。主者若不分别，致使贵贱混淆，察知或坐中人发觉，罪以违制③。明代不仅乡饮酒礼被赋予的内容较多，而且举办次数增多。一般为一年两次。乡村则一季一次。

清代延续明朝做法。雍正初元，谕令："乡饮酒礼所以敬老尊贤，厥制甚古"。④ 故要求顺天府和地方州县行此礼。至清末，其被废不行。

由上可见，尽管乡饮酒礼并非专门敬老之礼，但却是其中主要内容之一。

民国一些地方有敬老会，被称为乡饮酒礼之遗意。福建古田县："乡饮之礼，清季仅存其名。凡缙绅耆儒，年登花甲，古稀耄耋，县令学官题给扁音而已。民国二十七年（1938年）冬，军政长官合开敬老会于县政府大堂，六十以上耆宾皆与焉，盖即乡饮之遗意也"⑤。

我们从清朝地方志中看到，乡饮酒礼得到了落实，但清中后期逐渐废弛。

山东福山县：乾隆年间，乡饮酒礼每岁正月望、十月朔于明伦堂举行，

---

① 《宋史》卷115，礼。
② 《大明会典》卷79，乡饮酒礼。
③ 《大明会典》卷79，乡饮酒礼。
④ 《清史稿》卷89，礼。
⑤ 民国三十一年《古田县志》卷21，风俗。

"尊本地致仕官齿德爵高者为宾,文行兼优、年高退隐者为介,乡人有齿德者举为耆。县正为主,率教官、典史为僎,迎宾等于庠门之外,三揖至阶,三让升堂;命生徒读律诰,扬觯,鸣钟鼓。乃坐宾于西北,以应秋冬尊严之气;坐主于东南,以应春夏温厚之德"。皆用赞礼赞之,遂歌《鹿鸣》三章以侑饮①。

河南获嘉县:清初此礼(乡饮酒礼)犹存,"由县中公举士民高年又德望者荐于有司,有司以礼敦请,每岁于正月十五日、十月一日行之"。然已成为虚文,至清末废②。

甘肃灵台县:旧时每年正月望、十月朔,举行乡饮酒礼。"至日,县令尉谕二官率谒明伦堂,宴饮扬觯,读卧碑,酬酢拜跪,俱遵典礼,亦古之尊高年而重有德之遗意。民国以后,此礼不行"③。

福建永泰县:每岁正月十五、十月初一日,"先期县官具启速宾,凡乡致仕官及明经为大宾,数不必备,务得其人"④。

乡饮酒礼从先秦至清末一直延续下来,尽管不同时期官方赋予它的含义有所不同,但"明长幼之序"是这项活动的主基调。定期举办有助于提升老年人在民间社会和家庭中的地位。

(2)养老礼

养老之礼出现于先秦礼仪中。

《礼记·祭义》:食三老五更于大学,所以教诸侯之弟也……食三老五更于大学,天子袒而割牲,执酱而馈,执爵而酳,冕而揔干,所以教诸侯之弟也。是故,乡里有齿,而老穷不遗,强不犯弱,众不暴寡,此由大学来者也。"食三老五更于大学"实际是国王于大学之中设宴款待老年人的代表,以此兴尊老之风,进而使天下形成和保持长幼有序的局面,其治国理政含义和目的很明显。

后世一些王朝则专设养老之礼,且由皇帝亲自参与,地点多设在太学。当然,具体形式有别。

---

① 乾隆《福山县志》卷6,风俗。
② 民国二十三年《获嘉县志》卷9,礼俗。
③ 民国二十四年《灵台县志》卷1,风俗。
④ 民国十一年《永泰县志》卷7,礼俗。

东汉明帝时于辟雍初行养老礼①。以后东汉帝王多行此礼，章帝"备三雍之教，躬养老之礼"②。

三国魏甘露二年（257年），"天子亲帅群司行养老之礼"③。皇帝率百官参与，规模肯定不小。

北魏太和二十年（496年）二月，孝文帝下诏：畿内七十以上暮春赴京师，将行养老之礼④。可见，这是一项兴师动众的活动。

从一些养老礼的仪式看，更多地模仿了《礼记》中的做法，或将它的设想付诸实践。其中代表老年人参与活动者为三老五更等。

北齐，于仲春令辰陈养老礼。其仪式很庄严，有多个程序：先一日，三老五更斋于国学。皇帝进贤冠、玄纱袍，至辟雍，入总章堂。列宫悬。王公以下及国老庶老各定位。司徒以羽仪武贲安车，迎三老五更于国学。并进贤冠、玄服、黑舄、素带。国子生黑介帻、青衿、单衣，乘马从以至。皇帝释剑，执珽，迎于门内。三老至门，五更去门十步，则降车以入。皇帝拜，三老五更摄齐答拜。皇帝揖进，三老在前，五更在后，升自右阶，就筵。三老坐，五更立。皇帝升堂，北面。公卿升自左阶，北面。三公授几杖，卿正履，国老庶老各就位。皇帝拜三老，群臣皆拜。不拜五更。乃坐，皇帝西向，肃拜五更。进珍羞酒食，亲袒割，执酱以馈，执爵以酳。以次进五更。又设酒酳于国老庶老。皇帝升御坐，三老乃论五孝六顺，典训大纲。皇帝虚躬请受，礼毕而还⑤。养老礼由诸项尊老环节所组成，将筵、饮与研讨经典结合起来，尊老精神贯穿其中。

后周保定三年（563年），"陈养老之礼。以太傅、燕国公于谨为三老"⑥。

唐朝的养老礼也很庄重。皇帝亲养三老五更于太学。"所司先奏三师、三公致仕者，用其德行及年高者一人为三老，次一人为五更，五品以上致

---

① 《后汉书》卷2，明帝纪。
② 《后汉书》卷3，章帝纪。
③ 《晋书》卷21，礼。
④ 《册府元龟》卷55，帝王部，养老。
⑤ 《隋书》卷9，礼仪。
⑥ 《隋书》卷9，礼仪。

仕者为国老，六品以下致仕者为庶老。尚食具牢馔"①。"宋朝之制，养老于太学，皇帝服通天冠、绛纱袍，乘金辂，至太学酌献文宣王。三祭酒，再拜，归御幄。比车驾初出，量时刻，遣使迎三老、五更于其第。三老、五更俱服朝服，乘安车，导从至太学就次；国老、庶老，有司预戒之，各服朝服，集于其次。大乐正帅工人、二舞入，立于庭。东上阁门、御史台、太常寺、客省、四方馆自下分引百官、宗室、客使、学生等，以次入就位，如视学班。太常博士赞三老、五更俱出次，引国老、庶老立于后，重行异位"②。

元以后较少举行养老礼。

3. 宗族的尊老做法

老年人在宗族享受到必要的尊重。有些宗族制定有尊崇老年人的礼仪性规则。

广东开平的一些宗族组织，"饮福于祠，年登六十或七十者得与席。寿高者居上，以年为差，所以敬老也"③。

有的宗族祭祖后颁胙时优待老年人。广东海昌鹏坡陆氏嘉庆年间所订《颁胙条约》：子姓年高者，国典恩加优养，家礼宁无越格。议以七十岁以上者，倍给之；八十以上，再倍之；九十以上更倍之④。南海何氏民国所订颁胙例（一年三次）仍有对老年人的优待之规：男丁58—67岁，每次二份；68—77岁，三份；78—87岁，四份；88—97岁，5份；98岁以上，十份⑤。

从上可见，中国的礼仪性养老制度形成于先秦时代，秦汉，特别是两汉是重要的发展时期。隋唐以后基本上限于对以往做法的继承。从具体实践看，明清时期官方礼仪性养老制度表现出简化趋向，但民间宗族给予族中老年人以应有的礼仪性优待。

（二）精神激励

精神激励主要表现为帝王赐赏老年人具有象征意义的物品，以显示对

---

① 《新唐书》卷19，礼乐。
② 《宋史》卷114，礼。
③ 道光《开平县志》卷3，风俗。
④ 咸丰《海昌鹏坡陆氏宗谱》卷11，颁胙条约。
⑤ 《南海县荷溪乡何垂裕堂族谱》（1929年），族规。

他们的关心和重视。

西汉《二年律令》中有这样的制度："大夫以上年七十，不更七十一，簪褭七十二，上造七十三，公士七十四，公卒、士五（伍）七十五，皆受杖。"① 官府通过授予鸠杖，以示尊老。不同爵位者获赐的起始年龄不同，最低为70岁，最高为75岁。爵位越高，起始年龄越低，意味着越容易获得。我们认为，既然此项做法载入律令之中，就意味着它非特殊情况下所为，符合年龄者均有机会享受这一待遇。

东汉的制度更为规范："仲秋之月，县道皆案户比民。年始七十者，授之以王杖，铺之糜粥。八十九十，礼有加赐。王杖长九尺，端以鸠鸟为饰。鸠者，不噎之鸟也。欲老人不噎。"② 可见，东汉的规则中已经没有爵位之别，只要达到70岁即有资格获得。而且该活动并非一时之举，它成为一年一度户口核查中的例行工作，即每年案比户口时，入龄者均可获享。

北魏太和二十年（496年）三月，孝文帝宴群臣及国老、庶老于华林园，下诏：国老黄耇以上，假中散大夫、郡守，耆年以上假给事中、县令，庶老直假郡县名。各赐鸠杖、衣裳③。

唐代，开元二年（714年）九月，玄宗在含元殿庭设京师侍老宴，并发布这样的诏书：古之为政，先于尚老，居则致养，礼传三代；行则就见，制问百年。以此"劝人教黎庶之为子"。其意在于，以帝王对老年的重视来唤起人子对其老年父母的重视，恪尽赡养之责。同时，玄宗希望通过达到"俾伸恩于几杖、期布惠于乡国"的效果，宣布"九十以上宜赐几杖，八十以上宜赐鸠杖"。他进而要求"所司准式，天下诸州侍老，宜令州县，遂稳便设酒食，一准京城，赐几杖。其妇人则送几杖于其家"④。

赐鸠杖成为隋唐之前政府重视70岁以上高龄老年群体的一种重要形式。这一做法的着眼点并非物质层级，实际是一种精神性活动，以此体现政府的尚老、敬老之意，从而激发整个社会，特别是老年人子女等后辈近亲的尊老、养老之心。

---

① 《二年律令》，傅律，见《张家山汉墓竹简》，第57页。
② 《后汉书》卷105，礼仪。
③ 《魏书》卷7下，高祖纪。
④ 《册府元龟》卷55，帝王部，养老。

（三）赐赏老年人物品

帝王通过赐赏老年人物品，表现其对老年人的关心，拉近了天子与普通民众的距离，进而会提升老年人在社会、家庭中的地位。

赐赏之举多在新皇帝登基、改元和其他节庆活动时进行，也有的是皇帝外出巡幸期间所为。它多与对其他群体的赐赏一并举行，或者说是综合性赐赏活动中的一种。

从历史上看，赐赏老年人取决于两个因素，一是帝王对老年人的重视程度，一是国家的国力。一些帝王奉行以孝治天下政策，将尊崇、优待老年人作为倡行这一政策的一部分，故会频举相关活动。当然有的时期则有应付表现。赐赏物品需要政府有相应的财力投入。所以，国力强盛时期赐赏举措和力度高于衰弱时期。

1. 对特定年龄段老年人的普遍赐赏

一般以 80 岁以上高年者为主，个别时期则将 70 岁以上者包括在内。这类赏赐涉及的老人有一定数量规模，需要政府有一定经济实力作为后盾。

西汉武帝元狩元年（前 122 年）四月赦天下，赐民年九十以上帛，人二匹，絮三斤；八十以上米人三石[1]。宣帝地节三年（前 67 年）三月诏赐高年帛。这里的高年为 80 岁以上者[2]。宣帝元康二年（前 64 年）三月以凤凰、甘露降集，赐天下高年帛。它实际是对全国 80 岁以上者的赐赏。以后元帝、平帝等多次举行[3]。东汉顺帝阳嘉三年（134 年）五月大赦，赐民间年八十以上米一斛（一斛等于十斗，约相当于现代 62.5 公斤——笔者注）、肉二十斤、酒五斗；九十以上加赐帛，人二匹、絮三斤。桓帝建和二年（148 年）正月加元服，大赦，年八十以上米酒肉，九十以上加帛二匹、绵三斤。可见，米酒肉和帛、絮这些与吃穿有关的生活资料是主要赐赏物品。从数额上看，对高年人的生活在短期内具有一定改善作用。但它不是固定或经常性的福利制度，偶然行之。然而，地方官对赏赐之举多有漫不经心者。安帝元初四年（117 年）下诏指出：月令仲秋，养衰老，授几杖，行

---

[1] 《册府元龟》卷 55，帝王部，养老。
[2] 《册府元龟》卷 55，帝王部，养老。
[3] 《册府元龟》卷 55，帝王部，养老。

糜粥。方今案比之时，郡县不奉行。虽有糜粥，糠粃相半，长吏怠事，莫有躬亲，甚违诏书养老之意①。从中也可见，地方官府对80岁以上老年人身份的确定也在每年一度的案比（核查人口）时进行。

　　这里，我们想对汉代政府的赐赏力度和负担水平有所了解。那么西汉、东汉同一年份80岁以上的老年人口有多少？要弄清这一点，需有当时的人口年龄结构数据。但该项统计当时人并未做，我们只好通过间接方式来认识。现代之前，包括民国在内的多数时期，中国人口处于高出生率、高死亡率和低增长率的模式下。这里，通过对民国时期80岁以上老年人在总人口中所占比例，再结合西汉、东汉主要时期的人口总量，或许可对80岁以上老年人在当时的规模有所把握。我们找到这样几组民国乡村调查中80岁老年人口所占比例数字，一是1930年河北定县5255户调查为0.44%②，1931年河北等11省22处12456户调查为0.19%③，安徽等七省16处调查为0.16%④，1935年山东邹平调查为0.40%⑤。从中可见，两个范围较大的调查中高龄老年人比例都比较低。而两个以北方县份为基础的调查中老年人比例相对较高。我们以0.19%为标准作一观察。西汉峰值人口数为元始二年（2年），59594940口⑥，东汉和帝元兴年间为53869588口⑦，若以此为基数可算出，在0.19%的比率下，西汉和东汉80岁以上老年人规模分别为113230人和102352人。可见其总规模并不小。

　　西晋继承了西汉做法。西晋惠帝永兴元年（304年）三月大赦，赐高年帛三匹。东晋则主要对孤老等困难群体赐赏，虽不限于老年人，但老年人是主体。如明帝太宁三年（325年）即位，赐孤老帛人二匹⑧。北魏孝文延兴三年（473年）十一月，也有赐高年布帛之举⑨。相对来说，这些做法均不如汉朝力度大。

---

① 《册府元龟》卷55，帝王部，养老。
② 李景汉：《定县社会概况调查》，中国人民大学出版社1986年版，第133页。
③ 杨子慧主编：《中国历代人口统计资料研究》，改革出版社1996年版，第1370页。
④ 杨子慧主编：《中国历代人口统计资料研究》，改革出版社1996年版，第1370页。
⑤ 李文海主编：《民国时期社会调查丛编》，福建教育出版社2004年版，第445页。
⑥ 《文献通考》卷10，户口。
⑦ 《后汉书》卷123，郡国志注。
⑧ 《册府元龟》卷55，帝王部，养老。
⑨ 《册府元龟》卷55，帝王部，养老。

唐朝赐高年者以实物是一项重要政策。唐代帝王，特别是前中期多位帝王重视对老年的赐赏。贞观三年（629年）四月太宗下诏：高年八十以上粟二斛，九十以上三斛，百岁加绢二匹①。高宗永徽六年（655年）十月立武氏为皇后，赦天下，并赐赏高龄老人：八十以上各赐粟二石、帛三段；百岁以上各赐粟五石、帛十段。从文献记载上看，唐玄宗在位时对老年人赐赏力度最大。如开元十七年（729年）十一月颁诏：诸州侍老百岁以上赐绵帛十段，九十以上赐五段，八十以上赐三段。二十六年（738年）七月册皇太子，"诏天下侍老八十以上赐粟三石、帛三匹；百岁以上赐粟五石、绵帛五段，并假板授"。二十七年（739年）二月，"加尊号，大赦，诏天下侍老百岁以上板授下州刺史，妇人板授郡君，赐粟五石、绢帛五段；九十以上板授州司马，妇人板授县君，粟三石，绢帛三段；八十以上板授乡君，粟二石、绵帛二段"。天宝元年（742年）正月改元，"诏天下侍老八十以上者，宜委县官每加存问，仍量赐粟帛"。以后，频频举行②。此举旨在烘托相关活动气氛，但高年者从中获得实际利益，进而受到社会关注，它有可取之处。这也说明玄宗统治的前中期是唐朝国力强盛时，否则政府拿不出物品来对全国的高年之人予以优待。玄宗之后普赐之举明显减少。至宪宗元和元年（806年）正月，"诏天下百姓，高年赐米帛羊酒"。十四年（819年）七月，"册尊号，大赦，委中书门下选黜陟使分巡天下，百姓高年者颁赐有差"。穆宗长庆元年（821年）正月，郊祀礼毕，"天下百姓高年者赐粟及绵绢有差"③。

宋朝普遍赐赏老年人物品政策较少实行。南宋高宗绍兴二十九年（1159年）二月下诏：前降诏书，士庶子妇人年八十以上给赐束帛，令户部行下诸路州军。如有县间有阙乏，未曾给赐处，仰于上供物帛内支给，不得减裂违戾④。

明朝初期和中期对高年多有赐赏。洪武二十二年（1390年），太祖下

---

① 《新唐书》卷2，太宗纪。
② 《册府元龟》卷55，帝王部，养老。
③ 《册府元龟》卷55，帝王部，养老。
④ 《宋会要辑稿》礼六二之六七。

诏：八十以上者给绢二匹、绵二斤、酒一斗。官员要时加存问[1]建文元年（1399年），诏告天下，"赐民高年米肉絮帛"[2]。天顺二年（1458年），"诏军民有年八十以上者，不分男妇，有司给绢一匹、绵一斤、米一石、肉十斤；年九十以上者倍之；男子百岁加与冠带荣身"。八年（1464年），"诏凡民年七十以上者，有司每岁给酒十瓶、肉十斤；八十以上者，加与绵二斤、布二匹；九十以上者给与冠带。每岁设宴待一次。百岁以上给与棺具"[3]。弘治年之后的普赐不多见。

清代康雍乾朝在重要节庆时，对80岁以上者有颁赏物品之规。康熙二十七年（1688年），以海宇敉宁，特降恩诏：八十岁以上赐绢一匹，绵一斤，米一石，肉十斤，九十以上倍之。康熙四十二年（1703年）以万寿五旬下诏推恩，优待老人的标准同二十七年；五十二年，万寿六旬仿此办理[4]。史载：圣祖六旬万寿，恩诏赏老民。户部奏销各省七十以上至百岁外者，共1421625人，赏布绢等价银89万两，米16万5千余石。此专指老民老妇，而臣工衿士，不入此数[5]。至康熙六十一年（1722年），雍正帝即位，颁诏：八十以上给绢一匹，米一石，九十以上倍之[6]。可见，这都是特恩赏赐。雍正元年（1723年）正月谕户部：恩赐老人原为崇年尚齿，而地方赏老人者，每州县动支数千金，司府牧令上下通同侵扣，吏役任意需索，老人十不得一。今饬督抚严查，不许丝毫侵扣[7]。雍正五年（1727年）因怀疑地方奏报不实，再发上谕，核查各省恩诏赏给民妇粟帛、浮冒侵蚀官民[8]。由于有这些诱人的好处，瞒报现象不时发生。故乾隆三十八年（1773年）规定：嗣后各省举报寿民寿妇，俱开实年，取具邻族甘结，径行呈报。该管州县查明确实，递详督抚具题，由礼部照例办理，毋庸由儒学转牒[9]。雍正十三年（1735年），乾隆帝即位之初，将对老人的赐赏年龄降至七十

---

[1] 《大明会典》卷80，养老。
[2] 《明史》卷4，恭闵纪。
[3] 《大明会典》卷80，养老。
[4] 萧奭：《永宪录》卷1。
[5] 阮葵生：《茶余客话》卷1。
[6] 萧奭：《永宪录》卷1。
[7] 《清朝通典》卷57，礼。
[8] 萧奭：《永宪录》续编。
[9] 光绪《大清会典事例》卷405，礼部，风教。

岁，即七十岁给以布粟，且男女相同①。乾隆三十五年（1770 年），高宗说：国家熙洽化成，薄海共跻寿寓，升平人瑞，实应昌期，是以每岁直省题报老民老妇，年至百岁及百岁以上者，不可胜纪②。那么，在一个小的区域范围内，寿民寿妇的分布是一个什么状况呢？

我们在河北省档案馆查到"乾隆五十年正定府井陉县钦奉恩诏应赏八十以上老民理会造报"资料（见表 10 - 1）。

表 10 - 1　　　乾隆五十年正定府井陉县 80 岁以上老民数量统计

城村名	80—84 岁	85—89 岁	90 岁以上
在城	2	5	
北峪村	1	7	
南峪村	2	1	
西洼村	1		
乞驴岭	1		
台头村	1	2	
横河曹	2	2	
十字道	1	3	
吴家坑		1	
吴家庄		4	
梁家村		1	
刘家沟	1	1	
当泉村	2		
于家村	6		
高家坡	1	6	
长生口		2	
小龙窝		1	
合计	21	36	

资料来源：河北省档案馆全宗号 655 - 1 - 396。这件档案不完整。

---

① 萧奭：《永宪录》卷 1。
② 光绪《大清会典事例》卷 405，礼部，风教。

该县 80 岁以上老民共计 414 名，每名给绢一匹，价银 7 钱；棉一斤，价银 3 分；米一石，价银 5 钱；肉 10 斤，价银 2 钱，每名共折给物价银一两四钱三分，共该物价银 592 两 2 分。由于我们不知道所列村庄有多少口人，因而无法算出 80 岁以上老年人所占比例。但我们由此可知，就村庄而言，能够享受到此种惠政的人数并不多，90 岁以上者尚未见到。那些特殊的礼高年政策绝大多数民众及其亲属基本上无缘享受。然而，我们却不能否认这一政策在民间对尊老环境的营造所起作用。

2. 赐赏特定区域老年人

(1) 优待京城老年人

京城老年人居于天子脚下，往往是帝王老年赐赏的直接受益者。同时，若非全国性限于小范围的赐赏，京城老年人获得的机会要多。

北魏文成帝和平四年（463 年）三月，"赐京师民年七十以上太官厨食，以终其年"①。这实际是将宫廷厨师所做饭菜赏赐予京城老年人享用，或可谓赐宴的一种变通形式。太和元年（476 年），"宴京邑耆老年七十已上于太华殿，赐以衣服"②；太和四年（479 年）七月，改作东明观，诏会京师耆老，"赐锦采、衣服、几杖、稻米、蜜面，复家人不徭役"③。我们对当时北魏都城总人口规模不掌握，若按 20 万口计，70 岁以上者按 1% 比率计算④，那么应有 2000 合乎条件的老年人。若老年赐赏物品应包括女性，至于赐宴是否邀请女性出席则难说。老年人中女性一般居多数，若仅邀老年男性，对帝王来说，在宫中办一个数百位老年人参加的宴会应不成问题。

唐朝也多有针对京城老年的赐赏。高祖武德五年（622 年）三月宴京城父老，赐帛。贞观十一年（637 年）正月，"宴长安父老于玄武门，赐以粟帛"。高宗咸亨元年（670 年）十一月，将幸东都，宴京城父老。"有不

---

① 《魏书》卷 5，高宗纪。
② 《魏书》卷 7，文帝纪。
③ 《册府元龟》卷 55，帝王部，养老。
④ 这只是一种推断，参考了民国时的统计数据。1929 年，全国农村 0 岁预期寿命男性为 34.85 岁，女性为 34.63 岁。若将 20 岁作为男女初婚年龄，那么男女预期寿命分别为 40.74 岁和 40.08 岁。这意味着其平均寿命在 60.74 岁和 60.08 岁。1929 年乔启明对河北等 11 省农家调查结果显示，60 岁以上年龄老人比例为 4.64%，65 岁以上占 2.22%，70 岁以上占 1.05%。言心哲 20 世纪 30 年代初对安徽等 7 省的调查显示，60 岁以上占 4.24%，65 岁以上占 2.34%，70 岁以上占 1.09%。引自杨子慧主编《中国历代人口统计资料研究》，改革出版社 1996 年版，第 1370、1374 页。

能行者，仍许子弟扶至殿庭，仍节级赐物及黄帔而遣之"。唐玄宗开元二十四年（736年）八月千秋节，召京兆父老宴，"敕并宜坐食，食讫乐饮，兼赐物"①。唐代长安盛期各色人口近百万，邀请其中所有老年人（即使仅为男性）赴宴是不大可能的，所以当时没有将多大年龄以上者受邀说明，而是笼统地以"父老"代替，我们可称其为在老者中特选。

北宋端拱元年（988年）四月，太宗赐京城高年帛②。真宗大中祥符元年（1008年）二月，"御乾元门观酺，赐父老千五百人衣服、茶彩"③。

（2）赐赏巡幸沿途老年人

帝王数年巡行一次所属地域是一项政治使命和统治策略，借此可体察民情，教化百姓，让地方民众直接感受天子的关心。巡幸中赐赏是措施之一，由此使民众生感戴之念。老年人是主要赐赏对象。

西汉武帝元封元年（前110年），登封泰山后归京路上下诏："行所巡至，七十以上帛，人二匹"④。成帝永始四年（前13年）正月"行幸甘泉，赐高年帛"。和帝永元十五年（103年）九月南巡，"赐所过三老官属及民百年者钱帛"。桓帝永兴二年（154年）十一月校猎，"赐所过道傍年九十以上钱各有差"⑤。

北周武帝保定三年（563年）七月，巡幸津门，"问百年，赐钱帛"⑥。

唐代帝王同其频颁赐赏高年诏令一样，巡行地方也多有是举。唐高祖武德三年（620年）幸稷州，召父老置酒高会，赐帛。唐太宗巡行各地频繁，每到一地，都有针对老者的赐赏。贞观三年（629年），太宗出巡陇州，诏岐、陇二州八十以上赐物，百岁以上尤加优恤。贞观十九年（635年）二月发洛阳，征辽所经州县高年赐粟帛。高宗显庆二年（657年）十月幸郑州，赐八十以上老人粟帛有差。闰十二月以驾幸东都，诏所经处八十以上老人赐毡袍绵及粟有差；五年（660年）三月，高宗"幸并州，老

---

① 《册府元龟》卷55，帝王部，养老。
② 《宋史》卷5，太宗纪。
③ 《宋史》卷7，真宗纪。
④ 《册府元龟》卷55，帝王部，养老。
⑤ 《册府元龟》卷55，帝王部，养老。
⑥ 《册府元龟》卷55，帝王部，养老。

人年八十以上板授刺史县令,并赐毡被粟帛各有差"①。

3. 赐赏特定老年群体

汉朝针对特定群体老年人赐赏较多,主要对象是三老,并非全体老人。若按照汉朝三老的任职资格,他们并非都属老年人。西汉初:"举民年五十以上,有修行,能帅众为善,置以为三老,乡一人;择乡三老一人为县三老。"② 它表明,年龄相对较低的"三老"因负担地方教化而获得了与"高年"老人相似的待遇,这应该是对他们的奖赏或优待。元康元年(前65年)三月以凤凰集泰山,宣帝赐三老帛;元帝初元元年(前48年)四月赐三老帛;建昭五年(前34年)二月赐三老帛。成帝建始元年(前32年)赐三老钱帛。哀帝绥和二年(前7年)即位,赦天下,赐三老帛③。值得一提的是,汉朝有这样的规定:诸当赐,官毋其物者,以平贾(价)予钱④。此种替代性规则表明官方经办此事比较认真。

东汉时对三老、高年老年人赐爵较多,赐物较少,但也有个别赐物做法。东汉明帝永平二年(59年)下诏:三老、五更皆以二千石禄养终厥身(此处三老应该不是乡三老或县三老,而是国三老);赐天下三老酒,人一石,肉四十斤。他要求:"有司其存耆耋,恤幼孤,惠鳏寡,称朕意焉"⑤。章帝建初七年(82年)九月幸邺,赐三老钱⑥;元和二年(85年)二月耕于定陶,下诏:三老尊年也,其赐帛人一匹⑦。

北魏太和三年(479年)五月孝文帝下诏指出:昔四代养老问道乞言,朕虽冲昧,每尚礼其美。今赐国老各衣一袭,绵五斤,绢布各五匹⑧。

唐代帝王在巡行途中,对高寿之人予以赐赏,甚至驾幸其宅,成为地方盛事。贞观十九年(645年),太宗巡至河阳(今河南孟州)。当地女子吕年百岁,太宗"幸其宅,存问之,赐毡帛袍各一,绵帛十段";次汲县,

---

① 《册府元龟》卷55,帝王部,养老。
② 《汉书》卷1,高祖纪。
③ 《册府元龟》卷55,帝王部,养老。
④ 《二年律令》,赐律,见《张家山汉墓竹简》,第49页。
⑤ 《后汉书》卷2,光武帝纪。
⑥ 《册府元龟》卷55,帝王部,养老。
⑦ 《册府元龟》卷55,帝王部,养老。
⑧ 《册府元龟》卷55,帝王部,养老。

女子翟张并年百岁，太宗"幸其宅，存问之，赐物如河阳"。高宗也有是举。显庆二年（657年）二月至洛阳，下诏：父老百岁以上赐毡被一具，袍一领，丝绢十段，粟二十石，仍遣使就家存问；九十以上各赐丝绢五段。龙朔元年（661年）九月，驾幸河南，县妇人张氏年一百三岁，遂赐绢三十匹，毡被一具；皇后太子亦亲问，赐以衣物及缯采①。这些举动在地方一定会引起很大轰动，至少从形式上显示出政府对高龄老年人的重视，也会提升老年人的地位。

明代，弘治年以后有针对老年致仕官员的赐赏。弘治十八年（1505年），孝宗"诏文职官员五品以上，以礼致仕在家者，各进阶一级；其二品以上大臣，年及八十者，有司备采币、羊酒问劳；九十以上者，具奏遣使存问"。嘉靖元年（1522年），世宗"诏文职致仕一品未受恩典者，有司月给食米二石，岁拨人夫二名应用；二品以上年及八十者，备采币羊酒问劳；九十以上者，具实奏来，遣使存问；五品以上以礼致仕，年七十以上者进散官一阶。其中廉贫不能自存、众所共知者，岁给米四石，以资养赡"②。这种做法以后较少见诸记载。

总体来看，此项赐赏针对的是具有较高地位、特异行为和古稀以上年高寿之人，获赐面较小。但政府重在以此表现其关注老年人的政策倾向。

（四）荣誉性赐赏

荣誉性赐赏有多种，其中之一为赐爵。对一般百姓来说，爵在秦汉时期的实际意义在于可以享受免役待遇，有的则可用以抵罪。秦朝爵有二十等，男子赐爵一级以上，有罪以减，年五十六，免③。民爵还可交易，说明它有价值。文帝后元六年（前158年），因旱成灾，"发仓庾以振民，民得卖爵"④。《汉书·严助传》载："数年岁比不登，民待卖爵赘子，以接衣食。"从中可见，爵虽可买卖，但却有一定条件限制，生存遇到困难时才允许。不过，在我们看来，既然允许交易，限制的作用是有限的。汉以后，

---

① 《册府元龟》卷55，帝王部，养老。
② 《大明会典》卷80，养老。
③ 《秦会要》卷20，刑法。
④ 《汉书》卷4，文帝纪。

荣誉性赐爵变为授予名誉性官职。在官本位时代，它具有提升老年人地位的作用。

1. 赐爵

（1）对特定年龄段老年人的普遍赐赏

东汉章帝元和二年（85年）五月，诏赐天下高年爵三级①。

以后王朝较少实行赐爵制度。多为偶然行之。

北宋端拱元年（988年），太宗因改元，下令"民年七十以上赐爵一级"②。

明代洪武初年，明太祖令民年八十以上赐爵③。具体为何种名称的爵，没有指明。或许它与洪武十九年的做法具有一致性：应天、凤阳富民年八十以上赐爵社士，九十以上乡士；天下富民八十以上里士，九十以上社士。皆与县官均礼，复其家④。该爵只是对富民老年者的优待。《大明会典》也说：国初养老，令贫者给米肉，富者赐爵⑤。

清代乾隆帝即位之初，下诏"推恩益以八十以上授八品职荣身"。当然，顶戴之授予，"非年符者皆有之，必年高德著，品行循良，方可膺斯宠荣"⑥。可见，获得者是其中的优异之人。

（2）赐爵予特定范围老年人

北魏孝文帝泰和年间中后期，赐爵予老年之举动颇多，但多限特定区域范围。泰和十七年（493年）八月，文帝南伐，至泗州，民年七十以上赐爵一级；二十一年（497年）三月，诏汾州民百年以上假县令，九十以上赐爵三级，八十以上赐爵二级，七十以上赐爵一级；五月，诏雍州士人百年以上假华郡太守，九十以上假荒郡，八十以上假华县令，七十以上假荒县；庶老以年各减一等，七十以上赐爵三级⑦。

（3）赐爵予特定群体老年人

---

① 《册府元龟》卷55，帝王部，养老。
② 《宋史》卷5，太宗纪。
③ 《明史》卷77，食货。
④ 《明史》卷77，食货。
⑤ 《大明会典》卷80，养老。
⑥ 萧奭：《永宪录》卷1。
⑦ 《册府元龟》卷55，帝王部，养老。

东汉变西汉赐赏物品的做法为赐爵为主，但它多针对三老，并非面向所有老人。明帝永平三年（60年），立皇太子，赐三老爵三级；十二年（69年）赐天下三老爵人三级；十七年（74年）赐天下三老爵人三级①。这成为东汉赐赏老年人爵位的惯例，实行于新帝登基、立后、立太子或其他节庆之时。

在我们看来，相对物品赐赏，赐爵的精神意义、名誉意义更大，有爵位者成为地方民众的仪型，社会地位也比一般平民高。若有罪量刑时爵秩可以折减处罚，其价值就会体现出来，不失为一个护身符。而对政府来说，赐爵可谓没有什么投入，成本较低。

2. 版授官衔

东汉西晋以来，版授某人官衔成为一项重要的名誉制度，如版授刺史等。北朝时期，它被用以尊崇高年老人。唐朝则更为普遍。

（1）赐爵版授并行

北魏孝文帝多有举行，但也限于特定地区。太和十七年（493年）九月，文帝巡幸途中下诏：雍、怀、并、泗所过四州之民百年以上假县令，九十以上赐爵三级，八十以上赐爵二级，七十以上赐爵一级；十八年（494年）正月，文帝南巡，诏相兖豫三州百年以上假县令，九十以上赐爵二级，七十以上赐爵一级。这成为一种模式，个别年份则提高标准；十九年（495年）十月，相州民百年以上假郡守，九十以上假县令，八十以上赐爵，三级，七十以上赐爵二级。对士人则降低标准，二十一年（497年）二月，诏并州士人年六十以上假以郡守。根据文献记载，北魏孝文帝对高年者赐爵频度颇高。而宣武帝在位的十八年中则无此记载。至下一任皇帝孝明帝又予恢复②。可见，它未形成规范的制度。

（2）版授所有高龄老年人

北周武成二年（560年）六月，板授高年刺史守令各有差。北周保定元年（561年）正月，武帝下诏：先经有职官年六十以上及民年七十以上节级板授官③。

---

① 《册府元龟》卷55，帝王部，养老。
② 《册府元龟》卷55，帝王部，养老。
③ 《册府元龟》卷55，帝王部，养老。

唐代高宗弘道元年（683年）二月大赦天下，老人百岁以上者板授下州刺史，妇人板授郡君；九十以上者板授上州司马，妇人板授县君；八十以上者板授县令，妇人量赐粟帛。睿宗太极元年正月，赐老人年九十以上板授下州刺史，绯衫牙笏；八十以上板授上州司马，绿衫木笏。肃宗至德二年（757年）十二月赦，诏天下侍老八十以上板授有差，并赐绯鱼袋，授太守县令[①]。

（3）版授特定区域高龄老年人

北魏孝明帝神龟元年（518年）正月，诏京畿百年以上给大郡板，九十以上给小郡板，八十以上给大县板，七十以上给小县板；诸州百姓百岁以上给小郡板，九十以上给上县板，八十以上给中县板。孝明熙平二年（517年）四月，诏京尹所统百年以上赐大郡板，九十以上赐小郡板。北魏后期国势衰弱，很少举行，只在孝庄建义元年（528年）五月有一次：诏上党百年以下九十以上板三品郡八十以上四品郡七十以上五品郡[②]。短命的西魏、东魏和北齐未实行该政策。

隋朝大业七年（611年）正月炀帝下诏："其河北诸郡及山西、山东年九十已上者，版授太守，八十者授县令。"[③] 这种活动举行较少。

五代时，晋高祖天福六年（941年）八月，因巡幸邺都，制管内耆老八十以上者并与板授上佐[④]。

那么，版授官职的意义何在呢？这实际是对整个社会官本位观念和崇官心理的迎合。它较赐爵的标准要高。从北魏的政策可以看出，在赐爵和版授并行时，只有百年以上的老人才能享受版授县令、郡守殊荣，其他老者只能获赐爵待遇。在单独实行版授之制的王朝或同一王朝的特定时期，多以80岁以上为标准，个别阶段降至70岁。我们相信，获得版授官职的高龄老者，在家庭和村落之中将享受较高地位，它对改善老年人生存条件、提高其民间地位是有作用的。

---

① 《册府元龟》卷55，帝王部，养老。
② 《册府元龟》卷55，帝王部，养老。
③ 《隋书》卷3，炀帝纪。
④ 《册府元龟》卷55，帝王部，养老。

(五) 物品赐赏、赐爵、版授、旌表并行

不同时期政府对老年人赐赏制度中,既有如上所述单方面的物品赐赏,也有仅为名誉性爵位或版授赏赐,还有一种为复合型赏赐,既有物品,又有名誉。应该说,这是力度更大的赐赏,想必也更受赐赏对象的欢迎。

1. 赐赏所有符合年龄的老年人

隋代,炀帝大业元年(605年)下诏:"高年之老,加其版授,并依别条,赐以粟帛。"① 从诏书语词中可以看出,当时已有相对规范的赐赏制度可以遵守和办理。

唐代于高宗弘道元年(683年)由赐赏物品为主转向赐物与赐爵兼行,并且不分男女,但有职衔之别。版授男性的职官主要是州县官衔,包括刺史、司马、长史、县令、县丞等,女性有郡君、县君、乡君等外命妇官。高宗乾封元年(666年)正月改元,下诏:老人八十以上者假授刺史、司马,量赐粟帛。开元二十三年(735年)正月藉田礼毕,玄宗下诏,天下侍老百岁以上板授上州刺史,九十中州刺史,八十上州司马,七十以上所繇量给酒肉各令存问;二十六年(738年)七月,册皇太子大赦,下诏:天下侍老八十以上赐粟三石、帛三匹;百岁以上赐粟五石、绵帛五段,并假板授;二十七年(739年)二月加尊号,大赦,下诏:天下侍老百岁以上板授下州刺史,妇人板授郡君,赐粟五石、绢帛五段;九十以上板授州司马,妇人板授县君,粟三石、绢帛三段,八十以上板授乡君,粟二石、绵帛二段。肃宗至德元年(756年)即位于灵武,下诏:天下耆寿各赐物五段,侍老板授太守县令,仍各赐物五段。代宗广德二年(764年)二月亲祠南郊,礼毕,下诏:天下侍老九十以上板授刺史,七十以上板授上佐县令。德宗兴元元年(784年)六月,下诏:本府耆老与板授本县令,仍赐绯。顺宗即位初,大赦,百姓九十以上板授及赐各有差,仍令官吏就家存问②。唐宪宗之后,赐爵减少,赐物为主。

清朝,赐赏主要针对百岁以上老人。康熙九年(1670年)规定:命妇

---

① 《隋书》卷3,炀帝纪。
② 《册府元龟》卷55,帝王部,养老。

孀居寿至百岁者，题明给予贞寿之门匾额，建坊银三十两[1]。它有特定范围。三十余年后，此项针对命妇的政策扩大至一般民众。康熙四十二年（1703年），复准：老民年等百岁者，照例给予建坊银，老妇寿至百岁，建坊悬额，与命妇同[2]。康熙四十七年（1708年），规定：至百岁者题明给予建坊银两[3]。针对全体民众中百岁以上者，雍正二年（1724年）三月下诏，以向例老人年逾百龄者奏给坊银三十两并升平人瑞匾额，奉旨年至一百十岁加一倍赏赐，至一百二十岁者加两倍赏赐，更有多得寿算者按其寿算加增著为定例[4]。雍正四年（1726年）清政府将标准进一步细化：年至一百一十岁者，加一倍赏赐；至一百二十岁者，加两倍赏赐。更有多得寿算者，按其寿算加增，著为定例[5]。乾隆元年（1736年），湖北江夏民汤云山民131岁，即享受了这一待遇：照加倍赏赐之例，于坊银三十两外，再加三倍赏赐，共给一百二十两。奉旨，著赏给上用缎五匹、银五十两，再加恩特赐匾额，以旌人瑞[6]。此外对夫妇、兄弟年届百岁者，也要给予特殊赏赐。

2. 赐赏特定区域老年人

唐代皇帝出巡途中，对沿途老年人予以特别赐赏。

显庆五年（660年）三月，高宗巡幸并州，令向当地老人年八十以上者"板授刺史县令，并赐毡被粟帛各有差"。玄宗开元十一年（723年）正月巡幸北都，下诏：太原府父老八十以上赐物五段，板授上县令，赐绯，妇人板授上县君；九十以上赐物七段，板授上州长史，赐绯，妇人板授郡君；百岁以上赐物十段，板授上州刺史，赐紫，妇人板授郡君夫人。天宝七年（748年）五月因加尊号，玄宗下诏：京城父老各赐物十段，七十以上板授本县令，其妻板授县君；六十以上板授本县丞。天下侍老百岁以上，板授下郡太守，妇人板授郡君；九十以上板授上郡司马，妇人板授县君；八十以上板授县令，妇人板授乡君，仍赐酒面[7]。

---

[1] 光绪《大清会典事例》卷405，礼部，风教。
[2] 光绪《大清会典事例》卷405，礼部，风教。
[3] 光绪《大清会典事例》卷405，礼部，风教。
[4] 《清朝通典》卷57，礼。
[5] 光绪《大清会典事例》卷405，礼部，风教。
[6] 光绪《大清会典事例》卷405，礼部，风教。
[7] 《册府元龟》卷55，帝王部，养老。

3. 赐赏个别老年典型

唐代太宗贞观十一年（636年），车驾在雒阳，幸甄权宅，视为"礼高年"之举。甄权为颍州人，其优异之处在于"精晓药术，为天下之最"，且为高寿之人，"时年一百三岁"。太宗授其"朝散大夫"，赐以粟帛、被褥、几杖①。

综合以上，这类官衔与实物相结合的赐赏在唐朝比较突出，其前后王朝则较稀见。它表明，唐朝帝王具有较强的尊老意识。

（六）地方官的养老责任

以上官方无论是精神性还是物质性养老制度考察，多从帝王诏令谕旨着眼。无疑，它是传统时代尊老、养老政策的主要体现。但还应注意到，这些制度的贯彻和效果如何，与地方官员密切相关。比如高龄老年人的统计、赐赏物品的发放和分配，都有待地方机构和官员去落实。

在我们看来，地方机构和官员只有将帝王尊老、养老政策作为其施政或行政功能的一部分，而非应时之举，才会认真对待。

晋代，武帝要求郡国守相，三载巡行一次所属县份，职责包括"存问耆老，亲见百年"②。

明朝职官志中"知县"职责以养老为首务："凡养老、祀神、贡士、读法、表善良、恤穷乏、稽保甲、严缉捕、听狱讼，皆躬亲厥职而勤慎焉"③。

历代政府对老年人物质和荣誉性赐赏的力度不一。就整体而言，在大的王朝中，两汉、唐、清比较重视。洪迈曾将唐宋作过比较，认为唐代"推恩于老人绝优"。开元二十三年（735年），耕籍田，侍老百岁以上，版授上州刺史；九十以上，中州刺史；八十以上，上州司马。二十七年，百岁以上，下州刺史，妇人郡君；九十以上，上州司马，妇人县君；八十以上，县令，妇人乡君。天宝七年，京城七十以上本县令，六十以上县丞，天下侍老除官与开元等。而宋朝之制，"百岁者始得初品官封，比唐不侔矣"。淳熙三年（1176年），"以太上皇帝庆寿之故，推恩稍优，遂有增年

---

① 《册府元龟》卷55，帝王部，养老。
② 《晋书》卷3，武帝纪。
③ 《明史》卷75，职官。

诡籍以冒荣命者"。洪迈为此感叹：使如唐日，将如何哉①！可见，后人对唐代优待老年人的做法颇为称羡。

为什么在两汉、北朝和隋唐时期政府会推出力度比较大、涉及面较广的尊老举措？这是值得思考的。清朝虽有再现，但主要针对百岁以上老年人，覆盖范围较小。

传统时代，特别是隋唐之前，政府的尊老制度有以下几个特征：一是重视尊老礼仪，以此在民间社会形成尊老氛围；二是以尊崇高年来体现政府对老年人口群体的重视，进而推动全社会敬老风尚的形成；三是将精神鼓励与物质赐赏结合起来，既授予名誉、提升地位又给予具体的生存资助。总之，这些制度使处于身体弱势的老年人口成为政府最为关注的群体，以减少和抑制民间特别是家庭成员忽视、怠慢老年人的行为。从这一角度看，尊老制度是家庭养老为主时代官方最重要的养老辅助措施。

三 家庭养老体系的维护

近代之前，乃至现代社会养老保障制度没有建立的地区和未享受到退休金的老年人，家庭成员是其生存资料的主要提供者，更是他们失去生活自理能力后的主要照料者。如何保证家庭成员承担自己应尽的赡养和照料义务，从而使老年人获得基本的生存保障，这就需要有相对健全的制度。传统时代，政府和社会组织比较重视相关制度建设。在当代，家庭养老仍是法律等制度维护的重要内容。探讨历史上的家庭养老制度，对完善当代养老制度将有借鉴作用。

（一）国家为维护家庭养老体系所采取的措施

相对于现代社会，中国近代之前老年人对家庭养老的依赖更强，属于全面的家庭养老保障制度维系时期。可以说，有子女的老人所获养老支持主要来自家庭。老人的家庭成员要为其赡养付出更多，甚至需子媳等成员直接服侍照料。家庭养老功能的维护主要表现为，政府通过政策和法律保

---

① 洪迈：《容斋随笔》卷9，老人推恩。

证老年人身边有人提供赡养和照料。

1. 传统时期政府的家庭养老政策和法律

(1) 为家庭养老承担者提供制度协助

甲、免除有高年老人家庭部分或全部劳动力的徭役,从时间上保证其能尽赡养之责

近代之前,政府或民间对高年者即高龄老人的认定标准不一,多数以80岁为标准,也有的以70岁为标准。前一标准与现代社会比较一致。高年者及其家庭应该享受什么样的制度优待?免除其家庭主要劳动力的徭役负担是比较普遍的举措。

《管子》中设计有优待老年人的制度,其着眼点是政府应免除高年者一个、两个儿子或全家的徭役,保证身边有人承担赡养和照料责任,从而维护老年人的生存条件:所谓老老者,"凡国、都皆有掌老,年七十已上,一子无征,三月有馈肉;八十已上,二子无征,月有馈肉;九十已上,尽家无征,日有酒肉。死,上共棺椁。劝子弟,精膳食,问所欲,求所嗜。此之谓老老"①。在这一尊老制度下,国家设有专管老年事务的官职和机构,70岁以上老年人享受一子不应征役和间隔三个月由官方派送一次肉食的待遇;80岁以上者,两个儿子不服役,每月获得一次馈赠之肉;90岁以上者,全家免役,老人每日获得国家供给的酒肉。高龄老年人去世后,由国家提供棺椁。负责老年事务的官员还要劝勉老人子弟,为其提供精细饭食,关注其所思所好。可见,这项制度体现了政府和家庭对高龄老人赡养照料上的结合。客观上讲,70岁、80岁和90岁以上三个年龄段的老年人对家庭成员的养老依赖逐渐增大,家庭为其付出也会提高。因而,这里采用了免一子、免二子和免全家徭役三种方式。我们认为,政府通过赋役调整手段协助家庭养老,是一项可行做法。至于向70岁、80岁以上老年人馈赠肉食,具有礼仪意义,对老年人的实际生活帮助有限。而90岁以上者每日获得肉食馈赠,直接减轻了家庭赡养压力,可谓很实在的帮助。这要有专门机构或人员负责,当时是否能做到?尚难说。不过,当时一国之中90岁以上者数量有限,政府负责其赡养的财力应该没有问题。此外,成书于战国

---

① 《管子》入国54。

时期的《礼记·内则》有"八十者一子不从政,九十者其家不从政"之说。这里的"政"泛指王事,对普通百姓来说主要是服徭役等①。先秦时代的这些制度(有的可能是设想)对后世影响较大。

汉朝规定:"诸当行粟,独与若父母居老如睆老,若其父母罢(癃)者,皆勿行"②。不仅年老父母之子免役,而且残疾父母之子也可免役。西汉文、景之时,"礼高年,九十者一子不事,八十者二算不事"。"不事"为蠲免赋役;二算不事为免二口算赋③。武帝建元元年(前140年)四月下诏:今天下孝子顺孙愿自竭尽以承其亲,外迫公事,内乏资财,是以孝心阙焉,朕甚哀之。民年九十以上,已有受粥法(师古曰:给米粟以为糜粥),为复子若孙,令得身帅妻妾遂其供养之事④。它较文、景时代扩大了免役范围,由一子提高至全家,使他们都能尽赡养老人之职。我们认为,这是对先秦"九十者其家不从政"理念和期望的具体落实。

三国时魏武帝下令:老耄须侍养者,年九十以上,复不事家一人⑤。

客观上讲,当时社会,活到九十以上的老年人在总人口中所占比例是很低的。即使当代,一个几百户的村庄活至九十以上者也屈指可数。不过,三国之前的政府并没有一以贯之地实行"其家不从政"的政策,而是在"一子不事"还是"其家不从政"之间伸缩变异,表明当时政府的这一政策并不大方。

北魏时比较普遍的政策是80岁以上可享受一子不服役的照顾:民年八十以上,听一子不役⑥。北魏太和元年(477年)文帝下诏,扩大照顾范围:七十以上一子不从役⑦。两者的差异在于,后者为特殊性规定,前者为经常性做法。北周规定:其人年八十者,一子不从役;百年者,一家不从役⑧。"一家不从役"的年龄标准由九十岁提高至百岁。

---

① 王跃生:《中国人口的盛衰与对策》,社会科学文献出版社1995年版,第181页。
② 《二年律令》,置后律,见《张家山汉墓竹简》,第64页。
③ 《汉书》卷51,贾山传。
④ 《汉书》卷6,武帝纪。
⑤ 《三国志》卷1,武帝纪。
⑥ 《魏书》卷110,食货。
⑦ 《北史》卷3,魏本纪。
⑧ 《隋书》卷24,食货。

后魏和平二年（461年）三月，文成帝巡幸中山，"所过皆亲封高年，问民疾苦。民年八十以上一子不从役"①。这应属特例。

北周之制，司役掌力役政令：有年八十者，一子不从役；百年者，家不从役；废疾非人不养者，一人不从役②。这应该是北周本朝具有持续性的制度。

唐朝初年尚未形成规范性老年人之子免役制度，属于偶然性措施。贞观十一年（637年）"给民百岁以上侍五人"③。开元二十五年（737年）《户令》则将优待老人纳入法规之中：诸年八十及笃疾给侍一人，九十二人，百岁三人④。我们认为，这里的"给"并非官府提供，而是免除相应数量家庭和近亲成员的徭役（其"课调依旧"⑤），以便其承担侍奉老年人之责。并且这些被免役的"侍丁"不限于本家之内，其原则是："皆先尽子孙，次取近亲，次取轻色丁"⑥。唐开元时（713—741年）政府将受照顾的高年年龄降低：男子七十五以上，妇人七十以上，中男（18—22岁）为侍，八十以上令以例式从事⑦。天宝五年（746年）年龄放宽：男子七十五以上、妇人七十以上，中男一人为侍；八十以上以令式从事⑧。天宝八年（749年）六月玄宗因大赦而下诏：男子七十、妇人七十五以上，皆给一丁侍⑨。此外，开元二十三年（735年）还对在外的征防兵实施特别政策：征防兵父母年七十者遣还⑩。可见，从制度上看，由于年龄降低，唐代享受侍丁的范围扩大。

五代时政权更迭频繁，免除高龄者家人徭役的政策也为各朝所关注。后唐庄宗同光元年（923年）即位时下令：应诸道管内有高年逾百岁者，便与给复，永俾除名。自八十至九十者与一子免役，州县不得差徭。同年

---

① 《魏书》卷5，高宗纪。
② 《文献通考》卷10，户口。
③ 《新唐书》卷2，太宗纪。
④ 《文献通考》卷10，户口。
⑤ 《唐律疏议》卷3，名例。
⑥ 《大唐会典》卷3，户部。
⑦ 《新唐书》卷51，食货。
⑧ 《新唐书》卷51，食货。
⑨ 《新唐书》卷5，玄宗纪。
⑩ 《新唐书》卷5，玄宗纪。

十月再下诏：有年过八十者免一子从征。明宗天成二年（927年）十月下诏：养亲之道为子居先，应有年八十以上及家长有废疾者，宜免一丁差役，俾遂奉养。晋高祖天福二年（939年）四月制令云：天下百姓有年八十以上者，与免一丁差徭，仍令逐处简署上佐官①。可见，老年人的这些待遇依赖帝王特颁诏令维护。

元朝大德九年（1305年）二月规定：老者年八十以上许存侍丁一名，九十以上存两名，并免本身杂役②。

明朝洪武元年（1368年）朱元璋下诏：民年七十之上者许一丁侍养，免杂泛差役。但洪武二年（1369年）又调整了政策："凡民年八十之上、止有一子，若系有田产应当差役者，许令雇人代替出官。无田产者，许存侍丁，与免杂役"③。80岁以上老人的独子并非无条件免役，可出钱雇人代役。言外之意，不愿出钱雇人代役者，则仍应服役。

清朝的政策是："军、民年七十以上者，许一丁侍养，免其杂泛差役。"④清康熙二十七年（1688年）特降恩诏：居民年七十以上许一丁侍养。康熙六十一年（1722年）十一月，雍正即位不久，又重申这一规定⑤。乾隆元年（1736年）上谕指出：上年恩诏，凡民人年七十以上者许一人侍奉；八十以上者始与八品顶带，以荣其身。乾隆皇帝觉得，生监中有年登耄耋者，却未能享受到这项待遇，"于引年尚齿之典尚为未备，著通行内外直省，凡属生监年七十以上者，优免一丁；年八十以上者给予八品顶带"⑥。清朝还规定：老人九十以上者，地方官不时存问。其或孤寡及子孙贫不能养赡者，州县查明赈恤，详报督抚奏闻，动用钱粮，务令得沾实惠⑦。

以上表明，多数王朝对高龄老年人之子免差役照顾限定在父母80岁及以上；少数时期降低标准，为70岁以上。近代之前，中国老年人的赡养、照料几乎全由家庭成员承担。有老年人的家庭，主要成员若被征派徭役，

---

① 《册府元龟》卷55，帝王部，养老。
② 《通制条格》卷3，户令。
③ 《大明会典》卷20，户口。
④ 《大清律例》卷6，户律。
⑤ 萧奭：《永宪录》卷1。
⑥ 《清高宗实录》卷12。
⑦ 《大清律例》卷8，户律。

则难以履行养亲之责。该政策对家庭照料资源的培植是有作用的。而且，它也有助于增强人们对老年人的敬重意识。元代人王结在《善俗要义》中指出：九十、八十之老，朝廷颁赐绢帛，仍许一子免役。顾吾何人？而敢不敬耶[①]？可见，帝王采取优待高龄老人的措施有助于倡导民间的尊老风尚。但在传统时期，能活至80岁以上的老年人，特别是男性是比较少的，这一规定的受益范围是有限的。相对来说，将70岁作为标准，可能使受益家庭增多。当然，在一些朝代，赋役繁重，扩大受益面将影响国家公共活动所需人力征派。秦汉至隋以前徭役为国家政事和军事活动所必需，政府在高年者家庭成员免役问题上比较谨慎。它在很大程度上只是一种象征性做法。

乙、免除高龄老人部分家庭成员的人头税

人头税主要实行于汉朝，因而政府有能力将此作为调整家庭成员压力的手段。

西汉文帝时。"礼高年，九十者一子不事，八十者二算不事"（师古曰：一子不事，蠲其赋役，二算不事，免二口之算赋也）[②]。景帝二年（前145年）下令：高年九十者，一子不事；八十者，二算不事（一子不事，蠲其赋役，二算不事，免二口之算赋）[③]。武帝建元元年（前140年），"诏民年八十复二算（二口之算也）"[④]。这些政策被不同帝王重复颁布，表明它们尚未形成定例，并非在民众中无条件实行。

丙、实行官员终养、迎养和就近任职制度

A. 关于终养制度

为官之人若家有高龄父母或祖父母，且父、祖身边无兄弟或伯叔等期亲提供照料，政府允许或要求其请辞官职，回家尽照料之责。父母或祖父母多大年龄时为官子孙许请终养，各朝规定不一。

西晋出台终养之政：其父母八十，可听终养。理由是，"孝莫大于事亲

[①] 王结：《善俗要义》第22条，敬耆艾。
[②] 《汉书》卷51，贾山传。
[③] 《通典》卷4，食货。
[④] 《文献通考》卷10，户口。

矣"①。可见，当时尚非硬性约束。

按照唐朝法律：祖父母、父母老疾无侍，委亲之官，将受处罚。其时父母老疾的标准如"疏议"所作解释："老谓八十以上，疾谓笃疾，并依令合侍；若不侍，委亲之官者，其有才业灼然，要藉驱使者，令带官侍，不拘此律"。另一种情形是：委亲之官，依法有罪。既将之任，理异委亲；及先已任官，亲后老疾，不请解侍，并科"违令"之罪②。

明朝天顺二年（1458年）正月英宗下诏：内外官父母年老在家愿分俸禄助养者，准令分俸于原籍关支。官吏监生有亲老愿回侍奉者，准令回家侍养。亲终赴部听用③。分俸是允许在任官员将自己的一部分收入通过在原籍支取的方式，直接交由父母支配。至于亲老的年龄标准是什么，未予明确。弘治十八年（1505年）规定：在外文职官员有亲老告回侍养者，亲终之日仍许赴部听闻④。

清朝亲老可终养的标准为70岁。顺治十三年（1656年）题准：凡官员祖父母、父母年老，无伯叔、兄弟者，一体终养。另外，顺治九年（1501年）规定：官员对继母亦准终养。康熙三年（1664年）规定：父母年七十以上，其子均出仕在外，户内别无次丁者；或有兄弟笃疾，不能侍奉者；或母老虽有兄弟，同父异母者，俱准回籍终养。乾隆年间将父母的终养年龄做出分别。乾隆五十年（1785年）奏准：现任及试用人员，凡亲年八十以上，独子之亲年七十以上，通饬自行呈明，听其终养。临时回籍官员遇父母老疾需照顾时，也准予侍养。康熙五十八年（1719年）圣祖议准：告假回籍官员，遇亲老笃疾者，地方官出具印结，呈详督抚，保题到日许暂留在籍侍养。俟亲病痊可，给咨赴部⑤。对终养离职者的手续办理给予特殊照顾。乾隆二年（1737年）规定：官员告请终养，给督抚查明取具印结，一面题咨，一面催令交代清楚，即给咨回籍，不必守候部复⑥。

B. 关于迎养制度

---

① 《晋书》卷50，庾峻传。
② 《唐律疏议》卷3，名例。
③ 《皇明诏令》卷13。
④ 《皇明诏令》卷18。
⑤ 光绪《大清会典事例》卷140，吏部，汉员告养。
⑥ 光绪《大清会典事例》卷140，吏部，汉员告养。

不少朝代允许官员将老年父母接至为官之地赡养，称为"迎养"。

隋朝大业五年（609年）规定："父母听随子之官"①。

北宋咸平二年（999年）真宗下诏令"群臣迎养父母"②。

明朝洪武十七年（1384年）的政策是：百官迎养父母者，官给舟车③。

这些规定并未设定前提条件，如父母年龄和官员本人有无其他兄弟等。我们认为，政府的这一政策表明其对官员将父母接至为官之地赡养是不加限制的，并给予交通便利。

清朝实行迎养和终养相结合的政策。雍正五年（1727年）议准：若现任官员，或父母衰病，迎养维艰，详请终养者，该督抚查该员政务并无怠忽，仓库钱粮并无亏空，取结具题，准其回籍终养。若遇父母生病等情形，也允许回籍侍养。嘉庆五年（1800年）规定：汉官父母年届八十以上，而有同胞兄弟在外，其父母业经就养兄弟任所，不必概令诸子弃职终养。有呈请终养者，仍照例准行。官员出继为人后，如所继父母尚在，不准以为本生父母年老呈请终养。若所继父母已故则可，而本生父母年届七十八十以上，……准其回籍终养④。

C. 关于就近任职制度

现任官员有年老尊亲在家，无人侍奉，在终养和迎养之外，有些朝代实行让其就近任职的照顾政策。

目前看，宋朝较早采用这一制度：州县官父母年七十以上无兼侍者，权注近官⑤。真宗咸平四年（1001年）规定：京朝官父母年七十以上，合入远官，无亲的兄弟者，并与近地；如有亲兄弟年二十以上者，不在此限⑥。仁宗天圣九年（1031年）规定：选人父母年八十以上，听权注近官⑦。甚至对军士也有类似照顾。熙宁八年（1075年）三月，神宗下诏：军士祖父母、父母老疾，无男子兼侍而在他处应募者，听移就祖父母所在

---

① 《北史》卷12，隋本纪。
② 《宋史》卷6，真宗纪。
③ 《明史》卷3，太祖纪。
④ 光绪《大清会典事例》卷140，吏部，汉员告养。
⑤ 《续资治通鉴长编》卷100。
⑥ 《宋会要辑稿》职官十一之一。
⑦ 《续资治通鉴长编》卷110，仁宗。

一等军分①。就近任职便于官员经常回家探视，提供父母所需生活资料。

清朝实行有亲老官员改补近地的做法，与宋朝做法有相似之处，但其中有人借机规避边远职位。故此乾隆帝十四年（1749年）谕令：向例官员以亲老改补近地者，仍令坐补原缺，所以杜规避也。而告请终养之员，未有坐补原缺之例。夫父母年逾耄耋，许令侍养，乃国家锡类之令典，然亲年子所素知，何必俟莅任后方行告请，安知其非因现缺平常？将来即可铨补他缺，藉以自便其私，是转为巧于规避者开捷径。嗣后官员亲老，与终养之例相符者，于未得缺前，许其呈请；其已经铨选抵任者，将来亦坐补原缺②。

这些制度表明，在家庭养老没有替代手段的传统社会，赡养父母是儿子义不容辞的责任。无论平民还是官员都会面临奉养年老尊亲的问题。不过，对官员来说，离职返乡侍奉父母也会使其失去一些官场机会及利益，特别是那些正值重要岗位或阶段者，因而规避该制度的做法肯定存在。从上述各朝规定中可见，"终养"之意为，符合规定者允许其离职养亲，而并非必须回籍，它更多的是体谅有此要求的官员。政府推行此项制度既有维护家庭养老功能的作用，也借此让官员倡率孝道。

丁、犯罪之人存留养亲制度

犯罪者触犯刑律，特别是罪重之犯，本应处以极刑。但若其父母年老，刑犯为独子或父母身边没有其他近亲承担养老之责，官府或予开恩，免其死罪，以较轻刑罚代之，使其回家侍奉老年父母。这被称为存留养亲之法。不过法外开恩之权操于皇帝之手。

北魏太和十二年（488年）形成这样的律条："犯死罪，若父母、祖父母年老，更无成人子孙，又无期亲者，仰案后列奏以待报，著之令格"。③这是中国历史上该项法律首次订立。它意味着子孙的养亲之责高于受刑之罚。

唐律中有了更系统的规定：犯死罪应侍家无期亲成丁，诸犯死罪非十恶，而祖父母、父母老疾应侍，家无期亲成丁者，上请。《唐律疏议》对此

---

① 《续资治通鉴长编》卷261，神宗。
② 光绪《大清会典事例》卷140，吏部，汉员告养。
③ 《魏书》111，刑法。

的解释为：非"谋反"以下、"内乱"以上死罪，"而祖父母、父母，通曾、高祖以来，年八十以上及笃疾，据令应侍。户内无期亲年二十一以上、五十九以下者，皆申刑部，具状上请，听敕处分"。此外，"犯流罪者，虽是五流及十恶，亦得权留养亲"①。

宋朝庆历五年（1045年）仁宗下诏：罪殊死者，若祖父母、父母年八十及笃疾无期亲者，列所犯以闻②。

元朝特别对兄弟两人及以上同犯死罪做出养亲规定：诸兄弟同盗，罪皆至死，父母老而乏养者，内以一人情罪可逭者，免死养亲③。

明朝继承唐代之制，将照顾范围扩大至非死刑罪，如应徒流远离家乡者，通过在本地收赎，使其能尽赡养父母之责："犯徒流者，余罪得收赎，存留养亲。……若犯徒流，存留养亲者，止杖一百，余罪收赎。"④

清朝的这一制度更为细致：凡犯死罪非常赦不原者，而祖父母、父母年七十以上，笃疾应侍，家无以次成丁者，开具所犯罪名奏闻，取自上裁。若犯徒流者，止杖一百，余罪收赎，存留养亲。但是必须查明被害人有无父母，是否独子，若亦系独子，亲老无人奉侍，则该杀人犯不准留养⑤。在此基础上，形成有针对性的条款。雍正三年（1725年）规定：凡犯罪有兄弟俱拟正法者存留一人养亲，仍照律奏闻，请旨定夺。乾隆十一年（1746年）制定这样的规则：孀妇独子有犯戏杀、误杀等案，如伊母守节已逾二十年者，该督抚查明被杀之人并非孤子取结声明具题，法司核复，请奏留养⑥。道光十二年（1832年）降低标准，将守节"已逾二十年"中的"已逾"二字取掉，以此"体恤"妇女"苦节抚孤之行，矜全其贞节之举"⑦。需要指出，清代嘉庆六年（1801年）有这样的律条：曾经触犯父母，犯案并素习匪类为父母所摒逐；及在他省获罪，审系游荡他乡，远离父母者，

---

① 《唐律疏议》卷3，名例。
② 《宋史》卷199，刑法。
③ 《元史》卷104，刑法。
④ 《明史》卷93，刑法。
⑤ 《大清律例》卷4，名例。
⑥ 光绪《大清会典事例》卷732，刑部，名例。
⑦ 《皇朝政典类纂》卷372，名例。

俱属忘亲不孝之人，概不准留养①。其意为，存留养亲之人应为平素有孝养父母之行者，否则无资格享受这一照顾。

下面我们看两例清代与存留养亲有关案件的处理方式。

嘉庆年间，四川总督奏：沈现顺、沈现宇兄弟杀死一家二命，俱拟正法，例得留一人养亲等语。相应照例声明，请旨定夺……臣部行文该督，将沈现宇照例枷号两个月，杖一百，准其存留养亲。奉旨：准其照例留养②。

嘉庆五年（1800年），福建台湾府淡水厅李葵供词：年46岁，原籍南安县人，寄居淡水厅。父母俱故，小的并未娶妻，自幼过继堂伯母李傅氏为子。伯母现年八十三岁。小的与人因钱冲突，伤其身死。判词：李葵出继李傅氏为子，虽属亲老丁单，惟该犯本生父母俱故，并无子嗣，律应归宗，毋庸取结声请留养，李傅氏另饬立继③。

免除有高龄尊亲在世且身边无期亲的死刑犯死罪，是对家庭养老功能的又一种维护方式。

戊、为预防家庭人口养老资源缺失，禁止对女性的锢婚做法

清朝，政府要求有婢女之家，主人应让其适时婚配，以免其年老无后，缺失赡养之人。

根据清律：凡绅衿庶民之家，如有将婢女不行婚配致令孤寡者，"照不应重律杖八十，系民的决，绅衿依律纳赎，令其择配"④。但这一政策在一些地方并没有很好落实。乾隆年间，浙江天台县，士庶之家往往有婢女年至四十五十，并有老死不能适人者。为此，地方官"遍行劝谕，如有契买婢女，年长二十以外者，统令适配，倘敢违抗不遵，除照例治罪外，并不准索还身价，即令父母亲属领回"。这一规定收到效果："迩来民间颇知畏法，择配者多"⑤。它表明，国家法律制定后，仍需地方官推动落实。否则就会成为"具文"。

---

① 《皇朝政典类纂》卷372，刑4，名例。
② 《刑案汇览》（三）第一册，第69页。
③ 杜家骥主编：《清嘉庆朝刑科题本社会史料辑刊》第二册，第500页。
④ 《大清律例》卷10，户律。
⑤ （清）佚名辑：《治浙成规》卷5。

上述制度覆盖范围有大小不同，有的只是特殊情形下的照顾措施，多数家庭感受不到其所带来的优惠。相对来说，免除高龄老人之子的徭役对家庭养老功能的维护意义最大。可以说，这是政府借助其力量在官方没有或较少经济损失情况下所取得的社会效益——强化了家庭养老功能。它可谓官私利益发生矛盾时，政府对民众利益的一种维护。总之，这些制度的共同目标是，避免和减少居家老年人处于无助境地。

（2）强化子孙应履行的养老责任和义务

在传统时代，家庭养老最基本的要求是老年人身边有子女，随时为其提供照料等需求。因而，限制子女随意出外，防止老年人身边无人支使，是法律和政策的又一项内容。

甲、禁止义子舍弃对养父母赡养之责

一些无子者收养义子，以便年老后让其尽赡养照料。为抑制义子不履行其责，政府立法加以限制。

唐朝的法律是："诸养子，所养父母无子而舍去者，徒二年；若自生子及本生无子，欲还者，听之。"① 宋朝与之相同②。后世其他朝代也继承唐代这一法律精神。

明朝规定："若养同宗之人为子，所养父母无子而舍去者，杖一百，发付所养父母收管。若有亲生子及本生父母无子欲还者，听。"③ 清朝与之相同。

可见，各朝法律始终贯彻了这一原则：所养父母无子，养子不得舍而不养。养子只有在养父母收养后又生有自己的儿子、而亲生父母无子时，才允许归宗。无子的养父母应是养子优先承担的赡养对象。

乙、父母在世时限制子辈分家

唐代以来至明清，各朝代都有限制父母、祖父母在世兄弟分财别居行为。它虽然没有指明是为父母养老考虑，但该政策的这一指向是明显的。

元朝则专门针对兄弟分家导致父母生存困难作出规定。至元二十一年（1284年）正月，中书省御史台呈：体知得近年以来汉人官吏士庶与父母

---

① 《唐律疏议》卷12，户婚。
② 《宋刑统》卷12，户婚。
③ 《大明律》卷4，户律。

异居之后，或自己产业增盛而父母日就窘乏者，子孙视犹他家，不勤奉侍，以为既已分另，不比同居。或有同祖同父叔伯兄弟姊妹子侄等亲，鳏寡孤独老弱残疾不能自存者，亦不收养，以致托身养济院苟度朝夕，有伤风化。今后若有别居异财，丰衣美食，坐忍父母窘乏，不供子职，及同宗有服之亲寄食养济院，不行收养者，许诸人首告，重行断罪。如贫民委无亲族可倚，或亲族亦贫不能给养者，乃许入养济院收录。都省准呈①。这一规定并不限制尊亲在世时子孙分财各爨行为，但前提是不能因此弃却自己的养老义务，置父母等尊亲于不顾。不仅如此，对旁系亲属中无人赡养的鳏寡孤独、老弱残疾之人也要予以收养。政府力图让家庭和亲族成员发挥更多的养老作用。

丙、鼓励已分户子孙与老年父祖合户

儿子青年时婚后与中年父母分爨或分居生活，父母年老、失去生活自理能力后再与子女合爨生活。这种做法在现代城乡并不少见。传统时代多禁止子孙亲在而分居出去的做法。但汉朝有这样一项政策：夫妻皆癃病及年七十以上，毋异其子。今毋它子，欲令归户入养，许之②。它应该是支持已分开生活的子代通过与老年亲代重新合爨来履行照料责任。这或许与汉代初期沿袭秦代做法，分异令仍在实行时的情形，即不禁止、甚至鼓励有多男家庭亲子分居。但当父母年老后鼓励以养老为目的的同居共爨行为。

丁、限制独子出赘、出继

独子出赘做上门女婿或出继他人为后，父母身边便无子女赡养、照料，因而为法律和政策所禁止。

元朝至元九年（1272年）规定：民间富实可以娶妻之家，止有一子，不许作赘；若贫穷止有一子，立年限出舍者听③。其意为，家庭经济条件比较殷实之家，独子不许出赘，只应在家娶妻，赡养父母；若贫穷家独子，只允许其做立有年限的女婿，最终要归家顶门立户、赡养自己的父母。

明朝规定：止有一子者不许出赘④。清律继承明朝做法。

---

① 《通制条格》卷3，户令。
② 《二年律令》，户律，见《张家山汉墓竹简》，第55页。
③ 《通制条格》卷4，户令。
④ 《大明会典》卷20，户口。

独子出继他人也为法律不允。直到清末,《大清民律草案》仍保持这一限定（第1393条）：独子不得出为嗣子，但兼祧者不在此限①。

戊、限制独子为僧道

为僧道者离家修行于寺院，不事谋生之业，实际是弃养父母。故独子不得为僧道成为官方的基本政策。

五代后周时即有这样的政令：应男女有父母、祖父母在，别无儿息侍养，不听出家；如违，其本师主重行科断②。这成为以后王朝的基本政策。

元朝规定：诸愿弃俗出家为僧道，若本户丁多，差役不阙，及有兄弟足以侍养父母者，于本籍有司陈请，保勘申路，给据簪剃。违者断罪归俗③。

明朝的制度更为具体。永乐十六年（1418年）规定：出为僧道者年龄须在二十岁以下，父母皆无，方许陈告有司；若祖父母、父母无他子孙侍养者，皆不许④。成化二十三年（1487年）还有这样的政策：僧道有父母见存无人侍养者，不问有无度牒，许令还俗养亲⑤。但它是具有弹性的规定，并非必须还俗。

清朝的处罚比较严厉：民间子弟户内不及三丁或在十六以上而出家者，俱枷号一个月，并罪坐所由僧道官及住持；知而不举者，各罢职还俗⑥。

己、惩罚弃亲之任和不顾尊亲赡养长期出外者

禁止弃亲之任的制度主要针对为官者，或者说它与终养相表里。

明朝规定：凡祖父母父母年八十以上，及笃疾别无以次侍丁而弃亲之任，及妄称祖父母、父母老疾求归入侍者，并杖八十⑦。它包含两重意思，一是别无次侍丁者隐瞒自己有80岁以上祖父母、父母，不行终养；一是谎称应行终养而离职。清朝继承明朝这一政策。

金朝有对祖父母父母无人侍养、子孙出外时间过长的惩罚，这是针对

---

① 《大清民律草案》，第178页。
② 《五代会要》卷12，杂录。
③ 《元史》卷103，刑法。
④ 《大明会典》卷14，十三司职掌。
⑤ 《皇明诏令》卷16。
⑥ 《大清律例》卷10，户律。
⑦ 《大明律》卷12，礼律。

普通百姓的。泰和六年（1206年），章宗指出：祖父母、父母无人侍养，而子孙远游至经岁者，甚伤风化。虽旧有徒二年之罪，似涉太轻，所以令尚书省考前律，再议以闻①。子孙出外，有的是做生意，有的为游学，当然也有不事生业者。这里，政府强调尊亲年老后身边须有人赡养、照料，若无替代人手，子孙不得长期出外。

庚、以教化手段抑制弃养亲代之行

明代吕坤所定"乡甲事宜"规定：各州县做树牌十面。凡不养父母，时常忤逆者，牌书"不孝某人"②，以此使其在乡人面前丢丑。这对为人子孙者将有一定的威慑作用。

家庭养老实际表现为，老年尊亲身边有人提供生活资料和基本照料服务。因而，上述制度意在禁止养子、独子以各种方式离开父母（养父母）、放弃自己应履行的义务。

（3）表彰孝子

表彰孝子虽并非完全在于鼓励子女承担养老责任，但其核心却是为了让子弟对老年长辈履行好赡养义务。正如曾子所言："孝子之养老也，乐其心不违其志，乐其耳目，安其寝处，以其饮食忠养之。孝子之身终，终身也者，非终父母之身，终其身也。是故父母之所爱亦爱之，父母之所敬亦敬之。"③虽然曾子还讲"孝有三：大孝尊亲，其次弗辱，其下能养"④，但对多数人来说，"养"亲是最为现实之"孝"。

政府对孝子的表彰和倡导主要表现在以下方面：

甲、赐赏爵位

汉朝时有赐赏孝子之举，它多与诸种赐赏合并进行。西汉成帝建始三年（前30年）春三月，赦天下徒。赐孝弟、力田爵二级⑤。东汉明帝永平二年（59年）下诏：三老、孝悌、力田人三级⑥。明帝之后颁布多次赐爵

---

① 《金史》卷12，章宗纪。
② 吕坤：《实政录》卷5，乡甲约。
③ 《礼记·内则》。
④ 《礼记·祭义》。
⑤ 《汉书》卷10，成帝纪。
⑥ 《后汉书》卷2，光武帝纪。

之诏。永平三年（60年），赐三老、孝悌、力田人三级①。永平十八年（75年），章帝即位，大赦天下，赐民爵，人二级，为父后及孝悌、力田人三级②。建初四年（79年），赐爵，人二级，三老、孝悌、力田人三级③。孝悌既包括孝顺父母，也有和睦兄弟之行。

南朝宋孝武帝大明六年（462年），因"宗祀明堂"，"孝子、顺孙、义夫、悌弟，赐爵一级"④。梁元帝即位之初诏令"孝子顺孙，悉皆赐爵"⑤。陈天嘉元年（560年），"孝悌力田殊行异等，加爵一级"⑥。

隋唐之后，这一制度较少采用。它与秦汉以降至隋唐前政府以爵位赐赏民众相对普遍有关。

乙、赐予吃穿物品

赐赏孝子物品象征意义比较明显。当然，有些朝代赐赏力度较大，对孝子的家庭生活有直接帮助。

汉文帝十二年（前168年）三月下诏："孝悌，天下之大顺也。……遣谒者劳赐三老、孝者帛人五匹，悌者、力田二匹。"⑦

南朝齐规定："孝子顺孙义夫节妇粟帛各有差。"⑧

唐朝太宗贞观十三年（639年）下诏：孝子顺孙、义夫节妇赐物各有差⑨。另外，贞观三年（629年）四月，"赐孝义之家粟五斛"⑩。

宋朝神宗元丰六年（1083年）曾下诏：赐资州孝子支渐粟帛⑪，属于特例。

金朝章宗对孝子的赐赏力度颇大，如赐云内孝子孟兴绢十匹、粟二十石⑫；贵德州孝子翟巽、遂州节妇张氏各绢十匹、粟二十石；棣州孝子刘

---

① 《后汉书》卷2，光武帝纪。
② 《后汉书》卷3，章帝纪。
③ 《后汉书》卷3，章帝纪。
④ 《宋书》卷6，孝武帝纪。
⑤ 《南史》卷8，元帝纪。
⑥ 《陈书》卷3，世祖纪。
⑦ 《汉书》卷4，文帝纪。
⑧ 《南齐书》卷3，武帝纪。
⑨ 《旧唐书》卷25，礼仪。
⑩ 《新唐书》卷2，太宗纪。
⑪ 《宋史》卷16，神宗纪。
⑫ 《金史》卷9，章宗璟纪。

瑜、锦州孝子刘庆佑绢、粟，旌其门闾，复其身；云内孝子孟兴绢十匹、粟二十石①。

明朝也有赐赏做法。弘治五年（1492年）规定：各处孝子顺孙义夫节妇曾经旌表见在者，所司各赐米一石，布一匹。其孝子有出仕途者，除在任外，若有致仕、闲住等项，及坐监监生、各衙门吏典人等，亦照例给赐②。

丙、徭役免除

从前面已经知道，父母80岁以上者至少一个儿子可享受免役待遇，而对孝子免役则与父母年龄没有直接关系。

汉代惠帝四年（前191年）诏令：举民孝弟、力田者复其身③。

北周规定，有品爵及孝子顺孙义夫节妇，并免课役④。

隋初，"孝子、顺孙"免课役⑤。

唐开元十七年（729年），玄宗下诏：旌表孝子顺孙、义夫节妇，终身勿事⑥。政府规定：若孝子顺孙、义夫节妇志行闻于乡闾者，州县申省奏闻，而表其门闾，同籍悉免课役⑦。天宝五年（746年）玄宗再下诏：男子七十五以上、妇人七十以上，中男一人为侍；八十以上以令式从事⑧。

丁、旌表

旌表是在孝子之门张挂牌匾，或赏赐银两，资助其建立具有褒扬之意的标志物。

东汉的政策是：凡有孝子顺孙，贞女义妇，让财救患，及学士为民法式者，皆扁表其门，以兴善行⑨。由乡三老负责上报其事迹。

北魏宣武帝延昌元年（512年）因建东宫，下诏：孝子顺孙、廉夫节

---

① 《金史》卷9，章宗璟纪。
② 《皇明诏令》卷18。
③ 《汉书》卷2，惠帝纪。
④ 《隋书》卷24，食货。
⑤ 《新唐书》卷51，食货。
⑥ 《新唐书》卷5，玄宗纪。
⑦ 《旧唐书》卷43，职官。
⑧ 《新唐书》卷51，食货。
⑨ 《后汉书》卷128，百官。

妇旌表门闾，量给粟帛①。

唐朝的制度更为规范：若孝子顺孙、义夫节妇，精诚感通、志行闻于乡闾者，亦具以申奏，表其门闾②。

宋朝要求：孝子、顺孙、义夫、节妇为乡里所称者，地方官并条析以闻③。特别是县令，本地"有孝悌行义闻于乡闾者，具事实上于州，激劝以励风谷"④。

元朝的做法是：诸义夫、节妇、孝子、顺孙，其节行卓异，应旌表者，从所属有司举之，监察御史廉访司察之。但有冒滥，罪及元举⑤。

明朝、清朝也有旌表孝子之制⑥。

戊、授予官职

西汉高后于元年（前187年）下诏："初置孝弟力田二千石者一人。"⑦

唐朝曾在科考中短暂设立过孝弟力田科，为孝子提供仕进机会。唐玄宗取消这一做法，他认为："孝弟力田，风化之本，苟有其实，示必求名。比来将此同举人考试词策，便与及第，以为常科，是开侥幸之门，殊乖敦劝之意。自今之后，不得更然"。但玄宗仍给孝子以做官机会：其有孝弟闻于郡邑，力田推于邻里，两事兼著，状迹殊尤者，委所由长官，特以名荐。朕当别有处分，更不须随考试例申送⑧。

元朝，"孝子顺孙堪从政者，量才任之"⑨。元代大德九年（1305年）六月，钦奉诏书内一款：孝子顺孙曾经旌表有才堪从政者，保结申明，量材任用⑩。

明朝弘治五年（1492年）曾规定：若"见在听选官监生内有曾经旌表孝子者"，"吏部查勘是实，不拘资次，即与选用"。但这只是特举，"后不

---

① 《北史》卷4，魏本纪。
② 《旧唐书》卷44，职官。
③ 《宋史》卷114，礼。
④ 《宋史》卷167，职官。
⑤ 《元史》卷102，刑法。
⑥ 《皇明诏令》卷18，《清史稿》卷497，孝义传。
⑦ 《汉书》卷3，高后纪。
⑧ 《全唐文》卷35，玄宗帝。
⑨ 《元史》卷21，成宗纪。
⑩ 《通制条格》卷6，选举。

为例"①。

清朝则有孝廉方正科，借以选拔孝义人才。该政策始于雍正朝。雍正帝初登基即下诏："直省府州县卫各举孝廉方正，赐六品章服，备召用"。雍正二年（1724年），浙江、直隶、福建、广西各荐举的两名人员被任以知县，五十五岁以上者，用作知州。这以后，清帝御极，皆恩诏荐举以为常例。乾隆朝的规则是："府州县卫保举孝廉方正，应由地方绅士、里党合辞公举；州县官据此采访公评，详稽事实。所举或系生员，会学官考核，申送大吏，核实具题，给六品章服荣身。果有德行才识兼优者，督抚逾格保荐赴部，九卿翰詹科道公同验看，候旨擢用"②。因为它是标准较高的荣誉，能获得者数量很有限。雍正初年刚下诏地方举荐时，"数月未有所闻"，以致皇帝生气，再发上谕催促③。

相对来说，以官职奖劝孝子为个别王朝之举，因为对父母孝养之人并不一定有理政治民的才能。

己、给予荣誉

宣扬孝子事迹有助于提升其在乡里的地位，进而引导民众崇尚孝行。

宋代，有孝悌行义闻于乡间者，具事实上于州，激劝以励风俗④。

除了上述由最高当局奖劝孝行的做法外，地方官通过教化手段敦励普通民众，以孝行为念。

州县官员经常发布告示训导辖区民众以行孝道为本。清朝乾隆五年（1740年）"雅尔图告示"对当时孝子标准这样规定：教民孝，此身何来？父母所生，父母爱子，无所不至，人子报之岂可不孝？父母教训敬谨听从，父母责罚顺受改过。自己粗衣淡饭，供给父母温饱无缺；自己勤苦力作，替代父母安闲享用。父母有病服侍不离左右，父母未寝己身不敢先睡。父母不喜我妻子，我即诸事教戒妻子，以承顺父母之意。事事勿劳父母担心，时时须防父母挂念，是为孝子⑤。

---

① 《皇明诏令》卷18。
② 《清史稿》卷109，选举。
③ 萧奭：《永宪录》卷2上。
④ 《宋史》卷167，职官。
⑤ 杨一凡等编：《古代榜文告示汇存》第七册，第483—505页。

尊崇、表彰孝子为近代之前各朝政府所重视。孝行虽然有多种表现，但无条件地尽赡养尊亲之责应该是最基本的要求。在家庭养老为主导的时代，表彰孝行楷模和精神一定程度上会促使子女更耐心地服侍老年父母；在整体上家庭生活资料比较匮乏的时代，为父母提供尽可能好的饮食和居住条件；始终将父母放在家庭生活的中心位置，不敢或不忍做违拗之事。同时应看到，具有特殊行为的孝子毕竟是少数，表彰其行为暗含着多数人达不到孝子的标准之意，政府和社会组织只能以孝子之行来引导、劝勉众人。

（4）表彰孝女节妇

这一做法也包含有维护家庭养老功能的意义。

甲、孝女表彰

关于孝女，她们多没有兄弟，若自己嫁人父母的赡养将成问题，为此放弃出嫁之念，专心侍奉。其行为虽令人钦佩，但政府相关旌表制度出现较晚。

汉朝有对"贞女"旌表之策，然并非单独进行，而是将"贞女义妇"与"孝子顺孙"并列为旌表类型，"以兴善行"[1]。显然，"贞女"应主要表现在对父母有特别突出的善行，至少是行为之一。汉以后针对贞女的旌表消失。

但以后的正史列女传中，孝女有被载入者。

《新唐书·列女传》载：汴女李者，年八岁父亡，殡于堂十年，朝夕临。及笄，母欲嫁之，断发，丐终养。居母丧，哀号过人，自庀葬具，州里送葬千余人。庐于墓，蓬头，跣而负土，以完园茔，莳松数百。武后时，"按察使薛季昶表之，诏树阙门闾"[2]。其将养亲、葬亲、祭祀父母视为义务，超过常人所能为，故受到政府特别表彰。

不过总体看，汉以后、清之前对孝女的旌表并不是制度性措施。

清朝雍正四年（1726年），政府破"无旌表孝女之文"的先例，对"养亲不嫁，笃重天伦"的孝女予以旌表[3]。其对孝女的定义为：以父母未

---

[1]《后汉书》卷118，百官。
[2]《新唐书》卷205，列女传。
[3]《清世宗实录》卷41。

有子孙，终身奉亲不嫁者，以孝子例①。昌平州孝女何百顺，乃何淳之女，淳子百魁，早卒无嗣。百顺见父母年高，矢志不嫁，以女代子，侍养终身。年踰六旬，殁于何氏。雍正年间恭请特赐旌门②。

乙、节妇表彰

对于节妇，以往人们关注比较多的是她们从一而终的婚姻观念和行为，并为其感到惋惜。实际上，节妇中有不少人因虑及再嫁会使公婆无人赡养，故打消这一念头。当然与此同时，她们还有年幼子女需抚养。

汉时有对"义妇"的旌表名目。南朝以后至明清为"节妇"。在正史的列女传中，那些夫死不嫁赡养舅姑的妇女被称为孝妇，有特殊行为者会受到表彰。

隋朝上郡孝妇覃氏，"与其夫相见未几而夫死，时年十八。事后姑以孝闻。数年之间，姑及伯叔皆相继而死。覃氏家贫，无以葬。于是躬自节俭，昼夜纺绩，蓄财十年，而葬八丧，为州里所敬"。皇帝闻知，"赐米百石，表其门闾"③。丧偶妇女成为家庭的顶梁柱，不仅赡养夫亲，而且为其送终。

明初新乐韩太初之妻刘氏，"事姑谨，姑遘病，刺血和药以进"。夫卒，"刘种蔬给姑食。越二年，姑患风疾不能起，昼夜奉汤药，驱蚊蝇不离侧"。姑卒，"殡之舍侧"，"欲还葬舅冢，力不能举丧，哀号五载。太祖闻之，遣中使赐衣一袭、钞二十锭，命有司还其丧，旌门闾，复徭役"④。

如果说明清之前尽力赡养公婆等夫亲的丧偶妇女被视为"孝妇"，与忠于婚姻的"节妇"有所区别的话，那么其后的"节妇"则是包含多种在当时值得称道品行的女性群体，孝养夫亲是其中一种类型。

清道光三年（1823年），安徽巡抚陶澍在节妇请旌题本中对旌表原因予以说明，其中一条为"翁姑靡托，肩重任于遗孤"⑤。这可视为丧偶妇女承担养老抚幼责任的最好注脚。

（5）惩戒不履行赡养义务之行

---

① 光绪《大清会典事例》卷30，吏部，官制。
② 《清世宗实录》卷39。
③ 《隋书》卷80，列女传。
④ 《明史》卷311，列女传。
⑤ 《陶澍全集》（5），岳麓书社2010年版，第54页。

官方法规对不孝顺父母等尊亲子弟予以惩治，是维护家庭养老功能的另一举措。

惩处不孝在夏商时即已入法。"五刑之属三千，而莫大于不孝。"① 商朝，"刑三百，罪莫重于不孝。"② 周代，"元恶大憝，矧惟不孝不友……刑兹不赦"③。

秦律："免老告人以为不孝，谒杀，当三环之不？不当环，亟执勿失"④（其意为：老人控告不孝，要求判以死刑，应否经过三次原宥的手续？不应原宥，要立即拘捕，勿令逃走）。

汉代《二年律令》规定：孙为户，与大父母居，养之不善，令孙且外居。令大父母居其室，食其田，使其奴婢，勿贸卖⑤。

晋泰始四年（268年），武帝下诏要求郡国守相，"三载一巡行属县"，要"详察政刑得失"，其中包括：有不孝敬于父母，不长悌于族党，悖礼弃常，不率法令者，纠而罪之⑥。

北齐将不孝列为十条重罪之一，犯者不在八议论赎之限。隋继承此规，并置十恶之条⑦。

唐律对此所作规定更为清晰，其中包含有子孙对父母赡养有阙等内容。唐律十恶之七曰不孝，其中有：祖父母父母在，别籍、异财，若供养有阙⑧。"供养有阙"很明显是指子孙没有为尊亲提供基本的生存资料，属于"不孝"行为。可见，是否养亲在唐朝成为法律判定孝行的重要内容。对此，唐律的惩罚措施为："诸子孙违犯教令及供养有阙者，徒二年"。但它还有补充规定：堪供而阙者，须祖父母、父母告，乃坐⑨。这使惩戒手段的力度打了折扣。但其威慑作用不能忽视，它至少使父母有了制约子孙不赡养行为的手段。当然，子孙没有能力者另当别论。

---

① 《孝经·五刑章》。
② 《吕氏春秋·孝行》。
③ 《尚书·康诰》。
④ 《睡虎地秦墓竹简》，法律答问。
⑤ 《二年律令》，户律，见《张家山汉墓竹简》，第55页。
⑥ 《晋书》卷3，武帝纪。
⑦ 《瞿同祖法学论著集》，第389页。
⑧ 《唐律疏议》卷1，名例。
⑨ 《唐律疏议》卷24，斗讼。

需要指出，唐代法律对"不孝"的定义和子孙养亲缺乏的惩处很大程度上受到儒家学说的影响。按照孟子所言，世俗所谓不孝者五：惰其四支，不顾父母之养，一不孝也；博弈好饮酒，不顾父母之养，二不孝也；好货财，私妻子，不顾父母之养，三不孝也；从耳目之欲，以为父母戮，四不孝也；好勇斗很，以危父母，五不孝也[①]。其中前三项，均从养亲角度着眼。孟子所引虽是"世俗"对"不孝"行为的界定，却表明他对此是持赞成态度的。按照这一观念，子孙为了父母之养，要勤苦劳作，以获得收入或生活资料，这是养亲的基本前提；要节俭持家，避免浪费而败家；在共同生活的大家庭中，不能只为自己的妻子儿女着想，忽视父母所需。而唐律"疏议"对该法律所作解释更显示儒家观念的影响："祖父母、父母在，子孙就养无方，出告反面，无自专之道。而有异财、别籍，情无至孝之心，名义以之俱沦，情节于兹并弃，稽之典礼，罪恶难容"[②]。

唐以后的法律均将子孙养亲有阙载入法律条文中。

宋朝不仅继承唐代法律条文，而且将其扩展至科举考试资格上。应举士子实行"什伍相保"制规定：诸不孝、不悌之人不许参加[③]。

明朝律条为：凡子孙违反祖父母、父母教令及奉养有缺者，杖一百[④]。

清朝"十恶"中不孝之条为"奉养有缺"[⑤]。其补充规定与唐代相似：家道堪奉而故缺者，须祖父母父母亲告，乃坐[⑥]。

直到1925年《民国民律草案》第1165条：为子者，毕生负孝敬父母之义务[⑦]。

对于孝子，传统伦理有多项要求，完全践行者并不普遍。五代时吴越王钱镠遗训指出当时"孝于亲者，十无一二"[⑧]。但这并不等于子弟不履行赡养义务。在我们看来，为老年长辈提供基本的生存条件，多数子代是能

---

① 《孟子·离娄章句下》。
② 《唐律疏议》卷1，名例。
③ 《宋史》卷155，选举志。
④ 《大明律》卷22，刑律。
⑤ 《大清律例》卷33，刑律。
⑥ 《大清律例》卷33，刑律。
⑦ 《民国民律草案》，第359页。
⑧ 《武肃王钱镠遗训》，见《吴越钱氏宗谱》（1921年）卷首，武肃王遗训。

够做到的。"孝"行由制度加以引导，是有其作用的。

从以上政府对不孝之行的惩罚内容和该项制度的演变看，是否赡养父母逐渐成为孝行的核心要求，可以说尽其所能养亲是孝行的基础。在生活资料整体短缺的时代，为年老父母创造基本的生存条件最为重要。

（6）允许无子有女者招婿养老

赘婿在民间社会深受歧视，在宗族内部则被排斥，一些朝代官方将其视为另类予以打压。秦汉时期政府向边疆移民时甚至将赘婿作为强征对象。但家庭养老为主的时代，无子有女者招婿承担赡养之责是现实需要。为减少由此产生的家庭纠纷，无子父母生存出现困难，政府也有相应规定维护这一民间实践行为或婚姻形式。

元朝法律对赘婿规定较细，它大体分为养老女婿和出舍女婿两大类。至元八年（1271年）规定：依准嫁娶元约，养老者听从养老，出舍者听从出离。各随养老出舍去处，应当军民差发。招召养老女婿，照依已定嫁娶聘财等第减半，须要明立媒妁婚书成亲。招召出舍年限女婿，各从所议，明立媒妁婚书，或男或女，出备财钱，依约年限，照依已定嫁娶聘财等第验数，依三分中不过二分[①]。关于养老女婿和出舍女婿之分，徐元瑞在《吏学指南》"赘婿"条下如此定义：养老，谓终于妻家聚活者；出舍，谓与妻家析居者[②]。前者入赘后与岳父母共同生活，承担养老义务；后者入赘后与岳父母分开生活，但也要承担必要的养老义务。至元十年（1273年）针对各处军户召到养老出舍女婿，争讼到官，多无婚书，深为未便。为此政府规定：今后若有军民招召女婿，须管令同户主婚亲人写立婚书，于上该写养老出舍年限语句，主婚媒证人等书画押字[③]。元代政府对招赘养老予以明确支持，这从其对民诉案件的审判中可以看出。大德五年（1302年）十一月，延安路赵胤上告，年老无人养济，将女穿针召到王安让作养老女婿身故，其房弟王安杰要行收嫂。礼部议得：凡人无后者，最为大事。其赵胤初因无嗣与女召婿养老，不幸病死，赖有伊女可为依倚。合从赵胤别行召

---

① 《元典章》户部，卷4，典章18。
② 徐元瑞：《吏学指南》，亲姻。
③ 《通制条格》卷4，户令。

婿，以全养老送终之道①。

明朝规定：凡招婿，须凭媒妁，明立婚书，开写养老或出舍年限②。清律与之相同③。

可见，上述赘婿养老具有契约制或"合同制"特征，这种婚姻制度得到政府及所订律令法律的支持。但为了减少这种将养老义务与婚姻机会捆绑在一起的婚事安排未来可能产生的纠纷，官方强调缔姻双方一定要有婚书为凭。

(7) 强调子女赡养父母与财产继承的对等原则

传统时代法律条文中并没有子女继承权与赡养义务对等的表述，但在有关家庭财产纠纷的官司中，这一原则得到体现。

南宋官府在处理财产继承纠纷时对此加以贯彻，请看当时的审判个案。

王有成之父王万孙昨因不能孝养父母，遂致其父母老病无归，依栖女婿，养生送死，皆赖其力。纵使当时果有随身囊箧，其家果有田宅，尽以归之女婿，在王万孙之子，亦当反而思曰：父母之于子，天下至情之所在也。今我不能使父母惟我是字，乃惟我是疾，以我之食则不食，以婿之食则食之；以我之室则不居，以婿之室则居之。生既不肯相养以生，死又不肯相守以死，此其意果安在哉？必为子之道有所不至，是以大伤厥考心尔……虽有万金之产，亦有所不暇问矣。况此项职田，系是官物。其父之遗嘱，其母之状词，与官司之公据，及累政太守之判凭，皆令李茂先承佃。王有成父子安得怙终不悛，嚣讼不已，必欲背父母之命，而强夺之乎！纵曰李茂先之家衣食之奉，殡葬之费，咸仰给焉，以此偿之，良不为过。王有成父子不知负罪引慝，尚敢怨天尤人，萦烦官司，凡十余载，合行科断，王有成决竹篦二十④。

清朝同治元年（1862年），陕西商州人徐兴元与六个儿子分产时自提膳产一份，其余分为六股。后来，次房及五、六房告绝，兴元尚在，此三份绝产皆归兴元主持。兴元去世后，三子宾刚独占五股产业。而长门寡嫂

---

① 《通制条格》卷3，户令。
② 《大明会典》卷20，婚姻。
③ 《大清律例》卷10，户律。
④ 《名公书判清明集》卷4，户婚门，第126—127页。

夏氏、四门胞弟各得一股，"以致蔓讼不休"。官府判决为：三股绝业，归现存之三股各得一股。因三子宾刚"始终与父同度"，"现在宾刚仍与继母同度，膳产仍归宾刚经理。将来伊继母告终，此项膳产即归宾刚独得，以慰兴元夫妇爱子之心，以酬宾刚始终奉养之孝。且使愚夫愚妇咸知得亲心者分产较多，不得亲心者多得较少，亦足于劝孝而惩逆也"。① 按照一般原则，父母去世后，膳产应由兄弟均分。但因对父母所尽孝养有别，故此官府会有这种判决方式。

可见，子代继承亲代财产的刚性权利会在孝养父母这一原则问题上被"软化"。这意味着子代继承权的实际获得有一个逻辑前提，即履行了对亲代的赡养义务。它无疑在民间社会具有认可基础。

2. 近代以来家庭养老制度

（1）清末新规

清末《大清民律草率》具有现代法律的基本形式。在家庭问题上，它已没有了"孝"与"不孝"的词语，强调家庭成员互有扶养义务。第1451条："负扶养义务者有数人时，须依下列之次序而履行义务：一、直系卑属，二、夫或妻，三、家长，四、直系尊属，五、兄弟姊妹，六、家属，七、妻之父母及婿。"第1453条："受扶养权利者有数人时，负扶养义务者，须依下列次序供养之：一、直系尊属，二、夫或妻，三、直系卑属，四、家长或家属，五、兄弟姊妹，六、妻之父母及婿。"② 这一规定遵守了传统的妻随夫原则，妻子父母在被赡养顺序中的位置最靠后。

（2）民国时期法律

1930年《民法》亲属编第1116条：受扶养权利者有数人，而负扶养义务者之经济能力不足扶养其全体时，以下面顺序定其受扶养之人：1. 直系血亲尊亲属，2. 直系血亲卑亲属，3. 家属，4. 兄弟姊妹，5. 家长，6. 夫妻之父母，7. 子妇女婿。③ 按照该法律，自身经济条件有限时，子代应将对直系尊亲属的抚养放在第一位，而抚养自己的子女则在其次。它表明这一法律对家庭养老的功能是重视的。

---

① 樊增祥：《樊山政书》卷2，第30页。
② 《大清民律草案》，第185—186页。
③ 《六法全书》，第97页。

3. 1949年以来的家庭养老法律政策

（1）家庭成员养老义务的履行

甲、法律规定

1949年以来的法律均强调子女对老年父母有赡养义务。但孙子女对祖父母的赡养义务比较弱，甚至可以说是有条件的。

1949年至1980年，中国有关家庭事务的法律比较单一，基本上都包含在《婚姻法》之中，但其规定不够细致，只有原则，可操作性差。1950年《婚姻法》第13条规定：子女对于父母有赡养扶助的义务。1980年《婚姻法》第15条规定：子女对父母有赡养扶助的义务。子女不履行赡养义务时，无劳动能力的或生活困难的父母，有要求子女付给赡养费的权利。

1985年之后，关于继承、老年人权益保障等专门法律被制定出来。尽管社会养老保障制度已初步建立，但家庭养老的原则仍得到维护。

1985年《继承法》第22条规定：有负担能力的孙子女、外孙子女，对于子女已经死亡的祖父母、外祖父母，有赡养的义务。

1996年《老年人权益保障法》是我国第一部完全以老年人为中心的法律。在老年人赡养承担者范围方面，有多条规定。第10条：老年人养老主要依靠家庭，家庭成员应当关心和照料老年人。第15条：赡养人不履行赡养义务，老年人有要求赡养人付给赡养费的权利。赡养人不得要求老年人承担力不能及的劳动。第16条：老年人与配偶有相互扶养的义务。由兄、姊扶养的弟、妹成年后，有负担能力的，对年老无赡养人的兄、姊有扶养的义务。第17条：赡养人之间可以就履行赡养义务签订协议，并征得老年人同意。居民委员会、村民委员会或者赡养人所在组织监督协议的履行。可见，老年人家庭养老的承担者既有子女，也有配偶，在特殊情况下还包括兄弟、姐妹等。对承担人应提供的赡养和照料内容也做出明确规定：第11条：赡养人应当履行对老年人经济上供养、生活上照料和精神上慰藉的义务，照顾老年人的特殊需要。赡养人是指老年人的子女以及其他依法负有赡养义务的人。赡养人的配偶应当协助赡养人履行赡养义务。在医疗方面，第12条：赡养人对患病的老年人应当提供医疗费用和护理。居住安排上，第13条：赡养人应当妥善安排老年人的住房，不得强迫老年人迁居条件低劣的房屋。老年人自有的或者承租的住房，子女或者其他亲属不得侵占，不得擅自改变产权关系或者租赁关系。老年人自有的住房，赡养人有维修的义务。财产管理上，第 14 条：赡养人有义务耕种老年人承包的田地，照管老年人的林木和牲畜等，收益归老年人所有。

需要指出，按照当代法律，子女继承权与赡养义务相连。1985 年《继承法》第 7 条规定：继承人若有遗弃被继承人的，或者虐待被继承人情节严重的，丧失继承权。第 13 条：对被继承人尽了主要扶养义务或者与被继承人共同生活的继承人，分配遗产时，可以多分。有扶养能力和有扶养条件的继承人，不尽扶养义务的，分配遗产时，应当不分或者少分。但 1996 年《中华人民共和国老年人权益保障法》（以下简称《老年人权益保障法》）第 15 条特别规定：赡养人不得以放弃继承权或者其他理由，拒绝履行赡养义务。应该说，当代法律对子女赡养老年父母的义务规定得最为具体。

乙、政策对家庭成员的养老要求

1960 年形成的《1956 年到 1967 年全国农业发展纲要》中有一项要求：应当教育青壮年男女供养和尊敬自己的父母，使年老的丧失劳动能力的人，在生活上得到合理的照顾，在精神上得到充分的安慰[①]。

（2）保护老年人的基本权益

甲、保护老年人对个人财产的处置权

《老年人权益保障法》第 19 条：老年人有权依法处分个人的财产，子女或者其他亲属不得干涉，不得强行索取老年人的财物。老年人有依法继承父母、配偶、子女或者其他亲属遗产的权利，有接受赠予的权利。

乙、保护老年人的婚姻权益

《老年人权益保障法》第 18 条：老年人的婚姻自由受法律保护。子女或者其他亲属不得干涉老年人离婚、再婚及婚后的生活。赡养人的赡养义务不因老年人的婚姻关系变化而消除。

老年人的上述权益最有可能遭到子女等亲属的干涉，因而法律的指向也很明确。

（3）为老年职工子女和老年人投靠子女照料予以一定支持

[①] 《中华人民共和国国务院公报》1960 年第 13 期。

甲、照顾老年职工子女就业

1978年5月《国务院关于工人退休、退职的暂行办法》第10条规定：工人退休、退职后，家庭生活确实困难的，或多子女上山下乡、子女就业少的，原则上可以招收其一名符合招工条件的子女参加工作。招收的子女，可以是按政策规定留城的知识青年，可以是上山下乡知识青年，也可以是城镇应届中学毕业生。

值得注意的是，1986年，国务院《关于发布改革劳动制度四个规定的通知》提出废止"子女顶替"制度。但对1957年底以前参加工作、家居农村的老工人，在他们办理退休手续后，允许其一名农村的适龄未婚子女到父母原工作单位的城镇，参加全民所有制单位或集体所有制单位的招工考试或考核，在同等条件下优先录用①。

我们认为，这是计划经济和公有制经济占主导时代，政府为老年工人所提供的一项重要的福利。当就业困难时，子女不能就业，会使亲代增加抚养负担。这一政策也会起到培植子女养老能力的作用。

乙、为老年人投奔子女养老提供方便

从20世纪50年代中期以后，在乡城迁移控制较严格的环境下，政府对在农村无人照料的老年人进城投靠亲属照料放宽限制。

1955年3月内务部、公安部《关于办理户口迁移的注意事项的联合通知》规定：为那些确实因残、病、年老到城市依靠子女或亲友供养者发给迁移证②。

1964年8月，公安部制定《关于处理户口迁移的规定（草案）》，其中有：在农村无依无靠，不能单独生活，或有其他特殊情况，必须迁往城市、集镇投靠直系亲属的，允许迁移落户③。作为父母的直系亲属无疑包括在内。

1977年11月，国务院批转公安部《关于处理户口迁移的规定》中有：

---

① 《中国经济体制改革》1986年第9期。
② 《山西政报》1955年第8期。
③ 《山西政报》1964年第12期。

市、镇职工在农村的父、母如确无亲属依靠，生活难以自理，准予落户[①]。

1998年6月公安部"关于解决当前户口管理工作中几个突出问题的意见"要求：男性超过60周岁、女性超过55周岁，身边无子女需到城市投靠子女的公民，可以在该城市落户。对因工作调动等原因在其他地区离休、退休的人员，需要返回工作单位所在地或者原籍投靠配偶、子女的，应当优先予以解决[②]。

上述政策具有人性化考虑，但基本上都以父母年老后在农村无依无靠为前提，1964年以后的政策尤其明显。亦即两个儿子中，一人在城、一人在乡即不符合迁移进城条件。

（二）宗族在家庭养老体系维护中的作用

宗族是各个家庭养老履行状况的直接监管力量。可以说，家庭养老体系的维护是宗族及其组织最为关注的内容。而宗族制定的宗规族训在引导族人履行对父母等长辈赡养方面发挥了重要作用。

1. 子女对父母应充满报恩之念和孝道行为

在宗族规范中，亲子是最主要的互动、互助对象，子代要对亲代，更具体来说，子女对父母要孝顺为基本行为原则。无疑，儒家伦理和观念是宗族所定规范的指导原则。

（1）报父母养育之恩

在传统观念中，父母含辛茹苦将子女抚育成人是对子女最大的恩情，子女要终身回报。主要形式是为父母养老送终。在宗族"家范"中这一观念有非常强烈的表达。

所谓父母之恩，"昊天罔极，虽竭尽其力，不能报于万一也"。父母在子女成长过程中，幼年"无处不为防护"；童年"延师训诲，冀其琢磨成器"；及成年"为之经营婚娶"。父母自壮至老"无刻不为子虑患思危也"。而子孙于父母存日"须曲体亲心，耕者竭蹶股肱以给赡养，读者专攻书史

[①] 公安部治安管理局编：《户口管理法律法规规章政策汇编》，中国人民公安大学出版社2001年版，第240页。

[②] 《河南政报》1998年第11期。

以期显扬。昏定晨省,下气怡色,凡可以奉亲者必多方致之,务得亲欢"①。

不少宗规这样表达:父母深恩罔极,自子生堕地即须乳哺,起则保抱携持,卧则移干去湿;偶有疾病,惊虑攒心;既长使就傅,既壮为完婚,不知费多少心力。为子者想到此间天良,自然感发,那得不竭力事亲②。

对父母在子女成长过程每个环节所付出的叙述,旨在使成年子女充分认识到这一点,进而激发其回馈、报答父母之心,抑制不孝行为。

(2) 一切行为以父母为中心

子女的所有行为都要站在父母立场上来考虑,不能违拗父母。

为人子者必当和气愉色,定省温清,竭力奉养,不有私财。先意承志,委曲将顺以得父母欢,守身修德以贻父母令名,庶几报深恩于万一耳。乃今之人,每多任气使性,触犯父母;厚妻子而薄父母,执己见而逆父母,失其身以辱父母,因忿忘身好勇斗狠以危父母,或且早谋析居不顾父母,种种不孝之罪不胜诛哉③。

这些家训告诫和提示族人子女应该做什么,不应该做什么。从中也可看到,对父母不孝的行为在世俗社会有多种表现,"家范"将其胪列出来是为了警示后辈。

(3) 事事顺承父母

作为子女,孝道主要体现在对父母表现出顺从之意。

事亲须善承志。士食旧德,农服先畴,弓冶箕裘,各有世业。祖业不守,庭训不循,便是不孝。父母有过,不能几谏,使父母陷于不义,亦是不孝。父母或偏爱兄弟,非喜其贤能,必虑其贫困,正宜顺亲之意,俾得行其心所安④。

汪辉祖《双节堂庸训》"孝以顺为先":天下无不是之父母,必先引咎于己,方能归善于亲。一味戆直,激成父母于过,即所谓不顺也。若欲与父母平分曲直,以己之是,形亲之非,不孝由于不顺,罪莫大焉⑤。

---

① 民国三十八年江阴《绮山东沙王氏支谱》卷1,光绪三年家规。
② 民国江氏《金鳌派宗谱》第一册,家训。
③ 民国丁卯重修毗陵《胡氏宗谱》卷2,嘉庆家范。
④ 民国江氏《金鳌派宗谱》第一册,家训。
⑤ 汪辉祖:《双节堂庸训》卷3,孝以顺为先。

顺承父母的核心是服从父母。即使父母所为不当，也要理解，或反责自己。当然父母也会有过失，子女应婉转劝说，以免父母处于"不义"境地。

（4）为父母提供基本生存条件和照料

父母年老、失去劳动能力之后，在没有社会保障制度的时代，子女是父母的唯一保障。因而，子女对父母的孝顺首先表现在满足父母的生存之需。

湖南宁乡县资兴石鼓程氏道光十二年（1832年）所订家法规定：礼曰小孝用力，中孝用劳，大孝不匮。今丢开大孝不讲，单讲小孝、中孝。如父母老矣，无力任事，为子者不问事为何事，当竭力以代之俾父母坐享其福，此之为小孝。父母贫寒无资自给，为子者不问给之量如何，尽其劳苦，俾父母无饥寒之累，无顾虑之忧，此谓之中孝。若并小孝、中孝而不讲，是之谓不孝，又谓之逆子[1]。可见，对一般平民来说，最重要的不在于使父母生存资料丰富，而是量自己之力，任自己所劳，使失去劳动能力的父母能坐享其成。

有些宗族则严格按照传统礼仪制定族人对父母的孝养标准。光绪《金城颜氏家谱》（《家训十条》）规定：大孝显亲，小孝用力，事固不同，而以承欢，则无大小之异。盖虣封鼎食，与服贾力田，以将菽水，不过因贫富贵贱而有别。若夫有至爱者，必有愉色；有愉色者，必有婉容。与夫曲体亲心，善养亲志，立身寡过之地，毋亏体以辱亲者，此皆取诸身，而无俟于外，人人可以勉者也。凡吾子孙，事父母，早起必向父母问安，而后治他事。晚必俟父母寝，而后自卧。饮食必奉甘旨之物，衣服必应寒热之时。冬必进以暖具，夏必安于凉所。呼之必即应，有所使必从之；有所不许，必不行。出必告以所往，反必告以所来。事无大小，必请命。有疾，必昼夜侍起居，奉汤药。岁时生日，必具庆。言行必正，毋贾祸以及亲；持身必谨，毋致疾以忧亲。率妇与孙，如式而行，使后代遵述[2]。这一家训的主旨来自《礼记》，当然更为具体。子孙对父祖要尽心赡养照料，一切家事服从父母的安排，不能自己做主行事。

---

[1] 民国二十五年《资兴石鼓程氏三修族谱》，二修凡例。
[2] 光绪《金城颜氏家谱》，家训十条。

2. 为老年人提供优于其他成员的饭食

这是宗族组织对各个家庭的要求。在生存条件有限的情况下，优先满足年老父母的生存资料需求，而不能一视同仁。

根据明代《郑氏规范》：男女年六十者，礼宜异膳①。

四川罗江李氏规定（乾隆年间）：父母五十以上不任劳，六十以后虽寒素之家必日备酒肉供养，不得与少壮同食②。

父母年老后子女应给予其较其他成员为高的伙食标准。

3. 惩罚不孝行为

宗族在倡导孝行同时，对不孝族人则施以处罚。

清代，苏州济阳丁氏义庄道光二十一年（1841年）所定义庄规条：族中子弟，如不孝不弟，"均不准支领赡米。小过停给，改悔再给"③。

常州蒋湾桥周氏家规：对父母不爱不敬，以致缺奉养而不顾者，其于礼多悖矣。初犯者导之以善言，令其悔悟；再犯即以家法治之④。

4. 为族中困窘、鳏寡老人提供赡养支持

宗族组织有公产（如义田）收入时，对贫困无依老年族人给予生存资料援助，使其老有所养。

安徽绩溪县南关许余氏规定：凡生平公谨，至年老又遭患难，无子侄服亲，无田产者，于祠祀产拨租以养之。如祀租无余，每年由祠董与族内富户派送月米；如无富户，则中户派送，不得任其转辗沟壑，不得视其流离乞丐。如本族有年老饥寒乞丐者，即族长、祠董与富户亲房之罪也⑤。按照该规则，不能将族中贫困无依者推向社会。首先从祠祀产拨租赡养，其次向族内富户摊派月米，最后由中户派送。若出现族人因老无助乞讨者，族内负责者及其近支则有不可推卸的责任。这是一个公产数量有限的宗族所作出的规定。

江苏苏州济阳丁氏义庄（有地1000亩，岁收租息充用）道光二十一年

---

① 宣统浦江《郑氏义门规范》。
② 李化楠：《李石亭文集》卷3，族谱图序。
③ 王国平、唐力行主编：《明清以来苏州社会史碑刻集》，苏州大学出版社1998年版，第261页。
④ 民国丁亥重修《蒋湾桥周氏宗谱》卷1，家规。
⑤ 光绪绩溪县许余氏《南关惇叙堂宗谱》卷8，家政。

（1841年）制定义庄规条，其中有专项为针对老年人的照顾措施：贫老无依，不能自养者，无论男女，自五十一岁为始，开列事由，呈送本房司事查核，加用图记，报庄批准给票，每日给米五合。年至六十一岁，本拟间岁酌给棉衣，今特加给月米，听其自行置办。六十一岁，日给七合；七十一岁，日给一升；八十一岁，日给一升五合；九十一岁，日给二升。百岁建坊，贺仪从厚，以伸敬老之意①。

建于清光绪年间的江苏吴县陈氏义庄有地1093亩，以租银资助族人：除完国课及春秋祭祀外，凡族中鳏寡孤独及废疾者皆有养，凡族中婚嫁丧葬皆有助②。一般来说，族中鳏寡孤独者多为老年人，他们因此而得以生存无虞。

常熟丁氏义庄规定：族中六旬外鳏独，除月米应给外，每年俱给钱七百文③。

民国年间浙江余姚朱氏续增宗规：一、旧制族内鳏寡、老独、残疾，每季每人给制钱一千六百文。其领颁详细规则，仍照旧制办理。至鳏老、孤独、残疾，如实有家贫不能存活，而又无近房可以依赖者，应随时公议酌给，毋得徇情冒滥④。

江苏吴县鲍氏传德义庄规条（民国八年，1919年）：一、凡族中鳏寡孤独，贫苦无依，或完贞守志，苦节抚孤，不染烟赌者，查明支派、三代、住址，由庄赡恤。视其口数，每月一元或二元不等。由庄正副随时核定，不得冒领干没。庄正副并有随时停给之权⑤。

就以上而言，宗族对族中老人所强调的是由其子女赡养，即子女应尽义务不能摆脱。只有那些鳏寡孤独、贫穷老年人，才拨公产予以资助，尽可能免使其沦为街头乞讨者。

---

① 王国平、唐力行主编：《明清以来苏州社会史碑刻集》，苏州大学出版社1998年版，第259页。
② 《吴县陈氏义庄记》，见王国平、唐力行主编《明清以来苏州社会史碑刻集》，苏州大学出版社1998年版，第265页。
③ 光绪《常熟丁氏义庄》，义田规条。
④ 民国《余姚朱氏宗谱》卷首，一本堂绍郡试寓规条。
⑤ 《传德义庄规条》，见王国平、唐力行主编《明清以来苏州社会史碑刻集》，苏州大学出版社1998年版，第273页。

5. 表彰孝子

族中有孝子被乡里视为荣光之事，且对族人具有感召力量和示范作用。宗族组织注意与官方相配合，宣扬其事迹。

明代，安徽休宁范氏《林塘家规》：凡有孝子顺孙义夫节妇，皆系圣朝作养上司培植所致，大神风化，礼当敬崇。各门尊长查明鸣众，即动支祠银一两备办花红鼓乐，率本宗职官斯文族众登门奖劝。有堪奏请表扬者，或本家贫乏，族众合力举闻[①]。

清代，江苏苏州济阳丁氏义庄道光二十一年（1841年）所定义庄规条：节孝题旌，督抚汇奏后，如建坊，送钱二十千；不建坊，送钱二千，俱凭本房司事报庄致送[②]。

6. 禁止子弟出家为僧

官方规定为独子不得出家为僧。而一些宗族则严格限制族人出家。当然其主要考虑还是出家属"弃父母"之行。

清代四川合江李氏规定：为僧、为道，则已弃父母，何论祖宗。族中子孙，宜世保清白，不得甘于削发、易服；违者，屏勿齿，谱削其名[③]。

湖南宁乡熊氏则有严禁之规：僧释原非正道，无父无君。族中有出家者，将父兄责四十，勒令本身入祠，枷号三月，反佛乃止。否则，凭族长处死[④]。

有些宗族虽不赞成出家行为，但无禁止措施，只是取消其入谱、祠堂立主的资格。

宋代临安钱氏谱例规定：子孙为僧、为道者，当于名下直书"某人子出家"，不入大宗谱内，以绝邪道[⑤]。南宋钱塘邹氏：凡子孙有为僧道者，止于父表下注生几子，某为僧或道，不得录其备于谱。如入者削之[⑥]。这为明清以来多数宗族所效法。

---

① 李文治、江太新：《中国宗法宗族制和族田义庄》，第282页。
② 王国平、唐力行主编：《明清以来苏州社会史碑刻集》，苏州大学出版社1998年版，第261页。
③ 光绪《合江李氏族谱》卷8，族禁。
④ 光绪《宁乡熊氏续修族谱》卷8，祠规。
⑤ 光绪《苏州吴县湖头钱氏宗谱》卷首，谱例一十八条。
⑥ 光绪《锡山邹氏家乘》卷首，旧谱凡例。

7. 培植尊敬老年风尚

族人对父母要孝敬、善养，对族人和社会上的老年人要予以尊敬。

元代温州盘谷高氏"家训"中有"礼高年"一项：凡吾子姓，当知齿为达尊之一……若悖逆侮慢，是为犯上。故遇有高年，尔宜加礼焉①。

此外，一些宗族还通过限制父母在世时分家，保持老年人对家庭经济资源的支配能力。不少宗族有这样的规定，将其视为孝行的底线。这是对官方法律的细化。而宗族维护对无子族人按昭穆原则进行过继的制度，也旨在使其实现生养死葬的基本人生目标。

可以说，宗族组织不仅是家庭养老体系的维护和支撑力量，还是不可忽视的监督力量。官方对孝子行为的倡导在很大程度上要靠宗族去落实。

（三）民间惯习对家庭养老体系的维护

民间养老惯习有明显的地区差异。

1. 招赘养老

招赘婚本质上是无子父母让女儿在家招婿上门，以此获得养老的人力资源。在男性为主导且女性谋生活动受到限制的中国传统农耕社会中尤其如此。但招赘婚又与聚族而居的宗法制度有背离，排斥性做法随处可见。不过，养老这一现实问题因过继、收养等方式无法落实而难以解决的情况下，招赘又有存在的空间。无男有女父母让女儿在家招婿，由其承担养老送终义务。总体看，民间对此有两种截然不同的态度和规则。这里，我们通过清代及民国的惯习和个案资料对此加以分析。

（1）认可招赘养老行为

民众接受这种做法，并衍生出不同的具有地方特色的规则。

河南渑池县：女家无子，赘婿以为子者，曰"养老女婿"②。开封：年老无子者，留女赘婿以养老。其赘婿对于岳父母有终身扶养之义务③。

陕西商南县：无子有女者，有招婿上门之习惯，俗谓之"上门婿"。为婿者必与岳父母写立招书，并出财礼银二十四串，或银二十四两。进门与

---

① 《盘谷高氏贵六公房谱》（1935年），盘谷新七公家训。
② 嘉庆《渑池县志》卷7，礼俗。
③ 《民事习惯调查报告录》（下册），第810页。

岳父母同居共爨，言明生养死葬①。洛南、保安、华阴、宁陕、镇巴等县，乡民无子（或子尚幼冲）而仅有女者，既不愿爱女适人，又有需人奉养之必要，往往赘婿于家，养生送死由婿负责②。

湖北多地流行这种做法。竹山县：招婿为子分为有产无子、有产有子、无产无子三种。其有产有子者，不改从女姓；有产无子者，系以赘婿为子，须改从女姓；无产无子者，以赘婿为终身之靠，俗谓之"上门"，亦须改从女性，即在女家成婚，不另立门户。竹山县：约定年限届满时，如不愿同居，须将原订财礼钱若干缴纳女家，亦有意见不合不依限期出舍者。钟祥县：招婿或改名换姓，或相为依倚养老送终，以凭媒所立之合同为准。谷城县，招婿养老合同并不载明出舍年限。巴东县：招婿养老习惯不书立合同③。京山县：招婿入赘须改从女姓者多系无子，待女家父母去世，归宗者亦多，其入赘时之礼式与通常结婚相同④。

安徽芜湖县：招赘习惯，男女两家于结婚之初，须先议定入赘年限，或十年，或七八年，或一二年不等，限满领妻归家⑤。庐江等县：户丁稀少之族，年老无子者，每欲为女招赘⑥。全椒县：女家父母老而无子，为女子赘婿馆其家，奉以终身，谓之"养老婿"⑦。南陵县：凡年老无子者，辄欲为女招赘⑧。

浙江宣平县：年老无子，只生一女者，每虑孤独零丁，无人侍奉，招入赘婿，以为养老之计。订定不收聘金，女婿择日过门，与其女完婚⑨。

广西宜北县：凡年老无子、仅生女者，则招人入赘。所有产业开亲族会议立契，交由赘婿承管，族人不得干涉⑩。罗城县：人民或因年老无子，

---

① 《民事习惯调查报告录》（下册），第 1023 页。
② 《民事习惯调查报告录》（下册），第 1003—1004 页。
③ 《民事习惯调查报告录》（下册），第 963—964 页。
④ 《民事习惯调查报告录》（下册），第 963 页。
⑤ 《民事习惯调查报告录》（下册），第 867 页。
⑥ 《民事习惯调查报告录》（下册），第 861 页。
⑦ 民国九年《全椒县志》卷 4，风土。
⑧ 民国十三年《南陵县志》卷 4，风俗。
⑨ 《民事习惯调查报告录》（下册），第 898 页。
⑩ 民国二十六年《宜北县志》第二编，风俗。

仅有亲生女，多以女招夫入赘①。

清代个案对此也有显示。

嘉庆二十四年（1819年）广西桂平县李启明供词：32岁，父亲李成文，母亲林氏，弟兄三人，小的居长，娶妻梁氏，未生子女。小的父亲自幼招赘与林观长为婿。林观长无嗣，将遗田四块给父亲管业，养老奉祀。林观长身故，有他族人林建文屡向父亲争分遗产，经村老覃木旺劝令，父亲念系外祖同宗，分给遗田二块，以后不得再争。嘉庆二十四年七月初六日，外祖母忌日，林建文弟兄林金生、林金树、林老十们前来拜祭。林建文弟兄说父亲祭菜不丰，吵闹起来，并说尚有遗田二块要林姓子孙耕管办祭。父亲不依，彼此争闹。判词：林建文所得遗田二块，讯已变卖，身死免追。林观长无嗣，讯无本宗有服亲属应继，其婿李成文例不准其承祀，林建文之弟林建明等扶同争产，亦未便为其承继，应饬具照例饬令林观长户族另行公议择立同宗应继一人承祭。林观长尚有遗田二块，与李成文各平均分，呈县立案，以杜争端②。这一案例中，赘婿虽自幼被招，但不仅未改姓，且其所生子女也随男方之姓。赘婿继承岳父所有财产，承担生养死葬和祭祀义务，可谓永久定居下来。尽管岳父族人有滋事行为，并非要将赘婿排挤走，表明当地习惯对赘婿是接受的。

嘉庆年间，四川乐山县魏万有供词：魏宋氏是小的堂婶母，王魏氏是婶母前夫范姓生的女儿。婶母改嫁堂叔魏文才时，随带过门扶养，就从魏姓。嘉庆五年（1800年）十二月间，婶母把魏氏招赘王老公为婿。小的祖上遗留公地一段，栽有桑树，堂弟魏济明也是有份的。从前魏文才病故无子，家里穷苦，小的与魏文清、魏济明们商议把公共桑地给婶母与他女儿度日③。本案中，王魏氏为魏文才的继女，其母（继父已去世）安排她招婿上门，魏文才的族人也未干预，而且给予其必要的生活帮助。这也是对招赘婚认可的表现。

综合以上，至少清代以来，基于养老之需，招赘婚在不少地区是被接受的，南方尤其如此。

---

① 民国二十四年《罗城县志》民族卷，风俗。
② 杜家骥主编：《清嘉庆朝刑科题本社会史料辑刊》第一册，第399—400页。
③ 杜家骥主编：《清嘉庆朝刑科题本社会史料辑刊》第一册，第22页。

(2) 排斥招赘养老

个别地方有排斥做法。

山西永和县:"查永和招赘情事,昔年多有,近年以来,因严禁之,概不多见"①。进入民国,还有地方对招赘"严禁之"。从字面上看,这只有官方能做到。但此项做法与法律精神不符。或许它是民间行为,也有可能县志所记为清末习俗。

河北固安县:贫家年老无子,间有招赘上门,以图得养老者,然每结果不圆,且为乡人所轻视,稍能自立者不为也②。

河南襄城县:无子者,招婿养老,女不遣嫁者,其婿谓之赘婿③。民国习俗调查者认为:清律虽不认女婿有宗祧继承之权,而招婿则所明定。"襄城县习惯,并不准招婿养老,视例载制限更严矣"④。获嘉县(民国二十三年,1934 年):赘婿于家以待养老,则绝无仅有也⑤。

甘肃合水县:养老赘婿"颇稀,以本宗承嗣者多"⑥。

湖北松滋县:县北宗族势力深固,认为"招赘乱宗",有女无子的人家,宁以侄儿入祧,也要女儿嫁出⑦。

可见,有排斥招赘习惯的地区以北方居多。这些地方无子有女招赘养老虽不能避免,但终属少数;为赘婿者绝大多数来自贫穷家庭,能力、素质、品行等方面不能令人满意,对责任的履行上往往难以达到招赘父母所期望的目标,人们因而会更加排斥这种做法。

2. 儿媳招夫养老

儿子死后,留下儿媳以及孙子女。若婆媳相处较好,年幼孙子女需要抚养,老年公婆赡养无他人替代,则有可能达成儿媳坐家招夫养老这种共识。不过相对于女儿招赘养老,招夫的接受范围要小。由于它不为法律所

---

① 民国二十年《永和县志》卷5,礼俗。
② 民国三十二年《固安县志》卷2,礼俗。
③ 《民事习惯调查报告录》(下册),第808页。
④ 《民事习惯调查报告录》(下册),第808页。
⑤ 民国二十三年《获嘉县志》卷9,风俗。
⑥ 民国二十二年《合水县志》(抄本),见《民俗资料汇编》(西北卷),北京图书馆出版社1997年版,第185页。
⑦ 湖北省松滋县志编纂委员会编:《松滋县志》,1986年版,第700页。

承认，我们称之为一种习惯。

陕西镇安、洵阳、延川等县的习惯是：独子之家，若中年夭折，则由翁姑坚留孀妇而不醮。或妇人夫死无后，尚有兄弟可望生子为夫承继，翁姑不听再醮，又不忍其长此苦度，乃为之招夫，以便得其扶养。并立契特别给财产若干，交媳管业。并预约该妇，弟兄生子，先与承继，以接宗祧。其在该妇无弟兄之家，则后夫生子即为前夫嗣子，同作生活，奉事二老，翁姑所遗财产，归该妇夫妇承受①。平利县习俗：有翁姑因子死亡，无论其媳有无子嗣，但以素性贤孝，并勤于操作，翁姑不忍其再嫁，别招一夫，以赔其既死之儿。该赔儿对于媳之翁姑，即负完全扶养之义务。如果前夫有子，所招之夫生子成立后，应否归宗，悉听其便②。汧阳县：有寡妇只生一女，并无子嗣，其姑年老，相依为生，不忍远离，婆媳同意，以"招夫养姑"为词，即得招赘入门，至前夫所遗产业，除养葬老亲暨遣嫁生女外，概归后夫承受③。

江苏句容县：因子亡而翁姑复为之招婿以养老者……翁姑别无他子，无人扶养，不忍听其媳妇再醮，不得已而为此权宜之举。后人见其便利，踵而行之，遂浸成一种牢不可破之习惯矣④。

当然，也有禁止的惯习：河南襄城县：于妇人夫亡无子者，禁止其招赘养老⑤。

一般来说，不能接受女儿招赘的地区，同样排斥寡媳招赘夫的做法。

3. 独子不得出继入赘

独子父母的养老行为无人替代，无论官方法律还是民俗都有限定：独子只能在家娶妻，不得入赘他人之家，免使亲生父母无人赡养。在民间实践中，有与此一致之处，也有不同表现。

湖北竹山县习惯：婿之父母只有一子者，不得入赘。巴东县习惯：独子有父母者，无为赘婿之事实⑥。谷城县：赘婿甚少，并无独子不得入赘之

---

① 《民事习惯调查报告录》（下册），第1007页。
② 《民事习惯调查报告录》（下册），第1022—1023页。
③ 《民事习惯调查报告录》（下册），第1023页。
④ 《民事习惯调查报告录》（下册），第857页。
⑤ 《民事习惯调查报告录》（下册），第808页。
⑥ 《民事习惯调查报告录》（下册），第964页。

限制①。

不过也有例外，湖北潜江、京山县的习惯是：独子本以不得入赘为原则，但赤贫之家无力娶妇，独子亦有入赘者。潜江县：此项赘婿生有二子，必有一子从女家之姓，一子从婿家之姓。通山县：须于合同声明两姓禋祀均得延得字样②。

湖北有些地方，独子不得出继为主，出继为辅。京山、巴东两县习惯：独子不得出继。通山、竹山、潜江三县：独子只能兼祧，不能完全出继；惟潜江县孀妇改嫁，独子随母下堂继人为嗣者亦多。谷城县：凡家计贫苦者，其子虽系独子，亦得出继他人为嗣③。

可见，中国历史上家庭养老体系受到全方位的维护，基本表现是：政策和法律的功能在于减轻或免除有老人家庭，主要是有70岁以上老人的子弟所应承担的公共义务，甚至对有犯罪行为的独子等予以特予减免罪责，健全其家庭成员承担养老的人力和物质条件；官方、民间和宗族通过孝行倡导，抑制对老年亲属赡养的忽视行为；对变通性养老规则给予法律支持，如招赘婚等，但它在一些地区不被宗族和民俗所认可。总之，这些维系手段是养老功能得以发挥的重要保证。

当代社会环境下，法律和政策仍对家庭养老的功能加以维护，但其他维系的形式减少，并且刚性原则为弹性做法所替代。宗族这一维系力量不存在了。另外，当代社会法律和政策倡导亲子平等，因而子代对老年亲代的特殊关照减少。

四 家庭养老方式和策略

政府和社会组织在家庭养老为主的时代，采取了一些制度性措施支持家庭发挥这一基本功能。同时也应看到，家庭自身是老年成员养老的基本承担者，为了履行该使命，家庭也有自己的一套策略。前述无子有女家庭的招赘行为甚至寡媳招赘行为，实际也是家庭养老策略安排的体现。在此

---

① 《民事习惯调查报告录》（下册），第964页。
② 《民事习惯调查报告录》（下册），第964页。
③ 《民事习惯调查报告录》（下册），第966—967页。

我们主要从老年人的居住方式上作一探讨。

(一) 家庭被赡养老年人的居住和供养方式

1. 与诸子共同生活

在宋以来的中国社会中，有一定数量的复合家庭，由父母与两个及以上已婚儿子所组成。从我们对清代个案和民国时期农村家庭所作研究可见，北方富裕自耕农家庭，父母在世特别是父亲在世时，通过控制土地、住房等财产，压抑诸子的分家要求；一旦父母去世，兄弟们则分爨别居，各立户头[①]。这意味着北方地区有两个以上已婚儿子的老年人在复合家庭养老的比例较高。佃农、佣工等社会中下层之家则较少复合类型家庭。南方广大农村地区复合家庭维系力量整体上逊于北方，清代和民国时期尤其如此[②]。

2. 与一个儿子生活

在多子家庭，每个儿子都有赡养父母的义务。若老年人与一个已婚儿子生活，形成直系家庭，其他儿子就需分摊生活资料。另一方面，传统社会独子家庭也占一定比例，明清时期约为三分之一[③]。这些家庭的老年人只能在直系家庭及其他小家庭中生活。

从清代情况看，老年父母与一个已婚儿子组成直系家庭来养老的做法所占比例较高。根据我们对 18 世纪中后期家庭个案所作汇总，当时的直系家庭约占 30%[④]。多子家庭老年人与一个已婚儿子形成直系家庭，主要是先结婚的儿子分出生活，最后结婚者与父母共同生活，并通过对父母房产等的继承获得补偿。

与一个儿子生活，其他分居儿子分摊物品的案例，在清代档案中多有体现。

嘉庆八年（1803 年），贵州安化县张在禄供词：年 47 岁，弟兄三人，小的行三。父亲与亲母先后病故，只有继母彭氏现存。小的弟兄们已各分

---

① 王跃生：《十八世纪中后期的中国家庭结构》，《中国社会科学》2000 年第 2 期；《华北农村家庭结构变动研究》，《中国社会科学》2003 年第 4 期。
② 王跃生：《中国农村家庭的核心化分析》，《中国人口科学》2007 年第 5 期。
③ 刘翠溶：《明清时期家族人口与社会经济变迁》，台北"中央研究院"经济研究所，1992 年，第 110 页；王跃生：《十八世纪中国婚姻家庭研究》，法律出版社 2000 年版，第 281 页。
④ 王跃生：《十八世纪中后期的中国家庭结构》，《中国社会科学》2000 年第 2 期。

居。继母向与小的同住。分家时议定三弟兄每人各轮四个月,共出谷二石养赡继母,都交小的供赡①。供词中说继母各轮四个月,实际是固定吃住在一个儿子家庭,其他儿子分摊生活资料。

嘉庆二十年(1815年),山西临汾县王滚子供词:23岁。王克义是小的祖母。父亲王则香久已出外贸易,有母亲赵氏。并没兄弟、妻子,佣工度日。合叔子王则分爨各居。祖父、祖母跟叔子过活,小的每月送米养赡。嘉庆二十年三月十九日早,小的因母亲回外祖家,到叔子家合祖父吃完早饭,祖父向讨月米。小的没钱买米,央缓,祖父村骂小的②。本案中孙子代出外父亲承担祖父所需赡养资料。

嘉庆十五年(1810年),四川忠州张添纲供词:35岁,父母均在,父亲63岁,弟兄四个。父亲、母亲与四弟张添常同住,小的们弟兄议明每年秋收后,各送谷子四石与父母养赡。嘉庆十四年八月十七日,母亲生日,小的同二哥去拜生。午饭后,父亲因二哥张添健还有一石赡谷没有送去,向他催讨。二哥说他分受的田不好,应少送一石。父亲骂他不是③。本案中诸兄弟对每年给予父母养赡米的时间和数量均做出约定。

值得注意的是,以上三例均为老年人与最小的儿子一起生活,其他儿子承担生活费用。或许各地多子家庭只要兄弟分家,父母多与小儿子共同生活。这可能因为父母的住房以堂屋为主,先结婚的儿子分出后,最小的儿子自然留在了老宅之中。

需要指出,多子老人依靠一个儿子生活的情形在一些地方也存在。

嘉庆十五年(1810年),陕西大荔县田东方子供词:32岁,父亲年61岁,母亲去世。弟兄三人,小的居长,分居各爨,父亲倚靠三弟④。本案中没有提及其他非同居儿子的分担行为,或承担赡养者的补偿方式。而至近代西北一些地区有父母跟最小的儿子生活,小儿子在土地、房产等方面获得补偿的做法。

3. 老年父母单独炊爨,儿子分摊生活资料

这种做法当代农村比较普遍,实际上传统时代也并非个别现象。

---

① 杜家骥主编:《清嘉庆朝刑科题本社会史料辑刊》第一册,第28—29页。
② 杜家骥主编:《清嘉庆朝刑科题本社会史料辑刊》第一册,第285页。
③ 杜家骥主编:《清嘉庆朝刑科题本社会史料辑刊》第三册,第1742页。
④ 杜家骥主编:《清嘉庆朝刑科题本社会史料辑刊》第二册,第1074页。

史载：元朝至元年间，随处诸色人等，往往父母在堂，子孙分另别籍异财①。父母留在老宅，子孙分居别处。元至元十一年（1274年），御史台呈文指出：伏见随路居民，有父母在堂，兄弟往往异居者。分居之际，置父母另处一室，其兄弟诸人分供日用。父母年高，自行拾薪取水，执爨为食。或一日所供不至，使之诣门求索②。这是对多子家庭老年父母单独居住并炊爨、儿子提供生活用品的形象说明。既然此情形存在于"随路居民"中，表明它非个别现象。

明朝文献显示，父母与诸子分家后，若自己尚能自理生活，则有可能独自炊爨。徽州文书中有一案例：父与四个儿子分家后，阄书上写明："存上坑水碓邱田三亩，外拨每分阄内租谷□十秤，俱作予夫妇存日并侍妾食用。"③ 这是膳田收益与诸子分摊粮食相结合的方式，父母以此作为生活费用来源。

清代徽州阄书中也有类似情形。有的父母或父母一方与诸子分家时，将所有财产分出，自己的生活费由儿子均摊。嘉庆年间一潘姓父与四个儿子分家，所有田地屋宇和店面都均分给儿子，"分居之后，四子每年贴出元银十两，共成四十两，父母以作日食，不致短少"④。根据此分单，父母没有选择与任何一个儿子同居，而是自成生活单位。

个案中也有这方面的资料。嘉庆二十四年（1819年），陕西韩城县陈九伦供词：年47岁，父母俱故，继母73岁。弟兄三人，小的行二。已死陈九恩是小的大哥，三弟陈九元，同居各爨。小的没有妻子，佣工度日。继母是小的弟兄们轮流供赡。小的时常在外佣工，把分得地亩托哥和三弟分种，收得租籽就做供赡继母的费用⑤。

可见，只要父母在世时诸子有分家行为，父母即有单独生活的可能性。当然，刚分家时父母也许尚未年老，生活自理没有问题。

---

① 《通制条格》卷3，户令。
② 《通制条格》卷3，户令。
③ 章有义：《明清徽州地主分家书选辑》，见《中国社会科学院经济研究所集刊》（9），中国社会科学出版社1987年版，第82页。
④ 章有义：《明清徽州地主分家书选辑》，见《中国社会科学院经济研究所集刊》（9），第111页。
⑤ 杜家骥主编：《清嘉庆朝刑科题本社会史料辑刊》第一册，第398页。

4. 轮养

轮养是两个及以上独立生活的儿子对父母的供养方式，这是诸子养老责任均等化的一种表现。实际做法有多种。有的为父母炊爨，儿子轮流提供生活资料；有的为父母固定一处居住，各个儿子所组成的小家庭轮流提供饭食；有的为父母按照协商好的天数，到各个儿子家吃住。

元朝至元年间官方文献对这种养老方式有所说明：儿子们分家时，"分定日数，令父母巡门就食"；"日数才满，父母自出，其男与妇亦不恳留。循习既久，遂成风俗"①。如此生动的描述既将轮养方式揭示出来，还可从中看出儿子、儿媳对老年父母（公婆）的轮养态度。依赖子、媳赡养的老年人没有得到应有的尊重，即使在重视"孝道"的时期也是如此。

清朝档案中多有轮养的案例。

嘉庆年间，山西霍县张兴太供词：41岁，已婚，父亲和生母已故。继母张邢氏，张兴顺为继母所生兄弟，向来同居。嘉庆六年（1801年）正月，母亲把小的弟兄两个分开。母亲在小的和兄弟两家按月轮流吃饭②。嘉庆元年（1796年），安徽怀宁县金黄氏供词：61岁，丈夫已死，生两子。长子金陇友，娶媳冯氏，只生一孙女（12岁）；次子金苍友，他弟兄们已分居，轮流供膳③。

民国时期这种风俗继续存在。四川长寿县，贫者依长幼轮流迎养④。贫穷家庭父母年老之后没有可支配的产业，被动接受儿子们轮养。

当代社会此种养老行为非但没有减少，而有扩大的表现。不过它主要流行于农村。

1953年第一次人口普查时所制定的《全国人口调查登记办法》即注意到轮养现象。第9条规定：受轮流供养的人，以调查时所在之轮养户登记为常住人口⑤。这意味着被轮养者非单独立户。

中国1949年至60年代，生育水平较高，农村多数夫妇有两个以上的儿

---

① 《通制条格》卷3，户令。
② 杜家骥主编：《清嘉庆朝刑科题本社会史料辑刊》第一册，第23页。
③ 中国第一历史档案馆藏，刑科题本，土地债务类，大学士兼管刑部事务阿桂题，嘉庆元年六月二十四日。
④ 民国三十三年《长寿县志》卷4，风俗。
⑤ 《中国人口年鉴（1985年）》，中国社会科学出版社1986年版，第117页。

子。目前这些家庭中的亲代多已步入老年，当生活不能自理时，由儿子轮流赡养成为比较普遍的做法。随着只有一子家庭增多，该项习惯将失去存在的条件。

综合以上，当代社会老年人不同居制的养老方式在传统社会都已存在。但就总体来看，宋以降民国前，中上层家庭老年人通过限制诸子分家而形成的复合家庭占一定比例，中下层家庭多子老年人单独生活占一定比例，但比例最高者是老年人和一个已婚儿子共同生活。

（二）膳田自养制度

父母年老后自己生活，通过设立膳田作为生活资料来源的保障方式。有产家庭父母，若不能抑制儿子的分家要求，又担心将所有财产都分给儿子，自己会陷入"寄人篱下"的境地，以膳田来实现自养。相对于同居共爨，这属于退而求其次的做法。

1. 膳田的形成

北宋时期即有此做法。福建民俗：家产计其所有，父母生存，男女共议，私相分割为主，与父母均之[1]。

元代一起诉讼案件表明当时膳田的存在。至元十一年（1274年）六月，彰德路褚克衡告官：除与兄褚克衍将家私分另外，际留与母阿刘并老娘娘阿田养老事产，有兄褚克衍拘占，不肯分剖。省部相度，褚阿刘、阿田际出养老财产，今已身死，又兼同户当军，理合诸子均分，仰依上施行[2]。

明代徽州分家文书中有膳田内容。父母在与诸子分家时特提出一定数量，用作生养死葬费用来源[3]。

清代学者汪辉祖在其所拟家训《双节堂庸训》提醒族人"析产宜酌留公项"：使为子者皆能以事亲为心，为之亲者何必过虑及此？顾余尝见衰老之人，尽将产业分授诸男，遇有所需，向诸男索一文钱不可得，仰屋咨嗟，束手饮泣。而不肖子孙且曰：老人已日受膳奉，何有用钱之处？茹苦莫诉。

---

[1] 《宋会要辑稿》刑法二之四九。
[2] 《通制条格》卷4，户令。
[3] 章有义：《明清徽州地主分家书选辑》，见《中国社会科学院经济研究所集刊》(9)，第86页。

故既分产，必须自留公项，生则为膳，死则为祭，殊可不致看儿孙眉眼①。

1925年《民国民律草案》第1342条：所继人之妻，于继承开始时，得按遗产总额及其本人与遗产继承人之需要情形，酌提遗产，以供养赡之用。另外，第1083条：以维持祖先祭祀、祠堂、坟墓或支给家属之教育、婚嫁、扶养及其他与此相类诸费为目的，得由家长、家属个人或共同另提一定财产……设定家产，作为家财团②。其中为"扶养"所提财产，也有膳田或膳资含义。

父殁母存时的膳田形成。父亲去世之后，缺少治家能力，又无法抑制儿子分家的母亲在实施分家时，为自己留出一份土地作为养老地，通过出租等方式获得粮食或租金，维持其生活所需。应该说，这是自耕农以上家庭的做法。贫苦人家，土地资源不足，很难有余地留作养老田。

2. 不同地区父母以膳田养老的表现

北方不少地区有膳田之俗，清代和民国的文献显示了这一点。

黄宗智根据"满铁"资料对华北农村的养老形式进行过分析。村民将其概括为三种：一种是把家里一部分地拿出来放在一边作为父母的养老地，其他两种形式中，儿子们或者轮养为双亲管饭，或者每年给双亲定量的粮食（养老粮）或钱（养老费）。而第一种形式最为流行③。

直隶清苑县：父母使其子各居另爨，自己酌留财产以为养赡之需。父殁，母有管理之权，自不容其子主张均分④。不仅如此，保定所属各县都有此习惯：子于父母固有养赡义务，惟赡养方法，习惯大别之有二：一为分担养赡主义，二为共同养赡主义。分担养赡，因其父母遗留财产不足以资分配，由数子中于劳务所得之报酬平均养赡者是。共同养赡，即于数子分居时，将一定之财产划清部分，无论使用、收益，概为父母生存之需⑤。

吉林德惠县：家庭诸子分居，无论父母从谁过度，必酌拨财产若干，谓之为"养老"。如分契不载明该产专归奉养之子承受，其父母故后，除丧

---

① 汪辉祖：《双节堂庸训》卷3，析产宜酌留公项。
② 《民国民律草案》，第347页。
③ 黄宗智：《法典、习俗与司法实践：清代与民国的比较》，上海书店出版社2007年版，第114页。
④ 《民事习惯调查报告录》（下册），第761页。
⑤ 《民事习惯调查报告录》（下册），第763页。

葬费用外，剩款应由各股分劈①。

山东莱阳县：多子家庭，兄弟分家后，父母在或择子妇贤者暂予所除养老地亩，俾其奉养，或自炊，或诸子轮养②。可见，有膳田的老年人有依一子生活、自炊和轮养三种。

陕西南郑、城固、褒城、沔县、凤县、留灞等县：分析家产时，先由田产内提出若干，作为父母生养死葬之费，名曰"膳田"③。

南方流行膳田之地也不少。

前述徽州地区分家文书多有这方面的规定。分产在"除膳养资外"④进行。

上海宝山县：今农夫之家，为子娶妇则分田授之，己则与未娶之子共耕，迨子尽娶妇授田，则留以自耕者谓之"养老田"⑤。

清末民国时期，福建全省有此习惯：凡家族当析产之际，有父母及祖父母在者，多另提产业全部中之一部，为父母及祖父母老年人养赡。无论何人不得私为处分，须待父母及祖父母亡故后，其承继之子孙始得享有利益。但经父母及祖父母可于养赡全部中提出一部为子孙必要之费用者，不在此限⑥。

广西宜北县：父产子分，沿成惯例，生育多子，财产均分，肥瘦互搭，好丑配匀。稍丰之家，除分配各子外，抽存一部分父母犹存作为养老田⑦。

膳田是老年人通过划拨一定数量归其支配的土地来保障所需生活资料，避免对儿子形成赡养依赖。在传统孝道观念维系的环境中，此项规则的形成是父母有鉴于将所有财产悉数分给儿子会陷于被动地位而采取的措施。从本质上讲，膳田是父母希望在与儿子分家后仍能保持独立的生活单位，或者说父母在分家时将自己也作为近似的"一股"参与分配。这一安排下，儿子所分家产的份额将有所减少，但却因此免于直接承担赡养义务，故也

---

① 《民事习惯调查报告录》（上册），第42页。
② 民国二十四年《莱阳县志》卷3，礼俗。
③ 《民事习惯调查报告录》（下册），第1011页。
④ 章有义：《明清徽州地主分家书选辑》，见《中国社会科学院经济研究所集刊》(9)，第107页。
⑤ 民国二十年《宝山县再续志》卷5，礼俗。
⑥ 《民事习惯调查报告录》（下册），第982—983页。
⑦ 民国二十六年《宜北县志》第二编，风俗。

乐意接受。

3. 膳田份额

诸子分家时为老年父母留下膳田的做法南宋时已为官方所认可。那么，不同时期，膳田在可分耕地中所占份额多大？

南宋案例：孀妇叶氏丈夫死后，其与丈夫前妻所生之子蒋汝霖和未嫁亲生女归娘分产（共有家业田谷258硕）：汝霖得170硕，叶氏亲女归娘得31硕随嫁，叶氏自收谷57硕养老。按照法律："叶氏此田，以为养老之资则可，私自典卖固不可，随嫁亦不可，遗嘱与女亦不可。在法，寡妇无子孙年十六以下，并不许典卖田宅。盖夫死从子之义，妇人无承分田产"①。本案中孀妇与已故丈夫前妻所生子分产，或者说继母与继子之间分产。继母所得在总财产中22%，继子所得占65%。另一个案，方文亮生三男，其中前妻生二子，妾李氏生一子。此时（淳祐年间）方文亮与前妻已故，妾李氏尚存。官府为其分家所作判决为：拨田与李氏膳养，自余田产物业，作三分均分，各自立户②。这里，没有提及份额。既然官府已经参与进来，不会让李氏吃亏。

清代徽州文书中有一件雍正年间的文书这样规定：除分关外（有二子），抽膳田地13亩9分8厘5毫，以为养老之资，日后仍作二股均分③。分家前该家共有地41亩，膳田占33.11%，近似三分之一。

清代个案中也有这方面的信息。

乾隆二年（1737年），京城旗人王氏供词：我系镶白旗满洲韩泰佐领下已故护军存柱之妻，51岁。生三个儿子，男人死后，我守着三个儿子过活，因我第二个儿子清泰要分家，我想他们都长成了，我又年老，叫他们分居，各人去过。将祖遗的二顷85亩地，房6间，叫他们均分。还有典的地二顷是我要留下养老的④。这里祖遗地、典地的收益和价值是不一样的。

乾隆五十二年（1787年），山东滕县邵亮供词：47岁。父母在，兄弟4

---

① 《名公书判清明集》卷5，户婚门，第141页。
② 《名公书判清明集》卷9，户婚门，第303页。
③ 章有义：《明清徽州地主分家书选辑》，见《中国社会科学院经济研究所集刊》(9)，第97页。
④ 中国第一历史档案馆藏，刑科题本，土地债务类，大学士兼管理刑部事务徐本题，乾隆二年七月二十八日。

人，小的居次。小的弟兄们乾隆四十五年（1780年）上分的家，每人分了8亩地。父亲留下16亩地养老①。父母所得高出儿子均分额一倍以上。

同治年间，陕西商州人徐兴元与六个儿子分产时自提膳产一份，其余六股均分②。其产业被认为按七股分，表明膳田数额与诸子所得份额相同。

清末民初，福建浦城县：兄弟分家时，先抽出父母养膳。父母赡养约占诸子分产之半数，父母亡故，即以为祭产③。

因案例数较少，难以概括出具有普遍性的认识。至少福建的习俗和山东的个案表明，父母膳田份额要高于儿子们的人均水平；而其他个案则为与诸子的"股份"额度相当。或许可以说，膳田数量高于儿子或与儿子水平一致具有一定代表性。

根据黄宗智所收集的华北农村民国时期的资料，养老地的份额在大土地所有者中所占比例较低，如沙井村一户有地270亩，养老地为30亩；另一户共有地150亩，养老地30亩。小土地所有者中养老地份额较大。如一户有11亩，养老地5亩；另一户有8亩地，养老地占4亩。其所汇集的案例中，总耕地20亩以上家庭的养老地多在10亩以上④。这或许是两个老人在自己不能亲身耕作情况下维系体面生活的耕地数量水平。

4. 膳田的经营管理

（1）父母若与一子同住，膳田归其经管

陕西蓝田县的做法：凡兄弟同居和睦，父母在日，令其析居，先由地中提其肥美者，作为父母生养死葬之业，俗谓之"养老地"。但父母生前如择爱子同度，该养老地即归爱子主持，将来殡葬之费，或赢或绌，不与诸兄弟相干。但诸兄弟欲分认殡葬费，冀图分得一份养老地者，得照最低地价分润⑤。从习俗中可见，父母所得养老田为家产中质量较高的地块。这应该是分家时优先安排养老地习俗所起作用的结果，儿子们也只能认可。

（2）父母单独居住，兄弟轮流种膳田，供给父母粮食

---

① 中国第一历史档案馆藏，刑科题本，婚姻家庭类。
② 樊增祥：《樊山政书》卷2，中华书局2007年版，第30页。
③ 《民事习惯调查报告录》（下册），第935页。
④ 黄宗智：《法典、习俗与司法实践：清代与民国的比较》，第114页。
⑤ 《民事习惯调查报告录》（下册），第1014页。

下面个案提供了这种做法的依据。

清代嘉庆十年（1805年）广西修仁县谢西淑供词：29岁，父故母存，兄弟二人。小的与胞弟谢嘉升分爨。母亲有膳田8亩，小的兄弟轮种。每年议秤租谷八百斤与母亲。母亲向是小的供膳，谷子应交小的收管。嘉庆九年轮值兄弟耕种、秤租。九月，小的出外生理，到十月初一日回家，兄弟已把膳谷堆放堂屋。小的复秤短谷六十斤，要兄弟找补。兄弟说小的过秤不公，小的生气赶拢要打兄弟……①

（3）出租与人耕种，收租为生

清代个案：

湖南桃源县，乾隆四十八年（1783年），符学玙供词：祖父生父辈弟兄6人。祖父先年置买水田二石一斗，父与叔伯们久经分析，尚存老屋竹园未分，祖父收租养赡②。

有的租给儿子。

嘉庆十六年（1811年），四川犍为县邓杨氏供词：丈夫早故，生有三个儿子，长子邓棕志，次子邓棕淮，三子邓棕芳，分居各爨。邓棕志不听管教，把受分产业当卖完了，佃小妇人养赡地土耕种，每年认给租银八两。嘉庆十五年的租银小妇人讨过几次，邓棕志总没付给。十六年三月三十日早，小妇人又向邓棕志讨要，他反说小妇人讨厌。小妇人骂他不孝，邓棕志就向小妇人顶撞……③

嘉庆十一年（1806年），山东德平县宫世忠供词：年50岁，父故，生母宫赵氏。女人蔡氏，两个儿子。小的过继与大伯宫培仁为嗣。生母名下养老地向来小的耕种。宫刘氏为小的亲嫂。嘉庆十一年正月二十三日，宫刘氏和侄子宫青来说小的已经出继，生母养老地他们要种，小的不肯，大家争吵起来。嫂子执意要小的交出地亩，小的不依，嫂子嚷骂。小的用头撞嫂心坎，伤死。同案宫赵氏供：82岁，男人同大儿早故，宫世忠是次子，出继夫兄宫培仁为嗣。小妇人名下养老地向给宫世忠耕种还租。如今宫世

---

① 杜家骥主编：《清嘉庆朝刑科题本社会史料辑刊》第一册，第68页。
② 中国第一历史档案馆藏，刑科题本，土地债务类，大学士管理刑部事务阿桂题，乾隆四十八年十一月十九日。
③ 杜家骥主编：《清嘉庆朝刑科题本社会史料辑刊》第一册，第195页。

忠犯罪，他儿子们还小，家里穷苦，小妇人养老地仍旧断给宫世忠家耕种①。

在土地紧缺或主佃矛盾突出的地区，将膳田租给儿子耕种，对亲子双方或许都有益。这种方式的存在表明，父母对膳田拥有完全的所有权。因靠该田维生，故即使儿子也不能无偿使用。

5. 膳田的最后处置

有养老田的父母去世后，此地的使命完成，多数情况下将被儿子们再次均分。但从各地习俗看，它还有两项用途。

（1）转为祭田。陕西扶风县、乾县的规则是：兄弟析产，多由家产内先为其父母提出若干地亩，以作生养死葬之资。其父母故后，其地多归长房耕种，每年所有出息，作为祭扫之费，名曰"香火地"②。

山东莱阳县：父母殁后，膳田或兄弟均分，或概作祭田，子孙世守，不得典卖。贫苦者往往得沾馂余以资生存③。

广西宜北县：父母的养老田待其殁后作为祭田，以备每年逢清明节上坟拜扫之用，兄弟会餐④。

（2）作为丧葬费用。

热河的做法是：甲、乙二人分析家产，因有老亲在堂，应提一分以养亲，名之曰"养老地"。亲在，则以之赡养；亲殁，则以之变价作埋葬费⑤。

膳田除了这两项用途之外，诸子可将其作为家庭最后的遗产实施均分。

膳田的上述功能和最终处理方式，不仅使父母在与儿子分家后做到生有所养，而且死有所葬、所祭，可谓是一项考虑周全的制度安排。

（三）立嗣制度在养老安排中的作用与副作用

按照立嗣规则，被过继、立嗣者既是继父母的血缘传人，也是其养老义务的承担人。一些无子家庭有的不愿过继族人为子，有时无近亲之子可

---

① 杜家骥主编：《清嘉庆朝刑科题本社会史料辑刊》，第一册，第118页。
② 《民事习惯调查报告录》（下册），第1014页。
③ 民国二十四年《莱阳县志》卷3，礼俗。
④ 民国二十六年《宜北县志》第二编，风俗。
⑤ 《民事习惯调查报告录》（上册），第408页。

过继，出现以抱养义子或为女儿招婿方式养老的做法。但在异姓不能乱宗规则下，无子者仍需立一形式上之嗣，并且将一半财产分给这个并不为其承担养老责任之人。这在一定程度上削弱了无子家庭的养老基础。

清代，乾隆三十一年（1766年），山东鱼台县李贵供：47岁，父故母存，娶张氏。李廷璧本姓沈，是无服族兄李海自幼抱养的，抚养长成，替他娶妻，与小的邻居。乾隆二十五年（1760年），李海的兄弟李涵病故乏嗣，遗下35亩地。李海因没亲子，又无近支可为李涵承继，把李涵绝产分给小的十七亩六分地，那一半归李廷璧承受。李涵的女人刘氏归李廷璧养活①。本案中李贵获得李涵绝产中的一半，但不承担其遗孀的赡养之责。

传统时代，家庭养老是基本养老制度。因而培植家庭养老资源—拥有儿子（或继子、养子及赘婿），是家庭养老功能发挥的必要条件。传统家庭的此项功能也有脆弱表现。正如袁采《袁氏世范》：大概妇人依人而立。其未嫁之前，有好祖不如有好父，有好父不如有好兄弟，有好兄弟不如有好侄；其既嫁之后，有好翁不如有好夫，有好夫不如有好子，有好子不如有好孙。故妇人多有少壮享富贵而暮年无聊者，盖由此也。且其亲戚，所宜矜念②。

可见，传统时期家庭养老的状态和水平很大程度上是可预期的，子孙是父祖养老的基本提供者。而在有些情况下，它又是脆弱的。无子孙、子孙不贤，都影响老年人的实际生活质量。膳田制、立嗣过继制都是对养老缺陷的弥补措施。

五 社会养老和老年人社会救助制度

社会养老和社会救助主要指政府或某种形式的组织用公共资源为年老者提供生活费用和对处于困难状态的老年人实施救助。老年人社会养老和救助在传统时代与现代社会有不同的含义和表现。近代之前，社会养老享受者范围很小，社会救助制度也不健全。而当代社会养老保障制度逐步建

---

① 中国第一历史档案馆藏，刑科题本，土地债务类，山东巡抚崔应阶题，乾隆三十一年六月二十六日。

② 袁采：《袁氏世范》卷上，睦亲。

立，覆盖群体尽管有城乡差别，但享受公共养老保障的人口比例大大提高；并且，社会救济力度也得以增强。

（一）近代之前的社会养老和救助制度

近代之前，中国有无社会养老制度？可以这样说，规范的、面向多数民众的社会养老制度体系是不存在的。但也应承认，一些具有社会养老性质的制度性做法是存在的，但并非一以贯之地延续下来。至于对老年人的社会救济制度虽然实施力度比较弱小，却一直存在。

1. 享受社会养老的群体

我们认为，若从养老体系健全角度看，近代之前规范的社会养老制度是缺乏的。但相对单一或针对某一群体的社会养老制度并不缺乏。

（1）致仕官员所享受的养老待遇

在我们看来，传统社会真正享受社会养老待遇的群体就是致仕官员。不过，各个王朝的制度不尽相同，有的不提供致仕后的生活保障待遇，有的则予以较优厚的钱物作为养老支持费用。

汉朝高级官员——公卿退休后一般给原俸的三分之一，功勋极其卓著的少数官员甚至可以享受原俸。"天下吏比二千石以上年老致仕者，参分故禄，以一与之，终其身。"[①] 另外，在退休时还有一次性赏赐，如钱、黄金、粮食、府第、车马等。它没有固定标准，完全由皇帝定夺。我们认为，致仕官员所得赏赐数额与其在位时做出的贡献有一定关系。

南齐规定给致仕官员半俸以终其身。

北魏也实行半俸制。明帝正光四年（523年）规定：见在朝官，依令合解者，可给本官半禄，以终其身。使辞朝之叟，不恨归于闾巷矣[②]。官员致仕归家能过上体面的晚年生活，不致有怨恨之心。

唐朝原则上致仕者享受半俸，但并非所有官员能获得。"凡致仕之官，五品已上及解官充侍者，各给半禄。"[③] 德宗贞元五年（789年），致仕官员增加一种待遇：太子少师萧昕为工部尚书，致仕，给半禄、料，永为常式。

---

① 《汉书》卷12，平帝纪。
② 《魏书》卷9，明帝纪。
③ 《旧唐书》卷43，职官。

初，致仕官只给半禄，无料，上加之以待老臣，半料自昕始也①。"料"是俸禄之外的口粮等物。

宋朝致仕官员也享受半俸，并且是所有文武职事官员均能得到。淳化年间太宗下诏：曾任文武职事官恩许致仕者，并给半俸，以他物充，于所在州县支给②。从形式上看，宋代的这一规定具有可行性，即让致仕返乡的官员从家乡所在州县领取致仕生活费用。仁宗景祐三年（1037年）下诏为致仕官抱屈："致仕官旧皆给半俸，而未尝为显官者或贫不能自给，岂所以遇高年养廉耻也。其大两省、大卿监、正刺史、合门使以上致仕者，自今给俸并如分司官例。仍岁时赐羊酒、米面，令所在长吏常加存问"③。其标准和致送方法为："每遇各年寒食，赐与节料，羊二口、米一石、面一石、酒二瓶，仰长吏岁时存问，今后并依此例。"④ 这是在原半俸外增加生活用品项目，补充不足。

金朝的政策是：官员"六十以上及未六十而病致仕者，给其禄半"⑤。与宋代相似。

元朝官员致仕后没有俸禄待遇，但三品以下者至70岁应致仕时，可在应授品级上加散官一等⑥。

明朝，洪武年间规定：凡致仕官复其家，终身无所与⑦。可见致仕官员家庭成员享受终身免役待遇，没有致仕俸禄。但洪武十九年（1386年）规定：官军已亡，子女幼或父母老者皆给全俸⑧。这意味着阵亡军人年幼子女或年老父母可享受其生前俸禄。永乐后对有特殊困难官员给予照顾。永乐十九年（1421年）诏令：文武官七十以上致仕后，"若无子嗣，孤独不能自存者，有司月给米二石、终其身"⑨。天顺二年（1458年），英宗下诏：

---

① 《旧唐书》卷13，德宗。
② 《宋大诏令集》卷178，俸赐。
③ 《宋史》卷170，职官。
④ 《宋大诏令集》卷178，俸赐。
⑤ 《金史》卷58，百官。
⑥ 《元史》卷84，选举。
⑦ 《明史》卷2，太祖纪。
⑧ 《明史》卷3，太祖纪。
⑨ 《大明会典》卷13上，致仕。

"四品以上官、年七十"致仕后不能自存者,岁给米五石①。这属特殊照顾政策。成化二十三年(1487年)更定规则:在京文职五品以上、年及七十者致仕后,"进散官一阶。其中廉贫不能自存、众所共知者,有司仍每岁给与食米四石。不许徇情滥给"②。弘治十八年(1505年)对致仕者给予优待:文职官员五品以上、以礼致仕在家者各进阶一级。其二品以上大臣、年及八十者有司备采币羊酒问劳,九十以上者具奏遣使存问③。可见,明朝致仕者主要享受"复其家"等免役待遇,直接性生活费用提供仅针对中高级官员中的贫困者。另外,致仕时或致仕后加阶等待遇也只针对中高级官员。

清朝致仕者待遇并不统一。顺治十八年(1661年)规定:旗员年至六十以上致仕者,给予半俸④。乾隆元年(1736年)谕令:大臣中有引年求退,奉旨以原官致仕者,……满汉大学士暨曾为部院尚书予告在家者,均著照其品级给予全俸,在京于户部支领,在外于该省藩库支领,永著为例⑤。乾隆三年(1738年),高宗命大学士、尚书以原品休致者,著给全俸,永为定例;凡遇京察自陈,部议致仕人员,不必给食全俸;一二品武职大臣致仕者,给食全俸或半俸,具奏请旨,酌情而定⑥。

综合以上,近代之前各个王朝致仕官员固定生活费用的提供有很大差异。相对来说,唐宋等少数王朝有"普惠式养老金",以半俸为主。汉朝高级官员致仕可享受原俸禄的三分之一。元明则没有退休生活费用,其中明代侧重于救济贫穷中高级官员。清代致仕者俸禄成为帝王的恩赐,且多限于高级官员。就整体而言,传统时期没有建立官员普遍享受的退休金制度,这与当时土地等生产资料私有制度有直接关系。官员在位时利用其俸禄等收入置办田产,成为其离职后的生活基础。

(2)特殊群体

不同朝代都有一些特殊的群体享有政府所提供的生存保障,其中就包

---

① 《大明会典》卷80,养老。
② 《大明会典》卷80,养老。
③ 《大明会典》卷80,养老。
④ 光绪《大清会典事例》卷259,户部,俸饷。
⑤ 光绪《大清会典事例》卷259,户部,俸饷。
⑥ 光绪《大清会典事例》卷259,户部,俸饷。

含给予老年人赡养费用。在我们看来，这也属于社会养老保障的形式。当然，其中既有规范做法，也有不太规范之举。

东汉明帝永平二年（64年）下诏：三老、五更皆以二千石禄养终厥身。其赐天下三老酒人一石，肉四十斤[1]。这是给予三老、五更的特殊待遇，由此获得终身生活保障。

北魏太和十八年（495年）规定：六镇及御夷城人年八十以上而无子孙兄弟，终身给其廪粟；七十以上家贫者各赐粟十斛[2]。六镇为北魏防御蒙古草原新兴政治势力柔然族南下的军事力量，由鲜卑贵族统帅，士兵多为鲜卑族人。孝文帝的此项政策是对其特殊关照，80岁以上者获得由政府提供的终身养老保障，当然其数目不会很大；对70岁贫穷者也有相对较高的赐赏。

北宋仁宗庆历三年（1043年）下诏：诸军因战伤废停不能自存及死事之家孤老，月给米，人三斗[3]。南宋初年，退伍老年士兵因"添差已罢，廪稍半给"。陈居仁建议："乞加优恤，以终始念功之意，坚后生图报之心"。此奏被批准，"再添差两任，衣粮全给"，"三军为之呼舞"[4]。从中可见，它是当时的特殊优待办法。

明朝洪武十九年（1386年）规定：命官军已亡，子女幼或父母老者皆给全俸，著为令[5]。嘉靖年间规定：内外大小文武官员人等死于忠谏，老亲寡妻无人侍养者，有司量加优恤[6]。

清朝顺治十二年（1655年）规定：世爵无人承袭者，其妻照夫爵秩给俸银、禄米之半，养赡终身[7]。

应该说，各朝对有功将士、战死家属及三老、五更等所给予的养老费用并非权宜之计，可谓具有"社会保障"性质，并会产生激励效果。

---

[1] 《后汉书》卷2，明帝纪。
[2] 《魏书》卷7下，文帝纪。
[3] 《宋史》卷11，仁宗纪。
[4] 《宋史》卷406，陈居仁传。
[5] 《明史》卷3，太祖纪。
[6] 《大明会典》卷80，养老。
[7] 光绪《大清会典事例》卷259，户部，俸饷。

2. 传统时代的社会救助制度

无疑，传统时代的社会养老制度并没有真正建立，但却有针对贫困老年人，特别是孤寡老年人的救助制度。

（1）家居孤贫老年人的救助制度

甲、孤贫老年人的临时性救助方式

赐赏穷苦老年人生活资料为非常规性救助，多是国家遇有庆典或皇帝巡幸地方时的权宜之举。其对解决老年人的眼前困难是有作用的。当然，帝王的主要目的是借此表现其对贫困老年人的关心，以提高民间社会及其家庭对他们的重视程度。

A. 全国范围内赐赏鳏寡独等老年人

在家庭养老为主的时代，孤老和鳏寡之人因缺少养老的人力资源，生存条件成为问题。这也是历代帝王行尊老之政时关注较多的群体，乃至设定制度对其救助。

孟子和梁惠王对话中曾谈及西周文王时的制度：昔者文王之治岐也，……老而无妻曰鳏，老而无夫曰寡，老而无子曰独，幼而无父曰孤。此四者也，天下之穷民而无告者。文王发政施仁，必先斯四者①。可见，四者中鳏、寡、独三者是指老年人。

汉代帝王对鳏寡独老人等弱势群体颇为关注。武帝元狩元年（前122年）下诏：朕嘉孝弟、力田，哀夫老眊、孤、寡、鳏、独或匮于衣食，甚怜愍焉。其遣谒者巡行天下，存问致赐②。同年规定：年九十以上及鳏、寡、孤、独帛，人二匹，絮三斤；八十以上米，人三石③。其意在于，鳏寡之人的赐赏标准与对90岁以上高龄者一致。元狩六年（前117年），武帝"遣博士大等六人分循行天下，存问鳏、寡、废、疾，无以自振业者贷与之"④。汉宣帝元康四年（前62年），"遣太中大夫强等十二人循行天下，存问鳏、寡"⑤。汉元帝建昭四年（前35年），"遣谏大夫博士赏等二十一人循行天

---

① 《孟子·梁惠王》。
② 《汉书》卷6，武帝纪。
③ 《汉书》卷6，武帝纪。
④ 《汉书》卷6，武帝纪。
⑤ 《汉书》卷8，宣帝纪。

下,存问耆老、鳏、寡、孤、独、乏困、失职之人"①。西汉政府把对老年人为主体的鳏、寡、独等生活者的关照和资助视为教化政策的重要组成部分。此举也会促使地方政府和民众重视这一群体,引导百姓助老扶困向善。

东汉初年,地方遭遇天灾,民生困难时,将老年人、鳏寡者作为首先救助的对象。建武六年(30年)光武帝下诏:往岁水、旱、蝗虫为灾,谷价腾跃,人用困乏。朕惟百姓无以自赡,恻然愍之。其命郡国有谷者,给禀高年、鳏、寡、孤、独及笃癃,无家属贫不能自存者,如《律》②。它说明当时律令中有具体的救济标准。建武二十九年(53年),光武帝"赐鳏、寡、孤、独、笃癃、贫不能自存者粟,人五斛"③。这个标准是比较高的,此后多次有是举。若按1斛为10斗、约62.5公斤计算,5斛约312.5公斤;若100公斤谷子出70公斤小米,共计218.75公斤小米。老年人若每人每月消费15斤小米,共可食用14.6个月。若一次性赐谷数真能达到这个水平,可以说对孤寡老年人日常生活是很大的帮助。明帝即位之初,大行惠政,赐鳏、寡、孤、独、笃癃粟,"人十斛"④。这一赐粟力度为所见最大。明帝永平三年(60年),赐鳏、寡、孤、独、笃、癃、贫不能自存者粟,人五斛⑤;永平十三年(70年),赐鳏、寡、孤、独、笃癃、贫无家属不能自存者粟,人三斛⑥。以后所赐或三斛,或五斛。如章帝时以五斛居多。该制度一直得到实行。

西晋泰始元年(265年),武帝下诏:赐鳏寡孤独不能自存者谷,人五斛⑦。

东晋明帝太宁三年(325年)即位,"赐孤老帛人二匹"。成帝咸和元年(326年)大赦,改元,"赐孤老米人二斛"。孝武太元五年(380年),"赐孤老不能自存者米,人五斛"⑧。南朝齐武帝永明四年(486年)规定:孤老贫穷,赐谷十石⑨。陈文帝天嘉元年(560年)规定:鳏寡孤独不能自

---

① 《汉书》卷9,元帝纪。
② 《后汉书》卷1下,光武帝纪。
③ 《后汉书》卷1下,光武帝纪。
④ 《后汉书》卷3,明帝纪。
⑤ 《后汉书》卷3,明帝纪。
⑥ 《后汉书》卷3,明帝纪。
⑦ 《晋书》卷3,武帝纪。
⑧ 《晋书》卷7,成帝纪。
⑨ 《南齐书》卷3,武帝纪。

存立者赐谷，人五斛①。陈天嘉六年（566年）春正月，皇太子加元服，王公以下赐帛各有差，鳏寡孤独不能自存者谷，人五斛②。至德二年（584年），太子加元服，"鳏寡癃老不能自存者人谷五斛"③。陈宣帝太建元年（569年）即位后即下诏："鳏寡孤独不能自存者，人赐谷五斛"④。可见，一次赐谷五斛是两晋和南朝的基本标准。但需注意，有些赏赐是难以兑现的。如东晋安帝时桓玄曾篡位，因此改元，大赦天下，发布诏书："赐天下爵二级，孝悌力田人三级，鳏寡孤独不能自存者谷人五斛。"而史称"其赏赐之制，徒设空文，无其实也"⑤。

北魏太和五年（481年）二月大赦天下，"赐孝悌力田、孤贫不能自存者谷帛有差"⑥。但没说明数量。太和十年（486年），给事中李冲上言："孤独癃老笃疾贫穷不能自存者，三长内迭养食之"，文帝接受其建议⑦。这是均田制实施下的养老制度。"三长"所以被赋予此项养老职责，表明其掌握着一定数量的公共资源。太和十八年（494年）文帝下诏：孤寡鳏老不能自存者，赐以谷帛⑧。熙平二年（517年），孝明帝诏遣大使巡行四方，问疾苦，恤孤寡，黜陟幽明⑨。神龟元年（518年）规定：鳏寡孤独不能自存者，赐粟五斛，帛二匹⑩。它或许借鉴了南朝的做法。

唐朝此项政策也颇多。如贞观十五年（641年），"赐民八十以上物，悍独鳏寡疾病不能自存者米二斛"⑪。

宋代淳化元年（990年），太宗赐鳏寡孤独钱⑫。

元代，成宗元贞二年（1296年）下诏：各处孤老，凡遇宽恩，人给布

---

① 《陈书》卷3，世祖。
② 《陈书》卷3，世祖。
③ 《陈书》卷6，本纪。
④ 《陈书》卷5，宣帝。
⑤ 《晋书》卷99，桓玄传。
⑥ 《魏书》卷7，文帝纪。
⑦ 《魏书》卷110，食货。
⑧ 《魏书》卷7，文帝纪。
⑨ 《魏书》卷9，明帝纪。
⑩ 《魏书》卷9，明帝纪。
⑪ 《新唐书》卷2，太宗纪。
⑫ 《宋史》卷5，太宗纪。

帛各一①。

明太祖洪武元年（1368年）下诏：鳏寡孤独废疾者，存恤之②。洪武二十二年（1390年），令民年七十以上及笃废残疾"不能自存者有司赒给"③。《大明会典》载：国初养老，令贫者给米肉，富者赐爵④。

清代，世宗帝于雍正元年（1723年）正月谕令户部：九十以上者，州县不时存问，其或鳏寡无子及子孙贫不能养赡者，督抚及州县共同设法恤养，或奏闻动用钱粮，务令得沾实惠⑤。当然，年90以上者是比较稀见的高龄老人。根据对20世纪30年代安徽等7省调查，其比例为0.01%。按此比例推算，一个10万人口的中等县才有10人。地方政府对其中贫困者进行救助并不难做到。

综合以上，我们认为，这项救助政策若都能兑现，将给鳏、寡、独等生存困难的老人带来切实帮助。其缺陷是非例行制度，只是由帝王在吉庆活动中颁诏，偶然行之，目的是济困，而非完全保障这些亲属赡养资源缺乏的老年人日常生存所需。

B. 赐赏特定地区孤贫者

帝王巡行时，对路过地方孤贫老年人予以救济性赐赏，将亲民姿态与具体帮助结合起来。

北魏太和五年（482年）春正月，文帝南巡至中山，亲见高年，问民疾苦。太和六年（483年）三月，文帝幸武州山石窟寺，赐贫老者衣服⑥。太和十八年（495年）正月，文帝南巡，下诏：相、兖、豫三州孤老不能自存者赐粟五石，帛二匹⑦。十九年（496年）四月文帝巡幸彭城，"老疾不能自存者赐帛"；六月，帝自伐齐回，下诏：车驾所经孤老不能自存者赐以帛⑧。北魏熙平元年（516年），明帝"诏洛阳、河阴及诸曹杂人年七十

---

① 《元史》卷96，食货。
② 《皇明诏令》卷1。
③ 《大明会典》卷80，养老。
④ 《大明会典》卷80，养老。
⑤ 《清世宗实录》卷3。
⑥ 《册府元龟》卷55，帝王部，养老。
⑦ 《册府元龟》卷55，帝王部，养老。
⑧ 《册府元龟》卷55，帝王部，养老。

已上、鳏寡贫困不能自存,及年虽少而痼疾长废、穷苦不济者,研实具列以闻"①。

唐代,贞观十九年(645年)二月太宗出京,"赐所过高年鳏寡粟帛"②。穆宗因元和十五年(820年)正月即位,"十一月令郑覃往镇州宣慰,其四州之内有高年不能自存者就给粟帛"③。

元朝,大德二十年(1316年),给京师南城孤老衣粮、房舍④。

隋唐及以前此项做法稍多,以后王朝则较少实行。

(2) 孤贫老年人的生存保障制度

应该说,贫穷和孤寡老年人最需要的帮助是基本生活费用的连续性支持。在社会养老保障制度尚未建立起来的传统时代,国家的系统支持是难以做到的。但我们从法令和政策看到,一些朝代具有这样的救济制度。

因疫疠发生,垦田减少,曹操于建安二十三年(218年)下令:"吏民男女,女年七十已上无夫子,若年十二已下无父母兄弟,及目无所见,手不能作,足不能行,而无妻子父兄产业者,廪食终身"⑤。这是一项综合性救济制度,对老年人限于70岁以上无丈夫、无子者,以此免使生活不能自理者陷入生存困境。

北魏明帝幼年(二岁)即位,权掌于母后,曾有此规定:高年孤独不能自存者,赡以粟帛⑥。此外北魏还实行"三长制"下的养老救助制度:孤独癃老笃疾贫穷不能自存者,三长内迭养食之⑦。

宋代,政府最初在京师旧置东、西福田院,"以廪老疾孤穷丐者",但收养有限。英宗命增置南、北福田院,并东、西各广官舍,日廪三百人。岁出内藏钱五百万给其费,后易以泗州施利钱,增为八百万⑧。宋朝还在地方建立规范性救济制度:凡鳏、寡、孤、独、癃老、疾废、贫乏不能自存

---

① 《魏书》卷9,明帝纪。
② 《新唐书》卷2,太宗纪。
③ 《册府元龟》卷55,帝王部,养老。
④ 《元史》卷96,食货。
⑤ 《三国志》卷1,武帝纪。
⑥ 《魏书》卷9,明帝纪。
⑦ 《魏书》卷110,食货。
⑧ 《宋史》卷178,食货。

应居养者，"以户绝屋居之；无，则居以官屋，以户绝财产充其费，不限月。依乞丐法给米豆；不足，则给以常平息钱"。崇宁初，设置居养院、安济坊，给常平米，厚至数倍。"差官卒充使令，置火头，具饮膳，给以衲衣絮被。州县奉行过当，或具帷帐，雇乳母、女使，糜费无艺，不免率敛，贫者乐而富者扰矣"①。至少在一个时期内，宋朝对以孤老为主的弱势者，给予了待遇较好的照料。对居家的老年人，政府也有救助制度："在法，诸老疾自十一月一日州给米豆，至次年三月终"②。

金朝的规则是：诸孤老幼疾人，各月给米二斗，钱五百文，春秋衣绢各一匹③。我们认为，这个标准应该参考了当时人月均消费水平。有说，当时的一斗约10斤，但当时的斤比现代大，10斤约为现代的12.5斤。2斗米约25斤，对饭量较小的老年人也许就够了。

忽必烈掌权之初，于中统元年（1260年），首诏天下：鳏寡孤独废疾不能自存之人，天民之无告者也，命所在官司，以粮赡之④。至元元年（1264年），又诏病者给药，贫者给粮⑤。大德六年（1302年）六月规定：鳏寡孤独废疾不能自存之人，官给衣粮，病给医药⑥。至正六年（1346年）元政府的政策进一步明确：诸路鳏寡废疾之人，月给米二斗⑦。这使残疾、鳏寡老者的基本生活有了保障。至正十九年（1359年）享受面扩大：鳏寡、孤独、老弱、残疾不能自存之人，"照依中统元年已降诏书，仰所在官司支粮养济"⑧。

明代洪武十九年（1386年）六月，朱元璋下诏：有司存问高年。贫民年八十以上，月给米五斗，酒三斗，肉五斤；九十以上，岁加帛一匹，絮一斤；有田产者罢给米。鳏寡孤独不能自存者，岁给米六石⑨。年给6石与月给5斗属同一标准。天顺二年（1458年）规定：无丁者有司时加存恤，

---

① 《宋史》卷178，食货。
② 《宋史》卷178，食货。
③ 《金史》卷58，百官。
④ 《元史》卷96，食货。
⑤ 《元史》卷96，食货。
⑥ 《通制条格》卷4，户令。
⑦ 《元史》卷6，世祖纪。
⑧ 《通制条格》卷4，户令。
⑨ 《明史》卷3，太祖纪。

毋令失所①。

以上表明，至少从三国开始，政府即制定了对不具有家庭养老条件的孤贫老年人实行官养的制度。从形式上看，这些老年人仍居于家中，由官方致送生活用品。相对来看，宋元时期基本上以温饱水平为标准，而明朝明显提高了标准，但它并没有长久执行下去。

（3）高龄老年人的资助

不少时期政府对高年孤贫老年人有救助制度。也有一些王朝没有做出贫富区分，完全以年龄为标准，达到高龄者即可享受资助待遇。

汉代，根据《二年律令》（傅律）：大夫以上年九十，不更九十一，簪褭九十二，上造九十三，公士九十四，士五（伍）九十五以上者，每月享受官助给米一石的待遇②。根据《汉书》记载，文帝元年制定条例："有司请令县道，年八十已上，赐米人月一石，肉二十斤，酒五斗。其九十已上，又赐帛人二匹，絮三斤。赐物及当禀鬻米者，长吏阅视，丞若尉致。不满九十，啬夫、令史致。二千石遣都吏循行，不称者督之"③。可见，这是一项颇受重视的工作，可谓既有布置，又有落实，还有事后核查。

3. 孤贫老年人机构养老做法

近代之前，社会养老机构尽管较少，却也有一些。它主要收养无子孙照料的孤寡老年人。

宋朝规定：诸鳏寡孤独、贫穷老疾，不能自存者，令近亲收养。若无近亲，付乡里安恤。如在路有疾患，不能自胜致者，当界官司收付村坊安养，仍加医疗，并堪问所由，具注贯属，患损日，移送前所④。这属临时收养机构，且设在乡里，而非官府所在地。宋朝还定有居养法，收留鳏寡孤独之人。宋徽宗崇宁元年（1101年）九月下诏：鳏寡孤独应居养者，以户绝财产给其费，不限月，依乞丐法给米豆；如不足，即支常平息钱⑤。但地方官府对此并不用心。崇宁四年（1105年）五月，徽宗下诏指出：今鳏寡

---

① 《皇明诏令》卷13。
② 《二年律令》傅律，见《张家山汉墓竹简》，第57页。
③ 《汉书》卷4，文帝纪。
④ 《宋刑统》卷12，户婚律。
⑤ 《宋会要辑稿》食货六八之一二九。

孤独，既有居养之法，以厚穷民。若疾而无医，则为之置安济坊。……吏不奉法，但为具文，以应诏令，并缘为奸，欺隐骚扰。元元之民，未被惠泽……其令提举常平司与监司守令悉力奉行，毋或违戾。其有失职，仰劾罪以闻。若侵扰乞取减刻，或故为隐漏，或因而科抑，罪轻者以违制论①。崇宁五年（1106年）六月令监司分按居养、安济、漏泽。徽宗下诏指出：访闻小人乘间观望，全不遵奉，已行之令，公然陁废，怀奸害政。如居养鳏寡孤独，漏泽园、安泽坊之类，成宪具在，辄废不行，监司坐视，不复按举……仰监司分按本道，举行如法。有违慢观望不修厥职者，按罪以闻，必罚无赦。监司失于按举，令御史台弹奏②。宋徽宗大观元年（1107年）三月下诏：居养鳏寡孤独之人，其年老者并年五十以上，许行收养，诸路依此③。可见，宋徽宗对机构收养鳏寡孤独老年人比较重视，但地方官员并未认真办理，机构养老的效果因此而打了折扣。

南宋政府继承北宋制度，继续兴办养济院。周密在《武林旧事》中追忆临安民众获得了政府给予的多项福利，其中之一为"贫而无依者则有养济院"④。它表明，至少都城中的贫老之民享受到了这一制度。

元代，至元十九年（1282年），中央要求各路立养济院一所，收养鳏寡孤独老人。不过，在路一级设置，相对比较集中，照顾面显得不够。其做法是：鳏寡、孤独、老弱、残疾不能自存之人，照依中统元年已降诏书……令每处创立养济院一所，有官房者就用官房，无官房者官为起盖，专一收养上项穷民。仍委本处正官一员主管。应收养而不收养，不应收养而收养者，仰御史台、按察司计点究治⑤。元代张养浩在"三事忠告"中指出：鳏寡孤独，王政所先，圣人所深悯。其聚居之所，暇则亲莅之，或遣人省视。若衣粮、若药饵，吏不时给者，纠治之⑥。

明代，洪武初年，太祖令"设养济院收无告者，月给粮"⑦。建文元年

---

① 《宋大诏令集》卷186，恤穷。
② 《宋大诏令集》卷186，恤穷。
③ 《宋会要辑稿补编》卷309。
④ 周密：《武林旧事》卷6，骄民。
⑤ 《元典章》圣政卷2，典章3。
⑥ 张养浩：《三事忠告》御下第四，恤鳏寡。
⑦ 《明史》卷77，食货。

(1399年），诏告天下："鳏寡孤独废疾者官为牧养"①。成化二十三年（1487年）规定：在京在外有孤老残疾不能生业者，即便收入养济院，照例给与衣粮，已收者仍赐米二斗②。按照明朝法律：凡鳏寡孤独及笃疾之人贫穷无亲属依倚，不能自存，所在官司应收养而不收养者，杖六十；若应给衣粮而官吏克减者，以监守自盗论③。

清朝将养济院设置、管理规则形诸法律：直省州县所属养济院，或应添造，或应修盖者，令地方官酌量修造，据实估计，报明督抚，在于司库公用银内拨给，仍不时查勘。遇有渗漏之处，即行黏补完固。倘有升迁事故，造入交代册内，取具印结送部。其正实孤贫，俱令居住院内，每名各给印烙年貌腰牌一面。该州县按季到院，亲身验明腰牌，逐名散给口粮。如至期印官公务无暇，遴委诚实佐贰官代散，加结申报上司，毋许有冒滥扣克情弊。若州县官不实力奉行者，该督抚即行查参，照例议处④。养济院成为清代州县官员分内事务之一。上司要对其考核，这有助于增强其责任心。

由此可见，近代之前政府对孤贫老年人有两种救助方式，一是对其中生活尚能自理者，由官府提供生活用品并送至家中，使其能够居家养老；一是生活不能自理者则在官方所设养济院生活，具有机构养老的形式。从规则上看，宋代迄至明清，政府对孤贫者的救助显得比较周全，免使无依无靠者陷入悲惨境地。元代人王结在《善俗要义》中指出：鳏寡孤独，天民之穷者也，尚赖官给衣粮，仅能保养以终天年⑤。尽管标准不高，他们得到了基本的生存条件。但在当时，政府所建针对老人的养济院容纳有限，且有设置过于集中的问题。

（二）民国期间的老年救助和社会养老制度

民国时期，特别是20世纪30年代开始，具有现代意义的救济制度和退

---

① 《明史》卷4，恭闵帝纪。
② 《皇明诏令》卷17。
③ 《大明律》卷4，户律。
④ 《大清律例》卷8，户律。
⑤ 王结：《善俗要义》，第二十七，恤鳏寡。

休制度开始出现。但退休制度还处于初创阶段，覆盖范围有限，主要是行政和事业单位人员。

1. 老年救助制度

民国三十二年（1943年）的《社会救济法》规定：因贫穷而无力生活者将予以救济，对老年人的要求是：年在六十岁以上精力衰耗者，设置安老所作为救济设施。根据第 15 条：凡年在六十岁以上之男女，应受救济者，得于安老所内留养之；第 42 条：救济设施由县市举办者，其费用由县市负担；中央或各省举办者，其费用由中央或省负担[①]。

2. 退休制度

1943 年制定的《公务员退休法》中有"声请退休年龄"一款，其第 3 条规定：任职十五年以上、年龄已达六十岁者；在"应命令退休年龄"一款内，第 4 条为：年龄已达六十五岁者。

第 5 条为"给予年退休金"的标准：

（1）任职十五年以上，已达声请退休年龄而声请退休者；

（2）任职二十五年以上，成绩昭著而声请退休者；

（3）任职十五年以上已达命令退休年龄而命令退休者。

第 7 条：年退休金之数额按该公务员退职时之月俸额合成年俸以百分比率定之：

（1）任职十五年以上、二十年未满，声请退休者 40%，命令退休者 50%。

（2）任职二十年以上、二十五年未满，声请退休者 45%，命令退休者 55%。

（3）任职二十五年以上、三十年未满，声请退休者 50%，命令退休者 60%。

（4）任职三十年以上，声请退休者 55%，命令退休者 65%。

长警声请退休或命令退休者，其退休金除依前项规定外，再加 10%[②]。

按照这一法律，获得退休资格所要求的低限工作年限为 15 年，显得比较长，可能是为了缩小享受面。

---

① 《国民政府公报》第 182 册，台北成文出版社影印 1972 年版。
② 《国民政府公报》第 182 册，台北成文出版社影印 1972 年版。

1944年，民国政府还制定了《学校教职员退休条例》，基本规则与公务员相同。

但需指出：民国期间，私人企业员工的退休制度尚未建立起来。

（三）1949年后社会养老保障制度及演变

1949年后养老保障制度经历了逐渐完善的过程。

1. 1949年至20世纪90年代之前的社会养老保障制度

（1）工人职员的退休条件与退休金

20世纪50年代初期开始建立工人和职员的退休制度。退休年龄为男60岁、女55岁为主。1978年曾将女性退休年龄降低为50岁。退休金则根据工龄长短而有不同。20世纪50年代至70年代之前更多地从一般工龄角度考虑。70年代后期，政府则将具有政治意义的工作起点或经历考虑在内，以此提高有特殊贡献者的待遇。

1951年《中华人民共和国劳动保险条例》第15条养老待遇的规定：男工人与男职员年满60岁，一般工龄已满25年，本企业工龄已满10年者，由劳动保险基金项下按其本企业工龄的长短，付给养老补助费，其数额为本人工资的35%—60%，至死亡时止。女工人与女职员年满50岁，一般工龄满20年，本企业工龄已满10年者，得享受本人工资的35%—60%的养老补助费待遇[①]。这一条例称养老金为养老补助费。需要指出，从形式上看，它是较为规范的退休金，由劳动保险基金承担，而不是曾工作的企业或单位承担。也许是新中国成立初期国家的经济能力有限，养老金在原工资中所占比例比较低。其适用范围是所有劳动者。

1957年11月《国务院关于工人、职员退休处理的暂行规定》成为中国当代退休年龄标准和待遇规则形成的基础。其第2条为退休年龄标准：（1）男工人、职员年满60周岁、连续工龄满5年，一般工龄（包括连续工龄）满20年的；女工人年满50周岁，女职员年满55周岁，连续工龄满5年，一般工龄满15年的。退休金标准为：工人、职员退休以后，按月发给退休费，直至本人去世时为止。退休费标准为：工人、职员，连续工龄在5

---

① 孙琬钟主编：《中华人民共和国国务院令》（1949·10—2001·4）上册，中国民主法制出版社2001年版，第246—252页。

年以上不满 10 年的，为本人工资的 50%；10 年以上不满 15 年的，为本人工资的 60%；15 年以上的，为本人工作的 70%。另外，退休人员本人，可以享受与其居住地方国家机关工作人员相同的公费医疗待遇。医药费按照企业、机关现行的办法报销[①]。这一规定的变化在于：养老补助费改为退休费，退休费标准提高。另外，它将退休人员分成企业（工人为主）和管理者（职员为主）两类年龄标准，该做法被沿用下来。与之前制度相比，退休的连续工作年限标准比较短，只有 5 年。

1978 年《国务院关于工人退休退职的暂行办法》对 1957 年"暂行规定"多有继承，但也有变化。全民所有制企业、事业单位和机关、团体的工人符合下列条件之一，即可退休：（1）男年满 60 周岁、女年满 50 周岁，连续工龄满 10 年。退休金标准为：抗日战争时期参加革命工作的，按本人标准工资 90% 发给。解放战争时期参加革命工作的，按本人标准工资 80% 发给。中华人民共和国成立后参加革命工作，连续工龄满 20 年的，按本人标准工资的 75% 发给；连续工龄满 15 年不满 20 年的，按本人标准工资的 70% 发给；连续工龄满 10 年不满 15 年的，按本人标准工资的 60% 发给。退休、退职工人本人，可以继续享受公费医疗待遇[②]。其变化在于，连续工作年限由 5 年提升为 10 年；最高退休金标准提高为本人工资的 90%，且享受 80% 和 90% 工资标准者与政治性工作经历结合起来。一般工人最高标准由 70% 提高至 75%。此处的革命工作是指在共产党及其组织领导下的工作经历，1949 年前有此经历者非常重要。

（2）机关干部

1949 年后，针对机关干部的专项退休政策实行于 1956 年。

1956 年 1 月《国家机关工作人员退休处理暂行办法》第 2 条为工作人员退休年龄标准：（1）男子满 60 岁、女子满 55 岁，工作年限已满 5 年，加上参加工作以前主要依靠工资生活的劳动年限，男子共满 25 年，女子共满 20 年的；（2）男子年满 60 岁、女子年满 55 岁，工作年限已满 15 年的。

---

① 孙琬钟主编：《中华人民共和国国务院令》（1949·10—2001·4）上册，中国民主法制出版社 2001 年版，第 516 页。

② 国务院法制局编：《中华人民共和国现行法律行政法规汇编（1949—1994）》上册，第 171—172 页。

工作人员退休后，按照下列标准，逐月发给退休金：符合（1）项条件的退休人员，工作年限满5年、不满10年的，发给本人工资（退休时的标准工资加退休后居住地点的物价津贴）的50%；满10年的，不满15年的，发给本人工资的60%；符合（2）项条件者，发给本人工资的70%①。从规定上看，与工人不同之处在于，机关工作人员中女性的退休年龄提高了5岁。

与1978年工人退休退职的暂行办法制定的同时，《国务院关于安置老弱病残干部的暂行办法》公布。该退休条件与1955年基本相同，其退休金比例与工人相同，既考虑年龄，也以重要政治时段为界限。如男年满六十周岁，女年满五十五周岁，参加革命工作年限满十年男年满五十周岁，女年满四十五周岁，参加革命工作年限满十年，经过医院证明完全丧失工作能力者，可以退休。其待遇为：若抗日战争时期参加革命工作的，按本人标准工资的百分之九十发给；解放战争时期参加革命工作的，按本人标准工资的百分之八十发给；中华人民共和国成立以后参加革命工作的，工作年限满二十年的，按本人标准工资的百分之七十五发给；工作年限满十五年不满二十年的，按本人标准工资的百分之七十发给；工作年限满十年不满十五年的，按本人标准工资的百分之六十发给②。

1980年，干部退休待遇上的政治经历差异进一步凸显，即分为离休和退休两种。离休的标准为第一、二次国内革命战争时期参加革命工作的干部，抗日战争时期参加革命工作的副县长及相当职务或行政十八级以上的干部，新中国成立以前参加革命工作的行政公署副专员及相当职务或行政十四级以上的干部，年老体弱、不能坚持正常工作的，应当离休③。离休者的待遇为：原标准工资（含保留工资）照发，福利待遇不变。其他各项生活待遇，都与所在地区同级在职干部一样对待，并切实给予保证。医疗、住房、用车、生活品供应等方面，应当优先照顾④。在现行体制下，这一政策对行政干部和事业单位的干部均适用。

---

① 《山西政报》1956年第2期。
② 中共中央组织部老干部局编：《老干部工作文件选编》，党建读物出版社2008年版，第15页。
③ 《国务院关于老干部离职休养的暂行规定》（1980年9月29日），《中华人民共和国国务院公报》1980年第15期。
④ 《国务院关于老干部离职休养的暂行规定》（1980年9月29日）。

值得一提的是，2006年经国务院批准，机关事业单位退休人员的退休金比例发生重要改变，分三个档次：工作年限满35年的按90%计发；工作年限满30年不满35年的，按85%计发；工作年限满20年不满30年的，按80%计发①。可以说此项规定中的退休金比例完全以工作年限为标准，政治经历因素降低。客观上那些经历过战争和政权变更者早已离退休多年。

(3) 农村老年人救助

1949年后，农村老年人以家庭养老为主，可以说50—90年代，多数农村老人不享受社会养老保障待遇。但鳏寡老年人可得到不同形式的公共救助。

农业生产的集体组织——高级社在1956年成立前，孤寡老年人主要靠国家下拨救济款物为生。1955年4月内务部、财政部关于《优抚、社会救济事业费管理使用暂行办法》规定：农村社会救济事业费主要用于对无依无靠无法维持生活的残、老、孤、幼和家庭劳动力长期患病生活极为困难的群众的救济②。

1956年后，集体经济组织承担起赡养孤寡老年人的责任。

1956年6月形成的《高级农业生产合作示范章程》第53条规定：农业生产合作社对于缺乏劳动力或者完全丧失劳动力、生活没有依靠的老、弱、孤、寡、残疾的社员，在生产上和生活上给以适当的安排和照顾，保证他们的吃、穿和柴火的供应，保证年幼的受到教育和年老的死后安葬，使他们生养死葬都有依靠③。这应该是"五保户"（吃、穿、住、医、葬）政策的雏形。

1958年12月《关于人民公社若干问题的决议》规定：要办好敬老院，为那些无子女依靠的老年人（"五保户"）提供一个较好的生活场所④。这一规定比较笼统。

1962年，《农村人民公社工作条例修正草案》第36条规定：生产队可

---

① 人事部、财政部：《关于机关事业单位离退休人员计发离退休费等问题的实施办法》（2006年6月20日），见法律出版社法规中心编《最新人力资源与人口管理法规全书》，法律出版社2007年版，第1256页。
② 《中华人民共和国法规汇编》（1954年9月—1955年6月），法律出版社1956年版，第689页。
③ 《农业集体化重要文件汇编》上，中共中央党校出版社1982年版，第577页。
④ 《农业集体化重要文件汇编》下，中共中央党校出版社1982年版，第121页。

以从可分配的总收入中，扣留一定数量的公益金，作为社会保险和集体福利事业的费用，……不能超过可分配的总收入的百分之二到三。……生产队对于生活没有依靠的老、弱、孤、寡、残疾的社员，遭到不幸事故、生活发生困难的社员，经过社员大会讨论和同意，实行供给或者给予补助①。

2. 20世纪80年代后社会养老保障范围的扩展

中国在20世纪80年代初期以后，城乡生产和分配制度发生了重大变化。农村具有生产组织和生活资料分配权力的集体经济单位——生产队被取消，孤寡老年人的赡养由村级组织承担；城市个体经营者增加，原有的社会养老保障体制难以覆盖他们。因而，适应社会变革需要，制定新的老年照顾和养老保障制度成为必要。

（1）个体经营者的保障形式

根据1983年国务院《关于城镇非农业个体经济若干政策性规定》的补充规定：个体工商业者可以向保险机构投保，以解决老年、医疗等保险问题②。

（2）困难老年人救助的法律化

1996年《中华人民共和国老年人权益保障法》是中国当代完全以老年人为关照对象的法律，这使无亲属照料的老年人被纳入规范的社会救助体系中。其中第23条规定：城市的老年人，无劳动能力、无生活来源、无赡养人和扶养人的，或者其赡养人和扶养人确无赡养能力或者扶养能力的，由当地人民政府给予救济。农村的老年人，无劳动能力、无生活来源、无赡养人和扶养人的，或者其赡养人和扶养人确无赡养能力或者扶养能力的，由农村集体经济组织负担保吃、保穿、保住、保医、保葬的五保供养，乡、民族乡、镇人民政府负责组织实施。该法还鼓励公民或者组织与老年人签订扶养协议或者其他扶助协议。此外，老年人患病，本人和赡养人确实无力支付医疗费用的，当地人民政府根据情况可以给予适当帮助，并提倡社会救助。

（3）完善农村"五保户"制度

鉴于集体经济组织解体以来村委会可支配资源能力降低，难以单独承

---

① 中共中央文献研究室编：《建国以来重要文献选编》，中央文献出版社1997年版，第634页。
② 《中华人民共和国国务院公报》1983年第10期。

担"五保户"生活费用的提供和日常照顾，政府因此增大财政专项投入，制定相对规范的管理措施。2006年国务院制定《农村五保供养工作条例》对"五保户"的管理和责任主体作进一步明确：民政部主管全国的农村五保供养工作；县级以上地方各级人民政府民政部门主管本行政区域内的农村五保供养工作。乡、民族乡、镇人民政府管理本行政区域内的农村五保供养工作。村民委员会协助乡、民族乡、镇人民政府开展农村五保供养工作。农村五保户所获供养的内容包括：（1）供给粮油、副食品和生活用燃料；（2）供给服装、被褥等生活用品和零用钱；（3）提供符合基本居住条件的住房；（4）提供疾病治疗，对生活不能自理的给予照料；（5）办理丧葬事宜。农村五保供养对象的疾病治疗，应当与当地农村合作医疗和农村医疗救助制度相衔接。农村五保供养标准不得低于当地村民的平均生活水平，并根据当地村民平均生活水平的提高适时调整。关于赡养方式："五保户"可以在当地的农村五保供养服务机构集中供养，也可以在家分散供养。农村五保供养对象可以自行选择供养形式。集中供养的农村五保供养对象，由农村五保供养服务机构提供供养服务；分散供养的农村五保供养对象，可以由村民委员会提供照料，也可以由农村五保供养服务机构提供有关供养服务[①]。该条例将政府力量和村集体组织力量相结合，使"五保"老年人的生存保障水平提高。

（4）社会养老保险制度在农村的推广

20世纪80年代之后，农村劳动力向城镇迁移流动成为趋向，中国几千年农业社会中家庭成员世代相守一地的局面开始改变，传统的家庭养老（赡养和照料）功能由此被削弱。它不仅对已经或即将年老的人会有影响，且出外打工者将来年老后更难以继续依靠这一传统养老模式。因而，在农村推行社会养老保障制度是大势所趋。

1992年民政部关于《县级农村社会养老保险基本方案（试行）》即开始倡导这项工作：农村人口，一般以村为单位确认（包括村办企业职工、私营企业、个体户、外出人员等），组织投保。乡镇企业职工、民办教师、乡镇招聘干部、职工等，可以以乡镇或企业为单位确认，组织投保。少数

---

① 国务院：《农村五保供养工作条例》（2006年1月11日），《中华人民共和国国务院公报》2006年第7期。

乡镇因经济或地域等原因，也可以先搞乡镇企业职工的养老保险。外来劳务人员，原则上在其户口所在地参加养老保险。交纳保险年龄不分性别、职业，为20周岁至60周岁。领取养老保险金的年龄一般在60周岁以后。保险资金的筹集方式为：以个人交纳为主，集体补助为辅，国家给予政策扶持的原则。个人交纳要占一定比例；集体补助主要从乡镇企业利润和集体积累中支付；国家予以政策扶持，主要是通过对乡镇企业支付集体补助予以税前列支体现。在以个人交纳为主的基础上，集体可根据其经济状况予以适当补助（含国家让利部分）。具体方法可由县或乡（镇）、村、企业制定。个人的交费和集体的补助（含国家让利），分别记账在个人名下[①]。这一政策具有重要引导作用。当然在初期阶段社会保障力度比较小，难以为参保者养老所依赖。

（5）多元养老保障制度的建立途径

中国当代和未来一个时期养老模式应具有多元特征。而目前来看，城乡居民从制度上所应增强的方面并不一样。农村的重点是加强社会养老保障制度建设，城市居家养老模式下社区服务的增强也不能忽视。在这一前提下，子代对亲代应承担的照料义务也不能完全放弃。

社会养老保障制度是相对于家庭养老制度而言，是用公共力量（包括政府财政、公共积累、社会养老保险等）解决老年人的生活费用、照料费用、医疗费用和居住安排等。从上可见，中国的社会养老保障制度从古迄今一直处于不断建立、维系和完善之中。

近代之前的社会保障面向两个群体，一是老年致仕官员和对国家有特殊贡献的群体，一是贫穷孤老者。大多数老年人并不在覆盖范围，即使对致仕官员，有些朝代也未形成规范的制度加以保障，仅适用于其中贫困者。普通孤贫老年人多为70岁以上者，采用居家和进入养济院两种形式，但由于机构有限和设置比较集中，并不能保证所有符合条件者都能得到救助。传统的社会养老以提供吃穿等生活资料和零用钱文为主，其来源主要靠国家财政和地方财政投入。整体上家庭养老为主的局面没有得到改变。

民国出现了以法律为基础的老年救助和公务员老年退休金制度，但覆

---

① 民政部：《县级农村社会养老保险基本方案（试行）》（1992年1月3日），见孙陆军主编《中国涉老政策文件汇编》，中国社会出版社2009年版，第152页。

盖范围有限。

中国当代社会养老保障制度的阶段性特征突出。从 1949 年到 20 世纪 80 年代，特别是 20 世纪 50 年代中期到 80 年代初期，城乡"二元"社会养老保障制度形成。就职于城镇国营、集体所有制性质的工厂和政府机关、事业单位者享受到原工资水平 50% 以上且多在 70% 以上的退休金和公费医疗待遇；农村只有少数无子女、亲属照料的老年人才能享受到集体经济组织的赡养和照顾。不过，即使在城市，没有就业者也与社会养老保障无缘。总之，无论城乡，除有正规就业和无子女老年人外，其他人的养老主要由家庭成员提供和承担。20 世纪 80 年代后，城镇个体经济兴起，商业养老保险恢复运作，只有正规就业者才享有的主要以公共退休金为养老来源的制度被打破，各种形式的社会养老保险制度出现，并开始向农村扩展。

六　结语和讨论

中国的老年人口制度形式多样，内容丰富，且有很显著的时代特征。

（一）传统时期制度对家庭养老功能的维护

家庭养老是传统时代的基本模式，各种制度都设法维护这一功能。

1. 官方制度对家庭养老功能和老年人社会地位的维护

（1）为培植家庭养老资源所采取的制度性措施

中国近代之前，被纳入社会养老体系内的老年人比例很少。绝大多数老年人由子孙承担赡养、照料义务。但相对其他人口群体，老年人毕竟是弱势者。如何使老年人获得基本生存条件，减少子孙对父祖赡养履行的懈怠行为？传统时代建立了相对完善的家庭养老维护制度。这种维护以对有赡养义务者协助、鼓励、引导、支持、优待和约束为表现。

甲、减免有高龄老年人家庭主要劳动力的差役，使其有时间和精力承担赡养义务。这是一项协助家庭养老的措施。

乙、对赡养父祖等家庭老年成员尽力者予以表彰。两汉至魏晋南北朝对孝悌者予以爵位和物品赏赐，宋元之后对孝子的旌表，都具有借此鼓励赡养行为、引导民众履行照料义务的目的。

丙、允许为官在外且无人赡养高龄父母者离职终养则属于支持性制度。

丁、犯法应判死罪之人因其父母无人赡养陷入窘境，帝王格外开恩，使之存留养亲。

戊、限制少子家庭儿子出家为僧道、过继与人、被招出赘，惩罚不尽赡养之责者，它是约束性制度的体现。

己、限制祖父母、父母在世，子代分家。它在客观上有助于维系家庭养老功能。多子家庭儿子不分家，生产和生活资料的支配权多在亲代手中，一旦分家财富则会发生代际转移。

（2）提升老年人的社会地位，使之受到尊重和重视。

中国近代之前，官方非常清楚，老年人作为年龄上的弱势群体，政府可以利用其掌握的公共资源弥补其生理属性上的不利，提高其社会地位。这样，老年人在其所生活的社区、村落和家庭之中，会受到尊重和重视，生存条件得以改善。

甲、以爵位和版授名誉职衔为手段。这是汉以后隋唐之前政府为提升高龄老年人社会地位采用比较多的做法。

乙、在庆典和皇帝出巡时直接赏赐老年人物品。

丙、地方政府所举办的各种公共性礼仪活动，都要显示对年老者的尊重。这是向民众灌输尊老意识的重要途径。

传统时代，上述措施的主旨在于弥补社会、家庭生存性资源的不足，引导家庭在生活资料供给上向老年人倾斜，避免对老年人的忽视。我们必须承认，传统时代是生活资料相对短缺的社会，饱暖一直为人们追求但却未真正解决。国家没有能力对老年人实施物质上的照顾，因而通过非物质性资源的提供，使老年人获得较高的社会地位和家庭地位。无疑，这些制度对多数老年人生存条件的改善是有效果的。

2. 民间性制度对老年人口生存环境的维护

（1）宗族是维护老年人家庭地位和为贫困者提供基本生存保障的主要力量

甲、通过限制父母在世时诸子分家，保持老年人对家庭资源的支配能力。不少宗族有这样的规定，将其视为孝行的底线。这是对官方法律的细化。

乙、利用宗族所掌握的义庄、祀田等资源，对族中贫困老年人予以资助。

丙、营造尊老氛围。宗族在各种宗族集体活动中，以长幼有序为原则，维护老年人所处尊长地位。

丁、对无子族人遵循和推行基于昭穆原则的过继制度，以使其生养死葬的基本人生目标具有保障。

(2) 社会习俗对家庭养老体系的维护

甲、膳田制度。亲子代分家时为老年亲代拨出膳田，以其收益作为老年人自我支配的生活和交往费用。有产家庭父家长去世后，分家往往难以避免。若母亲等直系老年人尚在世，不少惯习中有划拨膳田的做法。

乙、轮养老人制度。诸个兄弟平等承担父母的赡养义务，由此形成相互之间的制衡和约束，减少子代对照料责任的推诿行为。

(二) 社会养老保障制度的发展过程和特征

中国的社会养老保障制度并非现代社会的产物。

1. 近代之前的社会养老保障制度

近代之前致仕官员的退休金、对特权群体的老年赡养安排以及为贫穷孤老者提供生活资料和将失能者接纳进官办养济院等，都属于社会养老保障的形式。可以说，当时的社会养老保障制度只关注两个比较极端的群体——老年官员和孤老贫穷者，覆盖面非常有限。赡养费用来源主要靠政府财政。虽然，当时社会养老保障制度的形式是具备的，但其规范性却存在不足。

民国时期的社会养老保障制度启动较晚，且也以公务员为实施对象。

2. 1949 年后城乡"二元"社会下的社会保障与家庭养老制度并存

中国是在 1949 年后形成城乡"二元"养老保障制度的。其基本表现是，随着城镇工商业的发展，离开土地进入城镇就业的人口增多，他们以工资为生。工作期间享受公费医疗，退休后可以获得退休金和享有医疗费用报销待遇。正常情况下，老年人的退休金可以支撑其维系基本生存需求，不必依赖子女赡养。而在农村，从 20 世纪 50 年代至 90 年代末，老年人基本上以子女，特别是以儿子养老为主。与传统时代的家庭供养有所不同，相对于中青年子代，当代农村老年人支配家庭资源的能力下降。20世纪50年代中期至80年代初，集体经济制度下的农民一旦年老、退出劳动领域则完全靠儿子供养，少数无子女者可享受"五保户"待遇。改革开放之后，中青年农民逐渐走出村庄，在城镇从事就业；中老年农民则继续以耕垦土地为生，两者在收入上差距明显。农民年老丧失劳动能力后，主要靠儿子供养。一些老年人为了延迟对儿子养老依赖的时间，年逾七旬仍在从事有收入的工作。在我们看来，推动农村社会养老保障建设，亲代摆脱对子代养老的过度依赖，是提高养老水平的必然途径。

（三）传统与现代养老制度的差异

1. 传统时代政府多自诩以孝治天下，倡导"孝道"观念和"孝行"实践，以此增强子代履行赡养和照料亲代的意识，抑制其对养老责任的懈怠行为，整体看道德约束力量较强。现代社会则主要靠法律（子女有赡养父母的义务等）作为威慑手段，道德约束力量变弱。

2. 传统时代维系家庭养老的制度多样，不仅有政府政策和法律，还有宗族组织和社会惯习，由此形成尊老的制度环境，大大弥补了老年人生理上的弱势。当代社会对家庭养老的制度比较单一。土地私有制度被废除和集体经济制度建立，宗族组织失去了存在基础，宗规族训难以继续发挥作用。在城市社会中，传统惯习的作用力在下降。农村社会的传统习俗则由于政府对旧文化的批判而淡化。老年人的家庭地位主要靠"实力"支撑，掌握一定生存资源者（如有退休金、财产等）较受尊重，而完全依赖子代养老者往往得不到应有的体面生活。

3. 传统时代养老方式比较单一，家庭是养老的基本承担者；现代社会城市形成赡养和照料分离的局面，赡养费用主要来自老年人的退休金，失能后的照料则以子女为主，并有雇佣照料这种替代形式。

（四）未来养老制度的选择

1. 适应社会转型需要，推进城乡一体化养老保障体系建设

当代社会转型的趋向是城市人口为主体社会的建立。目前来看，户籍

制度对人口迁移流动的刚性约束有所降低，但不少福利政策因与居民属地相结合，属地又与户籍管理体系相联系，对养老保障制度的一体化建设构成限制。

就当代而言，由于就业类型在城乡之间、城市内部存在明显差异，养老保险缴费方式有别，社会养老保障制度的一体化并非绝对的均等化，但全覆盖是基本要求。

全覆盖养老保障制度建设不仅是政府所应推进和落实的一项重要社会发展目标，对乡村居民来说，也有一个改变观念的问题。社会转型将使世代居于一地、完全依赖家庭养老的状况彻底改变，而且它不是一个遥远的未来才会发生的事，可谓近在眼前。不可否认，目前农村居民中依赖子代养老的观念还很浓厚，虽然他们对社会养老保障制度充满期待和向往，但若涉及个人缴费，特别是提高缴费水平，其中有抵触情绪和怀疑态度者不在少数。更有不少人仍把子代视为最大的保险和保障来源。这种状况不改变，社会保障的"二元"格局将难以从根本上消除。具有规范性且带有一定强制色彩的社会养老保险制度的推行是必要之举。

2. 对独生子女父母的养老安排和社会服务需求予以充分关注

中国的独子女政策是世界上独一无二的人口控制举措，它需要有完善的社会养老保障制度作为支撑。客观实际是，在正规部门就业者和城镇居民中这一政策基本得到落实，一些东部地区省份不分城乡也在一定程度得到贯彻，由此形成巨大的独生子女父母群体。第一代独生子女父母逐渐进入老龄阶段，就其中的城镇就业者来说，相对完善的社会养老保障制度将使其年老后的生活费用不存在后顾之忧，但生活自理能力降低后的照料资源是短缺的。

我们认为，政府应建立针对独生子女老年父母的专项基金，补贴其照料花费。独生子女父母为国家人口控制做出了贡献，为其建立一项回馈制度也是必要的。

当然，对独生子女父母的特别照顾也应建立在整个社会养老服务水准提高、服务周到规范基础上，否则他们也难以享受到有质量的晚年生活。

3. 建立多元养老保障和服务制度

社会转型中，养老保障的社会化是必然趋向。但社会化并非所有保障均依赖政府，寄希望于政府提供。它实际也是政府难以做到的。国外中等收入国家和高收入国家的经验也证明了这一点。建立多元养老保障和服务制度是一项务实、可行举措。

所谓多元养老保障和服务是指政府、社会、家庭和个人均应有所贡献和承担的制度。国家之责在于提供基本养老保障，面向所有公民；同时制定和完善社会养老保险、保障制度；建立公共养老服务机构；对社会养老服务机构实行有所照顾的税收政策，促使其制定规范的服务标准，并监督实施。社会之责表现在，为大众提供不同类型的养老保险、医疗保险服务；满足老年人对医疗、失能照料的需求。家庭之责不仅体现在它仍是老年人的基本生存载体，而且家庭成员，特别是夫妇之间在老年照料中所起作用不可替代，对低龄老年人尤其如此；与老年父母同村、同城居住的子女及其配偶在日常照料中的责任不容推辞，当然也可以通过购买劳务的方式代其行使职责。个人之责为，公民在中青年时期积极缴纳社会养老保险，并为老年阶段需求进行必要的储蓄或其他形式的养老投资。

4. 从制度上保障老年人权益

就一般情况而言，老年人口退出劳动领域，在社会公共领域中的活动范围大大缩小；在家庭内其管理能力降低，对他人的帮助需求增多。因而说老年人口整体上是一个弱势群体。

在中国传统农业时代，政府往往通过多种措施推行敬老、尊老制度，鼓励老年人在村落、社区中发挥型俗、劝善等教化作用。这一政策对老年人社会、家庭地位提升和家庭养老功能的维护起到了积极作用。

也应该看到，传统时代的一些做法也有需要矫正之处，如"孝道"中强调子代对亲代的无条件服从，父母与子女家庭地位的不平等规定等。

那么，我们今天应如何保障老年人口的权益？哪些方面应值得关注？

（1）维护老年人的财产权益

老年人创造财产的能力下降，其积累的房产、货币资产和退休金是其晚年生活的物质基础，对保持其生存质量关系重大。因而，法律应充分维护老年人的这些支配权益。

就当代而言，有可能对老年人财产造成损失，使其生存条件受到影响的因素，主要来自近亲的不当做法。

由于亲子之间财产界限不清，如在农村，父母与儿子原来共同生活，儿子结婚后获得质量好的住房，父母则栖身旧宅之中；多子家庭，父母甚至居无定所。可以说，农村多数父母的居住条件较子代为差。在城市，一些家庭子代将亲代住房通过过户等方式变为己有，老年亲代只有使用权，由此处于不利地位。法律应该在由此产生的纠纷中维护老年人的利益。

(2) 老年人的再婚权益应得到维护

随着老年人年龄提高，丧偶率随之增加。就目前来看，无论城乡，老年人丧偶后再婚率并不高。这固然有传统习惯的影响，家庭近亲的干预作用也不能忽视。中国人的婚姻受亲属网络的制约很大，老年人再婚也没有脱离这一窠臼。就普遍的情形看，老年父亲再婚时子女因担心财产流失而实施干预。它虽然是家庭内部问题，但却损害了老年人的基本权益，进而降低其晚年生活品质。随着老年群体的扩大，与此有关的家庭矛盾将增多。政府和社会组织应站在维护老年人权益立场上，制止其亲属采取不同形式的干预行为。

(3) 为老年人参与经济活动和社会文化生活创造条件

在当代，老年人受教育程度构成与传统农业社会已大为不同。特别是城市老年人中，不少人受过中专以上教育，有一技之长。一些低龄老年人仍通过不同形式参与经济、社会和文化活动，其所起积极作用不可忽视。政府和社会组织应予以鼓励，抑制歧视做法，注意保护其在这些活动中应有的权益。

另一方面，当代老年人虽主要生活于家庭之中，但他们多不希望将自己封闭于宅院之内，对社区活动有浓厚的参与兴趣。而社区若缺少必要的公共设施作为载体，则会限制其活动。政府和相关机构应加大这方面的必要投入。

第十一章 人口压力应对制度

人口压力主要指一国、一地民众生存条件和环境所出现的困难局面。它有农业社会与工业化、城市化社会之别。在农业经营和农业就业为主导、农业人口占多数、农村为大多数人居住地的社会中，人口压力主要表现为食物性生活资料短缺。一般来说，其形成逻辑和表现形式为，人口数量增长较快，而生活资料没有相应增加，或增长缓慢，全国或区域范围内多数民众生存资料短缺，生活水平下降，非正常死亡率上升，社会问题因而变得突出。若政府措施失当，可能激化矛盾。整体看，中国近代以前，局部性人口压力曾经出现过，全国性压力并不常见。工业化和城市化社会中，多数人离开直接谋取生活资料的农耕区域，进城从事或受雇于工商业等非农领域，靠挣工资维持个人和家庭成员生存所需。能否保证劳动年龄人口获得就业岗位成为一个比较突出的问题。当然，工业化和城市化社会还有其他形式的人口压力表现，如生态环境问题、资源短缺问题。本章将主要考察两种社会发展阶段人口压力的应对制度。由于中国工业化和城市化社会发育和形成较晚，故所涉应对措施更多的是农业社会的制度形式，亦即考察各个时代政府、社会组织和家庭应对生活资料短缺所采取的措施。

一 人口压力辨识

人口压力本质上讲是指人口生存的压力，是生活资料不足、民众生存维系受到制约乃至威胁的压力。不过，人类社会多数阶段一国之民有阶级和阶层差异，不同阶级和阶层人口所占有的生产资料和社会资源不同，获取生存资料的能力有高下之别。当生活资料短缺时期，不同阶层往往有不同的压力感受。在直接生活资料自己生产或雇人生产为主而非靠市场购买为主的时期，尤其如此。此外，社会保障制度和救济制度是否建立，人口压力的表现和程度也不一样。

（一）人口压力的相对性与绝对性

在任何社会发展阶段，人口压力有绝对与相对之分。

1. 农业社会人口压力的绝对性和相对性

传统农业社会中，绝对人口压力是指人口数量增长超过了基本生活资料的供给和养育能力，这是一种表现。另一种表现是，人口数量变动不大，但生存资料生产能力明显萎缩或产量降低，也会出现绝对人口压力。绝对人口压力之下，民众生活资料普遍匮乏，饥荒频繁发生；政府和民间组织不掌握足够的粮食资源对受灾者实施救济，人口死亡增加。在形成绝对人口压力的环境中，食物短缺是刚性的，内部不足和外部失援并存。绝对人口压力持续时间相对较长，往往引发社会动荡，甚至冲突。

相对人口压力是因一定区域范围内发生自然灾害，或社会政策失当，农业生产条件被破坏，粮食减产，人口正常生活资料需求难以满足。一当灾害消失或缓解，政策得到调整，粮食生产得到恢复，人口压力便会减轻，乃至消失。我们认为，传统农业社会相对人口压力有这样几种表现形式，一是由于自然灾害（水、旱、冰雹等灾）发生，粮食减产，特别是面对连续性灾害，缺少粮食储备的民众难以应对，轻者节衣缩食，重者乞讨他乡。二是赋役沉重，民众的收获物交纳赋税后，剩余部分不足以维持家庭人口的生存所需；徭役频征，农民正常的农耕活动受到影响，粮食减产。三是私有土地制度下，租佃农民往往将收成的50%及以上交给田主，剩余部分难以维持家庭成员消费需求，当这一人口群体所占比例较大时，也会产生相对人口压力。明万历时，巡抚吕坤指出：近见佃户缺食，便向主家称贷，轻则加三，重责加五，谷花始收，当场扣取。勤动一年，依然冻馁[①]。可见，相对人口压力的形成既有自然因素的作用，也有社会因素的影响。这些因素可能单独出现，也可能以合力的形式出现。

关于近代之前农业社会人口压力的表现和成因，英国人口学家马尔萨斯在18世纪就已经表述过：根据食物为人类生活所必需这一有关人类本性

---

① 《吕坤全集》（中），中华书局2008年版，第947—948页。

的法则，必须使这两种不相等的能力保持相等。这意味着，获取生活资料的困难会经常对人口施加强有力的抑制。这种困难必然会在某地发生，必然会被很大一部分人口强烈地感受到[1]。可以说，在人工避孕工具发明和推行之前的历史时期，高生育率在适宜的条件下会克服高死亡率对人口增长所具有的约束作用（近代之前多数时期人口增长模式是高出生率、高死亡率和低自然增长率），由缓慢增长变为较快增长，民众对粮食等生存资料的需求增大。若可垦殖荒地有限，粮食亩产难以提高，区域人口生活资料出现短缺，人口压力就会增大。多数情况下，人口死亡率高和预期寿命低（近代之前出生人口平均预期寿命不足 35 岁甚至更低，这是发达国家工业革命之前、中国近代之前比较普遍的情形），很大程度上使人口增长所形成的人口压力得以缓解，一定程度上推迟了绝对人口压力到来的时间，降低了其发生的频度。

2. 工业化和城市化社会人口压力的绝对性和相对性

（1）绝对人口压力的基本解决

工业化和城市化社会的绝对人口压力仍以食物这一基本生存资料短缺为表现形式。需要指出：工业化和城市化社会建立在农业劳动生产率明显提高的基础上，大批农民离开土地从事非农活动。进入 20 世纪，特别是 20 世纪 40 年代以后，从世界范围来看，工业革命的成果在粮食种植上得到体现，种子改良，广施化肥，同时农田灌溉系统建立，粮食亩产和总产量大幅度增加。另外，农耕机械化作业程度提高，劳动生产率上升，粮食短缺问题虽不能说从根本上消除，却已基本解决。一定意义上讲，工业化和城市化已经完成的国家，基本生活资料短缺形式的绝对人口压力已基本不存在。

马尔萨斯曾说，人口增殖力和土地生产力天然地不相等，而伟大的自然法则却必须不断地使它们的作用保持相等，我认为，这便是阻碍社会自我完善的不可克服的巨大困难……这一法则制约着整体生物界，我看不出人类如何能逃避这一法则的重压。任何空想出来的平等，任何大规模的土地调整，都不会消除这一法则的压力，甚至仅仅消除 100 年也不可能。所

---

[1] ［英］马尔萨斯：《人口原理》，商务印书馆 1996 年版，第 7—8 页。

以，要使全体社会成员都过上快活悠闲的幸福生活，不为自己和家人的生活担忧，那是无论如何不可能的①。马尔萨斯低估了工业革命成果对"土地生产力"的提升作用。

如果马尔萨斯所下断语是针对工业革命之前的农业社会，它一定程度上是符合实际的。但反观工业革命后的世界人口变迁和民众生存状况，这一断语则是一种误判。身处工业革命之前的马尔萨斯难以预料工业革命及其相关的化学工业发展、种子改良、灌溉推广以及经营方式变化对粮食增产的效果。

（2）工业化和城市化社会相对人口压力的表现

在我们看来，工业化和城市化社会仍有相对人口压力，不过其表现形式发生变化。多数工业化和城市化社会相对人口压力已非间歇式生存资料短缺问题，欧美等西方发达国家和后发国家中其具体表现有所不同。发达国家中，由于人口转变（形成低出生率、低死亡率和低自然增长率）的时间实现得较早（20世纪前期），人口总量增长得到控制，迄今甚至出现负增长，因而人口就业压力，特别是结构性就业压力虽然存在，却不严重；人口对生态环境的压力也不明显。但在后发国家尚有多种压力表现出来。其从高出生、低死亡和高自然增长向低出生、低死亡、低自然增长的转化来得比较晚，即人口高自然增长率持续时间较长，人口基数有较大扩张。当进入工业化和城市化快车道上时，大量农村剩余劳动力开始向城市非农产业转移；而当代城市中劳动密集型企业在减少，吸纳就业的能力降低。城市自身也有大量新增劳动力就业困难。此外，短期快速工业化和城市化过程中环境污染问题未能及时解决，资源短缺往往形成发展的瓶颈，以及住房需求增大，交通拥挤等。这些城市病一定程度上也是区域人口压力的反映。它在一定程度上对人口生存质量构成制约。

城市化社会中人口压力的一个主要表现是失业问题。近代以来工业化过程中，土地已不是人们唯一的生存依赖。非农就业者可把工资等收入用于购买粮食等生活资料。而对无土地的城镇劳动力来说，一旦失去工作或者找不到就业岗位便意味着生存条件丧失。劳动力多于工作岗位的提供能

---

① ［英］马尔萨斯：《人口原理》，商务印书馆1996年版，第8页。

力，也是相对人口压力的重要表现。城市社会中，劳动者找不到工作岗位就如同农业社会劳动力没有土地耕种一样。当然，若有完善的社会保障制度，暂时失业者获得社会机构所给予的救助，生存困难不至于变为刚性压力。

需要指出，后发国家在工业化和城市化初始发展过程中，农业人口还占较大比例，粮食的商品化率还比较低。商品粮短缺问题并未从根本上解决，生活资料短缺意义上的人口压力仍有所表现。

(3) 人口压力与人口过剩的关系

与人口压力相伴随的一个名词是人口过剩，后者甚至较前者使用得更广泛。

人口过剩同样分人口绝对过剩和相对过剩两种。人口绝对过剩指人口增长速度超过物质资料增长的承受能力，人口死亡率因此上升，人口增长受到抑制。可见，人口绝对过剩和绝对人口压力的结果和表现是一致的。而人口相对过剩的解释主要从就业角度着眼。一般认为，随着资本积累的增长和资本有机构成的提高，出现两种完全对立趋势：一方面，资本对劳动力的需求日益相对，甚至绝对减少；另一方面，劳动力供给迅速增长，由此造成大批工人失业，出现相对过剩人口。还有的研究将相对过剩人口分成两类：一是人口自然增长过快，生产力落后，无法吸收过多人口，形成人口压迫生产力，它多存在于人口众多而经济落后的发展中国家；二是现代化大生产条件下，由于采用机器生产，大批劳动力被排挤出去，形成生产力压迫人口，多存在于发达国家。但现代西方国家的经验表明，随着生育观念改变，生育率降低，劳动力供给也会减少，从而缓解就业等压力。此外，当第二产业对劳动力的需求降低时，第三产业发展带动就业增加。在后发国家初期工业化和城市化过程中，相对人口压力的上述表现是存在的。

(二) 中国历史时期人口压力的表现

中国农业社会延续时间悠久，虽然中国的工业化和城市化在 19 世纪末 20 世纪初即开始启动，并获得一定发展，尤其是南方沿海和沿江地区，近代工商业城镇兴起。但 20 世纪前半期受制于内乱和外侵，城市化发展之路并不顺畅。20世纪50年代初至70年代末，政策主导下的城市化发展和被抑制并存，其背景与农业产出不足、人口生存压力存在有直接关系。直到20世纪80年代初期，中国农业社会一直占主导地位。因而，对这之前的人口压力作一梳理很有必要。

前面的探讨是基于一般理论的认识，那么人口压力在不同时期的实际表现如何？下面做一分析。这些是对典型时期事件和事实的考察。

1. 食物短缺，生存困难

可以说，在中国，直到20世纪80年代初期，中国人口压力的突出表现是生存资料短缺，即食物不足问题始终未从根本上解决。多数情况下，若风调雨顺，基本食物需求尚能满足。一旦持续干旱，农业减产，缺少粮食储备的小农家庭便会陷入困境。北宋皇祐年间官员贾黯即指出过这一点：今天下无事，年谷丰熟，民人安乐，父子相保；一遇水旱，则流离死亡，捐弃道路①。粮食充足的时期，社会矛盾较少。史载：清朝乾隆六十年，"各省绝鲜大水旱，故百姓充实，丁粮鲜通欠者"②。

自然灾害引发的食物短缺在中国历史上各个时期都有表现。西汉元帝即位初，"天下大水，关东郡十一尤甚。二年，齐地饥，谷石三百余，民多饿死，琅邪郡人相食"③。成帝时"阴阳错谬，岁比不登，天下空虚，百姓饥馑，父子分散，流离道路，以十万数"④。明代崇祯十四年（1641年）夏天，江南地区发生大旱，"蝥蝗蔽天，焦禾杀稼"，"是岁大饥"。第二年春天，地方官员"劝缙绅富室捐米煮粥，分地而给"。"饥民远近响应，提携襁负，络绎不绝。甚者不及到厂而毙于路，或饱粥方归而殒于途，道殣相望；婴儿遗弃，妇女流离，有望门投止，无或收惜，而转死于沟壑者。"⑤可以说，这种局面与"靠天吃饭"的农耕环境有直接关系；加之"食之者众"，剩余物不足，储备有限，小灾尚可应付，大灾则难以抗御。

不过，在中国历史上，导致食物短缺还有一个不可忽视的原因是战乱，

---

① 《宋史》卷176，食货。
② 欧阳兆熊、金安清：《水窗春呓》卷下，国初爱民。
③ 《汉书》卷24上，食货。
④ 《汉书》卷81，孔光传。
⑤ 叶梦珠：《阅世编》卷1，灾祥。

王朝更替时期尤其严重。民众揭竿而起，各种军事势力集团持续攻伐，争夺政权，百姓四散躲避，难于安心南亩；或被驱迫至战场，死于兵刃，以致无人生产。由于正常的生产秩序被打破，粮食减产，人口压力增大。若追问战乱的原因，除了政治集团争权夺利引发的厮杀外，农民起义和暴动多与生存环境恶化、食物资料短缺有关。它构成一个具有关系的链条：食物短缺—官方未实施适时救助甚至继续征纳赋税—民众为生存而起事—战乱持续—生存更为蹙迫。这一过程中，区域甚至全国的人口数量会锐减。

一般来说，王朝末年是人口压力的凸显期，它多表现为生存资料占有和分配不均型食物短缺，中下层民众生存条件恶化；王朝更替时期则是生产不足型短缺，在新王朝建国初期最为显著。西汉初年，"接秦之敝，诸侯并起，民失作业而大饥馑。凡米石五千，人相食，死者过半"①。南宋初年，"自中原陷没，东南之民死于兵火、疫疠、水旱，以至为兵、为缁黄及去为盗贼，余民之存者十无二三"②。而至清朝，康乾盛世，无地者在灾害年景也会出现生存困难，以致死亡。康熙帝在四十二年（1703年）即承认这种现象的存在：朕四次经历山东，于民间生计，无不深知。东省与他省不同，田野小民，俱系与有身家之人耕种。丰年，则有身家之人所得者多，而穷民所得之分甚少。一遇凶年，自身并无田地产业，强壮者，流离于四方；老弱者，即死于沟壑③。作为一国之君，对私有财产所有者，他所能做的是规劝，希望地主们"荒歉之岁"，"减其田租"，以"赡养其佃户"④。

自然灾害和战乱导致农业生产活动中断，由此出现粮食短缺，进而导致人口流亡，死亡骤增，人口数量锐减，这成为中国历史人口变动的重要循环模式。

2. 土地紧缺，农业谋生方式不足

土地紧缺，农业所获不足以维持日常所需，民众生存困难显现，并非中国近代才出现的问题。这种情形在战国时期一些诸侯国中即出现过。如《商君书·徕民篇》所言：晋和韩、魏，"土狭而民众，其宅参居而并处；

---

① 《汉书》卷24上，食货。
② 《文献通考》卷11，户口。
③ 《清圣祖实录》卷213。
④ 《清圣祖实录》卷213。

其宾萌贾息，民上无通名，下无田宅，而恃奸务末作以处。此其土之不足以生其民也，似有过秦民之不足以实其土也"。其意为，以农耕社会的生产资料条件来衡量，三晋辖区已出现土地承载力不足的问题，一些民众不得不依赖非农业活动为生。劳动力不足的秦国则因势采取诱迁之策，既使己方人口得以充实，同时也削弱了对方。不过，若三晋百姓觉得从非农领域可获得更多的经济利益，那么秦国的土地吸引政策则不会有成效。

秦汉之后，尽管民众生存区域扩展，但区域性土地紧缺问题不仅存在，而且伴随着人口增长，逐渐呈现扩大趋势。

隋开皇后期，"时天下户口岁增，京辅及三河，地少而人众，衣食不给，议者咸欲徙就宽乡"。为筹措解决之道，文帝"命诸州考使议之"，还令"尚书以其事策问四方贡士"，然这些人"竟无长算"[①]。可见，局部性人口压力问题对当时民生已产生影响。

南宋时，"福建地狭人稠，无以赡养，生子多不举"。庆元元年（1195年），福建提举宋之瑞为此建言："乞免鬻建、剑、汀、邵没官田，收其租助民举子之费。"宁宗批准此议[②]。

明代，南方地区，特别东南一些地区出现了靠耕作难以为生者，其原因也与土地紧缺有关。浙江绍兴、金华二郡：人多壮游在外，如山阴、会稽、余姚生齿繁多，本处室庐田土，半不足供。其儇巧敏捷者，入都为胥办，自九卿至闲曹细局无非越人；次者兴贩为商贾，故都门西南一隅，三邑人盖栉而比矣[③]。

清代中期之后，人地分布失衡范围更大，可以说除边疆地区外，全国内地多数地方有此表现。湖南不少地方，"山多田少，刀耕火种之民终岁勤动，虽遇有秋之年犹必借助于荼蓼薇蕨，最称艰苦。滨湖之田，遇丰岁尚可有余，但舟航四达，搬盘者多，民无蓄聚。间有谷多之家，则又贪图厚价不肯零粜。以至近处贫民挑负空囊奔走终日，而不能购买升斗，有钱无籴。年丰而啼饥者比比然也"[④]。这表明，本地"缺食"与民众家庭拥有土

---

① 《隋书》卷24，食货。
② 《宋史》卷173，食货。
③ 王士性：《广志绎》卷4，江南诸省。
④ 陶澍：《陶文毅公全集》卷9，奏疏（陈奏湖南山田旱歉情形折子）。

地和食物资源水平不一以及不正常的粮食流通也有一定关系。但耕地普遍不足的问题最为突出。河南孟县：负山滨河，人多地狭（乾隆末年——笔者注），素封之家田不数顷，平民或仅数亩。虽力耕作苦，犹不能自给，而取给于纺织棉布之值，是以佣而代租[1]。可见，当地不同阶层都感受到人众地少的压力。

民国时期，全国不少地区人众地少矛盾继续发展。山东德平县：地狭人稠，平均每人占田二亩八分，……百亩之富户既不多觏，贫无立锥者亦鲜有所闻。全县农民占百分之八五，概为自耕农或半自耕农。丰收之年每亩平均获粟三百斤，足供全县食用，而有余分销邻省，藉以维持生活之所需。一遇荒旱则束手无策，因而荡析离离，甚至铤而走险。二十年来地方不靖，此亦主要之原因。出外谋生以在东北三省作苦工者较多，栉风沐雨，佣工于数千里外，而能减衣缩食无亏事……出外人数最多之时达二万六千余人，邮局汇款一年曾达百万余元……九一八后，侨居东省多被迫回籍，收入顿减。生计困顿感穷促矣[2]。河南滑县：每人平均土地不足半亩（人口62万，土地3028顷），城乡富户百无一二，大抵多中人之产，或经商以权子母，或作贾以竞锥刀，除消耗外罕有赢余。次及做工以觅口食，年丰粮贱之时尚能赡身养家，尚遇饥馑荐臻，薪米昂贵，则不免于饥饿[3]。这种状况可以说在华北平原是比较普遍的。南方地区更为突出。广西陆川：地狭人稠，田少租贵。农人每岁所入，除输租外，所余无几，终年吃粥，尚多不敷。每当青黄不接，惟藉薯、芋等杂粮充饥[4]。

人众地少矛盾的突出表现是，较低的人均耕地所产不足以维持农业人口的最低消费水平。在中国近代之前水利灌溉不发达的地区，特别是北方，正常年景收获物不仅应能满足本年度所需，而且还要剩余一部分备荒年之急。但实际上，不少地方收获物只能基本满足本年生活，不足以应对灾歉。由此，人口生存危机开始频繁发生。

3. 区域性"人满"问题已经出现

"人满"本质上也与人地矛盾有关，不过，人满的影响、后果和所产生

---

[1] 王凤生：《河北采风录》卷3，孟县水道图说。
[2] 民国二十五年《德平县续志》卷10，县民生活。
[3] 民国二十一年《滑县志》卷7，风俗。
[4] 民国十二年《陆川县志》卷4，风俗。

的人口压力更大。除了耕地不足、本地所产不敷本地人口所需外,还表现为区域内就业机会少、谋生条件不稳定、生存压力增大等。

一般来说,"人满"最早出现在生存条件相对较优越的地区,如北方的平原沃地,南方濒河临江、灌溉便利之区。农耕条件好就意味着本地民众相对容易获得生存资料,抗御自然灾害能力高,人口数量增长较快。过若干年人均土地面积减少,进而形成"人满"局面。

在农耕为主的时代,局部地区"人满"的结果是,本地生存条件困难者不得不流动至区域外寻找新的生存空间。他们首先选择适宜耕种之地。平原无地可耕,则向丘陵、山林进发。近代之前,政府希望民众在现有秩序之下解决生存问题,一旦超出范围,进入统治力量薄弱地区,则会受到抑制。如明代湖北西北部的郧阳"地介河南、湖广、陕西、四川四省,山谷阨塞,林箐蒙密,既多旷土,又有草木可采掘而食,自古为逋流之地"[1]。明中期,饥民徙入。政府出于治安考虑,强行驱赶,引发剧烈官民冲突;驱而复返,最终政府不得不做出让步,设郧阳府。它很大程度上是民众在原籍已无地可耕情况下所选择的道路。

明代东南沿海地区出现另一种形式的"人满"问题,市镇经济发达地区人口高度集聚,本地所产食物资源已难以满足民众生存所需。浙江"杭城北湖州市,南浙江驿,咸延袤十里,井屋鳞次,烟火数十万家,非独城中居民也"。"宁、绍人什七在外,不知何以生齿繁多如此。"[2] "宁波齿繁,常取足于台;闽福齿繁,常取给于温,皆以风飘过海。故台、温闭籴,则宁、福二地遂告急矣。"[3] 这种"人满"是区域产业结构初步发生转变的结果,工商业成为其中不少人谋生的方式,自给自足的农耕社会开始改变。

清代中期北方具有"人满"特征的地区如山东、河北民众则纷纷向关外寻求垦荒之地,尽管清朝政府出于对满族"发祥之地"的保护而据关堵截,但挡不住各种形式的"偷越"行为,政府不得不做出让步。南方地区无地者则前往山区垦种,被称之为"棚民"。政府虽欲驱离,却难奏效,后允许其被编入当地保甲。在我们看来,这在很大程度上是局部性"人满"

---

[1] 王士性:《广志绎》卷4,江南诸省。
[2] 王士性:《广志绎》卷4,江南诸省。
[3] 王士性:《广志绎》卷4,江南诸省。

因素促就。当然，也有一些"人满"地区百姓走上经商之途。北方山西的翼城，"土狭人满，每挟赀走四方"①。

浙江地区的"人满"情形至清代更甚。清乾隆末年官员秦瀛指出："温处之俗有育女不举者，余既严申其令，喟然长叹曰：人无不爱其孳息者，孳孳而忍溺之，非尽其父母之不仁也。盖由国家承平百数十年，生齿日众，山陬海澨之民，其所产不足以给其所养，不得已忍而出此。此为民上者之责也。无何而余奉命迁调来杭，杭财赋拟三吴，商贾辐辏，人物蕃富，非温处比。顾间巷井陌之间贫民殆十居七八。其甚者，子女或幼鬻于人，或生弃于途，皆所不免。"②

中南、西南地区在康熙朝之前尚处于大动乱后的恢复发展阶段，人口压力并不明显。湖北"户口未繁，俗尚俭朴，谷每有余。而上游之四川、湖南，人少米多，商贩日至，是以价贱。迨户口渐增，不独本地余米无几，即川南贩运亦少，谷寡价昂势所必至。且民生既繁，争相置产，田价渐贵，农家按本计利，但愿价增无减"③。

就近代之前而言，局部地区"人满"之后，从中溢出的劳动年龄人口多数没有实现职业"转型"，仍以农耕为追求，没有自有土地者则靠佃耕为生。它主要与当时城市及非农行业缺少足够的吸纳能力有关。但也应看到，明清之后，一些市镇中通过从事工商业经营养家糊口者已大有人在。明人王士性这样记述："江右俗力本务啬，其性习勤俭而安简朴，盖为齿繁土瘠，其人皆有愁苦之思焉。又其俗善积蓄，技业人归，计妻孥几口之家，岁用谷粟几多，解橐中装粮籴入之，必取足费，家无囷廪，则床头瓶罂无非菽粟者，余则以治缝浣、了征输，绝不作鲜衣怒马、燕宴戏剧之用。即囊无资斧者，且暂逋亲邻，计足糊家人口，则十余日而男子又告行矣。以故大荒无饥民，游子无内顾，盖忧生务本，俗之至美，是犹有《蟋蟀》、《流火》之风焉。"④ 但如此生活的民众在人口总数中所占比例是比较弱小的。

中国只有到了近代以后，才出现农村剩余劳动力向建立新兴工商业的

---

① 光绪《山西通志》卷46，风俗。
② 秦瀛：《小岘山人文集》卷4，杭州育婴堂记。
③ 《清高宗实录》卷311。
④ 王士性：《广志绎》卷4，江南诸省。

城镇大规模转移之势。以往"人满"溢出劳动力完全在农业领域"徘徊"的时代开始改变。但这一过程比较曲折，20世纪前半期城市发展受到战乱的抑制。20世纪50年代，农村劳动力经历了较快地向非农领域转移之后，在60年代出现逆向转移，直至70年代才有所改变。而深刻的变革和人口城市化大发展时代在80年代中期开始启动。

（三）中国当代人口压力的认识

中国当代人口压力有亦喜亦忧两方面的表现。喜的是因粮食短缺而长期难以摆脱的传统人口压力大为缓解，忧的是工业化和城市化快速推进过程中，新形式的人口压力不断涌现。

1. 当代人口压力的缓解方式

（1）农耕方式的改进推动粮食增产

中国食物短缺所形成的相对人口压力从传统社会直至20世纪80年代初期一直存在，并成为不同时期政府力求解决的问题。而这一过程表明，靠传统农业经营方式，即使人口缓慢增长，人口压力仍难以解决。近代之前，虽然人均占有土地面积较大，但由于传统农业建立在人力和有限的畜力基础上，人均耕作面积有限；加之，灌溉条件较差，收成受天气条件影响颇大，种子选育方法落后，施肥不足，这些都使粮食亩产停留在较低水平，耕地承载人口数量受限。比如在民国时期，华北农村，正常年景下，3亩耕地的收入才能维持一个人基本生存所需[1]。所以近代之前，尽管90%左右的人从事农耕活动，但人口的生存压力并没有摆脱。

中国则自20世纪60年代中期以后，政府加大化肥生产和粮食品种改良力度，同时大力兴修水利工程和灌溉设施，制约中国农业生产的瓶颈被打破，粮食亩产大幅度提高。因粮食短缺不能满足人口需求的局面有了初步改观。特别是20世纪80年代之后，在人口总量大幅度提高之后，人均有限的土地（北方地区人均一亩多一点，南方则不足一亩）由于产量提高，人口生存压力并没有进一步增大。它本质上是生产力水平提高的结果，当然也与制度变迁（土地承包责任制的实行等）有关。然而，我们还不能说中

---

[1] 王跃生：《社会变革与婚姻家庭变动——1930—1990年代的冀南农村》，生活·读书·新知三联书店2006年版，第408页。

国已从根本上摆脱了粮食短缺的禁锢,因为中国人口总量在突破13亿之后仍在继续增加;耕地总面积由于城市扩张而减少;北方产粮区土地灌溉对地下水开采过度,可持续供给能力降低;干旱气候增多。这些都在一定程度上制约粮食继续稳产高产,今后唯一的期望是更高产作物品种出现。即使存有上述制约因素,我们也必须承认,粮食问题已不再靠投入大量劳动力来解决。

(2)控制人口数量缓解人口压力

通过减少生育、控制人口数量来缓解人口压力尽管曾为中外学者所提出,但近代之前却很少形成政策。在中国,当20世纪50年代和60年代人口总量由5亿增至6亿、7亿时,政府意识到直接控制生育、降低人口增长速度在减轻人口压力中的作用。

20世纪70年代初,政府推行晚(婚)、稀(加大生育间隔)、少(生)政策;1980年实行独生子女政策。这一政策的最明显作用是妇女总和生育率降低。其变动数值如下:1970年为5.81,1975年3.57,1980年2.24,1985年2.20,1990年2.31,1995年1.99,达到更替水平(2.1)以下。根据有关研究者所作统计,1971年至1998年间中国因计划生育共计少生3.38亿人[①]。这有效降低了人口对食物资料、教育、就业等所构成的压力。

2. 社会转型时代中国所面临的人口压力

社会转型是指社会形态所发生的基本变化,在中国现阶段则表现为农业社会向工业社会转化,由以农业经营为主社会向以非农经营社会为主、以农村人口为主的社会向以城市工商业人口为主社会的转化。应该说,中国社会转型的起步是在改革开放政策推动之下,20世纪80年代中期显露端倪,现在尚处于转型的初期。

中国社会转型时期人口压力的核心是什么?在我们看来,人口总规模庞大仍是突出问题。当代人口总量2005年突破13亿之后仍在增长,2020年之后突破14亿,并将于2030年左右达到峰值水平,接近15亿。可以说这一人口规模是诸多相对人口生存压力产生的基础。

我们认为,我国当代面临三个与人口有关的压力源。

---

① 杨魁孚等主编:《中国计划生育效益与投入》,人民出版社2000年版,第6页。

一是人口就业压力。20世纪80年代初期以来，随着土地承包责任制的推行、农业机械化水平提高，粮食种植对劳动力的需求大大降低。农村劳动力起初农闲季节才出外务工，到现在几乎全年于城镇地区从事非农业劳动。而改革开放后出生的农村新一代农民子弟长大后则基本上与农耕活动脱离。城市化进程加速，基础设施和住宅建设，服务业和不同形式的工厂，成为吸纳农村劳动力的主要场所。但另一方面，劳动密集型企业在减少，城市白领行业所能提供的岗位有限，一些青年人学非所用，难以适应就业需求，结构性失业问题突出。农耕为主的时代，对劳动力而言，生产和生存条件是一体的，土地种植既解决了其就业问题，又使本人和家眷获得了生存资料。当代人口压力最主要的表现是，比例较高的劳动年龄人口找不到适合自己从事的工作岗位，进而丧失养活自己和赡养家人的能力。当然，这一问题的程度往往会有周期性变化。为有劳动能力和劳动愿望者创造就业机会成为转型时代政府和社会组织的重要工作，为失业者提供社会救助更不可忽视。

二是人口与生态环境压力。在当代短期内迅速推行的工业化和人口城市化过程中，环境保护没有受到应有重视。江河湖海污染、空气质量污染、城市垃圾污染等，直接威胁着中国人口的生存环境。一些污染严重地区可能将不适宜人类居住，这是对人口活动空间的挤压，直接加大人口压力。这些压力通过改进生产方式、消费方式是可以逐步解决的，重要的是政府须加大治理污染的投入，制定严格的监管措施。

三是资源短缺压力。资源短缺压力表现之一是水资源短缺，其对当代中国人口生存的压力是全方位的。中国当代农业的稳产高产在很大程度上得益于灌溉条件的改善，而在北方主要依赖抽取地下水。地下水位在下降，灌溉成本上升。长期下去，地下水资源也会枯竭，其对粮食生产将带来严重威胁。城市化、都市化在改善人类生存方式的同时，也使民众对水资源的消费加大，城镇自身发展和维系受水资源短缺的制约越来越显著。这需要提高水资源利用效率，减少浪费。同时，用科学手段增加水的来源。表现之二是能源短缺问题。中国当代所需石油资源的主要部分已依赖进口，国内煤炭资源可开采年限缩短。能源短缺直接关系到中国当代经济发展的可持续问题，进而对人口生存条件产生影响。

上述压力是否能解决，不仅关系到中国民众的生存条件改善，而且与生存质量改善、生活品质提高密切相关。可见，在人口基本生存资料的压力缓解之后，人口生存质量的压力、生存条件的可持续维系问题日益凸显。

综合以上，人口压力本质上是人口所需基本生活资料能否满足、生存质量能否改善和生存条件能否持续维系的问题。人口压力有相对与绝对之分。在中国现代社会之前，食物不足是人口压力的主要表现形式，并成为人口进一步增长的主要制约因素。清代之前，人口压力以局部"人满"为表现形式，18世纪中期以后内地各省均呈现出人口压力态势。传统时期人口压力往往以人口向外地迁移、劳动力寻求新的可耕地资源作为缓解方式。近代以来，伴随着工商业城市的发展，农村无地、少地民众开始向城镇迁移。劳动者个人及其家庭摆脱生存压力的主要方式是在非农领域立足，获得工资和经营收入。1949年后直至80年代初，粮食短缺压力和就业困难压力均有表现。粮食短缺制约了城市工商业的发展，城市就业紧张又促使政府限制农村人口迁出，甚至压缩城市人口的做法。80年代初期农村承包责任制实行，劳动生产率提高，食物短缺压力基本消除。农村剩余劳动力向非农领域转移成为趋向，城市工商业迅速发展吸纳了大部分农村劳动力。进入21世纪初，结构性就业压力、新增劳动力就业压力开始凸显，成为日益突出的社会问题。与此同时，工业化和城市化快速推进过程中，生态环境污染压力、资源短缺压力严峻。这些是人口压力新的表现形式，政府和社会需要不断筹措化解之策。

二 传统时代人口压力的应对策略

中国近代之前是以农业为基础的社会，人口压力主要表现为相对人口压力，也有个别时期有绝对人口压力表现。本节分析中，我们将不再具体区分哪些制度是绝对人口压力下出台的，哪些又是相对人口压力环境下制定的，而是从总体视角对不同时期政府应对人口压力的直接和间接制度进行分析。

（一）建立救济体系

中国的农耕生产深受气候等自然因素的制约，水旱无常是基本表现。

就总体来看，排灌能力不足，靠天吃饭，旱涝即会导致减产，甚至绝收。因而，利用丰年稳产和增产进行粮食储藏以备荒歉，早就为民众和政府所重视。特别是政府注意建立从干预市场粮食价格到贷粮与民、再到赈济重灾民众的救济体系，在缓解人口生存压力方面具有一定作用。

1. 设立具有救济功能的仓储制度

建立备荒仓储制度以应对灾荒，无疑有助于提升民众抗御灾害的能力。

(1) 常平仓

甲、常平仓的设置及其演变

由官方建立粮仓供应官府员吏和军队之需可以说在中国很早即形成制度。但以应对灾荒、平抑粮价为目的而建立的仓储制度应该始于战国时期。

李悝作魏国文侯之相时一方面鼓励农耕，增加生产，另一方面实行平籴制度。政府于丰年购进粮食储存于仓库，以免谷贱伤农；歉年卖出所储粮食以稳定粮价。其操作方法为：谨观岁有上、中、下孰，上孰其收自四，余四百石；中孰自三，余三百石；下孰自倍，余百石。小饥则收百石，中饥七十石，大饥三十石。故大孰则上籴三而舍一，中孰则籴二，下孰则籴一，使民适足，贾平则止。小饥则发小孰之所敛，中饥则发中孰之所敛，大饥则发大孰之所敛而粜之。故虽遇饥馑、水旱，籴不贵而民不散，取有余以补不足也。行之魏国，国以富强①。魏国富强的原因是"民不散"。它包含多重意义，如百姓不因灾荒逃离，劳动力不为求食迁移他乡。由此国家维系和强盛不可缺少的人力基础条件获得保障。

西汉宣帝时，大司农中丞耿寿昌上奏建议边郡皆筑粮仓，"以谷贱时增其贾而籴以利农，谷贵时减贾而粜，名曰常平仓"。此奏被采纳，"民便之"②。常平仓作为一项正式制度被推行。但起初它实行于局部地区，是权宜之计。元帝即位后，因洪涝发生，民生困难，官员"多言盐、铁官及北假田官、常平仓可罢，毋与民争利"。元帝接受建议，将常平仓废除③。若常平仓过度储藏，高价粜出，可能有与民"争利"之嫌，但其基本做法是丰年适当增价购进、荒年降价卖出，既有利于粮食生产者，也减轻了消费

---

① 《汉书》卷24上，食货。
② 《汉书》卷24上，食货。
③ 《汉书》卷24上，食货。

者的压力。实际上当时农业人口占主导地位，粮食生产和消费主体是基本一致的。这一措施对民众度过食物短缺年份会有裨益。指责该措施与民"争利"的言论应该是站在商人立场的官员，因为它会使粮贩牟取暴利的机会减少。

汉以后王朝多肯定常平仓的积极作用，将其作为一项重要的救荒措施。

西晋武帝时，"立常平仓，丰则籴，俭则粜，以利百姓"①。

北魏太和十二年（488年），孝文帝下诏让群臣奏安民之术。有官员建言："请析州郡常调九分之二，京都度支岁用之余，各立官司。丰年籴贮于仓，时俭则加私之一，粜之于民。如此，民必力田以买绢，积财以取粟。官，年登则常积，岁凶则直给。"文帝称道此议，并予以推行。北魏"自此公私丰赡，虽时有水旱，不为灾也"②。该仓虽未以常平仓称之，但具有其功能。

隋朝开皇三年（583年），朝廷以京师仓廪尚虚，议为水旱之备，于是在要害之地设仓。其中有卫州黎阳仓、洛州河阳仓、陕州常平仓、华州广通仓，各仓之间"转相灌注"。文帝又遣仓部侍郎韦瓒，"向蒲、陕以东募人能于洛阳运米四十石，经砥柱之险，达于常平者，免其征戍"③。可见，隋代常平仓是仓储系统中的一种，但政府很重视其收储作用。史载"隋氏资储遍于天下，人俗康阜"④。开皇六年（580年）前后，关中曾连年大旱，同时青、兖、汴、许、曹、亳、陈、仁、谯、豫、郑、洛、伊、颍、邳等州大水，饥馑严重。文帝命苏威等，"分道开仓赈给"。又命司农丞王亶，发广通之粟三百余万石，以拯关中；同时发故城中周代旧粟，贱粜与人⑤。宋人苏东坡对隋朝制度颇有誉词："自汉以来，丁口之蕃息与仓廪府库之盛莫如隋。其贡赋输籍之法，必有可观者。"⑥

唐代，太宗时置常平仓以备凶荒，在洛、相、幽、徐、齐、并、秦、蒲州又置常平仓。其收藏规则一般为："粟藏九年，米藏五年"；"下湿之

---

① 《晋书》卷26，食货。
② 《魏书》卷110，食货。
③ 《隋书》卷24，食货。
④ 《通典》卷7，食货。
⑤ 《隋书》卷24，食货。
⑥ 《文献通考》卷10，户口。

地，粟藏五年，米藏三年"①。常平仓收储状况被列入地方官员的考核之中。文宗大和九年（835年），以天下回残钱置常平义仓本钱，岁增市之。"非遇水旱不增者，判官罚俸，书下考；州县假借，以枉法论"②。唐代中期，第五琦"请天下常平仓皆置库，以畜本钱"。唐德宗时，京城两市置常平官，"虽频年少雨，米不腾贵"。度支官赵赞建议："推而广之，宜兼储布帛。请于两都、江陵、成都、扬、汴、苏、洪置常平轻重本钱，上至百万缗，下至十万，积米、粟、布、帛、丝、麻，贵则下价而出之，贱则加估而收之。诸道津会置吏，阅商贾钱，每缗税二十，竹、木、茶、漆税十之一，以赡常平本钱。"德宗纳其言③。政府因此扩大了常平粮本钱的来源，保证籴粮所需。

宋朝，太宗淳化三年（992年），始置常平仓于京畿。当时"京畿大穰，物价至贱"，太宗分遣使于京城四门置场增价以籴，令有司虚近仓贮之，命曰"常平"。它由常参官负责，"岁歉减价以粜，用赈贫民，以为永制"④。皇祐六年（1054年），仁宗"诏荆湖北路民因灾伤所贷常平仓米免偿"⑤。神宗熙宁二年（1069年），"立常平给敛法"，不久"出内库缗钱百万籴河北常平粟"⑥。神宗元丰三年（1080年）八月对常平仓的建设做出具体规定：开封府界诸路提举司于要会州县指占空闲地或空营，盖造常平仓，仍度岁所收积定间数，其后费并以常平息钱充。如省仓有空闲或官舍可修葺者，亦令指占。其不阙者不得一例盖造⑦。真宗时设定常平仓存粮额数，与地方人口数量相结合：其不满万户处，许籴万硕；万户以上、不满二万户，籴二万硕；二万户以上，不满三万户，籴三万硕；三万户以上，不满四万户，籴四万硕；四万户以上，籴五万硕⑧。真宗天禧四年（1020年）下诏：京城置场十四，发常平仓粟贱粜以济贫民⑨。史载当时"常平、惠民

---

① 《新唐书》卷51，食货。
② 《新唐书》卷52，食货。
③ 《新唐书》卷52，食货。
④ 《宋会要辑稿》食货五三之六。
⑤ 《宋史》卷12，仁宗纪。
⑥ 《宋史》卷14，神宗纪。
⑦ 《续资治通鉴长编》卷307，神宗。
⑧ 《宋会要辑稿》食货五三之六。
⑨ 《续资治通鉴长编》卷96，真宗。

仓殆遍天下矣"①。仁宗天圣四年（1026年）十二月下诏：诸处州军经春有
斛斗价高处，虑人户失所，宜令京东、京西、河北、淮南转运司选官将本
处常平仓斛斗减价出粜；或无常平仓处，即以省仓斛斗除留准备外，出粜
以济贫民②。南宋高宗绍兴三十二年（1162年）规定仓粮周转期限：诸路
常平米并令以新易陈，在仓以五年为率；如过五年，尽数变转，毋得停
留③。孝宗隆兴元年（1163年）十二月下诏，临安府因河道不畅，"客米兴
贩未至，深虑民庶艰食，可将本府见管常平仓米减价出粜。其粜到价钱，
不得妄用，候秋成日旋行补籴"④。宋朝至少在宋神宗时，常平仓已分散设
置于州县一级。总体看，宋代，特别是北宋朝廷对常平仓比较重视。太宗
时，政府"乘时增籴，唯恐其不足"⑤。而其所起作用也比较大。史载，宋
代"诸州岁歉，必发常平、惠民诸仓粟，或平价以粜，或贷以种食，或直
以振给之，无分于主客户。不足，则遣使驰传发省仓，或转漕粟于他路；
或募富民出钱粟，酬以官爵，劝谕官吏，许书历为课；若举放以济贫乏者，
秋成，官为理偿"⑥。常平仓在救济民众中所起作用明显，但却难以一以贯
之。南宋绍兴二十六年（1156年），因常平仓籴本不足，政府决定出售诸
路卖官田，"钱七分上供，三分充常平司籴本"⑦。这虽有常平仓经办困难之
嫌，却也显示出官方对常平仓建设是比较重视的。

元代，常平仓于世祖至元六年（1340年）始设立。其法：丰年米贱，
官为增价籴之；歉年米贵，官为减价粜之。元政府注意扩大常平仓贮粮来
源。至元八年（1342年）以和籴粮及诸河仓所拨粮贮存；二十三年（1286
年）实行铁法，以铁课籴粮补充⑧。元代官方试图通过常平仓达到"使饥不
损民、丰不伤农、粟直不低昂、而民无菜色"⑨的目的。但元代常平仓设置
于路府，若只是在路府所在地建此仓，则显得过分集中。

---

① 《宋史》卷178，食货。
② 《宋会要辑稿》食货五七之七。
③ 《建炎以来系年要录》卷198。
④ 《宋会要辑稿》食货六二之三九。
⑤ 《宋史》卷178，食货。
⑥ 《宋史》卷178，食货。
⑦ 《宋史》卷173，食货。
⑧ 《元史》卷96，食货。
⑨ 《元史》卷96，食货。

明朝设预备仓，具有常平仓的功能。明太祖"耆民运钞籴米，以备振济，即令掌之。天下州县多所储蓄，但后渐废弛"。弘治三年（1490年）规定仓储标准：州县十里以下积万五千石，二十里积二万石；卫千户所万五千石，百户所三百石。考满之日，"稽其多寡以为殿最，不及三分者夺俸，六分以上降调"。仓储达标程度直接与政绩挂钩。同时扩大仓粮来源。正统时，"定纳谷千五百石者，敕奖为义民，免本户杂役"[1]。弘治十八年（1505年）"令赎罪赃罚，皆籴谷入仓"。这之后又处于废弛状态。嘉靖初顾鼎臣的奏言中可以看出这一点："成、弘时，每年以存留余米入预备仓，缓急有备。今秋粮仅足兑运，预备无粒米。一遇灾伤，辄奏留他粮及劝富民借谷，以应故事。乞急复预备仓粮以裕民。"明世宗乃令有司设法多积米谷，"仍仿古常平法，春振贫民，秋成还官，不取其息"。其标准是：府积万石，州四五千石，县二三千石为率。后又定十里以下万五千石，累而上之，八百里以下至十九万石。积粟尽平粜，以济贫民。因平粜力度增大，储积渐减。隆庆时，"剧郡无过六千石，小邑止千石。久之数益减，科罚亦益轻"。万历中，"上州郡至三千石止，而小邑或仅百石。有司沿为具文，屡下诏申饬，率以虚数欺罔而已"[2]。可见，明代常平之政并未一以贯之地进行，可谓时断时续。不过，明朝在平价出粜方面，除常平仓外，京、通仓米也发挥了这一作用，除"平价出粜"外，它"兼预给俸粮以杀米价，建官舍以处流民，给粮以收弃婴，养济院穷民各注籍，无籍者收养蜡烛、幡竿二寺"[3]。有的地方官还扩大预备仓的功能。况钟在苏州知府任上因属县遭受水灾，乡都农民多无种谷，"因令于预备仓房米，着落总换种谷，均匀分给，务在周济。……其贫民缺食，就仰将预备仓收给，秋成抵斗还官，务臻实惠，毋徇虚名"[4]。

清朝，各省设常平、预备等仓。这两仓之间有何区别？没有交代，应该都具有平抑粮价和赈济功能。顺治十一年（1654年），中央政府命各道员专管，每年造册报部。顺治十七年（1660年），户部议定常平仓谷，"春

---

[1] 《明史》卷78，食货。
[2] 《明史》卷78，食货。
[3] 《明史》卷78，食货。
[4] 《况太守集》，第144页。

夏出粜，秋冬籴还，平价生息，凶岁则按数给散贫户"。康熙十九年（1680年），上谕明确不同类型仓谷的使用范围，"常平仓留本州岛县备赈，义仓、社仓留本村镇备赈"。康熙三十四年（1695年）规定：江南积谷，每年以七分存仓，三分发粜，并著为通例。雍正三年（1725年），以南方潮湿，"令改贮一米易二谷"。仓粮管理与政绩相连。康熙四十三年（1704年）议定：州县仓谷霉烂者，革职留任，限一年赔完复职；逾年不完，解任；三年外不完，定罪，著落家产追赔。清代常平仓谷既有官款采买，也有私人捐助。康熙三十年（1691年），户部议令直隶所捐米石，"大县存五千石，中县四千，小县三千；嗣又令再加贮一倍"。康熙五十四年（1715年），议定绅民捐谷，"按数之多寡，由督抚道府州县分别给匾，永免差役"。康熙中期，常平仓存粮较多，各省州县贮谷之数，山东、山西大州县二万石，中州县万六千石，小州县万二千石；江西大州县一万二千石；江苏、四川率不过五六千石[①]。而有些地方由于相对富庶，且地方官劝捐得力，存谷远超这个标准。湖南人欧阳兆熊指出，道光二十九年（1849年）其家乡"秋收有年"，县令"因乘人心皆有防饥之恐，劝捐义谷，按亩三升，东佃各半。捐至百石者，作银二百两，请官给予九品职衔议叙；缴钱三十缗作局费、部费。其谷仍存捐户，即派捐户为仓长，司其敛散。是年捐至四万五千石，明年又捐三万石作建仓费"[②]。

乙、常平仓存在的问题

常平仓初行于战国，正式设置于汉代，此后成为政府平抑粮价、赈济灾民的一项重要制度。它所以能一直延续下来，表明其功能得到了发挥，或者说它对民众有救济作用。但其中也有不少问题。

A. 管理不善，储物"肥瘦不常"，难以持续发挥作用

对官员来说，常平仓经管是一项需要责任和识见的事务。责任体现为官方对仓库存储状况随时掌握，识见则是对本地市场物价有所了解，知道采取何种应对策略。这些却是当时不少官员所缺乏的。

明代嘉靖初，顾鼎臣即指出：预备无粒米，地方官应付差事[③]。粮仓无

---

① 《清史稿》卷121，食货。
② 欧阳兆熊、金安清：《水窗春呓》卷上，赈济良法。
③ 《明史》卷79，食货。

米，是地方官严重失职，使仓储起不到"缓急有备"的作用。常平仓的功能在于"平粜"、籴进相结合，两者不能兼顾，就会出现问题。粮仓空虚由多种原因造成，但与管理不善有直接关系。

清雍正四年（1726年），浙闽总督高其倬上奏指出："闽省平粜有二大病：一是交盘之弊不清，各官授受，皆有价无谷，而价又不敷买补；二是平粜之价太贱，每石减价至一两，且有不及一两者。各属虽欲买补，缘价短束手。而奸民乘此谋利，往往借价贵，煽惑穷民。竟欲平粜之期一岁早于一岁，平粜之价一年贱于一年。"① 可见，若官员的责任心和识见不强，其应对就会陷入被动。

B. 仓粮被挪用，失去救助贫民、灾民的功能

常平仓的社会功能很明确，就是政府以粮食储备平抑粮价，政府只有掌握了粮食资源才具有此项能力。仓中有粮时，专粮专用是发挥其功能的基本前提。但一些朝代，常平仓粮则往往被挪用。

这种情形唐宋时期均存在。仁宗景祐年间，淮南转运副使吴遵路上书："本路丁口百五十万，而常平钱粟才四十余万，岁饥不足以救恤。愿自经画增为二百万，他毋得移用。"皇帝批准，并扩大政策适用范围：天下常平钱粟，三司转运司皆毋得移用。然而，"不数年间，常平积有余而兵食不足，乃命司农寺出常平钱百万缗助三司给军费。久之；移用数多，而蓄藏无几矣"②。

清代道光年间，甘肃地方官以常平仓粮霉变为由（实际并未霉变），减价出粜，"发商生息"，中饱私囊，导致常平仓"银粮两失"。此外，仓粮出陈易新时也有舞弊行为，大为民害："开仓发给，斗斛已多克扣，又掺杂秕稗丑粮，以足其数。每村派领若干，有加无已。无力者，责令富民保之，秋成后加息还仓。往往二石新粮，不足交一石旧谷。及至仓粮收数已足，则又改折征收，民重受困。"③

C. 缺少规范一致的管理制度

常平仓须有健全的籴粜规则，而非因人随意更动。

---

① 《清史稿》卷121，食货。
② 《宋史》卷176，食货。
③ 张集馨：《道咸宦海见闻录》，中华书局1981年版，第127页。

北宋庆历中,"发京西常平粟振贫民,而聚敛者或增旧价粜粟,欲以市恩";皇祐三年(1051年),仁宗诏诫之。淮南、两浙路体量安抚陈升之等言:"灾伤州军乞籴常平仓粟,令于元价上量添十文、十五文,殊非恤民之意。"仁宗乃诏"止于元籴价出粜"。五年(1053年)仁宗再下诏:"比者湖北岁俭,发常平以济饥者。如闻司农寺复督取,岂朝廷振恤意哉?其悉除之。"① 可见,籴粜过程中的不当做法并非个案,表明官员对其规则的执行比较随意,这背后或许有谋私之念作祟。

D. 过度依赖官员重视与否,难以连续发挥作用

常平仓作为政府经管之仓,同其他政务一样,往往与地方官员施政能力、重视与否有关。在怠惰官员治下,常平仓也会有名无实。

明朝初年于各府州县皆置东西南北四仓,以贮官谷,而至宣德年间,"各处有司以为不急之务,仓廒废弛,谷散不收,甚至掩为己有"②。

E. 与王朝兴衰大环境相关联

常平仓作为官仓之一,其管理状况和功能发挥与历朝政治状态密切相关。当发生内乱、生存资料短缺时,常平仓往往难免遭受损失,如被匪徒、乱民抢劫。而王朝衰败之时,它则会被官府挪用,或因财政困难无力续补储粮,名存实亡。战乱过后,则会处于废弃状态。唐代安史之乱后,"常平仓废垂三十年,凶荒溃散,馁死相食,不可胜纪"③。这与常平仓功能失效有很大关系。

(2) 官督民办之仓

官督民办之仓为政府倡导,甚至出借原始仓粮或本钱,推动其建立,由民间人士负责日常管理或后续事务。

甲、社仓的设立及其作用

常平仓在救济灾民、缓解人口生存压力方面起到作用。但其多设置于地方行政中心,如府城、县城,辐射范围功效有限,偏远地区灾民难以从中获得及时帮助。为弥补这一缺陷,社仓制度应运而生。

社仓或以南宋朱熹首创,实际至少隋唐时期即已出现。

---

① 《宋史》卷176,食货。
② 余继登:《典故纪闻》卷10。
③ 《新唐书》卷52,食货。

隋朝开皇五年（585年），开始设立社仓，"诸州百姓及军人，劝课当社，共立养仓"。其收储方法是"收获之日，随其所得，劝课出粟及麦，于当社造仓窖贮之"。管理方式为，"委社司，执账检校，每年收积，勿使损败。若时或不熟，当社有饥馑者，即以此谷赈给"①。可见，社仓基本特征是小范围设置，官府倡导，民众自我管理，取之于当地之民，用以解当地民困。开皇十六年（596年）规定社仓分户等收纳：准上中下三等税，上户不过一石，中户不过七斗，下户不过四斗②。它意味着社仓粮食来源根据本社居民家庭财富水平交纳，因为是税收的一种形式，故而具有强制性。可见，这种状况下的社仓具有一定官办性质。

唐代，太宗时社仓的功能与隋朝相同，对民众的救济方式是："凶荒则有社仓赈给，不足则徙民就食诸州"③。这也表明，社仓尽管为民仓，却在官府督导之下。

南宋朱熹所制定的社仓之法为后世所效仿。朱熹于乾道四年（1168年）在建宁府崇安县建社仓。朱熹叙述其社仓创设过程时说：乡民艰食，本府给到常平米六百石，委臣与本乡土居朝奉郎刘如愚同共赈贷，至冬收到元米。次年夏间，本府复令依旧贷与人户，冬间纳还。臣等申府措置，每石量收息米二斗，自后逐年以此敛散，或遇小歉，即蠲其息之半，大饥即尽蠲之。至今十有四年，量支息米，造成仓廒三间收贮。已将元米六百石纳还本府，其见管三千一百石，并是累年人户纳到息米，已申本府照会，将来依前敛散，更不收息，每石只收耗米三升。系臣与本乡土居官及士人数人同共掌管，遇敛散时，即申府差县官一员监视出纳。以此之故，一乡四五十里之间，虽遇凶年，人不阙食④。朱熹运作社仓的方式是，先从官仓——常平仓借粮，赈贷给民众。开始每石收20%的息米，根据灾情酌减，甚至全免息米。施行14年后，原借官米还清，息米累计3100石。由于具有了较雄厚的基础，以后散米不再收息，只收3%的损耗米。该制度在当地的救助作用很大，即使荒年，也没有形成饥荒。朱熹上书建议将其推广至其他地

---

① 《隋书》卷24，食货。
② 《隋书》卷24，食货。
③ 《新唐书》卷51，食货。
④ 《朱文公文集》卷13，辛丑延和奏札4。

区，被批准。南宋因此出现"社仓落落布天下"① 的局面。朱熹的社仓管理具有官、绅、民共同参与的特征，当然居乡绅士所起作用最大，由其负责与官府协调。即所谓"差本乡土居或寄居官员、士人有行义者，与本县官同共出纳"。为使各社仓管理有规则可循，根据本地"乡土风俗不同"，"随宜立约，申官遵守，实为久远之利"②。南宋社仓灾荒时起到帮助一般平民渡过生存困境的作用。如嘉定八年（1215年）春，长沙艰食，"诸处细民窘迫至甚，惟长沙县诸乡有社仓二十八索，凡二十亩以下之户皆预贷谷，赖此得充种粮。比之他县贫民，粗有所恃"。该县之仓创始庆元初年，"虽不能无弊，而贫民蒙利实多"③。

元朝建常平仓同时，设立义仓。其义仓实际与社仓功能相同。至元六年（1340年）制定社仓之法：社置一仓，以社长主之，丰年每亲丁纳粟五斗，驱丁二斗。无粟听纳杂色，歉年就给社民④。元代社仓仓谷来源类似隋朝，以征税方式收储，差异是元朝按丁收取。但这一制度"行之既久，名存而实废"⑤。

明朝于洪武年间曾有类似社仓的仓储形式：各府州县皆置东西南北四仓，以贮官谷。多者万余石，少者四五千石。仓设老人监之，富民守之。遇有水旱饥馑，以贷贫民，民受其惠⑥。该仓从仓谷来源上看是一县官仓的分仓，但其管理又由当地民众负责，以一乡之民为救助对象，具有官仓民管性质。但至宣德时，"各处有司以为不急之务，仓廒废弛，谷散不收，甚至掩为己有"。宣宗接受御史朱鉴建议：令府州县修仓廒，谨储积，给贷以时，征收有实。仍令布政司、按察司、巡按监察御史巡察⑦。明代名实相符的社仓出现在嘉靖年间。嘉靖八年（1529年）世宗下令各抚、按设立社仓。其方法为，"令民二三十家为一社，择家殷实而有行义者一人为社首，处事公平者一人为社正，能书算者一人为社副，每朔望会集，别户上中下，

---

① 刘宰：《漫塘文集》卷22，南康胡氏社仓记。
② 《朱文公文集》卷13，辛丑延和奏札4。
③ 《真文忠公文集》卷10，申尚书省乞拨和籴米及回籴马谷状。
④ 《元史》卷96，食货。
⑤ 《元史》卷96，食货。
⑥ 余继登：《典故纪闻》卷10。
⑦ 余继登：《典故纪闻》卷10。

出米四斗至一斗有差，斗加耗五合，上户主其事。年饥，上户不足者量贷，稔岁还仓；中下户酌量振给，不还仓。有司造册送抚、按，岁一察核。仓虚，罚社首出一岁之米"①。二三十户为一社，基本上相当于一个小的村落，或者大村的一个宗族。嘉靖时官员黄佐指出：凡社有学则有仓，保甲时当看守，立乡老掌之，与教读及约正等公同出纳，有司毋得干预抑勒②。社仓的民办民管性质比较突出。在我们看来，作为乡社公共事务，分散设仓可使有需求的民众受助及时，但其缺点是管理成本提高，无论建仓、维修，还是仓务管理均如此。所以，《明史》说"其法颇善，然其后无力行者"③。明后期高攀龙所订"责成州县积贮约"中也强调社仓的民办性质：社仓是救荒良法，各乡劝缙绅及名家，自造仓廒。自放自收，不可以官府与之。其法量人户种田多少，人口多少，以二分起息，于青黄不接时借贷。又必二三十户连名保借，欠者即同保内人户摊赔。小荒减利，中荒捐利，大荒连本米下熟征催。官府给与印信文簿④。

　　清朝，"社义各仓，起于康熙十八年"。其设立和管理的方法是："乡村立社仓，市镇立义仓，公举本乡之人，出陈易新。春日借贷，秋收偿还，每石取息一斗，岁底州县将数目呈详上司报部。"⑤ 这应属官督民办制度。实际上，它并未真正在全国普遍推开，一些地方摸索试行。清代皇帝对社仓有"言易行难"的顾虑。康熙帝于六十年（1721年）指出：凡建设社仓，务须选择地方敦实之人董率其事。此人并非官吏，借出之米，还补时遣何人催纳？即丰收之年，尚难还补，何况歉岁？其初将众人米谷扣出收贮，无人看守，及米石缺空，势必令司其事者赔偿。是空将众人之米弃于无用，而司事者无故为人破产赔偿也。社仓之法，仅可小邑乡村，若由官吏施行，于民无益。⑥他令官员在山西试行。此外，还有帝王担心社仓被变相为官仓。雍正帝于二年（1724年）针对湖广地区建立社仓，纠正当地督抚的做法："劝捐须俟年丰，如值歉岁，即予展限。一切条约，有司勿预，

---

① 《明史》卷79，食货。
② 黄佐：《泰泉乡礼》卷4，社仓。
③ 《明史》卷79，食货。
④ 余治辑：《得一录》卷5，责成州县积贮约。
⑤ 《清史稿》卷121，食货。
⑥ 《清史稿》卷121，食货。

庶不使社仓顿成官仓。今乃令各州县应输正赋一两者,加纳社仓谷一石。闻楚省谷石现价四五钱不等,是何异于一两正赋外加收四五钱火耗耶?"因此做出规定:"凡州县官止任稽查,其劝奖捐输之法,自花红递加匾额以至八品冠带。如正副社长管理十年无过,亦以八品冠带给之。其收息之法,凡借本谷一石,冬间收息二斗。小歉减半,大歉全免,衹收本谷。至十年后,息倍于本,衹以加一行息"①。直至乾隆中期,清代社仓由官方"经理出纳"②。而从清代法律看,其官督民办性质受到维护:社仓捐谷听民自便,不得绳以官法,违者以违制论③。而且法律还对社仓出借办法作出规定:凡社仓谷石不遇荒歉,借领者每石收息谷一斗还仓,小歉借动者免取其息④。

社仓在民国期间仍然设立。民国十一年(1922年),河北磁县《修正社仓规则》第1条:县属四十三约,每约公组社仓一处,专以储谷备荒,并接济穷黎为宗旨,不得移作他用。第5条:凡村民田产旱地在二十亩以上、水地在十亩以上者,每亩每年应助仓谷四合,倘遇歉收之年分别减免。第13条:每年阴历二三月青黄不接之时,择期开仓。第16条:每次开仓发粮,应先尽贫穷农户揭使,惟仓谷石须留十成之四存储备荒,不得全数贷出。第21条:村民贷用仓粮,与本年开仓时领取者,应于本年收仓时归还其原额,一石者归还时应还一石一斗,余可类推⑤。

可以说,社仓的好口碑与朱熹的贡献有关。有人将朱子社仓与王安石青苗法进行比较。认为青苗害民,社仓便民。何也?"青苗以钱贷民,而收二分之息钱;社仓以谷贷民,而收二分之息谷。钱与谷不同也,青苗钱必贷于县,社仓谷则贷于乡,县与乡不同也。青苗之出纳,官吏掌之;社仓之出纳,乡人士君子掌之。官吏之与乡人士君子不同也。青苗意主于富国,故岁虽不歉,民虽不急,亦必强之而贷取其息。社仓意主于救荒,故必俭岁贫民愿贷而后与之。强贷与愿贷不同也。青苗虽帑藏充溢,犹收息钱;社仓始惟借府谷六百石,至十四年之后,还六百石外,尚余三千余石,足

---

① 《清史稿》卷121,食货。
② 《清史稿》卷121,食货。
③ 《大清律例》卷12,条例。
④ 《大清律例》卷12,条例。
⑤ 刘孟扬:《治磁政要录存续编》卷1,内务。

以备荒。遂不复取息,但每石加耗米三升而已。取息与耗米不同也。此利害之所由分欤"①。不过,民间社仓管理方式并非都能如朱熹所为。即使在南宋,也有人指出社仓的不足。陆九渊谈及其家乡的社仓,指出:"敝里社仓,目今固为农之利,而愚见素有所未安。盖年常丰田常熟,则其利可久。苟非常熟之田,一遇歉岁,则有散无敛,来岁缺种粮时,乃无以赈之。"②他认为应另置平粜一仓加以解决。

乙、义仓的设立及功能

从社仓制度中可以看出,有些朝代社义仓是同义的,但有些朝代又是有分别的。社仓的最大特征是设置于乡里,取之于一社之民,用之于一社之民所需。义仓既有在民间村落分散设置,也有集中建设。清代乾隆时直隶总督方观承指出:"义仓始于隋长孙平,至宋朱子而规画详备。虽以社为名,实与义同例。"③ 不过,方观承对义仓和社仓的功能区分并不一定符合清朝之前的规则:"义仓与社仓同为积贮,但社仓例惟借种,义仓则借与赈兼行,而尤重在赈。"④ 从前面朱熹对社仓的经管方式看,社仓也具有赈济功能。

隋朝即有义仓之设。隋初,"义仓贮在人间"。开皇十五年(595年),隋文帝下诏指出:"本置义仓,止防水旱,百姓之徒,不思久计,轻尔费捐,于后乏绝。又北境诸州,异于余处,云、夏、长、灵、盐、兰、丰、鄯、凉、甘、瓜等州,所有义仓杂种,并纳本州。若人有旱俭少粮,先给杂种及远年粟。"⑤ 可见,义仓仓谷也以救荒为主,并且受到官府管理节制。

唐朝于贞观初年,"诏天下州县,并置义仓"⑥,将其与常平仓并列为"备凶荒"的措施之一⑦。太宗接受尚书左丞戴胄建议:"自王公以下,计垦田,秋熟,所在为义仓,岁凶以给民。"其仓粮征收方法为,"亩税二升,粟、麦、秔、稻,随土地所宜。宽乡敛以所种,狭乡据青苗簿而督之。田

---

① 刘鲁田:《预备仓贷谷私议》,见法式善《陶庐杂录》卷5。
② 《陆九渊集》卷8,书。
③ 《清史稿》卷121,食货。
④ 《清史稿》卷324,方观承传。
⑤ 《隋书》卷24,食货。
⑥ 《清史稿》卷121,食货。
⑦ 《新唐书》卷52,食货。

耗十四者免其半，耗十七者皆免之。商贾无田者，以其户为九等，出粟自五石至于五斗为差。下下户及夷獠不取焉。岁不登，则以赈民；或贷为种子，则至秋而偿"①。可见，它面向各业人口征收，贫穷者免征。同时根据地方收成来定征、减。向义仓纳粮成为民众的一项义务。其救助方式是，赈济灾民口粮与贷种解决民众耕种困难相结合，差异为后者需要偿还。唐代的义仓仓谷来源还有的为直接用官资购买。文宗大和九年（835年），"以天下回残钱置常平义仓本钱，岁增市之"②。这意味着唐代的义仓变为一种官仓。官方靠税收和官资收储仓粮，而其用途因此也发生了某些改变。史载：高宗以后，稍假义仓以给他费，至神龙中略尽③。义仓成为弥补官方财政亏空的手段，其救助功能则大大降低了。由此我们也可得出这样的认识：唐代的义仓为官仓的一种，而社仓则受官府督导，日常管理由本社之人负责。

宋代，太祖建隆四年（963年）令诸州于所属县各置义仓，"自今官中所收二税，每石别输一斗贮之，以备凶歉给与民人"④。宋代义仓可谓时兴时废。乾德三年（965年）三月，太祖要求地方官注意发挥义仓所具有的及时救助作用：自今人户欲借义仓充粮食者，委本县具灾伤人户申州，州司即与处分，计户赈贷，然后以闻⑤。但乾德四年（966年）三月，太祖又下令罢义仓：朝廷比置义仓，以恤百姓，盖防歉岁，用赈饥民。访闻重叠供输，复成劳扰，俾从停废，以便群情。其郡国义仓并罢之⑥。这主要是因为义仓加重了民众的税负。庆历初年，仁宗接受集贤校理王琪建议，命天下立义仓，诏上三等户输粟，不久"复罢"⑦。南宋绍兴二年（1132年），以修圩钱米及贷民种粮，并于宣州常平、义仓米拨借⑧。"绍兴以来，岁有水旱，发常平义仓，或济或粜或贷，如恐不及。"⑨ 它说明当时义仓仍然存

---

① 《新唐书》卷51，食货。
② 《新唐书》卷52，食货。
③ 《新唐书》卷52，食货。
④ 《宋会要辑稿》食货六二之一八。
⑤ 《宋大诏令集》卷185，赈恤。
⑥ 《宋大诏令集》卷185，蠲复。
⑦ 《宋史》卷176，食货。
⑧ 《宋史》卷173，食货。
⑨ 《宋史》卷178，食货。

在，且具有官仓性质。

明朝社仓比较健全，义仓较少设置。黄佐在《泰泉乡礼》（卷4）的"社仓"条中曾制定这样的规则：凡息谷既多，当行义仓之法。社内年长不能婚、贫死不能葬、疾病不能医及水火盗贼患难等项，俱量为救恤，而不责偿。他将当时社仓和义仓的功能分辨得很清楚：社仓所借出之谷是有偿的，且要加息谷；义仓则免偿。

清朝政府比较关注社仓建设，而义仓设置并不普遍。雍正四年（1726年）设扬州盐义仓，用原银三十万两，在扬州买贮米谷，每年存七粜三。米贵时开仓平粜，以裨民食[1]。它完全是一种官办仓储机构。清代一些地方官比较重视义仓建设，嘉道时曾任巡抚总督的陶澍制定"劝丰备义仓章程"：州县中每乡村公设一仓，秋后听民捐输，岁歉酌量散给，出纳悉由民间经手，不假官吏……乡村无论百余家十数家，以里为单位，公设一仓，每年秋收后各量力之盈绌捐谷存仓……收谷公同立簿登记，择一老成殷实人总管，再择一二人逐年递管……乡村零户，有难于联络者或族各为一仓……或一族中每房各为一仓，或以散户归入附近邻保，共为一仓。其放粮办法为：每遇灾荒，总管分管外，再择公正司事，计谷之多寡，先尽本村中鳏寡孤独无告之人，次及极贫，又次及次贫，或五日一散或十日一散，事竣凭众确算。至家计稍可支持者，不必分给。即小歉之年，亦不必动用，以归实济[2]。可见，陶澍所定义仓制度完全是一种民办之仓。一些家族祠规也显示，确有宗族所办义仓。康熙时江苏常州长沟朱氏祠规中有一项为"设义仓"：每年正月十五后，本族之贫者赴祠具领状，管年人酌其宜借，呈明族长批准登簿。二月初一后，照簿领给。十月内，管年人催还，每石加息二斗半。荒免一斗，大荒全免，其所借之本亦移至次年起息偿还[3]。

义仓直到民国时期仍有存在。江西的南康、赣县各地向置有义仓，以备救荒之用。其使用办法有二，一将义仓所有稻谷于每年春耕时借给贫民，

---

[1] 赵慎畛：《榆巢杂识》下卷，设盐义仓。
[2] 余治辑：《得一录》卷5，劝半备义仓章程。
[3] 光绪《长沟朱氏宗谱》卷2，族范，祠规。

以生谷息；一将义仓所有赢余稻谷，应归公有者按丁分派①。

唐宋之前的义仓官办性质比较突出，但从明清以后社、义仓的设置方式和功能看，有时我们很难将二者分得十分清楚。有一点值得注意，即重视社仓的时期，对义仓则有所忽视；而重视义仓的时期，则较少提及社仓。这说明二者在明清时期具有相近的组织方式和功能。

丙、社义仓举办中的问题

从社义仓的功能角度看，其最大优点是设置于乡里，依据本地民生状况进行救助。它可以避免常平仓集中于通都大邑、机制僵化的问题。但它也有不足。

不少时期社义仓也是在官府的掌控之下。唐、宋时期即存在仓粮被挪用之弊。

而民众自我管理社义仓往往给承管者造成负担。清朝人龚炜在其所著《巢林笔谈》中以"社仓厉民"来概括社仓之弊。清乾隆初年，江苏官方倡立社仓：勒写两邑谷数千石，归县勾稽而以粮户之有家者点充社长，轮转交代，以致出纳弊生。惧累者多不愿任，承办吏益复多开户名，索钱免点。于是任社长者靡有不空，空则扳连亲族，贻累无穷②。"金华社仓记"言："我乡旧有同善会，建立社仓，其始付托得人，贫民颇沾实惠；以后交代日非，此举遂废。世情多伪，即所谓乡人士君子，亦似难信，在官在乡，均无善术。"③ 汪辉祖则指出社义仓管理的两难处境：设积贮于民间，社义二仓尚已，然行之不善，厥害靡穷。官不与闻，则饱社长之囊；官稍与闻，则恣吏役之好。他认为，"此等良法"，"欲使吏不操权，仓归实济，全在因时制宜，因地立法"④。

清朝雍正帝对举办社仓之难也有深刻认识：举行社仓之法，其中实有甚难者。我圣祖仁皇帝深知其难，是以李光地奏请而未允，张伯行暂行而即罢，此实事势使然也。以民间积贮言之，在富饶之家，自有蓄积，虽遇歉收，而无藉乎仓谷，则当输纳之时，往往退缩不前；至贫乏之家，仰给

---

① 《民事习惯调查报告录》（上册），第5页。
② 龚炜：《巢林笔谈续编》卷下，社仓厉民。
③ 龚炜：《巢林笔谈续编》卷下，社仓厉民。
④ 汪辉祖：《学治臆说》，社义二仓之弊。

社仓,固为殷切,而每岁所收,仅供生计,又无余粟可纳,以备缓急。此责诸民者之难也。至于州县官,实心视百姓为一体者,岂可多得?今以常平之谷,为国家之公储,关系己身之考成,尚且侵欺那用,亏空累累。况民间之社仓,安能望其尽心经理,使之实贮以济用乎?① 社仓既有谷物收缴之难,又有管理之难;社仓与社区不同阶层家庭的利害和官员的政绩关系有别,故而不同相关者所表现出的态度有差异,往往难以凝聚成合力。雍正帝认为,"必有忠信乐善之良民,方可以主社仓之出入;必有清廉爱民之良吏,方可以任社仓之稽查"②。这表明,社仓的维系既离不开民办,又需要官督、官查这一制度。

可见,传统社会的社义仓作为民间公共项目,不能摆脱"官督"(倡导和约束)机制,难免吏胥"侵扰"之害;而具体管理者来自民间,具有"义务"性质,"善心"难以持久。这也应了"兴一利必生一弊"之说。好事往往要依赖不断整饬来维持,否则其功能则会丧失。

(3) 其他仓储救济制度

宋朝曾设有广惠仓。嘉祐二年(1057年),仁宗诏令天下置广惠仓,表明这并非局部所建。其仓粮来源于绝户之田。以往官方对绝户田采用售卖的办法,枢密使韩琦建议"请留勿鬻,募人耕种,收其租别为仓贮之,以给州县郭内之老幼贫疾不能自存者"。由提点刑狱负责,年终将出纳之数报告给三司。其存粮标准为户不满万,留田租千石,万户倍之,户二万留三千石,三万留四千石,四万留五千石,五万留六千石,七万留八千石,十万留万石。同时允许变通,若"田有余,则鬻如旧"。嘉祐四年(1059年),仁宗诏广惠仓改隶司农寺,州选官二人主出纳,岁十月遣官验视,应受米者书名于籍。赈济办法为,自十一月始,三日一给,人米一升,幼者半之,次年二月止。有余乃及诸县,量大小均给之。其大略如此。治平三年(1066年),常平入五十万一千四十八石,出四十七万一千一百五十七石③。广惠仓成为与常平仓并列的官仓。熙宁二年(1069年),新设置的制置三司条例司上言:"诸路常平、广惠仓钱谷,略计贯石可及千五百万以

---

① 《清世宗实录》卷58。
② 《清世宗实录》卷58。
③ 《宋史》卷176,食货。

上",建议"广惠仓除量留给老疾贫穷人外,余并用常平仓转移法"。神宗许可①。从作用上看,自广惠仓建立后,遇有岁歉,"必发常平、惠民诸仓粟,或平价以粜,或贷以种食"②,可见其功能有与常平仓合一表现。

明代,周忱巡抚南畿之时,别立济农仓③。

明清时期、政府在京师和通州所建收贮漕粮的仓库也有平抑粮价的作用。清朝雍正元年(1723年)六月,世宗谕户部:朕去年亲阅京通各仓,虽有积贮,但京师人民聚集,食指浩繁,米粮储备不可不裕,查有漕各省,惟湖广、江西,产米最广。近年盛京年岁丰收,米价亦贱,此三处。酌量动正项钱粮,采买数十万石,雇觅民船,运送京师,大有裨益④。

(4)仓粮赈济之法及其功能

存储仓粮是备荒的基础,同时还要有针对灾民的发放规则。明清时代,官方制订有规范的赈济办法。

明朝初年,振米之法:大口六斗,小口三斗,五岁以下不与。永乐以后,减其数⑤。正统时规定:凡振饥米一石,俟有年,纳稻谷二石五斗还官⑥。

按照清朝法律:天下有司凡遇岁饥,先发仓廪赈贷,然后具奏,请旨宽恤⑦。清代雍正七年(1729年),"定地方凡遇水旱,即行抚恤,先赈一月,谓之正赈。既察明灾,分户口,被灾六分,极贫加赈一月;七八分,极贫加两月,次贫加一月;九分十分,依次递加一月"⑧。

这些赈济规则的落实须以当地官仓有粮为后盾,否则会成为虚文。

清代,湖南人欧阳兆熊指出:他的家乡所在县,道光年间"常平仓积储谷十万余石"。道光二十九年(1849年)水灾,县令李寅庵制定三等赈法:农民赈借,次贫赈粜,极贫赈施,民众因以解困。当年"秋收有年,

---

① 《宋史》卷176,食货。
② 《宋史》卷178,食货。
③ 《明史》卷78,食货。
④ 《清世宗实录》卷8。
⑤ 《明史》卷78,食货。
⑥ 《明史》卷78,食货。
⑦ 《大清律例》卷9,户律。
⑧ 王庆云:《石渠余纪》卷1,纪赈贷。

得以全数归仓"①。但有时常平仓却未能起到应有作用。康熙四十九年（1710年）二月以来，因青黄不接，米价稍贵，未免民以艰食为虑。时任江宁织造的李煦与运使李斯佺于扬州、淮安两府，一面买米平粜，一面倡率各商捐米赈济，凡山乡村镇，不使遗漏。至于江宁、苏州等府，督抚亦现经设法赈济。"所喜各府麦皆茂盛，春熟即可接济，而现在各处地方，并皆宁贴"②。从中看不出常平仓发挥作用的痕迹。

（5）仓储救济功能的有限性及其原因

从制度上看，常平仓和社义仓在近代之前具有相互补充的功能。宋朝官员贾黯指出：常平之设，盖以准平谷价，使无甚贵甚贱之伤。或遇凶饥，发以振救，既已失其本意，而费又出公币，今国用颇乏，所蓄不厚。近岁非无常平，小有水旱，辄流离饿莩，起为盗贼，则是常平果不足仰以振给也。而"义仓之意，乃教民储积以备水旱，官为立法，非以自利，行之既久，民必乐输……欲使民有贮积，虽遇水旱，不忧乏食，则人人自爱而重犯法"③。可见，常平仓的功能是平抑粮价，而非无偿赈济；它重在防灾于未成之时，而非救民于成灾之后。这样，常平仓既发挥了平抑物价作用，又不至于因无偿散粮而出现储粮匮乏。社义仓为官督民办之仓，具有取之于当地民众和用之于当地民众的功能。

常平仓重在从地方区域范围内平抑粮价，并对当地灾民给予赈济；社义仓设置于民间村镇，使生存困难百姓能就近获得资助。这一点，明嘉靖时官员王廷相指出："备荒之政，莫过于古之义仓。若立仓于州县，则穷乡就仓，旬日待毙。臣以为宜贮之里社，定为规式。一村之间，约二三百家为一会，每月一举，第上中下户，捐粟多寡，各贮于仓。而推有德者为社长，善处事能会计者副之。若遭凶岁，则计户而散，先中下者，后及上户，上户责之偿，中下者免之。凡给贷，悉听于民。第令登记册籍，以备有司稽考。则既无官府编审之烦，亦无奔走道路之苦矣。"④

传统时期人口生存危机一再发生，仓储制度对一般性灾害中的民众尚

---

① 欧阳兆熊、金安清：《水窗春呓》卷上，赈济良法。
② 故宫博物院明清档案部编：《李煦奏折》，中华书局1976年版，第82—83页。
③ 《宋史》卷176，食货。
④ 余继登：《典故纪闻》卷17。

能起到救助作用，这在前面的叙述中已经提及。但就整体来看，仓储制度对缓解民困的作用并没有设想得那么大。

2. 流民救助制度

百姓因灾不能自救，本地官方和民间组织也不具有救助能力，那么就会流亡他乡求生，成为流民。若流民仍得不到救助，则会有两种结果，一是转死沟壑，一是抢劫生存资料。这一点，历朝官方都有所认识，因而多制定有流民救助政策。

（1）救助出外谋生流民

甲、沿途给予食物资助

近代之前不同时期中央政府注意利用国家区域辽阔、各地灾情有轻重之别或此歉彼丰的形势，要求无灾或轻灾区地方政府利用公共资源救助乞讨和求食避灾之民。

西汉河平四年（前25年），因黄河水患，成帝下诏：水伤不能自存者，避水他郡国，所在冗食之[①]。

东汉永兴元年（153年），三十二个郡国发生蝗灾，黄河泛滥。"百姓饥穷，流冗道路，至有数十万户，冀州尤甚。桓帝下诏：在所赈给乏绝，安慰居业"[②]。或称："桓帝永兴元年，郡国少半遭蝗，河泛数千里，流人十余万户，所在廪给。"[③] 这表明当时政府的仓储系统发挥了救济功能。

北魏在均田制下，尽管百姓都获得了可以谋生的土地，但遇到大的灾害，民众仍不得不流离他乡。太和十一年（487年），因大旱成灾，孝文帝下诏，"听民就丰，行者十五六，道路给粮廪，至所在，三长赡养之"。可喜的是，北魏政府的社会救济能力比较强，民众并没因饥荒而出现大范围的死亡。不过，因组织救济的官员"不明牧察，郊甸间甚多饿死者"[④]。这次大灾促使孝文帝重视仓储建设，提高了北魏抗御灾害的能力。

唐代太宗自即位之始，"霜旱为灾，米谷踊贵"。"是时，自京师及河东、河南、陇右，饥馑尤甚，一匹绢才得一斗米。百姓虽东西逐食，未尝

[①]《文献通考》卷26，国用。
[②]《后汉书》卷7，桓帝纪。
[③]《晋书》卷26，食货。
[④]《魏书》卷110，食货。

嗟怨，莫不自安"。至贞观三年（629 年），"关中丰熟，咸自归乡，竟无一人逃散，其得人心如此"①。这一政策为灾民创造宽松的"逐食"环境，而非使其困守于一地，它有利于缓解百姓暂时的生存危机。

明清时期则形成规范性做法。明代正统十年（1445 年），英宗下诏：所在有司饲逃民复业及流移就食者②。一些地方社仓所定规则也将救济流民作为一项责任：凡流民入境乞丐者，量与钱米③。

救济进入境内的外来流民成为地方官的责任，并与其政绩考核相结合。清顺治十一年（1654 年）二月，因连岁水灾频仍，直隶、河南、山东饥民流亡甚众，顺治帝批准给事中建议：凡流民所至，不行收恤者，题参斥革；若能设法抚绥，即分别多寡，准以优等保荐④。它将有助于减少官员的推诿和懈怠行为。清朝形成了比较规范的救济流民制度。雍正八年（1730 年）规定：凡外出流民有应冬月留养者，可动用常平仓谷，大口日给一升，小口五合，按日动支⑤。乾隆十二年（1747 年），清政府进一步明确这一制度：凡被灾最重地方饥民外出求食，各督抚善为安辑⑥。

一些时期具体的救助流民做法值得一提。

A. 允许流民进入不同类型的公地渔采

灾荒年景，公地、无主和产权并不明晰的荒地、山林、湖泊等所产自然之物，也可成为灾民糊口之食，故不少王朝做出允许渔采的规定。其具有防止他人视为奇货予以限制或借机勒索的意义，灾民的食物来源因此会扩大。

东汉永元十二年（100 年）规定：郡国流民，听入陂池渔采，以助蔬食⑦。

宋大中祥符三年（1010 年），真宗下诏：天下贫民及渔采者过津渡勿算⑧。

---

① 吴兢：《贞观政要》卷1，政体。
② 《续文献通考》卷32，国用。
③ 黄佐：《泰泉乡礼》卷4，社仓。
④ 《清世宗实录》卷81。
⑤ 《清经世文编》卷4，户政。
⑥ 《皇朝政典类纂》卷379，刑11，户律。
⑦ 《后汉书》卷4，和帝纪。
⑧ 《宋史》卷7，真宗纪。

我们认为，这一制度在公共园地或帝王、官府所直接掌握的山林、湖池资源较多的时期对灾民的帮助作用更为显著。

明朝一些地方的乡约上有这样的规定：凡赈谷不足，约正查本境内山林陂泽之利可资以生者，与教读等具呈上司，听贫民、流民擅取①。这可谓民间组织的一种善举。

B. 开办粥厂

政府于流民经过和短暂居住之地开办粥厂或设置施粥点。可解其燃眉之急。

北魏太和七年（483年）正月，因冀、定二州发生饥荒，孝文帝下诏：郡县为粥于路以食流民②。其效果十分明显。冀州"为粥所活九十四万七千余口"，定州"为粥所活七十五一千七百余口"③。太和十一年（487年），"大旱，京都民饥"，文帝令"为粥于术衢，以救其困"④。

这一做法也为后世所沿用。至明清时赈粥施予方式更为规范。明万历二十二年（1594年），中州饥荒，神宗令各府州县官"遍历乡村，集保甲里老，举善良以司粥厂，就便多立厂所，每厂收养饥民二百，不拘土著、流移，分别老幼妇女给粥"⑤。万历时山西巡抚吕坤还将赈粥做法开列出来，包括：广煮粥之地，择煮粥之人，别食粥之人，定散粥之法，分管粥之役，计煮粥之费，备煮粥之具，广煮粥之处，酌给粥之节，备粥厂之药。过往流民，倘过粥厂，每人给粥三椀，炒豆一椀⑥。可见，当时煮粥赈济灾民已形成经验性做法。一些民间社仓也参与施粥活动：凡流民大饿入境者，作粥，人给一碗⑦。"各乡村煮粥，即于社仓支谷。"⑧ 这些社仓在赈粥所需粮食提供上发挥了积极作用。

清朝康熙四十三年（1704年），山东流民进入京城求食，康熙帝命大

---

① 黄佐：《泰泉乡礼》卷4，社仓。
② 《北史》卷3，魏本纪。
③ 《北史》卷3，魏本纪。
④ 《魏书》卷110，食货。
⑤ 钟化民：《赈豫纪略》。
⑥ 《吕坤全集》（中），第974页。
⑦ 黄佐：《泰泉乡礼》卷4，社仓。
⑧ 《吕坤全集》（中），第974页。

臣设饭厂数十处，"日煮粥赈济"，"务使流移之人得所，酌量赈给数月"[1]。京城粥厂之设在清代也逐渐形成制度，不仅救助流民，而且扩大至日常穷困潦倒者。

乙、提供住处

流民身处外乡，食物是首要需求。其次是遮风避雨的住处。我们看到，一些朝代制定了这方面的救济政策。

西汉有为流民建宅之举。元始二年（2年），郡国大旱，并有蝗灾，青州尤甚，有灾民流亡至京城。平帝下令：起五里于长安城中，宅二百区，以居贫民[2]。

多数情况下，政府没有能力为众多流民建新宅，而要求地方官府或民间力量为灾民提供临时住处，如官府闲置房屋、庙宇等。

唐朝贞观十一年（637年），太宗令："废明德宫及飞山宫之玄圃院，分给遭水流亡百姓作为栖身之所"[3]。

宋朝官员富弼曾为河朔流民腾出公私庐舍十余万间[4]。宋仁宗在庆历八年（1048年）下诏要求地方官府提供住处："流民所过，官为舍止之。"[5]

元代以后政府对此重视程度提高。元至大二年（1309年），武宗下诏要求：诸处流移人民仰所在官司详加检视，流民所至之处，随给系官房舍，并劝谕土居之家、寺观庙宇，权与安存[6]。这可谓对官、民及宗教寺观救助力量的全面发动。

清乾隆七年（1742年），高宗令各省督抚严饬地方官：凡遇灾民所到之处，即随地安顿留养，或借寺观，或棚厂，使有栖止之所[7]。清朝官方对为流民设置居处的重要性颇有认识：多置空所，所以处流民而严其法，大荒之时有他郡流民走徙就食者，若处之不得其道，则流民立死，且或生乱。有司当择寺观、公廨，一切空所，分别安插，每处设一人管其事，立法以

---

[1] 《清圣祖实录》卷215。
[2] 《汉书》卷12，平帝纪。
[3] 《旧唐书》卷3，太宗纪。
[4] 《宋名臣言行录》五集。
[5] 《宋史》卷11，仁宗纪。
[6] 《元典章》圣政卷2，典章3。
[7] 《清经世文编》卷41，户政，荒政。

绳之①。

我们认为，较之为流民提供食物，解决其住处可使流动不定之民安顿下来。而官方设置的流民居留所，同时负担食物供应。这是政府投入较大、救济水平较高的一种表现。

有的时期，政府还在沿途为流民提供医药服务。东汉永建二年（127年），顺帝下诏：对荆、豫、兖等州流冗贫民中有疾病者，所在官府"致送药"②。南宋嘉定二年（1209年），宁宗命浙西及沿河诸州"给流民病者药"③。这无疑也是流民最为需要的帮助。

可以说，食宿为出外流民最大的需求。政府的这项救济制度将直接减少流民于道途死亡现象。

（2）协助流民还籍

对于在外乡得以生存下来的流民，政府最大的愿望和要求是，灾情缓解之后，他们能够回归故里，自食其力，进而成为国家纳税服役之民。

流民远离家乡，徒步返家在路途往往耗费时日，基本生活资料仍是问题。我们看到，多数王朝政府制定了为流民返乡提供食物资助的政策。

东汉永元十五年（103年）春，和帝下诏：流民欲还归本而无粮食者，过所实禀之，疾病加致医药④。

宋朝的规定更为细致。熙宁七年（1074年），神宗下诏：流民所在，令州县晓谕丁壮，各愿归业者，并听保结，经所属给银。每程人给米豆一升，幼者半之，妇女准此⑤。

元代至元十二年（1275年）规定：流民还乡者给行粮⑥。

明朝规定：饥民还籍，给以口粮⑦。成化六年（1472年）明政府制定了比较全面的流民还籍资助政策：流民愿归原籍者，有司给予印信文凭，沿途军卫有司每口给口粮三升。其原籍无房者，有司设法起盖草房四间。

---

① 《清经世文编》卷41，户政，荒政。
② 《后汉书》卷6，顺帝纪。
③ 《续文献通考》卷32，国用。
④ 《后汉书》卷4，和帝纪。
⑤ 《救荒活民书》卷1。
⑥ 《元典章》台纲卷1，典章5。
⑦ 《明史》卷78，食货。

仍不分男妇，每大口与口粮三斗，小口一斗五升。每户给牛二只，量给种子，审验原业田地给与耕种，优免粮差五年，仍给下帖执照①。

清朝雍正年间，对流往京城的山东、河南灾民建立救助性的资送制度，由五城御史负责：每遇春时，日给口粮，载以舟航，达之原籍。以后各省每遇灾民就食及春，必敕大吏治其事②。乾隆十二年（1747年）规定：凡被灾最重地区饥民出外求食，各督抚善为安辑，俟本地灾寝平复，然后送回③。

此外，不少王朝还制定有回乡流民农耕活动若干年内免税赋或提供复耕种子援助等政策。

以上只是政府对水旱灾害出外求生流民的资助救济政策所作分析。实际上，不同时期，流民的种类较多。其中有的逃避赋役而流亡他乡。政府对他们的流亡往往是限制的，甚至采取强制措施令其返乡。在此不再赘述。

3. 大灾下的救助制度

官办常平仓、预备仓等以及官督民办社、义仓都属于常规性缓解民众生存压力的制度。而当大的灾害发生，这些仓储则难以发挥作用。北宋左司谏贾黯所建言颇有见地：大灾之时，"发仓廪振之则粮不给，课粟富人则力不赡，转输千里则不及事，移民就粟则远近交困。朝廷之臣，郡县之吏，仓卒不知所出，则民饥而死者过半矣"④。

关于大灾之下灾区百姓流亡他境形成大规模的流民潮及政府所采取的救济政策，前面已有论及。这里对流民救济之外的制度再作分析。

政府所能采取的措施主要有：

（1）提高向灾区转运粮食力度

隋唐之后，统一的中央政权建立了比较健全的陆路和江河运输网络，粮食等生活资料的调配能力提高。从非灾区向灾区调拨粮食逐渐成为一项重要救济手段。

北宋仁宗元年（1032年），江淮大饥，明道二年（1033年），仁宗下

---

① 《大明会典》卷19，户口。
② 萧奭：《永宪录》卷2上。
③ 《皇朝政典类纂》卷379，刑11，户律。
④ 《宋史》卷176，食货。

诏：发运使以上供米百万斛振江、淮饥民，"遣使督视"①。景祐元年（1034年）春正月，"发江、淮漕米振京东饥民"②。

元朝则首创大规模的海运之法，将江南之粮用海船运至大都。史载丞相伯颜"献海运之言"。由此"民无挽输之劳，国有储蓄之富"。分春夏二运，"至于京师者一岁多至三百万余石"③。它在一定程度上增强了政府对粮食资源的掌握能力，有助于应对短缺压力。

清代帝王不仅截留运输中漕粮、将其调拨至受灾之地，而且为缓和特定地区粮价涨势，也有截漕之举。乾隆十三年（1748年），福建漳、泉二州出现旱象，高宗认为："漳、泉为闽海严疆，户口繁众，本省官仓恐不敷用"，故下令从江南漕粮中截留九万石，浙江漕粮截留六万石，由海路运至，"以裕储备"④。

（2）调动民间力量救助灾民

大灾之年，政府救济力量的有限性凸显。一些王朝注意调动民间力量，广开救济资料来源。当然，政府往往给出资、出粮救济百姓的富民以爵位或官衔作为回报或激励手段。

秦朝始皇帝即采用过鼓励捐纳制度：始皇四年，"蝗虫从东方来，蔽天。天下疫。百姓内粟千石，拜爵一级"⑤。

东汉永初三年（109年），"天下水旱，人民相食"。安帝以鸿陂之地假与贫民。以用度不足，"三公又奏请令吏民入钱谷得为关内侯"⑥。可见，鬻爵是政府无力靠其所掌握的现有食物资源救济灾民时所采取的措施。

宋代遇灾政府也倡导富裕之家助官救济，并给予优待。南宋绍兴元年（1131年），"诏出粟济粜者赏各有差。粜及三千石以上，与守阙进义校尉；一万五千石以上，与进义校尉；二万石以上，取旨优赏；已有官荫不愿补授者，比类施行"⑦。

---

① 《宋史》卷10，仁宗纪。
② 《宋史》卷10，仁宗纪。
③ 《元史》卷93，食货。
④ 《清高宗实录》卷325。
⑤ 《史记》卷6，秦始皇本纪。
⑥ 《晋书》卷26，食货。
⑦ 《宋史》卷178，食货。

元朝有入粟补官之制，天历三年（1330年），"内外郡县亢旱为灾，于是用太师答剌罕等言，举而行之"①。

有的时期地方政府实行向富户贷粮还本付息的做法。

明朝宣宗时，给事中年富上书："各处饥馑，官无见粮赈济，间有大户赢余，多闭粜增价，以规厚利。有司绝无救恤之方。乞命自今或遇荒歉，为贫民立券，贷富人粟分给，仍免富人杂役为息，候年丰偿本。"此议被采纳②。免富人杂役可谓一种变相付息制度。嘉靖时庞嵩在应天通判任上，"值岁饥，上官命督振"，然"公粟竭"。于是他"贷之巨室富家，全活者六万七千余人"③。

明清时期，政府在京师和通州所建收贮漕粮的仓库也有平抑粮价的作用。清朝乾隆皇帝也号召富户遇灾捐助灾民，以缓和贫富矛盾。乾隆八年（1743年），他要求督抚令各属官员，当"地方需米孔亟之时，善为化导，多方劝谕，令富户欣然乐从，不可守余粮以勒重价"④。

富户以出谷等方式救济本地生存困难的灾民，也会产生抑制其抢劫、获得自保的作用。但惜财者往往不够主动，需要帝王官府劝导，陈说利害。若官方以名誉相激励，劝捐效果会更好。在官府掌握救灾资源不足时，民众性命攸关，这是可取之道。

（3）采取以工代赈措施

以工代赈为灾荒之年，政府通过举办公共工程项目，雇佣有劳动能力的灾民参与，付给其工费。灾民以所得购买食物等生存资料。

明代弘治时孙需任河南巡抚期间，"岁凶，募民筑汴河堤，堤成而饥者亦济"⑤。

清朝则形成一项制度性措施。其做法是：岁饥之年，地方政府"相时地之宜，庀材鸠工，或筑城垣，或浚沟渠，或固堤防，或治仓廒，俾废坠可修，而民就佣赁得食，以免于阻饥。事竣则疏报所济饥民与所费工筑之

---

① 《元史》卷96，食货。
② 余继登：《典故纪闻》卷10。
③ 《明史》卷281，庞嵩传。
④ 《清高宗实录》卷194。
⑤ 《明史》卷172，孙需传。

数,由部复核而奏销之"①。当然,这只适用于中青年灾民从事。

政府救助措施不当则会加重民生困难,导致人口死亡增加。隋朝末年,"关中疠疫,炎旱伤稼,代王开永丰(官仓名——笔者注)之粟,以振饥人。去仓数百里,老幼云集。吏在贪残,官无攸次,咸资镪货,动移旬月。顿卧墟野,欲返不能。死人如积,不可胜计"②。这与仓储设置地点不合理有关。唐代,宣宗与侍臣论足民之道,因曰:"隋文时,仓庾充盈,布帛山积,及遇饥荒,不知发而赈之,令民就食山东,国家储积何用?如此何望治效之如古也?"③对受灾民众,官方吝于开近仓赈济,而令其乞食于外境,增加其奔波之苦,甚至会颠仆道路。

还要看到,大灾之下,政府和民间所能调动的救济资源有限,即使不存在救济失策,获得救助并生存下来的只能是一部分人。实际上,不仅乡僻民众会遇到这种无助的困境,就通都大邑也在所难免。明代嘉靖二年(1523年)癸未,"南都旱疫,死亡相枕藉,仓米价翔贵,至一两三四钱。时三年无麦,插秧后复旱,处暑前乃得雨,禾骤起,收获三倍,人始苏焉。万历十六年(1588年)戊子夏,荒疫亦如嘉靖之癸未(1523年),死者无算。南门司阍者以豆记棺,日以升计,哭声夜彻天。粳米价二两,仓米至一两五六钱。父老言:'二百年来,南都谷贵自未有至此者'。"④

4. 实行劝捐劝赈政策,提高仓储储藏水平和政府掌握粮食资源的能力

官办仓储和官督民办仓储属常规性粮食储备制度。不少时期正规官仓往往管理不善,甚至出现仓粮空虚,无法应对灾荒年景官方所需。为缓解政府所掌握粮食资源的紧张状况,不少时期官方实行劝富人捐纳制度。

西汉文帝接受晁错建议,令民入粟于边,以爵相劝:六百石爵上造,稍增至四千石为五大夫,万二千石为大庶长,各以多少级数为差⑤。它可谓专项劝捐政策,以此满足边防将士粮食需求,增强防御力量。与此同时,令民"入粟郡县"。这两项措施使天下府库充实,因而文帝能够实行"赐人

---

① 乾隆《大清会典》卷19。
② 《隋书》卷24,食货。
③ 余继登:《典故纪闻》卷9。
④ 顾起元:《客座赘语》卷2,第23页。
⑤ 《汉书》卷24上,食货。

十二年租税之半"的惠政。鼓励有实力者入粟拜爵，普通民众中则因租率降低而减轻了生存压力。武帝时接受桑弘羊建议："令吏得入粟补官，及罪人赎罪。"还有"民能入粟甘泉（仓名）各有差，以复终身"。这一政策实行"一岁之中"，太仓、甘泉仓满，"边余谷诸物均输帛五百万匹，民不益赋而天下用饶"①。

北魏庄帝初年，"承丧乱之后，仓廪虚罄，遂班入粟之制"。其方式是根据捐输数量和捐输身份以定奖赏标准：输粟八千石，赏散侯；六千石，散伯；四千石，散子；三千石，散男。职人输七百石，赏一大阶，授以实官。白民输五百石，听依第出身，一千石，加一大阶；无第者输五百石，听正九品出身，一千石，加一大阶②。

唐代，平定安史之乱后，"以天下用度不充，诸道得召人纳钱，给空名告身，授官勋邑号；度道士僧尼不可胜计；纳钱百千，赐明经出身；商贾助军者，给复"。两京收复后，又于关辅诸州"纳钱度道士僧尼万人"。大乱之后，"米斗至钱七千，鬻粔为粮，民行乞食者属路"。皇帝诏能赈贫乏者，"宠以爵袟"③。

明朝有捐纳事例，自宪宗始：生员纳米百石以上，入国子监；军民纳二百五十石，为正九品散官；加五十石，增二级，至正七品止。武宗时，富民纳粟振济，千石以上者表其门；九百石至二三百石者，授散官，得至从六品。世宗令义民出谷二十石者，给冠带；多者授官正七品，至五百石者，有司为立坊④。

清朝多次开捐。监捐沿袭明朝纳粟之例。顺治十七年（1660年），礼部以"亢旱日久，请暂开准贡，令士民纳银赈济"，被采纳。雍正帝"以积贮宜裕，允广东、江、浙、湖广以本色纳监"。乾隆元年（1736年），罢一切捐例。但保留士子捐监，于户部收捐，"备各省赈济"。乾隆三年（1738年），高宗下令"复行常平捐监例，各省得一体纳本色"，后"兼收折

---

① 《史记》卷30，平准书。
② 《魏书》卷110，食货。
③ 《新唐书》卷51，食货。
④ 《明史》卷78，食货。

色"①。清朝制定有多项劝赈政策。雍正元年（1723年），山西遭灾，候补道员王廷扬捐银八万两，长庐盐商王太来捐银十万两，俱以一等议叙②。雍正三年（1725年），江浙、江西、湖广、河南、山西、陕西、两广、云贵各报有秋，命督抚劝谕绅衿、黎庶，"各从所愿，不勒多寡之限，以积贮备荒"。嘉庆十九年（1814年），江南北大旱，"赤地千里"。当地督抚命各州县劝捐赈恤。无锡计捐十三万余缗，金匮计捐十二万四千余缗，活人无算③。

政府在无力赈灾、助民脱困时，以官爵之品位、生监之资格和各种荣誉劝捐劝赈，可谓与有钱、有粮者进行的交换行为。其利弊是非常明显的。积极意义是，官府借此筹得粮款，民众因此受益。但它也埋下了钱权交易的隐患。短期实行尚不明显，若形成惯例，则使贫穷者入士、仕进机会减少，进而导致系统性政治腐败。

总的来看，仓储制度是政府和社会应对民众生存压力的重要形式。在小农经济和靠天吃饭为主导的时代，面对水旱无常的自然环境，民众自己应对灾歉的能力有限，特别是对占人口多数的中小土地所有者和佃耕者来说更是如此。中国多数时期面向全体百姓的民间慈善组织并不发达，因而政府出面组织具有预防灾歉功能的公共仓储机构——常平仓具有平抑粮价、缓和民众生存压力的作用；同时灾重时官方负有无偿赈济民众之责，有助于增加灾民的生存机会。其缺陷是设置集中于州县官府所在地，在交通不便的时代，对偏远受灾者的帮助有限。由政府督导所建立的社仓和义仓设置于乡里之中，一定程度上发挥了取之于当地之民、使当地之民受益的作用。

应该看到，历史上仓储制度及其成效与各个时代的政治清明程度有关。作为官仓的常平仓若能按照严格的规则运作，其积极功能就能发挥和延续。但中国传统王朝对其管理多靠"人治"，不重视规则。不仅中央政府在财力紧张时会挪用常平仓粮；地方管理者也会视其为利薮，侵移、中饱私囊行为不断；而且管理水平不高，发放赈济粮后补充不及时。因而仓中储粮不

---

① 《清史稿》卷112，选举。
② 萧奭：《永宪录》卷2下。
③ 钱泳：《履园丛话》卷4，图赈法。

足的状况成为常态,一旦遭遇大灾歉,便会成为摆设。社、仓的问题在于,它需要有效的监督机制和负责任的管理者。因其管理之人多为履行无偿义务,长久下去便会成为负担,怠惰或应付。加上民间储藏的技术和物质基础有限,故能长期发挥作用者并不多。公共仓储具有其积极功能,为大众所需,但问题也不少,制约了其功能发挥。这是一个两难的问题。传统社会并没有找到有效的解决途径。

因灾特别是大灾之下流民大规模出现,表明官方并不掌握足以将灾民留在当地的救济资源,或者说官方的救济能力、救济方式和效率难以使灾民安居乡里,以致不得不出外求生。值得肯定的是,政府通过调动不同地区官方行政力量对沿途流民给予必要的食物和居住救济,减少了人口死亡现象。它为灾后经济秩序恢复准备了劳动力。当然,若政府统治秩序被打破,如战乱年份,特别是由此引发的改朝换代时期,流民将难以获得有效的救助,大规模的死亡将不可避免。

(二) 推行重农政策

传统农业社会中,农作物增产主要靠扩大耕地面积和投入更多人力来获得。由此,在农耕时代,人们形成了生活资料短缺与否与农耕直接参与人员是否充足有直接关系的思维。另外,在传统时代的政府看来,生活资料自给自足(男耕女织)、不依赖市场是解决民众生存压力的主要途径,为保证百姓吃饭、穿衣所需,进而维持社会稳定局面,重视农业成为国家的一项基本产业政策。可以说,中国历代政府都是重农政策的推动者,鼓励更多的人安心力田,减少非农从业者,以此实现广泛垦殖荒地、增加粮食产量、缓解人口压力的目的。"王政所重,莫先民食"[①],这成为传统王朝政府的一个基本信条。

1. 实施抑商之政

近代之前的重农政策往往与抑商相伴随。商人被认为只在流通流域活动,并不能使产品总量增加。另一方面,其从业者增多便意味着务农者减少。由于经商获利较农耕容易,会对务农者产生诱惑,以致难于安心田亩。

---

① 钱泳:《履园丛话》卷4,水害。

还有一点，商人生活方式还会使社会朴实风尚向奢靡之习转化，乃至使更多的生存资料被浪费掉，从长远看加剧民众生存压力。故而，重农抑商成为历代王朝传承不替之策，汉以降尤其突出。

先秦时代行重农之政者当数秦国。商鞅为秦孝公制定重农之策："僇力本业，耕织致粟帛多者复其身；事末利及怠而贫者，举以为收孥"。其令"行之十年，秦民大说，道不拾遗，山无盗贼，家给人足"①。务农者被免徭役，经商和懒惰致贫者被贬为官奴婢。它已不是经济或税收上的抑制，而是以刑罚惩治为手段。这一政策不仅使百姓家庭生活资料充足，而且收到改变民风之效，可谓"仓廪实而知礼节"的注脚。

汉初即实行抑商之政，其目的无疑是限制商人规模，促使一些人转为耕作之民。但此项政策似乎没有从根本上转变民众的就业方式。西汉文帝即位后，"躬修俭节，思安百姓。时民近战国，皆背本趋末"。为此，贾谊上奏指出：夫积贮者，天下之大命也。苟粟多而财有余，何为而不成？以攻则取，以守则固，以战则胜。怀敌附远，何招而不至？今殴民而归之农，皆著于本，使天下各食基力，末技游食之民转而缘南亩，则畜积足而人乐其所矣。可以为富安天下，而直为此廪廪也。文帝"感谊言，始开籍田，躬耕以劝百姓"②。在贾谊看来，国强以粟多财有余为基础，粟多财有余依赖积贮，而积贮又离不开农耕。这一理论无疑会打动帝王，下决心扭转背本趋末之习。不过，文帝开始只是通过亲耕导民务农。前元二年（前178年），文帝下诏强调农耕的重要性："农，天下之大本也，民所恃以生也，而民或不务本而事末，故生不遂，朕忧其然。故今兹亲率群臣农以劝之，其赐天下民今年田租之半。"③ 国家降低务农者田租直接减轻其负担，将提高其生存能力。文帝前元十二年（前168年）再次发布重农诏书，指责官员贯彻不力："导民之路，在于务本。朕亲率天下农，十年于今，而野不加辟；岁一不登，民有饥色，是从事焉尚寡，而吏未加务也。吾诏书数下，岁劝民种树，而功未兴，是吏奉吾诏不勤，而劝民不明也。且吾农民甚苦，

---

① 《史记》卷68，商君列传。
② 《汉书》卷24上，食货。
③ 《汉书》卷4，文帝纪。

而吏莫之省，将何以劝焉？其赐农民今年租税之半。"① 从中可见，该政策未达到文帝所期望的效果。民众的生存压力并没有降低。他认为这与官员推行不力有关。若与商鞅之政相比，其惠农力度不大。景帝即位后继续奉行文帝重农之政。后元三年（前161年）下诏："农，天下之本也。黄金、珠玉，饥不可食，寒不可衣，以为币用，不识其终始。间岁或不登，意为末者众，农民寡也。其令郡国务劝农桑，益种树，可得衣食物。吏发民若取庸采黄金、珠玉者，坐臧为盗。二千石听者，与同罪。"② 景帝所为将直接抑制商人用所积累财富炫耀行为，并可能扭转奢靡之习。我们认为，文、景以农为本的政策对后世影响很大，因为它开启了全国性政权重农的先河。不过，一百多年后，至成帝时，民众的从商势头似乎仍未得到根本抑制。建始四年（前29年），成帝下诏曰：先帝劝农，薄其租税，宠其强力，令与孝弟同科。间者，民弥惰怠，乡本者少，趋末者众，将何以矫之？方东作时，其令二千石勉劝农桑，出入阡陌，致劳来之③。或许，商作为一个易于谋利致富的职业，在限制的环境下，投机机会更多，因而对民众诱惑更大。还有一个原因是，以私有制为主导的农耕社会中，政府的重农政策多限于道德说教和引导层次，较少切实的扶持措施。

东汉明帝、章帝对农耕颇为重视。永平三年（65年）正月明帝下诏要求有司：勉顺时气，劝督农桑④。建初元年（76年）正月，章帝因牛疫频发，垦田减少，谷价上涨，百姓流亡，故下诏：方春东作，宜及时务。二千石勉为农桑，弘致劳来⑤。章帝很憧憬天下都能"急耕稼之业，致末秅之勤，节用储蓄，以备凶灾"，进而达到"岁虽不登而民无饥色"的状态⑥。

齐武帝永明四年（486年）规定：凡欲附农而粮种阙乏者，并加给贷，务在优厚⑦。

北魏神瑞二年（415年），元明帝拓跋嗣将《周礼·地官》（"间师"）

---

① 《汉书》卷4，文帝纪。
② 《汉书》卷5，景帝纪。
③ 《汉书》卷10，成帝纪。
④ 徐天麟：《东汉会要》卷28，民政。
⑤ 徐天麟：《东汉会要》卷28，民政。
⑥ 徐天麟：《东汉会要》卷28，民政。
⑦ 《南齐书》卷3，武帝纪。

之言"凡庶民不畜者祭无牲，不耕者祭无盛，不树者无椁，不蚕者不帛，不绩者不衰"稍作变更，敕令有司劝民务农："凡庶民之不畜者祭无牲，不耕者祭无盛，不树者死无椁，不蚕者衣无帛，不绩者丧无衰。"这一政策收到成效。史载："自是民皆力勤，故岁数丰穰，畜牧滋息①。以此建立一个完全自给自足的农耕社会。北魏延兴二年（472年），孝文帝下诏："工商杂伎，尽听赴农。"②

唐代太宗则以减少兵戈、土木之事作为使民务本力田的策略。贞观二年（628年），太宗对侍臣说："凡事皆须务本，国以人为本，人以衣食为本，凡营衣食，以不失时为本。夫不失时者，在人君简静乃可致耳。若兵戈屡动，土木不息，而欲不夺农时，其可得乎？"③

元朝的核心统治集团起于草原，"其俗不待蚕而衣，不待耕而食，初无所事焉"。然入主中原后，观念和政策因时因地而大变：世祖即位之初，"首诏天下，国以民为本，民以衣食为本，衣食以农桑为本。于是颁《农桑辑要》之书于民，俾民崇本抑末。其睿见英识，与古先帝王无异"④。可见，其将汉族王朝的重农抑商做法继承下来。

至于明代帝王，特别是明初朱元璋更将重农抑商政策推到一个新的高度。他不仅抑商，而且将逐末者视为游民，加以打击。

清代，康熙帝于二十三年（1684年）十月，南巡至苏州，登虎丘。他对侍臣谈及对苏州的印象："向闻吴阊繁盛，今观其风土，大略尚虚华，安佚乐，逐末者众，力田者寡。遂致家鲜盖藏，人情浇薄。为政者当使之去奢反朴，事事务本，庶几家给人足，可挽颓风。"⑤ 有人指出：雍正一朝整理各省关税，乾隆一朝整理各省盐法，因而户部岁入多至四千二三百万。然大半取之商，不尽取之民，所谓重本抑末也⑥。应该说，清朝的这一政策是比较成熟的重农抑商策略，抑商而不禁商，重视商税，而避免重税于农。

---

① 《魏书》卷110，食货。
② 《魏书》卷7，文帝纪。
③ 吴兢：《贞观政要》卷8，务农。
④ 《元史》卷93，食货。
⑤ 《清圣祖实录》卷117。
⑥ 欧阳兆熊、金安清：《水窗春呓》卷下，国初爱民。

2. 将劝农作为官员主要政务

在农耕为民生和国家税赋主要来源的时代，政府形成重农政策符合逻辑。不少王朝不满足于一般倡导和说教，而从行政制度上予以具体贯彻。

（1）设置专门劝农之官

劝农官属中央官员，受皇帝委派赴地方督促农耕事务。

汉代高后元年初置孝弟力田官二千石一人[1]，属于位尊大员。其职责是"劝励天下，令各敦行务本"[2]。西汉平帝元始元年，"置大司农部丞一十三人，人部一州，劝课农桑"[3]。

晋朝，司徒负责"督察州郡播殖"。后因其事务过多，人手不足，武帝令"增置掾属十人"[4]，加大督察力度。

北魏太安初，文成帝"遣使者二十余辈循行天下，观风俗，视民所疾苦"。他还要求使者"察诸州郡垦殖田亩，饮食衣服，闾里虚实，盗贼劫掠，贫富强劣而罚之"。这一活动取得成效，"自此牧守颇改前弊，民以安业"[5]。

唐代，玄宗接受御史宇文融建议，设"劝农判官十人"。他们"并摄御史，分往天下，所在检畴，招携户口"[6]。

宋代，太宗时，太常博士陈靖对招民垦荒颇有认识，他被任命为京西劝农使，"按行陈、许、蔡、颖、襄、邓、唐、汝等州，劝民垦田"[7]。真宗仿唐制设置劝农判官，"检户口、田土伪滥"。为避免增加官职，让少卿、监为刺史、阁门使以上知州之人，"并兼管内劝农阁，余及通判并兼劝农事，诸路转运使、副兼本路劝农使"[8]。劝农成为中央派出官员的分内工作。

忽必烈执政之初，重视农耕。他于中统元年（1260年），命各路宣抚司择通晓农事者，"充随处劝农官"。中统二年（1261年），置"劝农司"，

---

[1] 《汉书》卷3，高后纪。
[2] 《汉书》卷3，高后纪。
[3] 《册府元龟》卷70，帝王部，务农。
[4] 《晋书》卷33，石苞传。
[5] 《魏书》卷110，食货。
[6] 《旧唐书》卷105，宇文融传。
[7] 《宋史》卷173，食货。
[8] 《宋史》卷173，食货。

以八人为使①。至元七年（1270年），设司农司，"专掌农桑水利"，同时继续"分布劝农官及知水利者，巡行郡邑，察举勤惰"②。

明初，朱元璋以山东、河南民"多惰于农事，以致农食不给"，"命户部遣人材分诣各县督其耕种"。为检核督导效果，"令籍其丁男所种田地与所收谷菽之数来闻"③。

在我们看来，劝农使对民众力田的直接督导作用是有限的。而其通过观察地方农耕状况，为帝王制定相关政策提出建议的作用或许更为显著。此外，他们还可监督地方官劝农力耕是否积极，促使其有所作为。

（2）地方官以劝农督农为首务

甲、地方高官是重农政策的主要落实者

汉朝十分重视郡守这些两千石官员在贯彻中央劝农政策中的作用。

阳朔四年（前21年），因当时"民弥惰怠，乡本者少，趋末者众"，成帝为此下诏："方东作时，其令二千石勉劝农桑，出入阡陌，致劳来之。"④地方官要深入乡村劝民务农，而不是坐在衙署发布告示。东汉建初元年也有相似之诏⑤。

晋武帝认为，"使四海之内，弃末反本，竞农务功，能奉宣朕志，令百姓劝事乐业者，其唯郡县长吏乎！先之劳之，在于不倦"⑥。为此，晋朝有一项具体规定："郡国及县，农月皆随所领户多少为差，散吏为劝农。"⑦ 地方府官在农耕时节要派吏下乡督导农耕事务。

中央重农政策主要靠地方官去推行，只有这样，才会使诏令变为民众实践。

乙、以农耕作为地方官主要考核项目

近代之前，地方政府，特别是州县官员最接近乡村百姓，其主要职责是钱谷和刑名事务。上级在对其政绩考核中，田野垦辟、钱谷增多是主要

---

① 《元史》卷93，食货。
② 《元史》卷93，食货。
③ 《明太祖实录》卷256。
④ 《汉书》卷10，成帝纪。
⑤ 《后汉书》卷3，章帝纪。
⑥ 《晋书》卷26，食货。
⑦ 《晋书》卷24，职官。

内容，这也会促使他们劝农力田。

三国魏黄初年间，"四方郡守垦田又加，以故国用不匮"①。这是地方官重视农耕的结果。

晋泰武帝推行重农之政时，注意表彰劝农有成效的官员。汲郡太守王宏"勤恤百姓，导化有方，督劝开荒五千余顷，遇年普饥而郡界独无匮乏，可谓能以劝教"，因被"赐谷千斛，布告天下"②。东晋元帝，"课督农功，诏二千石长吏以入谷多少为殿最"③。

南朝宋孝武帝鼓励地方官劝民垦荒，对"吏宣劝有章者，详加褒进"④。

北朝前燕国开国之王慕容皝也以农本为重，认为：君以黎元为国，黎元以谷为命。然则农者，国之本也。他下令：二千石令长不遵孟春之令，惰农弗劝，宜以尤不修辟者措之刑法⑤。

北齐武成帝河清三年（564年）下诏要求地方官："每岁春月，各依乡土早晚，课人农桑。"至孟冬，刺史"听审邦教之优劣，定殿最之科品"⑥。

元代，地方"牧民长官提点农事，岁终第其成否，转申司农司及户部。秩满之日，注于解由，户部照之，以为殿最"⑦。至元九年（1272年），世祖"命劝农官举察勤惰"。高唐州官以勤升秩，河南陕县尹王仔以惰降职。"自是每岁申明其制。"⑧

近代之前中国以农耕立国，钱谷事务是地方主要政务之一，而它主要以农事为基础。私有土地为主导的传统社会，地方官难以直接介入农民家庭生产组织，同时并不掌握可以助民的经济资源（除了灾荒时请示上级对灾民实施救助之外），但他们具有协调不同村落民众兴修水利等公共工程的能力；同时官府减少扰民工程和摊派项目也可使更多劳动力耕垦田野。而传统社会官方采用的道德教化措施一定程度上也可引导民众力田。由此看，

---

① 《晋书》卷26，食货。
② 《晋书》卷26，食货。
③ 《晋书》卷26，食货。
④ 《宋书》卷6，武帝纪。
⑤ 《晋书》卷109，慕容皝载记。
⑥ 《隋书》卷24，食货。
⑦ 《元史》卷93，食货。
⑧ 《元史》卷93，食货。

地方官在辖区农务活动中是可以有所作为的。

(3) 设置专职农官

不少时期，政府在荒地较多、粮食紧缺之时，往往设置专职农官，组织耕垦。这种政策实行的必要性在于，因垦荒事务重大而繁重，已有地方机构官弁有限，难以分力承担和落实，故以专官督率，效果更为显著。

三国曹操于"郡国列置田官"，组织垦荒，"数年之中，所在积粟，仓廪皆满"①。这表明，只要组织得当，组织耕垦容易获得回报。

元朝武宗至大三年 (1310 年)，命大司农总挈天下农政，"修明劝课之令，除牧养之地，其余听民秋耕"②。

明代初年，中原田多荒芜，政府"计民授田"，并"设司农司，开治河南，掌其事"；临濠之田，"验其丁力，计亩给之，毋许兼并"③。

设置专官负责垦荒事务，是重农政策细化的表现。

3. 四业之外民众均应务农

就近代之前多数王朝来说，尽管在职业政策上表现有重农抑工商倾向，但除个别时期外，政府对工商业的功能和从业者谋生行为予以承认。而四业之外者往往被视为游食之徒，官方尽可能将其驱至南亩。

北朝前燕王慕容皝下令发展农耕，增强国力。他要求："百工商贾数，四佐与列将速定大员，余者还农。"④

北齐武成帝河清三年 (564 年) 下诏要求地方官："每岁春月，各依乡土早晚，课人农桑。"民众"自春及秋，男十五已上，皆布田亩；桑蚕之月，妇女十五已上，皆营蚕桑"，实现"地无遗利，人无游手"⑤ 的目标。

明朝代宗景泰四年 (1453 年) 要求各地方官员"令里老省谕乡村，除士、农、工、商并在官供役之人，其余悉令务农，及时耕种"⑥。

4. 表彰力田之人

"力田"顾名思义为努力耕田之人。它最早出现于春秋时期。春秋之前

---

① 《晋书》卷 26，食货。
② 《元史》卷 93，食货。
③ 《明史》卷 77，食货。
④ 《晋书》卷 109，慕容皝载记。
⑤ 《隋书》卷 24，食货。
⑥ 《明英宗实录》卷 234。

的夏商时期，自耕型小农经济尚未得到发展，分封制下国家所面对的为不同层级的贵族士大夫。只有在小农成为国家直接的纳税、徭役承担者之后，政府才会关注和重视他们。《吕氏春秋·上农》："若民不力田，墨乃家畜，国家难治，三疑乃极，是谓背本反则，失毁其国。"《韩非子·奸劫杀臣》中也有"民不外务当敌斩首、内不急力田疾作"则会亡国之说。在重农时代，力田是政府最为看重的行为。政府表彰"力田"者，既能收到对其本人的激励效果，也可对其他耕田者起到引导和带动作用。而这种政策一般与惩罚怠惰农事者并行。北魏孝文帝时的诏令颇能说明问题："农惟政首，稷实民先，澍雨丰洽，所宜敦励。其令畿内严加课督，惰业者申以楚挞，力田者具以名闻。"①

这种奖劝有以下几种：

(1) 授予爵秩

秦汉至魏晋南北朝时期，除官爵外，还有民爵。政府以爵位之赏作为对力田者的奖励措施。

东汉明帝永平二年（59年）下诏：三老、孝悌、力田人三级②。明帝之后东汉各朝多有类似赐爵之举。永平三年（60年），赐三老、孝悌、力田人三级③。建初三年（78年），赐爵，人二级，三老、孝悌、力田人三级④。建初四年（79年），赐爵，人二级，三老、孝悌、力田人三级⑤。这些力田者还承担着传授农耕技艺的责任。根据《汉书·食货志》："二千石遣令长、三老、力田及里父老善田者受田器，学耕种养苗状。"

我们知道，汉朝倡导以孝治天下，有孝悌之行者被树为楷模。由上可见，力田者所授爵秩与孝悌之人相同。"孝"与"耕"在国家奖劝政策上处于同等重要的地位。这被以后多个王朝所承袭。

三国魏文帝初即位，赐孝悌力田人二级⑥。为此，文帝遣使巡察四方及戎夷种落进一步落实这项工作："孝悌力田者，皆旌表之。为父后者赐爵一

---

① 《魏书》卷7下，孝文帝纪。
② 《后汉书》卷2，光武帝纪。
③ 《后汉书》卷2，光武帝纪。
④ 《后汉书》卷3，章帝纪。
⑤ 《后汉书》卷3，章帝纪。
⑥ 《三国志》魏书卷2，文帝纪。

级，孝悌力田爵二级"[1]。

东晋安帝时，桓玄篡位，于是大赦，改元永始，赐天下爵二级，孝悌力田人三级。但该政并未落实，史称其"赏赐之制，徒设空文，无其实也"[2]。不过它表明，政府重视"孝"、"耕"的国策没有改变。

南朝宋明帝太始五年（469年），大赦天下，赐力田爵一级[3]。后废帝元徽四年（476年）春正月，躬耕籍田，大赦天下，赐力田爵一级[4]。齐武帝下诏指出："耕藉所以表敬，亲载所以率民。……孝悌力田，详授爵位。"[5]梁武帝永明四年（486年），"孝悌力田，详授爵位"；"孝悌、力田赐爵一级"[6]。或加上一些限制条件：孝悌力田及州闾乡党称为善人者，各赐爵一级，并勒属所以时腾上[7]。

陈天嘉元年（560年），文帝下诏：孝悌力田殊行异等，加爵一级[8]。我们从史书中看到，南朝各政权对力田赐爵颇为重视。

这些政令表明，汉至南朝，对孝、耕中的典型赐爵成为一项重要国策。但隋唐之后较少采用。宋朝曾有此政策：令州县考察士民，有能孝悌力田为众所知者，给帖付身[9]。至于有帖者享受何种特殊待遇尚不明了。

（2）赏赐物品

赏赐力农者以物品也是一种表彰方式。它主要实行于晋和南朝时期。

西晋时对力田者增加了实物之赏。晋惠帝永平元年（291年）下诏：除天下户调绵绢，赐力田者帛，人三匹[10]。

南朝宋建国初期，"农桑惰业，游食者众，荒莱不辟，督课无闻。一时水旱，便有罄匮"。宋文帝元嘉八年（431年）要求"赋政方畿"的郡守和作为"亲民之主"的县宰，"宜思奖训，导以良规"，以便形成"咸使肆

---

[1] 《晋书》卷113，苻坚载记。
[2] 《晋书》卷99，桓玄传。
[3] 《宋书》卷8，明帝纪。
[4] 《宋书》卷9，后废帝纪。
[5] 《南齐书》卷3，武帝纪。
[6] 《梁书》卷2，武帝纪。
[7] 《梁书》卷3，武帝纪。
[8] 《陈书》卷3，文帝纪。
[9] 《宋史》卷201，刑法。
[10] 《晋书》卷4，惠帝纪。

力，地无遗利；耕蚕树艺，各尽其力"的局面。其辖区"若有力田殊众，岁竟条名列上"①。宋武帝大明七年（463年）下诏：若忠信孝义，力田殖谷，一介之能，一艺之美，悉加旌赏②。与名誉授予性质的爵赏不同，这里采用的是物品奖励。

北朝北魏孝文帝出外巡视，"所过问民疾苦，赐高年、孝悌力田布帛"③。

隋唐之后这种做法比较少见。

清代雍正二年（1724年），世宗下令：直省督抚各董率有司，实心劝督，咨访疾苦，有丝毫妨于农业者必为除去。每乡中择一二老农之勤劳作苦者，优其奖赏，以示鼓舞④。但奖赏方式并不明确。

（3）给予官职

授予力田之民以官职是重农政策中力度最大的，但它只能是象征性的，否则会对选官制度带来冲击。这一制度只在少数朝代实行过。

南朝宋孝武帝大明四年（460年）下诏：凡诸守莅亲民之官，可详申旧条，劝尽地利。力田善蓄者，在所具以名闻；力田之民，随才叙用⑤。

宋代太祖曾下诏郡国令佐"察民有孝悌力田、奇材异行或文武可用者遣诣阙"⑥。开宝八年（975年），太宗"诏诸州察民有孝弟力田、奇才异行或文武材干、年二十至五十可任使者，具送阙下"；开宝九年（976年），诸道举孝弟力田及有才武者凡七百四十人，诏翰林学士李昉等于礼部试其业，一无可采⑦。这是将各色人员汇集到一起所作考察，力田者只是其中一部分。从形式上看，皇帝对此次选拔很认真，但考试结果令人失望，应该是被选送者文化素质达不到要求，他们毕竟没有受过系统的教育。这并非意外之事。

明代太祖初年即下诏：举聪明正直、孝弟力田、贤良方正、文学术数

---

① 《宋书》卷5，文帝纪。
② 《宋书》卷6，孝武帝纪。
③ 《魏书》卷7上，高祖纪。
④ 《清朝通典》卷1，食货。
⑤ 《宋书》卷6，孝武帝纪。
⑥ 《宋史》卷3，太祖纪。
⑦ 《宋史》卷156，选举。

之士①。力田者在这几类人员中并不具有优势。

清代雍正皇帝曾令州县有司择老农之勤劳俭朴身无过举者,岁举一人,给以八品顶带②。这可视为一种荣誉性官衔。

另外,唐代在短期内设置过孝悌力田科,从中选拔官员。

以上王朝尽管给力田者以出仕的机会,但它只是一种重农的姿态,更多的是对其做官资格的认可,并非真要将一批力田模范引入官场。不过,该政策对力田者社会地位的提升是有作用的。中国近代之前,特别是科举制度时代,"耕"、"读"持家是不少家庭对子弟的要求。"耕"虽然辛苦,却并非低贱职业,出则仕,不仕则躬耕南亩,它与重农制度的倡导有直接关系。

(4) 免除赋税

免除力田者的赋税是政府最易做到的事,其对力田本人及其家庭也最具实惠。

南朝梁武帝普通元年(520年):孝悌力田爵一级,尤贫之家,勿收常调③。这也是"孝"、"耕"并行的政策形式。

梁元帝时规定:其力田之身,在所蠲免④。

隋代炀帝实行过"孝悌力田,给以优复"的政策⑤。

唐朝以后,此政已不多见施行。

5. 鼓励垦荒,增加粮食产量

在农业人口为主导、荒地尚多时,政府鼓励垦荒既可使劳动力与土地结合,满足农民自己所需,同时可借此培植国家税赋之源。这些政策包括,政府为无地少地农民提供垦荒便利,推动人口稠密地区百姓迁移至宽乡。

西汉景帝时注意消除制约民众垦荒的障碍。前元元年(前179年)春正月,景帝下诏:"间者岁比不登,民多乏食,夭绝天年,朕甚痛之。郡国或硗狭,无所农桑系畜;或地饶广,荐草莽,水泉利,而不得徙。其议民

---

① 《明史》卷2,太祖纪。
② 《清朝通典》卷1,食货。
③ 《梁书》卷3,武帝纪。
④ 《梁书》卷5,元帝纪。
⑤ 《隋书》卷3,炀帝纪上。

欲徙宽大地者，听之。"① 原有限制迁移制度不能实现人口与土地的合理配置，民众难以摆脱贫穷。景帝改革迁移流动制度，鼓励百姓徙宽乡垦荒，缓解生存困难。可见，这种人口生存压力是制度所造成的，是相对人口压力而言的；变革制度则会缓解甚至消除压力。东汉元和三年（86 年），章帝下诏：今肥田尚多，未有垦辟。其悉以赋贫民，给与粮种，务尽地力，勿令游手②。在我们看来，诏书中所说的"肥田"应多位于人口稀少区。所以该项政策也具有移民开垦的意义。政府不仅承诺给土地，而且提供种子，以实现人力与土地的结合，形成生产能力。

南朝宋孝武帝大明初，山阴县人多田少，孔灵符表请徙无赀之家于余姚、鄞、鄮三县界，垦起湖田。武帝令公卿博议，但均不赞成。武帝"违众议，徙人并成良业"③。宋孝武帝大明四年（460 年）下诏：藉田职司，优沾普赉。百姓乏粮种，随宜贷给④。

北朝前燕慕容皝发布重农之诏：苑囿悉可罢之，以给百姓无田业者。贫者全无资产，不能自存，各赐牧牛一头。若私有余力，乐取官牛垦官田者，其依魏、晋旧法。沟洫溉灌，有益官私，主者量造，务尽水陆之势⑤。这是对垦荒之民的全面支持，从给地、耕牛到兴修水利，创造适宜农耕的条件。

隋代开皇十二年（592 年），文帝"以天下户口岁增，京辅及三河地少而人众，衣食不给，议者咸欲徙就宽乡"。文帝"乃发使四出，均天下之田。其狭乡，每丁才至二十亩"，老小则再减⑥。通过差异性授田措施引导人口稠密区百姓外迁垦荒。

北宋初年，"凡州县旷土，许民请佃为永业，蠲三岁租；三岁外，输三分之一"⑦。真宗于景德初年下诏，诸州不堪牧马闲田，"依职田例招主客户

---

① 《汉书》卷 5，景帝纪。
② 《后汉书》卷 3，章帝纪。
③ 《通典》卷 1，食货。
④ 《宋书》卷 6，武帝纪。
⑤ 《晋书》卷 109，慕容皝载记。
⑥ 《通典》卷 2，食货。
⑦ 《宋史》卷 173，食货。

多方种莳，以沃瘠分三等输课"①。通过税收优惠来吸引民众垦荒。

南宋初年，福建、蜀汉地区人口相对较稠密，而江淮一带尚有大量荒田有待开垦。绍兴二十六年（1156年）规定：离军添差之人，授以江、淮、湖南荒田，人一顷，为世业。所在郡以一岁奉充牛、种费，仍免租税十年，丁役二十年②。

明代初年，北方近城之地多未耕种，于是，政府"召民耕，人给十五亩，蔬地二亩，免租三年"。因此全国垦田之数大增，每年上报"少者亩以千计，多者至二十余万"。另外，对响应者实行资助政策，"官给牛及农具者，乃收其税，额外垦荒者永不起科"。这一举措激发了民众的垦荒积极性，不少地方达到"骎骎无弃土"③的状态。

如果说宋元之前尚为局部地区出现人地矛盾，政府鼓励民众前往宽乡垦荒的话，那么，明清之后，特别是明代中期以来，内地大范围的人口压力开始显现。因而，政府对垦荒之政更为重视。

明代嘉靖时官员何瑭曾以当时人口压力提出解决之策："至生齿蕃多，别无善策，惟有尽辟地利，以资生养一法尚可施行。方今地窄之处，贫民至无地可耕，而凤阳、淮、徐、山东登莱等处荒田弥望"，尚可开垦。但无地者多属贫困之人，政府只有在住房、种子和劳动工具等方面，予以协助，才能有成效。他建议政府设置专门机构、专职官员负责对移民垦荒的管理："选择通知农务之士，授以按察之官，赐以敕书，令其专管劝农。或查拨本处丁多田少之人，或招集外处流徙失业之人，或起取狭乡无地之人，俱听从便宜施行。凡农民该用室庐、农器、种子赈给，俱许其动支官钱处置，仍令其兼管词讼。"耕垦三年之后，地已成熟，每亩科米五升，即以补该县逃移逋欠粮额；"官量升转，仍留劝农"。更进一步，六年之后，农功大成，承办其事的官员"超与升授"④。这一建议得到采纳。

清代中期以后，人口压力显现。雍正帝于元年（1723年）指出："今国家承平日久，生齿殷繁，地土所出，仅可赡给。偶遇荒歉，民食维艰。"

---

① 《宋史》卷173，食货。
② 《宋史》卷173，食货。
③ 《明史》卷77，食货。
④ 何瑭：《柏斋集》卷1，奏议。

而所能寻求的解决之道，"惟开垦一事，于百姓最有裨益"。故此要求各省凡有可垦之处，"听民相度地宜，自垦自报，地方官不得勒索，胥吏亦不得阻挠"。升降之例为"水田仍以六年起科，旱田以十年起科，著为定例"①。雍正二年（1724年），以西宁布隆吉尔地方遥远，招垦前往者少，故政府发遣直隶、山西、河南、山东、陕西等地军流之人"有能种地者前往开垦，官拨给地亩、牛种、耕具，三年起科"。雍正七年（1129年）世宗再次谕令户部，"国家承平日久，户口日繁，凡属闲旷未耕之地，皆宜及时开垦，以裕养育万民之计，是以频颁谕旨，劝民垦种"②。为鼓励垦荒，乾隆五年（1740年），政府对边远省份民众垦荒起科规则予以变通："未耕之土，不成圻段者，听民开垦，免其升科。"③乾隆二十五年（1760年），高宗针对四川总督周人骥奏请各省流寓民人入川者甚多，请设法限制一折提出批评："国家承平日久，生齿繁庶，小民自量本籍生计难以自资，不得不就他处营生糊口。此乃情理之常，岂有自舍其乡里庐而乐未远徙者。地方官本无庸强为限制。""今日户口日增，而各省田土不过如此，不能增益，正宜思所以流通，以养无籍贫民。""封疆大吏当通达大体。顺民情所便安，随宜体察。倘有流为盗贼，如川省啯匪之类，则实力惩治，毋使养奸贻累。既不绝小民觅食之路，又可清闾阎盗贼之源，斯两得之。"④这显示出乾隆帝以民生为重的治国理念。

6. 推广新作物品种，限制非粮种植

（1）新作物品种的试种和引进

中国近代之前的农耕社会相对封闭，多数情况下民众世代相守，沿用传统的经营模式，种植熟悉的作物品种。一般情况下，新的品种和耕作方式的推广很难由本地人来承担，而须由有见识和有能力的外乡人发挥启蒙和传播作用。

一些朝代，地方官员甚至帝王充当了这个角色，因为他们更具有推广新作物品种的意识和能力。

---

① 《清世宗实录》卷6。
② 《清世宗实录》卷680。
③ 《清高宗实录》卷123。
④ 《清高宗实录》卷604。

三国时魏国，郑浑为沛郡太守，"郡居下湿，水涝为患，百姓饥乏"。他于萧、相二县兴陂堨，开稻田，"郡人皆不以为便"。郑浑认为此举"终有经久之利，遂躬率百姓兴功，一冬皆成"。由此收到"比年大收、顷亩岁增、租入倍常、郡中赖其利"的效果，民众"刻石颂之，号曰郑陂"①。

宋代，"江北之民杂植诸谷，江南专种粳稻"。鉴于古有"参植以防水旱"的做法，太宗下诏要求江南、两浙、荆湖、岭南、福建诸州长吏，"劝民益种诸谷，民乏粟、麦、黍、豆种者，于淮北州郡给之"；江北诸州，"亦令就水广种粳稻，并免其租"②。大中祥符四年（1011年），真宗帝以江、淮、两浙稍旱即水田不登，于是决定推广早稻。他"遣使就福建取占城稻三万斛，分给三路为种，择民田高仰者莳之"。真宗令人总结种法，"命转运使揭榜示民"③。

明代万历年间，尚书司少卿徐贞明建议将京东荒地改造成水田，种植水稻。因北方人不习惯种稻，"宜募南民之谙晓穑事者"前来，此议获准④。

清代中期之后，因人口压力增大，一些任职于人口生存压力较大地方的官员重视对高产作物品种的引进和推广。在传统社会，地方官不得于本地任职，同时已任职者也在多个地方平调或升迁（个别人也会被贬职）。它使官员有机会了解不同地方民生状况，一些有心者则在推广异地粮食作物、改善民生方面起到了作用。其中甘薯推广效果最为显著。甘薯，从境外传入，最早种于福建。其在千里之遥的北方获得推广主要依赖官方、官员之力。直隶于乾隆二十三年（1758年），官饬民种⑤。直隶总督方观承要求各属劝民种植，以佐食用⑥。乾隆十七年（1752年），山东各县"奉文劝种"⑦。清代帝王也热心此事。乾隆五十年（1785年）六月，高宗皇帝鉴于河南近年屡遭旱灾，令从福建引进番薯藤种，"依法试种"⑧。同年七月，他

---

① 《晋书》卷26，食货。
② 《宋史》卷173，食货。
③ 《宋史》卷173，食货。
④ 《明神宗实录》卷165。
⑤ 光绪《顺天府志》卷50，物产。
⑥ 光绪《保定府志》卷27，物产。
⑦ 乾隆《泰安府志》卷2，物产。
⑧ 《清高宗实录》卷1232。

听说福建闽县监生陈世元,从前游历河南,曾经运种试栽有效。该生情愿挈同孙仆,前往教种。乾隆帝命闽浙总督富勒浑广为采备,运至河南,令河南巡抚毕沅,饬各属"广为如法栽种,以期接济民食"①。中州"自此广布蕃滋"②。红薯被推广于北方广大地区后,其在缓解清代中期以来因人口增长较快所导致的食物供应紧张方面起到积极作用。

(2) 抑制非粮食作物种植

清代中期以来,一些地方民众为谋利对经济作物种植力度增大,挤占了大量种粮耕地,降低了本地粮食自给水平,乃至对民众基本生存构成潜在威胁。如福建自康熙三十四、三十五年间,"漳民流寓于汀州,遂以种烟为业。因其所获之利息,数倍于稼穑,汀民亦皆效尤。迩年以来,八邑之膏腴田土,种烟者十之三四。民众所食从江西购买"。而一旦"江西遏籴,本地无谷可买","以致米价倍增"③。清代中期,或言"闽地二千余里","烟草之植耗地十之六七",政府"严其禁"。然百姓不知大计,终以烟草为利久,难以根本抑制④。乾隆初年,直隶、山东、江西、湖广、福建等省,种植尤多,陇亩相望,谷土日耗。乾隆八年(1743年),清政府规定:惟城堡内闲隙之地,听其种植;城外则近城畸零菜圃,亦不必示禁;其野外土田阡陌相连之处,概不许种⑤。

19世纪以来,西北等内陆种植烟草、罂粟增多。山西的"沃壤腴田",罂粟种植"殆遍",以致"产米逾少,粮价增昂"。清政府要求当地巡抚"通饬所属一律严禁"⑥。光绪年间,山西巡抚不断发布告示禁止:责成各村乡约甲保随时稽察,种则立予拔除,犯则严加惩责,务将地方罂粟之害一律尽绝根株⑦。同治年间,清政府要求陕甘总督左宗棠对当地所种罂粟,"根苗初发时",组织地方人员"尽行拔除"⑧。然而,在利益驱使下,一些

---

① 《清高宗实录》卷1235。
② 《清朝通志》卷125,昆虫草木略。
③ 王简庵:《临汀考言》(康熙三十年版)。
④ 郭起元:《论闽省本节用疏》,《清经世文编》卷36。
⑤ 《清高宗实录》卷194。
⑥ 光绪《大清会典事例》卷168户部,田赋,稽查种植。
⑦ 安颐纂:《晋政辑要》卷20,礼制。
⑧ 光绪《大清会典事例》卷168户部,田赋,稽查种植。

民众往往不遵约束，亦即禁令收效不大，故此地方官府才会不断重申。但外部控制力的存在也是必要的，它至少可以抑制非粮种植规模增大和迅速蔓延。

7. 兴修水利

中国近代之前的农业种植多为靠天吃饭。而天雨不常，对农业生产，特别是保持稳产形成很大制约。从先秦时代开始，人们设法利用江河湖水灌溉农田。但在小农经济成为主导之后，各个家庭往往不具有开挖沟渠、引水灌溉的能力，村社等不同形式的民间组织力量也有限。因此，中央政府，特别是地方官员在兴修水利中的作用是不可忽视的。

传统时代，尽管帝王和官府不直接介入民众农耕活动，但地方官对水利在农耕中的基础地位多有认识。一些有为者也注意组织和引导辖区民众兴修水利，为农业稳产、增产提供保障。

战国时，魏国西门豹"引漳水溉邺，以富魏之河内"①。秦所修郑国渠，"溉泽卤之地四万余顷"，大大增加了产量，为秦国称霸奠定了物质基础：关中为沃野，无凶年，秦以富强，卒并诸侯②。在农耕为主的社会中，大兴水利可使粮食生产免除旱灾威胁，短缺之虞消除，进而可收富国强兵之效。

汉代武帝时水利问题受到更多重视，以致形成"用事者争言水利"的局面。多项灌溉工程被修建：朔方、西河、河西、酒泉"皆引河及川谷以溉田"。此外，关中辅渠、灵轵引堵水，汝南、九江引淮；东海引钜定；泰山下引汶水。这些工程皆"穿渠为溉田，各万余顷"③。东汉章帝还将兴修水利后耕作条件改善的成果让贫民享用。永平十三年（70年），汴渠建成，章帝下诏：滨渠下田，赋与贫人，无令豪右得固其利④。

三国魏明帝时，徐邈为官凉州，当地"土地少雨，常苦乏谷"。他"广开水田，募贫民佃之，家家丰足，仓库盈溢"⑤。青龙元年（233年），魏国

---

① 《史记》卷29，河渠书。
② 《史记》卷29，河渠书。
③ 《史记》卷29，河渠书。
④ 徐天麟：《东汉会要》卷28，民政。
⑤ 《晋书》卷26，食货。

开成国渠，自陈仓至槐里；筑临晋陂，"引汧洛溉舄卤之地三千余顷，国以充实"①。重视水利即可带来"仓库盈溢"和"国以充实"之成效，这并非夸大之词。

北宋范文正任职三吴时，大兴水利，斗米十钱。他指出："三吴水利，修围、浚河、置闸，三者缺一不可。"至南宋，"农政不修，水利不举，三吴之田，日渐隳坏，则石米一贯矣。以此推之，兴水利则如此，不兴水利则如彼"②。这表明，即使在封建政体下，有作为之官也有较大为地方"兴利"的空间。

元朝政府对水利颇为重视。按照其制度："河渠之利，委本处正官一员，以时浚治。或民力不足者，提举河渠官相其轻重，官为导之。"不仅如此，"地高水不能上者，命造水车。贫不能造者，官具材木给之。俟秋成之后，验使水之家，俾均输其直"。此外，"田无水者凿井，井深不能得水者，听种区田"③。可见，元朝对灌溉的利用包括三个方面：一是已有渠道整修，二是用水车扬水至不能平灌之田，三是挖井提水浇灌。实际上，时至当今，农业所用灌溉方式也只有这些。它说明元代农业的精耕细作水平达到比较高的程度。

中国历史上各朝政府一直是重农政策的实践者。他们认为，农耕是一种易使民众实现自给自足生活状态的职业，农家男耕女织的劳动分工更是一种理想模式；非农职业者不事耕作，仰食于人，徒耗资材，乃至被视为社会之"蠹虫"。因此，政策的导向是，尽可能将更多的人驱至田畴，服力稼穑，并赋予其应有的社会地位，表彰其中的优秀者。而对非农中的业商之人则予以贬低，令其不得跻身社会公共管理领域——为官出仕，甚至限制其消费水准。

重农政策的主要目的是使直接生产者增多，在获得自养条件的同时，具有向国家交纳税赋的能力，以此缓解和消除整个社会衣食不足的压力。但实际上，这一问题在该政策实施的近代之前社会并没有真正解决，或者说，在某一时期从形式上看缓解了民众生存压力，而实际上潜藏着更大压

---

① 《晋书》卷26，食货。
② 钱泳：《履园丛话》卷4，水利。
③ 《元史》卷93，食货。

力。因为在自然生育为主导的社会阶段，农耕家庭自养能力的增强首先意味着对家庭成员的养育水平提高，促使人口增长，乃至一些地区出现"人满"局面。少地和无地者被迫外迁，由于非农行业不发达，难以吸纳农业剩余劳动力，他们不得不再寻找可耕地资源——开垦荒地。它在一定程度上形成人口压力——增加垦荒、人口压力缓解——人口增长、压力再产生这样的恶性循环。

相对于居住于城镇的工商业者，乡土社会的农民养育家庭成员的压力要低一些。因为城镇工商业者多来自异乡，首先要购置或租赁房屋，其他生活资料也多从市场购买。与住自家房屋、衣食自我供给的农民相比，他们的生活成本上升，养育能力受到制约，甚至城镇人口的死亡率高于农村。在中国缺乏这方面的考察，而西欧学者关于当地近代之前的人口研究对此已有显示。

我们认为，重农政策通过引导农民广泛垦殖土地，提高自养能力，其对人口增长的促进应该是无疑的。当然，庞大的人口若与脆弱的农耕条件相伴随（雨水不足，缺少灌溉设施，靠天吃饭，亩产量有限等），歉收年份的饥荒就不可避免。即使有一定的粮食储备，在大饥荒面前往往无能为力，导致人口大量死亡。

（三）轻徭薄赋，缓解民众生存压力

赋税征收、徭役摊派是国家存在和维系必不可少的物质和人力基础，但赋税、徭役过重则使民众难以承受，生存压力增加。百姓轻者拖欠，或遁逃躲避，重者抗粮抗税。国家存在的基础因此丧失，本可借助的人力资源变为反抗秩序的异己力量。所以，适度调整赋税、徭役政策是清明和远见政府的选择。

1. 减轻徭役

在国家无力直接出钱雇佣劳动力承担公共工程和军事征讨、戍守等活动的时代，让民众以义务形式负担和参与这些需付出劳动和时间的活动成为通行做法。政府若不考虑民众的承受能力，短时间内频兴工程，影响其农耕等谋生活动，则会激起不满。一般来说，王朝初期或有为之君在位时，比较注意减少徭役派发。

西汉文帝时，"偃武修文，丁男三年而一事，民赋四十（常赋，岁一事，每算百二十，时天下民多，故三岁一事，赋四十也）"①。将一年一次的徭役征派改为三年一派，若每次服役时间不变，相当于每三年免除两年徭役。景帝二年（前155年），"令天下男子年二十始傅"②。提高服役年龄实际等于减少了徭役负担的次数。武帝时征伐频兴，民众困苦。昭、宣之后，则罢战务农，使民休息。宣帝地节三年（前67年）下诏："郡国宫馆，勿复修治。流民还归者，假公田，贷种食"。元帝禁止地方官在农忙之时"兴不急之事，以妨百姓，使失一时之作，亡终岁之功。"③可见，官方少兴徭役，民众才能安土力农。

东汉明帝时期，"人无横徭，天下安宁"④。这表明，轻徭是传统社会民众安居乐业的重要条件。

西晋初中期，"天下无事，赋税平均，人咸安其业而乐其事"⑤。或言：魏武初平袁绍，"乃令田每亩输粟四升，又每户输绢二匹、绵二斤，则户口之赋始重矣。晋武帝又增而为绢三匹、绵三斤，其赋益重"⑥。但若不额外加赋、调，有田之家或许还可承受。

北魏太平真君四年（443年），太武帝下诏要求："牧守之徒，各厉精为治，劝课农桑，不得妄有征发；有司弹纠，勿有所纵。"⑦

隋朝炀帝即位之初，因"户口益多"，故提高成丁年龄：男子以二十二成丁⑧。提高成丁年龄，意味着服役时间推迟，他们有较多的时间在家耕作和从事其他有收入的劳动。

唐朝规定：水、旱、霜、蝗灾致田"耗七者，课役皆免"⑨。"凡新附之户，春以三月免役，夏以六月免课，秋以九月课役皆免。"⑩ 太宗认为，

---

① 《汉书》卷23，刑法。
② 《通典》卷4，食货。
③ 《通典》卷1，食货。
④ 《通典》卷4，食货。
⑤ 《晋书》卷26，食货。
⑥ 《文献通考》卷3，赋役。
⑦ 《魏书》卷4下，世祖纪。
⑧ 《隋书》卷24，食货。
⑨ 《新唐书》卷51，食货。
⑩ 《新唐书》卷51，食货。

"省徭赋，不夺其时，使比屋之人，恣其耕稼"，是使百姓富足之道①。后以"武后之乱，纪纲大坏，民不胜其毒"。玄宗初立求治，"蠲徭役者给蠲符，以流外及九品京官为蠲使，岁再遣之"②。天宝三年（744年）玄宗鉴于"成童之岁即挂轻徭，既冠之年便当正役，悯其劳苦"，规定"自今已后，百姓宜以十八已上为中男，二十三已上成丁"③。《新唐书》作者对唐初的轻徭政策予以肯定：唐之始时，授人以口分、世业田，而取之以租、庸、调之法，其用之也有节。盖其畜兵以府卫之制，故兵虽多而无所损；设官有常员之数，故官不滥而易禄。虽不及三代之盛时，然亦可以为经常之法也④。

宋朝初年，太祖注意解决徭役不均问题。开宝四年（971年），太祖下诏指出："朕临御以来，忧恤百姓，所通抄人数目，寻常别无差徭，只以春初修河，盖是与民防患。而闻豪要之家，多有欺罔，并差贫阙，岂得均平？"故此，特开首举之门，"明示赏罚之典"。其方法是："令逐州判官互相往彼，与逐县令佐子细通检，不计主户、牛客、小客，尽底通抄，差遣之时，所冀共分力役。敢有隐漏，令佐除名，典吏决配。募告者以犯人家财赏之，仍免三年差役。"⑤

明代，宣宗对户部尚书夏原吉言："朕念自古国家未有不由民之富庶以享太平，亦未有不由民之困穷以致祸乱。是以夙夜祗畏，用图政理，所冀天时协和，年谷丰熟。去年冬多雪，今春益以雨泽，似觉秋来可望。然一岁之计在春，尚虑小民阽于饥寒，困于徭役，不能尽力农亩。其移文戒饬郡邑，省征徭，劝课农桑。贫乏不给者，发仓廪赈贷之。"⑥

可见，对于自耕农为主的社会而言，"省徭"和"蠲徭"的直接作用是，民众有更多的时间为自己劳作，自养能力也会因此提高。

2. 降低田租税赋

在近代之前中国社会中，税赋是民众对国家所承担的重要义务。隋唐

---

① 吴兢：《贞观政要》卷8，务农第三十。
② 《新唐书》卷51，食货。
③ 《唐会要》卷85，团貌。
④ 《新唐书》卷51，食货。
⑤ 《文献通考》卷11，户口。
⑥ 余继登：《典故纪闻》卷9。

以前，王朝建立之初，有大量无主土地。另外整体而言当时人地矛盾尚不突出，荒地存量较大，国家尚有能力进行土地再分配。耕垦官配土地的农民要向国家缴纳不同形式的租金，而耕垦自有土地者则需交纳税赋。

我们看到，两汉政府对民众生存压力最重要的调节手段就是减轻租额和税赋。西汉初年，天下既定，民亡盖臧，自天子不能具醇驷，而将相或乘牛车。上于是约法省禁，轻田租，什五而税一①；"量吏禄，度官用，以赋于民"②。通过降低从帝王到官员的消费水准来约束需求，从而减少政府征自民众的赋税额度。孝文帝即位后，"躬修玄默，劝趣农桑，减省租赋……吏安其官，民乐其业，蓄积岁增，户口寝息"③。景帝二年（前155年），实行"人半出田租，三十而税一"④。因此出现"上溢而下有余"的局面。民生条件则会得以改善。元平元年（前74年）春二月，昭帝下诏指出："天下以农、桑为本。日者省用，罢不急官，减外徭，耕、桑者益众，而百姓未能家给，朕甚愍焉。其减口赋钱。"有司奏请减什三，昭帝批准⑤。

总体说来，汉朝税赋也较轻。如至文帝时，"即令丁男三岁而一事，赋四十，则是算赋减其三之二；且三岁方征一次，则成丁者一岁所赋不过十三钱有奇，其赋甚轻。至昭、宣帝以后，又时有减免"。汉朝"田税随占田多寡为之厚薄，而人税则无分贫富。然所税每岁不过十三钱有奇"⑥。需要指出，针对人口本身的算赋（或称口赋）和口钱是汉代的发明。按照汉初（高祖四年）规则：人年十五以上至五十六出赋钱，人百二十为一算，用于"治库并车马"。口钱起于武帝之时，开始为"民产子三岁则出口钱"，因激其民怨，提高为七岁⑦，征至14岁。这一制度被讥讽为对百姓"且税之且役之"，是对"身则役之、未有税其身"古制的违背⑧。不过，汉政府在行轻徭之政时，也注意减免算赋。如文帝时为"民赋四十"。武帝元封元年

---

① 《汉书》卷24上，食货。
② 《文献通考》卷1，田赋。
③ 《汉书》卷23，刑法。
④ 《通典》卷4，食货。
⑤ 《汉书》卷7，昭帝纪。
⑥ 《文献通考》卷3，赋役。
⑦ 《文献通考》卷10，户口。
⑧ 《文献通考》卷10，户口。

（前110年），"行所巡县，无出今年算"。昭帝元平元年（前74年），"诏减口赋钱。有司奏请减什三，上许之"。宣帝五凤三年（前55年），减天下口钱；甘露元年（前53年），减民算三十①。

东汉前期继续实行轻税政策，光武帝建武年间，田租三十税一②。永元十三年（101年）九月，因受灾之处较多，和帝下诏：今天下半入今年田租、刍稿；有宜以实除者，如故事。贫民假种食，皆勿收责③。

三国魏时，改变了三十税一之率，实行"田租亩四升"，"户出绢二匹、绵二斤"，但强调"他不得擅兴发"④。

东晋咸和五年（330年），成帝"始度百姓田，取十分之一，率亩税米三升"⑤。哀帝即位，"乃减田租，亩收二升"⑥。

北魏太平真君四年（443年）规定："复民赀赋三年，其田租岁输如常。"⑦

北周特别制定出不同年景的租庸调标准："有室者，岁不过绢一匹，绵八两，粟五斛；丁者半之。其非桑土，有室者，布一匹，麻十斤；丁者又半之。丰年则全赋，中年半之，下年一之，皆以时征焉。若艰凶札，则不征其赋。"关于徭役，"凡人自十八以至五十有九，皆任于役。丰年不过三旬，中年则二旬，下年则一旬"⑧。

隋朝，文帝"恭俭为治，不加赋于人"⑨。史称："文帝既平江表，天下大同，躬先俭约，以事府帑。"开皇十七年（597年），"户口滋盛，中外仓库，无不盈积。所有赉给，不逾经费，京司帑屋既充，积于廊庑之下"。文帝遂将本年正赋免除，"以赐黎元"⑩。高颎为隋朝设计"轻税之法"，由

---

① 《文献通考》卷10，户口。
② 《通典》卷4，食货。
③ 《后汉书》卷4，和帝纪。
④ 《三国志》卷1，武帝纪。
⑤ 《晋书》卷26，食货。
⑥ 《晋书》卷26，食货。
⑦ 《魏书》卷4下，世祖纪。
⑧ 《隋书》卷24，食货。
⑨ 《文献通考》卷10，户口。
⑩ 《隋书》卷24，食货。

此"浮客悉自归于编户，隋代之盛，实由于斯"①。轻税是吸引流亡百姓复归田里的重要前提，民众安居乐业，国家才有稳定的税源。

唐朝初期实行比较透明的赋税征收制度，以减少官府滥征行为：凡税敛之数，书于县门、村坊，与众知之。水、旱、霜、蝗耗十四者，免其租；桑麻尽者，免其调；田耗十之六者，免租调；耗七者，课役皆免。凡新附之户，春以三月免役，夏以六月免课，秋以九月课役皆免②。唐太宗时将均田之租定为亩税二升，是较低的租率。并且唐初军队规模、官员队伍比较稳定，不随意扩大和增设。③ 这也说明，精兵简政是政府租赋、税收有节的基础，而民众成为该项政策的直接受益者。

就总体而言，两汉至隋唐，政府采取的是轻田税政策，当然这是税则中所显示的标准田赋，不包括户调和其他杂税。不排除有些王朝采取轻田税和重户调的政策。

北宋初年，鉴于"五代以来，常检视见垦田以定岁租，吏缘为奸，税不均适，由是百姓失业，田多荒芜"。太祖即位后，"诏许民辟土，州县毋得检括，止以见佃为额。选官分莅京畿仓庾，及诣诸道，受民租调，有增羡者辄得罪，多入民租者或至弃市"④。宋代初年采取亩输一斗的标准收取谷物，有的则达到二三斗⑤。就绝对量来看，即使就亩输一斗的额度而言，也明显高于前朝。五等户下，四五等下户往往是相对贫困群体。政府蠲免之政中对其有所忽视。南宋孝宗时官员陈居仁指出："恩惠不及小民，名为宽逋负，实以惠顽民耳；名为赦有罪，实以惠奸民耳。"因而提出"愿尽放天下五等户身丁，四等户一半"。此奏获批准⑥。朱熹"知南康"时，"讲荒政，下五等户租五斗以下悉蠲之"。尤袤任淮东提举常平之职时将朱熹做法推行于管辖诸郡，"民无流殍"⑦。宋朝的身丁钱一直是南方地区民众的一项繁重负担。真宗大中祥符四年（1011年），诏除两浙、福建、荆南、广南

---

① 《通典》卷7，食货。
② 《新唐书》卷51，食货。
③ 《新唐书》卷51，食货。
④ 《宋史》卷174，食货。
⑤ 沈括：《梦溪笔谈》卷9。
⑥ 《宋史》卷406，陈居仁传。
⑦ 《宋史》卷389，尤袤传。

旧输身丁钱，凡四十五万四百贯。南宋绍兴二十五年（1155年），高宗"念浙民之困，免丁绢钱绵一年，以内府钱帛偿户部"。乾道元年（1170年），孝宗"以两浙岁涝"，免灾伤郡邑身丁钱十三万七千缗、绢十六万三千匹。至开禧元年（1205年），宁宗下令将浙路身丁钱"永与除免"，这是对"驻跸所在"地区实行的特殊政策①。

元朝赋税的标准额度为：全科户丁税，每丁粟三石，驱丁粟一石，地税每亩粟三升。减半科户丁税，每丁粟一石。此外，每石带纳鼠耗三升②。可见，其丁粟较高。元代政府曾要求私人出租田地减少佃户租额。至元二十二年（1285年）二月，世祖下诏：江南有地土之家，召募佃客所取租额重于公税数倍，以致贫民缺食者甚众。今拟将田主所取佃客租课以十分为率，减免二分③。

明朝初年，田亩之租为：官田亩税五升三合五勺，民田减二升，重租田八升五合五勺，没官田一斗二升④。此外，招垦之田，以"屯分里甲"（土著之民为"社分里甲"）的形式管理，其租额三年后"亩收租一斗"⑤。但在苏、松、嘉、湖等江浙地区，政府"籍诸豪族及富民田以为官田，按私租簿为税额"。"浙西地膏腴，增其赋，亩加二倍。"⑥由于税粮过重，民众很难完成，拖欠成为常事。宣德五年（1430年）下诏："旧额官田租，亩一斗至四斗者各减十之二，四斗一升至一石以上者减十之三，著为令。"⑦江南巡抚周忱与苏州知府况钟，"曲计减苏粮七十余万，他府以为差，而东南民力少纾矣"⑧。正统元年（1436年），英宗令苏、松、浙江等处官田，"准民田起科，秋粮四斗一升至二石以上者减作三斗，二斗一升以上至四斗者减作二斗，一斗一升至二斗者减作一斗"。由此当地"民困""乃获少苏"⑨。

---

① 《文献通考》卷11，户口。
② 《元史》卷93，食货。
③ 《元典章》圣政卷2，典章3。
④ 《明史》卷78，食货。
⑤ 《明史》卷78，食货。
⑥ 《明史》卷78，食货。
⑦ 《明史》卷78，食货。
⑧ 《明史》卷78，食货。
⑨ 《明史》卷78，食货。

减免灾歉地方民众田租,不仅具有缓解"民生"压力的意义,而且也具有稳定地方秩序的意义。因灾收获物减少,若继续按常规额度征收田赋,无疑将加重民众生存窘境;若由此导致百姓无以为生,便有可能激起民变。一个理性的政府适时调整田赋政策虽不得已,却是明智之举。

3. 蠲免钱粮

蠲免钱粮主要是免除受灾地区百姓的田租(隋唐之前)和田赋、丁银等(宋元之后)。

在赋税直接出自于民户的时代,蠲免钱粮的直接作用是政府减少了对民众的索取,民众可将应交纳部分沉淀为个人收入,有助于缓解其生存压力。

多数朝代遇到灾荒时,往往采取此项措施。可以说,这是传统时代最直接的惠民政策。

西汉始元二年(前85年)秋八月,昭帝下诏:"往年灾害多,今年蚕、麦伤,所振贷种、食勿收责,毋令民出今年田租;"[①] 四年(前83年)秋七月,昭帝再下诏:"比岁不登,民匮于食,流庸未尽还,往时令民共出马,其止勿出。诸给中都官者,且减之。"[②]

东汉永平十八年(75年),京师及兖、豫、徐三州大旱,章帝下诏:勿收三州田租、刍稿,其以见谷赈给贫人[③]。永元四年(92年),和帝下诏:"今年郡国秋稼为旱、蝗所伤,其什四以上勿收田租、刍稿;有不满者,以实除之。"[④]

隋朝文帝时节俭施政,"内外率职,府帑充实",开皇十二年(592年)下诏曰:"既富而教,方知廉耻,宁积于人,无藏府库。河北、河东今年田租,三分减一,兵减半,功调全免。"[⑤]

北宋初期,政府"每以恤民为先务,累朝相承,凡无名苛细之敛,常加划革,尺缣斗粟,未闻有所增益。一遇水旱徭役,则蠲除倚格,殆无虚

---

① 《汉书》卷7,昭帝纪。
② 《汉书》卷7,昭帝纪。
③ 《后汉书》卷3,章帝纪。
④ 《后汉书》卷4,和帝纪。
⑤ 《隋书》卷24,食货。

岁；倚格者后或凶歉，亦辄蠲之"①。但朝廷蠲免之令，并非百姓都能受益。南宋理宗嘉熙二年（1238年）臣僚言："陛下自登大宝以来，蠲赋之诏无岁无之，而百姓未沾实惠。盖民输率先期归于吏胥、揽户，及遇诏下，则所放者吏胥之物，所倚阁者揽户之钱。是以宽恤之诏虽颁，愁叹之声如故。尝觉汉史恤民之诏，多减明年田租。今宜仿汉故事，如遇朝廷行大惠，则以今年下诏，明年减租，示民先知减数，则吏难为欺，民拜实赐矣。"此议被接受②。

明清之后，广大内地无主荒地减少，绝大多数可耕土地为私人所有。农民分化为三大群体，一是耕垦自有土地者，是为自耕农；二是以自有土地出租予人、收取租金者，属地主；三是没有自有土地，靠租佃他人土地为生者。当政府实施减免赋税政策时，自耕农和地主成为受益者，而佃农则未获减租之利。这个问题在明清时期已引起官方注意。明宣宗时，给事中年富言："江南小民佃富人之田，岁输其租。今诏免灾伤，税粮所蠲，特及富室，而小民输租如故。乞命被灾之处，富人田租如例蠲免。"被宣宗采纳③。仁宗闻淮安、徐州、山东民饥，而有司征税方急，于是召大学士杨士奇等，令草诏，"悉免今年夏税及秋粮之半，官买物料，一切停罢"④。明代的赋税蠲免类型有恩蠲，有灾蠲。按照太祖之训：凡四方水旱辄免税，丰岁无灾伤，亦择地瘠民贫者优免之。凡岁灾，尽蠲二税，且贷以米，甚者赐米布若钞⑤。当然，这些承诺真正落实到位则要打折扣。

值得注意的是，清朝政府曾实行过普免百姓田赋—钱粮之策。康熙皇帝鉴于"承平日久，户口渐繁，地不加增，民生有不给之虞"，下诏直省自五十年始，分三年轮免钱粮一周。三年中计免天下地丁粮赋三千八百余万。康熙五十六年（1717年），蠲免直隶、安徽、江苏、浙江、江西、湖广、西安、甘肃带征地丁屯卫银二百三十九万两。另外，安徽、江苏所属带征漕项银四十九万两，米麦豆十四万石，免征各半。康熙帝对自己的蠲免政策

---

① 《宋史》卷174，食货。
② 《宋史》卷174，食货。
③ 余继登：《典故纪闻》卷10。
④ 余继登：《典故纪闻》卷8。
⑤ 《明史》卷78，食货。

甚为得意，他在读汉文帝蠲民田租诏时感叹："蠲租乃古今第一仁政，穷谷荒陬，皆沾实惠。然非宫廷力崇节俭，不能行此。"史称其在位六十年中，"屡颁恩诏，有一年蠲及数省者，一省连蠲数年者，前后蠲除之数，殆逾万万"①。雍正即位之初，蠲免江苏各属历年未完民屯地丁芦课等银千二百十余万。西藏、苗疆乱事平定后，免甘肃、四川、广西、云、贵五省田租。他认为，"国家经费已敷，宜散富于民"，先后免直省额赋各四十万②。乾隆帝于初年诏免天下田租，并将雍正十三年以前各省逋赋以及江南钱粮之官侵吏蚀部分免除。乾隆四年（1739年），蠲免直隶本年钱粮九十万，江苏百万，安徽六十万，并且是"正耗一体蠲除"。乾隆十年（1745年），普免天下钱粮二千八百二十四万。他还"援康熙五十一年之例，将各省分为三年，以次豁免"。以后又实行多次普蠲之制③。无疑，这些政策具有缓解民众生存压力的作用。为使地主和佃户都能从蠲免中受益，清政府做出规定：凡遇蠲免钱粮之年，将所免钱粮分作十分，以七分免业户，三分免佃户④。雍正十三年（1735年）十二月上谕指出：蠲免之典业户邀恩者居多，彼无业贫民终岁勤动，按产输粮，未被国家之恩泽，欲照所蠲之数履亩除租，绳以官法，则势有不能。其令所在有司善为劝谕各业户，酌量宽减佃户之租，不必限定分数，使耕作贫民有余粮以赡妻子。若有素封业户能善体此意，加惠佃户者则酌量奖赏之；其不愿者听之，亦不得勉强从事⑤。以劝谕代替强制推行，是对业户的让步。

在提高民众生存能力方面，轻徭薄赋政策值得肯定。轻徭需以政府减少公共工程兴建为前提，当然有的时期政府采取与交战政权"止战"或减少征伐的做法，也会直接减轻民众徭役。这样，百姓有更多时间躬耕南亩，非疲奔于道途。中国历史上王朝多次更替的直接诱因往往与徭役征派过度、激起民反有关，秦、隋应属最典型的事例。可见，轻徭不仅减轻了民众生存压力，从大的方面看也有助于消除政府的存在威胁。而薄赋的意义更大，

---

① 《清史稿》卷121，食货。
② 《清史稿》卷121，食货。
③ 《清史稿》卷121，食货。
④ 《大清律例》卷9，户律。
⑤ 《大清律例》卷9，户律。

它可使民众将收获物中较多的份额留给自己，休养生息能力提高。在宋朝之前的朝代，特别是王朝初期，荒地尚多，政府有能力实行土地分配。薄赋政策可使耕种者直接受益。而在宋元之后，租佃群体增大，对田地的税负减免往往不能惠及租佃之人。故此，明清政府规定有减负的分成比例。尽管此项规则不一定被很好地执行，不过为了缓和主佃矛盾，地主做出让步的可能性是存在的。

轻徭薄赋政策带来民众生存能力的提高。司马迁指出："汉兴七十余年之间，国家无事，非遇水旱之灾，民则人给家足，都鄙廪庾皆满，而府库余货财。""太仓之粟陈陈相因，充溢露积于外，至腐败不可食。"[①] 这与当时社会安定环境下，经济秩序未受干扰，生产物品充足有关。

（四）鼓励生存条件恶劣地区民众迁移出去

前面已经提及，隋唐之前政府曾有允许狭乡百姓迁往宽乡之策，以缓解民众生存压力。而将生存环境恶劣之地民众迁移至适宜耕种之区，是清朝采取的一项政策。

乾隆四十一年（1776年），高宗指出："甘省地瘠民贫，灾歉几无虚岁，惟将赈济周给，赖以生全，年复一年，究非长策。"而新疆乌鲁木齐一带，"地皆沃壤，可耕之土甚多，贫民果能往彼耕艺，不但可免于饥窘，并可赡及身家"。这些地方可谓"天地自然之美利"，"今幸入我版图，近在边地，百姓自当咸就乐土，共享丰饶"。政府对新疆的有效控制为民众前往垦荒提供了可能。因而乾隆帝"屡谕该督等，善为劝导，俾其群往谋生，自求乐利"。乾隆帝还对灾民原地救济和迁移垦荒两种做法进行比较，指出："抚恤赈灾每户原不无所费，设以十年而计，每年每户约须赈恤若干，若合五年之费为资送之需，亦当足用。虽现在所费较多，而算至十年，则已省其半。且此时多送一人，在边外耕作，将来边内即少一待赈之人。如此运筹，其省更不知凡几。在国家为一劳永逸之计，在闾阎为去苦就乐之图。"[②] 在乾隆帝看来，那些"地瘠"之地，已不适宜民众生活居住，年复一年靠政府救济，非长久善策。而新疆一带有大量可耕地待开垦，将甘肃

---

① 《史记》卷30，平准书。
② 《清高宗实录》卷1010。

贫民迁移出来前往开荒,将可收一举两得之效。当然,这项迁移也具有充实边疆的意义。

(五) 适当控制土地兼并

在以私有土地为主导的传统农业社会,土地是生存的基础,是个人和家庭财富的主要体现方式。一方面,民众追逐和积累财富的愿望不可遏制,其主要手段是购买和兼并他人土地;另一方面,在特定区域,地主和富有者对已有成熟耕地的过多占有,意味着一些人失去生存条件。两极分化现象因此产生,社会矛盾加剧。失地民众轻者离乡背井,国家失去赋役承担者;重者则会因生存条件丧失而出现越轨行为,成为政权的威胁力量。所以,近代以前国家并非总是代表地主等有产者的利益,更多地考虑如何维护本朝政权长期存在和稳定的基础。故此,当土地兼并导致社会矛盾激化时,最高统治者也会采取控制措施。

古人将土地兼并、土地占有的两极分化视为贫民生存压力产生、社会矛盾尖锐的一个重要因素。明宣宗与侍臣论足民之道,认为:"先王制民产,教之树畜,不轻用其力,故家给人足,而复储赢余,以待饥荒。至秦开阡陌,田土并于豪强,小民无常业,加之头会箕敛,不遗锱铢。"① 明代张翰指出:"古者之民三十受田,六十归田,公私一体。自李悝开阡陌,商鞅尽地力,并田之井者而弁髦之。于是豪强者出,大者跨州邑,小者连闾里,而弱户婺夫至无立锥之地,使民曾不得羹藜而饭糗。其弊生于不均,不均生于无制,其势然也。"②

那么如何抑制兼并之势?

西汉武帝时董仲舒即有限田之议,认为:"秦用商鞅之法,改帝王之制,除井田,民得卖买,富者田连阡陌,贫者无立锥之地。汉兴,循而未改。古井田法虽难卒(音猝)行,宜少近古,限民名田,以赡不足(名田,占田也。各为立限,不使富者过制,则贫弱之家可足也)。塞并兼之路,然后可善治也"。此议未被武帝采纳③。哀帝时接受师丹、孔光建议,在全国

---

① 余继登:《典故纪闻》卷9。
② 张翰:《松窗梦语》卷4。
③ 《通典》卷1,食货。

范围实行限田之制，王侯贵族等各限田三十顷，期尽三年，犯者没收入官。其效果却不佳。王莽篡位后，效法古制，"更名天下田曰'王田'，奴婢曰'私属'，皆不得买卖。其男口不盈八而田过一井者，分余田与九族邻里乡党。故无田今当受田者，如制度"。但此项制度导致"农商失业，食货俱废，百姓涕泣于市道"。因为"卖买田宅奴婢，自诸侯卿大夫至于庶人，抵罪者不可胜数"。最后王莽不得不放弃这一"违人心"的制度①。

晋初则实行占田之制，"男子一人占田七十亩，女子三十亩。其外丁男课田五十亩，丁女二十亩，次丁男半之，女则不课"。它旨在保证农民有田可耕，进而能为国家承担赋役。但晋政府又允许贵族、官宦在广占土地基础上"以品之高卑荫其亲属"和"荫人以为衣食客及佃客"②，为土地兼并留下余地。然而在初期，这一政策还是有积极作用的，出现"天下无事，赋税平均，人咸安其业而乐其事"③的局面。

应该说，北朝和隋唐代初期实行的均田制实际具有限制豪强大族无限占田的意义，它力求使民众都拥有一定数量官授土地（"诸民年及课则受田，老免及身没则还田"④，土地买卖受限，兼并行为被抑制。桑田可以为永业，却不允许买卖。这表明它是耕地公共所有、个人有限使用的制度），进而有能力为国家服劳役（庸）和交纳租调。史载，北魏均田令刚制定出来时，"百姓咸以为不若循常，豪富并兼者尤弗愿也。事施行后，计省昔十有余倍。于是海内安之"⑤。隋文帝的均田政策直接起因于"天下户口岁增"，不少地方因人均土地减少，出现"衣食不给"的局面。故而"均天下之田"。"其狭乡，每丁才至二十亩，老小又少焉。"⑥

但均田政策难以长期维系下去。以唐代为例，唐中期之后，均田制即进入崩溃状态，私人过量占田现象增多，甚至通过强力侵占，政府不得不加以限制。唐代宗宝应元年（762年）敕令即反映这一问题：百姓田地，比者多被殷富之家官吏吞并，所以逃散，莫不由兹。宜委县令，切加禁止。

---

① 《通典》卷1，食货。
② 《晋书》卷26，食货。
③ 《晋书》卷26，食货。
④ 《魏书》卷110，食货。
⑤ 《魏书》卷110，食货。
⑥ 《隋书》卷24，食货。

若界内自有违犯，当倍科责①。

宋代初年，太祖对周世宗遣使均括诸州民田的做法很欣赏，即位后，循用其法，"命官分诣诸道均田，苛暴失实者辄谴黜"②。宋代中期大土地所有者兼并中小土地所有者现象突出，引起官方重视。北宋景德年间，"上书者言赋役未均，田制不立"。真宗下诏限田："公卿以下毋过三十顷，牙前将吏应复役者毋过十五顷，止一州之内，过是者论如违制律，以田赏告者。""而任事者终以限田不便"，限田实行不久即废。③ 南宋绍兴年间，"淮南土皆膏腴，然地未尽辟、民不加多者，缘豪强虚占良田，而无遍耕之力；流民襁负而至，而无开耕之地"。通判安丰军王时升建议"凡荒闲田许人划佃。"为此，户部规定："期以二年，未垦者即如所请；京西路如之。"④

明朝初年，北方中原地区因多年战乱，荒芜土地甚多。政府在招垦过程中，注意抑制趁机兼并行为。所采取的办法是"计民授田"。官方"设司农司，开治河南，掌其事"；"临濠之田，验其丁力，计亩给之，毋许兼并"⑤。甚至规定："若兼并之徒对占田以为己业，而转令贫民佃种者罪之"⑥。北方近城地多不治，召民耕种，"人给十五亩，蔬地二亩，免租三年"⑦。这一政策使无地者获得自耕条件，避免在迁移初期即沦为佃农。但在中期之后，明政府则无法抑制兼并。

传统时代，耕地是绝大多民众的生存依赖和就业所在。一些王朝在建国初期，有大量无主荒地等待开垦，政府将其视为国有土地或公共财产，通过招垦无地者将其变为政府直接控制下的自耕农，由此解决了耕者有其田的问题，直接改善了民生条件。在这一过程中，抑制兼并有助于使更多无地者获得基本生存条件，并享受到政府所给予的免除五年左右赋税等优惠待遇。但政府同时承认耕种者对这些土地享有一部分（如隋唐之前）和

---

① 《唐会要》卷85，逃户。
② 《宋史》卷173，食货。
③ 《宋史》卷173，食货。
④ 《宋史》卷173，食货。
⑤ 《明史》卷77，食货。
⑥ 《明太祖实录》卷62。
⑦ 《明史》卷77，食货。

全部产权。在家庭经济困难时，将土地卖出便存在可能。一般而言，失去土地者并非都丧失耕作之业，其中多数人转化为佃农，还有的成为佣耕者。相对于自耕农，其劳动收益下降，养活家庭人口的能力削弱。不过在没有建立社会保障制度的时代，政府对有土地的贫困农民难以给予有效的帮助来阻止其出卖土地。这就为有经济实力者兼并土地提供了可能。在我们看来，只有在小土地所有者生存能力下降时社会上存在替代其卖地的救助制度，大土地所有者的兼并空间才能被压缩。否则，若单纯禁止土地买卖，贫穷小土地所有者的困境会加重：手中的土地不能变现，难以解燃眉之急。同时，若对土地购买者进行限制，将使土地价格下跌，土地财富贬值。所以，控制土地交易是一项涉及多方利益的制度。

（六）调剂粮食供应，稳定粮价

自秦汉大一统中央集权国家形成以来，尽管出现了南北朝、五代十国等众多小国并立时代，但多数时期地域辽阔的疆土处于中央王朝管辖之下。在这一格局下，自然灾害发生于此地，政府则可调运彼地之粮予以救济。所以，它成为不同时期缓解民众生存压力的重要手段。

为救济贫民，西汉宣帝本始四年（前70年）曾规定："丞相以下至都官令丞上书入谷，输长安仓，助贷贫民。民以车船载谷入关者，得毋用传。"[①]"传"为符传，一种运输通行证明。宣帝的这一政策旨在放松粮食流通限制，对粮价稳定和民众生活资料获取将有积极意义。

隋朝注意粮食转运系统的建设。开皇四年（584年），文帝诏宇文恺率水工凿渠，引渭水，建成广通渠，"转运通利，关内赖之"。炀帝大业元年（605年），"发河南诸郡男女百余万，开通济渠，自西苑引谷、洛水达于河，又引河通于淮海，自是天下利于转输"。大业四年（608年），又发河北诸郡百余万众，"开永济渠，引沁水南达于河，北通涿郡"[②]。时百姓承平日久，虽数遭水旱，而户口岁增。这与物资运输系统的建立有一定关系。史称"诸州调物，每岁河南自潼关，河北自蒲坂，达于京师，相属于路，

[①]《汉书》卷8，宣帝纪。

[②]《通典》卷10，食货。

昼夜不绝者数月"①。这既满足了京师之需，又提升了中央政府调配各地物资的能力。

唐代，"关中号称沃野，然其土地狭，所出不足以给京师、备水旱，故常转漕东南之粟。高祖、太宗之时，用物有节而易赡，水陆漕运，岁不过二十万石，故漕事简。自高宗已后，岁益增多，而功利繁兴，民亦罹其弊矣"②。可见，其时运输之粮主要供皇室和官府消费，对粮价稳定和百姓救助所起作用有限。

北宋嘉祐年间，因越州米价上涨，知越州赵抃揭榜于通衢，"令民有米增价以粜，于是米商辐凑，越之米价顿减，民无饥死"。南宋景定二年（1261年），因"都城全仰浙西米斛"，政府"诱人入京贩粜，赏格比乾道七年加优"③。

而清代帝王则对此颇加关注。调剂粮食，鼓励粮食运输，禁止地方政府出于对本地市场的保护，如担心粮食外流使物价上涨等，采取限制粮食流通的做法。清中期多有官员采取此策。雍正帝于元年（1273年）发布上谕，禁止各省阻止粜卖粮食，限制流通。山西平定州等处山多田少，粮食紧缺，民众向赖陶冶器皿，输运至各省，易米为生。因直隶州县米贵禁粜，雍正帝谕令：今天下一家，自宜缓急共有……自今凡邻省郡邑，偶遇荒歉，即相与赈恤，毋得各分疆界，漠不相闻④。乾隆三年（1738年）八月，高宗指出：今年直隶州县收成丰歉不一，米价未免稍昂，而奉天、山东二处，年岁俱获丰收……但奉天、山东俱届海滨，地方官吏因向有禁米出洋之例，未垦任从民便。用是特颁谕旨：奉天、山东沿海地方商贾，有愿从内洋贩米至直隶粜卖者，文武大员毋得禁止⑤。同年，因"上下两江收成歉薄，米价昂贵"，乾隆帝屡降谕旨，"多方筹划，并免米船之赋税，使商贩流通，多得米谷以济民食"。当时浙江"亦有歉收之处，米价较昔加增，且杭、嘉、湖等府户口繁多，需米孔亟，寔望外省客米以资接济"。乾隆帝为此下

---

① 《隋书》卷24，食货。
② 《新唐书》卷53，食货。
③ 《宋史》卷178，食货。
④ 萧奭：《永宪录》卷2上。
⑤ 《清高宗实录》卷75。

诏："若有商贩由芜湖浒墅北新三关前往浙省者，即照江南之例，免其输税，以明年四月麦熟为止。"并传谕江西、湖广督抚：若商民有情愿赴浙贸易者，不得因采买官米，阻其贩运①。可见，清代中期帝王调控粮食市场和地区流通的能力较强，既注意利用行政力量，消除地方壁垒；又采用了税收减免等措施，调动粮商的积极性。此外，政府还直接调剂不同行政区域的仓粮，接济灾区。乾隆七年（1742年），粤东广、肇、惠、潮等处，"米价腾贵"，高宗令两广总督庆复酌拨广西仓谷二十一万石运至该处平粜②。

当然这种调剂能力，各朝也有区别。其前提是歉收和丰产之地并存，丰产地区有余粮外运，或官府仓粮储备充足。在此基础上，官方通过下调运输税额，使粮商有利可图，则能收到调剂之效。

（七）劝导节俭之风

近代之前，奢靡生活方式一直为官方所反对，认为它使民众日常生存能力和应付灾荒能力受到削弱。

1. 日常生活倡导节俭

（1）宫廷及官府的节俭之政

在帝制时代，帝王倡行节俭之风意义很大，百姓可从中直接受惠。所谓"俭者国之宝也"。因为推行节俭之政者往往少建或不建宫殿，由此减少了国库支出，财政充裕，增税加赋的可能性将降低。"上节用则国富，君无欲则民安。"③而且，这一政策也会对各级官员的行事风格产生影响，使地方行政开支降低。

西汉初期包括刘邦在内的几位皇帝，注重节俭。高祖"量吏禄，度官用，以赋于民。而山川园池市肆租税之入，自天子以至封君汤沐邑，皆各为私奉养，不领于天子之经费。漕转关东粟以给中都官，岁不过数十万石。孝惠、高后之间，衣食滋殖"。文帝即位后，"躬修俭节，思安百姓"④。其在位二十三年，宫室、苑囿、车骑、服御"无所增益"。"治霸陵，皆瓦器，

---

① 《乾隆朝上谕档》第一册，乾隆三年十二月初三日。
② 《清高宗实录》卷220。
③ 《册府元龟》卷56，帝王部，节俭。
④ 《汉书》卷24上，食货。

不得以金、银、铜、锡为饰,因其山,不起坟。"① 这将直接降低百姓的赋役负担。景帝则将节俭与重农、轻徭薄赋政策结合起来。后元二年(前89年)景帝下诏指出:"朕亲耕,后亲桑,以奉宗庙粢盛、祭服,为天下先;不受献,减太官,省徭赋,欲天下务农蚕,素有畜积,以备灾害。"② 节俭直接减轻民众赋徭,增强其积储能力,有助于抵御灾荒。

隋朝文帝"躬履俭约,六宫咸服浣濯之衣;乘舆供御有故敝者,随令补用,皆不改作;非享燕之事,所食不过一肉而已。有司尝进干姜,以布袋贮之,帝用为伤费,大加谴责。后进香,复以毡袋,因答所司,以为后诫焉"③。而文帝这种自我约束消费水准的做法,直接减轻了民众负担。史称"其时宇内称理,仓库盈溢。至开皇九年平陈,帝亲于朱雀门劳师行赏,自门外列布帛之积,达于南郭,以次颁给,所费三百余万段,而不加赋于人"。节俭之下,正常赋税所征物资使用不完,并足够赏赐得胜将士,不必再向民众征派。可见,帝王生活方式对民众负担轻重影响极大。

唐代太宗"唯欲躬务俭约,必不辄为奢侈";"不听管弦,不从畋猎"④。

元朝延祐元年(1314年)十二月,仁宗谕令内外百司大小官吏军民诸色人等:朕临宝御,励志俭勤,思与普天,同臻至治。比年以来,所在士民,靡丽相尚,尊卑混淆,僭礼费财,朕所不取。贵贱有章,益明国制;俭奢中节,可阜民财。因而命中书省定立官民服色,抑制奢华之风⑤。

后世人对汉代文帝、唐太宗节俭治国之道称颂颇多。明代景泰间,御史左鼎上奏指出:"尝观汉文帝、唐太宗之初,水旱霜蝗,连岁俱有;或匈奴嫚侮,或突厥寇掠,亦可谓多事矣。然卒能使贯朽而不可校,粟腐而不可食,斗米三四钱,行者不赍粮,岂有他道哉!不过躬行俭约,轻徭薄赋。"⑥ "躬行俭约、轻徭薄赋"成为有为君主富民强国的理政法宝。可惜,能始终贯彻这一政策者并非多数。

---

① 《汉书》卷4,文帝纪。
② 《汉书》卷5,文帝纪。
③ 《隋书》卷24,食货。
④ 吴兢:《贞观政要》卷8,务农第三十。
⑤ 《通制条格》卷9,衣服。
⑥ 余继登:《典故纪闻》卷12。

清朝雍正帝于元年（1273年）发布上谕：国家欲安黎庶，莫先于厚风俗；欲厚风俗，莫大于崇节俭。它自称"临御以来，躬行节俭，欲使海内皆敦本尚实"①。雍正十三年（1285年）九月，新继位的乾隆帝以崇俭戒奢谕诸臣：国家承平日久，生齿日繁，人民滋生而地不加广，是以民用难充。朕日夜兢兢，时廑本固邦宁之至意。故而"供馔品味无所加增，衣物器用无所滥费，宫室园囿无所改营"。他同时要求"受国家深恩"、"有惠养斯民之责"的诸臣，"共思黾勉，崇俭戒奢"②。乾隆帝鉴于人口增加迅速，发布上谕："生之者寡，食之者众，势必益形拮据。各省督抚及有牧民之责者，务当劝谕化导，俾皆俭朴成风，服勤稼穑，惜物力而尽地利，共享升平之福。"③ 可见，具有节俭意识的君王，对官员也有相应的要求。

近代之前，民众徭役负担中有相当部分用于为帝王营造宫殿、陵墓等体现权威、尊严的建筑工程。至于庞大的王室消费更依赖民众赋税所支撑。而以节俭自励之君，抑制这方面的奢华消费，直接降低了民众的赋役负担，缓解了百姓生存压力。除个别朝代外，有此意识和行为的帝王多为开国之君，一方面受残破财力所限，另一方面对前朝灭亡于奢侈、聚敛和重赋等有深切感受，故能自我约束。当经济恢复之后，于深宫中成长起来的帝王，这种意识淡化，热衷于满足物欲和享受权威，对民力不再珍惜，由此陷入另一轮怪圈之中。

（2）以"节用"矫正奢靡

西汉成帝时，"世俗奢僭罔极，靡有厌足。公卿列侯亲属近臣，四方所则，未闻修身遵礼，同心忧国者也。或乃奢侈逸豫，务广第宅，治园池，多畜奴婢，被服绮縠，设钟鼓，备女乐，车服、嫁娶、葬埋过制。吏民慕效，浸以成俗。而欲望百姓俭节，家给人足，岂不难哉！"为此，成帝永始四年（前13年）下诏"申敕有司，以渐禁之"；"列侯近臣，各自省改"。同时他还令司隶校尉"察不变者"④。东汉安帝也要求百姓"务崇节约"，

---

① 萧奭：《永宪录》卷2下。
② 《清高宗实录》卷3。
③ 《清史稿》卷15，高宗纪。
④ 《汉书》卷10，成帝纪。

通过"设张法禁",矫正"小人无虑,不图长久,嫁娶送终,纷华靡丽"之行①。

宋朝帝王将提倡节用与注重家庭储积结合起来。太祖乾德四年(966年)诏"州县长吏劝民储积节俭,无游惰,及禁民蒲博"②。仁宗继位之初下诏:"今宿麦既登,秋种向茂,其令州县谕民,务谨盖藏,无或妄费。"③对多数小农家庭来说,只有平时消费节俭,才会使衣食有所余,应付荒歉之年。先秦时期即有"耕三余一、耕九余三"的信条(三年耕必有一年之食,九年耕必有三年之食)。而这一效果需以节俭和储备为前提。

在明清时期,特别是王朝中期之后,民间奢靡之风开始流行,主要表现在婚丧嫁娶和日常生活方面。为矫正此风,帝王和一些地方官对节用行为大加倡导。

明代叶春及《惠安政书》中有"节用"二条:其一,民众"聘妇则虚张仪物,嫁女则多耀资妆,丧葬则金投于酒肉之池,祠醮则财赴于缁黄之壑,斗胜则假借为真,设酒则以无为有,是皆不能行四礼所致也……所有四礼条件,各宜遵行,违者许人首告治罪。其二,凡一年之用,置簿开算,粮役之外所有若干,以十分均之,留三分为水旱之备,一分为祭祀之需,六分为十二月之用;取一月合用之数,约为三十分,日用其一……可余而不可尽,用至七分为得中,不及五分为太啬。其所余者,别置簿收……宜加节啬,免致于求亲旧,出息通借,以招耻辱"④。特别是其中第二条,对民众的支出安排做出详细分解,引导民众量入为出,统筹盘算,以提高生存能力。

清代,雍正初年,世宗皇帝对商人,特别是富甲一方的盐商生活奢靡深表不满,要求负责盐政官员加以约束:"省一日之靡费,即可以裕数日之国课,且使小民皆知儆惕,敦尚俭约,于民生亦有裨益。"⑤乾隆帝鉴于人口压力增大,指出:犹幸朕临御以来,辟土开疆,幅员日廓,小民皆得开

---

① 《后汉书》卷5,安帝纪。
② 《续资治通鉴》卷4,宋纪。
③ 《宋史》卷173,食货。
④ 叶春及:《惠安政书》卷9,乡约篇。
⑤ 萧奭:《永宪录》卷2下。

垦边外地土，藉以暂谋衣食。然为之计及久远，非野无旷土，家有赢粮，未易享升平之福。各省督抚及有牧民之责者，务当随时劝谕，俾皆俭朴成风，惜物力而尽地利，慎勿以奢靡相竞，习于怠惰也①。嘉庆年间，左辅在安徽泗州知州任上劝导民众"尚节俭"。他指出："泗属地无商贾，生计惟恃于耕，耕之所入不半商贾。"而当地人婚丧宾祭衣食居处之浮费"不可指数，以致家道日贫"。故通过告示促使民众"去奢崇俭，儆惰励勤，门内门外，各事所事"②。道光时四川梁山知县刘衡在任上发布"劝民崇俭告示"，试图转变当地"竞尚奢华"之风，要求"筵宴不许过五碗，不许用品碗；服饰除绅士生监外，一切无顶戴之人只许穿布，不许穿绸缎；丧礼除祭品外，一切吊客执事人役饭食概用素菜，不许饮酒食肉设宴，不许作乐，不许发孝布"③。这可谓既有倡导又有具体措施的告示。

从本质上讲，生活节俭抑或奢靡，是民众的"私人"生活，官方难以硬性干预，乃至制止。但从百姓长远利益考虑，帝王和官员倡导节俭生活，抑制竞相奢华之风，降低食物等日常必需资料浪费，提高积储水平，有助于增强民众及其家庭抗御因天灾人祸所导致的生活资料短缺，增强生存能力，减少死亡。

2. 反对厚葬

前述"节用"政策中多有抑制厚葬之意。由于这一制度比较重要，故再予专门分析。

中国的厚葬之风在先秦时期即已形成。国王、诸侯和各级贵族是厚葬的实践者，他们按照严格的等级规制安排丧事、设计墓葬结构和置备随葬物品。一般官宦和庶民虽不敢越位，但也会在不违制范围内尽可能厚葬先人。其对物质财富的消耗巨大。后世平民为办体面丧事而卖地鬻产者不在少数。"汉以后，天下送死奢靡，多作石室石兽碑铭等物"④。而东汉以来，政府反对厚葬政策不断发布。

东汉建武七年（31年），光武帝刘秀下诏指出："世以厚葬为德，薄终

---

① 《清史稿》卷120，食货。
② 《左辅告示》卷二，见杨一凡等编《古代榜文告示汇存》第八册，第155—156页。
③ 刘衡：《州县须知》（不分卷）。
④ 《宋书》卷15，礼。

为鄙。至于富者奢僭，贫者单财，法令不能禁，礼义不能止，仓卒乃知其咎。其布告天下，令知忠臣、孝子、慈兄、悌弟薄葬送终之义。"① "薄葬"成为抗衡"厚葬"的举措，适用于各阶层民众。永平十二年（69年）明帝下诏指出："今百姓送终之制，竟为奢靡。生者无担石之储，而财力尽于坟土。伏腊无糟糠，而牲牢兼于一奠。糜破积世之业，以供终朝之费，子孙饥寒，绝命于此，岂祖考之意哉！"② 其对厚葬的危害认识得可谓很全面，但他所针对的主要是普通百姓。安帝令三公明申旧令，"禁奢侈，无作浮巧之物，殚财厚葬"③。

三国时魏王曹操曾下令：禁厚葬，皆一之于法④。又有记载称，建安十年（205年），曹操"以天下凋敝，下令不得厚葬，又禁立碑"⑤。应该说，曹操承袭了东汉帝王的主张。可贵的是，曹操还身体力行，生前即令后辈节俭办其丧事。

北魏孝文帝指出："厚葬送终，则生者有糜费之苦。圣王知其如此，故申之以礼数，约之以法禁。……先帝亲发明诏，为之科禁。而百姓习常，仍不肃改。朕今宪章旧典，祗案先制，著之律令，永为定准。犯者以违制论。"⑥ 很明显，孝文帝诏令约束的对象也是普通百姓。

唐朝玄宗时"禁九品已下清资官置客舍邸店车坊、士庶厚葬"⑦。玄宗专门下诏禁厚葬：近代以来，共行奢靡，递相仿效，浸成风俗，既竭家产，多至凋敝，……宜令所司，据品令高下，明为节制。冥器等物，仍定色数，及长短大小，园宅下帐，并宜禁绝；坟墓茔域，务遵简俭。凡诸送终之具，并不得以金银为饰。如有违者，先决杖一百；州县长官，不能举察，并贬授远官⑧。这是针对所有官民的诏令，重点是各守其制，减少陪葬奢侈物品。然其震慑作用有限。宪宗于元和三年（86年）下诏：厚葬伤生，明敕

---

① 《后汉书》卷1下，光武帝纪。
② 《后汉书》卷2，明帝纪。
③ 《后汉书》卷5，安帝纪。
④ 《三国志·魏书》卷1，武帝纪。
⑤ 《宋书》卷15，礼。
⑥ 《魏书》卷7上，高祖纪。
⑦ 《旧唐史》卷9，玄宗。
⑧ 《全唐文》卷21，玄宗。

设禁，但官司慢法，久不申明；愚下相循，遂至违越。其违制赁葬车人六人，各决四十①。

清代，雍正帝于元年（1273年）下诏：禁天下军民埋葬金银。不遵旨事发及被人偷掘者，皆入官，充地方赈济之用②。

以上厚葬禁令涉及的主要是埋葬形式和随葬物品。实际上，埋葬礼仪的讲究，也是一项重要开支。

我们可以说，汉以来近代之前各个时期，各朝厚葬之风并未被彻底扭转。帝王虽反对民众厚葬，本身却是厚葬的直接践行者。巍峨的陵墓，恢宏的墓区，规整的造像和碑亭，都令后人赞叹和钦羡。巨额财力、民力耗费其中。汉成帝时为修昌陵，"天下虚耗，百姓罢劳"③。这一切多是帝王自己生前监督施工的产物。一般民众无力和不能模仿，但却尽其所能使丧葬显示出生前的地位和财富水平。更重要的是，丧葬由后人操办，是孝心的一种展示，并受到地方风俗的鼓动，因而形成不惜财力举办的惯习。清代丧葬费用主要表现在大操大办上。湖南长沙县，丧事活动中，酒食、布帛、舆马之费，多则数千金，少亦不下数百金，力不能及者必称贷变产以行之；不如是，则群意味俭其亲矣④。可见，厚葬行为有帝王、官宦为范型，民间又形成了习俗，故扭转的效果被打了折扣。

3. 禁酒和限制酒交易

酒作为由粮食酿造的饮品，非生存必需之物。其对粮食耗费很大，以致使粮价上涨，供应紧张。近代之前一些王朝在饥荒之年有禁酒之令。当然也有王朝从倡导淳朴民风角度考虑，限制民众饮酒。如"汉兴，有酒酤禁。其律：三人以上无故群饮酒，罚金四两"⑤。不过，相对来说，从生存压力角度考虑出台的禁令更多一些。当然，它多为暂时性政策，一当经济状况好转，则会停止执行。

（1）禁止酒交易的做法

---

① 《全唐文》卷59，宪宗。
② 萧奭：《永宪录》续编。
③ 《汉书》卷10，成帝纪。
④ 嘉庆《长沙县志》卷14，风土。
⑤ 《文献通考》卷17，征榷。

遇到灾荒，粮食供应紧张，一些朝代往往出台禁酒交易政策，以便使紧缺的食物资料用于维持民众基本生存所需。

西汉景帝中元三年（前147年），"夏旱，禁酤酒"。但有的帝王也反对一概禁止。汉宣帝五凤二年（前56年），秋八月，诏曰："夫婚姻之礼，人伦之大者也；酒食之会，所以行礼乐也。今郡国二千石或擅为苛禁，禁民嫁娶不得具酒食相贺召。由是废乡党之礼，令民亡所乐，非所以导民也"，要求"勿行苛政"①。一概限制民间酒消费固不可取。而在灾荒时期，通过抑制酒交易，粮食尽可能用于民众基本生活的维持，更值得称道。

东汉永元十六年（104年），因兖、豫、徐、冀四州雨多伤稼，和帝下诏禁酤酒。汉安二年（143年），顺帝禁酤酒。永兴二年（154年），桓帝以旱蝗饥馑，"禁郡国不得卖酒，祠祀裁足"。汉末，因灾乱导致粮食短缺，曹操表奏酒禁②。我们认为，这种政令一再实行，与官方对灾荒和粮食短缺时期酒交易会加剧这种不足的认识有关。

南朝宋文帝时，扬州大水，主簿沈亮建议禁酒，被批准施行。

唐初无酒禁。直到唐中期，乾元元年（758年），京师酒贵，肃宗以廪食方屈，乃禁京城酤酒，期以麦熟如初。可见，这也是短期政策，麦收之后即取消。但乾元二年（759年），发生饥荒，肃宗再令：复禁酤，非光禄祭祀、燕蕃客，不御酒③。皇帝以自身倡导。

需要指出的是，这一政策禁止酒交易而不禁止酿酒。从一般意义上讲，无人买卖，酿酒者自然关门歇业，但政府并非要达到无人生产的目的。而该政策从消费环节着手，表明政府希望以此在短期内降低酒消费，酿酒者不必从市场上采购粮食投入酒的生产，一定程度上缓解粮食供应紧张局面。一当灾情消除，禁止消费的政策便取消。对酿酒者来说，酿酒需要一个过程。当政府禁止其买卖之时，库存将增加，再生产能力降低，生产活动却仍可维持；若禁止酿造，作坊则会被毁掉，成本太高。

值得注意的是，在宋以后的王朝，因灾害而禁止酒买卖的政策较少实行。

---

① 《汉书》卷8，宣帝纪。
② 《文献通考》卷17，征榷。
③ 《文献通考》卷17，征榷。

（2）限制酿酒

上面曾指出，各朝政府较少出台禁酿酒政策，但也有实行这一限制的政权和帝王。

北朝赵石勒政权曾制定过这一政策。石勒"以民始复业，资储未丰，重制禁酿"。该政"行之数年，无复酿者"①。此项政策实行的本意是，战乱初平，民众得以恢复生产。但此时家底尚不厚实，禁酿酒可减少粮食耗费，有助于培植元气。

宋朝虽实行控制私人买曲酿酒出售，但似乎未非从人口压力角度考虑。端拱二年（989年）的规定是：民买曲酿酒酤者，县镇十里如州城二十里之禁。天圣以后，北京售曲如三京法，官售酒、曲亦画疆界，戒相侵越，犯皆有法②。至真宗时期，"天下承平既久，户口浸蕃，为酒醪以靡谷者益众"。乾兴时："诸路酒课，月比岁增，无有艺极，非古者禁群饮、教节用之义"。真宗遂下诏："乡村毋得增置酒场，已募民主之者，期三年；他人虽欲增课以售，勿听；主者自欲增课，委官吏度异时不至亏额负课，然后上闻"。不久，御史中丞晏殊请酒场利薄者悉禁增课，被允准③。

清朝随着人口增长，人口生存压力增大。限制乃至禁止民间酿酒之令频出，起初只实行于局部地区。康熙二十八年（1689年）五月上谕指出："近闻山海关外盛京等处，至今无雨，尚未播种，万一不收，转运维艰，朕心甚为忧虑。且闻彼处蒸造烧酒偷采人参之人，将米粮靡费颇多。著户部左侍郎赛弼汉前往奉天，会同将军、副都统、侍郎等，将此等靡费米粮之处，严加禁止。"④它是清政府所颁较早的禁造烧酒之令。康熙三十二年（1693年），因畿辅一带发生水灾，粮食歉收，米价上涨，为此圣祖发布上谕："蒸造烧酒，多费米谷。著户部移咨该抚，将顺、永、保、河四府属蒸造烧酒严行禁止。"⑤三十七年（1698年），湖广、江西、陕西等南北九省米价腾贵。康熙帝指出："酒乃无益之物，耗米甚多。朕巡幸直隶等处，见

---

① 《文献通考》卷17，征榷。
② 《宋史》卷185，食货。
③ 《宋史》卷185，食货。
④ 《清圣祖实录》卷141。
⑤ 《清圣祖实录》卷161。

虽有禁造烧酒之名,地方官不甚加意,未曾少止。著令严禁,以裨民食。"①雍正即位后,继续实行严禁之策。但禁令的效果并不好。雍正四年(1726年)发布上谕:"朕以前以直隶雨水过多,田禾歉收,米价腾贵,令盛京及口外地方严禁烧锅,已下谕旨。今闻盛京地方仍开烧锅,盛京口外交界之处,内地人等出口烧锅者甚多。无故耗费米粮,著严行禁止。"其时的政策也有一定弹性,改强禁为劝谕。雍正十一年(1733年)五月,世宗指出:"朕思烧锅既多,必将粮食耗费,甚属无益,但恐遽令禁止,又滋烦扰。尔可寄信与署抚史贻直等,令其悉力筹划,若禁止不致累民,则禁之为便;抑或多方劝谕,令其醒悟,不期禁而自止。是唯封疆大臣斟酌行之,不可强迫。"乾隆初年,禁酒范围和强度有所扩大和提高。乾隆二年(1337年)规定:"烧锅一事,各省之情形不同,所以各省督抚之陈奏亦不能划一。应令各于本省,因时制宜,实力奉行,以观成效。至踩曲一项,系烧酒盛行之源,众论佥同,自当严禁……请将踩曲贩运者,定以杖一百,枷号两个月,以示惩警。按照这一政策:凡系开厢踩曲,运贩射利者,俱请一概禁止;其民间零星制曲自用者,俱免查禁。而其效果同样不佳。乾隆三年五月上谕:今朕留心体察,该地方官员,不过虚应故事,并未留心奉行,且通邑大都,车载烧酒贩卖者,正不可以数计。"②

粮食短缺之时,以谷物为原料的酒的生产确会加剧这种短缺,粮价上涨,民生更加困难。一般来说,灾荒时期短暂禁止酒的生产和交易会有一定效果。但若饮酒变为一种生活方式,年节之中不可缺少之物,那么长期抑制作用就会降低。即民间有需求,酿造和供给就不会被禁阻住。硬性禁止,会促使酒价上涨,违禁者更多。另一方面,在粮食供应紧张之时,酒价也会上涨,酒的消费则会减少。作为理性消费者,民众不会为了一时快乐,不顾及基本生存需求。而当困难局面缓解,政府若仍维系高压控制酿酒、买卖酒政策,其效果便会打折扣。需要指出,传统时代,如清朝烧酒难以禁阻还有一个原因是,政策贯彻的成本太高,官府有限的人力不足以监督、惩办众多违规之人。况且,它又不同于偷抢等显性违规或对地方治安造成严重危害的行为,不会威胁统治秩序,故官府会以懈怠态度待之。

① 《清圣祖实录》卷187。
② 《清高宗实录》卷68。

总的来看，当财富总量有限时，尤其是生存资料相对短缺时，节制消费，尤其是减少对奢侈品的追逐，可避免将财富耗费于非紧缺事务中，提升民众日常生存能力。

不过，在生存资料短缺的环境中，人们养成了日常节俭的观念和行为；但在婚丧嫁娶等人生大事上则表现为不节俭，或者说日常节俭是为了实现"大事"上的"体面"。尽管官方在这些方面倡导节俭办事，效果却并不明显。

更重要的是，在世俗观念中，适度"奢华"与"大方"相联系，是家庭财力水平高的体现，有助于提升社会地位。明嘉靖时官员何瑭即有此论：承平既久，风俗日侈，起自贵近之臣，延及富豪之民，一切皆以奢侈相尚。一宫室台榭之费，至用银数百两；一衣服燕享之费，至用银数十两，车马器用务极华靡。财有余者以此相夸，财不足者亦相仿效，上下之分荡然不知。风俗既成，民心迷惑，至使闾巷贫民，习见奢僭。婚姻丧葬之仪，燕会赠赠之礼，畏惧亲友讥笑，亦竭力营办，甚称贷为之[1]。

节俭之政落实受限的一个重要原因是，无论官私，重要生活事件中讲究合乎"礼"的要求。而"礼"又有等级表现，是身份的象征。合乎"礼"的婚丧活动需要一定的物质支撑。具有身份地位者耗财办事，无此身份地位者则有模仿攀比之欲、之行。

（八）开辟生财、生存门路

政府通过引导民众开辟新的生财和生存门路，在当代可视为创造就业机会或提高民众收入，近代之前政府的类似政策相对较少。但个别帝王和地方官的做法也值得称道。

一是开拓种植之源。

朱元璋在洪武二十七年（1394年）令天下种桑枣。他让工部谕令百姓，"但有隙地，皆令种植桑枣；或遇凶歉，可为衣食之助"。工部转饬各地"授以种植之法"，还令"益种棉花"，政府"率蠲其税"[2]。这项工作很有成效。但至宣德年间，一些地方将桑枣树"砍伐殆尽"。宣宗令户部"移

---

[1] 何瑭：《柏斋集》卷1，奏议。
[2] 《明太祖实录》卷232。

文天下郡邑，督民栽种，违者究治"①。明代宗景泰四年（1453年）饬令：土地宜桑、枣、漆、柿等木，随宜酌量丁田多寡，定与数目，督令栽种。"务在各乡各村，家家有之。"②明代帝王如此重视桑、枣等树木种植，显然其对民生具有作用。需要指出，明代桑、枣之植并非与政府赋税征收有关，而主要在于将空闲地利用起来，以其所产增强民众的生存能力。

清朝政府对红薯种植的推广也是开辟种植之源的方式，前已述及，此不赘言。

二是为民众寻求新的谋生方式。

明代万历时官员吕坤在山西巡抚任上，针对当地"市井贫贱妇人百事不为，群集讲话，衣饰是尚，口腹为恣"等不良习俗，引导其从事家庭纺织。其方法是，从榆次、太原等"民间纺织最多"县份提取木匠十数名，教习省下木匠，令作纺车织机市卖。然后，"不分军民，但系无事妇人，开报到官。先动官银，买净棉千斤，每家一斤，掌印官记一簿籍，散令纺线。有先完及线细者，花价免追充赏；十日之外完及线稍粗者，赏价一半；二十日之外完及线粗者，花价全纳；一月之外不完者，罚花一斤。花既纺尽，卫县于宽大处所仍移文榆次等县，送织机者二三十人，教民织布。将纺线之家男妇定日陆续向机匠学织，一年而千家能纺织矣"。"此习既成，不惟妇人有业，而省会不享其利乎？"③这可谓地方官将民间闲散劳动力资源利用起来的做法，用具体可为之业增加其收入。它不仅有改善民生的作用，还会引导勤劳持家民俗的形成。

清代嘉庆年间左辅任安徽泗州知州时为所属民众开辟增收途径，发布"种棉花示"：泗虹各保无种棉花者，由是妇女不知织。农事一毕，袖手坐食，絮布价值倍徙苏常。妇女欲制一袭衣装、一斤絮以御寒，每不可得。寒冬风雪中，恒有一家妇子，耸肩缩头，攒聚一室，烧秸当衣。及乏食之时，告贷无所，又不能持一束线、一匹布易升斗粮以充腹，则不棉不织不特受之寒，且受之饥矣④。一般来说，官员任职多地，对不同地区作物种植

---

① 《明宣宗实录》卷95。
② 《明英宗实录》卷234，景泰附录。
③ 《吕坤全集》（中），中华书局2008年版，第949页。
④ 左辅：《左辅告示》卷2，见杨一凡等编《古代榜文告示汇存》第八册，第173页。

品种比较了解，视界较宽。将新的作物引种至生存资料缺乏且条件适宜地区，可谓是对民生负责的表现。左辅还发布过"再谕妇女入局学织示"：本州以妇女不习纺织，多被贫困，是以给发棉种，谕令种植。复于家乡延纺织女师四名来州设局，尽心教习。乃设局以来，仅有稚女进局学纺，而学织妇人来者寥寥……本州开局，女师常住局中。……一切器具供应费用皆捐俸备办，不烦来学者花费一文。近者朝至暮归，远者常住局内，随女师饮食，俱无不便。合再晓谕各家妇女务即踊跃赴局学习，限一月艺成，即将所纺织之线布给予充赏，毋再观望①。可见，这是有作为、真心关注民瘼官员所为。

三是因地制宜解决民生。

近代之前，中国各地民众中多数以农耕为生，但也有以放牧、渔猎等为生者。因而，为民众解决生存问题不能依赖一种模式。清代康熙皇帝即有这样的思路。

康熙五十五年（1717年），圣祖对大学士讲：今太平日久，生齿甚繁，而田土未垦。且士、商、僧、道等，不耕而食者甚多，或有言开垦者，不知内地实无闲处。今在口外种地度日者甚多，朕意养民之道，亦在相地区处而已②。不过在康熙看来，垦荒尽管是解决食物不足的主要途径，但并非唯一之道。他说，陕西临洮、巩昌等地方，"虽不可耕种，若于有水草之地，效蒙古牧养，则民尽可度日。而百姓但狃于种地，不能行此。"③ 不过，正如康熙帝所言，内地民众已经养成农耕为生的习惯，即使迁移至水草丰美之地，也不会转换成以牧养为业，而仍以垦荒务农作为追求。

（九）压缩非农业人口

在传统职业政策中，一向把非农业人口视为从农业领域中游离出来的群体，他们是粮食的纯消费者；农业劳动力的减少又使直接生产者减少，进而导致生活资料生产量降低，由此民众生存压力愈发增大。所以，近代之前，政府重农政策是与抑制工商等末业相辅相成的。

---

① 左辅：《左辅告示》卷2，见杨一凡等编《古代榜文告示汇存》第八册，第179页。
② 《清圣祖实录》卷268。
③ 《清圣祖实录》卷268。

1. 抑制工商从业者

当士、农、工、商四业成为平民基本职业之后，工商业相对于士、农又往往被视为末业。也许"工"从业者也靠个人手工劳动吃饭，比较辛苦，不足以诱惑大批民众为之。故历史上抑工政策较之抑商政策要少。

可以说，中国历史上比较系统的抑商政策形成于汉朝。

汉朝初年，抑商之政即已出现。"天下已平，高祖乃令贾人不得衣丝乘车，重租税以困辱之。孝惠、高后时，为天下初定，复弛商贾之律，然市井之子孙亦不得仕宦为吏。"① 可见，汉初对商人的抑制包含消费抑制、税赋抑制和从政限制三种。相对于务农，经商容易致富。有钱的商人有能力提升自己的吃穿住行水平，成为令人羡慕的群体。政府从"穿"和"行"上对其加以限制，实际是一种贬抑措施。他们虽有钱，消费水平却不能越界，只能低调为人。这有助于安定务本者之心，不至于受到诱惑。而课商以重税将压缩其经营活动的利润空间，一定程度上减少其与其他行业者的收入差距，甚至迫使一批商贩因此转业。至于商贾子弟不得为官则是对其社会地位改变和提升的最大制约。此项政策在惠帝和高后当权时期执行力度降低，但限制其子弟进入仕宦之伍被沿袭下来。

晋泰始五年（269年）正月，武帝敕令地方官，"务尽地利，禁游食商贩"②。这已超出了一般性抑制范围，而提升至禁止层次。

北魏太武帝太平真君五年（444年）规定：今制自王公已下至于卿士，其子息皆诣太学。其百工伎巧、驺卒子息，当习其父兄所业，不听私立学校；违者师身死，主人门诛③。这一政策是对"工"的抑制。在此，"工"实际被视为贱业，应世袭，并且隶属于特定"主人"。

北魏正平年间，政府禁饮酒、杂戏、弃本沽贩行为。垦田因此大为增辟④。"弃本沽贩"是指"弃农经商"。我们理解，对已经和世代已经为商者，并不禁止；这里只是限制农民为商贩。

---

① 《史记》卷30，平准书。
② 《晋书》卷26，食货。
③ 《魏书》卷4下，世祖纪。
④ 《魏书》卷4下，世祖纪。

隋文帝开皇七年（587年）形成这样的政策：工商不得入仕①。相对西汉的"市井之子孙亦不得仕宦为吏"，此项规定更为明确。

唐朝的政策是：刑家之子、工贾异类及假名承伪、隐冒升降者有罚②。"工商异类"身份者受到诸多发展限制，故有人会有造假现象。这一制度即是针对此行为的。另外，高宗乾封二年（667年）规定："禁工商乘马。"③它与汉初政策有相似之处。从交通工具角度看，马在当时非一般平民家庭所能备办得起，更多的是牛、驴之类。因而，能常"乘马"者至少是中等以上家庭，是具有一定经济实力的象征。工商业者中不少人应有经济能力购置和享用。我们认为，该政策旨在不给其炫富的机会。

明朝洪武十九年（1386年）规定：令各处民，凡成丁者，务各守本业，出入邻里，必欲互知。其有游民，及称商贾，虽有引，若钱不盈万文、钞不及十贯，俱送所在官司，迁发化外④。可见，具有一定实力的商人不受限制，而小商小贩则禁止为之。洪武二十四年（1391年），太祖对户部官员讲：若有不务耕种，专事末作者，是为游民，则逮捕之⑤。这是一种比较极端的政策，当然其意在敦促不务农者向力农转变。

商是近代之前政府认可的一个平民职业，也为民众生活所不可缺少。相对于农，商比较容易致富，因而会诱发务农者的"背本"之念。政府抑商目的不在于取消这一职业，而是通过限制其消费，压缩其发展空间（如入仕、做官）等手段，贬低其社会地位，在民间形成蔑视经商风尚，以稳定务农者的心绪，使本业基础不致受到侵蚀。

需要指出，在科举时代，商人子弟是允许参与科考的。而其一旦中举、中进士，也有了做官的机会。

2. 抑制僧道

僧人道士是汉代以来重要的专职宗教人员，以寺观、庙宇为基本活动场所。其规模和势力兴衰不常，往往与帝王好恶有关。当其数量过于庞大、

---

① 《通典》卷14，选举。
② 《新唐书》卷45，选举。
③ 《新唐书》卷3，高宗纪。
④ 《大明会典》卷19，户口。
⑤ 《明太祖实录》卷208。

众多劳动年龄人口投身其中，便会对经济、社会秩序带来冲击，乃至减少国家赋徭承担者。实际上，一些朝代僧尼增多就是赋役繁重所导致。史载，北魏"正光（520—524年）以后，天下多虞，王役尤甚，于是所在编户相与入道，假慕沙门，实避调役"①。至北魏末年，全国僧尼数达到二百万人左右（当时北方总人口为三千万）。东西魏分裂和周齐对峙时期，两国僧尼总数将近三百万（两国人口总数为三千万左右），占当时北方人口总数的十分之一②。唐代中期，"富人多丁者以宦学释老得免"赋役③。宋代初年，东南之俗，"连村跨邑，去为僧者，盖慵稼穑而避徭役"④。因而政府有时候会采取抑制措施。

（1）直接裁汰寺庙和僧尼

中国历史上多个王朝实行过裁减寺庙、压缩僧尼数量的政策。

有的时期帝王采取比较激烈的措施，限制寺院发展，强制僧众还俗。

南朝宋文帝于元嘉十二年（435年）就曾"沙汰沙门、罢道者数百人"⑤。

北周建德三年（574年），武帝"罢沙门、道士，并令还民"⑥。

唐代，武则天时曾下令"废天下寺院"，"存者二千六百有奇，废者三万三百有奇"⑦。武宗即位后，废浮图法，"天下毁寺四千六百，招提兰若四万，籍僧尼为民二十六万五千人，奴婢十五万人，田数千万顷，大秦穆护、祆二千余人"。在此基础上制定各地方寺庙数和寺僧数量标准，"上都、东都每街留寺二，每寺僧三十人；诸道留僧以三等，不过二十人"。寺庙原有腴田鬻钱送户部，中下田给寺家奴婢丁壮者为两税户，人十亩⑧。可见，这一政策旨在减少僧尼数量，将其转化为国家赋役人口；原来耕种寺院土地者成为政府的纳税人。其人口意义在于，借此减少了纯粹消费者，增加了生产人口，至少自食其力者增多了。

---

① 《魏书》卷114，释老。
② 王仲荦：《魏晋南北朝史》，上海人民出版社2003年版，第809页。
③ 《文献通考》卷3，田赋。
④ 李攸：《宋朝事实》卷7，道释。
⑤ 《宋书》卷97，夷蛮传。
⑥ 《周书》卷5，武帝纪。
⑦ 于慎行：《谷山笔尘》卷17。
⑧ 《新唐书》卷52，食货。

宋代，景祐年间，针对"民避役者，或窜名浮图籍，号为出家"，真宗下诏："出家者须落发为僧，乃听免役"①，以此减少假托之僧。

元大德七年（1303年），浙江嘉兴一路僧道已达2700人，元政府下令将其"勒归本族，俾供王赋"，以便"少费民力"②。

不过，也应看到这一点，有些王朝的僧道数量不断增多，乃至超过所设限度，与政府的鼓励有关。一些帝王将度民为僧道作为一项收入来源。唐肃宗时，两京陷没，政府财力吃紧，故而"度僧尼不可胜计。及西京平，又于关辅诸州，纳钱度道士僧尼万人"③。南宋初年为缓解财政紧缺局面，"岁鬻度牒万"④。这使政府控制僧道额度的政策变成了空文。

（2）限定地方州县僧道额数或每年度僧数量

北魏太武帝时规定：大州僧道五十人，小州四十人，其郡遥远者十人⑤。

宋开宝六年（973年），限诸州度僧额。僧账及百人者，每岁度一人⑥。

明朝洪武年间的额度为：凡僧道，府不得过四十人，州三十人，县二十人⑦。清代基本上也在这一水平上。

（3）实行僧道准入制度

规范平民剃度为僧的规则，限制随意剃度和寺庙私自剃度，将"由民转僧"纳入政府管理体系中，有助于控制僧尼数量规模。

唐朝的政策是：诸私入道及度之者，杖一百；若由家长，家长当罪。已除贯者，徒一年。本贯主司及观寺三纲知情者，与同罪。若犯法合出观寺，经断不还俗者，从私度法。即监临之官，私辄度人者，一人杖一百，二人加一等⑧。

宋朝规定：诸私自剃披及私度人为僧道，若伪冒者各徒三年，本师知

---

① 《宋史》卷177，食货。
② 《续文献通考》卷16，职役。
③ 《新唐书》卷51，食货。
④ 《建炎以来朝野杂记》甲集，卷15，祠部度牒。
⑤ 《魏书》卷114，释老。
⑥ 《续资治通鉴长编》卷14，太祖。
⑦ 《明史》卷74，职官。
⑧ 《唐律疏议》卷12，户婚。

情徒二年，主首知情杖一百，并还俗①。

　　明朝洪武年间有严格的度僧制度：民年二十以上者，不许落发为僧；二十以下请度牒者，俱令于在京诸寺试事三年。考其廉洁无过者，始度为僧②。同时实行僧道册籍核对制度："天下僧道给过度牒者令僧录司道录司造册，颁行天下寺观，凡遇僧道即与对册。其父兄贯籍、告度月日如有不同，即为伪冒。"不过，行之日久，问题丛出。至正德年间，"前令寝废，有亡殁遗留度牒，未经销缴，为他人有者；有逃匿军民及囚犯伪造者；有盗卖影射及私自簪剃者。奸弊百端，真伪莫辨"。因而朝廷再下令：自今以后，给度牒者，仍造册颁行天下寺观，以防奸诈③。

　　清朝继续实行向僧道发放度牒制度。顺治二年（1645年）规定："内外僧道并给度牒。""凡寺庙庵观若干处，僧道若干名，各令住持详询籍贯，具结投僧道官；僧道官加具印结。"④康熙十六年（1677年），清政府对私自出家者加强管理："凡僧尼道士不领度牒，私自出家者杖八十为民。"⑤

　　我们认为，对僧道实行的这一制度有助于将职业僧人、道士数量控制在一个合理的范围内。但私自为僧者历朝均存在。宋初，泉州奏未剃僧尼系籍者四千余人，其已剃者数万人⑥。有的朝代则常有失控局面。明景泰中，京城内外，僧行道童，皆以请给度牒为名，或居寺观，或寓人家者，动以万计。或有已给度牒不回，假托游方而来此。皆不耕而食，不蚕而衣⑦。而一旦制定出规则，地方官员就有了检核的依据。

　　3. 限制游民和非正当职业者

　　尽管明初朱元璋将"不务耕种、专事末作者"视为游民加以打击，但把游民范围扩大化的做法并不为多数王朝所认可。另外也应看到，朱元璋也承认工商业存在的社会价值，他要限制的是没有正当职业的"游惰"⑧

---

① 《庆元条法事类》卷51，道释门。
② 余继登：《典故纪闻》卷5。
③ 陈子龙等编：《明经世文编》卷19，胡濙：僧道度牒疏。
④ 光绪《大清会典事例》卷501，礼部，僧道。
⑤ 光绪《大清会典事例》卷501，礼部，僧道。
⑥ 李攸：《宋朝事实》卷7，道释。
⑦ 余继登：《典故纪闻》卷12。
⑧ 《明太祖实录》卷177。

之民。

真正的游民应该是市镇产生之后，没有正当职业（士、农、工、商）、长期混迹于市井的游手好闲之辈；或者没有固定职业，有业则就，无业则乞讨或偷抢。还有的时期政府将从事各种贱业者也视为游民。从政府律令和政策看，游民和非正当职业者都属于被限制甚至取缔、打击的对象。

（1）游民的抑制

西汉文帝时，贾谊向其建议："使天下各食其力，末技、游食之民转而缘南亩。"① 这里的"游食之民"可谓游民之简称，它与商人从事的"末技"并列，可见，在贾谊眼中，两者是有区别的。

但不少政策律令中，游食商贩往往并称，均属于应禁止者。

宋末元初人周密在《武林旧事》中专门提及南宋临安的"游手"。"浩穰之区，人物盛伙，游手奸黠，实繁有徒。"他们以赌博、行骗为职业，干扰正常的商业活动。为对付这些人，"厢巡地分头项火下凡数千人，专以缉捕为职"②。

元朝，乡村设有社，对"不务本业、游手好闲、不遵父母兄长教令、凶徒恶党之人，先从社长叮咛教训。如是不改，籍记姓名，候提点官到日，对社众审问是实，于门首大字粉壁书写不务本业、游惰、凶恶等名称。如本人知耻改过，从社长保明申官，毁去粉壁。如终是不改，但遇本社合着夫役，替民应当。候悔过自新，方许除籍"③。成宗大德十一年（1307年），"申扰农之禁，力田者有赏，游惰者有罚"④。另外，诸州县官在劝农之日，若"社内有游荡好闲，不务生业，累劝不改者，社长须得对众举明，量行惩戒"⑤。对城中游民也有管束。至元七年（1270年），尚书省司农司呈文中指出：大名、彰德等路在城居民俱系经纪买卖之家，并各局分人匠，恐有不务本业游手好闲凶恶之人，合依真定等路选立社巷长教训，获批准⑥。

清朝，对游民中的外来流丐，保正督率丐头稽查：少壮者询明籍贯，

---

① 《资治通鉴》卷13，汉纪。
② 周密：《武林旧事》卷6，游手。
③ 《通制条格》卷16，田令。
④ 《元史》卷93，食货。
⑤ 《通制条格》卷16，田令。
⑥ 《通制条格》卷16，田令。

禀官递回原籍安插；其余归入栖流所管束，不许散处滋事①。清代台湾有一种人可谓典型的游民。他们"无田宅、无妻子、不士、不农、不工、不贾、不负载道路，俗指为罗汉脚。嫖赌、摸窃、械斗、树旗、靡所不为"。"罗汉脚"之意，"谓其单身，游食四方，随处结党，且衫裤不全，赤脚终生也。大市村不下数百人，小市村不下数十人"。它成为台湾一大难治问题。地方政府要求"清庄时，另造闲民一册，著总理、族长严谨约束，分授执事，俾勿闲游。其不率者，禀官逐水内渡。然总理、族长难得其人，认真清庄者尤难得其人"②。

(2) 非正当职业的抑制

对非正当职业，近代之前各朝没有统一的标准。多数朝代士、农绝对是正当职业，而工商虽被压制，但它们也是平民（而非贱民）的组成部分。因而，非正当职业主要是士农工商以外者。

北魏延兴二年（472年），孝文帝下诏工商杂伎，"尽听赴农"③。"杂伎"应不属正当职业者。

元朝规定："诸民间子弟，不务生业，辄于城市坊镇演唱词话，教习杂戏，聚众淫谑，并禁治之。诸弄禽蛇、傀儡、藏撅撒钹、倒花钱、击鱼鼓，惑人集众，以卖伪药者，禁之。违者重罪之。诸弃本逐末，习用角牴之戏，学攻刺之术者，师弟子并杖七十七。诸乱制词曲为讥议者，流。"④

而对非正当职业者的整顿也有一个"度"的问题。特别是明清时期，这些不被官方认可的职业也有广泛的社会需求。一些人从业已久，官方若一味禁止，他们没有转业的可能，会导致该群体生存困难。明代，杭州则形成专靠旅游业为生者。"西湖业已为游地，则细民所藉为利，日不止千金。有司时禁之，固以易俗，但渔者、舟者、戏者、市者、酤者咸失其本业，反不便于此民也。"⑤清代乾隆年间，陈宏谋在江苏巡抚任上，曾"禁妇女入寺烧香"，结果与妇女进香有关的职业受到冲击："三春游屐寥寥，

---

① 光绪《大清会典事例》卷158，户部，户口。
② 陈盛韶：《问俗录》卷6，鹿港厅。
③ 《魏书》卷7，文帝纪。
④ 《元史》卷105，刑法。
⑤ 王士性：《广志绎》卷4，江南诸省。

舆夫、舟子、肩挑之辈，无以谋生，物议哗然，由是弛禁。"胡文伯为江苏布政使时，"禁开戏馆，怨声载道"。因"金阊商贾云集，宴会无时，戏馆酒馆凡数十处，每日演剧养活小民不下数万人"。钱泳为此指出：苏郡五方杂处，如寺院、戏馆、游船、青楼、蟋蟀、鹌鹑等局，皆穷人之大养济院。一旦令其改业，则必至流为游棍，为乞丐，为盗贼，害无底止，不如听之①。这可谓务实之言。上述职业为市民精神和物质生活所不可缺少，因而抑制会带来需求（市民）和供给（从业者）的双重困境。

需要指出，对游民和不正当职业者还有一个抑制力量，即宗族组织。

不少宗规族训中有"禁游惰"之条，宗族组织认同士农工商为正业这一观念，对士业抱有崇拜心理，并视为子孙应努力进入之业。然对农，对工商之业不持排斥态度，但禁止从事四业之外的不正当职业和作游荡之徒。

明代毗陵朱氏祠规：士农工商，为人正业。外则医术星命，犹为正务。若游手好闲，习优人末技，或投充仆隶，及流入邪教，不准入祠②。

辽宁海城尚氏康熙年间所定家训：后世子孙众多，须宜立志读书，或工韬略，各守一业，为农为商，随分安生，不作游荡之徒③。

光绪年间，湖南宁乡熊氏祠规：士农工商皆系本业，留心学习，尽可为衣食之资。若门丁皂隶，虽衣锦齿肥，徒为亲友取笑。倘族中有为此者，定行摒逐，不许入祠以玷先人也④。

安徽宣城四安孙氏家规：凡我族，如有不肖子孙玷辱祖宗，必须共同告庙出族，以全清白家风。其中明确规定：为奴仆者，出；为优伶者，出；为皂隶者，出⑤。

浙江鄞县新河周氏立主规约：凡操业卑鄙，有干功令，不得与试者，不得立主⑥。

综合以上，秦汉直至明清，政府的主导政策是以农为本，抑制非农就业者。其对工商业抑制的基本做法有两种，一是允许其作为职业存在，但

---

① 钱泳：《履园丛话》卷1，旧闻。
② 光绪《长沟朱氏宗谱》卷2，族范。
③ 民国《海城尚氏宗谱》，先王定训。
④ 光绪《宁乡熊氏续修族谱》卷8，祠规。
⑤ 光绪《孙氏家乘》卷2，家规。
⑥ 光绪《新河周氏宗谱》卷9，立主规约十二条。

限制其从业者向官途发展和消费方式,使其财产的使用价值降低,对民众的诱惑力削弱;二是限制其规模,将从业者驱向田野,使更多的人能够自给自足。在工商业之外的其他杂业和游民是政府大力控制的行业。不过,当工商业市镇和城市生活形成之后,抑工商、禁游手的政策效果往往适得其反。不但没有增强减轻人口生存压力,而且恶化了从业者的生活。

(十) 压缩城市人口

近代之前,尽管中国有个别城市人口曾达到百万水平,但整体言之,城市人口规模有限,没有给粮食等消费品供应带来很大压力,因而压缩特定城市人口,使之归农的政策,很少被政府采用。一般来说,当时具有较强政治色彩城市的人口也常有衰减之时,但它非王朝有意为之,改朝换代往往是城市人口损耗最大的时期。值得注意的是,清朝中期国都出现统治集团人口的生存压力问题,政府由此实施了外迁旗人政策。

清朝建立后,关外满族大批迁入北京,旗人成为京城人口的重要组成部分。其生活费用相当部分来自国家财政供给,他们是一个享有特权的群体。起初政府尚无供给压力,但随着时间推移,人口繁衍,旗人规模增大,国家养育负担加重,乃至形成供养压力;旗人家庭吃闲饭者增加,生存困难加重。清中期,京城旗人中一部分被政府鼓励离京赴东北垦荒,以缓解京城人口压力。按照清朝制度,"八旗皆以国力豢养之,及后孳生繁衍,虽岁糜数百万金,犹苦不给。而逃人之禁复严,旗民坐是日形困敝。及乾隆初,御史舒赫德、范咸、赫泰,户部侍郎梁诗正等,先后奏请清查东三省旷地,俾移往开垦,以图自养"[1]。

乾隆二十一年(1756年),高宗上谕指出:"现在京中满洲,生齿日繁,额缺有定,恃一人钱粮供赡多口,终恐拮据。是以于拉林开垦地亩,建造房屋,挑取八旗满洲前往屯种。此欲我满洲世仆,仍归故土,生计充裕至意,非如不肖犯法,发往拉林者可比。即如此次前往人等,由京起身之先,每户尝给治装银两,沿途复给予车辆草束,到彼又赏给立产银并官房田地以及牛具籽种事项。计一户需银百余两,则所遣三千满洲,用银不

---

[1] 《清史稿》卷120,食货。

下数万余两。朕所以不惜此费者,盖欲伊等永远得所,曲为体恤。"① 可见,朝廷给予迁出京城满族人的条件是很优厚的。然而,这批人被送至东北后,两三年内"逃回者甚众"。乾隆帝认为"情殊可恶","是以拿获者,俱经解回正法示众"。乾隆帝所以对此施以重典,在于国家投入巨资,希望取得成效,而不是半途而废②。乾隆四十二年(1777年),盛京的闲散宗室被动员赴大凌河马厂西北、杏山、松山地方垦种,愿往者一百十五户,大小共二百零三名。十岁以上者一百三十四名,每名给银二百八十两,暂给八十两,治装起程;俟到该处时,再给二百两。每人给地三顷,一半官为开垦,一半著自行从容开垦,或令家人耕种,或募民耕种。其地亩不许私行典卖……查在京宗室,十岁者每月给银二两,二十岁三两,每岁给米四十八斛。今遣伊等前往,不必交给米石,仍按岁照宗室例,减半给与银两。俟十年后,居久服习,全行裁汰……盛京旧居之宗室等,或有生齿日繁不能度日者,并饬该将军酌给地亩钱粮,一体办理③。《清史稿》载:移京城满族赴东北垦荒"虽叠奉谕旨议行,然终未能切实举办"④。对此项移民政策的成效评价不高。

嘉庆十七年(1812年),清廷欲再次向东北迁移闲散旗人,原因同乾隆时一样:"八旗生齿日繁,京城各佐领下户口日增,生计拮据,虽经添设养育兵额,而养赡仍未能周普"。嘉庆帝指出:闻近来柳条边外采漫山场,日渐移远,其间空旷之地,不下有千余里,悉属膏腴之壤,……从前乾隆年间,我皇考高宗纯皇帝,轸念八旗人众,分拨拉林地方给与田亩,俾资耕种,迄今该旗人等甚享其利。今若仰循成宪,斟酌办理,将在京闲散旗人,陆续资送前往吉林,以闲旷地亩拨给营业。或自行耕种,或招佃取租,均足以资养赡。将来地利日兴,家计日裕⑤。从中也可看出,乾隆时从京城移出之满族,也有一部分在当地定居下来,积累了进一步施行此政的经验。道光五年(1825年),谕京旗户口前往双城堡屯田,现届道光六年移驻之

---

① 《清高宗实录》卷504。
② 《清高宗实录》卷600。
③ 《清高宗实录》卷1047。
④ 《清史稿》卷120,食货。
⑤ 《清仁宗实录》卷256。

期，经户部查明，愿往者共一百八十九户，较之道光四五年，倍形踊跃。本年前往者自必更多①。可见，向东北回迁满族的之举，乾隆以来清廷一直在陆续进行。

京城人口的分流还有一点需要提及。按照清朝宗室则例，他们不许在城外居住。但"近日（道光时——笔者注）生齿日繁，有不得不移住坟茔之势。移者既多，例不能禁"②。这意味着，内城已难以容纳日渐增多的满族人口，故朝廷不得不放松管制。

以上所列是近代之前政府所制定或采用过的应对人口压力之策。它们是不同王朝相关政策的汇总，一种概括，并非所有时期每个具体王朝政府均出台过所列各项政策。由于不同时期政府所面临的人口形势不同，政策重点也有差异。我们认为，这些政策在具体时期对民众生计的改善、生存能力的提高是有作用的。特别是徭役、赋税减轻，不同形式仓储机构设立，通过挖掘官方资源来促就，或帝王、政府通过压缩公共支出来实现。尽管其实施的持续性有限，但它们有助于降低民众生存压力，提高民众在危机环境中生存下来的可能性。

传统时期一些人也认识到，人口增长和民困缓解与政府"必薄赋敛、宽力役、救荒馑"之政有关，"三者不失，然后幼有所养，老有所终，无夭阏之伤，无庸调之苦"③。有些制度的效果则要打折扣，如婚丧活动节俭行为的提倡和引导，在"礼"的标准下，"铺张"办事风尚则难以扭转。有些制度，如重农之政，从形式上和短期看具有推进务农人口增长、减少纯粹消耗粮食的非农人口之效。长期看来，此项政策不具有提高农业劳动生产率的作用，却可能导致人口总量增加和人口压力产生，一定程度上造成社会周期性发展危机。

三 当代人口生存压力应对政策

人口压力有多种表现，中国近代之前主要为生活资料短缺问题。1949

---

① 《清朝续文献通考》卷26，户口考。
② 奕赓：《佳梦轩丛著》，管见所及。
③ 《包孝肃奏议集》卷7，民事。

年以来，直至20世纪70年代，食物短缺所造成的人口压力并没有从根本上消除。而在城市化和非农业人口增长较快时期，就业成为人口压力新的表现形式。可以说，食物短缺和就业问题是中国20世纪50—70年代人口压力的两大表现形式，相对来讲，食物短缺最为突出，当然不同时段又有区别。政府为解决和缓解人口压力采取了多种应对措施。这其中既有经验，也有教训。

（一）开源与节流——粮食短缺压力及应对

"开源"这里指，1949年后，在一个比较长的时间内，政府将农业和粮食生产放在突出地位，试图通过增加耕地面积和粮食产量解决供给不足问题。"节流"为，在计划经济时代，政府直接控制的粮食资源短缺之时，通过降低口粮标准（减少人均定量）和质量标准（减少面粉、大米等细粮比例，增大玉米面、高粱米等粗粮比例），使有限的粮食维持更多人的生存之需。实行这一政策的前提是，政府对生产和生活资料实行高度控制，建立全国统一的分配体系。

1. 重视农业、增加粮食生产

这是1949年后至80年代初期政府应对人口压力的基本政策。

（1）土地改革对农民的生存意义

土地改革的核心是对土地等基本生产资料在农民中间进行重新分配，以解决占人口60%以上、生产资料不足的中下层农民的生产和生存困难。

中国共产党1949年之前即于解放区推行土地改革，积累了在全国实行土改的经验。1950年《土地改革法》颁布。土改的基本原则是：废除地主阶级封建剥削的土地所有制，实行农民的土地所有制，借以解放农村生产力，发展农业生产，为新中国的工业化开辟道路。

在我们看来，土地改革是新政权通过非经济手段实现农村土地、房屋及其他基本生产资料平均分配的行为。其直接结果是，富裕中农以上家庭掌握的超过平均水平的土地等生产资料被剥夺，生活水准下降；贫下中农因分得土地、住房等，生存条件得到根本改善，两者共同趋向中农水准。富裕中农以上家庭失去了消费相对奢侈性物品的能力；贫下中农则具有了基本生活资料的消费条件。土改实际上使农村具有基本生存条件的家庭增多[1]，或者说，土地改革对农民的生存意义在于，多数无地少地农民获得了达到当地平均水平的田亩，维持生存的能力提高，生存压力得以减轻。

土地改革是在原来不变或相对固定的资源条件下，通过对土地等生产资料产权的变革和无偿再分配，将多占资源的家庭从高位拉下来，将没有和缺少资源的家庭从低位提上去，使资源的占有平均化。可见，它是通过制度变革缓解人口总体生存压力的方式。在这一过程中，由于更多的家庭拥有直接生产资料，生产的积极性会提高，有可能提高粮食产量，进而缓解人口压力。至少从短期看有这种效果。

（2）推行新的重农政策，增加粮食生产

可以说，集体经济制度建立以后，政府对农业生产从劳动力投入、种子选育到春耕夏种、夏收秋收等阶段，从积肥、施肥到水利建设，各个环节都有政策性规定和指导性意见。如此关注和干预农业生产过程是传统时代重农政策所不及的。两者最主要的差异表现为重视和介入的程度有别。传统社会，私有土地制度和家庭经营为基本模式，帝王或政府通过发布诏令、告示，以赋役调整等为手段，引导劳动力耕垦南亩，但不直接参与或介入民众的具体经营行为（除屯田外）；1949年后的现代重农政策则是政府全方位关注农业生产，干预农业经营活动。另外，生产方式不同。传统重农政策实施的环境是，私有（或准私有）土地制度为主导、农民家庭作为基本生产单位；现代重农政策以集体经济组织为基础。而从宏观视角看，两者又有共同之处：以农为本，限制农民从事非农经营活动。我们将现代重农政策概括为以下几个方面。

甲、通过行政措施在农业领域或具体经营中投入更多劳动力

20世纪50年代末至60年代是中国集体经济全面推进时期，但以人和畜力为主的生产力条件没有实质改变。以生产队为单位的农业收益分配有较强的平均色彩，农民的劳动积极性不足，劳动生产率降低，劳动力出现短缺，农忙季节尤其如此。因而，这一时期政府的政策多强调增加劳动力投入，鼓励其他非农行业支援农业生产。

---

[1] 王跃生：《社会变革与婚姻家庭变动——20世纪30—90年代的冀南农村》，生活·读书·新知三联书店2006年版，第452页。

1960年8月，中共中央发出《关于全党动手，大办农业，大办粮食的指示》，要求各地"从各方面挤出一切可能挤出的劳动力，充实农业战线，首先是粮食生产战线"。中央也意识到："解决农业劳动力紧张的根本办法在于机械化"，但目前难以做到，所以要将非农业领域所挤占的农业劳动力调配回农村，从事耕作活动。"在两三年内，各行各业都不允许在计划外到农村中私自招人，应当在技术革新和革命运动、提高劳动生产率的基础上，解决增加生产和新建厂矿所需要增加的劳动力，并且节约出一部分劳动力派到农村中去。""保证在农忙季节参加农业生产的至少达到农村劳动力总数的百分之八十以上。"[①] 按照这一指示，在农业与非农业发生劳动力需求冲突时，应优先保障农业生产之需。

1961年4月中央精简干部和安排劳动力五人小组在《关于调整农村劳动力和精简下放职工问题的报告》中提出农村劳动力使用的三条杠杠问题，要求做到：（1）整劳动力和半劳动力（不包括辅助劳动力）达到农村人口的40%左右，其中整劳动力占三分之二；（2）以农村中整、半劳动力总数作为一百，公社和生产大队两级占用的劳动力不能超过5%左右，其余95%左右归生产队支配；（3）用于农业生产第一线的劳动力，农忙季节必须达到80%，其他方面所用的劳动力合计起来不能超过20%。这三条杠杠被认为是"发展农业生产的重要保证，必须努力做到"。然而当时实际情况是：农村劳动力占农村人口的比重，已由1960年上半年的38.3%（人口五亿四千五百万人，劳动力二亿零九百万人），增长到39%（人口五亿五千一百万人，劳动力二亿一千五百万人），接近40%。归生产队支配劳动力占农村劳动力总数的比重，已由上半年的82.3%增长到89.1%，但还未达到95%。农业劳动力占农村劳动力总数的比重，已由上半年的57.4%增长到67.4%（由一亿二千万人增加到一亿四千五百万人），还未达到80%，比1957年（一亿五千三百万人）也还少八百万人。因此，该报告要求："必须继续精简下放职工，动员部分在外的民工和自流农民回乡，增加农村的劳动力。"

[①] 中华人民共和国国家农业委员会办公厅：《农业集体化重要文件汇编》（下），中共中央党校出版社1982年版，第336—342页。

认为"只有这样，才利于争取今年农业获得好收成"①。这一政策的核心是，通过设定比例来约束农村劳动力的非农使用，即禁止大队和公社两级管理单位以借调等形式超比例占用农业生产一线劳动力。通过将80%以上的农村劳动力束缚于土地之上这一措施，来保证粮食增产。它也表明，当时农业劳动力的生产效率不高，向非农领域稍微转移一些，人手不足的状况就会表现出来。

乙、设定增加粮棉产量目标，全力落实

提高粮棉产量是农村集体经济时代中央发展农业、解决生活资料短缺问题的核心任务。中央政府提出了既宏大又很具体的发展目标。

1956年开始草拟、1960年最终形成的《1956年到1967年全国农业发展纲要》对发展农业、增加粮棉产量的目标提出全面规划和要求：从1956年开始，在12年内，粮食每亩平均年产量，黄河、秦岭、白龙江、黄河（青海境内）以北地区，由1955年的150多斤增加到400斤；黄河以南、淮河以北地区，由1955年的208斤增加到500斤；淮河、秦岭、白龙江以南地区，由1955年的400斤增加到800斤。从1956年开始，在12年内，棉花每亩平均年产量（皮棉），由1955年的35斤按照各地情况，分别增加到40斤、60斤、80斤和100斤。为实现这一目标，制定了具体保障措施：(1) 兴修水利；(2) 增加肥料；(3) 改良旧式农具和推广新式农具；(4) 推广优良品种；(5) 扩大复种面积；(6) 多种高产作物；(7) 实行精耕细作；改进耕作方法；(8) 改良土壤；(9) 保持水土；(10) 保护和繁殖耕畜；(11) 消灭虫害和病害；(12) 开垦荒地，扩大耕地面积②。这一纲要对粮食生产可谓既有地区差异性的发展目标，又有涉及各个生产环节和不同农耕环境下达到增产效果的做法。它成为当时政府对农业进行指导的基本纲领，由此推动了多种农业活动的开展和农耕条件的改进。

一些中央领导人不断向干部和民众灌输粮食问题尚未解决的事实。1957年3月李先念指出：粮食问题不可掉以轻心，他不同意"粮食在我国

---

① 中共中央文献研究室编：《建国以来重要文献选编》第十四册，中央文献出版社1997年版，第274—300页。

② 《1956年到1967年全国农业发展纲要》（1960年4月10日），《中华人民共和国国务院公报》1960年第13期，第251—268页。

已经不成为大问题了"的观点,那种认为粮食生产赶不上需要增长的矛盾,在合作化以后就可以一下子解决的想法,是过分天真了。生产和需要之间存在很大矛盾,这不是短期可以解决的。我国人多、地少、生产技术还落后,增产粮食是件头等大事,不能掉以轻心①。这一提醒应该说是很有必要的。

20世纪50年代后期以来,中共中央经常发布重视粮食生产的指示。1959年7月中共中央《关于粮食工作的指示》提出:粮食问题是关系六亿多人民生活的重大问题。要求各地方,一要鼓足干劲,多产粮食。只有千方百计地力争粮食增产,才能保证各方面日益增长的需要。二要学会精打细算、省吃俭用过日子。要瞻前顾后,以丰补歉,细水长流,留有余地②。1960年8月,中共中央"关于全党动手,大办农业,大办粮食的指示"指出:保证粮食生产,不只是农业部门单独的责任,而且是各部门共同的责任,全党全民共同的责任③。

可以说,整个60年代和70年代,重视农业、提高粮食生产一直是政府的基本方针。由此可以推断,粮食短缺问题这期间始终没有解决,成为一种隐忧,政府不得不下力气抓农业,推动粮食生产。

丙、注意改善农业生产条件

这一点在集体经济时代尤为显著。农业生产已不是个体农民家庭所掌控的经济活动,而变成"组织"的责任;不仅生产队、生产大队和公社三级组织要直接抓生产落实,它也是各级党的组织和政府部门的重要职能。其着眼点主要有以下几个方面:

一是兴修水利。大力兴修农田水利是集体经济时代最主要的基本建设。从大中小型水库到引水灌溉渠道,组织农村劳动力利用农闲季节建设,同时动员其他非农行业人员(包括在校中学生和高校学生)参与,这成为集体经济时代一项颇具特色、规模较大的基本建设活动。

---

① 李先念:《在全国粮食厅局长会议上的讲话》,见《李先念文选》,人民出版社1988年版,第228—229页。

② 中共中央文献研究室编:《建国以来重要文献选编》第十二册,中央文献出版社1996年版,第467页。

③ 《农业集体化重要文件汇编》(下),第336—342页。

二是增施肥料。中国传统农业种植所需肥料主要是用庄稼秸秆、杂草和树叶等沤肥，肥力较低；或积攒人畜粪便，但后者难以大面积使用。1949年后，特别是集体经济时代，政府加快化肥企业建设，提高化肥产量；同时鼓励农民多积草粪，双管齐下，对农业增产起到了重要作用。

三是改良作物品种。传统农业时代没有专门提供种子的公共机构。个体农民自己从本年所收获物中选取相对饱满者作为来年种子，退化严重，制约稳产增产。集体经济时代，政府在县、公社建立了完善的种子培育机构，每个公社有种子推广站。

不仅如此，中央政府对农业生产极其重视，通过下发任务非常具体的文件来指导春耕、夏收、秋收和秋种等农耕活动。如1957年9月，中央发布"关于今冬明春大规模地开展兴修农田水利和积肥运动的决定"，认为，积极广泛地兴修农田水利是扩大农业生产、提高单位产量、防治旱涝灾害最有效的一项根本措施，多积肥、多施肥是保证增产的可靠办法[①]。

我们认为，在农民生产积极性并非很高的情况下，集体经济时代粮食能够增产，与生产条件的改善有直接关系。

综上所述，中国当代的重农政策与集体经济制度相伴随。政府一方面利用其所建立起来的三级管理体系（公社、大队和生产队），限制农民和农村劳动力从事非农经营活动；通过增大农耕劳动力数量投入，弥补劳动效率下降对农业生产的负面影响。另一方面，政府也注意加大对农业的技术投入和引进，改变传统靠天吃饭的传统种植方式。其中有，建立专门农技部门改良种子，增建化肥厂扩大生产，兴建大型水利灌溉设施等，这些都是近代之前传统农耕时代所缺乏的。我们认为，集体经济时代粮食亩产提高与此有很大关系。而粮食短缺在这一时期没有从根本上得到解决的原因，很大程度上与该时期人口增长相对较快有关。当然，就普遍情形来看，农业劳动生产率在集体经济时代并没有实质性提高，可以说新的重农政策未能从根本上解决粮食短缺问题。同时，也必须承认，集体经济时代，除了1960—1962年外，农民低水平的生存条件（以填饱肚子为标准）得到基本保障，否则不会出现20世纪60年代（除1960—1962年外）和70年代人口

---

① 《中国共产党中央委员会、国务院关于今冬明春大规模地开展兴修农田水利和积肥运动的决定》（1957年9月24日），《中华人民共和国国务院公报》1957年第42期。

数量的相对较快增长。

2. 压低城乡人口口粮标准，应对粮食危机

对非农业人口定量供应粮食制度实行于50年代中期，由此国家掌握着粮食这一生活资料的配给权力，同时它也承受着巨大的粮食供应压力。从20世纪60年代之后，直至80年代初，由于粮食短缺问题未从根本上解决，政府对农业人口的口粮和非农业粮食供应一直采用低标准、低定量政策。

当然这一政策实施的直接原因与1960年开始出现的粮荒有关。按照1960年9月中共中央《关于压低农村和城市的口粮标准的指示》所言：今年夏收以后，一些地方灾区夏粮估产偏高，征购以后，留粮不足。山东某些地方在麦收以后，肿病、非正常死亡和人口外流的现象还在继续发生，偷青吃青现象很严重。这种现象，河南、山西、安徽、江苏等省也有发生；肿病和非正常死亡，个别地方也发生过。其原因主要是对灾区的灾害损失估计不足，估产偏高，留粮不落实，夏收时又多吃了一些，因而口粮接不上秋收。为度过这一粮食短缺危机，中央要求，全国必须立即采取压低城乡口粮标准的方针，农村和城市都要少吃；丰收区少吃，灾区更要少吃。农村口粮标准降低的方式是：淮河以南直到珠江流域，维持平均每人全年原粮三百六十斤水平，遭灾地方应更低些。丰收地方，完成原定外调和为支持灾区增加外调粮食任务以后，还有余粮，口粮标准可提高到原粮三百八十斤，最多不能超过原粮四百斤。在压低农村口粮标准的同时，城市供应标准也必须相应地降低。除高温、高空、井下和担负重体力劳动的职工外，其余全部城市人口，每人每月必须压低口粮标准两斤左右（商品粮）[①]。压低民众的口粮标准将直接减少消费，缓解政府供给不足的压力。

1961年6月，中央工作会议提出《关于减少城镇人口和压缩城镇粮食销量的九条办法》，其中有：为解决粮食问题并且使国家和社、队都有粮食储备，今后三五年内，全国口粮一般地仍应实行低标准、瓜菜代方针。1961—1962年度，城镇口粮标准不许提高，只许适当降低。停工、半停工企业以及事业单位口粮标准要降低一些。全开工企业、事业单位口粮标准

[①] 中共中央文献研究室编：《建国以来重要文献选编》第十三册，中央文献出版社1997年版，第565—569页。

不减①。由此可见，当时粮食的短缺形势很严峻。政府支配的用于百姓基本生活的粮食资源受到高度限制。

无疑，20世纪60—80年代初期，口粮低定量标准供应政策的实行是粮食短缺或粮食生产没有根本解决这一大背景下的产物。

可见，即使在"开源"政策实行的时期，粮食短缺问题并没有得到根本解决；低口粮标准的"节流"政策也非权宜之计，一直实行了二十余年，即"开源"之政并没有带来粮食供给水平的实质改善，故"节流"策略不能放弃。而在80年代初期集体经济组织解体，土地承包责任制实行之后，家庭重新成为经营单位，农民的生产积极性提高，他们不仅生产的粮食增多，而且有了劳动时间的"剩余"。它意味着，中国当代粮食短缺问题的解决是在政府减少对农业生产和经营方式的直接干预之后。这是一个具有悖论特征的现象，值得深思。在我们看来，集体经济时代，政府下大力气发展农业，干预农业生产和经营的具体过程，将更多劳动力投入到农耕之中，但忽视了劳动者积极性的调动和劳动效率的提高，土地承包责任制则是对此缺陷的弥补。

（二）控制农业劳动力非农转移、压缩城镇人口

如果说在粮食问题上政府实行"开源节流"政策主要是针对粮食短缺所采取的措施的话，那么控制非农业人口增长、压缩城市人口则具有解决粮食和就业两大人口压力的意义。

1. 农民以农耕为主，限制其从事非农活动

中国近代以来，特别是民国以后农村劳动力即出现剩余状况。向城市和非农业领域转移是主要的释放方式之一，南方地区尤其如此。新中国成立初期，这种状况依然存在。

1952年7月中央人民政府政务院发布"关于劳动就业问题的决定"指出：土地改革后，人人有地种、有饭吃了，但已耕土地不足的情况基本并未改变，劳动力仍有大量剩余，加以互助合作运动的开展与目前条件下可能的农具改良，如不在农业、副业、林业、畜牧业、手工业等方面积极设

---

① 中共中央文献研究室编：《建国以来重要文献选编》第十四册，中央文献出版社1997年版，第412—415页。

法，农村劳动力的剩余将更加多，农村中的剩余劳动力目前是在无组织无计划地盲目地向城市流动着，这也增加了城市中的失业半失业现象[1]。可见，从当时的社会实际看，城市还不足以吸纳农村所溢出的剩余劳动力，其中多数就地消化是政府的基本政策。不过，它只是当时政府对就业形势的认识，将农民束缚在土地上的严厉措施尚未出台。

然而，在集体经济时代，特别是20世纪60年代初期开始，农村以生产队为单位组织农民生产，其主要经济活动是农耕，非农经营被严格限制。只有少数人可在生产队组织下参与有限的以农业为原材料的副业生产活动，如开豆腐坊、粉坊等。离村进行工商活动被严格禁止。

不过，即使在60年代初、中期，一些地区农村的劳动力设法外出从事非农劳动，赚取收入。他们多被厂矿企业单位所私招，或承包工程（山西），还有的出外做零工（江西）。当地政府发现后，要求用人单位对农民工要"立即设法动员回去"（山西），或"清理回乡"（江西）[2]。

个别地区在20世纪70年代初期，才允许农村生产大队或生产队进城从事运输和建筑活动。80年代初期集体经济解体后，农村劳动力务工的限制才逐渐解除。

我们认为，中国农村劳动力非农就业或转移的势头在民国时期即已存在。1949年后，50年代中期前，由于工业的发展，他们外出的愿望在很大程度上得到了满足。但50年代末以后压缩城镇人口大环境下，加之集体经济下农业劳动生产率低下，对劳动力投入依赖增大，政府设法用行政手段将农民控制在土地上。

2. 控制农民非农转移政策及其变化

这一政策的主要着眼点是防止农民向非农领域转移，否则增加粮食供应压力和城镇劳动力就业的紧张状况。当然，此项政策有阶段性差异。

（1）实行口粮定量、按人供应制度，农业人口出外消费受到限制

---

[1] 中共中央文献研究室编：《建国以来重要文献选编》第三册，中央文献出版社1992年版，第289、292页。

[2] 江西省人民委员会批转省民政厅：《关于某些地区招收录用外流人口情况的报告》，《江西政报》1964年第1期；山西省人民委员会：《关于制止农村劳动力私自出外包工的通知》，《山西政报》1964年第12期。

在解放区土地改革基础上，1949年后政府全面推行了土地改革。但由于人均土地，特别是劳动力所耕作土地的平均水平较低，加之当时依然按照传统耕作方式生产，粮食亩产量虽有所提高，却并非显著增长，且增加部分主要用于解决农民及其家庭的生存之需，难以满足城市人口数量大幅增长下对商品粮的需求。因而20世纪50年代，城市扩张过程中粮食供应紧张问题则显现出来。

根据主抓经济工作的国务院副总理陈云1961年的说法，新中国成立以来出现四次粮食供应紧张状况。这四次当中，有三次是由于城市人口增加过多产生的，还有一次是工作失误所造成。第一次是在1953年，粮食统购统销政策出台。在这之前，非农业人口依靠公粮过日子，全国每年征三百亿斤至四百亿斤就可稳定市场。1953年国家所征公粮加上买农民的余粮，共八百三十亿斤，还不能保证市场之需。原因是，1952年上半年城市人口约为六千一百万。从下半年起，国家准备实行第一个五年计划，政府机构扩大，基建队伍和企业职工均增加了。到1953年城市人口就增加至七千八百万，净增一千七百万人。这样，再靠农民缴公粮和卖余粮来维持市场供应就不行了。第二次是1954年，由于大水灾，粮食减产。而粮食征购数则比上一年多70亿斤，总数达到902亿斤。1955年上半年"家家谈粮食，户户谈统购"。第三次是1957年，粮食库存减少。由于1956年城市人口增加过多，到1957年6月底，库存粮食从427亿斤下降到364亿斤，减少63亿斤，征购的粮食数量已经不能适应当时城市人口的规模。第四次是从1959年开始，一直到现在（1961年）。这两年征购得多，但是销售得更多。该时期，城市人口大量增加，从1957年的9900万人，增加到1.3亿人。粮食库存连年下降。通过这一回顾，陈云指出：农村能有多少剩余产品拿到城市，工业建设以及城市的规模才能搞多大。其中关键是粮食[①]。可见，在50年代，农村或农业向日益增加的非农业人口提供口粮的能力有限。若没有外部供给（如进口）作为补充，城市人口短期增速过快，就会出现粮食供应紧张局面。

实行粮食定量供应，并将其与非农业人口户籍结合起来，成为缓解粮

[①] 陈云：《动员城市人口下乡》（1961年5月31日），见《陈云文选》第三卷，人民出版社1995年版，第160—169页。

食供应紧张状态、限制农业人口进城的一项重要政策。

直到1978年，国务院批转商业部《关于控制粮食销售的意见的通知》仍试图通过粮食供应控制，限制城镇企业使用农民工：所有地方、部门和企业，都必须严格执行国家下达的劳动计划，不准突破，不准擅自招收计划外人员。各省、市、自治区要在下达增加职工计划的同时，相应下达粮食供应通知书，并逐级落实到基层单位。凡是没有省、市、自治区增加职工计划和粮食供应通知书的，国家一律不供应粮食。不过，该通知也显示出，当时粮食紧缺的局面已大大改善。因为其中有这样的提法：城镇人口的口粮定量，总的说不算低，而定量外的补助粮开支却很大，全国一年约十六亿斤。有些地方补助项目繁多，标准偏高，管理不严，浪费不少。必须加强管理，严格控制补助粮的范围和标准①。在我们看来，粮食补助标准偏高、浪费不少虽应指责，但它也透漏出地方政府掌握的粮食资源相对比较充足、短缺状况已大大缓解的信息。当然，这是针对计划内非农业人口的需求而言，一旦"农转非"数量大幅度上升，不敷供给的形势难免再现，故此政府还不能放松限制。

（2）限制农业人口向城镇迁移和转为非农业人口

1958年《中华人民共和国户口登记条例》第十条规定：公民由农村迁往城市，必须持有城市劳动部门的录用证明，学校的录取证明，或者城市户口登记机关的准予迁入的证明，向常住地户口登记机关申请办理迁出手续②。

但该规定在初期并没有抑制住农村劳动力外流行为。1959年2月，中共中央发出《关于制止农村劳动力流动的指示》中指出：最近两三个月来，农民盲目流动（主要是流入城市）的现象相当严重。根据河北等10省不完全统计，外流农民约有三百万人。农民流动的原因：一是受前一时期城市和工矿区的企业单位大量招工影响，一些单位违反招工规定，任意录用农民；二是有些地方对群众的生产、生活安排得不好，不少农民羡慕城市生活，就想出来；三是城市对用人制度和户口管理不严，粮食供应较宽，助长了农民进城的现象。这一指示认为，"工矿企业从农村招工已经有些过

---

① 赵毓臣主编：《经济监督现行法规汇编》（下册），北京出版社1989年版，第54页。
② 《中国人口年鉴》（1985年），中国社会科学出版社1986年版，第84页。

多，农民盲目流动的现象如继续下去，对农业和工业生产很有妨碍，对于巩固人民公社不利"。因此，必须立即采取有效措施予以制止。具体规定为：一是停止招工。各企业、事业、机关一律不得再招用流入城市的农民；已经使用的，应即进行一次清理，已有固定工作确实不能离开的，必须补订包括企业、人民公社和劳动者本人三方面同意的劳动合同。其余的，应在做好政治思想工作以后，一律遣送回乡。二是农民盲目外流严重地区必要时应在交通要道派人进行劝阻。对已经流入城市、工矿区而尚未找到工作的农民，尽速遣返原籍。三是严格执行粮食计划供应制度和户口管理制度，没有迁移证件不准报户口，没有户口不供应粮食①。

1962年，在压缩城镇人口的同时，中央政府强调，减少从农村招工数量，特别规定：在今后若干年内，一般不准再从农村招收职工，不准把临时工改为固定工②。

1963年《城市工作会议纪要》适当放宽特殊行业退休、退职老、弱、残职工农村子女的顶替标准：矿山井下工人，林业采伐工人，盐场工人，以及能够回乡居住的职工，在退休、退职以后，他们家居农村的子女或者其他赡养亲属，也可以顶替工作③。允许顶替就意味着政府希望保持这些行业现有职工数量的稳定，而不是压缩，或者说实现进出平衡。上面所列举的多为工作环境相对艰苦的行业。不过，政府仍不希望农村劳动力和已在城市职工的农村家属净流入城市。按照这一"纪要"：在今后相当长的时间内，城市一般不要从农村招工。来自农村的职工及其家属，凡是能够回乡的，应当继续动员他们回乡。居住在农村的职工家属，应当说服他们不要迁入城市。同时，在户口管理上，严格加以限制。要坚持实行多从城市合格青年中征兵的办法，这些军人复员以后，尽量安置在农村。家住在城市的刑满释放和解除劳动教养的分子，应当尽可能把他们安置在劳动改造场所，参加生产劳动④。至此政府的主要目标已不是压缩城镇人口，而重在控

---

① 中共中央文献研究室编：《建国以来重要文献选编》第十二册，中央文献出版社1997年版，第28—30页。
② 中共中央、国务院：《关于当前城市工作若干问题的指示》（1962年10月6日），见中共中央文献研究室编《建国以来重要文献选编》第十五册，中央文献出版社1997年版，第666页。
③ 国家计划生育委员会：《计划生育文件汇编》（1950—1981.3），第23—24页。
④ 国家计划生育委员会：《计划生育文件汇编》（1950—1981.3），第23—24页。

制城市人口超计划增长,即让其维持在低增长状态。

政府另一项控制非农业人口增加的措施是:鼓励中等农校毕业的农民子弟"社来社去"。1968年3月国务院《关于社来社去农校学生要求国家统配问题的批复》指出:中等农校从公社招生,毕业后回原社、队当社员(即"社来社去");或统一招生,规定毕业后到农村当社员的办法是正确的。因此"社来社去"的毕业生和统一招生规定毕业后到农村去参加生产劳动的学生,就应该一律按办学部门原来的规定到农村去,回原社队去,当社员,拿公社工分,国家不发工资[1]。这使农民子弟通过接受中等教育改变身份的愿望受到极大压抑。

尽管限制"农转非"的政策表现出很强的刚性特征,但违禁现象并没有完全消除。1973年,商业部《关于农业人口迁移办理粮食供应转移关系问题的通知》中指出:各地在整顿粮食统销中,发现有的地方违反政策规定,在办理粮食供应转移关系时,擅自将农业人口改为非农业人口迁出,扩大了商品粮的供应。因此要求,根据中央〔1972〕44号文件指示精神,各级粮食部门在党委领导下,同有关部门密切配合,严格控制吃商品粮人口,对农村人口迁入城镇的,要严加限制[2]。它表明,地方政府在执行中央政策时并非不折不扣。这期间获得进城机会者肯定有各种"正当理由",并通过官方设定的"正常渠道",但他们绝大多数将不会是普通农民的子弟。

就总体而言,城乡人口流动壁垒在这一时期确立并维系下来,民众的"二元"社会身份由此凸显。

(3)限制与放松相结合

1978年后,在延续控制农业人口转为城镇人口政策的同时,也出现一些松动。

甲、"农转非"控制政策延续,但又略有放松

这一政策在以下几个方面表现出来:

一是在农村招工中地方政府突破约束,中央则持有限放松态度。

---

[1] 国务院:《关于社来社去农校学生要求国家统配问题的批复》(1968年3月17日),见http://ds.eywedu.com/zhishiqingnian/015.htm,2011年4月10日。

[2] 商业部办公厅编:《1949—1984年商业政策法规汇编》上,中国商业出版社1987年版,第205页。

1981年《国务院关于严格控制农村劳动力进城做工和农业人口转为非农业人口的通知》指出：近几年来，企业、事业单位使用农村劳动力，以及农业人口转为非农业人口的数量都很大。据统计，1980年年末全民所有制单位通过各种形式使用的农村劳动力共有九百三十一万人（不包括招收的固定工）。1978年至1980年，非农业人口增加了一千八百万人（不包括自然增长），平均每年增加六百万人。这是新中国成立以来非农业人口增加较多的几年[1]。在增加的非农业人口中，有相当一部分是通过"走后门"等不正之风或乱开口子进来的。非农业人口的大量增加，同当时我国农业提供商品粮、副食品的能力，以及城市的负担能力都很不适应。

我们认为，在当时户籍制度下，能够走"后门"将农村户籍转为城市户籍者，需要打通公安、粮食、劳动等政府管理环节（当然这些部门也可以组成联合办公机构审批相关单位或个人所提出的"农转非"申请）。这在一定程度上表明中央政府严格控制农村人口迁入城市或变为非农业人口的制度环境被打破。并且，由于该时期各地"农转非"并非少数，而有一定规模，它意味着非农业领域，如新办企业，对劳动力有需求，有工作岗位等待新人填充。这是严格控制"农转非"政策限制被突破或被忽视的前提。只是那些有关系者在审批环节上处于更有利的地位，优先获得了机会，其子女等亲属通过正当渠道和程序得以进城、进厂。或者说，它是地方政府对中央"农转非"政策的从宽掌握和落实，但中央政府对此不满，并加以制止。

在该项通知中，国务院规定：严格控制从农村招工。矿山井下、野外勘探、森林采伐和盐业生产四个行业的有关工种，按国家计划增加职工时，应首先招收矿区、林区或本单位所在地的城镇待业青年；招收不足时，经省、市、自治区人民政府批准，可以从农村招工[2]。

家居农村的工人退休、退职，要严格执行规定。需要按规定招收家居农村的退休、退职工人的一名农村子女时，必须坚持符合招工条件，不符合招工条件的不准招收。城镇的全民所有制单位按计划使用临时工时，应招用城镇劳动力；在农村的全民所有制单位，必须从农村招用临时工时，

---

[1]《劳动工作》1982年第2期。

[2]《国务院关于严格控制农村劳动力进城做工和农业人口转为非农业人口的通知》，《劳动工作》1982年第2期。

应报经省、市、自治区人民政府批准。城镇集体所有制单位一律不准招收农民当职工（包括临时工）。城镇的技工学校不得从农村招生。对国家建设征用土地后多余的农村劳动力，主要靠帮助生产队发展林、牧、副、渔等多种事业或举办集体性质的工副业进行安置，确实需要吸收少量农民当工人的，要经省、市、自治区人民政府批准。该文件还要求清理企业、事业单位使用的农村劳动力[①]。

由此可见，该政策延续了20世纪60年代初期以来控制农业劳动力进入非农领域的思路，不过又在一些方面留有余地。即从农村招工，需经省级政府批准，而不是将这一途径堵死。它表明，此项政策并非继续冻结"农转非"，只是提升审批层级，以此控制"农转非"的规模。

这一时期，从粮食供应上也体现出对控制"农转非"政策的延续和适度放松的特征。1981年粮食部下发《关于进一步做好市镇粮食定量人口、口粮定量及供应管理工作的意见》和《关于扩大粮食复制品和主食食品经营的意见》[②]的通知，规定：农业人口转为市镇定量人口，应当严格执行国务院1977年11月批转公安部《关于处理户口迁移的规定》和国家规定的每年控制农村人口转为城镇人口的比例。户口由公安部门审批，粮食部门要配合公安部门做好此项工作。农业人口转为市镇定量人口，办理粮食供应关系时，必须经县或县以上粮食部门审批，县以下粮食部门无权审批。

二是改革初期适度减少工人退休后农村子女顶替的限制。

1978年5月，国务院《关于工人退休、退职的暂行办法》发布。其中有：家居农村的退休、退职工人，应尽量回到农村安置。本人户口迁回农村的，也可以招收他们在农村的一名符合招工条件的子女参加工作；退休、退职工人回农村后，其口粮由所在生产队供应[③]。虽然这一做法并没有增加城市户口总量，是父与子的身份互换，但它为农村青年人进工厂、获得非农业户籍提供了一个机会。

[①] 《国务院关于严格控制农村劳动力进城做工和农业人口转为非农业人口的通知》，《劳动工作》1982年第2期。

[②] 商业部办公厅编：《1949—1984年商业政策法规汇编》上，中国商业出版社1987年版，第224—226页。

[③] 孙陆军主编：《中国涉老政策文件汇编》，中国社会出版社2009年版，第7页。

1986年，国务院《关于发布改革劳动制度四个规定的通知》提出：废止"子女顶替"制度。"子女顶替"制度实行多年，弊病甚多，必须废止。考虑到部分家居农村的老工人的实际情况，在贯彻执行中允许适当灵活一些，即对1957年底以前参加工作、家居农村的老工人，在他们办理退休手续后，允许其一名农村的适龄未婚子女到父母原工作单位的城镇，参加全民所有制单位或集体所有制单位的招工考试或考核，在同等条件下优先录用。被录用的，由当地劳动部门办理录用手续，公安、粮食部门办理户、粮关系转移手续，退休工人本人的户、粮关系同时迁回农村；未被录用的，仍应留在农村劳动[①]。

老职工农村子女顶替制度的推行本质上还是就业岗位有限所致，但它也表明当时的就业压力已经减轻，否则政府会实行净削减（只退不进）政策。但它易滋生弄虚作假现象（如让子女提前接班而更改年龄早退休），还使农民子弟的非农就业机会不公平，形成当时有限的"公共福利"在特定家庭中代际传递和固化。

三是集镇个体工商户进城落户解禁。

1984年，《国务院关于农民进入集镇落户问题的通知》放宽了在集镇从事工商业者落户的限制：凡申请到集镇务工、经商、办服务业的农民和家属，在集镇有固定住所，有经营能力，或在乡镇企事业单位长期务工的，公安部门应准予落常住户口，及时办理入户手续，发给《自理口粮户口簿》，统计为非农业人口。粮食部门要做好加价粮油的供应工作，可发给《加价粮油供应证》[②]。应该说，这是集镇非农业人口数量的净增长。

乙、对特定群体农村配偶迁移进城的放松政策

允许职工在农村的家属通过迁移进城解决两地分居问题。从全国范围看，这一政策的全面启动始于1980年1月三部一局（中共中央组织部、民政部、公安部、国家劳动总局）：《关于逐步解决职工夫妻长期两地分居问题的通知》。该通知重点解决的对象是双职工和一方是职工、另一方为城镇居民者。但对一方是职工，一方是农村社员的，不可能把在农村的一方都迁移到职工一方所在地区。应当根据经济的发展，分别不同情况，有条件

---

① 国务院：《关于发布改革劳动制度四个规定的通知》，《中国经济体制改革》1986年第9期。
② 《中国人口年鉴》（1985年），中国社会科学出版社1986年版，第90页。

地解决①。

不过，在各方要求下，中央很快（1980年9月）出台"二部一局"（公安部、粮食部和国家人事局）通知。它规定：具有高级职称者和年龄40岁以上、工龄20年以上的中级职称者可将农村家属迁入城镇。

因老工人群体规模较大，配偶在农村的比例也较高，短期解决随迁进城问题有困难。至1988年3月，劳动人事部、公安部、商业部联合发文解决老工人夫妻长期两地分居问题：在现行控制非农业人口增长的政策内，注意解决老工人的困难。即按照每年批准从农村迁入市镇和转为非农业人口的职工家属人数，不得超过非农业人数的千分之二的原则进行。各地区要切实安排老工人的农村配偶及其未成年子女"农转非"，逐步解决他们的分居问题②。与子女顶替这种亲子城乡身份"交换"不同，将配偶或18周岁以下子女迁移进城，使非农业人口进一步增加。政府在80年代尚持谨慎态度。

直至1989年，中央政府对人口"农转非"增长速度过快仍有忧虑，继续采取宏观控制措施。1989年10月，国务院发布《关于严格控制"农转非"过快增长的通知》，指出：农业人口转为非农业人口，即由农业户口转为非农业户口，并由国家按照市镇粮食定量供应办法供应口粮（以下简称"农转非"），是一项重大的社会、经济政策。党的十一届三中全会以来，国家调整、制定了一些"农转非"政策，对保证我国改革、开放的顺利进行，促进国民经济的发展和社会安定，起到了积极作用，也解决了部分职工的实际困难。但是，由于缺乏统一规划与宏观管理，不少地区对"农转非"政策放得过宽，控制不严，致使"农转非"人数增长过快，规模过大，超过了财政、粮食、就业以及城市基础设施等方面的承受能力，如继续发展下去，将会给国民经济带来更大的困难。因此，必须加强对"农转非"的宏观管理。抑制措施是，各地要上报"农转非"计划，上报国务院批准后执行，落实中不得超出计划；加强"农转非"的审批管理，审批权在省辖

---

① 中共中央组织部、民政部、公安部、国家劳动总局：《关于逐步解决职工夫妻长期两地分居问题的通知》，《劳动工作》1980年第3期。

② 劳动人事部、公安部、商业部：《关于解决老工人夫妻长期两地分居有关问题的通知》（1988年2月3日），见孙陆军主编《中国涉老政策文件汇编》，中国社会出版社2009年版，第104页。

市一级以上人民政府（含地区行署），县和县级市人民政府无权审批①。不过，这一时期，各地经济发展水平开始出现差异，增加非农业人口对地方经济发展有正向作用，地方政府对控制"农转非"规定的执行力度也会打折扣。

由上可见，从20世纪50年代后期开始直至80年代初期，控制农业人口非农转移是一项持续推行的政策，其主旨是缓解粮食供应和非农就业紧张局面。80年代初期，农村土地承包责任制的实行，既为粮食增产、粮食短缺局面缓解创造了条件，同时在家庭重新成为基本生产单位后，农民能够自己支配劳动时间和方式，政府，特别是基层政权控制其向非农领域转移的做法难以维持。前一条件使政府对粮食紧缺的担忧降低，从而放松了对"农转非"的控制。

3. 压缩城镇人口规模，控制非农业人口增长

在对农村人口进城、农业劳动力转为非农业人口实施控制，防止城市人口机械增长的同时，直接压缩城市已有人口、厂矿职工成为政府20世纪50年代中后期、60年代的一项重要政策。我们认为，政府压缩城镇人口主要是从城镇人口规模着眼，而非农业人口压缩的重点在于就业控制，重点为劳动年龄人口。

（1）压缩城市非生产人员

精简城市非生产人员在20世纪50年代中期即已展开，当时主要限于无业者较多的大城市。政府通过这一措施将其迁回原籍农村，或统一组织到外地垦荒。如上海从1955年就开始压缩人口，至1956年4月，将在本地没有正式工作的人采取动员回乡、组织到江西等地开垦等形式，共迁出52万人②。

而在非生产人员压缩中，大中专学生是重点。它又分为三个时期：

一是20世纪50年代中期，鼓励城市知识青年到农村或与农业有关的行业就业。

1955年政府对未升入大学的高中生还采取以分配工作为主的政策：目

---

① 公安部治安管理局编：《户口管理法律法规规章政策汇编》，中国人民公安大学出版社2001年版，第245—247页。

② 陈熙：《1955—1956年上海首次城市人口紧缩与粮食供应》，《当代中国史研究》2011年第5期。

前小学教育、农业生产和边疆建设等方面，需要相当大量的具有高中文化水平的知识青年。在根据需要及不增加国家总编制的条件下，尽可能吸收这批青年参加生产和工作①。我们认为，这里的参加农业生产并非让他们去当农民，否则就不会提出国家编制这一用语。政府显然是将其吸纳进正式编制内，做农业管理方面的工作等。

按照1958年《关于中华人民共和国户口登记条例草案的说明》所言：我国当前情况是城市劳动力已经过多，农村生产则有很大潜力，可以容纳大量劳动力。因此政府正在动员干部和大、中、小学毕业学生下乡上山②。当然，不同学历者在农业领域中的使用也会有不同。

二是在20世纪60年代初期经济困难、城市人口总量压缩背景下，加大城市初高中毕业生到农村、农场就业的力度。

1962年10月，中共中央、国务院《关于当前城市工作若干问题的指示》提出：对于城市中这些闲散的劳动力和不能就学的学生，除了在城市进行安置以外，从长远着想，凡是有条件的地方，应当组织他们下乡上山，参加现有国营农场、林场、牧场的生产，或者把一部分人安置到地多人少的生产队中去，或者试办半农半读的劳动学校和新的农场、林场和牧场。各省、市、自治区为此可以提出初期的试办经费，报中央有关部门核定③。

1963年7月30日《中央安置城市下放职工和青年学生领导小组长会议报告》指出：解放十四年来出生的孩子，在今后十五年内，将分批逐年达到劳动年龄，单就二百个左右大中城市计算，每年大约有二百多万人。除城市就业、参军和自动下乡的一部分以外，估计每年有百万左右的人需要有计划地安置下乡，参加农、林、牧、渔、副业生产。他们一般是高中、初中毕业、不能升学的学生。每年暑期，城市就会感到这方面的压力很大。分期分批地、有计划地把这些青年学生安排到农业生产战线上去，是摆在我们面前的一项长期的艰巨的任务。今后安置下乡人员的主要方向，是插到人民公社生产队去。全国有五百四十多万个生产队，在十五年内，每队

---

① 《中华人民共和国法规汇编》（1955年7月—1955年12月），法律出版社1956年版，第689页。
② 《中国人口年鉴》（1985年），中国社会科学出版社1986年版，第87—88页。
③ 中共中央文献研究室编：《建国以来重要文献选编》第十五册，中央文献出版社1997年版，第676页。

先后插入两个人，就可以安置一千多万人。其次是安置到国营农场和场社合并的农场。最后是扩建、新建一些农场①。可见，按照这个报告的精神，从事农耕是城市新增劳动力的主要出路。

1963年《第二次城市工作会议纪要》重申了这一计划：全国大中城市需要就业的劳动力，截至今年六月底止，有112万人，预计今年下半年和明年一年，还要新增128万人。这些劳动力必须妥善地加以安置。当前，安置城市需要就业的劳动力，主要方向是下乡上山。下乡上山的主要办法，是到农村人民公社插队②。

在计划经济时代，这些文件表达的不仅是政府解决城市青年就业的思路，而且成为当时的工作方针和基本原则。

三是从20世纪60年代中期开始全面推进城镇知识青年上山下乡运动。

1964年1月，中共中央、国务院发布《关于城镇青年参加农村社会主义建设的决定》，全面推动知识青年上山下乡运动③。

"文化大革命"开始后，城市工商业，特别是工业发展受阻，新增劳动岗位有限，就业问题更为突出。因此，鼓励中学毕业生到农村和农场就业更为紧迫。

"文革"期间，全国城镇知青下乡人数超过一千万人。这一政策1978年后执行力度降低，1981年逐渐停止执行。

由此可见，从50年代中期开始，政府即开始倡导城市知识青年以务农作为就业选项之一，一些大城市中学毕业生的支边举动由此开始。这似乎只是一部分有觉悟者的"先驱性"行为，较少强制性。60年代初期（1962年）开始，政府将城镇知识青年上山下乡作为缓解城镇就业压力的主要手段，不过当时它只涉及一部分人。至1964年之后，特别是"文革"开始后，城市工商业活动受到冲击，就业岗位进一步萎缩，上山下乡成为城市多数初高中毕业生的唯一出路，当然这也是政府的主张和要求。

---

① 中共中央文献研究室编：《建国以来重要文献选编》第十六册，中央文献出版社1997年版，第603—604页。

② 中共中央文献研究室编：《建国以来重要文献选编》第十七册，中央文献出版社1997年版，第300—301页。

③ 中共中央文献研究室编：《建国以来重要文献选编》第十八册，中央文献出版社1998年版，第36页。

（2）全面压缩城镇人口

该政策实施于20世纪60年代初期。由于农业减产，政府可以支配的粮食资源不足以养活日趋庞大的非农业人口。由此中央实施全面压缩城镇人口政策。这是1949年后政府主导的规模最大的逆人口城市化策略。

甲、城镇人口整体压缩目标

1961年6月《中央工作会议关于减少城镇人口和压缩城镇粮食销量的九条办法》要求：

全国城镇只许减人，不许加人，特殊需要加人的必须得到中央和中央局批准。减少城镇人口，必须同压缩粮食销量结合进行。中央政府的基本目标是：在1960年年底一点二九亿城镇人口的基数上，三年内减少城镇人口二千万以上。1661年至少减一千万人，1962年至少减八百万人；1963年上半年扫尾。通过压缩城镇人口压缩城镇粮食供应：1961年至1962年，城镇粮食销量争取压缩到四百八十亿至四百九十亿斤，比上年度减少三十亿至四十亿斤。压缩粮食销量的计划，由各省、市、自治区自己安排[①]。根据这项计划，应削减的城市人口占城市总人口的15.50%，实际上这一计划被超额执行（至1963年城镇人口减少2600万，占1960年年底城镇人口总数的20.16%）。当然各地新兴城镇压缩人口比例肯定更高。这可谓一项规模巨大的城市人口缩减计划和行为，粮食不敷供应是该政策出台的首要原因。

乙、精简对象

从精简政策上看，压缩对象既有在职职工，也有无职业者，还有职工家属和刚毕业的中学生。

城镇职工的精简方式。

精简下放城镇职工既包括工厂工人，也有不同行业的干部。下放干部具有使其带头执行政策的考虑。

1961年中央精简干部和安排劳动力五人小组《关于调整农村劳动力和精简下放职工问题的报告》提出：在1960年8月末职工实际总数约5100多万基数上，到今年年底，全国共可精简下放职工800万人左右，其中不带工资减回农村400万人（已经减回约250万人，还须减150万人）；带工资

---

① 中共中央文献研究室编：《建国以来重要文献选编》第十四册，中央文献出版社1997年版，第412—415页。

下放农村400万人（已经下放约150万人，还须下放250万人）。另外，1960年11月底，全国下放干部101.8万人，其中到农村约占80%（80万人左右）。已下放干部在干部总数中占14.8%。下放干部中担任县、公社、生产队各级领导职务的占54.1%①。1962年中央进一步要求，全国职工人数应当在1961年年末4170万人的基础上，再减1056万人至1072万人。全国城镇人口应当在1961年年末1.2亿人的基础上，再减2000万人（包括从城镇到农村去的职工在内），并相应减少吃商品粮人口②。这意味着压缩职工总数（含干部）约2000万人，在总数（5100万人）中占39.22%。只有在相当一部分新建企业停业关门情况下才能削减如此庞大的职工数量。可见，当时削减的城镇人口中职工是主要部分。

至1962年下半年，压缩城市职工的任务基本达到预期目标，中央政府得以松一口气。当年10月中共中央、国务院《关于当前城市工作若干问题的指示》指出：鉴于大多数大中城市已经完成减少职工计划的80%以上，今后大中城市减少职工的工作，应当同全面地调整工业和改进生产的工作密切地结合起来。已经完成减少职工任务和基本完成减少职工任务百分之八十的大中城市，可以宣布减少职工的工作告一段落，进行收尾、清理和安置的工作，把主要力量放在组织生产方面。完成减少职工计划很差的大中城市，还应当坚决完成中央规定的减少职工任务③。这表明此后多数城市工作的重点从人口削减转入生产阶段。不难看出，压缩城镇职工这一大规模行动对各地正常的工厂生产活动带来巨大冲击。《关于当前城市工作若干问题的指示》同时要求：今后一个长时期内，对于城市、特别是大城市人口的增长，应当严格加以控制。计划新建的工厂，应当尽可能分散在中小城市。所有大中城市，都要根据实际可能，动员减下来的职工和他们的家属下乡；还要有计划地组织城市青年和技术人员到农村中去。按照该"指

---

① 中共中央文献研究室编：《建国以来重要文献选编》第十四册，中央文献出版社1997年版，第274—286页。

② 中共中央、国务院：《关于进一步精简城镇职工和城镇人口的指示》（1962年5月27日），见中共中央文献研究室编：《建国以来重要文献选编》第十五册，中央文献出版社1997年版，第462—463页。

③ 中共中央文献研究室编《建国以来重要文献选编》第十五册，中央文献出版社1997年版，第665、677页。

示"所言：压缩城镇人口在短期内缓解粮食供应紧张局面。1962年1—8月，城镇商品粮销量比去年同期少销三十二亿三千万斤。由此国家有可能减少粮食的征购量，减轻农民的负担。同时，从1961年至1962年10月，从城市回到农村的劳动力共达1260多万人。中央认为：这不但对于城市经济形势的好转，而且对于农业的发展，对于加强农村集体经济，已经发挥了并且还将继续发挥越来越显著的积极作用[1]。可见，粮食压力的缓解成为中央政府对压缩城镇人口政策的效果进行评估的着眼点，它客观上起到减轻农民负担的作用。

其他人员的下放。

职工之外也有一部分未在业者被动员下乡。1961年中央精简干部和安排劳动力五人小组《关于调整农村劳动力和精简下放职工问题的报告》中关于疏散城镇人口问题指出：为了尽可能给农村增加一些劳动力和压缩城市的消费量，除了精简下放职工而外，还要疏散一部分城镇其他人口下乡，包括：动员无户口者回乡；从县城迁一批学校到农村去，其中由城市家庭供应的学生，仍留在城市转学；分配一些中等专业学校和技工学校毕业生以至少数大专学校毕业生到农村工作；技工学校每年招收一批城市青年训练他们成为农业技术工人或农业机械工人，学成后输送到农村去；今后几年内复员军人除中央批准的专案外，一律回乡，不安置在城市；减回农村的职工家属，可在今后适当时候迁回农村（不过这类职工带家属很少）。争取在两年内疏散两百万左右城镇人口（精简下放的职工除外）下乡[2]。这些压缩对象主要是未在城市获得正式就业岗位的人员，有一部分为职工家属。从前面职工压缩数量看，那些刚从农村进工厂的"新工人"或许多为"青工"，尚未婚配，或者多数没有携家属前往，因而这部分被压缩职工的家属数量较低。

与此同时，中央还通过更定市镇标准、缩小城市郊区等措施来减少城镇人口数量和吃商品粮人口比例。1962年10月中共中央、国务院《关于当

---

[1] 中共中央文献研究室编：《建国以来重要文献选编》第十五册，中央文献出版社1997年版，第660—661页。

[2] 中共中央文献研究室编：《建国以来重要文献选编》第十四册，中央文献出版社1997年版，第274—286页。

前城市工作若干问题的指示》认为：过去市镇建制标准过宽，新增加的市镇过多，以致城镇人口增长过多。故要求：今后凡是人口在十万以下的城镇，即使是重要的林区和矿区，没有必要设立市的建制的，都应当撤销。农村中的集镇，应当尽可能动员能够回到生产队的人去参加农业生产，或者改为半工半农，以便大量减少集镇吃商品粮的人口[①]。

政府还通过压缩城市郊区（以生产蔬菜为主）范围来减少吃商品粮人口，亦即使更多农民自食其力。按照《关于当前城市工作若干问题的指示》所言：过去大中城市的近郊区（不包括市辖县）一般划得过大，菜农过多。今后应当根据实际需要，适当划小，以便减少吃商品粮的人口。县城和集镇，一律不划郊区。1963年12月，中共中央、国务院《关于调整市镇建制、缩小城市郊区的指示》规定：缩小市的郊区。市的郊区应该尽量缩小。市总人口中农业人口所占比重一般地不应当超过20%，不及20%的，一般不动；超过20%的，应该压缩；确实有必要超过20%的，必须由省、自治区人委报国务院批准[②]。政府试图通过这种方式使城市人口和郊区人口保持一个合理的比例。

1961年至1962年的城市人口压缩由粮食危机或食物短缺所引发，其实施中所压缩对象主要为在业职工，特别是那些新建企业被精简者中青年职工占绝大多数，还有一部分为职工家属。这一工作可谓声势浩大，民众生活、就业受到巨大冲击，其所引发的动荡不安可以想见。一定程度上讲，它是中国人口城市化发展过程中所遭遇的最大挫折。

(3) 城市冗员和就业问题的解决办法

城市冗员问题1949年后一直存在。1957年9月周恩来"关于劳动工资和劳保福利问题的报告"指出：为了安排城市多余的劳动力，首先是安置从机关、企业、事业单位精简出来的职员和非生产人员，必须从多方面开辟劳动就业的出路。第一，他们的主要就业方向，应该是下乡、上山，参加农林业劳动。有许多地区反映，目前农业合作社的劳动力还是不足的，大中城市和工矿区附近的农村，劳动力更感不足。第二，贯彻执行退休制

---

① 中共中央文献研究室编：《建国以来重要文献选编》第十五册，中央文献出版社1997年版，第676—677页。

② 《中国人口年鉴》（1985年），第96—97页。

度和新学徒制度。每个退休职工余下来的工资，可以多吸收一个到两个学徒，这样有一百万左右青年劳动力可以就业。为着鼓励年老职工退休，可以采取在同等条件下，优先吸收他们的子女就业的办法。第三，扩大城市就业的门路。除了手工业、服务性行业可以容纳一部分劳动力以外，估计实行新学徒制以后，这些行业还可以多吸收一些学徒。第四，控制城市人口的增加。新建的工业和基建项目，应该适当地分布在沿铁路线、沿河流的中小城市，接近农村，不宜于过分集中在大城市。今后对于大、中城市的发展规模必须进行研究规划，教育职工尽量将家属留在农村，动员已经进城的家属还乡生产，努力控制城市人口的增长①。这表明，1958年前，城市自身劳动年龄人口就业难问题就已存在。

直到1978年，控制城镇自身人口增长的政策仍在实行，如鼓励城镇家在农村的退休职工回乡定居。按照1978年《国务院关于工人退休退职的暂行办法》第十条：我国农业生产水平还比较低，粮食还没有过关，对增加城镇和其他吃商品粮的人口，必须严加控制。因此，家居农村的退休、退职的工人，应尽量回到农村安置，本人户口迁回农村的，也可以招收他们在农村的一名符合招工条件的子女参加工作；退休、退职工人回农村后，其口粮由所在生产队供应②。

综合以上，1949年以来至80年代初，农业劳动力一直存在向城市迁移流动的势能，城市个别阶段的大发展也需要农村劳动力的参与。而当时的农业劳动生产率，特别是集体经济时代的劳动生产率不高，粮食产量并没有大幅度提升，不足以支持非农业人口迅速扩张。就这一阶段来看，除短期外（20世纪50年代中后期为主），工商业发展处于被抑制状态下，故此它不仅难以吸纳农村剩余劳动力，甚至城市自身新增劳动力也无法安置，青年学生被鼓励离城上山下乡就是这一环境的产物。

（三）为缓解人口压力，实行史无前例的控制人口数量增长政策

在中国历史上，以食物短缺为表现形式的局部人口压力一直存在。清

---

① 中共中央文献研究室：《周恩来经济文选》，中央文献出版社1993年版，第102—107页。
② 国务院法制局编：《中华人民共和国现行法律行政法规汇编（1949—1994）》上册，中国法制出版社1995年版，第169—170页。

代中期以后，具有全国性表现的人口压力开始出现。尽管人口增长较快所形成的人口压力政府已有所认识，但采取的手段主要是鼓励民众垦荒，增加生产。可以说，新中国成立初期（20 世纪 50 年代为主）政府总体上沿袭了传统时代的基本做法。随着人口死亡率显著下降，人口增长方式因妇女继续保持传统的生育模式而发生重要改变。新增人口往往吞噬掉新增粮食，新增劳动力就业困难。此外，教育、医疗等方面需要国家进行更大投入。因而，在 50 年代中期，首先在学者中出现控制生育、抑制人口增长的观点（以马寅初为代表）。尽管这一主张在短期内受到打压，但现实的人口压力促使政府不得不正视采取人口控制政策的必要性。

1957 年 3 月李先念在"粮食问题不可掉以轻心"的讲话中指出：人口增长得太快。以前一年增加一千二百万人到一千五百万人。每人每年要五百斤粮食，按一千五百万人计算，一年就是七十五亿斤。所以，节育成了政治问题。以前不敢宣传，怕人说是马尔萨斯主义。现在对节育要公开宣传，人口生育不能无计划[①]。在人口压力之下，政府的节育观念发生了改变。

1963 年 10 月中共中央、国务院批准《第二次城市工作会议纪要》，该"纪要"将计划生育作为专项问题提出：实行计划生育，有利于社会主义建设计划化；有利于控制城市人口增长，减轻农业负担，和缓解城市生活供应以及住宅、校舍和其他市政设施的紧张状况；有利于增加国家的积累和提高人民的消费水平；有利于职工生产、工作、生活和学习；有利于保护母亲和儿童的健康；有利于第二代的教养。为了实现上述要求，要在全国形成一个计划生育的群众运动，使计划生育成为广大群众自觉的行动，但切忌一哄而起，发生形式主义和强迫命令的偏向。党员、团员，特别是党政军机关、群众团体、学校、企业、事业单位的各级干部，要以身作则，在群众中起模范带头作用。要加强经常工作，使计划生育长期坚持下去[②]。人口增长快对食物资料供给形成压力，实行计划生育的好处被政府广泛宣

---

① 李先念：《在全国粮食厅局长会议上的讲话》，见《李先念文选》，人民出版社 1988 年版，第 228—229 页。

② 中共中央文献研究室编：《建国以来重要文献选编》第十七册，中央文献出版社 1997 年版，第 298—300 页。

传,并有了行动要求。但整体看这一工作尚处于引导阶段,并具有一定声势,但落实力度有限。

关于计划生育政策的具体规定和演变,前面已作分析,这里略过。

(四) 其他措施

1. 建立人口救助体系

同传统时代一样,1949年以后救助体系的建立和完善在应对自然灾害和对日常生存资料短缺群体予以资助方面发挥了积极作用。

1955年4月内务部、财政部联合制定《优抚、社会救济事业费管理使用暂行办法》,规定社会救济事业费包括三种:一是自然灾害救济事业费,专用于遭受水、旱、霜、风、虫、地震等自然灾害地区灾民的口粮救济、寒衣、房屋、疾病、灾民转移等困难的补助和为了减轻水灾而进行的分洪、蓄洪致群众受到损失的补偿等开支;二是农村社会救济事业费;三是城市社会救济事业费[1]。

1956年3月国务院《关于切实做好春荒救济工作的指示》要求:凡是发生春荒地区,必须首先安排和做好春荒救济工作;不论是合作社社员或者是单干户,也不论是相当数量的人或者是极少数的人,都要很好地给予救济,使他们"有饭吃,不逃荒"。具体方法是,根据有灾地区具体情况,集中发放一批救济款以支持春耕生产。对绝大多数已参加了农业生产合作社的农户,发放救济款通过合作社进行评议发放;合作社建立必要的管理制度,专门立账,将发放救济款结果向群众公布,并向乡人民委员会报销。县、区、乡国家行政机关负责检查合作社对救济款使用情况。对单干户也要相应进行春荒救济工作。救济款实行专款专用,用于救灾,如果有被挪用了的,应立即设法调剂弥补,以供救济春荒的需用。而在有灾地区,做好粮食统销工作。对于有些灾区供应不及时和供销数字偏紧的现象必须迅速改正;供应不及时地区,应该大力组织调运,适当增设售粮站,以适应

---

[1] 国务院法制局编:《中华人民共和国法规汇编》(1954年9月—1955年6月),法律出版社1956年版,第689页。

缺粮群众需要。供销数字偏紧地区，应该适当调整定销数字①。可见，救济粮款完全由政府承担，主要由集体经济组织负责落实。不过，这是针对农村的救济措施。

在人民公社制度建立之后，耕作条件差的生产大队（村庄）往往获得少交和免交公粮的照顾，受灾地区可获得救济粮。不过，救济标准并不高。

2. 增加粮食储备

在集体经济组织建立后，政府要求，农村最基层生产组织应有一定的粮食储备，最初是以合作社为单位，人民公社时期改为生产队。

1956年拟定、1960年全国人大通过的《1956年到1967年全国农业发展纲要》要求一切农业合作社，除了主要是经营山林或者经营经济作物的缺粮社以外，从1956年起，在12年内，按照自己的情况，定出具体计划，加上社员家庭的粮食储备，分别储积足够三个月、半年、一年或者一年半食用的余粮，以备紧急时候的需要。在丰歉经常不定和交通不便的地区，特别要注意以丰补歉，积谷防荒。从1956年起，在12年内，国家应当储备足够一年到两年之用的粮食，以应急需②。合作社是1953—1956年的农业生产组织形式，1958年人民公社建立后则为生产队。然而，"纲要"中的这一蓝图在前期并没有得到落实，1960—1961年的饥荒即证明了这一点。当然，粮食储备建立在基层单位除交公粮和分配满足社员对粮食的基本需求外还有剩余，否则就失去了落实的条件。若国家征收比例过高，也会削弱基层组织的储备能力。

1962年9月，《农村人民公社工作条例修正草案》发布，它规定：生产队按照丰歉情况，经过社员大会决定，可以适当留些储备粮，以便备荒防灾，互通有无，有借有还，并对困难户、五保户加以适当的照顾。生产队储备粮的数目，一般不许超过本生产队在上交国家任务以后的可分配的粮食总量的百分之一，最多不许超过百分之二。丰年的储备可以多些，平时可以少些。生产队的储备粮，由生产队自己保管，生产大队和公社都不许

---

① 国务院法制局编：《中华人民共和国法规汇编》（1956年1月—1956年6月），法律出版社1956年版，第168—169页。
② 《中华人民共和国国务院公报》1960年第13期。

调动①。储备粮的使用，要由社员大会讨论决定，并且规定一套便利于群众监督的适当的管理制度。也许是担心储备粮比例高影响当年社会分配水平，故所定1%—2%的储备率是比较低的。

我们认为，集体经济组织的粮食储备制度与近代之前的社仓及其功能有相似之处。

另外，在集体经济时代，农村以人民公社为单位，都建有粮库，有的还建有中心粮库。它主要存放本社或本辖区各生产大队所交售的公粮，接受上级粮库调拨。在灾害年景，它也发挥着向受灾生产队提供返销粮的作用。

应该说，相对于传统时代，1949年后，由于具备了相对完善、具有现代水平的交通运输系统和现代仓储手段，政府通过储存、调剂粮食缓解局部地区民众生存压力的能力增强。但它须以粮食生产的增加和政府掌握相对充足的粮食资源为前提，否则便会使这一能力丧失。1960—1962年粮食普遍不足背景下，政府的救济能力大大降低，一些地区出现比较严重的饥荒。

综合以上，1949年后中国人口压力主要表现在两个方面：一是人口总量、劳动年龄人口过剩的压力，无论城乡均表现出劳动力的过剩；二是农村劳动生产率低、人均粮食占有水平低、粮食商品化率低，难以负担城市人口迅速扩张的需要。在20世纪50年代中后期和60年代、70年代，中国政府花很大力气发展农业，解决食物短缺问题。从20世纪60年代中期开始，由于兴修水利、增施化肥和改良种子，粮食亩产得以提高，但农业劳动力人均生产商品粮的水平并无很大变化。这与集体经济制度下，农民的生产积极性不高有很大关系。加之人口增加，粮食增加部分转换为商品粮有限。可以说，直到20世纪80年代初期，中国的粮食短缺问题一直存在。

粮食短缺形势下，政府应对人口生存压力的基本政策是，控制非农业人口数量，使更多的人留在农村，由集体经济单位组织其生产并解决其口粮问题；尽可能减少城市吃商品粮的人口，降低非农业人口的口粮标准。在经济困难时期，通过压缩城镇企业富余人员转行从事农业生产、动员职工家属回农村、组织城市青年学生上山下乡等方式来减少商品粮消费和解

---

① 中共中央文献研究室编：《建国以来重要文献选编》第十五册，中央文献出版社1997年版，第633页。

决就业岗位不足的问题。需要指出，20世纪60年代初期粮食等基本生活资料不敷供给短期内迅速扩张的非农业人口，政府采取大规模压缩城镇人口的政策是不得已的。同时应当承认，它给城镇职工和居民正常工作和生活秩序造成巨大冲击。大量民众通过接受政府离城、离厂回乡务农政策使粮食危机在短期内化解，可谓为国分忧的壮举。另一方面，控制农村人口非农化、限制农村劳动力进城就业成为20世纪60—80年代一项基本政策，政府形成惯性思维，以此来缓解粮食供给压力和就业压力。中国的城市化和工业化进程因此受到极大抑制。

从解决人口压力角度降低生育水平。尽管这一政策20世纪50年代中后期即开始酝酿，但真正落实是在60年代中期，而形成全国推行的声势则是在70年代初期。人口控制政策直接降低了妇女总和生育率，加速了中国人口由高出生、高自然增长率向低出生、低自然增长率的转化，在一定程度上缓解了人口生存压力。

值得注意的是，中国粮食问题的根本解决不是在新重农时代（1956—1980年），而是20世纪80年代初期在政治改革环境下，农村集体经济组织取消，土地承包责任制实行之后。农民劳动积极性提高，耕作用心，粮食产量全面提高。而粮食品种改良、广施肥料和灌溉设施完善所起作用也不可忽视。60年代北方平原地区农村两季亩产800斤即属高产田，现在平原地区则普遍达到2000斤以上。

但当代中国人口的就业压力并没有伴随着人口出生率降低而减轻。其原因是，在人口城市化趋向下，大批农村劳动力向城镇和非农领域转移，城镇的劳动密集型企业在减少；另一方面，城镇20世纪80年代初期出生的独生子女在父母的期望下以上大学为追求，学非社会所需现象突出，并且不愿屈就去从事蓝领职业。高学历者就业困难成为当代一个突出问题。

我们也要注意另外一个问题：虽然目前食物资料短缺问题已基本解决，但近三十年中国粮食的稳定增产很大程度上建立在对地下水资源过度依赖、化肥施用过量基础上。如北方农村，过多抽取地下水灌溉粮田，形成大范围地下水存量漏斗。农业增产、稳产能否可持续下去成为一个疑问。另外，在快速城市化、工业化过程中，大量耕地被非农使用，粮食短缺的"隐忧"并未从根本上消除。

四 民间组织在人口压力应对中的作用

一般而言，在人口生存压力应对中，民间组织所能发挥的主要作用是救济灾民和穷困者。中国社会中尽管有慈善传统，但慈善组织并不发达。因而，除政府之外，能够发挥救济作用的民间组织以宗族为主，其次为村落社区组织。

（一）宗族组织的作用

应该说，近代之前的中国社会中，宗族是民间最为强大的自保、自助和自救组织。聚族而居、安土重迁的乡村地区尤其如此。

1. 灾荒年份的救济措施

东汉崔寔《四民月令》提及春季青黄不接时，宗族内部的救济活动："三月，是月也，冬谷或尽，椹麦未熟，乃顺阳布德，振赡穷乏，务施九族自亲者始"；"九月，存问九族孤寡，老病不能自存者，分厚彻重，以救其寒"。九族实际并不限于同宗成员，而且包括母系亲属、妻亲和自家出嫁的姑、女之亲，是扩大的亲属圈。

宋元之后，不少宗族的宗规族训中制定"恤亲"的条文，宗族组织负有救济贫穷族人使命。一些有财力如设有义庄的宗族制订了具体的救助办法。

范氏义庄皇祐二年（1050 年）所定规则不仅资助本族，而且"乡里外姻亲戚，如贫窘中非次急难，或遇年饥不能度日，诸房同共相度诣实，即于义田米内量行济助"[①]。

明代《郑氏规范》：宗人"缺食之际，揆其贫者，月给谷六斗，直至秋成住给"；"宗族之无所归者，量拨房屋以居之"。不仅族人，"里党或有缺食，裁量出谷借之。后催元谷归还，勿收其息"[②]。

广东冼氏祠规"赈济灾荒"条：各房遇有水旱奇灾，以致乏食失所，报到本祠，即由值理通知各房量力捐助。一面邀集绅董，设法救济；或联

[①] 余治辑：《得一录》卷1，范氏义庄规条。
[②] 宣统浦江《郑氏义门规范》。

南方宗族公产所入有多项用途，灾荒年景则用于资助族人。明末清初，一些家族规定："田至三五顷以上，须每年量出租谷入于家庙，以助周急之需。"② 清代，广东东莞县大姓皆有祠，祠有尝田，以供祭祀。岁饥则散其粟以赈贫乏③。开平县宗族：若遇大荒，则计丁发给口粮，此恤贫也④。

民国年间浙江余姚朱氏续增宗规：本族义庄，凡遇岁荒谷贵，族内子姓不论男女，均得给领平粜谷石。惟须随时察酌价格状况，公同妥议，务于体恤贫寒之中，仍寓慎重庄款之意⑤。

那些建有义庄或有其他储备形式的宗族，对族人度过灾荒年景所予救助作用最直接，也很有效。只是具有这一能力的宗族多在南方地区，北方宗族公地有限，很难拿出储备粮食救助族人。

2. 针对贫困者及其家庭的救济

对于本家族的弱势者、生存困难者，一些宗族制定有救济之法。

袁采在《袁氏世范》中主张：应亲戚故旧有所借贷，不若随力给与之⑥。

明代常州毗陵朱氏祠规：赤贫与有废疾不能举火者，公祠每月给米一斗五升，以救残喘。此外族中设立义仓：每年正月十五后，本族之贫者赴祠具领状，管年人酌其宜借，呈明族长批准登簿。二月初一后，照簿领给。十月内，管年人催还，每石加息二斗半。荒免一斗，大荒全免，其所借之本，亦移至次年起息偿还⑦。

明末清初，广东增城湛氏设有义田。资助族人婚丧和读书，后其救济功能增大。被分为三等：以田七十亩为上，五十亩为中，一二十亩为下。遇困救济时"上者勿给，中者量给，下者全给。若田至三五顷以上，须每

---

① 宣统《冼氏宗谱》卷1，族规。
② 屈大均：《广东新语》卷2，义田。
③ 民国十六年《东莞县志》卷9，风俗。
④ 道光《开平县志》卷3，风俗。
⑤ 民国《余姚朱氏宗谱》卷首，一本堂绍郡试寓规条。
⑥ 袁采：《袁氏世范》卷上，睦亲。
⑦ 光绪《长沟朱氏宗谱》卷2，族范。

年量出租谷入于家庙,以助周急之需,庶所积厚而施无穷"①。江苏奉贤、江阴二县职员陈四德、陈宏略,浙江秀水生员陈振声等捐田赡族,均奉旨奖叙。浙江嘉善县职员、监生程氏昆弟捐置义田一千九十余亩,并建造义庄、家塾、祠屋。每岁田租所入分给族中老幼孤寡及贫乏者,并资助婚嫁、教读、丧葬。一切议立条规,造具款册呈官,转请达部立案②。

在我们看来,宗族对族人的救助最为直接,贫穷族人从中受益,提高了生存能力。不过,这多限于有一定财力的宗族,且以南方居多。北方宗族绝大多数不具有设立义庄或存储钱粮、帮助族人应对灾歉的能力。可以这样讲,南方有义庄的宗族组织为困难族人提供了一定救助,缓解了其生存压力。但具有这样覆盖能力的宗族则是有限的。

3. 节俭行为的倡导

节俭倡导是宗规族训的一项主要内容,并且涉及族人生活的各个方面。

清康熙时常州朱氏祠规:用度宜节省,宾筵不过五簋,自奉惟布衣蔬食,取其温饱而已③。

至于在婚丧等大事上花费适度,更是多数宗族所主张。

我们认为,宗族是民间社会家庭之外最基本的初级保障和互助组织,通过节俭倡导、贫困者救助和灾荒救济,提高了族人抵御生存资料短缺的能力,一定程度上降低了人口死亡率。

1949 年以后,宗族组织所掌握的土地等财产在土地改革中变为农民所有,以后进而变为集体所有。宗族失去了发挥救助作用的经济基础。而在政治上它是新政权打击和控制的对象,在地方公共事务中的作用基本消失,至少这是 20 世纪 80 年代之前的状况。

(二) 村落社区组织在救济民众中的作用

近代之前,村落组织在不少地方与宗族组织是一体的。当然从救济功能和对象上看二者也有分别。实际上,前述社仓、义仓也属于社区救助本地和外来灾民的一种形式。

---

① 屈大均:《广东新语》卷2,地语。
② 赵慎畛:《榆巢杂识》下卷,捐田赡族。
③ 光绪《长沟朱氏宗谱》卷2,祠规。

清中期学者、无锡人钱泳在《履园丛话》中提及"公督私藏法"在救济中的作用，从中可对其管理规则有所认识。其法：公举里中长者一人，遍告有田之家，凡有粮田若干，捐米若干，铺户典押则捐钱文。如一里中有田千亩，铺户数家，则有米十余石，钱数千，听里长者开明数目，立一簿存于公家。其所捐之钱米，仍听各家自为藏积。如岁丰人乐，并不支动一粒，支用一钱。一遇水旱凶荒之年，凡里中有寒不能衣、饥不能食、病不能药、死不能葬者，则请里长者查明，将簿上所捐钱米酌量济之。或有他县饥民流入境内者，一集村庄，不能不仰望于富户。男男女女，扶老携幼，轰然而来，驱之不去。则里长者，同地保等与流民通语，每人给米几合，钱几文，幼孩者半之。倘有流民百人，不过分数斗之粟，数百之钱，可以令其欣喜感激，不顷刻而他往矣。其管理条例为：一、公举之人，不过稍通文理，而略能识字者一二人，同地保到有田之家，查明粮田、自田、租田，分为三等。粮田一亩约捐米一升，自种自粮田一亩约捐米一升五合，租田一亩约捐米五合。其所捐多寡不同，各随其田地之肥瘠，力量之大小，不必拘于一格也。一、铺户典当本钱多少不一，约铺户有本一百两以上者，捐钱五百文。典当小押有本一千两以上者，捐钱五千文。以此类推，如能多捐，听其自便。一、小户人家，种田不满十亩，开铺不满四五十金者，不必过强其捐。如能慨然上捐，亦不可没其美意。一、有田有铺之家，既经起捐登簿，簿上须注明总结米若干石，总结钱若干千，其总簿存于公家收存。一、公捐钱米，仍系各家自藏，并不交于他人。然既已捐出，即视同公家之物，似宜另贮一处，不可妄取己用，致临时短少，呼应不灵。一、里中极次贫民，惟本处人知之最悉，须预先查明注簿，令本人自来给领，以杜存私虚报。一、贫民有缺少棉衣入典当者，即取其典票赎回，给发本人。有实在寒冷无衣者，则买旧棉衣一件与之，其价约三四百文为率，新者恐其当去。一、捐施诸贫人，必要斟酌尽善方能行之，不可执一而论；亦不可太多，太多则恐难继也。一、贫民每日每人约给米六合，钱十二文，幼孩者半之。或其乡富户捐多，则请益之，各随其便。一、病者医药，势难遍及，查明实在有病，每一病者，约给百文，以为买药之费，十日一领。一、死者施棺，一时未能猝办，需预为做就，以待不虞。一、有他县流民来集村庄索钱索米者，每口定以给米五合，钱六文，幼孩者半之。如流民不遵理法，强索硬讨者，则里长邀同地保，将流民为头强横之人送官究治。一、里中所有饥寒疾病之人，既蒙有田有铺之家公捐周济，自当感激不遑，不可再生觊觎。或有结通外来豪强之辈抢劫偷盗者，许本人指名报官，从重治罪。一、里长地保诸人，亦有贫富不等，年终当在公簿内酌量分出米若干、钱若干谢之，以作劳神之费。一、公捐钱米分派贫民，倘或不继，则里长再向各家续捐赈给，以下年麦熟为止。或所捐钱米尚有盈余，则各家仍收为己用可也。一、公捐钱米，倘其乡富户众多，而年岁屡丰，各家堆积毋须取用，则将此项动支，办理地方上至公至要之事，如河道、桥梁、渡船、道路、义冢、施药、施衣、茶亭之类俱可。独不可将此项用尽，则一遇荒年，难为继也。亦不可以此项作迎神、赛会、灯棚、烟火、演戏、敬神、说书、弹唱诸事，以博一日之欢，则俾昼作夜，妇女杂遝，聚赌窝贼，由是而起，尤为贫家留客之累及地方之害也。一、此举专为富家而设，必当踊跃从事，切莫视为虚文。若富家一吝，贫人怨生，便不可问，慎之慎之①。这是一项很具体的乡里民众应对灾害、救济本地及外来困难者的规则。其对粮钱来源、使用方法和范围所作规定甚详。它有赖本地之民长期支持和热心公益者组织落实。

应该说，1949年后，政府对村落组织建设的重视程度超过以往任何时期。它由党的组织所指导，或者两者是一体的。民众的生产经营活动受其制约。其中，集体经济时代的生产队对困难民众负有救助之责。除此之外的民间力量在救济事务中没有发挥作用的空间。

五 人口压力的制度成因

我们认为，多数人口压力是特定区域人口谋生能力欠缺、生存条件恶化、生存困难加剧等，严重时表现为人口死亡率上升、社会冲突增多。就总体而言，人口压力既有自然因素所导致，更有社会因素所促就。前面我们主要对政府对人口压力的解决对策进行了考察分析。可以看出，制度多表现为如何解决或缓解人口压力，至少这是制度制定和维系者的主观愿望。

---

① 钱泳：《履园丛话》卷4，公督私藏法。

不过，也应看到，一些制度，特别是政府政策也会造成人口压力，虽然它并非政府设计或出台该项政策的本意，但其会产生这样的客观效果。由制度所导致的人口生存压力属于社会性人口压力。对此加以研究，有助于促使制度制定者对制度落实和贯彻后的客观效果有所认识，或者在执行过程中及时调整制度内容。

（一）传统时期政策所造成的人口压力

制度性人口压力有多种表现，而政府政策失当是主要因素，故此也可视为政策性人口压力。

1. 重役与人口压力

我们说，轻徭是值得赞扬的，但轻徭往往是对苛役纠正后的结果。这意味着苛役实行期间造成了人口生存压力。

历史上帝王所发动的对外战争多靠苛役作为支撑。

秦始皇帝统一六国后，"使蒙恬将兵而攻胡，却地千里，以河为境。然后当时发天下丁男以守北河，暴兵露师十有余年，死者不可胜数"。"又使天下飞刍挽粟，起于黄、腄、琅邪负海之郡，转输北河。"① 可见，服役之人、转输之人多为民众以兵役、劳役形式充当。农耕者因此减少，生存资料的短缺是必然的。

汉代武帝时，"外事四夷，内兴功利，役费并兴，而民去本"；进而导致"天下虚耗，人复相食"②。武帝执政末年，"悔征伐之事"，调整政策。他下诏指出："方今之务，在于力农。"③ 在一些朝代，苛役往往非短期所能结束，其对人口生存所形成的压力也具有一定持续性。

隋朝炀帝即位后，徭役频兴，直接扰乱了民众正常生活。他"肆情方骋，初造东都"，耗费大量人力物力；"长城御河，不计于人力，运驴武马，指期于百姓，天下死于役而家伤于财"。他对外多次征战，"一讨浑庭，三驾辽泽"，"师兵大举，飞粮挽秣，水陆交至。疆场之所倾败，劳敝之所殂殡，虽复太半不归，而每年兴发。比屋良家之子，多赴于边陲，分

---

① 《汉书》卷64，主父偃传。
② 《汉书》卷24上，食货。
③ 《汉书》卷24上，食货。

离哭泣之声,连响于州县。老弱耕稼,不足以救饥馁;妇工纺织,不足以赡资装"①。此外,他还建造洛邑,"每月役丁二百万人";"导洛至河及淮,又引沁水达河,北通涿郡,筑长城东西千余里,皆征百万余人。丁男不充,以妇女充役,而死者大半"。民众难以安居乐业,不死于徭役者"十分九为盗贼",进而成为推翻隋政权的力量②。可见,徭役繁重在造成人口生存压力的同时,也带来王朝存在的压力。

2. 重赋与民众生存压力

横征暴敛是重赋的表现形式,它实际是直接从民众手中争夺生活资料,加重百姓生存压力。

秦朝"始皇靡敝中国,男子疾耕,不足于粮饷;女子纺绩,不足于帷幕。百姓靡敝,孤寡老弱不能相养,道死者相望,盖天下始叛也"③。

西汉初年鉴于秦亡于暴政、重赋和苛役,采取休养生息之政,国力得以恢复。武帝时发动对外征战,消耗大量物力,以致征缴口钱。三岁以上即须交纳,出现民不敢养而杀子的现象。

隋朝炀帝不惜民力,纵情游览,"九区之内,鸾和岁动,从行宫掖,常十万人"。这些人员生活所需,"皆仰州县"。而"租赋之外,一切征敛,趣以周备,不顾元元"。地方官吏趁机"割剥,盗其太半"④。民众难以承受。

唐代高宗即位之后,"役费并起";"永淳以后,给用益不足。""加以武后之乱,纪纲大坏,民不胜其毒。"⑤ 而天宝以来,"大盗屡起,方镇数叛,兵革之兴,累世不息"。故"用度之数,不能节矣"。加上"骄君昏主,奸吏邪臣,取济一时,屡更其制,而经常之法,荡然尽矣。由是财利之说兴,聚敛之臣进"。各种赋税"愈烦而愈弊,以至于亡焉"⑥。

而宋朝因征身丁钱直接导致民众杀子以避⑦。

由此可见,赋税繁重不仅造成民众生存压力,还会直接导致民众通过

---

① 《隋书》卷24,食货。
② 《文献通考》卷10,户口。
③ 《汉书》卷64,主父偃传。
④ 《隋书》卷24,食货。
⑤ 《新唐书》卷51,食货。
⑥ 《新唐书》卷51,食货。
⑦ 《续资治通鉴》卷154,宋纪。

人为减少家庭人口而避赋税。

赋役制度是传统时代官民利益分配的重要制度。政府要维持皇室消费、官僚体制运作、国防需要和少量社会事业开支，需要民众提供赋役支撑。但它须在民众能够承受的水平上，即不至于对民众家庭维持人口日常生活的基本需求产生很大影响，同时能保障家庭人口再生产的需求。在我们看来，农业社会中，正常情况下，民众的交赋承役能力只能维系皇室、官僚、军队等的基本或有节制的需求。一旦超过这一状态，进入丰裕水平，则须加大征派力度，民众的生存空间受到挤压；要达到奢华层次，则会采取横征暴敛手段，民众丧失基本的生存条件，或者坐以待毙，或者揭竿而起。中低水平赋役是民众生活得以维系、政权得以稳定的基本要求；中高水平赋役则有可能导致两败俱伤。

(二) 当代人口压力的制度成因

中国几千年来基本的粮食耕作模式或经营方式一直以家庭为单位。战国以来，特别是秦汉以降，多数情况下耕地为私人所有，由家庭劳动力或雇佣他人种植，还有的为将自有土地出租与人；也有王朝特别是王朝初期由政府分配土地（具有官有土地特征），由农民以家庭为单位进行经营。

20世纪40年代后期，土地改革制度推行，实行土地农民所有制，但经营仍由个体农民以家庭为单位进行。20世纪50年代中期（1956年）土地集体所有制开始推行，农民以合作社（高级社时期）或生产队（人民公社时期）为单位集体耕作。

若从生活资料角度看，当代制度所造成的人口压力主要表现在两个方面：

1. 取消家庭作为消费单位政策造成粮食浪费

1958年至1961年，中国农村在政府政策要求下，纷纷取消家庭消费单位，以生产队为单位成立食堂。据统计，1959年年底，全国农村已办公共食堂391万9千个，参加食堂吃饭4亿人，占人民公社总人数72.6%。其中实现95%在食堂就餐者有河南、湖南、四川、云南，多数地方超过70%。

只有甘肃、山东、青海、吉林、黑龙江、辽宁、内蒙古低于50%[①]。食堂管理方式最初为放开消费限制，每人各取所需。结果是，有限的食物资料满足了农民短期愿望，但浪费严重，生存压力很快表现出来。以后食堂采取按份供应。即使如此，也难以为继，饥荒显现。1961年，各地陆续解散食堂，恢复以家庭为单位的消费方式。

此项政策导致人口生存压力产生的逻辑在于，当土地亩产水平不高、人均占有粮食有限、粮食结余较少的情况下，以家庭为生活单位，将使每个家长感受到短缺之虞，因而注意采取节制消费的生活方式，细水长流，以免入不敷出，家庭生存条件中断。但若取消家庭这一基本消费单位，生产队长很难精打细算，甚至会迎合大家放开肚皮吃饭的愿望，在短期内过量消费，最终导致青黄不接，以致发生粮荒。当然，20世纪60年代初期的粮食危机还有其他因素，如农村劳动力被征调从事炼钢等非农活动，粮食种植、收获受到影响等，人为造成减产。不过，食堂制度却是不可忽视的因素之一。

2. 集体生产经营制度与人口压力

中国20世纪50年代中期至80年代初期在农村实行的集体经济制度并未使劳动生产率提高。集体经济制度下，大家共同耕作，劳动力被严格束缚在土地上；食物分配方式具有"平均"色彩，劳动收入很低，缺少激励，生产效率较个体经营为低，农民生存压力依然保持着。但值得肯定的是，集体经济时代，政府在种子改良、化肥生产上的投入增大，同时组织农民兴建水利灌溉设施，这些措施提高了粮食亩产量。但人口死亡率降低、生育率仍保持传统多育模式，人口增速加快，人均粮食占有量增加有限。食物资料短缺的问题没有根本解决，人口压力并没有消除。

六 结语和讨论

人口压力本质上包括食物短缺所造成的直接性生存压力和获取食物等生活资料的手段不足所导致的人口压力。无论传统农业社会，还是当代工

[①] 国家农业委员会办公厅编：《农业集体化重要文件汇编（1958—1981）》（下册），中共中央党校出版社1982年版，第297页。

业社会，这两种压力都存在。差异在于，传统农业社会，多数人从事农业经营，土地耕作既是农民食物资料的来源所在，又是一种就业方式，食物获得与就业为一体的行为。在工业化和城市化时代，两者开始分离。多数人获取食物资料并非自我耕种，而是通过参与非农就业得到收入，用货币在市场上购买粮食。值得注意的是，传统农耕社会在中国历史上延续的时间最长，故本章用了较多的篇幅来观察历史上或农业社会对人口压力的应对举措。

（一）传统时代人口压力应对制度

中国历史上的人口压力主要表现为食物短缺。因而，各个时期政府均从解决这一问题入手制定政策。

1. 重农政策成为传统政府解决人口压力的一条主线

重农政策的核心是，将尽可能多的人口、劳动力束缚于土地之上，使其能够自给自足。重农政策中又包含着明显的抑商特色。

为了实现这一目标，在王朝初期，特别是隋唐之前，政府努力推动劳动力与土地的结合，实现耕者有其田。均田制和占田政策在一定程度上抑制了大土地所有者的兼并行为。隋唐以后，政府鼓励无地农民开垦荒地，一定程度或一定阶段多数人获得基本的生存条件。其不足是，王朝中后期，土地兼并往往难以抑制，中下层民众生存条件恶化。

抑制非农业人口的发展。士农工商是近代之前政府从功能上认可的四大类平民职业，但在政策上抑制工商的做法又很突出。此外，不务生业的游民、僧道等因不创造财富而受到限制。士虽受到推崇，职业士人的人数却很有限。其结果是，农"业"成为多数劳动力的归宿。自给自足的自然经济得到长期的维护，在形式上缓解了生存压力。

实行轻徭薄赋政策。这一政策的直接受益者是农业劳动者。从正税正赋上看，近代之前政府所订标准并不高，农民可以将收获的主要部分留作家庭人口的生活资料，它有利于减轻民众的生存压力。然而，不少王朝往往额外加派，加重了农民负担。

2. 建立覆盖全国的仓储系统，提高对灾荒的应对水平

从汉代开始，以贱籴贵粜为主要功能的常平仓制度在多数王朝普遍推

行，其基本运作方式是，歉收年景稳定物价，灾荒发生后则实行赈济。官督民办形式的社仓和义仓分布于乡里之中，对社区民众或借贷或赈济，帮助作用更为直接。不过，两者都存在管理不善的问题，对大灾中民众的救济作用有限。

3. 推崇节俭制度

传统时代，生活资料短缺这一问题一直未能得到解决。节俭生活成为形成全社会的共识，缓解人口生存压力的可行之道。低收益和有限供给之下保持低消费也是理性之举。对帝王和政府来说，节俭行政则是对民力的爱惜，有助于赋役保持在较低的水平。

在民间，政府甚至干预民众婚丧嫁娶中的奢侈做法，限制饮酒等，一定程度上为宗族等非官方组织所接受，并辅助贯彻。

应该承认，传统时代政府对人口压力的应对措施尽管并非都能达到所期望的目标，但其作用是应该肯定的。在我们看来，中国历史上人口发展尽管有较大起伏，总趋向却是规模持续扩大。这在一定程度上得益于不同形式的人口压力应对制度的存在，一定数量的人口得以度过荒歉、灾祲而生存下来；更重要的是，获得救助者成为恢复生产的重要人力资源。

站在今天来看，传统农业社会应对人口压力的制度也有值得反思之处。实行重农政策，将多数人固着于土地之上，其家庭人口实现了形式上的自给自足，生存风险有所降低。但稳定的、低品质的农村生活，往往也有利于人口的增殖，从而产生人口增长—压力怪圈。

（二）当代人口压力的应对措施

中国当代通过制度来应对人口压力的举措较传统农业社会形式多，力度大。

1. 以土地改革解决耕者有其田问题

从形式上看，土地改革与传统时代王朝初期的均田制有相似之处，但本质差异明显。首先它不与普遍的徭役征派相联系（当然，解放区在推行这一制度时，也有激发分田农民当兵、为解放战争提供兵役的考虑），没有口分与永业之分；它建立在对地主和富农土地、房屋和主要生产工具没收的基础上，将其无偿地分配给无地少地贫下中农，可见它对生存资料实行全面重新分配。此项政策实施的目的之一是为解决贫困人口群体的生存条件，它也可以称之为应对人口压力的措施。

2. 集体经济制度的建立与人口压力应对

为防止"均田"农民出现贫富两极分化，重蹈历史上穷者愈贫、富者愈富的覆辙，土改后不久，政府不断向个体农民灌输互助和集体经营意识。不同形式和不同层次的生产协作组织相继出现。在此基础上渐次形成初级社、高级社和人民公社三个层级的生产和组织模式。建立在"一大二公、政社合一"基础上的人民公社是政治狂热的产物，难以激励农民的生产热情。它最终被"三级所有、队为基础"形式的集体组织结构所代替。这一结构中，数十户农民组成一个生产队，若干个生产队形成村级生产大队，多个生产大队形成人民公社。对农民行为影响最大、利害关系最密切的是生产队。农民家庭是组成生产队的基本单位，但对于生产队这个集体组织来说，家庭仅仅是农民的生活单元（当然也曾出现取消家庭生活功能的短暂时期）[①]。该项组织形式是有利于缺少劳动力的弱势家庭的。生产队既是一个生产单位，又是一个收入分配组织，还是对本群体内困难者提供钱物救济、老年照料和丧葬安排等社会福利的单位。它在一定程度上为绝大多数人提供了基本生存条件，缓解了人口压力。不过，它是以牺牲生产效率为代价的。

3. 压缩城市人口、限制非农业人口增长来缓解人口压力

中国从20世纪50年代后期直至80代初期，通过对城市人口进行数量控制来缓解城市粮食供应、就业等方面的压力。其中分为直接压缩已在城市的人口和限制农村人口进入城市两个途径。前一政策出台的背景是，由于农业劳动生产率低，其所能提供的商品粮不足以支持快速增长的城市人口需要，其次是新增劳动力就业难以安排；后一政策既包含前一政策缓解城市就业压力的内容，同时旨在使农村有足够的劳动力从事耕作。

4. 生育控制与人口压力应对

用生育控制来缓解人口压力并且形成国家层级的政策性制度，这是当代应对人口压力的一个创举。传统时代尽管有个体家庭因生存困难而采取

---

① 王跃生：《社会变革与婚姻家庭变动——20世纪30—90年代的冀南农村》，生活·读书·新知三联书店2006年版，第15页。

溺婴等措施，但它属于个人行为，并且政府是禁止这种做法的。

中国当代生育控制政策在20世纪60年代中期初步出台，但当时尚处于提倡阶段；70年代初形成晚、稀、少政策，要求一对夫妇最好生育两个孩子；1980年进一步升格为独生子女政策。尽管政策的形式不同，主要目标均为了缓解人口压力。不过，它并非仅限于缓解食物不足的压力，而扩展至减轻就业、教育、资源等方面的压力。

中国生育控制政策的作用在于，在尚以农业人口为主导的社会中，中国妇女的总和生育率于20世纪90年代后期降至更替水平。当然，城市相对农村贯彻的力度更大，生育水平更低。中西部农村尽管有一孩的夫妇比例较低，但生育二孩基本上是主流，全国性的低生育水平在90年代基本形成。

生育控制政策对提高城乡民众的生活质量作用很大，至少夫妇用于养育子女的时间花费大大减少。

第十二章　进一步讨论和总结语

制度与人口关系研究，实际是考察制度与人口行为的实践关系。制度作为一种约束规则，其形成都有具体的目标考虑和诉求。我们前面通过分章叙述和分析，对制度和人口之间的关系，制度对人口行为的影响有了具体认识。中国人口在历史时期和现代社会的变革过程中，既有自己的发展轨迹，又受到制度的强烈作用。本项研究主要探讨制度对人口的作用类型、影响方式；政府和社会组织针对人口所制定的制度，实施效果如何？特征是什么？不适应人口要求的制度如何调整和改进？在直接制度之外，间接制度如何对人口施加影响？为了对上述不同专题分析有总体认识，下面再作讨论和总结。

一　不同体制下制度对人口影响的特征

制度是一种行为约束规则。从前面分析可见，制度的类型很多。对人口发展具有作用的制度除了法律和政策外，还有宗规族训、乡规民约、宗教规条、道德伦理、民俗惯习、礼仪规章等。然而，必须看到，不同制度形式对人口的作用及其程度往往受到具体时期政治、经济和社会环境这一载体的制约，而且环境变化也会使原有制度效力或增强，或削弱，或消失。弄清这一点，有助于认识制度对人口的作用方式和力度。

（一）同一体制下的制度特征

中国秦汉以来、近代之前是皇权世袭和中央集权相结合的体制，地方各级政府实际是中央的派出机构，长官由皇帝任免，听命于朝廷，治理地方，履行赋税征收、徭役摊派、治安维护等职责。

县级以下的乡里，在大部分时期，除秦汉外，政府并不派出直接管理者，即不任命由政府支付薪水的管理人员，而是督导民众组成自我管理组织——乡里或保甲等。隋唐之前，乡里之长享受一定免役待遇；宋元之后则变成一种徭役，保甲长由编入的各户之长轮流充当。其主要职责是完成赋徭征派，或进行治安管理。当时村社等最基层的自然聚落中，普遍存在一个重要的血缘组织——宗族，它对族内家庭户和成员的行为管理和约束能力最强。至少从南北朝以来，特别是宋元以降即形成这种状况。

1911年帝制被推翻，民国建立。经过十多年的动乱，国民党确立了在中央政权中的主导地位。地方政权主要负责者也由上级委派，同时国民党在地方建立有党部。县级以下，设有政府派出机构——区公所，但其力量比较弱小。具有财产基础或血缘凝聚力的宗族组织仍是重要民间力量。

1949年10月，中华人民共和国成立，共产党建立了党政一体的中央和地方政府。在县下一级，初期设有区政府，集体经济时代改为党政社合一（与一级政府无异）的人民公社机构；20世纪80年代中期公社被撤销，代之以乡镇政府。城市区级政府以下，则建有街道办事处。可以说，对县以下乡镇一级和区以下街道一级健全管理职能是1949年以后重要的政权建设举措。更有特色之处在于，农村村庄一级，党和政府对其组织建设更为重视。其主要做法是，在村一级设立党支部，是村庄事务的核心领导力量，其职能是贯彻上级党政组织的政策，并向下传达和落实至村民家庭户。而政府对宗族组织持排斥态度，土地改革实行和集体经济制度建立，从根本上削弱了宗族组织赖以存在的基础：祠产被分配，祠堂充公（或成为办公场所，或改建为学校），原任宗族长多为地主等富有者，成为直接打击和控制的对象，可以说宗族组织陷入瓦解状态。

无论传统时期还是现代阶段，从政权角度看，政策性人口制度的落实一般需要三种力量支撑，即中央政府（具有制定不同形式政策的权力，并靠强有力的权威向下发布）、地方政府（承继中央精神，并结合本地实际进行政策细化，进而向下贯彻）和县以下官督乡社组织（直接将中央和地方政策落实到家庭户）。中央政策要取得预期效果，需要三种力量形成合力或一体化。近代之前，中央政府和地方政府一体化没有问题，而县以下乡社组织则难以做到完全一体化。

在1949年后的体制下，政权一体化大为增强。其直接表现为，民众受政府和准政府力量的直接控制增强。

体制环境的这种差异会使人口政策的落实效果有所不同。比如，对民众的迁移流动，近代之前传统社会政府和当代政府都有控制措施。清朝甚至要求保甲组织对家庭成员和非家庭成员做到"出则注其所往，入则稽其所来"。因为它由民间自我管理，官方没有足够人力进行有效监督，控制迁移和人口流动的政策效果有限。1949年后的体制之下，政府对户籍的管束力量（派出所）深入到乡级单位（集体经济时代为公社）和城镇街道。在农村，政府对迁移控制的刚性作用很大程度上借助集体经济组织进行迁出约束。城镇和非农业人口商品粮以户籍人口为供应对象；企事业单位无权自主招聘农业劳动力，只能按照严格程序录用具有城镇户籍者或有计划地录用来自农村的劳动力，自由迁移行为因此受到根本抑制。

（二）体制转变下的制度特征

从大的方面看，体制转变既包含政治体制的转变，也有经济体制的转变。

近代之前中国实行的是皇权世袭政治。尽管不断发生王朝更替，但新王朝体制与前朝没有实质不同。在政府机构设置上，后者或照搬前朝制度，或稍作调整；有的则对相权予以扩展或限制，可谓没有发生体制转变。

民国建立后，世袭皇权改为具有选举形式的总统任期制。这是一种重要的政治体制转变。当然，其时并未实现真正意义上的民主政治。不过应承认，民国废除了皇权世袭制，政治体制被改变了。还应看到，民国之后一些具有现代意义的法律被制定出来，对人口行为产生了影响。特别是1930年民法之中，成年男女婚配缔结时父母主婚的制度被取消，当事者很大程度上实现了婚姻自主，至少此项权利在法律上得到体现。它是对近代之前父母包办婚姻的否定。

1949年后，中国共产党是各级政权更迭的组织者，政府组成人员采取间接选举办法产生。这种比较独特的政治制度具有体制转变的意义。不过，在我们看来，1949年后最重要的体制转变为经济体制变革，生产资料所有制性质改变。在农村，土地、大型生产工具由家庭所有逐渐转归集体所有；在城市，原有私人工商企业逐渐过渡到归国家和集体所有；新建企业分为中央政府投资、地方政府投资和集体组织投资三种，前两种分别是国营和地方国营企业，后一种为集体企业。所有事业单位则属公共机构，由财政拨款运转或维系。1949年后党政一体的政治体制和生产资料公有制性质下的经济组织使政策更容易贯彻。

与民国及其之前不同，新中国成立后，政治体制变革的同时，经济体制也发生了质的转化。经济体制转变的意义在于，政府通过政策对农村集体经济组织和城市工厂的生产组织、产品分配和就业安排施加影响，从而对民众的直接约束增强了。

当代所实行的严格的生育控制政策及其落实也受益于此种经济体制。20世纪60—80年代，城市绝大多数劳动年龄人口，特别是育龄夫妇在政府机关、事业单位和国营企业工作。这些单位的工作人员违反政策规定而超生者，会受到开除公职的处分，它是一个较罚款大得多的损失。在该政策威慑之下，绝大多数人的生育行为受到控制。不过，农村集体经济组织则难以实行这一制度，主要以罚款、扣工分为手段，虽也有威慑效果，但不如城市显著。集体经济解体之后，农民不仅受集体经济组织约束力大大减轻，而且超生者可以通过到城市打工等途径来躲避处罚。

体制转变还会导致原有制度功能的中止、变异。一些制度随着体制转化而失效。无子家庭过继、立嗣做法与之相伴。这有男系传承、男女不平等传统文化作为基础。在民国时期，男女平等观念被灌输，并最终体现在1930年的民法上，过继、立嗣在法律上不被承认。至1949年后，男女平等制度得到进一步强化，无亲生子女者有权利收养子女，无子有女者不得通过过继剥夺女儿的财产继承权。纳妾制度也是在民国时期被中止的，以1930年的民法为标志。

由于体制变化，同一制度虽然仍在执行，但内容发生了变化。这实际上是制度的变异。户籍制度即是如此。

至于体制转变后的制度新生更是一种比较普遍的现象。像在传统时代，尽管有人口压力，但政府却不曾采取控制人口数量的政策，而且不允许采用人为方式（如溺婴等）来减少生育。1949年后，特别是50年代中后期以后，避孕、流产等方法被推广（需要指出，溺毙活产婴儿的行为为法律和政策所禁止），成为政府抑制生育的基本手段，以此控制人口增长。

当然，体制转变之后，一些不适应新体制要求的政策会被废止，但惯习性制度则难以在短期被改变，至少乡土社会如此。像婚姻方式，现代法律只对男女结婚年龄和婚姻自主作出规定，至于婚后居住安排，既可从夫，也可从妻。在农村，习俗主导民众婚姻行为的状况未从根本上改观。男娶女嫁仍是主导婚姻形式，男到女家落户被视为招赘婚继续受到歧视。这使少育下的男孩偏好行为不仅没有被削弱，而且在一定范围内被强化了。

（三）社会转型下的制度特征

就当代中国而言，社会转型是指农业社会向工商业社会的转化，由以农业经营为主向以非农经营为主、以农村人口为主的社会向以城市工商业人口为主社会的转化。西欧国家的这一转变始于18世纪末期的工业革命。至19世纪末、20世纪初，多数国家已经完成该转变。中国社会的真正转型则是在改革开放政策的推动下，20世纪80年代中期显露端倪，现在尚处于转型的初期。

中国社会转型的一个突出表现是，民众的区域流动频度空前增强。这对1958年形成的建立在户籍制度基础上的迁移控制形成挑战。客观上讲，20世纪80年代中期以来，政府也在不断弱化农村人口向城镇迁移的控制。由逐渐放开小城镇就业迁移，到2012年初允许在中等城市已有稳定工作和置有房产人员及其家属迁入，获得当地户籍。

在转型社会中，不同所有制企业并存，就业途径多样化。这使具有强烈刚性的独生子女政策对私营和个体就业者、自由职业者的约束力减轻，人口控制制度的权威性降低。

当然，转型社会又是社会福利水平提高的时期，它使家庭养老的功能减弱，从而影响民众的生育意愿。

二　对人口行为具有影响的制度分类

本书研究制度与人口的关系问题，其中主要表现为制度对人口行为的作用问题。结合前面的研究，我们可以将制度对人口的作用分为以下几类。

(一) 对人口数量具有影响的制度

制度对人口数量变动的影响是制度作用的核心表现。我们在此将这种制度分为两种：一是对人口增长具有促进作用的制度；二是对人口增长具有制约作用的制度。需要指出，在此所说制度，既包含直接性制度，也有间接性制度。

1. 对人口增长具有促进作用的制度

（1）男嗣传承制度。男嗣传承对人口增长的促进作用在传统时代比较突出，其余绪当代仍能感受到。男嗣是家庭多种功能的支撑和维系力量，可谓家庭存在的物质和精神载体。而在高死亡率环境中，家庭多追求保有两个及以上成年男孩的目标，为此而形成多育模式。亦即在自然生育过程中，特别是婴幼儿死亡率较高的时代，只有多育才能拥有理想的成年男嗣数量。在当代人口控制政策对生育数量有较强外部约束的环境中，男嗣传承仍是一些地区民众超计划生育的主要推动力量。总之，在重视家系传承制度之下，个体家庭具有强烈的男嗣追求，往往以多育来实现这一目的。它是传统时期中国人口增长的潜在推动力量，也是当代农村计划生育政策难以落实的重要原因。

（2）财产均分制度。财产均分促进人口增长的逻辑在于，传统时代，分家一般在父母为诸个儿子完成婚事之后进行，或者至少是分出单过的儿子已经结婚。该制度保证成家的儿子有基本的生存条件和养儿育女的物质基础。无论儿子谋生能力高低，他都能获得基本的生活起始条件，进而适时生儿育女，维系家族传承功能。当然这是就一般情形而言，那些儿子结婚前已经处于贫困状态的家庭，则不具有这个能力。中国的此项制度对人口增长的作用已经受到不少研究者的关注[1]。

（3）大家庭制度。在我们看来，中国近代之前并不是一个大家庭占主导地位的时代，而是核心家庭、直系家庭等类型简单的家庭占多数，同时有一定比例的复合家庭，形成大小家庭并存的局面[2]。传统大家庭对人口增长的作用在于，家庭既是一个生产和生活单位，也是一个福利单位。若诸

---

[1] 王跃生：《中世纪中西财产继承的差异对人口发展的影响》，《史学理论研究》1999年第2期。
[2] 王跃生：《华北农村家庭结构变动研究》，《中国社会科学》2003年第4期。

个兄弟共同生活,年幼子女多、劳动力不足的一支往往成为这种"公共福利"的受益者,共同生活整体上使劳动能力低的老弱成员获得生存条件,从而有利于家庭人口增长。这样讲,是否与前面均分财产制度促使人口增长的论述发生矛盾?我们认为,均分家产使各个"分家庭"具备基本的生存条件;而大家庭惠及每个成员的"公共福利"有助于老弱者获得赡养和抚养,减少死亡,客观上都具有促使人口增长的作用。

(4) 家庭养老制度。传统时代,家庭养老是基本养老模式。家庭养老的提供者主要是儿子,而且不能单靠一个儿子。为提高家庭养老保险系数,至少保有两个成年儿子是育龄夫妇的基本生育目标。当代农村,靠儿子养老的模式仍然保持着,对儿子的追求仍在一定程度上导致计划外生育增加。

(5) 宗族制度。在中国乡土社会中,同一祖先的后裔聚族而居,且宗族是男系后嗣的共同体。它维护男系继承制度,无男嗣者在族中处于不利甚至被歧视的地位。传统时代,有女无子夫妇让女儿招赘或以出嫁女儿的儿子为嗣受到绝大多数宗规的禁止。可以说,这一制度客观上促使族人追求男嗣,进而提高生育率。当代社会中宗族的组织力量已大大削弱,但它所形成的男系血缘传承和维护意识对财产分配、婚姻方式和养老安排仍具有很大作用。

(6) 父母主婚和操办婚事制度。父母主婚是近代之前获得法律维护的一项制度。与父母主婚相伴随的是子女婚事花费由父母操办。当事男女不必为积攒嫁娶费用而延迟结婚。这一惯习有助于男女及时婚配,从而为生育行为创造条件。在当代中国,虽然父母主婚已由男女婚姻自主所取代,但婚事花费却主要由父母承担,甚至父母决定子女婚配对象的情形在农村仍有表现。可以说,不同时期的早婚行为都与此项制度有直接关系。

(7) 早婚制度。一般情况下,早婚是指低于法定婚龄的结婚行为。传统时代,法定婚龄多在男16岁、女14岁的水平。就目前研究而言,早婚既有利于早育,也有一定副作用,特别是未成年结婚者因此而夭亡的比例升高。早婚早育的直接作用是缩小了代际年龄间隔,有助于提高人口存量。在传统时代,早婚早育对人口增长的推动还有另外的作用,即当成年人死亡率相对较高时,早婚早育使更多的人抢在死亡之前生养儿女,或在生育旺盛期完成生育,从而有助于避免家庭人口减少,甚至传承中断。1949年后法定婚龄很长一段时间为男 20 岁、女 18 岁。在农村，20 世纪 50 年代，男性早婚还占一定比例。男女已经发育成熟的早婚对生育的推动作用是明显的。而在当代，法定婚龄又调整至男 22 岁、女 20 岁。相对于 20 世纪 70 年代，80 年代中期以后早婚在一些农村地区有所增加，并且它常与超生相伴随，进而促使区域生育水平在短期内有所上升。就整体看，当代城市因男女自主婚姻成为主导，加之受教育时间延长，早婚习惯受到抑制，生育推迟，一定程度上使人口增长率降低。

（8）同姓不婚、同宗不婚和近亲不婚制度。同姓不婚载入中国近代之前的法律之中，尽管它没有得到全面贯彻，但却在较大范围的群体内形成回避意识。而同宗，特别是有服属关系近亲不婚，则得到较为严格的遵守。中国多数地区民众，特别是汉族人口中族外婚原则得到贯彻，由此大大降低了近亲结婚概率，有助于提高人口素质。当然，中国人对近亲结婚的危害并非认识得很清楚，因为在一些地区，排斥同姓、同宗和近亲结婚的同时，又有允许中表关系男女通婚的习惯。总的来看，多数地区的通婚范围对同宗不婚的坚守颇具刚性，其对人口素质提高、进而对人口数量增长的作用不能忽视。

（9）一夫一妻制度。我们认为，一夫一妻制度对人口增长的作用表现为，尽管中国近代之前法律和各种制度允许男性纳妾，在一定范围内形成了事实上的"多妻"制，但它并没有成为普遍的婚姻行为。在多数地区，纳妾或女性为人作妾受到宗规的限制和民俗的歧视，明媒正娶是婚姻缔结的主要方式，男女两家近距离的纳妾现象得到抑制。因而可以说，中国婚姻的主流是一夫一妻制，这使多数男性的婚配得以实现。它有利于生育和家庭人口繁衍。

（10）救济制度。对受灾人口和困难群体进行救济直接缓解了其生存压力，减少了死亡，由此不仅降低了人口损失，而且使人口的再生产过程得以继续。中国从汉代开始，不同功能的仓储设施即开始建立。特别是常平仓发挥了平抑粮价、赈济灾民的功能；社义仓则根据乡里民众的生存困难程度分别实施贷种、贷粮或直接发放赈济之粮。当然，对该救济制度的功能也不能评价过高，这是因为仓储能力有限，并且管理中弊端难以避免。在大的灾害和大面积食物短缺时，它将难以满足百姓之需。

(11) 重农制度。重农政策不仅为近代之前政府所采用,而且直到 1949 年后至 20 世纪 80 年代初,政策中的重农色彩仍很显著。重农政策对人口数量增长的促进作用在于,多数家庭以农耕为生,具有较高的自给自足能力,客观上生存压力较低,有利于人口的繁衍。另一方面,中国的农业经营受自然条件限制较大,以农为生的广大民众为了抵御自然灾害,形成了节俭风尚,从而有助于提高生存能力,特别是克服一般性灾荒的能力增强。当然,农业人口又极易发生分化,其中的贫穷者自给自足能力较低。从 1949 年后的实践看,每当国家经济困难,对城市人口的食物供给和就业安排出现紧张时,向农村疏散人口,将难以安置的青年人疏散到农村成为一项基本做法。重农又具有了安置城市过剩人口、缓解粮食短缺压力的作用。

以上所列诸种制度,只是从一般状态着眼,分析其客观上所具有的促使人口增长的作用,或者说这是基于中国人口发展的历史和现实所得出的认识。

2. 对人口增长具有制约作用的制度

(1) 赋役制度。它在历史时期有此表现。赋役制度对人口增长的抑制作用,主要政府实行指超过百姓负担能力的重赋重役。在历史上,特别是宋及其之前,民众因赋役繁重而杀婴的现象即曾出现。

(2) 高妆奁制度。高妆奁作为地方惯习影响民众的养育行为。其对人口的抑制主要是,有女家庭因嫁女而耗费钱财,超出承受能力,因而在生第二个及以后的女婴时,则有可能将其溺毙,以免其成为未来的"索财者"。它主要是民国之前一些地区的做法。我们认为,这种行为在特定地区并非无止境地延续下去,所谓物极必反。

(3) 高财礼制度。高财礼习俗将贫穷男性排挤出婚姻市场,失去繁衍生息的机会。此种情形在中国近代之前具有一定普遍性。中国的婚俗中,往往有这种倾向:中等及以上之家,财礼数额具有节制,甚至以论财为耻;而在中等以下相对贫穷之家,娶妻论财则较普遍。这是因为,被娶之女往往也来自贫家,其父母想通过嫁女获得一笔收益,有的则以此用于儿子娶妻花费。社会下层家庭非最贫者竭尽所能为子弟备办财礼,抓住婚配机会;无力者则望之兴叹,延迟甚至终身不娶。

(4) 溺婴制度。溺婴在中国历史上以溺女婴为主,它直接造成家庭人口减少。其原因有多种，或贫穷或如上面所言高妆奁制度所导致。1949年后这种现象基本消失。

（5）现代避孕药物和技术推广制度。现代避孕药物真正传入我国并为民众所采用是在20世纪50年代之后。手术节育技术则在50年代中期开始采用。民众得以减少超过抚养能力和意愿的生育行为。70年代之后，在计划生育政策推动下，各种避孕药物和工具比较容易得到。其对人口数量的抑制作用可谓巨大。

（6）计划生育制度。计划生育是中国当代形成的控制生育制度，旨在减少人口数量，缓解人口压力。它通过诸多措施将民众生育纳入管理体系之中，直接而且大幅度降低了民众的生育水平。

（7）晚婚制度。晚婚有自愿、被迫晚婚和制度约束下的晚婚等表现形式。自愿或婚娶困难而晚婚，客观上扩大了代际年龄间隔。并且，那些超过生育高峰期结婚者的生育数量也会低于正常结婚者，不过这并非制度所导致，是个体行为。在中国，制度性晚婚与减少生育、控制人口增长政策相联系。它提倡于20世纪50年代后期，60年代中期前一些城市出台了提倡和鼓励晚婚的措施，在70年代初期全国范围进入强制实行阶段。多数地区所执行的晚婚标准为男25周岁、女23周岁，较当时仍然有效的法定婚龄提高5岁。它意味着，正常情况下，晚婚所导致的相应晚育将会使百年内生育代数由五代减为四代。其对人口数量增长的抑制作用非常显著。

（8）社会保障制度。前面对人口增长推动作用制度论述中，曾提到家庭养老制度的作用。而社会保障制度与其有相反的效果。至少这是当代社会的表现。社会保障制度使家庭成员从社会机构获得老年后所需生活费用，降低对子女的经济依赖。此项制度的实行和推广对育龄夫妇的多育观念和行为改变、低生育水平的维系作用巨大。

（9）教育制度。这是当代社会的表现，中等教育基本普及，升入中专、大学的人口比例大幅度提高。教育使人追求自身价值实现、提升专业能力的愿望增强，而早婚、多育则会限制甚至中断自我发展，特别是多育将使夫妇不得不花费更多的时间和金钱在子女身上，权衡之下，往往会做出少育的抉择。

（二）对人口分布具有作用的制度

1. 迁移制度。民众通过迁移流动来获得更好的生存环境、更有利的发展空间。然而，无论传统时代还是当代，自发性迁移流动往往受到政策性制度的限制。同时，政府为了实现其具体的政治、军事和经济目标，又在一定范围内采取鼓励民众迁移的政策。传统时代，实边迁移、实都迁移、屯垦迁移是政府所主导的迁移；1949年后同样有实边与屯垦相结合的迁移，此外还有为缓解城市人口生存压力而实施的迁移，为经济安全而将沿海工业企业疏散、搬迁至内地。这些迁移制度对人口分布起到重要调整作用。但应看到，政府对自由迁移的抑制所造成的副作用较大，生产要素难以实现优化组合。

2. 户籍管理制度。无论传统时代还是当代，户籍管理制度的核心是政府试图将民众固着于一地，它实际起着限制人口空间调整的作用。

（三）对人口结构具有作用的制度

对人口结构有影响的制度实际上与前面对人口增长具有促进和抑制作用的制度分析有重叠之处，亦即一些对人口数量有作用的制度也会影响人口结构。它们包括，男嗣传承制度、溺婴制度、高妆奁制度、妊娠期间性别选择性流产制度、计划生育制度等。这里择要加以说明。

1. 溺婴习俗是传统时代育龄夫妇减少家庭人口的做法。它多具有性别选择特征，即以溺女婴为主，直接导致区域性别结构失衡。当代妇女妊娠期间性别选择性流产的做法本身虽难视为一种制度，但不可否认，它多是男孩偏好制度的产物。

2. 计划生育制度对人口年龄结构具有影响。一般来说，人口生育控制制度实行之前往往以高出生率为表现形式，计划生育政策的落实直接减少了生育数量，在一段时期内表现为中老年人口比例相应增大，改变了人口年龄结构。中国当代人口老龄化水平迅速提高，虽然有人口预期寿命延长的作用，但计划生育政策，特别是独生子女政策的作用最为突出。当然，若计划生育政策长期实行，人们形成稳定的低生育行为，其对人口年龄结构的影响将降低。

3. 重农政策对人口职业结构具有直接影响。近代之前重农政策对人口职业的影响表现在两个方面：一是它强化了民众对工商业从业者的歧视心理，务农者轻易不会离土经商；二是经商者往往视此业非正道，不愿永久为之，将经营盈余转向土地投资，而非扩大工商业经营规模，这至少是商人中一部分人的做法。它在很大程度上使工商业人口群体难以扩张，中国社会长期保持农业人口一业独大的状态。

（四）对人口秩序具有作用的制度

人口秩序包括通过户籍制度约束人口行为，进行身份控制等。传统时代和现代社会，户籍制度均为政府所重视，以此使民众稳定生活于特定地区，将流动人口对社会秩序的干扰降至最低。

（五）缓解人口压力的制度

上面所涉及的不少制度形式，都有缓和人口压力的作用。当然，有些制度旨在对家庭层级的人口压力加以缓解，如溺婴等，有些则是国家层级的措施，如推行计划生育政策等。这是将人口视为家庭和社会财富的耗费者、生活资料的消费者所采取的做法。

还有一些人口压力缓解制度是从促进生产角度着眼的。如历史上的移民垦荒制度、重农政策等，当代的扩大或刺激就业制度等。

可见，对人口数量、结构、分布和秩序等具有促进、制约、调整作用的制度有多种，这是制度功能的重要体现。分析制度与人口的关系，就是要揭示制度对人口行为的作用和效能，特别是对其积极因素和消极表现有所认识，为改进制度提供借鉴，进而使当代人口发展与经济、社会发展相适应。

三 人口制度实际效果认识

这里主要考察与广义人口行为有直接关系制度的效果，既从理论上进行探讨，又结合前面各章分析所依据的事实予以阐释。

（一）政策、法律性制度效果的层级划分

1. 制度效果的层级分类

政策、法律是官方意志的体现。它一般由专门机构加以贯彻和落实，

容易取得效果。但其实际效果有层级之分。

一是具有令行禁止效果的法律和政策性制度，往往会得到完全贯彻。

二是能使大多数人遵守的制度，或者多数人的行为被约束在法律和政策所要求的范围之内。

三是法律和政策对超过半数人的行为起到约束作用。

四是仅有少数人的行为受到法律和政策约束。

五是制度仅是一种形式，没有发挥作用。

在我们看来，前三个层级应该属于有效制度，第四个层级为低效制度，第五层级为无效制度。

古人有这样的认识：为理不患无制，患在不行；不患不行，患在不久[①]。有制度得不到落实，或落实不久即半途而废，是为政之大患。

2. 法律、政策性制度产生预期效果的条件

一般来说，有效制度发挥作用须有这样几个条件：

（1）制度一旦制定出来，须有完整、健全的落实机构。做到这一点并不困难。无论传统时代，还是当代，中央和地方政府机构相对健全，其职责就是落实政策和执行法律。不过，正如前面所言，当代政府在县以下有相对完善的管理机构，为传统时代所不及。这可能导致政策落实效果的差异，即基层社会机构越健全，越有利于政策落实。

有机构，还需官员加以重视。我们看到，即使在专制王权时代，为贯彻一项新的人口管理制度，如人口统计和编审，皇帝往往屡发诏书，乃至指责奉行不力的地方官员。它表明，政府虽设有机构及应负落实责任的官员，政策和法律不一定能得到有效贯彻，上级的督促、检核仍不可缺少。

（2）违反制度者，须付出违规成本（受到惩处或遭受物质、精神损失）。政策和法律对民众进行约束的同时，对违规者一般有处罚规则。如人口漏报或隐匿人口应受相应惩处。但就历朝来看，它并没有被严格贯彻，由此降低了制度的效力。

（3）高效制度往往需要政府在管理方面加大投入，对政策性制度尤其如此。当代计划生育政策在人口控制方面所取得的成效明显，政府为此建

---

① 《文献通考》卷12，职役。

立了庞大的落实机构，投入人力、物力巨大。不过，高效制度在一定程度上具有重塑民众行为的能力。经过一定时间，外在制度的约束会使民众形成新的、比较自觉的行为取向，政策的落实成本就会降低。中国当代妇女总和生育率从20世纪60年代前期的6个以上，降至80年代不足3个，1992年以后保持在更替水平以下。并且90年代的多种调查表明，民众生育子女意愿或理想子女数量已降至2个及以下。在我们看来，政策对民众生育行为的重塑效应显示出来。

总的来说，制度的有效实施需要依托一个落实系统，而非靠一个单元或孤立的组织去执行。单个制度的作用效果低于重叠制度，重叠制度则低于系统制度。

3. 法律、政策未能成为有效制度及失效的原因

法律和政策失效首先与政府机构失职有关。当然，多数政策并非一开始就成为无效制度，而是因政府官员懈怠、敷衍政务乃至有腐败行为才如此。中国近代之前，户籍管理、人口统计所以出现较严重的失实状况，与此有很大关系。

法律规定脱离实际易出现制度无效状态。中国历史上，同姓不婚及其处罚规则在隋唐至明清的法律中一直被保留着。但至少从明清时期看，民间社会违规现象并非个别。即使同姓结婚者因卷入刑事、民事案件已为官府所知，也不会被追究和处罚。这类法律规则已流于形式。此外，像法定初婚年龄，在民国之前顶多只起引导作用，低于法定婚龄结婚者不受任何处罚。

罚不责众的行政方式使政策失效。近代之前，对民众的自由迁移行为控制颇严，但由于官方行政机构人力有限，很难对分散流迁者实施有效监控。一当政府发现，迁入地已形成有一定规模的移民聚居地。若断然驱逐，则可能引发官民冲突。故而一些王朝改采让步之策，认可其于流入地违规居住的现实。清代中期，政府对民众前往东北等地的自发性流迁、谋生行为多持此策。

（二）不同类型制度目标及其差异程度决定制度效果

对人口行为有影响的制度多元特征突出。不同类型制度既有目标一致

的一面，也有目标不一致的另一面。诸种制度目标一致，实际是制度制定主体和被执行主体的目标一致，特别是政府和民众目标一致，制度被贯彻的效果最好。当多种制度目标不一致时，其效果与目标的差异程度增大有关。一般来说，目标差异较小时，虽有一定落实难度，但尚具有实行的可能；而目标差异较大时，落实难度将增大；完全相背离时，则需通过高压措施来推行，往往难以持久。

当诸种制度目标一致之时，特别是政策性制度、法律性制度和民间惯习制度、宗规制度等并存且有相同的作用方向，一般来说，政策和法律保护民众的利益诉求，规则易于得到遵循。如中国传统社会诸子均分家产和父祖遗产是一项基本法律原则，同时也是宗规和民间惯习的基本要求。在这一制度环境下，一旦有违反原则的分家行为，受损者便会寻求法律保护，告发至官府。当然，也应看到，分家与个人利害攸关，当事人都努力争取利益最大化，故此只有找到均衡点，才能达成一致。

中国当代的独生子女政策在农村社会贯彻难度较大，高压之下一些地区出现出生人口性别比升高的现象。它与农村社会男系传承惯习依然保持、家庭养老仍为主流有关。即政府实施计划生育旨在减少家庭生育子女数量；而对农民夫妇来说，这往往难以实现其所期望的子女性别构成。因而一部分人会违规超计划生育，乃至在妊娠期间借助B超等手段鉴定胎儿性别，对非期望性别的胎儿则采取流产措施。

当代财产继承也有这种表现。按照法律规定，子女对父母遗产或家庭财产有平等继承权。但在一些地区，特别是农村，仍保持着儿子继承父母财产的惯习，女儿不参与继承。当然，若有分歧，女儿坚持获得应继承的财产份额，法律将给予支持。不过，多数情况下，有子家庭，女儿嫁出之后，一般不再承担父母赡养义务，故而她们也不会追索对娘家财产的继承权。

（三）民众对制度的维护与适度调整

在制度实践中，我们看到，民众对待制度的态度出现分化，即一部人遵循制度规则，另一部分人违背制度规则，还有一部分人以变通方式应对制度，形成新的制度类型。

1. 民众对主流制度的遵循

这里的主流制度主要体现为上面所说的政策、法律和民间惯习能够形成共识的制度。特别是婚配范围规定中对同宗成员的排斥、门当户对原则的遵守、父母主婚制度的保持等。此外婚娶方式的安排，家庭中的财产继承方式等，多数人都能遵守，否则便会受到社会歧视，乃至引起有利害关系者之间的矛盾和冲突。

当代计划生育政策的落实程度尽管存在着城乡之别，但应该承认，民众中绝大多数服膺其基本精神，城市居民中独生子女家庭比例超过80%，农村1980年以后结婚者中三胎以上生育的夫妇也属少数。这说明，多数人的生育行为受到制度约束，另一方面则表明民众在很大程度上遵守了政策要求。

2. 民众对制度变通的做法

制度变通主要指主流制度不符合实际，民众借助新的制度形式应对主流制度。制度变通所以会发生，在于主流制度贯彻过程中被人为弱化。制度变通从形式上看是违背制度，但它并非硬性违背，而是以迂回的方式来达到目的。

以中国婚姻制度为例，多数人推崇和遵守规范性婚姻的要求，按照"六礼"或"三礼"程序缔结婚姻。在社会下层民众看来，规范性婚姻往往增加婚姻成本，故而有了不同形式的变通做法。童养婚即是贫困家庭解决子女婚配问题所采取的变通措施。有子家庭父母通过付出抚育未来儿媳之劳，使儿子成人后获得婚配机会，或者说为儿子换取婚配机会。而对生育女孩的贫困父母来说，童养惯习的存在和认可使本应被溺死的女婴获得生存机会。

还有，中国近代之前农业社会的基本婚姻形式为男娶女嫁，排斥招赘婚。但对无子有女的父母来说，当不能或不愿通过过继、收养等形式解决自己老年后的赡养问题时，招赘婚便在一定范围内得以出现和存在；甚至允许寡媳坐家招夫，以避免家庭年幼和年老成员生存陷入绝境。

3. 民众违背制度的行为

违背制度是指民众为了实现自己的愿望，不顾及制度的存在，或有意冲破制度约束。对待任何一种具有约束力的制度，民众中都可能有违背制度的行为。但若违背制度的做法只限于少部分人，则不影响制度的基本效果；而若多数人有意忽视制度，制度有名无实，便意味着制度徒具形式意义。

近代之前户籍人口是赋役征派的基础。若民众严格按照官方要求申报家庭人口信息，则会带来利益损失。故此，统计时民众漏报人口信息现象并非个别。当代，违规超生者为逃避罚款等惩处，往往不申报生育信息。

四 本项研究的主要结论

（一）关于婚姻制度在人口发展中的作用

本项研究认为：中国古代同姓不婚制度建立在伦理原则基础上，并非人们认识到同姓结婚会使生育子女素质下降而采取的制度性回避或应对措施。同姓不婚本质上是一种族外婚制度，它有助于不同宗族之间建立和改善关系，客观上扩大了通婚圈，对人口素质提高具有积极作用。但在后世传统社会中，通过婚姻结"两家之好"的考虑占据主导地位。父母为女儿择偶时，要方便出嫁女性与娘家来往，在夫家若受到欺负或有委屈能及时获得娘家支持。近距离结婚是人们的首选，由此不同代际者的关系资源不断累积，形成地域亲缘关系圈。因各个姓氏家族人口规模在小区域内并非均衡分布，严格的同姓不婚给不同姓氏男女结姻带来困难，所以尽管唐以后此项制度载入法典，在民间社会并没有被彻底贯彻。明清以来，同姓相婚增多。这种违制行为没有或很少受到法律追究。

同宗不婚原则在中国古代、近代社会民众婚姻缔结中具有一定刚性约束。其对近亲结婚的抑制、人口素质的提高具有积极作用。但在禁止同宗近亲结婚的同时，一些地区则认可中表婚姻。从血缘角度看，同辈内亲与外亲之间的关系是等距的。这种婚姻现象的存在，表明近代之前人们并没有从根本上认识到近亲结婚的危害。

中国历史上的制度性婚龄有多个标准：古礼婚龄、冠笄婚龄、法定婚龄、政策婚龄和习俗婚龄等。古礼婚龄是秦汉之前经典礼仪文献上所形成的婚龄，推崇男30岁而娶、女20岁而嫁。不过，对男性来说，这一标准缺少施行的生物性基础（当时平均预期寿命较低），也没有被落实的社会基础（人口高出生、高死亡和低增长时代，追求富国强兵的政治家期盼人口增长、劳动力增加）。男二十而冠、女十五而笄成为具有实施基础的冠笄婚龄。而近代之前，多数王朝有自己的法定婚龄，它大大低于礼仪婚龄，以男16岁、女14岁为主。近代之前政府并没有着力推行法定婚龄，宽容对待低于法定婚龄结婚者。应该说，它与民众期望结婚年龄比较一致。近代之前的政策婚龄有下限与上限之别，其中下限为政府所定男女婚配缔结的门槛年龄，上限则要求民众在某一年龄前结婚。它包含有通过鼓励结婚、推动人口增长的目的。后者只在少数朝代实行过。习俗婚龄是各地民众形成的具有地方特征或趋向的婚姻年龄。中国历史上较低的习俗姻龄很大程度上是民众鉴于高死亡率威胁、家庭人口不兴旺而采取的应对措施。由父母操办子女婚事的制度为早婚创造了条件。1949年以后，婚姻登记制度全面建立，法定婚龄的刚性特征凸显。政府为控制人口，推迟育龄男女的生育时期，通过实施晚婚年龄替代法定婚龄。尽管在农村晚婚率与政府所期望的水平有一定距离，但它却促使多数人在法定婚龄以上年龄结婚，对初育年龄提高所起作用不容低估。

中国在民国之前长期的历史阶段实行的是一夫一妻、妾为补充的婚姻制度。在男系为主导的中国传统社会，何以一夫一妻制得以实行？在我们看来，有以下几个原因。一是传统时代强调婚姻为"合二姓之好"，并且承担着上事宗庙、下继后世的神圣义务。从缔结形式上看，它是由当事男女的父母或其他长辈主婚订立，非男女自由择配。亦即双方家庭、家族对男性多妻构成制约。二是夫妇一体观念的影响。夫妇齐体与夫妇一体有相同之意。夫妇一体建立在夫妇并立基础上，男多妻与这一原则不相符合。三是婚姻是秩序的产物，更进一步，一夫一妻有助于维持社会秩序。但一夫一妻制下，允许纳妾。按照制度本意，纳妾是已婚男性在无子情况下通过增加合法性伴侣数量来弥补妻子未能生育子嗣的缺憾，并非单纯为了性的满足。因而，不少时期无论官方还是宗族，对男子纳妾有年龄限制，一般是当妻子过了生育高峰期、生子的可能性降低之后。中国完全一夫一妻法律制度（不允许于妻子之外纳妾）在1930年《民法》亲属编中即得到体现。然而在社会实践中它尚处于过渡时期。新中国成立初期《婚姻法》和新的城乡管理制度为一夫一妻制度的推行奠定了基础。我们认为，近代之前，一夫一妻、允许纳妾的制度，一定范围内形成了事实上的"多妻"制，但在多数地区，纳妾或女为人作妾受到宗规的限制和民俗的歧视，近距离的纳妾现象得到抑制。这使多数男性的婚配有实现的可能，它有利于生育和家庭人口繁衍。

父母主婚制度对婚姻的缔结有双重性：一方面，当事男女被剥夺了自由择配之权，与不相识、尚无感情基础的异性结合，婚姻质量不高，至少在结婚初期如此；另一方面，男女不必为婚礼费用、住房等备办操心劳神，可以及时完婚。父母主婚的本质在于，婚姻的形式虽是男女结为夫妇，实际是双方家庭的择媳和选婿活动。对男方家庭来说，将媳妇娶进门既要使其传嗣，更要使其与儿子一起承担赡养老人之责，因而父母要把好这一关，由此形成高度的婚姻包办。其最大弊端是，极端早婚现象由此生发。1949年以后，男女婚姻自主获得法律支持和保护，由合"两姓之好"变为结"两人之好"，婚姻质量提升。但在中国多数地区，父母仍承担着为子女提供结婚所需费用之责。男方父母由此背负的责任和压力更大。这完全是惯习约束下的行为。它也是中国家庭代际关系维系的重要形式。

在男系传承模式下，招赘婚这种婚姻形式尽管受到歧视，因其具有养老功能，法律和官方政策对此并不阻止。总体来看，除秦汉时期实行征召赘婿从军或戍边等贬斥特征比较突出的政策外，其他时期并无明显歧视之规。在民间，宋元之后，它有两种表现，一是宗族或宗族势力较强的地区排斥招赘婚，有女无子者可过继近亲之子为嗣，并由其承担养老送终之责；而另一方面，小户人家有女无子时则往往招婿上门。总体看，招赘婚一直在夹缝中生存。1949年后，从法律上讲，女随夫居、妻随夫居均可，招赘这种歧视性用语已消失。但在民间，特别是农村，很大程度上维系着男娶女嫁习惯，男到女家落户仍被视为招赘婚，不得已而为之。实际上，城市化是消除招赘婚遗习、实现男女婚姻形式平等的主要途径。

（二）生育制度的演变

1. 传统时代生育制度及其影响

近代之前，中国生育制度的多样性特征比较突出。隋唐及以前，由于赋税征收建立在人口、人丁基础上，徭役征派依赖大量成年劳动力，人口数量变动与国力有很大关系，人口的高死亡率又在一定程度上抑制了人口较快增长。因而政府多采取鼓励生育的政策，为生育家庭提供徭役减免或食物资助等优惠措施，一定程度上减轻了其生存压力。不过，政府以人口、人丁为基础的赋税制度又增加了民众家庭的经济负担，以致一些夫妇通过溺婴等措施减少新生儿数量。应该承认，赋税制度并无抑制生育的目的，但它客观上产生了这种效果。

就普遍的情形看，在人口高出生、高死亡和低增长模式下，民众对生育的主流做法是顺其自然。因政府对丁口征税而导致溺婴的现象主要存在于宋及其之前。当然，因女孩缺少为家庭创造财富的能力且多不承担赡养老年父母的义务，诞育之初即遭溺毙的情形，隋唐之前是存在的。就宋以后社会而论，南方地区，从两湖、安徽、江苏、江西到浙江、福建，溺婴特别是溺女婴现象增多。这一做法的原因有多种，其中比较突出的是，女孩长大出嫁时父母须付出过重的妆奁费用，导致家庭财产损失，生存压力增大，以溺毙作为摆脱手段。

我们认为，近代之前，政府对生育行为的主导政策是鼓励生育，主观上抑制生育的政策不曾产生。但由于政府的鼓励措施并非一贯，且力度不大，对人口增长的实际作用有限。另一方面，民众溺婴，特别是溺女婴受到政府和民间组织的阻止，一定程度上矫正了这种行为。同一地区该习俗所以会长期延续，表明外部力量对小家庭生育决策的影响是有限的。溺婴行为最终得到制止是在1949年以后，现代避孕措施被引入，政府管理力量深入到村落层级。育龄夫妇不希望生育时开始借助避孕和流产手术，而非产后溺死。

总的来看，在传统人口发展模式下，家庭人口的增长，进而区域和国家人口的增长受到抑制，家庭和国家均祈望人丁兴旺。特定的惯习（厚妆奁等）和政府政策（赋役政策等）使父母感受到子女多所带来的生存压力，在无有效避孕措施、同时没有可靠方法中止妊娠的时代，只好采取产后处置的措施。在我们看来，这种做法流行于特定区域，非全国性现象。

2. 1949年后人口生育控制制度及其效果

20世纪70年代初起，国家和政府开始实施控制民众生育的政策，这是一项史无前例之举。从效果上看，中国生育控制政策建立在独特的政治和经济体制基础上。健全和系统的政府机构和不同形式、层级的经济、社会组织相互配合是该政策落实的重要前提条件。它确保政府生育控制政策贯彻到位，而且在基层社会其所具有的监督网络可及时纠正违规现象。可以说，20世纪70年代晚稀少政策、80年代初开始推行的独生子女政策在城市得到有效贯彻。违规者要受到开除公职（包括机关、事业单位和公有、集体企业均被赋予这项处罚权力）等处分，它是最有效的威慑措施。农村的晚稀少政策具有促使高生育率降低的作用。80年代初期独生子女政策推出不久，土地承包责任制开始实行，基层组织的约束力减弱。不过，严格的罚款制度和户籍登记制度对多育行为还是有抑制作用的。我们认为，中国在20世纪80年代、90年代农业人口占多数的时期，实现了生育率的大幅度降低，甚至妇女总和生育率在90年代中期达到更替水平，亦即在农业社会阶段，我国妇女的总和生育率达到了工业化国家的水平。这很大程度上是政策作用的结果。

3. 政府、民间组织和家庭生育制度目标的一致和冲突

无论传统时代，还是当代，生育制度有多种。从制定主体角度看，基本类型有三：政府、民间组织和家庭（家族为主）。而三者之间对人口的作用方式表现为，在人口增长缓慢、劳动力短缺时代，三者将会形成合力——鼓励人口增长。可以说这是近代之前的制度特征。第二种为三者之间的平行作用：政府和家庭在生育问题上处于互不干预状态。实际上它是中国近代之前多数时期的做法。第三种为三者之间互为冲突：在我们看来，近代之前家庭的溺婴行为在形式上表现为与法律和政策规定相违背，但这尚构不成真正的冲突。因为夫妇的主要目的并非想借此减少家庭人口，只是对特定性别子女加以排斥；政府抑制也不是因为民众的这一行为与其增加人口数量的政策相违背，而是它与当时所提倡的道德不相符合，并会使女性可婚资源减少，造成男性婚配困难。

冲突的形成出现在政府推行计划生育政策、独生子女政策之后，一些民众出于对子女数量和特定性别子女（主要是男嗣）的追求，有意冲破制度限制。这实际上也是一种社会目标与个人或家庭目标有差异所导致的冲突。

缓解冲突的方式是，找到引起二者冲突的焦点，调整政策力度。政府通过对民众诉求的关注，以政策化解和降低惯习的影响力。比如，农村养老保障制度的缺乏、婚嫁方式中的男娶女嫁会增强民众追求男孩的愿望。因而，政府在贯彻生育控制政策的同时，注意考虑民众的这一现实需求。通过完善社会保障制度，引导男娶女嫁习俗向既不从妻也不从夫的方向发展。

（三）性别制度的表现和影响

男女性别差异本是一种生物现象，而在人类社会中，男女被赋予更多的具有社会差异的角色，并由制度来维护，社会性别差异由此表现出合理性。在中国，相对来说，近代之前性别差异性制度更为突出；近代以来，特别是1949年后，新的制度努力消除男女性别差异的不平等现象和做法。

1. 传统时期男女性别差异

中国近代之前，政府和民间强化和维护性别差异制度。其中主要表现为限制女性的社会活动、婚姻行为和对财产的支配权、继承权。

（1）社会角色的性别分工显著

近代之前，政治和社会等公共领域排斥女性参与或介入，这是制度性规定。女性的社会价值是嫁人为妻、生养儿女，主要角色是操持家务，活动范围限于家庭之内。

（2）婚姻方式的性别差异明显

男娶女嫁、从夫居婚是中国传统社会的基本规则和习俗，当代农村仍然保持着这种制度。女性的归属在于出嫁予人，夫家是其成人后生活的起点。婚姻一旦缔结，按照"礼"的规定，女性被要求从一而终。当然，法律允许婚姻中止。在这一点上，男性有较多的选择权利和机会。在从夫居制度下，婚姻缔结表现为女性离开父母、进入夫家；婚姻终止则是女性走出夫家，故此有男性"出"妻之说，另一词语为"休"妻，它是男性在婚姻中止上具有主动权的表现。女性在丈夫表现出"义绝"如伤害自己父母、嫁卖自己与人等行为时才可提出离婚。当然，夫妇协商下的离婚行为也为法律所允许。整体看，传统制度的主导方向是，使夫妇保持婚姻形式的稳定，而婚姻质量、夫妇情感是次要考虑。

再婚的性别差异。男性丧偶再婚或休妻、离婚之后再婚不存在制度性障碍，而女性再嫁则不被鼓励，甚至一些贵族官宦家庭丧偶妇女被政府限制再婚。整体来看，女性再婚在隋唐之前尽管也受到礼教的影响或约束，但尚不强烈。不仅贫民，而且贵族妇女丧偶后再婚不在少数；歧视再婚、鼓励守节的社会风尚还没有真正形成。宋元之后，特别是明清时期，除个别阶段外，政府一方面并不禁止丧偶妇女再婚，另一方面则对守节不再婚者大力表彰，特别是其中三十岁以前夫亡守制、五十岁以后不改嫁者可获得被官方旌表门闾、除免赋役的待遇。民间组织——宗族加以倡导，并给以族内生存困难的丧偶女性及其家庭具体帮助。进而，社会上形成浓厚的崇尚守节、歧视再婚的习俗。这些制度形成合力，抑制了妇女的再婚行为。对贫困家庭女性来说，不具备守节的物质条件，丧夫之后的生存困难状况立刻显现。它会产生两种趋向，一是勉为其难，抚育子女，赡养公婆；另一种则为择夫再嫁，还有的招夫入门。总体上看，宋元明清社会中，女性丧偶不婚和再嫁是两种并存的现象。在有些地区不婚情形更普遍，如北方；而另一些地区年轻妇女丧偶后再婚居多，特别是生存条件较差的地区，不少大龄不婚男性试图将丧偶妇女作为婚娶对象，地方习俗认可女性再婚。

(3) 男女对家庭财产的支配权有强弱之别

这里的财产支配权主要指财产的获得、继承、转让和买卖权利。从获得角度看，女性在出嫁时从娘家得到妆奁，有的数额较大，甚至包括奁产（娘家给予土地等）。从形式上看，它具有女儿从娘家获得一定财产作为补偿的含义。一旦婚配完成，其奁财的所有权则转移到丈夫手中。若夫妇和睦终生，作为家庭共有财产的奁产并未从女性手中剥离出去。一旦丈夫去世，丧偶女性欲改嫁时，其对奁产所有权的缺失便体现出来：丧偶者再嫁不能带走奁产，它沉淀为夫家的财产，留给子女或为被立嗣之人所有。正常情况下出嫁女性对娘家财产不具有继承权利，只有当娘家没有兄弟，又未立嗣，成为绝户时，她才可获得部分财产（丧事料理后所剩余的财产）。女性夫死后若未改嫁且有子女，她可代行对丈夫遗留财产的管理，直到儿子长大成人；若无子女，且欲守节，她可依赖丈夫所遗留财产生活，不过她应为亡夫立嗣，财产的最终继承权为嗣子。从法律上讲，女性不具有家产买卖的权利。不过，从个案中可以看出，丧偶妇女买卖财产的情形是存在的。这也容易理解,当丈夫去世,亡妻生活遇到困难时,唯一的出路就是出售财产,禁止买卖就意味着其生存难以维系。故此,丧偶女性买卖财产行为难以消除。总之,从制度上看,近代之前女性对娘家、夫家财产均不具有继承权;再婚时对奁产的所有权也被剥夺。当然,若丈夫去世,它有权享有丈夫遗留财产作为生存依托,具有管理权,甚至可以做主买卖。

2. 民国时期性别差异的弱化

在我们看来,民国以后,性别的社会差异因法律、政策等制度形式中男女平等意识逐渐增强而出现弱化趋向。守节已不再被鼓励,再婚妇女的财产权益得到法律保护。在城镇地区,女性进入工厂就业或从事其他实业活动增多。新式小学、中学教育甚至大学教育已开始接纳女性。政治活动中也有女性参与。民法保护妻子、女儿对家庭财产的继承权。

不过,总体上看,制度变革对性别社会差异的削弱还是有限的。相对来说,城镇、沿海地区稍微强一些;广大内地,特别是农村,少年和青年女性进入学校读书者很少。民众行事方式仍受到传统惯习的强烈影响。有子有女家庭中,财产的继承权只有儿子能够享有;婚姻的方式以从夫居为主、男娶女嫁为模式。可以说,法律和政策对性别差异,特别是对女性歧视的矫正常常受到以惯习行事民众的抵制或漠视,这与当时中国农业社会仍处于主导地位有关。

3. 1949 年以后性别社会差异制度的变革

(1) 法律、政策上的性别制度

1949 年以后,法律、政策上的性别制度以男女全面平等为原则。

1950 年的《婚姻法》体现了这一点。其中对女性权益保护和落后婚姻方式的矫正有特别规定。如废除男尊女卑婚姻制度,保护妇女合法权益;禁止纳妾,禁止童养媳,禁止干涉寡妇再婚。在家庭中,夫妻双方对于家庭财产有平等的所有权与处理权,夫妻有互相继承遗产的权利。在婚姻中止方式上,规定男女双方自愿离婚的,准予离婚。

子女对家庭财产和父母遗产具有平等继承权。

在接受义务教育和就业等方面,男女权益平等。就社会实际表现来看,教育权利的男女平等得到了基本贯彻;而就业方面,尚存在与法律和政策不一致的做法,特别是市场经济制度建立之后,在同等条件下,女性就业机会要逊于男性。

（2）民间制度对性别差异影响力的削弱与保留

与民国时代不同，1949年后新的法律和政策的贯彻不仅有政府力量的直接推动，而且乡村和城市社区建立了与政府基本保持一致的组织机构，这使新制度的影响力渗入到民众之中。

宗族制度由于土地改革，特别是集体经济组织的建立而大大削弱或失去影响，其对男女家庭地位差异的维护力几近消失。

民间惯习对性别差异维护作用出现分化。一方面它被视为落后观念受到新政策的挞伐、批判，作用力下降；另一方面，民众在婚姻、家庭方面依然按照惯习行事。男娶女嫁是主流婚姻形式。在农村，有子情况下，女儿不参与对娘家财产的继承。这一惯习保留的逻辑前提是，老年父母赡养仍主要由儿子负担。在1949年后的大部分时期，农村中老年父母的货币财产有限；房屋主要用来自己居住，且很少有多余之宅。出嫁到外村的女儿若参与继承，会同承担赡养责任的兄和弟形成分割，削弱其生存条件，乃至降低其赡养的积极性，进而要求有继承权的姐妹也承担赡养义务，这对兄弟一方和姐妹一方都是不经济的。故此，出嫁女性依然遵循惯习，不参与对娘家财产的继承。在城市，这种情况已经或正在改变。其原因，一是同城居住的兄弟姐妹均参与对父母的照料和赡养；二是享受社会养老保障的父母（特别是其中多数有退休金）基本不靠子女提供赡养费用，亦即无论子还是女，赡养责任减轻，因而不应由单性别子女成为父母财产的继承者。当然，一些地方特别是中小城市，传统惯习仍在发挥作用，儿子仍是父母财产的主要继承者。这表明，法律上子女的平等继承权得到了一定贯彻，但养老保障制度的城乡差异，使平等继承权的落实效果打了折扣。

从历史和现实相结合的角度看，中国社会的性别偏好有较系统的制度维护。其对人口发展的作用在于，生育中有强烈的男孩偏好，对男嗣的追求往往导致多育。可以说，中国当代的人口控制政策，特别是独生子女政策，对性别偏好起到了根本矫正，在城市尤其如此。而在农村则有不同表现。一些民众为在少育状态下实现有男嗣的目标，妊娠期间采取性别选择性流产，由此促使区域出生人口性别比上升。可见，性别偏好的民间惯习仍在发挥作用。它有待社会发生根本转型和全面公共福利社会的建立来消除。

(四) 家系传承制度

1. 中国家系传承制度的基本表现

（1）近代之前中国社会的男系传承原则、功能和形式得到全面维系，而且法律、宗规族训和民间惯习形成合力。中国的男权社会因此得以强化。

（2）民国时期，特别是1930年具有现代意义的《民法》亲属编、继承编形成，男系传承原则失去法律支持，男系传承的功能具有更多男女平等色彩，但男系传承的形式得到维护。在民间，大众行为既有对新式法律遵循的一面，也有继续按照传统规则行事的另一面，总体上男系传承尚未从根本上动摇。

（3）1949年以后，法律对男系传承的进一步矫正主要是在传承形式上实行无性别偏好规则。至此，中国相沿已久的男系传承从原则、功能到形式在法律上得到最后清理。

与以往不同之处在于，由于农村土地采用非私有化变革，实行集体经济制度和公有制为主导的城市社会保障制度基本建立，农村的男系传承在失去法律支持后，又失去宗族组织维护，其承载形式所依赖的物质基础丧失。男系传承功能在城市的削弱更为明显。

（4）当代男系传承形式在民间社会作为一种符号依然得到保持；乡土社会中，男系传承原则和功能虽被削弱，但其存在的基础并未被消除。因而少育行为之下，一些地区民众对男孩的追求更为强烈。

（5）在男系传承整体削弱且有城乡之别时，推进男系传承形式的进一步变革、双系家庭和双系网络家庭的建立，对于家庭关系的改善和家庭功能的维护具有积极意义。

由此可见，传统时代男系传承受到法律、政策、宗规族训和民间惯习的全面维护；而在民国时期，特别是1930年后，法律、政策对男系传承的维系降低，但宗规族训和民间惯习依然在起作用，不过其作用方向并非均为维系，具有削弱作用的规则和规范也已产生；1949年以后，宗规族训失去发挥作用的基础，民间惯习更多地在乡土社会形成男系传承氛围，法律则具有推动双系传承形成的功能，政策对男系传承的削弱之大超过以往任何时期。

2. 不同制度形式下的传承特征

（1）法律中三种传承规则

中国历史上从法律角度看，存在严格的男系传承、折中的男系传承和双系传承三种形式。

严格的男系传承为依照亲子血缘关系（不包括拟制血亲）向下延续；无子时则应立嗣，遵循在同父周亲子弟中过继的原则。折中的男系传承为，无子时允许立异姓外亲甚至妻亲子弟为嗣。双系传承为法律不承认以男系或女系为传承模式，它只规定在世亲属之间具有抚育、赡养、继承等关系，而不涉及祭祀等关系，它强调亲子、亲女之间的等距关系。

若结合历史时期的法律规则，可作这样的判定：近代之前为严格的男系传承实行时期；民国时期，特别是1930年前为折中的男系继承；1949年后则为男女双系继承，或者说具有无偏向传承特征。

（2）民间惯习中的传承规则

民间社会，家系传承规则较法律原则复杂。有的方面与法律规定具有一致性，有些方面则有变通，有的则与法律有抵触。

它可被概括为三种形式：严格的男系传承、折中的男系传承和形式（名义）男系传承。前两种形式已有说明。形式男系传承主要指姓氏等符号遵从男系原则，但这一传承下的功能也有偏向男系的表现。

这三种形式在近代之前并非先后承继关系，而是一种并存关系。不过，若仔细辨析，严格的男系传承居于主导地位，折中的男系传承为辅，名义性男系传承为补充。民国时期，虽然法律已演进到不承认男系传承规则的地步，但民间社会并无实质改变。1949年以后，男系传承变为一种形式，功能方面男性为主的原则并未改变。

无论什么形式的传承都是一种代际传承，本质上均与生育有关。无疑，严格的男系传承和折中的男系传承下，对男孩生育有高度偏好。形式传承下由于婚姻方式、养老等行为男嗣为主的做法得到很大程度的保留，因而，男孩生育偏好依然存在。

1949年后，生育控制政策出台之前，由于死亡率降低，高生育率之下，多数家庭能够实现儿女双全的目标。形式男系传承与功能性男系传承的愿望和需求能够得到满足。

计划生育政策，特别是独生子女政策则改变了这种局面，即形式男系传承只有部分家庭能维系。城市不少家庭存在形式男系传承的中断。由于社会养老保障制度建立，由子女承担的养老费用被社会替代，民众对男孩生育的追求欲望减弱，这就使独生子女政策贯彻的阻力降低。

在农村，由于社会养老保障制度建立滞后，男系传承形式与诸多男系传承功能并未脱离联系。不少夫妇试图在少育状态下实现有子目标。男孩偏好乃至性别失衡与此有很大关系。因而，推动变革，将男系传承的负面影响进一步降低是非常必要的。

（五）家庭的裂变制度

家庭作为一种生活单位，有居制（同居共爨还是另居分伙）、形态结构（不同类型家庭的构成）和规模（共同生活成员数量）之别。无论从历史着眼，还是就现代而言，家庭的居制和形态受制度的影响很大。

1. 家庭居住方式的制度演变

（1）法律和政策

在夏商周和春秋时期，法律和政策对家庭居制的干预比较少。我们认为，当时社会等级制比较突出，家庭居制在贵族和庶民之间应有分别，前者中多代同居家庭甚至家族式家庭占有较大比例，后者则以两三代共同生活的小家庭为主。至战国时期，由于宗法社会、分封制度被打破，土地买卖成为可能，家庭分化增加。更重要的是，分封制下由各诸侯、封国逐级向上进贡的方式被各国政府建立地方管理机构、直接向民众征收赋税所取代。赋税既有人头税，又有户税。民众家庭分解，户数增加将会使政府征收户税的家庭个数增加。它或许是商鞅变法时实行民有二男以上不分户者倍其赋政策的本意。至秦统一，该政策推行至所有辖区，至汉代仍在一定程度上延续着。

不过汉代武帝之后，废黜百家、独尊儒术政策之下，政府对孝道大力提倡。孝道更多地表现在家庭子代与亲代关系中。其具体要求是，子代对亲代尽好照料、赡养之责，同居共爨是履行该义务的基本要求。因而，从这一时期开始，表彰多代同居政策开始出现。但此政策与分户令相冲突，故此在鼓励同居时代，后者较少采用。至隋唐时期，特别是唐代，祖父母、父母在世，子孙不得分财别居被载入法律，一直到明清奉行不替。不过明清时期与之前也有不同，既规定不许分财别居，又强调祖父母、父母同意后的相应行为不予惩罚。

民国时期的法律则赋予成年已婚子女分家的权利。1949年之后的法律则视亲子分财另居还是共爨生活为家庭行为，不作限制或鼓励。

(2) 法律和政策的效果

秦汉时期限制二子长大之后仍与父母共居一户的做法，意味着复合型大家庭受到限制。但也不能据此认为直系家庭因此减少，社会上普遍形成核心家庭。我们认为，无论是否提倡孝道，在家庭养老为主的时代，两子中一子分出组成核心家庭，一子在家与父母共同生活形成直系家庭应占多数。当然亲子分爨形成三个核心家庭的情形也会占一定比例。我们总的看法是，秦汉时期鼓励分户政策大大减少了复合家庭的存在基础，大家庭受到制约，形成以核心家庭和直系家庭为主导的家庭模式。而秦汉之后，对多代同居家庭的表彰，特别是隋唐之后，法律限制子孙与祖父母、父母分财另居，是否就形成了大家庭为主导的局面呢？我们认为并非如此。政策鼓励大家庭重在宣扬其和睦精神，使长幼有序，老有所养，以此作为社会稳定的基础，并非希望各个家庭都能达到这种状态。以我们之见，表彰大家庭重在使民众居家生活中具有这种精神。限制分财别居的法律肯定能起到维系多代同居状态的作用。从元明清的民间实践看，它有阶层之别。比较富裕的家庭，子孙在家长的管理下谋生，家庭既是生活单位，又是生产单位，子女另谋生路受到限制。一旦父家长去世，多兄弟所组成的复合家庭往往分财各伙。经济条件差的中下层家庭，家长掌握的谋生资源有限，家庭主要劳动力在耕垦有限的自有土地之外，或者租佃他人土地，或者出外作佣工，兄弟分异倾向比较大。根据我们对清代刑科题本个案的汇总分析，中下层民众中，复合家庭不足10%，核心家庭超过40%，直系家庭接近40%，单人户占6%。民国时期，不少方志等地方文献的民俗记述多有大家庭为普遍的说法。根据我们对冀南农村所作调查，在平原农村，复合家庭约占15%左右，山区则不足10%。不过当时不少中农及以上家庭，父母在世时，设法控制儿子的分家要求。父亲去世往往是家庭解体的起点。它意味着，不少兄弟婚后有合爨共财的经历，但却不会维持很久。1949年之后，土地集体所有制时代，家长失去了对生产资料的所有权。多子家庭逐渐形成儿子结婚即分家的格局。可见，总体而言，传统时代，家庭结构的基本表现是核心型小家庭与直系家庭、复合家庭并存。这表明制度的作用是存在的，只是它不像我们原来所认为的那么大。当代社会，所有制变更之下，中国家庭逐渐实现了核心化。

2. 当代制度变迁对家庭变动的影响

中国农村家庭深受制度变革的影响，此项制度变革主要体现为土地改革和集体经济制度的建立。集体经济制度持续时间最长，因而其影响更为深远。这一制度之下，家庭财产范围缩小，家庭基本生产功能被集体组织取代，家庭关系趋于平等，父母制约子女行为的能力下降。家庭裂解由此变得相对容易。农村家庭核心化进程加快，20世纪60年代中国农村家庭普遍实现了核心化。没有经历这种所有制变革的其他华人社会，尽管工业化和城市化水平高于中国大陆农村，但家庭的核心化水平明显低于大陆农村，由此表现出制度及其变革的作用。

中国在20世纪80年代初期以前的制度变革并没有对农民的生存方式带来质的改变：以农为业，通过直接劳动获取基本生活资料。因而，这种变革并没有造成社会转型。中国农村的社会转型由改革开放政策推动，开始于80年代中期：农村劳动力向城镇转移，非农活动成为主要谋生方式。社会转型是一个过程，当前农村尚处于社会转型初期。在该时期，中国农村家庭出现一系列变动，但也有诸多"不适应"和"不协调"。家庭中青年劳动力进城务工经商，未成年人和老年人留在农村，隔代家庭增加，家庭的抚养—赡养功能因而受到削弱；非农就业者支配收入和家庭资源的能力增强，家庭财产的继承价值降低，中青年家庭成员的经济地位提高，老年人对子女的生活依赖依然很强；少子女和只有一子的家庭逐渐普遍，成年子女进城求学和就业渐成趋势，家庭"空巢"现象不仅增加而且提前；家庭养老承担者空前萎缩，社会保障功能尚很缺乏。

中国当前家庭对社会转型的不适应多与制度约束和传统家庭功能、特别是老年保障仍以家庭为主有关。在转型初期，劳动力的流动与家庭整体迁移脱节，人为造成家庭成员的城乡分割；缺少资源支配能力和缺乏社会保障能力的农村老年人仍不得不依赖传统的"一元养老模式"，养老质量难以维持和提高。这些问题需要制度的改进来解决，如社会养老保障体系的建立和完善，户籍制度的改进等。但它难以在短期内一蹴而就，需要有一个渐进发展过程。不过，这一过程又不能拉得太长，否则家庭变动的负面表现将会更加突出。

从制度变革和社会转型的纵向视角认识中国家庭变动，有助于弄清家庭变动的逻辑关系，认识中国家庭的渐变特征，避免对家庭变动作机械式的理解，进而有助于认识家庭问题的实质，探寻解决途径。

（六）人口迁移流动制度

1. 近代之前人口迁移的制度表现

由政府组织的迁移以政治、军事和救济性迁移为主。其中军事迁移包括移民实边等，对边疆巩固具有积极作用。政治迁移则多为将反对派力量迁移至便于控制区域，使其脱离可借助和利用的人力、物力环境；另一种政治迁移是移民实国都，充实国都及其周边地区，形成厚实的人力资源拱卫，既可供应京城庞大的贵族群体、百官及其眷属消费所需，又可储备必要的、可征调的防御性力量。

宋元以后，特别是明清时期，由于内地农耕成熟区人口压力增大，民众谋生性迁移增加。而出于治安考虑，政府对民众自发性垦荒迁移多持抑制态度。如明朝对荆襄地区流民的驱逐曾经激起大规模的起义，官府出兵镇压或驱逐，持续多年，效果却不好，最终政府不得不做出妥协，在当地设置府县进行管理。清政府则禁止内地民众前往关外垦殖，限制向台湾移民。但违禁迁移达到一定规模，政府难以驱逐，则做出让步，认可其迁移事实，将其纳入当地户籍管理系统。这一政策具有"罚不责众"特征。

值得一提的是，近代之前，每次改朝换代初期，百废待兴，战乱集中之地民众死、散殆尽，土地荒芜。这时，政府多能采取宽松的人口迁移政策，并且鼓励土地紧缺地区民众前去垦荒，予以一定年限的赋税减免。清朝政府不仅在初期，而且至雍正和乾隆初期仍鼓励民众前往四川等地开垦荒地。

2. 现代人口迁移的制度类型

中国1949年以后的迁移制度具有明显的阶段性特征。

(1) 农村人口的迁移流动。就1949年以来而言，对农村人口具有吸引力的迁移主要是非农迁移，表现为向城镇迁移流动。政策的导向则分三个主要阶段。20世纪50年代初期，由于大量工业项目兴建、城镇发展迅速，对农业劳动力有需求，政府采取的是相对宽松的迁移制度。用人单位可根据需要招收劳动人员，没有严格的户籍、粮食关系限制。1958年《中华人民共和国户口登记条例》出台是迁移制度由"自由"变为"控制"的转折点。但民众在城市内部、农村内部迁移，甚至城市向农村迁移，没有限制。控制重点是农村向城市迁移，实行迁入地准入制度：只有被正式招工或被中专以上学校录取者才能办理户籍迁移手续。这一制度实行的结果是，大大限制了农村劳动力向城市的迁移流动，而且造成了大量从农村录用的职工夫妇城乡两地分居。20世纪80年代初期，农村土地承包责任制实行之后，劳动生产率提高，有限的耕地已不能消化农民的剩余劳动时间，向非农领域转移为大势所趋。而沿海地区在对外开放中涌现出大批用工制度灵活的独资、合资企业，内地中青年劳动力纷纷前往，启动了农村剩余劳动力转移之帆。随后，城镇住房建设、基础设施建设速度加快，对农村劳动力需求旺盛。更重要的是，城镇服务业打破国有、集体企业垄断局面，允许农民前来从事个体经营。中国人口出现了空前的谋生性流动热潮。不过，严格来讲，这些走出村落、进城务工者中的多数尚不能称之为迁移。户籍制度是制约实质性迁移的主要障碍。可以说，中国20世纪80年代和90年代对农村户籍人口实行的是允许流动、限制迁移的制度。不过务工经商农民向集镇迁移逐渐放开。

　　(2) 城市人口迁移。中国1949年之后对城市户籍人口所采取的迁移政策有很强的逆城市化特征，它表现在两个方面。20世纪60年代初期至70年代为压缩城市人口到农村的迁移制度。60年代初期为压缩城镇人口，大批在城市落户时间较短的职工家属被要求迁回原籍农村。同时，因就业岗位有限，城市初、高中毕业生被鼓励到农村和边疆生产建设兵团落户，参加农耕活动。此种逆城市化迁移在60年代中期至70年代初期达到高潮。需要指出，城镇知识青年向边疆农场、内地农村迁移落户与当时城市就业紧张、政府控制下的商品粮供应能力不足有关。这种逆城市化人口迁移战略是典型的政府主导、民众被动型迁移，难为迁移者所认可。返回父母所在城市、在工厂和事业单位就业是其追求。当一部分人被以招工、招生（70年代初大中专恢复办学并实行从工农兵中推荐入学）或征兵等形式离开农村、农场的时候，其他人回城的愿望也会被激起，并努力付诸实施。一旦城市经济稍微好转，这批落户农村的知识青年以不同形式向政府施加压力，消极的如长期居城不归，积极的如上访等。最终此项政策在80年代初期被停止执行，返城知青或被安置工作，或自谋职业。知识青年从城镇迁至农村、农场，并没有带来中国农村、农业的实质发展，只是在短期内缓解了城镇劳动年龄人口的就业压力。在当时僵化的就业体制和计划经济环境中，它也许是政府不得不采取的政策。或者说，它是20世纪60年代初期压缩城市人口政策的延续。

20世纪60—70年代为调整工业布局，政府将沿海城市工业企业向中西部山区疏散，表现为工人及其家眷的迁移。1949年后，为改变内地工业不发达局面，大批沿海或发达地区工厂内迁或部分内迁；还有，发达地区工厂业务骨干被调至新建企业，这形成具有较大规模的非农业人口迁移。20世纪60年代中期以后，为应对可能的对外战争，保护军工实力，中央政府所实行的"三线"建设是工业布局的又一次大调整，相应地带动了沿海地区城市人口向中西部地区迁移。此项迁移制度在中国工业布局调整和促进内地城镇发展中起到了作用。但不能否认，它是对生产效率的牺牲，增加了国家财政负担，其负面作用在20世纪80年代逐渐显现。

（3）城乡人口向边疆迁移

1949年后的边疆建设力度加大，20世纪50年代政府一方面将一部分驻扎边疆地区的军队整建制转变为以生产建设为主的半军半民兵团组织，同时动员内地城乡民众前往。其中城市主要是初、高中知识青年，农村则为人口稠密区民众。而且50年代和60年代初期内地迁往边疆的人口多沉淀下来，成为永久性居民，是比较成功的移民实边之策，为传统时代所不及。

总的来看，无论传统时代还是当代，人口迁移都有很强的政府主导性质。政府将人口空间变动作为实现其政治、军事和经济目标的重要手段。民众则为此付出了代价，是不得已的，传统时代通过创造耕作条件（给予种子、工具等）和赋税减免若干年来吸引和补偿被迁移者。在当代，这种迁移则表现为国家和个人双重付出：国家付出财力，造成投资浪费；个人则要付出子女教育条件恶化和生活环境恶化乃至夫妇两地分居等代价。

3. 常态人口迁移及其制度特征

中国历史上大的迁移实际上有两种：一是政府主导的迁移，像政治性迁移、军事性迁移、救济性迁移等都是如此；二是逃难、避乱性迁移，是民众自发性迁移。前一种迁移是政策产物，后一种迁移则与政策无关，甚至可以说是制度无效（政府统治秩序瓦解，无力为民众提供保护）后的产物。在这两者之外，还有常态性迁移。近代之前，尽管在统治秩序稳定之后政府限制民众离乡迁移，但百姓正常的谋生性迁移，如经商，为人做佣工或佃耕等，政府并不禁止，只是要求将其纳入流入地管理体系中（如村社、保甲等）；过若干年后（如清代为二十年）则可视为正式入籍人口，承担当地居民应尽义务并享受固定住户的权利（如子弟有资格参加进学和科举考试）。不过，近代以前，政府对人口的自由迁移政策呈现出这样的特征：初期鼓励、中期控制和晚期失控。所谓初期鼓励是指：为了稳定政治基础，恢复生产，培植税源，政府不遗余力地组织民众迁移。而一当政权得到稳固，人口分布的大势基本确立，政府所关心的是赋税的征收和徭役的征派，而这都需要有一个被束缚于制度体系内的人口群体。民众的迁移流动是对这一体系的最大破坏，所以，政府的政策则转为控制。在王朝中期，禁止民众脱逃户籍成为政策的主流。到了王朝晚期，由于社会矛盾激化，政府腐败加剧，赋役沉重。定居人口不堪重负，纷纷逃离家乡，成为流民。有的遁入深山老林开垦荒地，在政府管理体系外生存。明代中后期川、楚、陕交界地区就汇聚了大批流民。政府试图驱逐，形成与流民的巨大冲突。

1949年以后，由农村向城市的常态性迁移有三个阶段：新中国成立初期至1958年的相对自由迁移，1958年至80年代中期的控制迁移和改革开放后适度放开的迁移。不过须注意，即使是控制迁移阶段，乡城之间并非有一道制度性樊篱屏蔽住农村人口向城镇迁移。农民子弟考上大中专学校可以办理迁移手续；农村子弟征招入伍在部队提干后、其在原籍的配偶及子女可随军成为非农业人口；若本人转业至地方则可进入城镇企事业单位和机关工作。当然，对农村人口来说，获得这种机会的概率是比较小的。

改革开放之后,最大的变化是,夫妻分居城乡两地者,特别是城镇正式职工的农村家属被允许迁移进城。1949年后城市内部的常态迁移限制较小。但由小城镇迁往中等或大城市,地方城市迁往三个直辖市则受到较多限制。常态迁移受限制的原因有三种:一是农业劳动生产率低,政府从中征购的粮食等生活用品有限,城市人口增速快则会导致供应紧张,乃至短缺,故而限制。它应该是20世纪60和70年代抑制乡城迁移的主要理由。二是城市工商业经营被严格纳入国家的计划之中,发展潜力有限,所能提供的工作岗位难以满足城市新增劳动力的需求,农村劳动力迁移进来,就业难以解决。这与第一项原因一样,主要表现在20世纪60—70年代。三是城乡社会保障体制和水平有差异。在计划经济时代,城市人口的社会保障福利与就业制度相联系,有就业就有医疗、养老等保障,无就业者则不能享受退休金等待遇,主要由配偶和子女提供生活、医疗等费用。90年代之后,城乡最低生活保障制度建立,所需经费主要由本地政府从财政中拨付。若大批非农业人口进入城市,又找不到工作岗位,城市地方政府的负担将会加重。不仅如此,不同地区的城市之间也有福利水平、教育资源、升学率等差异,对利益的追逐也会促使迁移意愿产生。我们从中不难看出,城乡之间、区域之间发展不平衡所导致的就业机会、保障水平、发展期望、生存环境的差异和迁移流向差异,是常态迁移制度建立和维系的根本原因。

(七) 户籍制度的演变

1. 中国近代之前的户籍制度

(1) 传统户籍管理特征

形成健全的三个层级户籍管理体系。传统时代,户籍管理由乡里、不同级别地方政府、中央政府三个层级组成。乡里是民众户籍的基本载体和识别单位,县为户籍的基本行政管理单位,郡、州或省(不同时期有别)是地方最高呈报户口册籍单位,中央则有专门机构汇总地方户籍人口信息。这成为朝廷认识国家和地方民情的主要途径之一,也是地方政府施政的基本依据。

人口、人丁信息编审和家庭财产登记同样受到重视。从秦汉以来留下的户籍文献可以看出,传统的户籍登记并非只关注人口、人丁,而且也看重家庭财产状况。在这一基础上形成户等，将人丁的徭役承担与家庭财力结合起来。

多种册籍并用，功能有别。在同一时期，具有户籍功能的册籍往往并非一种，但各有侧重。主要表现为基于人口人丁、基于财产和基于治安三类。当然，并非每个时期这三种户籍类型都在使用。相对来说，近代之前与赋役相结合的户籍编审最受重视。

编审的疏密间隔视功能而定。以人丁和人口为基础的赋役征派，户籍编审时间间隔较短；而基于田产为基础的册籍编审（多包括人口信息）则以三年至五年为主。

户种以平民为主体，贱籍所占比例不高。政府以户种来确定民众的权利和义务，并体现出身份之别。但为了保证多数民众属于国家直接控制、且承担赋役的人口，政府限定贱籍数量和特权人口规模，客观上减少或弱化了社会等级。

户籍人口迁移流动受到限制，但附籍相对宽松。为保障赋有人承，役有人担，政府限定户籍人口迁移流动；对在异地居住年久、置有产业者，由于他们具备了成为新的赋役人口的条件，政府对其附籍持鼓励态度。这在一定程度上降低了人口迁移流动的刚性制约。

户籍管理效果与王朝政治治乱密切相关。户籍是官方行政管理的一部分。当吏治腐败、社会动乱之时，户籍管理体系也受到冲击，户籍信息的可信度下降。

近代之前户籍制度中累积的问题多靠中央政府的整顿措施来解决。当户籍人口缺失影响到国家正常的赋役征派时，帝王往往通过派员如户口大使等至地方进行户籍核查。这种做法在隋唐之前比较普遍。

（2）户籍制度的时期差异

秦汉时期的户籍制度。家庭大小成员是户籍登记的核心，它服务于当时政府的户赋、口税和丁役制度。以年度"案比"为手段，以适应人口、人丁年龄变化而及时调整赋税水平和进行服役、退役安排。

魏晋南北朝至隋唐时期的户籍制度。家庭财产和人丁均成为户籍编审的重要内容。但在均田制和租庸调赋役制度下，户籍管理具有"以人丁为本"①的表现。

至唐中后期两税法实行之后，家庭财产在户籍编审中的重要性增加，不同财产所有者被分成等级，高等级家庭承担更多徭役。所谓"户无主客，以现居为簿；人无丁中，以贫富为差"②。

宋元至明时期的户籍制度。财产成为户籍编审的主要对象，但户口仍是登记内容。高户等者交纳免役钱，其他户等者则交助役钱。至明朝一条鞭法之下，田赋、徭役（按丁征派）和杂税合并，折成银两，分摊至田亩之上，按田亩多少征税。它建立在土地清查的基础上，尚非彻底的摊丁入亩。

清朝的户籍制度。清前期，以户籍为基础进行人丁编审、确定丁银征派的做法仍被采用。康熙后期承担丁银的人丁数额被固定下来，增丁不增丁银。就一个地区而言，人丁编审与丁银增减脱离了直接关系。但编审仍有作用，如在有丁与无丁户内进行丁银调整。雍正年间将数额已经固定的丁银总数摊入田亩税中征收，即丁银成为田赋的一部分，由此编审人丁彻底失去了意义。户籍与徭役制度脱离了关系。以治安为主的保甲册成为新的户籍载体，保甲组织被作为户籍管理和身份证明、确认单位。

（3）民众对待户籍制度的态度

在我们看来，近代之前，民众对待户籍的态度有三种：一是认可户籍制度，承担应尽义务；二是设法逃避户籍制度，以免除户籍人口应承担的义务；三是希望被纳入户口体系内，以便享受应有权益。一般来说，在王朝初期，相对轻徭薄赋，民众认可户籍制度，脱户漏口现象比较少；而在王朝中后期，赋役沉重，一些民众设法游离于户籍体系之外，那些安分者要承受更多的赋税，因而户籍内民众都表现出摆脱控制的愿望。离开原籍迁移至异地者，希望子弟能有机会在迁入地参加科举考试，不必千里迢迢奔回原籍，则有加入当地户籍的愿望。就整体而言，各个朝代的户籍管理都有前紧后松的特征。在没有大的战乱和持续的自然灾害发生的前提下，明代以前不少王朝政府所掌握的人口数量中后期不如前期多，这是漏报、

---

① 《新唐书》卷52，食货。
② 《文献通考》卷3，田赋。

脱籍现象增多所造成。

户籍管理实际是官民之间的博弈。传统时代，户籍人口并没有从政府那里获得更多利益；相反却因承担繁重的赋役而遭受损失。因而脱籍与反脱籍的角逐一直存在。但正常情况下，户籍对流动人口来说又为其在特定地区具有居住权、免被遣逐所必需。

总的来看，传统时代户籍制度发挥了政府所赋予的基本功能，由此国家机器得以运转，地方秩序获得维护。

2. 当代户籍制度特征

（1）当代户籍的功能

相对于传统时代，当代户籍人口的赋役承担功能基本消失。人口税和户赋已不存在。兵役虽然保持并作为适龄青年的义务，但由于适龄人口规模大，只有少数人被"征召"入伍。可以说，户籍人口的"服役"义务总体看较传统时代大大减少。

当代户籍制度的治安功能较传统时代更受重视，从户籍管理本身就可说明这一点。户籍由公安机关管理，最基层管理机构为派出所。每个人的信息都被登记在册。遇到治安事件，户籍是搜检越轨者基本信息的权威渠道。户籍还具有身份证明功能，户籍人口可以享受子女接受义务教育、就业安排、最低生活保障费用发放等权益。这些都是传统户籍制度功能中比较薄弱之处。

（2）当代户籍制度的"二元"特征

户籍人口权益有较明显的城乡分野。城市计划经济时代，物资短缺，粮油按人定量供给，只有城市户籍人口才能享有。这一功能直到20世纪80年代后期才逐渐取消。就业功能具有城乡差异。计划经济时代，机关企事业招工，多数情况下只有城镇户籍者有资格被录用。该制度的遗绪在当代仍有表现。

户籍人口权益也有一定程度的地区差异。中国现阶段户籍人口权益的地区差异主要体现在省级单位之间。

教育资源多寡不均使不同地区户籍人口的机会有多少之别。目前大中专院校录取以省（含直辖市和自治区）为单位，以本地户籍人口为对象。省级单位之间教育资源不一，考生数量和招生数量不同，因而不同省份的考生最终录取机会有别。

福利和保障水平有不同。中国目前的社会保障能力、福利水平和救济标准与地方财政实力有关,发达地区相对贫困地区要高。

上述差异使地区之间人口的迁移趋向出现不同,而户籍制度仍在限制这种迁移。

(3) 现行户籍制度的问题

户籍制度对迁移流动的限制,不利于提升城市化速度和质量。户籍制度没有真正体现出公民发展机会和福利享有平等的原则。在农村劳动力向城市转移成为趋势情况下,户籍制度导致劳动力与家庭成员的城乡分割。中国当代所出现的"留守儿童"现象与户籍制度有密切关系。

当然这些问题并非户籍一项制度所导致,而与多种制度缺位有关。

3. 传统户籍制度和现代户籍制度异同比较

纵观中国历史和当代的户籍制度,从功能上看,它有三种不同的结合,并且具有时代差异:户籍与赋役结合的时代,户籍与福利结合的时代,户籍与治安结合的时代。在与赋役结合的时代,脱离户籍的现象比较多,它是明以前社会的状况;在从户籍制度中享受福利待遇的时代,出现争相入籍之举,当代正处于这种状态之中。若仅与治安相结合,民众对是否进入户籍体系内则比较消极。

(1) 传统社会户籍人口背负着更多的责任和义务,政府对户籍的控制旨在限制承担赋役的人口流失、脱漏。当代户籍制度中户籍人口的责任和义务已经大大减少;相反,户籍人口从社会保障、社会服务中获得的利益逐渐增多。

(2) 传统时代政府设法抑制民众脱离户籍体系,而当代则为民众努力进入户籍体系之内,以便享受特定利益。民众对户籍制度的态度常常表现为趋利避害。

(3) 传统时代户籍管理有户种划分,甚至贬抑商籍、限制其子弟在社会中的上升路径,但对多数平民来说,没有形成"二元"或多元管理模式;当代社会,民众在法律地位上没有差异,而户籍则以农业和非农业进行户种划分,重点限制农业户籍者的迁移流动,形成城乡"二元"户籍制度。

至于两者的共同点,可以说治安功能是传统时代和当代户籍制度均很关注的方面。

4. 户籍制度的未来变革

户籍制度的进一步变革，应该从其功能上探讨。

户籍的身份登记功能应该保留，身份登记包括出生地、性别、年龄、婚姻状况、受教育程度等。对人口个体进行行为管理的信息应该保留，人口管理信息包括职业、居住地等。

而户籍改革应体现在，使社会保障等福利制度与户籍之间的紧密联系弱化，最终被消除。

与改革之前相比，目前的户籍制度由双轨变为单一更具有条件。

（1）在市场经济下，就业的自由流动障碍已经大大减少。对受过中高等教育、有一技之长者来说更是如此。

（2）民众生活用品的非市场化供应范围已大大减少。

障碍则表现为：将附着于城镇户籍人口上的社会保障、公共福利收益剥离之后，以什么为基础进行替代？

（八）人口统计制度的变迁

1. 历史上的人口统计制度特征

在中国历史上，人口统计制度与赋役征派制度、户籍管理制度密不可分。可以说，户籍是人口统计实施的基础，户籍人口是统计的主要对象。同时，人口统计也是户籍存在的主要功能之一。

中国的人口统计制度先秦时代即已比较成熟，重视人口税、户赋征收是历朝政府重视人口统计的主要原因。可以说，近代之前人口统计的功能与户口、赋役编审和人丁统计是相结合的。

人口统计体系比较健全。（1）由村社开始，分层逐级汇总；（2）人口统计的时间间隔合理，多数为三年统计一次，有助于及时调整百姓税赋。

人口统计注意抓住核心，减少统计工作量。将人口统计的重点放在赋役人口上，体现出统计的务实性。

近代之前，人口统计中的问题主要表现为：（1）人口数量（包括户数、口数、丁数等统计类别）与实际水平差异较大。在赋役与家庭人口数量有关的时代，民众出于对自身利益的保护，有意匿报、漏报现象难以禁绝，若官府施加强制措施则逃离家乡。相对来看，王朝初期人口统计数量相对接近实际，中期之后则问题增多，人口统计数字往往不能反映真实状态。（2）人口统计类别口径不一，导致后人对数字认识混乱。中国历史上，隋唐之前重视户口统计。隋唐之后，男丁成为主要税收对象，故以统计男性成年人口为主。清中期摊丁入亩之后，男女人口成为统计对象。这种差异为人们认识历史上的人口数量变动及其趋向带来很大困难。可以讲，准确的人口数据，中国历史上不曾有，只能说有些接近于实际，比如能接近实际水平的80%，就是很成功的统计。

传统时期政府往往采取阶段性整饬来解决户口不实问题。其中也有如隋大业五年（609年）实行"若一人不实，则官司解职"[1]的高压措施，消除人口数量统计不实之弊。然而，近代之前多数时期，尽管官府下了很大工夫，"天下户口类多不实"的现象并未改变。在赋役与户口相联系时，民众以漏报、瞒报乃至全家逃亡作为保护自己利益的手段。官府有限的吏员不具备逐一核对且控制流亡的能力，只好认可现实。明清时期帝王的这一态度最为明显。清乾隆五十六年（1791年），当江苏巡抚长麟上奏："各属造报民数未确，请展限核实再造。"乾隆帝指出："户口殷繁，势难一一查核，即细加查造之后，亦断不能一无舛漏，且恐吏胥藉端滋扰，更非安辑闾阎之道。"[2] 这也是一种务实态度。若追求形式上的完满，付出的代价很大。

从研究者角度看，准确的人口统计数字是基础。但就社会实际来看，由于它与被统计者的利益挂钩，上报的人口信息越真实，自家损失越大，因而瞒报在所难免。从官方看，准确统计人口需要花费更多的时间和工夫，因而高下其手现象比较突出。所以，传统时代官员即认识到"户口增减，由于政令张弛"[3]。在分析历史上的人口数据时，对此应有清醒认识。

2. 当代人口统计制度的认识

1949年后，特别是农村集体经济和城市单位制度之下，人口控制体系较传统时代更为严密，这为获得准确的人口统计数字创造了条件。由于人

---

[1]《文献通考》卷10，户口。
[2]《清高宗实录》卷1370。
[3]《明史》卷77，食货。

口统计与赋税征收脱离关系，脱漏、隐瞒户口现象减少，所上报数字相对比较接近实际。粮食分配和基本福利以户口为依据，故户内人口增加会及时报告，因而官方能得到比较准确的人口数字。

当代人口统计中数据不实问题主要出现在20世纪80年代初期以后。它有两个主要原因，一是人口生育控制之下，超生者为逃避处罚而将所生子女隐匿下来；地方相关部门管理者在计划生育"一票否决权"等政策下，为保护单位和个人利益，认可隐匿现象。二是改革开放之后，人口流动、人户脱离现象增多。一些长期离开户籍所在地者，在流入地也未被纳入户口体系之中，成为漏统者。

3. 人口统计制度问题症结认识

在我们看来，人口统计作为一种官民互动和博弈行为，这一制度面临着三个难以解决的困境和三个诱导条件。

（1）当如实上报会带来利益损失时，民众便设法减少家庭人口登记。官方获得准确人口数量的可能性降低。常规性的人口数量不足为凭，官方为减少赋役损失，只能依赖定期整顿户口。

（2）当如实上报家庭人口能带来收益时，民众则可能努力使家庭人口进入统计体系中。此种环境下，官方得到准确人口数量的可能性增加。这是现代福利社会才有的状况。实际上，这一制度下，民众又被户籍管理机构设置的一些条件限制进入。如迁入地入籍门槛较高，多数人难以如愿。超生者为获得福利待遇，愿意上报户口，但以先交罚款为前提，一些人又不得不放弃。

（3）当人口统计准确与否既无利益损失也无收益时，民众则可能消极对待，官方也会懈怠于此项事务。当代人口普查中，官民即有这样的行为表现。它将导致人口统计数据质量降低。

（九）老年人口优待、照料和保障制度

1. 传统时期制度对家庭养老功能的维护

（1）政府的作用

一是培植家庭养老资源。

中国近代之前，被纳入社会养老体系内的老年人比例很低。绝大多数

老年人由子孙等亲属承担赡养、照料义务。相对其他人口群体，老年人毕竟是弱势者。如何使其获得基本生存条件，减少子孙对父祖赡养的懈怠行为？传统时代政府建立了相对完善的家庭养老维护制度。它包括对承担赡养义务者予以协助、鼓励、引导、支持、优待和约束等内容。

减免高龄老年人家庭主要劳动力的差役，使其有时间和精力履行赡养义务。这是对家庭成员的一种养老协助措施。

对赡养父祖等老年人尽力者予以表彰。两汉至魏晋南北朝对有孝悌之行者予以爵位和物品赏赐，宋元之后对孝子的旌表，都具有借此鼓励赡养行为、通过榜样引导民众履行义务的目的。

允许为官在外且无人赡养高龄父母者离职终养则为支持性制度。

应判死罪者因父母无人赡养陷入窘境，帝王格外开恩，使之存留养亲。

限制少子家庭儿子出家为僧道、过继与人、被招入赘，惩罚不尽赡养之责者，它是约束性制度的体现。

限制祖父母、父母在世，子代分家。它在客观上有助于维系家庭养老功能。多子家庭儿子不分家，生产和生活资料的支配权主要掌握在亲代之手，一旦分家则会为子代所制约。

二是提升老年人的社会地位，使之受到尊重和关注。

中国近代之前官方非常清楚，老年人作为年龄上的弱势群体，政府可以利用其控制的公共资源颁赏或借助礼仪教化措施，提高其社会地位。这样，他们在所生活的社区、村落和家庭之中，便会受到尊重和重视，生存条件将会改善。

以爵位和版授名誉职位为手段。这是汉以后隋唐之前政府采用比较多的方式。

在庆典和皇帝出巡时直接赏赐老年人物品。

在地方政府和民间所举办的各种礼仪性活动中，都要显示对年老者的尊重，这是向民众灌输尊老意识的重要途径。

传统时代，这些措施的主旨在于弥补社会、家庭生存性资源的不足。引导家庭在生活资料分配时向老年人倾斜，避免对老年人需求的忽视。我们必须承认，传统时代是生活资料相对短缺的社会，温饱一直是人们的追求。但国家没有能力对所有老年人实施物质上的照顾，却注意通过非物质性资源的调节使老年人获得高于其他群体的地位。无疑这些制度对多数老年人基本生存条件的维护是有效果的。

(2) 民间组织对老年人口生存能力的维护

宗族是维护老年人家庭地位和提供基本生存保障的主要力量：通过限制父母在世时儿子分家，保持老年人对家庭资源的支配能力；利用宗族所掌握的义庄、祀田等资源，对族中贫困老年人予以资助；营造尊老氛围。宗族在各种宗族集体活动中，以长幼有序为原则，维护老年人所处尊长地位。对无子族人遵循和推行按昭穆原则进行过继的制度，以使其获得生养死葬的基本条件。

社会习俗对家庭养老体系的维护主要有膳田设立制度。诸子分家时为老年亲代拨出膳田，他们以其收益作为养老费用。

轮养老人制度。诸个兄弟平等承担父母的赡养义务，由此形成一种相互制约关系，减少彼此对赡养责任的推诿。

2. 社会养老保障制度的发展过程和特征

中国的社会养老保障制度并非现代社会的产物。

(1) 近代之前的社会养老保障制度

近代之前致仕官员的退休金、对特权群体的老年赡养安排以及贫穷孤老者生活资料提供和将失能者接纳进官办养济院等，都属于社会养老保障的形式。可以说，当时的社会养老保障只关心两个比较极端的群体——老年致仕官员和孤老贫穷者，覆盖面非常有限。赡养费用来源主要靠政府拨款。虽然，社会养老保障制度的形式是具备的，但规范性却存在不足。

民国时期的社会养老保障制度启动较晚，且也以公务员为对象。

(2) 1949年后城乡"二元"社会下的社会保障与家庭养老制度并存

中国是在1949年后逐渐形成城乡"二元"养老保障制度的。其基本表现是，随着城镇工商业的发展，离开乡土进入城镇就业者增多，他们以工资为生。工作期间有公费医疗等福利提供，退休后可以享受退休金和主要医疗费用报销的待遇。正常情况下，其退休金可以支撑其维系基本生存需求，不必依赖子女赡养。而在农村，从20世纪50年代至90年代末，老年人基本上以子女，特别是以儿子养老为主。与传统时代的家庭供养有所不同，相对于中青年子代，当代农村老年亲代支配家庭资源的能力下降。20

世纪50年代中期至80年代初,集体经济制度下的农民一旦年老、退出劳动领域后则完全靠儿子供养,少数无子女者可享受"五保户"待遇。改革开放之后,中青年农民逐渐走出村庄,在城镇非农领域就业;中老年农民则继续以耕垦土地为生,两者在收入上差距明显。年老父母丧失劳动能力后,主要靠儿子供养。一些老年人为了推迟对儿子养老依赖的时间,年逾七旬仍在从事有收入的工作。在我们看来,推动农村社会养老保障建设,亲代摆脱对子代养老的依赖,是提高养老水平的必然途径。

3. 传统与现代养老制度的差异

(1) 传统时代政府多自诩以孝治天下,倡导"孝道"观念和"孝行"实践,以此增强子代履行赡养和照料亲代的意识,抑制对养老责任的懈怠行为,整体看道德约束力较强。现代社会则主要靠法律(子女有赡养父母的义务等)作为威慑手段,道德约束力变弱。

(2) 传统时代维系家庭养老的制度多样,不仅有政府政策和法律,还有宗族组织和社会惯习,由此形成尊老的制度环境,大大弥补了老年人生理上的弱势地位。当代社会家庭养老的制度类型较少。土地私有制度被废除和集体经济制度建立,宗族组织失去了存在基础,宗规族训难以继续发挥作用。在城市社会中,传统惯习的作用力下降。农村社会的传统习俗则由于政府对旧文化的批判而淡化。老年人的家庭地位主要靠"实力",掌握一定生存资源者(如有退休金等)受重视,完全依赖子代养老者往往得不到应有的尊重。

(3) 传统时代养老方式比较单一,家庭成员是养老的基本承担者;现代社会城市开始出现赡养和照料分离的局面,赡养费用主要来自退休金,照料则以子女照料、雇佣照料互相替代。

4. 未来养老制度的选择

(1) 适应转型社会需要,推进城乡一体化养老保障体系建设

当代社会转型的趋向是城市人口为主体社会的建立。目前来看,户籍制度对人口迁移流动的刚性约束有所降低,但不少福利政策因与居民属地相结合,属地又与户籍管理体系相联系,对养老保障制度的一体化建设构成限制。

就目前来说,由于就业类型在城乡之间、城市内部存在明显差异,养

老保险缴费方式有别，社会养老保障制度的一体化并非指绝对的均等化，但全覆盖是基本要求。

全覆盖养老保障制度建设不仅是政府所应推进和落实的一项重要社会发展目标，而且对乡村居民来说，也有一个观念改变的问题。社会转型将使世代居于一地、完全依赖家庭养老的状况彻底改变，并且它不是一个遥远的未来才会发生的事，可谓近在眼前。不可否认，目前农村居民中依赖子代养老的观念还很浓厚，虽然他们对社会养老保障制度充满期待和向往，但若涉及个人缴费，特别是提高缴费水平，其中有抵触情绪和怀疑态度者不在少数。更有不少人仍把子代视为最大的保险和保障提供者。这种状况不改变，社会保障的"二元"格局将难以从根本上消除。具有规范性且带有一定强制色彩的社会养老保险制度的推行是必要之举。

（2）对独生子女父母的养老安排和社会服务需求予以充分关注

中国的独生子女政策是世界上独一无二的人口控制政策，它需要有完善的社会养老保障制度作为支撑。客观实际是，这一政策在正规部门就业者和城镇居民中得到落实，一些东部地区省份不分城乡也在一定程度上得到贯彻，由此形成巨大的独生子女父母群体。第一代独生子女父母逐渐进入老龄阶段，就城镇独生子女父母来说，相对完善的社会养老保障制度将使其年老后的生活费用不存在或较少后顾之忧，但生活自理能力降低、丧失后的照料资源是短缺的。

我们认为，政府应建立针对独生子女老年父母的专项基金，补贴其照料方面的花费。独生子女父母为国家人口控制做出了贡献，为其设立一项回报制度也是必要的。当然，对独生子女父母的特别照顾也应建立在社会养老水准提高、服务周到规范基础上，否则他们也难以享受到应有的养老质量需求。

（3）建立多元养老保障和服务制度

转型社会中，养老保障的社会化是必然趋向。但社会化并非所有保障均依赖政府，寄希望于社会提供。它实际也是政府难以做到的。国外中等收入国家和高收入国家的经验也证明了这一点。建立多元养老保障和服务制度是一项务实可行举措。

所谓多元养老保障和服务是指政府、社会、家庭和个人均应有所贡献和承担的制度。国家之责在于提供基本养老保障，面向所有公民；同时制定和完善与社会养老保险、保障有关的制度；建立公共养老服务机构；对社会养老服务机构实行有所照顾的税收政策，促使其制定规范的服务标准，并监督实施。社会之责表现在，为大众提供不同类型的养老保险、医疗保险服务；满足老年人对医疗、失能照料的需求。家庭之责不仅体现在它仍是老年人的基本生存载体，而且家庭成员，特别是夫妇之间在老年照料中所起作用不可替代，对低龄老年人尤其如此；与老年父母同村、同城居住的子女及其配偶在日常照料中的责任不容推辞，当然可以购买劳务的方式代其行使职责。个人之责为，公民在中青年时期积极缴纳社会养老保险，并为老年阶段需求进行必要的储蓄或其他形式的养老投资。

(4) 从制度上保障老年人权益

就一般情况而言，老年人口退出劳动领域，在社会公共领域中的活动范围大大缩小；在家庭内其管理能力降低；对他人的帮助需求增多。可以说老年人口整体上是一个弱势群体。

在中国传统农业时代，政府往往通过多种措施推行敬老、尊老制度，鼓励老年人在村落、社区中发挥型俗、劝善等教化作用。这一政策对老年人在社会、家庭中地位提升和家庭养老功能的维护起到了积极作用。

也应该看到，传统时代的一些做法也有需要矫正之处，如"孝道"中强调子代对亲代的无条件服从，父母与子女家庭地位的不平等规定等。

(十) 人口压力应对制度

1. 传统时代人口压力应对制度

中国历史上的人口压力主要表现为食物短缺。因而，各个时期政府均从解决这一问题角度入手制定政策。

(1) 重农政策成为传统社会政府解决人口压力的一条主线

重农政策的核心是，将尽可能多的人口、劳动力束缚于土地之上，实现生活上的自给自足。而重农政策中又包含着明显的抑商色彩。

为了实现此项目标，在王朝初期，特别是隋唐之前的历史时期，政府努力实现劳动力与土地的结合，使耕者有其田。均田制和占田政策在一定程度上抑制了大土地所有者的兼并行为。隋唐以后，政府鼓励无地农民开垦荒地，这在一定程度、一定阶段使多数人获得了基本的生存条件。其不足是，在王朝中后期，土地兼并往往难以抑制，中下层民众生存条件恶化。

抑制非农业人口的发展。士农工商是近代之前政府所认可的四大类平民职业，但在政策上抑制工商的做法又很明显。此外，不务生业的游民、僧道等都在限制之中。士虽受到推崇，而职业士人的人数很有限。其结果是，农"业"成为多数人口的归宿。自给自足的自然经济得到长期的维护，在形式上缓解了民众的生存压力。

实行轻徭薄赋政策，这一政策的直接受益者是农业劳动者。从正税正赋上看，近代之前农业社会的征派标准并不高，农民可以将收获的主要部分留作家庭人口的生活资料，这有利于减轻民众的生存压力。只是不少时代政府有额外加派、加征政策，还有鼠耗、火耗等名目，加重了农民的负担。

（2）建立覆盖全国的仓储系统，提高对灾荒的应对水平

从汉代开始，以"贵籴贱粜"为主要功能的常平仓制度在多数王朝普遍推行。其基本运作方式是，歉收年景通过低价或平价出粜仓粮稳定物价，灾荒发生后则实行赈济。而官督民办形式所建立的社仓和义仓分布于乡里之中，对社区民众或借贷或赈济，帮助作用更为直接。不过，两者都存在管理不善的问题，且对大灾中百姓的救济作用有限。

（3）推崇节俭制度，增强灾害应对能力

传统时代，生活资料短缺这一问题一直未能得到解决，节俭成为具有全社会共识、缓解人口生存压力的可行之道。低收益之下保持低消费也是理性之举。对帝王来说，节俭行政是对民力的爱惜，有助于赋役保持在较低的水平。在民间，政府甚至干预民众婚丧嫁娶中的奢侈做法，限制饮酒等。宗族等非官方组织也倡导节用行为。

应该承认，传统时代政府对人口压力的应对措施尽管没有达到政策制定者所期望的目标，其作用是必须肯定的。在我们看来，中国历史上人口发展尽管有较大起伏，但总趋向却是持续增长的。它很大程度上得益于人口压力应对制度的存在，在大的灾难中救助制度尽管难以使所有灾民获救，却使一定数量的人口得到生存机会。其更大意义在于，被救助者成为经济恢复和人口再生产的重要资源，社会和人口发展得以传承下去。

2. 当代人口压力的应对措施

中国当代通过制度来应对人口压力的举措较传统农业社会形式多，力度大。

（1）实行土地改革，解决耕者有其田问题

从形式上看，土地改革与传统时代王朝初期的均田制有相似之处，但有本质差异。首先它不与普遍的徭役征派相联系（当然，解放区在推行这一制度时，也有激发分田农民当兵、为解放战争提供兵役的考虑），没有口分与永业之分；其次它建立在对地主土地、房屋和主要生产工具没收的基础上，富农和富裕中农超过平均水平的土地、房屋也要贡献出来，将其无偿分配给占人口多数、无地少地的贫下中农。可见它是生产资料和主要生活资料的全面重新分配。此项政策实施的主要目的是为相对贫困人口提供生存条件，因而具有应对和解决人口压力问题的意义。

（2）建立集体经济制度，防止民众贫富分化

这主要是在农村实行的制度。为防止"均田"农民出现贫富两极分化，重蹈历史上穷者愈贫、富者愈富的覆辙，土改后不久，政府不断向个体农民灌输耕作互助和集体经营意识。不同形式和不同层次的生产协作组织相继出现。在此基础上渐次形成初级社、高级社和人民公社三种生产和组织模式。建立在"一大二公、政社合一"基础上的人民公社可谓当时政治狂热的产物，难以激励农民的生产热情。它最终被"三级所有、队为基础"形式的集体组织结构所代替。这一结构中，数十户农民组成一个生产队，若干个生产队形成村级生产大队，多个生产大队形成人民公社。对农民行为影响最大、利害关系最密切的是生产队。农民家庭是组成生产队的基本单位，但对于生产队这个集体组织来说，家庭仅仅是农民的生活单元（当然也曾出现取消家庭生活功能的短暂时期）[①]。此项组织形式是有利于缺少劳动力的弱势家庭的。生产队既是一个生产组织单位，又是一个收入分配组织，还是对本群体内困难者提供钱物救济、老年照料和丧葬安排等社会福利的单位。它在一定程度上为绝大多数人提供了基本生存条件，缓解了人口压力，但却是以牺牲生产效率为代价的。

[①] 王跃生：《社会变革与婚姻家庭变动——20世纪30—90年代的冀南农村》，生活·读书·新知三联书店2006年版，第16页。

（3）压缩城市人口，限制非农业人口增长

中国从20世纪50年代后期直至80代初期，通过对城市人口进行数量控制来缓解城市粮食供应、就业等方面的压力。其中分为直接压缩已在城人口和限制农村人口进入城市两个途径。前一政策出台的背景是，由于农业劳动生产率低，其所能提供的商品粮不足以支持快速增长的城市人口需要，其次是新增劳动力就业难以安排。后一政策既包含前一政策中缓解城市就业压力之意，同时防止对政府将农村劳动力束缚于土地之上这一目标形成冲击。

（4）实行生育控制政策，降低人口总量

用生育控制来缓解人口压力并且形成国家层级的政策性制度，它是当代应对人口压力的一个创举。传统时代尽管有个体家庭因生存困难而采取溺婴等措施，但它属于个人行为，并且政府是禁止这种做法的。中国当代生育控制政策在20世纪60年代中期初步出台；70年代初形成晚、稀、少政策，提倡一对夫妇最好生育两个孩子；1980年形成独生子女政策。尽管政策的形式不同，目标均是为了缓解人口压力。不过，它并非仅限于缓解食物不足的压力，而是扩展至减轻就业、教育、资源消费等方面的压力。

中国生育控制政策的作用在于，在尚以农业人口为主导的时期，中国妇女的总和生育率于20世纪90年代后期降至更替水平。城市相对农村贯彻生育控制政策的力度更大，生育水平下降得更低。中西部农村尽管一孩比例较低，但二孩生育基本上是主流。全国性的低生育水平在90年代基本形成。

生育控制政策对提高城乡民众的生活质量作用很大，至少夫妇用于养育子女的时间花费大大减少。这也可以视为生存压力降低的表现。

征引文献

一 著作（以作者姓氏拼音为序）

晁福林：《先秦社会形态研究》，北京师范大学出版社2003年版。

常建华：《宗族志》，上海人民出版社1998年版。

陈东原：《中国妇女生活史》，商务印书馆1998年版。

陈顾远：《中国婚姻史》，岳麓书社1998年版。

陈胜利等主编：《中国计划生育与家庭发展变化》，人民出版社2002年版。

陈支平：《民间文书与明清赋役史研究》，黄山书社2004年版。

杜芳琴：《中国社会性别的历史文化寻踪》，天津社会科学院出版社1998年版。

杜芳琴、王政主编：《中国历史中的妇女与性别》，天津人民出版社2004年版。

费成康主编：《中国的家法族规》，上海社会科学院出版社1998年版。

费孝通：《乡土中国 生育制度》，北京大学出版社1998年版。

费孝通：《江村农民生活及其变迁》，敦煌文艺出版社1997年版。

冯尔康：《清人社会生活》，中国社会出版社1999年版。

郭松义：《伦理与生活》，商务印书馆2000年版。

黄宗智：《法典、习俗与司法实践：清代与民国的比较》，上海书店出版社2007年版。

葛剑雄：《中国人口发展史》，福建人民出版社1991年版。

葛剑雄、曹树基、吴松弟：《简明中国移民史》，福建人民出版社1993年版。

葛剑雄主编：《中国人口史》，复旦大学出版社2002年版。

韩光辉：《北京历史人口地理》，北京大学出版社1996年版。

何炳棣：《明初以降人口及其相关问题：1368—1953》，葛剑雄译，生活·读书·新知三联书店2000年版。

[美]黄宗智：《民事审判与民间调解：清代的表达与实践》，中国社会科学出版社1998年版。

翦伯赞：《先秦史》，北京大学出版社2001年版。

姜涛：《中国近代人口史》，浙江人民出版社1993年版。

姜涛：《历史与人口》，人民出版社1998年版。

经君健：《清代社会的贱民等级》，中国人民大学出版社2009年版。

康有为：《大同书》，辽宁人民出版社1994年版。

李景汉：《定县社会概况调查》，中国人民大学出版社1986年版。

李文海主编：《民国时期社会调查丛编》，福建教育出版社2004年版。

李文治、江太新：《中国宗法宗族制和族田义庄》，社会科学文献出版社2000年版。

李银河：《生育与中国村落文化》，牛津大学出版社1993年版。

李中清、郭松义主编：《清代皇族人口行为和社会环境》，北京大学出版社1994年版。

李中清、王丰：《人类的四分之一：马尔萨斯的神话与中国的现实（1700—2000）》，生活·读书·新知三联书店2000年版。

梁方仲：《中国历代户口、田地、田赋统计》，上海人民出版社1993年版。

刘翠溶：《明清时期家族人口与社会经济变迁》，台北中研院经济研究所1992年版。

柳立言：《宋代的家庭和法律》，上海古籍出版社2009年版。

刘泽华：《中国的王权主义》，上海人民出版社2000年版。

路遇主编：《新中国人口五十年》，中国人口出版社2002年版。

栾成显：《明代黄册制度》，中国社会科学出版社1998年版。

马征：《蔡元培传》，四川人民出版社1985年版。

彭卫：《汉代婚姻形态》，三秦出版社1988年版。

钱杭：《中国宗族制度新探》，中华书局1994年版。

田雪原：《中国人口政策60年》，社会科学文献出版社2009年版。

汪玢玲：《中国婚姻史》，上海人民出版社2001年版。

王跃生：《中国人口的盛衰与对策——中国封建社会人口政策研究》，社会科学文献出版社1995年版。

王跃生：《十八世纪中国婚姻家庭研究——建立在1781—1791年个案基础上的分析》，法律出版社2000年版。

王跃生：《清代中期婚姻冲突透析》，社会科学文献出版社2003年版。

王跃生：《社会变革与婚姻家庭变动——20世纪30—90年代的冀南农村》，生活·读书·新知三联书店2006年版。

王跃生：《中国当代家庭结构变动分析——立足于社会变革时代的农村》，中国社会科学出版社2009年版。

王仲荦：《魏晋南北朝史》，上海人民出版社2003年版。

阎云翔：《私人生活的变革：一个中国村庄里的爱情、家庭与亲密关系》，上海书店出版社2006年版。

杨魁孚等主编：《中国计划生育效益与投入》，人民出版社2000年版。

杨向奎：《宗周社会与礼乐文明》，人民出版社1992年版。

杨育民：《中国人口史》，江苏人民出版社1995年版。

余嘉锡：《世说新语笺疏》，中华书局2007年版。

张晋藩：《中国古代法律制度》，中国广播电视出版社1992年版。

张维迎：《信息、信任与法律》，生活·读书·新知三联书店2003年版。

张五常：《经济解释》，商务印书馆2000年版。

张希坡：《中国婚姻立法史》，人民出版社2004年版。

赵冈：《中国传统农村的地权分配》，新星出版社2006年版。

赵冈、陈钟毅：《中国土地制度史》，新星出版社2006年版。

郑振满：《乡村与国家——多元视野中的闽台传统社会》，生活·读书·新知三联书店2009年版。

祝瑞开主编：《中国婚姻家庭史》，学林出版社1999年版。

朱绍侯：《魏晋南北朝土地制度与阶级关系》，中州古籍出版社1988年版。

二 文集（以书名拼音为序）

何瑭：《柏斋集》，四库全书本。
《陈云文选》第三卷，人民出版社1995年版。
吕祖谦：《东莱集》，四库全书本。
程颐、程颢：《二程遗书》，上海古籍出版社2000年版。
俞正燮：《癸巳类稿》，商务印书馆1957年版。
《况太守集》，江苏人民出版社1983年版。
李化楠：《李石亭文集》，商务印书馆1939年版。
《李先念文选》（1935—1988），人民出版社1989年版。
《陆九渊集》，中华书局1980年版。
《吕坤全集》，中华书局2008年版。
刘宰：《漫塘文集》，文物出版社1982年版。
《欧阳修集》，凤凰出版社2006年版。
陈宏谋：《培远堂偶存稿》，清代刻本。
《秋瑾集》，上海古籍出版社1979年版。
《瞿同祖法学论著集》，中国政法大学出版社1998年版。
陆陇其：《三鱼堂文集》，四库全书本。
苏轼：《苏东坡全集》，北京燕山出版社2009年版。
《谭嗣同全集》，中华书局1981年版。
《陶澍全集》，岳麓书社2010年版。
陶澍：《陶文毅公全集》，清代刻本。
《王阳明全集》，上海古籍出版社2006年版。
秦瀛：《小岘山人文集》，清代刻本。
袁枚：《小仓山房文集》，清代刻本。
邵亨贞：《野处集》，四库全书本。
《郑观应集》，上海人民出版社1988年版。
张伯行：《正谊堂文集》，商务印书馆1936年版。

三 论文（以作者姓氏拼音为序）

白南生、李靖：《城市化与中国农村劳动力流动问题研究》，《中国人口科学》2008年第4期。

常建华：《清代溺婴问题新探》，见李中清等主编：《婚姻家庭与人口行为》，北京大学出版社2000年版。

陈成文、孙中民：《二元还是一元：中国户籍制度改革的模式选择》，《人口与计划生育》2005年第5期。

陈熙：《1955—1956年上海首次城市人口紧缩与粮食供应》，《当代中国史研究》2011年第5期。

陈一萍：《北宋的户口》，《食货月刊》1977年第6卷第7期。

陈友华：《仅仅性别偏好不足以导致出生人口性别比偏高》，《人口与发展》2008年第2期。

戴建国：《宋代籍账制度探析》，《历史研究》2007年第3期。

刁书仁：《论乾隆朝清廷对东北的封禁政策》，《吉林大学社会科学学报》2002年第6期。

杜正胜：《传统家族试论》，见黄宽重、刘增贵主编：《家族与社会》，中国大百科全书出版社2005年版。

费孝通：《论中国家庭结构的变动》，见《费孝通社会学文集》，天津人民出版社1985年版。

冯尔康：《清代的婚姻制度与妇女的社会地位述论》，中国人民大学清史研究所编《清史研究集》第五辑，光明日报出版社1986年版。

郭于华：《代际关系中的公平逻辑及其变迁——对河北农村养老事件的分析》，《中国学术》2001年第4期。

高敏：《秦汉的户籍制度》，《求索》1987年第1期。

高世瑜：《中古性别制度与妇女》，见杜芳琴、王政主编：《中国历史中的妇女与性别》，天津人民出版社2004年版。

韩德琪：《汉代的户籍和上计制度》，《文史哲》1978年第3期。

胡适：《贞操问题》，见《胡适文存》，黄山书社1996年版。

黄宗智：《中国的现代家庭：来自经济史和法律史的视角》，《开放时代》2011年第5期。

李根蟠：《从秦汉家庭论及家庭结构的动态变化——兼与杜正胜先生商榷》，《中国史研究》2006年第1期。

李建民:《中国农村计划生育夫妇养老问题及其社会养老保障机制研究》,《中国人口科学》2004年第3期。

李洁、徐黎丽:《试论1949年以后新疆汉族移民的类型与功效》,《北方民族大学学报》2009年第2期。

李树茁:《男孩偏好与女孩生存:公共政策的取向与选择》,《人口与发展》2008年第2期。

鲁迅:《我之节烈观》,《新青年》1918年第5期第2号。

刘玉堂:《唐代主婚人制度和媒妁制度的法律观察》,《武汉大学学报》2005年第6期。

刘增贵:《汉代妇女的名字》,见李贞德、梁其姿主编《妇女与社会》,中国大百科全书出版社2005年版。

李祖基:《论清代移民台湾之政策》,《历史研究》2001年第3期。

陆益龙:《户口还起作用吗——户籍制度与社会分层和流动》,《中国社会科学》2008年第1期。

陶希圣:《宗法制度下的婚姻与家族》,见《中国社会学文选》(上),中国人民大学出版社2011年版。

原新:《中国出生性别比偏高是多因素综合之结果》,《人口与发展》2008年第2期。

王棣:《宋代赋税的制度变迁》,《华南师范大学学报》2011年第3期。

王海光:《中国户籍制度现代化演进路径的历史考察(1908—1949)》,《安徽史学》2011年第5期。

王美艳、蔡昉:《户籍制度改革的历程与展望》,《广东社会科学》2008年第6期。

王太元:《从迁徙自由到自由迁徙》,《人口研究》2008年第1期。

王彦辉:《论汉代的分户析产》,《中国史研究》2006年第4期。

王跃生:《18世纪中后期中国人口数量变动研究》,《中国人口科学》1997年第4期。

王跃生:《十八世纪中后期的中国家庭结构》,《中国社会科学》2000年第2期。

王跃生:《华北农村家庭结构变动研究——立足于冀南地区的分析》,

《中国社会科学》2003年第4期。

王跃生：《法定婚龄、政策婚龄下的民众初婚行为——立足于"五普"长表数据的分析》，《中国人口科学》2005年第6期。

王跃生：《宋以降中国性别文化的变迁》，《中国文化》2006年第1期。

王跃生：《民国时期婚姻行为研究——以"五普"长表数据库为基础的分析》，《近代史研究》2006年第6期。

王跃生：《中国农村家庭的核心化分析》，《中国人口科学》2007年第5期。

王跃生：《家庭结构转化和变动的理论分析——以中国农村的历史和现实经验为基础》，《社会科学》2008年第7期。

王跃生：《农村家庭代际关系理论和经验分析——以北方农村为基础》，《社会科学研究》2010年第4期。

王跃生：《个体家庭、网络家庭和亲属圈家庭分析》，《开放时代》2010年第4期。

王跃生：《从同姓不婚、同宗不婚到近亲不婚——一个制度分析视角》，《社会科学》2012年第7期。

王跃生：《中国传统家庭合与分的制度考察》，《社会科学》2013年第7期。

王跃生：《男系传承、矫正与民众实践——历史与现实相结合的分析》，见《传统中国社会与明清时代》论文集，天津人民出版社2013年版。

王跃生：《中国当代人口迁移政策演变考察》，《中国人民大学学报》2013年第5期。

王跃生：《关于制度与人口关系的理论思考》，《中国社会科学院研究生院学报》2013年第5期。

王跃生：《制度对人口行为作用的理论探讨》，《北京社会科学》2013年第5期。

王跃生：《中国近代之前户口统计中的问题考察》，《统计研究》2013年第9期。

王跃生：《近代之前初婚年龄的制度类型及功能考察》，《晋阳学刊》2013年第6期。

王跃生：《近代之前流动人口入籍考察》，《山东社会科学》2013 年第 6 期。

徐复观：《中国姓氏的演变与社会形式的形成》，《两汉思想史》第一卷，台湾学生书局 1978 年版。

杨育民：《关于中国历史上的人口统计》，《上海师范大学学报》1993 年第 3 期。

张荣强：《湖南里耶所出"秦代迁陵县南阳里户版"研究》，见陈锋、章健民主编：《中国古代社会经济史论》，湖北人民出版社 2010 年版。

翟振武：《20 世纪 50 年代中国人口政策的回顾与再评价》，《中国人口科学》2000 年第 1 期。

郑永福：《近代中国：大变局中的性别关系与妇女》，见杜芳琴、王政主编：《中国历史中的妇女与性别》，天津人民出版社 2004 年版。

四 资料

1. 正史（以所涉朝代先后为序）

《史记》，中华书局点校本。

《汉书》，中华书局点校本。

《后汉书》，中华书局点校本。

《三国志》，中华书局点校本。

《晋书》，中华书局点校本。

《宋书》，中华书局点校本。

《南齐书》，中华书局点校本。

《梁书》，中华书局点校本。

《陈书》，中华书局点校本。

《魏书》，中华书局点校本。

《北齐书》，中华书局点校本。

《周书》，中华书局点校本。

《隋书》，中华书局点校本。

《南史》，中华书局点校本。

《北史》，中华书局点校本。

《旧唐书》，中华书局点校本。

《新唐书》，中华书局点校本。

《旧五代史》，中华书局点校本。

《新五代史》，中华书局点校本。

《宋史》，中华书局点校本。

《辽史》，中华书局点校本。

《金史》，中华书局点校本。

《元史》，中华书局点校本。

《明史》，中华书局点校本。

《清史稿》，中华书局点校本。

2. 方志（以书名拼音为序）

民国二十五年《安达县志》。

同治《安陆县志补》。

同治《安仁县志》。

民国十四年《安塞县志》。

同治《安远县志》。

光绪《巴东县志》。

民国二十一年《保德州志》。

光绪《保定府志》。

同治《巴陵县志》。

道光《巴州志》。

民国二十年《宝山县续志》。

道光《博兴县志》。

民国二十三年《昌乐县志》。

民国二十四年《长清县志》。

乾隆《长沙县志》。

光绪《重修长寿县志》。

民国三十三年《长寿县志》。

乾隆《长泰县志》。

陈雪田等编：《长治市民政志》，中国社会出版社1995年版。

光绪《潮阳县志》。
康熙《陈留县志》。
民国十五年《赤溪县志》。
民国十三年《崇明县志》。
民国十四年《崇庆县志》。
民国十七年《崇信县志》。
梁克家：《淳熙三山志》。
宣统《楚雄县志》。
民国二十六年《川沙县志》。
嘉靖《淳安县志》。
道光《大同县志》。
民国三十二年《新修大埔县志》。
光绪《大冶县志》。
同治《大庾县志》。
光绪《丹棱县志》。
民国二十五年《德平县续志》。
道光《德兴县志》。
嘉靖《邓州志》。
民国十三年《定海县志》。
民国二十年《东丰县志》。
民国十六年《东莞县志》。
乾隆《府谷县志》。
康熙《汾阳县志》。
民国二十六年《封丘县续志》。
民国三十五年《凤山县志》。
光绪《福建通志》。
民国二十四年《浮山县志》。
宣统《抚顺县志略》。
甘肃省地方志编委会：《甘肃省志》（民政志），甘肃人民出版社1994年版。

民国三十年《高邑县志》。

民国三十二年《固安县志》。

民国三十一年《古田县志》。

民国二十四年《续修广饶县志》。

同治《赣州志》。

民国二十三年《冠县志》。

嘉庆《桂阳县志》。

民国二十四年《贵县志》。

民国二十六年《公安县志》。

光绪《广德州志》。

乾隆《光州志》。

光绪《光山县志》。

民国二十二年《邯郸县志》。

民国四年《汉口小志》。

光绪《海城县志》。

民国三十五年《杭县志》。

民国十年《新修合川县志》。

民国二十三年《贺县志》。

光绪《菏泽乡土志》。

黑龙江省地方志编委会：《黑龙江省志》（人口志），黑龙江人民出版社1996年版。

民国三十年《黑山县志》。

民国十八年《横山县志》。

乾隆《衡水县志》。

民国十三年年《花县志》。

民国二十一年《滑县志》。

民国二十三年《怀安县志》。

民国二十六年《桓仁县志》。

民国二十五年《会稽县志》。

民国二十三年《获嘉县志》。

道光《直隶霍州志》。

河南省地方志编委会：《河南省志》（人口志），河南人民出版社1994年版。

湖南省地方志编委会：《湖南省志》（人口志），湖南人民出版社1999年版。

民国二十二年《华亭县志》。

民国二十三年《华阳县志》。

光绪《怀安县志》。

民国二十三年《淮阳乡村风土记》。

民国《黄平县志》。

民国三十年《吉安县志》。

民国三年《吉林汇征》。

民国十六年《济宁县志》。

民国三十三年《蓟县志》。

民国二十三年《济阳县志》。

乾隆《嘉定县志》。

民国十九年《嘉定县续志》。

民国十三年《江津县志》。

同治《江夏县志》。

光绪《荆州府志》。

乾隆《景宁县志》。

民国三十二年《静宁州志》。

嘉庆《泾县志》。

同治《筠连县志》。

民国二十二年《葭县志》。

江苏省地方志编委会：《江苏省志》（民政志），方志出版社2002年版。

宣统《泾阳县志》。

道光《开平县志》。

光绪《岢岚州志》。

乾隆《平阳县志》。

民国二十八年《开阳县志稿》。

乾隆《平原县志》。

民国二十四年《莱阳县志》。

同治《乐平县志》。

光绪《乐亭县志》。

民国十五年《醴陵乡土志》。

民国三十七年《醴陵县志》。

民国三年《荔浦县志》。

光绪《兰溪县志》。

民国二十三年《乐山县志》。

辽宁省地方志编委会：《辽宁省志》（民政志），辽宁人民出版社 1996年版。

乾隆《临晋县志》。

民国十二年《临晋县志》。

民国二十三年《临清县志》。

同治《临武县志》。

民国六年《临县志》。

民国二十一年《林县志》。

民国二十四年《灵宝县志》。

民国二十二年《陵川县志》。

民国二十五年《陵县续志》。

民国二十四年《重修灵台县志》。

民国八年《六合县续志稿》。

光绪《龙游县志》。

民国二十五年《路桥志略》。

光绪《鹿邑县志》。

嘉庆《滦州志》。

民国二十四年《罗城县志》。

嘉庆《洛川县志》。

民国三十三年《洛川县志》。

嘉庆《洛阳县志》。
民国三十三年《米脂县志》。
嘉庆《渑池县志》。
民国八年《绵竹县志》。
光绪《茂名县志》。
民国十九年《名山县新志》。
民国二十五年《牟平县志》。
民国二十四年《南昌县志》。
民国二十年《南川县志》。
宣统《南海县志》。
民国十三年《南陵县志》。
民国三十六年《宁夏纪要》。
乾隆《宁河县志》。
同治《番禺县志》。
光绪《蓬溪县续志》。
同治《彭泽县志》。
同治《郫县志》。
乾隆《屏山县志》。
康熙《平和县志》。
民国二十一年《平坝县志》。
民国二十九年《平乐县志》。
光绪《平阳乡土志》。
道光《蒲圻县志》。
《契丹国志》。
民国二十年《迁安县志》。
同治《铅山县志》。
雍正《乾州新志》。
民国二十二年《沁源县志》。
道光《钦州志》。
青海省地方志编委会：《青海省志》（人口志），西安出版社2000年版。

民国二十三年《清河县志》。

民国二十五年《清平县志》。

民国二十六年《清远县志》。

乾隆《新修曲沃县志》。

光绪《重修曲阳县志》。

民国二十一年《渠县志》。

民国九年《全椒县志》。

民国二十年《确山县志》。

民国四年《任县志》。

光绪七年《荣河县志》。

民国十七年《荥经县志》。

民国三十五年《三江县志》。

山东省地方志编委会：《山东省志》（人口志），齐鲁书社1994年版。

四川省地方志编委会：《四川省志》（民政志），四川人民出版社1996年版。

民国十七年《沙县志》。

雍正《陕西通志》。

光绪《山西通志》。

陕西省地方志编委会：《陕西省志》（民政志），陕西人民出版社2003年版。

同治《重修直隶陕州志》。

民国二十五年《陕县志》。

康熙《上蔡县志》。

民国二十三年《上林县志》。

民国二十八年《上杭县志》。

嘉庆《什邡县志》。

同治《石首县志》。

光绪《顺天府志》。

民国二十一年《阌乡县志》。

光绪《泗水县志》。

道光《宿松县志》。

民国十七年《绥阳县志》。

乾隆《泰安府志》。

民国十一年《天门县志》。

民国十八年《同安县志》。

民国二十一年《同官县志》。

民国三十三年《同官县志》。

光绪《新修潼川府志》。

民国十六年《通化县志》。

民国十九年《铜陵县志》。

民国二十三年《通许县新志》。

乾隆《同州府志》。

民国二十三年《完县新志》。

民国二十三年《万全县志》。

民国三十年《潍县志稿》。

民国十五年《渭源县志》。

民国十五年《威远县志》。

民国八年《闻喜县志》。

乾隆《温县志》。

乾隆《武昌县志》。

民国二十九年《武安县志》。

民国《吴县志》。

民国二十年《续武陟县志》。

民国二十五年《无极县志》。

民国四年《武鸣县志》。

民国二十年《续武陟县志》。

嘉庆《西安县志》。

宣统《西安县志略》。

民国二十三年《夏津县志续编》。

道光《厦门志》。

民国十二年《襄陵县志》。
民国六年《乡宁县志》。
乾隆《萧山县志》。
民国九年《解县志》。
乾隆《新安县志》。
民国十一年《新登志》。
民国三十五年《新繁县志》。
民国十二年《新乡县续志》。
民国二十五年《重修信阳县志》。
民国十八年《新绛县志》。
道光《新宁县志》。
乾隆《孝义县志》。
光绪《咸宁县志》。
清道光十六年《咸阳县志》。
光绪《兴宁县志》。
乾隆《行唐县新志》。
光绪《雄县乡土志》。
民国十八年《雄县新志》。
民国五年《盐山新志》。
民国二十三年《偃师县风土志略》。
道光《阳春县志》。
道光《阳江县志》。
民国二十五年《阳武县志》。
民国十八年《翼城县志》。
民国二十三年《益阳县志》。
民国二十六年《宜北县志》。
光绪《宜阳县志》。
同治《弋阳县志》。
民国十九年《永春县志》。
光绪《永定县乡土志》。

康熙《永康县志》。
道光《永宁县志》。
光绪《永寿县志》。
光绪《永兴县志》。
康熙《永州志》。
民国二十八年《禹县志》。
乾隆《岳州府志》。
民国九年《虞乡县新志》。
李吉甫：《元和郡县志》。
光绪《沅陵县志》。
嘉庆《枣强县志》。
同治《枣阳县志》。
嘉庆《长子县志》。
浙江省地方志编委会：《浙江省志》（民政志），中国社会出版社1994年版。
道光《赵城县志》。
民国二十四年《昭萍志略》。
民国二十四年《重修镇原县志》。
民国八年《政和县志》。
宣统《蒸里志略》。
同治《枝江县志》。
同治《钟祥县志》。
民国三十三年《中部县志》。
乾隆《诸暨县志》。
中山县地方志编委会：《中山县志》，广东人民出版社1997年版。
民国十四年《周至县志》。
乾隆《诸城县志》。
民国二十五年《涿县志》。

3. 家谱（以书名拼音为序）

光绪《白苎朱氏宗谱》。

道光山西平定《蔡氏族谱》。

光绪《常熟丁氏家谱》。

光绪《长沟朱氏宗谱》。

民国二十二年《陈氏宗谱》。

《慈东方家堰方氏宗谱》（1931年）。

光绪桂阳《邓氏族谱》。

民国三十八年《东沙王氏支谱》。

光绪《东阳上璜王氏宗谱》。

同治《东粤宝安南头黄氏族谱》。

咸丰《海昌鹏坡陆氏宗谱》。

民国《海城尚氏宗谱》（1939年）。

光绪《合江李氏族谱》。

民国丁卯重修田比陵《胡氏宗谱》。

光绪渤海《季氏家谱》。

民国安徽宣城（金鳌）《江氏宗谱》（丙寅）。

民国丁亥重修《蒋湾桥周氏宗谱》。

民国二十六年《交河李氏族谱》。

光绪《金城颜氏家谱》。

《九江王氏宗谱》（1920年）。

民国五年湖南涟源《李报本堂族谱》。

光绪福建南平《麟阳鄢氏族谱》。

嘉庆平定《刘氏族谱》。

民国《庐江堂何氏族谱汉寿支谱》（1917年）。

光绪浙江鄞县《鄮东皎碶吴氏宗谱》。

万历安徽休宁《茗洲吴氏家记》。

光绪绩溪县许余氏《南关惇叙堂宗谱》。

《南海县荷溪乡何垂裕堂族谱》（1929年）。

民国十年湖南《宁乡南塘刘氏四修族谱》。

光绪《宁乡熊氏续修族谱》。

《盘谷高氏贵六公房谱》（1935年）。

民国十七年《清溪虞都许氏家谱》。
民国十四年《上虞雁埠章氏宗谱》（1925年）。
宣统浦江《郑氏义门规范》。
同治广东南海县《潘氏典堂族谱》。
嘉庆广东《乳源余氏族谱》。
光绪《三田李氏宗谱》。
光绪《苏州吴县湖头钱氏宗谱》。
汪辉祖：《双节堂庸训》。
民国十七年《绍兴江左邵氏家谱》。
光绪《孙氏家乘》。
民国三十六年黄冈《王杨宗谱》。
道光黟县《西递明经胡氏壬派宗谱》。
光绪《锡山邹氏家乘》。
《吴越钱氏宗谱》（1921年）。
宣统《冼氏宗谱》。
光绪池州《仙源杜氏宗谱》。
光绪《项里钱氏宗谱》。
民国三十二年《湘潭张氏家谱》。
民国《湘阴狄氏家规》（1938年）。
道光浙江鄞县《新河周氏宗谱》。
晋江《浔海施氏族谱》（康熙五十四年）。
颜之推：《颜氏家训》。
道光《宜兴卢氏宗祠诫约》。
民国十六年江苏《宜兴筱里任氏家谱》。
袁采：《袁氏世范》。
民国广东《尹氏家乘》（1914年）。
光绪《映雪堂孙氏续修族谱》。
康熙离石《于氏宗谱》。
《余姚江南徐氏宗谱》（1916年）。
民国《余姚朱氏宗谱》（1931年）。

光绪《锡山邹氏家乘》。
光绪《续秦州张氏族谱》。
宣统沧州《郑氏族谱》。
民国二十三年浙江绍兴《中南王氏宗谱》。
民国二十五年《资兴石鼓程氏三修族谱》。

4. 档案（以收藏单位拼音为序）

河北省档案馆藏：永安堡保甲户口册，卷宗 655 - 1 - 1217。

"邯郸市政府公告"（1948 年 10 月），邯郸市档案馆藏，"革命历史档案"，全宗 6 号。

台北故宫博物院编：《宫中档乾隆朝奏折》，1982 年。

1974 年河北省赵县大石桥公社登记婚姻登记册，藏于赵县档案馆。

中国第一历史档案馆藏：户口黄册。

中国第一历史档案馆藏：刑科题本婚姻家庭类。

中国第一历史档案馆藏：刑科题本土地债务类。

5. 实录等（以所涉帝王顺序为序）

《明太祖实录》，上海书店 1982 年版。
《明成祖实录》，上海书店 1982 年版。
《明宣宗实录》，上海书店 1982 年版。
《明英宗实录》，上海书店 1982 年版。
《明武宗实录》，上海书店 1982 年版。
《明神宗实录》，上海书店 1982 年版。
《清世祖实录》，中华书局 1985 年版。
《清圣祖实录》，中华书局 1985 年版。
《清世宗实录》，中华书局 1985 年版。
《清高宗实录》，中华书局 1985 年版。
《清仁宗实录》，中华书局 1985 年版。
《清宣宗实录》，中华书局 1985 年版。

中国第一历史档案馆整理：《康熙起居注》，中华书局 1984 年版。

中国第一历史档案馆编：《乾隆朝上谕档》，档案出版社 1991 年版。

6. 诏令、典章、律法（以书名拼音为序）

班固：《白虎通》，中华书局 1985 年版。

王钦若等:《册府元龟》,中华书局1985年版。
李东阳等:《大明会典》,广陵书社2007年版。
《大明律》,法律出版社1999年版。
《大清民律草案》,杨立新点校,吉林人民出版社2002年版。
光绪《大清会典事例》。
《大清律例汇辑便览》,清代刻本。
沈之奇:《大清律辑注》,法律出版社2000年版。
徐天麟:《东汉会要》,上海古籍出版社2006年版。
《湖南省例成案》,清代刻本。
张庆五辑:《旧中国户籍法规史料》(内部参考),中国人民公安大学、包头市公安局编印。
中国法规刊行社编审委员会编:《六法全书》,上海书店1947年版。
《皇明诏令》,齐鲁书社1997年版。
吕本等辑:《皇明宝训》,全国图书馆文献缩微2010年版。
《民国民律草案》(杨立新点校),吉林人民出版社2002年版。
《名公书判清明集》,中华书局2002年版。
朱铭盘:《南朝齐会要》,上海古籍出版社2006年版。
孙楷:《秦会要》,上海古籍出版社2004年版。
《清朝通典》,浙江古籍出版社2000年版。
《清朝通志》,浙江古籍出版社2000年版。
《清朝文献通考》,浙江古籍出版社2000年版。
刘锦藻:《清朝续文献通考》,浙江古籍出版社2000年版。
席裕福等:《皇朝政典类纂》,台北文海出版社1988年版。
《庆元条法事类》,黑龙江人民出版社2002年版。
《宋大诏令集》,中华书局2006年版。
《宋会要》,续修四库全书本。
徐松辑:《宋会要辑稿》,中华书局1957年版。
《宋刑统》,法律出版社1999年版。
宋敏求:《唐大诏令集》,中华书局2008年版。
王溥:《唐会要》,上海古籍出版社2006年版。

李林甫等：《唐六典》，中华书局1992年版。

长孙无忌等：《唐律疏议》，中华书局1983年版。

杜佑：《通典》，中华书局1988年版。

郑樵：《通志》，浙江古籍出版社2008年版。

《通制条格》，方龄贵校注，中华书局2001年版。

马端临：《文献通考》，中华书局2011年版。

徐天麟：《西汉会要》，上海古籍出版社2006年版。

祝庆祺等编：《刑案汇览三编》，北京古籍出版社2004年版。

《续通志》，浙江古籍出版社2000年版。

嵇璜等：《续文献通考》，浙江古籍出版社1988年版。

王圻：《续文献通考》，现代出版社1991年版。

《元典章》，四库全书本。

7. 编年史书（以书名拼音为序）

王先谦：《东华续录》，上海古籍出版社2008年版。

李心传：《建炎以来系年要录》，中华书局1956年版。

毕沅：《续资治通鉴》，中华书局1957年版。

李焘：《续资治通鉴长编》，中华书局2008年版。

司马光：《资治通鉴》，中华书局1958年版。

8. 笔记、杂记及政书（以书名拼音为序）

阮葵生：《茶余客话》，中华书局1959年版。

龚炜：《巢林笔谈》，中华书局1981年版。

薛瑄：《从政录》（不分卷），清代刻本。

张集馨：《道咸宦海见闻录》，中华书局1981年版。

余继登：《典故纪闻》，中华书局1981年版。

徐世昌：《东三省政略》，吉林文史出版社1989年版。

樊增祥：《樊山政书》，中华书局2007年版。

丁日昌：《抚吴公牍》，清代刻本。

赵翼：《陔余丛考》，中华书局2006年版。

于慎行：《谷山笔尘》，中华书局1994年版。

屈大均：《广东新语》，中华书局2006年版。

刘献廷：《广阳杂记》，中华书局1997年版。
王凤生：《河北采风录》清代刻本。
叶春及：《惠安政书》，福建人民出版社1987年版。
黄可润：《畿辅见闻录》，清代刻本。
奕赓：《佳梦轩丛著》，北京古籍出版社1994年版。
董煟撰：《救荒活民书》，四库全书本。
顾起元：《客座赘语》，南京出版社2009年版。
陈康祺：《郎潜纪闻初笔》，中华书局1997年版。
陆以湉：《冷庐杂识》，中华书局1997年版。
王简庵：《临汀考言》，清代刻本。
钱泳：《履园丛话》，中华书局1997年版。
袁啸波编：《民间劝善书》，上海古籍出版社1995年版。
沈括：《梦溪笔谈》，上海书店出版社2009年版。
韩元古：《南涧甲乙稿》，中华书局1985年版。
徐珂辑：《清稗类钞》中华书局1984年版。
顾炎武：《日知录》，上海古籍出版社2006年版。
洪迈：《容斋五笔》，团结出版社1997年版。
张养浩：《三事忠告》，九州出版社2001年版。
傅玉书：《桑梓述闻》，贵州图书馆1963年版。
王结：《善俗要义》，浙江古籍出版社1988年版。
王庆云：《石渠余纪》，北京古籍出版社1985年版。
吕坤：《实政录》，北京图书馆古籍珍本丛刊。
欧阳兆熊、金安清：《水窗春呓》，中华书局1984年版。
李攸：《宋朝事实》，中华书局1955年版。
张翰：《松窗梦语》，上海古籍出版社1986年版。
袁枚：《随园诗话》，江苏古籍出版社2000年版。
黄佐：《泰泉乡礼》，商务印书馆1986年版。
法式善：《陶庐杂录》，中华书局1997年版。
顾炎武：《天下郡国利病书》，上海科学技术文献出版社2002年版。
陈盛韶：《问俗录》，书目文献出版社1983年版。

范成大：《吴郡志》，凤凰出版社1999年版。

周密：《武林旧事》，浙江人民出版社1984年版。

王庆云：《熙朝纪政》，上海古籍出版社1983年版。

凌燽：《西江视臬纪事》，上海古籍出版社1995年版。

真德秀：《西山政训》，三秦出版社2006年版。

叶权：《贤博编》，中华书局1987年版。

汪辉祖：《学治臆说》，清代刻本。

赵翼：《檐曝杂记》，中华书局1997年版。

萧奭：《永宪录》，中华书局2006年版。

朱云锦：《豫乘识小录》，清代刻本。

沈榜：《宛署杂记》，北京古籍出版社1983年版。

范致明：《岳阳风土记》，大象出版社2006年版。

叶梦珠：《阅世编》，上海古籍出版社1981年版。

胡祗遹：《杂著》，见《吏学指南：外三种》，浙江古籍出版社1988年版。

刘廷玑：《在园杂志》，中华书局2005年版。

吴兢：《贞观政要》，上海古籍出版社1978年版。

许世英：《治闽公牍》，民国版本。

（清）佚名辑：《治浙成规》，清代刻本。

（宋）佚名：《州县提纲》，商务印书馆1939年版。

汪辉祖：《佐治药言》，九州图书出版社1998年版。

李元弼：《作邑自箴》，四部丛刊本。

9. 资料汇编（以书名拼音为序）

徐栋辑：《保甲书》，上海古籍出版社1995年版。

余治辑：《得一录》，清代刻本。

杨一凡、王旭编：《古代榜文告示汇存》，社会科学文献出版社2006年版。

蒋廷锡等编：《古今图书集成》，中华书局1986年版。

《国民政府公报》，台北成文出版社影印1972年版。

公安部治安管理局编：《户口管理法律法规规章汇编》，中国人民公安大学出版社 2001 年版。

国家计划生育委员会：《计划生育文件汇编》（1950—1981.3），内部资料。

中共中央文献研究室编：《建国以来重要文献选编》（第一册至第二十册），中央文献出版社 1992 年至 1998 年版。

中国科学院近代史研究所近代史资料编辑组：《近代史资料》1962 年第 4 期。

《近代中国史料丛刊三编》，台北文海出版社 1994 年版。

张庆五辑：《旧中国户籍法规史料》（内部资料），中国人民公安大学、包头市公安局编印，1986 年。

李文海主编：《民国时期社会调查丛编》（婚姻家庭卷），福建教育出版社 2005 年版。

袁啸波编：《民间劝善书》，上海古籍出版社 1995 年版。

前南京国民政府司法行政部编：《民事习惯调查报告录》（上、下册），中国政法大学出版社 2000 年版。

陈子龙等编：《明经世文编》，中华书局 1962 年版。

章有义：《明清徽州地主分家书选辑》，见《中国社会科学院经济研究所集刊》（9），中国社会科学出版社 1987 年版。

王国平、唐力行主编：《明清以来苏州社会史碑刻集》，苏州大学出版社 1998 年版。

郭厚安编：《明实录经济资料选编》，中国社会科学出版社 1989 年版。

中华人民共和国国家农业委员会办公厅：《农业集体化重要文件汇编》，中共中央党校出版社 1982 年版。

贺长龄等编：《清经世文编》，中华书局 1992 年版。

杜家骥主编：《清嘉庆朝刑科题本社会史料辑刊》，天津古籍出版社 2008 年版。

中国第一历史档案馆编：《雍正朝汉文朱批奏折汇编》，江苏古籍出版社 1989 年版。

中央档案馆编：《中共中央文件选集》（第一册），中共中央党校出版社 1982 年版。

丁世良、赵放主编：《中国地方志民俗资料汇编》（西北卷），北京图书馆出版社1997年版。

丁世良、赵放主编：《中国地方志民俗资料汇编》（东北卷），书目文献出版社1989年版。

丁世良、赵放主编：《中国地方志民俗资料汇编》（华北卷），北京图书馆出版社1997年版。

丁世良、赵放主编：《中国地方志民俗资料汇编》（华东卷），书目文献出版社1995年版。

丁世良、赵放主编：《中国地方志民俗资料汇编》（中南卷），北京图书馆出版社1997年版。

丁世良、赵放主编：《中国地方志民俗资料汇编》（西南卷），北京图书馆出版社1997年版。

中华全国妇女联合会妇女运动历史研究室：《中国妇女运动历史资料（1937—1945）》，中国妇女出版社1991年版。

孙陆军主编：《中国涉老政策文件汇编》，中国社会出版社2009年版。

国务院法制局编：《中华人民共和国法规汇编》（1954年9月—1955年6月），法律出版社1956年版。

国务院法制局编：《中华人民共和国法规汇编》（1956年1月—1956年6月），法律出版社1956年版。

《中华人民共和国国务院公报》1957—2006年有关年份和期数。

孙琬钟主编：《中华人民共和国国务院令》（1949.10—2001.4），中国民主法制出版社2001年版。

国务院法制局编：《中华人民共和国现行法律行政法规汇编（1949—1994）》（上、下册），中国法制出版社1995年版。

《中国计划生育年鉴》（1986年），人民卫生出版社1987年版。

李文治编：《中国近代农业史资料》，生活·读书·新知三联书店1957年版。

中国史学会主编：《中国近代史资料丛刊·太平天国》，上海人民出版社1952年版。

杨子慧主编：《中国历代人口统计资料研究》，改革出版社1996年版。

中国社会科学院人口研究所：《中国人口年鉴》（1985年），中国社会科学出版社1986年版。

中国社会科学院人口研究所：《中国人口年鉴》（1986年），社会科学文献出版社1987年版。

韩延龙、常兆儒编：《中国新民主主义革命时期根据地法制文献选编》（第四卷），中国社会科学出版社1984年版。

故宫博物院明清档案部编：《李煦奏折》，中华书局1976年版。

10. 数据集（以书名拼音为序）。

中国社会科学院人口研究所编：《当代中国妇女地位抽样调查资料》，万国学术出版社1994年版。

《中国计划生育年鉴》（1986年），人民卫生出版社1987年版。

国务院人口普查办公室、国家统计局人口统计司编：《中国1982年人口普查资料》，中国统计出版社1985年版。

国务院人口普查办公室、国家统计局人口统计司编：《中国2000年人口普查资料》，中国统计出版社2002年版。

国家统计局编：《中国统计年鉴》（1984），中国统计出版社。

国家统计局编：《中国统计年鉴》（2000），中国统计出版社。

11. 其他（以书名拼音为序）

《管子》，中华书局2009年版。

《国语》，中华书局2007年版。

《韩非子》，中华书局2007年版。

《孔子家语》，中华书局2009年版。

《礼记》，中华书局2006年版。

《吕氏春秋》，中华书局2007年版。

《论语》，中华书局2009年版。

《孟子》，中华书局2010年版。

《墨子》，中华书局2006年版。

《商君书》，中华书局2009年版。

《尚书》，中华书局2009年版。

《诗经》，中华书局2006年版。

《孝经》，中华书局 2009 年版。

《荀子》，中华书局 2007 年版。

《晏子春秋》，中华书局 2011 年版。

《周易》，中华书局 2006 年版。

五 译著（以书名拼音为序）

［美］马克·赫特尔：《变动中的家庭——跨文化的透视》，宋践等译，浙江人民出版社 1988 年版。

［美］R. 科斯等：《财产权利与制度变迁——产权学派与新制度学派译文集》，刘守英等译，上海三联书店 1994 年版。

［南］斯韦托扎尔·平乔维奇：《产权经济学——一种关于比较体制的理论》，蒋琳琦译，经济科学出版社 2000 年版。

［美］詹姆斯·马奇等：《规则的动态演变——成文组织规则的演变》，童根兴译，上海人民出版社 2005 年版。

［英］罗素：《婚姻革命》，靳建国译，东方出版社 1988 年版。

［美］D. 盖尔·约翰逊：《经济发展中的农业、农村、农民问题》，林毅夫、赵耀辉编译，商务印书馆 2004 年版。

［英］B. 马林诺夫斯基：《科学的文化理论》，黄建波等译，中央民族大学出版社 1999 年版。

［荷兰］A. F. G. 汉肯：《控制论和社会》，黎鸣译，商务印书馆 1986 年版。

［美］梅里·E. 威斯纳—汉克斯：《历史中的性别》，何开松译，东方出版社 2003 年版。

［法］阿尔弗雷·索维：《人口通论》，查瑞传等译，商务印书馆 1982 年版。

［英］马尔萨斯：《人口原理》，朱泱译，商务印书馆 1996 年版。

［英］雷蒙德·弗思：《人文类型》，费孝通译，华夏出版社 2002 年版。

［德］柯武刚、史漫飞：《制度经济学》，韩朝华译，商务印书馆 2002 年版。

［英］莫里斯·弗里德曼：《中国东南的宗族组织》，刘晓春译，上海

人民出版社 2000 年版。

[美] D. 盖尔·约翰逊:《中国现行制度和政策对农村人口增长的影响》,高春燕译,《中国人口科学》1994 年第 3 期。

六　外文论著（以作者名字母为序）

Geoffrey McNicoll, "Institutional Determinants of Fertility Change", *Population and Development Review*, 1980, 6 (3).

Stevan Harrell, Wang Yuesheng, Han Hua, Goncalo D. Santos, Zhou Yingying, " Fertility Decline in Rural China: A Comparative Analysis", *Journal of Family History*, 2011, 36 (1).

Yilin Nie, Robert J. Wyman, "The One–Child Policy in Shanghai: Acceptance and Internalization", *Population and Development Review*, 2005, 31 (3).

Susan Greenhalgh: "Fertility as Mobility: Sinic Transitions", *Population and Development Review*, 1988, 14 (4).

后　记

　　制度与人口的关系问题是我最近 20 年关注、思考和研究的主要课题。无论从历史时期着眼还是对现实进行考察，可以看到，中国人口发展、演变过程深受各类制度的影响。不少学者从不同侧面或分时期做过探讨。本书试图从历史和现实相结合的视角进行分析，力求把握制度对人口影响的时期差异和特征。现在看来，这是一项很初步的研究。客观上讲，进行如此"宏观"的分析，又想借助"微观"资料加以论证和说明，难度较大；加之本人学识和能力有限，书中不当之处恐难避免，望识者指正。

　　本项研究得到中国社会科学院和国家社会科学基金立项资助。在此对中国社会科学院科研管理部门和人口与劳动经济研究所领导的支持表示感谢；同时感谢田雪原老师热心帮助，感谢冯尔康老师在研究资料上所给予的支持。

　　本书稿获得中国社会科学院创新工程学术出版资助，这是它能够面世的最重要前提条件。人口与劳动经济研究所科研处连鹏灵女士在课题结项和出版资助申请过程中给予诸多协助；中国社会科学出版社李庆红女士为本书出版费心联络，编校过程中付出辛劳颇多，在此一并致谢。

王跃生
2014 年 11 月于北京西二旗